アンソニー・ギデンズ
Anthony Giddens

社会学

第五版

訳者――
松尾精文　小幡正敏
西岡八郎　立松隆介
藤井達也　内田　健

而立書房

装幀・矢吹申彦

目次

第五版はしがき 13
謝辞 14
この本について 15

1 社会学とは何か？

社会学の視座 20
社会学的思考の展開 24
社会学は私たちの生活でどのように役立つのか 42
まとめ 44

2 グローバル化と、変動する世界

社会類型 49
社会変動 58
グローバル化 63
結び——グローバルな統治の必要性 82
まとめ 83

3 社会学の問いを発し、その問いに答える

社会学の問い 89
原因と結果の解明 95
調査研究方法 99

現実世界における調査研究――方法、問題、落とし穴　106
まとめ　113

4 社会学における理論的思考

マックス・ウェーバー――『プロテスタンティズムの倫理と資本主義の精神』　117
四つの理論上の争点　119
近年の社会学理論　130
今日の四人の社会学者　133
結　び　139
まとめ　139

5 社会的相互行為と日常生活

日常生活の研究　145
非言語コミュニケーション　146
相互行為の社会的規則性　150
相互行為における顔、身体、発話　158
時空間における相互行為　165
結び――接近強迫観念？　177
まとめ　177

6 社会化、ライフコース、加齢

文化、社会、子どもの社会化 183
ジェンダーの社会化 190
ライフコースを貫く社会化 197
加 齢 200
まとめ 221

7 家族と親密な関係性

基本的な概念 228
歴史のなかの家族 229
英国における家族と親密な関係性 233
家族と親密な関係性をめぐる理論的視座 260
結び——家族の価値をめぐる論争 267
まとめ 270

8 健康、病気、障害

身体の社会学 274
健康と疾病の社会学 276
医療をめぐる社会学的視座 280
健康の社会的基盤 293

障害の社会学　302
まとめ　312

9
社会成層と階級
成層システム　317
階級と社会成層をめぐる理論　322
階級の測定　326
今日の欧米における社会階級区分　333
社会移動　352
結び——階級の重要性　358
まとめ　358

10
貧困、社会的排除、福祉
貧　困　365
社会的排除　379
福祉国家　387
結び——変動する世界における貧困と福祉　399
まとめ　400

11
グローバルな不平等
グローバルな経済的不平等　407

富裕国と貧困国での生活　411
貧困国は裕福になれるのだろうか　418
世界の人口成長　434
まとめ　441

12 セクシュアリティとジェンダー
人間のセクシュアリティ　448
性的志向　461
ジェンダー　468
ジェンダーの不平等をめぐる視座　478
結び――ジェンダーとグローバル化　488
まとめ　489

13 人種、エスニシティ、移民
鍵となる概念　496
偏見と差別　501
エスニシティの融和と対立　508
英国における移民とエスニシティの多様性　511
転入移民と、ヨーロッパ大陸におけるエスニシティ関係　526
グローバルな移民　528
結　び　534

まとめ　534

14 現代社会における宗教

社会学の理論と考え方　539
現実世界の宗教　547
世俗化と宗教復興　558
まとめ　578

15 メディア

伝統的メディアと新たなメディア　585
メディアについての理論的視座　597
バイアスとメディア――グラスゴー大学の研究グループ　604
オーディエンスとメディア効果　607
メディア規制　612
グローバル時代のメディア　619
結び　631
まとめ　631

16 組織とネットワーク

組織　637
官僚制を超えて？　662

組織やネットワークは私たちの生活にどのような影響を及ぼすのか？　670
結　び　674
まとめ　675

17
教　育
教育の重要性　682
英国における教育　683
学校教育と不平等をめぐる理論　698
不平等と教育　707
教育と新たなコミュニケーション技術　721
結び——教育の未来像　726
まとめ　727

18
労働と経済生活
労働とは何か——有給労働と無給労働　733
労働の社会的組織化　734
労働と働くことの変質　742
職の不安定、失業、労働の社会的意義　765
結び——「性格の腐食」か？　774
まとめ　776

19 犯罪と逸脱
基本的な概念 782
犯罪と逸脱の解明——社会学の理論 783
英国における犯罪の様式 798
犯罪被害者と犯罪予備軍 802
監獄——犯罪の解決策になるのか 817
結び——犯罪、逸脱、社会秩序 823
まとめ 823

20 政治、統治、テロリズム
政治社会学の基本概念をめぐる議論 828
民主制のグローバルな普及 835
英国の政党政治 847
政治的変化と社会変動 852
ナショナリズムと民族の理論 856
テロリズム 865
まとめ 873

21 都市と都市的空間
アーバニズムの理論 878

都市の発達　887
都市とグローバル化　904
結び——都市とグローバルな統治　915
まとめ　916

22 環境とリスク

社会学的論点としての環境　921
私たちが共有する環境　922
リスク、テクノロジー、環境　933
未来をのぞき見る　947
まとめ　948

訳者あとがき　951
参照文献の一覧
用語解説

社会学　第五版

SOCIOLOGY
Fifth edition
by Anthony Giddens

Originally published in English
by Polity Press, 2006
This Japanese edition is published in 2009
by Jiritu Shobo, Publisher, Tokyo
by arrangement with Polity Press, Cambridge, UK
through Japan UNI Agency Inc., Tokyo

第五版はしがき

　この本の先の版、第四版は、二〇〇一年に、あの九月一一日の同時多発テロが生ずる前に出版された。第五版では、今日の社会的世界の目まぐるしい変化と、九・一一事件後の年月に遅れずに対応するために、相当な量の新たな題材を付け加え、全面的に本文を書き改め、最新のものにした。これまでの版と同じように、私は、この本を読みやすく、楽しめるものにしたが、同時にまた社会学研究の最前線との結びつきを維持するようにも努めた。今日の重要な問題のなかで、地球規模の貧富の格差、テロリズム、ライフコース、高齢化と障害に関して、とくに詳細な議論を初めて盛り込んでいる。これらの新たな部門を、このテキストのすでに吟味され、広く認められた主要部分とひとつに結びつけることで、この本が社会学の最先端の入門書として受けてきた評価を失わないように努めた。

謝辞

この第五版の刊行準備を手伝っていただいた人たちすべてに謝意を表したい。第四版の多くの読者から自発的に有益な意見を寄せていただいたので、この方々にも感謝したい。第五版の準備は、サイモン・グリフィスの積極的な関与がなかったなら、おそらく不可能であっただろう。グリフィスは、何カ月にもわたって準備に専念してくれた。この本が何らかの長所を備えているとすれば、グリフィスのおかげでもある。グリフィスに負うところが大である。

　この本の各章の原稿を読んでもらった研究者仲間すべてに感謝したい。あまりにも多いため、一人ひとりの名前を挙げることはできないが、貴重な意見を寄せていただいた。ポリティー・プレス関係では、とくにジョン・トンプソン、デイヴィット・ヘルド、ギル・モトレー、ニール・ド・コール、ブレフニ・オコーナーに感謝したい。エマ・ロングスタッフは、この出版プロジェクト全体で、始めから終わりまで中心的役割を果たし、一緒にすばらしい仕事をしてくれた。サラ・ダンシーは、本文の編集でみごとな仕事をしてくれた。ふたりにお礼を述べる。

　終わりになるが、絶えず援助と激励を寄せてくれたアレナ・ルデネヴァに、心から感謝する。

この本について

社会学には、現代の知的文化において演ずるべき枢要な役割があり、また社会科学において担うべき中心的立場がある、との確信のもとにこの本は書かれている。この第五版での私の狙いは、これまでの版でそうであったように、今日、社会学者が関心を寄せるあらゆる基本的争点の分析に、私なりの創意を多少とも結びつける著述をおこなうことであった。この本は、過度に高尚な見解を紹介しようとしていないが、それでもやはりこの学問研究の最前線から得た考え方や知見は、この本の至るところに組み込まれている。それが、特定の立場に偏した扱いになっていないことを、私は願っている。今日の社会学の主要な視座と今日の調査研究から得た重要な知見を、見境なしにではなく、公平に網羅できるように努めた。

主要なテーマ

この本は基本となるいくつかのテーマを中心に構成され、おのおののテーマは、この著作に際立った特徴をもたらす一助になっている。ひとつ目の主要テーマは、《変動する世界》である。社会学は、工業化が進む欧米社会の社会秩序を、先行する社会に特徴的な生活形態から解き放し、一変させた変容過程のなかから誕生した。これらの変動が創出した世界は、社会学分析の主たる関心対象となっている。社会変動のペースは依然として加速しており、私たちは、一八世紀末から一九世紀に生じた転換と同じような根本的な転換のとば口に立たされている可能性がある。社会学は、過去に生じた変容を図式化し、また現在生じている展開の大筋を把握することに、主たる責任を負っている。

この本の二つ目の基本的テーマは、《社会生活のグローバル化》である。社会学では、それぞれの社会を独立した個体として研究できるという見解が長いあいだ支配してきた。しかし、過去においても、社会は、実際には決して孤立して存在したわけではなかった。今日、地球規模の統合過程が明らかに加速化しているのを見てとることができる。このことは、たとえば世界中に展開する国際貿易の拡大のなかに明らかである。グローバル化の強調はまた、今日の世界の先進地域と低開発地域との相互依存性を重要視することと、密接に結びついている。一九八九年に出版されたこの本の第一版は、当時まだ社会学の専門分野においてさえグローバル化の強い影響力に関する議論がはじまった段階であったとはいえ、グローバル化の強い影響力をとりあげて新生面を切りひらいた。それ以後、グローバル化をめぐる論争は活発化し、グローバル化そのものも、グローバル化と結びつく情報テクノロジーの一部の変化がそうであるように、さらにもっと増進している。

三つ目に、この本は《比較分析》の姿勢を強く打ち出している。社会学という学問を、いずれか一つの特定社会の制度を理解してもらうだけで教えることはできない。私は英国社会に傾斜した議論をおこなうが、こうした議論は、他の社会や文化から得た種々さまざまなデータによってつねにバランスをとっている。これらのデータには、他の欧米社会でおこなった研究調査も含まれるが、同時にいま相当の変動を経験しだしているロシアや東ヨーロッパの社会についても、しばしば言及する。この本ではまた、従来の社会学の概説書で通例なされてきた以上に、第三世界の国々に関するデータをより多くとり入れている。人類学の関心領域は、社会学と広いつながりをとくに強調したい。人類学の関心領域は、社会学と広い範囲で重なり合うからである。かりに、今日、緊密な結びつきが世界中の社会を網のなかに絡め取っていることを考えあわせば、また伝統的な社会システムの多くの形態が実質的に消滅していることを考えあわせば、社会学と人類学は、ますます区別がつきにくくなっている。

四つ目のテーマは、社会学に《歴史学的アプローチ》をとり入れる必要性である。このことは、事象が生ずる歴史的脈絡についてたんに詳細な情報を得るだけでなく、それ以上のことがらを意味する。過去何年間の社会学における最も重要な展開のひとつは、歴史分析にますます重きが置かれてきたことである。この歴史分析は、社会学の見地をたんに過去のことがらに適用するということだけでなく、現在の制度を私たちが理解するのに資する手段として受けとめるべきだろう。歴史社会学における近年の研究成果は、この本の至るところで検討され、またほとんどの章でその章で提示される解釈の枠組みになっている。

五つ目に、本文全体を通じて《ジェンダーの問題》にとくに注意を向けている。ジェンダーの研究は、通常、社会学のなかの個別研究領域のひとつとみなされている――また、この本でも、この問題にたいする考察や研究成果について探究する章（第一二章）を設けている。とはいえ、ジェンダー関係の問題は、社会学分析にとって明らかに根本的な論点でもあるため、この問題をたんに社会の一研究分野に帰してしまうことはできない。したがって、多くの章に、ジェンダーについて論及する節が含まれている。

六つ目のテーマは、《ミクロ分析とマクロ分析のつながり》である。私は、この本の多くの箇所で、ミクロな脈絡での相互行為がもっと規模の大きな過程に影響を及ぼし、またこうしたマクロレヴェルの過程が私たちの日々の生活に影響作用することを明示している。社会制度は、ミクロレヴェルとマクロレヴェルの双方から分析することでより良い理解が可能なことを強調しておきたい。

終わりにあげるテーマは、《社会的なことがら》と《個人的なことがら》との関係である。社会学的思考は、自己理解にとって不可欠な手段であり、自己理解を介して、逆に社会的世界についてより一層の理解を図ることが可能になる。社会学の学習は、おそらく解放的経験を味わうものとなるだろう。社会学は、私たちの共感能力や想像力を豊かにし、私たちみずからの行動の源泉への新たな視座をきり拓き、私たちのものと異なる文化的状況にたいする認識を授ける。社会学の考え方がドグマに挑戦し、文化の多様性について正しい認識を育成し、社会制度の働きを見抜くことを可能にする限り、社会学の営みは、人間的自由の可能性をより高めることができる。

この本の構成について

　この本のはじめの部分では、社会学の基本概念に関する抽象的な議論をほとんどおこなっていない。巻末に総合的な用語解説を用意し、各章で用いられる社会学の重要な概念を収録している。本文を通じてゴシック体で表示された用語は、この用語解説に収録されている。また、私は、具体的事例を用いて理念や概念、理論を説明するように終始努力した。こうした具体的事例は、通例、社会学の研究調査から得ているが、他の情報源（たとえば、新聞報道）から得たデータも例証のためにかなり頻繁に利用している。文章は、できるだけ簡潔になるよう努めると同時に、この本が新鮮な、「驚きに満ちた」記述となるように努めた。

　それぞれの章は、社会学の多様な領域を段階的に習得しやすいように立案して配列されているが、私は、この本を、融通自在に活用でき、また個々の学習課程の要求に容易に応じられるように十分配慮した。さほど支障なしに一部の章を省略したり、別の順序で学ぶことも可能である。おのおのの章は、完全に独立した単元として書かれているが、他の章の関連する箇所を相互参照できるよう考慮した。

　各章の終わりに、ワールドワイドウェブ（WWW）が人間や社会学に関して提供する豊かな情報を調べる際の出発点となるインターネット・リンクを示しておいた。この本はまた、この本に付随するウェブサイト、http://www.polity.co.uk/giddens で入手可能な補助教材とともに使用できるように立案されている。教える側も学ぶ側も、批判的思考を促し、この本が探求するテーマをさらに研究する際に役立つ豊富な教材を見いだすことができよう。このウェブサイトは、『社会学 第五版』に重要な特徴を加えており、社会学を教える人たちにも社会学を研究する人たちにも資するように考案されている。

1

社会学とは何か？

私たちが今日――二一世紀初めに――暮らすのは、極めて気がもめるとはいえ、稀に見る前途有望な世界である。それは、現代のテクノロジーが自然環境に加える破壊的猛攻撃だけでなく、深刻な争いや緊張関係、社会的分裂がひときわ顕著な、変化に満ちた世界である。しかしながら、私たちは、みずからの運命を制御し、前の時代の人びとが想像さえできないかたちで自分たちの生活をより良いものに作り上げる可能性を手にしている。

このような世界はいかにして生じたのだろうか？　今日の私たちの生活条件は、なぜ父母や祖父母のそれと著しく異なるのだろうか？　将来、変化はどのような方向に進むのだろうか？　これらの問いは社会学の最重要な関心事であり、それゆえ社会学は、現代の知的文化で知の基盤となる役割を演じていく研究分野である。

社会学は、人びとの形づくる社会生活や集団、社会を研究する。社会学は、社会的存在としての私たち自身の行動を研究対象にしているため、眩惑するほどの、また注目を浴びざるを得ない企てである。社会学研究の範囲は途方もなく広く、街角での人びとの束の間の出会いの分析にはじまり、地球規模で生ずる社会過程の研究にまで及んでいる。

私たちのほとんどは、世界を、自分自身の生活の熟知した特徴という観点から見ている。社会学は、私たちはなぜ自分が現にいま存在するように存在しているのか、またなぜ自分が行動するように行動しているのかについて、もっと幅広い見方を身につける必要性を具体的に示している。社会学は、私たちが自然であるとみなしたり、不可避的であるとみなしたり、善であるとみなしたり、あるいは真理であるとみなすことがらが、実際にはそうでないかもしれないことを、また、歴史的、社会的な力が、私たちの生活の「あらかじめ定められた条件」に強い影響を及ぼすことを、私たちに教えている。私たち一人ひとりの生き方が私たちの社会的経験の脈絡を反映していく際の、精妙な、しかもなお複雑かつ奥深い反映のあり方を理解することは、社会学的見地にとって基本的に重要である。

社会学の視座

社会学的に考えること――いいかえれば、幅広いものの見方をすること――は、想像力の養成を意味している。社会学を学ぶことは、たんに知識を獲得するお定まりの過程ではない。社会学の研究者は、自分の置かれた個人的状況の直接性から自由に離脱して、ものごとをもっと広い脈絡のなかでとらえられる人間である。社会学の研究作業は、米国の研究者、C・ライト・ミルズが名づけて以来有名になった**社会学的想像力**に依拠している（Mills 1970）。

社会学的想像力は、熟知した、判で押したようなみずからの毎日の生活を新たな目で見直すために、そうした毎日の生活の当たり前のことがらから「離脱して、自分自身について考える」ことを、何にもまして私たちに要求する。一杯のコーヒーを飲むという単純な行為について考えてみたい。こうした明らかに面白くもない一片の行いに関して、社会学の観点からどのようなことが言えるのだろうか。山ほどのことが考えられる。

まずはじめに、コーヒーは、たんなる気分転換のためだけの飲みものでないことが指摘できる。コーヒーは、私たちの日々の社会的活動の一部として象徴的価値をもっている。多くの場合、コーヒーを飲むことと結びつく儀礼は、一杯のコーヒーを口にするという消費行動そのものよりももっと重要である。多くの欧米人にとって、朝の一杯のコーヒーは、その人の毎日の日課で中心的位置を占め、一日をはじめるために欠かせない第一歩である。朝のコーヒーの後には、他の人たちとコーヒーを一緒に飲む——社会的儀礼の基盤となる——ということが往々にして生ずる。たとえば、コーヒーを一緒に飲む約束をするふたりの人たちは、自分たちが実際に飲むものよりも、ふたりで落ち合ってお喋りをすることのほうにおそらく関心がある。事実、ものを飲んだり食べることは、どの社会においても社会的相互行為の機会であり、儀礼を演ずることになる——そして、こうした社会的相互行為や儀礼は、社会学に豊かな研究材料を提供していく。

次に、コーヒーは、カフェインを含み、脳に興奮作用をもたらす薬物である。多くの人は、コーヒーがもたらす「特別な高揚感」のためにコーヒーを口にしている。コーヒーブレイクは、オフィスでの長時間労働や深夜遅くまでの勉強をかなり我慢できるものにする。コーヒーは常用癖を生じさせる物質であるが、欧米の文化で、ほとんどの人はコーヒーが病みつきになった人を「薬物常習者」とみなしていない。コーヒーは、アルコール性飲料と同じように「社会的に容認できる」薬物となっている。それにたいして、たとえばマリファナはそうではない。しかしながら、マリファナや、さらにはコカインの吸引を黙許するのにたいして、コーヒーとアルコール性飲料に眉をひそめる文化も、現実に存在する。社会学者は、なぜこうした著しい差異が生ずるのかに関心を寄せている。

三つ目に、一杯のコーヒーを口にする人は、世界中に拡がる、極めて複雑な一連の社会的、経済的関係のなかに巻き込まれている。コーヒーは、世界の最富裕地域と最貧困地域の一部の人びとを結びつける生産物である。コーヒーは裕福な国々で大量に消費されるが、コーヒーをもっぱら栽培しているのは、貧しい国々である。コーヒーは、国際貿易では石油に次ぐ最も高価な商品である。コーヒーは、多くの国々にとって最大の外貨供給源になっている。コーヒーの生産と輸送、供給には、コーヒーを飲んでいる人からは何千マイルも離れた多くの人たちどうしの、絶え間ない交流が必要とされる。こうしたグローバルな交流を研究することは、今日、私たちの生活の多くの側面が世界中に拡がる社会的作用やコミュニケーションによって影響を受けているため、社会学の重要な任務である。

四つ目に、一杯のコーヒーを飲む行いは、過去の社会的、経済的発達過程のすべてを前提に生まれている。今日の欧米社会で日常飲食されている他の——紅茶やバナナ、ジャガイモ、白砂糖のような——身近な食品とともに、コーヒーは、一八〇〇年代の終わり頃から（それ以前はエリート層のあいだで流行していたが）広く消費されるようになった。コーヒーという飲み物は中東地域に起源があるとはいえ、コーヒーの大量消費は、約二世紀前に西欧の領土拡大期にはじまる。今日、私たちが飲むコーヒーのほぼすべては、かつてヨーロッパ人が植民地支配した地域（南アメリカやアフリカ）で生産されている。コーヒーは、いかなる意味においても、西欧に「もともと存在した」食品ではない。植民地支配の名残りが、世界のコーヒー貿易の発達に非常に強い影響を及ぼしている。

五つ目に、コーヒーは、グローバル化や国際貿易、人権、環境破壊をめぐる今日の論争で中心をなす生産物である。コーヒーはその人気が高まったため、すでに「ブランド化」し、政治化してきた。どの種類のコーヒーを飲み、またどこでコーヒーを買うかについて消費者が下す決定は、《ライフスタイルの選択》になっている。人によっては、有機栽培のコーヒーしか飲まない、カフェインを除いたコーヒーしか飲まない、（発展途上国の小規模コーヒー生産者に市場価格に応じた十分な収入がもたらされる仕組みによる）「フェアー・トレード」がなされたコーヒーしか飲まない、と選択することができる。また、人によっては、たとえばスターバックスのような「企業化された」コーヒーチェーン店よりも、むしろ「独立自営」のコーヒーハウスを行きつけの店にするといった選択を下すこともできる。コーヒーを飲む人たちは、人権意識や環境への配慮を欠く一部の国々から輸入されるコーヒーをボイコットするかもしれない。社会学者は、グローバル化が、地球の遠くの場所で生ずる出来事への人びとの認識をいかに高め、また人びとに日常生活で新たな認識にもとづく行動をうながしていくかの解明に関心を寄せている。

社会学を学ぶこと

社会学的想像力によって、私たちは、一個人のみに関係すると思われている出来事の多くが、実際にはもっと大きな問題の反映であることを理解できるようになる。たとえば、離婚は、離婚を経験する人にとってはおそらく極めて耐えがたい過程――ミルズが個人的な悩みと名づけるもの――となる。しかし、離婚はまた、結婚生活全体の三分の一以上が一〇年以内で破綻する今日の英国のような社会では、ミルズが指摘するように、公の問題にもなっている。もう一つ別の例をあげれば、失業は、急に職を追われて、新たな仕事を見いだせない人にとっては、おそらく個人的悲劇である。しかしながら、失業は、その社会で何百万もの人たちが同じような境遇に置かれた場合、一個人の絶望という問題をはるかに超えていく。失業は、大規模な社会的趨勢を明示する公の問題になる。

このような見地を、試しにあなた自身の生活に当てはめてください。必ずしも気のもめる出来事だけを考える必要はありません。たとえば、あなたがなぜこの本のページをめくっているのか――あなたがなぜ社会学を勉強しようと決心したのか――を考えてみてください。あなたは、たんに卒業要件単位を満たすために社会学の授業に出るだけの、向学心のない学生かもしれない。あるいは、社会学についてもっと知りたいと思っている熱心な学生かもしれない。動機づけが何であれ、あなたには、必ずしもそれが何か認識していないかもしれないが、あなたにはおそらく社会学を学ぶ他の人たちと共通する点がかなり多くあるはずです。あなたの個人的意思決定は、もっと広い社会のなかでのあなたの位置づけを反映しているのです。

次のような特性はあなたに当てはまりますか。あなたは、若者ですか。白人ですか。専門的職業やホワイトカラーの家庭の出身ですか。収入を増やすために何かアルバイトをした経験がありますか、いまもしていますか。卒業後は志望する職種に就きたいと思っていても、いまは勉強にあまり熱心ではないのですか。社会学がどのような学問なのか知らないけれども、社会学は、人びとが集団のなかでどのように行動していくかを問題にする学問だと思いますか。おそらくあなたがたの四分の三以上の人は、これらの質問に「はい」と答えるはずです。大学生は、人口全体を代表しているわけではなく、比較的恵まれた家庭環境の出身である傾向が強いのです。また、大学生の態度は、通例、友だちや知人たちのとる態度を反映しています。私たちの生まれ育った社会的背景は、私たちがどのような種類の意思決定を妥当とみなすかに、おおいに関係しています。

しかし、かりにあなたがこれらの質問に、少なくとも一つ以上「いいえ」と答えた場合はどうだろうか。あなたは、マイノリティ・グループや貧しい階層の出身かもしれません。あるいは、中年層か、高齢層かもしれない。とはいえ、いずれの場合も、たぶん次のような判断を下すことができます。あなたは、大学生といういまの立場を得るために、おそらく懸命に努力しなければならなかったはずです。あなたが大学に進学したいという意向を友だちや他の人びとに話した際に、その人たちの示した反感にうち克つ必要があったはずです。あるいは、高等教育の受講と、親としての忙しい立場を両立させているのかもしれません。

私たちは、誰もが自分のいま置かれた社会的脈絡の影響を受けるとはいえ、誰もがこうした脈絡によって自分の行動を単純に規定されているわけではない。私たちは、自分自身の個性を備えているし、また自分自身の個性を創りだしている。社会学の任務は、社会が私たちをそうさせることがらと、私たちが自分自身をそうさせることがらとの結びつきについて究明することである。私たちの活動は、私たちを取り巻く社会的世界を構造化する――明確なかたちを与える――と同時に、その社会的世界によって構造化されている。

社会構造という概念は、社会学では非常に重要な概念である。社会構造の概念は、私たちの生活の社会的脈絡が、出来事なり行為のたんなる無原則な寄せ集めではないという事実を指し示している。私たちの生活の社会的脈絡は、はっきりしたかたちで、構造化、つまり、様式化されている。私たちの行動の仕方や私たちが互いに形づくる関係のなかに、規則性を見いだすことができる。しかし、社会構造は、たとえば建造物のような、人びとの行為とは無関係に独立して存在する物理的構造のようなものではない。人間の社会は、つねに**構造化**の過程にある。人間の社会は、その社会を構成する建築ブロックそのもの――あなたや私のような人間――によって、時々刻々建て直されている。

もう一度、コーヒーを例に考えてみたい。一杯のコーヒーは、あなたの手元に自動的にやってくるのではない。あなたは、たとえばカフェに出掛けていって、コーヒーをブラックで飲むかミルクを入れて飲むかを選択する。あなたが他の何百万の人たちとともにそうした選択をおこなえば、あなたは、コーヒー市場を形成し、地球の反対側のおそらく何千マイルも離れたところで暮らすコーヒー生産者の生活に影響を及ぼすことになる。

社会学的思考の展開

多くの学生は、社会学を学びはじめた当初、自分たちが出会う社会学の取り組み方の多様さに当惑する。社会学は、誰もが妥当と認めるような一塊りの考え方が見いだせる学問では、これまで決してなかった。社会学者たちは、人間行動の研究の進め方をめぐって、また得られた研究成果の最適な解釈の仕方をめぐって、頻繁に論争している。なぜそうならざるを得ないのか。その答えは、社会学の研究領域そのものの特質と密接に結びついている。社会学は、私たちの生活や私たちの行動を問題にする。したがって、自分自身について研究することは、私たちに可能な企てのなかでも、最も複雑な、最も難しい企てである。

理論と理論的アプローチ

たとえば、工業化が社会に及ぼす強い影響力のような複雑な問題を理解する試みは、社会学において理論がもつ重要性を明示している。実態の調査研究は、ものごとが《いかに》生じていくのかを問題にする。けれども、社会学は、たとえその事実がいかに重要で、興味深いものであろうと、（私が今朝一杯のコーヒーを買い求め、そのコーヒーがいくらして、そのコーヒー豆が中央アメリカで栽培されていたといった）事実を収集することだけでは成り立たない。私たちは、同時にまた、ものごとが《なぜ》生ずるのかを知らなければならないし、そのためには、説明的理論を構築する必要がある。たとえば、私たちは、工業化が近現代社会の出現に重大な影響を及ぼしたことを承知している。しかし、何が工業化の起源や前提条件であったのだろうか。社会によって、なぜ工業化の過程に差異が見いだされるのか。工業化は、犯罪処罰方法の変化、あるいは家族制度や婚姻制度の変化と、なぜ密接に結びついているのだろうか。こうした疑問に答えるためには、理論的思考を展開することが必要になる。

理論は、多種多様な経験的状況を説明するのに利用できる、抽象的解釈の構築を必然的にともなう。たとえば、工業化に関する**理論**は、工業の発達過程が共有する主要な特徴を識別し、工業の発達を説明する上でいずれの特徴が最も重要なのかを明らかにしようとする。もちろん、実態についての調査研究と理論的研究を完全に区別することは決してできない。かりに経験的研究によって検証が可能な場合にのみ、妥当性のある理論的アプローチを生みだすことができる。

私たちは、事実のもつ意味を読み解くのに役立つ理論を必要としている。一般におこなわれている主張と異なり、事実は、それ自体では何も語っていない。多くの社会学者は主として実態の調査研究に取り組むが、その調査研究は、かりに何らかの理論的認識によって導かれなければ、近現代社会の複雑な様相をおそらく説明できないだろう。

「実践的な人たち」は理論家をうさん臭く思いがちで、自分たちは「足が地に着いた」根っからの現場人間だから、抽象的な観念に注意を払う必要がないと考えるかもしれない。しかし、現実の決断には、すべてその背景に何らかの理論的過程が存在する。たとえば、企業経営者のなかには、理論にほとんど注意を払わないかもしれない。それにもかかわらず、事業活動への取り組みはいずれも、たとえ明示されることが少ないにしても、理論的仮定を必要としている。たとえば、従業員はとりわけ自分たちの得る賃金水準しだいで一所懸命に働く気になる、と経営者は考えるかもしれない。しかし、こうした仮定は、まさしく人間の行動に関する理論的解釈である――また、産業社会学の調査研究が立証してきたように、誤った理論的解釈でもある。

　私たちは、理論的アプローチを欠いては、調査研究をはじめたり調査研究の結果を解釈する際に、何を探究したらよいのかわからないだろう。とはいえ、事実にもとづいた立証によって解明するということは、社会学で理論が最重要な位置を占めることの唯一の理由ではない。理論的思考は、哲学的論点を含む、人間の社会生活の研究が提起する全般的な問題に対応しなければならない。社会学がどの程度まで自然科学をモデルにできるのか、人びとの意識や行為、制度をどのようにすれば最もうまく概念化できるのかは、簡単な解答を見いだせない問題である。これらの問題は、社会学で生まれた多様な理論的アプローチのなかで、さまざまに論じられてきた。

初期の理論研究者たち

　私たち人間は、自分自身の行動の根源をつねに知りたがってきた。しかし、何千年ものあいだ、自分自身を理解しようとする私たちの試みは、世代を超えて伝えられた、しばしば宗教的信念のかたちで表現された、思考様式に依存していた。（たとえば、近代科学が台頭する以前、多くの人びとは、神や精霊が地震などの自然現象を引き起こすと信じていた。）それ以前の著述家も人間の行動や社会について洞察をおこなっていたが、社会の体系的な研究は、比較的新しい展開であり、その発端は一七〇〇年代末から一八〇〇年代初めに遡る。社会学が誕生する遠因になったのは、一七八九年に起こったフランス革命と**産業革命**の出現が先導した、一連の広範囲に及ぶ変動である。これらの変革的な出来事が引き起こした伝統的生活様式の打ち壊しは、結果として、思想家たちが、社会的世界と自然的世界の双方について新たな理解を展開することにつながった。

　最も重要な鍵となった展開は、世界を理解するために、宗教に代わって科学を用いたことである。こうした一九世紀の思想家たちが解明しようとした問いの類型――人間の本性とは何か？　なぜ社会はいまあるようなかたちに構造化されているのか？　社会はどのように、また、なぜ変化していくのか？――は、今日の社会学者が解明しようとする問いと同じである。私たちの現代社会は、過去の社会と根本的に異なっている。社会学者の仕事は、私たちが、いまの世界と、将来の世界のあり方を理解するための手助けになることである。

オーギュスト・コント　もちろん、たったひとりで社会学のすべての研究分野を基礎づけることはできず、多くの人たちが初期の社会学的思考に寄与した。とはいえ、たとえ「社会学」という言葉を実際に創案したという理由だけであるとしても、通例、フランスの研究者オーギュスト・コント（一七九八年～一八五七年）は、とくに重要な地位を占めている。コントは、当初「社会物理学」という用語を使ったが、競争相手の他の研究者たちもこの名称を用いはじめた。そこでコントは、自分の見解を他の人たちの見解と明確に区別したいと考えて、自分が確立しようとした学問領域を記述するために、「社会学」という名称を造語した。

コントの思考は、コントが生きた時代の激動するさまざまな出来事を反映していた。フランス革命は社会に重大な変化をもたらし、工業化の増大はフランス住民の伝統的な暮らしを一変させはじめた。コントは、ちょうど自然科学が物質的世界の作用を説明するように、社会的世界の法則を説明できる社会の科学を創りだそうと努めた。コントは、一方で科学がそれぞれ独自の研究対象をもつことを認識していた。とはいえ、どの科学も、普遍的法則の解明を目指して同じ論理と科学的方法を共有すべきである、とコントは考えた。自然的世界における法則の発見が私たちを取り巻く出来事の統制と予見を可能にするように、人間社会を左右する法則の暴露は、私たちが自分たちの運命を形づくり、人類の福祉を向上させるのにおそらく役立つ。コントは、物質的世界が一定不変の法則にしたがうように、社会も一定不変の法則にしたがう、と主張した。

コントは、社会学にたいして《実証的》科学というヴィジョンをいだいていた。コントは、物理学や化学が物質的世界を研究するために用いるのと同じ厳密な科学的方法を、社会学においても社会の研究に適応すべきであると考えた。**実証主義**は、科学が、経験によって直接知ることができる観察可能な実体だけを問題にすべきであると主張する。知覚による注意深い観察にもとづくことで、人は、観察された現象どうしの関係を説明するための法則を推論できるようになる。科学者は、出来事どうしの因果関係を理解することで、次に将来の出来事がどのように生ずるのかを予見できるようになる。社会学の実証的アプローチは、社会についての知識の生産が、観察と比較、実験から得られた経験的証拠にもとづくべきであると確信している。

コントの《三段階の法則》は、世界を理解しようとする人間の努力が、神学的段階から形而上学的段階、実証主義的段階を経てきたと主張する。神学的段階では、宗教的理念や、社会が造物主の意思の表れであるという信念が、人びとの思考を導いていた。ルネッサンス時代のほぼ最初期に到来する形而上学的段階では、社会は、超自然的な観点からではなく、自然的観点から見られるようになる。コペルニクスやガリレオ、ニュートンによる発見や研究業績が先駆けとなった実証主義的段階は、社会的世界への科学的技法の適応を促進した。コントは、このような見解を保持しながら、社会学を——物理学から化学、生物学のあとを受けて——最後に発達する科学であるが、すべての科学のなかで最も重要な、また複雑な科学であるとみなしていた。

晩年、コントは、みずからの社会学的観点にもとづいて、個別的にはフランス社会のための、また一般的には人間社会のための野心的な再建プランを打ち出した。コントは、科学的基礎づけを支持して信念やドグマを放棄する「人類の宗教」の確立を推しすめた。社会学は、この新たな宗教の核心を占めることになっていた。コントは、みずからが生きた社会の現状にたいして鋭い問題意識をもっていた。工業化が生みだしはじめている不平等状態と、そうした不平等状態が社会的凝集性に及ぼす脅威を懸念した。

コントの見解では、長期的解決策は、たとえ新たな不平等様式が生ずるとしても、社会を規制するために、つまり、社会をひとつにまとめるのに役立つ道徳的合意を生みだすことである。社会の再建というコントのヴィジョンはまったく実現されなかったとはいえ、社会の科学を体系づけ、また一体化するためにコントがおこなった寄与は、その後、社会学が学問として専門化する上で重要であった。

エミール・デュルケム

同じフランスのもう一人の研究者エミール・デュルケム（一八五八年〜一九一七年）の著作は、コントの著作よりももっと強い影響を現代の社会学に継続的に及ぼした。デュルケムは、コントの研究のおこなった諸側面に学んでいたとはいえ、コントの見解の多くがあまりにも思弁的で漠然としており——科学的基盤の上に社会学を確立したいという——目論見をコントがうまく達成できなかったと考えた。デュルケムは、古くからの哲学的問題を実証主義の手法によって検討することで、これらの問題の解明に寄与できる新たな科学として、社会学をとらえていた。デュルケムに先だってコントがそう考えたように、私たちは、科学者が自然的世界を研究するときと同じように、客観的に社会生活を研究しなければならない、とデュルケムは確信していた。デュルケムの有名な社会学の第一原理は、「社会的事実を《モノ》として研究せよ！」であった。デュルケムは、この原理によって、社会生活を自然界の物体や事象と同じくらい厳密に分析できると言おうとした。

デュルケムの著作は、広範な問題に及んでいた。デュルケムが取り組んだテーマのうちでとくに重要なのは、社会学の経験科学としての重要性、個人の台頭と新たな社会秩序の形成、それに社会における道徳的権威の源泉とその特質、の三つである。この本では、宗教や、犯罪と逸脱、労働と経済生活について論ずる際に、デュルケムの考え方に再び言及することになる。

デュルケムにとって、社会学の主な知的関心事は**社会的事実**の研究である。社会学者は、社会学的方法を個々の人間の研究に当てはめるのではなく、むしろ社会的事実——たとえば経済の状態や宗教の影響力といった、個人としての私たちの行為を形づくる社会生活の諸側面——を考察すべきである。デュルケムは、社会が社会に固有な現実をかかえている——つまり、社会には、社会の個々の成員の行為や利害関心以外にもっと多くの側面がある——と確信していた。デュルケムによれば、社会的事実とは、個人に《外在》する行為や思考、感情の様式であり、一人ひとりの生き方や知覚を超えた社会独自の現実を有している。社会的事実のもう一つの特性は、社会的事実が個々人に《強制力》を行使できることである。とはいえ、人びとは、多くの場合、社会的事実の束縛的特質を、強制であるとは認識していない。それは、一般に人びとが、自発的に社会的事実にしたがって、みずからの選択を実行に移すだけだと確信しているからである。実際にデュルケムは、人びとが、その人たちの社会に一般的に見いだされる様式をたんに踏襲している場合が多い、と主張する。社会的事実は、（たとえば犯罪の場合のように）あからさまな処罰にはじまり、（受け容れがたい振る舞いの場合のような）社会的拒絶や（言葉の誤用の場合のような）たんなる誤解に至るまで、さまざまな仕方で人びとの行為を束縛できる。

デュルケムは、社会的事実の研究が難しいことを認めていた。社会的事実は目に見えず、手で触れられないため、社会的事実を直接観察することはできない。したがって、その代わりに、社会的事実の及ぼす作用を分析したり、法律や宗教教典、成文化された行動規則のように社会的事実がどのように表出されてきたのかを検討することで、間接的に社会的事実の特性を暴露していく必要がある。社会的事実を研究する際に、デュルケムは、偏見やイデオロギーを捨て去ることの重要性を強調している。科学的態度は、知覚にもとづく明証を進んで受け容れ、外部からもたらされる先入観を免れた知性を必要とする。デュルケムは、科学の手順をとおしてはじめて科学的概念を生みだすことができると考えていた。デュルケムは、社会学者にたいして、ものごとを現実に存在するままのかたちで研究し、社会的事物の本質を真に反映する新たな概念を構築するよう求めた。

社会学の他の創始者たちと同じように、デュルケムも、その生涯を通じて社会を一変させる変動に心を奪われていた。デュルケムは、社会的、道徳的連帯性――いいかえれば、社会をひとつに結びつけ、社会が無秩序状態に陥るのを引き留めるもの――にとくに関心を寄せた。連帯性の維持は、一人ひとりが社会集団のなかにうまく統合され、一連の共有された価値や慣習によって統制されている場合に可能である。デュルケムは、最初の重要な研究となった『社会分業論』（Durkheim 1984; 初出は 1893）で、工業時代の到来が新たなかたちの連帯性の出現を結果的にもたらすと論じ、社会変動の分析を提示している。この議論の過程で、デュルケムは、連帯性の二つの類型――《機械的連帯》と《有機的連帯》――を対比させ、これらの類型を、**分業**と、つまり、さまざまな職業間の区別の増大と結びつけてとらえていった。

デュルケムによれば、分業の度合が低い伝統的文化を特徴づけているのは、機械的連帯である。社会のほとんどの成員が類似した職業に従事するため、人びとは、共通の体験と共有された信念によってひとつにまとまっていた。これらの共有された信念のもつ力は、抑圧的であった――共同体は、従来の生活様式に異議を唱えるいずれの成員にたいしても即座に罰を加えた。このように、個々人が異議を唱える余地はほとんどなかった。それゆえ、機械的連帯は、合意と、信念の類似性にもとづいていた。とはいえ、工業化と都市化が及ぼす勢いは、このような連帯性を崩壊させる誘因となった分業の増大を導いた。先進社会における職務の専門分化と増大する社会的差異化は、有機的連帯が特徴になる新たな社会秩序を導いていく、とデュルケムは論じた。有機的連帯を特徴とする社会は、人びとの経済的相互依存と、他者がおこなう寄与の重要性の認識によって、ひとつにまとまっている。分業が拡大するにつれて、人びとは、誰もが他の職業に就く人たちの供給する物品やサーヴィスを必要としているため、ますます互いに依存するようになる。経済的互酬や相互依存の関係が、社会的合意を創出する際に、共有された信念にとって代わることになる。

しかしながら、近現代世界における変動過程は、あまりにも急速で、激化したため、重大な社会的困難を生みだしている。これらの社会的困難は、伝統的なライフスタイルや道徳、宗教的信念、毎日の行動様式にたいして、新たな明確な価値観をもたらすことなしに分裂的作用を及ぼす可能性がある。デュルケムは、このような不安定な混乱した状態を、**アノミー**、つまり、近現代の社会生活が引き起こす目標の喪失感や絶望感と結びつけてとらえようとした。かつて宗教がもたらした伝統的な道徳基準やそれによる統制は、近現代の社会発達によっておおむね崩壊し、その結果、近現代社会では、多くの人びとは、毎日の生活が意味を欠いているという気分に陥る。

デュルケムの最も有名な研究のひとつに、自殺の分析がある(次のコラムを参照)。自殺は、純粋に個人的な行いであり、極端な個人的不幸の結果生じた事態とみなされていた。とはいえ、デュルケムは、社会的要因が自殺行為に根本的な影響を及ぼすことを証明した――アノミーは、こうした影響作用のひとつである。自殺率は、毎年一定の傾向を示すため、これらの傾向を、社会学的に説明していく必要がある。

デュルケムの自殺論

個人と社会の関係を探究した社会学の古典的研究のひとつに、エミール・デュルケムによる自殺の分析がある(Durkheim 1952; 初出は 1897)。人びとは、自分たちが自由に意思表明したり選択を下せる個体であるとみなしている。とはいえ、人びとの行動は、しばしば社会的に類型化され、社会的に形成されている。デュルケムの研究は、自殺のような極めて個人的な行いでさえも社会的世界の影響を受けることを証明した。

自殺に関する調査研究はデュルケム以前にもおこなわれていた。しかし、デュルケムは、自殺を社会学的に研究することの必要性を強く主張した最初の学者である。それ以前の研究も、社会的要因が自殺に影響を及ぼすのを認めたが、人が自殺する可能性を説明する際に、人種や社会的風潮、精神障害といった要因に目を向けていた。けれども、デュルケムによれば、自殺は、他の社会的事実によってのみ説明ができる《社会的事実》である。自殺は、個人の行いのたんなる集積以上のものであった――自殺は、類型化された特性をもつ現象であった。

デュルケムは、フランスでの自殺に関する官庁記録を詳細に検討するなかで、特定の範疇の人びとが他の人たちよりも自殺しやすいことを見いだした。たとえば、デュルケムは、女性よりも男性のあいだで、カトリック教徒に比べプロテスタントのあいだで、貧しい人たちに比べ裕福な人たちのあいだで、それに結婚している人たちよりも独身者のあいだで、自殺が多いことを発見した。デュルケムはまた、自殺率が、戦時中はかなり低く、経済状態が変化したり不安定な時期を通じてより高くなることに注目した。

これらの調査結果から、デュルケムは、自殺率に影響を及ぼす、個人に外在する社会的な力が存在するという結論を導いた。デュルケムは、この説明を、社会的連帯性という考え方や、社会内部での二種類の絆――《社会的統合》と《社会的規制》――と関連づけている。社会集団のなかに強く統合されている人たちや、社会規範によって願望や野心が規制されている人たちは、自殺しにくいと、デュルケムは考えた。デュルケムは、統合と規制の有無の相対的度合にしたがって、四つの自殺類型を特定した。

《自己本位的》自殺は、社会における統合度合が低いことを示し、人が孤立していたり、あるいはその人と集団との結びつきが弱体化したり断たれている場合に、発生する。たとえば、カトリック教徒での低い自殺率は、カトリック教徒の形づくる強い社会的共同体によっておそらく説明できる。それにたいして、プロテスタントの有する人格的、精神的自由は、その人たちが神の前で「孤立している」ことを意味する。婚姻関係は、その人を安定した社会関係に組み入れることで自殺を防ぐが、独身者たちは社会のなかで孤立したままである。デュルケムによれば、戦時中の自殺率の低さは、社会的統合の高まりの現れとみなすことができる。

《アノミー的》自殺は、社会的規制の欠如が原因である。このことで、デュルケムは、人びとが社会の急激な変動や不安定さによって「規範を失って」しまう社会状態を、《アノミー》と称している。社会の規範と個人の願望に関する確固とした判断基準を失うことは――たとえば、経済的激変や、離婚のような個人的苦闘のときがそうであるが――人びとの置かれた状況と人びとがいだく願望とのあいだのバランスをひっくり返す可能性がある。

《集団本位的》自殺は、その人が「過度に統合され」ていて――つまり、社会的絆があまりにも強すぎるので――自分自身よりも社会に高い価値を置く場合に生ずる。このような場合、自殺は、「もっと偉大な美徳」のための犠牲となる。日本の神風特攻隊員や「自爆テロ」のイスラム教徒は、集団本位的自殺の具体例である。デュルケムは、集団本位的自殺を、機械的連帯が広く浸透している伝統社会に特徴的であるとみなしていた。

四つ目の自殺類型は、《宿命的》自殺である。デュルケムは、この宿命的自殺が今日的意味をほとんどもたないとみなしたとはいえ、個人が社会によって過度に規制されている場合に、宿命的自殺が生ずると考えた。

自殺率は、社会によって異なるが、それぞれの社会で時間を超えて一定の傾向を示している。デュルケムは、このことを、自殺率に影響を及ぼす社会的な力がつねに存在する証拠とみなした。自殺率の調査、検討は、どのようにすれば一人ひとりの行為のなかに社会の一般的な傾向を析出できるのかを明示している。

この『自殺論』には、発表されて以降、多くの反論が示された。とくに、デュルケムが官庁統計を用いたことや、自殺にたいする非社会的な影響作用を無視していること、自殺をすべて類型化したと主張していることに、反論が加えられてきた。それにもかかわらず、この研究は引きつづき社会学の古典のひとつであり、またデュルケムがおこなった根本的な主張、つまり、自殺という一見すれば個人的な行いに思えるものでさえも、社会学的説明を必要としているとの主張は、依然として重要である。

カール・マルクス

カール・マルクス（一八一八年～一八八三年）の考え方は、コントやデュルケムと明らかに対照的である。しかし、マルクスは、コントやデュルケムと同じように、産業革命の時代を通じて生起しだした変動を説明しようと努めた。マルクスは、青年時代の政治的活動がもとでドイツ政府当局と対立した。そのため、マルクスは、フランスに短期間滞在した後、英国で生涯亡命生活を送った。マルクスは、工場や工業生産の発達とともに、その結果生じた不平等状態を目の当たりにした。マルクスがいだいたヨーロッパの労働運動や社会主義思想への関心はその著作に反映され、マルクスのほとんどの研究は、経済の問題に関心が集中していった。しかし、マルクスは経済の問題をつねに社会制度と結びつけて考えようとしたため、マルクスの研究は、社会学的洞察に富み、今日においても社会学的洞察力に満ちている。マルクスを最も手厳しく批判する人たちでさえ、マルクスの研究が社会学の発達にとって重要であるとみなしている。

資本主義と階級闘争

マルクスは、歴史のさまざまな局面について論じたが、主として近代の変動に関心を集中させた。マルクスにとって、最も重要な変動は、**資本主義**の発達と密接に結びついていた。資本主義とは、広範囲の消費者に売り渡される物品やサーヴィスの生産をおこなうことで、歴史上のそれ以前の経済システムと根本的に対比される生産システムである。マルクスは、資本主義的企ての内部に二つの主要な要素を特定している。ひとつは、《資本》――将来の資産を形成するために利用したり、投資できる、資金、機械類、さらに工場を含む、すべての資産――である。資本の蓄積は、二つ目の要素である《賃金労働者》と連携して進行する。賃金労働者とは、みずからの生計手段を所有せず、資本の所有者たちが与える職を見いださなければならない労働者の一団を指す。マルクスは、資本を所有する人たち――**資本家**――が支配階級を形成するのにたいして、住民の大多数は、賃金労働者という種別、つまり、労働者階級を構成すると考えた。工業化の拡がりにともない、かつては農業に従事することで生計を立てていた大量の農民が、拡大を遂げる都市部に移住し、都市に基盤を置いた工業労働者階級の形成を促進した。このような労働者階級は、**プロレタリアート**という名称でも呼ばれている。

マルクスによれば、資本主義は、利害の対立が本来的に階級関係の特徴になった**階級**システムである。資本の所有者と労働者は――資本家は労働力を必要とし、労働者は賃金を必要とするため――それぞれ互いに依存しあうが、この依存関係は極めてバランスを欠く。労働者は自分たちの労働をみずからほとんど管理できないが、雇用者は勤労者による労働の成果を合法的に取得し利潤を生みだすことができるため、階級間の関係は、搾取関係である。マルクスは、経済的資源をめぐる階級対立が時間の経過にともなってさらに深刻さを増すだろうと確信していた。

社会変動――史的唯物論

マルクスの観点は、マルクスが**史的唯物論**と名づけたものに基盤を置いている。史的唯物論によれば、社会変動の主要な源泉は、人びとがいだく観念や価値観ではなかった。むしろ、主として経済的影響力が社会変動を促進していく。階級間の対立は、歴史的展開の誘因となる――階級間の対立は「歴史の原動力」になる。マルクスが『共産党宣言』の冒頭で記したように、「これまでの人間の歴史はすべて、階級闘争の歴史であった」(Marx & Engels 2001; 初出は 1848)。マルクスは、関心のほとんどを資本主義と近代社会に向けていたとはいえ、同時にまた社会が歴史の推移を通じてどのように発展してきたのかを検討しようとした。マルクスによれば、社会システムは、経済活動に生ずる矛盾の結果として、ある生産様式から――時には漸進的に、また時には革命によって――別の生産様式へ移行する。マルクスは、狩猟採取民の原始共同制社会にはじまり、古代の奴隷所有システムや、土地所有者と農奴の区分に基盤を置く封建システムを経由する歴史発達段階の輪郭を描いていた。商人と職人の出現は、土地所有貴族にとって代わることになる商人階級ないし資本家階級のはじまりを告げた。このような歴史観にしたがって、マルクスは、ちょうど資本家が封建的秩序を打倒するために結束したように、資本家もやがてその地位を奪われ、新たな秩序である**共産主義**がその座を占めると主張した。

マルクスは、資本主義システムを転覆させ、階級がまったく存在しない――富めるものと貧しいものとの大規模な分化がまったく存在しない――新たな社会の到来を告げる労働者革命が不可避であると確信していた。マルクスは、このことで、人びとのあいだの不平等がすべて消滅すると言おうとしたのではなかった。むしろ、社会は、経済的、政治的権力を独占する少数者の階級と、みずからの労働の生みだす富からほとんど利益を得ることがない大多数の人びとにもはや分裂することはない、と言おうとした。経済システムは、共同所有のもとに置かれ、私たちがいま承知している社会よりも、もっと思い遣りのある社会を確立できる。マルクスは、未来の社会では、生産が、資本主義のもとでの生産よりももっと進捗し、能率的になると確信していた。

マルクスの著述は、二〇世紀の世界に広範な影響を及ぼした。二〇年ほど前まで、世界人口の三分の一以上の人たちは、旧ソヴィエト連邦や東ヨーロッパの国々のように、政府がマルクスの思想から示唆を得たと公言する社会のなかで暮らしてきた。

マックス・ウェーバー

マルクスと同じく、マックス・ウェーバー(一八六四年～一九二〇年)も、単純に社会学者として分類することはできない。ウェーバーの興味と関心は、多くの専門分野を横断していた。ウェーバーはドイツに生まれ、学者としての経歴のほとんどをドイツ国内で送った、学識豊かな人物である。ウェーバーの著作は、社会学だけでなく、経済学や法学、哲学、比較歴史学をも網羅している。同時にまたウェーバーの研究のほとんどは、近代資本主義の発達と、近代社会がそれ以前の社会運営形態と異なることを問題にした。ウェーバーは、一連の経験的研究によって、近代の工業社会の基本的特徴をいくつか明示し、今日の社会学者にとって引きつづき中心的位置を占めるような、社会学の最も重要な論点を特定していった。

ウェーバーは、同時代の他の思想家と同じように、社会変動の特質と原因の解明に努めた。ウェーバーはマルクスの影響を受けたが、同時にまたマルクスの主要な見解の一部に極めて批判的であった。ウェーバーは、史的唯物論を排除し、マルクスほど階級闘争を重視しなかった。ウェーバーの見解では、経済的要因は重要であるが、理念や価値観も社会変動にたいして同じくらい強い影響を及ぼすとされた。ウェーバーの有名な、また多くの論争の的となった著作『プロテスタンティズムの倫理と資本主義の精神』(Weber 1972; 初出は 1904-5)は、宗教的価値観――とりわけ、ピューリタニズムと密接に結びついた価値観――が資本主義の見地を創出する上で根本的に重要であったと主張している。ウェーバーは、初期社会学の他の思想家と異なり、社会学の焦点を、構造ではなく、《社会的行為》に置くべきであると考えていた。ウェーバーは、人びとのいだく動機や理念が変動の背後に働く力である――理念や価値、信念には、変容を引き起こす力がある――と主張した。ウェーバーによれば、一人ひとりは、自由に行動し、未来を形づくる能力をもっている。ウェーバーは、デュルケムやマルクスと異なり、構造が個人に外在したり、個人から独立して存在するとは考えなかった。むしろ、社会における構造は、行為の複雑な相互作用によって形成される、と考えていた。ウェーバーにとって、こうした行為の背後にある意味を理解することが、社会学の任務であった。

社会的行為に関心を寄せるウェーバーの考え方は、他の主要文明との比較の上で西欧社会の示差的特性を分析したウェーバーの最も影響力のある著作にも、如実に反映されていた。ウェーバーは、中国やインド、近東の宗教について研究し、その過程で宗教社会学に重要な寄与をおこなった。中国とインドの主要な宗教システムを西欧の宗教システムと比較することで、キリスト教信仰の特定の側面が、資本主義の出現に強い影響を及ぼしていた、とウェーバーは結論づける。西欧社会における資本主義的見地は、マルクスが想定したような、経済的変化だけでは出現しなかった。ウェーバーの見解では、文化的理念や価値観が、社会の形成と、私たち一人ひとりの行為の形成に力を貸している。

ウェーバーが打ちだした社会学的視座の重要な要素のひとつに、**理念型**という考え方がある。理念型とは、世界を理解するために利用できる概念的モデルないし分析的モデルである。現実の世界では、理念型は、たとえ実在するとしても、稀にしか実在しない――多くの場合、理念型のもつ特性の一部が見いだされるだけである。とはいえ、このような仮説的な概念構成は、現実世界のどのような状況もその状況を理念型と比較することで理解が可能になるため、非常に有用になる場合がある。理念型は、このように確固たる判断基準として役に立つ。ウェーバーは、「理念」型という考え方で、概念の構成が、究極の、ないし望ましい目標であると主張したのではない。そうではなく、理念型とはある現象の「純粋」形態である、とウェーバーは主張しようとした。ウェーバーは、官僚制の諸形態や市場について論述する際に、理念型を活用していった。

合理化　ウェーバーの見解では、近現代社会の出現は、社会的行為類型の重要な変化をともなった。ウェーバーは、人びとが、迷信や宗教、慣習、長くつづいた習慣にもとづく伝統的信念から離脱しだしていると考えた。その代わりに、人びとは、効率性や将来の帰結を斟酌する合理的、道具的計算にたずさわるようになる。工業社会では、感情が入り込む余地はほとんどなかった。また、ものごとの対処の仕方は、それが何世代にもわたっておこなわれてきたというだけの理由で受け容られる余地もほとんどなくなった。科学や、近現代のテクノロジー、**官僚制**の発達を、ウェーバーはひとまとめに**合理化**——社会生活や経済生活を、効率性の原則にしたがって、また専門技術的知識にもとづいて運営すること——として記述した。かりに伝統社会では、宗教や長くつづく慣習が人びとの態度や価値観をおおむね規定してきたとすれば、近現代社会は、政治から宗教、経済活動に至るまで、ますます多くの生活領域の合理化によって特徴づけられている。

ウェーバーの見解では、産業革命と資本主義の隆盛は、合理化に向かうより大きな趨勢の証拠であった。資本主義は、マルクスが考えたように階級対立に支配されていない。《科学》と《官僚制》——大規模な組織——（官僚制について、詳しくは六三八頁から六四六頁を参照）に支配されている。ウェーバーは、西洋社会の科学的特質を、西洋社会の示差的特性のひとつとみなした。官僚制は、多くの人びとを効率的に運営する唯一の方法であるため、経済的、政治的発展にともなって拡大する。ウェーバーは、近代世界における科学的思考が、過去から受け継いだ感傷を一掃していった状態を記述するために、《呪術からの解放》という言い方をしている。

とはいえ、ウェーバーは、合理化の成り行きについてまったく楽観的ではなかった。ウェーバーは、近代社会が社会生活のあらゆる領域を規制しようと企て、人間の精神を押しつぶすシステムであるとして、近代の社会に懸念を示した。ウェーバーは、官僚制がもつ息苦しい、人間性を奪う潜在的影響作用と、官僚制が**民主制**の命運にもたらす言外の意味を、とりわけ心配していた。一八世紀の啓蒙主義時代の、科学とテクノロジーを支持して進歩と富、幸福を唱道しようとした目論見は、みずからの脅威を生みだしてきたからである。

無視された創始者たち

コントやデュルケム、マルクス、ウェーバーは、間違いなく社会学の創始者である。とはいえ、その貢献を考慮すべき重要な思想家が、同じ時期に他にも存在した。多くの学問分野と同じように、社会学も、その人たちの研究成果が本質的価値をもつ、そうした重要な研究者すべてに敬意を示すという理想を、必ずしもつねに実現してこなかった。一九世紀末から二〇世紀初期の社会学の「古典期」を通じて、ほとんどの女性やマイノリティ・グループの成員たちは、職業的社会学者になる機会を与えられなかった。くわえて、現在においても色褪せない重要な社会学的研究をおこなう機会に恵まれた少数の人たちが、社会学ではしばしば無視されてきた。今日、ハリエット・マーティノーのような人物は、社会学者たちの注目を受けてしかるべきである。

ハリエット・マーティノー　ハリエット・マーティノー（一八〇二年～一八七六年）は、「最初の女性の社会学者」と呼ばれてきた。しかし、マルクスやウェーバーと同じく、マーティノーを社会学者とだけとらえることはできない。マーティノーは、イングランドで生まれ、教育を受け、数多くの論文とともに五〇冊以上の著作を刊行している。今日、マーティノーは、社会学の基盤となったコントの研究書『実証哲学』

(Rossi 1973) を翻訳し、英国に社会学を導入したことで、功績が認められている。くわえて、マーティノーは、一八三〇年代のアメリカ合衆国を隈なく広範囲に旅行しながら、みずからの手でアメリカ社会の体系的な研究をおこない、この調査結果がマーティノーの著作『アメリカの社会』(Martineau 1962; 初出は 1837) の題材になった。マーティノーは、いくつかの理由から、今日の社会学者に重要な意味をもたらしている。まず、マーティノーは、社会を研究する際に、主要な政治制度や宗教制度、社会制度を含め、社会のすべての側面に焦点を当てる必要があると論じた。二つ目に、マーティノーは、社会の分析に女性たちの生き方の理解を含める必要があると主張した。三つ目に、マーティノーは、結婚生活や子どもたち、家庭生活、宗教生活、人種関係を含め、それまで無視されてきた問題に社会学の目を向けた最初の人物である。マーティノーがかつて記したように、「子ども部屋や女性の私室、キッチンはいずれも、人びとの徳やモラル、マナーについて学ぶことができる、素晴らしい学校である」(Martineau 1962; 初出は 1837)。終わりに、社会学者はたんに観察するだけでなく、それ以上のことをすべきである、社会学者はまた社会のためになるように行動すべきである、とマーティノーは主張した。結果として、マーティノーは、女性の権利と奴隷解放の両方の積極的な提唱者だった。

現代の理論的アプローチ

初期の社会学者は、自分たちが生きる、変化に富む社会を読み解きたいという願望で一致していた。とはいえ、初期の社会学者は、自分たちが生きる時代の重大な出来事をたんに叙述し、解釈する以上のことをおこなおうと望んだ。さらにもっと重要な点は、初期の社会学者は、社会全般の機能と社会変動の特質を説明できる、そうした社会的世界の研究方法を展開させようとした。しかしながら、これまで見たように、デュルケムやマルクス、ウェーバーは、社会的世界の研究でそれぞれ非常に異なる取り組みをおこなった。たとえば、デュルケムとマルクスは個人に外在する力の強い働きに焦点を当てたのにたいして、ウェーバーは、個人が外部世界で創造的に行動できる能力を研究の出発点にすえた。マルクスは経済的問題がもっぱら優勢であることを指摘したのにたいして、ウェーバーは、もっと幅広い要因が重要な意味をもつと考えていた。このような取り組み方の相違は、社会学の歴史全体を通じて存続してきた。社会学者たちは、たとえ分析対象について意見の一致が見られる場合でも、しばしばその分析を異なる理論的視座からおこなっている。

次に考察する近年の三つの理論的アプローチ――《機能主義》と《葛藤理論》、《象徴的相互作用論》――は、それぞれデュルケムとマルクス、ウェーバーとじかに結びついている。この本の至るところで、これらの理論的アプローチに頼ったり、これらの取り組み方を具体的に例示する議論や考え方に出会うことになる。第四章で、社会学の主要な理論的アプローチと、社会学思想におけるもっと近年の理論的展開について、もう一度詳しく考察する。

機能主義　**機能主義**は、社会とは、そのさまざまな部分が安定性と連帯性を生みだすために協調して作動する複雑なシステムである、と考えている。機能主義のアプローチによれば、社会学という学問は、社会のそれぞれの部分が、相互に、また社会全体とどのように関係するかを究明すべきである。たとえば、宗教的信念や社会の慣習は、それらが社会内部の他の制度とどのように関係するのかを明らかにすることで、分析できる。なぜなら、社会の個々の部分は、互いの緊密な関係のなかで発達していくからである。

　社会の習わしや制度の機能を研究することは、その習わしや制度が社会の存続にたいしておこなう寄与を分析することである。機能主義者は、コントとデュルケムを含め、社会の活動状態を生き物の活動状態になぞらえるために、しばしば《有機体的類推》をおこなってきた。社会の各部分は、ちょうど人体のさまざまな部分がそうであるように、社会全体の利益のために協調して作動する、と機能主義者は論じている。心臓のような身体器官を研究するために、私たちは、その器官が身体の他の部分とどのように関係するのかを明らかにする必要がある。心臓は、血液を身体の隅々に送り込むことで、人間という生き物の生命維持に極めて重大な役割を果たす。同じように、社会のある項目の機能を分析することは、その項目が社会の存続と健全状態の保持で果たす役割を明らかにすることを意味している。

　機能主義は、社会における秩序と安定性を維持する上で、道徳的合意の重要性を強調する。道徳的合意は、社会のほとんどの人びとが同じ価値を共有している場合に見いだすことができる。機能主義者は、秩序と均衡を、社会の正常な状態とみなす――こうした社会的均衡状態は、社会成員のあいだで道徳的合意が存在することにもとづく。たとえば、デュルケムは、宗教が、社会の中心的価値への人びとの執着を再確認し、それによって社会的凝集性を維持するのに寄与する、と考えていた。

　機能主義の考え方は、一九六〇年代まで、とりわけ米国では社会学理論の主導的な伝統であった。タルコット・パーソンズ（一九〇二年〜一九七九年）とロバート・マートン（一九一〇年〜二〇〇三年）は、両者ともそれぞれデュルケムに幅広く負っているが、機能主義の最も有力な信奉者だった。マートンによる機能主義の解釈は、とりわけ大きな影響力を及ぼした。マートンは、顕在的機能と潜在的機能を区別する。**顕在的機能**は、特定の種類の社会的活動に参加する人びとがよく知っている、また意図している機能である。**潜在的機能**は、活動の参加者たちが気づいていない、その活動のもたらす帰結である。この区別を具体的に説明するために、マートンは、米国のアリゾナ州とニューメキシコ州のホピ族が催すレイン・ダンスを例に用いている。ホピ族は、この儀式が作物に必要な降雨をもたらす（顕在的機能）と信じていた。このことは、ホピ族の人たちがこの儀式を準備し、この儀式に参加する理由である。しかし、マートンは、デュルケムの宗教理論を用いて、レイン・ダンスがまたホピ族の社会の凝集性を促進する効果をもっている（潜在的機能）と主張した。マートンによれば、社会学的説明の重要な役割は、社会的活動や社会制度の有する潜在的機能を暴露することにある。

マートンはまた、機能と**逆機能**を区別する。社会行動のもつ逆機能的側面を究明することは、ものごとの既存の秩序に挑戦するような、社会生活に見られる特徴に焦点を当てることを意味する。たとえば、宗教がつねに機能的である——宗教がもっぱら社会的凝集性にのみ寄与する——と想定するのは、間違いである。二つの集団が、異なる宗教を、あるいは同じ宗教でも別々の解釈を支持している場合、結果として重大な社会的葛藤が生じ、広範な社会的混乱を引き起こす可能性がある。だから、たとえば——ヨーロッパの歴史で、プロテスタントとカトリックの闘争に見られるように——宗教共同体のあいだで、しばしば戦いが生じてきた。

近年、機能主義は、その限界が明らかになるにつれ、人気が衰えだしている。マートンはそうでなかったが、機能主義者の多くは(タルコット・パーソンズが一例である)、葛藤や分裂を生みだす要因に考慮せず、社会的凝集性をもたらす要因を過度に強調した。安定性や秩序に焦点を合わせることは、社会における——たとえば、階級や人種、ジェンダーといった要因にもとづく——分裂や不平等状態が過小評価されることを意味する。同時にまた、創造性のある社会的行為が社会のなかで果たす役割を、さほど重要視していない。機能分析は社会が備えてもいない特質を社会に付与している、と機能主義を批判する多くの人びとが主張する。「ニーズ」や「目的」といった概念は個々の人間に当てはめた場合にはじめて意味をなすにもかかわらず、機能主義者は、あたかも社会が「ニーズ」や「目的」をもつかのようにしばしば論述していた。

葛藤理論の視座　**葛藤理論**を用いる社会学者は、機能主義者と同じく、社会内部に見いだされる構造の重要性を強調する。同時にまた、葛藤理論の社会学者も、社会がどのように作動するのかを説明するために包括的な「モデル」を提示している。とはいえ、葛藤理論の論者は、機能主義がおこなう合意の強調を排除し、社会における分裂の重要性に光を当てている。その際に、葛藤理論の論者は、権力や不平等、闘争の問題に注意を集中させる。葛藤理論の論者は、社会を、みずからの利害関心を追求する個々別別の集団から構成されているとみなす傾向がある。別個の利害関心が存在することは、闘争の潜在的可能性がつねに見いだされ、一部の集団が他の集団以上に利益を得ることを意味する。葛藤理論の論者は、社会内部での優勢な集団と不利な立場にある集団のあいだの緊張状態を調べ、統制関係がどのように確立され、固定化するのかを解明しようとする。

葛藤理論での有力な取り組み方は、階級闘争を強調したマルクスの名をとって命名されたマルクス主義である。マルクスの主要な思想は数多くの解釈が可能なため、今日、マルクス主義には、理論的立場を異にする学派がいくつか存在する。マルクス主義は、いずれの解釈においても、社会学を、社会学的分析と政治的改革が組み合わさったものととらえている点で、社会学の他のほぼすべての伝統と色合いを異にする。マルクス主義は、ラディカルな政治的変化のプログラムを生みだすことを期待されてきた。

とはいえ、必ずしもすべての葛藤理論が、マルクス主義的アプローチを受け容れているわけではない。一部の論者は、ウェーバーの影響も受けている。格好の例が、現代ドイツの社会学者、ラルフ・ダーレンドルフ（一九二九年〜）である。ダーレンドルフは、いまや古典となった研究『産業社会における階級および階級闘争』(Dahrendorf 1959）のなかで、機能主義の論者たちは社会の一面しか——社会生活の、調和状態や意見の一致が見いだされる側面しか——検討していない、と指摘した。闘争や分裂が際立った特徴となっている領域も、同じように、あるいはそれ以上に重要である。闘争は、主として個人や集団がいだく異なる利害関心から生まれる、とダーレンドルフは述べる。マルクスは主として階級の観点から利害関心の相違をとらえたが、ダーレンドルフは、利害関心の相違を、もっと広く権威や権力と結びつけてとらえている。すべての社会に、権威をもつ人たちと権威からおおむね締め出されている人たちのあいだの分裂——支配する人たちと支配される人たちの分裂——が見いだされる。

象徴的相互作用論　米国の哲学者、G・H・ミード（一八六三年〜一九三一年）は、社会学の思想に、とりわけ**象徴的相互作用論**と名づけられた視座によって、重要な影響を及ぼしている。象徴的相互作用論は、言語と意味にたいする関心から生じた。言語は、私たちが自己意識的な存在になる——自分自身の個別性を意識し、他者が私たちを見るように自分自身を外側から見ることができる——ことを可能にする、とミードは主張している。この過程で枢要な役割を演ずるのは、**象徴**である。象徴とは、他の何かを代わりになって示すものである。たとえば、私たちがある対象を指称するために用いる言葉は、実際には、私たちが意味しようとすることがらの代わりになる象徴である。「スプーン」という言葉は、私たちがスープを飲むのに使う器具を記述するために用いる象徴である。言葉によらない身振りや非言語コミュニケーション形態もまた、象徴である。誰かに手を振ったり、乱暴な素振りをすることには、象徴的な意味がある。人間は、互いに相互行為をおこなう際に、共有された象徴や理解を当てにする、とミードは論じている。なぜなら、人間は豊富な象徴から構成される世界のなかで生きており、人間どうしのほぼすべての相互行為は、象徴の交換を必然的にともなうからである。

象徴的相互作用論は、人びとの相互行為の細部と、さらに私たちがそうした行為の細部を他者の言動を理解するためにどのように利用しているのかという問題に、私たちの注意を向ける。象徴的相互作用論の影響を受けた社会学者たちは、多くの場合、日常生活の場面での対面的相互行為に焦点を当てている。象徴的相互作用論の社会学者は、こうした相互行為が、社会や社会の諸制度を創出する過程で果たす役割を強調する。ウェーバーは、この理論的アプローチに、重要な影響を間接的に及ぼした。なぜなら、ウェーバーは——たとえば、階級や党派、身分集団等々の——社会構造の存在を認めていたとはいえ、これらの構造が一人ひとりの《社会的行為》をとおして創出されると考えたからである。

象徴的相互作用論の視座は、毎日の社会生活の推移のなかで私たちの行為のもつ本質について多くの洞察を生みだすことができるものの、社会内部の権力や構造というもっと大きな問題や、権力と構造が個々の行為にどのように束縛を加えるのかという問題を無視しているとして、批判されてきた。

社会における権力と構造の問題を間違いなく考慮に入れ、象徴的相互作用論のいまや古典となった研究のひとつに、アーリー・ホックシールドの『管理される心——感情が商品になるとき』がある（Hochschild 1983）。カリフォルニア大学の社会学教授であるホックシールドは、米国のアトランタにあるデルタ航空の客室乗務員研修センターで、訓練講座を参観し、インタヴュー調査をおこなった。ホックシールドは、客室乗務員が、いろいろな技能を習得するだけでなく、自分の感情を管理できるように訓練されていく様子に注目した。ホックシールドは、訓練講座で、教員のひとりであるパイロットがおこなった説明を思い起こした。そのパイロットは、「それでは、みなさん、前に出て、実際にニッコリ微笑んでください」「みなさんの笑顔は、一番の財産です。現場に出たら、笑顔を活かしてください。ニッコリしてみましょう。《心を込めて》《誇張するくらいに》ニッコリ微笑んでみましょう」と指示していた。

ホックシールドは、参観とインタヴュー調査によって、欧米の経済がますますサーヴィスの供給に基盤を置くようになってきたため、私たちがおこなう労働の感情表現様式を理解していく必要があることに気づいた。ホックシールドが客室乗務員の「顧客サーヴィス」訓練についておこなった研究内容は、小売店やレストラン、バーといったサーヴィス産業で以前働いたことがある人であれば、おそらく身近に感じられるだろう。ホックシールドは、このような訓練を、「感情労働」——誰もが目にできるかたちで（しかも、誰もが好ましいと容認できるかたちで）顔や身体で感情や意図を表示するために、自分の気分の管理が求められる労働——と呼んでいる。ホックシールドによれば、あなたが勤める会社は、たんにあなたの身体動作だけでなく、あなたの感情表現も会社のものだと主張する。会社は、あなたが働いているときに、あなたの笑顔も支配しようとする。

ホックシールドの調査研究は、ほとんどの人がわかっていると思っていても、さらにもっと深いレヴェルでの理解が必要となる生活の諸側面を観察するための窓を押し開けた。サーヴィス産業の労働者たちは——肉体労働者と同じように——仕事の際に譲り渡す自己の特定の側面から自分自身が遠ざかってしまう感覚をいだく場合が多いことを、ホックシールドは発見した。たとえば、肉体労働者は、自分の腕が機械の部品になったような感覚に陥り、何かが起きない限り腕が自分の身体の一部であることを意識したりしない。同じように、サーヴィス職の労働者たちも、自分の笑顔が自分の内面から自然に出たのではなく、自分の上に乗っかっているという言い方を、しばしばホックシールドにしていた。いいかえれば、サーヴィス職の労働者たちは、自分自身の情動からの隔たりを感じていた。ホックシールドのこの指摘は、私たちが一般に情動を自分自身の深い人格的要素の一部とみなしているという事実を考慮した場合、非常に興味深い。

ホックシールドの著作は象徴的相互作用論の有力な応用であり、他の多くの研究者は、『管理される心』が刊行されて以降、ホックシールドの考え方をもとに研究を展開している。ホックシールドは、世界で「サーヴィス経済」が最も発達した国のひとつ——米国——で研究をおこなったが、ホックシールドの得た知見は、いまの時代の多くの社会に当てはまる。サーヴィス職は、世界中の国々で急激に拡大し、ますます多くの人が職場で「感情労働」に従事することを要求されている。西ヨーロッパや北アメリカに見いだすような人前で笑顔を見せるという伝統をもたない一部の文化では、たとえばグリーンランドのイヌイット族がそうであるように、感情労働の訓練は、かなり骨の折れる任務であることが示されている。こうした国では、サーヴィス産業の従業員たちは、特別に用意された――デルタ航空の客室乗務員たちが受ける講習とほとんど違わない――「笑顔訓練講座」への参加を命じられる場合がある。

社会学における理論的思考

この章では、社会学の主題にたいする全般的方向づけを指称する、理論的アプローチについて問題にしてきた。とはいえ、これまで論じた《理論的アプローチ》と《理論》を区別することは可能である。理論は、焦点をもっと狭く当て、特定の社会状況なり出来事の類型について説明しようとする試みを意味する。理論は、通常、研究過程の一部として形成され、それによって調査研究が専念すべき問題点を示唆していく。具体例は、この章でさきに述べたデュルケムの打ちだす自殺理論である。

社会学者が取り組む多種多様な研究領域で、おびただしい数の理論が展開されてきた。理論は、ときには非常に正確に提示され――社会学以外の他の社会科学では（とくに経済学で）かなり一般的であるとはいえ――数式のかたちで表示される場合もある。

理論のなかには、他の理論よりもはるかに多くのことがらを説明しようと企てる場合もある。適用範囲の非常に広い理論の構築に社会学者が関心を向けることは、はたしてどの程度まで望ましいのか、あるいは有益なのかをめぐって、さまざまな意見が示されてきた。たとえば、米国の社会学者ロバート・マートンは、社会学者はマートンのいう《中範囲の理論》に専念すべきである、と強く主張した（Merton 1957）。私たちは、（たとえば、マルクスの理論のように）壮大な理論図式を生みだそうとするよりも、もっと控え目な理論を展開すべきである。

中範囲の理論は、実証的研究によって直接検証が可能なくらい限定された理論であるが、一連の異なる現象にも十分に適用できる普遍性をもつ。適切な例が、《相対的剥奪》の理論である。この相対的剥奪の理論は、人びとが自分たちの境遇をどのように評価するかは、その人たちが誰を比較対象とするのかによる、と主張する。だから、たとえば剥奪感は、直接的には一人ひとりが経験する物質的貧困の度合と合致しない。誰もがほぼ同じような境遇の貧困地域の小さな住居で暮らす家族と、大多数の家庭が住居規模も大きく、裕福に暮らす住宅地区で前者と同じような小さな住居に暮らす家族を比べた場合、前者の家族は、地域の住民がすべて同じような暮らし向きであるため、おそらくあまり剥奪感をいだかない。

確かに、理論は、適用範囲が広く、意欲的であればあるほど、その理論の経験的検証が難しくなる。しかしながら、社会学における理論的思考を「中範囲」に限定しなければならない明確な理由は、何も存在しないように思える。

社会学における理論の評価査定、とりわけ理論的アプローチの評価査定は、やり甲斐はあるものの、極めて難しい仕事である。

当然、理論上の論争は、実証的に観察が可能な議論に比べて、抽象的になる。単一の理論的アプローチが社会学を支配していないという事実は、この学問の脆さの証拠であるように思えるかもしれない。しかし、決してそうではない。それどころか、対抗する理論的アプローチや理論が互いに競い合うことは、社会学の学問的企てがもつ旺盛な生命力の表れである。人間——つまり、私たち自身——を研究する場合、多様な理論の存在は、私たちがドグマに陥るのを防いでいる。人間の行動は、複雑かつ多面的であるため、人間の行動のすべての側面に単一の理論的視座を適用できることなどおそらくできない。理論的思考に見いだす多様性は、調査研究の際に利用でき、さらに社会学研究の進展に不可欠な想像力を刺戟する、そうした豊かな着想の源をもたらす。

分析のレヴェル——ミクロ社会学とマクロ社会学

この章で検討してきた理論的視座のあいだに見いだされる重要な差異のひとつは、それぞれの理論的視座が目指す分析のレヴェルと関係している。対面的相互行為の場面における日常行動の研究は、通常、**ミクロ社会学**と呼ばれている。**マクロ社会学**は、政治システムや経済的秩序のような、規模の大きな社会システムを分析する。マクロ社会学はまた、たとえば工業主義の発達といった長期に及ぶ変動過程の分析も内包している。一見すると、ミクロ分析とマクロ分析は、あたかも別個のもののように思えるかもしれない。しかし、現実にミクロ分析とマクロ分析は、緊密に結びついている(Knorr-Cetina & Cicourel 1981; Giddens 1984)。

かりに私たちが日々の生活の制度的背景を理解しようとする場合、マクロ分析は必要不可欠である。人びとが日常生活をおくる際の態様は、中世時代の毎日の活動サイクルを先進工業社会の都市環境での生活と比較した場合に明らかなように、幅広い制度的枠組みの影響を著しく受けている。現代社会では、私たちは見知らぬ他人と絶えず接触している。こうした接触は、おそらく間接的で、非人格的である。とはいえ、私たちが今日どれだけ多くの間接的関係のなかに入り込んでいても、他の人びととの対面は、最も複雑な社会においてさえ引きつづき決定的に重要である。私たちは、一方で電子メールで知人にメッセージを送る選択をするかもしれないが、同時にまた、友人と週末を過ごすために飛行機に乗って数千マイル先に出掛ける選択を下す場合もある。

逆に、ミクロ分析は、幅広い制度的様式を解明するために必要である。対面的相互行為は、社会的相互行為の生ずる脈絡の規模がたとえどれほど大きくても、あらゆる種類の社会的相互行為の明らかに主要な基盤になっている。かりに私たちがある企業について研究していると仮定してみよう。対面的行動を調べるだけで、その企業の活動についてかなり知ることが可能だろう。たとえば、役員会議室での取締役たちの相互行為や、さまざまな事業所で働く人たちの相互行為、作業現場での労働者の相互行為を分析することは可能である。その企業では、印刷物や手紙、電話、コンピュータによって処理される業務もあるため、このように対面的行動を調べても、その企業の全体像を組み立てることはおそらくできないかもしれない。しかしながら、ミクロ分析は、組織がいかに作動するのかを理解する上で、間違いなく重要な寄与をおこなうことができる。

後の各章で、ミクロな脈絡での相互行為がもっと大きな社会過程にいかに作用し、逆にマクロなシステムが社会生活のもっと限定された場面にいかに影響を及ぼすのかについて、多くの事例を目にすることになる。

現代の理論的アプローチ

象徴的相互作用論は、社会的相互行為で人びとがおこなう象徴の交換を強調する。象徴的相互作用論は、他の理論と異なり、全体としての社会ではなく、人びとのあいだの小規模な相互行為を重視している。

機能主義は、社会的活動が社会にたいしておこなう寄与に重点を置いている。機能主義の見解を展開させる上でとりわけ影響力があったマートンは、社会的活動に参加する人びとが意図する顕在的機能が、時として社会的行為の意図しない帰結である潜在的機能よりも重要でない場合があることを強調した。社会学的説明の重要な役割は、社会的活動や社会制度の有する潜在的機能を暴露することにある、とマートンは考えていた。

今日の多くの社会理論研究者は、引きつづきマルクスの影響を受け、**葛藤理論**を展開してきた。階級概念を用いた不平等の研究が、マルクス理論の核心をなしている。

社会学の理論的アプローチは、分析のレヴェルという観点から考えることもできる。**ミクロ社会学**は、対面的相互行為の場面での日常行動を研究する。**マクロ社会学**は、規模の大きな社会システムを分析する。ミクロ分析とマクロ分析は、緊密に結びついている。

社会学は私たちの生活でどのように役立つのか

社会学は、さきにも述べたが、ミルズが社会学的想像力の概念を展開する際に強調したように（二〇頁）、私たちの生活に多くの実践的な意味を暗にもたらしている。まず、社会学は、私たちが私たちのものと異なる観点から社会的世界を見ることを可能にする。ほとんどの場合、私たちは、かりに他の人たちがどのように暮らしているかを正しく理解すれば、同時にまたその人たちのかかえる問題が何であるのかをもっとよく理解できるようになる。実際の政策は、その政策が影響を及ぼす人びとの生活様式に関して情報豊かな認識に基盤を置かなければ、成功する見込みがほとんどない。だから、たとえばロンドン南部の南アメリカ系住民が圧倒的に多い地区で活動する白人ソーシャルワーカーは、英国で異なるエスニック・グループの成員間に見いだされる文化的差異への感受性を養うことなしに、地区住民の信頼を得ることがおそらくできない。

二つ目に、社会学の調査研究は、《立案された政策がもたらす結果を査定評価する際に現実に有用な手段となる。実際の改革計画は、計画立案者が求めたことがらを達成するのに失敗したり、意図しなかった一連の好ましくない帰結をもたらす可能性がある。

たとえば、第二次大戦後の数年間に、多くの国々で都市の中心部に大規模な住宅団地が造成された。これらの団地は、スラム地区出身の低所得者層に高い水準の住宅施設を供給するために計画され、買物施設等の都市的サーヴィスを手近に提供しようとした。とはいえ、社会学の調査研究によれば、以前の住まいから大規模な高層アパート街区に転居した人びとの多くは、孤立感をいだき、自分たちの生活を惨めと感じていることが明らかになった。貧困地区の高層アパートやショッピングセンターは、多くの場合、急速に荒廃し、追い剝ぎ等の暴力犯罪の温床になっていった。

三つ目として、また、ある意味で最も重要な点であるが、社会学は、私たちにたいして自己啓発——自己理解の増大——をもたらすことができる。私たちは、私たちがなぜいまおこなうように行動し、また私たちの社会の総体的な働きについて知れば知るほど、私たち自身の将来におそらくより一層影響を及ぼすことができるようになる。私たちは、社会学を、政策遂行者——つまり、権力を握る集団——が事情に通じた決定をおこなうためだけに手を貸すととらえるべきではない。権力を握る人びとは、自分たちが遂行する政策のなかで、社会的弱者や恵まれない境遇の人たちの利害関心を必ずしもつねに配慮するとは限らない。自己啓発された集団は、社会学の研究を有効に利用して、政府の政策に効果的に対応したり、自分たちみずから政策提言することがしばしば可能になる。アルコール依存症者の会のような自助グループや、環境保護運動のような社会運動は、実践にもとづく変革を直接生じさせ、かなりの成果を遂げてきた社会集団の具体例である。

終わりに、多くの社会学者が知的職業人として実際の問題にじかに関心を寄せていることにも、言及するべきだろう。社会学教育を受けた人たちは、他の多くの職種に加え、とくに労務関係のコンサルタントや都市プランナー、ソーシャルワーカー、人事管理職に見いだされる。社会にたいする理解は、法律やジャーナリズム、ビジネス、医療の仕事にも役に立つ。

社会学を研究することと社会意識を喚起することのあいだには、多くの場合、密接な結びつきが見いだされる。社会学者自身は、変革や社会変動の実践計画を積極的に唱え、扇動するべきだろうか。社会学は、かりに社会学者が道徳論争や政治論争で努めて中立を守る場合にのみ、知的独立性を保つことができる、と一部の人たちは主張する。しかしながら、目下の論争に無関心な立場を保つ学者のほうが、そうでない学者よりも、社会学的争点の評価査定に際して公平無私なのだろうか。社会学の知識を身につけた人であれば、今日の世界に見いだされる不平等状態に気づかない人は誰ひとりとしていない。かりに社会学者が、政治的争点でどちらの側にも立たなかったりすれば変だろう。また、いずれか一方の側に立つ際に、みずからの専門知識を利用することをみずから禁じたりすれば、非論理的だろう。

この章で見てきたように、社会学は、自分個人の世界観を脇に置いて、私たち自身の生活や他の人びとの生活を形づくる影響作用について注意深く考察していく学問である。社会学は、近現代工業社会の初期の発達にともなう、独自の知的企てとして出現した。したがって、こうした工業社会の研究が、引きつづき社会学の主要な関心事となっている。しかし、社会学者はまた、社会的相互行為や人間社会の本質全般にかかわる、幅広い問題に関心を寄せている。

社会学は、たんなる抽象的な知的研究領域ではない。人びとの生活にたいする、重要な、実践的意味合いを暗に有している。社会学の研究者になるために学ぶことは、おそらく決して退屈な努力ではない。退屈な努力にならないように注意する最良の方法は、研究主題にたいして想像力豊かに取り組み、社会学の考え方や知見を自分自身の生活の諸状況と結びつけてとらえていくことである。

まとめ

1 社会学は、とくに近現代の工業化されたシステムに重点を置く、人間社会の体系的研究である、とみなすことができる。

2 社会学の実際の研究では、想像力に富んだ思考をおこない、社会生活に関する先入観から自分自身を引き離す能力が必要である。

3 社会学は、過去二、三世紀のあいだに人間社会で生じている広範な変動を理解する企てとして出現した。こうした変動のなかに含まれる変化は、たんに規模の大きな変化だけではない。人びとの最も親密な、私的生活の諸特徴のなかで生ずる変化も含まれている。

4 社会学の名高い創始者では、オーギュスト・コント、カール・マルクス、エミール・デュルケム、マックス・ウェーバーの四人がとくに重要である。コントとマルクスは、一九世紀中頃に研究をおこない、社会学の基本となる問題をいくつか確立し、その後、デュルケムとウェーバーがこうした問題について細論していった。これらの問題点は、社会学の本質と、さらに近代化が社会的世界にもたらした重大な影響と関係する。

5 社会学には、多様な理論的アプローチが見いだされる。理論上の論争は、自然科学においてさえ解決が難しい。社会学では、私たちみずからの行動を研究対象にすることにともなう複雑な問題が存在するため、私たちは特別な困難に直面している。

6 社会学の主な理論的アプローチに、機能主義、葛藤理論、象徴的相互作用論がある。これらのアプローチには基本的な相違点がいくつか存在し、これらの相違点は、戦後の時代を通じて社会学の発達に強い影響を及ぼしてきた。

7 社会学は、重要な実践的意味合いを暗にもつ学問である。社会学は、いくつかの仕方で、社会批判や実際の社会改革に寄与することができる。まず、特定の一連の社会状況にたいする理解の向上は、多くの場合、そうした状況を統制できるよりよい機会を私たちすべてにもたらす。同時に、社会学は、私たちの文化的感受性を高めるための手段となり、政策を多様な文化的価値観の認識にもとづいて立案できるようにする。実践面では、私たちは、ある政策プログラムの採用がもたらす帰結を調べることが可能である。終わりに、またおそらく最も重要な点であるが、社会学は、自己啓発をもたらし、集団や個人がみずからの生活の諸条件を改善する機会を増大させる。

インターネット・リンク

この本を補助する支援プログラムと情報
http://www.polity.co.uk/giddens5

The Social Science Information Gateway from Sociology
http://www.sosig.ac.uk/sociology/

The British Sociological Association
http://www.britsoc.co.uk/

2

グローバル化と、変動する世界

人類は、地球上でほぼ五〇万年にわたって生存してきた。定住生活の基盤となる農耕がはじまったのは、約一万二〇〇〇年前に過ぎない。文明が登場したのは、六〇〇〇年くらい前である。かりに人類がこれまで生存した全期間を一日に換算すれば、農耕は午後一一時五六分に、文明は午後一一時五七分に出現した。近現代社会の発達がはじまったのは、なんと午後一一時五九分三〇秒である。けれども、人類のこの一日の残り三〇秒間に、おそらくその時に至るまでの全時間に起こったのと同じくらい大きな変動が生じてきた。

現代の変動のペースは、テクノロジーの発達度合を見れば、具体的に示されている。経済史の研究者デイヴィッド・ランデスが観察するように、

近代のテクノロジーは、たんに生産の量と生産の速さを増しただけではない。近代のテクノロジーは、過去の手工業的方法では、いかなる状況でも生産できなかった品物を生みだした。最も優れたインドの糸紡ぎ職人でさえ、ミュール精紡機が造り出すのと同じくらい細い均一の紡ぎ糸をつくり出すことはできなかった。一八世紀のキリスト教国のどの鍛冶場においても、近代的帯鋼圧延機が生産するような、大判の滑らかで均質な鉄板を生産できなかった。最も重要な点であるが、近代のテクノロジーは、前工業時代にはほとんど誰も思いつくことさえできなかった品物を創り出した。カメラや自動車、飛行機、ラジオから高速コンピュータに至る電気機器、原子力発電所など、数え上げればほとんど無数にある。……結果は、商品やサーヴィスの生産高とその種類の著しい増加であった。このことだけでも、人びとの生活様式を、かつて火の発見が引き起こした以上に大きく変えてきた。一七五〇年当時のイギリス人は、物質面で見れば、その人たちの曾孫世代よりも、むしろシーザー時代のローマ軍団兵士に近かった。

(Landes 1969)

近現代世界に特徴的な生活様式や社会制度は、その直前の時代の生活様式や社会制度と大きく異なっている。ほんの二、三世紀のあいだに――人類史の脈絡で見れば、ほんの一瞬の時間であるが――人類の社会生活は、それまで人びとが何千年も暮らしてきた社会秩序類型から急転換してきた。

私たちは、以前のどの世代と比べても、不確実な未来に直面している。確かに、前の世代の生活条件はつねに不安定だった。人びとは、自然災害や疫病、飢饉に翻弄されていた。しかし、現代の先進工業国では、疫病や飢饉とほぼ無縁であるとはいえ、今日、私たちは、自分たち自身が解き放った社会的勢力に対処しなければならない。

この章の後半で、冒頭で素描した途方もない社会変容が生じた理由をいくつか検討し、さらに、いま生じている最大の社会変動のひとつ、**グローバル化**をめぐる論争について取り上げる。とはいえ、過去に存在し、今日の現代世界にも引きつづき見いだされる主要な社会類型についてはじめに分析したい。いまの時代、私たちは、膨大な住民をかかえ、その多くが都市部でひしめき合って暮らす社会に慣れ親しんでいる。しかし、人間のほとんどの歴史を通じて、地球上には、いまよりもはるかに少数の人たちしか

居住していなかった。人口の大多数は都市住民である近代の社会が存在しだしたのは、わずか数百年前ぐらいからである。近代の工業主義に先立って存在した社会形態を理解するには、社会学的想像力の史的側面を必要としている。

社会類型

消えゆく世界——近現代以前の社会とその運命

ヨーロッパの大航海時代に海の外に旅立った探検家や商人、宣教師たちは、自分たちと違う人たちに数多く遭遇した。人類学者のマーヴィン・ハリスは、その著書『喰人族と王』〔邦訳書名『ヒトはなぜヒトを食べたか』〕で次のように述べている。

探検家や商人、宣教師たちは、いくつかの地域——オーストラリアや北極地方、南アメリカの南端、アフリカ——で、長らく忘失していた石器時代の自分たちの祖先とよく似た生活をいまだに営んでいる集団を発見した。その集団は、二、三〇人のバンドで、広大な地域に散在して、絶えず移動し、もっぱら動物を狩り野生植物を収集することで暮らしていた。探検家たちには、これらの狩猟民・収集民が、珍奇で、絶滅の危機に瀕している種族の一員であるかのように思えた。別の地域——北アメリカ東部の森林や南アメリカのジャングル、東アジア——で、探検家や商人、宣教師たちは、人口稠密な集団を発見した。これらの集団は、ほぼ定まった集落に暮らし、農耕に生活の基盤を置き、規模の大きな共同体を一つか二つ組成していたが、用いている武器や道具はこの場合もまた先史時代の名残りでしかなかった。……もちろん、他の地域で、探検家たちは、専制君主や支配階級が統率し、常備軍が防衛にあたるような、もっと発達した国家や帝国にも遭遇した。大洋や砂漠を渡ってやって来たマルコ・ポーロやコロンブスのような人たちをすべて魅了したのは、こうした大帝国であり、またその国の都市や記念建造物、宮殿、寺院、財宝であった。中国——世界最大の帝国であり、この精巧に発達した王国の指導者たちは「赤ら顔の野蛮人たち〔ヨーロッパ人〕」を、文明世界の域外の取るに足りない王国からやって来た嘆願者として軽蔑していた——が存在した。また、インド——牛を崇拝し、住民一人ひとりにその人の霊魂が前世で積んだ功徳に応じて、生活上の労苦が不平等に割り当てられている土地——が存在した。さらには、アメリカ先住民の国家や帝国も存在した。固有の世界がつくられ、それぞれが特有の芸術や宗教を備えていた。インカ帝国には、巨大な石造りの要塞や吊り橋、一面に装飾が施された穀物倉、国家によって統制される経済があった。また、アステカ帝国には、心臓を食べる血に飢えた神々がいて、人びとは絶えず新鮮な生け贄を求めていた。

(Harris 1978)

この一見すると際限がないように思える近現代以前の社会の多様性は、実際にはハリスの記述のなかで言及された、三つの主要類型に分けることができる。三つの主要類型は、ハリスが「狩猟民と採集民〔コレクター／ギャザラー〕」と呼んでいる、もっと規模の大きい農耕社会ないし牧畜社会（農耕ないし家畜動物の飼育をともなうう）、それに、非工業的文明ないし伝統的国家である。そこで、この三つの類型の主要な特徴を順に見ていきたい（表2-1を参照）。

最初の社会——狩猟採集社会

人類は、この惑星上での生存のほとんどの期間を、ほんの一時期を除き、**狩猟採集社会**で生活してきた。狩猟民と採集民は、狩猟や漁撈、野生食用植物の採集によって暮らしを立てている。こうした文化は、たとえば、アフリカの一部の乾燥地帯や、ブラジルとニューギニアの熱帯密林地帯のように、世界の一部地域に引きつづき存在する。とはいえ、西欧文化の流布によってほとんどの狩猟採集文化が壊滅されたり、同化させられたため、現在残存する文化がこの先も長くこのままの状態でいることは、おそらくできない。現在、狩猟や採集で暮らしを立てている人の数は世界中で二五万人である——世界の全人口の〇・〇〇一％でしかない（図2-1を参照）。

もっと規模の大きな社会——とりわけ、米国や英国のような近現代の社会——と比較した場合、ほとんどの狩猟採集集団で、不平等は少ししか見られない。狩猟民や採集民は、自分たちの基本的欲求を満たすのに必要とされる以上の物質的富を生みだすことに、ほとんど何の関心も示さない。狩猟民や採集民がもっぱら没頭するのは、普通、宗教的価値であり、また儀式や儀礼活動である。狩猟民と採集民が必要とする物的財は、狩猟用の武器、穴掘りや建築用の道具、罠や調理用具に限られている。したがって、社会成員のあいだには、所有物の数や種類の面でほとんど差が見られない——富めるものと貧しいものの区分がない。身分や地位の差は、年齢と性に限定される傾向がある。男性はほぼつねに狩猟者であるのにたいし、女性は野生穀物の採集や、調理、育児をおこなっている。とはいえ、こうした男女間の分業は、非常に重要である。なぜなら、男性は、公務や祭祀を担当する地位を牛耳る傾向が強かったからである。

狩猟民と採集民は、その生活様式が私たちにとってもはや何の関心も引き起こさない、たんなる「未開の」人びとではない。その人たちの文化を学ぶことで、私たちは、自分たちの制度の一部が決して人間生活の「本来的」特性ではないことを、はっきりと理解できるようになる。もちろん、狩猟民や採集民が生きてきた状況を理想化すべきではない。しかし、それでもなお、戦争がない点、富と権力に大きな不平等がない点、さらに競争よりも協働が強調される点はすべて、近現代の工業文明が創り出してきた世界を必ずしも「進歩」と同一視できないことを、教訓的に暗示している。

牧畜社会と農耕社会

およそ二万年前に、狩猟民や採集民の集団の一部は、暮らしの手段として、家畜の飼育や定まった地所の耕作に着手していった。**牧畜社会**は、主として飼い慣らした家畜にたよる社会であり、**農耕社会**とは、作物を栽培する（農耕をおこなう）社会である。多くの社会で、牧畜経済と農耕経済が混在してきた。

牧畜民は、自分たちの暮らす環境に依存しながら、牛や羊、山羊、らくだ、馬といった動物を飼育し、群れを管理する。牧畜社会は、現代の世界にもまだ多く存在し、なかでもアフリカや中東、

表2－1　近現代以前の社会類型

類　型	存在した時代	特　徴
狩猟採集社会	紀元前５万年から、(いまや絶滅の危機に瀕するが）現在まで。	・狩猟や漁撈、食用植物の採集によって暮らしを立てる、少数の人たちから組成される。 ・不平等がほとんど見られない。 ・身分の差は、年齢と性別に限定されている。
牧畜社会	紀元前１万2000年から現在まで。今日そのほとんどは、もっと大きな国家の一部になっている。その伝統的生活様式は、土台を浸食されだしている。	・暮らしの糧を、家畜化した動物の飼育に依存する。 ・規模は、数百人から数千人までさまざまである。 ・際立った不平等を特徴としている。 ・首長ないし武勇をたてて王位に就いたものが統治している。
農耕社会	紀元前１万2000年から現在まで。そのほとんどは、もっと規模の大きな政治的実体の一部になっている。	・町部や都市部を欠いた、小さな村落共同体を基盤にする。 ・生活の糧を農耕から得るが、しばしば狩猟や採集で補っている。 ・不平等は、狩猟民や採集民のあいだに見いだされるものよりも、はるかに大きい。
伝統的国家ないし伝統的文明	紀元前6000年から19世紀まで。現在、伝統的国家はすべて消滅している。	・総じて農業に基盤を置いている。 ・商工業が集中した都市がいくつか所在する。 ・規模は非常に大きく、(もっと大きな先進工業社会に比べれば、数は少ないとはいえ）時には数百万人に及ぶものもある。

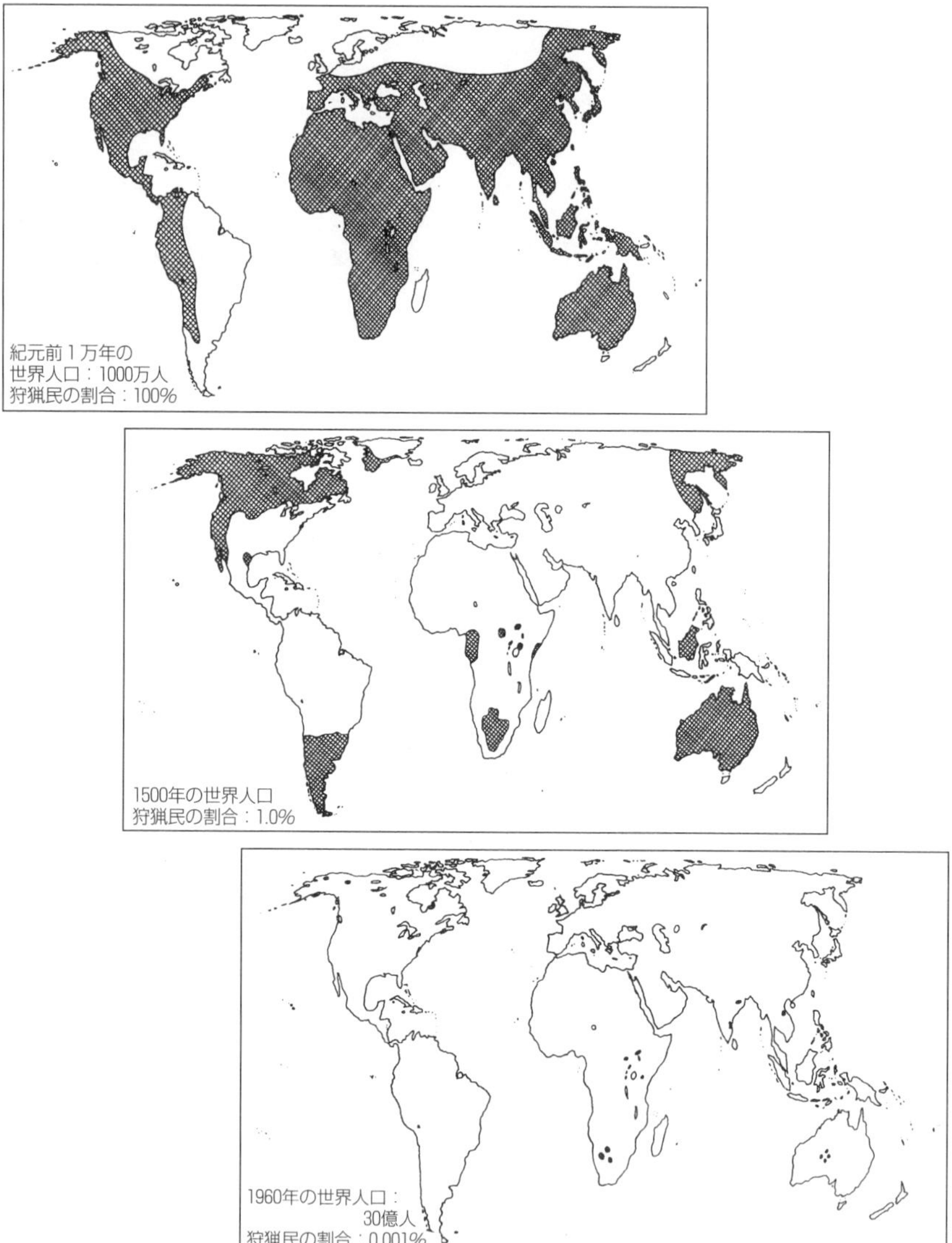

図２-１　狩猟採集社会の減少

出典：R. B. Lee & I. De Vore (1968)

表2-2　農耕社会の残存状況

国　名	農業労働力の占める割合（%）
ルワンダ	90
ウガンダ	82
ネパール	81
エチオピア	80
バングラデシュ	63
先進工業国	
日　本	5
オーストラリア	5
ドイツ	2.8
カナダ	3
米　国	0.7
英　国	1

出典：CIA World Factbook（2004）

中央アジアの地域に集中している。これらの社会は、普通、草がびっしり生えた地域か、砂漠や山岳地帯に見いだすことができる。こうした地域は、実り豊かな農耕には適さないが、いろいろな種類の家畜を養うことが可能である。牧畜社会は、通常、季節の変化に応じて場所を移動している。牧畜民は、動物を移動させるために、狩猟民や採集民よりもずっと広い距離を転々とする。牧畜社会の住民は、狩猟民や採集民よりも物の面で複雑な生活様式を形づくっているが、遊牧を習慣とするため、普通、多くの物的財産を蓄えることはない。

ある時期、狩猟採集集団は、荒野に自生している穀物をただ採集するのではなく、自分たちが収集してきた穀物の種を蒔きはじめた。こうした営みは最初、簡単な鍬などの土を掘る道具で小規模の畑を耕す、通常「手鍬農耕」と呼ばれるものとして発達した。手鍬農耕は、牧畜と同じように狩猟や採集が可能にする以上の安定した食糧供給をもたらし、それゆえ、もっと規模の大きな共同体を支えることができる。手鍬農耕で生活を立てる人びとは、転転と移動する必要がないので、牧畜社会や狩猟採集社会のいずれと比べても、もっと多くの物的財産を蓄積できる。いまでも世界には、主として農耕で生活を立てている人びとが存在する（表2-2を参照）。

非工業文明ないし伝統文明　およそ紀元前六〇〇〇年の頃から、それ以前には存在しなかった規模の大きな社会が出現した形跡を見いだすことができる。これらの社会は、先行する社会類型と著しい対照を示している（図2-2を参照）。こうした社会は、

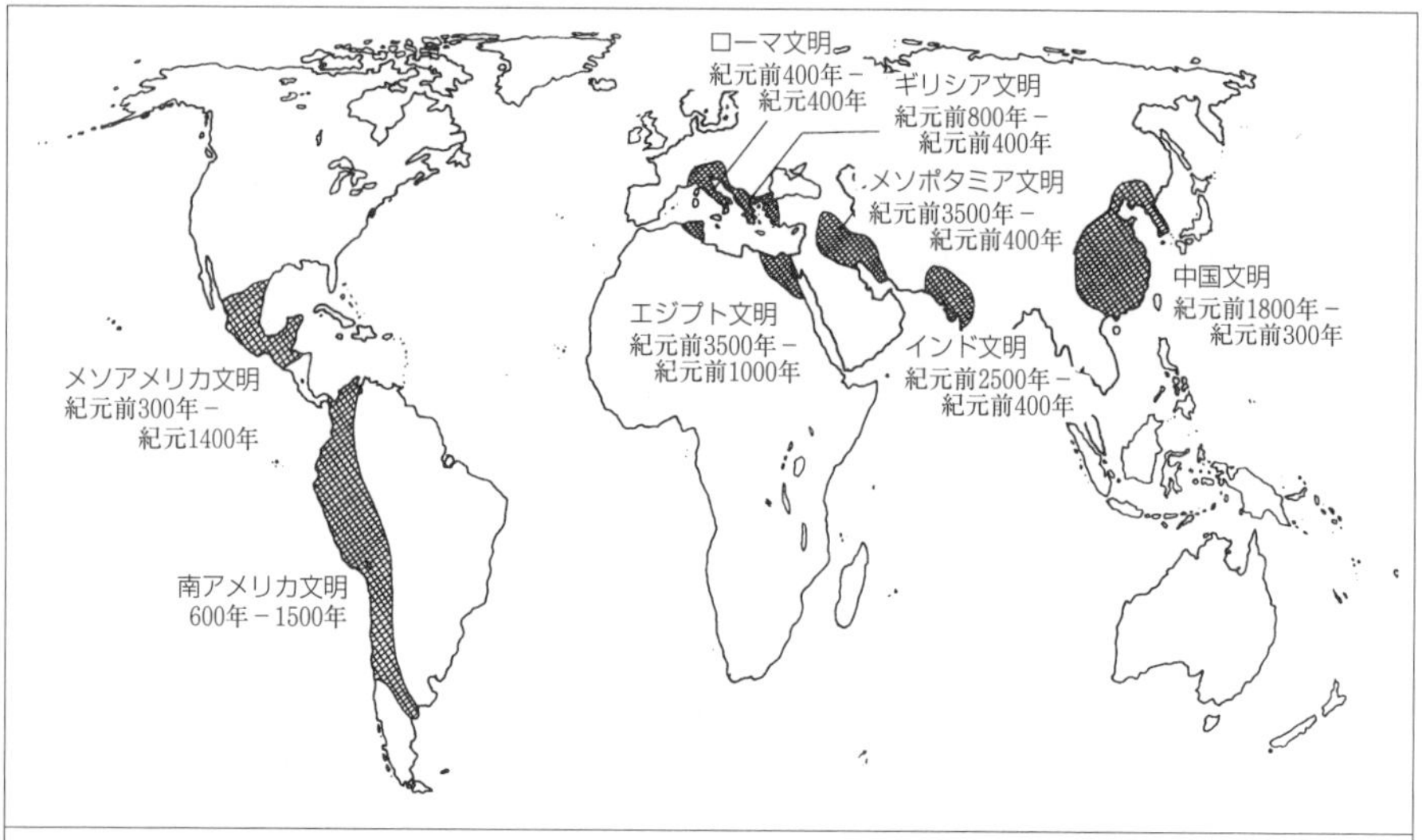

図2－2　古代世界の文明

都市の発達を基盤にしており、富と権力の著しい不平等を示し、国王ないし皇帝による統治と結びついていた。書字の使用と、科学と芸術の興隆をともなったことから、これらの社会はしばしば《文明》と呼ばれている。

最初期の文明は、中近東の、通例、肥沃な河川流域に発達した。中国帝国はおよそ紀元前二〇〇〇年に起こったが、その頃、現在のインドとパキスタンに当たる地域にも強大な国家が存在した。メキシコとラテンアメリカには、たとえばメキシコ半島のアステカやユカタン半島のマヤ、ペルーのインカなど、数多くの巨大な文明が存在した。

ほとんどの伝統文明は帝国でもあり、他の住民を征服し併合することで、規模を大きく拡げていった（Kautsky 1982）。このことは、たとえば往時の中国やローマに当てはまる。西暦一世紀にその最盛期をむかえたローマ帝国は、ヨーロッパ北西部のブリタニアから中近東の向こうにまで版図を拡大した。中国帝国は、今世紀初頭に至るまで二〇〇〇年以上も存続し、いまの中国が支配する広大な東アジア地域のほとんどを網羅していた。

現代の世界――先進工業社会

何が生じて、二世紀前まで歴史全体を支配してきた社会形態を崩壊させたのだろうか。答えは、一言でいえば、**工業化**――すでに第一章（「社会学とは何か」）で紹介した用語――である。工業化とは、（蒸気や電力のような）無生物動力源の利用にもとづく機械制生産の出現である。**工業社会**（ときとして「近現代」社会とも「先進」社会とも呼ばれる）は、それ以前のあらゆる社会秩序類型とまったく異なり、その発達は、起源となったヨーロッパをはるかに超えて拡がるという帰結をもたらした。

最も進んだ伝統文明においてさえ、ほとんどの人は農業に従事していた。テクノロジーの発達度合が相対的に低かったため、農耕生産という辛い仕事から解放されたのは、少数の人たちに過ぎない。対照的に、今日の工業社会の最重要な特徴は、就業人口の圧倒的多数が農業ではなく、工場や事務所、店舗で働いている点である（表2-2を参照）。また、九割を超える人びとが町部や都市に居住し、町部や都市では、ほとんどの職業を見いだすことができ、新たな就業機会が絶えず創出されている。最大の都市は、規模の面で、伝統文明に見いだされた都市的集落をはるかに上回っている。都市地域では、社会生活がそれまで以上に非人格的かつ匿名的になり、毎日の出会いの多くは、個人的に互いに知っている人を相手にするよりも、見知らぬ他人を相手にすることのほうがむしろ多くなる。企業や行政機関といった規模の大きな組織が、実質的にすべての人びとの生活に影響を及ぼすようになる。

新たなグローバル秩序で都市の演ずる役割は、第二一章、九〇四頁以下の「都市とグローバル化」で論じている。

近現代社会のもう一つの特徴は政治システムと関係し、政治システムは、伝統的国家における統治形態に比べてはるかに発達し、集権的になっている。伝統文明では、政治的権威者（専制君主や皇帝）が大多数の住民の慣習や習慣にたいして直接影響を及ぼすことはほとんどなく、大多数の住民は、かなり自給自足した村落社会で暮らしていた。工業化によって、輸送とコミュニケーションは、一段と迅速になり、統合性のより高い「国民」共同体の形成を促進していった。

工業社会は、初めて成立した国民国家である。**国民国家**は、伝統的国家をつねに分けてきたような曖昧な辺境地域ではなく、明確に境界規定した国境線によって互いに分断された政治的共同体である。国民国家の行政府は、国境線の内側に住む人びとにすべて適用される法体系を編み出し、国民生活の多くの側面を広範囲に支配している。英国も、今日の世界のほぼすべての社会と同じく、国民国家である。

工業テクノロジーの応用は、決して経済発展という平和な過程だけに限られるわけではない。近代的生産工程は、工業化の最初期の段階から軍事目的にも利用されてきた。その結果、非工業文明をはるかに上回る兵器や軍隊の組織形態を生みだし、戦闘様式を根底から変えてきた。このような優れた経済力と政治的凝集性、軍事的優位の結合は、過去二世紀のあいだに、欧米の生活様式が一見したところ抵抗も受けずに世界中に普及する要因となった。

グローバルな発達

一七世紀から二〇世紀初めにかけて、西欧の国々は、伝統的社会がかつて領有してきた多くの地域に、必要な場合にはその優勢な軍事力を行使して、植民地を設けていった。これらの植民地は現在ほぼすべてが独立を達成したとはいえ、**植民地主義**の所業は、今日私たちが知っているかたちでの世界社会の地図が形成されるうえで、中心的な働きをした。植民地主義については、すでに前章で、コーヒー豆貿易との関連で言及した（二一頁〜二二頁）。たとえば北アメリカやオーストラリア、ニュージーランドなどの狩猟民や採集民の共同体がほんの少しだけ所在していた地域で、ヨーロッパ人は、人口の大部分を占めるようになった。他の地域では、アジアやアフリカ、南アメリカのほとんどで、以前から住んでいた人びとがそのまま大多数を占めてきた。

　これらの社会類型のうち、前者の社会は、米国を含め、工業化を遂げてきた。後者の社会は、工業発達の度合が総じてかなり低く、しばしば後発社会や《発展途上世界》と称されている。これらの社会には、中国、インド、（たとえばナイジェリアやガーナ、アルジェリアといった）アフリカの大半の国々、（ブラジルやペルー、ヴェネズエラといった）南アメリカの国々が含まれる。これらの社会は、その多くが欧米より南に位置するため、ときとして集合的に《南》と呼ばれ、もっと裕福な、工業化を遂げた《北》と対比される場合もある。

　発展途上国を**第三世界**の一部とみなす議論をよく耳にするかもしれない。「第三世界」という用語は、もともと二〇世紀初めに見いだされた三つの対照的な社会類型のひとつである。**第一世界**の国々とは、ヨーロッパの先進工業国と米国、カナダ、グリーンランド、オーストラレーシア（オーストラリアとニュージーランド、タスマニア、メラネシア）、南アフリカ、それに日本であった（いまでもそうである）。第一世界の社会は、ほぼすべてが、複数政党制議会による統治システムを確立している。**第二世界**の社会は、かつてのソヴィエト連邦と、チェコスロヴァキアやポーランド、東ドイツ、ハンガリーなどを含む東ヨーロッパの共産主義社会を意味した。第二世界の社会は、中央計画経済を確立し、私有財産や企業間競争の役割をほとんど否定していた。これらは一党支配の国家でもあり、共産党が政治システムと経済システムをともに牛耳っていた。ソヴィエト連邦や東ヨーロッパの国々と、欧米や日本の資本主義社会とのあいだでほぼ七五年間にわたってつづいたグローバルな対立関係は、世界の歴史に強い影響を及ぼした。この対立関係はすでに解消している。冷戦の終結と、旧ソヴィエト連邦と東ヨーロッパにおける共産主義の崩壊によって、第二世界は、事実上姿を消した。

　この三つの世界区別は、いまでも時として社会学のテキストで用いられる場合がある。とはいえ、かつてこの区分が世界の国々の記述方法としていかに便利だったかはさておき、現在では時代遅れになっている。一例をあげれば、社会主義や共産主義の国々から構成される第二世界はもはや存在せず、中国のような例外国でさえ、資本主義経済を急速に採り入れだしている。くわえて、第一世界、第二世界、第三世界という序列が、「第一」が「最良」で、「第三」が「最悪」というような価値判断を反映しているため、この用法は避けるのが最善だとする意見もある。

発展途上世界

　発展途上社会の多くは、アジアやアフリカ、南アメリカで植民地支配を被った地域に所在している。植民地のなかには、一八〇四年一月に黒人による最初の自治共和国になったハイチのように、早い時期に独立をかち取ったところも少数ある。南アメリカのスペイン植民地は、一八一〇年にそれぞれ自主独立を獲得し、ブラジルも一八二二年にポルトガルの支配から決別した。しかし、発展途上世界のほとんどの国は、第二次世界大戦後に、血なまぐさい反植民地闘争を多くの場合ともないながら、独立国家となった。具体例に、インドや、アジアの（ビルマ、マレーシア、シンガポールのような）他の多くの国々、アフリカの（たとえば、ケニアやナイジェリア、ザイール、タンザニア、アルジェリアを含む）国々がある。

発展途上世界の国々は、伝統的な様式で暮らす人びとを包含しているとはいえ、それ以前の伝統的社会形態とは非常に異なる。これらの国の政治システムは、欧米社会で最初に確立されたシステムをモデルにしている――つまり、国民国家である。ほとんどの国民は相変わらず農村地帯で暮らすが、発展途上社会の多くは、都市の急激な発達を遂げだしている。（発展途上世界での都市の成長は、第二一章で論じている。）これらの社会では、引きつづき農業が経済活動の中心であるとはいえ、今日、作物は、地元消費よりも、むしろ世界市場で販売するために生産されている場合が多い。発展途上国は、たんに先進工業国から「遅れをとった」社会ではない。これらの発展途上国は、欧米の工業主義との接触によっておおむね形成され、欧米の工業主義がそれ以前の伝統的システムを浸食していった。

発展途上世界の最も貧しい社会における生活条件は、過去数年間に、改善されるよりも、むしろ悪化してきた。一日当たり一ドル以下で暮らしている人びとは、まだおよそ一〇億人もいる。

地球規模の貧困は、第一一章「グローバルな不平等」でさらに論じている。

世界の貧しい人びとは、地域間に重要な差が見られるとはいえ、とくに南アジアと東アジア、アフリカ、ラテンアメリカに集中する。たとえば、東アジアと太平洋地域の貧困レヴェルは過去一〇年間で緩和されたが、アフリカのサハラ以南地域の国々では悪化している。サハラ以南地域では、一九九〇年代に、一日当たり一ドル以下で暮らす人びとの数が二億四〇〇〇万人から三億一五〇〇万人に増えた（World Bank 2004）。南アジアやラテンアメリカ、カリブ海地域でも、貧困の著しい悪化が生じている。世界の最貧国の多くは、深刻な債務危機でも苦しんでいる。外国からの借款にともなう利子の返済額が、政府の保健衛生や福祉、教育に支出する金額をしばしば上回ることもある。

新興工業国　発展途上国の大多数は、欧米社会よりかなり遅れているとはいえ、工業化の過程を見事に開始した国も一部にある。これらの国々は、時として**新興工業国**と称され、ラテンアメリカのブラジルとメキシコ、東アジアの香港と韓国、シンガポール、台湾が含まれる。東アジアの国々のように最も成功した新興工業国の経済成長率は、欧米の工業経済大国の成長率の数倍に達している。一九六八年に発展途上国が輸出国上位三〇傑に名を連ねることはなかったが、二五年後に韓国は一五位に入っている。

東アジアの新興工業国は、最も安定した経済繁栄水準を示してきた。それらの国々は、国外投資に加え、国内市場の拡大も進めている。韓国はこの一〇年間に鉄鋼生産が倍増し、さらに造船産業と電子産業は、世界の筆頭国のひとつになっている。シンガポールは、東南アジアの主要な金融センターと商業センターになりはじめた。台湾は、製造業と電子産業で重要な存在になっている。新興工業国でのこうした変化はすべて、米国のような国々にじかに影響を及ぼす。たとえば、米国の鉄鋼生産の市場占有率は、過去三〇年間に著しく低下してきた。（近現代世界の社会類型は、表2-3に要約して示した。）

社会変動

この章の最初で見たように、近現代の世界を特徴づける生活や社会制度の様式は、直近の時代と比べてさえ、根本的に異なっている。社会変動は、その定義づけが難しい。なぜなら、万物は常に変化するという認識が一般的になされているからである。毎日が日々新たであり、一瞬一瞬がそのたびごとに新しくなる。人は二度と同じ川に足を踏み入れることができない、と古代ギリシアの哲学者ヘラクレイトスは指摘する。川の水は流れており、二度目に足を踏み入れる川は、最初に足を踏み入れた川と同じではないし、また、足を踏み入れた人自身も同じように微妙に変化しているからである。こうした所見は、ある意味で正しいが、二度とも同じ川に同じ人が足を踏み入れているのではないかと、普通であれば強く主張したい気持ちになる。川にしても人にしても、たとえ変化が生じていてもまったく「同じもの」であると言い切るのに十分な連続性を、川の状態や形態、足を水に浸す人の体型やパーソナリティのなかに見いだすことができるからである。このような問題点を考えあわせれば、社会学者は、どのようにして人びとの暮らし方を変容させる変動過程を説明すればよいのだろうか。

重大な変動か否かを確認するには、事物や状況の《根底にある構造》が一定の時間を通じてどれだけ変化してきたのかを示す必要がある。人間社会の場合、あるシステムが、どの程度、またどのようなかたちで変化してきたかを判断するためには、特定の期間を通じて《基本的制度》にどの程度の変更が加えられてきたかを明示する必要がある。また、変動を説明するためには、変動を測定する基準線として、何が変わらないのかを明示していくことも必要である。動きの激しい今日の世界においてさえ、遠い過去との連続性を見いだすことができる。たとえば、キリスト教やイスラム教のような主要な宗教システムは、約二〇〇〇年前に創始された観念や習わしとの結びつきをいまだに保っている。しかしながら、近現代社会のほとんどの制度は、伝統的世界の制度が遂げてきた変化に比べ、間違いなくはるかに急激に変化している。

社会変動に及ぼす影響作用

過去二世紀にわたって、社会理論の研究者は、社会変動の本質を説明するために壮大な理論を展開しようと努力してきた。しかし、単一要因論はいずれも、狩猟採集社会から牧畜社会、伝統文明を経て、最終的に今日の高度に複雑化した社会システムに至るまでの、人間社会の発達の多様性を説明するのに成功していない。とはいえ、私たちは、社会変動に絶えず影響を及ぼす三つの主な要因を、つまり、文化的要因、物理的環境、政治組織を特定することが可能である。

表2－3　近現代世界の社会類型

類　型	存在時期	特　徴
第一世界の社会	18世紀から現在まで。	・工業生産と、通例、自由企業経済システムに基盤を置く。 ・大多数の住民は、町部や都市部で暮らし、少数の人たちだけが地方での農業に従事している。 ・伝統的国家に見いだすほど明白ではないが、階級間に大きな不平等が存在する。 ・独自の政治的共同体、国民国家を形成しており、このなかには欧米の国々や日本、オーストラリア、ニュージーランドが含まれる。
第二世界の社会	20世紀初期（1917年のロシア革命以降）から1990年代初めまで。	・工業に基盤を置くが、経済システムは、中央政府による計画経済である。 ・人口の少数が農業に従事する。ほとんどの人は、町部や都市部で暮らしている。 ・階級間に著しい不平等が存続する。 ・独自の政治的共同体、国民国家を形成する。 ・1989年まで、ソヴィエト連邦や東ヨーロッパが第二世界を構成してきた。しかし、社会的、政治的変動は、これらの社会を、第一世界の社会をモデルにした自由企業経済システムに転換しだしている。
発展途上社会（「第三世界」）	（大部分が植民地であったが）18世紀から現在まで。	・人口の大多数が、昔ながらの生産方法を用いて、農業に従事する。 ・農産物の一部は、世界市場で販売されている。 ・自由企業経済システムをとる社会もあれば、中央計画経済システムをとる社会もある。 ・独自の政治的共同体、国民国家を形成しており、このなかには、中国、インド、それにアフリカと南アメリカのほとんどの国が含まれる。
新興工業国	1970年代から現代まで。	・かつては発展途上社会に属したが、今日では工業と、通例、自由企業経済システムに基盤を置いている。 ・住民の大多数は町部や都市部で暮らし、農業に従事する人たちは少数である。 ・第一世界の社会よりももっと顕著に、階級間に大きな不平等が見られる。 ・一人当たりの平均所得は、第一世界の社会よりも、かなり低い。 ・香港、韓国、シンガポール、台湾、ブラジル、メキシコがこのなかに含まれる。

文化的要因　社会変動に及ぼすひとつ目の主要な影響作用は、宗教の引き起こす効果やコミュニケーション・システム、リーダーシップを含む、文化的要因から構成される。宗教は、社会生活のなかで、保守的勢力にもなれば革新的勢力にもなる（第一四章「現代社会における宗教」を参照）。一部の宗教上の信念や習わしは、伝統的な価値や儀礼を固守する必要性をとりわけ強調することで、変動にたいする歯止めの役割を果たしてきた。しかしながら、マックス・ウェーバーが強調したように、宗教的確信は、社会変動への促進圧力を高める役割を頻繁に果たしている。

変動の特質とペースに作用するとりわけ重要な文化的影響要因は、コミュニケーション・システムの性質である。たとえば、書くことの発明は、記録の保存を可能にし、物的資源の管理強化と大規模組織の発達を可能にした。それに加えて、文字を書くことは、過去と現在と未来の関係にたいする人びとの知覚を一変させた。文字を所有した社会は、過去の出来事を記録し、みずからが歴史を有することを認識できる。歴史の理解は、その社会がたどっている全般的動きや発達の方向について感覚を増進させることができる。それによって、人びとは、そうした動きや発達の方向を促進させるために積極的に努力することが可能になる。

文化的要因の項目のなかに、《リーダーシップ》という要因もつけ加えるべきだろう。世界の歴史で、個人としてのリーダーが非常に大きな影響を及ぼしてきた。この点が事実であることは、（イエス・キリストのような）偉大な宗教者や（ジュリアス・シーザーのような）政治的、軍事的リーダー、（アイザック・ニュートンのような）科学や哲学の分野での革新的な研究者を想起するだけで十分理解できよう。ダイナミックな政策を遂行して大衆の支持を引き出すことができたり、既存の思考様式を根底から作りかえることができるリーダーは、既成の秩序を覆すことができる。古典期の社会学者マックス・ウェーバーは、社会変動でカリスマ的リーダーシップが演ずる役割について考察している。

リーダーシップについてのウェーバーの概念構成は、第一四章、五五三頁で触れている。

とはいえ、人は、好適な社会的条件が存在してはじめて、リーダーの地位に就き、影響力を行使できるようになる。たとえば、アドルフ・ヒトラーは、ひとつには一九三〇年代のドイツを襲った不安や危機の結果として、権力を奪取できた。かりにこうした状況が存在しなかったならば、ヒトラーは、おそらくさして重要でもない党派の世に知られない人物にとどまっていただろう。同じことは、第二次大戦後のインドの有名な平和運動のリーダー、マハトマ・ガンジーの晩年にも当てはまる。ガンジーは、第二次世界大戦等の出来事がインドのそれまでの植民支配制度を不安定にさせたため、英国からのインドの独立を首尾よく獲得することができた。

物理的環境　二つ目に、物理的環境は、人間の社会組織の発達に影響を及ぼしてきた。この点は、かなり極端な環境条件のもとで明白である。こうした環境では、人びとは、気象条件に順応して生活様式を組成していかざるを得ないからである。極地で暮らす人びとは、亜熱帯地域の住民と異なる習慣や習わしを必然的に発達させてきた。アラスカの住民は、冬期が長く厳しいため、もっと温暖な地中海沿岸の国々で暮らす人びとと異なる社会生活様式を守っていく傾向がある。アラスカの住民は、その人たちが暮らす荒涼とした環境を所与として、ほとんどの生活を屋内で過ごし、また、短い夏期を除けば、屋外活動を非常に慎重に計画している。

アラスカほど極端でない物理的環境もまた、社会に影響を及ぼす可能性がある。オーストラリアの先住民は、オーストラリア大陸には周期栽培に適した自生植物や、家畜化して牧畜生産できる動物がほとんど生息していないため、狩猟採集生活を止めることができなかった。世界の初期文明は、総じて肥沃な農地に恵まれた――たとえば三角州のような――地域に発祥した。地域を超えた情報伝達の容易さや、海路を手近に利用できるといった点もまた重要である。山脈や、通行不可能な密林や砂漠によって他の社会から遮断された社会は、往々にして長いあいだ比較的変化を経験しないまま残存してきた。

しかしながら、環境が社会変動に及ぼす直接の影響は、さほど大きくない。人びとは、しばしば、荒涼とした地域でかなり豊かな富を産出することが可能である。この点は、たとえばアラスカに当てはまる。アラスカでは、環境の過酷さにもかかわらず、石油や鉱物資源を開発することができた。反対に、狩猟採集文化は、極めて肥沃な地域である場合が多く、牧畜や農耕生産に従事しないで暮らしてきた。

政治組織

社会変動に影響を及ぼす三つ目の要因は、政治組織の類型である。狩猟採集社会では、共同体全体を結集できる政治的権威が皆無なため、政治組織が及ぼす影響力は、最も小さい。それにたいして、他のすべての社会類型では、独自の政治的機関――族長、領主、国王、行政府――の存在は、その社会がたどる発達の道筋に強い影響を及ぼしている。政治システムは、マルクスが確信したような、土台となる経済組織の直接的な表出ではない。類似した生産システムをもつ社会のなかに、まったく異なる政治秩序類型が存在する場合があるからである。たとえば、工業資本主義が基盤とする社会のなかには、権威主義的な政治システムをもつところ（たとえば、ナチス・ドイツやアパルトヘイト制度下の南アフリカ）もあれば、もっと民主的な政治システムをもつところ（たとえば、米国や英国、スウェーデン）もある。

軍事力は、ほとんどの伝統的国家が確立される際に、非常に重要な役割を果たした。軍事力は、伝統的国家のその後の存続や領土拡張にたいしても、基本的には同じように影響を及ぼした。しかし、生産水準と軍事力の結びつきは、この場合もまた間接的である。たとえば、支配者は、たとえ住民の大多数を貧困に陥れても――金日成とその息子金正日が支配する北朝鮮で起きたように――軍隊の増強に資源を集中させる選択を下す場合がある。

近現代における変動

近現代という過去二〇〇年の時代が、このような社会変動の凄まじい加速を経験してきた理由は、何によって説明できるのだろうか。非常に複雑な論点であるが、関係する要因をいくつか特定するのは難しいことではない。意外でもないが、私たちは、これらの関係する要因を、物理的環境の及ぼす強い影響作用を経済的要因の全般的重要性に含めて考えることを除けば、歴史を通じて社会変動に及ぼしてきた要因のとらえ方に似たかたちで分類することができる。

文化的影響作用 近現代の社会変動過程に影響を及ぼす文化的要因のなかで、科学の発達と思想の世俗化は、それぞれ近現代の見地が有する《批判》性や《革新》性に寄与してきた。私たちは、慣習や習慣を、たんにそれが伝統という古くからの権威をもつがゆえに受容できるとはもはや考えていない。それどころか反対に、私たちの生活様式はますます「合理的」な基盤を必要としている。たとえば、病院建物の設計では、伝統的な建築様式にもとづくのではなく、病院が担う目的――病人の効果的な介護――を満たすことができる能力や性能が考慮される。

私たちがものごとを《どのように》考えるかだけでなく、考えることの《内容》もまた変化してきた。自己の向上や自由、平等、民主的政治参加といった理念は、主として過去二、三世紀のあいだに創出された。こうした理念は、革命を含む、社会的、政治的変動過程を引き起こす働きをしてきた。これらの観念は、伝統と結びついているはずがなく、むしろ、生活の向上を求めて人びとが生活様式を絶えず改善していくことを勧める。これらの理念は、もともと西欧社会で発達したが、真に普遍的かつグローバルな適用性をもつようになり、世界のほとんどの地域で変動を促している。

経済的影響作用 経済的影響のなかで最も広範囲に作用するのは、工業資本主義の強い効果である。資本主義は、それが絶え間ない生産の拡大と、富の無限の蓄積をともなうために、既存の生産システムと根本的に異なる。伝統的生産システムでは、生産水準は、習慣的な、慣例化したニーズに連動するだけだったため、かなり固定的であった。資本主義は、生産技術の絶え間ない改良を促進し、その過程のなかに科学を次第に巻き込んでいった。近現代の工業のなかで育まれた技術革新の速さは、それ以前のどの経済秩序類型に比べても、はるかに高まっている。

経済的要因が社会変動に及ぼす影響作用は、第一一章で、とりわけイマニュエル・ウォーラーステインの世界システム論について論ずる（四二五頁〜四二七頁）なかで、検討している。

最近の情報テクノロジーの発達について考えてみたい。ここ数十年間にコンピュータの能力は、何千倍にも向上した。一九六〇年代の大型コンピュータは、数千個の手製のコネクターを用いて組み立てられていた。今日では、同等の装置は、たんにはるかに小型化されただけでなく、集積回路のなかのほんの一握りの素子が必要とされるだけである。

科学とテクノロジーが私たちの生き方に及ぼす強い影響力は、経済的要因によって総じて推進されてきたが、その影響はまた経済領域を超えて拡がっている。科学とテクノロジーは、政治的要因や文化的要因に影響を及ぼすとともに、政治的要因や文化的要因の影響も受けている。たとえば、科学やテクノロジーの発達は、ラジオやテレビのような近現代のコミュニケーション形態を創り出すのに役立ってきた。さきに見たように、こうした電子コミュニケーション形態は、近年、政治の世界に変化をもたらしている。ラジオやテレビ等の電子メディアはまた、世界にたいする私たちの考え方や感じ方を形成するに至っている。

政治的影響作用　近現代の変動に及ぼす影響力の三つ目の主要類型は、政治的発達にかかわっている。勢力の拡張や、富の開発、戦争相手国にたいする軍事的勝利をもくろむ国家どうしの闘争は、過去二、三世紀間の変動のエネルギー源であった。伝統文明における政治的変動は、通常、エリート層だけが関係した。たとえば、支配者がある貴族の家柄から別の家柄に代わっても、大多数の住民の生活はおそらくほとんど変わらずに続いていった。近現代の政治システムはそうではない。近現代の政治システムでは、政治リーダーや行政官僚の活動が大半の国民の生活に絶えず影響を及ぼす。政治的意思決定は、対外的にも国内的にも、さきの時代以上に社会変動を促進し、方向づけている。

過去二、三世紀の政治的展開は、経済的変動が政治に影響を及ぼしたのと同じくらいに、経済的変動に確実に影響を及ぼしてきた。今日、行政府は、経済成長の度合を刺戟する（また時として抑制する）際に重要な役割を演じている。また、すべての工業社会で、国家は生産活動に強力な介入をおこない、また、行政府は飛び抜けた最大の雇用主になっている。

軍事力と戦争もまた、極めて重要な要因になった。一七世紀以降の西欧各国の軍事力は、これらの国が世界の他のすべての地域に影響力を行使することを可能にした――したがって、西欧の生活様式がグローバル化する上で不可欠な基盤となった。二〇世紀には、二つの世界大戦のもたらした影響は奥深いものであった。多くの国の荒廃状態は、たとえば第二次大戦後のドイツや日本のように、重要な制度的変化が生ずる社会の再建過程を結果的にもたらした。戦勝国でさえも――英国のように――戦争が経済活動にもたらした衝撃の結果、国内的に重大な変化を経験した。

グローバル化

グローバル化は、このほんの数年間で、政治やビジネス、メディアで幅広く使われるようになった概念である。一〇年前、この《グローバル化》という言葉はほとんど知られていなかった。今日、誰もがこの言葉を口にするようになった。**グローバル化**とは、私たちがすべて、ますます「ひとつの世界」を生きるようになり、その結果、個人や集団、国が《相互依存》の度合を高めるという事実を指称している。

グローバル化は、もっぱら経済的現象として描写されている場合が多い。超国籍企業の大規模な活動が国境を超えて拡がり、グローバルな生産過程と労働力の国際的分布に影響を及ぼしているため、多くの人は、超国籍企業の役割を指摘する。一方、電子メディアによって世界の金融市場が統合されてきたことや、世界の資本の流動量が巨大になってきたことを指摘する人もいる。さらにまた、これまで以上に幅広い種類の商品とサーヴィスがかかわる、世界貿易の空前な規模の拡大に着目する人もいる。

確かに経済的力はグローバル化の不可欠な構成要素であるとはいえ、経済的力だけがグローバル化を生みだすと提唱するのは、おそらく間違いである。グローバル化は、政治的要因と社会的要因、文化的要因、経済的要因がそれぞれ結びついて創出されている。グローバル化は、とりわけ情報テクノロジーとコミュニケーション・テクノロジーの発達によって推進されてきた。その結果、世界中で人びとの相互行為の速度が増し、範域が拡大してきた。わかりやすい例が、最近のサッカー・ワールドカップ大会である。テレビのグローバル・ネットワークによって、いくつかの試合は、世界中で数十億人もの人びとが観戦している。

グローバル化に寄与する要因

何がグローバル化の高まりを説明するのだろうか。さきに見たように、いかなる社会変動も、その解明は複雑に絡み合っている。しかし、現代の社会でグルーバル化の高まりに寄与する要因をいくつか突き止めるのは、難しいことではない。これらの要因に、情報テクノロジーとコミュニケーション・テクノロジーの発達、経済的要因、政治的要因がある。

情報テクノロジーとコミュニケーション・テクノロジーの台頭

グローバル・コミュニケーションの爆発的増加は、テクノロジーにおける数多くの重要な進歩と、世界の遠距離コミュニケーションのインフラ整備によって促進されてきた。第二次大戦後の時代に、遠距離コミュニケーションの範囲と情報の流れに奥深い変容が生じた。電話による伝統的なコミュニケーションは、機械式クロスバー交換器に助けられ、電線と海底ケーブルをとおして送られるアナログ信号に依存していた。それにとって代わって、大量の情報を圧縮してデジタル方式で転送する統合されたコミュニケーション・システムが生まれた。海底ケーブルの技術ももっと効率的で、安価になった。光ファイバー・ケーブルの発達は、転送可能なチャンネルの数を飛躍的に増加させた。一九五〇年代に敷設された最初の大西洋横断海底ケーブルは、一〇〇以下の音声経路しか送達できなかったが、一九九七年までに、一本の大西洋横断海底ケーブルでおよそ六〇万の音声経路を送達できるようになった（Held et al. 1999）。一九六〇年代にはじまった通信衛星の普及もまた、国際コミュニケーションが拡張する上で重要な意味をもった。現在、二〇〇を超える衛星ネットワークが、地球上の至るところで情報伝達を促進する機能を果たしている。

こうしたコミュニケーション・システムは、圧倒的な影響力をもつようになった。高度に発達したコミュニケーション・インフラを備えた国では、今日、家庭とオフィスは、電話（固定電話と携帯電話の両方）、デジタルテレビ、BSテレビ、ケーブルテレビ、Eメール、インターネット等々、外部世界との多種多様な伝達機構をもっている。インターネットは、これまでに開発されたコミュニケーション・ツールのなかで、最も急成長したツールとして出現した——一九九八年半ばの時点で、世界中でおよそ一億四〇〇〇万人がインターネットを利用していた。インターネットの利用者は、二〇〇五年までに一〇億人近くに達すると推定されている（図2-3を参照）。

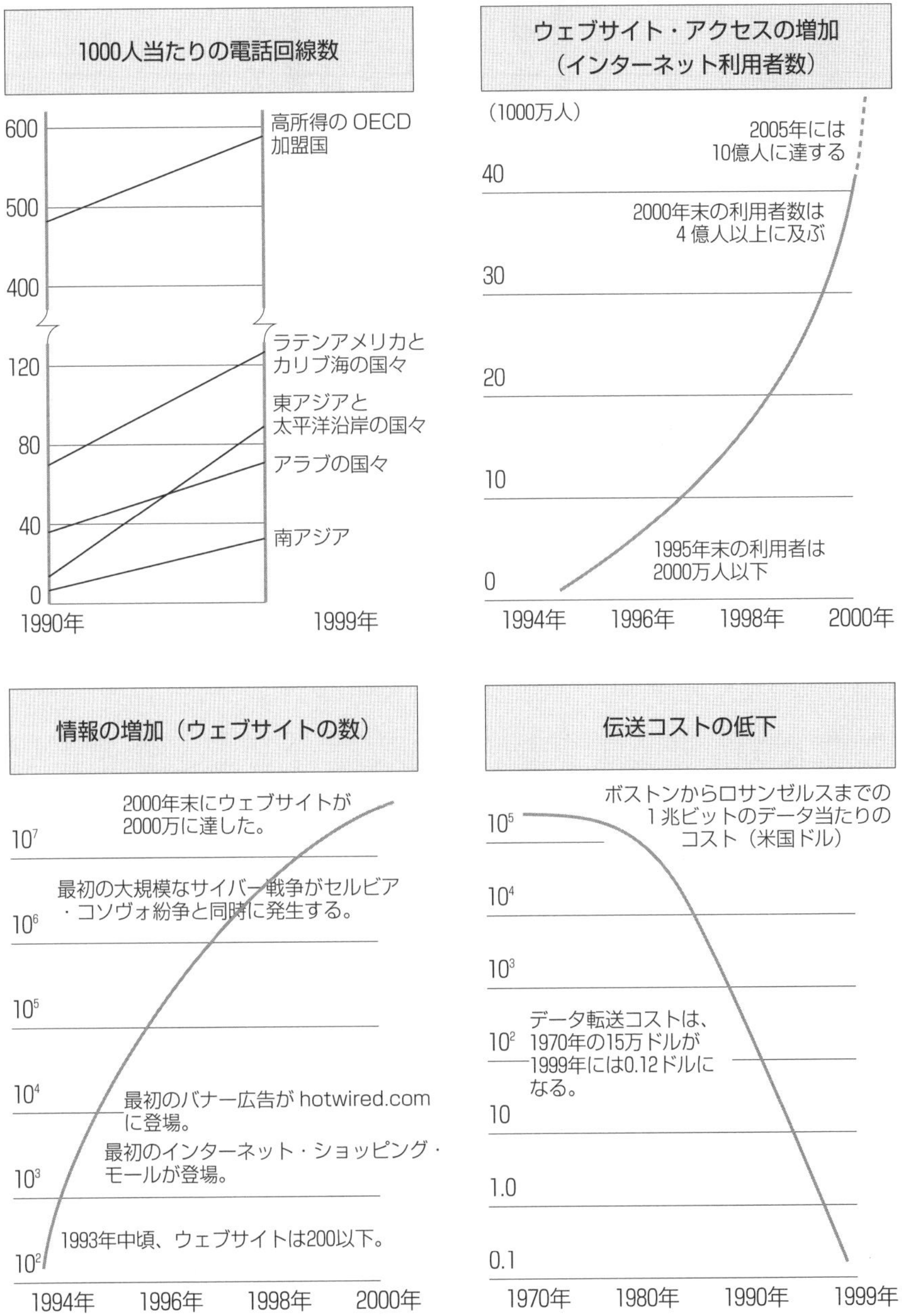
1000人当たりの電話回線数
600
500
400
120
80
40
0
1990年
1999年
高所得の OECD 加盟国
ラテンアメリカとカリブ海の国々
東アジアと太平洋沿岸の国々
アラブの国々
南アジア
ウェブサイト・アクセスの増加（インターネット利用者数）
（1000万人）
2005年には10億人に達する
40
2000年末の利用者数は4億人以上に及ぶ
30
20
10
1995年末の利用者は2000万人以下
0
1994年
1996年
1998年
2000年
情報の増加（ウェブサイトの数）
2000年末にウェブサイトが2000万に達した。
10^7
最初の大規模なサイバー戦争がセルビア・コソヴォ紛争と同時に発生する。
10^6
10^5
10^4
最初のバナー広告が hotwired.com に登場。
最初のインターネット・ショッピング・モールが登場。
10^3
1993年中頃、ウェブサイトは200以下。
10^2
1994年
1996年
1998年
2000年
伝送コストの低下
ボストンからロサンゼルスまでの1兆ビットのデータ当たりのコスト（米国ドル）
10^5
10^4
10^3
データ転送コストは、1970年の15万ドルが1999年には0.12ドルになる。
10^2
10
1.0
0.1
1970年
1980年
1990年
1999年

図2-3　情報関係テクノロジーの進歩

出典：UNDP（2001）

この種のテクノロジーは、時間と空間の「圧縮」を促進する。つまり、互いに地球の反対側にいる——たとえば、東京とロンドンのように——ふたりの人は、「リアルタイム」に会話できるだけでなく、衛星テクノロジーを利用して文書や画像を互いに送ることができる。インターネットや携帯電話の利用の広範な普及は、グローバル化の過程を深め、加速化させている。これらのテクノロジーを利用して、ますます多くの人びとが相互に連絡を取り合うようになっている。また、こうした状況は、かつては周囲の地域から隔絶していたり、伝統的なコミュニケーション手段が乏しかった地域でも生じている（図2-3を参照）。遠距離コミュニケーションのインフラは、世界中で均等に発展してきたわけではない。しかし、今日、ますます多くの国で、かつては不可能だったかたちで、国際的コミュニケーション・ネットワークを入手利用できるようになっている。

情報の流れ　すでに述べたように、かりに情報テクノロジーの浸透が地球上の至るところにいる人びとのあいだで、相互接触の可能性を拡大してきたとするなら、情報テクノロジーの浸透はまた、はるか遠くにいる人びとや出来事に関する情報の流れも促進していった。毎日、グローバル・メディアは、ニュースや映像、情報を人びとの家庭にもたらし、家庭を、外部世界と間断なくじかに結びつけている。過去二〇年間に衆目を惹きつけた出来事のいくつか——たとえば、ベルリンの壁の崩壊、中国の天安門広場で民主化要求運動に加えられた暴力的弾圧、二〇〇一年九月一一日の同時多発テロ——は、まさにメディアによって世界中の視聴者の目の前に明らかにされた。これらの出来事は、それほど劇的でない他の無数の出来事とともに、人びとの思考を、国民国家レヴェルからグローバルな舞台へ新たに方向づける結果となった。今日、人びとは、これまでの時代以上に、自分たちが世界の他の人びとと相互に結びついていることを自覚し、またグローバルな課題や一連の出来事にたいして一体感をいだくようになっている。

こうしたグローバルな見地への転換には、二つの重要な側面がある。まず、人びとは、グローバル・コミュニティの一員として、社会的責任が国境線で終わりにならず、むしろ国境線を越えて拡大することをますます認識するようになった。地球の裏側で人びとが直面する災害や不公正、不正行為は、耐え忍ぶべき不運ではなく、行動や介入の正当な根拠になる。国際社会には、生命や生活が脅かされている人びとの身体的健康や人権を守るために、危機的状況に際して行動を起こす義務であるという想定が、ますます高まっている。自然災害の場合、こうした介入は、人道援助や技術支援というかたちをとる。近年では、アルメニアやトルコの地震、モザンビークやバングラデシュの洪水、アフリカの飢饉、中米のハリケーンで、こうしたグローバルな支援が集まった。

最近、戦争や民族紛争、人権侵害にたいする介入の必要も強く叫ばれているが、こうしたかたちの力の結集は、自然災害の場合以上に問題がともなう。しかしながら、一九九一年の湾岸戦争や旧ユーゴスラヴィア（ボスニアとコソボ）での暴力紛争の場合、人権と国家主権を守るべきだと確信する多くの人びとが、軍事介入を正当とみなした。

二つ目に、グローバルな見地は、人びとが自分自身のアイデンティティ感覚をつくりあげる際、その源を国民国家以外にますます求めるようになってきたことを意味する。このことは、グローバル化の過程が生みだした現象であると同時に、グローバル化の過程をさらに加速させる現象でもある。国民国家の伝統的な支配力が大きく変容している現在、世界のさまざまな地域におけるローカルな文化的アイデンティティは、奥深い変容を経験しだしている。たとえば、ヨーロッパでは、スコットランドやスペインのバスク地方の住民は、自分たちを、英国人やスペイン人ではなく、スコットランド人やバスク人――あるいは、たんにヨーロッパ人――であるとみなす傾向がより強まっているように思える。アイデンティティの源としての国民国家は、その力を弱めだしている。なぜなら、リージョナルなレヴェルとグローバルなレヴェルで生じた政治的転換が、人びとが自分たちの生きる国家にたいしていだく自己の位置づけを解き放ったからである。

経済的要因　グローバル化はまた、世界経済の統合によっても促進されている。これまでの時代と比べ、グローバル経済は、その主たる基盤を農業や工業に置いていない。そうではなく、グローバル経済は、重さのない、実体を欠いた活動に次第に支配されだしている（Quah 1999）。この《重さのない経済》は、コンピュータのソフトウェアやメディア商品、エンターテイメント商品、インターネットに基盤を置くサーヴィスなどがそうであるように、その生産物が情報に基盤を置いている。この新たな経済状況は、第一八章で詳細に論じるが、たとえば「ポスト工業社会」や「情報時代」、「ニュー・エコノミー」など、さまざまな言葉を用いて記述されてきた。知識社会の出現は、テクノロジーにたいする素養があり、コンピュータとエンターテイメント、遠距離コミュニケーションにおける新たな進歩を自分たちの日常生活に熱心に組み込んでいく、そうした消費者たちの幅広い基盤が登場したことと結びついている。

グローバル経済の働きは、情報化の時代に生じた変化をまさしく反映する。経済活動の多くの局面は、国境線で止まらず、国境を越えるネットワークをとおして作動している（Castells 1996）。グローバル化が進む状況のなかで競争力を得るために、ビジネスのあり方も企業も、みずからを再構築して、もっとフレキシブルに、またもっと非ヒエラルキー的になってきた。生産方式や組織形態はもっとフレキシブルになり、他の企業との提携関係は日常茶飯事になり、世界規模の流通ネットワークへの参入は、急速に変化するグローバル・マーケットでのビジネス活動にとってすでに不可欠である。

超国籍企業　グローバル化を推進するさまざまな経済的要因のなかで、超国籍企業の果たす役割はとくに重要である。**超国籍企業**とは、二つ以上の国で商品を生産したりサーヴィスを売買している企業である。超国籍企業には、本拠地を置く国以外に一つか二つの工場をもつだけの比較的小さな会社もあれば、世界中を縦横に飛び回って活動する巨大な国際的企業もある。最大級の超国籍企業のいくつかは世界中で名を知られている企業で、たとえば、コカコーラ、ゼネラル・モーターズ、コルゲート・パーモリーブ、コダック、三菱などがある。超国籍企業は、たとえある国に明らかに基盤を置く場合でも、その活動がグローバルな市場とグローバルな利益に向けられている。

超国籍企業は、経済のグローバル化の中心に位置する。たとえば、超国籍企業は世界貿易全体の三分の二を占め、新しいテクノロジーが世界中に伝播する上で重要な働きをしており、また国際金融市場においても主役を演じている。ある評者がいうように、超国籍企業は「今日の世界経済の要」になっている（Held et al. 1999）。二〇〇一年に、約五〇〇の超国籍企業の年間売上高が一〇〇億ドルを上回ったのにたいして、同じ年に少なくともそれと同額の国内総生産を誇ることができた《国》は、たった七五カ国だった。いいかえれば、世界の主要な超国籍企業は、世界の大半の国よりも経済的に規模が大きい（図2-4を参照）。事実、世界の上位五〇〇を占める超国籍企業の売上高総額は、一四兆一〇〇〇億ドル――世界全体で生産される商品とサーヴィスの価値のほぼ半分――に及んでいる。

超国籍企業は、第二次世界大戦後の歳月のなかでグローバルな現象になった。戦後最初の数年間の拡大発展は米国に本拠を置く企業ではじまったが、一九七〇年代までに、ヨーロッパと日本の企業も国外投資をおこなうようになった。一九八〇年代末から九〇年代に、超国籍企業は、三つの強力な地域市場、つまり、ヨーロッパ（単一ヨーロッパ市場）、アジア太平洋（大阪宣言は二〇一〇年までに自由で開かれた通商を約束している）、北米（北米自由貿易協定）の市場の確立によって、一気に拡大した。一九九〇年代初め以降、世界の他地域の国々もまた、外国からの投資の制限を緩和してきた。二一世紀の変わり目までに、超国籍企業の力が及ばない経済は、世界中でほとんど存在しなくなった。この一〇年間、先進工業経済国に基盤を置く超国籍企業は、発展途上国と、旧ソヴィエト連邦や東ヨーロッパ社会で、とりわけ積極的に企業活動を拡大させている。

製造業が次第にグローバル化を遂げだしているという議論は、**グローバルな商品連鎖**、つまり、完成品を造り出す労働過程と生産過程の世界規模なネットワークというかたちで表現される場合が多い。こうしたネットワークは、ある製品を造り出す上で必要な原材料からその最終消費者にまで伸びる緊密に組み合わされた「鎖」を形成する、そうしたあらゆる機軸的生産活動から構成されている（Gereffi 1995; Hopkins & Wallerstein 1996; Applebaum & Christerson 1997）。

製造業は、一九九〇年から九八年にかけての世界全体の経済成長で、ほぼ三分の二の比率を占めた。最も成長が著しかったのは中所得国である。一九九〇年には中所得国の輸出に製造業が占める割合は五四％に過ぎなかったが、わずか八年後には七一％にまで増加している。中国は、主として製造品の輸出国という役割によって、低所得国から中所得国にランクが上がった。この中国の例は、こうした趨勢をある程度まで説明している。しかしながら、商品連鎖――工学技術、デザイン、広告――で最も利益を上げる活動は、中核国に見いだされる傾向がある。一方、たとえば工場生産のような利益が最も上がらない活動は、通常、周辺国に見いだされる。（バービー人形製造でのグローバルな商品連鎖の活用は、次のコラムで検討する。）

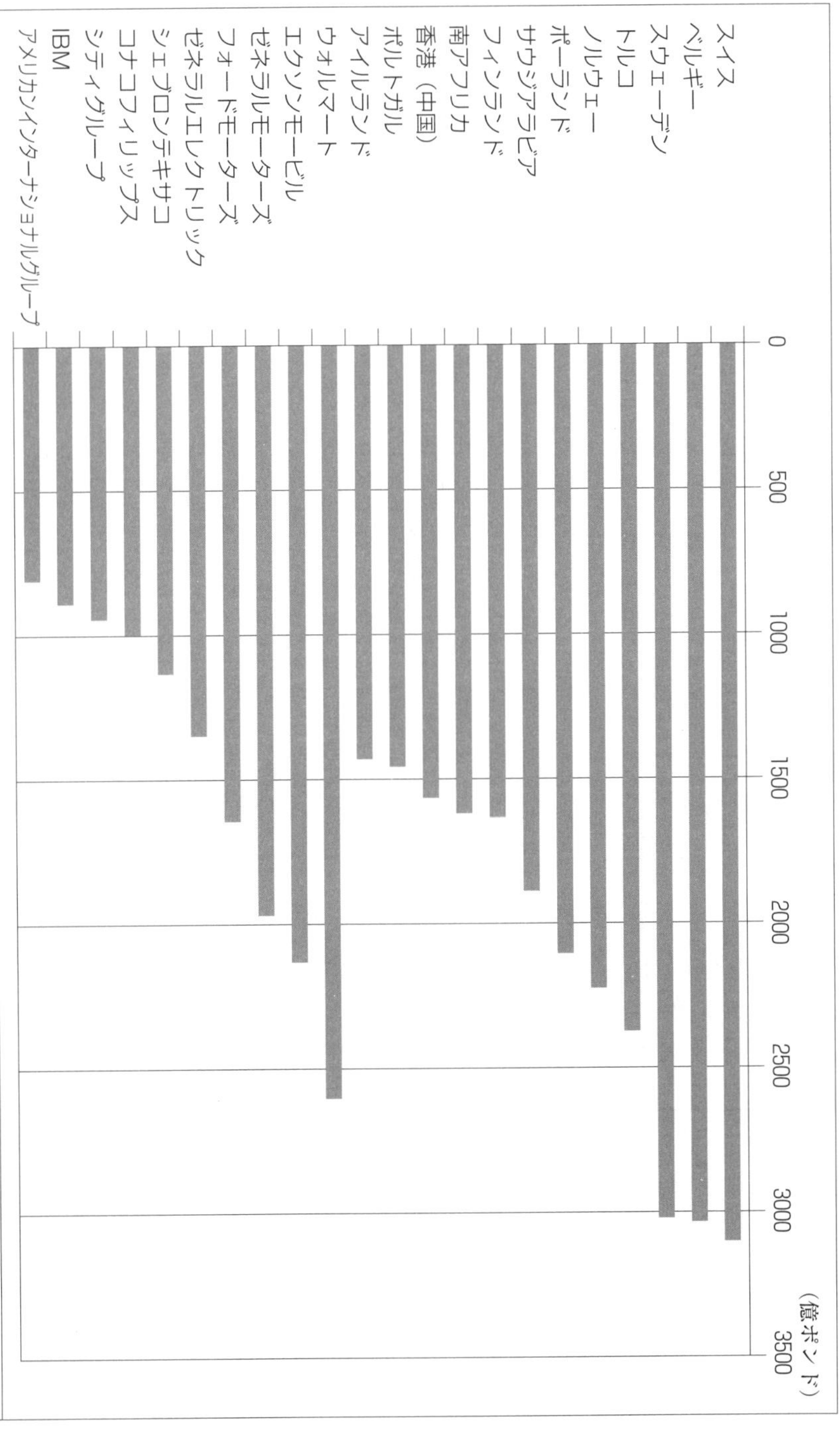

図2-4　抜粋した国の国民総生産と比較した世界最大企業の総収入

出典：*The Economist*（11 Sep 2003）

バービー人形と、グローバルな商品連鎖の活用

グローバルな商品連鎖の一例として、歴史上最も売れた玩具、バービー人形の製造を挙げることができる。四〇歳代を迎えたこのティーンエイジ向け人形は、毎秒二体の割合で売れており、米国のロサンゼルスに本拠を置くマテル社の年間収益は一〇億ドルを優に超える。バービー人形は主に米国、ヨーロッパ、日本で売られているが、世界一四〇カ国でも入手可能である。文字通りバービーはグローバルな市民である(Tempest 1996)。バービーがグローバルなのは、売り上げだけでなく、誕生する場所に関してもそうである。バービー人形はこれまで米国で生産されたことがない。最初の人形は、一九五九年に、まだ第二次世界大戦の痛手から復興する途中で賃金が低かった頃の日本で生産された。日本の賃金が上昇すると、バービーはアジアのもっと低賃金の国々に移動した。今日、バービーの複合した生いたちは、グローバルな商品連鎖の実際について、多くのことを物語っている。

バービー人形は米国でデザインされ、マーケティング戦略や宣伝戦略も米国で考案され、また、利益の大半は米国で生まれている。しかし、バービー人形の唯一「メイド・イン・USA」は、ボール紙のパッケージと、人形の装飾のために用いられる一部の塗料やオイルだけである。

バービー人形の胴体と衣装は、その原産地が世界中に広がっている。

1 バービー人形の生命は、サウジアラビアではじまる。サウジアラビアで採取された石油が、エチレンに精製されて、バービー人形のプラスチックの胴体を作るために使用されるからである。

2 台湾の国営石油輸入会社、台湾中油がエチレンを買い、そのエチレンを世界最大のポリ塩化ビニールプラスチック生産企業である台湾のフォルモサ・プラスチック社に売る。フォルモサ・プラスチック社は、エチレンから、バービー人形の胴体を造るために用いられるプラスチックのペレットを生産する。

3 次に、プラスチックのペレットは、アジアに四つあるバービー人形の製造工場――中国南部に二つ、インドネシアに一つ、マレーシアに一つ――のいずれかに送られる。バービー人形の胴体を造るプラスチック注入成形機械は、バービー人形の製造工程で最も高価な部分であるため、米国で生産され、各工場に輸送されている。

4 バービー人形の胴体が成形されると、人形には日本製のナイロンの髪の毛が装着される。木綿のドレスは、中国産の綿を使って中国で造られる――バービー人形はほとんどが中国で製造されるが、綿は、実際に中国で採れる唯一の原材料である。

5 香港は、中国製バービー人形の製造工程で中心的役割を担う。人形製造に用いられる原材料のほぼすべては――世界最大の貿易港である――香港に集められ、そこから中国

国内の工場にトラック輸送される。完成したバービー人形は、同じルートで香港を後にする。約二万三〇〇〇台のトラックが、香港と中国南部の玩具工場のあいだを毎日往復している。

では、実際のところバービー人形の原産地はどこなのだろうか。バービー人形が入っているボール紙とセロファンでできた箱には、「メイド・イン・チャイナ」のラベルが貼られている。しかし、さきに見たように、バービー人形を造りあげている原材料は、ほとんどどれも実際に中国産ではない。米国での小売価格九・九九ドルのうち中国が手にするのは、わずか三五セント程度で、主として二つの工場でバービー人形を組み立てている一万一〇〇〇人の農民女性の賃金になる。一方、米国に目を転ずると、マテル社に入る利益は、およそ一ドルである。

九・九九ドルで売られるバービー人形を造るときの残りの費用についてはどうだろうか。バービー人形の製造に使われるプラスチックや衣装、ナイロンその他の原材料に掛かるのは、わずか六五セントである。ほとんどの代金は、機械装置や海外輸送、国内トラック輸送、宣伝、販売促進、小売店展示スペースの費用――そして、いうまでもなく、トイザらス等の小売業者の儲け――に充てられる。

電子経済

経済のグローバル化を下支えするもう一つの要因は、「電子経済」である。銀行や企業、ファンド運用業者、個人投資家は、マウスをクリックするだけで、資金を国から国へ移すことができる。しかし、瞬時にして「電子マネー」を動かすことができるこの新たな能力には、大きなリスクがともなう。巨額の資本移転は、経済を不安定化させ、たとえば一九九八年にアジアの「新興経済国《タイガー・エコノミー》」に端を発してロシアから世界中に広まったような、国際金融危機の引き金を引くこともある。グローバル経済がますます統合度を強めれば、世界の一地域の金融破綻が、遠隔地の経済に多大な影響を及ぼすこともあり得る。

政治的変動

今日のグローバル化の背後にある三つ目の推進力は、政治的変動と関連している。政治的変動にはいくつかの側面がある。ひとつは、一九八九年に東ヨーロッパで起きた一連の劇的な革命にはじまり、一九九一年のソヴィエト連邦自体の解体で頂点に達した、ソヴィエト型共産主義の破綻である。共産主義の失墜以来、旧ソヴィエト・ブロックの国々――ロシア、ウクライナ、ポーランド、ハンガリー、チェコ共和国、バルト三国、コーカサスや中央アジアの国々を含む――は、欧米型の政治経済システムに移行しだした。これらの国々は、もはやグローバル・コミュニティから孤立せず、グローバル・コミュニティのなかに次第に統合されだしている。こうした展開は、「第一世界」の国々が「第二世界」の国々と隔たりを保ってきた、そうした冷戦期を通じて存在したシステムの終焉を意味した。共産主義の崩壊は、グローバル化の過程を促進させたが、同時にまた共産主義の崩壊自体をグローバル化の結果とみなす必要がある。中央計画型の共産主義経済と、共産主義の政治権力がおこなうイデオロギーや文化の統制は、グローバル・メディアの時代を、また電子的に統合された世界経済の時代を生き残ることが最終的にできなかった。

グローバル化を結果的に強めた二つ目の重要な政治的要因は、国際的統治メカニズムや地域的統治メカニズムの発達と増加である。国際連合と欧州連合のふたつは、複数の国民国家を共通の政治対話の場に招集する国際的な組織の、最も傑出した具体例である。国際連合は、個別の国民国家による連合体として共通の政治対話の場を構築している。それにたいして、欧州連合は、加盟国が一定程度の国家主権を放棄している国家横断的統治形態という点で、先駆的である。欧州連合の個々の加盟国政府は、欧州連合という共通の統治機構が発する指示や規制、判決に拘束されるが、同時にまた、この地域連合体に加わることで、経済的、社会的、政治的利益を受けることになる。

終わりに、グローバル化は、国際的な政府間組織（ＩＧＮ）や非政府組織（ＩＮＧＯ）によって推進されている（国際的非政府組織については、第一六章の六五一頁以下も参照）。政府間組織とは、複数の参加政府によって設立され、国際的な拡がりをもつ特定の活動領域を規制したり、監視する責任を担う団体である。こうした団体の最初の例である国際電信連合は、一八六五年に設立された。それ以後、同じような団体が数多く設立され、民間航空から放送、さらに有害廃棄物処理に至るさまざまな課題について調整や規則を生みだしてきた。一九〇九年当時、国家間に跨がる問題を規制するために三七の政府間機構が存在した。一九九六年には、二六〇に及んでいる（Held et al. 1999）。

国際的非政府組織は、その名称が示すように、行政府という制度体と提携関係にないという点で、政府間組織と異なる。むしろ、国際的非政府組織は、統治機関と並存するかたちで、政治的意思決定をおこなったり国際問題にたいして提言する、独立した活動組織体である。最も有名な国際的非政府組織には――グリーンピースや、国境なき医師団、赤十字社、アムネスティ・インターナショナルのように――環境保護や人道援助活動に関与する団体もある。しかし、それほど有名でない数多くのグループ活動もまた、国や共同体を結びつけている（図2-5を参照）。

すでに述べた政治的、経済的、社会的、技術的要因は、互いに絡み合って、影響度と範囲の点で過去に類例のない現象を生みだしている。この章の後半で見るように、グローバル化の帰結は、数多く、広範囲に及ぶ。しかし、まずはじめに、近年表明されているグローバル化に関する主な見解に注意を向けたい。

グローバル化をめぐる論争

近年、グローバル化は、激しい論争の的になってきた。ほとんどの人は、私たちの周りで重要な変化が起きていることを認めるが、その変化を「グローバル化」として説明することがどの程度まで妥当なのかをめぐって論争が起きている。このことはまったく意外でもない。グローバル化は、予測不可能な、また激動する過程であるため、評者によって非常に異なる認識や理解がなされている。デイヴィッド・ヘルドたちは、この論争を概観し、論争に加わる人たちを、《懐疑論者》、《積極的グローバル化推進論者》、《変容論者》の三つの学派に分けている（Held et al. 1999）。グロ

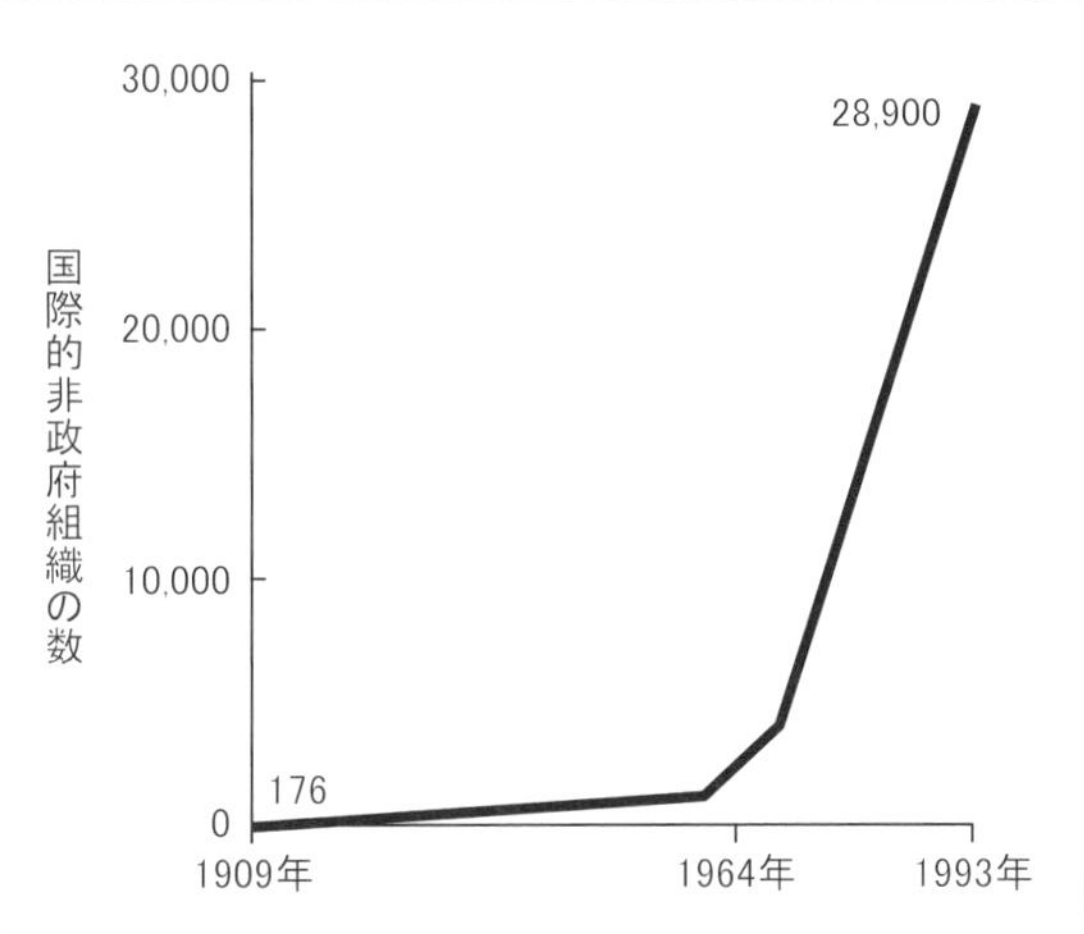

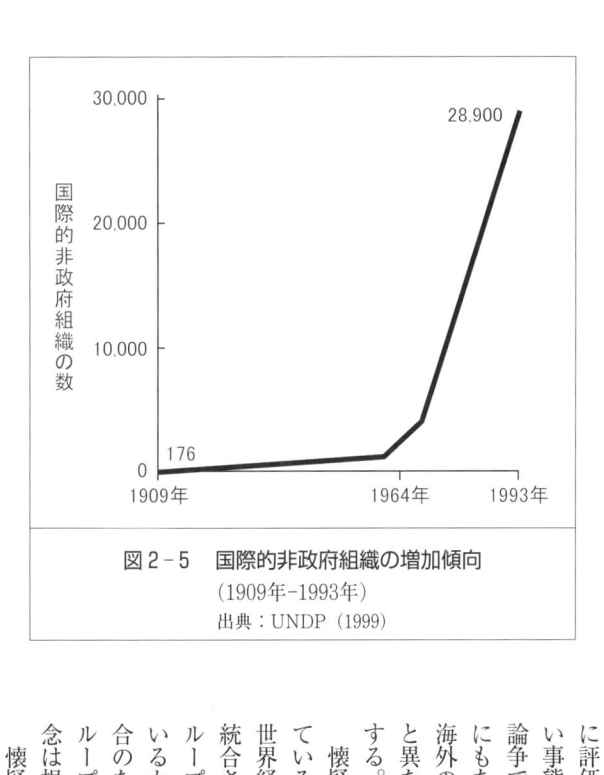

図2-5　国際的非政府組織の増加傾向
（1909年-1993年）
出典：UNDP（1999）

ーバル化をめぐる論争の内部に見いだすこれら三つの傾向を、表2-4に要約して示した。

懐疑論者　一部の研究者は、グローバル化という観念が過大に評価されている――グローバル化をめぐる論争は、新しくもない事態についての空論に過ぎない――と主張する。グローバル化論争での懐疑論者は、現在のような経済的相互依存の度合が過去にもあったと確信している。懐疑論者は、一九世紀の世界貿易や海外の統計データを示しながら、現代のグローバル化が前の時代と異なるのは国家間の相互関係の強さの違いでしかない、と主張する。

　懐疑論者は、現在、国家間の接触が前の時代に比べて多くなっていることを認める。しかし、懐疑論者の目から見れば、今日の世界経済は、真にグローバル化した経済を組成するほど十分には統合されていない。なぜなら、ほとんどの貿易が、三つの地域グループ――ヨーロッパ、アジア太平洋、北米――の内部で生じているからである。たとえば、欧州連合の国々は、もっぱら欧州連合のなかだけで貿易をおこなっている。同じことは、他の地域グループにも当てはまり、それゆえ単一のグローバル経済という観念は根拠が薄いとされる（Hirst 1997）。

　懐疑論者の多くは、世界経済の内部で生ずる――たとえば、大規模な金融ブロックや貿易ブロックの出現のような――《リージョナル化》の過程に着目する。懐疑論者にとって、リージョナル化の進展は、世界経済が統合度を強めているよりも、むしろ《弱めて》いることの証拠である（Boyer & Drache 1996; Hirst &

表2-4　グローバル化の概念構成——3つの傾向

	積極的グローバル化推進論者	懐疑論者	変容論者
新たな事態	グローバル時代	貿易ブロック、地球規模の統治は前の時代よりも弱い	歴史上例を見ないレヴェルでの地球規模の相互の結びつき
支配的な特徴	グローバルな資本主義、グローバルな統治、グローバルな市民社会	1890年代よりも相互依存性の弱い世界	「濃密な」(集中的で、広範囲に及ぶ) グローバル化
国の行政府のもつ権力	衰退ないし腐食	強化ないし拡充	再構成され、再構築される
グローバル化を推進する力	資本主義とテクノロジー	行政府と市場	モダニティの合体した勢力
成層様式	旧来のヒエラルキーの腐食	南側世界の発達からの取り残し	世界秩序の新たな設計と構築
支配的なモチーフ	マクドナルド、マドンナ、等々	国の利害関心	政治的共同体の変容
グローバル化の概念構成	人びとの行為の枠組みの再秩序づけとして概念構成される	国際化と地域化として概念構成される	地域間関係と距離を隔てた行為の再秩序づけとして概念構成される
歴史のたどる軌道	グローバルな文明	地域ブロック化と文明の衝突、またはそのいずれか一方	未確定——グローバルな統合と細分化
主張の概要	国民国家の終焉	国際化は行政府の黙認と支持に依拠する	グローバル化は行政府の権力と国際政治を変容する

出典：D. Held et al.（1999）からの翻案。

Thompson 1999)。世界経済は、一世紀前に主流だった通商様式に比べ、世界経済は地理的範域の面でグローバルでなくなっているとともに、活動の強力な中心地域により集中するようになっているというのが、懐疑論者の言い分である。

懐疑論者は、グローバル化が国の行政府の役割を根底から侵食して、国による統治が最重要でないような世界秩序を生みだしているという、たとえば一部の積極的なグローバル化推進論者（以下を参照）がいだく見解を排除する。懐疑論者によれば、国の行政府は、経済活動の規制や調整に深くかかわっているため、引きつづき中心的存在である。たとえば行政府は、多くの貿易協定や経済の自由化政策を背後で推進している。

積極的グローバル化推進論者　積極的グローバル化推進論者は、懐疑論者と正反対の立場をとる。グローバル化は、世界のほぼ至るところでその帰結が実感できるような、明らかに現実の現象である、と積極的グローバル化推進論者は主張する。グローバル化は、国の境界線と無関係な過程とみなされる。グローバル化は、国境を横断する貿易や生産の強力な流れによって拡がった、新たなグローバル秩序を生みだしている。最も有名な積極的グローバル化推進論者のひとりである日本の論者、大前研一は、グローバル化が「ボーダーレスな世界」——市場勢力のほうが国の行政府よりも強い力をもつ世界——を先導していくと考えている(Ohmae 1990, 1995)。

積極的グローバル化推進論者が提示するグローバル化分析のほとんどは、国の役割の変化に焦点を当てる。個々の国は、世界貿易の飛躍的な増加のため、もはや経済活動を管理できなくなっている、と指摘される。国の行政府や政治家は、自国の境界線を超える問題——たとえば、不安定な金融市場や環境にたいする脅威——をますます管理、統制できなくなった、と指摘されている。市民たちは、こうした問題への政治家の対処能力に限界があることを知っており、その結果、現行の統治システムに信頼を寄せていない。国の行政府のもつ力は——欧州連合や世界貿易機構などのような、新たな地域的制度体や国際的制度体によって——上の方からも挑戦を受けだしている、と確信する積極的なグローバル化推進論者もいる。

ひとまとめに言えば、積極的グローバル化推進論者にとって、これらの変化は、国の行政府が重要性や影響力を弱める「グローバル時代」がはじまる兆候であった（Albrow 1996）。

変容論者　変容論者は、やや中間的な立場をとる。変容論者は、グローバル化を、いまの社会を目下形成する広範な変動の背後に控える中心的な力とみなす。変容論者たちによれば、グローバルな秩序はいま変容されだしているが、古くからの様式の多くも引きつづき残存する。たとえば、国の行政府は、グローバルな相互依存関係が進展しているにもかかわらず、依然として強大な権力を保持している。こうした変容は、経済だけに限らず、政治や文化、個人生活の領域においても同じように顕著である。現在のグローバル化の度合は、「国内」と「国外」、「国際的なことがら」と「国内的なことがら」の既成の境界を突き崩しだしている、と変容論者は主張する。この新たな秩序に適応する過程で、社会や制度体、個人は、それ以前の構造が「激しく揺さぶられている」状況のなかでの舵取りを強いられている。

変容論者は、積極的グローバル化推進論者と異なり、グローバル化を、影響や変化にさらされた、開かれた動的過程とみなす。グローバル化は、互いに相反する方向で作用する趨勢をしばしば内包しながら、矛盾を孕むかたちで展開していく。グローバル化は、一部の論者が主張するような一方向的な過程ではなく、イメージや情報、影響力の双方向的な流れである。地球規模の人口移動や、メディア、遠距離コミュニケーションは、文化的影響力の伝播、普及を助長している。世界の活気あふれる「グローバル都市」は、複数のエスニック・グループや文化が交差し、隣り合って生活する、完全な多文化都市である。変容論者によれば、グローバル化は、多方向に作用する繋がりと文化の流れによって特徴づけられた、脱中心化された再帰的な過程である。グローバル化は互いに絡み合う膨大なグローバル・ネットワークの所産であるため、グローバル化を、世界のある特定の部署が推進する過程とみなすことはできない。

国家は、積極的グローバル化推進論者が主張するように主権を失いだしているのではなく、非領土性を基盤とする（企業や社会運動体、国際的団体のように）新たな形態の経済組織や社会組織に対応して再構築しだしている、と変容論者は主張する。変容論者は、私たちがもはや国家を中心とした世界を生きていない、と主張する。つまり、国の行政府は、グローバル化という複雑な条件のもとで、統治行為にたいして、もっと積極的な、外に目を向けた姿勢をとるように強いられている（Rosenau 1997）。

どの学派の見解が、おおむね当を得ているのだろうか。ほぼ間違いないのは、懐疑論者の見解である。懐疑論者は、世界がいま変化を遂げている度合を過小評価しているため、判断を誤っている。たとえば、世界の金融市場は、以前に比べ、はるかにグローバルなレヴェルで運営されている。他方、積極的グローバル化推進論者は、グローバル化を、あまりにも経済の観点で考え、またあまりにも一方向の過程としてとらえている。グローバル化は、現実にはもっと錯綜した過程である。

グローバル化と日常生活――レゲエ音楽

ポピュラー音楽に精通した人たちは、歌を聴けば、その歌が生まれる一助になったスタイル面の影響を識別できる場合が多い。言うなれば、音楽の個々のスタイルは、リズム、メロディ、ハーモニー、それに歌詞の独特な組み合わせ方の結果である。だから、グランジとハードロック、テクノ、ヒップホップの違いを聴きわけるために特別な才能は必要でないとはいえ、ミュージシャンたちは、歌を作曲する際にいくつかのスタイルをしばしば組み合わせている。こうした組み合わせの構成要素を特定するのは、難しいかもしれない。しかし、文化を研究する社会学者にとって、その努力は、しばしばやり甲斐のあるものになる。音楽のそれぞれのスタイルは異なる社会集団から生まれる傾向が強いため、音楽のスタイルがどのように組み合わさったり融合するかの研究は、集団間の文化接触を図示するための格好の方法である。

文化を研究する一部の社会学者たちは、レゲエ音楽に注目してきた。なぜなら、レゲエは、社会集団間の接触が結果的に新たな音楽形態の創造をもたらす過程を例証しているからである。レゲエのルーツは、西アフリカに求めることができる。一七世紀に、英国の植民地開拓者たちは、西アフリカの多くの住民を奴隷にし、西インド諸島のサトウキビ畑で働かせるために船で連れてきた。英国人は、アフリカの伝統音楽が暴動を煽る掛け声の役割を果たす恐れから、奴隷たちがアフリカの伝統音楽を演奏するのを妨げようとした。しかし、奴隷たちは、アフリカの伝統的なドラム奏法を、奴隷所有者が強いたヨーロッパ音楽のスタイルと時として結びつけることで、何とか絶やさないように努めた。ジャマイカでは、奴隷所有者は、奴隷集団のひとつが身につけていたブルと呼ばれるドラムの叩き方を、この叩き方が労働のペースをとるのに役に立つという理由から、容認していった。ジャマイカでは、一八三四年に奴隷制度が最終的に廃止された。しかし、このブルの奏法の伝統は、この奏法を身につけた多くの男たちが農村部から首都キングストンのスラム地区に移住しても、存続していった。

こうしたスラム地区のなかで、新たな――のちのレゲエの発展に決定的に重要になる――宗教カルトが出現することになった。一九三〇年にアフリカで、ハイレ・セラシェという名前の男が、エチオピア皇帝に就いた。世界中でヨーロッパ植民地主義に反対する人たちがセラシェの即位に喝采を送る一方で、西インド諸島の多くの住民は、セラシェがアフリカの抑圧された民を解放に導くためにこの世に遣わされた神である、と信ずるようになった。セラシェの名前のひとつが「プリンス・ラスタファリ」であったため、セラシェを崇拝する西インド諸島の人たちは、「ラスタファリアン」と自称した。ラスタファリのカルトは、ほどなくしてブルの奏法を身につけた集団と合体し、ラスタファリの音楽は、ブルの演奏を、抑圧や解放という聖書風のテーマと結びつけるようになった。一九五〇年代に入って、西インド諸島のミュージシャンたちは、ラスタファリのリズムと歌詞に、米国のジャズや黒人のリズム&ブルースの要素を付け加えだした。こうして組み合わさったものが、やがて「スカ」音楽に発展し、次に一九六〇年代後半になって、比較的スロー・ビートで、低音部を強調し、都市の貧しい状況や集団の社会意識のもつ力を語り聴かす、レゲエへと発展した。ボブ・マーリーのように、レゲエの多くのアーティストは商業的成功を収め、一九七〇年代には世界中の人たちがレゲエ音楽に耳を傾けるようになった。一九八〇年代から九〇年代に、レゲエは、ヒップホップ（ないしラップ）と融合し、ウータン・クランやシャギー、ショーン・ポールといったグループの作品に見られるような、新しいサウンドを生みだした（Hebdige 1997）。

このように、レゲエの歴史は、異なる社会集団どうしの接触の歴史であり、また、そうした集団が自分たちの音楽をとおして表現する――政治的、精神的、人格的――意味の歴史である。グローバル化は、異なる社会集団どうしの接触の度合を高めてきた。たとえばスカンジナヴィア半島に住む若いミュージシャンが、ロンドンの〔西インド諸島からの移民が多い〕ノッティングヒルの地下室で男たちや女たちが制作した音楽を聴けるようになったり、同じようにメキシコシティから衛星中継されたマリアッチ音楽のライブ演奏の強い影響を受けるといったことも、今日では起こる可能性がある。かりに集団間の接触の数が音楽の進化のペースを決める上で重要な要因になれば、グローバル化の進展にともなって、将来、数多くの新たな音楽スタイルが間違いなく生まれるだろうと予想できる。

グローバル化の強い影響力

第一章で、歴史的に言えば社会学の主たる焦点が先進工業社会の研究にあることを明らかにしておいた。それでは、私たちは、社会学の研究者として、発展途上世界を人類学の領分にしたまま、発展途上世界のことを無難に無視できるのだろうか。間違いなく無視することはできない。先進工業世界と発展途上世界は、互いに《相互連関》して発達してきたし、今日ではこれまで以上に密接に関係している。先進工業社会に暮らす私たちは、生活を持続するために、発展途上国からもたらされる多くの原材料や製造品に依存している。逆に、ほとんどの発展途上国の経済は、自国を先進工業国に結びつける交易ネットワークに依存している。私たちは、発展途上国の――現実に世界人口のはるかに多くの割合が暮らす――社会を背景幕にして初めて、先進工業世界の秩序を最大限に理解することが可能になる。

今度、近所の商店やスーパーマーケットに行ったら、棚にずらりと陳列されている品々に注目してほしい。欧米に暮らす私たちは購入する金銭さえあれば誰もが入手できると当然視するようになった多種多様な商品は、世界中に拡がる、驚くほど複雑な経済的結びつきに依存している。店に並ぶ製品は、数多くの国々で造られたか、それらの国から送られてきた原料や部品を用いている。これらの原料や部品は、定期的に地球上の至るところから運ばれてくる必要がある。また、毎日の無数の取り引きを調整するために、絶え間ない情報の流れが必要となる。

世界が単一の統合された経済へと急激に向かっているために、ますます多くの企業や人びとが新たな市場や経済の機会を求めて地球上を移動していく。その結果、世界の文化地図は変化する。つまり、人びとのネットワークは、国境を、さらには大陸さえ超えていき、文化が生まれた場所とその文化を取り入れた国々のあいだに文化的結びつきがもたらされる（Appadurai 1986）。地球上でかつて話されていた何千もの異なる言語を、ほんの一握りの言語が支配し、また場合によれば取って代わっていくことになる。

文化が孤立した島のように存在することは、ますます不可能になる。ラジオ、テレビ、飛行機旅行――あるいは飛行機が運んでくる旅行客の群れ――あるいはコンピュータと無縁でいられるほど僻遠の地は、地球上にかりにあったにせよ、ごく僅かである。一世代前には、その生活様式が世界の他の人びととの影響をまったく受けていない部族は、引きつづき存在した。今日、この人たちも米国製か日本製のマッチなどの道具を用い、ドミニカ共和国やグアテマラの衣料品工場で造られたTシャツや短パンを身につけ、部外者との接触感染による病気と闘うために、ドイツかスイスで生産された薬を飲んでいる。この人たちもまた、衛星テレビやインターネットによって世界中の人びとに発信できる自分たちの物語をもっている。一世代か最大でも二世代以内に、世界のかつては孤立していた文化はすべて、自分たちの昔からの文化を守るための粘り強い努力にもかかわらず、グローバルな文化の影響を受け、変容していくことになる。

グローバルな文化を生み出す力については、この本の至るところで論じている。そうした力のなかに、以下の五つが含まれる。

1　テレビ。テレビは、英国の、とりわけ米国の文化を（BBCやMTV、ドラマ「フレンズ」といったネットワークや番組をとおして）世界中の家庭に毎日もたらすが、その一方、オランダの文化製品（たとえば、視聴者出演型クイズ番組「ビッグ・ブラザー」）や、スウェーデンの文化製品（たとえば、視聴者出演型クイズ番組「エクスペディション――ロビンソン」で、米国では後に「サバイバー」として翻案された）を、英国や米国の視聴者のために改作している。

2　一体化されたグローバル経済の出現。グローバル経済の出現によって、工場や経営組織、市場が大陸や国を超えて拡がるビジネスが発達する。

3　「グローバルな市民」。グローバルな市民は、たとえば、自国と同じく世界を東奔西走してほとんどの時間を過ごす大企業の経営者のように、自国の文化よりも、むしろグローバルな、コスモポリタンな文化に一体感をいだく。

4　多数の国際機関。国際連合の諸機関や、リージョナルな産業団体や相互防衛同盟、多国籍銀行等のグローバルな金融機関、国際労働機関、国際保健機関、グローバルな関税協定や貿易協定などが含まれ、これらの機関は、グローバルな政治的、法的、軍事的枠組みを生みだしている。

5　電子コミュニケーション手段（電話、ファックス、電子メール、インターネット、ワールド・ワイド・ウェブなど）。電子コミュニケーション手段は、地球上のほぼすべての場所との即座のコミュニケーションを可能にし、ビジネス世界での日常活動の不可欠な要素になっている。

インターネットはグローバル文化を推進するのだろうか

世界中でのインターネットの急速な発達は、グローバル文化――現在インターネット利用者全体のほぼ四分の三の人びとに身近な、ヨーロッパや北米の文化に類似した文化――の拡がりを促進する、と多くの人が確信している。男女間の平等や言論の自由、統治行為への民主的参加、消費による快楽の追求といった価値観への信頼は、インターネットを通じて世界中に容易に広まっている。さらには、インターネット・テクノロジーはそれ自体がこうした価値観を育んでいるように思える。つまり、グローバルなコミュニケーション手段、外見上は無制限の（したがって、検閲されない）情報、瞬時に得られる満足感は、いずれもこの新たなテクノロジーの特徴である。

しかしながら、インターネットが伝統的な文化を一掃して、根本的に新しい文化的価値観に置き換えていくと結論づけるのは、おそらく尚早である。インターネットが世界中に普及したとしても、インターネットは、伝統的な文化的価値観と多くの点で両立できるだけでなく、おそらく伝統的な文化的価値観を強める手段にさえなるという証拠が存在する。

たとえば、中東のクウェートについて考えてみたい。クウェートは、近年に入って米国やヨーロッパの強い影響を経験してきたが、伝統的なイスラム文化の国である。クウェートは、ペルシャ湾岸の石油資源に富んだ国であるため、国民一人当たり平均所得が世界で最も高い国のひとつである。政府は、大学レヴェルまで無料の公教育を提供するため、その結果、男女ともに識字率や教育程度が高くなっている。クウェートのテレビは、たとえば米国からアメリカン・フットボールの試合を、イスラム教徒の伝統的な祈りの呼びかけのために放送を中断させながら、頻繁に中継している。およそ二〇〇万のクウェート人口の半数は二五歳未満であり、ヨーロッパや北米の同年代の人たちと同じように、多くの人が、新しい考え方や情報、消費財を求めてネットサーフィンしている。

クウェートは、多くの点で現代の国家であるとはいえ、男性と女性を別々に処遇する文化的規範が非常に強力である。一般に、女性たちは、顔と手だけが見える伝統的な衣服をまとうように求められ、また、夜間に家を空けることや、いかなる時も夫や親戚以外の男性と公の場に姿を現すことを禁じられている。

デボラ・ホィーラは、インターネットがクウェートの文化に及ぼした影響を、一年間にわたって研究した（Wheeler 1998）。インターネットは、クウェートでますます一般に普及し、中東アラブの国々のインターネット利用者の半数がこの小国に住んでいる。クウェートの新聞はインターネットやウェブに関する記事を頻繁に載せており、またクウェート大学は、在学生をインターネットに接続させたアラブ世界で最初の大学である。

クウェートの一〇代の若者たちは、インターネット・カフェに群がり、チャット・ルームやポルノ・サイトを訪れて——二つとも伝統的なイスラム文化の顰蹙を買う行い——ほとんどの時間を過ごしている、とホィーラは報告する。ホィーラによれば、

多くの若者が、サイバースペースで異性と出会った経験について私に語ってくれた。キーボードを使った、キス（*）、唇へのキス（:*）、ばつの悪いくすくす笑い（LOL）などの象徴記号さえ見いだされる——これらはすべて、求愛行動を煽り立てるが、この場合は安全な相互行為や反応である。

（Wheeler 1998）

新たなコミュニケーション・テクノロジーは、婚姻関係にない異性とのコミュニケーションが極端に制限される社会で男女が互いに語り合うことを、明らかに可能にさせている。ホィーラはまた、皮肉にも、インターネット・カフェのなかでは男女が互いに隔離されていることに注目する。さらにホィーラは、クウェート人がインターネット上で強硬な意見なり政治的見解を表明したがらないことを見いだしている。イスラム教の保守的な宗教信念をめぐ

る議論がインターネット上で自由に繰り広げられていることを除けば、クウェート人は、ネット上では際立って抑制的である。ホィーラは、このことの原因が、自分自身についての情報をあまりにも公表するのは危険だとする文化的信念にあると考えている。

> クウェートでは、情報は、個人に力を与える手段というよりも、潜在的な脅威である。情報は、敵に対抗して用いる武器、服従をつなぎ止めるための道具、毎日の生活上の決まりを強化するための手段である。……クウェートの情報化時代への移行は、このような態度や、自分の評判を守ろうとする願望によって影響を受けている。このことは、ネット上にクウェート人によるイスラム教に関する言説が出現したことを除外すれば、クウェートでは、インターネットが、政治的、社会的に強い影響力を及ぼすのを妨げている。……クウェートには、政治的意見をもったり、あるいはその意見を公に表明することを悪と定めるエートスが見いだされる。誰も自分の話したことを記録されたり、引用されるのを望んでいない。こうした考え方は、人びとを怯えさせ、神経質にする。自分たちが、自由に率直に口をきくことができると感じているのは、エリートの人たちだけである。
> (Wheeler 1988)

何百年もの歴史を有するクウェートの文化が、インターネット上の異質な信念や価値観に晒されたくらいで簡単に変容することはおそらくない、とホィーラは結論づける。グローバルなチャット・ルームに参加している若者が多少いるという現実は、クウェートの文化が、米国流の性的態度を取り入れたり、さらには欧米の男女間に見いだす日常関係の形態を取り入れはじめていることを意味しない。新たなテクノロジーの結果として最終的に出現する文化は、米国の文化と同じにはならないだろう。出現するのは、類例のないクウェートの文化であろう。

個人主義の台頭　グローバル化は、多くの場合——たとえば、世界の金融市場や、生産と交易、遠隔コミュニケーションなど——大きなシステムの内部変化と結びつけて考えられているが、グローバル化の及ぼす影響は、私生活の領域でも同じように強く感じられている。グローバル化は、遠いところで作用し、一人ひとりの関心事と交わらないような、明らかに向こう側のことがらではない。グローバル化は、多種多様なかたちで私たちの親密性や個人生活に影響を及ぼす、「こちら」の現象である。グローバル化の力が、他の国や他の文化の出身者との個人的接触だけでなく、非人格的な情報源——たとえば、メディアやインターネット、ポピュラー文化など——をとおして、私たちのローカルな状況や家庭生活、コミュニティに進入するにつれて、不可避的に私たちの個人生活は、変化を被ってきた。

グローバル化は、私たちの日常経験の性質を根底から変えだしている。私たちの生きる社会が奥深い変容を被っているため、かつては社会を下支えてきた既成の制度は、次第に不適切になってきた。このことは、たとえば家族やジェンダー役割、セクシュアリティ、個人的アイデンティティ、他者との相互行為のあり方、労働との関係など、私たちの生き方のもつ親密性の側面や人格的側面の定義のし直しを強いている。私たちが自分自身や他の人たちとの関係をどのように考えるかは、グローバル化によって根底から変化しだしている。

いまの時代、人びとは、みずからの生き方を具体化する機会を、かつてそうであった以上にはるかに多く手にしている。以前は、伝統や慣習が、人びとの人生の道筋に非常に強い影響を及ぼしていた。社会階級やジェンダー、エスニシティ、さらに加入宗教といった要因は、人びとにたいして特定の道筋を閉ざしたり、逆に別の道筋を開くことが可能であった。たとえば、若い男性は、洋服仕立業の長男に生まれれば、父親から技能を学んで、その技能を一生の業にすることが、おそらく確実だった。伝統は、女性の本来いるべき場が家庭であると判断していた。女性の生き方とアイデンティティを、夫なり父親の生き方とアイデンティティがおおむね規定していた。かつて、人びとの個人的アイデンティティは、その人が生まれた地域共同体の脈絡のなかで形成されていた。その地域共同体で優勢な価値観やライフスタイル、倫理は、人びとが生きていく際にしたがう、ほぼ固定化された指針になっていた。

とはいえ、私たちは、グローバル化という条件のもとで、私たちが能動的に自分自身を組成し、自分のアイデンティティを構築しなければならない、そうした新たな《個人主義》への移行に直面している。伝統や既成の価値観の及ぼす影響力は、ローカルな共同体がグローバルな新しい秩序と相互に影響し合うにつれて、後退しだしている。かつて人びとの選択や活動の指針であった社会的コードは、著しく弛緩してきた。だから、今日、たとえば洋服仕立業の長男は、みずからの将来を構築する過程で数多くの道筋をおそらく選択できるし、女性たちは、もはや家事領域だけに制約されていない。さらに、人びとの生き方をこれまで形づくってきた他の数多くの案内標識も、姿を消してきた。アイデンティティの伝統的な枠組みが消滅しだし、アイデンティティの新たな様式が出現しはじめている。グローバル化は、もっと開かれた、再帰的な仕方で生きることを人びとに強いている。このことは、私たちが刻々と変化する周囲の環境にたいして、つねに応答し、順応していくことを意味する。つまり、私たちは、一個人として、私たちの生きるもっと大きな脈絡を相手に、またその脈絡のなかで、進化していく。私たちが毎日の生活でおこなう些細な選択——何を着るか、余暇時間をどのように過ごすか、健康や身体にどのように気を付けるか——でさえも、私たちの自己アイデンティティの創造と再創造という現在進行中の過程の一端を形づくっている。

結び——グローバルな統治の必要性

グローバル化が進展するにつれ、現行の政治構造や政治モデルは、国境を超える課題にあふれた世界を管理する備えを欠くように思える。エイズの蔓延を抑制したり、地球温暖化の影響作用に対抗したり、移り気の金融市場を規制することは、個々の政府の能力の範囲外である。世界中の社会に影響を及ぼす一連の作用の多くは、いまの統治メカニズムの把握範囲をすり抜けている。こうした統治上の欠陥を踏まえて、一部の人たちは、グローバルな問題にグローバルな仕方で取り組むことのできる、新たな形態のグローバルな統治の必要性を訴えてきた。ますます多くの課題が個々の国を超越するかたちで挑んでくるため、こうした課題への対応もまた、国境を越えた拡がりをもたなければならない、と主張されている。

　国民国家のレヴェルを超えた統治について論ずるのは非現実的なように思えるかもしれないが、国際連合や欧州連合の発足のように、グローバルな民主的組織体の創設に向けていくつかの努力がすでになされている。とくに欧州連合は、グローバル化にたいする革新的対応のひとつとみなすことができるし、また、リージョナルな絆が強い世界の他の地域での類似した組織体のモデルになる可能性がある。新たな形態のグローバルな統治は、たとえば人権の擁護のように、国際的行動のための平明なルールや基準を確立し、遵守することができる、そうしたコスモポリタンな世界秩序を促進するのにおそらく役立つ。

　冷戦終結後の一〇年間を特徴づけてきたのは、世界の多くの地域で生じた暴力や内戦、無秩序な変容である。グローバル化が危機や無秩序状態を加速化しているとして、悲観的な見方をする人たちがいる一方で、グローバル化を、より一層の平等や民主制、繁栄を追求する上でグローバル化の勢いを統制しながら利用できる必須の機会とみなす人たちもいる。グローバルな統治ともっと実効性のある規制機関を求める動きは、グローバルな相互依存と急激な変化のペースがこれまで以上に私たち全員を結びつける時代には、もちろん見当違いではない。社会的世界にたいする自分の思いを重ねて主張することは、明らかに私たちの能力の範囲内である。確かに、このような任務は、最も必要なだけでなく、二一世紀初めの人間社会が直面する最も大きな挑戦課題でもあるように思える。

　グローバルな統治は、第二〇章「政治、統治、テロリズム」でさらに学ぶことになる。

まとめ

1　近現代以前の社会はいくつかの類型に分類できる。《狩猟採集社会》では、人びとは穀物を育てたり家畜を飼ったりはせずに、植物を採取したり動物の狩猟をおこなって生活の糧を得る。《牧畜社会》は、飼い慣らした家畜を主要な生活源として育てる社会である。《農耕社会》は、土地の一定区画を耕すことに依存する。もっと規模が大きく、発達した都市社会は、伝統的国家ないし文明を形づくる。

2　先進工業社会の発達と西洋の拡大は、結果的に《植民地主義》の過程を介して世界の多くの地域の征服につながり、《植民地主義》は、それまで長く存続してきた社会システムと文化を激変させた。

3　先進工業社会では、工業生産（そのテクノロジーは食物生産にも用いられている）が経済の主要な基盤になっている。先進工業国には、欧米の国々や日本、オーストラリア、ニュージーランドが含まれる。世界人口の大半が暮らす《発展途上世界》は、ほぼすべてがかつて植民地だった地域である。住民の大多数が農業生産で働き、その生産物の一部は世界市場向けとなっている。

4 《社会変動》とは、社会の制度や文化が時間をかけて変容していくこと、と定義できる。近現代は、人類史のなかではほんのわずかな部分に過ぎないにもかかわらず、急速で大規模な変動を経験した時代であり、その変動のペースはさらに加速している。

5 狩猟採集社会から農耕社会、さらに近現代の工業社会に至るまで、社会の組織と制度の発達は、あまりにも多岐にわたるため、社会変動のいかなる単一要因論によっても説明できない。おおまかに少なくとも三つの影響要因を特定できる。物理的環境には、気候や伝達ルート（河川、山道など）の利用可能性といった要因が含まれる。これらの要因は、とくに初期の経済発達に影響を及ぼしたため、考慮に入れる重要な点であるが、過度に強調すべきではない。政治組織（とりわけ軍事力）は、おそらく狩猟採集社会を除く、すべての伝統的社会と近現代社会に影響を及ぼしている。文化的要因には、宗教（宗教は変動のブレーキ役として動く可能性もある）、コミュニケーション・システム（たとえば書字の発明）、個人のリーダーシップが含まれる。

6 近現代の社会変動に及ぼす最も重要な経済的影響は、工業資本主義である。工業資本主義は、生産技術の絶え間ない革新と改訂に依存し、同時にまた生産技術の絶え間ない革新と改訂を促進する。科学とテクノロジーは、政治的要因にも影響を及ぼす（また政治的要因の影響を受ける）。政治的要因のなかで最も重要なのは、相対的に効率のよい統治形態をともなった近現代国家の出現である。文化的影響には、科学とテクノロジーがもたらす別の効果が含まれる。近現代的思考のもつ批判性や革新性は、絶えず伝統や文化的習慣に挑戦していく。

7 グローバル化は、しばしば経済的現象として描写される。しかし、こうした見方は単純化され過ぎている。グローバル化は、政治的要因と経済的要因、文化的要因、社会的要因が一緒になって生みだされる。グローバル化をとくに推進するのは、情報テクノロジーとコミュニケーション・テクノロジーの進歩で、世界中の人びとのあいだの相互行為の速さを高め、相互行為の範囲を拡大してきた。

8 いくつかの要因がグローバル化の増進に寄与している。まず、冷戦の終結、ソヴィエト型共産主義の失墜、国際な統治形態や地域規模の統治形態の増加は、世界中の国々を互いにもっと近づけてきた。二つ目に、情報テクノロジーの普及は、地球の至るところに情報が流布するのを可能にし、人びとにグローバルな見地をとるように促してきた。三つ目に、超国籍企業は、その規模と影響力が増大し、地球全体に拡がって経済市場を結びつける、生産と消費のネットワークを作りだしている。

9 グローバル化は、激しい論争の的になっている。懐疑論者は、グローバル化という観念が過大評価されており、今日の相互連関のレヴェルが決して前代未聞ではない、と考えている。それどころか、一部の懐疑論者たちは、主要な金融ブロックや通商ブロックの内部で強まりだしている地域化の過程に注目する。積極的グローバル化推進論者は正反対の立場をとり、グローバル化が、国の行政府の果たす役割を完全に蝕む恐れのある、現実の影響が大きい現象である、と主張している。三つ目の学派である変容論者は、グローバル化が目下のグローバルな秩序の——経済や政治、社会関係を含む——多くの側面を変容させているとはいえ、旧来の様式も残存している、と考える。この見方によれば、グローバル化とは、矛盾を孕んだ過程で、時として逆方向に働く多元的な影響作用を必然的にともなっている。

10 グローバル化は、国境線を超え、既存の政治構造の力が及ぶ範囲を巧みに逃れる課題を生みだしている。個別の行政府は、これらの多くの国がかかわる問題を処理する備えが整っていないため、グローバルな問題にグローバルな仕方で取り組むことができる新たなグローバルな統治形態を必要としている。急激に変化している社会的世界にたいしてみずからの意思を重ねて主張することは、おそらく二一世紀の最大の挑戦課題になる。

考察を深めるための問い

1 社会変動の過程で、「偉大なリーダー」はどのように重要なのだろうか。

2 グローバル化は、なぜローカルな現象にもなり得るのだろうか。

3 グローバル化はまた、どのように共産主義体制の崩壊を引き起こしたのだろうか。

4 個人主義の意識が高まり、私たちはなりたいものに自由になれるようになっているのか、それともたんに選択範囲が増長しているだけなのか。

5 超国籍企業は、実際に政府よりも力があるのだろうか。

6 グローバル化は、グローバル文化を導くのだろうか。

読書案内

Ulrich Beck: *What is Globalization?* (Polity, 1999)〔木前利秋・中村健吾監訳『グローバル化の社会学——グローバリズムの誤謬』国文社、二〇〇五年〕

R. Cohen & P. Kennedy: *Global Sociology* (MacMillan, 2000)

Peter Dicken: *Global Shift: Transforming the World Economy* (Guilford Press, 1998)〔今尾・鹿嶋・富樫訳『グローバル・シフト——変容する世界経済地図』古今書院、二〇〇一年〕

John Gray: *False Dawn: The Delusions of Global Capitalism* (Granta Books, 1998)

David Held & Anthony McGrew (eds): *The Global Transformations Reader-2nd Ed* (Polity, 2003)

Frank J. Lechner & John Boli (eds): *The Globalization Reader* (Blackwell, 2000)

Joseph Stiglitz: *Globalization and its Discontents* (Allen Lane, 2002)

J. Timmons Roberts & Amy Hite (eds): *Fron Moderniza tion to Globalization: Perspectives on Development and Socila Change* (Blackwell, 1999)

Sarah Owen Vandersluis & Paris Yeros (eds): *Poverty in World Politics: Whose Global Era?* (Macmillan, 1999)

インターネット・リンク

Globalization Resource
http ://www.polity.co.uk/global

International Forum on Globalization
http ://www.ifg.org/

Tradewatch
http ://www.tradewatch.org

Worla Bank Globalization Pages
http ://www1.worldbank.org/economicpolicy/globalization

Reith Lectures on Globalization from 1999
http ://news.bbc.co.uk/hi/english/static/events/reith_99/ default.htm

3

社会学の問いを発し、その問いに答える

米国ミズーリ州の都市セントルイスの、とある公園の公衆トイレは、一日の仕事が終わるころになると、突然、思いのほか混雑しだす。グレーのスーツ姿の男性が入って来たり、野球帽にスニーカー、短パン、Tシャツ姿の男性もやって来る。一日中自動車修理をしていた整備工場から作業着姿のままでやって来る男性もいる。この男たちは、ここで何をしているのだろうか。確かに、この公衆トイレは、他の公衆トイレに比べ、かなり不便なところに設置されていた。この男性たちをこの公衆トイレに来させる共通の関心が、手洗い目的以外に何かあるのだろうか。

この男性たちは、誰もこの公衆トイレを、公衆トイレ本来の設置目的のために訪れてはいなかった。この男性たちは、この公衆トイレへ「インスタント・セックス」——男性同性愛者たちが公衆トイレでおこなうセックス——のためにやって来る。多くの男性は——既婚者も未婚者も、自分のアイデンティティを率直にゲイと認める男性も、自分をゲイとみなすだけの男性も——見ず知らずの相手とのセックスを求めていた。こうした男性たちは、性的興奮を体験したいと望むが、相手との深いかかわりを避けたいと思っている。男性たちは、公衆トイレという手近な場所での出会い以上のかかわり合いを、まったく求めていない。

男性間の、この種の匿名で即席のセックスの追求は、世界の至るところでおこなわれている。しかし、一九六〇年代末まで、このような現象は、人びとの相互行為形態として広く浸透していたにせよ、研究対象になることが稀だった。米国のゲイの社会では、こうした活動がおこなわれる公衆トイレを、「ティールーム」と呼んでいた。社会学者のロード・ハンフリーズは、こうした公衆トイレに足を運んで、参加者たちを研究調査した。ハンフリーズは、その著書『ティールーム・トレード——公共の場所での男性同性愛者の性的出会いの研究』で、参加者たちについて記述している（Humphreys 1970）。予想通り、この著作は、出版されると広範な論争を引き起こし、今日においてもこの論点は一部の研究者にとって引きつづき議論しにくい問題になっている。ハンフリーズの調査方法は、倫理に反すると厳しく批判された。なぜなら、たとえば、ハンフリーズが密かにおこなったフィールドワークは、調査対象となった男性たちのインフォームド・コンセントを求めていなかったからである。（ハンフリーズの調査研究における倫理問題は、一〇七頁以下でさらに論じる）。とはいえ、ハンフリーズは、公衆トイレで調査をしたことで、自分の性的傾向を隠し通すことを強いられていた男性たちの苦闘に、新たな光を投げかけることができた。他の面では——近隣住民として——「ノーマル」な生活を送る多くの男性たちが、人びとを当惑させる行動に、みずからの職歴や家族生活を傷つけないかたちで加わる方法を見いだしていることを、ハンフリーズは明らかにした。ハンフリーズの調査は、三〇年以上前に、男性同性愛や女性同性愛という性的アイデンティティにいま以上に不名誉な烙印《スティグマ》が押され、また警察がこのような行動を違反とみなす法律を施行させようと躍起になっていた時代におこなわれた。こうした手厳しい強制過程で、多くの人生が台なしにされていた。

ハンフリーズが公衆トイレで長い時間を費やしたのは、社会過程を理解する最も優れた方法はその社会過程に参与し、その社会過程を観察することであると考えたからである。ハンフリーズはまた、トイレをただ観察することで得られる以上の情報を集めるために、インタヴュー調査もおこなった。ハンフリーズの調査研究は、このような生き方が存在すると知れば多くの人たちがショックを受けるだろうし、また、間違いなくもっと深いレヴェルでの理解が必要とされる、そうした人の生の一側面について知る機会を開いた。ハンフリーズの著作は、体系的な調査研究にもとづき、同時にまた研究者としての情熱をともなっていた。

男性同性愛者のライフスタイルに加えられてきた迫害が、結果的に男性たちを、極端な秘密保持と、多くの場合、危険な活動に頼らねばならない苦渋に満ちた生活を送らせることになった、とハンフリーズは論じる。ハンフリーズの研究は、エイズが発病する前におこなわれた。今日では、このような研究活動はおそらくもっと危険になるだろう。ゲイのサブカルチャーにたいする寛容な態度は、ゲイたちが自尊心や相互支援、苦悩の軽減を互いに与えられるような立場に向かわせる、とハンフリーズは主張した。

社会学の問い

『ティールーム・トレード』で研究対象となった公衆トイレは、社会学者が発する多種多様な問いの対象となる現象を、申し分なく例示している。たとえば、公衆トイレで展開される驚くべき行動を観察するなかで、社会はそのように作動すべきだとする公式見解と異なるかたちで、社会が実際にどのように作動しているのかを問いかけ、さらに、私たちが当たり前の存在とみなすもの――公衆トイレ――が、その使われ方に応じて実際にどのように《社会的に構築されている》のかを、ハンフリーズは問いかけた。

注目に値するのは、現代社会学の理論的アプローチを構成する諸要素が、ハンフリーズの研究が取り上げた論点を理解する上で、おおいに役に立つことである。《象徴的相互行為論》の研究者は、相互行為の過程を通じてこの種の行動がどのように執りおこなわれるのか、どのような種類の相互行為が生ずるのか、と問うかもしれない。ハンフリーズは、ティールームにやって来る男たちが、そこでは沈黙をとおすことを他人たちから学んでいる事実を発見した。このことは、相手と深くかかわらずにプライヴァシーを守りたいという要求にたいする応答である。もう一つの発見は、男が公衆トイレにやって来ても最初のセックスの誘いに応じないと、それ以上は言い寄られないということである。各自が協力しあって、性的な状況をそこで生じさせる必要がある。《機能主義》のアプローチは、ティールームが社会全体の存続にどのような寄与をしているのか、と問うかもしれない。その問いにたいする答えは、次のようになる。つまり、ティールームは、それが秘密裏におこなわれた場合、一般に容認されているものごとの秩序に挑戦せずに、ティールームにやって来る男性も、そうでない社会の他の成員たちも、ともに日常生活のなかで「ノーマル」な人物として生き続けることが可能となる、そうした性的活動のはけ口を提供している。《マルクス主義》のアプローチは、経済的階級関係にたいする考慮がティールームでも明白に見られるのか、と問うかもしれない。ハンフリーズは、ティールームでの人格をもたないセックスには民主的な特質が備わっていることを見いだした。あらゆる社会階級や人種の男性が、性的接触を求めてこうした場所に集まっている。終わりに、《フェミニズム》のアプローチは、このような全員男だけの集団を研究する際に、女性たちの人生をどのように考慮することが可能なのか、と問うかもしれない。フェミニズムのアプローチは、ハンフリーズがこの研究をおこなった当時は有力でなかった。しかし、今日のフェミニズムの論者であれば、女性の人生が——おそらくパートナーである男性の性的活動を何も知らない妻たちが——こうしたティールームでの秘密の行動によってどのような影響を受けるのか、と問うかもしれない。これらの理論的アプローチについては、次の章でまた触れることにしたい。

『ティールーム・トレード』が最初に出版されてから、ほぼ四〇年が経過した。その間に、社会は、男性同性愛者のアイデンティティや性交渉にたいして寛容になってきた。ハンフリーズは、この著作の刊行後、こうした変化を可能にした政治的な運動——ゲイの人権運動——に関与するようになった。ハンフリーズは、隠された性的活動が明るみにだされることで生ずる有害な副作用を軽減させるために、同性愛者間の性交渉のかどで男性たちを起訴するのを控え目にするよう、みずからの知見を用いて、裁判所や警察当局を説得していった。

ハンフリーズがおこなったように、一般に社会学研究の任務は、日常生活に関する表面的な理解を超えていくことにある。社会学の優れた研究は、私たちが自分たちの社会生活を新たなかたちで理解する手助けになる。優れた研究は、その研究が発する問いや、その研究が提示する知見によって、私たちに不意打ちを食らわすかもしれない。社会学者が理論構成の面でも調査研究の面でも関心を寄せる論点は、社会学者以外の多くの人たちが気を揉む問題と類似している場合が多い。しかし、社会学の研究結果は、しばしば私たちの常識的な確信に反していく。

人種やセクシュアリティの面でマイノリティの人たちが暮らしているのは、どのような環境なのだろうか。以前に比べて格段に豊かになった世界で、大規模な飢餓はどのように生ずるのだろうか。インターネットの利用の増大は、私たちの生活にどのような影響を及ぼすのだろうか。家族は、制度として解体しだしているのだろうか。社会学者は、これらの疑問をはじめ数多くの疑問に答えを示そうと努めている。社会学者が得る知見は、決して最終的な結論ではない。それにもかかわらず、社会学の理論構成や調査研究の目標は、普通の人が通例このような疑問を検討する際に陥る思弁的な手法から離脱することである。社会学の優れた研究は、できるかぎり明確な問題の設定を試み、結論に至る前に事実にもとづく証拠を収集しようと努力する。このような目標を達成するために、所与の研究に適用する最も有効な**調査研究方法**と、調査結果を分析する最適の方法に、私たちは精通する必要がある。

社会学者が調査研究で発する問いのかなりの割合は、主として経験的な問い、ないし**実態の問い**である。たとえば、ハンフリーズが調査した性行動がそうであるように、性行動の多くの側面は、社会学からの遠慮のない、体系だった研究を必要としている。だから、社会学者は、たとえば、ティールームにやって来る人たちのあいだで、どのような種類の職業や家庭生活が最も一般的なのかといった問いを発する。ティールームへの参加者の何割くらいが警察に捕まっているのだろうか。この種の実態の問いは、答えを得ることが難しい場合が多い。ティールームに関する官庁統計は、おそらく存在しない。犯罪に関する官庁統計でさえ、犯罪行動の真の度合を示す上でその価値が疑わしい。犯罪の度合を調べてきた研究者は、どんな重大犯罪でもその約半分しか警察に通報されていないことを見いだしている。

もちろん、ある社会の実態に関する情報は、私たちが目下問題にすることがらが、稀な事例なのか、ごく一般的な一連の影響作用なのかを、必ずしも教えてくれない。したがって、社会学者は、多くの場合、社会のある状況を同じ社会の別の状況と関連づけたり、異なる社会から得た事例と対比していく、**比較の問い**を発する必要がある。たとえば、英国と米国の社会システムや司法システムには際立った相違が見られる。したがって、典型的な比較の問いは、犯罪行動や法の執行のあり方が英国と米国でどのように異なるのかという問いかけになる。

社会学では、たんに現在の社会を相互に関連づけて考察するだけでなく、その社会の現在と過去を比較することも必要である。この場合に、社会学者が発するのは、**発達の問い**である。現代世界の本質を理解するために、以前の社会形態について考察し、変動過程がたどってきた主要な方向を分析しなければならない。したがって、たとえば監獄は最初どのようにして生まれ、また今日の監獄はどのような状態なのかを調べることになる。

実態の問い――ないしは、通例、社会学者は、むしろ**経験的調査**という呼び方を好むが――は、ものごとがどのように生ずるのかを問題にしている。しかしながら、社会学は、たとえいかに重要で、興味深い事実であろうと、ただ事実の収集だけで成立するわけではない。これらの事実が意味することがらをつねに解釈する必要がある。そのために、私たちは、**理論化の問い**を発することを習得しなければならない。多くの社会学者は、もっぱら経験的疑問に取り組んでいる。しかし、社会学の研究は、かりにその研究が何らかの理論的知識を手引きにしなければ、おそらく啓発的な研究にはならない。この点は、完全に実践目的でおこなわれる調査研究についても当てはまる（表3-1を参照）。

同時にまた、社会学者は、理論的知識の獲得そのものを目的にしないように努める。社会の調査研究は、一方で結論に価値観によるバイアスがかからないように努めるべきだが、現実世界の関心事に有意関連していくべきであるというのが、一般的な考え方である。この章では、客観的知識を生みだすことが可能か否かを問うことで、これらの問題について詳しく見ていく。社会学的調査研究に内包されるいくつかの研究段階について検討する前に、さきに社会学が科学であることを強調しておきたい。続いて、実際の調査について考察しながら、最も広く用いられている調査研究方法をいくつか比較する。これから検討するように、調査研究の理想的な実施の仕方と現実におこなわれる調査研究のあいだには、往々にして著しい相違が見いだされる。

科学的アプローチをとる

デュルケムやマルクスをはじめ社会学の創始者たちは、社会学を科学とみなしていた。しかし、私たちは、科学の方法で、人間の社会生活を本当に研究できるのだろうか。ロード・ハンフリーズがおこなった「ティールーム・トレード」の観察は、本当に科

表3－1　社会学者が発する問いの道筋

実態の問い	何が生じたのか？	1980年代以降、女の子たちは、男の子たちよりも優れた教育的達成を獲得しだしている。
比較の問い	この現象は、どこか他でも生じていたのか？	これは、グローバルな現象だろうか、英国だけで起きているのか、英国の一部地域だけで起きているのか？
発達の問い	この現象は、長期にわたって生じてきたのか？	女の子たちの教育的達成は、長期にわたってどのような傾向をたどってきたのか？
理論化の問い	この現象には、根底に何があるのか？	今日、女の子たちは、なぜ学業成績が上昇しだしているのか？　この変化を説明するために、どのような要因を見いだすことができるのか？

学的だろうか。こうした疑問に答えるために、私たちはまず、この科学という用語が何を意味するかを理解する必要がある。科学とは何か。

科学とは、研究対象となった特定のことがらに関する一連の知識を生むために、経験的調査という系統だった方法を用い、データを分析し、理論的な考察をおこない、立論を論理的に査定することである。この定義にしたがえば、社会学は、科学的営みである。社会学は、経験的調査の体系的方法と、データの分析、根拠と論理的検討にもとづく理論の査定をともなうからである。

とはいえ、人間の研究と、物質的世界における出来事の観察は、別個のことがらである。したがって、社会学が自然科学と完全に類似しているとみなすべきではない。人間は、自然界の物体と異なり、自分がおこなうことに意味と目的を付与する自己自覚的な存在である。私たちは、人びとがその人の行動のなかで当てはめる概念をまず最初に把握しない限り、社会生活を精確に記述することさえできない。たとえば、ある人の死を自殺として記述することは、その人が死ぬ際に何を意図していたかを理解していることを意味する。自殺が生ずるのは、人が心のなかに自己破壊の意図を積極的にいだいた場合だけである。誤って自動車の前に踏み出て轢き殺された人を、自殺ととらえることはできない。

私たちが人間を自然界の物体とまったく同じ仕方で研究できないという事実は、ある意味で社会学にとって好都合である。社会学の研究者は、研究対象に――つまり、他の人たちに――じかに問いかけができることで、得をしている。しかし、それ以外の点で、社会学は、自然科学者であれば遭遇しない難題を創りだしている。自分の活動が詮索されていることに気づいた人たちは、いつもと同じ仕方で行動しないかもしれない。その人たちは、自分が普段とる態度と異なるかたちで、故意に自分を演ずる可能性もある。さらに、その人たちは、そうするように望まれていると自分が確信した応答をおこなうことで、研究者を「手助け」しようとさえする可能性もある。

調査研究過程

はじめに、研究作業で一般に必要となる段階を見ていきたい。調査研究過程は、調査の開始から、研究成果が公表されたり文書のかたちで入手利用できるまで、別々の手順をいくつか踏むことになる。

研究課題を明確にする

どの研究も、研究課題から出発する。研究課題になるのは、時として実態が知られていない領域である。私たちは、特定の制度や社会過程、文化に関する知識を単純に深めたいと思うからである。研究者によっては、たとえば、熱心な信仰をいだいているのは人口の何割ぐらいだろうか、人びとは今日「大きな政府」に本当に不満をいだいているのだろうか、女性の経済的地位は男性よりもどれくらい立ち遅れているのだろうか、といった疑問を解明しようとするかもしれない。

とはいえ、最良の社会学研究は、謎ともいえる課題から出発することになる。謎とは、たんに情報の欠如だけでなく、《私たちの理解の空白部分》でもある。価値のある社会学研究を生みだす手腕のほとんどは、謎を正しく特定できるかどうかにかかっている。謎を解明するための研究は、たんに「そこで何が起きているのか」という疑問を解明するよりも、出来事が《なぜ》そのようなかたちで生ずるのかを理解することに寄与しようとする。だから、たとえば、なぜ信仰様式は変化しているのか、何が近年の選挙での投票率の変化を説明するのか、なぜ地位の高い職種に就く女性は少ないのか、と問うことになる。

どの研究も、孤立して存在するわけではない。研究課題は、現在進行中の研究の一部として生まれる。ある研究プロジェクトは、研究者がそれまで考えつかなかった論点を提起したために、別の研究プロジェクトを導く可能性が十分ある。社会学者は、他の研究者の研究成果を著作や専門誌で読んだり、社会で生じている明確な趨勢に気づくことで、謎を見いだす場合がある。たとえば、近年、精神病者を精神病院に閉じ込めないで、地域社会のなかで治療する取り組みが次第に増えている。社会学者は、このような趨勢に促されて、何がこうした精神病者にたいする態度の変化をもたらしたのか、こうした治療法が患者自身だけでなく地域の他の住民にも可能性としてどのような帰結をもたらすのか、とおそらく問いたい気持ちになる。

既存の研究文献の検討

問題点が特定されると、研究過程で次にとるべき手順は、通常、その問題領域で入手できる既存の研究文献の検討である。すでに既存の調査研究が納得のいくかたちで問題を解明している可能性もある。かりに問題が解明されていない場合、研究者は、関連する研究についても、それがいま取り上げている問題の解明にどれだけ役立つのかを知るために、入念に調べる必要がある。先行する研究者たちも同じ謎を見いだしていたのか。その人たちはこの謎をどのように解明しようとしたのか。その人たちの研究は問題のどの側面をまだ分析せずにいるのか。他の人たちの考えを参考にすることは、研究者が、実際に研究する際に生ずる可能性がある問題点と、さらに調査研究でおそらく利用できる方法を明示する上で役に立つ。

研究課題の明確化　三番目の段階では、研究課題の明確な提示をおこなうことが必要となる。かりに関連する研究文献がすでに存在するのであれば、研究者は、その研究課題にどのように取り組むかについて十分に考えをまとめて、図書館から戻ることができる。この段階で、問題の本質についていだいた直感を、時として明確な**仮説**——起きていることがらに関する、学識にもとづく推測——に変えることが可能になる。かりに研究が功を奏するようにしたいのであれば、収集した事実にもとづくデータがその仮説を裏づけたり、あるいは反証の論拠になるように、仮説を明確に提示する必要がある。

調査計画の立案　次に、研究者は、研究データを《どのように》収集するのかを決める必要がある。多様な調査方法があるため、どの方法を選ぶかは、分析対象となる行動の諸側面だけでなく、研究全体の目的によっても左右される。目的によっては、(通常、質問票を用いる)サンプル調査が相応しいかもしれない。状況によれば、インタヴュー調査や、ロード・ハンフリーズがおこなったような観察研究が適切かもしれない。さまざまな調査研究方法については、この章の後半でさらに学ぶことになる。

調査研究の実施　実際に調査研究をおこなう時点で、予見できなかった実施面の困難がおそらく生ずる可能性がある。質問票を送付する予定の調査対象者や、面接したい調査対象者の何人かと連絡がとれないことが判明するかもしれない。企業や行政機関は、研究者が計画した調査を自由におこなうことを快く思わないかもしれない。こうした困難が原因となって、研究の成果に**バイアス**が生じたり、研究者が間違った解釈をしてしまう可能性もある。たとえば、研究者が、企業は女性たちへの雇用機会均等プログラムをどのように遵守してきたのかを調べようとしても、遵守してこなかった企業は、調査されることを望まない可能性がある。その結果、片寄った知見になる恐れがある。

バイアスは、調査研究の過程において、さまざまなかたちで生ずる。たとえば、かりにある調査研究が対象者の見解を調べ、それにもとづいておこなわれた場合、調査する側が、たとえば対象者の偏見に追随するような誘導的質問をしてしまい、対象者との議論を容易に特定の方向に押しやる可能性がある。あるいはまた、対象者が、答えたくない諸々の理由で、質問をはぐらかす可能性もある。あらかじめ定まった言い回しの質問票を用いて、《インタヴューのバイアス》を減らすこともできるが、バイアス自体をなくすことにはならない。バイアスのもう一つの原因は、たとえば任意アンケートのような調査に参加させられた人が、調査に関わりたくないと決心した場合に生じる。これは、《無回答のバイアス》として知られており、一般的に、調査サンプルに占める無回答の割合が大きくなればなるほど、バイアスが生じる可能性が高まる。かりに調査に生じるバイアスを減らすためにどんな努力をしても、社会学者が調査研究をする際におこなう観察は、その社会学者自身の文化的想定を、おそらく反映する。こうした《観察者側のバイアス》は、除去するのが難しいし、おそらく実際に不可能である。この章の後半で、社会学の調査研究に見いだされる別の落とし穴や困難をいくつか取り上げ、どのようにして回避できるのかを検討する（一〇六頁～一〇八頁）。

調査結果の解釈　分析するためのデータが集まったとしても、研究者の苦労はまだ終わらない――苦労ははじまったばかりかもしれない！　収集したデータの含意を見抜いて、その含意を研究課題に再び関連づけていくことは、ほとんどの場合、骨の折れる作業である。その研究が当初の疑問に明確な答えを示すことは可能かもしれないが、多くの調査研究は、結局のところ完全な結論に達することはできない。

知見の報告　通例、雑誌論文や著書のかたちで公表される研究報告は、研究の性質を説明し、どのような結論が得られるにしてもその結論を正当化しようとする。ハンフリーズの場合、研究報告は『ティールーム・トレード』という著作のかたちをとった。この段階は、個別の研究プロジェクトから見た場合の最終舞台に過ぎない。ほとんどの研究報告は、未解明のまま残った疑問を指摘し、将来見込まれる今後の研究を示唆していく。個々の調査研究は、いずれも社会学という学問の共同体のなかで継続しておこなわれる研究過程の一部である。ハンフリーズが得た調査の知見を踏まえて、別の研究者たちがさらに研究をつづけてきた。

現実が介入する！　ここに示した一連の段取りは、実際の研究プロジェクトで生ずることがらを単純化したものである（次頁の図3-1を参照）。社会学の実際の調査研究では、これらの段階が、互いにこれほど整然と進展するのは稀で、まさしく「何とか切り抜け」なければならないことがらがほとんどつねに生ずる。それは、料理の本に要点が載っている調理方法と、実際の料理過程との違いに、多少似ている。料理に手慣れた人は、本にまったく頼らず料理ができるし、その料理は、本に頼る人よりも上手な場合もある。決まった手順にしたがうことは、必要以上の制約にもなりかねない。最も傑出した社会学研究の多くは、こうした手順をおおむね踏んでおこなわれるにしても、実際にこの段取りに厳密に符合するわけではない。

原因と結果の解明

調査研究の方法論で取り組むべき主要な課題のひとつは、原因と結果の分析である。二つの出来事ないし状況のあいだの**因果関係**は、一方の出来事なり状況がもう一方の出来事なり状況を生みだす結びつきのことである。かりに下り坂に置かれた自動車のハンドブレーキを解除すれば、車は斜面を転がりだし、次第にスピードを上げていく。ブレーキの解除は、このような事態が生じた

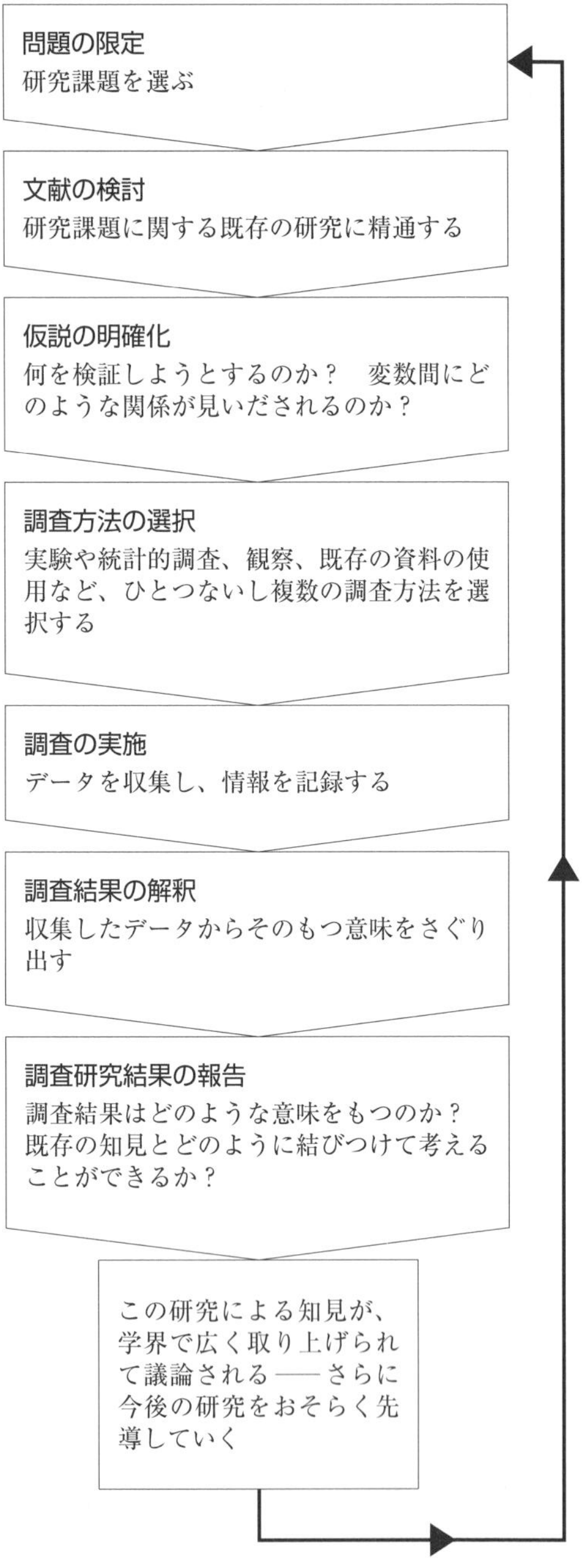

図3-1　調査研究過程の段取り

《原因》である。こうなった理由は、関係する物理学の原理と照合することで、簡単に理解できる。社会学は、自然科学と同じように、すべての出来事には原因があるという想定に立っている。社会生活は、出来事や事件が行き当たりばったりに配列されているわけではない。社会学研究の——理論的思考と組み合わさった——主要な任務のひとつは、原因と結果を特定することである。

因果律と相関関係

因果律を、**相関関係**からじかに推論することはできない。相関関係は、二組の出来事ないし**変数**のあいだに規則的関係が存在することを意味している。変数とは、個人なり集団がそれにしたがって変化する何らかの様相である。社会学者は、たとえば年齢や所得格差、犯罪率、階級格差など、数多くの変数を研究する。二つの変数が密接に相関していると判明すれば、一方の変数がもう一方の変数の原因であるように思えるかもしれない。しかし、実際はそうでない場合が多い。変数間にまったく何の因果関係も見いだせないような相関関係は、数多く存在する。たとえば、第二次世界大戦以来の長い年月、パイプ喫煙の衰退と映画の常連観客数の減少のあいだに、強い相関関係を認めることができる。しかし、明らかに一方の変化が他方の変化の原因ではないし、両者のあいだに僅かな因果的結びつきでさえ発見するのが困難なことは、すぐにわかる。

とはいえ、観察できた相関関係が因果関係を意味しないとはっきり断言できない例も、数多く存在する。このような相関関係は、軽率な人には落とし穴となり、疑わしかったり間違った結論を容易に導きやすい。エミール・デュルケムは、一八九七年に発表した古典的著作『自殺論』（二九頁以下を参照）で、自殺率と一年の季節のあいだに相関関係を見いだした。デュルケムの研究した社会で、自殺の度合は、一月から六、七月にかけて次第に増加したが、六、七月を過ぎると年末に向けて減少した。この事実は、気温なり気候の変化が、人びとの自殺傾向と因果的に結びつくことを証明するように思えるかもしれない。ことによると、気温の上昇につれて、人びとは、ますます衝動に駆られ、性急になるのだろうか。けれども、この場合の因果関係は、おそらく気温なり気候と何の直接的な結びつきをもたない。ほとんどの人は、冬よりも春や夏にもっと集中して社会生活に取り組んでいる。孤立していたり不幸な境遇に置かれた人たちは、他の人たちの活動水準が高まるにつれて、孤立感や不幸せな気持ちの増大を経験する。したがって、こうした人たちは、社会活動のペースが遅くなる秋や冬よりも、春や夏に自殺傾向におそらく強く身を晒すことになる。相関関係に因果律が認められるどうかを評定する場合も、因果関係の方向を見極める場合も、つねに油断は禁物である。

因果メカニズム　相関関係に内包された因果的結びつきを見抜くのは、多くの場合、難しい作業である。たとえば、現代の社会では、学業成績の水準と職業上の成功のあいだに強い相関関係がある。人は、学校でよい成績を達成すればするほど、もっとよい賃金の仕事におそらく就くことができる。何がこの相関関係を説明するのだろうか。研究は、それが学校での経験だけではないことを証明する傾向が強い。学校での成績は、その人の出身家庭の種別によってもっと強い影響を受けている。裕福な家庭の子どもは、親が子どもの学習能力に強い関心を払い、蔵書も多いため、こうした特性を欠く家庭出身の子どもに比べ、学校でよい成績を上げる可能性が高い。この場合の因果メカニズムは、家庭が提供できる学習環境とともに、親が子どもたちにとる態度である。

社会学では、因果的結びつきを、あまりにも機械的なかたちで理解するべきではない。人びとがとる態度や、人びとが何かをおこなう際にその行為に付与する主観的な理由も、社会生活における変数間の関係で、原因要素となる。

統制　相関関係を解き明かす原因を査定していく際に、**独立変数と従属変数**を区別する必要がある。独立変数とは、他の変数に作用を及ぼす変数である。作用を受ける側の変数が、従属変数である。さきの例でいえば、学業成績は独立変数で、職業上の所得は従属変数である。この区別は、調べている因果関係の方向を指し示す。同じ要因が、ある研究では独立変数になり、別の研究では従属変数になることもある。それは、どのような因果過程を分析の対象にするかによって左右される。かりに職業上の所得の差がライフスタイルに及ぼす影響を考察しているのであれば、職業上の所得は、従属変数ではなく、独立変数になる。

変数間の相関関係が因果的結びつきであるか否かを見極めるために、**統制**をおこなう。統制とは、他の変数が及ぼす作用を調べるために、一部の変数を固定した状態に保つことを意味する。そうすることで、観察された相関関係の真相を判定して、因果関係と非因果関係を識別できるようになる。たとえば、子どもの発達を研究する人たちは、幼児期における母性剝奪と、大人になってからの深刻な人格障がいのあいだに因果関係がある、と主張してきた。(「母性剝奪」とは、生後間もない数年間に、幼児が母親から長期間——数カ月ないしそれ以上——遠ざけられることを意味する。)母性剝奪とその後の人格障害のあいだに実際に因果関係が存在するのか否かを、私たちはどのように検証できるのだろうか。相関関係を明示する可能性がある他の影響作用を統制し、つまり、「閉め出す」ことで、それを検証していく。

母性剝奪の発生原因のひとつに、子どもを親から引き離すことになる長期入院がある。けれども、本当に問題なのは、母親への愛着なのだろうか。かりに子どもが幼児期に《他の》人たちから愛情や心遣いを得ていれば、おそらくその子どもはその後も安定した人格になるのではないのか。これらの可能性として考えられる因果的結びつきを研究するために、子どもがきちんとした介護を誰からも与えられなかった場合と、母親から引き離されても、母親以外の誰かから愛情と介護を得ていた場合を、比較する必要がある。かりに前者のグループに深刻な人格障害が発生し、後者のグループに発生しなかったのであれば、その子の母親であるか否かにかかわらず、幼児期に《誰か》からきちんと受ける介護が重要ではないのか、と私たちは考えることになる。(事実、子どもたちは、自分の世話をしてくれる誰か——この人が母親本人である必要はない——との、愛情のこもった信頼できる関係を享受する限り、順調に成長するように間違いなく思える。)

原因の識別

所与の相関関係を説明するために照合できる可能性が高い原因は、数多く見いだすことができる。私たちは、どのようにすればこうした可能性が高い原因をすべて網羅できたと確信できるのだろうか。私たちは確信がもてないというのが、この疑問への答えである。潜在的に有意関連すると想定できる原因要素すべてについて、その可能性の高い影響作用をかりに検査せざるを得ないのであれば、たとえ小規模の社会学研究であっても、社会学研究を満足のいくかたちで遂行し、その結果を解釈することなど、決してできない。因果関係の識別は、通常、当面の問題領域でおこなわれた先行研究を手引きにする。かりに相関関係に内包される因果メカニズムについて前もって道理にかなった認識を多少とももっていなかったなら、何が真の因果的結びつきなのかを発見するのが非常に難しいことに、おそらく私たちは気づくはずである。何の《ために》検証するのかもわからなくなるはずである。

相関関係に内包される因果的結びつきを確認するのがいかに難しいかの格好の例は、喫煙と肺ガンをめぐる長い研究史である。研究は、喫煙と肺ガンの強い相関関係を一貫して論証してきた。喫煙者は、非喫煙者よりも肺ガンになる可能性が高く、またタバコを少し吸う人よりも多量に吸う人のほうが、肺ガンになりやすい。この相関関係は、逆の言い方もできる。肺ガン患者の多くは、喫煙者か、過去に長期間喫煙していた人たちである。これらの相関関係を確証する研究がこれまで数多く実施されてきたため、この相関関係に因果的つながりが内包されていることは、一般に認められている。しかし、正確な因果メカニズムは、いまのところほとんど未解明である。

どんな問題にも、たとえ相関関係をどれだけ多く分析したとしても、可能性のある因果関係をめぐって不確かな部分が多少ともつねに残存する。相関関係について別の解釈を下すことも可能である。たとえば、肺ガンになりやすい人は、同時にまた喫煙者になりやすい人であるという主張がこれまでもおこなわれてきた。この見解によれば、肺ガンの原因は、喫煙ではなく、生まれつき喫煙とガンに向かう生物学的素因である。

調査研究方法

次に、社会学者が研究で一般に利用するさまざまな調査方法を見ておきたい（次頁の表3-2を参照）。

エスノグラフィー

ハンフリーズは、主要な調査研究方法として**エスノグラフィー**（フィールドワーク、つまり、**参与観察**やインタヴューを用いて人びとを直に研究すること）を採用した。エスノグラフィー調査をおこなう研究者は、研究対象となる集団や組織、コミュニティを頻繁に訪れ、一緒に働いたり生活をともにするとともに、場合によっては研究対象者たちの活動に直接参加したりする。エスノグラフィーは、うまくいけば、研究対象の集団や組織、コミュニティにおける人びとの行動について情報を提供すると同時に、人びとが自分たち自身の行動をどのように理解しているかに関しても情報を提供する。ものごとが当該集団の内側からどのように見えているのかがわかれば、その集団だけでなく、研究対象となった状況を超越する社会過程についても、おそらくもっと理解できるようになる。

従来のエスノグラフィー調査では、観察者自身についてほとんど情報提供せずに、記述や説明がおこなわれてきた。その理由は、エスノグラフィー調査をおこなう人は、調査することがらについて客観的な描写を提示できると確信されていたからである。最近では、エスノグラフィー調査をおこなう人たちは、自分自身や、調査対象となった人たちとの関係の性質について述べる傾向が次第に強くなっている。たとえば、調査者の人種や階級、ジェンダーが研究にどのように影響するのか、あるいは調査する側と調査される側の権力の格差が両者の対話をどのように歪めるのかといった点は、時として検討課題になる可能性がある。

参与観察にもとづく研究は、通例、研究過程で克服しなければならなかった危険要素なり問題点に関する説明を、長いあいだ除外してきた。しかし、近年刊行されたフィールドワーカーの回顧録や日記は、こうした危険要素や問題点をかなり率直に公開するようになった。研究者は、多くの場合、孤独感にうち克つ必要がある——自分が実際に帰属していない社会的状況なりコミュニティに溶け込むのは容易ではない。研究者は、集団成員がみずからについて率直に語ろうとしないため、つねに欲求不満に陥る可能

表３－２　社会学の調査で用いる主要な四つの方法

調査方法	強　み	限　界
フィールドワーク	・普通、他の方法よりも内容に富み、詳密な情報を生みだす。 ・エスノグラフィーは、社会過程について幅広い情報をもたらすことができる。	・比較的小規模な集団やコミュニティの研究でのみ利用できる。 ・知見は、研究対象となった集団やコミュニティにだけ当てはまる。たった一回のフィールドワークだけで一般化することはできない。
統計的調査	・多数の人びとに関するデータを、効率よく収集できる。 ・調査対象者の回答を、正確に比較することが可能である。	・収集したデータは表面的なものになりやすい。質問票が極めて標準化されている場合、回答者の見解に見いだす重要な差異を看過しやすい。 ・回答は、対象者が実際に確信することがらでなく、確信しているふりをしたいことがらになる恐れがある。
実　験	・特定の変数の及ぼす影響力を研究者は統制できる。 ・通常、後につづく研究者は、容易に実験を繰り返すことができる。	・社会生活の多くの側面は、実験室で生起させることができない。 ・対象者の反応は、実験という状況の影響を受ける恐れがある。
資料調査	・研究対象となる記録や資料の種類によっては、数多くの事例データだけでなく、もっと詳密なデータの供給源にもなる。 ・もっぱら歴史的な研究であったり、明らかに歴史的側面を問題にしていく際は、多くの場合、必要不可欠である。	・研究者は、現存する、しかも不完全なものかもしれない資料に依存している。 ・一部の官庁統計のように、その資料がどのくらい現実の傾向を表示するかについて、解釈が難しいこともある。

性がある。単刀直入の質問は、歓迎される場合もあれば、冷たい沈黙で迎えられる場合もある。フィールドワークによっては、身体に危害が及ぶ可能性さえある。たとえば、非行少年グループを調査している研究者は、警察への密告者とみなされたり、あるいは敵対グループとの抗争にうっかり巻き込まれる恐れがある。

エスノグラフィーによる研究には、他にも重大な限界がある。かなり規模の小さな集団やコミュニティしか研究できないからである。また、研究者の技量も、研究対象者たちの信頼を得る際に大きく影響する。こうした技量を欠くと、調査研究はおそらくうまくいかない。また、逆の状況が生ずる可能性もある。研究者は、調査対象の集団に強い一体感をいだきはじめると、むしろたぶんに「部内者」になってしまい、部外の観察者という視座を失う恐れがある。

統計的調査

フィールド研究の成果の解釈は、通例、一般化の問題を必然的にともなう。ごく少数の人だけを問題にしているため、ある状況で見いだすことがらが、別の状況にも同じように当てはまるのか、あるいは同じ集団をふたりの研究者が別々に調査しても同じ結論に達するのかについてさえ、私たちは確信をもてない。この点は、統計的調査の場合、通常それほど問題にならない。**統計的調査**では、選ばれた人びとの集団——時には数千人に及ぶ場合もある——にたいして質問紙が郵送されたり、じかにインタヴューがおこなわれたりする。この対象者集団のことを、社会学者は**母集団**と呼んでいる。フィールドワークは、社会生活の規模の小さな断面を徹底的に研究するのに最も適している。それにたいして、統計的調査は、さほど詳細ではないが、広い範囲に通常適用可能な情報をもたらす傾向が強い。

固定回答方式の調査票と自由回答方式の調査票　統計的調査では、二種類の質問票を用いる。ひとつは、選択肢を固定し、一定の範囲の回答しかできない質問——たとえば、「はい／いいえ／わからない」や「おおいにあり得る／あり得る／あり得ない／まったくあり得ない」等々——から構成される固定回答方式の質問票である。この種の統計的調査には、回答の範疇が非常に少ないため、回答を容易に比較して、数量化できる利点がある。その反面、この種の調査がもたらす情報は、意見内容や表現された語句の微妙な差を斟酌しないため、誤った判断を導くことはないにしても、利用範囲が限定される傾向がある。

もう一つは、自由回答方式の質問票である。回答者は、自分の見解を自分の言葉で表明する機会が与えられる。回答は、あらかじめ決められた選択肢だけに限定されない。自由回答方式の質問票は、固定回答方式の質問票に比べ、総じてもっと詳細なデータを提供する。研究者は、回答の分析によって、回答者が考えていることがらをさらに詳しく究明できる。その反面、回答を規格化していないため、回答の統計的比較は、難しい可能性がある。

質問票の項目は、通常、面接担当者のチームが、あらかじめ決めた同じ順番で質問し、同じやり方で回答を記録できるように設計されている。どの質問項目も、面接をする側とされる側がともに容易に即座に理解できるものでなければならない。行政機関や調査機関が定期的に実施する全国規模の統計調査では、面接調査は、国中の至るところで数多くの面接担当者によってほぼ同時に実施される。面接をおこなう人たちにしても、結果を分析する人たちにしても、かりに質問事項や回答の曖昧な点について絶えず互いに点検しなければならなかったら、おそらく調査を効果的におこなうことはできなくなる。

　調査票はまた、回答者の特性を考慮に入れる必要がある。回答者は、調査者が質問をする際に念頭に置いた問題の核心を理解しているだろうか。回答者は、きちんとした回答ができる十分な情報を備えているだろうか。はたして進んで答えてくれるだろうか。質問票の言葉遣いが、回答者に馴染みがない場合もある。たとえば「あなたの婚姻上の地位は何ですか」といった質問は、おそらく相手を当惑させる。「あなたは独身ですか、結婚していますか、別居中ですか、離婚していますか」とたずねるほうが、おそらく妥当である。ほとんどの統計的調査は、調査者が予想しなかった問題点を拾い出すために、前もって**予備調査**を実施している。予備調査は、ごく少数の調査対象者が質問票に記入する、試し運転である。かりに難点が見つかれば、こうした難点をすべて本調査を実施する前に取り除くことができる。

サンプル調査　社会学者は、多くの場合、非常に多くの人たちが示す特徴——たとえば、英国国民全体の政治的態度——に関心を寄せる。しかし、対象者全員に直接調査をおこなうことは不可能である。したがって、こうした場合、調査は、**サンプリング**に、つまり、集団全体のサンプルや、その一部だけを取り上げることに主眼を置く。通常、サンプル調査で得た結果は、サンプルを適切に選んでいる限り、母集団全体に一般化できると考えられている。たとえば、英国のわずか二〇〇〇人か三〇〇〇人の有権者を調査するだけで、国民全体の政治的態度や投票の意向を極めて正確に指し示すことができる。しかし、こうした正確さを実現するために、抽出サンプルは、**代表サンプル**、つまり、調査対象者の集団が母集団全体の典型でなければならない。サンプルの抽出は、見かけ以上にかなり複雑である。したがって、統計学者は、抽出サンプルの適正な規模と性質を算定するための公式を編み出してきた。

　サンプルの代表性を確保するためにとくに重要な手続きは、サンプルの**無作為抽出**である。無作為抽出では、母集団のすべての成員が同じ確率で抽出サンプルに入るように、サンプルを選び出す。無作為抽出のサンプルを得る最先端の手段は、母集団の成員にそれぞれ番号をふって、コンピュータを使用して乱数表を作り、その乱数表からサンプルを抽出する——たとえば、乱数の列から一〇番目ごとに数字を拾う——方法である。

「ピープルズ・チョイス」　統計的調査の最も有名な初期の研究例のひとつに、半世紀以上前にポール・ラザースフェルドが多くの同僚とおこなった『ピープルズ・チョイス』がある（Lazarsfeld, Berelson et al. 1948）。この『ピープルズ・チョイス』は、一九四〇年の米国大統領選挙キャンペーンで、オハイオ州エリー郡の住民を対象に投票意向を調査した研究で、今日でも使用されている統計的調査の主要技法をいくつか開発した。調査員は、一枚の質問票が明示する以上のことがらを深く調べるために、有権者の抽出サンプルになった一人ひとりに合計七回にわたって面接調査をおこなった。その目的は、投票態度の変化を追跡調査し、その理由を知るためである。

この研究では、あらかじめ明確な仮説をいくつか立てていた。そのひとつに、地域社会での有権者の身近な関係性や出来事のほうが、遠く隔たった世界の情勢よりも投票意向に多くの影響を及ぼすという仮説であり、調査結果は総じてこの仮説を確証した。研究者たちは、政治的態度を分析するために精巧な測定方法を開発した。しかしながら、この研究はまた、理論的思考にも重要な寄与をおこなった。この研究が導入を促した概念のなかに、「オピニオン・リーダー」と「コミュニケーションの二段の流れ」がある。この研究は、一部の人たち——オピニオン・リーダー——が、その人の周囲にいる人びとの政治的意見を形成しやすいことを証明した。人びとの政治的見解は、直接的なかたちではなく、二段階の過程をとおして形成されていた。第一段階で、オピニオン・リーダーは政治的出来事にたいして反応を示す。次の第二段階で、オピニオン・リーダーは、他の人たち——近親者や友人、職場の同僚——に影響を及ぼす。このようにオピニオン・リーダーが表明する見解は、人間関係をとおして浸透し、その時の政治問題にたいする他の人たちの反応に影響を及ぼす。

統計的調査の利点と限界　統計的調査は、社会学の調査研究ではいくつかの理由から幅広く用いられている。質問票で得る回答は、他のほとんどの調査方法が引き出すデータに比べ、容易に数量化や分析が可能である。多くの人数を研究することができる。また、十分な資金があれば、研究者は、回答を収集するために統計的調査の専門機関を利用できる。自然科学の研究方法がこの種の調査研究のモデルになっており、統計的調査は研究者にたいして研究対象を統計学的に測定する手段をもたらす。

とはいえ、多くの社会学者は、統計的調査方法に批判的である。統計的調査では概して表面的な回答しか得られないため、もともと精度が曖昧な調査結果に見掛け上の正確さが付け加わることになるだけだ、と批判する人たちは主張している。無回答の割合は、とりわけ質問票を郵便で届け、郵便で返送してもらう場合、高くなりやすい。抽出サンプルの——通常、無回答者に再度連絡を取ったり、他の回答者に取り替える努力がなされるとはいえ——わずか半数を超えるだけの回答から得た結果にもとづく研究が公刊されることも、稀ではない。統計的調査に回答しない選択をしたり、面接を拒否する回答者についてほとんど何も解明されていないが、人びとは、統計的調査を、多くの場合、押しつけがましい時間の浪費として体験している。

実　験

実験とは、研究者が設定した、高度に統制された条件のもとで仮説を検証する企てである、と定義づけできる。自然科学では、実験は、他の研究手段に優る重要な利点をもたらすため、頻繁に用いられている。研究者は、実験の場面で、研究対象となる状況を直接統制できるからである。社会学で実験を実施できる範囲は、自然科学に比べて限られている。実験室のような場所には少数の人たちしか収容できない。また、こうした実験では、人びとは、自分たちが観察対象になることを知っていて、自然に振る舞わない可能性がある。このように研究対象の行動に生ずる変化は、《ホーソン効果》と称されている。一九三〇年代に、シカゴ近郊のウェスタン・エレクトリック社のホーソン工場で労働生産性の調査をおこなった研究者たちは、どのような実験条件（照明の明るさ、休憩時間のとり方、作業集団の規模など）を課すかに関係なく、驚いたことに労働者の生産性が引きつづき上昇することを発見した。労働者たちは、自分たちがじろじろ見られていることを気にして、普段よりも仕事のペースを速めていた。

それにもかかわらず、実験的方法を、場合によればうまく応用して社会学研究に役立てることは可能である。一例に、フィリップ・ジンバルドがおこなった独創的な実験がある（Zimbardo 1972）。ジンバルドは、架空の刑務所を設定し、任意で実験に参加した学生たちに看守と囚人の役割を振り当てた。ジンバルドの目的は、これらの違う役割を演ずることが、態度や行動の面にどの程度まで変化をもたらすかを明らかにすることにあった。結果は、調査者側に衝撃を与えた。看守役を演じた学生たちは、すぐさま権威主義的態度を身につけ、囚人に本気で敵意を示した。看守になった学生は囚人にいちいち命令し、口汚く罵ったり、威張りちらしだした。対照的に、囚人となった学生たちは、実際の刑務所の服務者のあいだにしばしば見いだすような、無感動と反抗心が入り混じった感情を示した。あまりにも際立った結果が生じ、また緊張の度合が高まったため、実験は初期段階で早々に中止せざるを得なくなった。とはいえ、その成果は重要である。刑務所内の行動は、収容者一人ひとりの特性よりも、刑務所という状況の特質によって大きく影響される、とジンバルドは結論づけた。

ライフ・ヒストリー　実験と対照的に、**ライフ・ヒストリー**は、社会学や他の社会科学に、純粋に属している。ライフ・ヒストリーは、自然科学では研究の場がない。ライフ・ヒストリーは、特定の個人について——通常、その人自身が思い出を語るかたちで——収集した生活歴のデータから構成される。人びとの長い時間を通じた信念や確信の発達に関して、ライフ・ヒストリーの研究方法ほど多くの情報をもたらす調査手段は、他に存在しない。とはいえ、ライフ・ヒストリーの研究が、調査対象者の記憶だけに全面的に頼ることは、ごく稀である。通常は、たとえば手紙、同時代の人たちが書き記した文書、新聞記事といった情報源を、その調査対象者本人が提供した情報を敷衍したり、その妥当性を点検するために活用している。社会学者は、ライフ・ヒストリーのもつ価値をめぐって見解が異なる。ライフ・ヒストリーは、あまりにも信頼性に欠けるため、有益な情報をもたらすことができないという人もいれば、他のほとんどの調査方法が太刀打ちできない洞察力のある情報源になると確信している人もいる。

ライフ・ヒストリーは、これまで重要な研究で首尾よく活用されてきた。初期の有名な研究は、W・I・トマスとフローリアン・ズナニエツキが最初一九一八年から二〇年に出版したにおけるポーランド農民』全五巻である（Thomas & Znaniecki 1966）。トマスとズナニエツキは、移民体験について、感性豊かで、繊細な解明をおこなうことができた。それは、ふたりが収集したインタヴュー記録や手紙、新聞記事がなければ、おそらく不可能だった。

比較分析

ここまで紹介してきた調査研究法はいずれも、比較分析の場でもしばしば応用されている。**比較分析**は、社会学にとって最も重要である。なぜなら、比較をおこなうことで、特定の調査研究領域で生じることがらを明確にすることができるからである。例として、英国における離婚率——年ごとに受理された離婚件数——を取り上げてみたい。一九六〇年代初めに、英国の年間離婚件数は三万件を下回っていた。ところが、年間の離婚件数は一九八〇年代初めに一六万件前後かそれ以上に増加した。これらの変化は、英国社会の何か特有な性質を反映しているのだろうか。その答えは、英国の離婚率を他の国の離婚率と比較することで見いだすことができる。他のほとんどの欧米社会と比較すると、全体的趨勢の類似性が明らかになる。欧米のほぼすべての国が、過去半世紀間に離婚率の間断ない上昇を経験してきた。

歴史分析

第一章で述べたように、歴史の視座は、しばしば社会学の調査研究にとって不可欠になる。なぜなら、特定の問題について収集した資料やデータを読み解くために、《時間という視座》を頻繁に必要とするからである。

社会学者は、多くの場合、過去の出来事をじかに調べたいと思う。年代によって、当時の人たちが——たとえば、第二次世界大戦時のヨーロッパでのユダヤ人大虐殺の事例のように——まだ生存している場合は、直接研究することが可能である。**オーラル・ヒストリー**による調査研究は、人びとに、これまでの人生のある時点でその人が目撃した出来事についてインタヴューをおこなうことを意味する。言うまでもなく、この種の直接的な調査研究は、せいぜいのところ六〇年前か七〇年前の時代までしか遡ることができない。もっと前の時代を歴史的に研究するためには、社会学者は、図書館の特別収集文庫や国の公文書館にしばしば所蔵されている資料や文書記録を利用することになる。

歴史的な脈絡での記録資料調査の興味深い例に、社会学者アンソニー・アッシュワースがおこなった、第一次世界大戦時の塹壕戦の研究がある（Ashworth 1980）。アッシュワースは、男たちが何週ものあいだ四六時中互いに身体と身体が接する状態に詰め込まれ、絶え間ない砲火の雨に耐えねばならなかった生活がどのようであったのかの分析に、関心を寄せた。アッシュワースは、個々の師団や大隊について記述された記録、当時の公の刊行物、個々の兵士が個人的に書き残した手記や記録、さらに戦闘体験について兵士本人から直接得た談話など、多種多様な記録資料を利用した。こうした多様な情報源の活用で、アッシュワースは、塹壕での生活について、内容に富んだ、詳細な描写をおこなうことができた。アッシュワースは、ほとんどの兵士が、自分たちだけの考えでどのくらいの頻度で敵と交戦するのかを決めて、上官の命令を実際上無視する場合が多かったことも発見した。たとえば、クリスマスの当日、兵士たちは、ドイツ軍も連合国軍も戦闘行為を一時的に中断した。また、ある場所では、両陣営で即席のサッカー試合まで開催していた。

比較研究と歴史研究の組み合わせ

アッシュワースの研究は、比較的短期間のことがらをもっぱら対象としていた。もっと長い期間を調査し、同時にまた歴史的な脈絡で比較分析を用いた研究の具体例に、社会変動の最も有名な研究のひとつ、シーダ・スコッチポルの『国家と社会革命』を挙げることができる（Skocpol 1979）。スコッチポルは、革命の発端と特質について、詳細な経験的研究に基盤を置く理論を生みだすという野心的な仕事に取り組んだ。スコッチポルは、フランスの一七八九年革命、ロシアの（共産主義者に権力をもたらしソヴィエト連邦を確立したが、一九九一年に解体した）一九一七年革命、それに中国の（共産主義中国を樹立した）一九四九年革命という三つの異なる歴史的な脈絡で、革命過程を考察した。

スコッチポルは、各種の文書資料を分析することにより、革命的変動について、変動の根底にある社会構造上の諸条件に重点を置いた、説得力のある説明を展開することができた。スコッチポルは、社会革命が、たぶんに意図しなかったかたちで生じていることを証明した。たとえば、ロシアでは、ロシア革命以前にも、さまざまな政治集団が既存の体制を打倒しようとしていた。しかし、どの集団も――最終的に権力の座に就いたボルシェヴィキを含め――現実に起こったかたちの革命を予想してはいなかった。一連の衝突や対立は、万人の予見をはるかに上回る過激な社会変容過程を引き起こすことになった。

現実世界における調査研究――方法、問題、落とし穴

さきに強調したように、どの調査研究方法にも、利点と限界がある。したがって、ひとつの調査で、複数の方法を組み合わせ、足や照合のために利用することが、一般におこなわれている。ここでも、ロード・ハンフリーズの『ティールーム・トレード』を例にして、調査方法を組み合わせることの意義――さらに、もっと一般的には現実の社会学の調査研究がかかえる問題と落とし穴――について見ていきたい。

ハンフリーズが答えを得たかった問いのひとつは、「どのような種類の男性たちが公衆トイレにやって来るのか」であった。しかし、この問いの答えを得ることは、明らかに困難だった。なぜなら、公衆トイレでハンフリーズが実際にできるのは、観察だけだったからである。トイレでは沈黙を守らなければならないという規範は、何か質問をしたり、話しかけることさえ難しくしていた。加えて、基本的に匿名であることを望む人たちに、ハンフリーズが個人的な質問をはじめたりしたら、極めて異常な事態になったはずである。

ハンフリーズは、打開策として、公衆トイレにやって来る男性たちについて、統計的手法を用いて詳しく調べようとした。ハンフリーズは、公衆トイレの入り口の側に立って、駐車場に車を停めて、セックスのためにトイレに入ってくる男たちの車のナンバープレートを書き留めた。そして、車のナンバーを車両登録部局

に勤める友人に渡して、男たちの住所を手に入れた。

数カ月後、ハンフリーズの勤務する米国セントルイスのワシントン大学が、性的習慣について戸別訪問方式による統計調査をおこなった。ハンフリーズは、この統計調査の責任者に、ハンフリーズが調査サンプルとして選んだ、公衆トイレにやって来た人たちの名前と住所を調査対象に加えてくれるように依頼した。それから、ハンフリーズは、調査員を装って、この男たちの自宅を訪れてインタヴューをおこなった。その際に、おそらく統計調査のための質問だけをするだけでなく、実際にはこの男たちの社会的背景や生活についてもっと詳しく知ろうとした。ハンフリーズは、この男たちのほとんどが既婚者で、その他の点では極めて通常の生活を営んでいることを発見した。ハンフリーズは、多くの場合、妻や他の家族成員にもインタヴューをおこなっていた。

人間という主体と倫理的問題

人間に関わる調査研究はすべて、倫理的ディレンマを引き起こす可能性がある。社会学者が提起すべき問題として合意が得られている最重要な問いは、社会学の調査研究が調査対象者に、その人たちが日常生活で直面する以上のリスクをもたらしていないかどうかである。


ハンフリーズは、『ティールーム・トレード』を執筆した際、自分がその行動を研究している対象者たちにあまり誠実でなかった、と述べている。ハンフリーズは、公衆トイレを観察しているとき、社会学者という自分の身元を明らかにしなかった。トイレにやって来る男たちは、ハンフリーズもまた自分たちと同じ理由でそこにいるのだと推測し、ハンフリーズを見かけ通りに容認できる存在と思い込んでいた。ハンフリーズは、公衆トイレでの男たちの行動を観察しているあいだ、露骨な嘘こそつかなかったが、自分がそこにいる本当の理由を明かすこともしなかった。ハンフリーズがとった行動は、とくにこのことに関する限り、はたして倫理的に正しかったのだろうか。差し引きして考えれば、ハンフリーズの研究は、この点に関する限り、どの調査対象者もリスクに晒すことはなかったというのが答えである。ハンフリーズは、公衆トイレで観察した結果をもとに、参加者たちの身元が特定できるような情報を収集することはしなかった。参加者たちに関してハンフリーズが知り得たことは、公衆トイレにいる他の人なら誰もが知っていることと類似していた。このように、ハンフリーズがその場にいることは、調査対象者たちを、その人たちが日常生活ですでに遭遇している以上のリスクに晒すことはなかった。

と同時に、かりにハンフリーズがどの段階においてもまったく隠し立てをせずに接していったとすれば、この調査研究は、実際におこなわれたほど順調に進展しなかったかもしれない。確かに、これまで社会学者が収集してきた最も価値あるデータのなかには、かりに研究者が調査過程で出会う一人ひとりに調査の意図を最初から説明していたとすれば、決して集めることができなかったデータもある。

かりにこの点がハンフリーズの調査プロジェクトが引き起こした唯一のディレンマだったとすれば、ハンフリーズの調査は、社会調査の倫理問題としてとくに注目されなかったかもしれない。しかし、多くの人が呆れて眉を顰めたのは、ハンフリーズが公衆トイレにやって来た人たちの車のナンバーを書き留め、車両登録部局に勤める友人からこの人たちの住所を入手して、公衆トイレでの行動とは無関係な統計的調査をしていると偽って、この人たちの自宅を訪問したことである。たとえハンフリーズは男たちの家族にたいして公衆トイレでの行動について何も暴露しなかったとしても、また、たとえデータの機密を保持するために多大な苦労をしたとしても、ハンフリーズの得た知識は、この男たちに損害を与える可能性があったはずである。ハンフリーズが公文書で裏付けを得ようとした男たちの活動は違法だったため、警察官が、ハンフリーズに、調査対象者の身元について情報公開するように要求する可能性もあった。また、未熟な調査員が対象者の家族にインタヴューするとき口を滑らしたり、あるいはハンフリーズが調査ノートを紛失して、誰かが後でそれを見つけるという可能性もあった。調査過程で生ずるかもしれない数多くの間違いを考慮すれば、研究者たちは、この種の調査プロジェクトが理にかなっているとみなすことはできない。世界に目をやると、たとえば英国の経済社会調査委員会のように社会学研究を支援する政府の基金団体や、英国社会学会のように社会学者が所属する専門組織は、現在、社会学研究で実験的な試みに従事する研究者たちのために、かなり厳しい倫理指針を設けている。

ハンフリーズは、男性同性愛者の生き方を最初に研究した社会学者のひとりである。ハンフリーズは、性的コミュニティにたいする既存の知識在庫をはるかに凌駕する、思いやりのある論じ方で、このコミュニティについて解明していった。調査対象となった人びとのなかで、ハンフリーズの研究が刊行されたために苦痛を蒙る人は、実際には誰もいなかった。とはいえ、後でハンフリーズ自身は、重要な研究倫理をめぐる論争でハンフリーズを批判した人たちの主張を受け容れた。ハンフリーズは、かりに自分がこの研究をもう一度おこなうとすれば、車のナンバーを追跡調査することはしないし、調査対象者の自宅を訪れることもしないだろう、と述べている。その代わりに、ハンフリーズは、公衆トイレでデータを集めた後、対象者たちの何人かと、自分の研究目的をきちんと告げられるほど十分に知り合う努力をおこない、その上で、こうした公衆トイレでの活動が調査対象者たちの生活のなかでもつ意味について語ってくれるよう、その人たちに頼むことになるだろう。

社会学は、わかりきったことがらのたんなる言い直しなのか？

社会学は、誰もがある程度まで個人的に経験していることがらを研究する場合が多いので、ときどき、社会学はたんに「わかりきったことを苦心して精緻化している」に過ぎないのではないか、と訝る人もいる（Wright 2000）。社会学は、私たち誰もがすでに知っていることがらを抽象的な専門用語で言い直しているに過ぎないのだろうか。社会学とは、私たちがすでに熟知している社会的現象の明らかに冗長な定義づけなのだろうか。最悪の場合、社会学はこうした存在に陥る可能性がある。しかし、いかなる学問分野についても、その最悪の実践者たちがおこなっている内容によって判断を下すのは、決して妥当ではない。それどころか、実際に良質な社会学は、わかりきったことがらにたいする私たちの理解をもっと鮮明にしてくれるか（Berger 1963）、あるいは、私たちの常識を完全に変えていく。いずれにしても、良質の社会学は、冗長でもないし、わかりきったことがらの言い直しでもない。この本では、新たな話題を取り上げる場合、あなたがおそらくすでに理解していることがらの定義から、議論がはじまる。どんな学問分野でも、その学問で使う用語を定義づけることが必要である。とはいえ、たとえば家族を、互いに近親関係にある人たちの単位として定義づける場合、私たちは、この定義を、終着点としてではなく、出発点としておこなう。多くの場合、自分たちが使う用語の定義づけを欠くと――良質の社会学は、用語の定義づけを決して最終目的にしないが――理解のレヴェルを後になって深めようとしても前に進むことができなくなる。

社会学の影響力

社会学の研究が社会学者たちの知的世界だけの関心事に留まることは、稀である。社会学の研究成果は、多くの場合、社会の至るところに広まっていく。強調しておく必要があるが、社会学は、現代社会の《研究》だけでなく、現代社会の《連続する生》の重要な構成要素でもある。英国の結婚やセクシュアリティ、家族で生じている(第七章と第一二章で取り上げる)変容が一例である。現代社会に生きるほとんどの人は、社会学の調査研究が徐々に浸透していった結果、これらの変化について多少とも認識している。私たちの思考や行動は、複雑な、しばしば精妙なかたちで、社会学的知識の影響を受けており、したがって社会学の研究領域そのものをつくり直している。こうした現象を、社会学の専門概念を用いて記述するとすれば、社会学は、その行動が研究対象である人間にたいして再帰的な関係にあるという言い方ができる。**再帰性**とは、第四章で見るように(一三八頁)、社会学研究と人間行動のあいだの相互のやりとりのことを指している。社会学の知見がしばしば常識と密接に相関することは、意外でもない。その理由は、たんに私たちがすでに知っている研究結果を社会学が提示しているからではない。どちらかといえば、社会学の研究が、社会の実際の《あり方》をめぐる私たちの常識的知識にたいして、間断なく影響を及ぼすからである。

統計用語

社会学の調査研究では、調査結果を分析する際に、多くの場合、統計的技法を用いる。なかには非常に精緻で複雑な技法もあるが、最も頻繁に用いる技法は、容易に理解できる。最も一般的なのは、**中心傾向の測定**(平均を計算すること)と**相関係数**(ある変数がもう一つの変数と恒常的に関係している度合の測定)である。

平均を計算する方法は三通りあり、それぞれに利点と弱点がいくつかある。例として、一三人が所有する(家屋や自動車、銀行預金、投資金といったすべての資産を含む)個人財産の総額を取り上げてみたい。たとえば、この一三人が次の金額を所有していると仮定する。

1人目	0ポンド
2人目	5,000ポンド
3人目	10,000ポンド
4人目	20,000ポンド
5人目	40,000ポンド
6人目	40,000ポンド
7人目	40,000ポンド
8人目	80,000ポンド
9人目	100,000ポンド
10人目	150,000ポンド
11人目	200,000ポンド
12人目	400,000ポンド
13人目	10,000,000ポンド

平均値とは、一三人全員の資産額を合計し、その総数を対象者の数で、つまり、一三で割って得られる値である。総額が一一〇八万五〇〇〇ポンドであるから、この総額を一三で割ると、平均値は八五万二六九二ポンドになる。この平均値は、与えられたすべてのデータにもとづくため、有用な計算方法になる場合が多い。とはいえ、一つの事例なり少数の事例が大多数の事例と極端に大きな差を示す場合、判断を誤らせる恐れがある。この例でいえば、一〇〇〇万ポンドという大きな数値が一つ存在するために、この平均値は、中心的傾向を示す妥当な尺度になっていない。人によっては、この数値から、対象者のほとんどが実際の所有額よりもはるかに多くの資産を所有するような印象をもってしまう可能性がある。

　このような場合は、別の二つの尺度のうちのどちらか一つを用いることになる。**最頻値**とは、所与の一連のデータのなかで最も頻繁に現れる数値である。この例でいえば、最頻値は四万ポンドである。最頻値の難点は、データの全体分布、つまり、データが包含するすべての数値域を考慮に入れていないことである。一連の数値のなかに最も頻繁に現れる事例は、必ずしも数値分布全体を代表していないため、あまり有用な平均にならない可能性がある。この例では、四万ポンドという数値は、あまりにも低い数値に近づき過ぎている。

　三番目の尺度は、一連の数値のなかで真ん中に位置する数値、**中央値**である。この例でいえば、中央値は、七番目の数値、四万ポンドになる。この例の場合、データの件数が一三という奇数個であった。かりにデータの件数が偶数個——たとえば、一二——の場合、中央値は、真ん中の二つの事例、つまり、六番目と七番目の数字の平均値をとって算出される。中央値は、最頻値と同じように、測定されたデータの実際の値域について何も表示していない。

　研究者は、誤解を生むような平均像を描くことを避けるために、中心的傾向について二つ以上の尺度を用いる場合もある。さらにもっと多くの場合、当のデータの**標準偏差**を算出する。標準偏差とは、一連の数値の——この場合でいえば、ゼロから一〇〇〇万ポンドまでの——**分散の度合**を算出することである。

　相関関係の係数は、二つ（ないしそれ以上）の変数が互いにどのくらい密接に結びついているかを表示する有用な方法である。二つの変数が完全に相関する場合、相関係数は一・〇と表示され、正の完全な相関関係があるという言い方ができる。二つの変数のあいだに何の関係も見いだせない——つまり、一貫して何の結びつきもたない——場合、相関係数はゼロになる。二つの変数が互いに完全に逆比例の関係にある場合、負の相関係数は、マイナス一・〇と表示される。社会科学では、完全な相関関係を見いだすことは決してない。プラスにしろマイナスにしろ〇・六以上の相関係数は、どのような変数を分析する場合でも、通常、変数間の強い結びつきを示す値とみなされる。たとえば、帰属する社会階級と投票行動のあいだに、この〇・六程度の正の相関関係を見いだすことができる。

数表の読み方

私たちは、社会学の文献を読む際に数表に出合うことが多い。これらの数表は、時として複雑に見えるかもしれない。しかし、次に挙げるいくつかの手順にしたがえば、簡単に数表を解読できる。慣れれば、自然にできるようになる（例として、表3-3を参照）。数表を飛ばして読みたい誘惑に負けてはならない。数表は、凝縮された情報を含んでおり、かりに言葉で表現されている場合に比べ、もっと速くその情報を読み取ることができる。数表の解釈に習熟することで、実際に論者の導き出した結論がどのくらい正しいかを点検できるようにもなる。

1　まず、表のタイトルを省略せずに読むこと。数表には長いタイトルが付いている場合が多い。タイトルには、伝えたい情報の性質を正確に述べようとする研究者の努力が具体的に示されている。表3-3のタイトルは、まずはじめにデータの主題、次にそのデータが限られた数の国々のデータであること、さらに三つ目として数表が比較のためのデータであることを明らかにしている。

2　データについての解説や註記を確かめること。註は、データをどのように収集したか、なぜデータをこのようなかたちで表示するかの理由を述べている。この本に載っている表の多くに、註記がなされている。たとえば、その数値がどのように得られたのかについて詳細を示す註記がなされる。かりに数表のデータが調査者の収集ではなく、最初どこか他で発表された調査結果にもとづく場合は、出典が記載される。出典は、元のデータを見いだすにはどこで調べればよいかを示すだけでなく、その情報がどのくらい信憑性をもつのかを見抜く何らかの材料になる。この表3-3では、出典の註記は、データが経済協力開発機構（OECD）の出版物から採られたことを示している。

3　表頭と表側の見出しを読むこと（「見出し」が表頭ではなく表の末尾に置かれる場合もある）。見出しは、それぞれの列と行にどのような種類の情報が含まれているかを示す。数表を読む場合、数字に目を通す際にはつねにそれぞれの見出しを念頭に置く必要がある。この例でいえば、表側の見出しは対象となった国を、表頭の見出しは自動車の所有水準について述べる年次を示している。

4　使用された単位を確認すること。数表で示される数値は、

表3-3　住民1000人当たりの自動車台数——主要な国々の比較

（年）	1990	1991	1992	1993	1994	1995	1996	1997	1998	1999	2000	2001	2002
オーストリア	462	463	503	515	528	543	495	509	529	544	555	565	537
ベルギー	432	442	441	454	464	487	494	482	490	500	511	517	520
カナダ	600	619	627	595	569	565	565	564	580	566	569	572	581
ドイツ	527	527	427	478	523	540	547	551	556	564	570	582	589
ギリシア	248	246	257	271	283	298	313	328	351	378	406	428	450
ポルトガル	310	370	407	439	438	501	533	569	610	654	698	711	756
トルコ	57	47	53	61	64	68	97	105	111	116	124	148	148
英　国	443	433	453	441	439	428	448	458	474	486	493	516	533
米　国	842	718	779	725	719	771	783	784	792	798	810	816	807

出典：OECD Factbook（2005）

事例の実数であったり、パーセンテージや平均値等の尺度である。ときには、数表に示された数値を、読者が自分にとって都合のよいかたちに加工することも有益である。たとえば、パーセンテージが示されていなければ、パーセンテージを自分で算出することは、やってみる価値がある。

数表の情報から到達される結論を検討すること。筆者は、ほとんどの数表について論及しているため、もちろん筆者の主張をつねに心に留めておく必要がある。しかし、同時にまた、そのデータがさらにどのような論点や疑問を提起するのかを、つねに検討する必要がある。

この表の数字から、興味深い趨勢をいくつか読みとることができる。まず、自動車所有の水準は、国によってかなり異なる。たとえば、二〇〇二年の住民一〇〇〇人当たりの自動車台数は、米国ではトルコの五倍を超えている。二つ目に、自動車所有とその国の豊かさの水準のあいだに、明確な結びつきを見いだすことができる。事実、貧富の差のおおまかな指標として、自動車所有率を用いることがおそらく可能である。三つ目に、自動車所有の水準は、示されたほぼすべての国で一九九〇年から二〇〇二年に上昇したが、一部の国では、上昇率は他の国より高くなっている——この差は、その国が経済成長を首尾よく遂げてきた、あるいは先進国に追いつこうとした度合をおそらく示している。

まとめ

1　社会学者は明確な疑問を提起し、体系的な調査研究によって疑問への答えを見いだす努力をすることで、社会生活を研究している。これらの問いに、《実態の問い》、《比較の問い》、《発達の問い》、《理論化の問い》、がある。

2　どの調査研究も、研究者を悩ませたり当惑させる《研究課題》からはじまる。研究の空白や、理論的論争、社会的世界での実際の争点が、研究課題を提示するかもしれない。調査研究の進行には、いくつか明確な段階を——実際の調査研究で、これらの手順がきちんと守られることは稀だが——識別できる。

3　二つの出来事ないし状況のあいだの《因果関係》とは、ある出来事なり状況がもう一つの出来事なり状況を生む関係である。この関係は、一見そう思える以上に多くの問題を孕んでいる。《因果律》は、二つの《変数》間に規則正しい関係が存在することを意味する《相関関係》と区別される必要がある。変数とは、比較が可能な、たとえば年齢や所得、犯罪率等々の度合である。《独立変数》と《従属変数》を区別することも必要である。独立変数とは、従属変数にたいして影響を及ぼす変数である。社会学者は、他の要素を一定に保って因果関係を析出するために、《統制》という方法をしばしば用いる。

4　フィールドワークないし《参与観察》では、研究者は、研究対象となる集団やコミュニティと長い期間を過ごす。二つ目の方法である《統計的調査》とは、大規模な《母集団》から抽出したサンプル集団に、質問票を郵送して回答してもらったり、研究者が赴いて質問することをいう。記録資料調査は、公文書やその他の印刷された資料を情報源として用いる。他にも、《実験》、《ライフ・ヒストリー》の活用、歴史分析、《比較分析》等々の方法がある。

5　多種多様の調査研究方法には、それぞれ固有の限界がある。そのため、多くの場合、研究者は、調査研究をおこなう際に、二つ以上の方法を組み合わせて、それぞれの方法を他の方法で得たデータを照合したり補足するために用いている。この過程は、《三角測量法的手法》と称される。

6　社会学の調査研究は、多くの場合、研究者に倫理的ディレンマをもたらす。こうしたディレンマは、研究者が研究対象者を裏切ったり、研究結果の公表が研究対象者の感情や生活に悪影響を及ぼす場合に生ずる。これらの問題に完全に満足いくかたちで対処できる方法は、見いだせない。しかし、すべての研究者は、こうした問題が生みだすディレンマに敏感でなければならない。

考察を深めるための問い

1　かりにほとんどの研究プロジェクトが研究課題から出発するとすれば、何が課題であるのかを、いったい誰が決めるのだろうか。

2 仮説を立て、その仮説の確認をとったり、あるいは反証を挙げることは、なぜ重要なのだろうか。

3 調査の過程は、なぜ稀にしか計画通りに進行しないのだろうか。

4 研究者は、どのようにすれば間違いやバイアスが生ずる可能性を最小限に食い止めることができるだろうか。

5 調査研究方法のなかに、他よりももっと科学的な方法が存在するのだろうか。

6 相関関係と因果関係を区別することは、なぜ決定的に重要なのだろうか。

読書案内

Alan Bryman: *Social Research Methods* (Oxford Univ Pr, 2001)

Joel Best: *Danned Lies and Statistics: Untangling Numbers from the Media, Politicians, and Activists* (Univ of California Pr, 2001)

Ruth Levitas & Will Guy: *Interpreting Official Statistics* (Routledge, 1996)

Martin Hammersley & Paul Atkinson: *Ethnography: Principles in Practice* (Routledge, 1995)

Lee Harvey, Morag MacDonald & Ann Devany: *Doing Sociology* (Macmillan, 1992)

Tim May: *Social Research: Issues, Methods and Process*, 3rd edn (Open Univ Pr, 2001)

インターネット・リンク

Market and Opinion Research International (MORI)
http://www.mori.com

Social Science Information Gateway
http://www.sosign.ac.uk

Office of National Statistics
http://www.statistics.gov.uk

UK Data Archive
http://www.data-archive.ac.uk/

4

社会学における理論的思考

社会学における理論的視座の評価査定は、やり甲斐はあるものの、極めて難しい仕事である。理論上の論争は、実証的に観察が可能な議論に比べ、当然、抽象的になる。社会学全体を牛耳る単一の理論的立場が見いだせないという事実は、この学問のもろさの証拠であるように思えるかもしれない。しかし、決してそうではない。それどころか、対立する理論的アプローチや理論が競い合う状態は、社会学の学問的企てがもつ旺盛な生命力の表れである。人間——つまり、私たち自身——を研究する場合、多様な理論の存在は、私たちがドグマに陥るのを防いでいる。人間の行動は、複雑かつ多面的であるため、人間の行動のすべての側面に単一の理論的視座を適用することなどおそらく不可能である。理論的思考に見いだされる多様性は、調査研究の際に利用できる豊かな着想の源となり、社会学研究の進展に不可欠な想像力を刺戟していく。

社会学者の取り組む多種多様な研究領域で、おびただしい数の理論が展開されている。なかには、非常に正確に提示され、ときには——社会学以外の他の社会科学で（とくに経済学で）かなり一般的であるとはいえ——数式のかたちで表現される理論もある。

理論の種類によっては、他の理論よりもはるかに多くのことがらを説明しようと企てる場合もある。適用範囲が非常に広い理論を構築することに社会学者が関心を向けるのは、はたしてどの程度まで望ましいのか、あるいは有益なのかをめぐって、多様な意見が出されている。たとえば、米国の社会学者ロバート・マートンは、社会学者はマートンのいう《中範囲の理論》に専念すべきである、と強く主張した（Merton 1957）。私たちは、壮大な理論図式を生みだそうと試みるよりも、むしろ中庸を期すべきである。

中範囲の理論は、実証研究によってじかに検証できるくらい限定された理論であるが、一連の異なる現象にも十分適用できる普遍性をもつ。一例が、相対的剥奪の理論である。この理論では、人びとが自分たちの境遇をどのように評価するかは、その人たちが誰を比較対象とするのかによる、と主張されている。したがって、剥奪感は、直接的には一人ひとりが経験する物質的貧困の度合と結びつかない（三六六頁〜三七〇頁を参照）。誰もがほぼ同じ境遇にいる貧困地域の小さな住居で暮らす家族と、大多数の家庭が規模も大きく、裕福に暮らす住宅地区で前者と同じような小さな住居に暮らす家族を比べた場合、前者の家族は、地域住民がすべて同じような暮らし向きのため、おそらくあまり剥奪感をいだかない。

確かに、理論は、適用範囲が広く、野心的であればあるほど、その理論の経験的検証が難しくなる。しかしながら、社会学における理論的思考を「中範囲」に限定しなければならない明確な理由は、何も存在しないように思える。なぜそう主張できるのかを確かめるために、一例として、マックス・ウェーバーが『プロテスタンティズムの倫理と資本主義の精神』（Weber 1976）で提示した理論を取り上げてみたい。

ウェーバーの思想はさきに三二頁以下で紹介した。また第一四章「現代社会における宗教」でも、『プロテスタンティズムの倫理と資本主義の精神』について言及している（五四五頁〜五四七頁）。

マックス・ウェーバー
――『プロテスタンティズムの倫理と資本主義の精神』

ウェーバーは、『プロテスタンティズムの倫理と資本主義の精神』で、資本主義がなぜ西欧社会で発達し、他の地域で発達しなかったのかという、根本的な疑問に取り組もうとした。古代ローマの没落以後ほぼ一三世紀ものあいだ、世界の歴史では、他の文明が、西欧社会よりもはるかに重きをなしていた。中国、インド、近東のオスマン帝国はいずれも強大な国であったが、ヨーロッパは、実際に地球上でさほど重要な地域ではなかった。とりわけ中国社会は、技術や経済の発達水準で見ると、西欧社会にはるかに先行していた。ヨーロッパでは、一七世紀以降どのような出来事が経済的革新の高まりをもたらしたのだろうか。

この問いに答えるために、何が近代の工業とそれ以前の経済活動類型を分けへだてているのかを明らかにする必要がある、とウェーバーは考えた。富を蓄積したいという欲望は、多くのさまざまな文明に見いだされる。それは簡単に説明できる。人びとは、富が快適さや安心、権力、享楽をもたらすことができるゆえに、富に価値を置いてきたからである。人びとは、困窮状態を免れたいと願い、富を蓄積し、快適に暮らすために蓄積した富を用いていく。

かりに西欧社会の経済発達を詳しく検討すれば、まったく異なる態度を、つまり、歴史上他のどの文明も経験しなかった富の蓄積に向かう態度を見いだすことができる、とウェーバーは主張する。この態度が、ウェーバーの名づける《資本主義の精神》――初期資本主義の商人や製造業者がいだいた一連の信念や価値観――である。この人たちは、個人的富を蓄積したいという強い動機をいだいた。しかしながら、他の文明の富裕層とまったく異なり、この人たちは、蓄積した富を豪奢なライフスタイルを追求するために用いようとはしなかった。事実、この人たちの生活様式は、私利を捨て、つましかった。よくある裕福さの顕示を努めて避け、節度のある控え目な暮らしをしていた。こうした特徴の極めて稀な取り合わせが、西欧の初期経済発達にとって不可欠であったことを、ウェーバーは明らかにしようとした。なぜなら、この一群の人たちは、過去の時代や他の文化の富裕層と異なり、自分たちの富を浪費しなかったからである。その代わりに、この人たちは、自分たちが主宰する企業のより一層の事業拡大をうながすために、富を再投資していった。

ウェーバー理論の核心は、資本主義の精神に内包される態度が宗教に由来していたという指摘にある。総じてキリスト教信仰は、こうした見地を育む役割を果たした。しかし、プロテスタンティズム――と、とりわけプロテスタンティズムの種別のひとつである《ピューリタニズム》――の強い影響が最も重要な推進力となった。初期の資本家はほとんどがピューリタンであり、またその多くは、カルヴィニズムの考え方にくみしていた。ウェーバーは、カルヴィニズムの特定の教義が資本主義の精神の直接の源になった、と主張する。その教義のひとつに、人間はこの世における神の道具であり、全能の神によって《天職》――神のますますの栄光のための職業――に就いて働くことを要求されている、という観念があった。

カルヴィニズムの二つ目の重要な側面は《予定説》という観念であり、予定説によれば、あらかじめ神の決めた特定の人たちだけが――死後の生で天国に入れる――「神の選民」のひとりになることができるとされた。カルヴィンの本来の教義では、人はこの世で何をおこなおうと、その人が神の選民のひとりであるか否かを変更することはできない。神の選民のひとりであるか否かは、神によってあらかじめ決められている。とはいえ、このような教義は、信徒のあいだに不安を引き起こしたため、神による選抜の特定のしるしとなるものを、信者が認知できるように修正された。

物質的繁栄というかたちで示される天職での仕事上の成功は、人が真に神の選民のひとりであることを示す主要なしるしになった。こうした観念の影響を受けた人びとのあいだに、経済的成功を得たいとする激しい衝動が生まれる。しかしながら、こうした衝動は、信者が節度のある、つましい暮らしを送ることへの要求をともなった。ピューリタンは、贅沢が悪であると確信していたので、富を蓄積したいという動因は、厳格で地味なライフスタイルと結びついた。

初期の企業家は、自分たちが極めて重大な社会変動を引き起こすのに力を貸しているという自覚をほとんどもたなかった。この人たちは、何よりも宗教的動機に駆られていた。ピューリタンの禁欲的な――つまり、私利を捨てた――生き方は、それ以降、近現代文明の本質的な要素になった。ウェーバーは、次のように述べている。

ピューリタンは天職に就いて働くことを欲した。自分たちはそうせざるを得ないと思っていた。なぜなら、禁欲主義は、修道院の僧房から職業生活のなかに持ち込まれ、世俗の道徳を支配しだすとともに、近代的経済体制という強大な秩序を作り上げるのに力を貸していったからである。……禁欲主義が世俗を改造し、世俗内でその理想を達成しようとするうちに、物質的な財は、歴史上かつてなかったほど強力になり、ついには逃れ得ない力を人びとの上に振るうようになった。……天職義務という理念は、廃れた宗教信仰の亡霊のように、私たちの生活のなかを徘徊している。職業を天職として遂行することが最高の精神的文化価値とじかに結びつかない場合、あるいは逆に言えば、天職の遂行を主観的にたんなる経済的強制としか感じない場合、人びとは、普通、誰もその意味を詮索しなくなる。営利の追求が最も発達した米国では、営利活動は、宗教的、倫理的意味を失い、純粋な競争という感情と結びつく傾向がある。

(Weber 1976)

ウェーバーの理論は、多くの観点から批判されてきた。たとえば、ウェーバーが「資本主義の精神」と名づけた見地は、カルヴィニズムが一般に知られるに至るはるか以前の、イタリアの初期商業都市に見いだすことができた、と反論する人もいる。また、ウェーバーがプロテスタンティズムと結びつけて考えた「天職に就いて働く」という観念は、すでにカトリックの教義のなかに存在した、と主張する人もいる。しかしながら、依然として多くの人がウェーバー学説の主要な論点を受け容れており、また、ウェーバーが打ち出した主張は、発表された当時と同じく、今日でも引きつづき独創的、啓発的である。かりにこのウェーバーの主張が妥当であれば、近現代の社会的、経済的発達は、一見そうした発達とはまったく無縁とみなされているもの——一連の宗教的理念——の影響を、決定的に受けてきた。

ウェーバーの理論は、社会学における理論的思考で重要ないくつかの基準を満たしている。

1　理論は反直観的思考である——理論は、常識が示唆することがらと絶縁した解釈を提示していく。それゆえ、理論は、その理論が論及する問題にたいして新鮮な視座を展開する。ウェーバー以前のほとんどの研究者は、宗教的理念が資本主義の発生で根本的な役割を演じたかもしれない可能性を、まったく考慮しなかった。

2　理論は、どちらかといえば不可解なことがらを、この場合でいえば、人びとが、一方で富の蓄積に多大の努力を傾けながら、なぜつましい暮らしを欲したのかという疑問を、解き明かしている。

3　理論は、当初その理論が解釈しようとした以外の状況も解明することが可能である。ウェーバーは、自分としては近代資本主義の最初期の起源を理解しようとしているに過ぎない、と強調した。それにもかかわらず、ピューリタニズムによって注入されたものに類似する価値観が、他の状況においても資本主義の首尾よい発達にはおそらく必要であると仮定するのは、理にかなっているように思える。

4　優れた理論は、たまたま妥当性をもつだけの理論ではない。優れた理論は、同時にまた新たな着想をおおいに生みだし、今後の研究を刺戟することで、《実り多い》理論にもなる。間違いなくウェーバーの理論は、これらの点でも、おびただしい数の後続の研究や理論の展開の糸口になり、多大な成果を収めてきた。

四つの理論上の争点

『プロテスタンティズムの倫理と資本主義の精神』をめぐる論争は、ウェーバーの研究成果の他の側面と同じく、今日でもつづいている。古典期社会学の思想家たちが展開した考え方は、第一章で論じた近年の理論的視座が展開する考え方と同じく、引きつづき論争を引き起こしている。

こうした視点の対立が私たちに注意を喚起する基本的な理論上のディレンマ——絶えず論争や論議の的となることがら——をいくつか見いだすことができ、そのうちのいくつかは、人間の活動や社会制度をどのように解釈すべきかという極めて普遍的なことがらと関係している。そこで、次の四つの理論上のディレンマについてここで検討したい。

(1)　ひとつ目の理論上のディレンマは、《人間の行為》と《社会構造》に関係している。それは、次のような争点である。私たちは、人間として、自分の生活条件をどの程度まで能動的に統制できる創造的行為者なのだろうか。それとも、私たちがおこなうことがらのほとんどは、はたして私たちには統制できない社会がもつ普遍的な力の結果なのだろうか。この争点をめぐって、社会学者たちの意見は、これまで絶えず分裂してきたし、いまでも分裂している。たとえば、ウェーバーと象徴的相互作用論は、人間の行動の、能動的、創造的な要素を強調する。他のアプローチは、デュルケムのように、社会的影響力が私たちの行為に及ぼす拘束的作用を強調する。

(2) 二つ目の理論上のディレンマは、社会における《合意》と《葛藤》に関係する。さきに見たように、社会学の一部の見地は――機能主義を含め――人間社会に内在する秩序と調和を強調している。このような見解をとる社会学者は、たとえ社会が時間の経過とともにどれだけ変化するにしても、持続性と合意を社会の最も明白な特徴とみなす。それにたいして、他の社会学者たちは、社会的葛藤が充満した状態を強調する。この人たちは、社会を、分裂や緊張、闘争に苦しむ存在とみなしている。こうした社会学者にとって、人びとがほぼつねに互いに仲よく暮らす傾向があるという主張は、幻想に過ぎない。たとえ公然とした衝突が見られない場合でも、ある時点で突然激しい葛藤に転化しやすい深刻な利害の対立は引きつづき存在する、と主張している。

(3) 三つ目に、従来正統視されてきた社会学の伝統ではほとんど目立たなかったが、もはや無視できない理論上の根本的ディレンマを見いだすことができる。それは、社会学分析のなかに《ジェンダー》について納得のいく理解を、どのように組み込むべきかという問題である。第一章で見たように、社会学の基盤を築いた主要な人物はすべて男性であり、この人たちは、その著述で、人間にはジェンダーの差異があるという事実にほとんど何の注意も払わなかった。社会学にかかわった女性たちの存在でさえ、近年までほとんど無視されてきた(たとえば、第一章で、ハリエット・マーティノーについて言及したコラム「無視された創始者たち」、三四頁以下を参照)。初期の男性社会学者たちの研究では、個々の人間は、あたかも「中性的存在」――女性と男性に区別されない、抽象的行為者――であるかのように登場する。ジェンダーの問題を社会学における既存の理論的思考形式に結びつける際に、土台になるものをほとんど何も見いだせないため、この問題は、取り組むべき四つの課題のうちで、現時点ではおそらく最も難しい課題である。

ジェンダーと関連する主な理論上のディレンマのひとつは、次の点である。社会学的思考のなかに「ジェンダー」を普遍的範疇として組み込むべきなのだろうか。あるいは、ジェンダーをめぐる争点は、女性と男性の行動にさまざまな脈絡で影響を及ぼすもっと個別的な作用のなかに細別化して分析される必要があるのだろうか。別の言い方をすれば、次のようになる。すべての文化に、アイデンティティや社会行動の面で男性と女性を分けへだてる特徴は存在するのだろうか。あるいは、ジェンダーの差異は、もっぱら社会を分断する(たとえば、階級区分のような)他の差異の面から、つねに説明されるべきなのだろうか。

(4) 四つ目の問題は、人間行動や社会全体の一般的な特性というよりも、むしろ《近現代の社会発達》の特質と関係している。それは、近現代社会の起源とその本質に決定的な影響を及ぼした作用にかかわる問題であり、非マルクス主義とマルクス主義の取り組み方の相違に由来する。このディレンマは、次の争点に集中している。近現代世界はマルクスが析出した経済的要因――とりわけ、資本主義的経済企業活動のメカニズム――によってどの程度まで形成されてきたのだろうか。そうでないとすれば、経済的要因以外の（たとえば、社会的、政治的、文化的要因の）影響力は、近現代の社会発達をどの程度まで方向づけてきたのだろうか。この問題は、このように社会学理論にとって根本的な設問群であるため、この問題をめぐって展開されてきた種々の考え方について詳しく検討したい。

構造と行為

デュルケムが探究し、またデュルケム以降の多くの社会学者も追究してきた主要なテーマのひとつに、私たちがその構成員である社会は私たちの行為に**社会的拘束**を加えているという問題がある。

デュルケムの思想は、第一章で紹介した（二七頁以下）。

社会は個々人に優先する、とデュルケムは主張した。社会は、個別的行為の総和以上の存在である。社会は、物質的環境における構造に類似した「堅固さ」なり「固体性」を備えている。扉がいくつかある部屋のなかでたたずんでいる人を想定してみたい。部屋の構造は、その人がとり得る活動の範囲を拘束する。たとえば、壁や扉の配置は、出入口への経路を規定している。デュルケムによれば、社会構造は、壁や扉の配置と同じように、私たちが個人としておこない得ることがらに制限を設け、私たちの活動を拘束する。社会構造は、部屋の壁がそうであるように、私たちに「外在」している。

デュルケムは、こうした見解を、次の有名な主張のなかで表明している。

> 私が、兄として、夫として、あるいは市民としての務めを果たしたり、以前に交わしていた約束を実行する際に、私は、法や慣習のなかに規定されており、したがって自分や自分の行為に外在している義務を果たすことになる。……同じように、信者は、自分の信仰生活上の信条や実践を、出生時から、既成のものとみなしてきた。だから、そうした信条や実践がその信者の存在に先立って存在することは、それらが信者に外在することを意味している。私が自分の考えを表現するために用いる記号の体系にしても、借金を返すために用いる貨幣制度にしても、商取引関係で用いる信用手段にしても、職業生活でしたがう慣行にしても、これらはすべて、私がそれらを利用しようと利用しまいと、それとは関係なく機能している。この点は、社会を構成するどの成員にとっても同じように当てはまる。(Durkheim 1982)

デュルケムが表明したこのような見解は、多くの信奉者を得ているとはいえ、同時にまた厳しい批判も受けてきた。批判する人たちは、かりに社会が数多くの個別的行為の混成物でないとすれば、いったい「社会」とは何かという疑問を投げかけてきた。かりにある集団を研究する場合、私たちは、集団という集合的実体ではなく、互いにさまざまな仕方で相互行為する個々の人間しか見ていない。「社会」とは、相互の関係のなかで一定の仕方で行動する数多くの個人でしかない。批判する人たち（そのなかには、第一章の三八頁で紹介した理論的アプローチである、象徴的相互作用論の影響を受けたほとんどの社会学者が含まれる）によれば、私たち人間には何をおこなうにしても理由があり、また、私たちは文化的意味が浸透した社会的世界のなかに生きている。批判する人たちによれば、社会現象は、明らかに「モノ」と同じような存在《ではなく》、私たちが自分のおこなうことがらに付与する象徴的意味に依存している。私たちは、社会の《被造物》ではなく、社会の《創造者》である。

論評　この論争は、近現代の思想家たちが人間行動の解明に初めて体系的に取り組んで以来ずっとつづいてきたため、完全に決着する見込みはおそらくないだろう。そのうえ、この争点は、社会学だけに限定されず、社会科学のあらゆる分野の研究者を夢中にさせる論争でもある。読者も、この本を読んで得た知識を検討するなかで、どちらの立場がほぼ正しいのかを判断しなければならない。

　しかしながら、この二つの見解は、その相違が過大視されている可能性がある。どちらの見解も完全に正しいわけではないが、私たちは、双方の見解のあいだにかなり容易に関連性を認めることができる。デュルケムの見解は、いくつかの点で明らかに妥当である。社会制度は、どの人にとっても間違いなくその人の存在に先行している。また、社会制度が私たちに拘束を加えることも明白である。だから、たとえば私は、英国の現行貨幣制度を発明したわけではない。また、かりに私が金銭で購入できる商品やサーヴィスを得たいと思っても、私にはその貨幣制度を使用するか否かの選択の自由がない。貨幣制度は、他のすべての既成制度と同じように、間違いなく社会の個々の成員とは無関係なかたちで存在し、成員一人ひとりの活動を拘束している。

　他方、社会が、物理的世界がそうであるように、私たちに「外在」していると想定するのは、明らかに誤りである。なぜなら、物理的世界は人間が生きているか否かにかかわらず存在しつづけるからである。したがって、社会についてこうした言い方をするのは、明らかに無意味である。社会は、個別的に見た個々の人間にとって外在しているが、集合的に見た《すべての》人間にとって外在するという言い方は、当然のことながらできない。

　さらに、デュルケムが「社会的事実」と名づけるものは、私たちのおこなうことがらを拘束するかもしれないが、私たちのおこなうことがらを《規定する》わけではない。私が金銭を使用しない生活を選択することは、たとえその日その日の生計を細々とでも立てるのが非常に困難になるとわかっている場合でさえ、私がそうすると固く決意さえすれば可能だろう。人間として、私たちは確かに選択をおこなっており、自分の周りで起こる出来事にたんに受動的に反応しているわけではない。「構造」面からのアプローチと「行為」面からのアプローチの隔たりを埋める抜本的な方法は、私たちが日常活動の推移のなかで社会構造を《能動的に組成し、組成し直している》ことの認識である。たとえば、私が貨幣制度を利用するという事実は、貨幣制度そのものの存続に、些細ではあるが不可避的なかたちで寄与していく。かりにすべての人が、あるいは過半数の人でも、ある時点で貨幣の使用を回避すると決心すれば、貨幣制度はおそらく消滅してしまうからである。

第一章（二三頁）で言及したように、社会構造の能動的な組成と再組成の過程を分析するための有用な概念は、《構造化》である。構造化とは、この本の著者アンソニー・ギデンズが社会学に近ごろ導入した概念である。「構造」と「行為」は、必ずしも相互連関していない。社会も共同体も集団も、人びとが一定の、しかもかなり予測できる仕方で行動する限りにおいて、初めて「構造」を有することができる。他方、「行為」は、私たちがそれぞれ個人として膨大な量の社会的に構造化された知識を身につけているゆえに、初めて可能になる。この点を説明する最適の方法は、言語の例をとおしてである。言語は、かりにも存在するためには、社会的に構造化される必要がある——どの話者も誰もが守らなければならない言語使用の諸特性を見いだすことができるからである。たとえば、誰かがある脈絡のなかで述べることがらは、かりにその発話が一定の文法規則にしたがわなければ、おそらく意味をなさない。しかしながら、言語の構造的特質は、個々の言語使用者が実際の言語使用の場でこうした文法規則にしたがう限りにおいて、初めて存在できる。言語は、つねに構造化の過程に置かれている。

社会的相互行為を研究する（第五章で論じる）アーヴィン・ゴッフマンたちは、人間という行為体は誰でも高度の知識を身につけていると指摘するが、それは的確な指摘である。私たちは、もっぱら私たちが複雑な一連の——たとえば、街で見知らぬ人どうしがすれ違うときに守る儀礼的無関心のような——慣例にしたがうがゆえに、人間として存在できる。他方、私たちは、そうした知的能力を自分たちの行為のなかに適用するときに、私たちが頼るまさしくそうした規則や慣例に、強制力や意味内容を付与していく。構造化は、ギデンズが「構造の二重性」と名づけたものを想定している。構造の二重性とは、すべての社会的行為が構造の存在を想定していることを意味する。しかし、同時にまた、構造は行為を想定している。なぜなら、「構造」は、人間行動の規則正しさに依拠するからである。

合意と葛藤

《合意》理論と《葛藤》理論の視点を対比する場合にも、デュルケムからはじめるのが有益である。デュルケムは、社会を、一組の相互依存的要素とみなす。事実、ほとんどの機能主義者は、社会を、相互に密接に絡みあう諸々の構造から組成される、《統合された全体》としてとらえている。こうした見解は、「社会的事実」の拘束的、「外在的」特質を強調したデュルケムの立場とほぼ合致する。とはいえ、この場合、類推されているのは、建物の壁ではなく、身体の生理機能である。

身体は機能分化したさまざまな器官（たとえば、脳や心臓、肺、肝臓等）から構成されており、それぞれの器官は、生体組織の命を維持するために働いている。これらの器官は、当然、相互に協調して作動しなければならない。かりにそうしなければ、その生体組織の命は危うくなる。デュルケムによれば、社会の場合も同じである。社会が時間を超えて存在しつづけるためには、社会の専門分化した諸々の制度（たとえば、政治システムや宗教、家族、教育システム）が相互に協調して作動する必要がある。したがって、社会の存続はこうした協同性に依存し、さらにこの協同性は、成員間に、基本的価値にたいする全般的合意が、つまり、全般的承諾が存在することを仮定している。

主として葛藤に焦点を当てる人たちは、まったく異なる見地に立っている。この人たちが指針とする想定は、階級闘争についてマルクスのおこなった説明を例に略述できる。

マルクスによる階級闘争の説明は、第一章で論じている（三一頁〜三二頁）。

マルクスによれば、社会は、不平等な資源をもつ階級に分裂している。こうした著しい不平等が存在するために、社会システムのなかに「組み込まれた」、利害関心の分裂を見いだすことになる。これらの利害関心の衝突は、ある時点で階級間の厳しい闘争を引き起こす。このマルクスの見地に感化された人たちは、必ずしも誰もがマルクスほど階級だけに着目しているわけではない。他の分裂も——たとえば、人種集団間や政治党派間の分裂も——対立を助長する上で重要だと考えている。いずれの集団間対立が強いかどうかにかかわらず、社会は、本質的に《緊張に満ちている》、つまり、最も安定した社会システムでさえ、敵対する集団間の力の不安定な均衡状態を表す、とみなされている。

論評　構造か行為かの論争と同じく、この理論上の論争も完全に終結するとは思えない。合意理論と葛藤理論の視点の差異は、現実に見いだす以上に広範囲に及ぶように思える。しかしながら、この場合もまた、二つの立場は、決してまったく相容れないものではない。すべての社会は、価値をめぐって何らかの類の全般的合意をおそらく必要としており、またどの社会も確かに対立を内包している。

さらに、社会学の一般的な分析規準として、社会システムにおける合意と葛藤の《相互の》結びつきを、私たちはつねに細かく点検する必要がある。個々の集団がいだく価値や、その成員が追求する目標は、多くの場合、共通する利害関心と対立する利害関心の交錯状態を映し出している。たとえば、マルクスが描く階級対立においてさえ、それぞれの階級は、互いに対決するだけでなく、同じ利害関心をある程度まで共有する。だから、たとえば労働者が自分たちに賃金を支給する資本家に依存しているように、資本家は、自分の企業に勤める労働力に依存する。このような状況では、公然とした対立は長くはつづかない。むしろ、状況が異なれば事態は逆転するとはいえ、両者の共有するものは、時として両者の差異を圧倒する傾向がある。

葛藤と合意の相互関係を分析する上で有用な概念は、**イデオロギー**——力の強い集団が、その強い立場を、力の弱い集団を犠牲にして確実にする上で役立つ価値や確信――という概念である。権力とイデオロギー、対立は、つねに密接に結びついている。対立の多くは、権力が報酬をもたらす可能性があるため、権力《をめぐって》生ずる。最大の権力を握る集団は、自分たちの権勢を維持するためにもっぱらイデオロギーに依存しているが、かりに必要であれば武力の行使も通常は可能である。たとえば、封建時代では、貴族の支配は、少数の人たちが「統治するために生まれた」という観念によって支えられていた。しかし、貴族である統治者は、自分たちの権力にあえて反抗する人たちへの暴力手段の行使にしばしば頼ってきた。

ジェンダーの問題

ジェンダーをめぐる論点は、近代社会学の枠組みを確立した主要な研究者の著述で、ほとんど中心的テーマにならなかった。とはいえ、この人たちがジェンダーの問題に触れたわずかな箇所から――たとえこの人たちの著述には、このディレンマの解決を私たちが試みる上で役立つ点がほとんどないにしても――少なくとも基本となる理論上のディレンマの概要を明示することは可能である。このディレンマを、デュルケムの著作にときどき見いだす論旨とマルクスの著作に現れる論旨を対比することで、最もうまく描写できる。デュルケムは、自殺について論述するなかで、男性は「ほぼ全面的に社会の所産」であるのにたいし、女性は「はるかに自然の所産である」、と指摘していた。デュルケムはこの所見を詳論する際に、男性について、「男性のいだく嗜好や願望、気分にはおおむね集合的起源があるのにたいし、女性のいだく嗜好や願望、気分は、女性の生体組織に直接影響されている。それゆえ、男性は、女性とまったく異なる欲求をいだく」(Durkeim 1952) と指摘している。いいかえれば、女性と男性は、女性が男性ほど社会化されず「自然状態により近い」ため、互いに異なるアイデンティティや嗜好、望みをいだいている。

今日、このようなかたちで言明された見解を受け容れる人は誰もいないだろう。女性のアイデンティティは、男性のアイデンティティと同じように社会化によって形成されている。しかしながら、デュルケムの主張は、部分的に多少修正すれば、ジェンダーの形成と本質について提示できる見解のひとつを、確かに具体的に示している。それは、ジェンダーの差異が男女間の生物学的に規定された相違に根本的にもとづくとする見解である。こうした見解は、ジェンダーの差異がもっぱら生得的であると確信しているわけでは必ずしもない。むしろ、この見解は、女性の社会的位置づけとアイデンティティが、女性たちの生殖と育児への関与によっておおむね形成される、と想定している。かりにこの見解が正しいとすれば、ジェンダーの差異は、すべての社会に深く埋め込まれていることになる。男女間の権力の格差は、女性が子どもを産み、その子どもの主たる介護者となるのにたいして、男性が政治や労働、戦争といった「公的」領域で積極的に活躍している事実の反映である。

マルクスの見解は、こうした見解とかなり食い違っていた。マルクスにとって、男女間の権力と地位に見いだすジェンダーの差異は、他の区分を――マルクスから見れば、とりわけ階級区分を――映し出している。マルクスによれば、人間社会の最初期の形態では、ジェンダーも階級区分も存在しなかった。男性による女性支配は、階級区分が出現したときに、初めて生じた。女性たちは、婚姻という制度を通じて、男性の所有する一種の「私的財産」になっていった。女性たちは、階級区分が打倒されたときに、こうした囚われの身から解放される。この場合もまた、今日ではこうした分析を容認する人は、たとえいたとしてもごく僅かだろう。しかし、私たちは、この分析をさらに一般化することで、もっと理にかなった見解にすることが可能である。階級は、男女の行動に影響を及ぼす社会的区分を形成する唯一の要因ではない。他にも、エスニシティや文化的生育環境等々の要因が働いている。たとえば、マイノリティ・グループ(たとえば、米国の黒人)の女性たちには、マジョリティ(つまり、白人)の女性たちよりも、マイノリティ・グループの男性たちと多くの共通点がある、とおそらく主張できる。あるいは、特定の文化(たとえば、規模の小さな狩猟採集文化)に生まれた女性たちは、工業社会に生まれた女性たちよりも、同じ文化に属する男性たちと多くの特徴を共有している場合がある。

ここ数十年間の女性運動の高まりは、社会学や他の学問の内側でラディカルな変化を引き起こした。フェミニズムは、社会学の理論や方法論だけでなく、社会学の研究対象そのものにも見いだす男性中心的先入観に幅広い攻撃を加えてきた。男性による社会学の支配に異議を唱えただけでなく、同時にまた社会学という学問そのものの——社会学の核心をなす問いはもとより、そうした問いをめぐる議論の提示の仕方についても——綜合的な再構築を要求している。

社会学におけるフェミニズムの視座は、社会的世界の分析でジェンダーが中心的位置を占めることを強調している。フェミニズムの見地が多様であるため、一般論でものを言うのは難しいとはいえ、フェミニズムのほとんどの論者は、社会学の知識を性やジェンダーの問題と完全に結びつける必要性について意見の一致を見ている、と間違いなく主張できる。男性と女性は、異なった体験を積み、異なった視座から世界を見ているため、自分たちの世界認識を同じ仕方で構築してはいない。フェミニズムの論者は、伝統的な社会学理論が、知識に本来的に「性差がある」ことを否定したり無視し、代わりに男性によって支配される社会的世界という概念を打ち出してきた、としばしば非難する。フェミニズムの論者によれば、男性たちは、社会で権力や権威のある地位を伝統的に占有し、自分たちの特権的役割を維持することに労力をつぎ込んできた。このような状況のもとでは、性差が生じている知識は、既存の社会的取り決めを永続化させ、男性による支配を正統化する際に不可欠な力になる。

フェミニズムのアプローチは、第一二章「セクシュアリティとジェンダー」で、詳しく論じている(四八〇頁~四八八頁)。

フェミニズムの一部の論者は、「男性たち」にしても「女性たち」にしても、それが独自の利害関心や特徴を備えた集団であると想定するのは誤りである、と主張してきた。たとえばジュディス・バトラー(Butler 1999)のように、後で詳しく触れるポストモダニズムの影響を受けてきた論者もいる(一三二頁以下を参照)。

バトラーによれば、ジェンダーは、固定化された範疇ではなく、流動的な範疇であり、その人たちの存在性よりも、むしろその人たちが実際におこなうことがらのなかに提示される。バトラーが論ずるように、かりにジェンダーが「おこなわれる」ものであるとすれば、ある集団が他の集団に力を行使するためにジェンダーを用いる場合、ジェンダーはまた、私たちが「打ち消す」ために闘わねばならないものでもある。

ジュディス・バトラーによる研究と、バトラーがクイア理論に及ぼす影響については、第一二章（四六七頁）で論じている。

類似した主張を、スーザン・ファルーディもおこなっている。ファルーディは、男性性をめぐる最近の研究『泥酔して（*Stiffed*）』で、男性たちがすべての領域を支配しているとする観念は神話であることを論証した（Faludi 1999）。それどころか、今日、男性性の危機は、男性たちが所有し、切り回すと考えられてきた世界のなかに見いだされる。男性たちの一部集団は、引きつづき自信に満ち、何でもできると思っている。そうでない多くの男性たちは、気がついてみれば社会的に疎んじられ、自尊心を欠いた状態に置かれている。その理由の一端は、少なくとも一部の女性たちが成果を遂げてきたからであるが、同時にまた労働の性質に生じた変化でもある。たとえば、情報テクノロジーの強い影響作用は、技能が劣る多くの男性たちを社会のニーズに合わない余剰な存在にしてきた。

「男性性の危機」は、教育との関連で、七〇四頁〜七〇六頁で論じている。

論評　この三つ目のディレンマに内包される問題は、極めて重要であり、またフェミニズムの論者が社会学におこなってきた異議の申し立てと直接関係している。過去の社会学分析の多くが、女性を無視したり、あるいは女性のアイデンティティや行動について極めて不適切な解釈をともなってなされてきたことにたいして、誰もまともに反論できない。社会学では、過去二〇年間にまったく新たな女性研究がおこなわれてきたとはいえ、女性たちの示差的な活動や関心について十分な研究がなされていない領域は、引きつづき数多く見いだされる。しかし、「女性研究を社会学のなかに取り入れる」ことと、ジェンダーの諸問題に対処することは、本質的に別個のことがらである。なぜなら、ジェンダーは、アイデンティティや行動面での女性《と》男性のあいだの関係を問題にしているからである。当面、ジェンダーの差異を社会学の他の（階級やエスニシティ、文化的生育環境等々の）概念によってどの程度まで解明できるのか、あるいは逆に、他の社会的区分をジェンダーの観点からどの程度まで説明する必要があるのかは、未確定の問題とならざるを得ない。社会学が将来担う重要な説明課題の一部は、間違いなくこのディレンマにどのくらいうまく立ち向うことができるか否かにかかっている。

近現代世界の形成
マルクス主義の視座

マルクスの著作は、社会学の分析にた

いして、今日でも無視できない、説得力のある異議の申し立てをおこなっている。マルクスの活躍した当時から今日に至るまで、社会学の多くの論争は、近現代社会の発達に関するマルクスの思想を中心に展開されてきた。さきに言及したように、マルクスは、近現代の社会を《資本主義社会》とみなしている。近現代の社会変動の背後にある推進力は、絶えず経済的転換を促す圧力であり、そうした圧力が資本主義的生産にとって不可欠な要素になる。資本主義は、先行するどの経済システムと比べても、はるかに動的な経済システムである。資本家は消費者に商品を売るために互いに競争しあい、企業は、競争市場で生き残るために、できるだけ安価で能率的に製品を生産する必要がある。このことは、不断の技術革新をもたらす。なぜなら、特定の生産工程で用いる技術の効率性を増大させることは、その企業が競争相手にたいして優位を確保できる手段のひとつになるからである。

商品を売る新たな市場を求めたり、安価な原材料を獲得し、安価な労働力を利用しようとする強力な誘因もまた働く。それゆえ、マルクスによれば、資本主義は、絶えず膨張しつづけ、世界中に拡大していくシステムである。西欧の工業が地球規模で普及することを、マルクスはこのように説明している。

資本主義の影響力についてマルクスが下した解釈は、多くの支持者を見いだし、また後続の研究者たちは、マルクス自身の論述をもっと緻密なものにしてきた。他方、数多くの批判者は、マルクスの見解への反論を試み、近現代世界の形成に及ぼす影響作用について、マルクスに代わる別個の分析を提示してきた。私たちが今日暮らす世界を創りだす際に資本主義が重要な役割を《演じてきた》ことは、ほとんど誰もが認めている。しかし、マルクスは変動を引き起こす際に純粋に《経済的》要因が及ぼす影響を過大視しており、また資本主義は近現代の社会発達にとってマルクスが主張するほど《最重要ではない》、と主張する社会学者もいる。こうした論者のほとんどは、同時にまた、社会主義体制が最終的に資本主義にとって代わるというマルクスの確信にたいしても懐疑的であった。

一九八九年以降のソヴィエト連邦や東ヨーロッパにおいて共産主義体制が瞬く間に崩壊したことは、結果として多くの人たちにマルクス主義思想の「危機」を話題にさせ、マルクス主義を批判する人たちがいだく懐疑を立証したように思えた（Gamble 1999）。欧米のほとんどのマルクス主義者は、ロシアなどの体制を「理想とは異なる社会主義」としばしば評し、排除してきたとはいえ、世界の多くの地域でマルクス主義が公認のイデオロギーとして存続してきたという事実は、欧米のマルクス主義者にとって、資本主義に代わる方式が成功を収められることの証拠になった。

ウェーバーの見解　マルクスにたいする最も早い時期の、また最も鋭い批判者のひとりにマックス・ウェーバーがいる。

ウェーバーの研究業績は、第一章「社会学とは何か？」で紹介している（三三頁～三四頁）。

事実、ウェーバーの著述は、「マルクスの幻影」――マルクスが残した知的遺産――との生涯変わらぬ闘争のなかから生まれたと評されている。ウェーバーが確立した、マルクスに代わる立場は、今日でも引きつづき重要である。ウェーバーによれば、近現代の社会発達では、非経済的要因が枢要な役割を演じていった。事実、このような立論は、『プロテスタンティズムの倫理と資本主義の精神』の主要な論点のひとつになっている。宗教的価値観――とりわけ、ピューリタニズムと結びつく価値観――が、資本主義的見地を生みだす上で根本的に重要であった。資本主義的見地は、マルクスが想定したように、経済的変動そのものから発生したのではなかった。

近現代社会の本質と、西欧の生活様式が世界中に普及した理由についてウェーバーの下した理解は、マルクスの理解と極めて対照的である。ウェーバーによれば、資本主義――経済的企てを編成、運営する独自の方法――は、近現代の社会発達を形づくる重要な要因のひとつに過ぎない。資本主義的経済メカニズムの基礎をなし、またいくつかの点で資本主義的経済メカニズムよりももっと根本的に重要なのは、《科学》と《官僚制》の強い影響作用である。科学は、近現代のテクノロジーを形成してきた――そして、いかなるかたちの社会主義社会が将来出現するにしても、そこでも科学はおそらく引きつづきテクノロジーを形成していく。官僚制は、多数の人びとを効率的に編成、運用する唯一の方法であり、それゆえ経済や政治の成長とともに不可避的に拡大する。ウェーバーは、科学と、近現代のテクノロジー、官僚制の発達を総称して「合理化」と名づけた。合理化は、専門技術的知識にもとづき、社会生活や経済生活を効率性原理に応じて運営することを意味している。

論評 マルクスに由来する近現代社会の解釈とウェーバーに由来する近現代社会の解釈では、いずれの解釈が正しいのだろうか。この場合もまた、研究者の意見は分かれている。次のコラムに、その相違の一部を列挙した。（それぞれの陣営内部で見解に差が見られるため、どの論者もすべての点で意見をともにしているわけではないことに留意する必要がある。）

マルクス主義の見解とウェーバー学派の見解に見いだす際立った差異は、社会学の多くの領域に浸透している。この差異は、たんに先進工業社会の本質を私たちがどのように分析するかだけでなく、発展途上国にたいする私たちの見方にもまた影響を及ぼしている。くわえて、二つの視座は、別個の政治的立場と結びつき、左派の研究者は概してマルクス主義の見解を、リベラリズムや保守主義の研究者はウェーバー学派の見解を取り入れている。しかしながら、とくにこの理論上のディレンマに関係する要因は、他の理論上のディレンマに内包される要因よりも、むしろ経験的に直接確認できる性質のものである。近現代の社会と第三世界の国国の発達過程の実態研究は、変動様式が、いずれの見解とどの程度まで合致しているかを査定するのに役立つ。

マルクスとウェーバーの比較

マルクス主義のおおまかな考え方

1 近現代の社会発達の主要な原動力は、資本主義的経済メカニズムの拡大である。

2　階級的不平等が近現代の社会を引き裂いており、階級的不平等は、近現代社会の本質そのものにとって基本的に重要である。

3　権力の主要な分化は、男女の位置づけの格差に影響を及ぼす分化と同じく、究極的には経済的不平等に由来する。

4　私たちがいま経験しているような近現代の社会（資本主義社会）は、過渡的な社会類型である――私たちは、将来、近現代社会を根本的に再編成することが期待できる。最終的には、いかなる形態であれ社会主義が資本主義にとって代わっていく。

5　欧米社会の影響力が世界中に拡がったことは、主として資本主義経済活動の膨張主義的性向の結果である。

ウェーバー学派のおおまかな考え方

1　近現代の社会発達の主要な原動力は、生産の合理化である。

2　階級は、近現代社会に見いだすさまざまな不平等――たとえば、男女間の不平等――の一類型である。

3　経済システムに見いだされる権力は、他の権力の源泉から分離できる。たとえば、男女間の不平等を、経済的観点から説明することはできない。

4　合理化は、社会生活のすべての領域で将来さらに進展することを余儀なくされている。どの近現代社会も、基本的に同じ社会的、経済的組織化の様式に依存する。

5　欧米社会のもつグローバルな強い影響力は、優勢な軍事力に加え、工業資源を自由に駆使できることから生じている。

近年の社会学理論

前述の、近現代の世界がいかに形成されてきたかをめぐるディレンマは、引きつづき重要である。しかし、近年の理論研究者たちは、マルクスとウェーバーをともに乗り越えようと努めてきた。多くの研究者は、近現代の世界が直面する社会学的問いに立ち向かうために、マルクス主義的アプローチを引きつづき用いている（Gamble 1999）。とはいえ、一九八九年の東ヨーロッパにおける共産主義の崩壊にともない、マルクスの思想は、かつて多くの人びとが考えたほど現代の世界に有意関連性をもたなくなったように見える。

近現代の世界が直面する問題に立ち向かう際にマルクス主義的アプローチを用いない社会学者は、今日、当初はマルクス主義者であった一部の人たちも含め、マルクスをまったく軽んじている。この人たちは、歴史の綜合的様式を見いだそうとしたマルクスの試みが不可避的に失敗を運命づけられていた、と考える。こうした《ポストモダニズム》と結びつく思想家たちは、マルクスとウェーバーがともに展開しようとした種類の理論――社会変動の包括的解釈――を社会学者は完全に断念するべきである、と考えている。

ポストモダニズム

古典期の社会思想家たちは、歴史に様式がある——歴史は「どこかに向かい」、進歩につながる——とする考え方から知的刺戟を受けていた。しかしながら、今日ではこのような観念は崩壊した、と**ポストモダニズム**の考え方を唱道する人たちは主張している。何らかに意味をなす「壮大な物語」なり**メタ物語**——歴史ないし社会についての包括的な概念構成——は、もはや存在しない(Lyotard 1985)。擁護できる進歩という概括的観念がたんに存在しないだけでなく、歴史のようなものもまた存在しない。ポストモダンの世界は、マルクスが期待したような社会主義の世界であることを運命づけられてはいない。それどころか、ポストモダンの世界は、私たちが負う過去から「私たちを奪い取る」ような、そうした新たなメディアによって支配されている世界である。ポストモダンの世界は、著しく多元的で、多様性に富む。数え切れないほど多くの映画やビデオ、テレビ番組、ウェブサイトのなかで、イメージが世界中に循環している。私たちは数多くの考え方や価値観と触れ合うようになるが、これらの考え方や価値観は、私たちが生きる地域の歴史とほとんど結びつきをもたないし、それどころか私たち自身の個人史ともほとんど結びつきをもっていない。すべてのことがらは、つねに流動的な状態に置かれている。こうした考え方に立つ研究者のひとりは、事態を次のように表現する。

私たちの世界は作り直されはじめている。大量生産、大量消費、大都市、独裁国家、住宅街のスプロール化、それに国民国家は、衰退傾向にある。柔軟性、多様性、差異化、流動性、コミュニケーション、集中排除、さらに国際化が、日の出の勢いにある。この過程で、私たち自身のアイデンティティ、私たちの自己感覚、私たち自身の主観は、変容しだしている。私たちは、新たな時代への転換点にいる。(Hall et al. 1988)

ポストモダニティの重要な理論研究者のひとりは、フランスのジャン・ボードリヤールである(ボードリヤールの研究業績は、第一五章「メディア」、六〇〇頁〜六〇一頁で論じている)。電子メディアは、私たちが負う過去との関係性を破壊し、混沌とした空虚な世界を創りだしてきた、とボードリヤールは考える。ボードリヤールは、初期の頃にマルクス主義の影響を強く受けていた。とはいえ、電子コミュニケーションの普及とマスメディアは、経済的な力が社会を形成するとしたマルクス主義の理論を無効にした、とボードリヤールは論じる。それどころか、社会生活は、とりわけ記号やイメージの影響を受けている。

メディアが支配する時代では、意味は、テレビ番組の場合がそうであるように、イメージの流れのなかで創り出される、とボードリヤールは主張する。私たちの生きる世界のほとんどは、私たちが、現実の人や場所ではなく、むしろメディアの送り出すイメージに反応するような、そうした架空の世界になりだしている。だから、たとえば一九九七年にプリンセス・ダイアナが亡くなったときに、英国だけでなく世界中から、おびただしい悲しみの感情のほとばしりが見られた。しかしながら、人びとは、プリンセス・ダイアナという実在の人物を弔ったのだろうか。ボードリヤールは、そうではないと主張する。ほとんどの人びとにとって、プリンセス・ダイアナはメディアをとおしてしか存在しなかった。ダイアナの死は、人びとが本当に体験するような現実の出来事ではなく、むしろ連続メロドラマのなかでの出来事のようなものであった。ボードリヤールは、「生がテレビのなかに溶解する」という言い方をしている。

ミシェル・フーコー

ミシェル・フーコー（一九二六年〜一九八四年）は、フーコー自身はポストモダニストと呼ばれるのを拒否したとはいえ、ポストモダニズムの思想をおおいに利用していった。フーコーは、その研究のなかで、近現代世界での思考を前の時代における思考から分けへだてる認識の転換を例証しようと試みた。犯罪と身体、狂気、セクシュアリティに関する著述のなかで、フーコーは、人びとを管理し、モニターする際に重要な役割を演じている監獄や病院、学校といった近現代制度の出現について分析した。フーコーは、個人の自由をめぐる啓蒙主義思想に「別の側面」が——規律と監視に関する側面が——あることを証明しようとした。フーコーは、近現代の組織システムとの関連で、権力とイデオロギー、言説の相互関係について重要な考え方を提示した。

権力の研究——個人や集団は、他の個人や集団の意図に逆らっても、いかにして自分たちの目的を達成できるのか——は、社会学において根本的に重要な研究である。古典期社会学の創始者のなかでも、マルクスとウェーバーは、権力の研究にとくに重点を置いた。フーコーは、このマルクスとウェーバーがきり拓いた思想の流れを部分的に引き継いでいった。言説の果たす役割は、社会での権力と管理をめぐるフーコーの思索にとって不可欠である。フーコーは、この言説という言葉を、共通の想定によって結びつけられた特定の主題をめぐる談話や討議、思考のあり方を指し示すために用いている。たとえば、フーコーは、狂気に関する言説が中世から今日に至るまで劇的に変化したありさまを論証した。具体的に言えば、中世では、精神異常は害をなさないと一般的にみなされていた。一部の人たちは、精神異常が洞察力という特別な「天賦の才」を備えているとさえ考えていた。とはいえ、近現代の社会では、「狂気」は、病いとその治療法を強調する、そうした医療対象とする言説によって作りだされた。この医療対象化という言説は、医師や医療専門家、病院、専門家組織、医療専門誌が構成する、高度に発達し、強い影響力をもつネットワークによって支えられ、定着している。

フーコーの研究は、第八章「健康、病気、障害」、二八一頁で論じている。

フーコーによれば、権力は、たとえば犯罪や狂気、セクシュアリティといった現象にたいする人びとの態度を形成するために、言説をとおして作動する。権力や権威をもった人たちによって確立される専門家の言説に反論できるのは、多くの場合、互いに競い合う専門家の言説でしかない。このように、言説を、他にとり得る考え方や話し方を限定する有力な手段として利用することが可能である。知識は、管理するための力になる。フーコーの著述に一貫して流れる重要なテーマは、権力と知識が、監視や強制、規律管理のテクノロジーと一体化されている様式である。

社会理論にたいするフーコーの抜本的な新たなアプローチは、科学的知識の性質をめぐる大多数の意見と対立している。こうしたフーコーの初期の研究を特徴づけるアプローチは、フーコーの「考古学」として一般に知られるようになった。未知のことがらを、熟知していることがらとの類推によって読み解こうとする他の社会科学者と違い、フーコーは、正反対の作業に取り組んだ。つまり、過去を入念に調べることで熟知していることがらを読み解こうとした。フーコーは、現在を――まさに《熟知している》ために、ほとんど考慮に入れられず、当然視されてきた概念や信念、構造を――精力的に攻略していった。たとえば、フーコーは、「セクシュアリティ」という観念がつねに存在したわけではなく、社会発達の過程を通じていかに作り出されてきたのかを究明した。同じような解説は、正常な活動と逸脱した活動、正気と狂気等々の近現代の概念構成についてもおこなわれている。フーコーは、私たちが目下いだく信念や実践する習わしの背後にある想定を暴き出し、過去から現在に接近することで、現在を「目で見えるもの」にしようと試みた。とはいえ、私たちは、社会や社会発達、モダニティについての一般理論を手にすることはできない。私たちが唯一理解できるのは、こうした一般理論の断片にしか過ぎない。

今日の四人の社会学者

他の多くの思想家は、ミッシェル・フーコーの影響を受けてきた。監視――人びとの行動を管理するために、その人たちに関する情報を記録し、保管すること――は、マスメディアの台頭が著しい社会に絶えず見いだされる現象である。今日のほとんどの社会理論研究者たちは、情報テクノロジーと新たなコミュニケーション・システムが、他の技術的変化とともに、私たちすべてにとって重大な社会変容を生みだしていることを認める。とはいえ、大多数の社会理論研究者は、ポストモダニズムの論者やフーコーの中核をなす考え方とは意見を異にしている。この人たちによれば、私たちは、自分たちを取り巻く世界をよりよく変えることができるという考え方がそうであるように、社会的世界の一般過程を理解しようと企てることを運命づけられている。マニュエル・カステル、ユルゲン・ハーバーマス、ウルリッヒ・ベック、それにこの本の著者であるアンソニー・ギデンズはいずれも、これまでと同じように社会的世界に関する一般理論を展開する必要性があり、また、そうした理論の手助けによって私たちが社会的世界を積極的に形成するために介入していくことが可能である、と主張する。社会主義が資本主義にとって代わるとしたマルクスの描いた夢は破綻したことを認めるにしても、社会主義の目論見を駆り立てた価値観の一部――社会共同体、平等、弱者にたいする心配りといった価値観――は、いまでもなお消滅していない。

ユルゲン・ハーバーマス——民主制と公共圏

ドイツの社会学者ユルゲン・ハーバーマスは、マルクスの考え方の多くがすでに時代遅れになっていることを認め、代わるべき考え方の源としてウェーバーに注意を向ける。しかしながら、ハーバーマスも、マルクスの著述を鼓舞した基本的原理の一部は支持される必要がある、と指摘している。資本主義に代わる手段は、何も存在しないし、またおそらく存在しないだろう。それにもかかわらず、マルクスが資本主義経済活動のなかに特定した根本的な問題のいくつかは——たとえば、経済不況や経済危機を生みだす趨勢のように——依然として見いだされる。私たちは、私たちが管理するよりも、むしろ私たちを管理するようになった、そうした経済過程にたいする私たちの管理能力を再度確立し直す必要がある。

　こうした私たちの管理能力の増大を獲得する主要な方法のひとつは、ハーバーマスが名づける「公共圏」の再生によってである、とハーバーマスは提議する。公共圏は、本来的に民主制の枠組みである。議会や政党をともなう、従来正統視されてきた民主的手続きは、集団で意思決定をおこなうための十分な基盤を私たちに用意していない、とハーバーマスは論じている。私たちは、民主的手続きの改革と、地域のさまざまな機関や団体とのもっと密接なかかわりをとおして、公共圏を再生することが可能である。近現代のコミュニケーション媒体は、ボードリヤール等が指摘する影響作用の一部を、確かに及ぼしている。しかしながら、近現代のコミュニケーション媒体は、同時にまた民主制の増進に根本的なかたちで寄与できる。たとえば、テレビや新聞は、商業的利害関心が優先するので、民主的討議の焦点にはならない。しかしながら、公共のテレビやラジオは、インターネットとともに、開かれた対話や討議が展開する多くの可能性を提供している。

　フェミニズムの論者たちは、ハーバーマスがジェンダーと民主制の結びつきについて当然払うべき注意を向けていない、とハーバーマスを批判してきた。民主制を主として男性の領分であるとしばしば想定してきた、と批判者たちは指摘する。ハーバーマスは民主制が女性たちの完全な関与を排除しやすい傾向に目を向けるべきである、と批判者たちは主張している。たとえば、ほとんどの国の議会で、女性議員は少数である。多くの政治的論争もまた、女性たちにとくにかかわる問題を軽視する傾向が見られる。ハーバーマスは、主著『コミュニケーション行為の理論』(Habermas 1986-88) のなかで、ジェンダーについてほとんど何も言及していない。ナンシー・フレーザーは、ハーバーマスが、民主制をめぐる議論で、市民の成員資格《シティズンシップ》をジェンダーの面で中性的とみなしてきた、と指摘する (Frazer 1989)。しかし、市民の成員資格は、総じて女性たちよりも男性たちにはるかに有利なかたちで発達してきた。たとえば、家族内での女性たちの位置づけは、依然として男性たちの位置づけにおおむね従属している。それゆえ、家族生活における不平等状態は、公的な民主制とじかに有意関連する。

ウルリッヒ・ベック——グローバルなリスク社会

ドイツのもう一人の社会学者ウルリッヒ・ベックも、ポストモダニズムを拒否している。私たちは、「モダンの向こう側にある」

世界を生きているというよりも、むしろベックが命名した「モダニティの第二の」段階に移行しだしている。第二のモダニティとは、近現代の諸制度がグローバル化しだす一方で、毎日の生活が伝統や慣習の支配から自由になりだした現実を指称している。旧来の工業社会は消滅しはじめ、それにとって代わって「リスク社会」が出現しだしている。ポストモダニズムの論者がカオスなり様式の欠如とみなすことがらを、ベックは、リスクないし不確実性として理解する。リスク管理は、グローバルな秩序の最重要な特徴である。

ベックは、今日の世界が前の時代以上にリスクに満ちているとは主張するのではない。そうではなく、私たちの直面しなければならないリスクの性質が変わりだしている。今日のリスクは、自然界の脅威や危難よりも、私たちの社会発達や、科学とテクノロジーの発達に由来する。

科学とテクノロジーの進歩は、前の時代とは異なる、新たなリスク状況を創りだしている。科学とテクノロジーは、明らかに私たちに多くの利益をもたらす。しかしながら、科学とテクノロジーは、測定困難なリスクを創りだしている。したがって、たとえば遺伝子組み換え食品の生産がどのようなリスクをともなうのかを、誰も完全に知ることはできない。遺伝子組み換え作物を支持する人たちは、遺伝子組み換え作物が、世界の最貧国における栄養不良状態を終わらせ、すべての人に安価な食糧を供給する可能性をもたらすと主張する。遺伝子組み換え作物に懐疑的な人たちは、遺伝子組み換え作物が、健康面で危険な、意図しなかった帰結をもたらす恐れがあると主張する。

リスクに関するベックの見解は、第二二章「環境とリスク」、九四六頁〜九四七頁で論じている。

ベックによれば、リスク社会の重要な側面は、その危険性が、空間的、時間的、社会的に限定できないことである。今日のリスクは、すべての国に、すべての社会階級に影響を及ぼす。たんに個人的な帰結だけでなく、グローバルな帰結をもたらしている。たとえば、テロリズムや公害など、人為的に造り出されたリスクの多くの形態は、国境線を越えている。一九八六年にウクライナのチェルノブイリ原子力発電所で起きた爆発事故は、このことの明確な具体例である。チェルノブイリ原子力発電所の隣接地域に暮らす人たちは――年齢や階級、ジェンダー、地位のいかんを問わず――誰もが危険な放射能レヴェルに曝された。同時に、事故の影響はチェルノブイリをはるかに越えて拡がっていった――爆発後も、ヨーロッパ中で、またヨーロッパを越えた地域で、異常に高いレヴェルの放射能が長いあいだ検出された。

日常生活レヴェルでの多くの意思決定もまた、リスクを注入されている。リスクとジェンダー関係は、実際には密接に結びついている。多くの新たな不確実性が（第七章「家族と親密な関係性」で論じているように）男女間の関係性のなかにすでに入り込んでいる。一例として、愛情と婚姻の領域を取り上げたい。一世代前、先進社会では、婚姻は――未婚者から既婚者への身分移動という――人生の単純な移行の過程であり、この過程は永続する状態と思われていた。今日、多くの人たちは結婚をせずに一緒に暮らし、また離婚率は高くなっている。相手との愛情関係を育むことを考える人は誰でも、これらの事実を考慮に入れなければならないし、それゆえリスク計算にかかわることになる。人は、このような不確実性を背景にして、自分の幸せや安心感が確保できる可能性を判断しなければならない。

テロリズムの脅威も、リスクが私たちの社会にどのように影響を及ぼすかの具体例となっている。二〇〇一年九月一一日にニューヨークとワシントンに加えられた攻撃は、自分たちの共同体がどれくらいテロ攻撃のリスクに曝されているのかについて、人びとの認識を変えていった。テロの恐れは、とくに九月一一日以降の数カ月間、企業が大規模な投資を渋ったために、世界の至るところで経済活動を不活発にした。テロ攻撃はまた、国家が自国市民が享受する行動の自由と、自国の安全とのバランスをめぐって下してきた査定評価をも変えていった。

グローバルなリスクに満ちた世界では、国民国家はもはや対応できない、とベックは指摘する。代わりに、国の枠を超えた国家間の協力関係が必要とされる。国民国家の狭い視点は、地球温暖化のような新たなリスクに対処していく場合、妨げになる。国際テロと闘うようになった場合、私たちは自分たちが何と闘うのかを問う必要がある、とベックは主張する。ベックの描く理想は、文化的多様性の認識とその容認にもとづいた、コスモポリタン・システムである。コスモポリタンな国家は、たんにテロリズムと闘うだけでなく、世界のテロリズムの原因とも闘わなければならない。ベックにとって、コスモポリタンな国家は、地球規模の問題に対処するための最も建設的な方法である。なぜなら、地球規模の問題は、個別の国家レヴェルでは解決できないが、国家間の協力によって管理運営できるからである。

ベックは、この数十年間に私たちの社会に生じた変化が社会改革や政治改革の企ての終焉を意味しないという点で、ハーバーマスと見解をともにしている。むしろ、状況は反対である——新たなかたちの積極行動主義が台頭している。私たちは、ベックの名づける「サブ政治」という新たな領域の出現を目にすることができる。このサブ政治とは、民主制政治のフォーマルな機構の外側で影響力を発揮する、たとえば環境保護団体や、消費者保護団体、人権擁護団体のような集団や機構の活動を指称している。リスク管理の責任は、政治家や科学者だけに委ねることはできない。他の市民グループも加わっていく必要がある。とはいえ、サブ政治の場で生まれる集団や運動は、従来正統視されてきた政治的メカニズムに大きな影響力を及ぼす可能性がある。たとえば、環境にたいする責任は、かつては環境保護の積極行動主義者の専門分野であったとはいえ、今日では従来の政治的枠組みの重要な構成要素として容認されている。

マニュエル・カステル——ネットワーク経済

マニュエル・カステルの学究生活は、マルクス主義者としてはじまった。カステルは、都市問題の専門家として、都市研究にマルクスの考え方を応用しようとした。

アーバニズムに関するカステルの見解は、第二一章「都市と都市的空間」、八八五頁〜八八六頁に見ることができる。

とはいえ、近年、カステルはマルクス主義から離れていった。カステルは、ボードリヤールのように、メディアやコミュニケーション技術のもたらす大きな影響作用に関心を寄せている。情報社会を特徴づけるのは、ネットワークと《ネットワーク経済》の出現である、とカステルは指摘する。新たな経済は、グローバルなコミュニケーション様式が可能にした結びつきに依存しているため、確かに資本主義経済である。とはいえ、今日の資本主義経済と資本主義社会は、過去のそれとはまったく異なっている。資本主義の拡大は、マルクスが考えたような、労働者階級にも物的財の大量生産にも、基本的にはもはや基盤を置いていない。代わりに、遠距離コミュニケーションとコンピュータが生産基盤になっている。

「ネットワーク社会」に関するカステルの考えは、第一六章「組織とネットワーク」、六六八頁～六六九頁で論じている。

カステルは、こうした変化がジェンダー関係にどのような影響を及ぼすのかを、ほとんど解明していない。とはいえ、カステルは、これらの変化が個人のアイデンティティや日常生活に及ぼす影響について数多く発言している。ネットワーク社会では、個人のアイデンティティは、もっと開かれたものになる。私たちは、自分のアイデンティティをもはや過去から手に入れることはできない。私たちは、他者との相互行為のなかで自分のアイデンティティを積極的につくり出す必要がある。このことは、家族生活の領域にじかに影響を及ぼすが、同時にまた、もっと一般的には男性と女性のアイデンティティの構築にも影響を及ぼしていく。男性たちも女性たちも、もはや伝統的な役割から自分たちのアイデンティティを得ることはない。たとえば、女性たちの「居場所」は、かつては家庭のなかだったのにたいして、男性たちの居場所は「外で働く」ことだった。今日、このような区分はすでに崩れている。

カステルは、新たなグローバル経済を、「オートマトン（自動装置）」と名づける――私たちは私たちがすでに創りだした世界をもはや完全に統制できない、とカステルはハーバーマスと同じように考えている。この点で、カステルの主張は、一世紀前にウェーバーがおこなった主張を模倣している。官僚制組織の増大は私たちすべてを「鉄の檻」のなかに閉じ込めている、とウェーバーは考えた。カステルが述べるように、「私たちの造り出した機械が――職を削除するロボットや、私たちの生活を取り締まる政府のコンピュータのようなかたちではなく、ネットワーク上で作動する金融取引システムのように――私たちの世界を掌握することをやむなく認める、そうした人類にとっての悪夢は、まさに現実の事態になりだしている」(Castells 2000)。

しかしながら、カステルは、自分の研究の出発点がマルクス主義にあったことをまったく忘れてはいなかった。カステルは、グローバル市場の効果的な管理を取り戻すことが可能である、と考えている。それは、何らかのかたちの革命によってではなく、世界規模に拡大した資本主義の規制に共通の利害をもつ国際組織や国々による共同の努力をとおして得られる。情報テクノロジーは、ローカルな場に権限を付与したり、地域社会を再生するための手段になることが多くの場合に可能である、とカステルは結論づける。カステルは、フィンランドを例に引いている。フィンランドは、世界で最も発達した情報社会である。国内のすべての学校がインターネット・アクセスを備えており、住民のほとんどはコンピュータを使用できる。それと同時に、フィンランドは、新たな経済のニーズに応ずることが可能な、十分に整備された福祉国家でもある。

アンソニー・ギデンズ——社会的再帰性

アンソニー・ギデンズもまた、その著作で、現在の世界で生じている変動について理論的視座を展開してきた。今日、私たちは、ギデンズの名づける「暴走する世界」を、ベックが診断したようなリスクと不確実性によって特徴づけられた世界を、生きている。しかし、私たちは、リスクの概念とともに《信頼》という観念を打ち出すべきである。信頼とは、私たちが個人なり制度体にいだく信用のことをいう。

急激な変容を遂げる世界では、伝統的なかたちの信頼は、消滅する傾向にある。他の人たちにたいする信頼は、かつては地域共同体に基盤を置いていた。とはいえ、グローバル化が進む社会に生きる場合、私たちの生活は、私たちが決して知り合いになったり出会うことのない、地球の反対側で暮らすかもしれない人たちの影響を受けていく。信頼は、「抽象的システム」を信用することを意味する——たとえば、食品の安全性を取り締まる機関や、飲料水の浄化処理機関、銀行システムの有効性を確保する機関を信用する必要がある。信頼とリスクは、互いに緊密に結びついている。私たちは、かりに私たちを取り巻くリスクに立ち向かい、リスクに効果的に対処したいのであれば、これらの権威を信用する必要がある。

ギデンズの見解では、情報化時代を生きることは、社会的再帰性の増大を意味する。社会的再帰性とは、私たちが、自分たちの暮らす周囲の状況についてつねに考えたり、省察する必要があるという事実を指称している。社会がもっと慣習や伝統と連動していた時代には、人びとは、非再帰的な仕方で既成の行動様式を踏襲することができた。以前の世代にとって簡単に当然視できた生活の多くの側面は、私たちにとってはむき出しの意思決定の問題になっている。たとえば、何百年ものあいだ、人びとは家族の規模を制限する有効な手段を何ももっていなかった。現代の避妊方法や他の生殖技術によって、親たちは、たんに産む子どもの数を選択できるだけでなく、生まれてくる子どもの性別を決めることさえもできる。もちろん、これらの新たな可能性は、新たな倫理上のディレンマをともなう。

私たちは、必然的に私たち自身の未来をすでに掌握できなくなっている。グローバルな時代においては、国は、これまで保持してきた権力の一部を間違いなく失っていく。たとえば、国は、かつてほど経済政策にたいして影響力をもっていない。とはいえ、政府は、非常に多くの権力を保有している。国は、協力しあって行動すれば、一致団結して暴走する世界にたいする私たちの影響力を再び取り戻すことが可能である。ベックが指摘するような集団——政治のフォーマルな枠組みの外で活動する機関や運動体

——は、重要な役割を担うことができる。しかし、これらの集団は、従来正統視されてきた民主制政治にとって代わる存在にはならないだろう。民主制は、依然として決定的に重要である。なぜなら、「サブ政治」の分野にある集団は、相異なる主張をおこない、別々の利害関心をいだくからである。たとえば、こうした集団には、中絶を容認するキャンペーンを積極的におこなう集団も、反対に中絶をまったく認めない集団も含まれるかもしれない。民主制の政府は、これらのさまざまな主張や利害関心を査定評価して、対処しなければならない。

民主制を、ハーバーマスが定義したような公共圏だけに限定することはできない。日常生活のなかに「感情の民主制」が出現する可能性を見いだすことができる。感情の民主制とは、男性と女性が対等のかたちで加わる家族生活形態の出現を指称している。ほぼすべての種類の伝統的家族は、男性による女性支配に基盤を置き、この支配は法的に是認されていた。男女間の平等の増大を、選挙権だけに限定することはできない。平等の増大は、個人的な、私的な領域も巻き込む必要がある。個人生活の民主化は、関係性が互いに払う敬意や意思疎通、寛容さにどの程度まで基盤を置くかの度合によって進展する。

結び

私たちは、今日、社会学の理論展開の重要な、新たな段階のとば口に、おそらく立っている。古典期の思想家たち——マルクスとデュルケム、ウェーバー——の考え方は、重大な社会的、経済的変化の時代を通じて形成されていった。私たちは、おそらく同じくらい奥深い——また、世界中でもっと幅広く実感される——地球規模の変動期を生き抜いている。私たちは、今日の社会を変容させている新たな発達を理解するために、新たな理論を展開していく必要がある。たったいま分析した理論も、こうした努力に最も重要な寄与をおこなっている。

まとめ

1　社会学には（また他の社会科学においても）、多様な理論的アプローチを見いだすことができる。その理由を理解するのは、とくに難しくない。理論上の争いは、自然科学においてさえ決着をつけることが難しいからである。また、社会学では、私たち自身の行動を研究対象にすることにともなう複雑な問題が存在するため、私たちは特別の困難に直面している。

2　社会学における見地の衝突は、基本となる理論上のディレンマがいくつか存在することに、私たちの注意を向ける。重要な理論上のディレンマのひとつは、人間の行為を社会構造とどう関係づけてとらえるべきかという問題である。私たちは社会の創造者なのか、それとも社会の被造物なのか。この二つの選択肢は、当初の見かけほど際立った対照をなすわけではない。現実の問題は、こうした社会生活の二つの側面をどのようにひとつに結びつけてとらえるかである。

3　二つ目のディレンマは、社会を調和のとれ、秩序だった存在として考えるべきか、それとも間断なくつづく対立を特徴とした存在とみなすべきかの問題である。この場合もまた、二つの見解はまったく相対立するのではなく、合意と葛藤がいかに相互関連するのかを明らかにしていく必要がある。

4　三つ目のディレンマは、ジェンダーの問題と、とくに社会学的思考のなかにジェンダーを一般的範疇として組み込むべきか否かの問題と関係する。フェミニズムの理論研究者たちは、社会学者たちの思考対象だけでなく、社会学者たちの考え方にも変化をもたらしてきた。

5　社会学で絶えずつづく論争の四つ目の焦点は、近現代の社会発達の分析に関係している。近現代世界の変動過程は、資本主義経済の発達によって主に形づくられているのか、それとも非経済的要因を含む他の要因によって主に形づくられているのか。この論争で社会学者のとる立場は、ある程度までそれぞれの研究者がいだく政治的な信条や態度の影響を受けている。

6　社会発達の問題に取り組む際に、近年の理論研究者たちは、マルクスとウェーバーをともに乗り越えようと努めてきた。ポストモダニズムの思想家たちは、私たちが歴史や社会について何らかの一般理論を展開できる可能性を否定している。

7　他の理論研究者たちは、ポストモダニズムに批判的で、私たちが社会的世界に関する包括的な理論を、またある意味で私たちが社会的世界をよりよいものに作るために社会的世界に介入できるような包括的な理論を、依然として展開できると主張している。これらの理論研究者のなかに、「公共圏」の概念を打ち出したハーバーマス、「リスク社会」の概念を打ち出したベック、「ネットワーク社会」の概念を打ち出したカステル、社会的「再帰性」の概念を展開したギデンズがいる。

考察を深めるための問い

1　社会学では、なぜ理論的思考が重要なのだろうか。

2　ウェーバーがおこなったプロテスタンティズムの倫理の研究は、単一理論なのか、何個かの中範囲の理論なのか。

3　言語研究は、社会の理解について私たちに何を教えてくれるのだろうか。

4　ジェンダーの問題を既存の理論的視座のなかに組み込むことは、実際に可能だろうか。

5　社会学理論の内部に見いだす種々の「ディレンマ」は、見たところそうであるように、実際に解決が困難なのだろうか。

6　社会学理論の近年の展開は、マルクスやウェーバー、デュルケムのおこなった洞察に、どのくらい負っているのだろうか。

読書案内

Ulrich Beck: *World Risk Society* (Polity, 1999)〔島村賢一訳『世界リスク社会論』平凡社、二〇〇三年〕

Judith Butler: *Gender Trouble: Feminism and the Sub-*

version of Identity (Routledge, 1999)〔竹村和子訳『ジェンダートラブル——フェミニズムとアイデンティティの攪乱』青土社、一九九九年〕
Judith Butler: *Undoing Gender* (Routledge, 2004)〔竹村和子訳『ジェンダートラブル——フェミニズムとアイデンティティの攪乱』青土社、一九九九年〕
Alex Callinicos: *Against Post-Modernism: A Marxist Critique* (Polity, 1989)〔角田史幸監訳『アゲインスト・ポストモダニズム』こぶし書房、二〇〇一年〕
Manuel Castells: *End of Millennium* (Blackwell Publishers, 1998)
Manuel Castells: *The Rise of the Network Society*, 2nd edn (Blackwell, 2000)
Anthony Giddens: *Capitalism and Modern Social Theory*, revised ed. (Cambridge Univ Pr, 1992)〔旧版の翻訳に、犬塚先訳『資本主義と近代社会理論』(研究社出版、一九七四年) がある〕
Anthony Giddens: *Runaway World: How Globalisation is Reshaping our Lives* (Profile, 2002)〔佐和隆光訳『暴走する世界——グローバリゼーションは何をどう変えるのか』ダイヤモンド社、二〇〇一年〕
David Harvey: *The Condition of Postmodernity* (Blackwell, 1989)〔吉原直樹監訳『ポストモダニティの条件』青木書店、一九九九年〕

インターネット・リンク

Michel Foucault
http://foucault.info/
Judith Butler
http://www.theory.org.uk/ctr-butl.htm
Jürgen Habermas
http://www.habermasonline.org/
Ulrich Beck
http://www.lse.ac.uk/collections/sociology/whoswho/beck.htm
Manuel Castells
http://sociology.berkeley.edu/faculty/castells
Anthpny Giddens
http://www.lse.ac.uk/collections/meetthedirector/

5

社会的相互行為と日常生活

エリックは、ある都市の高級ヘルスクラブのフィットネス・インストラクターで、長年そこで働いてきた。その間に、エリックは、ジムで運動する数百人と知り合いになった。なかには、入会時に、エリックが器具の使い方を説明した人たちもいた。エリックは、「特設」クラスのインストラクターという役割のなかで、また、同じ人が毎週同じ時間にトレーニングしているため、普段の接触を通じても、多くの人たちと知り合いになった。

ジムの内部は、トレーニング器具が近接して置かれているために、個人空間が限定されている。たとえば、ウェイトトレーニング・サーキットでは、一箇所に多くの器具が互いに間近に置かれている。ジムの会員は、トレーニングしている他の会員のすぐ隣で身体を鍛えなければならず、器具から器具に移るときに、互いに相手の前をつねに横切ることになる。

こうした物理的空間のなかで、エリックは、少なくとも一度は会ったことがある誰かと目を合わさずに歩き回ることなどほとんどできない。だから、エリックは、多くの客に、その日最初に会ったときには挨拶するが、その後は挨拶を交わさず、互いに自分の用事に専念することでよいと了解している。

通りがかりの人たちがすばやく互いに相手を一瞥し、それから再び目をそらす際に、ふたりは、私たちが多くの状況で互いに相手に要求する、アーヴィン・ゴッフマンが**儀礼的無関心**と名づけたことを実際に演じている（Goffman 1967, 1971）。儀礼的無関心は、たんに相手を無視することと同じではない。人はそれぞれ、相手の存在を認めていることをそれとなく相手に知らせるが、出しゃばり過ぎととられかねない素振りを少しでも避ける。他人にたいする儀礼的無関心は、いわば私たちが多少とも無意識におこなうことがらであるが、社会生活の存在にとって根本的に重要である。社会生活は、効率的に、しかも時としてまったく見知らぬ人どうしでも恐怖心をいだくことなく、続けられる必要がある。儀礼的無関心が、通りすがりの見知らぬ人のあいだで生ずる場合、人は、相手の意図を怪しんだり、相手に敵意をもったり、あるいはなんらかのかたちでとりたてて相手を避ける理由が何もないことを、相手にほのめかすことになる。

このことの重要性を理解する最良の方法は、儀礼的無関心が働かない事例について考えてみることである。人が顔面に特定の感情を顕にし、相手をじっと見つめるのは、通常、恋人や家族、親友を相手した場合である。見知らぬ人や、街なかであれ仕事の場であれパーティーであれ、偶然に出会い知り合いになった人は、このような仕方で相手を凝視することがまずない。相手を凝視することは、敵意の表示と受け取られる可能性がある。たとえば、人種差別主義者は、他のエスニック・グループ出身の通行人に「憎悪の視線」を向けることがよく知られている。

親しく談笑中の友人どうしでさえ、互いに相手をどのように見るかについて気を配る必要がある。互いに相手の目をきちんと見るが、凝視しないことで、会話に専心没頭していることを明示する。あまり熱心に見つめることは、相手の述べていることがらにたいする不信の徴候、あるいは少なくとも理解不足の徴候と受け取られるかもしれない。しかしながら、会話の相手とまったく目を合わさない人は、とらえどころのない、狡猾な、さもなければ常軌を逸した人とみなされる。

日常生活の研究

私たちは、社会的行動のこうした一見とるに足らない側面をなぜ問題にする必要があるのだろうか。街かどで誰かとすれ違ったり、友人とちょっと言葉を交わすことは、ささいな面白くもない行いのように思える。私たちは、何ら深く考える必要性も感じずに、こうした行いを毎日数えきれないほどおこなっているからである。しかし、実際には、こうした明らかにとるに足らないかたちの社会的相互行為の研究は、社会学では非常に重要である――また、興味を感じさせないどころか、社会学のあらゆる研究領域のなかで研究者を最も熱中させている領域のひとつである。その理由を三つ指摘できる。

まず、私たちの毎日の型にはまった行いは、他の人たちとのほぼ絶え間ない相互行為をともなうため、私たちのおこなうことがらに構造と形式をもたらす。私たちは、この構造と形式の研究をとおして、社会的存在である私たち自身について、さらに社会生活そのものについて、多くのことがらを学ぶことができる。私たちの生活は、同じような行動様式を毎日、毎週、毎月、さらには毎年繰り返すことを軸に成り立っている。たとえば、あなたが昨日と一昨日おこなったことを思い出してください。かりに二日とも平日であれば、あなたは、ほぼ間違いなく二日ともほとんど同じ時間に起床したはず（このこと自体が重要な型にはまった行い）です。もしもあなたが学生であれば、授業のために自宅を朝早くに出て、平日ほぼ毎日おこなうように大学へ移動したはずです。おそらく、昼食時に何人かの友人と落ち合い、午後は授業や自習に戻ったはずです。その後、自宅に帰り、ことによると夕方遅くに他の友人と外出したかもしれない。

もちろん、私たちが毎日したがう型にはまった行いは、決してすべての点で同一ではないし、また週末の活動様式は、通例、平日の様式とは対照的である。さらに、かりに私たちは、たとえば大学を退学して就職するといった生活上の重大な変更をおこなえば、通常、毎日の型にはまった行いの修正が必要になる。しかし、この場合もまた、私たちは、新たな、かなり系統だった一連の型にはまった行いを再び確立していく。

二つ目に、日常生活の研究は、人間が現実を形づくるためにいかに創造的に行為できるのかを、私たちに明示する。役割や規範、共有された期待のような力が、社会的行動をある程度まで導くとはいえ、人びとは、その人のこれまでの経歴や利害関心、動機づけにしたがって、現実を別々のかたちで知覚している。人びとは、創造的に行為する潜在的能力を備えているため、自分のおこなう意思決定や行為をとおして、絶えず現実を作りだしている。いいかえれば、現実とは、固定も静止もしていない――現実は、人びとの相互行為をとおして創りだされる。この《現実の社会的構築》という考え方は、第一章で紹介した象徴的相互作用論の視座の核心をなしているため、後でさらに検討することにしたい（一七〇頁～一七二頁を参照）。

三つ目に、日常生活における社会的相互行為の研究は、もっと大きな社会システムや社会制度に光を投じて解明していこうとする。現実に、規模の大きな社会システムはすべて、私たちが毎日かかわる社会的相互行為の様式に依拠している。このことは、簡単に例証できる。もう一度、街の通りですれ違うふたりの見知らぬ人の事例について考えてみたい。このような出来事は、規模が大きく、もっと永続性のある社会組織形態とは、直接ほとんど何の関連性ももたないように思えるかもしれない。しかし、こうした相互行為を数多く考慮に入れた場合、もはやそうとは言えなくなる。現代の社会では、大多数の人が町部や都市に住み、個人的によく知らない他者と絶えず相互行為をおこなっている。儀礼的無関心は、せわしなく立ち回る群衆や束の間の非人格的接触とともに、都市生活に、都市生活特有の個性をもたらす数多くのメカニズムのひとつである。

この章では、私たちの誰もが他の人と相互行為する際に用いる非言語的信号（顔の表情や身振り）について検討する。次に、日常の発話――理解してもらいたい意味を他の人に伝えるためにはどのように言語を用いているのか――の分析に移りたい。終わりに、私たちの生活が毎日の型にはまった行いによって構成される態様に、とくに私たちが自分の行為を時間と空間を超えてどのように調整するのかに注意を払いながら、焦点を当てる。この章ではまた、社会的相互行為を問題にする社会学者がおこなう規模の小さな日常的習わしの研究は、たとえばジェンダーや階級といった、この本の後の章で検討する規模の大きな問題とも切り離されていないこと、つまり、両者が緊密に結びついていることが明らかになろう。このミクロ社会学とマクロ社会学の結びつきについて、一四九頁〜一五〇頁と一五六頁〜一五八頁の二つのコラムで具体的事例を検討する。

非言語コミュニケーション

社会的相互行為は、数多くの形態の**非言語コミュニケーション**――顔の表情や身振り、動作による情報や意味の交換――を必要とする。非言語コミュニケーションは、時として「ボディ・ランゲージ」と称されるが、誤解を招きやすい。なぜなら、私たちは、言葉で告げたことがらを消去したり押し広げるために、こうした非言語的信号を特徴的に用いるからである。

「顔」、身振り、感情

非言語コミュニケーションの主要な様相のひとつに、感情の顔面表出がある。ポール・エックマンたちは、特定の表情を生じさせる顔の筋肉の動きを記述するために、顔面活動コード化システム（FACS）を開発した（Ekman & Friesen 1978）。この方法を用いることで、エックマンたちは、一貫性を欠いたり矛盾した解釈に陥りやすいことで有名な研究領域に――なぜなら、感情をどのように特定し、分類するかについて、ほとんど合意が得られていないからであるが――多少厳密さを注入しようとした。進化論の創始者チャールズ・ダーウィンは、感情表出の基本的様式がすべての人間で同じである、と主張した。一部の人たちはこのダーウィンの主張に異論を唱えてきたが、文化的生い立ちを著しく異にする人たちにたいしてエックマンがおこなった調査は、ダーウィンの主張を確証しているように思える。エックマンとフリーセンは、ニューギニアで、住民がかつて外部社会の人間とほとんどど接触したことのない、孤立したコミュニティを調査した。このニューギニアの人たちは、六つの感情（喜び、悲しみ、怒り、嫌悪、恐れ、驚き）がそれぞれ顔面に表出した写真を見せられると、この六つの感情を特定できた。

エックマンによれば、別の人たちを対象にしたエックマン自身の研究や類似した研究から得られた結果は、感情の顔面表出と感情の解釈が人間生来のものであるとする見解を裏づけている。エックマンは、自分の示す証拠がこの点を決定的に証明していないことを認めているし、また同じ文化的学習体験の共有が関与している可能性もある。とはいえ、別の種類の研究も、このエックマンの結論を裏づけている。I・エイブル＝エイベスフェルトは、視覚と聴覚に障害をもって生まれた六人の子どもを研究して、この子どもたちが特定の感情的場面のもとで示す顔の表情は、障害のない子どもたちの示す顔の表情とどのくらい同じであるのかを明らかにした（Eibl-Eibesfeldt 1973）。視覚と聴覚に障害をもって生まれた子どもたちも、明らかに楽しい活動に加わったときにはにっこりと微笑み、物を嗅いで異常な臭いがしたときには驚いて眉を吊り上げ、嫌いな食べ物を繰り返し勧められたときには顔をしかめることを、エイブル＝エイベスフェルトは見いだした。障害をもって生まれた子どもたちは、他の人がこうした仕方で振る舞うのを決して見ることはできなかったはずだから、これらの反応は、生まれつき決定されていたに違いないと考えられる。エックマンとフリーセンは、顔面活動コード化システムを用いて、大人の感情表出に見いだす個別の筋肉活動が、新生児にも数多く見られることを確認した。たとえば、幼児は酸っぱい味に反応して、大人がおこなう嫌悪の表情（唇をすぼめたり顔をしかめる）と類似した顔の表情を示すように見える。

しかし、感情の顔面表出には生得的な面があるように思えるが、個人的要因や文化的要因は、顔の動きが具体的にどんな形状をとるのか、またそうした顔の動きがどのような脈絡で適切と判断されるのかに影響を及ぼす。たとえば、人が微笑む際に唇などの顔の筋肉が実際にどのように動くのか、またちょっと微笑むといってもそれがどのくらい束の間なのかといった点は、すべて文化によって著しく異なる。

すべての、ないしほぼすべての文化を特徴づけることが証明できる身振りや身体の構えは、ひとつも存在しない。たとえば、否定の意思を伝える際に、英米の習わしとは反対に人びとがうなずく社会もある。指差しのような欧米人が頻繁に用いがちな身振りは、一部の人びとのあいだでは見いだされないようである（Bull 1983）。同じように、イタリアの一部地域では、まっすぐ伸ばした人差し指を頬の真ん中にあてて回転させることを称賛の身振りとして用いているが、別の場所では誰もこうした身振りを知らないように思える。顔の表情と同じく、身振りや身体の構えは、実際に口では何も言わずに意味を伝えるだけでなく、発話を肉づけするためにも絶えず用いられている。この顔の表情と身振り、身体の構えはいずれも、冗談を言ったり、皮肉を込めたり、疑念を表すために用いることが可能である。

私たちが伝える非言語的印象は、口に出して述べることがらが実際に私たちの意味したいことがらでないことを、しばしば故意にではなく指し示している。赤面は、身体上の反応標識が私たちの口で述べた意味といかに矛盾するかの、おそらく最も明白な例である。しかし、他の人たちが捕捉できるもっと微細な徴候は、他にも数多く存在する。たとえば、訓練を受けた眼は、非言語的信号を手懸かりにして虚偽を見破ることが多くの場合できる。発汗、そわそわ落ち着かない動作、相手への凝視ないしきょろきょろ動く視線、長いあいだ持続する顔の表情（心底からの顔の表情は、四、五秒もたてば消散しやすい）は、人が何かを騙している状態であることをおそらく暗に示す。だから、たとえば私たちは、他の人たちが言葉で伝えたことがらに何かを付け加えているかどうかを知る手段として、またその人たちの口にすることに偽りがなく、どのくらいその人たちが誠実であり、その人たちを信頼できるかをチェックする手段として、その人たちの顔の表情や身振りを利用している。

非言語コミュニケーションとジェンダー

日常の社会的相互行為にも、ジェンダーに関係する側面があるのだろうか。存在すると確信できる理由がいくつかある。もっと規模の大きい社会的脈略が相互行為を形づくるため、男性と女性が、言語コミュニケーションにしても非言語コミュニケーションにしても異なるかたちで知覚し、表現していることは、意外でもない。ジェンダーとジェンダー役割の理解には社会的要因が大きく影響し、またジェンダーとジェンダー役割の理解は、社会における権力と地位の問題と広くかかわっている。これらの力学は、毎日の生活で普通に見いだされる相互行為においてさえ、明白である。例として最もありふれた非言語的表現のひとつ――アイコンタクト――をとり上げてみたい。人は、さまざまな仕方でアイコンタクトを利用するが、多くの場合、誰かの注意を引いたり、社会的相互行為をはじめるために、アイコンタクトを利用する。総じて男性たちが公の場でも私生活でも女性たちを支配する社会では、男性たちは、知らない人と視線を合わせる際に、おそらく女性たちほど遠慮を感じていない。

アイコンタクトの特殊な形態のひとつ――凝視――が、男女間で同じ非言語コミュニケーション形態に見いだされる意味の際立った差異を具体的に示している。女性を凝視する男性は、「自然な」あるいは「罪のない」仕方で振る舞っているだけだと、おそらくみなされる。かりに女性が不快に感じたら、その女性は、目を逸らすか、その相互行為をつづけない選択をすることで、凝視をはぐらかすことが可能である。一方、男性を凝視する女性は、思わせぶりな態度で、あるいは性的な誘いをかける態度で振る舞っているとみなされる場合が多い。このような事例は、個々にとり上げればとるに足りないことのように思われるかもしれないが、総体的に見た場合、ジェンダー不平等の様式を強化する一因になっている（Burgoon et al. 1996）。

非言語コミュニケーションには、ジェンダーによる他の差異も見いだされる。椅子に座る場合、男性は女性よりもリラックスして座ることが、研究によって明らかにされてきた。男性は足を広げて上体を後ろにそらす傾向が強い。それにたいして、女性は、手を膝の上に置き、足を組み、背筋を伸ばして座って、男性よりも身構えた姿勢をとる傾向がある。女性は、人と話をするときに、男性よりももっと相手に近づいて立つ傾向が強い。一方、男性は、女性と会話する際に、女性が男性と会話するとき以上に、相手の女性と身体的接触しようとする（女性たちは、こうした男性の振る舞いを正常なこととみなすよう総じて期待されている）。女性は、自分の感情を（顔の表情によって）かなり明白に示す傾向があり、また、男性よりももっと頻繁にアイコンタクトを求めたり、アイコンタクトを断ち切ることも、研究によって明らかにされてている。これらの一見ささいなミクロレヴェルの相互行為が、社会でのもっと幅広いマクロレヴェルの不平等を強化していく、と社会学者は主張する。男性は、女性よりも、立っているときも座っているときも、空間を支配している。なぜなら、男性は、話している相手から多少離れて立つ傾向が強いし、椅子に座るときものけぞるように座る傾向が強いからである。しかも、男性は、かなり頻繁な身体的接触によってその場の支配権を明示する。一方、女性は、アイコンタクトと顔の表情によって承認を求めようとする、と指摘されてきた。男性がアイコンタクトをすると、女性は別の男性よりも目をそらす傾向がある。このように、非言語コミュニケーションのミクロレヴェルでの研究は、もっと広い社会で男性が女性に行使する権力を論証する精妙な手掛かりをもたらす、と主張されている（Young 1990）。

公共の場における女性と男性

第一章で検討したように、対面的なやり取りの場での日常行動を研究する《ミクロ社会学》と、階級やジェンダー・ヒエラルキーのような社会の広範囲に及ぶ諸特徴を研究する《マクロ社会学》は、緊密に結びついている（Knorr-Cetina & Cicourel 1981; Giddens 1984）。このコラムでは――通りを歩いている女性が、男性たちの集団から言葉による嫌がらせを受けるといった――ミクロ社会学分析の典型的な事例のように思える出来事が、マクロ社会学を構成するもっと大きな論点といかに緊密に結びついているのかを検討したい。

キャロル・ブルックス・ガードナーは、著書『側を通り過ぎる際に――ジェンダーと公共の場での嫌がらせ』（Gardner 1995）で、この種の望んでもいない相互行為が、さまざまな場面で――最も有名なのは、建築現場の傍らである――女性たちがしばしば虐待と受け止めるかたちで生起していることを見いだした。

ひとりの女性に加えられる嫌がらせを、個別の相互行為を調べるというミクロ社会学の観点から分析することは可能である。しかし、ひとりの女性に加えられる嫌がらせをこのように単独の出来事と見るのでは、成果に乏しい。このような嫌がらせは、互いに見知らぬ男性と女性がかかわる街頭でのお喋りの典型である。同時にまた、社会にあるジェンダー・ヒエラルキーというもっと大きな背景を調べることなしに、この種の相互行為を理解することは不可能である。このようなかたちで、私たちはミクロ分析とマクロ分析がいかに結びついているのかを理解できる。たとえば、ガードナーは、男性たちが女性たちに加える嫌がらせを、公的空間で男性がもつ特権や、女性たちが身体的攻撃を受けやすいこと、遍在する強姦の恐れ等々に具体的に示される、ジェンダーの不平等というもっと規模の大きいシステムと結びつけてとらえている。

このようにミクロ社会学とマクロ社会学を結びつけなければ、私たちは、こうした相互行為について限られた理解しか得ることができない。また、ことによると、この種の相互行為がときたま生ずるだけの事例であったり、正しいマナーを人びとに教えることでこれらの事例を排除できるように思われてしまうかもしれない。ミクロ社会学とマクロ社会学の一体性を理解することで、このような問題の解消にその根本的原因から取り組むためには、こうした相互行為を生みだすさまざまな形態のジェンダーの不平等状態の一掃に焦点を合わすことの必要性が認識できるようになる。

相互行為の社会的規則性

私たちは、自分自身の行動においても、他の人たちの行動の意味を理解する場合にも、数多くの非言語的信号を日常的に用いる。とはいえ、私たちの相互行為のほとんどは、他の人たちとの形式ばらない会話のなかで進行するお喋り——何げない言葉のやり取り——をとおして生起している。社会学者たちは、言語が社会生活の基礎であることを、つねに認めてきた。とはいえ、近年、人びとが日常生活の普通の脈絡のなかで言語をどのように用いるのかにとくに関心を寄せる研究方法が発達してきた。

エスノメソドロジーとは、他者がおこなうことがら、とりわけ他者が述べることがらの《意味を理解する》ために人びとが用いる方法——「エスノメソッド」——常民の、つまり、普通の人びとの用いる方法——の研究である。この名称は、その研究成果を以下で検討するハロルド・ガーフィンケルによって造語された。私たちは誰もが、この方法を、通常はその存在をまったく意識せずに適用している。多くの場合、私たちは、言葉そのもののなかに現れない社会的脈絡について熟知していることで、はじめて会話のなかで述べられたことがらの意味を理解できる。次の会話を例に上げてみたい（Heritage 1984）。

A　私には、一四歳の息子がいます。
B　そうですか、承知しました。
A　犬も一匹います。
B　エッ、それは残念ですネ。

この会話では何が生じているのだろうか。話し手たちはどのような関係なのだろうか。この会話が住まいを借りようとする人と家主の会話であると言われたらどうだろうか。そのときには、会話の内容は理解可能になる。入居者に子どもがいるのはかまわないが、ペットを飼うのを認めない家主もいるからである。しかしながら、かりにこうした社会的脈絡を知らなければ、Bの応答は、Aの述べたことがらと一見まったく何の関連性ももたないように思える。述べられたことがらの意味の《一部》は言葉のなかにあり、また《一部》は述べられたことがらを組み立てていく社会的脈絡の態様のなかに存在する。

共有された理解

最もとるに足りない類の毎日のお喋りでさえ、当事者たちが活用する、複雑な共有された理解の存在を前提にしている。事実、私たちの些細なお喋りでさえも非常に複雑なため、たとえ最高性能のコンピュータでも人間相手に長時間納得のゆくかたちで会話ができるようにプログラムを組み込むのは不可能なことが、いまのところ判明している。普段のお喋りで使われる言葉は、必ずしもつねに正確な意味を有していない。したがって、私たちは、自分の述べたいことがらを、それを背後から支える明言されていない前提をとおして「固定していく」。かりにマリアがトムに「あなたは昨日何をしていたの」と質問したとしても、質問の言葉そのものは何が答えになるのかをまったく規定していない。一日は長い時間であるため、かりにトムが「そうだね、七時一六分に目を覚ました。七時一八分にベッドから出て、バスルームにいって、歯を磨きはじめた。七時一九分にシャワーのノブを回して……」と答えたとしても、おそらく理にかなっている。私たちは、この質問をしたマリアが誰で、マリアとトムがどのような種類の活動について言及するのが妥当と考えるのか、さらにトムがそれぞれの曜日に通常何をしているかをとくに知ることで、この質問がどのような類の応答を求めているのかが理解できる。

ガーフィンケルの実験

私たちがそれによって日常の会話を系統だったものにする「背後期待」は、ガーフィンケルが有志学生たちと試みたいくつかの実験によって、とりわけ注目されるようになった。実験に参加した学生たちは、友人や身内と会話をおこない、相手の何気ない言葉や漠然とした評言をそのまま聞き流さずに、その何気ない言葉や漠然とした評言の意味を明確にしてくれるよう相手にしつこく求めることを依頼された。かりに誰かが「楽しい一日を（Have a nice day）」といった場合、実験に加わった学生は「楽しいとは、一体どういう意味ですか」「一日のうちの、いつ頃のことを意味しているのですか」等々の応答をすることになっていた。この結果得たやり取りのひとつは、次のようであった（Garfinkel 1963）。

被験者　どう調子は？
実験者　僕の何がどうだというの？　僕の体調かい、懐具合かい、勉強かい、機嫌かい、それとも……
被験者　（紅潮して、にわかに自制心を失い）お前ネ、お愛想で言っただけだろう！　はっきり言って、お前がどうだろうと俺の知ったことか。

お喋りの際の明らかにとるに足りない約束事が守られなかった場合、人びとはなぜこのように狼狽するのだろうか。私たちの毎日の社会生活が有する安定性と有意味性は、述べられたことがらとその理由についての、明言されていない文化的諸前提の共有に依拠しているからである。かりに私たちがこうした文化的諸前提を当然視できないのであれば、おそらく意味のあるコミュニケーションは不可能となる。会話でのどんな問いも発言もすべて、ガーフィンケルの実験者がおこなうように指示された類の膨大な「探索手続き」にしたがわなければならないとすれば、おそらく相互行為はすぐに行き詰まってしまう。それゆえ、お喋りの際の一見重要でない約束事と思えるものが、結果的に社会生活の枠組みそのものの基盤となっていることがわかる。その意味で、こうした約束事の違反は、非常に由々しい事態になる。

日常生活では、人びとが、こうした明言されていない知識を、故意に無視したふりをする場合があることに注意すべきだろう。このようなことは、相手を拒絶したり、からかったり、当惑させたり、あるいは述べられたことがらが二様の意味にとられる可能性に注意を喚起するためにおこなわれる。たとえば、次のような一〇代の若者と親との典型的なやり取りを考えてみたい。

親　どこへ行くの?（Where are you going?）
若者　外。(Out.)
親　何しに行くの?（What are you going to do?）
若者　別に何も。(Nothing.)

この一〇代の若者の応答は、ガーフィンケルの実験で実験者がおこなったものとはほとんど正反対の応答である。質問の意味を問いただすことを通常おこなわない場面で問いただすのではなく、むしろこの若者は——要するに「よけいな節介だ!」と言うことで——適切に応答するのをまったく拒否している。

最初の質問は、状況を異にすれば別の人からまったく違った応答を引き出すかもしれない。

A　どこへ行くの?（Where are you going?）
B　頭にきそうだ。(I'm going quietly round the bend.)

BはAの質問を、悩みや不満を皮肉っぽく伝えるために、故意に誤読している。喜劇や冗談では、お喋りのなかに含まれた明示されていない諸前提を、このように故意に誤解することで思いどおりの結果を得ていく。当事者たちが笑いを起こさせる意図から発していると認める限り、こうした誤解に脅威となる要素は何も存在しない。

「相互行為の破壊」

すでに見てきたように、会話は、毎日の生活を、安定した、首尾一貫したかたちで維持する主要な手段のひとつである。私たちは、とるに足りないお喋りでも、お喋りをする上での暗黙の約束事が守られている場合、一般に心地よさを感ずる。しかし、そうした暗黙の約束事が破られる場合は、脅威を受けたような気がし、困惑し、不安に陥る。毎日のほとんどのお喋りで、会話をおこなう人は、会話をスムーズに進めるために、相手が発する——たとえば、声の抑揚や語調の変化、わずかな間合い、身振りといった——合図に、注意深く同調していく。会話をおこなう人たちは、互いに相手を意識することで、相互行為をはじめたり終わりにするときや、発言を代わる代わるおこなうときに「協力しあう」。とはいえ、一方の側が会話をおこなう上で「非協力的」な態度をとる相互行為は、緊張を生みだす可能性がある。

ガーフィンケルの実験に加わった学生たちは、社会学的実験の一環として、会話のルールを意図的に破ることで、緊張状況を作りだした。しかし、現実の世界で、人びとが会話の際の習わしを通じて「面倒な事態を起こす」場合は、どうだろうか。米国のある研究は、ニューヨーク市での通行人と浮浪者の言葉のやりとりを調査して、なぜこうした相互行為が通りすがりの人たちから見ればしばしば問題を孕むように思えるのかを解明しようとした。その研究者たちは、**会話分析**と呼ばれる手法を利用して、街頭でのやりとりを精選して、その場でのやりとりを毎日のお喋りの事例と比較している。会話分析とは、意味を理解するために、会話の――最も小さな「間を埋める」言葉（「えーと」や「あのー」といった）にはじまり、やりとりの正確なタイミング（話の間合いや話への割り込み、発話の重なり合いを含む）に至る――すべての様相を検討しようとする方法体系である。

その研究は、黒人の――多くがホームレスやアルコール依存症者、薬物依存症者である――男性たちと、街頭でこうした黒人男性とすれ違う白人女性のあいだで生ずる相互行為を調査した。こうした男性たちは、女性たちに声を掛けたり、お世辞を言ったり、問い掛けたりして、多くの場合、女性たちと会話をはじめようと試みた。しかし、こうした会話は、何か「うまく機能しなかった」。なぜなら、女性たちは、通常の相互行為でおこなうような応答を滅多にしなかったからである。男性たちが掛けた言葉は、敵意がほとんどなかったにもかかわらず、女性たちは、前方をじっと見つめて歩を速める傾向が強かった。以下に示すのは、五〇代後半の黒人男性マドリックが、女性たちと会話をしようと試みた具体例である（Duneier & Molotch 1999）。

二五歳くらいに見える白人女性が落ち着いた足取りで近づいてきたので、［マドリックは］次のような相互行為を開始する。

1　マドリック　　愛してるよ、かわい子ちゃん。

この二五歳くらいの白人女性は、掛けられた声を無視し、身を固くして歩を速める。

2　マドリック　　結婚してくれよ。

次は、二人連れの白人女性たちで、同じく二〇代半ば。

3　マドリック　　ねえ、彼女たち。今日はふたりとも素敵だよ。お金もっているの？　本を買ってくれないかな。

この二〇代半ばの白人女性たちは、マドリックを無視する。

次は、若い黒人女性。

4　マドリック　　ねえ、可愛いね。ねえ、可愛いよ。

この若い黒人女性は、マドリックの存在に気づいた素振りも見せず、歩きつづける。

5　マドリック　　ちょっと、ちょっと。俺の言ってること、聞こえてるよね。

それから、マドリックは、三〇代の白人女性に話しかける。

6　マドリック　　見とれちゃったよ。素敵だね。本当だよ。

この三〇代の白人女性は、マドリックを無視する。会話のスムーズな「はじまり」と「終わり」を取り決めることは、都会での礼儀正しい振る舞いにとって基本的な必要条件である。こうした会話のもつ決定的に重要な側面が、男女間では著しい問題を孕んでいた。女性たちが会話をはじめようとする男性たちの企てに抵抗したとき、男性たちは、女性たちの抵抗を無視して、会話を執拗につづけたからである。同じように、男性たちは、かりに会話をはじめるのに成功すると、いったんはじまりだした会話を封鎖しようとする女性たちからの合図に応ずるのを、おそらく拒否する。

1　マドリック　ねえ、ねえ。かわい子ちゃん。
2　女性　ああら、どうも。
3　マドリック　ちょっといいかな?
4　マドリック　とてもかわいいよ。髪をピンで止めている姿が好きだよ。
5　マドリック　結婚してるの?
6　女性　してるわ。
7　マドリック　何だって?
8　女性　結婚してるわ。
9　マドリック　結婚指輪は?
10　女性　家に置いてあるわ。
11　マドリック　家に置いてあるって?
12　女性　そうよ。
13　マドリック　名前を聞いてもいいかな?
14　マドリック　俺の名前はマドリック。きみは?
その女性は何も答えず、歩きつづける。

(Duneier & Molotch 1999)

この事例では、マドリックは、相手女性に会話を仕掛けて、応答をさらに引き出すために、この一連の相互行為を構成する一四の発話のうち九つの発話をしている。この速記録だけを見ても、相手女性がお喋りするのに関心がないことは明白である。しかし、テープ録音された音声を会話分析に利用すると、相手女性の気乗りしない態度がもっと明確になる。この女性は、すべての応答を——何らかの応答をする場合でさえ——ぐずぐず延ばしている。それにたいして、マドリックは即座に応答しており、マドリックの掛けた言葉は時として相手女性の発する言葉と部分的にかち合っている。会話でのタイミングは、非常に明確な指標である。日常のほとんどの相互行為で、応答をほんの一瞬でも先に延ばすことは、会話の成り行きを変えたいという強い要求を伝えるための適切な合図になる。マドリックは、こうした社交上の暗黙のルールに背くことで、「厳密に解釈すれば、不作法な」仕方で会話をつづけた。逆に、相手の女性もまた、お喋りに参加させようとするマドリックの再三再四の企てを無視する際に、「厳密に解釈すれば、不作法」に応じた。こうした街頭での通りすがりのやりとりに人びとがうまく対処するのを困難にさせている要因は、まさに街頭でのやりとりの「厳密に解釈すれば、不作法な」性質にある。会話をはじめたり終わらせるための広く使われている合図がしっかり守られなかった場合、人びとは、説明がつかない不安感を心底いだくことになる。

相互行為の破壊という用語は、日常的相互行為の、権力をもつ人たちにとって価値がある暗黙の基盤を、従属的な立場にいる人がうち破るような事例を指し示している。浮浪者の男性は、浮浪者どうしや、地元の商店主、警察官、近親者、知り合いとの相互行為では、多くの場合、日常の発話形式にしたがっている。しかし、浮浪者の男性たちは、そう選択した場合、通りすがりの人たちが結果的に分別を失ってしまうかたちで、日常のお喋りの際の暗黙の約束事を覆すことが可能である。相互行為の破壊は、身体的暴行や下品な言葉による虐待が引き起こす以上に、被害者が生じた事態を言葉で明確に表現できない状態にする。

相互行為の破壊に関するこの種の研究は、ミクロレヴェルの相互行為と、マクロレヴェルで作動する力との双方向の結びつきを示すもう一つの事例になっている。浮浪者の男性にとって、会話しようとする自分たちの試みを無視する白人女性は、よそよそしく、冷淡で、思いやりを欠いた人物——このような相互行為にとって、正当な「標的」——のように思われる。一方、女性たちは、多くの場合、浮浪者の男性がまったく危険で、最も避けるべき存在である証拠として、こうした男性たちの行動を受けとめる。相互行為の破壊は、階級や地位、ジェンダー、人種構成が社会全体を支配する状況と、密接に結びついている。こうした日常のありふれた相互行為で引き起こされる恐怖と不安は、逆に外見上の地位や勢力がその相互行為自体に影響を及ぼすことを助長する。相互行為の破壊は、相互の不信感や不作法な振る舞いが自己増殖する際の重要な要素である。

反応の叫び

発話のなかには、お喋りではなく、独り言のかたちで口にする叫び声、つまり、ゴッフマンが**反応の叫び**と名づけたものもある (Goffman 1981)。ルーシーがコップの水をひっくり返した際に、「おっと！ (Oops!)」と叫ぶ場合を、考えてみたい。この「おっと！」は、誰かがあなたの顔に向けて突然手を振り動かしたときにあなたがおこなう瞬きとほぼ同じような、不幸な出来事にたいする面白くもない反射的反応に過ぎないように思える。とはいえ、「おっと！」という叫びは、自分ひとりしかいない場合には口にしないという事実が証明するように、決してこの種の反射的反応ではない。「おっと！」は、通常、目の前にいる他の人たちに向けられている。その叫び声は、出来事を目撃している人たちに、そのしくじりが些細な一瞬のことに過ぎず、みずからの行動を統制するルーシーの能力に相手が疑いをいだく必要があるような出来事でないことを証明していく。

「おっと！」の叫びは、重大な事故や惨事よりも、些細な失敗の場合にのみ用いられる——それはまた、こうした叫びが、社会生活の細々とした出来事に自制して対処できる私たちの能力の一部であることを証明している。さらに、ルーシー自身よりもルーシーの行動を見守っている人がこの言葉を口にする場合もあれば、他の人に警告を発するのに用いられる場合もある。「おっと！」は、通常短く発音されるが、何かの任務をおこなっているときに際どい瞬間を覆い包むために、「お (oo)」が引き伸ばされて発音されることもある。たとえば、親が子どもをふざけて空中にほうり上げるときに、親は引き伸ばされた「おーっと！」や「おーっとっとっと！（Oopsadaisy!）」と口にする場合がある。その音声は、反応の叫びについての子どもの理解を発達させると同時に、子どもに再保証を与え、子どもが身体の統制を失ったとおそらく感ずる束の間の局面を守る働きをする。

このような見解はいずれも、極めてこじつけられ、誇張された見解のように聞こえるかもしれない。こうしたとるに足りない発話について、なぜ私たちはこのように詳細に分析しなければならないのだろうか。私たちは、自分の口にすることに、この例が示唆するほど注意を払うことがはたしてあるのだろうか。もちろん、私たちは――意識のレヴェルでは――そうしていない。とはいえ、決定的に重要な論点は、私たちが自分の外見と行為の非常に複雑かつ持続的統制を当然視していることである。相互行為の状況で、私たちは、その場に居合わすことだけを期待されているわけでは決してない。他の人たちは、ゴッフマンのいう「統制された敏捷さ」を私たちが発揮することを、まさに私たちがその人たちに期待するように期待している。人間的であることの基本的要素のひとつは、毎日の生活の型にはまった行いのなかで、自分自身の適正な能力を他の人たちに絶えず示すことである。

都会暮らしの知恵を身につけた人たち

あなたは、町中を歩いているときに、背後にいる人や向かい側から来る人から脅かされた気がして、道路の反対側に渡った経験がこれまでありますか。この種の単純な相互行為について解明しようとした社会学者のひとりに、イライジャ・アンダーソンがいる。

アンダーソンは、米国の隣接する二つの都市近隣社会の路上でおこなわれている社会的相互行為を記述することからはじめた。アンダーソンの著書『都会暮らしの知恵を身につけた人――都市コミュニティにおける人種、階級、変動』〔邦訳書名『ストリート・ワイズ』〕は、日常生活を研究することで、建築用ブロックに喩えられる無数のミクロレヴェルな相互行為が、社会秩序をどのように創りだしていくのかが解明できることを明らかにした（Anderson 1990）。アンダーソンは、少なくとも一方の側が脅かす存在とみなされる場合の相互行為を解明することに、とりわけ関心を寄せた。路上で多くの黒人と白人がおこなう相互行為の様式は、人種的ステレオタイプの構成とおおいに関連し、またこの人種的ステレオタイプの構成そのものが社会の経済構造と結びついていることを、アンダーソンは明示した。このように、アンダーソンは、ミクロな相互行為と社会のもっと大きなマクロな構造との結びつきを明確にしていった。

アンダーソンは、社会的規則や社会的地位が特定の脈絡や場所のなかでどのように出現するのかに関して、アーヴィン・ゴッフマンがおこなった論述を想起することから研究をはじめた。ゴッフマンは、次のように書いていた（Goffman 1959）。

ある人が他の人たちの面前に登場した場合、普通、他の人たちは、その人物に関する情報を得ようと努めるか、すでに手にしている情報を活用しようとする。……その人物に関する情報は状況を定義づける上で役立ち、それによって、他の人たちはその人物が自分たちに何を期待し、また自分たちがその人物に何を期待できるのかを前もって知ることが可能になる。

　アンダーソンは、このゴッフマンの見解を手引きにして、行動面でどのような種類の合図や記号が、公の場での相互行為の語彙体系を作成しているかを問題にした。アンダーソンは、次のような結論を得た。

肌の色、ジェンダー、年齢、仲間、衣服、装身具、携帯品は、そのよそ者たちを特定するのに役立ち、そしてよそ者たちについてあらかじめ想定できるようになり、コミュニケーションが可能になる。相手の動作や物腰（素早いか鈍いか、誠実か不誠実か、理解できるか理解できないか）は、この公の場でのコミュニケーションをさらに緻密にしていく。一日のうちの時間帯や、相手がこの場にいることを「説明」する活動内容といった要素もまた、「よそ者」というイメージを、どのような方法で、どのくらい素早く相殺できるのかに影響を及ぼす。かりによそ者が査察に合格せず、「安全」と査定されなかった場合、略奪者というイメージが生ずる恐れがある。一緒に通りを行く人たちは、この略奪者のイメージに合致した距離を保とうと努めるかもしれない。

　通りでの査察に合格する可能性が最も高い人たちは、一般に受け容れられてきた危険人物のステレオタイプに当てはまらない人たちであることを、アンダーソンは明示している。「子どもたちは、難なく査察に合格する。白人女性と白人男性が合格するのは、それよりも遅くなる。黒人女性と黒人男性、それに一〇代の黒人男性が合格するのは、最も遅くなる」。相互行為における緊張状態が、人種や階級、ジェンダーといった外部社会での地位に由来することを証明するなかで、アンダーソンは、ミクロな相互行為だけを調べても、私たちが状況の十分な理解を展開できないことを明示した。このことは、アンダーソンが、ミクロな相互行為とマクロな過程を結びつけて考えていった理由である。

　人は、察知した暴力や犯罪の危険性に対処する「回避術」のようなスキルを身につけたときに、「都会暮らしの知恵を身につけた人」になる、とアンダーソンは指摘する。アンダーソンによれば、都会暮らしの知恵を身につけていない白人たちは、さまざまな種類の黒人男性（たとえば、中流階級の若者か、非行少年グループの一員か）の違いを認識していない。都会暮らしの知恵を身につけていない白人たちは、同時にまた、「疑わしい」人物の後ろを歩く際に歩く速度を変える術を知らないし、一日のさまざまな時間帯に「危ない街区」を避けて回り道する術も知らない。

アンダーソンや（一四九頁以下で触れた）キャロル・ブルックス・ガートーナーの研究は、マクロ社会学の中身である規模の大きな制度様式を具体的に説明するのに、ミクロ社会学が役立つことを明示している。対面的相互行為は、どのように大規模なものであれ、あらゆる形態の社会組織の主要な基礎である。ミクロ社会学の研究だけで、私たちの社会におけるジェンダーや人種についてそのすべてを説明することはできない。けれども、ミクロ社会学の研究は、これらの問題をよりよく理解することに間違いなく意義深い寄与ができるはずである。後の章で、ミクロな状況における相互行為が規模の大きな社会過程にどのような影響を及ぼすのか、また逆にマクロなシステムが社会生活のもっと限定された場面にどのような影響を及ぼすのかについて、さらに具体例を見ることにしたい。

相互行為における顔、身体、発話

これまで学んできたことを、要約しておきたい。毎日の相互行為は、私たちが自分の顔や身体で伝えることと、言葉で伝えることとの精妙な関係に依拠している。私たちは、他の人が言葉によって意思疎通することがらの空白箇所を補い、また相手の言うことに偽りがないかどうかを点検するために、相手の顔の表情や身振りを利用する。私たちは誰もが、ほとんどの場合そのことを自覚せずに、他者との毎日の相互行為の最中に、自分の顔の表情や身体の構え、動作を厳しく、絶えず管理している。

したがって、顔や身体の操作、発話は、相手に特定の意味を伝え、それ以外の意味を隠すために用いられている。私たちはまた、以下で見るように、同じ目的を達成するために自分の活動を社会生活の《脈絡》のなかで組み立てている。

出会い

私たちは、多くの社会的状況で、ゴッフマンのいう他者との**焦点の定まらない相互行為**に加わっている。焦点の定まらない相互行為は、一人ひとりが、相手の存在に気づいていることを相互に示し合う場合に、必ず生ずる。こうした相互行為は、たとえば、人通りの激しい路上や劇場の人込み、パーティー会場といった多くの人が一緒に集まるところでは、普通つねに見られる。人は、他人を目の前にしている場合、たとえその相手に直接話しかけなくても、自分の態度や姿勢、顔の表情、身振りを通じて非言語コミュニケーションに絶えず加わっている。

焦点の定まった相互行為は、人びとが互いに相手の発言や行いに直接耳を傾けたり、注目する際に生ずる。社会的相互行為は、多くの場合、焦点の定まったやりとりと焦点の定まらないやりとをともに包含している。ゴッフマンは、焦点の定まった相互行為の個々の事例を**出会い**と名づけており、私たちの日々の生活のほとんどは、その場に居合わす他者との焦点の定まらない相互行為を背景に頻繁に生ずる他の人たち——家族や友人、仕事仲間——との出会いから成り立つ。とるに足りないお喋りや、研究会での討論、ゲームごと、（改札係やウェイター、店員等との）型にはまった対面的接触は、いずれも出会いの具体例である。

出会いはつねに「幕あけ」を必要とし、「幕あけ」は儀礼的無関心が不要になったことを示す。見知らぬ人どうしがパーティーで出会ってお喋りをはじめる場合、儀礼的無関心をやめる時機は、つねにリスクをともなう。なぜなら、築かれだしている出会いの性質をめぐって、誤解が生じやすいからである（Goffman 1971）。したがって、アイコンタクトをおこなうことは、最初はおそらく曖昧な、ためらいがちな動作になる。かりにその予備交渉に快く応じてもらえなかった場合には、アイコンタクトを求めた人は、あたかもまったく直接何の働きかけもしなかったかのように振る舞うことができる。焦点の定まった相互行為では、人はそれぞれ、実際に交わされる言葉によるコミュニケーションと同じくらいに、顔の表情や身振りによってもコミュニケーションをしている。ゴッフマンは、人が「意図的に伝える」表現と「意図せずに発する」表現とを区別する。意図的に伝える表現は、人びとが相手に特定の印象を生じさせるために用いる言葉や顔の表情をいう。意図せずに発する表現は、他の人たちが相手の誠実さや正直さを点検する際に見極める手懸かりになる。たとえば、レストランの経営者は、出された料理が大変おいしかったという客が意図的に伝える一言に、愛想よく微笑みながら耳を貸す。しかし、同時に経営者は、客が意図せずに発する信号——たとえば客が食事中どれだけ満足そうな顔をしていたか、食べ残しが多くなかったか、さらに客が満足の意を表した際の口調——にも、注意を向ける。

もちろん、サーヴィス産業のウェイター等の従業者は、客との社会的相互行為において、微笑んで丁寧に接することを教えられている。航空産業の有名な研究で、アーリー・ホックシールドは、このことを「感情労働」と評した。

旅客機の客室乗務員が乗客との相互行為の仕方をどのように訓練されるかについてアーリー・ホックシールドがおこなった説明は、第一章「社会学とは何か？」、三九頁以下で触れている。

印象管理

ゴッフマンたちは、社会的相互行為を分析する際に、しばしば演劇の概念を利用している。たとえば、**社会的役割**という概念は、演劇に由来する。役割は、所与の地位、ないし**社会的位置**にいる人がしたがう、社会的に定義づけられた期待である。したがって、教師になることは、特定の位置を占めることである。だから、教師の役割は、生徒にたいして明示された特定の仕方で振る舞うことから構成されている。ゴッフマンは、社会生活を、あたかも俳優たちが同じ——あるいは数多くの——舞台の上で演じているかのようにとらえる。なぜなら、私たちがいかに振る舞うかは、私たちがその時その時に演じようとする役割に依拠しているからである。人びとは、自分が他の人たちからどのように見られるかを非常に気にしていて、他の人たちが自分の望むかたちで自分に反応してくれることを強いるために、数多くの形態の**印象管理**を用いている。私たちは、この印象管理をときとして計算しておこなう場合もあるが、通常、印象管理は、私たちがことさら意識せずにおこなっている多くのことがらのひとつに過ぎない。フィリップは、仕事上の会合に出席するときは、スーツを着て、ネクタイを絞め、最良の振る舞いをする。しかし、その夜、フットボールの試合を友人と観戦してくつろぐときには、ジーンズとスエットシャツを着て、多くの冗談を口にする。これが印象管理である。

さきに述べたように、私たちが選定する社会的役割は、私たちの社会的地位に深く依拠している。人の社会的地位は、社会的脈絡によって異なる。たとえば、あなたは、教授たちのそばでは、「学生」として一定の地位を占め、特定の仕方で行為することを期待される。また、あなたは「息子あるいは娘」として、学生と異なる地位を占めており、社会は（とくに親は）、あなたにたいして異なる期待をいだく。同じように、あなたは「友人」として、別の社会的まとまりのなかでまったく異なる地位を占めている。このように、あなたが選定する役割は、地位に応じて変化する。明らかに、人は同時に多くの地位をもつ。社会学者は、あなたが占める一連の地位の集合を**地位群**と名づけている。

社会学者はまた、生得的地位と獲得的地位を区別している。**生得的地位**とは、人種や性、年齢といった生物学的要素にもとづいて「割り当てられた」地位である。たとえば、「白人」や「女性」、「ティーンエイジャー」が生得的地位になる。**獲得的地位**は、その人自身の努力によって手に入れた地位である。「大学卒業者」や「運動選手」、「従業員」があなたの獲得的地位になり得る。私たちは獲得的地位が最も重要であると思いやすいが、社会は、そうした考え方を認めていない。どの社会でも、一部の地位は、他のすべての地位に優先し、その人の社会における位置づけ全体を通常規定している。社会学者は、こうした地位を**最優勢の地位**と名づけている（Hughes 1945; Becker 1963）。最も一般的な最優勢の地位は、ジェンダーや人種にもとづく地位である。出会いの際に、人びとが互いに相手に目を留める最初の事項のひとつは、ジェンダーと人種であることを、社会学者たちは明示してきた（Omi & Winant 1994）。後で検討するが、人種とジェンダーは、ともに私たちの社会的相互行為を強力に形づくっている。

表局域と裏局域

ゴッフマンが示唆するように、社会生活のほとんどは、表局域と裏局域に分類できる。**表局域**とは、人びとがフォーマルな役割を演じる社会生活上の機会や出会いである。つまり、「舞台上のパフォーマンス」である。表局域でのパフォーマンスを創りだす際には、連係した行いを必要とする場合が多い。同じ政党のふたりの有力政治家は、たとえ互いに相手を個人的に嫌っていても、おそらくテレビカメラの前ではつとめて仲の良さや友好を装う。妻と夫は、自分たちのけんかを子どもたちに知られないように気をつけ、表面上仲睦まじさを保つが、いったん子どもたちを無事にベッドに押し込んだ後で、激しい争いがはじまることになる。

裏局域は、もっとフォーマルな舞台での相互行為のために、小道具を集め、心の準備をする場所である。裏局域は、劇場の楽屋や、映画撮影でいえばカメラが回っていないときの人びとの行動に似ている。人びとは、舞台裏という安心できる状態で、くつろいだり、表舞台に立った際に抑える感情や態度を露に出すことができる。（一六二頁以下のコラムで、社会学者スペンサー・カヒルが、ゴッフマンのドラマトゥルギー分析を応用し、公用トイレにおける裏局域の社会的相互行為をどのように研究したのか検討した。）裏局域では、「ばちあたりな言動、あからさまなセックスに関する言及、くどい愚痴……垢抜けない服装、『だらしない』立ち居振る舞い、方言や卑俗な言葉の使用、ぼそぼそとした話し方や大声をたてること、冗談半分のけんか腰の態度や『からかい』、あまり重要でないとはいえ象徴的意味を秘めた行為を他人におかまいなくすること、さらには、鼻歌や口笛、くちゃくちゃ音をたてる食べ方、爪かじり、げっぷ、おならといったあまり品のよくない振る舞い」が黙認される（Goffman 1973）。だから、たとえばウェイトレスは、お客に給仕するときは温和で礼儀正しい振る舞いに徹するかもしれないが、いったん厨房のスイングドアの後ろに回れば、おそらく声高で、けんか腰になる。かりに客が厨房で進行していることがらをすべて目にすれば、レストランに続けて食べにいきたいと思う客は、たぶんほとんどいないだろう。

ゴッフマンは、社会的相互行為の研究に重要な寄与を数多くおこなっている。スティグマと損なわれたアイデンティティに関するゴッフマンの論述は、第八章の二九〇頁で言及する。

内診における役割選定

同じように演劇から借用したかたちで印象管理が協働でおこなわれる事例について、多少詳しく見ておきたい。ジェームズ・ヘンズリーとメイ・ブリッグスは、女性が婦人科医の診療を受けるという、特有な、また極めてデリケートな類の出会いを研究している（Henslin & Briggs 1971, 1997）。この研究がおこなわれた当時は、婦人科のほとんどの内診を男性医師がおこなっていた。それゆえ、内診は、患者にとっても医師にとっても多義性と決まりの悪さを潜在的にともなう経験であった（また、今日でも時としてそうである）。欧米では、男性も女性も、性器を身体のなかで最も私的な部分と考えるように社会化されており、したがって他人の性器を見たり、とりわけ触ることは、通常は親密な性的出会いを連想させる。予想される内診を非常に気に病んで、医者に行くべき明らかな理由があると自分でうすうす感じている場合でさえ、受診する医師が男性であれ女性であれ、医者にいくのを嫌がる女性もいる。

ヘンズリーとブリッグスは、ベテランの女性看護師ブリッグスが数多くの婦人科診察から収集したデータを分析した。ふたりは、収集したデータから、内診の過程に類型化できる場面がいくつか見いだせることを解明した。ドラマトゥルギーのメタファーを当てはめて、それぞれの局面を別個の場面とみなすことができ、個個の場面で行為者が演ずる役割はその一齣一齣の出来事が展開するにつれて変化することを、ふたりは指摘している。序幕では、女性は、外部世界でのアイデンティティを一時的に放棄し、患者という役割を身につける心の準備をして待合室に入っていく。診察室に呼び込まれると、その女性は「患者」の役割に身を置き、第一場がはじまる。医師は、事務的な、職務に徹した態度をとるが、患者には、患者がまともな相応の能力をもつ人として応対し、アイコンタクトを保ち、患者の言うことに如才なく耳を傾ける。かりに診察が必要と判断した場合、医師は患者にそう告げて、診察室を出ていく。ここで第一場が終わる。

医師と入れ替わりに、女性看護師が登場する。看護師は、やがてはじまる主要な場面で大切な舞台進行係の役を務める。看護師は――「女性たちが我慢しなければならない事態」について多少知っているため――信頼できる親友の役と同時に、次に生ずることがらでの協力者の役も演じて、患者がおそらくいだく心配を和らげる。看護師は、患者が、一個の人格から、肝心の場面のために「非人格」――完成された人間というよりは、その一部が精査されることになる肉体――に変わるための手助けをする。ヘンズリーとブルックスの研究では、看護師は、患者の脱衣を見守るだけでなく、普段なら人が自分でするようなことも代わっておこなう。だから、看護師は、患者の服を受け取ってたたんだりする。ほとんどの女性は、医師が戻ってきたときに自分の下着が医師の目に入るのを嫌うため、看護師はそうならないように確かめる。看護師は患者を診察台に案内し、医師が診察室に戻ってくる前に患者の身体の大部分をシーツでおおい隠す。

医師とともに看護師も加わって、中心場面がはじまる。看護師の立ち会いは、医師と患者の相互行為が性的な含みをもたないことを保証するのに役立つし、また、医師が職業上の道義にはずれた行為で万一告発された場合に適法な証人にもなる。診察は、あたかも患者には人格がないかのように進められる。患者の身体をおおうシーツは、性器周辺を身体の他の部分から隔離し、また、患者の姿勢は、患者が診察そのものの進行を見ることができないようになっている。医療関連の限定された質問をすること以外、医師は、患者の視線が届かない低い腰掛けに座り、患者の存在を無視する。患者は、自分のほうから話しかけたりせず、身動きも最小限にとどめ、一時的に非人格となることに協力する。

この場面と最後の場面の幕間で、看護師は、再び舞台進行係の役割を演じて、患者がもう一度完全な人格となる手助けをする。医師が部屋を出たあとで、患者と看護師はおそらく再び会話を交わし、患者は診察が終わってほっとした気持ちを述べる。患者は衣服を着て、身じたくを整え、最後の場面に向かう心の準備ができる。医師は再登場する。そして、医師は、診察結果について検討し合う際に、再び患者を、きちんとした責任能力のある人格とみなして応対していく。医師は、如才ない職務に徹した態度を再びとることで、患者にたいする自分の対応が、医師に許されている患者の身体への直接の接触によっても決して変わらないことを、患者にそれとなく示す。エピローグは、患者が診察室を辞し、外部世界での自分のアイデンティティを再び取り戻したときに終わる。このように、患者と医師は、相互行為の管理と、互いに相手にたいしておこなう印象の管理を、このようなかたちで協働して生みだしていた。

個人空間

個人空間の限定には、文化的差異が見られる。欧米の文化では、人びとは、他人との焦点の定まった相互行為をおこなう際に、通常、少なくとも三フィート〔約九〇センチメートル〕の距離を保つ。並んで立つときは、人びとはもっと接近して立つかもしれない。中東では、人びとは、欧米で容認されている以上に互いにもっと近接した立ち方をする場合が多い。中東を訪れる欧米人は、この予想もしなかった身体的接近におそらく当惑する。

非言語コミュニケーションについて幅広い研究をおこなってきたエドワード・T・ホールは、この個人空間を四つの距離幅に区別している。一・五フィートまでの《密接距離》は、極めて数少ない社会的接触のためにとる距離幅である。親子や恋人どうしのように、身体に触れることが平素許される関係の人たちだけが、こうした私的空間の距離幅のなかで行動する。一・五フィートから四フィートまでの《個人距離》は、友人や親しい知人との出会いの際に保つ通常の間隔である。ある程度の親密な接触は許容されるが、その度合は厳しく限定されがちである。四フィートから一二フィートまでの《社会距離》は、インタヴューの際のようにフォーマルな相互行為の場で通常保つ距離幅である。四つ目は、一二フィート以上の《公衆距離》で、見守る観衆にたいして何らかの役柄を演ずる人びとが保つ距離幅である。

日常の相互行為で、最も危険を孕むのは、密接距離と個人距離の距離幅である。かりにこれらの空間を侵略されれば、人びとは、自分の空間を取り戻そうと努める。凝視することでその相手に「あっちに行け!」という気持ちを伝えたり、あるいは侵入者を肘で押しやるかもしれない。人びとは、自分たちが望ましいと考えている以上に近接を強要された場合、何らかのかたちで物理的境界を定める。だから、たとえば満員の図書館では、利用者たちは、机の縁を取り囲むかたちに本を積み上げることで、私的空間の境界を物理的に示そうとするかもしれない(Hall 1969, 1973)。

ここでも、ジェンダーの問題が、他の非言語コミュニケーション形態の場合とほとんど同じように関係している。男性たちは、空間の使用で、必ずしも親密な間柄でなかったり、気心の知れた知り合いでさえない女性たちの個人空間への介入も含め、伝統的に女性たちよりも大きな自由を享受してきた。女性と一緒に歩くときにその女性の腕をとって導く男性や、女性がドアを通り抜ける際にドアを開けながらその女性の腰の上に手を置く男性は、親切心や礼儀正しい仕草として、そうするのかもしれない。とはいえ、逆の現象——男性の個人空間に進入する女性——は、多くの場合、いちゃつきや性的な言い寄りとみなされる。欧米の多くの国で性的嫌がらせに関して示された新たな法律や判断基準は、他人による望まない接触や関与から、人びとの——男女双方の——個人空間を保護しようと努めている。

この章で論じる問題の多くは、私たちの生活する社会が私たちの身体をどのように形成するのかということと関係している。社会学と身体の関係は、第八章「健康、病気、障害」で論じる。

社会学的想像力を働かせる
——公用トイレでの舞台裏的行動

米国の社会学者スペンサー・カヒルは、調査チームを率いて、ショッピングセンターや大学キャンパス、バー、レストランの公用トイレ(ないし「化粧室」)での社会的相互行為について研究している。そこで、この研究で、カヒルが、ゴッフマンのおこなった表局域と裏局域に関する論述をどのように利用しているかを検討したい。ゴッフマン(Goffman 1969)が名づけた「パフォーマンス・チーム」[ある人が期待された行為形態を演ずることに協力する仲間たち]は、集合的パフォーマンスが失敗したときに、自分たちの当惑を隠すために往々に〔舞台裏になる〕公用トイレに逃げ込むことを、カヒルは発見した。

次に示す若い三人の女性が交わした会話は、大学構内の学生センターの化粧室で録音されている。この会話を引き起こした出来事が何であったのかは言及されていないが、この出来事は、結果として身が竦むような当惑を明らかに生じさせた。

A　ほんとうに困った。あんなことが起きるなんて信じられない。〔みんなの笑い声〕
B　彼、私たちを駄目な連中だと思ったに違いないわ。
A　私がみんなに聞こえるような大声で叫んだなんて、信じられないわ。
C　そんなに大きな声じゃなかったわよ。彼は、あなたの声を聞いてないわよ。
B　――私たち、彼がいること、すぐには気づかなかった。だから、私、あなたに知らせようとしたのよ。でも、あなたがお喋りに忙しかったから、私は……
A　あんなことになるなんて、信じられない。私って最低ね。
B　そんなに気にしないほうがいいよ。少なくとも彼はあなたが誰かを知っている。もう大丈夫？
A　どぎまぎしている。彼がまだそこにいたら、どうしよう？
B　いつかは彼に会うことになるわよ。

これらの防御策は、自己抑制力の一時的喪失を押し隠すと同時に、この事例が明示するように、一人ひとりとパフォーマンス・チームに時間稼ぎをさせ、その間に気持ちを落ち着かせ、勇気を奮い起こしてから、もう一度、表舞台のオーディエンスと対面することになる。（略）

ゴッフマン（Goffman 1969）が観察するように、パフォーマンス・チームは、気持ちを落ち着かせ、勇気を奮い起こし、〔そして〕集合的パフォーマンスをおこなう際の問題点……を討議するために、裏局域を日常的に利用している。「この裏局域で、パフォーマンス・チームは、自分たちのパフォーマンスの通し稽古をおこない、公然と侮辱されるようなオーディエンスが誰も出ないように、感情を害す表現をチェックすることができる。この裏局域で、パフォーマンスが下手なメンバーは……訓練を受けたり、あるいはパフォーマンスから除外される」。

たとえば、さきに再現された会話では、BとCは、たんにAの先の行為が言外にもつ信用を失墜させるような意味合いを小さくするだけでなく、Bはまた、集合的パフォーマンスを上演する要領をAに教え込む。Bによれば、Aは、かりにメンバーがAに出した指示的合図にもっと注意を払っていれば、このような困惑する出来事を回避できたかもしれなかったのである。

パフォーマンス・チームは、集合的パフォーマンスに失敗した後で、公用化粧室に逃げ込んだだけでなく、同時にまたこのような出来事を予防するためにも、公用化粧室に引き下がった。この公用化粧室で、チームは、結託して行動する際の合図を取り決めたり、立案したパフォーマンスをリハーサルしたり、戦略的情報を交換することが可能になる。たとえば、バーの化粧室では、パフォーマンス・チームは、メンバーたちが色恋の誘いをかける相手や、自分たちがこれまでに受けた誘い、その相手、それに自分たちがとり得る応答について時々話題にする。もちろん、一人ひとりは、こうした戦略上重要な情報をチームの他のメンバーに提供することで、他のメンバーが自分自身の目論見に干渉することを防止できるし、また、自分自身の目論見を成就する際に、他のメンバーの助力を得ることさえできるかもしれない。

さらに、公用の化粧室で起きる舞台裏の議論は、チームのメンバーの士気やチーム全体の士気に少なくとも幾分かはかかわりをもつ。たとえば、ここで取りあげた三人の若い女性たちの会話で言えば、BとCは、Aの先の行為が言外にもつ信用を失墜させるような意味合いを小さくするだけでなく、同時にまたAに「表舞台に立つよう」に励ますことで、Aの士気を後押ししようとした。

出典：Cahill et al.（1985）

【設　問】

1 ゴッフマンのドラマトゥルギー論は、公用トイレにおける社会的相互行為を分析するのに、なぜ有用なのだろうか。

2 役割選定や儀礼的無関心、個人空間という概念は、バーやレストランの公用トイレでの社会的相互行為を研究する際に有用だろうか。

3 あなたは、どのような舞台裏的領域を恒常的に経験しているだろうか。

時空間における相互行為

活動が、時間と空間のなかにどのように配分されているかの解明は、出会いの分析にとっても、社会生活全般の基本的側面の理解にとっても、根本的に重要である。相互行為はすべて状況づけられている――相互行為は、特定の場所で生じ、一定の時間的持続性を有している。一日を通じての私たちの行為は、空間と同じく、時間の面でも「帯状区分される」傾向がある。したがって、たとえば、ほとんどの人は、その人たちの毎日のある時間帯を――だいたい午前九時から午後五時まで――働いて過ごす。一週間の時間もまた時間帯に分けられており、人びとは、平日に働き、週末は週によって活動形態が変わるものの、家庭で過ごす。私たちは一日の時間帯を次から次へ移動する際に、多くの場合、同じように空間も横断している。仕事にいくために、その都市のある地区から別の地区へバスに乗って出掛けるかもしれないし、また、郊外からその都市に通勤してくるかもしれない。したがって、社会的相互行為の生ずる脈絡を分析する際に、人びとの《時間空間》をまたがる移動状況を調べることが、しばしば有用である。

局域化の概念は、社会生活が時間的、空間的にいかに帯状区分されていくのかを理解する上で有用である。個人の住宅を例に考えてみたい。今日の住宅は、部屋と廊下、それに二階以上があれば各階に局域化されている。住宅のこうした多様な空間は、たんに物理的に隔離された区域だけでなく、時間の面でも帯状区分されている。居間と台所はもっぱら日中に、寝室はもっぱら夜間に使用されている。こうしたさまざまな局域で生ずる相互行為は、空間的区分だけでなく時間的区分によっても制約を受ける。住宅の一部の区域は、他の区域で生ずる「パフォーマンス」のために、裏局域を形成する。ときとして住宅全体が裏局域になる可能性もある。もう一度引用するが、ゴッフマンは、こうした見解を次のように見事にとらえている。

> 日曜の朝、家族員は誰もが、家屋をとり囲む外壁を利用して、だらしない服装で行儀作法にも無頓着にくつろぐ様子を他人の目から隠し、こうした普段は台所や寝室だけに限られる形式ばらない振る舞いがすべての部屋に及んでいる。同じように、米国の中流階級が暮らす近隣地区では、午後になると、母親たちは、子どもたちの遊び場と住居のあいだの道路を舞台裏と定義づけ、ジーパンにつっかけ靴で、化粧も簡単に通り抜ける。……また、もちろん、特定の型通りの行いを規則正しく演ずるために表局域として完全に確立されている局域も、多くの場合、個々のパフォーマンスの前後の裏局域として機能する。なぜなら、個々のパフォーマンスの前後に、常設の装置が修理や修復、配置変えを受けたり、何かの役柄を演ずる人が舞台稽古をおこなうからである。この点を理解するためには、レストランや商店、さらには住居のなかを、これらの施設が私たちに公開される日の二、三分前にちょっと覗くだけで十分であろう。
>
> (Goffman 1973)

時計時間

近現代社会では、私たちの活動の帯状区分は、**時計時間**の影響を強く受けている。時計や、活動の正確な計測、計測による空間をまたがった活動の調整なしには、先進工業社会はおそらく存在できなかった（Mumford 1973）。時計による時間計測は、今日では世界中で標準化されており、私たちの生活がいま依拠する国際間の複雑な輸送システムやコミュニケーションを可能にしている。世界標準時は、一八八四年にワシントンで開催した国際会議で初めて導入された。その結果、地球は、それぞれ一時間のずれがある二四の時間帯に分けられ、そして万国共通の一日の正確な開始が固定された。

一四世紀の修道院は、在院者の活動を一日単位や週単位で正確にスケジュールに組むことを試みた最初の組織である。今日、このようにスケジュールを組まない集団や組織は、ほとんど皆無である――関与する人員や資源の数が多くなればなるほど、スケジュールをますます正確に組む必要性が生ずる。この点を、エヴィエタ・ゼルバヴェルは、現代の大病院の時間的構造に関する研究で例証している（Zerubavel 1979, 1982）。病院は二四時間体制で運営される必要があるため、スタッフと資源の調整は、非常に複雑な問題である。たとえば、看護師は、ある時間帯はA病棟で勤務し、別の時間帯はB病棟で勤務したり、また同時に昼夜交代勤務を順番におこなうように求められるかもしれない。看護師や医師等の病院のスタッフは、その人たちが必要とする資源に加えて、時間面でも空間面でもひとつに統合される必要がある。

社会生活と、時空間の秩序づけ

インターネットは、社会生活の諸形態が私たちのおこなう時空間の管理といかに密接に結びついているかのもう一つの例である。インターネットは、私たちが、一度も会ったことも知り合いになったこともない人たちと、世界のどこにいても相互行為できるようにした。このようなテクノロジーの変化は、空間を「再配置」してきた——私たちは、椅子から離れずに、誰とでも相互行為できるからである。同時にまた、テクノロジーの変化は、電子ハイウェイ上のコミュニケーションがほぼ即座になされるため、私たちの時間経験を変えている。五〇年くらい前まで、空間を横断したコミュニケーションの多くは、時間の継続を必要とした。かりに海外の誰かに手紙を送る場合、手紙が船、列車、トラックあるいは飛行機で名宛人に届くまでに、時間的隔たりがあった。

もちろん、人びとは今日でも手紙を書いているが、即時的コミュニケーションは、私たちの社会的世界のすでに基本になっている。私たちの生活は、即時的コミュニケーションなしにはほとんど想像できないものになっている。私たちは、テレビを点けてニュースを見たり、世界の他の場所にいる友人に電話をしたり電子メールを送ったりできることにあまりにも慣れ過ぎているため、かりにそうでない場合にはどのような生活になるかを想像するのが難しくなっている。

文化的、歴史的視座から見た日常生活

ゴッフマンやガーフィンケル等が分析する社会的相互行為のメカニズムのなかには、普遍的に働いているように思えるものもある。しかし、儀礼的無関心や他の種類の相互行為についてゴッフマンがおこなった論議の多くは、見知らぬ他人との接触がごく普通に見られる社会を主として問題にしていた。見知らぬ人が誰もいなく、また一〇〇人以上が一度に集まる場がほとんどない、非常に小規模の伝統的社会ではどうだろうか。

近現代社会と伝統社会の社会的相互行為に見いだす差異を理解するために、世界に現存するテクノロジー面で最も未発達な文化のひとつを例に取り上げたい。アフリカ南部のボツワナとナミビアのカラハリ砂漠で暮らすクン族(時としてブッシュマンという名称でも知られる)の社会である(Lee 1968, 1969)。クン族の生活様式は、外部からの影響を受けて変化しだしているが、クン族の伝統的生活様式は、引きつづき明白に見られる。

クン族は、約三、四〇人で集団を形成し、水飲み場近くの一時的居留地で生活している。居留地の周辺では食べ物が乏しいため、あちこち遠くまで歩いて食べ物を探しにいかなければならない。普段の一日の大半を、こうした歩き回りで費やしていく。女性と子どもたちは野営地に残る場合が多いが、集団全員が一日中歩いて過ごすことも同じようによくある。コミュニティの成員は、ときには一日のあいだに一〇〇マイル平方以上に及ぶ地域にまで行動を広げるが、夜は野営地に戻って食事と睡眠をとる。男性たち

は、一日の大半をひとりか、二、三人のグループで過ごす。とはいえ、毎日の型にはまった行いが変わる時期が一年に一回ある。それは、冬季の降雨期で、水が豊富になり、食べ物の入手がずっと容易になる。この時期のクン族の日常生活は、宗教儀礼や社会儀式を軸に展開し、その準備と遂行に非常に多くの時間を費やしていく。

クン族のほとんどの集団成員は、あまりよく知らない人と出会うことが決してない。外部との接触が近年になってもっとありふれた出来事になるまで、クン族には「よそ者」を言い表す言葉がなかった。クン族は、とりわけ男性たちは、日中ずっと他の人たちと接触せずに過ごすとはいえ、コミュニティ自体のなかにプライヴァシーはほとんどない。家族は薄っぺらな、囲いもない住居のなかで寝起きし、そのため事実上あらゆる活動が人目にさらされている。日常生活に関するゴッフマンの所見を念頭に置いて誰かがクン族を研究しているわけではないが、ゴッフマンの研究の示した見解のいくつかがクン族の社会生活にあまり当てはまらないことは、容易に理解できる。たとえば、表局域と裏局域を生み出す機会はほとんど存在しない。現代の社会で普通に見られるように、さまざまな集まりや出会いを、部屋の壁や、さまざまな種類の独立した建物、都市の種々の近隣地区によって遮断することは、クン族の活動とは懸け離れた事象である。

クン族の社会的相互行為の形態は、現代都市でおこなわれる相互行為の形態と非常に異なる。都市生活は、ほとんど絶えず見知らぬ人と相互行為することを私たちに強いている。

都市での社会的相互行為について、社会学の創始者のひとり、ゲオルグ・ジンメルが有名な説明をおこなっている。第二一章「都市と都市的空間」、八七九頁で触れている。

グローバル化と日常生活——国際観光

あなたは、いままでに外国出身の誰かと面と向かって会話をしたことがありますか。海外のウェブサイトにアクセスしたことがありますか。あるいは、世界のどこかに旅行したことがありますか。かりにあなたがこれらの質問のどれかに「はい」と答えたとすれば、あなたは、グローバル化が社会的相互行為に及ぼす影響に居合わせていたのです。グローバル化——比較的新しい現象——は、さまざまな国の人びととの相互行為の接触の頻度だけでなく、その性質も変えてきた。実際に、歴史社会学者のチャールズ・ティリーは、グローバル化をこれらの変化によって定義づけている。ティリーによれば、「グローバル化とは、結果としてローカルな範囲に生ずる社会的相互行為の地理的範域の拡大を意味する」(Tilly 1995)。つまり、グローバル化によって、私たちの相互行為は、より多くの割合で、他の国の出身者と直接間接にかかわるようになってきている。

国を異にする人たちのあいだで生ずる社会的相互行為は、どのような特徴を示すのだろうか。観光旅行の社会学という分野の研究者たちが、この問題の究明に重要な寄与をしてきた。グローバル化は、他の国への関心を奨励するだけでなく、国境を越えた旅行者の移動を促進させることによって、国際観光旅行の可能性を著しく拡大してきた、と観光旅行の社会学者は指摘する。一九八二年から二〇〇二年に、海外居住者による英国訪問の数は倍増し、これらの訪問による消費支出は三倍以上に増えた。これらの訪問者は、現在一年に約一二〇億ポンドを英国経済にもたらしている。英国人はまた、記録的な数で世界を旅行している（Office of National Statistics 2004b）。

もちろん、国際観光の高まりは、結果として異なる国の出身者どうしの対面的相互行為の数を増加させている。「旅行者の眼差し」——海外旅行中にエキゾチックな体験をするだろうという旅行者側の期待——が、こうした相互行為の多くを形づくっている、と社会学者のジョン・ウリーは論じた（Urry 1990, 2001）。ウリーは、旅行者の眼差しを、フーコーの概念である医療的注視（第八章、二八二頁で論じた）と対比している。旅行者の眼差しは、医療的注視と同じく、職業的専門家によって社会的に構成され、適用能力が体系的であり、また第三者的眼差しである。しかし、旅行者の眼差しは、「エキゾチックな」体験を求めて構成されている。「エキゾチックな」体験とは、社会的相互行為や物理的環境との相互作用が一般にどのように進行するのかについて、私たちが日常いだいてきた期待を打ち壊す体験である。

たとえば、米国を旅行する英国人は、アメリカ人が右側通行で運転する事実を面白がるかもしれない。同時に、右側通行は、英国からきた運転者をどぎまぎさせる。英国人は、英国の道路通行規則が深く染みこんでいるため、この通行規則の意図的侵犯を、奇妙で、気味悪く、エキゾチックなものとして体験する。しかしながら、私たちはまた、旅行者として、こうした勝手が違う状態に楽しみを見いだす。これは、ある意味で——エンパイア・ステート・ビルやエッフェル塔などとともに——私たちがお金を払って体験することがらである。かりにあなたが外国を旅行しても、そこが自分の生まれ育った都市や町とほとんど同じであることに気づくだけであれば、失望するはずだ。

しかしながら、ほとんどの旅行者は、自分の体験が《あまりにも》エキゾチックになることを求めない。たとえば、パリを訪れる若者旅行客にとって、とくに米国からの若者旅行客にとって人気がある行き先は、マクドナルドのファーストフード店である。フランス人はメートル法を用いるため、マクドナルドの「四分の一ポンドのチーズ」ハンバーガーが「チーズ・ロワイヤル」と呼ばれるというクエンティン・タランティーノ監督作品の映画『パルフ・フィクション』の台詞が本当かどうかを（本当であるが）、確かめに訪れる旅行客もいる。外国旅行する英国人は、英国スタイルやアイリッシュ・スタイルのパブで飲み食いせずにいられなくなる場合が多い。時として、このような気晴らしは好奇心の結果であるが、人びとは、多くの場合、こうした打ち解けた場所で、馴染みの食べ物を口にする気楽さを享受する。エキゾチックなものを欲すると同時に馴染みのものを欲するという矛盾した要求が、旅行者の眼差しの核心にある。

旅行者の眼差しは、旅行者と地元の人たちとの対面的相互行為に緊張を加える可能性がある。観光産業の一端を形づくる地元の人たちは、海外からの旅行客が訪問先に経済的利益をもたらすため、旅行客におそらく感謝する。そうでない地元の人たちは、旅行客の自分勝手な態度や、旅行客に人気がある行き先でしばしば生ずる過剰な開発のために、旅行客に憤慨するかもしれない。旅行客が、地元の人たちに、食べ物や仕事、娯楽といった日常生活のいろいろな側面について問いかける可能性もある。旅行客は、こうした質問を、異文化理解を深めるためにするかもしれないし、自分たちと違う人びとを否定的に評価するためにするかもしれない。

グローバル化の進展で観光旅行が増加するのであれば、社会学者は、旅行者と地元の人たちのあいだでどのような相互行為様式が優勢になり、また、とりわけこれらの相互行為が友好的になりやすかったり敵対的になりやすいかを知るために、注意深く観察しなければならない。

現実の社会的構築――社会学の論争

社会学では、社会的現実を説明するために、異なる理論的枠組みを数多く用いている。これらの理論は、社会現象の解釈の仕方が異なるとはいえ、同じ想定を、つまり、社会的現実について人びとがおこなう論及や社会的現実のなかで人びとが営む生活とは無関係に、社会的現実が存在するという想定を、共有している。この想定にたいして、**社会構築主義**として知られる一連の社会学思想が異議を唱えてきた。

人びとや社会が現実として知覚し、理解することがらは、それ自体が《ひとつの構築》である、つまり、人びとや集団の社会的相互行為の創造物である、と社会構築主義の論者は確信している。社会的現実を「説明する」試みは、このような現実が構築される過程を見落として、現実が構築される過程を物象化する（所与の真実とみなす）ことになる。それゆえ、社会学者は、こうした現実が構築される過程を裏づけ、分析する必要があり、たんにこれらの過程によって生まれる社会的現実という概念を裏づけたり分析するだけでは不十分である、と社会構築主義の論者は主張する。社会構築主義は、社会学におけるポストモダン学派の思想に重要な影響を及ぼしたとみなされている。

ポストモダニズムについては、第四章「社会学における理論的思考」、一三〇頁～一三三頁を参照。

社会学者ピーター・バーガーとトーマス・ルックマンは、一九六六年に刊行され、いまや古典となった『現実の社会的構成』で、常識的知識――人びとが現実として当然視することがら――を詳細に検討している（Berger & Luckman 1966）。社会的現実というこうした「明白な」事実は、文化的生い立ちを異にする人びとのあいだでおそらく違うし、同じ文化のなかでもさまざまな人びとのあいだで違うかもしれない、とバーガーとルックマンは強調する。課せられた任務は、一人ひとりが「現実」のことがらを自分たちにとって現実として知覚するに至る《過程》の分析である。

社会構築主義者たちは、社会成員が現実であることがらを認識するに至り、同時にまた現実であることがらを創りだす様式を解明するために、バーガーとルックマンの考えを社会現象の探究に当てはめようとした。社会構築主義者たちは、医療や治療、ジェンダー関係、感情といった多様な問題に検討を加えたが、社会構築主義の研究のほとんどは、社会問題、とくに犯罪「問題」を重点的に取りあげてきた。

アーロン・シクレルの研究は、社会構築主義者が青年犯罪の分野でおこなった調査研究の一例となっている（Cicourel 1968）。ほとんどの社会学で、青少年犯罪の発生率や事例は所与のことがら（つまり、現実）とみなされ、これらのデータのなかに観察できる様式を説明するために、理論が創出されてきた。たとえば、逮捕と出廷に関するデータは、ひとり親家庭出身の若者が、両親のいる家庭出身の若者よりも非行行為をおこしやすいことを示している。だから、一部の社会学者は、読み取れる相関関係を説明するための――ひとり親家庭出身の子どもたちはおそらく十分な監督を受けてこない、ひとり親家庭出身の子どもたちはおそらく適切な役割モデルを欠いている、といった――説明を展開してきた。

対照的に、シクレルは、罪を犯したと疑われた若者の逮捕と区分けにかかわる《過程》を観察した。つまり、シクレルは、「官憲による」犯罪データの創出過程を観察していった。若い犯罪者を取り扱う警察側の手続きが、若い犯罪者とは「現実にどのようなものか」という常識的理解に依拠していることを、シクレルは発見した。

たとえば、下層階級家庭出身の若者が逮捕された場合、警察は、その若者の違反行為を、親の監督不足の結果なり適当な役割モデルの欠如の結果とみなしがちで、その未成年者をおそらく拘留するであろう。しかし、上流階級家庭出身の違反行為者は、むしろ親の管理下に置くために釈放される傾向が強かった。なぜなら、警察も親も、親の監督下でその若者が適切な統制や修練を受けることができると信じていたからである。したがって、警察の普段おこなっていることは――若者たちが同じ違反行為をおこなった場合でさえ――上流階級家庭出身の若者よりも、下層階級家庭出身の若者のほうに、公に「青少年犯罪者」のレッテルをより多く割り当てる働きをする。このレッテルの割り当ては、たとえば貧しい家庭出身の若者が罪を犯しがちだといった、常識的見方が支持する相関関係を逆に確証するようなデータそのものを生みだすことになる。社会の他の人びとと相互行為することをとおして、私たちは現実にたいする常識的な観念を、独立した、それ自体が妥当性をもつ「客観的な」証拠に変えてしまうことを、シクレルの研究は証明している。

犯罪「問題」の構築については、さらに第一九章「犯罪と逸脱」を参照。

社会構築主義にも、批判する人たちがいないわけではない。社会構築主義者は、社会的現実が主観的創造物であることを示そうとするが、その過程で、一部の特徴を客観的な特徴とみなし、他の特徴を構築された特徴とみなすという選択的な見方をしている、と社会学者のスティーヴ・ウールガーとドロシー・ポーラッチは主張する。たとえば、若者が非行少年や非行少女のレッテルを貼られるに至る過程を分析する際に、若者にとって最初に通報された行動がまったく同一であるのに、非行少年や非行少女のレッテルを貼られた若者たちとそうしたレッテルを回避できた若者たちのあいだに見いだされる差異はいずれも、この「非行少年」「非行少女」というレッテルの組み立てられ方に起因するに違いない、と社会構築主義者はおおむね主張する。それにたいして、批判する人たちは、一方でレッテル貼りの過程は主観的であると社会構築主義は論じているのに、最初の行動を客観的なものとして呈示するという矛盾を犯している、と反論する（Woolgar & Pawluch 1985）。

他の社会学者たちは、社会構築主義が、観察可能な社会的結果に強い影響を及ぼす存在として、もっと幅広い社会的力が介在することを認めたがらない、と社会構築主義を批判してきた。たとえば、現実が絶え間なく構築された常識的確信であるとしても、こうした常識的確信自体も、資本主義なり家父長制といった現在ある社会的要因によっておそらく引き起こされている、と一部の批判者たちは主張する。

結局のところ、社会構築主義は、社会的現実を理解するために、社会学の他のほとんどの立場と根本的に異なる理論的アプローチを提示している。社会構築主義者は、社会的現実が客観的に存在していると想定するよりも、むしろ社会的現実が構築され、さらに逆にこのような構築物が社会的現実としてそれ自体の置かれた状況をより一層強固にする働きをする過程を、具体的に立証し、分析しようと努める。

サイバースペースにおける社会的相互行為

現代の社会では、一六七頁以下で触れたクン族とまったく対照的に、私たちは——以下の各章で探究するように——まだ一度も会ったことのない他者と、絶えず相互行為している。たとえば、食料品を買ったり、銀行で預金をするといった私たちが毎日おこなうほとんどすべてのやりとりは、私たちを、数千マイルも離れたところに住むかもしれない人たちと接触——しかし《間接的》に接触——させている。

いまや電子メールやインスタント・メッセージ、ネット上での討論グループ、チャット・ルームが、先進工業国の多くの人びとにとってすでに生活実態になっている。こうした相互行為の特質とは何か、またこうした相互行為から新たにどのような複雑な事態が出現しだしたのだろうか。懐疑論者は、電子メールやインターネットによる間接的コミュニケーションが、じかに顔を合わせた社会的相互行為には見いだせない多くの問題を内包している、と主張する。カッツたちが述べているように、「タイプを打つのは人間的なことがらではないし、サイバースペースにいるのは現実のことがらではない。すべては、見せかけであり、疎外である。実在する事物のお粗末な代替物である」（Katz et al. 2001）。とりわけ、こうした見解を支持する人たちは、コンピュータに媒介されたコミュニケーション技術には制約があまりにも多いため、ユーザーが身元を偽ることを阻止できない、と主張する（一七四頁

〜一七五頁のコラムを参照)。このことは同時にまた、詐欺的行為、好色な振る舞い、不正操作、感情偽装等を可能にする。

問題は、人間のコミュニケーションの性質のなかに見いだされる。私たちはコミュニケーションを精神の産物と考えるが、コミュニケーションは、身体によって、つまり、顔の動きや声の抑揚、身体の構えや動き、手ぶり等によっておこなわれている。……インターネット上では、精神はその場に居合わせるが、身体は消えている。情報を受ける側は、メッセージを出した人のパーソナリティや気持ちについて知る手懸かりをほとんど得ていない。受ける側は、そのメッセージがなぜ送られてきたのか、そのメッセージが何を意味するのか、どのような応答をすべきかについて、ただ推測することしかできない。信頼性は、もはやほとんど考慮されない。オンライン・コミュニケーションは、リスクに満ちている。

(Locke 2000)

しかしながら、新たなテクノロジーには、良い評判や悪い評判を立てる方法がいくらでもあるように、信頼性を確立し、オンライン・コミュニケーションのリスクを減らす方法もいろいろ存在する、と擁護する人たちは主張する。オンライン・コミュニティで最も有名な、また大いに議論の的となった信用システムのひとつを、オークション・サイトのeBayが用いている(一七五頁〜一七六頁のコラムを参照)。

さらに、インターネットの熱心な支持者は、オンライン・コミュニケーションが、非人格的であるどころか、電話やじかに顔を合わせる会合のような伝統的な相互行為形態では得られない固有な利点を数多く備えている、と主張する。たとえば、人間の声は、感情や意味の微妙な細部を表現できるという点ではるかに優れているかもしれない。しかし、人間の声はまた、話し手の年齢やジェンダー、エスニシティ、社会的位置づけに関する情報——話し手の不利益になるかたちで利用される恐れがある情報——を伝える可能性がある。電子コミュニケーションは、こうした話し手を特定する標識すべてを覆い隠し、注意がメッセージの内容に正確に集中することを保証する、と指摘されている。このことは、女性たちをはじめ、その人たちの意見が電子コミュニケーション以外の場では時として軽んじられる、そうした伝統的に不利益を被ってきた集団にとって、大きな利益になる可能性がある(Pascoe 2000)。ネット上の相互行為は、多くの場合、解放とエンパワーメントの手段として登場している。なぜなら、人びとは、自分自身のネット上のアイデンティティを創出して、他の場所でおこなうよりも、もっと自由に発言できるからである。

インターネット懐疑論者はまた、間接的な、オンライン・コミュニケーションが孤立を奨励し、真の友人関係の形成を妨げている、と主張する。しかし、この主張は、現実を反映しているようには思えない。一九九五年から二〇〇〇年におこなわれたインターネット利用者調査は、インターネット利用が、社会的孤立を増加させるどころか、オンラインとオフラインの社会的相互行為の増加と相当程度結びついていることを明示した。この調査はまた、インターネット利用者が、他のメディア——とくに電話——で他の人と連絡をとったり、友人とじかに面と向かって会う傾向が非利用者以上に強く、総じて他者とより多く相互行為していることを明らかにした（Katz et al. 2001)。

社会学的想像力を働かせる
――サイバースペースにおける社会的相互行為の問題

以下の文章は、インターネットの初期に書かれた論文からの引用であるが、今日でも引きつづき有意関連する課題を示すとともに、問題提起している。

私は、一九八三年晩春にジョアンと「会った」。それは、私が自分のパソコンを初めてモデムに接続して、オンライン・コミュニケーションという見知らぬ新たな世界に参入して間もない頃である……ジョアンの「ハンドルネーム」は、「お喋りなレディ」だった。人びとは、このメディアの慣習にしたがって、多くのユーザーとつながった「オープン」チャンネルにいるときに、（通例、軽いノリの）ハンドルネームを用いる。しかし、ふたりがプライヴェートな会話モードに入ることを選択すると、多くの場合、自分自身について本当の情報を交換するようになる。ほどなくして私は、ジョアンの本当の名前がジョアン・スー・グリーンであり、ニューヨーク在住の二〇代後半の神経心理学者で、飲酒運転した相手側の過失で美観を著しく損なう自動車事故に遭ったことを知った。この事故で、ジョアンのボーイフレンドは死亡していた。ジョアン自身は、言語能力と歩行能力に悪影響を及ぼした脳の損傷を治療するために、一年間入院した。ジョアンは、ものが言えず、車椅子に閉じ込められ、頻繁に襲う背中と足の激しい痛みに苦しみ、当初は被った障害にひどく失望して、心底生きていたくないと思った。

そこで、ジョアンの相談相手だったジョン・ホプキンス［大学］の元教授は、ジョアンがおこなおうとしていたこと――ネットで友だちをつくること――にとくに使用できるように、パソコンとモデム、それに［リアルタイムでチャットができるサーヴィスを最初に提供した］コンピュサーヴ社の年会費を、ジョアンにプレゼントした。最初、ジョアンのハンドルネームは、ジョアンがものが言えないこととの関連で、「寡黙なレディ」だった。しかし、ジョアンは、タイプを打つ――要するに、コンピュータ上で「話す」ための方法――ことができたため、威勢が良く寛大で明るいパーソナリティになっていった。ジョアンはおおいに有名になった。新しく付けられたハンドルネーム「お喋りなレディ」は、ジョアンの新しい自己意識を反映していた。その後の二年間に、ジョアンは、障害をもつ女性たちの支援者としてだけでなく、健常者にとって果敢なステレオタイプの破壊者としても活躍し、ネット上で比類のない存在になった。ジョアンは、多くの真剣な交友関係や（時として）ネット上のロマンスを通して、数十人の女性の人生を変えていった。

したがって、今年初め、込み入った一連の出来事によって、ジョアンが何の障害も負っていないことが暴露されたときは、大変なショックだった。さらにもっと驚くことに、ジョアンは、本当は女性でなく、ここではアレックスと呼ぶが、男性だった――アレックスは、五〇代前半のニューヨーク在住の著名な精神科医で、女性だとどのような感じ方をするのかを明らかにし、また女性どうしの親密な交友関係を体験したいと、途方もない実験に従事していた。

ジョアンをほとんど知らない人たちでさえ、アレックスの欺瞞に加担した気がした――またアレックスの欺瞞によって何らかのかたちで裏切られた気分になった。ネット上で、私たちの多くは、自分たちが未来のユートピア的共同体にいるような考えに陥りやすい。しかし、アレックスの実験は、テクノロジーが欺瞞を防ぐ盾にまったくならないことを、私たちすべてに証明した。私たちは、信念ではないにしても、無邪気な確信を失った。

アレックスの犠牲になった人たちの多くにとって――ジョアンがアレックスを紹介した後に、実在のアレックスと関係をもつに至った一女性を含め――この実験は、紛れもなく「心のレイプ」だった。(実際に、何人かは、前例のない訴訟事件であるとはいえ、精神科医としてのアレックスを告発する可能性をためらいがちに探ろうとしている。) 他の犠牲者にとって、アレックスは、詐欺師というよりも、探究心が制御不能になった探究者であった。(この人たちのうち数人は、アレックスとの交友関係を続けようと努めている――ある女性は、「結びつこうとしているのは、その人の性ではなく、心です。心は以前と同じです」と述べている。) いずれにしても、このことは、ジェンダー役割に関する私たちの最も古い想定のいくつかを実生活で行動に表すために、私たちの最新テクノロジーのいくつかを利用した男の、極めて今日的な物語である。

出典：Gelder (1996)

【設　問】

1　面と向かって会うのと、サイバースペースのなかでの社会的相互行為を比較した場合、どのような重要な違いがあるのだろうか。

2　人びとが面と向かって会う場合と比較して、オンラインの相互行為には、どのような利点と欠点があるのだろうか。

サイバースペースにおける信用の確立
――eBay のフィードバック・システム

今日、個人対個人のオークション・ハウスで、最も規模が大きく、また最も歴史が古いのは eBay である (立ち上げられたのは一九九五年九月)。二〇〇五年現在、eBay は、eBay のウェブサイトでものを売買する世界中で一億以上に及ぶ人たちによって構成されている。驚くことに、eBay は、競り売りされるどの商品にも品質証明や保証書を出していない――eBay はリストを掲示する機関として働くだけで、売り手と買い手が取り引き上のすべてのリスクを負っている。eBayは、不正行為や詐欺の可能性に満ちた市場のように思われるが、eBayを介した取り引きでの債務不履行率は、驚くほど小さい。eBayとeBayマーケットへの参加者はともに、取り引きの非常に高い成功率を得るためにサイト内に制度化された——フィードバック・フォーラムとして知られる——評価システムを信頼している。

すべての売り手と買い手の名前の後ろに、括弧つきの数字が書かれている。売り手の場合でいえば、情報は次のように表示される。

売り手の名前（265☆）

この数字は、eBayマーケットにおいてこの売り手に下された評価の一覧である。登録した利用者は、自分が取り引きした相手について、肯定的コメントと否定的コメント、中間的コメントを記入することが許されている。肯定的コメントにプラス一点が、否定的コメントにマイナス一点がそれぞれ与えられるが、中間的コメントはその人の得点に何の影響も及ぼさない。マーケットの参加者はまた、一定の水準に達すると、その人が得た正味の肯定的コメントの数を表す色つきの星印を授与される。（略）

ある名前をクリックすることで、その人に電子メールで連絡をとることができる。その人の名前の後ろの数字をクリックすると、その人に関するフィードバック・プロファイルに案内される。このフィードバック・プロファイルで、寄せられたコメントの全リストと同時に、すべての評価者の電子メールリンクと、その評価者が下した評価の数字を見ることができる（したがって、評価された人だけでなく、評価を下した人の評判も調べることができる）。典型的な肯定的コメントは、「丁寧に梱包されていて、迅速な受け渡し。とてもお薦め。Aプラス……」といったものになる。

高いフィードバック評価の格付けが高いことは、極めて貴重な資産である。多くの参加者は、評価が高い人とむしろ取り引きしたい、あるいは高い評価の人とだけ取り引きしたい、と報告している。その意味で、一部の取り引き関係者は、自分の販売総量を増やしたり、さらに販売する商品の値段を上げるために、ブランド・アイデンティティを創りだすことが可能である。……僅かな否定的評価でさえも、評判を著しく損ねる恐れがある。したがって、頻繁に取り引きをする人は、公正な取り引きを迅速におこなうことで、自分の信用度合を用心深く育んでいく。否定的コメントがもたらす潜在的損失は、頻繁に参加する人たちのあいだで重大な関心事となっている。……人は、その人にたいするフィードバック・プロファイルをすべて非公開にすることも選択できる。しかし、非公開にすると、その人は、評価システムに依拠するマーケット市場で極めて不利な立場に身を置くことになる。

出典：Kollok（1999）

結び――接近強迫観念?

間接的コミュニケーションの興隆にもかかわらず、人間は、依然としてじかに接することを尊重している。たとえば、ビジネスに従事する人たちは、電話やテレビ電話によって商談をおこなうほうが、はるかに簡単で、効率的に思える場合でも、ときには飛行機で地球を半周してでも、引きつづき落ち合って商談をおこなっている。家族員たちは、ネット上のリアルタイムのコミュニケーション手段を用いて、「ヴァーチャルな」再会や休日の集まりを取り決めることが可能かもしれない。しかし、私たちは誰もが、こうした集まりが差し向かいでおこなう祝い事のもつ温かな雰囲気や親密さを欠くことを認識している。

このような現象にたいする説明のひとつを、デドレー・ボーデンとハーヴェイ・モロッチの研究に見いだすことができる。ボーデンとモロッチは、ふたりが**接近強迫観念**と名づける感情について研究してきた。接近強迫観念とは、《ともにそこに居合わす》状況で、つまり、対面的相互行為で互いに会いたいという、人びとのいだく欲求である。人びとがわざわざ会合に出席するのは、ゴッフマンが相互行為の研究で論証した理由にあるように、ともにそこに居合わす状況が、いかなる種類の電子コミュニケーション手段と比べても、相手が何を考え、どのように感じているのかについて、また相手の誠実さについて、もっと豊かな情報を供給するからにほかならない、とボーデンとモロッチは指摘する。私たちは、私たちに重大な影響を及ぼす意思決定を下す人たちの面前に実際にいることではじめて、現に何が生じているかを学ぶことができるし、また、私たち自身の見解や誠実さを相手に印象づけられると確信することが可能になる。「ともにそこに居合わすことは、眼という『決して嘘をつかない』器官に――つまり、『心の窓』に――接近して影響を及ぼす。アイコンタクトは、それ自体が親密さや信頼の度合を伝える。ともに居合わして相互行為する人びとは、この眼という最も鋭敏な器官の微かな動きを常にモニターする」と、ボーデンとモロッチは述べている（Boden & Molotch 1994）。

まとめ

1　私たちの日々の行動の一見とるに足りないように思える多くの側面が、細かく調べれば、《社会的相互行為》のもつ複雑かつ重要な側面であることがわかる。一例が、眼差し――他の人を見つめること――である。ほとんどの相互行為で、アイコンタクトは、ほんの束の間である。相手を凝視することは、敵意の――あるいは、場合によれば愛情の――表れとみなされる。社会的相互行為の研究は、社会生活の多くの側面を解明し、社会学の基礎となる研究領域である。

2　人間の顔は、多様な表情を伝える。感情の顔面表出の基本的側面は生得的なものであると広く考えられている。比較文化研究では、人間の顔の表情にも顔に浮かんだ表情の解釈にも、文化を異にする人たちのあいだに著しい類似性があることを証明している。

3 日常のお喋りや会話の研究は、ハロルド・ガーフィンケルが最初に用いた言葉であるが、《エスノメソドロジー》と称されている。エスノメソドロジーは、他者がその発言や行いによって意味することがらを——通常、当然視されたかたちであるとはいえ——私たちが能動的に理解していく際の態様を分析する。

4 《反応の叫び》(絶叫)の研究から、お喋りの本質について非常に多くのことがらを学ぶことができる。

5 《焦点の定まらない相互行為》は、規模の大きな集まりで人びとが互いに直接会話を交わさないときに、相手にたいして示す相互認知である。《焦点の定まった相互行為》は、個別の出会いなり一齣一齣の相互行為に分けられるが、二人ないしそれ以上の人が互いに相手の述べたりおこなうことがらに、直接注意を向けている場合に生ずる。

6 多くの場合、社会的相互行為は、ドラマトゥルギー・モデル——社会的相互行為を、あたかも当事者が大道具と小道具を揃えた舞台の上で演技する俳優であるかのように研究すること——を用いて、啓発的なかたちで考察されている。演劇の場合と同じく、社会生活のさまざまな脈絡においても、《表局域》(舞台そのもの)と《裏局域》の明確な区別が生ずる傾向がある。裏局域とは、行為者がパフォーマンスのために心の準備をしたり、パフォーマンスの後でくつろぐ場所である。

7 社会的相互行為はすべて、時間と空間のなかに状況づけられている。活動がいかに限定された持続性のなかで生じ、また同時に空間移動をともなうのかを考察することで、私たちは、自分の毎日の生活が、時空間のなかでいかに「帯状区分」されているかを分析できる。

8 社会的相互行為のメカニズムには、普遍的なものもあるが、多くはそうではない。たとえば、アフリカ南部のクン族は、小規模な移動集団を形成して生活している。プライヴァシーがほとんど存在しない。したがって、表局域や裏局域を作る機会もほとんどない。

9 現代社会は、ともにそこに居合わすことがない、間接的な人と人のやりとりによって、著しく特徴づけられている。このことは、結果として《接近強迫観念》と称されるものをもたらす。接近強迫観念とは、可能なときには必ず本人と落ち合うことを望む性向である。それは、おそらく、相手が何を考え、どのように感じているかに関する情報の収集や、《印象管理》の遂行が容易になるからである。

考察を深めるための問い

1 社会生活は、社会の成員のあいだで共有する背後的前提を欠いても、成立するのだろうか。

2 旅行者は、あなたと違って、あなたの地元の町や都市をどのように見るのだろうか。

3 教室では、どのくらい容易に「相互行為の破壊」をおこなうことができるのだろうか。

4　あなたは、どうすれば「自信に満ちているように相手に見せつける」ことができるだろうか。

5　女性たちは、バーやカフェで一人にして置いてもらいたいことを示すために、どのような戦略を利用するだろうか。

6　電子的コミュニケーションは、対面的相互行為にとって代わることができるだろうか。

読書案内

Peter Berger & Thomas Luckmann: *The Social Construction of Reality: A Treatise in the Sociology of Knowledge* (Doubleday, 1966)〔山口節郎訳『現実の社会的構成』、新曜社、二〇〇三年〕

Stanley Cohen & Laurie Taylor: *Escape Attempts: The Theory and Practice of Resistance to Everyday Life* (2nd edn, Routledge, 1995)〔旧版の翻訳であるが、石黒毅訳『離脱の試み』(法政大学出版局、一九八四年）がある〕

Erving Goffman: *Behaviour in Public Places* (Free Press, 1963)〔丸木恵祐・本名信行訳『集まりの構造』誠信書房、一九八〇年〕

Erving Goffman: *The Presentation of the Self in Everyday Life* (Penguin, 1969)〔石黒毅訳『行為と演技』誠信書房、一九七四年〕

Phil Manning: *Erving Goffman and Modern Sociology* (Polity, 1992)

インターネット・リンク

Nonverbal Communication Page
http://www.natcom.org/ctronline/nonverb.htm

Introduction to symbolic interactionism
http://web.grinnell.edu/courses/soc/s00/soc111-01/IntroTheories/Symbolic.html

Ethno/CA News (online resource for ethnomethodology and conversation analysis)
http://www2.fmg.uva.nl/emca/

Erving Goffman Website
http://people.brandeis.edu/~teuber/goffmanbio.html

6

社会化、ライフコース、加齢

J・K・ローリングによる「ハリー・ポッターの冒険」の第一巻『ハリー・ポッターと賢者の石』の冒頭部分で、賢明な魔法使いアルバス・ダンブルドアは、両親を失ったばかりの幼児のハリーを、魔法使いではない（つまり、「非魔法族《マグル》」である）伯父と伯母の家の戸口に置き去りにする。ハリーにはすでに類いまれな能力が備わっていた。しかし、ダンブルドアは、ハリーが、このまま魔法使いの世界にいたのでは、健全な発育を遂げないだろうと心配した。「〔自分に計り知れない能力が備わっていることを知れば〕そうなればどんな少年でも舞い上がってしまうじゃろう」と、ダンブルドアは言う。「歩いたりしゃべったりする前から有名だなんて！　自分がおぼえてもいないことのために有名だなんて！　あの子に受け入れる準備ができるまで、そうしたことから一切離れて育つ方がずっといいということがわからんかね？」(Rawling 1998)

ハリー・ポッター物語は、各巻でハリーの学年ごとの成長を追うが、子どもの成長以上の冒険など存在しないという信念にもとづいている。ハリーはホグワーツ魔法魔術学校に通学しているが、ホグワーツ魔法魔術学校は、あくまでも学校である。なぜなら、誰もが、計り知れない能力を備えた幼い魔法使いでさえも、一連の価値観を育むのに助けを必要としているからである。私たちは誰もが、人生の重要な発達段階を経験していく。子ども時代から青年時代へ、さらには大人時代への移行である。だから、たとえば、ハリー・ポッター物語では、物語の進展にともなって、ハリーは、性衝動の徴候を感じ、性衝動にたいして誰もと同じく不器用に反応する。スポーツは、多くの子どもたちにとって友情や功名心を学ぶ大切な場であるため、ハリーも魔法使いのスポーツであるクィディッチをして遊ぶ。作者ローリングは、日常生活の基本原理の裏側に働く、人びとを魅了する複雑さを私たちに理解させようとして、超常現象を好んで用いる。ローリングが描く世界では、フクロウが郵便物を確実に配達してくれる。しかし、これは、実際に郵便制度やEメール以上に、まったく奇妙なことだろうか。児童文学のすべての古典が果たす機能は、舞台設定がおとぎ話の世界であれ、現実の世界であれ、あるいは——ハリー・ポッター・シリーズの新機軸のように——その両方であれ、成長過程をもっと理解しやすくさせることにある。

社会化は、無力な幼児が、徐々に自己自覚でき、理解力をもつ人になり、自分の生まれた文化の諸様式に習熟していく過程である。若年期の社会化は、社会の再生産——社会が長期にわたる構造的連続性を備えていく過程——というさらに広範な現象を可能にする。社会化がなされていく過程、とりわけ人生の早い段階で、子どもたちは親のやり方を学び、それによって自分たちの価値観や規範、社会的慣習を確立させていく。あらゆる社会は、たとえ個々人の生死によって成員構成が変化していくとはいえ、長いあいだ持続する特徴を有している。たとえば英国社会には、何世代も引き継がれてきた独特な社会特性や文化特性が——話されている主要言語は英語であるという事実のように——数多く存在する。

この章で見るように、社会化は、異なる世代を互いに結びつける。子どもの誕生は、その子の養育に責任を負う人たちの生活を変えていく——それゆえ、責任を負う人たちは、みずからが新しい学習体験をする。親の努めを果たすことは、通常、親子双方が生きているあいだ、親の活動を子どもと結びつける。親は、齢を重ね、子どもに子が生まれて祖父母になっても、もちろんそれによって孫の世代ともう一つ別の関係が互いに生まれるが、親が親であることに変わりはない。文化の学習過程は、幼児期や児童期前期に、それ以後の時期よりも集中するとはいえ、学習と適応は生涯を通じて継続する。

以下の諸節では、「生まれ 対 育ち」という、社会学で広くおこなわれてきた論争を取り上げる。そこで、まず初めに、子どもたちは、どのように、またどのような理由から実際に成長するのかについて、さまざまな論者が展開してきた主要な理論的解釈を、ジェンダー・アイデンティティの発達理論も含め、検討する。次に、子ども時代以降の人生を通じて、一人ひとりの社会化に影響を及ぼす主要な集団や社会的脈絡について論じる。終わりに、加齢をめぐる社会学の論点のうち、最も重要な論点をいくつか検討する。

文化、社会、子どもの社会化

子どもの発達理論

他の動物と比較した場合、人間の最も示差的な特徴のひとつは、人間が《自己自覚》できることである。私たちは、自我意識——一人ひとりが他の人たちとは別個の、明確なアイデンティティをもっているという認識——の出現をどのように理解すべきなのか。乳児は、生後数カ月のあいだ、自分を取り巻く人間と物体の違いをほとんど、あるいはまったく理解できず、自己の認識もまったくもっていない。子どもたちは、二歳かそれ以上の年齢になって初めて、「私は」や「私に」、「あなたは」、「あなたに」のような概念を使いはじめる。それ以降、子どもたちは、徐々にではあるが、他者が自分自身のものと異なる別個のアイデンティティや意識、ニーズをもつことを理解するようになる。

自我の出現の問題は、おおいに論議がなされてきた問題であり、また相対する理論的視座からかなり異なった見解が示されている。それは、ある意味で、子どもの発達に関する最も有力な理論が社会化のそれぞれ異なる側面を強調しているからである。米国の哲学者で社会学者のジョージ・ハーバート・ミードは、子どもが「主我」と「客我」の概念の使い方をどのように学習するのかに、主に注意を向けていた。スイスの子どもの行動の研究者ジャン・ピアジェは、子どもの発達の多くの側面について研究したが、ピアジェの最も有名な著作は、**認知**——子どもが自分自身と外界について「思考する」ことを学習していく態様——に関するものだった。

G・H・ミードと自我の発達

ミードの思想は、社会学の理論的思考のおおまかな伝統のひとつ、**象徴的相互作用論**の基礎を形成しているため、社会学に極めて広範な、強い影響を及ぼしてきた。象徴的相互作用論は、人間どうしの相互行為がシンボルと、その意味の解釈をとおしておこなわれる点を強調する（第一章を参照）。しかし、ミードの研究は、それに加えて、自我意識の出現にとくに注目し、子どもの発達の主要な様相を解明している。

ミードによれば、幼児と年少の子どもは、何よりもまず自分のまわりの人たちの行為を模倣することで、社会的存在として発達する。遊びはこうした模倣が生ずる際のひとつのあり方であり、年少の子どもたちは、遊びのなかで、多くの場合、大人がすることを模倣していく。幼児は、大人が料理しているのを見た後で泥のパイをつくったり、誰かが庭仕事しているのを見守った後でスプーンで穴を掘ったりする。子どもの遊びは、単純な模倣から、四、五歳の子どもが大人の役割を演ずるような、もっと複雑なゲームへと進展していく。ミードは、このことを「他者の役割の取得」――その人と同じ立場に身を置いて、その人の役割がどのようなものであるのかを学習すること――と称している。この段階で初めて、子どもたちは、発達した自我意識を獲得できる。子どもは、他者の目をとおして自分自身を見ることで、独立した別個の行為主体として――「客我」として――自分自身を認識できるようになる。

ミードによれば、私たちは、「客我」と「主我」の区別ができるようになったときに、自己認識を獲得する。ミードのいう「主我」とは、社会化されなかった幼児であり、自然に生ずる一群の欲求や願望である。「客我」とは、ミードの用法によれば、**社会的自我**である。人間は、他者が自分を見るように自分自身を見るようになることで、**自己意識**を発達させる、とミードは論じている。ミードによれば、子どもの発達のその後の段階は、子どもが八、九歳くらいの時期に生ずる。それは、子どもたちが、まとまりのない遊びよりも、規律のあるゲームに参加できるようになる年齢である。この段階になって初めて、子どもたちは、社会生活を運営する際にしたがうことになる全般的な価値基準や《道徳律》を理解しはじめる。規律のあるゲームができるようになるためには、遊びの決まりと、さらに公平さや対等な参加という概念を理解しなければならない。この段階の子どもは、ミードが**一般化された他者**と名づけるもの――子どもたちがそのなかで成長を遂げていく文化の内包する一般的な価値基準や道徳規則――を会得できるようになる。

ジャン・ピアジェと、認知発達の段階　ピアジェは、子どもの、世界の意味を理解しようとする能動的な能力をとくに重要視している。子どもたちは、情報を受動的に吸収するのではなく、自分を取り囲む世界のなかで自分が見たり聞いたり、感ずることがらを、選択し、解釈していく。ピアジェは、子どもたちが自分自身や自分を取り囲む外界について思考できるようになる、そうした認知発達の明確な段階をいくつか記述している。子どもたちは、この発達段階をとおして、自分自身および自分を取り囲む外界について思考することを学ぶ。それぞれの段階は、新しい技能の獲得をともない、先行する段階を首尾よく達成できることを当てにしている。

ピアジェは、出生時から二歳くらいまでつづく最初の段階を、**感覚運動期**と名づけた。なぜなら、幼児は、対象物に触れたり、対象物を手でいじったり、自分を取り囲む外界を身体で探究することで学習していくからである。幼児は、生後四カ月くらいまで、自分自身を外界から区別することができない。たとえば、子どもは、自分自身の動きがベビーベッドの側面をガタガタ鳴らす原因になっていることがわからない。物と人間との区別がつかないし、また自分の視野の範囲外に何かが存在していても、それに気づかない。やがて幼児は、人と物とを次第に区別できるようになり、両者がともに自分の直接的知覚から独立した存在性を有することがわかるようになる。この段階が終わるまでに、子どもたちは、自分を取り囲む外界が他と区別できる安定した特性をもつことを理解できるようになる。

次の**前操作期**と称される段階は、ピアジェが研究のほとんどを充てた段階である。この段階は、二歳から七歳までつづく。その間に、子どもたちは言語を修得し、言葉を用いて対象やイメージを象徴的に表現できるようになる。たとえば、四歳の子どもは、片手を横にさっと走らすことで「飛行機」という概念を表現するかもしれない。ピアジェはこの段階を前操作期と名づけているが、それは、子どもが発育途上の自分の知能を体系的に用いることがまだできないからである。この段階の子どもは、**自己中心的**である。ピアジェが用いるように、この自己中心性という概念は、自分本位というのではなく、世界をもっぱら自分自身の立場から解釈する子どもの傾向性を指している。たとえば、この段階の子どもは、他の人たちが自分とは異なる視座から対象を見ていることが理解できない。だから、子どもは、本をまっすぐに立てたまま、向かい側に座っている人にはその本の背面しか見えないことが認識できずに、本のなかの絵についてたずねたりする。

前操作期の子どもたちは、他の子どもと相互につながりのある会話をつづけることができない。自己中心的な会話では、それぞれの子どもが話している内容は、さきに口をきいた子どもが喋ったことがらとほとんど何のつながりももたない。子どもたちは一緒に話をするが、大人と同じ意味合いで互いに相手と《対話》をしているのではない。この発達段階を通じて、子どもは、大人が当然視しやすい思考上の範疇、たとえば、因果関係や速度、重量、数量といった概念を理解することが一般的にできない。たとえば、子どもは、たとえ水が細長い容器からもっと背の低い広口の容器へ移し変えられるのを眼の前で見ていたとしても、水の量そのものが同じであることを理解できない——だから、水位が低くなったから水の量は減った、と結論づける。

第三段階の**具体的操作期**は、七歳から一一歳までつづく。この段階を通じて、子どもたちは、抽象的観念や論理的観念を修得していく。子どもたちは、たとえば因果関係といった概念を雑作なく使いこなすようになる。この発達段階の子どもは、たとえ水位が変化したからといって、細長い容器に比べ背の低い広口の容器には少しの水しか入っていないと推論するのが誤りであることに気づく。子どもは、掛け算や割り算、引き算といった演算ができるようになる。この段階の子どもたちは、さほど自己中心的でなくなる。前操作的段階では、女の子は、かりに「あなたにはお姉さんが何人いますか」と聞かれれば、「一人います」と正しく答えることがおそらくできる。しかし、「あなたのお姉さんには妹さんが何人いますか」と聞かれると、その子は、自分自身を姉の視点から見ることができないために、おそらく「一人もいない」と答える。この具体的操作期の子どもは、そうした質問に簡単に正しく答えることができるようになる。

一一歳から一五歳までが、ピアジェのいう**形式的操作期**に当たる。思春期を通じて、発育途上の子どもは、高度に抽象的な観念や仮説的な考え方を理解できるようになる。ある問題に直面した場合でも、この段階の子どもは、解決に至るために、その問題の考えられる解決方法をすべて調べ上げて、それらの方法を理論的に詳しく検討することができる。形式的操作期の若者は、ある種の質問が、なぜいたずらな質問となるのかが理解できる。「プードルであると同時に犬でもある生き物は何か」という質問に、子どもは、正しい答えを出せないかもしれない。しかし、その子は、「プードル」という答えがなぜ正解になるのかを理解して、この答えにユーモアを味わうようになる。

ピアジェによれば、発達の最初の三段階は普遍的であるが、すべての大人が形式的操作期に到達するわけではない。形式的操作という思考様式の発達は、ある程度、学校教育の過程に依存している。教育的達成に限界があった大人は、引きつづきもっと具体的なかたちの思考をおこない、自己中心性の痕跡をかなり多く残している。

社会化の担い手

社会学者は、社会化には数多くの異なる担い手が関係するため、社会化が二段階で生ずるという言い方をする場合が多い。**社会化の担い手**とは、社会化の重要な過程が生ずる集団や社会的脈絡である。第一次的社会化は、幼児期と児童期に生じ、文化の学習が最も集中する時期である。第一次的社会化は、子どもたちが、その後の学習にとっての基礎を形成する言語や基本的行動様式を学習する時期である。家族は、この段階を通じて社会化の主要な担い手となる。第二次的社会化は、その後、児童期後半から成熟期にかけておこなわれる。この段階で、他の社会化の担い手が、社会化の責任の一部を家族から引き継いでいく。学校や同輩集団、さまざまな組織体、メディア、さらに職場は、一人ひとりにとって社会化に影響を及ぼす力になる。これらの脈絡で生ずる社会的相互行為は、人びとが、自分たちの文化の様式を構成する価値や規範、信念を学習するのを手助けする。

家族　家族システムは極めて多様であるため、幼児が経験する家族接触の範囲に決して文化を横断した基準が見いだされるわけではない。通常、母親は、どの社会においても子どもの幼児生活における最も重要な人物である。しかし、母子間に確立される関係性の本質は、両者の接触の形式や規則正しさによって影響を受ける。さらに、母子間の接触の形式や規則正しさは、家族制度の特徴や、家族と他の社会集団との関係によって条件づけられている。

現代社会では、ほとんどの初期の社会化は、小規模家族という脈絡で生じている。英国の子どもの大多数は、幼年時代を、母親と父親、それにおそらくその子以外の一人か二人の子どもたちから構成される家庭のなかで過ごしている。対照的に、他の多くの文化では、多くの場合、オバやオジ、祖父母が同一世帯の一員で、この人たちは、たとえ新生児にたいしても介護の役を務めている。とはいえ、英国社会のなかでさえ、家族の置かれた状況には多くの相違が見られる。ひとり親の世帯で育つ子もいれば、父親の務めと母親の務めを果たす二組の人たち（離婚した両親と再婚した両親）から世話を受ける子どももいる。今日、家族のいる女性たちの多くは、家庭の外で雇用就業し、子どもの出産後、比較的早い時期に雇用労働に復帰している。このような相違にもかかわらず、通常、家族は、幼児期から青年期、さらにはそれ以降にいたるまで——世代と世代をつなぐ一連の発達過程のなかで——引きつづき主要な社会化の担い手となっている。

家族関連の論点は、第七章「家族と親密な関係性」で詳しく触れている。

家族は、社会のあらゆる制度の内部にさまざまなかたちで「位置づけ」られている。ほとんどの伝統社会では、ある人が生まれた家族が、その人の残りの人生における社会的位置づけをほぼ決定していた。現代の社会では、社会的位置づけは、このようなかたちで出生時に継承されることはない。しかし、ある人が生まれた家族の所在する地域や帰属する社会階級は、社会化の様式に明らかに影響を及ぼしている。子どもたちは、両親や、近隣社会とコミュニティの他の住民に特徴的に見られる行動の仕方を身につけていく。

階級の問題は、第九章「社会成層と階級」で詳しく触れている。

子育てやしつけの多種多様な様式が、対照的な価値観や期待とともに、大規模社会のさまざまな領域に見いだされる。出身家族の種類によって異なる影響を受けることは、たとえば、郊外の裕福な白人家庭に生まれた子どもに比べ、都市の荒廃地区に暮らす貧しいエスニック・マイノリティの家庭で育つ子どもの人生がどのようになるのかを考えれば、容易に理解できる（Kohn 1977）。もちろん、親の見地を何の躊躇もせずに単純に受け容れる子どもは、たとえいたとしてもごく僅かである。このことは、現代の世界では変化が広く浸透しているため、とくに現代の世界に当てはまる。さらに、現代社会にはさまざまな社会化の担い手が存在すること自体、子どもたちの見地と青年たちの見地、親世代の見地のあいだに、結果として多くの相違を生んでいる。

学校　もう一つの重要な社会化の担い手は、学校である。学校は正規の教育課程で、生徒たちは、一定の科目カリキュラムを履修する。しかしながら、学校も、さらに精妙なかたちで社会化の担い手になっている。子どもたちは、授業中は静かにし、授業にきちんと出席し、学校の規律を守るように期待されている。子どもたちは、教職員の権威を受け容れ、権威に応えるよう求められる。教師の対応もまた、子どもたちが自分自身にたいしていだく期待に影響を及ぼす。こうした期待は、さらに子どもたちが学校を卒業してからの職業経験と結びついていく。同輩集団は、多くの場合、学校で形成され、年齢によって子どもたちを学年分けするシステムが同輩集団の影響力を補強する。

教育における社会化は、第一七章「教育」で詳しく触れている。

同輩関係　さらにもう一つの社会化の担い手に、**同輩集団**がある。同輩集団は、同年齢の子どもたちから組成される。一部の文化では、とりわけ規模の小さな伝統社会では、同輩集団は、**年齢階梯**という（通例は男性に限られる）形式をとる。多くの場合、ある年齢階梯から次の年齢階梯への男たちの移行を標示する、特定の儀式なり儀礼が存在する。一般的に、ある年齢階梯に属する男たちは、生涯を通じて親しい友好的な関係を維持していく。典型的な年齢階梯は、小児期、年少戦士期、年長戦士期、壮年期、長老期から構成される。男たちはこれらの年齢階梯を、個人としてではなく、集団全体として移動する。

社会化で家族が重要な役割を果たすことは、幼児や小さな子どもの体験が程度の差こそあれもっぱら家族のなかで形成されるため、明白である。同輩集団がどのように重要なのかは、とりわけ欧米社会に暮らす人たちにとってさほど明白でない。しかしながら、たとえ公的な年齢階梯がない場合でも、四歳か五歳以上の子どもたちは、通例、同い歳の友だちと一緒に長い時間を過ごしている。女性たちの労働力比率が高まり、こうした女性の幼い子どもたちが託児所で一緒に遊んでいることを考えあわせば、同輩関係は、今日、かつてそうであった以上に重要になっている（Corsaro 1997; Harris 1998）。

社会学者のバリー・ソーンは、著書『ジェンダーごっこ』で、社会化をこのような視点から検討している（Thorne 1993）。ソーンは、先行する研究者がおこなったように、子どもたちが、男であることや女であることが意味する内容をどのように認識していくのかを解明したいと思った（ジェンダーの社会化に関する三つの古典的理論は、この章の一九三頁〜一九六頁で触れている）。ソーンは、子どもたちを、親や教師からジェンダーの意味を受動的に学習するとみなすのでなく、子どもたちが子どもどうしの相互行為のなかでジェンダーの意味を積極的に創出し、再創出する様子を調査した。学童たちが一緒になっておこなう社会的活動は、他の社会化の担い手と同じように重要な場合がある。

ソーンは、ミシガン州とカリフォルニア州の二つの学校で、教室を参観したり、教室の外での子どもたちの活動を見守って、二年間にわたり四年生と五年生を観察した。ソーンは、子どもたちが教室や遊び場でジェンダーの意味をいかにして構築し、体験するのかを知るために、たとえば「チェイス・アンド・キス」のようなゲームを観察した。

ソーンは、とくに身体の変化という最も夢中になるテーマをめぐって子どもたちがおこなうお喋りがそうであるように、同輩集団がジェンダーの社会化に多大な影響力をもつことを発見した。こうした子どもたちのつくり出す社会的脈絡が、子どもの身体上の変化を、きまりの悪い思いで経験するか、あるいは誇らしい思いで受け容れるかどうかを決めていた。ソーンが述べているように、

> かりに一番人気のある女子が初潮をむかえたり、ブラジャーを（その必要がない場合でも）着けだすと、他の女の子たちも、こうした身体変化を欲した。しかし、かりに一番人気のある子がブラジャーを着けず……初潮がまだ来なければ、こうした身体の発達は、あまり望ましいこととはみなされなかった。
>
> （Thorne 1993）

ソーンの調査研究は、子どもたちが、みずからの社会的世界の創出を助長し、みずからの社会化に影響を及ぼす、そうした社会的行為者であることを、強力に気づかせている。それにもかかわらず、子どもたちが追い求める活動や信奉する価値観は、家族やメディアのような影響力によって規定されているため、社会的、文化的影響作用の力は非常に大きい。

同輩関係は、おそらく児童期や青年期を超えて重大な影響力をもつ。労働などの場で、同じような年齢の人たちが構成するインフォーマルな集団は、通例、その人の態度や行動を形成する際に、引きつづき重要である。

マスメディア　西欧で、新聞や雑誌、定期刊行物は、一八〇〇年代初めから盛んに発行されるようになったが、読者数は限られ、かなり小規模だった。これらの印刷物が多数の人びとの毎日の体験の重要な要素となり、この人たちの態度や意見に影響を及ぼすようになったのは、一世紀後のことである。印刷記録を含む**マスメディア**の普及は、やがて電子コミュニケーション手段——ラジオ、テレビ、レコード、ビデオ——の普及をともなっていった。最近の調査によれば、英国では、テレビやビデオ、DVDの視聴に、毎日平均して男性が二・四一時間、女性が二・一七時間を費やしていた (Office for National Statistics 2005)。メディアは、私たちの世界理解の形成で、非常に大きな役割を演じている。

テレビ番組が視聴者に、とりわけ子どもたちに及ぼす影響を査定するために、多くの研究がおこなわれてきた。おそらく共通する研究主題は、テレビが犯罪性向や暴力性向に及ぼす強い影響作用である。最も広範囲に及ぶものに、ジョージ・ガーブナーたちによる研究があり、一九六七年以降毎年、米国のすべての主要ネットワークで、プライムタイムと週末昼間のテレビ番組の抽出サンプルを分析してきた。暴力行為や暴力場面の回数と頻度を、番組の種類別に記録した。この調査では、暴力を、自分や他人に向けられた物理的強制力による威嚇ないし物理的強制力の行使で、身体的危害や死をともなう、と定義づけられている。テレビドラマは、非常に暴力的特質であることが明らかにされた。平均して、ドラマ番組の八割は、暴力の描写をともない、暴力場面は一時間当たり七・五回の頻度で出現した。子ども向けの番組は、殺害行為の描写は一般にさほど多くないものの、暴力がもっと高い割合で示されている。アニメ番組は、全種類のテレビ番組のなかで最も多い数の暴力行為や暴力場面を描いていた (Gerbner 1979)。

一般的に、テレビが視聴者に及ぼす影響の研究は、子どもたちを、自分が目にするものにたいして、受動的な、識別力のない反応をするとみなす傾向が強かった。ロバート・ホッジとディヴィッド・トリップは、テレビにたいする子どもの反応が、番組内容のたんなる銘記ではなく、自分が目にするものの解釈なり「読み解き」をともなうことを強調している (Hodge & Tripp 1986)。ふたりは、ほとんどの研究が子どもの精神作用の複雑さを考慮に入れてこなかった点を指摘する。テレビの視聴は、たとえ取るに足らない番組の視聴であっても、本来的に低水準の知的活動ではない。子どもたちは、その番組を、自分の日常生活の他の意味体系と関連づけることで読み取っていく。ホッジとトリップによれば、行動に影響を及ぼすのは、暴力だけではない。行動に影響を及ぼすのは、むしろ暴力が提示されると同時にその暴力が読み解かれていく、そうした人びとの判断の枠組みである。

メディアにたいする視聴者、オーディエンスの反応は、第一五章「メディア」、六〇七頁〜六一〇頁で論じている。

ジェンダーの社会化

社会化の担い手は、子どもたちがジェンダー役割を習得する上で重要な役割を演じている。そこで、**ジェンダーの社会化**、つまり、家族やメディアなどの社会的要因を介したジェンダー役割の学習に目を向けたい。

親や大人たちの対応

ジェンダーの差異がどの程度まで社会的影響を受けた結果生ずるのかについて、多くの研究がなされてきた。母親と幼児の相互行為の研究は、たとえ親たちが、男の子でも女の子でも自分たちの対応は同じだと確信している場合でも、男の子と女の子の扱い方に違いが見られることを明示している。赤ちゃんのパーソナリティを評定するように頼まれた大人は、その子どもを女の子と考えたか男の子と考えたかによって異なる回答を寄せる。ある実験で、五人の若い母親がベスちゃんという名前の生後六カ月の赤ちゃんとおこなう相互行為を観察した。母親たちは、この赤ちゃんにたいしてしきりに微笑みかけ、人形をあてがって遊ばせようとする傾向が見られた。母親たちは、この子を「可愛らしい」、「おとなしい泣き方をする」と判断した。次に、別のグループの母親がアダムくんという名前の同い歳の子どもとおこなった相互行為の観察では、顕著な違いが見られた。母親たちは、この赤ちゃんには電車などの「男の子のおもちゃ」を与えて遊ばせようとする傾向が見られた。実際には、このベスちゃんとアダムくんは、同じ子どもで、別々の服をきせられていただけであった(Will et al. 1976)。

ジェンダーの学習

幼児によるジェンダーの学習は、間違いなくほとんど無意識的である。子どもたちは、自分自身に男の子なり女の子のレッテルを正確に貼ることができる以前に、広範囲に及ぶ言語習得前の刺戟を受信していく。たとえば、通常、成人の男女は幼児に異なるかたちで接している。女性が用いる化粧品は、赤ちゃんが男性と結びつけて覚える匂いと異なる香りを含んでいる。服装や髪型等に見いだす男女の際立った違いは、ジェンダーの学習過程では幼児にとって視覚情報となる。二歳にもなれば、子どもたちはジェンダーとは何かを部分的に理解していく。二歳児は、自分が男の子か女の子かを知っているし、さらに他の人がどちらなのかを、普通、正確に区別できる。とはいえ、五歳か六歳になるまでは、人間のジェンダーが変わらないこと、すべての人にジェンダーがあること、女の子と男の子の違いが解剖学的差異にもとづいていることを、子どもは認識できない。

小さな子どもが接するおもちゃや絵本、テレビ番組は、すべて男性と女性の属性の違いを強調している。おもちゃ屋や通信販売のカタログは、通常、その商品をジェンダーで分類している。ジエンダーという点では中立的と思われている一部のおもちゃにしても、実際には中立的ではない。たとえば、子ネコやウサギのぬいぐるみは女の子に勧められ、ライオンやトラのぬいぐるみはむしろ男の子向きとされているからである。

ヴァンダ・ルチア・ザマナーは、イタリアとオランダで、七歳から一〇歳の子どもたちのおもちゃの選好を調査している（Zammuner 1987）。いろいろなおもちゃにたいする子どもたちの見方や態度を分析したが、対象となるおもちゃには、ステレオタイプ化された男の子向きのおもちゃと女の子向きのおもちゃ、それに性的類型化がなされていないと思えるおもちゃが含まれていた。調査では、子どもと親の双方に、どのおもちゃが男の子向きで、どのおもちゃが女の子向きであるか決めて欲しいと依頼した。大人と子どもたちのあいだで、意見が酷似していた。平均すると、オランダの子どもよりイタリアの子どものほうが、性的区別がなされたおもちゃを遊び道具として選んでいた――この知見は、イタリアの文化のほうがオランダの社会に比べ、ジェンダーの区別にたいしてかなり伝統的な見方をする傾向があるため、当初の予想と合致していた。さらに、他の研究でも示されたように、イタリアでもオランダでも、女の子たちは、男の子が女の子のおもちゃで遊びたがる以上に、遊び相手として中立的なおもちゃや男の子のおもちゃを選んでいた。

童話本とテレビ

三〇年以上前にレノア・ワイツマンたちは、最も広く利用されている未就学児向けの本を数冊選び、それらの本のなかでのジェンダー役割を分析した。そして、ジェンダー役割に、いくつか明確な違いがあることを見いだした（Weitzman et al. 1972）。男性は、物語や絵本のなかで女性よりもかなり多くの役割を演じており、比率からいえば一一対一の割合で女性を圧倒している。ジェンダー・アイデンティティに動物も加えると、比率は九五対一にもなった。男性と女性がおこなう活動も、同じように違っていた。男性は独立心や体力、気力が要求される冒険を追い求めたり、野外での活動にたずさわる。女性は、登場する場合、受け身の存在として描かれ、主として室内の活動だけに限定される。女の子たちは、男たちのために食事を作り、掃除や洗濯をおこない、男たちの帰りを待っている。ほぼ同じようなことが、童話本に登場する大人の男性や女性についても当てはまる。妻や母でない女性は、魔女や妖精のような空想の産物だった。分析対象となったすべての本で、家庭外に仕事をもつ女性はひとりも登場しなかった。対照的に、男性は、戦う人や警察官、裁判官、王様などとして描かれていた。

比較的最近の研究も、状況は多少変わってきたが、児童文学のほとんどの作品が引きつづきほぼ同じ傾向にあることを指摘している（Davies 1991）。たとえば、おとぎ話は、ジェンダーに関しても、また女の子と男の子がいだくように期待される目標や野心に関しても、伝統的な態度を具現していた。「いつかわたしの王子さまが来てくれる」――この何百年も前からのおとぎ話の決まり文句は、通例、貧しい家庭に育った女の子でも富と幸運を夢想できることを暗に意味していた。今日、この意味合いは、ロマンチック・ラヴの理念とさらにもっと強く結びついている。一部のフェミニストたちは、最も有名なおとぎ話をいくつか書き直して、そのお定まりの強調点を逆にしようと試みた。「わたしは、あの人の鼻がおかしな形をしていることに全然気がつかなかった。それにあの人は、きらびやかな服を着ているときのほうがずっと素敵に見えた。今日のあの人はあの晩に比べるとまったく魅力的ではない。だから、わたしはこのガラスの靴がきつ過ぎるふりをすることにしようと思う」(Viorst 1986)。とはいえ、こうした書き直しは、このシンデレラ物語の異説のように、主に大人の読者向けの本のなかに見いだすだけで、無数の子どもの本で語られるお話にはほとんど何の影響も及ぼしていない。

子ども向けテレビ番組の分析は、いくつか特筆すべき例外はあるにしても、子どもの本に関して得られた知見と合致している。最もよく視聴されているアニメ番組の分析によれば、主役のほとんどは男性であり、人びとが従事する活気のある仕事も男性が牛耳っていた。同じような表現の仕方は、番組中に流れるコマーシャルのなかにも見いだすことができる。

性差別をせずに育児することの難しさ

ジューン・ステーサムは、性的に差別せずに子どもを育てていった親たちのグループの体験を調査している(Statham 1986)。生後六カ月から一二歳までの子どものいる一八家族から、三〇人の大人が調査に協力した。親たちは、中流階級の出身で、大部分が教師か教授といった教育研究関係の仕事にたずさわっていた。ステーサムは、親たちのほとんどが、たんに伝統的な性役割を女の子を男の子のように育てることによって修正するのではなく、女らしさと男らしさとの新しい一体化を育みたいと望んでいることを発見した。親たちは、男の子が他人の気持ちにもっと敏感になって、温かな心を示すことができるようになってほしいと望み、一方、女の子には勉強や自己開発の機会をもっと求めるよう励ましていった。すべての親は、既成のジェンダー学習様式と闘うことの難しさを実感していた。親たちは、子どもたちにジェンダーで類型化されていないおもちゃで遊ぶよう説得することにはかなり成功したが、それとても親たちの多くが予想した以上に困難であることが判明した。ある母親は調査者に次のような感想を述べている。

おもちゃ屋に入れば、男の子には戦争ごっこのおもちゃが、女の子にはおままごとのおもちゃが一杯で、社会の今日のあり方が一目瞭然です。こういうかたちで子どもたちはいま社会化されているのです。男の子には人を殺したり傷つけたりすることを教えてもかまわないというのでしょうが、わたしに言わせれば恐ろしいことで、考えただけでも、気分が悪くなります。それでわたしはおもちゃ屋には入らないことにしていますが、腹が立ちます。

実際には、すべての子どもが、親戚が与えたジェンダーで類型化されたおもちゃをもっており、またそうしたおもちゃで遊んでいた。

今日では、筋骨たくましく、自立心旺盛な女の子が主役となる物語の本を入手できるようになったが、非伝統的な役割を演ずる男の子を描いた本は極めて少ない。五歳の男の子のいる母親が、その子に以前読んであげた物語を、登場人物の性別を逆にして聞かせたときの息子の反応について話している。

男の子と女の子が明らかに伝統的な役割を演じている本を、男の子のところは女の子に、女の子のところは男の子に、全部変えて読むと、事実、息子はちょっと機嫌を損ねました。わたしが最初そうしはじめたとき、息子は「ママは男の子が嫌いで、女の子だけが好きなんだ」と言いがちでした。わたしは、そうじゃないの、女の子のことを少ししか描いていないからなの、と説明せざるを得ませんでした。

(Statham 1986)

小説家で批評家のアリスン・ピアソンも、娘に、娘が大好きなバービーたちと解剖学的にほとんど遜色のない人形を与えようとしたときに、ジェンダーの社会化がいかに強力であるかを見いだしている。

ある日、わたしは有害な風潮を食い止めたいと思って、フェミニスト委員会のようなところがデザインした、一見バービーっぽいスカンジナヴィア産の人形をうちに持って帰った。胸は小さいが健康そうな女の子で、カーキ色の服を着て、発展途上国で明らかに何かの大事な仕事をしている感じの人形だった。ところが、悲しいかな、このかわいそうな社会民主主義者は、〔娘が集めている〕バービー人形たちに会わせてもらえなかった。娘は、「何これ、男の子じゃないの！」と恐怖の叫び声をあげるよりも先に、このリベラルな妥協の産物を、赤ん坊の弟がカタツムリを溺れさせるのに使っていたバケツのなかに放り投げた。

(Person 2002)

明らかにジェンダーの社会化は非常に強力であるため、そうしたジェンダーの社会化にたいする挑戦は覆られる可能性がある。社会は、いったん一人ひとりにジェンダーを「割り当てる」と、その人には「女性」ないし「男性」のように振る舞うことを期待する。まさに日常生活の実践のなかで、これらの期待が充足され、再生産されている（Bourdieu 1990; Lorber 1994）。

社会学での論争
フロイトの理論

おそらくジェンダー・アイデンティティの発生に関して最も影響力がある――また、最も論争の的になっている――理論は、ジークムント・フロイト（一八五六年～一九三九年）の理論だろう。フロイトによれば、幼児や子どもにおけるジェンダーの差異の学習は、ペニスの所有ないし欠如を軸に展開する。「自分にはペニスがある」は「自分は男の子である」と同義であり、「自分は女の子である」は「自分にはペニスが欠けている」と同義になる。フロイトは、ここで重要なのはたんなる解剖学的差異ではなく、ペニスの所有ないし欠如が男らしさと女らしさの象徴である、と慎重な言い方をしている。

フロイトの理論では、男の子は、四歳か五歳になると、父親が自分に要求する規律や自立に恐怖を感じ、父親が自分のペニスを取り去りたいと望んでいるとの幻想をいだく。男の子は、半ば意識的に、しかしほとんど無意識のレヴェルで、父親を、母親からの愛情をめぐる競争相手と認知する。男の子は、母にたいするエロス的感情を抑圧し、父を自分よりまさった存在として受け容れることで、自分と父親を同一化し、自分の男性としてのアイデンティティを自覚していく。男の子は、父親によって去勢されるという無意識の恐れから、母親への愛情を断念する。他方、女の子は、男の子のように一目で判別できる器官をもっていないため、「ペニス羨望」に苦しむと考えられている。小さな女の子の目から見れば、母親への評価は下がってしまう。なぜなら、母親もペニスを欠いており、ペニスを自分に与えることはできないとみなされるからである。女の子は、母親と同一化する際に、自分を「二流の」存在として認知することで、従順な態度を引き継いでいく。

いったんこの段階が終わると、子どもは、エロス的感情の抑圧ができるようになる。フロイトによれば、ほぼ五歳から思春期までの期間は潜在期である――思春期にともなう生物学的変化がエロス的欲望を直接的なかたちで再び活発化させるまで、性的活動は一時的に休止される傾向がある。学校年齢の初期から中期に及ぶ潜在期は、同性の同輩集団が子どもの生活のなかで最も重要になる時期である。

フロイトの見解には、とくにフェミニズムの論者たちが重要な反論を唱えているが、他にも多くの研究者が反論を加えてきた(Mitchell 1975; Coward 1984)。まず、フロイトはジェンダー・アイデンティティを性器の認識とあまりにも同一視し過ぎているように思える。他の、もっと微妙な要因が間違いなく関与している。二つ目に、フロイトの理論は、ペニスがヴァギナよりも優れており、ヴァギナは男性性器のたんなる欠如に過ぎないという観念に依拠しているように思える。しかし、なぜ女性性器が男性性器よりも優れていると考えてはいけないのだろうか。三つ目に、フロイトは父親を規律の主たる担い手とみなしたが、多くの文化では、規律を課す上で母親がもっと重要な役割を果たしている。四つ目に、フロイトは、ジェンダーの学習が四歳か五歳の頃に集中すると確信していた。後のほとんどの研究者は、幼児期にはじまる、もっと早い時期の学習の重要性を強調している。

チョドロウの理論

多くの研究者がジェンダーの発達を研究する際に、フロイトの取り組み方を利用してきたとはいえ、これらの研究者は、通例、いくつか重大な点でフロイトの考え方を修正している。重要な例が、社会学者のナンシー・チョドロウである(Chodorow 1978, 1988)。チョドロウは、男性か女性かを感じとる学習がごく幼少期の経験であり、子どもによる両親への愛着にはじまる、と主張する。チョドロウは、父親よりも母親の重要性を、フロイト以上に強調している。母親は子どもがまだ幼い頃には確かに最も影響力のある人物であるため、子どもは、母親と情緒的に結びつく傾向がある。このような母親への愛着は、別個の自己意識を獲得するために、ある時点で断絶しなければならない――子どもは、母親への依存を少なくすることを求められる。

チョドロウは、この断絶の過程が男の子と女の子では別々のかたちで生ずると主張している。女の子は、相変わらず母親とより親密な関係を保っていく――たとえば、母親をぎゅっと抱き締めたり、母親にキスしたり、母親のおこなうことを模倣することが引きつづき可能である。母親との明確な断絶が生じないため、女の子や大人の女性は、他者にたいしてより長続きのする自己意識を発達させていく。女の子のアイデンティティは、もうひとり別の人間のアイデンティティに、最初は母親の、次にはひとりの男性のアイデンティティに融合したり、あるいは依存していく。チョドロウの見解では、このことが、女性たちのなかに、感受性や思い遣りの心といった特質を生みだすのに役立つ。

男の子は、出生時からの母親との緊密な結びつきをさらに徹底的に拒絶することで、自己意識を獲得し、女性的でないものをもとに、男性性の理解を作り上げる。男の子は「女々しい子」や「おかあさん子」にならないことを学ぶ。その結果、男の子は、他の人たちと緊密な関係を結ぶことに相対的に未熟であり、世の中にたいしてより分析的な見方を発達させていく。男の子は、自分たちの生き方についてもっと積極的な見方をし、業績を重視する。しかし、この過程で、自分自身の感情や他人の感情を理解する能力を抑制してきた。

チョドロウは、フロイトが強調した点をある程度まで逆転させている。女性性よりもむしろ男性性を、喪失として、つまり、母親にいだき続けてきた親密な愛着が剝奪された状態と定義づける。男性のアイデンティティは、別離をとおして形成される。それゆえ、男性たちは、その後の人生で他者との感情的に緊密な関係に巻き込まれると、自分のアイデンティティが危機にさらされる感じを無意識にいだく。それにたいして、女性たちは、他者との緊密な関係を欠くことを、自分たちの自己評価にとって脅威と感ずる。子どもの初期の社会化では女性が最も重要な役割を演ずるため、こうした様式は、世代を超えて引き継がれていく。女性たちは、主に関係性によって自分自身を表現し、定義づける。男性たちは、こうした欲求を抑圧してきたため、世の中にたいして女性よりも操作的態度をとる。

チョドロウの研究は、さまざまな批判を受けてきた。たとえばジャネット・セイヤーズは、女性たちが、とりわけ近年に入って、自律し、独立した存在になるために繰り広げてきた闘争を、チョドロウが説明していない、と指摘する（Sayers 1986）。女性たちは（そして、男性たちも）チョドロウの理論が示唆する以上に矛盾した心理学的仕組みを有している、とセイヤーズは指摘する。女性性は、攻撃性なり独断性といった感情を隠蔽することが可能であり、こうした感情は遠回しのかたちか、あるいは特定の脈絡でのみ表面化される（Brennan 1988）。チョドロウはまた、家族の狭い概念構成を、つまり、白人中流階級モデルをもとに作られた家族概念を批判されている。たとえば、ひとり親世帯や、あるいは、多くのメキシコ系アメリカ人コミュニティのように、ひとり以上の大人が子どもたちを養育している家族の場合は、どのようなことが生ずるのだろうか（Segura & Pierce 1993）。

こうした批判はチョドロウの考えを損なうものではないし、チョドロウの考えはいまだに重要である。チョドロウの見解は、女性性の本質について多くのことを教示しているし、また、いわゆる「男性の感情表現下手」――男性が他人にたいして自分の感情を表現する際に難儀すること――の由来を理解する上で有用である（Balswick 1983）。

をさらに展開させていった（Gilligan 1982）。ギリガンの研究は、成人男女が自分自身や自分の達成したものについていだくイメージに焦点を当てている。ギリガンはチョドロウの見解に同意して、女性は自分自身を対人関係によって規定し、自分の達成度合を他者にたいする気遣いの能力をもとに判断する、と考えている。男性たちの生活のなかで女性たちが占めてきたのは、伝統的に介護者や協力者という立場だった。しかし、こうした任務で女性たちが発揮した特質は、しばしば男性たちから低く評価されてきた。男性たちは、自分たちが重視する個人的達成だけを唯一の「成功」形態とみなしてきたからである。女性たちの側に見られる関係性へのこだわりは、男性たちにとって、現実には強さであるのに、強さではなく、むしろ弱さに見えた。

ギリガンは、さまざまな年齢と社会的生い立ちの米国の男女約二〇〇人を対象に徹底した面接調査を試みた。ギリガンは、対象者全員に、その人たちの道徳観や自己概念について一連の質問をした。女性の見解と男性の見解のあいだに、一貫した相違が見られた。たとえば、対象者に、「何かが道徳的に正しいとか間違っていると言う場合、それはどういうことを意味するのだろうか」と質問した。この質問にたいして、男性は、義務や正義、個人の自由といった抽象的な理念で答える傾向が強かったのにたいして、女性は、他人を助けるという具体的目標を一貫して掲げていた。たとえば、ある女子大生は、この質問にたいして次のように答えている。

「それ［道徳］は責任観や義務観や価値観、とくに価値観に関係しています。……私の生活状況では、私は、道徳を、相手への敬意や私自身の自尊心につながる、そうした対人関係と結びつけて考えています」。そこで質問者が「なぜ他の人たちに敬意を払うのですか？」とたずねると、「なぜって、他人は、傷つきやすい意識や感情を、傷つきやすい心をもっているからです」と答えた。（Gilligan 1982）

女性たちは、道徳的判断を下すことに、男性たちよりもためらいを感じている。それは、一方で厳格な道徳律にしたがうことと、他方で他人を傷つけるのを回避することが招きかねない矛盾に、女性たちが気づいているからである。ギリガンが示唆するのは、こうした見地は、女性たちの置かれた因習的な境遇を、つまり、男性の「体面を重んじる」態度よりも、むしろ関係性を大切にすることをみずからの判断基準にしてきた境遇を、反映している、とギリガンは指摘する。過去において、女性たちは、自分たちにはほとんどの男性に欠けている特質があることを一方で自覚しながら、男性たちが下す判断にしたがってきた。女性たちの自分自身にたいする見方は、個人的な達成を誇りにすることよりも、むしろ他の人たちのニーズをうまく満たすことにもとづいている（Gilligan 1982）。

ライフコースを貫く社会化

人が一生のあいだに通過する——幼児期から大人の時期、そして最後は死に至るまでの——さまざまな変遷期は、生物学的に決定されているように一見思える。しかし、人間の**ライフコース**は、その性質上、生物学的な段階だけでなく、社会的な段階でもある（Vincent 2003）。ライフコースの段階は、文化的差異の影響を受けるが、同時にまた所与の社会類型のなかで人びとが生活を送る物理的環境の影響も受けている。たとえば、現代の欧米社会では、ほとんどの人が七〇歳以上の寿命を享受しているため、死を、通常、高齢と関連づけてとらえている。とはいえ、過去の伝統的社会では、多くの人たちは、長生きして高齢に達するよりも、もっと若い年齢で死んでいた。

児童期

現代社会に生きる人たちにとって、児童期は、人生の明確かつ特異な段階である。子どもたちは、赤ん坊や、よちよち歩きの幼児とは明らかに異なる存在である。児童期は、幼児期と青年期のあいだに介在する。しかしながら、児童期という概念は、今日、私たちの社会生活の他の多くの側面と同じく、過去二、三世紀のあいだに出現したに過ぎない。かつての社会では、若者たちは、長目の幼児期を過ごした後、すぐに地域社会のなかでの労働役割に移っていった。フランスの歴史学者フィリップ・アリエスは、中世には独立した発達段階としての「児童期」が存在しなかった、と論じる（Aries 1965）。中世ヨーロッパの絵画で、子どもたちは、一人前の顔で年長者と同じ格好の服を着た小さな大人として描かれていた。子どもたちは、今日の私たちが当然視するような児童期のゲームではなく、大人と同じような仕事や娯楽活動に加わっていた。

二〇世紀初頭まで、欧米のほとんどの国で、子どもたちは、今日から見ればまだ非常に若い年齢で仕事に就いていた。事実、年少の子どもたちが、しばしば肉体的に過酷な環境で（たとえば炭礦で）常勤労働に就く国は、今日の世界に数多く存在する。子どもにも固有の人権があるという理念や、子どもを労働力として使用するのが道徳に反するという観念は、近年に入って発達した。

児童労働の問題は、第一一章「グローバルな不平等」、四一六頁〜四一八頁で論じている。

今日、私たちが認識しているような長期間の児童期が存在するゆえに、現代の社会は、いくつかの点で伝統社会よりも子ども中心的な社会になっている。しかし、子ども中心的社会は、すべての子どもが両親や他の大人から愛情や心づかいを体験できる社会では決してないことを、強調しておく必要がある。子どもたちへの身体的虐待や性的虐待は、今日の社会では、こうした虐待の拡がりが公になるのはごく最近であったとはいえ、家庭生活のありふれた特徴となっている。児童虐待は、今日の私たちにとって、近代以前のヨーロッパで頻発していた子どもの酷使のように思えることがらと、明らかに関連する。

現代社会で目下生じている変動の結果として、児童期は、その独自な存在性を再び弱めだした可能性がある。今日では子どもたちの成長が非常に早いために、児童期のもつ独自性が実際に再び弱まりはじめている、と指摘する研究者もいる。これらの研究者は、たとえ幼い子どもでも、大人が視聴するのと同じテレビ番組を見ているので、先の世代以上にずっと早くから大人の世界について見聞きしだしている、と指摘する。

ティーンエイジャー期

「ティーンエイジャー」という概念も、今日の私たちにはよく知られているが、近年に入るまで存在しなかった。思春期（人間が成人としての性活動や生殖をおこなうことができるようになる段階）にともなう生物学的変化は、普遍的に見いだされる。しかしながら、多くの文化では、こうした生物学的変化は、現代社会の若者たちのあいだにしばしば見られるほどの動揺や不安な気分を生みだしていない。たとえば、その人の成人期への移行を示す明確な儀礼をともなう年齢階梯制が育まれてきた文化では、性心理的発達の過程は、概してもっと簡単に乗り越えられるように思える。こうした社会の青年たちは、変化の速さがもっとゆるやかなので、「頭を切り換える」必要がそれほどなかった。欧米社会の子どもたちの場合、もはや子どもではないことを、つまり、おもちゃを片づけて、子どもじみた振る舞いと決別することを求められる時期がある。伝統的文化では、子どもたちはすでに大人たちと肩を並べて働いていたので、この頭を切り換える過程は、通常、それほど軋轢ではなかった。

欧米社会では、ティーンエイジャーたちは、どっちつかずの状態に置かれている。ティーンエイジャーは、しばしば大人のやり方をまねようとするが、法律上は子どもとして扱われる。働きに出たいと思っても、学校に無理やり通わされる。欧米のティーンエイジャーは、児童期と成人期の中間にあって、間断のない変化の波にさらされた社会のなかで大人になっていく。

ヤング・アダルト期

ヤング・アダルト期は、現代社会では人格的、性的発達の明らかな一段階になっているように思える（Goldscheider & Waite 1991）。とりわけ富裕層では、二〇代初めの若者たちは、旅行をしたり、性や政治、宗教の面での親密なつながりを求めて、時間を割いている。このような完全な大人としての責任の先送りは、今日、多くの人たちが教育課程にいる期間を延長していることを考えあわせれば、その重要性が増大するように思える。

成熟した大人の時期

今日の欧米社会では、ほとんどの年若い大人は、そのまま老齢期にまで及ぶ生を予期することができる。近代以前には、そうした将来をかなり自信をもって期待できる人は、ほとんどいなかった。病気や負傷による死は、すべての年齢層で今日よりもずっと頻繁に生じており、とくに女性たちは、分娩時の死亡率が高かったため、危険が大きかった。

その反面、私たちが今日経験している精神的緊張のいくつかは、前の時代にはさほど顕著でなかった。人びとは、今日のような流動性の高い社会に生きる人たちに比べ、自分の親や他の親戚とのあいだでもっと緊密な関係を普通に維持していた。また、人びとが従事する仕事の日課は、親代々変わらなかった。現代では、確信のもてない重要なことがらを、婚姻や家族生活などの社会的脈絡のなかで解決しなければならない。私たちは、過去において人びとがおこなっていた以上に、自分自身の人生を「創り」ださなければならない。たとえば、性的絆や婚姻の絆をどのように形づくるかは、今日では親の決定ではなく、一人ひとりの創意と選択に依拠している。こうした傾向は、個人により大きな自由が与えられることを意味するが、同時にまた責任は、困難を課す可能性がある。

中年時代に前向きな見方を保ちつづけることは、現代の社会ではとりわけ重要である。ほとんどの人は、一生涯同じことをつづけるのを――伝統的文化では、それは大多数の人たちにとって普通の経験であったが――望まない。自分の人生をひとつの仕事に費やしてきた人びとは、中年時代に自分が到達したレヴェルを不満足に思い、いま以上の向上の機会が絶たれてしまったと考えるかもしれない。大人の時期の前半を子育てに費やし、その子どもたちが家を離れていった女性たちは、自分自身が社会的に何の価値もない存在になったように感ずるかもしれない。「中年の危機」という現象は、中年の人びとの多くにとって、非常に現実的な問題である。人生が差し出してくれたはずの機会を自分がとり逃がしてしまったと思う人がいたり、子どもの頃から心にいだいてきた目標に自分が決して到達できないと感ずる人がいるかもしれない。しかしながら、年齢を重ねることが、必ずしもつねに諦めや暗澹とした絶望につながるわけではない。子どもの頃からの夢から解放されることで、自由になることができる。

高齢期

伝統社会では、多くの場合、高齢者に相当な敬意が払われていた。年齢階梯制をともなう文化では、高齢者は、共同体の重要な問題にたいし、重要な――しばしば最終的な――発言力を有していた。家族のなかでは、男性の権威も女性の権威も、ほとんどの場合、年齢とともに高まっていった。対照的に、先進工業社会では、高齢者は、家族においてもより広い社会においても、権威を欠く傾向にある。仕事から引退した後、高齢者は、それまでの人生のどの時期よりも貧しくなるかもしれない。同時に、次節で見るように、六五歳以上人口の割合は急激に増加してきた。

伝統的文化では、長老という年齢階梯への移行は、多くの場合、ひとりの人間が達成できる地位の頂点を示していた。現代社会では、引退は、まったく逆の結果をもたらす傾向がある。もはや自分の子どもと一緒に暮らしておらず、また多くの場合、有給労働から引退してしまうと、高齢者が自分の人生の最後の時期を価値あるものにするのは、容易ではない。高齢期にうまく対応できる人びとは、自分の内的資源に頼り、社会生活が提供する物的報償にあまり関心をもたなくなることで対処していく、と従来考えられてきた。このことは、多くの場合、真実かもしれない。とはいえ、多くの人が高齢期に身体的に健康でいられる社会では、前向きな見方がますます普及していくように思える。引退した人びとは、「第三年齢期」と呼ばれる段階に、新たな教育がはじまる段階に、再生を見いだすことができるだろう（生涯教育については、第一七章、六八九頁〜六九〇頁も参照）。次節では、加齢をめぐる社会学の論点についてさらに詳しく検討したい。

加齢

ファウジャ・シンは、八九歳のときに、二〇〇〇年のロンドン・マラソンを初めて走った。六時間五四分かかった。まじめな話であるが、シンが最後にマラソンを走ったのは、五三年前だった。シンは、二〇〇一年のロンドン・マラソンでもほぼ同じタイムを記録したが、自分の記録が九〇歳以上のマラソン・ランナーの世界記録をほぼ一時間も削ったことを知らされる。二〇〇二年の大会で、タイムを六時間四五分に縮めた。この年のロンドン・マラソンでは、完走するのにシンよりも時間がかかったランナーは四〇七名で、その多くは三〇歳代だった。シンは、三〇歳代のとき、生まれ故郷のインドでクロスカントリーのレースに出ていた。インドが一九四七年に独立を達成した後、シンは、新たに優先すべき事情が生じたために、三六歳でランニング・シューズを脱いだ。その後の人生で――妻に先立たれ、イースト・ロンドンのイルフォードで暮らす――シンは、三つの大陸に分散しているが、四人の子どもと一三人の孫、五人の曾孫に恵まれた。シンは、新しい挑戦課題を模索しだした。毎日の散歩をやめて、突然ジョギングをはじめた。シンの脚は、すぐに往年の強さを取り戻した。その後、シンは、マラソンに関するテレビ番組を観て、発奮した。それ以来、世界各地のマラソン大会に参加して、慈善事業のために何千ポンドも集めてきた（Askwith 2003）。

人びとは、とくに裕福な国で暮らす人びとは、以前よりも、もっと長寿で、健康的で、生産的な生活を送っている。英国のエリザベス女王は、王位に就いた一九五二年に、一〇〇歳を迎えた二七三人に誕生日の祝電を送った。今日、この数字は、毎年三〇〇〇人以上に及ぶ（Cayton, Kingshill Research Centre 2002 での引用）。このような人たちにとって、高齢を迎えることは、満ち足りた、生き甲斐のある経験となるかもしれないし、そうでない場合は、肉体的苦痛や社会的孤立感に苛まされたものとなるかもしれない。ほとんどの高齢者にとって、加齢という経験は、この中間のどこかに位置する。

この節では、加齢とは何かを検討し、急速に変化している世界で高齢を迎えることの意味を探究する。加齢の生物学的、心理学的、社会的側面を検討する前に、まず英国人口がどのように高齢化してきたのかを手短に見ておきたい。次に、高齢を迎えることに人びとがどのように適応していくのかを、少なくとも社会学者の目から考察する。具体的には、高齢者が直面する特有な難問や課題のいくつかに焦点を当てながら、英国における加齢を論ずることになる。また英国人口の加齢をとりまく政治的問題、つまり、高齢者数の増加を受けてますます重要性を増した論点についても検討する。結びとして、世界人口の白髪化について言及したい。

英国社会の白髪化

世界の至るところで、社会の高齢化が進んでいる。世界人口では、ますます多くが六〇代、七〇代を超えて生存し、こうした過

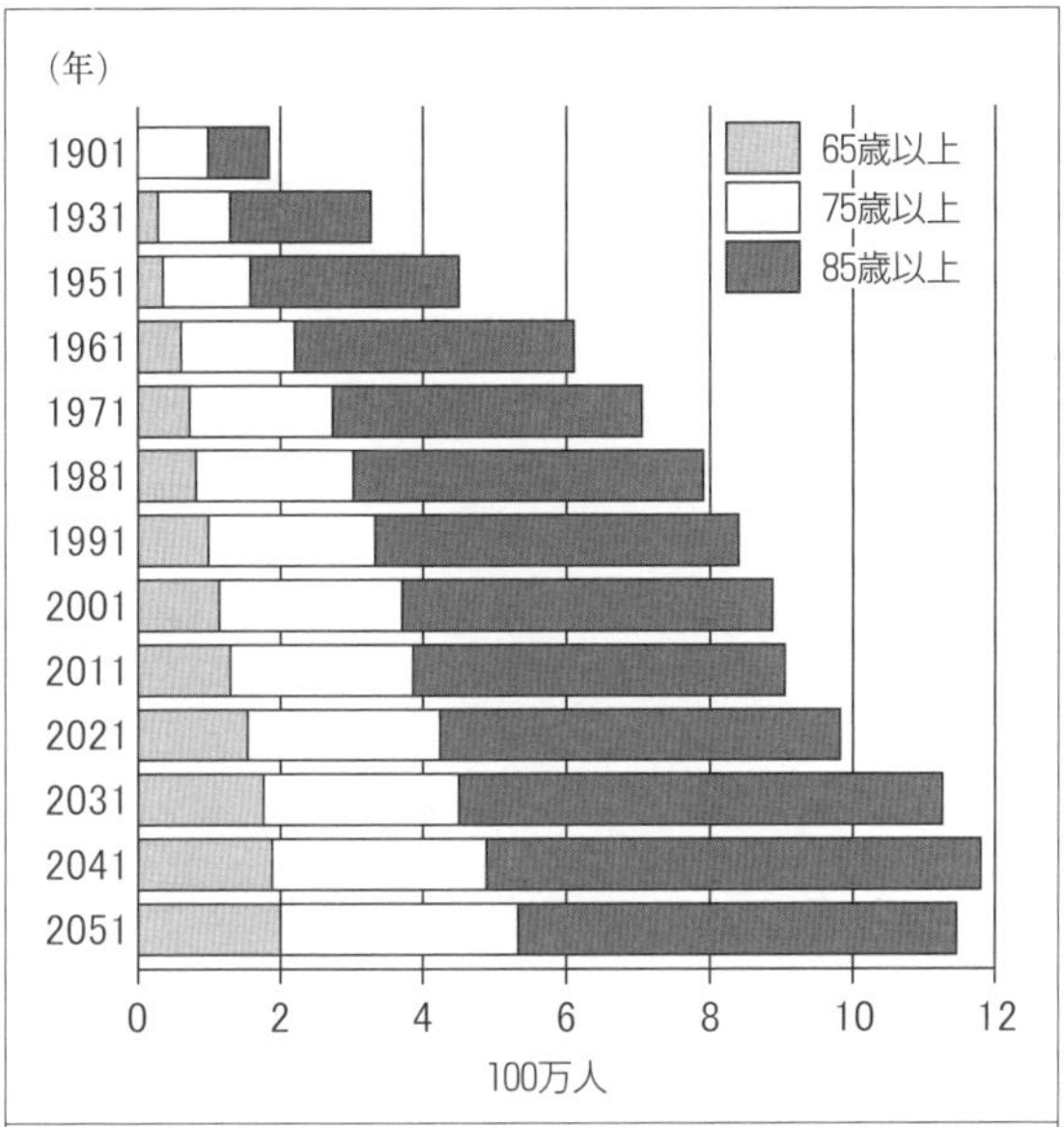

図6－1　英国の高齢者人口（1901年から2051年推計値）
出典：OPCS. Form *Sociology Review* 8.2（Nov. 1998）

程は二一世紀にもおそらくつづいていく（Lloyd-Sherlock 2004）。英国の人口も例外ではない。図6-1が示すように、英国の六五歳以上人口の割合は、一八五一年から一九一一年の人口センサスで見ると約五％であったが、二〇世紀に入って三倍に増えた。こうした変化には、多くの要因が関係している。近現代の農業や保健衛生システム、疫病対策、医学がすべて、世界中の至るところで死亡率の低下に寄与してきた。今日、ほとんどの社会で、幼児期に亡くなる子どもはますます減少する一方、より多くの大人が高齢期まで長生きしている。

社会学者や老年学の一部の研究者は、人口統計の変化を目にして、人口の「**白髪化**」という言い方をしている（Peterson 1999）。「白髪化」は、工業社会に見いだす二つの長期的趨勢の結果、つまり、（第七章で論じる）家族の少子化傾向と、人びとの長寿化という事実である。英国男性の誕生時の平均余命は、一九〇〇年に生まれた人の四五歳から、いま生まれた人の七五歳に延びた。英国の女性は、同時期に、平均余命が四八歳から八〇歳に延びている（図6-2を参照）。こうした増加のほとんどは、二〇世紀前半に生じたが、おおむね若年層の生存機会が改善されたことに起因する。一九二一年の時点で英国では、生児出生一〇〇〇人当たり八四・〇人の乳児は、一歳になる前に死亡していたが、二〇〇二年の時点で生児出生一〇〇〇人当たりの死亡率は、四・八になった（HMSO 2004）。二〇〇三年までに、平均余命は、八〇・五歳にまで延びた（HMSO 2005）。こうした趨勢は、英国社会の未来に重大な影響を及ぼしている。

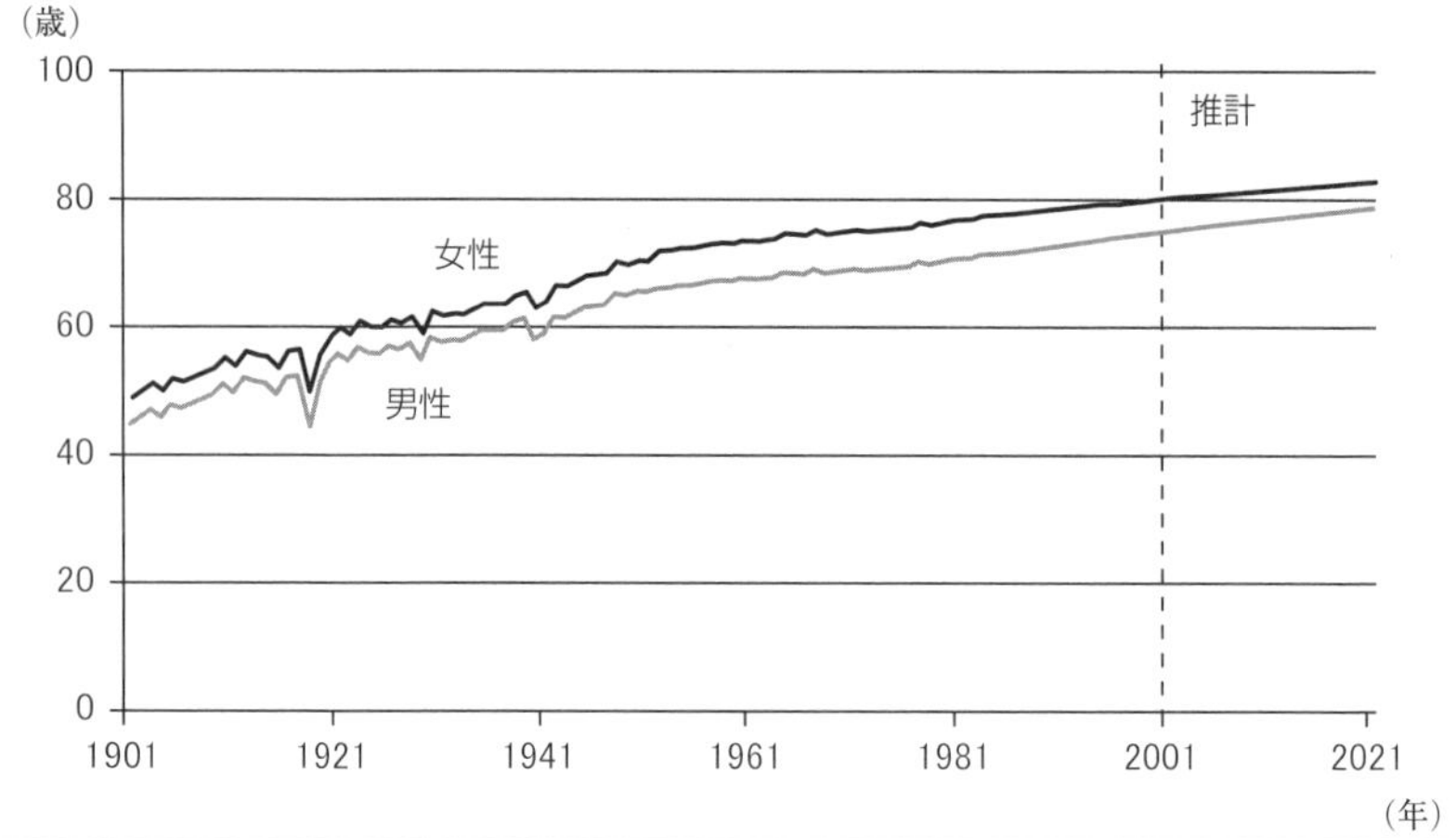

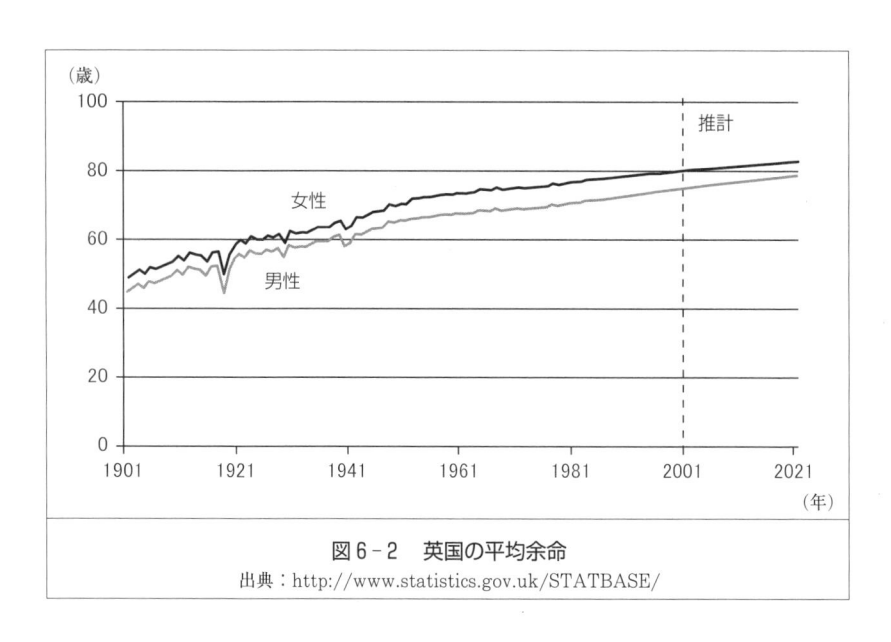

図 6－2　英国の平均余命
出典：http://www.statistics.gov.uk/STATBASE/

人びとはどのように歳をとるのか？

加齢の本質について検討する際に、加齢の社会的側面を研究する、**社会老年学**という学問の研究成果を参考にしていく。加齢の研究は、絶えず動く標的を精査することに多少似ている。人びとが歳をとると、社会自体も同時に変化し、「高齢」であることの意味自体も変化するからである（Riley et al. 1988）。二〇世紀の第一四半期に生まれた英国人にとって、中等教育は、従事することが可能なほとんどの職にとって十分過ぎるとみなされていた。また、ほとんどの人は、自分が五〇代過ぎまで――さまざまな障害に苦しむという代償を払ってまで――生きることを予期していなかった。今日、まさにこの同じ人たちは、気がついてみれば七〇代や八〇代を迎えている。多くの人は、比較的健康に恵まれ、仕事や人との交わりから離れるのに気が進まず、また、かつて自分たちが必要だと夢見た以上の学校教育を求めている。

歳をとることは何を意味するのだろうか。**加齢**は、社会学的には、人びとが高齢になるにつれてその人たちに影響を及ぼす、生物学的、心理学的、社会的過程の結合として定義づけることができる（Abeles & Riley 1987; Atchley 2000）。これらの過程は、相互に連関しているとはいえ、三つの別個の発達「時計」に喩えられている。つまり、(1) 物理的身体を指す生物学的時計、(2) 精神と知的能力を指す心理学的時計、(3) 年齢と関係する文化的規範や価値観、役割期待を指す社会的時計、の三つである。以下で見るように、これら三つの過程はすべて、極めて変化に富んでいる。年齢のもつ意味をめぐる私たちの観念は、急速に変化しだしている。それは、近年の調査研究が加齢をめぐる多くの神話を一掃しだしたからだけでなく、栄養摂取や健康状態の向上が、多くの人びとに、もっと長生きし、健康な人生を送ることを可能にしてきたからでもある。

生物学的加齢

生物学的影響が実際に生ずる正確な暦年齢は、遺伝やライフスタイルに左右され、人によって異なるとはいえ、生物学的過程は、確証されているとおり加齢に影響を及ぼす。一般的に、生物学的加齢は、男性にとっても女性にとっても、一様に以下のことを意味する。

・視力の低下。眼球の水晶体が弾性を失うため（小さな活字は、五〇代以上のほとんどの人にとって悩みの種になる）。
・聴力の喪失。最初は高い音から、続いて低い音に移る。
・皺。皮膚の内側構造が次第に脆くなるため（スキンローションにつぎ込まれる数百万ポンドも、ますます盛んになる顔の皺取り手術も、この避けられない変化を遅らせるだけである）。
・筋肉量の衰えと、それにともなう脂肪の蓄積。とくに胴まわりへの蓄積（二五歳の頃に身に付いた食習慣は、その当時は身体運動によって相殺されていたが、五〇歳になると悩みの種になる）。
・心臓血管能力の低下。身体運動中に吸入し、利用できる酸素量が減少するため（三〇歳で一マイル〔約一・六キロメートル〕を六分で走っていたランナーが、ランニングをつづけ、六〇歳になっても一マイル八分を切れば、喜ばしいことである）。

加齢という自然な過程は避けられないが、良好な健康状態と適切な食生活、栄養摂取を維持し、適度な身体運動を心がけることで、加齢過程を部分的に埋め合わせたり相殺することができる（John 1988）。ライフスタイルは、すべての年齢の人たちに健康面の重要な差をもたらす可能性がある。多くの人たちにとって、加齢という身体変化は、その人たちが八〇代に入っても活動的で自立した生活を送ることを、大幅に妨げるわけではない。適切なライフスタイルと医療技術の進歩によって、ますます多くの人たちは、ほとんど病気にもならずに生物学的最大限度に達するまで生存でき、死ぬ直前にほんの短い病気の時期を経験するだけである、とさえ主張する科学者もいる（Fries 1980）。人間は遺伝学的に何歳で死ぬようにプログラムされているのか、あるいは死そのものをプログラムされているのかをめぐって論争が起きている（Kirkwood 2001）。一二〇歳までと主張する研究者もいるとはいえ、ほぼ九〇歳から一〇〇歳が、ほとんどの人にとって遺伝学的に決定された年齢配分の上限値であるように思える（Fries 1980; Rusting 1992; Treas 1995; Atchley 2000）。公認記録で世界の最高長寿者だったフランス人女性のジャンヌ・カルマンは、一九九七年に一二二歳で亡くなっている。カルマンは、一〇〇歳になるまで自転車に乗っていて、子どもの頃にヴィンセント・ファン・ゴッホに会ったことがある。実年齢は立証されていないが、カルマンよりも長寿だったと言われている人もいる。

英国の高齢者の大多数は、身体面の重大な機能減損に何も苦しむことなく、身体の活動力も活発さを保っている。それにもかかわらず、「無力で、虚弱な年寄り」という不幸なステレオタイプは消滅せずに残っている（Heise 1987）。こうしたステレオタイプは、欧米文化における加齢の生物学的意味よりも、むしろ社会的意味と関係している。欧米文化では、若さに固執し、歳をとって死ぬことを恐れるからである。

心理学的加齢　加齢の心理学的研究は飛躍的におこなわれるようになってきたとはいえ、加齢に及ぼす心理学的影響は、身体的影響ほど確証されていない。記憶や学習、知能、技能、学習の動機づけといったことがらは、年齢とともに衰えると広く思われているが、加齢の心理学的研究は、加齢がもっと複雑な過程であることを示唆している（Birren & Schaie 2001）。

たとえば、人が情報を想起したり分析するスピードは、いくらか遅くなり、知的機能の減損が生じたような誤った印象を与えるかもしれない。しかし、記憶や学習能力が著しく低下するのは、ほとんどの人にとって、もっと高齢になってからである。生活が刺戟に満ち、恵まれている高齢者のほとんどにとって、学習の動機づけや思考の明晰さ、問題解決力といった知的能力は、非常に高齢になって初めて大幅に低下するように思える（Baltes & Schaie 1977; Schaie 1979; Atchley 2000）。

最近の研究は、記憶の喪失が、健康やパーソナリティ、社会構造といった他の変数とどの程度まで関係するのかに焦点を当ててきた。科学者や心理学者は、知的能力の低下が必ずしも不可逆的ではないと主張し、もっと高いレヴェルの知的機能をもっと長く維持できる医学的介入がおこなえるように、低下の恐れのある高齢者を特定する方法について研究している（Schaie 1990）。

アルツハイマー病、つまり、老年期痴呆の主要原因である脳細胞の進行性退化でさえも、八五歳以上の人たちで半数近くが苦しんでいるとはいえ、七五歳以下の施設収容されていない人たちのあいだでは相対的に稀である。近年の研究は、とりわけ幹細胞という注目される領域の研究は、アルツハイマー病の治療が将来可能になるかもしれないという希望をもたらした。二〇〇四年に亡くなったロナルド・レーガン元米国大統領は、おそらくアルツハイマー病に苦しむ患者の最も有名な例である。元大統領の妻、ナンシー・レーガンは、幹細胞研究を公に支援している。

社会的加齢　**社会的年齢**は、特定の暦年齢と文化的に結びついた規範や価値、役割から構成される。社会的年齢のとらえ方は、社会ごとに異なり、また、少なくとも現代の工業社会では、時間の経過とともに変化している。日本や中国などの社会は、伝統的に高齢者を尊敬し、高齢者を歴史的な記憶や知恵の源とみなしてきた。英国や米国の社会は、高齢者を、時代に取り残された、非生産的で依存的な人たちとして退ける傾向がある——それは、高齢者が、若者たちが尊重するハイテク技能をあまり身につけていないからだけでなく、高齢者の文化が若さに強迫観念のように執着しているからでもある。今日、永遠の若さを約束する調剤薬や形成外科手術、民間療法に多額の大金が費やされている。そのなかには、腹部脂肪除去手術や顔の皺取り手術、脱毛予防の錠剤やローション、さらには記憶や集中力の増進を公言する錠剤が含まれる。米国では、一九九八年に、性的不全治療薬のバイアグラは、市場に出た後の三週間で、調剤薬総売上高の九四%を占めるに至った（Hotz 1998）。

役割期待は、その人自身のアイデンティティの極めて重要な源泉である。英国社会で加齢と結びつく役割のいくつかは、たとえば領主や年長の相談役、孫を溺愛する祖父母、信仰に篤い長老、賢明で精神的に豊かな教師など、総じて肯定的である。他方、体面を傷つけ、自己評価の低下や孤立化につながる役割期待も見いだされる。英国の文化には、たとえば「うす汚い老いぼれ」や「間抜けな年寄り」、「退屈なじいさん」、「変態おやじ」、「変態おばさん」という言い方のように、高齢者にたいして烙印を押すステレオタイプ的役割が存在する（Kirkwood 2001）。実際には、誰もと同じように、高齢者は、割り当てられた社会的役割をたんに受け身で演じているわけではない。こうした役割を積極的に形成し、定義づけし直している（Riley et al. 1988）。高齢者にたいする差別は、後で取りあげる（二一六頁）。

歳をとること——競合する社会学的説明

社会老年学の研究者たちは、英国社会における加齢の本質をめぐって、多くの理論を提示してきた。初期のいくつかの理論は、人が歳をとるにつれて社会的役割の変化に個人的に適応していくことを強調した。続いて登場した理論は、社会構造が高齢者の生活を形成する態様や、ライフコースという概念に焦点を当てていった。最近の理論は、もっと多面的で、高齢者たちが特定の制度状況のなかでみずからの人生を積極的に創造していく有り様に焦点を当てている。

第一世代の理論——機能主義　加齢に関する最初期の理論は、一九五〇年代から六〇年代に社会学で有力だった機能主義のアプローチを反映している。最初期の理論は、個々人が歳をとることにつれて社会的役割の変化にどう順応するか、またこうした役割が社会にとってどのように有用なのかを重視した。多くの場合、最初期の理論は、加齢が加齢にともなって身体的、心理学的衰退をもたらすため、社会的役割の変化もそうした衰退を考慮する必要があると想定していた（Hendricks 1992）。

一九五〇年代に最も影響力のあった機能主義者のひとり、米国の社会学者タルコット・パーソンズは、年齢の上昇と両立できる役割を社会が高齢者にたいして見いだす必要がある、と主張した。とりわけ米国は、若さを強調し、死を忌避してきたため、高齢の市民たちの潜在的な知恵や分別を適切に利用するような役割を提供し損なってきたことを、パーソンズは懸念する。さらに、パーソンズは、パーソンズの時代においてもすでに明らかになっていた社会の白髪化を考えあわせ、こうした役割の提供に失敗すれば、その結果、高齢者が張り合いを失い、社会から疎外される可能性がある、と指摘した。「健全な円熟期」を達成するために、高齢者たちはみずからの環境の変化に心理学的に順応しなければならないが、他方で社会もまた高齢者が担う社会的役割を定義づけし直す必要がある、とパーソンズは論じている（Parsons 1960）。以前の（労働のような）役割は放棄せざるを得ないが、他方で、新たな種類の（ボランティア活動のような）生産的活動を見いだしていく必要がある。

パーソンズの考え方は、**離脱理論**、つまり、人びとが高齢になったら、高齢者をその人たちの従来の役割から解任することが社会にとって機能的であるという考え方の先鞭をつけた(Cumming & Henry 1961; Estes et al. 1992)。離脱理論によれば、高齢者の虚弱さや罹病、依存性がますます増大することを考えあわせれば、高齢者が、もはや適切に遂行できなくなった従来の社会的役割を占めることは、社会にとって逆機能になる。それゆえ、高齢者は、仕事を辞め、市民の暮らしに戻り、最終的にはそれ以外の活動から身を引くべきである。高齢者の離脱は、以前は高齢者が占めていた役割をもっと若い人たちに開放し、若い人たちはおそらくその役割を新鮮なエネルギーと新たな技能で遂行していくから、広い社会にとって機能的であるとみなされている。離脱はまた、高齢者が、年齢の上昇や健康の衰えと両立できる、精神的にも肉体的にもあまり重荷にならない役割を引き受けることができるため、高齢者にとっても機能的であると考えられる。確かに多くの高齢者研究によれば、大多数の高齢者は、引退を望ましいと実感し、引退によって志気が改善され、幸福感も高まったと明言している(Palmore 1985; Howard 1986)。

離脱理論には確かに一面の真実がある。とはいえ、高齢者が広い社会から完全に離脱するべきだとする考え方は、高齢が必然的に虚弱さと依存をともなうという、広く浸透したステレオタイプを当然視している。加齢の機能主義理論を批判する人たちは、これらの理論が、高齢者に目下の生活条件に適応することの必要性を強調する一方で、高齢者が直面する諸状況が公正であるかどうかを問題にしていない、と主張する。これにたいして、別の――社会葛藤理論の伝統から生まれた――理論の研究者集団が登場した(Hendricks 1992)。

第二世代の理論――年齢階層理論とライフコース理論

一九七〇年代中頃から、老年学に一連の新たな理論が導入された(Estes et al. 2003)。そのうち最も重要な貢献は、《年齢階層理論》と《ライフコース・モデル》の二つである。年齢階層理論は、定年退職政策のような社会構造が、一人ひとりの加齢過程にたいして、またもっと広く社会における高齢者階層に果たす任務や、及ぼす影響を問題にする。年齢階層理論の重要な側面のひとつが、《構造的ラグ》という概念である(Riley et al. 1994)。この概念は、社会構造が、人口変動や一人ひとりの生の変化にいかに対応していないかを解明しようとする。たとえば、英国では、第二次世界大戦後まもなく定年退職年齢が六五歳に定められたが、その当時、高齢者の平均余命と生活の質は、今日に比べはるかに下回っていた(二〇二頁の図6-2を参照)。

年齢階層理論と同じように、ライフコースという視座もまた、加齢を、一人ひとりの適応の問題とする観点から一歩踏み出ている。(ライフコースという考え方は、さきに一九七頁で紹介してある。)ライフコース理論の視座は、加齢を、ライフコースのもっと早い年齢期で生じた歴史的、社会的、経済的、環境的要因によって形成される、そうした生涯の一様相とみなす。したがって、ライフコース・モデルでは、加齢を、出生から死に至るまでつづく過程と見ている。この点で、ライフコース・モデルは、高齢者にたいして、もっぱら他と異なる集団というかたちで焦点を当てる従来の理論と対照的である。このライフコース理論は、心理学的状態と社会構造、社会過程の相互の関係を検討することで、ミクロ社会学とマクロ社会学の橋渡しをしている（Elder 1974）。

第三世代の理論——政治経済学理論　近年における加齢研究の最も重要な縒り糸のひとつは、キャロル・エステスが先導してきた《政治経済学的視座》である。政治経済学理論は、高齢者にたいする支配と周縁化のシステムに寄与するものとして、国家と資本主義が果たす役割を解明しようとしている。

政治経済学理論は、社会に蔓延する権力編成と不平等が形成され、再生産される際に、経済政治システムが果たす役割に焦点を当てている。社会政策——たとえば所得や保健、社会保障に関する政策——は、その時代の社会闘争や対立、支配的権力関係の結果として理解される。高齢者に影響を及ぼす政策は、ジェンダーや人種、階級による社会成層を反映している。したがって、加齢や老齢という現象は、この現象が生じている、もっと広い社会とじかに関係するため、他の社会的な力と切り離して検討することはできない（Estes & Minkler 1991; Estes et al. 2003）。

英国における加齢の諸側面

加齢は、新たな可能性をもたらす過程であるとはいえ、同時にまた一連の未知の挑戦課題をともなっている。人びとは、歳をとるにつれ、うまく切り抜けるのが難しい場合もある身体面や感情面、物質面の複合した問題に直面する。重要な移行を特徴づける挑戦課題のひとつは、退職である。ほとんどの人にとって、労働は、たんに勘定を支払うためだけでなく、一人ひとりにアイデンティティ感覚をもたらす。そのため、退職は、たんに収入の喪失だけでなく、多くの人が適応し難しいと感じる地位の喪失ももたらす可能性がある。多くの高齢者が直面するもう一つの重要な移行は、配偶者の喪失である。やもめ暮らしは、四、五〇年も連れ添ったパートナーの、親密な交わりや支え合いの主要な源泉であった人の喪失を意味する。ハリウッド映画『アバウト・シュミット』（二〇〇二年製作）で、タイトル名となった主人公役のジャック・ニコルソンは、自分自身の人生の変化と折り合いをつけようとする男を演じている。

老齢人口は、この本の至るところで論じる英国社会の多様性を反映している。高齢者は裕福だったり、貧しかったり、その中間だったりする。高齢者はあらゆるエスニック・グループに属している。ひとり暮らしの人もいれば、さまざまな種類の家族のなかで生活している人もいる。政治的価値観も支持政党もまちまちである。異性愛者だけでなく、男性同性愛者も女性同性愛者もいる。さらに、英国の他の人たちと同じように、健康状態も異なる。こうした相違は、高齢者がみずからの自立性や全般的な幸福度合を維持できる能力に影響を及ぼす可能性がある。

今日、「老齢」という言葉には、上記のような老齢人口の多様さだけでなく、ますます広がる年齢の幅も内包されている。しばしば、人生の第三年齢期と第四年齢期が区別される。第三年齢期は、人びとが活動的で独立した生活を営むことができ、親としての日々の責任や労働市場から次第に解放されていく、五〇歳から七五歳までの年月を指す。この範疇の多くの人たちは、拡大する消費市場や文化に投入できる時間と資金を手にしている。英国で、

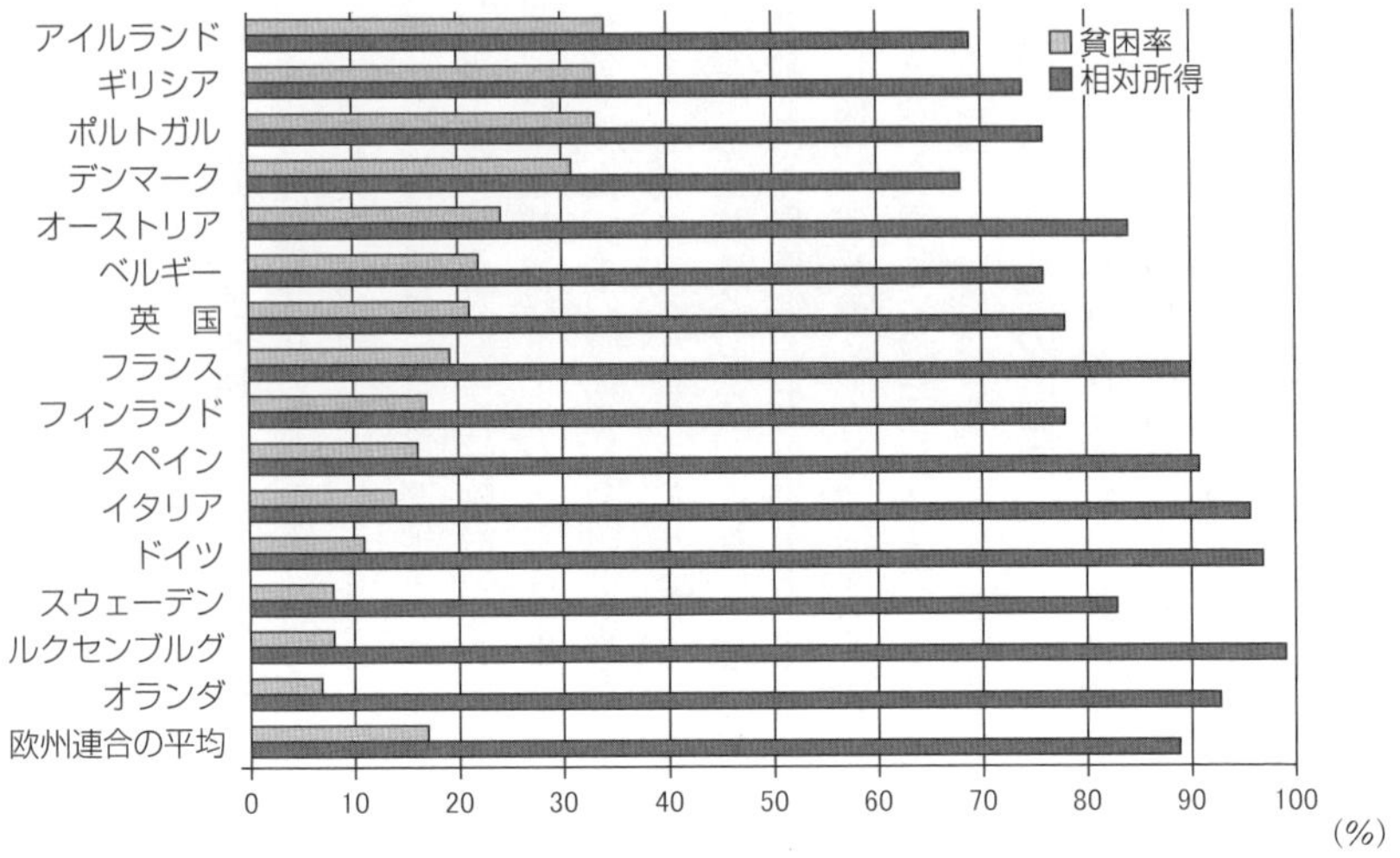

図6－3　65歳以上の人たちの貧困率[a]と相対所得[b]（1998年）

出典：*Social Trends* 34（2004）

（a）所得が総人口の平均所得の60％を下回る65歳以上人口の割合。

（b）64歳以下人口の所得中央値を100としたときの、65歳以上の人たちの所得比率。

もっぱら五〇代以上の市場に的を絞ってツアーなどの商品を販売するサガ社の成功は、「白髪マネー」の増大する力を明示している。対照的に、第四年齢期は、独立性や、自分自身で身の回りの世話をする能力が次第に疑われる年代を指す。

　この節では、不平等やジェンダー、エスニシティが加齢に及ぼす影響について見ていきたい。

不平等と高齢者　英国では、総じて高齢者は、他の年齢区分に比べ、物質的に恵まれない境遇に置かれている傾向がある。図6‐3で見るように、こうした状況は、欧州連合の他の国々でも同じように見られる。とはいえ、高齢者が自分たちの生活水準にたいしていだく主観的反応は、たんに物質的要因にもとづくだけでなく、他の準拠集団を用いてみずからの境遇を比較している。自分たちの以前の暮らしの記憶によって比較がなされるかもしれない。この場合、高齢者たちは、おそらく物質的な面で（必ずしも精神生活の面なり社会生活の面ではないにしても）みずからを過去と比較していく。とはいえ、高齢者はまた、退職前のほうがいまの境遇よりも物質的に恵まれているため、退職する前に自分たちが享受していた生活水準とみずからを比較しがちである。高齢者はまた、社会全体の平均的生活条件なり他の退職者の平均的生活条件と、みずからを比較するかもしれない。このように、誰もが共有する主観的な不平等体験を、高齢者のあいだに見いだすことはできない（Vincent 1999）。

　階級や人種、ジェンダーによる不平等は、その人が有給労働を辞めたときに悪化する場合が多い。したがって、高齢になって不平等が増大することは、同じ女性やマイノリティ、肉体労働者のあいだでも、中年齢層より高年齢層のほうが貧しくなることを意味する。退職は、高齢者の生活水準の著しい下落を引き起こす収入の減少に帰着する可能性がある。就労生活中に職域年金なり個人年金を蓄積できることが、年金生活者間の所得面の不平等を規定する最重要な要素のひとつになる。それゆえ、退職後の生活で週当たりの総所得が最も高くなりやすいのは、かつて専門的職業従事者なり管理的職業従事者として雇用されていた高齢の男性たちである。

高齢者の貧困は、第一〇章「貧困、社会的排除、福祉」、三七四頁で論じる。

英国で一三一七人の高齢者を対象にケント大学がおこなったライフスタイルの調査は、二つの別個の「世界」が存在することを実証している。ひとつは、職域年金を受け、同居世帯で暮らし、退職後間もない人びとから構成される世界で、かなり快適なライフスタイルが見いだされる。もう一つは、ひとり暮らしで、貯蓄がほとんどない八〇歳以上の人たちから構成される世界で、人びとは、深刻な貧困に苦しむ可能性がある。この調査の回答者たちがいだく主な懸念は、健康の衰えであり、その次が経済的不安だった。

高齢期生活の女性化

女性は男性より長生きする傾向にある。英国で二〇〇三年に生まれた女性の平均余命は、男性よりもほぼ五年長い（National Office of Statistics 2004a）。このため、やもめ暮らしは高齢の女性にとって規範である。六五歳以上の女性のほぼ半数と、八五歳以上の女性の五分の四は、夫に先立たれている。対照的に、六五歳から六九歳の男性の四分の三は婚姻関係を継続しており、八〇代初めに六割に下がる（HMSO 2004）。このように女性のほうが数の上で優勢であることは、「高齢期生活の女性化」と称されている。

英国では、二〇世紀後半を通して、高齢期には女性の数が不釣り合いに多かった。一方、男性にたいする女性の比率は上下してきたが、いまは多少低下している。現在、九〇歳以上の女性は男性に比べ三倍以上も多い。しかし、この数字は、二〇二一年までに二倍にまで低下すると予測されている。男女比率で女性の数が低下していく理由のひとつは、第一次世界大戦で多くの若い男性が戦死していたからである。この世代の女性は、最初に一九六一年の国勢調査時に定年退職を迎え、この一九六一年に性比の不均衡が急速に拡大しだした。高齢者で男女の数の不均衡が低下しだした二つ目の理由は、二〇世紀後半に、六五歳以上の男性の死亡率が、女性以上に急激に低下したことである。図6-4が示すように、高齢者の男女比率は、一九五一年以降上下してきた。

高齢の女性は、同年代の男性に比べ、貧困に陥りやすい。さきに見たように、個人年金の受給資格の有無は、高齢者のあいだで富の不平等が生ずる主要な原因のひとつである。女性たちは、ジェンダーによる賃金格差と、また出産と子育てによる生涯所得の減少で、男性と同一の年金受給資格をおそらく手にしていない。高齢女性の四三％しか、（亡くなった夫の個人年金による寡婦年

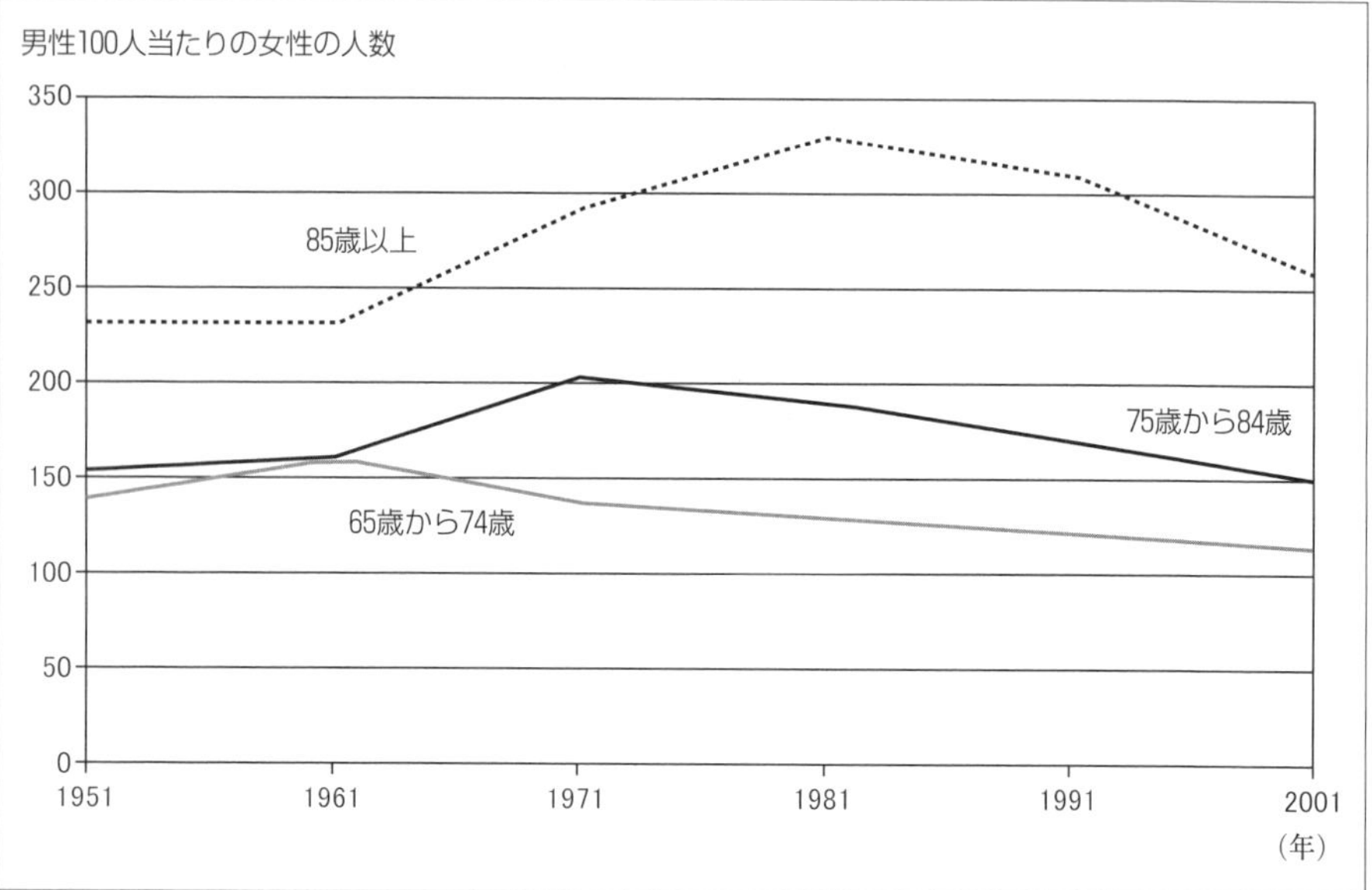

図6－4　高齢者の男女比率

出典：*Social Trends* 34（2004）

金を含め）個人年金から収入を得ていない。それに対して、個人年金から収入を得ている高齢男性は、七一％である（HMSO 2004）。表6－1は、個人年金を受給している六五歳以上の男女の比率と、年金収入の平均額を示している。

研究によれば、高齢女性はまた、男性に比べて個人所得が低いだけでなく、たとえば自動車所有のような他の資源でも不平等をこうむっている。七五歳から八四歳で自動車をもっている人の割合は、男性が六六％であるのに、女性は四二％に過ぎない。自動車所有の格差は重要な問題でないように見えるかもしれないが、その格差は、女性たちの全般的な移動能力や、健康管理や買い物、他の人たちとの触れ合いの機会を著しく制約する可能性がある。

女性たちは、加齢にともない、男性以上に障害に苦しむ。このことは、女性たちが、たとえば入浴や寝起きといった日常的作業や身の回りの世話をこなすのにも、より多くの援助や支えを必要としていることを意味する。英国の高齢女性のほぼ半数がひとり暮らしであるのにたいして、高齢男性のひとり暮らしは、五人に一人に過ぎない。したがって、介護の様式は、老齢人口が利用できるように、ジェンダーとのかかわりを考慮に入れる必要がある（Arber et al. 2003）。

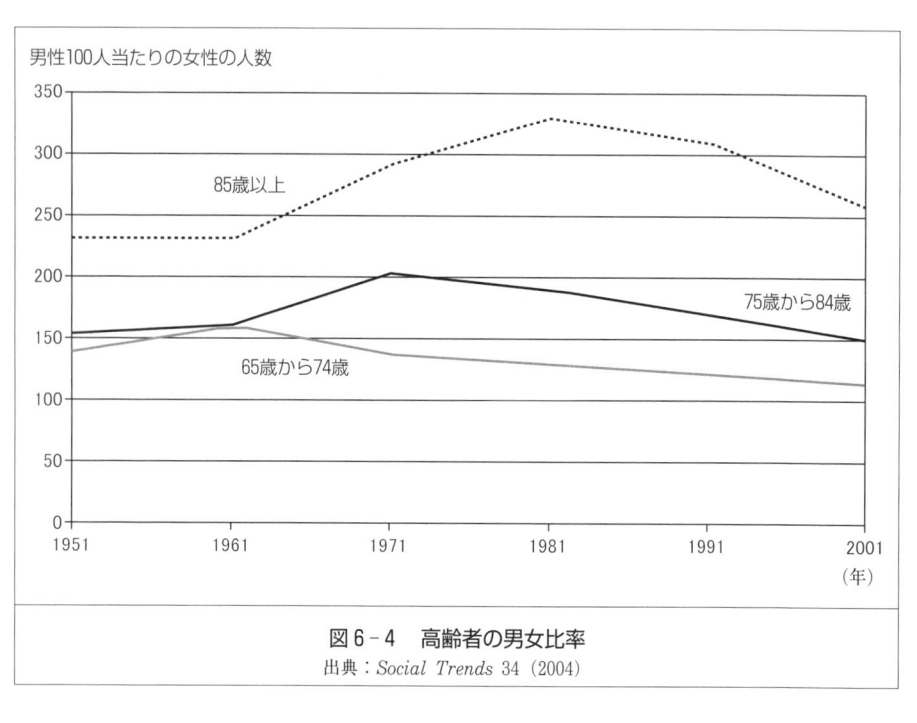

年齢とエスニシティ　英国では、エスニック・マイノリティの高齢者の所得もまた、白人の高齢者の所得を下回る傾向にあり、資力調査にもとづく給付に頼る度合も大きい（Berthoud 1998）。エスニック・マイノリティ・グループ出身の高齢者は、自動車所有や住宅保有といった他の豊かさの尺度でも、（インド系や中国

表6－1　65歳以上人口での個人年金の受給状況（2001年度）

	受給者の割合		個人年金受給者の週当たり平均額（ポンド）		男性の個人年金所得を100としたときの、女性の個人年金所得の比率（%）
	男性	女性	男性	女性	
婚姻上の地位					
既婚ないし同棲	74	28	92	34	37
未　婚	52	61	65	70	108
寡婦ないし寡夫	70	56	61	46	75
離別ないし別居	57	36	78	48	62
社会経済集団					
専門的ないし管理的職業	90	64	172	95	55
中間形態	60	51	84	43	51
肉体労働者	62	34	50	28	56
総　計	71	43	83	44	53

出典：*Social Trends* 34（2004）

系のように一部の集団は、白人に匹敵する保有率を示しているとはいえ）恵まれない境遇に置かれている。総じて、英国では、パキスタン系やバングラデシュ系の人たちは、他のエスニック・マイノリティ・グループに比べ、高い貧困率を示すが、この傾向は高齢期に入ってもつづいている。

ギンとアーバーは、高齢者人口に見いだす、エスニシティやジェンダーによる個人所得の差異を調査している（Ginn & Arber 2000）。ギンとアーバーは、高齢のアジア系女性がとりわけ恵まれない境遇に置かれやすいことを見いだした。退職したエスニック・マイノリティの人たちは、多くの場合、国の基礎年金を職域年金なり個人年金によって補充することができない。個人年金を欠くのは、転入移民してきたエスニック・マイノリティのほとんどの高齢者は英国での雇用記録が短いこと、労働市場で差別を受けていたこと、マイノリティの人たちが住みついた地域で入手できる職の数や種類が限られていたこと、さらには、時として英語を自由に話せないことの反映である。一部の特定のマイノリティ・グループに属する高齢女性にとって、経済的に不利な立場は、文化的規範が若い頃に雇用就業することに結果的に障壁として作用した可能性もある。

社会学的想像力を働かせる——エイジレスな未来？

マイク・ヘップワースは、著書『加齢の物語』で、文学作品を利用して、「社会における加齢体験のもつ意味の変化を理解するために、想像力の手段としてフィクションを探索する」ように読者に勧めている（Hepworth 2000）。ヘップワースは、科学とテクノロジーが、加齢にたいする私たちの理解を根底から改める可能性があることを指摘する。

何世紀ものあいだ、西欧文化では、加齢を、超自然的な力によってのみ救済される、そうした人間存在の条件と考えてきた。確かに、元気な人生を長引かせようとする探求はつねになされてきた。しかし、つい最近まで、こうした探求は、現実というより夢だった。したがって、人びとが永遠の生を経験した場合、「さすらうユダヤ人」や「さまよえるオランダ人」の伝説のように、それは、恩恵ではなく、むしろ天罰だった。［文学作品では］悪魔と契約を結んで自分の魂を売ってしまう『ファウスト』や（Fielder 1946）、道徳的堕落を描いたオスカー・ワイルドの小説『ドリアン・グレエの絵姿』の場合がそうであるように、身体の加齢という正常な過程を妨げるために、［時として］超自然的力が明らかに自然の摂理のなかにまさしく介入していく。ドリアン・グレエは驚くほど美貌の審美家で、その顔立ちと身体は、グレエがどれほど背徳的行いに耽溺しても、不思議なことにその痕跡を残さずに保たれていた。ドリアンの堕落の外面的表れ（この物語では、早すぎる老化）はすべて、奇妙にもドリアンの肖像画に転写されていった。ドリアンは、とうとう自分の過去の証拠を処分しようとして、この絵にナイフを突き刺した。しかし、絵姿と自分があまりにも似すぎていたため、ドリアンは、自分で自分の命を奪ってしまった。ドリアンが死んで、肖像画は、本来の若い頃のドリアンの姿――「えもいえぬ青春と美貌」――にたち戻った。そして、床には、誰とも判別できない「しなびて、皺だらけで、見るも醜悪な容貌の」年老いた男の死体が横たわっていた（Wilde 1960）。

伝説や空想小説的想像力の領域外では、ごく近年まで、西欧文化における加齢には、たとえ運よく高齢になるまで長生きしたとしても、ただひとつの未来しか存在しなかった。つまり、人間は身体の衰えが避けられず、死を迎え、来世は天国か地獄に赴くというキリスト教の見解である。キリスト教思想における肉体と魂の二元論は、現世での身体の加齢を、死後の世界で永遠の精神生活を営むための短期間の試験場とみなしている。肉体の腐敗は、次にくる来世での存在のために、魂ないし根本的自己を解放する。天国は、年齢を気品に満ちて、あるいは高潔に重ねていくことへの、また、悪魔と契約して若々しい元気な人生を長引かせようと望まないことへの代償である。

しかし、時代は急激に変化しており、近現代の科学的医療やテクノロジーの出現は、来世よりも、むしろ現世で人びとを身体の加齢から解放するという、新たな約束を提示してきた（Katz 1996）。こうした展開の興味深い特徴のひとつは、エイジレスな未来という今日のモデルが、本質的に精神生活面のモデルではなく、もっぱら生物学的モデルになってきたことである（Cole 1992）。いま支配的なのは、生物学的身体の科学こそが、加齢の過程を阻止し、若々しい人生の期間を延長するのであって、無形の永遠の魂を訴える宗教ではないという確信である。著名な社会老年学者ジャバー・F・グブリウムは、現代社会では、寿命が生物学的に限定されていることが「常態」なのを人びとは認めたがらなくなっている、と指摘する（Gubrium 1986）。科学には人間の諸問題を解決する無限の潜在的能力があるいう確信が、広く浸透している。そのため、私たちは、加齢を、生の自然な終結から治療の可能性がある疾患に変えることを、医療科学に期待している。こうした加齢の未来にたいする楽天的な見方では、高齢期の生と関連する生物学的リスクは治療可能になり、人間の寿命は、聖書に示された七〇歳を超えて伸びていく。いつの日か、加齢と関連する疾患の治療法が発見され、また、病んだり機能しない身体器官を取り替えることが可能になれば、加齢現象は、人間の検討事項から消えていくことになろう。

加齢の過程を克服する方法のひとつは、人間がサイボーグになるか、生物学的部分とテクノロジー的部分から構成される「ポスト・ヒューマン」なボディを身にまとうことである（Featherstone 1995）。［みずからの存在を、痛みや病い、機能不全として感知できる、「外見不全の身体」というドゥルー・レーダーの考え方と異なり（Drew 1990）］こうした未来像は、外見不全〔dysappearing〕な身体が文字通り《消滅〔disappear〕する》という空想である。高齢期に苦痛の原因となる体内のどの器官も取り外され、遺伝子工学によって造られたり、移植された代替器官に置き換わることになる。このように、老化する身体の物語は、人びとがみずからの限界にいかに立ち向かったり、折り合いをつけるかの物語ではなく、やがて実現するサイエンス・フィクションになっていく。身体は機械となり、加齢の意味は、おそらく憂慮すべきことがらでなくなる。

出典：Hepworth (2000)

【設　問】

1　永遠の若さへの願望は、年齢差別主義社会の産物なのだろうか。

2　かりに加齢が身体に及ぼす影響を除去できるとすれば、加齢について語ることに何の意味があるのだろうか。

3　エイジレスな未来を待ち望むことができるとする一部の社会学者の主張に、あなたは同意しますか。

加齢の政治学

「グローバルな加齢危機」？

一八五〇年の英国で、六五歳以上人口の割合は約五％だった。今日、この数字は一五％を上回り、今後も引きづき上昇していくだろう。このような人口の年齢分布に生じた重要な変化は、英国をはじめ多くの先進工業国に特有な課題をもたらしている。なぜそうなのかを理解する方法のひとつは、**従属人口指数**――年少人口および老年人口と、生産年齢人口との関係――について考えてみることである（英国における従属人口指数の増加は、図6-5に示されている）。高齢者の割合が増えつづけると、社会福祉事業や健康医療制度にたいする需要も、同じように増大する。平均余命の伸びは、いま以上に長い期

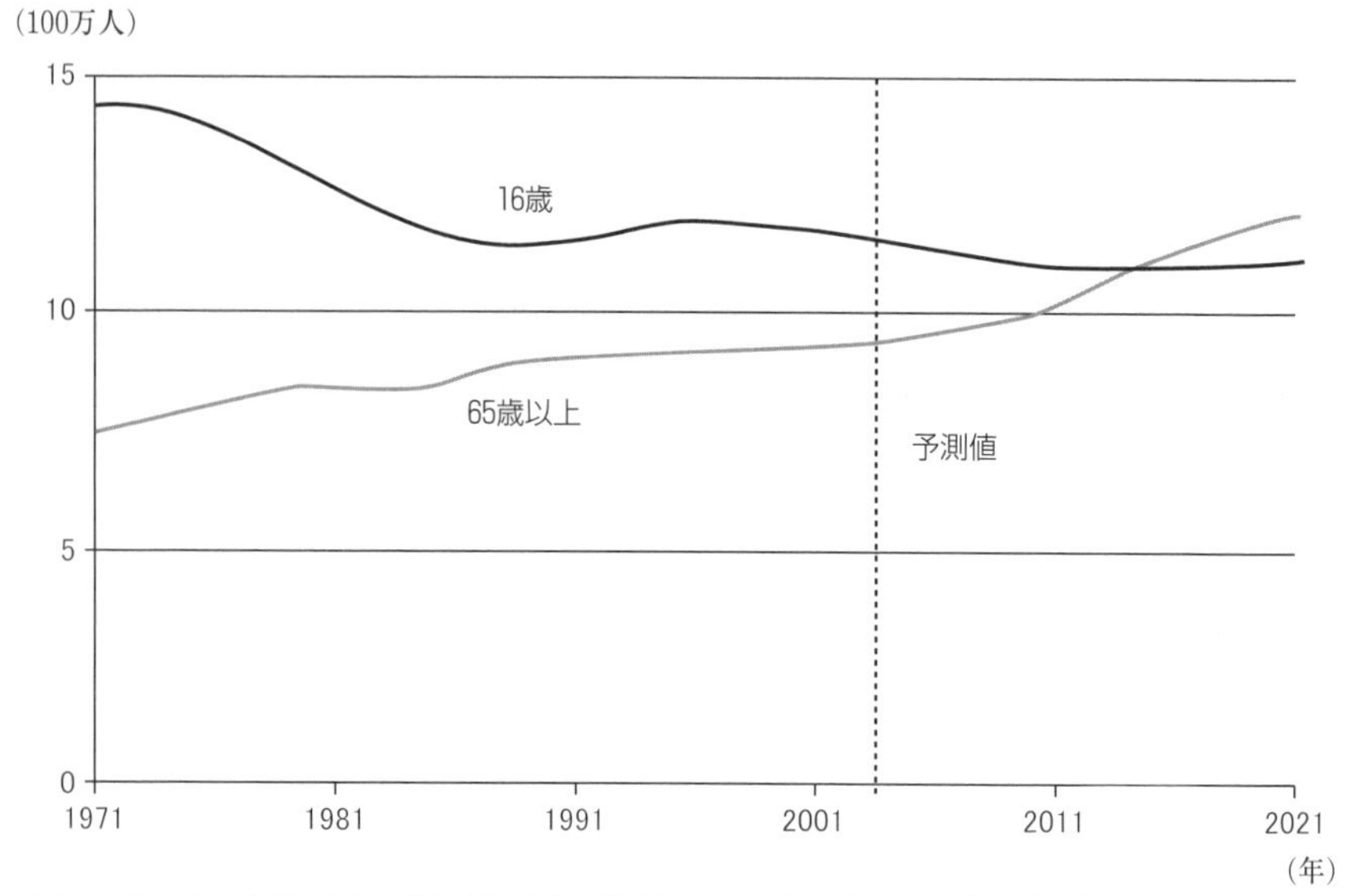

図6－5　英国の従属人口

出典：*Social Trends* 34 (2004)

間にわたって年金を支払う必要性が生ずることを意味する（図6－6を参照）。

とはいえ、高齢人口を支える年金事業に資金供給しているのは、現在の労働力人口である。高齢者の従属人口指数が上昇すると、利用可能な資源にたいしてますます重圧が加わるようになる、と一部の論者は指摘している。政府や利益団体、政策立案者は、人口学の予測に照らして、将来を見通し、人口変動にともなうニーズにうまく対処できる提言をおこなうことを強く求められている。今日、一部の年金組合は、現行の年金支払計画を無期限に維持することはできない、と警告する。こうした年金組合は、寿命の伸びを埋め合わせるために、年金の支給開始年齢を、女性も（現行の六〇歳を六五歳に引き上げた上で）男性も（現行の六五歳を）七〇歳まで引き上げるように求めている。（人口の高齢化と福祉支出をめぐる論争は、次のコラム「加齢と福祉国家」で取りあげている。）

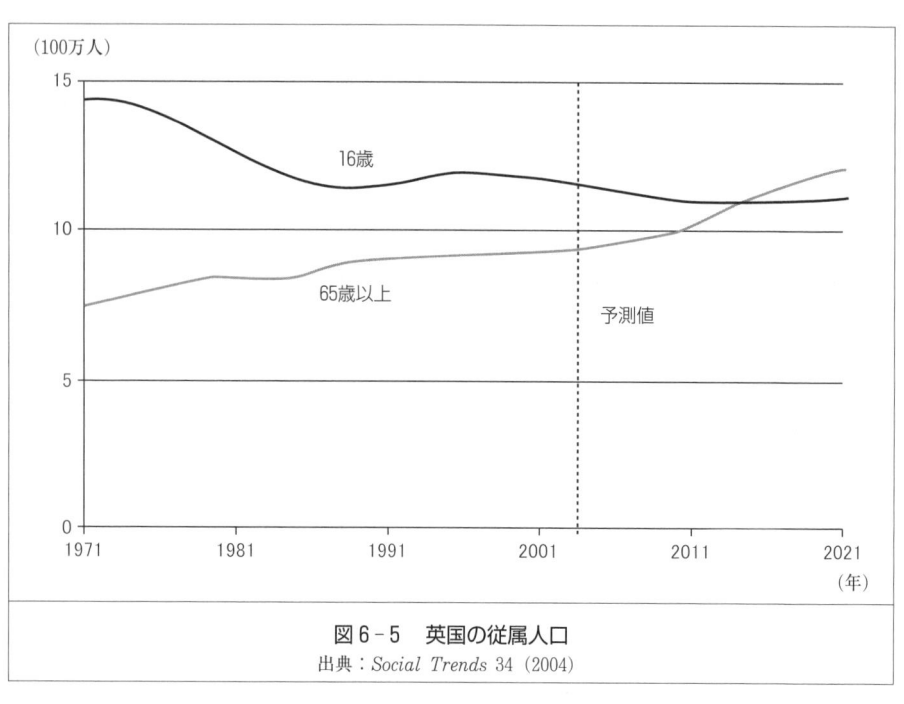

近年、高齢者を「従属人口」とみなす考え方は、批判を受けてきた。つまり、ある人口集団を「従属なり依存した存在」と描写することは、その人たちの存在がある意味で社会にとって問題であるとほのめかしているからである。クリス・ギラードとポール・ヒッグズは、新たな豊かさが社会の至るところに、またライフコースのあらゆる段階に広がってきた、と論じている（Gilleard & Higgs 2005）。ギラードとヒッグズは、一方ですべての高齢者が一様に元気で経済的不安を免れているわけでないことを認めているが、定年退職を心待ちにする人びとにとって、高齢期はよいものへと変化してきた、と主張する。高齢期の人びとの位置づけ

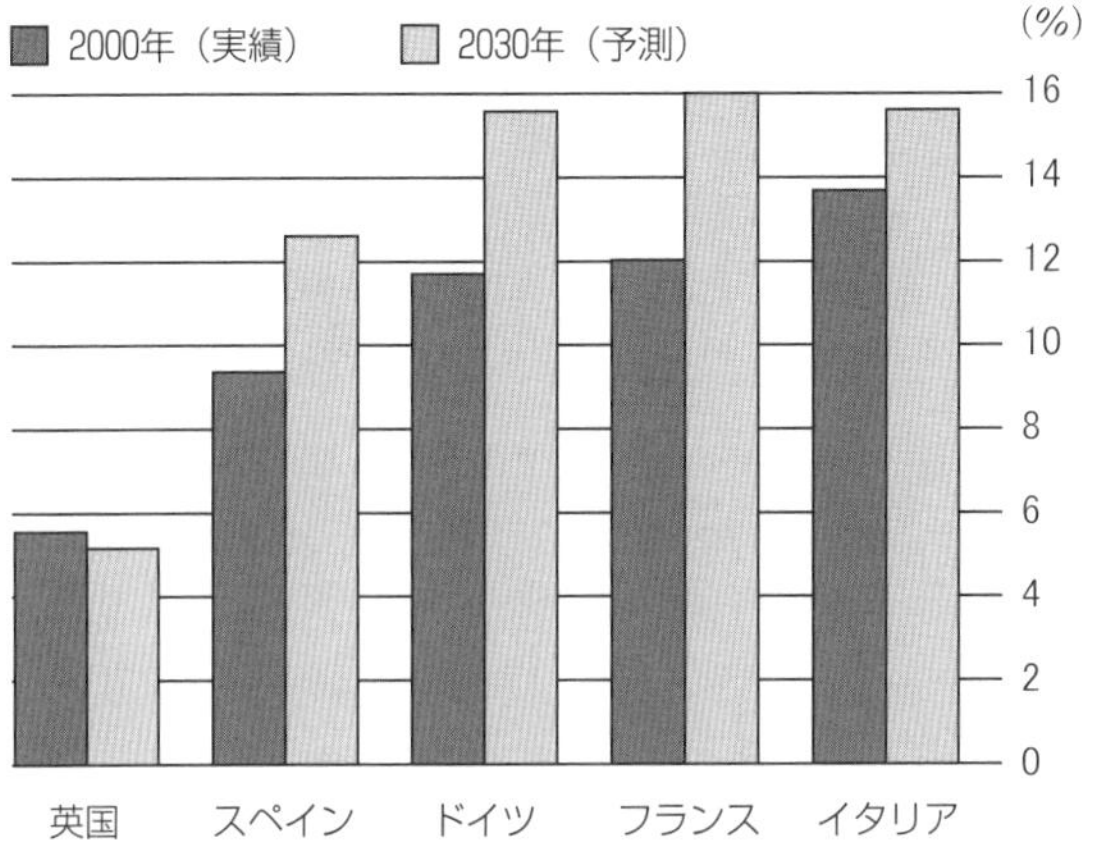

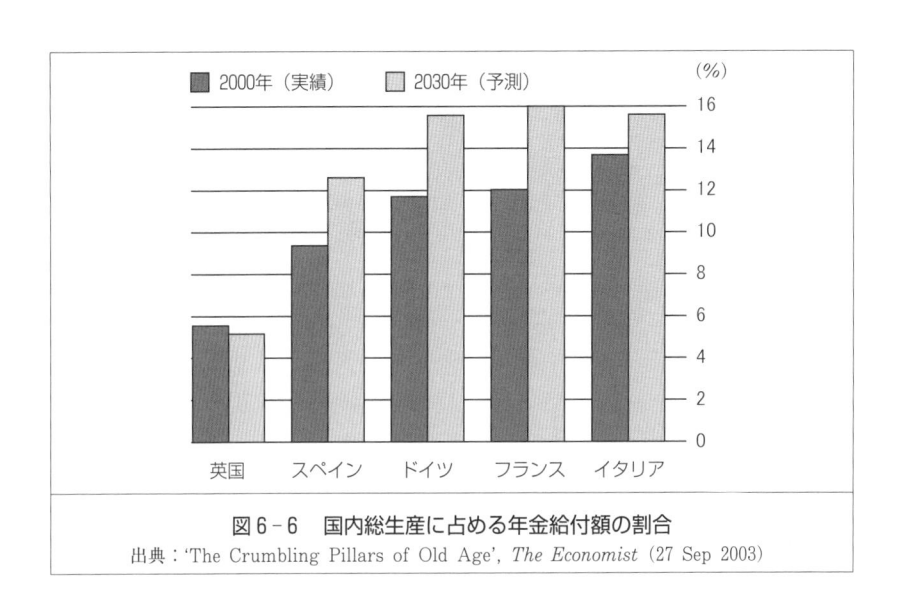

図6－6　国内総生産に占める年金給付額の割合

出典：'The Crumbling Pillars of Old Age', *The Economist* (27 Sep 2003)

について従来からおこなわれてきた——たとえば、高齢者は社会から切り離されているとか、国家に依存しているといった——全般的理解の多くは、今日においては不適切に思える。たとえば、いま定年退職年齢に達しだした世代は、戦後の一九五〇年代、六〇年代に、若者の文化がファッションや音楽などの「誇示的消費」によって支配されはじめた時代に、大人になっていった。この世代の高齢者は、自分たちが若者の頃に身につけた習慣を失わずにいるため、引きつづき重要な消費者であり、独立したライフスタイルを享受している。

アーバーとギンはまた、従属なり依存という認識をいまや再検討する必要がある、と主張する（HMSO 2004）。まず、依存状態を定義づけるのに用いられる年齢の幅（一六歳未満と六四歳以上）は、もはや英国での現実の雇用形態を反映していない。一六歳で労働市場に常勤雇用で参入する若者は少なくなっており、むしろ学校教育にもっと長くとどまる傾向が強い。さらに、ほとんどの労働者は、退職年齢である六五歳になる何年も前に労働市場から離れている。同時に、これまで以上に多くの女性が有給雇用され、男性のあいだでの雇用期間の短縮を相殺している。

二つ目に、経済に利益をもたらす活動は、労働市場への積極的参加だけに限定されない、とアーバーとギンは主張する。高齢者は、重荷になるどころか、利益を生む多くの経済的、社会的貢献をおこなっていることが、実証されている。高齢者は、多くの場合、生活能力が弱まったパートナーを、無給でインフォーマルに介護することで、国が提供する健康管理や身の回りの世話のコストを大幅に減らしている。高齢者はまた、孫の世話をすることによって、娘や義理の娘が労働市場に参入するのを可能にしている。高齢者は、ボランタリー組織でも積極的に活動している。アーバーとギンは、高齢者が、子どもが成人になった後でも——たとえば、子どもたちに、融資をしたり、学費や贈り物、住居援助を与えることで——重要な資金援助源になっている、と指摘する。くわえて、多くの研究は、高齢の親たちが、成人となった子どもにとって、とくに離婚のような苦境時に、引きつづき情緒的な支えになっていることを見いだした。

高齢者差別 積極行動主義グループは、高齢期や高齢者にたいする肯定的見方を広めようとして、**年齢差別主義**——人びとを、その人たちの年齢をもとに差別すること——にたいする闘いを開始した。年齢差別主義は、性差別主義や人種差別主義と同じように、イデオロギーである。性差別主義や人種差別主義と同じく、高齢者差別にも、高齢者にたいする誤ったステレオタイプが数多く見いだされる。たとえば、高齢の労働者は若年労働者に比べ能力が劣るとか、六五歳以上の人たちはほとんどが病院か老人ホームに入っている、耄碌した人が高い割合を占めると、しばしば考えられている。こうした確信はすべて間違いである。六〇歳以上の労働者の生産性と出勤記録は、平均して若年層よりも優っている。六五歳以上の高齢者の九五％は自宅で暮らしている。六五歳から八〇歳までの高齢者で老人性痴呆の顕著な症状を示す人は約七％に過ぎない。こうした年齢差別には、採用、研修（高等教育への入学を含む）、昇進、賃金、雇用継続——重要なものこなってきた。英国では、政府が年齢差別を禁止する提言をお

として——退職が含まれる。ある研究で、同一男性の二五歳と五二歳、七三歳のときの写真を大学生たちに示して、この男性をさまざまなパーソナリティ特性によって評価するように頼んだ（Levin 1988）。評価は、七三歳で写っている男性にたいして明らかに否定的だった。男性がその写真のなかで高齢に見えるときに、学生たちはこの男性についてまったく何も知らないのに、この人を否定的に認識する傾向が見られた。この男性が高齢者であるという事実だけで、マイナスの文化的ステレオタイプが簡単に誘発されていた。「気難しい年寄り男」といった広く共有される文化的ステレオタイプは、結果として高齢者を傷つける個人的見解につながる可能性がある。

社会学者のビル・バイザウェイは、社会構築主義（第五章の一七〇頁で紹介した理論的アプローチ）を用いて、高齢者差別の理論的解明をおこなった。バイザウェイは、「高齢」や「高齢者」といった言葉のリアリティを疑うことからはじめる（Bytheway 1995）。これらの言葉にはある種の普遍的リアリティがあると私たちは想定しているが、そのような普遍的リアリティはない、とバイザウェイは主張する。バイザウェイは、私たちが「高齢」という言葉で何を意味しているのかを問うことで、つまり、「高齢とは、身体の調子なのか、人生の一段階なのか、心の状態なのか、さもなければ何なのか」と問うことで、論証した。高齢と呼び得る何かが存在するという科学的証拠を見いだすことはできるのだろうか。かりに高齢と呼び得るものが存在するなら、人びとはどのようにして高齢期に入り、高齢者となっていくのだろうか。バイザウェイによれば、私たちが加齢を記述し、高齢者を記述していくために用いる

たとえば、「高齢者」や「年寄り」などの――範疇は、それ自体が高齢者差別である。これらの範疇は、高齢者差別と結びついた不平等によって何らかの利益を得る支配集団が、人びとを暦年齢にもとづいて隔離し、管理することを正当化するために、社会的に構築されている。

加齢と福祉国家――音を刻む時限爆弾?

人口の高齢化は福祉国家にとって何を意味するのだろうか。世界銀行は、報告書『高齢危機を回避する』で、高齢者の割合が劇的に増大すれば、年金や医療介護に充当する福祉支出はますます財政的に困難になっていく、と指摘した（World Bank 1994）。この指摘は、先進世界にも発展途上世界にも当てはまるが、富裕国はおそらくもっと早く困難に直面する。富裕国では、六五歳以上人口にたいする労働力人口の比率は、いまのところ一対四であるが、二〇三〇年には一対二と半分になる。労働力人口は、増大する年金受給人口を支えるために、おそらく莫大な税負担に耐えなければならない。この世界銀行の報告書が出されて以降、この問題にどう対処するかをめぐって、数多くの著述や会議、政策提言がなされてきた（*The Economist* 2000）。

最近、何人かの論者がこうした見解に異論を唱えている。ディーン・ベイカーとマーク・ワイスブロットは、米国の年金システムを研究した『社会保障――偽りの危機』は、たとえ経済成長について極めて控え目な想定をしたとしても、今後三〇年以内に、米国の社会保障システムに予想されるような破綻が生ずる可能性は極めて低いことを論証している（Baker & Weisbrot 1999）。ベイカーとワイスブロットは、社会保障システムにたいする民営化圧力のほとんどはウォール・ストリートから発生している、と指摘する。それは、かりに国が拠出する社会保障システムを民間の個人年金に置き換えれば、米国の金融サーヴィス業界は、一億三〇〇〇万件の新たな資金運用口座を獲得することになるからである。

同じように、英国の社会学者ロビン・ブラックバーンは、世界各国の年金給付を歴史的に概観した『瀕死のバンキング』で、人口の高齢化が年金危機を生むという懸念は、国の基礎年金に代わる自由市場型商品を執拗に宣伝するために、金融界と政治的右派が流布してきた、と主張する（Blackburn 2002）。この過程で、退職後の経済的安定にたいする人びとの不安を蔓延させていった。ブラックバーンはまた、民間企業によって年金基金が運営される――ブラックバーンが「白髪の資本主義」世界と名づけた――方式を批判する。被雇用者の貯蓄は、年金受給資格者の長期的な生活保障のためではなく、投資から短期に最大の利潤を得ることを期待している年金基金管理者の手に渡るからである。

英国の社会学者フィル・マランは、著書『想像上の時限爆弾』で、人口の高齢化が、一連の恐ろしい社会問題を引きおこす寸前の時を刻む時限爆弾であると信じる人たちは、マランが信管を外そうとしている一連の神話にだまされている、と指摘する（Mullan 2002）。たとえば、健康管理について言えば、人口の高齢化が不健康状態と依存の急激な増大を意味するというのは神話である。加齢は疾患ではなく、ほとんどの高齢者は病人でもないし、障害者でもない、とマランは反論する。人びとが長生きするようになった理由のひとつは、二〇世紀を通じておこなわれた生活条件の改善であり、かりに生活条件の改善が継続すれば、高齢者は、前の世代以上に元気になり健康になっていく、とマランは主張する。マランの攻撃する二つ目の「神話」は、人口の高齢化が国家基本年金事業を破綻させ、その結果、年金を国家による源泉徴収方式から民間事業に改編しなければならないという確信である。国家による年金給付は民間事業に比べ、はるかに効率的である場合が多く、改編する根拠は何も存在しない、とマランは指摘する。

世界人口の「白髪化」

「高齢者人口の爆発」が、今日の世界を襲っている。国連人口基金の一九九八年年次報告は、世界全体の六五歳以上人口が一九九八年に約九〇〇〇万人増加したと指摘している（UNFPA 1998）。六五歳以上人口は、二〇一〇年に一四五〇〇万人、二〇五〇年には二一〇〇万人の割合で増加すると見込まれている。六五歳以上人口の最も急激な増加は先進工業国で起きており、先進工業国では、貧困国に比べ、家族の産む子どもの数が少なくなり、人びとは長生きになっている。先進工業国で、高齢者人口の割合は、一九五〇年の八％から一九九八年の一四％にまで増加し、二〇五〇年には二五％に達すると予測されている。二一世紀の後半になると、発展途上国も、その国なりの高齢者人口の爆発を経験して、追随すると予想されている。

世界のほとんどの社会で、人口は、出生率と死亡率がともに低下した結果、高齢化しだしている。とはいえ、貧困国の人口は、貧困や栄養不良、病気のために、引きつづき寿命が短い（第一一章を参照）。国連の概算によれば、世界全体で平均余命は、その平均値が一九五〇年の四六歳から一九八五年には五〇歳まで伸び、二〇二五年には七一歳に達する（UNFPA 1998）。この二〇二五年には、六五歳以上人口は約八億となり、その数は一九九〇年からほぼ三倍に増加する（図6-7を参照）。非常に高齢の人たち（八五歳以上の高齢者）の場合、医療や身の回りの世話にたいするニーズが最も高くなるが、その数は、北米で五割、中国で二倍、西アフリカで約一・五倍に増加する（Sokolovsky 1990）。（人口の加齢が中国で引き起こす問題は、二二〇頁以下のコラムで触れる。）こうした高齢人口の増加は、すでにあまりにも貧困なため自国の人口を十分に維持できない多くの国々の資源に、ますます多くの要求を負わすことになる。

高齢者人口の爆発は、社会政策にとって桁外れの影響を暗に及ぼしている。現在、一五〇カ国以上が、高齢者や障害者に公的援助をおこなっている。高齢者は、コストのかかる医療サーヴィスを必要とする傾向がとくに強い。多くの工業国で、高齢者数の急激な増加は、医療制度に負担をかける恐れがあり、高齢者の健康管理に要するコストが政府予算を上回る可能性もある。

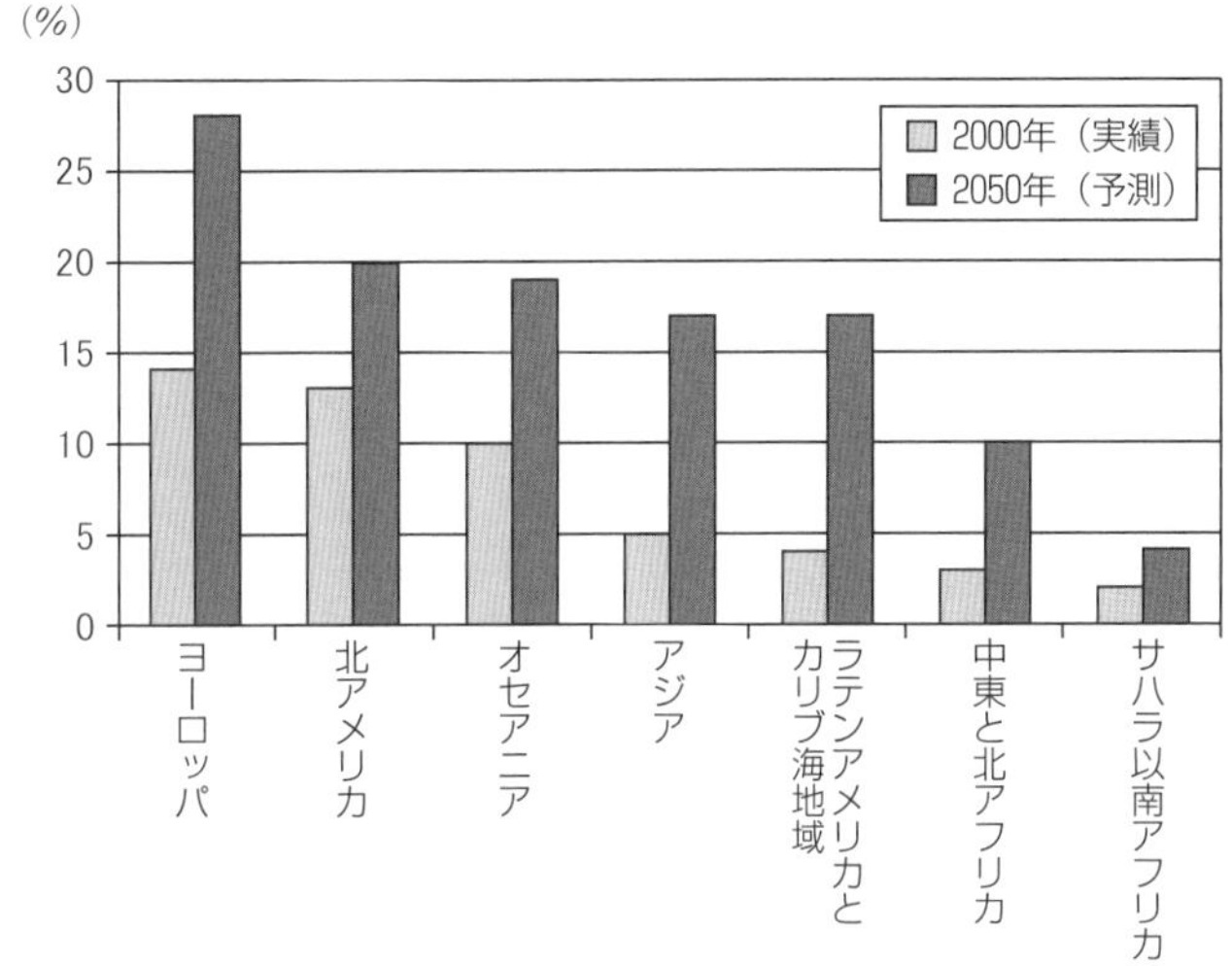

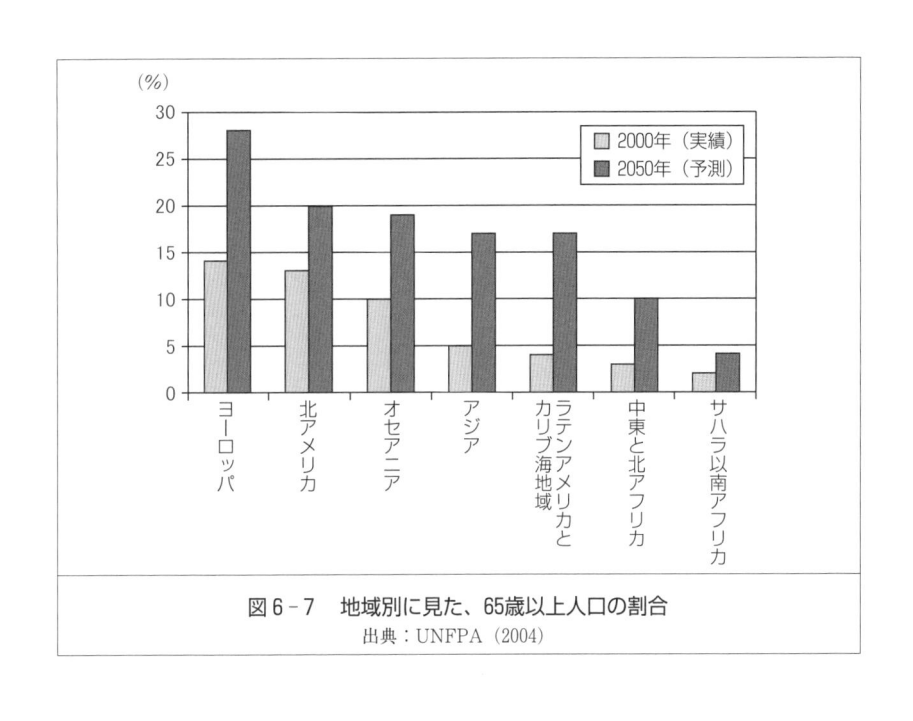

図6－7　地域別に見た、65歳以上人口の割合
出典：UNFPA（2004）

国が高齢者数の増加に対処するためにとっている施策は、国によって大きく異なる。すでに見たように、英国は、高齢者の経済面と健康面のニーズを満たすセーフティ・ネットを提供するために、主として国の基礎年金と国民健康保険制度に依拠している。他の工業国は、もっと多彩なサービスを提供している。たとえば、日本では、男性も女性もかなり高齢になっても引きつづき元気に活動している。それは、日本の文化が高齢者のこうした活躍を奨励しており、企業の方針も、前に勤めていた同じ会社で退職後も働くことをしばしば支援するからである。日本では、多くの国内法令が高齢労働者の雇用と研修を支援し、私企業も再教育を後押ししている。

白髪化とグローバル化の組み合わさった状態が、二一世紀を通じて、世界の至るところで高齢者の人生を形成していくことになる。家族に基盤を置いた経済が、農場での労働や、グローバル・ビジネスのオフィスや工場での労働に引きつづき道を譲っていくため、伝統的な家族介護の様式は、挑戦を受けることになろう。（第七章の二五四頁～二五五頁で「ビーンポール・ファミリー」について触れたように、家族類型は、欧米ではすでに変化しだしている。）二〇世紀初期の工業国と同じように、すべての社会は高齢化する市民にたいして役割を見いだすという挑戦課題に直面していく。こうした挑戦課題には、政府の方針によって資金調達される場合が多い、そうした新たな経済的支援手段を確定することも含まれる。さらに、高齢者が蓄えてきた数多くの経験や能力、技量に頼ることで、高齢者を孤立させず、むしろ社会に組み入れる方法を確認することも、当然必要だろう。

グローバル化と日常生活――中国での人口の高齢化

中国の高齢者は一億三〇〇〇万人で、総人口の一〇%強を占めている。しかし、若年層と高齢層のバランスの変化によって、この数字は、二〇五〇年に三一%を上回ると予測されている。このことは、中国が人口急増を抑制しようとして一九七九年に導入した、厳しい一人っ子政策の結果である。法律上、都市部に住むすべての夫婦は、夫婦の片方ないし両方が少数民族出身だったり、夫婦とも一人っ子だった場合を除き、子どもを一人しか産むことを許されていない。

中国の人口増加

一九五〇年	五億六三〇〇万人
一九六〇年	六億五〇〇〇万人
一九七〇年	八億二〇〇〇万人
一九八〇年	九億八五〇〇万人
一九九〇年	一一億四〇〇〇万人
二〇〇〇年	一二億六〇〇〇万人

出典：米国・国勢調査局

ほとんどの農村地域で、夫婦は、何年間か後に、二人目の子どもを産むことができる。この法律はとくに都市部で厳しく、都市部で強制される不妊手術や晩期流産、違反夫婦への処罰は、しばしば国際的な批判を招いてきた。しかし、この政策は、残念ながら裏目に出てしまい、労働力人口が、退職した人たちの扶養のために苦闘する結果をもたらした。

憤懣

ますます多くの未婚の若者たちは、自分の両親と四人の祖父母の面倒をみなければいけない――「四・二・一家族」として知られる現象――という気の滅入る将来に、気がついてみれば直面している。しかし、だからといって、共産主義的福祉システムが経済改革の圧力のもとで急速に解体しているため、多くの人たちが高齢者の世話がますます困難になってきたと考えている事実に、変わりはない。金銭的余裕がある人たちは、自宅で肉親の世話をするという古くからの責任を、民間の療養所に委ねだしている――こうした動き自体、かなりの憤懣を生んでいる。中国では、年長者は、伝統的に尊敬の対象であった。しかし、今日、高齢者人口は、面倒を見てもらうことを期待している。ほったらかしにされたと言って、自分の家族を訴える人さえいる。

二〇三〇年には、推定三億人の高齢者介護のために、国民所得の一〇%が消費されるだろうと、当局は概算している。何らかの対策が講じられない限り、高齢者介護の負担は、中国の発展速度に重大な影響を及ぼしかねない、と専門家たちは指摘する。

出典：BBC（1 Sep 2000）

まとめ

1　《社会化》とは、無力な存在の幼児が、他の人びととの接触をとおして、徐々に自己自覚し、理解力をもった人間となり、所与の文化や環境の諸様式に習熟していく過程である。

2　G・H・ミードによれば、子どもは、さまざまな社会的脈絡で他の人びとが自分にたいしてどのように振る舞うのかを見ることで、自分が別個の独立した行為主体であることの理解を獲得していく。その後、規律あるゲームに参加し、遊びの決まりを学習する段階で、子どもは、「一般化された他者」――一般的な価値観や文化基準――を理解するようになる。

3　ジャン・ピアジェは、子どもが世界の意味を理解する能力を発達させていく際の主要な段階をいくつか区別している。それぞれの段階は、新たな認知技能の習得をともない、先行する段階をうまく終了できるか否かに左右される。ピアジェによれば、これらの認知発達の段階は、社会化の普遍的特徴である。

4　《社会化の担い手》とは、そのなかで社会化の重要な過程が生じる、構造化された集団ないし脈絡である。どの文化でも、家族は、幼児期を通じて子どもの社会化の主要な担い手になる。社会化に影響を及ぼすものとして、他に《同輩集団》、《学校》、《マスメディア》がある。

5　マス・コミュニケーションの発達は、社会化の担い手の範囲を拡大した。大量印刷媒体の普及は、その後、電子コミュニケーション手段の使用をともなった。テレビは、とりわけ強い影響力をもち、毎日、定期的にあらゆる年齢層の人びとに視聴されている。

6　《ジェンダーの社会化》は、幼児が生まれるや否や実質的にはじまる。子どもたちを対等に扱っていると確信する親でさえ、男の子と女の子に異なった対応を示す傾向がある。こうした差異は、他の多くの文化的影響作用によって強化される。

7　社会化は、ライフサイクルの至るところで継続する。人生の個々の段階に、おこなうべき移行なり、克服すべき危機が存在する。このなかには、肉体的存在の終わりである、死の直視も含まれる。

8　生物学的加齢と心理学的加齢、社会的加齢は同じではないし、同じ文化の内部でも、文化を超えてもかなり異なる。ある人の《社会的年齢》と、その人の暦年齢を混同しないことが重要である。身体の加齢は避けられないが、ほとんどの人びとは、適切な栄養摂取や食習慣、運動によって、かなり高齢になるまで高い健康水準を保つことができる。

9　欧米社会は、死亡率と出生率の低下によって、急激な「白髪化」、つまり、高齢化を経験している。急速に増加する高齢者人口は、経済的、社会的、政治的に極めて多様な範疇を形成する。とはいえ、高齢者人口は、それぞれ「若年高齢者層《ヤング・オールド》」を示す第三年齢期と、「最高齢者層《オールド・オールド》」を示す第四年齢期に分けることが可能である。

10 加齢に関する機能主義理論は、高齢者の社会からの離脱が望ましい、と最初主張した。《離脱理論》は、高齢者がそれまで担ってきた社会的役割で若い人びとが活躍するようになれば、高齢者は退くべきだ、と考えた。他方、《活動理論》は、高齢者の活力の源として社会参加で忙しいことの重要性を強調するようになった。加齢の葛藤理論は、社会制度の日常的営みが、いかに高齢者のあいだにさまざまな種類の不平等を生みだしているかに焦点を当ててきた。最も近年の理論は、高齢者を、みずからの生活を管理でき、政治と経済で積極的な役割を演じられる存在とみなしている。

11 高齢者は、他の年齢集団に比べ、物質的に恵まれない境遇に置かれやすい。また、高齢の女性は、高齢の男性よりも貧困に苦しみがちである。また、エスニック・マイノリティの高齢者は、白人の高齢者よりも貧困に苦しみやすい。高齢者の数は、不均衡が多少狭まりだしているとはいえ、男性よりも女性のほうがかなり多い。

12 人口の「白髪化」は、「従属人口指数」の増加を結果的にもたらす。人口の「白髪化」は、高齢者向けサーヴィスの財源をめぐって新たな論争を引き起こしてきた。

13 グローバル化は、多くの社会で、高齢者の従来の役割を脅かしている。世界の至るところで、高齢者の役割は急激に変容している。

考察を深めるための問い

1 社会化は、どのような点で、洗脳や教化と異なるのだろうか。
2 自己アイデンティティと社会的アイデンティティは、相互にどのような関係にあるのだろうか。
3 複雑で急激に変化する社会のなかで、第一次的社会化は、どのように重要なのだろうか。
4 社会的要因は、その人の高齢化過程をどのように形成していくのだろうか。
5 身体的特徴を別にすると、男の子と女の子は生まれつき違うのだろうか。
6 「グローバルな高齢化の危機」は、存在するのだろうか。
7 あなたは、日常生活で高齢者差別の事例を目撃した経験があるだろうか。

読書案内

Simon Biggs: *Understanding Ageing* (Open Univ Pr, 1993)
R. Blackburn: *Banking on Death, or Inventing in Life* (Verso, 2002)
B. Bytheway: *Ageing* (Open Univ Pr, 1999)
Chris Gilleard & Paul Higgs: *Contexts of Aging: Class, Cohort and Community* (Polity, 2005)
Phil Mullan: *The Imaginary Time Bomb: Why an Ageing*

Population is Not a Socila Problem (A. B. Taurus, 2000)

P. laslett: *The Third Age* (Weidenfeld & Nicolson, 1989)

Peter G. Peterson; *Gray Dawn: How the Coming Age Wave Will Transform America-and the World* (Random House, 1999)

John Vincent: *Old Age* (Routledge, 2003)

インターネット・リンク

The Centre for Polocy on Ageing
http://www.cpa.or.uk/ageinginfo/ageinginfo.html

OECD-international worl on ageing
http://www.oecd.org/topic/0,2686,en_2649_37435_1_1_1_!¥37457,00.html

United Nations Programme on Ageing
http://www.un.org/esa/socdev/ageing

World Health Organization on Ageing and the Life-Course
http://www.who.int/ageing/en/

7

家族と親密な関係性

あなたはいままでに恋したことがありますか。ほぼ間違いなくあるはずです。ほとんどの人は、一〇代の頃から恋におちることがどういうことかを知っている。私たちの多くにとって、愛情や恋愛感情は、私たちがつねに経験する最も激しい感情のひとつである。人はなぜ恋におちるのだろうか。答えは、一見明らかなように思える。愛情は、ふたりの人が互いに相手にいだく肉体的、人格的愛着の表出である。今日、私たちは、愛情が「永久《とわ》」のものであるという考えに懐疑的かもしれないが、恋におちることを、普遍的な人間感情から生ずると考える傾向が強い。恋におちた男女がふたりの愛情関係のなかで、おそらく結婚して家族生活をはじめることで、人格的、性的充足を得たいと望むのは、まったく当然なことと思われている。

しかしながら、このような状況は、今日あまりにも自明のように一見思われているが、現実には非常に稀である。恋におちた相手と長期に及ぶパートナー関係に入ったり、あるいは家族生活をはじめるのは、世界中のほとんどの人びとが経験することがらでは《ない》。たとえば、英国のあるアジア人社会では、見合い結婚が依然として規範になっている。こうした事例では、恋におちることが、結婚や新たな家族生活の開始につながると考えられることは、めったにない。長期に及ぶパートナー関係がロマンチック・ラヴにもとづくという観念は、西欧の社会においても明らかに近代に入るまで浸透していなかったし、また西欧以外の他のほとんどの文化には決して存在しなかった。

近代に入って初めて、西欧の工業社会では、愛情とセクシュアリティが密接に結びつくとみなされるようになる。中世ヨーロッパ史の研究者ジョン・ボズウェルは、ロマンチック・ラヴをめぐる近現代の観念が極めて異例な考え方であるとの所見を述べている。中世のヨーロッパでは、愛情を強く感じて結婚する人は、ほとんど誰もいなかった。事実、「強い感情のあまり自分の妻を愛することは不義に当たる」という中世の言い伝えが存在した。中世では、またその後の数世紀のあいだ、男性と女性は、一家が所有する財産を守るためか、あるいは子どもを生み育てて耕地で仕事をさせるために、もっぱら結婚した。いったん結婚してしまえば、時としてその男女は、親しい伴侶になったかもしれない。とはいえ、こうした結びつきは、結婚の前ではなく、むしろ結婚後に生じた。人びとは時として婚外の性関係をもつこともあったが、そうした関係は、今日の私たちが愛情から連想するような強い感情をほとんど引き起こさなかった。ロマンチック・ラヴは、よく言えば気の弱さ、悪く言えば一種の病とみなされていた。

今日の私たちの態度は、ほぼ完全に逆である。ボズウェルは、ロマンチック・ラヴについて、「近代の工業文化がいだく事実上の強迫観念」という的確な評言をおこなっている。

この「愛情の海」のなかにすっぽり身を浸している人たちは、愛情を当然視する傾向が強い。……いまの時代に見いだす、前近代的な、あるいは工業化を遂げていない文化では、「男性の目的は女性を愛することであり、女性の目的は男性を愛することである」という――欧米の社会では議論の余地のない――主張に同意するところは、ごくわずかしか存在しない。ほとんどの時代、ほとんどの地域で、大多数の人は、こうした主張にほ

とんど人間的価値を見いだしていない！　(Boswell 1995)

ロマンチック・ラヴという概念は、一八世紀後半になって初めてその存在が知られるようになる。ロマンチック・ラヴは——情熱恋愛という、抑えがたい、多少とも普遍的な衝動とは異なるものとして——対象を理想化することを意味した。ロマンチック・ラヴという観念は、文芸形態としての小説の出現とほぼ同時期に生じ、また、ロマン小説の普及は、ロマンチック・ラヴという観念が流布する上で極めて重要な役割を演じた (Radway 1984)。とりわけ、女性たちにとって、ロマンチック・ラヴは、愛情関係がいかに個人的充足感につながるのかを、自分自身にたいして物語ることを意味した。

それゆえ、ロマンチック・ラヴを、人間生活の生来の特質と解釈することはできない。それどころか、幅広い社会的、歴史的影響力が、ロマンチック・ラヴを形成してきた。今日の英国では、ほとんどの人にとって、既婚であれ未婚であれ、カップルが家族なるものの中核をなしている。家族の経済的役割が縮小するにつれて、カップルが家族生活の中心を占めるようになり、愛情が、あるいは愛情と性的魅力が、婚姻の絆を形成する基盤になっていった（とはいえ、この章の後半で見るように、「家族」という用語は、異性愛者のカップルとその子どもたちだけを意味すると理解すべきではない）。

私たちの社会では、ほとんどの人は、良好な関係性が感情的コミュニケーションないし親密性にもとづくと確信している。親密性という観念は、この本で論ずる他の多くの聞き慣れた概念と同じく、近年のものである。すでに見てきたように、過去において、婚姻は、決して親密性や感情的コミュニケーションにもとづいていなかった。親密性は、おそらく良好な結婚生活にとって重要であったが、良好な結婚生活の基盤ではなかった。現代のカップルにとって、親密性は、良好な結婚生活の基盤である。コミュニケーションは、まず第一に良好な関係性を確立する手段であり、また良好な関係性が継続するための最重要な理論的根拠である。良好な関係性は、互いに同等の権利と義務をもつ、対等なものどうしの関係である。このような関係性のなかで、人はそれぞれ相手を敬い、相手に最善を求める。お喋り、つまり、対話は、関係性を生みだす基盤である。関係性は、人びとが互いに自分のことを必要以上に相手に秘密にしなければ、最もうまく機能する——そこには相互信頼が必要である。信頼は、生みださなければならない。つまり、信頼を当然視することはできない。終わりに、良好な関係性は、恣意的権力や強制、暴力から解放された関係性である (Giddens, 1993)。

この本の随所でテーマになっているのは、社会変動である。私たちは、今日、不穏で、困難が多く、不案内な世界を生きている。私たちは、好むと好まざるとにかかわらず、このような世界がもたらす好機とリスクの混ざり合った状況に、誰もが折り合いをつけなければならない。さきにロマンチック・ラヴについておこなった議論が示すように、私たちの個人生活や感情生活ほど、このような所見が当てはまる領域は他に存在しない。

これらの変動の性質と、こうした変動が私たちの生活に及ぼす重大な影響は、どのように理解することができるのだろうか。かりに過去における人びとの暮らし方や、また他の社会でいま人びとがどのように暮らしているのかについて多少とも知れば、私たちの親密な関係性に何が生じているのか、社会制度としての家族に今日何が生じているのかを理解することが可能である。そこで、この章では、婚姻と家族の歴史的展開を見ていく。次に、今日の英国における家族と親密な関係性について検討する。この章の終わりで、家族と親密な関係性を解明しようとする理論的視座をいくつか取り上げ、その後で「家族の価値」をめぐる今日の論争に目を向けることにしたい。

基本的な概念

まずはじめに、基本的な概念を、とくに家族と親族、婚姻という概念を定義づけておく必要がある。**家族**とは、親族関係によって直接つながる人びとの集団であり、その大人成員は子どもたちの養育に責任を負っている。**親族**の結びつきは、婚姻によって、あるいは血族（母、父、キョウダイ、子ども等）をつなぐ出自によって確立された人びとの関係である。**婚姻**は、ふたりの大人成員のあいだで社会的に承認され、是認された性的結合として定義づけることができる。ふたりの人が結婚すれば、その人たちは互いに親族となる。とはいえ、婚姻という絆はまた、もっと広い範囲の親族をも互いに結びつける。親やキョウダイ等の血族は、婚姻を通じて配偶者の親族になる。

　家族関係は、もっと広い親族集団のなかにつねにその存在を認めることができる。ほぼすべての社会に、社会学者や人類学者が**核家族**と名づけるものを、つまり、ふたりの大人が自分たちの実子なり養子と一緒に同一世帯で暮らす家族を見いだすことができる。ほとんどの伝統的社会で、核家族は、何らかのかたちのもっと大きな親族ネットワークの一部であった。結婚したカップルとその子どもたち以外の近しい親族が同じ世帯で暮らしたり、互いに身近な、継続的関係で暮らす場合、拡大家族と呼ばれている。**拡大家族**は、祖父母や、男キョウダイとその妻たち、女キョウダイとその夫たち、オバ、オイをともなう場合もある。

　欧米社会では、婚姻を、それゆえ家族を、**一夫一妻婚**と結びつけて考えている。男性なり女性が同時に複数の人と結婚することは、違法である。とはいえ、この点はどこの社会にも当てはまる事実ではない。二〇世紀中頃に数百の社会を対象におこなわれた有名な比較研究で、ジョージ・マードックは、そのうちの八割以上の社会で、**複婚**、つまり、夫なり妻が複数の配偶者をもつ婚姻形態が認められることを見いだしている（Murdock 1949）。複婚には二つの類型がある。男性が同時に二人以上の女性と結婚することが許される**一夫多妻婚**と、ほとんど一般的ではないが、女性が同時に二人ないしそれ以上の夫をもつことができる**一妻多夫婚**である。欧米社会で一夫多妻婚をおこなう最もよく知られた集団は、主に米国ユタ州に本拠を置く原理主義のモルモン教徒である。米国で一夫多妻婚は違法であるが、起訴されることは稀である。一世紀前にユタが米国の一部になったときに、主流派のモルモン教徒たちは、多くの女性を妻にする習わしを止めている。ユタ州では、依然として三万人の原理主義者が一夫多妻婚をおこなっていると推定される。

多くの社会学者は、あたかもほぼ普遍的な家族生活の単一モデルが存在するかのように「家族」について論ずることはできないと考えている。この章でこれから見ていくように、異なる家族形態が数多く存在する。ふたり親家族、ステップ・ファミリー、ひとり親家族、などである。社会学者のダイアナ・ギティンズは、家族を「単数形」でなく「複数形」で呼ぶほうが適切であるように思える、と主張している（Gittens 1993）。「家族たち」という言い方は、家族形態の多様性を強調できるからである。この本では簡略な表記として単数形の「家族」という言い方をしばしば用いるが、この「家族」という言葉のなかに込められた多様な家族形態を、つねに想起していく必要がある。

歴史のなかの家族

かつて社会学者は、近代以前に西ヨーロッパで優勢な家族形態が拡大家族に類するものであると考えていた。近年の研究はこの見解が誤りであることを証明している。父親と母親、扶養する子どもたちから構成される核家族が、長期にわたって優勢であったように思える。近代以前の世帯規模は、今日の世帯よりも大きかったが、その差はとくに顕著ではなかった。たとえば、イングランドでは、一七世紀から一八、一九世紀を通じて、平均世帯規模は四・七五人であった。今日の英国の平均世帯規模は二・四人である（HMSO 2004）。前者の数値には家事使用人が含まれていたため、家族規模の差は小さい。

近代以前のヨーロッパでは、子どもたちは、多くの場合、七、八歳頃から——両親の農耕を手伝って——働いていた。家業を手伝わない子どもたちは、よその家でその家の家事労働に従事したり、年季奉公に就くために、若い年齢で親元を離れた。よその世帯で働くために実家を出た子どもは、ほとんどの場合、二度と再び親に会う機会がなかった。

他の要因もまた、当時の家族を、現代の高い離婚率にもかかわらず、今日の家族よりも短命にしていた。死亡率（その年の人口一〇〇〇人にたいする死亡者数）は、すべての年齢層で今日よりも高かった。近代初期のヨーロッパでは、乳児の四分の一は、生まれて一年以上生存することができなかったし（今日の一％未満という数値とは対照的である）、また、女性たちは、しばしば分娩時に命を落とした。子どもの死や、配偶者の一方ないし双方の死は、多くの場合、家族関係を台無しにしていた。

家族生活の発達

歴史社会学者のローレンス・ストーンは、ヨーロッパにおける前近代から近代に至る家族生活形態のいくつかの変化を図式化している。ストーンは、一五〇〇年代から一八〇〇年代までの発達段階を三つに区別する。

1　この時代の初期に優勢であった家族形態は、一種の核家族で、かなり小規模な世帯で暮らしていたが、他の親族との関係も含め、共同体関係のなかに深く組み込まれていた。こうした家族構造は、共同体構造から明確に分離していなかった。ストーンによれば（何人かの歴史学者はこの説に異論を唱えているとはいえ）、当時の家族はその成員にとって情緒的愛着や依存の中心ではなかった。人びとは、今日の私たちが家族と結びつけて考えるような、情緒面での親密な関係性を経験したり、また求めてもいなかった。

　結婚生活のなかでの性的結合は、快楽の源ではなく、子孫を繁栄させるために必要なことと考えられていた。結婚の際や家族生活の他の側面で、親や他の親族、共同体の利益が優先し、個人の選択の自由は軽視された。貴族社会では、性愛やロマンチック・ラヴがときとして積極的に奨励された。しかし、貴族社会以外では、道徳学者や神学者は、性愛やロマンチック・ラヴを病気とみなしていた。ストーンが言うように、この時代を通じて家族は「外部につねに開かれて、感情を抑え、感情に動かされない、権威的な制度だった。……家族はまた非常に短命で、夫なり妻の死亡、あるいは子どもの死亡や年若い時期の家族からの離別によって、多くの場合、解体していった」（Stone 1980）。

2　この家族類型の後を、一七世紀初期から一八世紀初めまで続いた過渡的な家族形態が引き継いだ。この家族類型は、総じて社会の上層階層に限定されていたが、それにもかかわらず非常に重要な家族形態であった。なぜなら、この家族形態から、その後ほぼ普遍的なものとなる家族のあり方が発達したからである。核家族は、他の親族や地域共同体との結びつきから識別される、もっと独立した存在になった。父親のもつ権威主義的な力も一方で増大したとはいえ、結婚生活における愛情や親の愛情の重要性が次第に強調されていった。

3　次の三つ目の段階に入ると、今日の欧米社会で最もよく見慣れる家族制度類型が、徐々に発達していった。この家族は、緊密な情緒的絆によって結ばれ、家族内のプライヴァシーを強く保ち、子育てに余念のない集団である。この家族を特徴づけるのは、**情緒的個人主義**、つまり、結婚の絆は性的魅力なりロマンチック・ラヴを指針にした本人の選択をもとに結ばれるべきだという考え方の高まりである。愛情の性的側面が、婚外の関係ではなく、婚姻生活のなかで称賛されはじめた。家族は、仕事の場が家族から分離したかたちで次第に外部へ拡大した結果、生産活動よりもむしろ消費活動に適合するものになった。女性たちは家事と関連づけられ、男性たちは一家の稼ぎ手であると考えられるようになった。この数十年、一家の稼ぎ手である男性が家族を「率いる」という観念には、職場に進出する女性たちの数が増えるにつれ、ますます異議が出されて、家族構造は多様化しつづけている。（これらの変化については、この章の後半でさらに詳しく見る。）

この章のはじめで言及した歴史学者ジョン・ボズウェルは、次のように述べている。

前近代のヨーロッパでは、結婚生活は、通常、財産協定としてはじまり、途中の時期はもっぱら子育てに当てられ、最後になって愛情が関係していった。事実、ほとんどの夫婦は、「愛情ゆえに」結婚したのではなかった。むしろ、多くの夫婦は、一緒に世帯を切り盛りし、子どもを育て、人生経験を共有する時間のなかで互いに愛情を育んでいった。残存するほとんどすべての墓碑銘は、配偶者への深い情愛を表現していた。対照的に、近現代の欧米社会のほとんどで、結婚は、愛情に付随して《はじまり》、途中の時期は（かりに子どもがいれば）引きつづきもっぱら子育てに従事し、そして――ほとんどの場合――最後に財産問題が生ずる。その頃になると、愛情は欠如するか、遠い思い出になる。

(Boswell 1995)

かつてなかった在り方――伝統的家族をめぐる神話

総じて保守的観点から論述する多くの人たちは、家族生活が危険なほどに蝕まれだしている、と主張する（家族の価値をめぐる最近の論争については、この章の終わりで検討する）。この人たちは、この人たちが家族の衰退とみなすものを、もっと伝統的な家族生活形態と対比している。過去の家族は多くの人が思い起こすほど平穏で、仲睦まじかったのだろうか、あるいは、それは理想化された虚構だろうか。ステファニー・クーンツが、著書『かつてなかった在り方』〔邦訳書名、『家族という神話』〕で指摘したように（Coontz 1992）、過去の黄金時代に関する他の解釈と同じく、実際にはどうだったのかと調べるために前の時代を振り返ると、「伝統的家族」に投じられたバラ色の光は消滅することになる。

多くの人は、ヴィクトリア朝時代の家族が示す見た目の規律正しさや安定性を賞賛している。とはいえ、この時代の家族は、とりわけ死亡率が高く、平均婚姻期間が一二年に満たず、半数以上の子どもはどの子も、二一歳になるまでに少なくとも親のひとりの死を経験していた。ヴィクトリア朝時代の家族で賞賛される規律正しさは、親が子どもたちにもっていた厳しい権限に起因していた。こうした権限の行使の仕方は、今日の基準によれば、極めて苛酷とみなされた。かりに一八五〇年代のヴィクトリア朝の家族について考察してみても、そこに理想的家族を思い浮かべることはできない。この時代、妻は、ほぼ強制的に家庭生活に閉じ込められていた。ヴィクトリア朝時代の道徳律によれば、女性たちは、厳しく貞淑であるべきだとされたが、男性たちは性的にふしだらだった。多くの男性は売春婦のもとに通い、売春宿で定期的に買春していた。事実、妻と夫は、多くの場合、互いにほとんどかかわり合わず、もっぱら子どもたちを介して意思疎通していた。さらに、この時代の貧困層にとって、家族生活の享受は選択肢にもならなかった。家族は、工場や手工業の仕事場で、家庭生活のための時間をほとんどとれずに、長時間働いていた。児童労働も、貧困層には蔓延していた。

最も近年の記憶は、理想的家族の時代として私たちを一九五〇年代に引きつける。一九五〇年代は、男性たちが家族の収入に責任を負う一方で、女性たちは家庭のなかだけで働いていた時代である。しかしながら、数多くの女性は、純粋な家事役割だけに引きこもることを実際には《欲して》いなく、みじめな、家事役割の罠にはまった感じがした。多くの女性は、第二次世界大戦を通じて、戦争努力の一環で有給の職に就いていた。女性たちは、男性たちが帰還したときにこうした職を失った。さらに、男性たちは、引きつづき妻たちと感情面で隔たりがあって、多くの場合、根強い性のダブルスタンダードを遵守し、自分たちは性的冒険を求めながら、妻たちには厳しい決まりを科した。

　米国のベティ・フリーダンは、一九五〇年代の調査結果に準拠しているとはいえ、一九六三年に『フェミニン・ミスティーク』〔邦訳書名、『新しい女性の創造』〕というベストセラーを書いた。フリーダンは、「名前がない問題」という言い方で、子どもの世話や単調な家事仕事、たまにしか顔を出さず、ほとんど感情的コミュニケーションができない夫と密接に結びついた家庭生活の抑圧的な性質について言及し、多くの女性の心の琴線に巧みに触れていった。多くの女性にとって、抑圧的な家庭生活以上にもっと耐え難かったのはアルコール依存症と暴力であり、多くの家族は、アルコール依存症や暴力に社会がまだ進んで立ち向かおうとしなかった時代に、この問題に苦しんでいた。

家族類型の世界規模での変化

　今日、世界中のさまざまな社会に、多様な家族類型が存在する。一部の地域、たとえばアジアやアフリカ、環太平洋地区のかなり人里離れた地域では、伝統的家族制度はほとんど変化していない。とはいえ、ほとんどの発展途上国で、広範囲に及ぶ変化が生じている。こうした変化の淵源は複雑であるが、とりわけ重要な要因をいくつか見いだすことができる。ひとつは、欧米文化の普及である。たとえば、ロマンチック・ラヴという西欧的観念は、それまでこうした観念を知らなかった社会にまで普及してきた。次に指摘できる要因は、かつては自治権をもつ小規模社会どうしによって構成されてきた地域に、中央集権政府が発達したことである。人びとの生活は、国民社会という政治システムのなかに組み込まれ、その影響を受けるようになった。さらに、政府は、伝統的な行動様式を改める企てを積極的におこなってきた。たとえば、中国では（二六八頁で論じるように）、急激な人口増加問題が生じたため、国家は、小規模家族の提唱や、避妊方法の活用等々の政策を頻繁に導入した。さらに、農村部から都市部への大規模な人口移動も影響作用している。多くの場合、男性たちは、生まれた村に家族を残して、町部や都市部に働きに出る。一方でまた、核家族が集団単位で都市部に移住するかもしれない。いずれの場合も、伝統的な家族形態や親族システムは、おそらく弱体化していく。終わりに、またおそらく最も重要な点であるが、地元から離れた、たとえば行政機関や鉱山、プランテーション、それに——あるとすれば——工業生産会社といった組織での就業機会は、かつては地域共同体で土地に根差す生産活動を軸に展開してきた家族システムに、破壊的帰結をもたらす傾向がある。

　総じて、これらの変化は、拡大家族システムや他の親族集団を解体させる方向への、世界規模の動きを創出しだしている。このことを最初に実証したのは、ウィリアム・J・グードの『家族類型の世界的変革』で（Goode 1963）、後続の研究もこのグードの主張を確認してきた。

近年の展開　世界規模で生じている最も重要な変化は、次のとおりである。

1　クラン等の親族集団は、その影響力を弱めだしている。
2　全般的に配偶者の自由な選択に進む傾向が見られる。

3 結婚のイニシャティヴに関しても、家庭内の意思決定に関しても、女性の権利がより広く認められだしている。
4 協定結婚は一般的でなくなりだしている。
5 男女にとって性的自由が、かつて非常に制約された社会においても高い度合で伸展している。
6 子どもの権利を拡大する趨勢が全般的に見られる。
7 同性どうしのパートナーシップが次第に容認されている。

これらの趨勢を過大視したり、これらの趨勢が世界の至るところで一様に生じていると推定するのは間違いだろう——これらの趨勢の多くで、権利や自由を得るために依然として争いが生じ、また激しい論争が起きている。（タリバン政権下のアフガニスタンにおける女性の権利の抑圧——第二〇章の八三六頁で論じる——は、これらの趨勢がいかに一様でないかを例示している。）同じように、拡大家族がどこにおいても衰退していると想定するのも間違いだろう。今日、ほとんどの社会で、拡大家族は依然として規範であり、伝統的家族慣行が存続する。さらに、変化の生ずる速度には差があり、また、後戻りや逆傾向も生じている。

英国における家族と親密な関係性

今日、英国の文化の多様性を考えあわせば、英国国内の家族や結婚にかなりの変差を見いだすことができる。最も顕著な変差のひとつに、白人と非白人の家族類型の相違があるため、なぜこのような相違が存在するのかを考察する必要がある。その後で、今日の家族生活様式との関連で、離婚や再婚をめぐる問題について検討する。とはいえ、まずはじめに、英国のほぼすべての家族が共有する、いくつかの基本的特徴について見ておきたい。

全般的な特徴

英国の家族の全般的な特徴は次のとおりである。

1 英国の家族は、欧米の他の社会の家族と同じく、法律で一夫一妻制と規定されているため、一夫一妻婚である。とはいえ、今日の英国では離婚率が高いことを考えあわせば、英国の婚姻形態を連続的一夫一妻婚と呼ぶべきである、と主張する研究者たちもいる。つまり、同時にふたり以上の妻なり夫をもつことはできないが、順繰りに何人もの配偶者をもつことが許されているからである。しかしながら、こうした主張は、法律的一夫一妻婚と性的習わしを混同するという過ちを犯している。英国人のかなり多くが、配偶者でない人と性的関係にあることは明らかである。

2 英国における結婚は、ロマンチック・ラヴという理念にもとづいている。情緒的個人主義が大きな影響を及ぼしてきた。カップルは、婚姻関係を結ぶための基盤として、人格的魅力と性格的相性にもとづいて互いの愛情を育むことが期待されている。結婚の要件としてのロマンチック・ラヴは、今日の英国ではすでに「市民権を得て」いる。ロマンチック・ラヴは、近現代文化の示差的な特徴というよりも、むしろ人間存在の正常な要素とみなされている。もちろん、現実と観念形態とは合致しない。

結婚における人格的充足の強調は、ときとしてかなえられない期待をいだかせる結果を生みだし、このことが離婚率の増大要因のひとつになっている。

3　英国の家族は、**父系**で、新居制である。父系相続では、子どもたちは父親の姓を継ぐ。過去においては、父系は、今日ではほとんど見られないとはいえ、財産が、通例、男系にそって代代継承されることも意味した。（世界の多くの社会は**母系**である――姓は、ときとして財産も女系にそって伝えられていく。）**新居制**の居住様式とは、結婚したカップルがそれぞれ親の家族から出て、新たな住居を設けることをいう。とはいえ、新居制は、英国家族の完全に定着した特性ではない。英国の多くの家族は、とりわけ貧困層や労働者階級、アジア人居住地域では、**母方居住制**――新婚夫妻が新婦の親が住む地域の近くに住居を定めること――をとっている。（かりにカップルが新夫の親と一緒に、あるいは新夫の親が住む地域の近くに住居を設ける場合は、**父方居住制**と称される。）

4　英国の家族は、一人ないし二人の親が子どもたちと同一世帯で暮らす核家族である。個々の核家族は、決して他の親族との結びつきから完全に分離しているわけではない。とはいえ、核家族の優勢さは、以下で見るように、徐々に蝕まれている。

家族類型の展開と多様性

ラポポートたちによれば、「今日、英国の家族は、家族生活はかくあるべきという単一の、支配的規範が存在した社会から、規範は複数存在することが当然で、現実に望ましいとみなす社会への移行過程にある」（Rapoport et al. 1982）。この主張を実証するために、ラポポートたちは、五つの多様性の類型、つまり、《切り盛り》、《文化》、《階級》、《ライフコース》、《コーホート》を識別している。このリストに、私たちは《性的》多様性を付けくわえることができよう。ラポポートたちが識別した家族形態の多様性は、ラポポートが二〇年以上前に初めて発表した当時よりも、今日、もっと明確である。

ライフコースは、第六章「社会化、ライフコース、加齢」、一九七頁～二〇〇頁でも論じている。

家族はそれぞれ、家庭内での個別的責務や、広範な社会環境との結びつきを、さまざまなかたちで《切り盛り》している。「従来の」――女性は主婦で、夫は一家の稼ぎ手である――家族と、共働き家族や、ひとり親家族との対比が、こうした多様性を例証する。《文化》面で、家族に関する確信や価値観は、かつて見られた以上に多様化している。エスニック・マイノリティ（たとえば、以下で述べるアジア出身者や西インド諸島出身者の家族）の存在や、フェミニズムのような運動の及ぼす影響は、家族形態にかなりの文化的多様性を生みだしてきた。貧困層と熟練労働者階級、さらには中流階級内部や上流階級内部の多様な集団間に見いだす根強い《階級》分化は、引きつづき家族構造に重大な変差を生じさせている。人びとが《ライフコース》を通じて経験する家族生活が多様化していることは、かなり明確である。たとえば、両親が揃った家庭で生まれ育ち、自分自身も結婚し、その後離婚する人もいるだろう。また、ひとり親家庭で育ち、何度か結婚を重ね、結婚のたびに子どもをもうける人もいるだろう。

《コーホート》とは、家族内の世代を指称する。たとえば、親と祖父母の結びつきは、おそらく以前に比べて弱くなっている。その一方で、今日、長生きする人びとが増えているため、孫の夫婦とその両親、さらに祖父母夫婦という「現在進行中の」三世代家族が、互いに緊密な関係にある場合を見いだすこともある。家族組織には、これまで以上に《性》的多様性が見いだされる。多くの欧米社会では、同性愛がますます容認されてきたため、異性愛カップルだけでなく、同性愛関係にもとづいたパートナーシップや家族が形成されている。

同性愛者の婚姻は、第一二章「セクシュアリティとジェンダー」、四四六頁〜四四七頁でも論じている。

南アジア系の家族

英国の多様な家族類型のなかに、他のほとんどの家族と著しく異なる家族形態がひとつ存在する――南アジア系の人たちの家族である。英国での南アジア系の人口は、一〇〇万以上に及ぶ。この人たちの英国への移住は、一九五〇年代にインド亜大陸の主に三つの地域、パンジャブ、グジャラート、ベンガルからはじまった。これらの移民は、英国で、宗教や出身地、カースト、さらに最も重要な点であるが、親族関係にもとづく共同体を形成した。多くの移民は、信義や家族への忠誠心といった自分たちのいだく観念が、生まれながらの英国人のあいだでほとんど欠如していることに気づいた。移民たちは、家族のまとまりを維持するために努力したが、住宅事情が厄介な問題になった。大きな古い家屋は荒廃した地域で入手利用できたが、質のよい地域に引っ越すことは、通常、もっと小さな家屋に移り、拡大家族が解体することを意味した。

今日、英国生まれの南アジア系の子どもたちは、二つの非常に異なる文化に、多くの場合、身をさらしている。家庭で、親は、協同や尊敬、家族への忠誠といった規範にしたがうことを子どもたちに期待したり、要求する。一方、学校では、競争がすべてを決め、個人の利益追求が優先する社会環境のなかで、よりよい学業成績を修めることを、子どもたちは期待されている。こうした子どもたちのほとんどは、伝統的家族生活と結びついた緊密な関係性を大切にするため、自分の家族生活と個人としての生活を、英国ではサブカルチャーである自分たちエスニシティの文化によってまとめ上げることを選択している。しかしながら、英国の文化への深いかかわり合いは、変化をもたらした。「愛情ゆえに」結婚するという西欧文化の伝統は、アジア社会に見いだす協定結婚という習わしと、しばしば衝突する。こうした親や家族成員によって取り決められる婚姻は、結婚生活のなかで愛情が生まれるという信念にもとづいていた。若者は男女とも、結婚を取り決める際に自分たちの意見をもっと考慮するよう強く求めだしている。

英国の政策問題研究所がエスニック・マイノリティについておこなった第四回全国調査の統計データは、インド人やパキスタン人、バングラデシュ人、アフリカ系アジア人が、最も結婚志向の強いエスニック・グループであることを示している（Modood et al. 1997）。扶養する子どもがいる家族全体で、親が婚姻関係にあ

表7-1　エスニック・グループ別に見た、扶養する子どもがいる英国家族（2001年、%）

	単一家族世帯			扶養する子どものいるひとり親世帯	計
	夫婦世帯	同棲者世帯	ひとり親世帯		
白　人	60	12	22	6	100
混　血	38	11	39	12	100
アジア系					
インド人	68	2	10	21	100
パキスタン人	61	2	13	24	100
バングラデシュ人	63	2	12	23	100
その他のアジア系	66	3	12	19	100
黒　人					
カリブ系	29	11	48	12	100
アフリカ系	38	7	36	19	100
その他の黒人	24	9	52	15	100
中国人	69	3	15	13	100
その他のエスニック・グループ	67	3	18	12	100
すべてのエスニック・グループ	60	11	22	7	100

出典：*Social Trends* 34（2004）

る割合は、アジア人ないしアジア系英国人の世帯で六五%を占めるのにたいし、白人やカリブ系黒人のあいだでは多少低くなっている。南アジア人のあいだで子どもがいる同棲カップルの割合は、他のエスニック・グループの場合よりも小さい（表7-1を参照）。英国の南アジア人の家族では――たとえば、若い人たちが自分の結婚についてもっと発言力を要求していることや、離婚率の若干の上昇、ひとり親世帯のわずかな増加のように――変化の兆候がいくつか現れているように思えるが、全体として見れば、引きつづき南アジア人の家族は強い結びつきを明らかに保っている。

黒人の家族　英国におけるカリブ系黒人の家族もまた、異なる構成を示している。二〇歳から四四歳までの黒人女性で夫と一緒に暮らす人の数は、同じ年齢層の白人女性と比べた場合、はるかに少ない。離婚や別居の割合は、カリブ系黒人のあいだでは英国の他のエスニック・グループに比べて高くなっている。カリブ系黒人のあいだで、ひとり親世帯は、英国の他のすべてのエスニック・マイノリティよりも一般に多く見いだされる。しかしながら、他のエスニック・グループと異なり、ひとり親になったカリブ系黒人の女性たちは、職に就いている可能性が高い（Modood et al. 1997）。黒人系の人口で、ひとり親家族の割合が（その大多数は母親が世帯主である）他のエスニック・グループに比べ高いことは、表7-1に示されている。

この傾向は米国のアフリカ系アメリカ人女性のあいだにも見いだされ、女性が世帯主の家族は、貧しい黒人層のあいだでとくに多く見られる。インナーシティの近隣居住地域に暮らすアフリカ系アメリカ人は、過去二〇年以上にわたって生活条件の向上をほとんど経験していない。大多数の人たちは、職が低賃金の仕事に限定されるか、半永久的に失業状態にある。こうした境遇のもとでは、継続した婚姻関係を育む人はほとんどいない。同じ要因は、英国でもロンドン等の都市の貧しい近隣居住地域で暮らす黒人家族のあいだで働いているように思える。黒人家族に関する多くの議論は正式な婚姻の割合が低いことを強調するが、一部の研究者は、このような強調が誤解を招くと考えている。婚姻関係は、他の集団で婚姻関係が家族の構造を形成するように、黒人家族の構造を必ずしも形づくっているわけではない。拡大した親族ネットワークが、西インド諸島系の集団では重要である――婚姻で結ばれた親類は、英国のほとんどの白人社会で見いだされる以上に、もっと重要である。ひとり親家族を率いる母親は、頼ることができる親類の支援ネットワークをおそらくもっている。同時にまた、多くのカリブ系黒人の家族では、キョウダイが幼い子どもたちの養育を手助けすることで重要な役割を演じている（Chamberlain 1999）。この事実は、黒人のひとり親家族の親子が不安定な家族を形成しているという認識と食い違う。

家族内部での不平等

労働と家族の世話のバランス

女性たちの職業経歴に及ぼす主な要因のひとつは、女性就業者にとって、子どもを産むことが仕事に優先するという男性側の認識である。英国で一九八〇年代中頃におこなわれた研究で、保健サーヴィス部門の専門スタッフの職に応募してきた女性を面接した管理者側の見解を調査している（Homans 1987）。その調査で、面接者が、女性の応募者にたいして、子どもの有無ないし子どもを産むつもりがあるかないかをつねにたずねていることが明らかにされた（今日では、このような質問は、英国でも米国でも違法になっている）。面接者が男性の応募者にたいしてこの種の質問をする習慣はほとんどなかった。その理由を問うと、次の二つの観念が面接者側に働いていることがわかった。子どものいる女性は学校の休みの日や子どもが病気になったときに臨時休暇を要求するかもしれないし、また子どもの世話は両親の問題というより母親の問題であるという認識が働いていた。

管理者のなかには、この点について自分が質問をするのは仕事をもつ女性への「心遣い」を暗に示すと考えていた人もいる。しかし、ほとんどの管理者は、このような質問をすることを、その女性がどの程度まで信頼のおける仕事仲間になり得るか否かを判断するための、自分の務めの一部と考えていた。たとえば、ある管理者は次のように述べている。

> それは、どちらかといえば個人的な質問になるけれど、よいのではないかと思います。でも、考えてみれば、検討しなければならない問題ですね。男性にはこうした質問をしないのだから、その意味では不公平な質問だと思います――男は自分がそうしたかたちで家庭をもっているなんてまったく思わないからといって、こうした扱いは機会均等とは言えないですね。
>
> （Homans 1987）

男性は、子どもを産むという意味で生物学的に「家庭をもつ」ことはできないが、子どもの介護に十分に関与し、責任を負うことは可能である。このような可能性を、この調査の対象となった管理者は誰も考慮していなかった。同じような態度は、女性の昇進についても見いだすことができた。女性は、どんなに高い職位に就いていようと、幼い子の世話のために職歴を中断することがあるとみなされていた。この調査で、上級管理職の地位に就いている数少ない女性たちはすべて子どもがいなかった。また、将来子どもを産もうと計画している女性の何人かは、現在の勤めは辞めて、育児が終わったらおそらく別の職に就くつもりだと述べていた。

このような調査結果をどのように解釈すべきだろうか。女性の就業機会は、もっぱら男性の偏見によって妨げられているのだろうか。一部の管理職者は、子どものいる女性は雇用労働に就くべきで《なく》、子育てと家事に専念すべきだという考えを表明していた。とはいえ、ほとんどの管理職者は、女性にも男性と同じ就業機会が与えられるべきだという原則を受け容れていた。管理職者の態度に見いだされる偏見は、職場そのものよりも、むしろ家庭における親としての責任の問題と関係していた。ほとんどの国民が、親としての務めを男性も女性もともに対等な基盤で分担することはできないと思い込んでいる以上、仕事をもつ女性たちが直面する問題は今後も残存するだろう。管理職者のひとりが述べているように、女性が就業機会の点で男性に比べ著しく不利な立場に置かれていることは、引きつづき厳然たる事実である。

くわえて、さきにも見たように、女性就業者の平均賃金は、過去三〇年間にその格差が多少狭まったとはいえ、男性の平均賃金をかなり下回っている。同じ範疇の職業でも、女性は平均して男性よりも給料が低い。テリ・アプターは、著書『働く女性に妻はいない』で、女性たちは気がついてみれば矛盾する二つの力と闘っていると主張する。女性たちは、経済的自立を求め、必要としているが、同時にまた自分の子どもの母親になりたいと欲している。この目標は二つとも理にかなっている。しかし、家事労働にできるのにたいして、女性たちはそうはいかない。就業生活にもっと柔軟性が生まれることは、部分的な解決策のひとつである。もっと難しいのは、男性たちの態度を変えさせることである。

家事労働　英国では、ここ数十年間に、男性が牛耳っていた職業への女性の進出も含め、女性の地位に革命的変化が生じてきた。とはいえ、はるかに立ち遅れている労働分野がある。それは、家事労働である。労働力に参入する既婚女性の数が増え、女性たちの地位が変化した結果、男性たちは当然もっと家事に寄与していくだろうと想定された。全体的に見ると、実情はそうではなかった。今日、男性たちは三〇年前に比べて家事労働をより多くおこなうようになり、女性たちの負担が少し軽減されているとはいえ、両者のバランスは依然として不平等である。英国での最近の調査は、女性たちが依然として家事や子どもの世話の大半をおこない、女性たちはこれらの活動に一日平均四時間三分費やすのにたいし、男性たちは二時間一七分であることを明らかにしている(HMSO 2005)。女性たちがすでに有給労働に就いている場合、この家事労働という追加的労働は、実際には結果として「セカンド・シフト」「二つ目の勤務」も同然の状態になっている、と一部の社会学者は主張した（Hochschild 1989; Shelton 1992）。こうした研究成果から、一九八〇年代末にアーリー・ホックシールドは、女性と男性が置かれた関係の現状を、「行き詰まった革命」と名づけている。この問いは、近年の多くの調査研究の焦点になっているのだろうか。なぜ家事労働は女性の労働の焦点になっているのだろうか。

社会学者のなかには、この現象は、経済的な力の結果として、つまり、家事労働と経済的扶養の交換という言い方で最もうまく説明できると示唆する人もいる。女性たちは、経済的に依存し、男性ほど稼いでいないため、おそらく夫に引きつづき経済的に依存し、そのためほとんどの家事労働をおこなっている。所得格差が狭まるまで、女性たちはおそらく依存的立場にとどまることになる。ホックシールドは、このように女性たちが男性たちに依存しているから、二重に、つまりひとつは「ファースト・シフト」「ひとつ目の勤務」のあいだで、もう一つは「セカンド・シフト」のあいだで、二重に抑圧されていると示唆する。しかし、このような依存関係という図式は、家事労働がジェンダー化されている側面を理解するのに役立つことを示唆する。妻のほうが夫よりも所得の多い状況に当てはめた場合、成り立たなくなる。たとえば、ホックシールドの調査では、妻より所得が少ない夫は、誰も家事労働を分担していなかった。

何人かの社会学者は、象徴的相互作用論の視座からこの問題に取り組み、家事労働の履行と不履行が社会の創りだしたジェンダー役割とどのように結びつくのかを追究している。たとえば、ホックシールドは、インタヴューや参与観察によって、家事労働が明らかにジェンダー化された境界線にそって割り当てられている

ことを見いだした。妻たちは、料理や普段の掃除といった毎日のほとんどの日課をおこなっているのにたいし、夫は、芝生の手入れや住居の修繕といった、むしろ時おりたまに生ずる仕事を引き受ける傾向が強い。これら二つの課業類型の主たる相違点は、人がその仕事をもっておこなう際における支配力の量である。女性たちがおこなうのは、女性たちを固定されたスケジュールに縛りつける傾向が強い仕事である。それにたいして、男性たちが担う家事労働は、定時的な仕事でなく、むしろ自由裁量の度合が高い。

社会学者のマジョレイ・ドゥボーは、著書『家族を養うこと』で、家庭内での家族の世話が、いかに女性の仕事として社会的に構築されているかを考察した（Devault 1991）。ドゥボーは、女性たちが家事の大部分をおこなっている家族における女性の位置づけと結びつけて考えるは、総じて根強い観念と一体化している」からであると主張する。ドゥボーは、炊事の責任区分について観察するなかで、食事を作ることと食べることとのジェンダー化された関係が、食事の世話をするのは女性であることの重要な要素であり、世話を受けるのは男性であることの重要な要素であるというメッセージを伝えている、と論評する。男性が家事に寄与している世帯の場合でも、配偶者間の平等な家事分業は、その夫妻に子どもがいると――子どもには不断の注意が必要であり、子どもの世話はスケジュール通りいかないため――著しく妨げられる。母親は、父親以上に育児の仕事に時間を費やすことになる（Shelton 1992）。

こうした不平等な家事配分を根底に支えているのは、女性と男性が異なる領域に責任を負い、異なる領域で仕事をするべきだと

いう暗黙の理解である、と社会学者は主張する。男性たちは一家の柱であることを期待されるのにたいして、女性たちは――たとえ母親だけでなく、一家の稼ぎ手であったとしても――家族の世話をすることが期待されている。このような期待は、子ども時代の社会化を通じて学習された伝統的なジェンダー役割を強化する。男性と女性は、こうした役割を日常生活のなかで再生産することで、「ジェンダーを演じ」、社会が男性と女性を差異化する手段として、ジェンダーを強化していく。

親密な関係における暴力

家族や親族の関係は誰にとってもその人の存在性の重要な要素を形づくるため、家族生活は、ほぼあらゆる種類の感情的経験を包含している。家族の――妻と夫の、親と子の、男キョウダイと女キョウダイの、あるいは遠縁の親戚との――関係性は、心のこもった、満ち足りたものになり得る。しかし、家族はまた、人びとを絶望に陥れたり、強い不安感や自責の念をいだかせ、極めて緊張に満ちた関係になる可能性がある。家族生活のこうした側面は、テレビコマーシャル等の大衆メディアで頻繁に強調されるような、調和的世界という家族のバラ色のイメージを裏切っている。子どもへの虐待と家庭内暴力は、人びとを最も不安に陥れる様相の代表的な二つの事例である。

子どもへの性的虐待

子どもへの性的虐待は、最も簡単に言えば、承諾年齢（英国では一六歳）未満の子どもに大人が性的行為に及ぶことと定義づけできる。**近親姦**とは、近親者どうしの性的関係を指している。必ずしもすべての近親姦が性的虐待ではない。たとえば、男キョウダイと女キョウダイの性交渉は、近親姦的側面をもつが、虐待という定義にはなじまない。子どもへの性的虐待の場合、大人は、性的目的のために幼児なり児童を文字どおり食いものにしている。それにもかかわらず、近親姦の最も一般的な形態は、子どもへの性的虐待でもある近親姦――父親と年少の娘との近親姦的関係――である。

近親姦は、もっと一般的に言えば子どもへの性的虐待は、この数十年間に「発見された」ばかりの現象である。もちろん、こうした性的行為が生じていることは、長いあいだ知られてきた。しかし、ほとんどの社会研究者は、この行動を非とする強いタブーの存在自体、そうした行為が普通には生じないことを意味すると思い込んでいた。現実は、そうではない。子どもへの性的虐待は、当惑させるほどありふれた出来事であることが判明している。子どもへの性的虐待は、おそらく下層階級の家族でかなり頻繁に見いだされるが、あらゆるレヴェルの――以下で見るように、制度体だけでなく――社会階層で生じている。

子どもへの性的虐待は、その性質上誰が見ても明白であるとはいえ、いろいろな形態をとる可能性があるために、その拡がり具合を正確に推し量ることは、不可能ではないにしても、むずかしい。子どもへの虐待全般の定義にしても、個別的には子どもへの性的虐待の定義にしても、まだ研究者や法廷がともに完全に合意を形成しているわけではない。英国で一九八九年に制定された児童法の一項目は、相応な保護を欠くことが引き起こす「重大な危害」という言い方をしている――しかし、何が「重大」なのかは、曖昧なままである。英国の児童保護協会は、虐待を四つの範疇に定めている。「育児放棄《ネグレクト》」、「身体的虐待」、「感情的虐待」、「性的虐待」の四つである。性的虐待は、「大人の性的満足を得る目的で、子どもと大人のあいだでおこなわれる性的接触」と定義づけられている(Lyon & de Cruz 1993)。

近親姦の多くの事例で、腕力や暴力による脅しがからんでいる。一部の事例では、子どもが多少とも進んで近親姦に関与する場合もあるが、そうした例は、極めて稀なように思える。もちろん、子どもといえども性的存在であり、子どもたちが子どもどうしの軽い性的遊戯や性の探求をおこなうことはよく見られる。しかし、大人の家族成員から性的接触を受けた子どもたちのほとんどは、それが不快な、恥ずかしい、あるいは狼狽する経験であったことを認めている。子どもへの性的虐待がその被害者に長期に及ぶ重大な帰結をもたらすことを示すデータは、今日、数多く存在する。売春婦や青少年の犯罪者、家出少年少女、薬物常用者の研究は、その人たちには高い割合で子ども時代に性的虐待を受けた生育歴があることを明らかにしている。もちろん、相関関係は、因果関係と違う。こうした範疇の人たちが子どもの頃に性的虐待を受けていたことを立証しても、それによって、性的虐待がその人たちのその後の行動の原因になるような影響を及ぼしたことが証明できるわけではない。おそらく、たとえば家族間の葛藤や育児放棄、親による身体的暴力といった一続きの要因が関係している。

家庭内暴力

家庭内暴力は、家族の一員が他の家族員ないし複数の家族員に加える身体的虐待と定義されている。研究によれば、身体的虐待の主な標的となるのは、子どもたち、とくに六歳以下の幼い子どもたちである。夫が妻に振るう暴力は、二番目によく見いだされる形態である。とはいえ、女性もまた家庭内で——幼い子どもや夫に暴力を振るうことで——身体的暴力の加害者になる可能性がある。二〇〇〇年二月に起きた八歳の少女ヴィクトリア・クリムビエのおぞましい殺害事件は、子どもに加えられる極端な家庭内暴力に人びとの注意を向けさせた。ヴィクトリアは、西アフリカからヨーロッパにやって来て、大叔母のマリー・テレーズとその男友だちのカール・マニングが数カ月間も加えた折檻と放置による低体温症で死亡した。虐待者たちは、その年の一一月に無期投獄された。その裁判のあいだ、警察や保健機関、福祉機関はいずれも、この少女を救う機会を逃したことで批判を受けた。政府は、調査を命じ、議長となったラミング卿は、専門職が果たした役割を検証し、このような悲劇の再発を防止するための方策を政府に勧告した(Laming 2003)。

男性が女性のパートナーに加える暴力は、家庭内暴力の二つ目の最もよく見られる種類である。英国では、毎週二人の女性がパートナーによって殺されている。どの時点でも、女性たちの一割は家庭内暴力を経験しており、女性たちの三人に一人から四人に一人が、人生のいずれかの時期に家庭内暴力の影響を受けている。家庭内暴力は女性にたいする最もありふれた犯罪で、女性たちは、見知らぬ他人よりも、むしろ自分の家族の男性や近しい知り合いの暴力にさらされている(Rawstorne 2002)。

家庭内暴力の問題は、一九七〇年代に「夫から殴打され女性」

の保護センターを設けたフェミニスト・グループがおこなった研究の結果、一般の人たちや研究者の注意を引くことになった。それ以前は、家庭内暴力は、子どもに加えられる虐待と同じように、気づかない振りをされてきた現象である。フェミニストたちによる家庭内暴力の研究は、家庭で女性たちに加えられる暴力の蔓延とその深刻な事態に、人びとの注意を向けさせた。警察に通報された配偶者間の暴行事件のほとんどは、夫が妻に加える暴力である。女性が夫に腕力を用いて通報されるケースは、ごく少数である。フェミニストたちは、このような統計が、家庭内暴力は男性が女性に加える統制の主要な形態であるとする自分たちの主張を裏付けている、と指摘する。

家父長制と支配にたいする視座として、第一二章「セクシュアリティとジェンダー」のなかの「ラディカル・フェミニズム」、四八二頁〜四八三頁を参照。

こうしたフェミニストたちの立論に反発して、保守派の論者は、家庭における暴力が、フェミニストたちの主張するような、男性の家父長制的権力ではなく、「機能不全に陥った家族」と関係すると主張してきた。女性たちに加えられる暴力は、家族の危機の増大と道徳基準の崩壊の反映である。保守派の論者は、妻が夫に加える暴力が稀であるとの調査結果を疑問視し、男性たちは自分たちが妻から受ける暴力事件を警察に通報することを、逆の場合ほどおこなわないからだろう、と言う（Straus & Gelles 1986）。

このような主張を、フェミニズムの論者や、女性による暴力がいずれの場合も男性による暴力に比べて抑制され、偶発的であり、身体的損傷の残る可能性がほとんどないと論ずる研究者たちは、厳しく批判してきた。これらの研究者たちは、家族内の暴力事件の「件数」を調べるだけでは不十分である、と主張する。それよりも、暴力のもつ意味や、暴力の起こる脈絡、及ぼす影響について見ていくことが不可欠である。「ワイフ・バタリング」――夫が妻に絶えず身体的に残忍な仕打ちを加えること――に対応する言葉は、夫の場合には存在しない。調査によれば、女性たちが男性のパートナーに振るう暴力は、多くの場合、攻撃的よりも防御的な暴力であり、女性たちは、長期にわたって繰り返される攻撃に苦しみ耐えた後で、暴力に訴えていることが明らかになった（Rawstorena 2002）。子どもたちに身体的虐待を加える男性は、女性たちに比べ、同じように普段からつねに虐待をおこなっており、そのため損傷も長く残る傾向が強い。

なぜ家庭内暴力は、かなりありふれた出来事になっているのだろうか。幾組かの要因が関係している。ひとつは、家族生活に特徴的な、感情面の激しさと人格的親密さが一体化していることである。家族の絆は、しばしば愛情と憎悪が混じり合う、強い情動に満ちている。家庭の場で生ずる争いごとは、他の社会的脈絡では決してそのようなかたちでいだくことのない反目を引き起こす可能性がある。一見してほんの些細なことがらと思える出来事が、パートナー間や親子間に、突如として全面的な反目を引き起こす可能性もある。他の女性の常軌を逸した行動に寛容な男性でも、かりに自分の妻が夕食パーティーであまりぺらぺら喋り過ぎたり、妻が秘密にしておきたい内輪話を漏らした場合には、ひどく腹を立てるかもしれない。
二つ目の影響作用は、家庭内でのかなり多くの暴力が実際には黙認され、また承認さえされているという事実である。家庭での社会的に是認されている暴力は、その性質上比較的限られているとはいえ、過剰に走って、もっと容赦のない攻撃へと簡単に突き進む恐れがある。英国では、両親のいずれかに、たとえちょっとでも叩かれたり、平手打ちされた経験がない子どもはほとんどいない。こうした行為は、ほとんどの場合、他の人からも広く支持されており——英国でも、子どもへの体罰の禁止法を制定したヨーロッパの他の多くの国に追随することを求める圧力が増しているとはいえ——おそらく「暴力」とみなされることとさえない。

社会階級　どの社会階級も配偶者への虐待と無縁ではないが、いくつかの研究は、配偶者への虐待が低収入のカップルのあいだでより一般的であることを指摘している（Cherlin 1999）。三〇年以上前に、ウィリアム・J・グードは、低収入の男性には、たとえば収入が多い、教育水準が高いといった、自分の妻を抑える手段が他にほとんどないため、暴力に訴える傾向が強いのだろうと示唆していた（Goode 1971）。くわえて、貧困や失業状態が引きおこすストレスの高い水準は、家庭内での頻繁な暴力に結びつく可能性がある。こうした所説を支持し、ゲルズとコーネルは、失業中の男性のほうが、職に就いている男性よりも妻に暴行を振るう可能性がほぼ二倍高いことを見いだした（Gelles & Cornell 1990）。

離婚と別居

離婚の増加　欧米社会では、何世紀ものあいだ、結婚は、事実上解消できないとみなされていた。離婚は、たとえば性交による結婚が完成されないといった非常に限られた場合にだけ認められた。一、二の工業国は、引きつづき離婚を認めていない。しかしながら、今日、これらの国は例外である。ほとんどの国は、離婚がもっと容易にできる方向に急速に変化してきた。かつてはほぼすべての先進工業国で、いわゆる対審制が一般的であった。離婚を認めてもらうために、夫妻の一方は、もう一方を（たとえば、虐待や遺棄、不貞で）告発しなければならなかった。最初に「破綻主義」をとった離婚法は、一九六〇年代半ばに一部の国で導入された。それ以来、欧米の多くの国が、細部は異なるものの、それにならってきた。英国の場合、夫婦が容易に離婚できる「破綻主義」の規定をともなう離婚法の改正案は、一九六九年に可決され、一九七一年に発効した。「破綻主義」の原理は、一九九六年に可決した新たな法律によって、さらに強化されている。
一九六〇年から七〇年のあいだに、英国の離婚率は、毎年九%の割合で着実に上昇し、この一〇年間で二倍になった。一九七二年には、長いあいだ「冷えきった」結婚生活を送る多くの人びとにとって離婚することが容易になった一九六九年の法改正の結果も部分的に影響して、離婚率は再び倍加した。一九八〇年以降、離婚率はほぼ安定しているが、以前のどの時期と比べても、引きつづき非常に高い水準にある。今日、すべての結婚で、五件に二件は離婚に終わっている。各年の婚姻数の減少と離婚数の上昇は、図7-1に示されている。

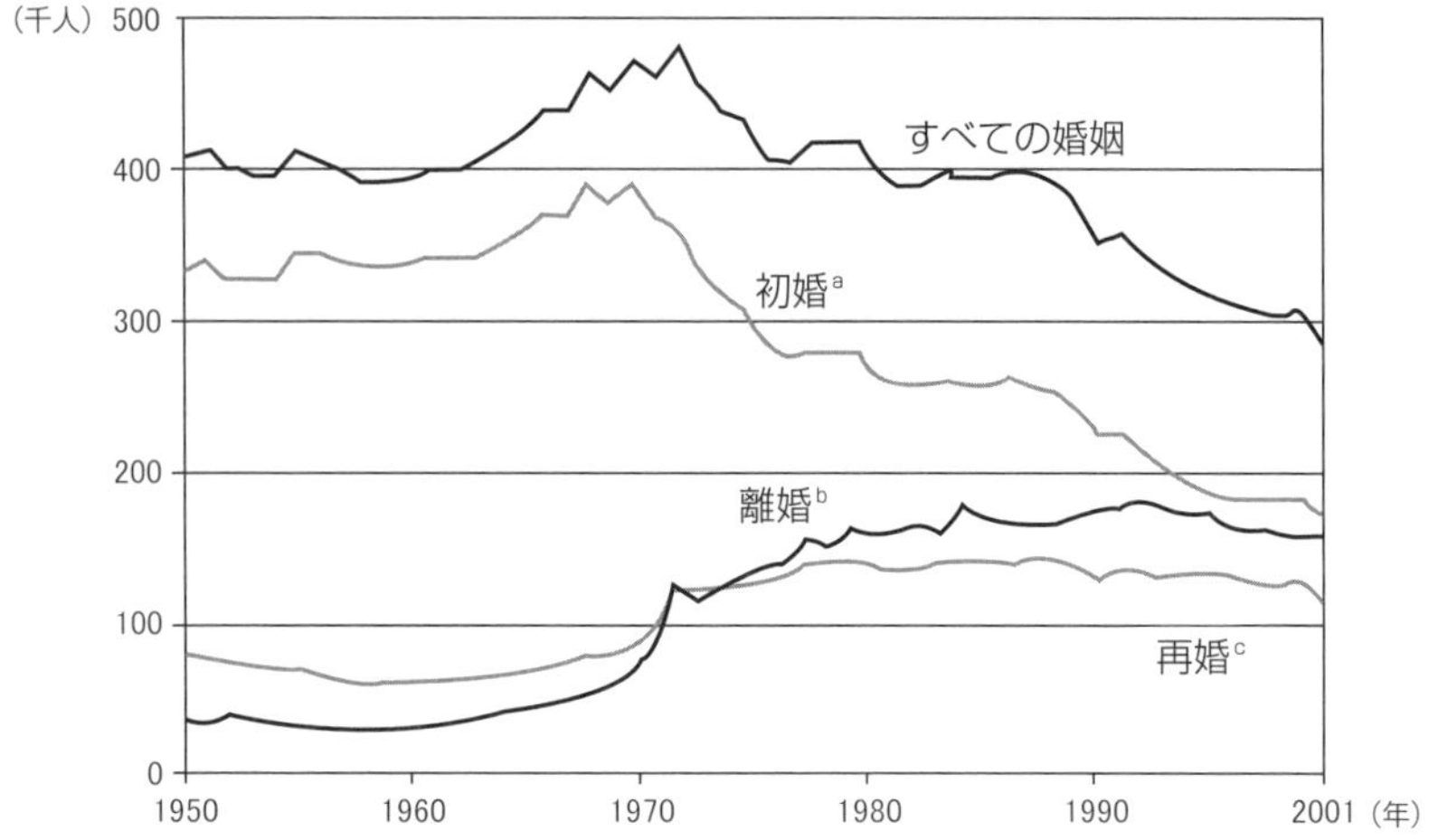

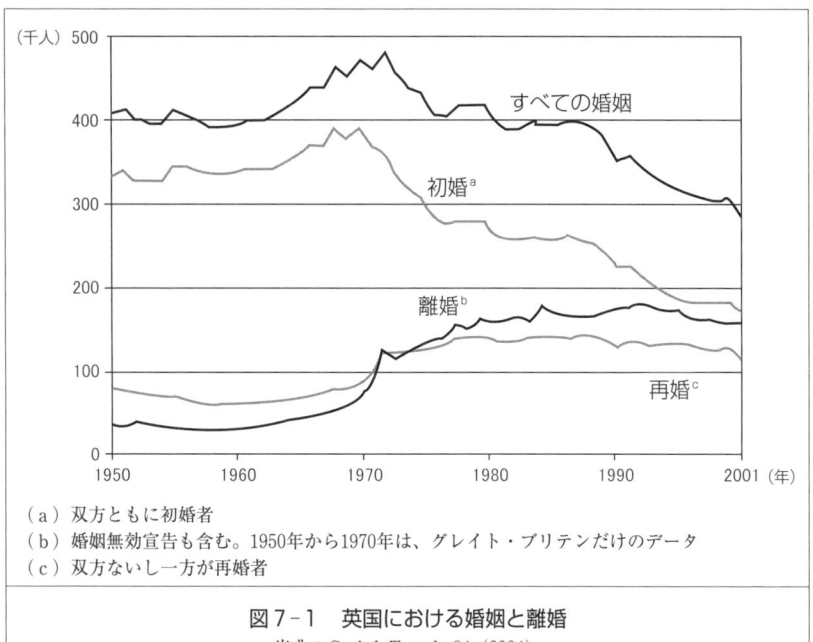

（a）双方ともに初婚者
（b）婚姻無効宣告も含む。1950年から1970年は、グレイト・ブリテンだけのデータ
（c）双方ないし一方が再婚者

図７－１　英国における婚姻と離婚

出典：*Social Trends* 34（2004）

明らかに離婚率は、不幸な結婚生活を示す直接的な指標ではない。ひとつは、離婚率には、法的に離婚していないが別居している人たちが含まれないからである。さらに、人によっては、不幸な結婚を送っていても――結婚が神聖であると信じていたり、婚姻の解消がもたらす金銭面や感情面の帰結を恐れたり、あるいは自分の子どもに「家族という」憩いの場を与えるために互いに関係をつづけたいと望み――一緒にいることを選択するかもしれないからである。

　離婚は、なぜ次第に一般的になりだしたのだろうか。いくつかの要因が、もっと広範な社会変動と関係するかたちで作用している。今日、ごく一部の富裕層を除き、結婚は、財産や地位を世代から世代へ永続させたいという欲望と、もはやほとんど結びついていない。女性たちが経済的にもっと自立するにつれて、婚姻は、かつてほど必須の経済的パートナーシップではなくなっている。社会全体の繁栄は、かりに結婚生活に不満がある場合、別の世帯を設けることを以前よりも容易にしている。今日、離婚に汚名を付すことがほとんどなくなったという現実は、ある程度までこうした展開の結果であるが、同時にまたこうした展開に弾みをつけている。さらにもっと重要な要因は、結婚生活を、結婚がもたらす個人的充足感の度合という観点から評価する傾向が強まっていることである。離婚率の上昇は、結婚そのものに重大な不満があることを示すのではなく、結婚を、おこなうに値する、満足のいく関係性にしたいという強い決意の高まりを示しているように思える。

ダイアン・ヴォーガンの「アンカップリング」論
——離婚という経験

離婚水準が高いことの社会的損得をバランスシートに示すことは、極めて難しい。離婚にたいしてもっと寛容な態度がとられるようになれば、カップルは、社会的追放を被らずに、つづけるに値しない関係を止めることができるようになる。他方、婚姻の解消は、ほとんどの場合、カップルにとってもつ子どもたちにとっても、つねに感情面でストレスとなり、また夫妻の一方ないし双方に金銭的困苦をもたらすかもしれない。(次の二四九頁以下のコラムで、キャロル・スマートとブレン・ニールが、離婚後の子どもの扶養体験についておこなった研究を紹介している。)

ダイアン・ヴォーガンは、著書『アンカップリング——親密な関係性における転換点』で、別居ないし離婚が進行中の夫婦間の関係を分析している(Vaughan 1990)。ヴォーガンは、最近別居や離婚をした一〇〇人を超える(主に中流階級出身の)人たちを対象に一連の面接調査をおこない、同居生活から別居生活への移行過程を図式化した。《アンカップリング〔カップルの解消〕》とは、長いあいだの親密な関係性の終了を指称する概念である。ヴォーガンは、多くの事例で、物理的な別離の前に《社会的別離》があること——少なくとも一方のパートナーが、相手が居合わさない状況のなかで、新しいことがらに関心をもつようになったり、新しい友だちをつくって新しい生活様式を発展させること——を見いだした。こうした点は——とりわけ、愛人関係をともなう場合は当然のことながら——相手には秘密にされる。

ヴォーガンの研究によると、アンカップリングは、多くの場合、最初は意図しないものである。一方のパートナー——ヴォーガンは《さきにことを起こす側《イニシエーター》》と呼んでいる——がふたりの愛情関係にたいして相手ほど満足しなくなり、カップルが一緒におこなう活動とは無関係な「領分」をつくり出す。これ以前のある時期に、さきにことを起こす側には、相手にもっと許容できる振る舞いをさせたり、共通の関心をもってもらうために、相手を変えようとしてうまくいかなかった経験がおそらくある。ある時点で、さきにことを起こす側は、試みが失敗し、ふたりの関係が根底からひび割れしていることを実感する。それ以降、夫ないし妻は、ふたりの関係や相手が欠陥に満ちていると一途に思い込むようになる。ヴォーガンは、この過程が、愛情関係のはじまりの時点で生ずる過程、つまり、人が相手の魅力的な特徴に焦点を当てて、あまり容認できない点は無視するようになる「恋に落ちた」過程と正反対に位置する、と指摘している。

さきにことを起こす側は、関係の断絶を真剣に考えはじめ、自分たちの愛情関係について、普通、他の人たちと広範囲にわたって相談し、「意見交換」する。そうしながら、さきにことを起こす側は、離別の損得を慎重に考量する。自分はひとりで生きていけるだろうか? 友人や両親はどのように反対するだろうか? 子どもたちは苦しむだろうか? 自分に

表7-2　英国の世帯構成（%）

（年）	1971	1981	1991	2001	2003
単身世帯	6	8	11	12	13
夫婦世帯					
子どもはいない	19	20	23	25	25
扶養する子どもがいる	52	47	41	39	38
扶養対象でない子どもがいる	10	10	11	8	8
ひとり親世帯	4	6	10	12	12
その他の世帯	9	9	4	4	5

出典：*Social Trends* 34（2004）

は金銭的支払い能力があるだろうか？　なかには、こうしたいろいろな問題を考えた上で、関係が上手くいくように再度やり直そうとする人もいる。別居に進展する人にとって、こうした相談や問いかけは、関係の断絶を恐れなくさせ、自分が正しいことをしているという確信を強めるのに役立つ。さきにことを起こす側のほとんどは、自分自身の自己発達にたいする責任のほうが、相手とのかかわりよりも大切である、と信ずるようになる。

もちろん、アンカップリングは、必ずしもつねにひとりが一方的に引き起こすわけではない。相手もまた、関係を保つことができないという気持ちになっているかもしれない。状況によっては、立場の逆転が突然生ずる可能性もある。もともとさきにことを起こした側が関係をつづけたいと願うようになったのにたいして、以前は関係を保ちたいと望んでいた側が、関係を終わらせようと決心する場合もある。

ひとり親世帯　ひとり親世帯は、ここ数十年間にますます一般的になっている。英国では、ひとり親世帯で暮らす人たちの割合は、一九七一年の四％から二〇〇三年の一二％へと増加している（表7-2を参照）。注目すべき重要な点は、ひとり親が圧倒的に女性の範疇に属することである。ひとり親世帯は、平均して今日の社会の最貧困層の一端を形づくっている。多くのひとり親は、かつて結婚していたか否かにかかわらず、経済的に不安定な状況に置かれるだけでなく、依然として社会的不承知にも直面する。

表7-3　扶養する子どもがいるすべての家族に占める、ひとり親家族の割合
（婚姻上の地位別）

（年）	1971	1976	1981	1986	1991-2	1996-7	1998-9
ひとり親の母親							
独　身	1	2	2	3	6	7	9
夫と死別	2	2	2	1	1	1	1
離　婚	2	3	4	6	6	6	8
別　居	2	2	2	3	4	5	5
ひとり親の父親	1	2	2	1	1	2	2
既婚／同棲カップル	92	89	87	86	81	79	75
扶養する子どもがいるすべての家族	100	100	100	100	100	100	100

出典：*Social Trends* 30 (2000)

とはいえ、「捨てられた妻」や「父親のいない家族」、「欠損家族」といった、初期の頃のかなり非難じみた表現は、次第に消滅しだしている。

ひとり親世帯という範疇は、その内容が多様である。たとえば、配偶者と死別した母親の半数以上は持ち家に住むが、未婚でひとり親になった女性の大多数は、賃貸住宅で生活している。ひとり親の置かれた立場は、その境遇が変わりやすいため、境界線がかなり不明瞭である。ひとり親になったり、ひとり親の立場から抜け出る経路は、さまざまである。配偶者に死別した人の場合――その人は、かりにパートナーが亡くなる前にしばらく入院治療を受けていれば、実際にその間はひとり暮らしをしていたとはいえ――関係の断絶は見た目にも明らかである。とはいえ、今日、ひとり親世帯の約六割は、別居ないし離婚によって生じている。

英国のひとり親家族のなかで、最も急速に増加している種類は、非婚で母親になった女性が形づくるひとり親家族である。一九九〇年末に、こうしたひとり親家族は、扶養する子どもがいる家族全体の九%を占めていた（表7-3を参照）。このひとり親家族のうち、どれくらいの数の女性が、自分ひとりによる子育てを考え抜いた末に選択したのか否かを知ることは難しい。ほとんどの人はひとり親になるのを望んでいない。現在進行中のミレニアム・コーホート・スタディは、今世紀の最初の数年間に生まれた子どもたちの生を追跡調査しているが、若年女性たちがひとりで母親になる傾向が強まり、また、教育程度が高いほど女性は婚姻関係のなかで子どもを産む傾向が高まっていることを見いだした。この調査はまた、ひとりで母親になった女性にとって、無計画な妊

娠であった割合が、同棲カップルの五二%、結婚している女性の一八%とは対照的に、八五%に及ぶことを明示している。未婚なり非婚で母親になった女性の大多数にとって、婚外出産の割合と、貧困や社会的に恵まれない状況を示す指標とのあいだに、高い相関関係を見いだすことができる。さきにも見たように、貧困等の影響作用は、英国の西インド諸島系の人びとの家族で、ひとり親世帯の比率が高いことを説明する際に、非常に重要である。とはいえ、今日、少数派であるが、配偶者なりパートナーの支援なしに子どもを産むことを選択する女性たちが増えている。「進んでなったシングル・マザー」という言い方は、一部のひとり親たちにとって、つまり、ひとり親世帯であるとはいえ、通常、家計を切り盛りできる十分な資力を所有する親たちにとって、適切な描写になっている。

ひとり親家族になったり、ひとり親家族から抜け出る「道筋」が極めて多様なのは、ひとり親そのものが凝集性の高い、ひとまとまりの集団でないことを意味する、とクロウとハーデイは論じている(Crow & Hardey 1992)。ひとり親家族は、物質的に、また社会的に一様に不利な境遇に置かれているとはいえ、みずからを集合体として認識することはほとんどない。ひとり親になったり、ひとり親の立場から抜け出る経路が多数存在することは、社会政策という目的から見た場合、ひとり親であるか否かの境界を明確にしたり、ひとり親のニーズに的を絞るのが難しいことを意味する。

「父親不在」　一九三〇年代後半から一九七〇年代までの時期は、ときとして「父親不在」の時代と呼ばれてきた。第二次世界大戦のあいだ、多くの父親は、兵役に就いていたため自分の子どもたちにめったに会えなかった。戦後に入ると、高い割合の家族で、ほとんどの女性は、有給労働に就かず、家庭にとどまって子どもたちの世話をした。父親は、一家の主たる稼ぎ手であったため、その結果、一日中仕事のために家の外に出ていた。父親は、夜間や週末にしか子どもたちに会えなかった。

ここ近年の離婚率の上昇と、ひとり親世帯数の増加にともなって、**父親不在**という論題は、別のことがらを意味するようになった。父親不在は、別居や離婚の結果、子どもたちとたまにしか接触できなくなった父親や、まったく連絡できない父親のことを指称するようになった。英国と米国の離婚率はともに世界で最も高いため、このような状況は激しい論争を引き起こしてきた。一部の人たちは、「お父さんの消滅」であると言明している。

社会学者や評論家は、対照的な視座から、父親不在の家族の増加が、犯罪の増加から、子どもの養育に要する福祉費用の高騰に至るまで、さまざまな社会問題の根本原因であるととらえてきた。子どもたちは、かりに一番身近な環境のなかで大人どうしがおこなう話し合いや協力、歩み寄りという具体的場面につねに身をさらさなければ、社会集団の一人前の成員になることは決してできない、と一部の人たちは論じている(Dennis & Erdos 1992)。このような議論にしたがえば、父親なしに成人する男の子たちは、親として合格するのに苦闘することになる。

この論争で中心的役割を演じた米国の研究者たちは、英国でのこの問題の議論に極めて大きな影響を及ぼしてきた。離婚率の高い社会は、たんに父親の喪失だけでなく、父性という観念のまさしく風化にも直面しだしている——多くの子どもが、今日、必要なときに頼れる権威をもった人物を欠いたかたちで成人するため、社会に致命的な帰結をもたらすことになる——と、デーヴィッド・ブランケンホーンはその著書『父親不在のアメリカ』で主張する(Blankenhorn 1995)。現代に至るすべての社会で、婚姻と父性は、男性が自分たちの性的活動力や攻撃的活動力を注ぐ手段となっていた。婚姻や父性を欠いた場合、男性のこうした活動力は、おそらく犯罪や暴力というかたちで表出される可能性がある。ブランケンホーンの著作の書評者のひとりが述べるように、「人に言えない卑しい仕事から帰ってきて、テレビの前でビールを飲む父親であっても、父親不在よりはましである」(*The Economist* 1995)。

しかしながら、はたしてそうだろうか。父親不在をめぐる問題は、離婚が子どもに及ぼす影響というもっと一般的な論点と部分的に重複する——そして、この場合もまた、さきに見たように、いまのところ入手できる証拠がもたらす言外の意味は、まだ明白になっていない。その書評者が述べるように、「やくざな父親からやくざな息子が生まれることはないだろうか? 家族にとって害をなす父親もなかにはいるのではないのか?」。最も重要な問題は、父親が居合わせるか否かではなく、父親が家族生活や子育てにどのように関与するかである、と一部の研究者たちは指摘している。いいかえれば、世帯の構成は、子どもたちが家族成員から受ける世話や気配り、支援の質ほど重要ではないのかもしれない。

父親不在の問題は、英国では、圧力団体「正義を求める父親たち」の人目を引く行動によって、とりわけ二〇〇四年五月に、紫色に染めた小麦粉の詰まったコンドームを下院議場で首相に投げつけたり、同年九月に、バットマンに扮装してバッキンガム宮殿の壁をよじ登った行動によって、近年、メディアの注目をおおいに集めてきた。この集団は、子どもの「一番の利益」を満たすべき法律が、カップルが別れた際には母親に有利に働いて、父親が子どもたちと一緒に過ごすことを困難にしている、と主張する。

キャロル・スマートとブレン・ニール
——家族は分裂するのか?

一九九四年から一九九六年に英国で、キャロル・スマートとブレン・ニールは、一九八九年の児童法成立後に別居か離婚したウェストヨークシャー出身の六〇人の親たちに、二回に及ぶ面接調査をおこなった。この法律は、「親権」や「面会の機会」という旧来の概念を廃止し、親たちが子どもをめぐって争う必要をもはや感じないようにすることで、親の離婚によって親と子が直面する事態を改善した。この法律は、子どもと親たちの法的関係が離婚によっても変わらないことを謳い、同時にまた、親たちに育児の分担を促し、判事等には子どもたちの意見にもっと耳を傾けることを求めていった。スマートとニールは、親としての務めの遂行様式が離婚後に最初どのように形成されていくのか、また時間の経過とともにどのように変化したのかに関心を寄せた。スマートとニールは、調査の際に、親たちが別居した時点で離婚後の親としての務めの遂行についていだいた期待と、一年後に親が置かれた「現実」の状況を比較した（Smart & Neale 1999）。

スマートとニールは、離婚後、親の務めの遂行が、多くの親たちが予期しなかった、心の準備が十分できていない不断の適応過程をともなうことを見いだした。ふたり一組の親の一方としてうまく働いていた親の務めを遂行する際の技量は、ひとり親世帯では必ずしも功を奏さなかった。親たちは、子どもたちに影響を及ぼす「重大な決定」だけでなく、二つの世帯にまたがって生ずる毎日の子育ての諸側面についても、親の務めに取り組む仕方を絶えず再評価することを強いられた。離婚後すぐに、親たちは二つの正反対の要求——前の配偶者から距離を置き、関係を断ちたいという親自身の欲求と、離婚したとはいえ親の責任を担う一方の当事者として、前の配偶者と引きつづき関係を維持する必要性——に直面していった。

離婚後の親としての務めの遂行が、極めて不安定で、徐々に変化することを、スマートとニールは見いだした。別居して一年後に面接調査がおこなわれたとき、多くの親は、ひとりで親の務めを演じた最初の段階を振り返って、自分たちがおこなった子育ての意思決定について査定評価できるようになった。多くの場合、親たちは、自分の理解や判断の変化に照らして、自分の行動や振る舞いを再評価した。たとえば、多くの親は、離婚によって子どもたちが受けるであろう被害を心配したが、自分たちの懸念や罪の意識を建設的な振る舞いに変える方法をよく知らなかった。このことは、一部の親が、子どもたちにあまりにも固執し過ぎたり、あるいは自分の心情が吐露できる「大人」として子どもたちに接するという結果をもたらした。別の事例では、結果的に、疎外感や孤立感、有意義な結びつきの喪失感をもたらした。

スマートとニールによれば、マスメディアや一部の政治の場では、離婚後、大人たちが道徳を置き去りにして、自分勝手に、また自分の利益にそって振る舞いだすという暗黙の——時として露骨な——想定がなされている。突如として柔軟性や寛大さ、歩み寄りの気持ち、感受性が失われる。かつては家族や福祉をめぐる意思決定がおこなわれていた道徳的枠組みが、放棄される。離婚した親たちにスマートとニールがおこなった面接調査は、このような議論を結果的に排除している。親たちは親としての務めを遂行する際に道徳的枠組みのなかでそれをおこなうが、その枠組みは、あらかじめ決められた原則や信条にもとづいた、曖昧な点がまったくない道徳理論というよりも、むしろ《心配りという道徳律》として理解されるほうがおそらく最も望ましいであろう、とスマートとニールは論ずる。親たちが子どもたちの世話をするときに、「おこなうべき適切なことがら」をめぐって決断の問題が出てくる、とスマートとニールは主張する。これらの決断は、高度に状況に依存している。親たちは、その決断が子どもたちに及ぼす影響や、その決断をおこなうのに相応しい時かどうか、その決断がどのような有害な意味を親である自分たちの関係に言外にもたらすのか等々を含め、数多くの考慮すべき問題を慎重に勘案しなければならないからである。ひとり親の母親で、前の夫から子どもたちの親権を要求された女性の次の言葉を見ておきたい。

> 私は言ったのです。「ねえ、かりにあなたが一日中この子たちを世話できると思うのなら、週末を子どもたちのために犠牲にして、それがどういう感じかを経験してみるべきだとは自分で思わないの。それが終わったら、今度は子どもたちの相手をまるまる一週間おこなって、自分がどうすれば子どもたちに対処できるのかを知るべきだとは思わないの」。そうしたら、前の夫は、彼が私のためにベビーシッターをしているように思っていたので、激怒しました。それで彼は、「そんなこと必要だとは思わない」と答えたのです。だから、私は言いました。「ねえ、もしもそうなら、進んで話し合う気持ちは、私にはないわ。なぜって、子どもたちの世話がいかに大変かを、あなたはまったく知らないからよ。この三年間、あなたは子どもたちの世話を一日中したことがなかったわね。あなたが子どもたちの世話に少ししか係わっていないことを、私はよく知っているのよ。子どもたちを学校に連れていったり、学校から連れて帰ったり、食事を作ったり、掃除をしたり、洗濯してアイロンをかけたり、宿題を手伝ったり、病気になれば看病するといった毎日の普段の日課で、「あなたは子どもたちの世話をしてみるべきだと思うの」。そうしてくれた後なら、私たちはもう一度話し合って、状況をとらえ直すことができるでしょうね」。
>
> (Smart & Neale 1999)

この場合、この母親は、一方でさまざまな要素を比較考量しながら、「当然なすべきことがら」を判定しようと努めた。前の夫との難しい関係と、自分が自己啓発で得た進歩を擁護したいという欲求のなかで、この母親は、子どもたちの利益のために前の夫と力を合わせようと、引きつづき努力しようとしていた。

スマートとニールは、離婚が、最終的に正すことなど滅多にできない状況の変化を露わにすると結論づけている。離婚後に親の務めをうまく遂行するには、話し合いと意思の疎通が絶えず必要になる。一九八九年の児童法は、今日の離婚後の子育てをめぐる取り決めに欠かせない融通性を付加したとはいえ、子どもの福祉の強調は、離婚した親どうしの関係性の特質が演ずる非常に重要な役割を見落とす可能性がある。

家族生活にたいする態度の変化

家族生活の特徴の変化や高い離婚率にたいする人びとの反応には、階級差がかなり影響しているように思える。リリアン・ルビンは、その著書『断層線上にいる家族』で、労働者階級に属する三二家族の成員に詳細な面接調査をおこなった (Rubin 1994)。ルビンは、労働者階級の親たちが、中流階級の家族と比べ、かなり伝統的な態度をとる傾向が見られる、と結論づけている。たとえば、婚前性行為の率直な表明といった中流階級の多くの親が容認する規範を、労働者階級の親は、たとえとくに信心深いわけでない場合でも、総じて認めていない。それゆえ、労働者階級の世帯では、世代間の葛藤がより多く生ずる傾向にある。

ルビンの研究対象となった若者たちは、性行動や結婚、ジェンダーの区分にたいする自分たちの態度が、親たちのとる態度と異なることを認めている。しかし、若者たちは、自分たちが、快楽の追求だけに関心を寄せているのではないと主張する。若者たちは、年長世代と異なる価値観をたんにいだいているだけである。

ルビンは、インタヴューした若い女性たちが、結婚にたいして、親の世代以上に矛盾した感情をいだいていることを見いだした。若い女性たちは、男性たちの欠点に敏感に気づいており、したがって、入手可能な選択肢を探り、母親世代に可能であった以上にもっと豊かに、率直に人生を送りたい、と語っていた。男性の態度に見られる世代的変化は、さほど大きくはなかった。

ルビンの研究は米国でおこなわれたが、ルビンの得た知見は、英国などヨーロッパの国々の研究者が実施した調査とも符合する。ヘレン・ウィルキンソンとギオフ・ムルガンは、英国で一八歳から三四歳までの男女を対象に、二つの大規模な研究をおこなっている（Wilkinson 1994: Wilkinson & Mulgan 1995）。ふたりは、とくに若い女性たちの見地に大きな変化が生じていること、英国では一八歳から三四歳の世代の価値観が年長世代の価値観と総じて対照的であること、を見いだした。

若い女性たちのあいだには、「家族を通じてだけでなく、仕事を通じても、自立や自己充足を得たいという願望」があり、「リスク、刺戟的なことがら、変化に価値を置いている」。このような若い女性たちの見地のなかに、男性の伝統的な価値観と女性のもっと新しい価値観との収束化傾向の強まりを見いだすことができる。こうした若い世代の価値観は、年長世代がほとんど手にできなかった自由――女性が仕事をもち、生殖をみずから管理できる自由や、男女両性にとっての社会移動の自由、自分の生き方を自分で決められる自由――を受け継ぐことで形成されてきた、とウィルキンソンとムルガンは指摘する。これらの自由は、いま以上の率直さや雅量、寛大さにつながる。しかし、同時にまた、これらの自由は、偏狭な、自分勝手な個人主義や、他者にたいする信頼の欠如を生みだす可能性がある。調査対象となった女性の二九％、男性の五一％は、「子どもを生むのをできる限り遅らせたいと望んでいた。一六歳から二四歳までの女性の七五％は、ひとり親であっても、両親が揃った家族と同じように子育てができると確信していた。この年齢層では、女性にとっても男性にとっても、結婚がその魅力を失いだしていることを、この研究は明らかにした。

新たなパートナーシップとステップ・ファミリー

再婚　再婚はさまざまな状況をともなう可能性がある。なかには、ふたりとも二〇代前半で、新たな関係に子どもをともなわない再婚夫妻もいる。二〇代後半や三〇代、四〇代前半で再婚する夫妻は、それぞれが最初の結婚でもうけた一人ないしそれ以上の子どもを連れて、一緒に暮らすかもしれない。それより上の年齢で再婚する人たちには、親が新しく築く家庭で決して一緒に暮らすこともない成人した子どもたちがいる可能性もある。また、新たな結婚で子どもが生まれるかもしれない。新しい夫婦のどちらかが結婚前には独身であったり、離婚していたり、あるいは配偶者と死別している場合もあるため、可能性として八つの組み合わせが考えられる。それゆえ、再婚について一般的な特徴をいくつか指摘することは無駄でないにしても、再婚の一般化は、かなり慎重におこなう必要がある。

英国では、一九〇〇年当時、結婚全体の約九割が初婚であった。ほとんどの再婚は、少なくとも夫婦の一方がさきの結婚生活で配偶者と死別した人であった。したがって、離婚率の上昇にともない、再婚の度合も高まりはじめた。離婚経験者がかかわる再婚の割合はますます増加しだしている。一九七一年では、婚姻の二割が（少なくともどちらか一方にとって）再婚であった。二〇〇一年には、この数字は四割以上に及んでいる（二四四頁の図7-1を参照）。

奇異に聞こえるかもしれないが、結婚の機会を最大にする最良の方策は、男性にとっても女性にとっても、前もって結婚を経験しておくことである！　結婚して離婚した人たちがもう一度結婚する可能性は、同じ年齢層の独身者が初めて結婚する可能性よりも高い。どの年齢層でも、離婚男性は離婚女性よりも再婚する可能性が高い。離婚女性では四分の三が再婚するが、離婚男性では六分の五が再婚している。少なくとも統計的に見る限り、再婚は、最初の結婚に比べうまくいっていない。二度目の結婚で離婚する人の割合は、最初の結婚で離婚する人の割合より高い。

この現実は、二度目の結婚が失敗を運命づけられていることを示すものではない。離婚を経験した人たちは、経験していない人に比べて、結婚にたいしていだく期待が大きいのかもしれない。そのため、離婚経験者は、一度しか結婚したことがない人以上にその新たな結婚を簡単に解消するのかもしれない。二度目の結婚は、それが持続すれば、おそらく最初の結婚よりも平均して満足のいくものになる可能性がある。

ステップ・ファミリー　《ステップ・ファミリー》とは、大人成員のうち少なくとも一人が以前の結婚や男女関係のなかで子どもをもうけている家族のことをいう。社会学者は、多くの場合、こうした集団を組み換え型家族と指称している。**組み換え型家族**には、家族成員の組み換えであるがゆえに生ずる喜びや利益、さらには結果として拡大家族の発生を見いだすことができる。しかし、同時にまた、いくつか困難な問題が生ずる傾向もある。まず、どこか他で暮らしているとはいえ、子どもたちにおそらく依然強い影響力をもつ生みの親が、通例、存在するからである。

二つ目に、離婚したものどうしの協力関係は、どちらか一方ないし両方が再婚した場合、しばしば緊迫する。例として、二人の子どものいる女性が、同じように二人の子どものいる男性と結婚して、全員で一緒に暮らす場合を考えてみたい。かりに「他所にいる」親が、「子どもたちは再婚前と同じ回数だけ自分を来訪すべきだ」と主張すれば、このように新たに生まれた家族を一体化させる際に生ずる緊張状態を、さらに悪化させてしまう。たとえば、新しい家族は、一度も週末を一緒に過ごすことができなくなるかもしれない。

三つ目に、組み換え型家族は、別々の生いたちの子どもたちを融合させようとする。しかし、子どもたちは、家族生活での適切な振る舞いについて違う期待をいだいているかもしれない。ほとんどの継子は、二つの家庭に「属している」ため、習慣やものの考え方に不一致が生ずる可能性が少なくない。ある継母は、自分が直面し、結果的に離別の原因となった体験について、次のように述べている。

> 後ろめたさでいっぱいです。自分のお腹を痛めた子どもになら普通にできることができないため、気が咎めるわけですし、逆に当然の対応をしたり怒ったりすれば、そのことにも気が咎めます。自分が公平さを欠いていないか、たえず心配になります。あの子［継娘］の父親と私は折り合いがつかなかったのです。夫は、私があの子を叱れば、私のことをがみがみ口うるさいと言います。夫があの子のしつけを何もしない分、私は口うるさくなっていったように自分でも思います。……あの子のために何かしてあげたい、これまで欠けていた何か人生のイロハのようなものを身につけさせたいと思ったのです。でも、たぶん私が柔軟性を欠いていたのでしょう。
> (Smith 1990)

継親と継子の関係性を定める規範は、ほとんど確立されていない。子どもは新しい継親を名前で呼ぶべきか、それとも「おとうさん」「おかあさん」と呼ぶほうがよいのか。継親は生みの親と同じように子どもをしつけるべきなのか。継親は、自分の前の伴侶が子どもを迎えに来たときに、自分の前の伴侶の新しい配偶者にどう接するべきか。

組み換え型家族は、ごく近年に入って欧米社会に付け加わった新たな親族結合類型を生みだしている。同時にまた《離婚後》の再婚が引き起こす困難は、まったく新しいものでもある。組み換え型家族の成員は、自分たちが身を置く未踏の状況にたいして、自分たちなりの適応方法を開発しだしている。離婚後に形成される二つの世帯が、子どもたちとの関係において依然として一個の家族システムを構成するという意味で、一部の研究者は、**核が二つある核家族**という言い方をしている。

このような多様な、当惑させるほどの変容を目の前にして、そこから引き出せるおそらく最も妥当な結論は、単純である。つまり、結婚は離婚によって崩壊するが、家族は概してそうではない、という結論である。とくに子どもがかかわる場合、再婚を通じて新たな家族関係が生みだされるにもかかわらず、多くの絆は残存していくからである。

ビーンポール・ファミリー

ジュリア・ブラナンは、英国では、人びとがいま「ビーンポール・ファミリー〔豆の支柱のようなひょろ長い家族〕」の時代を生きていると主張する。ブラナンは、家族という世帯は、数世代から構成される親族関係ネットワークの一部に過ぎなくなる。それは、もっぱら人びとが長生きになったからである。五〇歳の時点で、英国の人口の五分の三は、親の少なくともひとりが健在で、また三人に一人強に祖父母がい

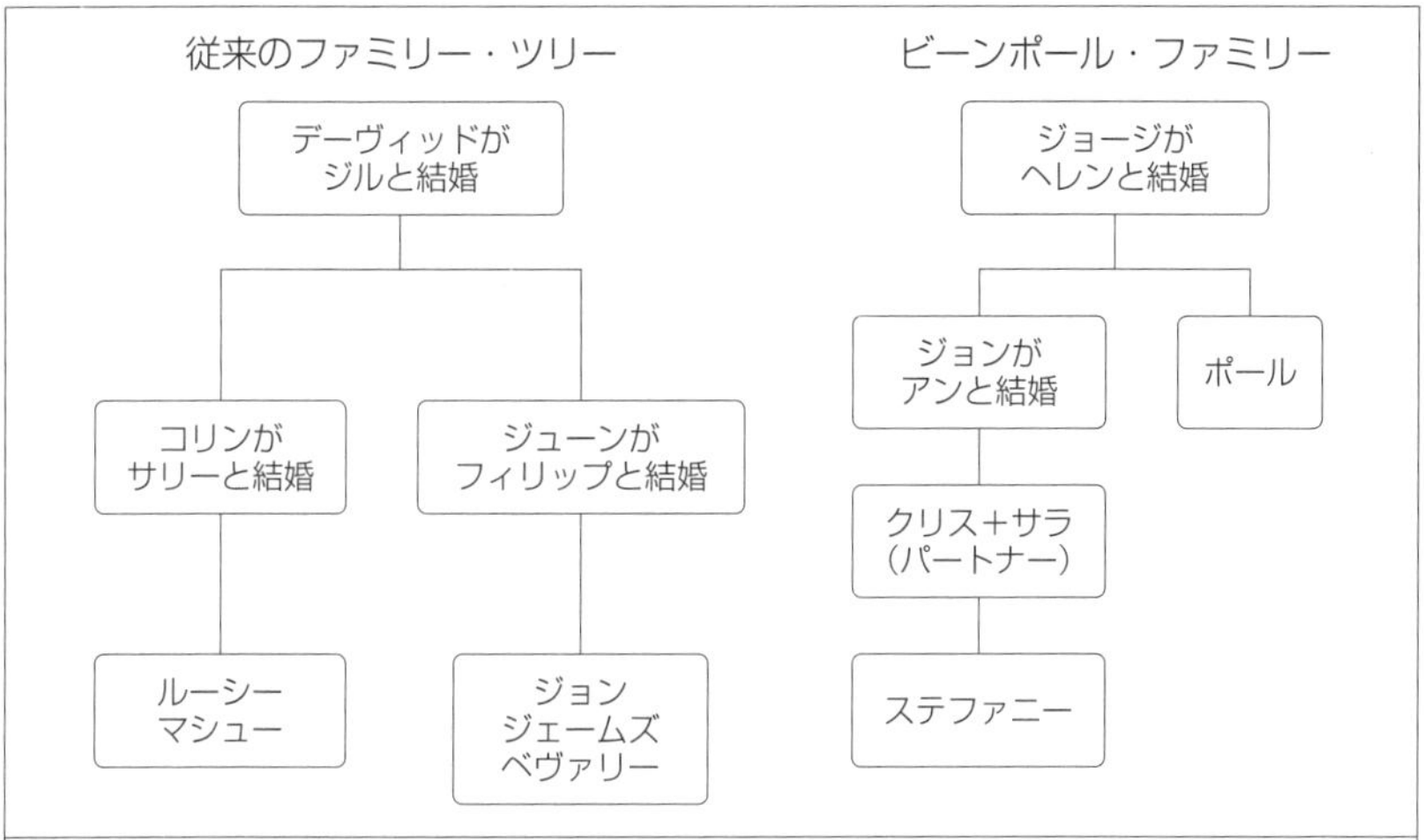

図7-2　従来の家系図《ファミリー・ツリー》とビーンポール・ファミリー

出典：*Sociology Review* 13/1 (Sep 2003)

ることに、ブラナンは注目する。四世代家族――曾孫がいる家族――の数も上昇している。

世代間の「縦の」つながりは平均余命の上昇によって強められているが、世代内の「横の」つながりは、離婚率の上昇、出生率の低下、少子化によって弱まりだしている。それゆえ、ブラナンは、いまの家族の特徴を、丈が高くてひょろ長い「ビーンポール〔豆の支柱〕のような構造」と描写する（図7-2）。

ブラナンは、祖父母が、ますます世代間の助け合いに、とくに孫の世話に遠慮なくかかわりだしていることを見いだした。世代間支援への要求は、ひとり親家族のあいだでとりわけ高い。ひとり親家族では、年長世代はまた、たとえば離婚時のように、困ったときに精神的な支援を提供できる場合が多い。年長世代と年少世代のあいだに挟まれた「軸となる世代」は、親（親が歳をとれば）や子ども、孫の世話をすることになる。

伝統的形態の婚姻や家族生活に代わるもの

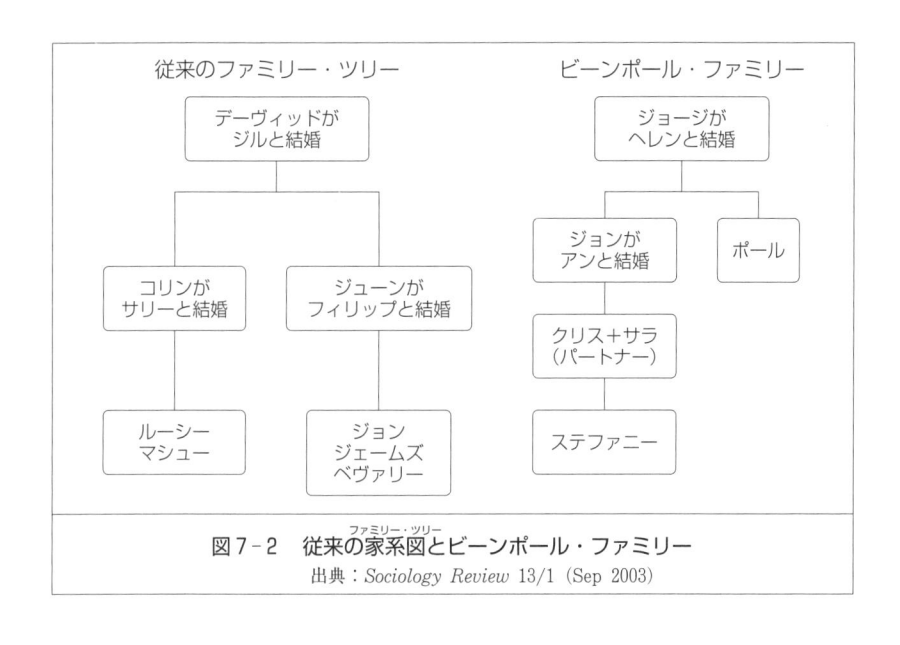

同棲　同棲――男女が、結婚していないとはいえ、一緒に生活し、性関係にあること――は、ほとんどの欧米社会でますます広範囲に見られるようになった。かりにかつて婚姻がふたりの結びつきを明確に規定する基盤であったとすれば、婚姻をもはやそのようなかたちでとらえることはできない。今日では、《カップルの結成》と《カップルの解消》という言い方のほうがむしろ適

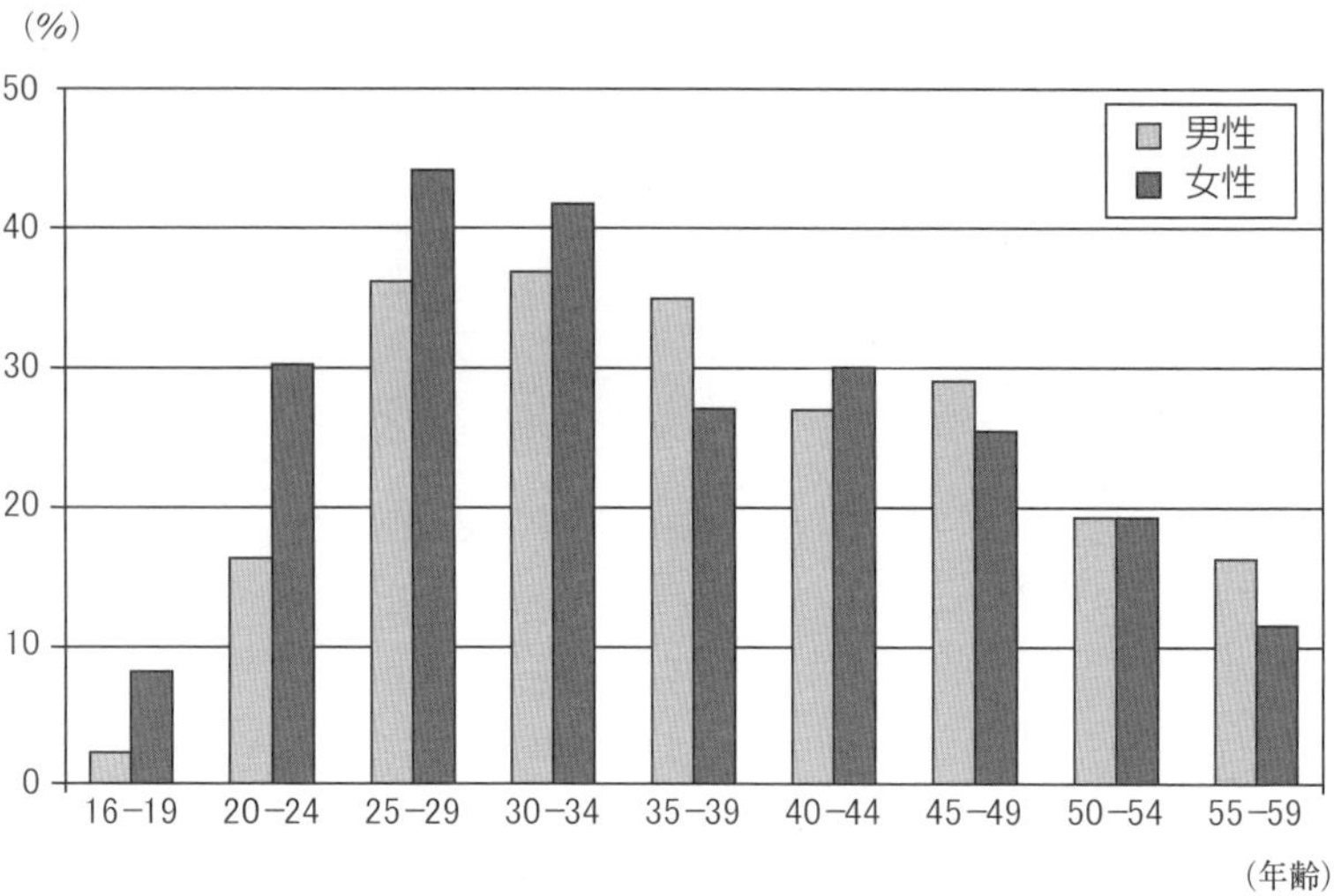

＊16歳から59歳の男女。回答者には、別居中と自称する人も含まれる。

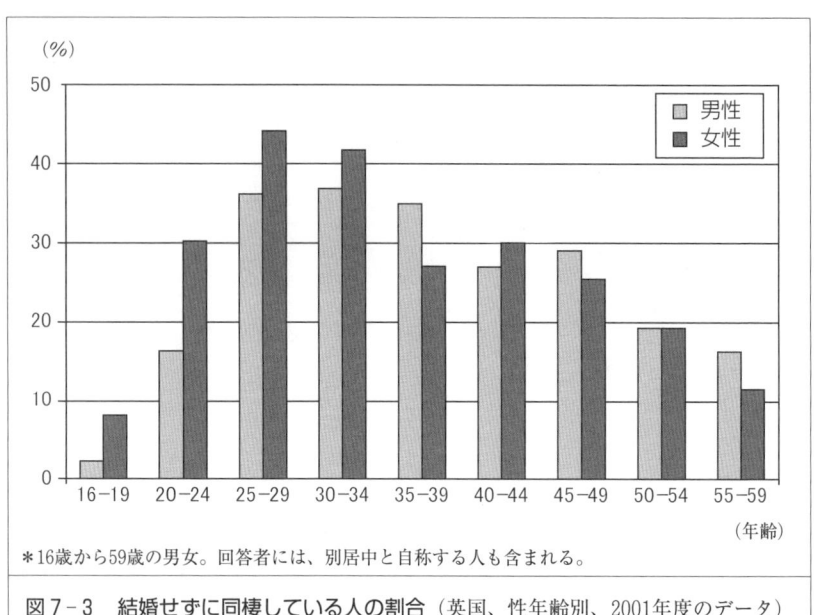

図7−3　結婚せずに同棲している人の割合（英国、性年齢別、2001年度のデータ）
出典：*Social Trends* 34（2004）

切かもしれない。長く関係をつづけているカップルで、結婚はしないが、一緒に暮らし、一緒に子どもを育てることを選択する人たちがますます増えている。

英国では、ごく近年まで同棲は、一般にいくぶん外聞の悪いこととみなされていた。英国の世帯様式の主なデータ源である綜合世帯調査では、一九七九年に質問項目のなかに初めて同棲関係が付け加わった。とはいえ、英国でもヨーロッパの他の地域でも、若い人たちのあいだで、同棲にたいする考え方は変化しだしている。今日、「カップルが、結婚するつもりがないのに一緒に生活しても問題はない」という意見に、一八歳から二四歳の人たちの八八％が同意している。それに対して、六五歳以上の回答者で同意する人は、四割に過ぎない（HMSO 2004）。ここ数十年間、世帯をともにする未婚男女の数は、急激に上昇してきた。一九二〇年代生まれの女性で同棲を経験した人はわずか四％で、一九四〇年代生まれの女性でも一九％であった。しかし、一九六〇年代生まれの女性では、半数近くが同棲を経験していた。二〇〇一年度で、六〇歳以下の未婚女性で同棲している人の割合は二八％、男性では二五％だった（HMSO 2004）。同棲の普及度は、女性では二五歳から二九歳、男性では三〇歳から三四歳の層で最も高かった（図7‐3を参照）。同棲はますます流行しだしているとはいえ、研究は、婚姻が依然として安定した関係であることを指摘している。一緒に暮らす未婚カップルは、結婚しているカップルよりも別れる可能性が、三、四倍高いからである。

今日、英国では、結婚前の同棲期間が長くなり、ますます多くのカップルが同棲を婚姻の代わりとして選択しだしているとはいえ、同棲は、総じて結婚前の実験的段階とみなされている。若者たちは、綿密な計画にしたがうというよりも、気がついてみればいつの間にか一緒に暮らしている場合が多い。すでに性関係にあるカップルは、ますます一緒に時間を過ごすようになり、その結果、どちらかが自分の住まいを手放すようになる。同棲する若者たちは、ほとんどの場合に将来結婚したいと考えている。しかし、必ずしもいま同棲している相手とは限らない。こうしたカップルで、生計を共同負担しているのは、ごく少数である。

一九九九年にノッティンガム大学の研究者たちが実施した調査では、ともに一一歳未満の子どもがいる既婚カップルと同棲カップルだけでなく、こうしたカップルの親で引きつづき婚姻関係にある人たちにも、面接調査をおこなっている。研究者たちは、年長の既婚者と若年層のカップルに見いだす相手への傾倒の差異に注目した。若年層の既婚カップルと同棲カップルが互いに共有するものは、親の世代よりも多いことが明らかにされた。年長世代は、婚姻を責任や義務という面からとらえていたのにたいし、若年世代は、相手にたいする思うままの献身を強調した。若年層の回答者に見られる主な差異は、一部の回答者たちが、結婚によって相手への傾倒を公に認知されるのをむしろ求めていたことである (Dyer 1999)。

同性愛者どうしのパートナーシップ　今日、同性愛の男性や女性の多くは、カップルという安定した関係のなかで生活している。しかし、ほとんどの国は、同性愛者どうしの婚姻を依然として認めていないため、男性同性愛者どうしの愛情関係と女性同性愛者の愛情関係は、法律よりも、むしろ相手への傾倒や相互信頼にもとづく。「自分で選んだ家族」という言い方は、同性愛カップルがともに追求できるような建設的、創造的な日常生活を表すために、時として男性同性愛パートナーシップにも使われるようになった。異性愛パートナーシップの多くの伝統的な特徴——たとえば、相互扶助、病んだときの介護責任、生計の共同負担、等等——は、以前にはとてもできなかったかたちで、男性同性愛者と女性同性愛者の家族のなかに組み入れられている。

同性愛は、第一二章「セクシュアリティとジェンダー」で、とくに同性愛者の婚姻は四四六頁～四四七頁で触れている。

一九八〇年代以降、男性同性愛と女性同性愛のパートナーシップへの学術的関心が増大してきた。社会学者たちは、同性愛関係が、異性愛カップルに一般に見いだされるものとまったく異なる親密性や対等さを表すとみなしてきた。男性同性愛者と女性同性愛者が婚姻制度から締め出されてきたために、また伝統的なジェンダー役割を同性カップルに簡単に適用できないために、同性愛者のパートナーシップは、多くの異性愛結合を律する規範や指針の外側で組み立て、取り決められなければならなかった。エイズの流行は、同性愛者のあいだで気配りや献身という独特の文化が発達した重要な要因であるという指摘もなされている。

ウィークスたちは、男性同性愛と女性同性愛のパートナーシップに見いだす重要な様式を三つ指摘している (Weeks et al. 1999)。まず、男性同性愛と女性同性愛のパートナーシップは、異性愛関係を下から支える文化的、社会的前提が指針になっていないため、そこに《パートナー間の対等な立場》が生ずる機会を、より多く見いだすことができる。男性同性愛カップルと女性同性愛カップルは、多くの異性愛カップルに特徴的に見られる不平等な関係や権力の不均衡を回避するために、自分たちの関係性を慎重に形成することを選択している。二つ目に、同性愛のパートナーは、自分たちの関係性の媒介変数や内面的動きを《話し合いによって取り決めている》。かりに異性愛カップルが社会のなかに埋め込まれたジェンダー役割の影響を受けているとすれば、同性愛カップルは、関係性のなかで誰が何をすべきかという期待にほとんど直面することはない。たとえば、かりに異性愛の婚姻では女性たちが家事や育児の多くをおこなう傾向が強いとすれば、このようなかたちの期待を、同性愛のパートナーシップのなかに見いだすことはまったくない。すべてのことがらが、話し合いの対象になる。その結果、もっと対等な立場での責任の共有になる可能性がある。三つ目に、男性同性愛と女性同性愛のパートナーシップは、制度的裏付けを欠いても、独自な形態の《献身》が成立することを実証している。相互信頼、難事に進んで取り組む気持ち、「感情労働」にたいする責任の共有は、同性愛パートナーシップの際立った特質になっているように思える（Weeks et al. 1999）。

同性愛にたいするかつての不寛容な態度が緩和されるのにともなって、裁判所が同性愛関係で暮らす母親に子どもの保護監督権を与える傾向は、増えている。人工受精の技術は、結果的に同性愛女性が異性とまったく接触せずに子どもを宿し、親が同性愛者の家族を形づくることを可能にしている。英国では、子どものいる同性愛者どうしの家族は、ほぼすべて女性同性愛カップルである。一方、一九六〇年代後半から一九七〇年代前半に、米国の一部の都市で、社会福祉機関は、ホームレスの一〇代の同性愛少年を男性同性愛カップルの保護監督下に置いたことがある。しかし、この施策は、主に世間の反発によって中止された。

同性愛カップルが獲得した近年の数多くの法的勝利は、徐々に法律で謳われだしている。

同性愛カップルの新たな権利は、第一二章「セクシュアリティとジェンダー」の四四六頁〜四四七頁で論じている。

英国では、一九九九年の画期的な判決が、揺るぎない関係にある同性愛カップルを家族として規定できると断言した。このように同性愛パートナーを「家族成員」として分類することは、たとえば出入国管理や社会保障、税制、育児給付といった法律上の分野にも影響を及ぼしている。

一九九九年に、米国のある法廷は、男性同性愛カップルが代理母を介して生んだ子どもたちの出生証明書に一緒に親として記名される権利を是認した。この訴訟をおこなった男性のひとりは、「私たちはこの法的勝利を祝いたいです。私たちが知っているような核家族は、徐々に進化しています。父親や母親になれることを強調するのではなく、ひとり親になった女性であれ、真面目なお付き合いをしている男性同性愛者のカップルであれ、愛情に満ちて養育に励む親のことを強調するべきです」（Hartley-Brewer 1999）。

表7-4　平均初婚年齢
（イングランドとウェールズ）

	男性	女性
1971年	24.6歳	22.6歳
1981	25.4	23.1
1991	27.5	25.5
2001	30.6	28.4

出典：*Social Trends* 34（2004）

独身のままでいる　近年の世帯構成の動向は、私たちが独身者の国になりだしたのかという疑問を投げかけている。英国におけるひとり世帯の割合は、一九七一年の一八％から二〇〇三年には二九％に増加した（HMSO 2004）。現代の欧米社会では、いくつかの要因が重なり合って、単身で暮らす人の数を増加させてきた。要因のひとつは、晩婚化の傾向である――英国では、二〇〇一年に、一九七〇年代初期に比べ、結婚年齢は（表7-4が示すように）平均で約六年遅くなっている。もう一つの要因は、さきにも見たように、離婚率の上昇である。しかしながら、さらにもう一つ別の要因は、（第六章の二〇七頁～二〇九頁で論じた）配偶者と死別した高齢者の増加である。英国の単身世帯のほぼ半数は、年金生活者ひとりだけの世帯である。

独身であることは、**ライフコース**のそれぞれの段階によって異なる意味をもつ。二〇代で未婚の人の割合は、以前に比べ多くなっている。とはいえ、三〇代半ばになると、一度も結婚したことのない男女はごく少数に過ぎない。三〇歳から五〇歳までの独身者の大多数は、離婚していて、結婚の「合間」にいる人たちである。五〇歳以上の独身者は、ほとんどが配偶者に先立たれた人びとである。

ライフコースの概念は、第六章「社会化、ライフコース、加齢」の一九七頁～二〇〇頁で論じている。

いままで以上に、若い人たちは、結婚する（過去においては実家を離れる最も普通の経路であった）よりも、むしろ独立した生活をたんにはじめるために実家を出るようになっている。したがって、「独身のままでいる」あるいは独力でひとり暮らしをする傾向は、家族生活を犠牲にして自立生活に高い価値を置くようになる社会的趨勢の重要な要素であるように思える。それにもかかわらず、一方で、自立生活なり「独身のままでいること」は、親元から離れるための普通の経路にますますなっていくだろうが、ほとんどの人がいつかは結婚している。

家族と親密な関係性をめぐる理論的視座

家族と家族生活の研究は、対照的な理論的立場をとる社会学者たちによって、別々のかたちで論じられてきた。今日、たとえ数十年前に採用された視座でも、その多くは、近年の研究や、社会的世界で生じた最近の変化に照らして見ると、説得力を弱めているように思える。それにもかかわらず、家族研究の今日の取り組み方に目を向ける前に、社会学的思考の展開を手短に跡づけておくことは大切である。

機能主義

機能主義の視座は、社会を、社会の連続性と社会的合意を確保するために特有な機能を演ずる一連の社会制度としてとらえている。機能主義の視座によれば、家族は、社会の基本的ニーズに寄与する重要な任務を演じ、社会的秩序を永続させるのに役立つ。機能主義の伝統のもとで研究する社会学者たちは、核家族を、近現代の社会で特化された一定の役割を遂行する存在とみなしてきた。工業化の到来にともない、家族は、経済生産の単位として重要ではなくなり、むしろ生殖や子育て、社会化に関心を集中させていった。

米国の社会学者タルコット・パーソンズによれば、家族の主要な機能は、《第一次的社会化》と《パーソナリティの安定化》の二つである（Parsons & Bales 1956）。**第一次的社会化**とは、子どもたちが自分の生まれた社会の文化的規範を学習していく過程である。この過程が子ども時代の初期を通じて起こるために、家族は、人間のパーソナリティの発達にとって最も重要な舞台となる。**パーソナリティの安定化**とは、家族が大人の家族成員を情緒的に支援する際に演ずる役割を指している。大人の男女の婚姻生活は、大人のパーソナリティを支え、健全に維持するための取り決めである。工業社会では、家族が大人のパーソナリティを安定化させる際に演ずる役割は、転機を迎えているといわれている。それは、核家族が、多くの場合、外に広がる親族から疎遠になり、家族が工業化以前には利用できたもっと大きな親族の絆に頼ることができないからである。

パーソンズは、核家族を、工業社会の要請に対処するのに最適な装置を備えた単位とみなしている。「従来の家族」では、一方の大人成員が家庭や子どもたちの世話をするので、もう一方の大人成員は家庭の外で働くことができる。実際には、このような核家族内での役割の特化は、夫に一家の稼ぎ手という「道具的」役割を当てはめ、妻に家庭生活での「情愛的」、情動的役割を担わすことを意味した。

今日、パーソンズの家族観は、不適切で、時代遅れになっているように思える。機能主義の家族理論は、男女間の家事分業を、自然な、何の問題もないものとして正当化していると厳しく批判されてきた。しかしながら、機能主義の家族理論は、歴史的な脈絡で見た場合、多少よく理解できる。大戦直後、女性たちは自分たちの伝統的な家事役割に戻り、男性たちは家族の唯一の稼ぎ手としての位置づけを取り戻していったからである。とはいえ、機能主義の家族観を別の論拠から批判することは可能である。パーソンズたちは、特定の機能を演ずる家族の重要性を強調する際に、たとえば政府やメディア、学校といった他の制度が子どもたちの社会化過程で演ずる役割を無視している。機能主義の理論はまた、核家族モデルに対応しない家族形態がいろいろ存在することを無視している。郊外居住の白人中流階級の「理想像」に合致しない家族は、逸脱とみなされていた。

フェミニズムのアプローチ

家族は、多くの人たちに憩いや安らぎ、愛情、話し相手をもたらす。しかしながら、家族はまた、搾取や孤独感、根深い不平等の場になる可能性もある。フェミニズムは、和気藹々とした、対等な世界という家族解釈に異論を挟むことで、社会学に重大な影響を及ぼしてきた。フェミニズムの視座は、一九七〇年代から一九八〇年代を通じて、家族をめぐる論争や研究のほとんどを左右してきた。かりにそれまでの家族社会学が、家族構造や、核家族と拡大家族の歴史的発達、親族の絆の重要性に焦点を当ててきたとすれば、フェミニズムは、家庭生活領域における女性たちの経験を調べるために、家族の内側に首尾よく注意を向けさせていった。フェミニズムの多くの論者は、家族が、共通な利害関心と相互の支援にもとづいた共同生活の単位であるとする解釈に異議を唱えた。フェミニズムの論者は、家族内での不平等な権力関係の存在は一部の家族成員が他の成員よりも多くの利益を得がちなことを意味するとして、そのことを証明しようとしてきた。

フェミニズムの論者の著述では、広範囲に及ぶ問題が強調されてきた。しかし、三つの主要なテーマがとりわけ重要である。中心となる関心のひとつは、第一八章「労働と経済生活」で詳しく探究するが、《家事分業》——世帯成員のあいだで課業をどのように割り当てるか——である。フェミニズムの論者のあいだでは、このような家事分業の歴史的出現をめぐって、意見が分かれている。一部の論者は、家事分業を工業資本主義のもたらした結果と見るが、他の論者は、家事分業を家父長制と結びつけてとらえ、したがって家事分業が工業化に先行して生じたと主張する。家事分業が工業化に先立って存在したと確信するには、十分な理由がある。しかし、資本主義的生産が家事の領域と労働の領域の明確な区別を生みだしたことは、明白であるように思える。この過程は、今日まで実感できる、「男性の領分」と「女性の領分」、それに権力関係の明確化に帰着している。**一家の稼ぎ手としての男性**という図式は、近年までほとんどの先進工業社会で一般に浸透していた。

フェミニズムの社会学者たちは、子どもの世話や家事といった家庭生活での課業が男女間でどのように分担されているのかを研究してきた。フェミニズムの社会学者たちは、「釣り合いのとれた家族」(Young & Wilmott 1973) という主張——家族は、時間が経つうちに役割と責任の配分の面でより一層平等になっていくとする確信——の妥当性について調べてきた。調査結果は、以前よりももっと多くの女性が家庭の外に出て有給労働で働きだしている事実にもかかわらず、女性たちが、引きつづき家庭生活上の課業の主たる責任を負い、男性たちほど余暇時間を享受していないことを明らかにした (Hochschild 1989; Gershuny et al. 1994; Sullivan 1997)。一部の社会学者は、関連する研究テーマを追究するなかで、有給労働と無給労働という対照的な領域について調べ、女性たちの無給の家事労働が経済全体に果たす寄与に焦点を当てた（Oakley 1974）。他の社会学者は、家族成員間での資源分配の仕方や、世帯の収支管理の仕方について調べている（Pahl 1989）。

二つ目に、フェミニズムの論者は、多くの家族のなかに見いだす《不平等な権力関係》に、人びとの注意を向けさせてきた。その結果ますます注目されるようになった問題のひとつが、家庭内暴力という現象である。「妻への殴打」や夫婦間の強姦、近親姦、子どもたちへの性的虐待は、こうした家族生活の暴力的、虐待的側面が、学術研究の場でも、司法や政策立案の場でも長いあいだ無視されてきたというフェミニズムの主張の結果、いずれも世間の注目を浴びるようになった（二四〇頁～二四三頁を参照）。フェミニズムの社会学者たちは、どのようにして家族が、ジェンダー抑圧の、さらには身体的虐待の舞台になるのかを解明しようと努めた。

フェミニズムの論者が重要な寄与をおこなってきた三つ目の領域は、《介護活動》の研究である。この介護活動は、病気になった家族成員の看護から高齢近親者の長期に及ぶ世話に至るまで、さまざまなことがらが含まれる幅広い領域である。時として介護は、誰かの心の安らぎに調子を合わせるだけの場合もある――フェミニズムの何人かの論者は、関係性のなかでの「感情労働」に関心を寄せてきた。女性たちは、掃除や洗濯、子どもの世話といった課業だけを双肩に担うだけでなく、対人関係の維持に多大な感情労働をつぎ込んでもいる（Duncombe & Marsden 1993）。介護活動は、愛情や強い感情にもとづいているとはいえ、同時にまた相手に耳を傾け、相手を察し、相手と取り決めを結び、創造的に行動する能力が要求される労働形態でもある。

近年の視座

ここ数十年間にわたってフェミニズムの視座からおこなわれた理論的、実証的研究は、学問の世界だけでなく、一般の人びとのあいだにも家族への関心の増大を生みだしてきた。たとえば、英語圏では――女性たちが職場と家庭で二重の役割を演ずることを指す――「セカンド・シフト」〔二つ目の勤務〕という言葉は、日常用語に加わっている。しかし、フェミニズムの家族研究は、家事領域内での特定の問題に焦点を当てることが多かったため、家庭の外側で生じているもっと大きな趨勢や影響作用について、必ずしもつねに考察してこなかった。

この一〇年間、家族に関する社会学の重要な文献群は、フェミニズムの視座を参考に出現したが、フェミニズムの視座によって厳密に鼓舞されてきたわけではない。主な関心は、家族形態に生じはじめたもっと大きな変容――家族と世帯の形成や分解、一人ひとりの対人関係の内部で徐々に生まれだした期待――に向けられている。離婚の増加、ひとり親の増加、「組み換え型」家族の出現、同性愛者どうしの家族の出現、同棲の流行は、いずれも関心の対象となっている。しかしながら、これらの変容を、近現代後期のいまの時代に生じている、もっと大きな変動から切り離して理解することはできない。かりに個人生活の変容と大きな変動様式との結びつきを把握したいのであれば、個々の社会のレヴェルで、さらにグローバルなレヴェルでも生じている推移に、注意を払う必要がある。

アンソニー・ギデンズ――親密性の変容

ギデンズは、とくに著書『親密性の変容』で、親密な関係性が近現代社会でどのように変化しだしているのかを検討した（Giddens 1993）。この章のはじめで明らかにしたように、近代以前の社会での婚姻は、一般に性的魅力やロマンチック・ラヴにもとづかず、むしろ、家族を生みだしたり財産相続を可能にする経済的脈絡と結びついていく場合が多かった。小農階級にとって、絶えず苛酷な労働のつづく生活が数多くあったものの――男性たちが婚外関係をもつ機会は性的熱中を導くことは――ほとんどなかった。

ロマンチック・ラヴは、情熱恋愛という多少とも普遍的な衝動と異なり、（二三六頁～二三七頁で見たように）一八世紀後半に出現した。ロマンチック・ラヴは、相互の魅力にもとづいた対等な関係であるという期待にもかかわらず、実際には男性による女性の支配を導く傾向が強かった。多くの男性にとって、ロマンチック・ラヴという世間的体面と情熱恋愛という衝動との緊張状態は、妻や家庭のもたらす慰みを、情婦や売春婦との性的行為と切り離すことで対処されていた。女性は相応しい男性が現れるまで処女でいるべきであると見いだされた。この点にダブルスタンダードが見いだされた。女性は相応しい男性が現れるまで処女でいるべきであるのたいして、このような規範が男性に適用されることは決してなかった。

モダニティの最も新たな段階は、親密な関係性の本質に生じたもう一つ別の変容を経験している、とギデンズは主張する。自由に塑型できるセクシュアリティが発達してきた。現代社会に生きる人びとは、（第一二章「セクシュアリティとジェンダー」で見るように）何時、誰と、何回くらい性交渉をもつかについて、かつてないほどの選択の自由を手にしている。それは、ひとつには避妊方法の改善によるもので、避妊方法の改善は、女性たちを、繰り返される（したがって自分の命を脅かす）妊娠と出産の懸念からおおいに解放した。とはいえ、自由に塑型できるセクシュアリティの出現は、たんに技術的発達だけではない。自己を能動的に選択できるという自己認識の発達も、決定的に重要であった。この過程を、第四章の一三八頁～一三九頁で詳しく論じた。社会的再帰性の発達にともなって、愛情の本質に変化が生じている。ロマンチック・ラヴという理念は分解しだし、代わってひとつに解け合う愛情が台頭しだしている、とギデンズは主張する。ひとつに解け合う愛情は、能動的、偶発的である。ひとつに解け合う愛情は、ロマンチック・ラヴの永遠性や唯一無二な特質と調和していない。ひとつに解け合う愛情の出現は、この章ですでに論じた離別や離婚の増加を説明する条件をかなり満たしている。ロマンチック・ラヴは、かりにも結婚すれば、たとえ二人の愛情関係がどのくらい育まれているかにかかわらず、通常は互いに相手に付き従うことを意味した。今日、人びとはもっと多くの選択肢を手にしている。以前は離婚が難しかったり不可能であったところでも、結婚している人たちは、もはや一緒にいるよう縛られに愛情関係がうまくいかないなら、もはや一緒にいるよう縛られてはいない。

人びとは、ロマンチックな情熱をもとに愛情関係を築くよりも、むしろ**純粋な関係性**という理想を、つまり、カップルは自分たちがそのように選択したからカップルでいるという考え方をますます追い求めだしている。ひとつに解け合う愛情という観念が現実の可能性として動かぬものになってきたため、理想の夫なり理想の妻を見つけだすという考えが後退するのに比例して、理想の愛情関係を見つけだすという考えが極めて重要になっていく。純粋な関係性は、関係の継続を価値あるものにするのに十分な利益を愛情関係から両者とも「追って気づくまで」得ていると相互に認め合うことで、結びつきが維持される。愛情は、信頼を生みだす感情的親密さにもとづいて築かれる。愛情の発達は、互いが相手に自分の関心事や要求を知らせ、傷つきやすい存在であることを明らかにする心の準備がどのくらいできているか否かに左右される。愛情関係にある人たちは互いに、その愛情関係からその関係を続けるに十分な満足を得ているかどうか確かめるために、自分たちの関心事を常時モニターしていく。

純粋な関係性にはさまざまな形態がある。婚姻は、純粋な関係性になり得る。(同棲するカップルの数が増えているように)純粋な関係性がすでに見いだされる場合、婚姻は、純粋な関係性を獲得する手段というよりは、ますます純粋な関係性の表出になっていく。とはいえ、純粋な関係性は、間違いなく婚姻や異性愛カップルだけに限定されていない。純粋な関係性の一部の形態では、同性の愛情関係は、率直で、話し合いで折り合いがつけられた立場であるがゆえに、異性愛関係よりも、純粋な関係性の理想に近づいている。

こうした考え方を批判する人たちは、純粋な関係性が大人成員間の関係とみなされているために、純粋な関係性のもつ不安定さは子どもたちを含む家族の日々の営みが示す複雑な様相と好対照をなしており、また、愛情(異性愛)関係が終わったときに男性と女性が異なる体験を味わいやすいことを軽視している、と主張する。純粋な関係性という観念は、大人成員間の関係性に焦点を当てており、社会学的思考で子どもや子ども時代を周縁的存在とみなしてきたことの反映である、と一部の批判者は指摘している(Smart & Neale 1999)。

『親密性の変容』のなかに見いだす考え方の多くは、ベックとベック＝ゲルンスハイムの夫妻の著述にも同じように見いだされる。ベックとベック＝ゲルンスハイムもまた、現代社会は、とりわけ個人の選択範囲の拡大は、私たちが親密な関係性を演ずるような、桁外れの変容を結果的にもたらした、と主張している。次に、ベックとベック＝ゲルンスハイムの考えをさらに詳しく見ていきたい。

ベックと、エリーザベト・ベック＝ゲルンスハイム——愛情の正常なカオス状態　ベックとベック＝ゲルンスハイムは、著書『愛情の正常なカオス状態』で、急激な変化を遂げだした世界を背景幕に、個人の関係性や婚姻、家族類型に見いだす混乱状態について検討している(Beck & Beck-Gernsheim, 1995)。かつて個人の関係性を律してきた伝統や決まり、指針がもはや通用しないため、今日、人びとは、自分と他者との結びつきを構築し、調整、改善、あるいは解消する一環として、一連の無数の選択肢と向かい合っている、とベックとベック＝ゲルンスハイムは指摘する。今日、人びとが、結婚生活に、経済的目的や家族の強い勧めからではなく、むしろ自由意思から入っていく事実は、人びとに自由とともに新たな重圧をもたらす。現実に、結婚生活は多くの勤勉な努力を要求している、とベックとベック＝ゲルンスハイムは結論づける。

ベックとベック＝ゲルンスハイムは、いまの時代を、家族生活と労働、愛情、それに個人的目標を追求する自由とのあいだで利害関心が衝突している時代とみなす。人びとは、このような利害関心の衝突を、個人の関係性のなかで、とくに一つではなく二つの「労働市場における経歴」を両立させる場合に、痛切に感じている。このことで、ベックとベック＝ゲルンスハイムは、男性たちに加えて、ますます多くの数の女性が一生を通じて職業に従事しだしていることを言おうとした。かつて女性たちは、家庭の外ではパートタイムで働くか、育児のために職業生活からかなりの時間を奪われる傾向が強かった。このような傾向は、以前ほど固定化されていない。今日、男性も女性も、自分たちの職業上の要求と個人生活上の要求を同じように重視している。ベックとベック＝ゲルンスハイムは、いまの時代の関係性が、言うなれば関係性以上のものになろうとしていると結論づける。たんに愛情やセックス、子ども、婚姻、家事の義務が話し合いの対象になっているだけでなく、労働や政治、経済、職業、不平等についても関係性が課題になる。今日、現代のカップルの前には——日常的なことがらから、深遠なことがらに至るまで——多様な問題選択が横たわっている。

したがって、男女間の反目が高まっているのは、おそらく驚くべきことでもない。「男女両性間の闘い」は、結婚カウンセリング産業の発達、家庭裁判所、結婚生活に関する自助グループ、それに離婚率に示されるように、「いまの時代の最も重要なドラマ」になっている、とベックとベック＝ゲルンスハイムは主張する。しかし、婚姻や家族生活は、たとえそれが以前よりも「薄皮の」存在になっているように思えるとしても、人びとにとって依然として非常に重要である。離婚はますますありふれたことになるが、再婚率も高くなる。出生率は低下しつづけるだろうが、生殖医療への需要も非常に強い。結婚を選択する人は少なくなるかもしれないが、カップルの相手として誰かと一緒に暮らしたいという願望は、間違いなく今後も保持されていく。何によって、これらの競合する趨勢を説明できるのだろうか。

ベックとベック＝ゲルンスハイムによれば、答えは簡単である。それは、愛情である。今日の「男女両性間の闘い」は人びとがいだく「愛情への餓え」をおそらく最も明確に指し示している、とベックとベック＝ゲルンスハイムは主張する。人びとは愛情のために結婚し、そして愛情のために離婚する。人びとは、希望をいだき、後悔をし、再び試みるという果てしない循環にかかわっていく。一方で男女間の緊張状態は高まっているとはいえ、真の愛情や充足感を味わう可能性への強い望みと確信を、引きつづき見いだすことができる。

いまの時代の錯綜状態を説明するのに、「愛情」という答えはあまりにも単純すぎると思われるかもしれない。しかし、それは、私たちのいま生きる世界が、あまりにも抗し難い力をもち、非人格的で、具体性を失い、急激に変化しているため、愛情がますます重要になってきたからにほかならない、とベックとベック＝ゲルンスハイムは主張する。ベックとベック＝ゲルンスハイムによれば、愛情は、人びとが真に自己を見いだし、他者と結びつくことができる唯一の世界である。不確実性とリスクに満ちた今日の世界においても、愛情は実在する。

> 愛情とは、自己の探索、自分や相手と本当に触れ合いたいと渇望すること、肉体をともにすること、考え方をともにすること、互いに出会うこと、告白して許しを得ること、相手を思い遣ること、過去にあったことがらや現在起きていることがらを追認し、精神的に支えること、現代の生活が生みだす不信や不安を打破するために、憩いの場と信頼感を強く願うこと、である。かりに何ごとも確実でなかったり安全でないように思えるとすれば、かりに環境汚染された世界では呼吸さえもがリスクをともなうとすれば、人びとは、愛情という人びとを惑わす夢を、それが突如として悪夢に変わるまで追い求める。
> (Beck & Beck-Gernsheim 1995)

愛情は人びとを絶望に陥れると同時に人びとを慰める、とベックとベック＝ゲルンスハイムは論じている。愛情とは、「愛情に特有な法則にしたがい、人びとのいだく期待や不安、行動様式のなかに深く刻んでいく強烈な力」である。揺れ動く今日の時代において、愛情は、すでに新たな信念の源となっている。批判する人たちは、ベックとベック＝ゲルンスハイムが——男女間の闘いが「いまの時代の中心的ドラマ」であると主張して——もっぱら異性愛だけに焦点を当て、同性愛関係を社会的に無視している、と非難する（Smart & Neale 1999）。

ジクムント・バウマン——リキッド・ラヴ

社会学者ジクムント・バウマンは、著書『リキッド・ラヴ』で、今日、愛情関係は「巷の最もホットな話題で、そのリスクが広く知られているにもかかわらず、表向きは楽しむに値する唯一のゲーム」になっている、と主張する。この著作は、「人びとの絆の脆さ」を、つまり、この脆さが結果的にもたらす不安定さと、この不安定さにたいする人びとの反応を問題にしている。

このバウマンの著作の主人公は（たとえば、家族や階級、宗教、婚姻関係といった）「絆を欠いた男性」である、とバウマンは記している。この主人公が間違いなく手にする絆は、結びつきが緩く、したがって周囲の状況が変われば、ほとんど遅滞なく解除される可能性がある。バウマンにとって、周囲の状況はしばしば変化する——バウマンは、現代社会を記述するのに「液状《リキッド》」という隠喩《メタファー》を用い、不断の変化と永続的な絆の欠如が現代社会の特徴であると考えている。

猛烈な「個人化」の世界においては、愛情関係は、好ましい面と好ましくない面が混在するものになっている、とバウマンは主張する。つまり、愛情関係には、相容れない願望が充満していて、別々の方向に作用する。一方で、自由への願望や、もしもそう選択するのであれば逃避が可能な、緩い絆を求める願望、個人主義への願望を見いだすことができる。他方、自分自身とパートナーとの絆を堅くすることでもっと大きな安心を得たいという願望を見いだすことができる。実際に私たちは、安心と自由という二つの極のあいだを行ったり来たり揺れ動いている、とバウマンは論じる。私たちは、この安心と自由をどのようにして結びつけるかの助言を得るために——専門家のもとにしばしば駆け込む。バウマンにとって、このことは、「ケーキを手に入れて食べるのに、一方でそのケーキの旨味があり歯応えがある部分を省略しながらも、愛情関係の甘美な喜びをすくい取ろ」うとする企てである。

結果は、「上着のポケット的な愛情関係」にいる「半ば分離したカップル」から構成される社会である。バウマンは、この「上着のポケット的な愛情関係」という言い方で、必要な場合に引っ張り出し、必要でない場合はポケットの奥に押しやることができるものを意味している。バウマンはまた、「液状化した現代」社会での愛情関係にたいする人びとの態度を——濃縮状態では吐き気を催すため、水で薄めて飲むのが最もよい——ライビーナ〔黒カシスの果実飲料〕を飲むことになぞらえている。

「人びとの絆の脆さ」にたいする私たちの応答は、愛情関係で質を量に取り替えることである。それは、愛情関係の深さではない。大切になっていくのは、私たちが手にする接触の数である。その理由のひとつは、私たちがつねに携帯電話でお喋りをし、互いにメッセージをやり取りしている（しかも、送信スピードを高めるために、メッセージを切り詰めた文体で打ち込んでいる）からである、とバウマンは主張する。重要なのはメッセージ内容ではない。重要なのは、メッセージの絶え間ない循環であって、それを欠いた場合、私たちは排除された気分に陥る。

バウマンは、今日、人びとが、コネクションやネットワークについてよく話題にするが、愛情関係のことはあまり話題にしないことに注目する。愛情関係のなかにいることが互いに束縛し合っていることを意味するのにたいして、ネットワークは、接触している瞬間を暗に意味する。ネットワークのなかで、人びとは、コネクションを必要に応じて作り、またいつでも随意に断つことができる。コネクションは、バーチャルな関係であって、現実の関係ではない。バウマンにとって現代の液状化した愛情関係を現実に象徴するのは、コンピュータ上のデートである。バウマンは、電子媒体上の関係がもつ決定的な長所として、「いつでも削除キーを押すことができる」と評した二八歳の男性のインタヴュー内容を引用している。

バウマンは、近年生じてきた親密な関係性の変容にたいしてあまりにも悲観的過ぎると、しばしば非難されている。バウマンの下す評定は正しいのだろうか。私たちがこれらの変化をめぐって取り入れる見解は、近年の大きな社会的、政治的問題のいくつかに影響を及ぼす。次に、家族価値の衰退、あるいはその逆をめぐって続く論争に目を向けたい。

結び——家族の価値をめぐる論争

「家族が崩壊しだしている！」家族の価値を擁護する人びとは、過去数十年の変化——セクシュアリティにたいするもっとリベラルな、開放的な態度、離婚率の急勾配な上昇、家族の義務という旧来の観念を軽視する個人の幸福の全般的追求——を目にして、このような叫びをあげている。私たちは家族生活の道徳的意味を回復しなければならない、とこの人たちは主張する。私たちは、伝統的家族を復権させるべきであり、伝統的家族のほうが、私たちのほとんどがいま身を置く縺れた網の目状の関係性よりももっと安定しており、秩序正しかった、と主張する（O'Neill 2002）。

これらの議論を耳にするのは、欧州や米国だけではない。個人生活や感情生活の領域に影響を及ぼす変動は、どの国の境界線も越えて進展している。同じ問題は、その度合が異なったり、生じている文化的脈絡に応じて差が見られるだけで、ほぼどこにおいても見いだされる。たとえば、中国では、政府は離婚をもっと難しくしようと検討しだしている。一九六〇年代後半に、非常にリベラルな婚姻法が可決された。婚姻は、「夫と妻がともに望んだ場合に」解消できる実務契約とみなされた。たとえ一方が反対したとしても、結婚生活から「互いの情愛」が失われている場合、離婚は認められる。二週間待って、少額の行政管理手数料を支払えば、ふたりの関係は解消できる。中国の離婚率は、欧米の国々に比べ依然として低いが——アジアの他の発展途上社会で起きているように——急激に上昇しだしている。中国の都市部では、離婚だけでなく、同棲も、かなり頻繁になりだしている。対照的に、中国の広大な地方部では、すべてが異なる。結婚と家族生活は——報奨策と処罰を織り交ぜた、政府の出産制限政策にもかかわらず——もっと伝統的である。結婚は、結婚する当事者たちよりも親たちが定めた、二つの家族のあいだの取り決めである。経済発達の水準の低い甘粛省で近年おこなわれた研究は、婚姻の約六割を依然として親たちがとり決めていることを明らかにした。中国のことわざにあるように、「一度会って、黙礼してから、結婚しなさい」とされていた。そこに、現代化が進む中国にとって意外な展開を皮肉にも見いだすことができる。中国の都市中心部で近年離婚する人たちの多くは、地方部で伝統的な仕方で結婚していた。

中国では、「伝統的」な家族を擁護する議論も、かなりみられる。欧米の多くの国々で、この問題をめぐる論争は、もっと激しく、対立を引き起こしている。伝統的家族形態の擁護者たちは、愛情関係の強調が社会の基本的制度である家族の犠牲のもとで生じている、と主張する。こうした論者の多くは、今日、家族の崩壊について口にする。かりに崩壊が生じているのなら、それは極めて重大な意味をもつ。家族は、社会全体に影響を及ぼす一連の過程——男女平等の増進、女性の労働力参入の拡大、性行動の変化や性にたいして人びとがいだく期待の変化、家庭生活と就業生活との関係の変化——の合流点になっている。今日進行しているすべての変動のなかで、私たちの個人生活で——セクシュアリティや感情生活、婚姻、家族生活で——生じている変化ほど重要なものはない。私たちはみずからをどのようにとらえ、他者とのつながりや結びつきをどのように形づくるかをめぐって、グローバルな革命が生じている。それは、世界のさまざまな地域で、不均一なかたちで、かなりの抵抗に遭いながら進展する革命である。

こうした考え方を批判する人たちは、「そうではない！」と応酬する。家族は、崩壊しだしていない、たんに多様化しているだけである。私たちは、すべての人を同じ鋳型に押し込まなければならないと考えるよりも、多様な家族形態や性生活を積極的に奨励すべきである、とこの人たちは主張している（Hite 1994）。

どちらの側が正しいのだろうか。私たちは、双方の見解をおそらく批判的に見ていくべきだろう。伝統的家族への回帰は可能性がない。その理由は、さきに（二三一頁〜二三二頁）見たように、一般に考えられているような伝統的家族が一度として存在したことがなかったからだけでなく、過去の家族にはあまりにも多くの抑圧的な側面があったため、それを今日の家族のモデルにすることができないからでもある。同時にまた、かつて婚姻形態や家族形態を変容させてきた社会変動は、ほとんど逆行できないからでもある。女性たちは、苦労して何とか脱出に成功した家庭環境に大挙して戻ることはないだろう。今日、性関係や婚姻が、いずれにしてもかつてそうであった形態に後戻りすることはあり得ない。感情的コミュニケーションは――もっと正確に言えば、関係性の積極的な創出と維持は――個人生活と家族生活の領域で、私たちの生き方にとって中心的な要素となってきた。

その結果は、どのようになるのだろうか。離婚率は、かつての急勾配な上昇から横ばい状態になるかもしれないが、低下することはないだろう。離婚に関する数値はすべて多少とも概算値であるが、これまでの趨勢をもとにすれば、現在維持されているすべての婚姻のうち約六割は、一〇年以内に離婚に至るかもしれないと推測できる。

さきに見たように、離婚は、必ずしもつねに不幸の反映ではない。前の時代であれば、おそらく悲惨な結婚生活を継続せざるを得ないと感じていた人たちは、新たな再出発を図ることが可能になる。しかし、セクシュアリティや婚姻、家族に影響を及ぼす趨勢が、一部の人たちに満足感や自己充足の新たな可能性を生みだすと同時に、別の人たちに深刻な不安を生みだすことは、疑問の余地がないだろう。

今日、家族形態に見いだす著しい多様性を、過去の時代の規制や苦難から私たちを解放するとして、歓迎すべきであると主張する人たちには、確かにそのように主張できるもっともな理由が数多く見いだされる。男性も女性も、かりに望むのであれば、かつて男性独身者や、とりわけ女性独身者が社会から受けてきた非難に直面せず、独身でいることが可能である。同棲関係にあるカップルが「世間体を気にする」既婚の友人たちの社会的拒絶に直面することは、もはやない。同性愛者のカップルは、その人たちが過去において直面したほどの反感を経験せずに、一緒に家庭を築き、子どもを育てることが可能である。

これらの状況を口にした以上、私たちが重大な岐路に立っているとする結論に逆らうことは難しい。将来、長期に及ぶ結婚生活やパートナーシップは、さらに衰退するのだろうか。私たちは、苦痛や暴力が深い傷跡を残す感情や性をめぐる状況のなかで、ますます生きるようになるのだろうか。誰も確かなことは言えない。しかし、いま結論づけたような、婚姻や家族に関する社会学の分析は、過去を振り返っても私たちの問題が解決できないことを強く示唆している。私たちは、私たちのほとんどが個人生活のなかで尊重するようになった一人ひとりの人格的自由と、他の人たちとの安定した継続的関係を形成したいという欲求を合致させる努力をしていく必要がある。

まとめ

1 《親族》、《家族》、《婚姻》は、社会学と人類学にとって最も重要な、密接に相互関連する用語である。親族は、遺伝的結びつきか、あるいは結婚により生まれた結びつきによって構成されている。家族とは、子どもの養育にたいして責任を負う親族集団である。婚姻は、社会的に是認された性的関係のなかで一緒に暮らすふたりの人間の絆である。

2 《核家族》は、結婚したカップル（あるいは、ひとり親）が実子なり養子と一緒に暮らす世帯である。結婚したカップルと子ども以外の親族が同一世帯で暮らしていたり、絶えず緊密な関係で結ばれている場合、拡大家族の存在を指摘できる。

3 欧米社会では、婚姻は、それゆえ家族は、《一夫一妻婚》（一人の女性と一人の男性のあいだの文化的に是認された性関係）と密接に関係している。欧米以外の多くの文化は、一人が同時に二人ないしそれ以上の配偶者との結婚が許される《複婚》を認めたり、奨励している。

4 二〇世紀を通じて、伝統的な核家族が優勢な状態は、ほとんどの先進工業社会で着実に崩壊しだしている。今日では、極めて多様な家族形態が存在する。

5 エスニック・マイノリティ・グループのあいだに、かなり多様な家族形態を見いだすことができる。英国では、南アジア出身の人たちやカリブ系黒人の家族は、最も優勢な家族類型と異なっている。

6 離婚率は、戦後、上昇しつづけているし、初婚件数は減少してきた。その結果、人口のますます多くの数が、ひとり親世帯で生活している。ほとんどの工業国は、多様な家族形態を内包している。たとえば、英国では、南アジアや西インド諸島の出身者の家族は、優勢な家族類型と異なっている。

7 再婚率が極めて高い。再婚は、《組み換え型家族》——大人成員の少なくとも一人に、さきの婚姻や愛情関係でもうけた子どもがいる家族——の形成につながりやすい。「父親不在」という言葉は、別居や離婚によって自分の子どもたちと頻繁に接触できない（あるいは、まったく接触できない）父親を指している。

8 婚姻は、もはや二人のあいだの結合の決定的な基盤ではなくなっている。《同棲》（婚姻はしていないが、性的関係にあって一緒に暮らすカップル）は、多くの先進工業国でますます一般的になっている。同性愛者の男性たちや女性たちは、同性愛にたいする人びとの態度がかなり緩和してきたために、カップルとして一緒に生活することがますます可能になっている。

9 家族生活は、仲睦まじく、幸せに満ちた情景を決してつねに呈するわけではない。家族のなかで、性的虐待や家庭内暴力が時として生じている。子どもに加えられる性的虐待や家庭内暴力のほとんどを男性たちがおこなっており、これらの行いは、一部の男性がかかわる他の種類の暴力行為と関連性があるように思える。

10 婚姻は、男女両性にとって、随時的な性体験の必要条件でなくなっている。婚姻は、もはや経済活動の基盤ではない。今後、さまざまなかたちの社会関係や性関係が盛んになるだろう。婚姻と家族は、揺るぎなく確立された制度として引きつづき存続するが、多大なストレスと緊張にさらされだしている。

考察を深めるための問い

1 今日の社会では、あらゆる家族形態が、同等に容認されているのだろうか。

2 離婚率の上昇は、婚姻関係が重要でなくなったというよりも、むしろ重要になってきたことを示すという言い方はできないのだろうか。

3 一家の稼ぎ手としての男性の役割が衰退するにともない、男性たちには家族のなかでどのような新たな役割があるのだろうか。

4 愛情は、家族という制度体を十分に保障できるのだろうか。

5 家族の価値は衰退しているのだろうか。このことは重大な問題なのだろうか。

読書案内

G. Allan & G. Crow: *Families, Households and Society* (Palgrave, 2001)

Linda Hantrais & Marlene Lohkamp-Himminghofen (eds): *Changing Family Forms, Law and Policy* (Cross-National Research Group, Europian Research Centre, Loughborough Univ, 1999)

Gordon Hughes & Ross Ferguson (eds): *Ordering Lives: Family, Work and Welfare* (Routledge, 2000)

Richard M. Lerner & Domini R. Castellino (eds): *Adolescents and their Families: Structure, Function and Parent-Youth Relationships* (Garland, 1999)

Jane Lewis: *End of Marriage: Individualism and Intimate Relations* (E. Elgar, 2001)

D. Newman & E. Grauerholz: *Sociology of Families*, 2nd edn (Sage, 2002)

E. B. Silva & C. Smart (eds): *The 'New' Family* (Sage, 2001)

L. Steel & W. Kidd: *The Family* (Palgrave Macmillan, 2001)

Helen Wilkinson (ed.): *Family Business* (Demos, 2000)

インターネット・リンク

Centre for Policy Studies——家族や起業家精神、個人主義、行動の自由を促進する目的で創設されたシンクタンク
http://www.cps.org.uk

Civitas
　http://www.civitas.org.uk/
Clearinghouse on International Developments in Child,
　Youth and Family Policies
　http://www.childpolicyintl.org/

Demos——社会的排除、家族、貧困について調査研究している
　シンクタンク
　http://www.demos.co.uk
Family Research Council
　http://www.frc.org

8

健康、病気、障害

二枚の写真がある。二枚の写真とも、頬の肉が落ちた顔と痩せ衰えた身体をほぼ同じように写し出している。ひとつは、アフリカの幼い女の子の写真で、この子はまったく食べるものがないために死にかけている。もう一つは、英国の一〇代少女の写真で、この少女は、食べるものが有り余る社会に生きていながら、食べないという選択をおこなって、その結果みずからの生命を危険に陥れていた。

この二つ事例に働く社会的力学は、互いにまったく異なる。食糧不足による飢餓は、人びとの統制力が及ばない外的要因によって引き起こされ、非常に貧しい人たちだけに影響を及ぼしている。一方、英国の一〇代少女は、世界で最も裕福な国のひとつで暮らしていながら、拒食症という身体的原因が解明されない病気で苦しんでいる。この少女は、スリムな体型を達成するという理想に取りつかれて、最終的に食べることをまったく止めてしまった。拒食症などの摂食障害は、食べるものがほとんどない人たちの病気ではなく、富裕な人たちの病気である。これらの病気は、たとえばソマリアのように、食糧が不足する発展途上国ではほとんど稀である。

身体の社会学

人類のほとんどの歴史を通じて、ごく少数の人びとは——たとえば、聖者や神秘主義者は——宗教的な理由から、故意に餓死する選択をおこなってきた。それにたいして、拒食症は、宗教的信念と何の特別な関係もないし、またもっぱら女性たちを冒している。拒食症は、身体の病気である。したがって、拒食症について説明するために、私たちは、生物学的ないし自然法則的要因に着目しなければならないと考えるかもしれない。しかし、健康や病気は、私たちがこれまで学んできた他の問題と同じように、たとえばスリムな身体を達成しなければならないという圧力のような、社会的、文化的影響作用を受けている。

拒食症は、身体的症状として表れる病気であるが、ダイエットをするという観念と密接に関係し、またこのダイエットという観念は、現代社会では、とくに女性の身体的魅力にたいする見方の変化と結びついている。近代以前のほとんどの社会で、女性の理想的な容姿は肉付きのよい体型であった。痩せ細った姿は——ひとつには、痩せ細った姿が、食糧不足を、それゆえ貧困を連想させたからであるが——まったく望ましい体型ではなかった。一七世紀、一八世紀のヨーロッパにおいてさえ、女性の理想的な容姿は均整のとれた体型だった。この時代のヨーロッパ絵画を見た人であれば誰でも、たとえばフランドルの画家、ルーベンスの作品のように、描かれている女性たちがいかに曲線美に（ぽっちゃりと言えるほど）富んでいることに気づくだろう。女性の望ましい容姿がスリムな体型であるとする観念は、一九世紀後半に中流階級の一部の人びとのあいだで生まれた。しかし、こうした観念がほとんどの女性の理想像として一般化されていったのは、ごく近年である。

このように、拒食症の発端は、近現代社会の歴史で女性の身体イメージが変化してきたことにある。拒食症は、一八七四年にフランスで初めて病気と認定されたが、三〇年前か四〇年前まで、世に知られないままであった（Brown & Jasper 1993）。しかし、それ以来、拒食症は、若い女性たちのあいだでますます一般的に見られるようになった。同じことは、過食症――食べ放題に食べた後で、みずから食べたものを全部吐き出す――も同様である。拒食症と過食症は、多くの場合、同じ人に一緒に見いだされる症状である。絶食に近い食事によって極端に痩せ細った後で、今度は大量に食べ、正常体重を維持するために下剤を服用し、結果として再び非常に痩せ細る人もいる。

拒食症などの摂食障害は、現代の社会ではもはや難解な病気ではない。英国で一八歳から二四歳の女性を対象とした調査は、自分の体重に満足している女性が四分の一に過ぎないことを示してきた。三九％の女性は自分の体重を毎日気にし、また一〇人に一人は定期的に絶食していると答えていた（Flour Advisory Bureau 1998）。英国の摂食障害者の団体は、すでに診断を受けたりまだ診断されていない人も含め、摂食障害者の男女合計数を、一一五万人と算定している。

スリムな容姿を求める強迫観念は――また、その結果として生ずる摂食障害は――ヨーロッパや米国の女性だけに限られていない。女性美に関する西洋的イメージは、世界の他の国々にも流布し、したがってそうしたイメージと密接に関連する病気もすでに同じように広がっている。たとえば、日本では、この国が急激な経済成長を遂げ、グローバル経済に組み込まれた一九六〇年代に、摂食障害が最初に記録された。現在、日本の若年女性の一％に拒食症が見いだされ、この割合は米国とほぼ同じである。一九八〇年代から一九九〇年代に、摂食の問題は、香港やシンガポールだけでなく、台湾や中国、フィリピン、インド、パキスタンの都市部に暮らす若年層の、主として裕福な女性たちのあいだで表面化した（Efron 1997）。メドスケープが『医学概論』で報告した研究によれば、欧米の国々で女性たちの神経性過食症の有病率は、〇・三％から七・三％に及んでいる（Medscape 2004）。それにたいして、非欧米の国々では、〇・四六％から三・二％だった（ANFED 2005）。

この場合もまた、一見純粋に個人的な悩みごとと思えるもの――食にかかわる労苦や、自分の容姿についていだく絶望――は、公の問題になっていることがわかる。かりに生命に危険を及ぼす拒食症の病状だけでなく、ダイエットや容姿にたいする強迫観念も含めて考えれば、摂食障害は、いまや何百万もの人たちの生活の重要な問題になっている。今日、摂食障害は、英国だけではなく、すべての工業国に見いだされているからである。

摂食障害の驚くほどの蔓延は、社会的要因が私たちの健康や社会的相互行為の遂行能力に及ぼす影響作用を、明確に示している。**身体の社会学**として知られる研究領域は、私たちの身体が社会的影響作用を受ける態様について探究する。私たち人間は、肉体的存在である――私たちは誰もが身体を所有している。しかし、身体は、私たちがたんに所有するだけのものでもないし、社会と無関係に存在するだけのものでもない。私たちの身体は、私たちが帰属する集団の規範や価値観だけでなく、私たちの社会的経験によっても著しい影響を受けている。

この章の主要テーマのひとつは、身体が「自然」から――つまり、私たちを取り巻く環境と、私たちの生体リズムから――ますます遊離することである。私たちの身体は、機械から食品に至るまで、科学やテクノロジーの影響力によって侵害されだし、したがってこのことが新たなディレンマを創りだしている。たとえば、形成外科のますますの普及は、新たな選択権をもたらしたが、それと同時に激しい社会的論争も引き起こしてきた。こうした論争のひとつとして、顔の外観が損なわれた人たちにとって形成外科が果たす役割について、この章の後半で検討したい。

この「テクノロジー」という用語を、ここではあまり狭く解釈するべきではない。テクノロジーは、最も基本的な意味合いでは——たとえば、医師が出生前に胎児の発育状態を記録するのを可能にした断層撮影装置のように——近代医学と密接に関連する有形的なテクノロジーを指称している。しかし、私たちは、ミシェル・フーコーが「社会的テクノロジー」と名づけた、身体に影響を及ぼすテクノロジーを考慮に入れる必要がある（Foucault 1988）。この社会的テクノロジーという表現で、身体は、私たちが単純に受け容れるものというよりも、むしろ「創りだす」必要があるものにますますなっていることを、フーコーは言おうとした。社会的テクノロジーとは、私たちが自分の身体を特定の仕方で作り変えるために、身体の機能に定期的におこなうあらゆる種類の介入である。その一例が、拒食症の主な原因になっている、ダイエットである。

以下では、まず初めに、摂食障害がこのように非常に一般的になってきた理由を分析する。次に、健康の社会的次元について幅広く検討する。そして、障害の社会学に目を向け、とくに障害の社会的、文化的組成について見ていきたい。

健康と疾病の社会学

なぜ摂食障害が、近年このように日常的になったのかを理解するために、この本でさきに分析してきた社会変動について思い起こす必要がある。この章の他の主なテーマも、社会変動が身体に及ぼす影響を問題にしている。拒食症は、実際にはグローバル化の強い影響力を含む、特定の種類の社会変動を反映している。

欧米社会での摂食障害の増加は、ここ三、四〇年間に著しく強まった食料生産のグローバル化と、同時期に発生した。新たな冷凍方法の発明と、それに加えてコンテナ輸送の活用は、食品を長期にわたって保存し、世界の端から端まで輸送することを可能にした。一九五〇年代以降、スーパーマーケットは、世界中から食材を仕入れるようになった（その当時は、購入する余裕のある人びとのためだけだったが、現在では、欧米社会の大多数の人たちのために仕入れている）。これらの食材のほとんどは、地元では旬でないのに、いつでも入手できる。

ここ一〇年くらいのあいだに、英国や他の先進国の人びとは、自分たちの食事について以前よりも注意深く考えはじめるようになった。それは、誰もが痩せるために必死になっているという意味ではない。そうではなくて、あらゆる食品をほぼいつでも入手できるときに、私たちは何を食べるのかを《決め》なければならなくなった——いいかえれば、「献立」とは私たちが習慣的に消費している食べ物を意味するとすれば、献立を組み立てなければならなくなった。献立を組み立てるために、私たちは、科学が次から次へともたらす――たとえば、コレステロールの水準が心臓病を引き起こす要因となるといった――多種多様な新たな医学情報との関連で、何を食べるかを決める必要がある、食べ物に満ちあふれている社会で、私たちは、自分たちの身体を(たとえば、ジョギングやサイクリング、水泳やヨガといった)ライフスタイル習慣や食べ物との関連でデザインすることが、初めて可能になった。摂食障害はこうした恵まれた状況に由来するが、同時にまたこの状況は、強いストレスや不安を生みだしている。

なぜ摂食障害は、とくに女性たちを、なかでも若年女性を最も深刻に冒すのだろうか。まずはじめに、摂食障害に苦しむ人たちがすべて女性ではないこと、約一割は男性が占めていることを指摘しておくべきである(Eating Disorders Association 2000)。しかし、男性は、女性ほど頻繁に拒食症や過食症に苦しむことはない。その理由は、ひとつには、広く支持されている社会的規範が、男性よりも女性の身体的魅力を重要視しているからであり、また一つには、男性の望ましい身体イメージが女性と異なるからである。ジョアン・ヤコブ・ブルンバーグは、過去二世紀に及ぶ米国の女の子たちが書いた日記を参考にして、昨今、米国の思春期を迎えた少女が「自分はどういう人か」「自分はどういう人になりたいのか」とみずからに問う場合、その答えは、一〇〇年前に比べ、身体のことを中心に展開する傾向がはるかに高い、と論じている(Brumberg 1997)。ブルンバーグはまた、女の子たちが身体についていだく悩みに「商業主義的関心」がますますつけ込んでいるとも主張する。いまや身体は、明らかに米国の少女たちの自己意識の中核をなすようになったため、身体はすでに少女たちの主要な達成課題になっている、とブルンバーグは結論づけた。

拒食症などの摂食障害は、女性たちが、かつてそうであった以上にもっと大きな役割を広い社会のなかで担っているにもかかわらず、その業績だけでなく、相変わらず容姿によっても判断される今日の状況を反映している。摂食障害は、自分の身体にたいしていだく恥の感情に根ざしている。摂食障害の女性は、自分が社会的に不適格な、不完全な存在であると感じている。他人が自分をいかに認識しているのかという不安は、恥の感情をとおして自分の身体に集中するようになる。スリムな身体という理想が、この時点で強迫観念になる――体重を落とすことが、その女性の世界ではすべてのものを正常化するための手段となる。摂食障害の女性は、いったんダイエットやエクササイズを衝動強迫的にはじめてしまうと、まったく食べることを拒絶するか、食べたものを全部吐き出すという行動様式に閉じ込められていく可能性がある。かりにこうした行動様式を壊さなければ(それには、ある種の精神療法や医学的治療の有効性が立証されている)、その患者は、実際に自分を餓死させてしまう恐れがある。

摂食障害の蔓延は、今日、科学とテクノロジーが私たちの生活様式に及ぼす影響力を反映している。たとえば、カロリー計算は、テクノロジーの進歩があってはじめて可能になった。しかし、社会的要因が、テクノロジーのもたらす強い影響作用をつねに条件づけている。今日、私たちは自分の身体について以前よりももっと多くの自己決定権を獲得しており、こうした状況は、新たな不安や問題だけでなく、あらたな積極的、建設的可能性を創りだしている。現在生じているのは、社会学者が自然の社会化と名づけることがらの一部である。**自然の社会化**という表現は、かつては「自然」であったり、あるいは自然界のなかで定められていた現象が、いまでは社会的な――私たちの社会的決定に左右される――現象になってきたことを指称する。

社会学的想像力を働かせる――代替医療

若い頃のジャン・メーソンは、人並み以上の健康を享受していた。しかし、ジャンは、極度の疲労や意気消沈を感じはじめたときに、かかりつけの医者がほとんど何の救いも与えてくれていないことに気づいた。

それまで、私は、非常に元気一杯でした。泳いだり、スカッシュを楽しんだり、走ることができました。それが、突然、卒倒してしまったのです。医者にいきましたが、誰も私がどういう状態なのかを見定めることができなかった。かかりつけの医者は、それは腺熱だといって抗生物質をくれました。でも、この抗生物質のために、私は口腔カンジタ症になってしまった。それで、医者は、自分には私の症状が何なのかわからないと言いつづけました。……私はあらゆる検査を受けました。私は本当に気分が悪かったのです。その状態は、六カ月もつづきました。私はずっとひどい状態でした。でも、誰もそれがどういう病気なのかわかりませんでした。

(Sharma 1992 での引用文)

ジャンの医者は、ジャンがストレスの影響で苦しんでいると結論づけ、抗鬱剤を試してみたらどうかと言った。ジャンは、もちろん診断のつかない状態が自分にとって大きなストレスになっていることを認めたが、抗鬱剤が自分にとって解決策になるようには思えなかった。ジャンは、あるラジオ番組を聴いて、自分の無気力状態がウイルス感染後疲労症候群の結果ではないのかと疑った。ジャンは、友だちの助言で、《同種療法》――疾病の状態は身体のもつ自然治癒過程の一部であるという想定のもとで、患者の全身状態を調べ、健康な人に投与すれば患者と同じ症状が出る薬を、その患者にはごく少量投与して治療する代替医療――の治療者に援助を求めた。ジャンは、自分にとって同種療法の取り組み方が心地よいことに気づいて、自分が受けた治療に満足していった(Sharma 1992)。

ジャンは、非正統的な医術療法をみずからの健康維持の日課に組み入れたが、こうした人がますます多くなりだしている。ここ一〇年以上にわたって多くの先進工業国では、**代替医療**の可能性に関心が高まってきた。入手可能な療法として代替医療を施す人の数は拡大している。現代社会は、薬草療法から鍼治療まで、また手足マッサージ治療からカイロプラクティックに至るまで、「正規の」医療システムに属さない、あるいは「正規の」医療システムと部分的に重複する、そうした健康管理の代替手段の急激な増加を目の当たりにしている。英国では四人に一人もの多くの人たちが代替医療の治療者のもとで診断を受けてきたと推定される。代替となる治療形態を求める人たちの典型的な横顔は、若年から中年の中流階級の女性たちである。

先進工業国は、世界で最も発達し、十分な資力に富んだ医療施設を大なり小なり備えている。それでは、なぜますます多くの人たちが、健康管理システムを放棄して、たとえばアロマテラピーや催眠療法のような「非科学的」療法を選択しだしたのだろうか。まず、強調しておきたい重要な点は、代替医療を利用する人の誰もが正統派の治療法にとって代わるものとして代替医療を利用しているわけではないことである(もっとも、たとえば同種療法のように、一部の代替医療の取り組みは、正統派の医療の基盤をまったく拒否する)。多くの人たちは、両方の取り組み方の諸要素を結びつけている。こうした理由から、一部の研究者は、非正統的な手法を、代替医療と称するよりも《相補的》医療という言い方を選好する(Saks 1992)。

人びとは、いくつかの理由から代替医療の治療者の援助を求めている。正統派の医療では、慢性のしつこい痛みなり、ストレスや不安の症状を緩和できないと認識する人もいる。いまの健康管理システムの現状——待ち時間の長さ、次々と専門医を紹介する仕組み、金銭的な制約等々——に不満をもつ人もいる。この点と関連するのが、薬物治療の有害な副作用と、手術の押しつけ——両方とも現代の健康管理システムが好んで用いる技法であるが——にたいする懸念である。医師と患者の非対称的権力関係も、代替医療を利用する一部の人たちの選択の核心部分をなしている。この人たちは、「受け身の患者」という役割が、患者自身にみずからの治療に患者自身のエネルギーを十分に投入する機会を認めていないと感じている。さらに、精神と身体を別々に治療する傾向が強い正統派の医療に、宗教的理由や哲学的理由から反対する人たちもいる。この人たちは、健康や病気のもつ精神的、心理的次元が正統派の医療の実践で考慮されていないと考える。この章でこれから見るように、これらの懸念はすべて、西洋の医療制度が活動の基盤を置く生物医学的健康モデルへの、暗黙の、あるいは明白な批判である。生物医学的健康モデルは、疾病を客観的な視点から定義づけ、科学に基盤を置く医学的治療によって健康な身体を取り戻すことができると考えている。

代替医療の成長は、社会学者が考察すべき興味深い疑問を数多く提示する。何よりもまず、代替医療の成長は、現代社会の内部で生じている変容の、非常に興味を引く反映である。私たちは、自分の生き方を選択する際に頼る情報を——さまざまな情報源から——ますます数多く入手利用できる時代に生きている。この点は、健康管理も例外ではない。人びとは「健康を消費する存在」に——みずからの健康と福祉にたいして能動的な姿勢を選び取る存在に——次第になりだしている。私たちは、たんに診断を受ける治療者の種類について選択できるだけでなく、自分自身のケアと治療にもっと関与できることも要求しだしている。このように、代替医療の成長はセルフヘルプ運動の拡大と密接に結びつき、セルフヘルプ運動は、支援グループや学習サークル、セルフヘルプ関係の本を必然的に生みだしている。今日、人びとは、他人の指示や意見を当てにするよりも、これまで以上に自分たちの生命の管理権を手に入れ、積極的に自分たちの生き方をつくり直そうとしている。

社会学者にとって興味があるもう一つの問題は、後期近現代における健康と病気のもつ性質の変化と関係している。人びとが代替医療を求める状況や病気の多くは、現代という時代そのものの所産であるように思える。不眠症や不安症、ストレス、鬱病、疲労、(関節炎やガンなどが原因の) 慢性的苦痛は、いずれも先進工業社会で増加している。これらの症状は、長いあいだ見られたとはいえ、これまで以上に人びとの健康状態の心配の種や妨害の原因になりだしたように思える。最近の調査は、欠勤の最大の理由としてストレスが風邪を上回っていることを明らかにした。世界保健機関 (WHO) は、二〇年以内に鬱病が世界で最も人びとを衰弱させる疾患になるだろうと予測している。皮肉なことに、正統派の医療が焦点を当てることに著しい困難をかかえているのは、こうしたモダニティの帰結であるように思える。代替医療が「正規の」健康管理システムに完全にとって代わることはおそらくないが、いくつかの兆候は、代替医療の役割が引きつづき増大することを示している。

【設　問】

1　近年、代替医療や治療は、なぜこのように台頭しだしたのだろうか。

2　健康の生物医学的モデル (二八二頁を参照) が基盤を置く想定と、代替医療に見いだされる想定は、どのように異なるのだろうか。

医療をめぐる社会学的視座

健康の生物医学的モデルの台頭　この本で究明する他の多くの観念と同じように、「健康」と「病気」は、文化的、社会的に規定された用語である。何を健康で、正常とみなすのかは、文化によって異なる。どの文化も、身体の健康と病気を概念的に識別してきた。しかし、私たちが、今日、医療と認識しているもののほとんどは、過去三世紀にわたる欧米社会での発達の帰結である。近代以前の文化では、家族は、病気や心身の苦しみに対処する中心的機関であった。自然法則的療法や呪術的療法を混ぜて用いる治療者が、専門職としてつねに存在したし、こうした伝統的治療システムの多くは、いまでも世界中の非欧米文化のなかに残存する。これらの多くの伝統的治療システムは、さきに論じた代替医療の範疇に属している。

これまでほぼ二〇〇年ものあいだ、医療をめぐる西洋の支配的理念は、**健康の生物医学的モデル**のなかに明示されてきた。こうした健康と病気に関する理解は、近現代社会の成長にそって発達した。事実、このような理解を、近現代社会の主要な特徴のひとつとみなすことができる。こうした認識は、伝統的な世界観にたいする、あるいは宗教に基盤を置く世界観にたいする科学や理性の勝利と、密接に結びついてきた（第一章、三四頁で示したウェーバーの合理化に関する議論を参照）。生物医学的モデルについて詳しく考察する前に、健康の生物医学的モデルが台頭した社会的、歴史的脈絡を手短に検討しておきたい。

公衆衛生

さきに見てきたように、伝統社会の成員は、世代を超えて伝えられてきた民間の療法や対処法、癒しの技法にもっぱら頼ってきた。病気は、多くの場合、呪術的ないし宗教的な観点から受けとめられ、悪霊や「罪」の存在に帰因すると考えられていた。農民や平均的な都市部居住者にとって、今日の国家や公衆衛生システムがおこなうようなかたちで、自分たちの健康状態に関心を寄せる外部機関は存在しなかった。健康は、公の関心事ではなく、私的な問題だった。

とはいえ、国民国家と工業化の隆盛は、こうした状況に激変をもたらした。明確に境界規定された国民国家の出現は、地方にいる人たちにたいする態度を一変させ、地方にいる人たちは、もはやたんなるその土地の居住者ではなく、中央政府の支配を受ける人口になった。人口は、国の富と勢力を極大にする過程の欠かせない要素として、監視され、規制を受ける資源とみなされるようになる。国家は、国民の安寧が国の生産性や繁栄度合、防衛能力、成長率に影響を与えるため、国民の健康に非常に強い関心を払いだした。**人口学**――人口の規模と構成、動態――の研究は、より一層重要になった。人口に生ずる変化を記録し、監視するために、センサスが導入された。あらゆる種類の統計を収集して、出生率や死亡率、平均婚姻年齢、自殺率、平均余命、食生活、頻発する病気、死亡原因、等々を算定していった。

ミシェル・フーコー（一九二六年～一九八四年）は、国家による身体の統制や規律化に注意を向けさせることで、近代医療の出現をめぐる理解に、多大な寄与をおこなった（Foucault 1973）。フーコーは、この過程でセクシュアリティと性行動が最も重要であったと主張する。性は、人口が再生し、成長する手段であっただけでなく、住民の健康と安寧にたいする潜在的な脅威でもあった。生殖と結びつかないセクシュアリティは、抑圧され、管理されるべきものになった。こうした国家によるセクシュアリティのモニターは、婚姻や、性行動、嫡出と非嫡出、避妊法と妊娠中絶の行使によって、部分的に生じた。こうした監視は、性のモラルや許容可能な性的活動に関する強力な公的規範の普及促進と協調しておこなわれた。たとえば、同性愛や自慰、婚外性交渉は、性的「倒錯」と断定され、非難された（第一二章「セクシュアリティとジェンダー」を参照）。

公衆衛生という観念は、国民から――「社会という身体」から――「**病理**」を根絶する企てのなかで具体化された。国家は、住民たちの生活条件の改善に責任を担いはじめた。疾病を防ぐために、下水設備や水道が発達した。道路は舗装され、住宅供給に注意が向けられた。食肉処理場や、食品を加工する施設にも、次第に規制が加えられた。埋葬習慣も、住民の健康に脅威とならないことを確保するために、モニターの対象となった。監獄や保護施設、救貧院、学校、病院といった一連の公共施設はすべて、人びとをモニターし、管理し、強制する措置の一環として出現した。

生物医学的モデル

医療行為は、いま述べたような社会的変化と密接に絡みあっていた。診断と治療への科学の適用は、近代的健康管理システムが発達する際の主要な特徴であった。疾病は、患者が体験し、説明する症状ではなく、身体に示され、誰もが識別できる客観的「形跡」によって、客観的に定義づけられるようになった。教育訓練を受けた「専門家」による正規の医療診断は、身体の病も精神の病もともに治療するための広く容認された方式になった。医療は、「逸脱」と認識されてきた――犯罪から同性愛、精神障害に至る――行動や状態を、矯正する手段になった。

健康の生物医学的モデルが根拠を置く主要な想定が、三つ存在する。まず、疾病は、身体を「正常な」状態から逸らす、身体の内部で生ずる故障とみなされている。一八〇〇年代の終わりに発達した微生物病原説は、どの疾病の背後にも具体的に確認できる作因が存在すると考えている。身体の健康を回復するためには、疾病の原因を隔離して、治療しなければならない。

二つ目に、精神と身体を別々に治療することが可能になる。患者は、一個の完全な人格というよりも、《病んだ身体》――病理――として登場する。一人ひとりの安寧よりも、むしろ疾病の治療に主眼が置かれる。健康の生物医学的モデルは、病んだ身体を、他の要因を考慮に入れずに、診察し、検査し、治療できると考えている。医療の専門家は、**医療的注視**を、つまり、患者を観察し、治療する際の私心のない接し方を身につける。治療は、公平中立な、特定の価値観の影響を受けない仕方でおこなわれることになり、収集された患者の情報は、患者個人のカルテに臨床用語でとりまとめられる。

三つ目に、教育訓練を受けた《医療専門家》は、疾病治療の唯一の専門家とみなされる。団体としての医療従事者は、長期の教育訓練を首尾よく完了して有資格者と認定された人たちから構成され、公認された倫理コードに忠実にしたがう。独学の治療者や「非科学的」医療行為が入り込む余地は存在しない。病院は、重い病気を治療するのに相応しい環境になった。病院での治療は、多くの場合、科学技術と医薬品、手術との何らかの組み合わせに頼ることになった。健康の生物医学的モデルが立脚する想定と、この生物医学的モデルにたいする批判を、表8−1に要約してある。

生物医学的モデルへの批判

過去数十年以上にわたって、これまで述べてきた健康の生物医学的モデルは、ますます批判の対象になっている。まず、一部の研究者は、科学的医療の有効性が「過大評価されている」と主張する。近代医療がこれまで獲得した威光にもかかわらず、健康全般の向上は、医療技術よりも、社会的変化や環境面の変化により多く起因する、と考えられている。効果的な公衆衛生施設の整備や栄養摂取の改善、下水処理や衛生施設の改良は、とくに乳児死亡率や子どもの死亡を減少させる上で、重要な役割を演じてきた（McKeown 1979）。薬剤や、手術の進歩、抗生物質は、二〇世紀に入って初めて死亡率を顕著に減少させた。細菌感染の治療のために用いられる抗生物質が初めて入手利用できるようになったのは、一九三〇年代から一九四〇年代である。予防接種（たとえば、小児マヒのような疾病を防止する）

表8－1　健康の生物医学的モデルが立脚する想定と、それにたいする批判

想　定	批　判
・疾病は、特定の生物学的作因によって引き起こされる人体の故障や衰弱である。	・疾病とは、社会的につくられたものであり、「科学的真理」によって正体を明らかにできるものではない。
・患者とは、「病んだ身体」を、その人の精神と切り離して治療できる受け身の存在である。	・病気についての患者の意見や体験は、治療にとって決定的に重要である。患者は、その人の──たんに身体の健康だけでなく──綜合的な安寧が重要になる、能動的な、「全人格的」存在である。
・医療専門家は、「専門知識」を備えており、唯一妥当性のある疾病治療を提供する。	・医療専門家は、健康と病気に関する知識の唯一の情報源ではない。代替となる知識形態も同等に妥当性をもつ。
・治療にとって適切な場は、医療技術を集中的に備え、最高に行使できる病院である。	・治癒行為は、病院でおこなわれる必要はない。科学技術や医薬品、手術を利用した処置が、必ずしもすべてに優るわけではない。

は、もっと後に開発された。イワン・イリイチは、《医原性》の、つまり、「医療そのものが引き起こす」病気が見いだされるため、近現代の医療が実際には益よりも害をもたらしてきた、と指摘する（Illich 1975）。イリイチは、医原性には、医療的、社会的、文化的と、三つの類型があると主張する。医療的医原性とは、医学的治療によって患者の容態がさらに悪化したり、あるいは新たな病気を生みだすことである。社会的医原性とは、医療がますます多くの領域に拡大し、医療サーヴィスへの需要を人為的につくり出すことである。社会的医原性は、結果的に文化的医原性を引き起こし、文化的医原性では、医学的な説明やその代替手段が日常生活上のさまざまな達成課題に対処する能力を徐々に低下させていく、とイリイチは述べている。イリイチのような批評家の目から見れば、近現代医療の活動範囲は大々的に削減される必要がある。

二つ目に、近現代の医療は、治療対象である患者の意見や経験を軽視しているとして非難されてきた。医療は、客観的、科学的理解に基盤を置くと想定されているため、患者が自分の病状についておこなう個別の解釈に耳を貸す必要性をほとんど認めていない。個々の患者は、治療と快復が必要な「病んだ身体」である。とはいえ、有効な治療は、患者を、自分自身について妥当な理解と判断を備えた、そうした分別のある有能な存在として扱うことで初めて成り立つ、と批判を下す人たちは主張する。

三つ目に、科学的医療は、いずれの代替的な医術なり治療行為よりも優っているとみずからを断定していることが批判される。「非科学的」なことがらはいずれも劣った存在であるという信念

を、固定化してきた。すでに見てきたように、現代医学が極めて妥当な知識形態であるという主張は、たとえば同種療法や鍼治療のような代替医療の人気の高まりによって、蝕まれだしている。

四つ目に、一部の社会学者は、何が病気の構成要素となり、何がそうでないかを定義づける上で、医療専門家たちが巨大な権力を振るっていると主張してきた。医療専門家は、人間生活のますます多くの領域を医療の管理下に置くために、「科学的真理」の判定者としてのみずからの立場を利用することが可能である。こうした方向にそった最も厳しい批判のいくつかは、現代医学が妊娠や出産の過程を独り占めし、「医療の対象」にしてきたと主張する女性たちから出されている。現在では、出産は——自宅で助産婦の援助を得て——女性たちの手に委ねられるよりも、主に男性の医療専門家の指図のもとで病院でおこなわれる。妊娠は、ありふれた自然な事象であるのに、リスクと危険性をともなう「病気」とみなされている。今日、生殖過程を監視する「専門家」が女性たちの意見や知識を役に立たないとみなすために、女性たちはこの生殖過程にたいする管理権をすでに失ってしまった、とフェミニズムの論者たちは主張する（Oakley 1984）。「正常な」状態の《医療対象化》にたいする同じような懸念は、子どもたちに見られる多動性（二八六頁のコラムを参照）や、不幸な気分や軽度な鬱の気分（一般にプロザックのような抗鬱剤の助けを借りて調整される）、疲労（しばしば慢性疲労症候群と称される）に関しても示されてきた。生物医学的モデルの概念の多くは、その生物医学的モデルが発達してきた世界そのものが変化するにともなって、徐々に異議の申し立てがなされている。

五つ目に、批判者は、健康の生物医学的モデルの基盤をなす想定が、とくに優生学という、「優れた血統」によって人類を遺伝学的に「改良」しようとする企てを通じて、おぞましい政治的操作に手を貸してきた、と指摘する。ナチス・ドイツの科学や医学の「専門家たち」は、肌が白い「アーリア人」を人種的に優れた存在であると特定できたと主張することで、こうした優生学的政策を最も極端なかたちで追求した。この優生学的政策は、結果として、二五万人以上の障害者の組織的な殺戮だけでなく、ユダヤ人やロマーニのようにナチスが生物学的に劣等な存在とみなした集団に属する何百万もの人びとの大規模な虐殺を引き起こしてきた（Burleigh 1994）。

ナチス・ドイツは、優生学的政策を凄惨極まる虐殺手段として利用したが、二〇世紀に優生学——「人口政策」と形容される場合も多かった——は、ドイツ以外のヨーロッパの他の国々や米国においても、特定の人びとにたいして、とくに顕著なのは障害者にたいして使用されたことは、記憶に留めておくべきだろう。こうした優生学的政策は、ほとんどの場合、「精神薄弱」の女性への強制的な不妊手術というかたちをとった。人種差別主義は、米国のいくつかの州で、一九〇七年から一九六〇年に、強制的に不妊手術が実施された六万の人びとのなかに圧倒的に黒人女性が多いという結果をもたらした。スカンジナヴィアでは、政治的指導者と遺伝学者は、福祉国家の出現が「不適格な」人たちの繁殖を促して、その結果「国全体の人材」の質が低下することを懸念したため、強制的な不妊政策を採用した。スウェーデン一国だけでも、一九三四年から一九七五年のあいだ、六万三〇〇〇の人たち

（その九割が女性であった）に不妊手術がおこなわれた。ノルウェーはスウェーデンよりももっと小さな国であったが、同じ期間に四万八〇〇〇人に不妊手術が実行された。対照的に、英国とオランダの医療関係者と政策立案者は、「精神薄弱者」の大規模な施設収容や隔離とともに、自発的に不妊手術を受けさせる政策を採用した（Rose 1999）。

今日、医療テクノロジーの急速な発達は、生物医学モデルを批判する人たちに、新たな難しい問題を提起しだしている。現在、多くの科学的努力が遺伝子工学の拡充に向けられだしており、遺伝子工学は、胎児の遺伝子構成に介入して、胎児のその後の発育に影響を及ぼすことを可能にした。遺伝子工学に関する論争は、多くの場合、さきに見た二〇世紀の優生学の歴史によって遺伝子工学が避けがたいほど道徳的に腐敗していると考える批判派と、遺伝子工学がそうした歴史とは別個のものであると主張する擁護派とのあいだで、二極分化している（Kerr & Shakespeare 2002）。遺伝子工学の擁護派によれば、遺伝子工学は、数多くの好機を創りだす。遺伝子工学によって、たとえば一部の人びとが特定の病気に罹りやすい遺伝子要因を突き止めることが可能になる。遺伝子の再プログラミングによって、そうした病気がもはや次の世代に伝わらないようにすることができるかもしれない。英国では二〇〇四年に、特定の遺伝性腸ガンの人たちは、政府のヒト受精・胚研究認可機構によって、次世代ににおいてこの病気の引き金となり得る遺伝子を免れた胎細胞を選び出す権利を認められた。この決定は、このガンの原因になる可能性がある遺伝子をもたない胎細胞のみが母体の子宮に移植されることを意味する。かりにこうした選別判定過程《スクリーニング》を欠いた場合、幼児は五割の可能性でその疾患が遺伝するかもしれない（*The Times* 1 Nov 2004）。胎細胞の選別は、かつては嚢胞性線維症やハンチントン舞踏病など、幼年期の疾患なり治療法のない疾患だけに認められていた（*The Times* 6 Nov 2004）。他方、ヒト受精・胚研究認可機構による判定は、「デザイナー・ベイビー」をめぐる論争を激化させている。ヒト受精・胚研究認可機構による判定は、現在以上にもっと広範囲に及ぶ特性に関して、医師が「都合の良い胎細胞だけを選び取る」ことができるという先例を生んでいる。たとえば、今日、出生前に、胎児の肌や髪、目の色、体重などを「デザイン」することは、科学的に可能である。

さきに論じた生物医学的モデルにたいする批判の一部は、遺伝子工学をめぐる論争にも当てはまる。生物医学的モデルに懸念をいだく人たちの多くは、医療専門家がテクノロジーにたいして権限を振るう際に、医療専門家が果たす役割を問題視している。医療の介入が意図しない帰結を生むことはないのだろうか。将来親になる人たちは、胎細胞の選別を決定する際に、どのような役割を担うのだろうか。このことは、（伝統的に男性の）医療専門家が（明らかに女性である）将来の母親にたいして権威に満ちた医学的助言をおこなうのと同類の事例ではないのだろうか。胎細胞を選別する際に、性差別や人種差別、障害者差別を防止するために、どのような防止策を講ずるべきだろうか。また、遺伝子工学は、おそらく安価ではない。このことは、対価を支払う余裕のある人たちが、社会的に望ましくないと自分たちがみなす特質を、自分たちの子どもから操作して排除できるということを意味するのだろうか。経済的に恵まれず、自然のままの出産をつづける人びとの子どもの身には、何が起こるのだろうか。一部の社会学者は、遺伝子工学を入手利用する際の格差が結果的に「生物学的アンダークラス」の出現をもたらす恐れがあると主張している。遺伝子工学がもたらす身体的優位性を手にできない人びとは、そうした身体的優位性を明らかに享受する人たちから、偏見や差別を受ける可能性がある。身体的優位性を手にできない人びとは、勤め先を見つけたり、生命保険と健康保険を取得するのが困難になるかもしれない（Duster 1990）。社会学者にとって、新たな医療テクノロジーの進歩の急激な速度は、ますます多くの新たな、また難しい問題を提起することになる。

多動性の「医療対象化」

この一〇年間に、リタリンという薬剤の服用を指示する処方箋の数が、指数級数的に増加した。米国では、五歳から一八歳の子どもたちのほぼ三％は、リタリンを常用している。英国では、一九九八年に一二万五〇〇〇通以上のリタリンを指示する処方箋が――一九九三年にはわずか三五〇〇通であったが――出されていた。二〇〇七年には、七人に一人の子どもがリタリンを服用しているだろう、と専門家は予測する（*Observer* May 2003）。リタリンとはどのようなもので、社会学者はなぜリタリンに関心を寄せるのだろうか。リタリンは、注意欠陥多動性障害――多くの内科医や精神病医によれば、子どもたちの注意散漫な行動や、ものごとに集中することが難しい状態、学校での学習ができない状態の原因となる心理学的障害――の子どもや青年に処方される薬剤である。リタリンは「魔法の錠剤」と形容されてきた。リタリンは子どもたちが注意力を集中させるのに役立つ、リタリンは子どもたちを冷静にさせる、リタリンは子どもたちがもっと効果的に勉強する手助けをする、かつては教室で妨害的態度を示したり問題行動をとった子どもたちは、ひとたびリタリンを飲みだすと「天使のような」生徒になる、と一部の教師は述べている。

とはいえ、リタリンを批判する人たちは、この薬剤が、しばしば言われているような無害の「魔法の錠剤」などではないと主張する。近年、米国や英国でますます多くの数量のリタリンが処方されてきた現実にもかかわらず、リタリンが子どもたちの脳髄や身体に長期的に及ぼす可能性のある影響作用について、綜合的な研究はこれまで何もおこなわれてこなかった。もっと心配されるのは、リタリンが、実際には身体的問題でさえないことがらの都合のよい「解決策」になってしまった点である。注意欠陥多動性障害という「症状」は、実際には、現代の子どもたちに加わる圧力やストレスの増大――ますます速まる生活のペース、情報テクノロジーの圧倒的な影響作用、運動不足、糖分が高い日常の食事、家族生活上の苛立ち、等々――の反映である、とリタリンに反対する人たちは主張する。医療専門家は、リタリンの使用によって、子どもの注意

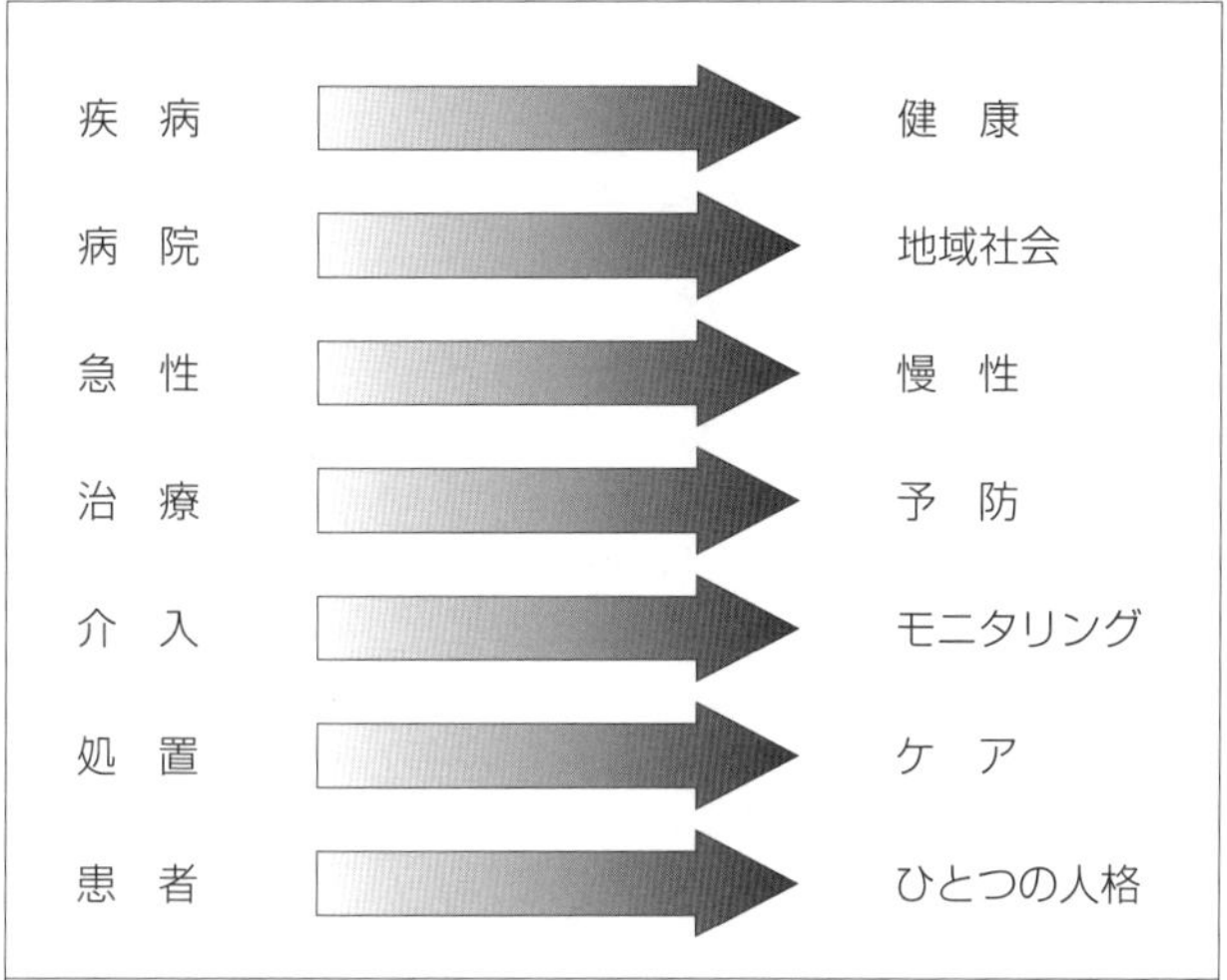

図８－１　今日の保健医療に生じている変容
出典：Nettleton（2006）

力の欠如や多動性を、「医療対象化」するのに成功してきた。

変動する世界における医療と健康

健康や病気について知識や判断力を備えているのは、医療専門家だけでないという実感が高まりだしている。私たちは誰もが、自分の身体の理解を通じて、また食事や運動、消費様式、ライフスタイル全般に関して毎日の生活でおこなう選択を通じて、自分自身の安寧を解釈し、具体化できる立場にいる。こうした人びとの健康にたいする考え方に生じた新たな傾向は、さきに略述した現代医療への批判と相まって、現代社会の健康管理システム内部での奥深い変容の誘因になりだしている（図8-1を参照）。同時にまた、こうした新たな傾向は、さきに論じた代替医療や補完医療が増加してきた理由になっている。

しかしながら、この問題では、他の要因も関連している。疾病そのものの性質と規模が変化しだしたからである。前の時代には、深刻な病気は、結核やコレラ、マラリア、小児マヒといった伝染性の疾患であった。これらの疾患は、多くの場合、流行し、すべての住民を脅かす可能性があった。今日、先進工業国では、こうした急性の伝染病は、重大な死亡原因ではなくなった。なかには、実質的に撲滅された病気もある。先進工業国で最も一般的な死亡原因は、ガンや心臓疾患、糖尿病、循環器系疾患のような非伝染性の慢性病である。この変化は健康遷移と称されている。近代以前の社会では、乳児や幼い子どものあいだで最も死亡率が高かったが、今日では死亡率は年齢の増加にともなって上昇している。

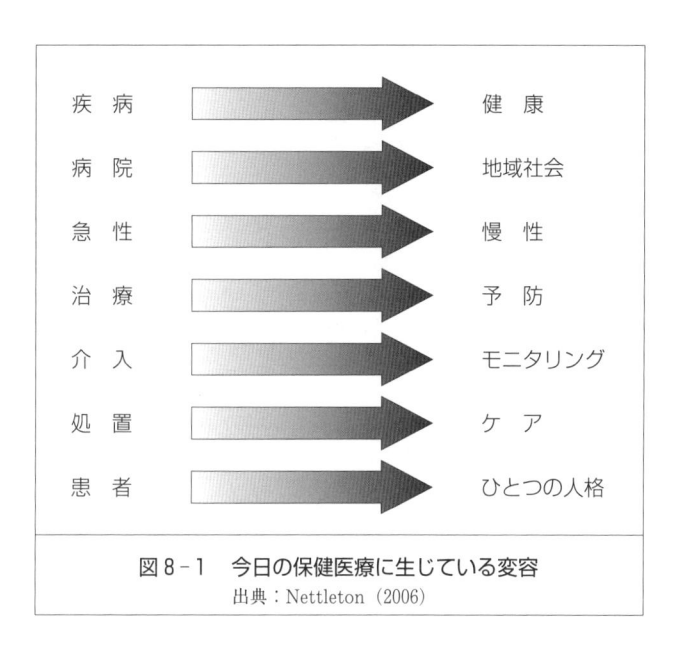

人びとが長生きするようになり、もっぱら慢性の退行性疾患に苦しむようになったため、健康と介護に新たなかたちで取り組む必要性が生じている。同時にまた、多くの慢性病の発症に影響を及ぼすと見られる――たとえば、喫煙や運動、日常の食生活といった――「ライフスタイルの選択」がますます重要視されている。

これらの健康管理における今日の変容が、一部の研究者たちが指摘するように、生物医学的モデルにとって代わる新たな「健康のパラダイム」を結果として生みだすことになるのかどうかは、不明確である。しかし、私たちが、現代医療に、また現代医療にたいする人びとの態度に、重大かつ急激な変革が生ずる時代を目の当たりにしていることは、確かである。

健康と病気をめぐる社会学的視座

社会学者の主要な関心のひとつは、病気の体験について詳細に検討することである。社会学者は、さきに述べた過食症のような病気を、病人自身やその病人に接する人たちがどのように体験し、解釈していくのかを問題にする。かりにあなたが、たとえ短期間でも病気になった経験があれば、日常の生活様式が一時的に制約され、他の人たちとの相互行為が変化を受けることに気づいたはずである。それは、身体の「正常な」機能が、私たちの生活の、極めて重要であるとはいえ、多くの場合に自覚されない構成要素になっているからである。私たちは、確実に作動してくれるはずの自分の身体に依存する。だから、私たちの自己意識そのものは、自分の身体が社会的相互行為や毎日の活動を円滑に進め、妨げないという期待や見込みにもとづいている。

病気には、個人的な次元だけでなく、公的な次元もある。私たちは、病気になると、たんに私たちが痛みや不快感、狼狽等の難題を体験するだけでなく、他の人たちもまた同じように影響を受ける。私たちと緊密な関係にある人たちは、同情や心配、支援の気持ちを表すかもしれない。また、私たちが病気であることの意味を理解し、その事実をその人たちの生活のなかに組み入れるために苦労するかもしれない。私たちが出会うそれほど緊密でない他の人たちも、病気にたいして反応を示すかもしれない。こうした反応は、逆に私たちが病気について自分自身の解釈を形成する手助けとなり、私たちの自己意識に難問を提起する可能性がある。

社会学思想では、病気の体験を理解する方法として、二つの考え方がとくに有力であった。ひとつは、機能主義学派と結びついた考え方で、人びとが病気になったときに選び取ると考えられる行動規範を明示している。もう一つは、象徴的相互作用論学派が支持する見方で、病気をめぐる病気に固有な解釈と、そうした病気の意味づけが人びとの行為や振る舞いにどのような影響を及ぼすかを、幅広く解明しようとする。

病人の役割

著名な機能主義の思想家タルコット・パーソンズは、病気になった人が、病気という混乱する衝撃的影響を最小限に抑えるために選び取る行動様式を記述するために、**病人の役割**という概念を提示した（Parsons 1952）。社会は、通常、円滑に、合意が得られたかたちで作動する、と機能主義は考えている。それゆえ、機能主義は、病気を、こうした正常なものごとの流れを妨害する可能性がある逆機能とみなす。たとえば、病気の人は、自分がいつも担う責任のすべてを演ずることができないかもしれないし、普段よりも信頼性を欠き、手際が悪いかもしれない。病気の人は、通常の役割を遂行できないために、その人の周りにいる人たちの生活は混乱に陥る。仕事で割り当てられた任務が未完成のままになり、職場の同僚のストレスのもとになったり、家庭生活での責務が履行できなかったり、ということになる。

機能主義について詳しくは、第一章「社会学とは何か」、三六頁〜三七頁を参照。

パーソンズによれば、人びとは、社会化によって病人の役割を学習し、自分が病気になったときに——他の人たちと協力して——病人の役割を演ずる。病人の役割には、三つの柱がある。

1 《病人は、病気であることに個人として責任を負わない》。病気は、その人の管理能力を超えた身体的原因の結果とみなされる。病気の発症は、その人の振る舞いや行動とは無関係である。

2 《病人は、通常の責任からの離脱を含め、特定の権利や特権を与えられる》。病人は、病気にたいして何の責任も負わないため、さもなければ当てはまる特定の義務や役割、行動を免除される。たとえば、病人は、家庭生活のいろいろな場面で通常の義務からおそらく「解放」される。通常であれば失礼だとか思慮がないと非難される振る舞いも、許容される。たとえば、病人は、ずっと寝ていたり、仕事を休む権利を獲得する。

3 《病人は、医療専門家の診断を受け、「患者」になることに同意した上で、健康の回復に努めなければならない》。病人の役割は、病人が快復しようと積極的に努力することを条件にした、一時的、暫定的な役割である。病人は、病人の役割を専有するために、自分が病気であるとの主張を正当と認める、そうした医療専門家が下す裁可を受ける必要がある。専門家の見解を介した病気の確認によって、病人を取り巻く人たちは、その病人の主張の妥当性を認めることができる。患者は、「医師の命令」にしたがうことで病気の快癒に協力するように求められる。医師の診断を受けるのを拒否したり、あるいは医療専門家の助言を無視する病人は、病人の役割というみずからの資格を窮地に陥れることになる。

他の社会学者たちは、このパーソンズの打ちだした病人の役割という概念をさらに精緻にして、どの病気も、病人の役割に関する限り「同じ」でないことを指摘した。これらの社会学者は、病気の深刻さの度合や、またその病気にたいする人びとの認識が病人への人びとの反応に影響を及ぼすため、病人の役割の体験は病気の類型によって互いに異なる、と主張する。

だから、たとえば病人の役割の一端となる付加された権利や特権を、病人たちはおそらく一様に体験するわけではない。フリードソンは、病人の役割に関する解釈を、病気のさまざまな類型や程度に対応して三つに分けている（Freidson 1970）。《条件つきの》病人の役割は、回復できる一時的な症状で苦しんでいる人たちに当てはまる。病人は、「健康の回復」を期待されており、病気の深刻さの度合に応じて何らかの権利や特権を受け取る。たとえば、気管支炎に罹っている人は、普通の風邪の患者よりももっと多くの恩典を受ける。《条件つきでない正当な》病人の役割とは、不治の病に罹っている人たちに当てはまる。病人は、健康回復のために何も《する》ことができないため、病人の役割を専有する権利を自動的に与えられる。この条件つきでない正当な病人の役割は、脱毛症や酷いニキビ（いずれの場合も、特有な特権ではなく、その人にはその病気の責任がないことの承認であるが）や、ガンやパーキンソン病——これらの場合は、ほとんどの義務を放棄する特権や権利ということになる——を患う人たちに、おそらく当てはまる。もう一つの病人の役割は、《社会的に認められない》ものである。社会的に認められない役割は、その人が他の人たちによって不名誉な烙印《スティグマ》を押された疾病や症状に苦しむ場合に当てはまる。これらの事例では、その人は、病気の責任を何らかのかたちで負い、付加的な特権や権利を必ずしも与えられないという点に、重要な意味がある。アルコール依存症は、患者が病人の役割を担う権利に影響を及ぼす、そうしたスティグマとなった病気の一例である。

　アービング・ゴッフマンは、**スティグマ**を、個人が完全な社会的承認を得る資格を剥奪され、存在価値が切り下げられた関係性である、と主張している（Goffman 1963）。スティグマは、数多くの——たとえば、身体的な（三〇三頁で取りあげる、障害をめぐるポール・ハントの議論を参照）、履歴的な（犯罪歴があるといった）、あるいは状況的な（たとえば、「悪い連中とうろつく」というように）——形態をとる可能性がある。スティグマが筋道の通った理解にもとづくことは、ほとんどない。スティグマは、間違っていたり、あるいは部分的に正しいだけのステレオタイプや認識から発生する。スティグマ化は、医療の場でもしばしば見いだされる（三〇七頁～三一〇頁で取りあげる、顔の外観が損なわれることに関する事例研究を参照）。ゴッフマンはまた、スティグマ化の過程に本来的にともなうのが社会的統制である、と主張する。ある集団に不名誉な烙印を押すことは、社会がその集団の行動を統制する方法のひとつである。一部の事例では、スティグマは決して取り除かれないし、またスティグマの対象となった人は、決して社会のなかに完全に受け容れられることがない（このことは、中世のハンセン病患者に当てはまった。この人たちは、世間から縁を切られ、ハンセン病患者の隔離収容所で暮らすことを強いられた。近年では、エイズ患者にも当てはまる）。医療機関の内部では、スティグマは、医療専門家が患者にたいしてとる態度を決める際に、一定の役割を果たす可能性がある。スティグマの対象となった患者（たとえば、麻薬常用者）は、質問したり、自分の治療方法について詳しい情報を得たいと思っても、無視されるかもしれない。その結果、医師や他の医療スタッフによる患者の医学的支配が生ずることになる。

「病人の役割」論にたいする批判　病人の役割という図式は、どのようにして病人がもっと大きな社会的脈絡の不可欠な構成要素になるのかを明示する有力な理論であった。しかし、この説には多くの批判を加えることができる。一部の論者は、この病人の役割という「定式」では、病気の《体験》をうまく把握できないと主張してきた。病人の役割を普遍的に適用することはできない、と指摘する論者もいる。たとえば、病人の役割理論では、医師と患者が診断法をめぐり意見の一致を見なかったり、正反対の関心をいだくような場合を説明することができない。さらに、病人の役割を身につける過程は、必ずしもつねに一直線に進行するわけではない。なかには慢性的痛みや、繰り返し誤診がつづく症状で長年苦しむ人たちもいる。この人たちは、状態の明確な診断が下されるまで、病人の役割を否定される。別の事例では、たとえば人種や階級、ジェンダーといった社会的要因は、病人の役割が認められるか否か、またいかに簡単に認められるかどうかに影響を及ぼす可能性がある。病人を取り巻く社会的、文化的、経済的影響作用と切り離して、病人の役割をとらえることはできない。

生きることと病気の現実は、病人の役割理論が示唆する以上に複雑である。現代においてライフスタイルや健康がますます重視されるのは、一人ひとりがこれまで以上に自分自身の安寧に大きな責任を負うとみなされていることを意味する。この点は、病人の役割理論の――病人に、病気の責任を負わすべきではないという――第一前提と矛盾する。さらにまた、現代社会では、急性の伝染病から慢性の病気への転換は、すでに病人の役割理論をますます適用できなくしてきた。病人の役割は、急性の病気を理解するのに有用かもしれないが、慢性の病気の場合はそれほど有用でない。慢性の病気や障害のある人たちがしたがう定式は、何も存在しない。病気の人たちは――それに、その人の周りにいる人たちは――病気とともに生きることを、さまざまな仕方で体験し、解釈している。

そこで、象徴的相互作用論学派の社会学者たちが病気の体験を理解するために試みた方法を、いくつか見ておきたい。

「生きていく体験」としての病気

象徴的相互作用論の研究者たちは、人びとが社会的世界を解釈する仕方と、人びとが社会的世界に帰属させる意味について関心を寄せてきた。多くの社会学者たちは、こうした取り組み方を健康と病気の研究領域に応用して、人びとが病気であることをどのように体験したり、あるいは他の人の病気をどのように認識するのかを理解しようとした。人びとは、深刻な病気という知らせにどのように反応し、順応するのか。病気は、一人ひとりの日常生活をどのように形づくっていくのか。慢性の病気とともに生きることは、その人の自己アイデンティティにどのような影響を及ぼすのだろうか。

すでに加齢についての議論（第六章）で見たように、現代の社会では疾病の傾向がすでに変化しだしている。今日、先進工業社会では、人びとは、かつてそうであったような急性の伝染性疾患で亡くなるよりも、もっと長生きして、晩年に慢性の病気を患いだしている。医療は、こうした状態と結びつく苦痛や不快感を和らげることができる。しかし、ますます多くの人たちが、長期にわたって病気とともに生きる可能性に直面している。社会学者たちは、このような場合、病気が一人ひとりの個人的「生活履歴」のなかにどのように組み入れられるのかに関心を寄せる。

社会学者たちが探究してきたテーマのひとつは、慢性の病気が日々の行動面や感情面で暗に及ぼす影響に、その人たちはどのように対処するのかという問題である。いくつかの病気は、人びとの毎日の日課に影響を及ぼす可能性があるような規則正しい治療なり手当てを必要としている。人工透析やインシュリン注射、数多くの錠剤の服用は、人びとが病気に応じて毎日の予定を調整することを要求する。別の病気は、たとえば突然の下痢や失禁、激しい吐き気など、身体に予測できない影響をもたらす可能性がある。このような状態で苦しむ人たちは、日々の生活のなかで自分の病気をうまく管理するための方策を編みださざるを得ない。こうした方策には、親しい関係にせよごく普通の関係にせよ、対人関係をうまく切り盛りするための技能だけでなく——馴染みがない場所に行ったときは、つねにトイレの所在に注意するなどという——現実的なことがらも含まれる。病気の兆候は人びとを苦境に陥らせ、混乱を引き起こす可能性があるとはいえ、人びとは、できるかぎり普通に生活をおくるための対処策を編みだしている(Kelly 1992)。

同時にまた、病気の体験は、人びとの自己意識に挑戦課題をもたらし、自己意識の変容を引き起こす可能性もある。こうした変容は、他の人たちが病気にたいして示す実際の反応だけでなく、推測したり感知できる反応をとおしても発生する。慢性の病気がある人や障害者にとって、多くの人には型にはまった社会的相互行為であっても、リスクや不確実性を帯びるようになる。日常の標準的相互行為を下支えする共有された理解は、病気や障害が介在する場合、必ずしも呈示されるとは限らないし、共通の状況にたいする理解は、実質的にかなり異なる可能性がある。たとえば、病人は、手助けを必要とするが、頼っているように思われるのを望まないかもしれない。人によっては、病気であるとの診断を受けた人たちに同情をいだくが、じかに相手に声を掛けるべきかどうか自信がもてないかもしれない。社会的相互行為の脈絡の変化が、自己アイデンティティの変容を早める可能性もある。

何人かの社会学者は、慢性の病人が、その人の生活状況全体のなかで自分の病気をどのようにうまく管理しているのかを調べてきた(Jobling 1988; Williams 1993)。病気は、人びととの時間やエネルギー、体力にたいして計り知れない要求を加える可能性がある。コービンとシュトラウスは、慢性の病人が自分の毎日の生活を組み立てるために発達させる《健康の管理体制》を研究している(Corbin & Strass 1985)。コービンとシュトラウスは、人びとの毎日の戦略のなかに含まれる三つの「作業」類型を識別した。《病気の作業》とは、たとえば痛みを治療したり、診断検査や理学療法を受けるといった、症状の管理と密接に結びつく活動を指している。《日常の作業》は、毎日の生活の管理——他の人たちとの関係を保ったり、家庭生活上の用事をおこなったり、職業上の用務に従事したり、個人的な関心事の追求といった——と関係している。《生活履歴の作業》には、病人が自分の身の上話を組み立てたり、再構築する一環としておこなう活動が含まれる。いいかえれば、生活履歴の作業は、病気を自分の生活のなかに組み入れ、病気の意味を読み解き、他の人たちに病気について説明する方法を編みだす過程である。この過程の手助けで、人びとは、慢性の病気を事実として受け容れた後で、みずからの人生に意味と道理を取り戻すことができる。病気が個々人にどのような影響を及ぼすのかを見てきたので、次に、社会における病気と健康の様式について調べ、さらに健康であることの成果が社会集団間でどのように異なるかについて検討したい。

健康の社会的基盤

二〇世紀は、先進工業国に暮らす人たちの平均余命が全体的に大幅に上昇した時代である。英国では、平均余命は、一九〇一年に男性で約四五歳、女性で約四九歳であったが、二〇〇三年には男性で七五歳、女性で八〇歳にまで上昇した。たとえば小児マヒや猩紅熱、結核といった疾病は、ほとんど根絶されている。先進工業国の保健福祉水準は、世界の他の地域に比べて相対的に高い。こうした公衆衛生の向上の多くは、近代医学の成果であった。医学研究が疾病の生物学的原因を暴露し、原因を抑制する効果的な処置方法の開発に成功した――また引きつづき成功する――という想定が一般になされている。この論によれば、医学知識や専門知識が増大するにつれて、私たちは公衆衛生の着実な改善を期待できるようになる。

このような健康と疾病への取り組み方は、極めて大きな影響力をもってきたが、社会学者にとって満足のいくものではない。それは、この取り組み方が、健康と病気の様式に及ぼす社会的、環境的影響作用の重要な役割を無視しているからである。二〇世紀を通じておこなわれてきた公衆衛生の改善は、健康と病気が人口のなかに不均等に分布しているという事実を隠蔽することができない。調査研究によれば、特定の集団が、他の集団以上に良好な健康状態を享受する傾向が強いことを、証明してきた。こうした健康面の不平等は、もっと大きな社会経済的様式と結びついているように思える。

社会学者と社会**疫学**の専門家――人口の内部での疾病や病気の分布や発生について研究する科学者――は、健康と、たとえば社会階級やジェンダー、人種、年齢、地理といった変数との結びつきを解明しようと試みてきた。ほとんどの研究者は、健康と社会的不平等のあいだに相関関係があることを認めるが、その相関関係の性質についても、健康の不平等にどのように取り組むのかについても、意見の一致が見られない。論争の主要な領域のひとつは、一人ひとりの（たとえば、ライフスタイルや行い、日常の食事、文化的様式などの）変数が重要なのか、環境的要素なり構造的要素（たとえば所得分布や貧困など）が重要なのかに、関心が集中している。ここでは、英国での社会階級とジェンダー、エスニシティによる健康様式の差異について検討したい。

階級と健康

健康と階級の研究は、死亡率や罹病率の様式とその人の社会階級のあいだに明確な関係があることを明らかにしてきた。英国では、一九八〇年に当時の保健社会保障省が出した「ブラック・レポート」――全国規模の主要な研究（DHSS 1980）が、階級に根拠がある健康の不平等状態の拡がりを周知させる上で、重要な役割を演じた。この研究結果に多くの人たちが衝撃を受けた。社会全体でよりよい健康状態に向かう趨勢が見られるとはいえ、階級間に重大な格差が存在し、出生時の体重から血圧、慢性病に罹るリスクに至るまで健康指標に影響を及ぼしている。社会経済的位

表8-2　社会階級別に見た、乳児死亡率

(イングランドとウェールズ、生児出生数1000に対する比率)

	婚姻関係内の出生		婚姻関係外の出生	
	1991年	2001年	1991年	2001年
専門的職業従事者	5.1	3.6	4.2	4.5
管理的、専門技術的職業従事者	5.3	3.6	6.6	4.0
熟練非肉体労働者	6.1	4.5	8.5	5.3
熟練肉体労働者	6.2	5.0	7.7	5.8
半熟練肉体労働者	7.1	6.2	9.6	6.7
未熟練肉体労働者	8.2	7.2	11.0	7.5
その他	11.6	6.7	21.2	10.8
全　体	6.3	4.6	8.8	6.1

＊乳児死亡率は生後1年以内の死亡をいう。社会階級は、死亡届出時の父親の職業にもとづく。

出典：*Social Trends* 34 (2004)

置づけが高い人たちは、社会的尺度が下位の人たちよりも、平均して健康で、背が高く、頑強で、長生きである。差異は乳児死亡(生後一年以内に亡くなる子ども)や小児死亡で最も大きいが、貧しい人たちは、裕福な人たちに比べて、すべての年齢層で死亡リスクが大きい。

ブラウニーとボットリルは、階級に根拠がある健康の主要な不平等状態を、いくつか整理している(Browne & Bottrill 1999)。

1　最下層の職業階級の未熟練肉体労働者たちは、最上層の職業階級の専門的職業に従事するホワイトカラーたちよりも、退職年齢に達する前に死亡する可能性が二倍も高い。

2　未熟練労働者の家族では、死産や生後一週間以内で亡くなる赤ん坊は、専門的職業従事者の家族より二倍も多い(表8-2を参照)。

3　最上層の職業階級(専門的職業に従事するホワイトカラー労働者)に生まれた人は、下層の職業階級(未熟練の肉体労働者)に生まれた人よりも、平均して七年も長生きする可能性がある。

4　最下層の二つの職業階級では、上層の三つの職業階級と比べると、主要な死亡原因の約九割が共通している(図8-2を参照)。

5　労働者階級の人たちは、専門的職業に従事する人たちよりも、頻繁に、また多くの種類の病気で医者にかかっている。長期に及ぶ病気は、専門的職業よりも未熟練肉体労働に従事する人たちのあいだで五割も多く見られる。

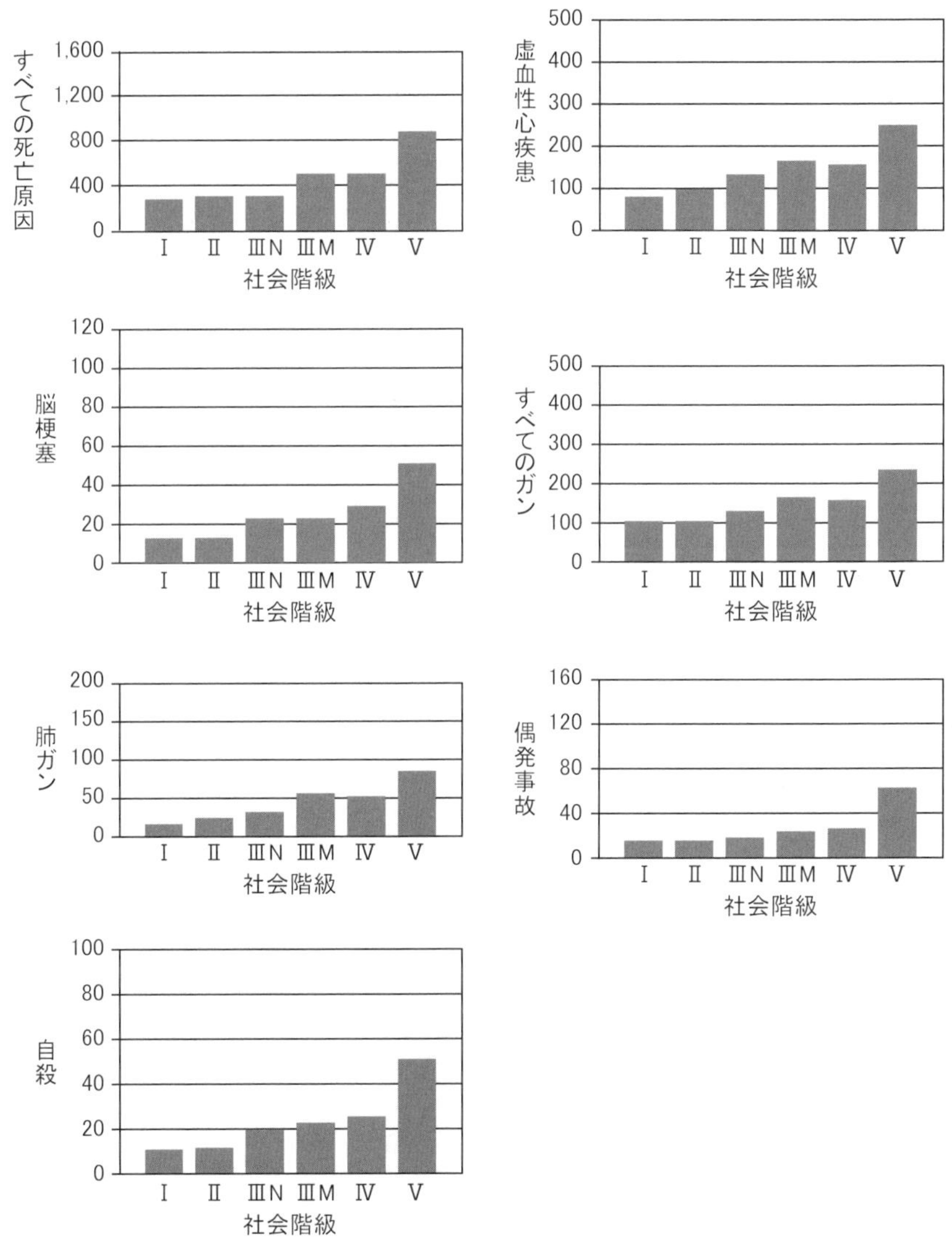

図8－2　死亡原因別、社会階級別に見た、英国の20歳から64歳男性の死亡割合
（10万人に対する比率、1991年から93年）
出典：ONS（2001）

6　階級に根拠がある健康の不平等状態は、長期失業者のあいだで、さらにもっと明白である。仕事に就いている人たちは、仕事のない人たちよりも長生きする傾向が強い。

他の先進工業国でおこなわれた研究も、健康状態に階級による段階的変化が明確に見られることを裏づけてきた。一部の研究者は、社会の最富裕層と最貧困層のあいだで健康面の相対的な不平等が拡大しだしていると確信する。しかしながら、健康面の不平等と社会階級との関連を暴露する目的でますます多くの調査研究がなされているにもかかわらず、研究者たちは、両者を結びつけるメカニズムを突きとめることに成功していない。相関関係の背後に働く原因を説明するために、競合する説明がいくつか提示されている。

この「ブラック・レポート」は、英国政府が健康面の不平等のデータを再検討し、政策提言と研究を促進するために委託した報告書であるが、健康の不平等の物質主義的説明にもっぱら専念した。物質主義的、環境論的説明は、健康面の不平等の原因を、たとえば貧困や、富と所得配分、失業、住宅事情、公害、粗悪な労働条件といった、もっと大きな社会構造のなかに見いだしている。階級間に見いだす健康状態の不平等な様式は、物質的剥奪の結果とみなされる。健康面での不平等の縮小は、社会的不平等全般の根本的原因に目を向けることで、はじめて達成できる。この「ブラック・レポート」は、他の議論の妥当性を軽視する態度はとらなかったが、包括的な貧困撲滅政策と、健康の不平等と闘うために教育改善の必要性を強調した。

マーガレット・サッチャーが率いた保守党政府は、「ブラック・レポート」の調査結果を却下し、報告書の求めた公共支出を、非現実的なだけでなく、何の成果も期待できないと断言した。サッチャーが率いた政府（一九七九年〜九〇年）は、健康の不平等を説明するために、文化面や習慣面の説明に焦点を合わせる傾向が強かった。文化面や習慣面の説明は、健康にとって一人ひとりのライフスタイルのもつ重要性を強調する。下層の社会階級は――たとえば、喫煙や栄養に乏しい日常の食事、アルコール性飲料の過剰な消費といった――健康にとって有害な行動にかかわる傾向が強い。このような主張は、人びとが多くのライフスタイルを自由に選択できる以上、不健康に陥った責任が個々人にあるとみなしている。こうした考え方を提示する人たちのなかには、このような行動は、もっぱら個人の抑制力によって防止されるものではなく、むしろ社会階級という状況のなかに深く埋め込まれている、と主張する人もいる。それにもかかわらず、この人たちもまた、ライフスタイルと消費様式が不健康の主要な要因と考えている。

後継の政府も、一人ひとりのライフスタイルの選択に影響を及ぼす公衆衛生キャンペーンに、引きつづき重きを置いた。禁煙の率先や「健康な食とエクササイズ」運動は、一般の人びとの行動を感化しようとする努力の二つの実例である。このようなキャンペーンは、一人ひとりが自分の福利健康に責任を負うと説くが、社会的位置づけが人びとの選択や将来の見込みを束縛する可能性にあまり注意を払っていない。たとえば、望ましい食事にとって最も重要な野菜や果物は、脂肪分やコレステロールが高い多くの食品よりも高価である。研究によれば、健康によい食品を最も消費するのは、高所得者集団であることが示されている。

一九九七年に選出された労働党政府は、人びとの健康にとって、文化的要素だけでなく物質的要素も重要であることを認識し、健康の不平等の問題に幅広く取り組んできた。政府は、ドナルド・アチソン卿が主査になって、健康の不平等状態について独自の調査をおこなった。一九九八年一一月に発表されたアチソン報告は、健康の多くの局面で、ここ数十年のあいだに、とくに一九八〇年代から一九九〇年代前半に、不平等状態が悪化したと断言した。政府は、アチソン報告が示す根拠にもとづいて、一九九九年七月に白書『もっと健康な私たちの国』を発行し、多くのさまざまな――社会的、経済的、環境的、文化的――影響要因がともに作用して不健康状態を生みだしていることを強調した（これらの影響要因のいくつかを、図8-3に例示した）。この白書はまた、国民の健康を、たんに不健康の兆候だけでなく不健康の原因にもなっている、たとえば失業や標準以下の居住環境、教育といった問題と結びつける、そうした政府の一連の施策を提示した。

ジェンダーと健康

男女間の健康格差もまた、この研究で注目された。世界のほぼどの国でも、女性たちは男性より長い平均寿命を享受している（UNDP 2004）。英国では、死亡原因や病気の様式は、男女間にかなりの差があることを示している（図8-4を参照）。心臓疾患に冒されるのは、女性よりも男性に多いが、依然として六五歳以下の男女にとって最も頻度の高い死亡原因である。しかし、男性たちは、事故や暴力が原因で死亡する比率が高いし、また薬物依存症やアルコール依存症になりやすい。

物質的環境は、女性たちの健康状態に影響を及ぼすように思える。しかし、この点は、伝統的に判断が難しい要素とみなされてきた。多くの研究は、女性たちを、夫の社会階級によって分類し、女性たちの健康について歪んだ描写をする傾向があった（第九章「社会成層と階級」を参照）。とはいえ、よく知られているように、女性たちは、男性に比べ病気の高い発生頻度に苦しみ、病気の自己申告率もまた男性より高い。

先進工業国の女性たちは、男性より不安症や鬱病に罹る割合が二倍も高いと報告されている。何人かの研究者によれば、女性たちが果たす傾向の強い――家事や育児、職業上の責務などの――多様な役割は、女性たちのストレスを増大させ、疾病率を高める要因になっている可能性がある。レズリー・ドイアルは、女性たちの生き方を組成する主要な活動領域との関連で、女性たちの健康と病気の様式をうまく説明できると指摘した（Doyal 1995）。女性たちの生活は、女性たちが一般に遂行する役割や課業――家事労働、生殖、出産、母親としての務め、受胎調節による生殖能力の管理など――の点で、男性たちの生活と本質的に異なる。（しかし、この点は、より多くの女性が職場に参入するにつれて、次第に当てはまらなくなっていると主張されている。）ドイアルによれば、「こうした多種多様な労働の累積的結果が、まさしく女性たちの健康状態の主要な決定要素になっている」。したがって、女性たちの健康に関するどの分析も、社会的影響要因と心理的影響要因、生物学的影響要因の相互作用について検討する必要がある。

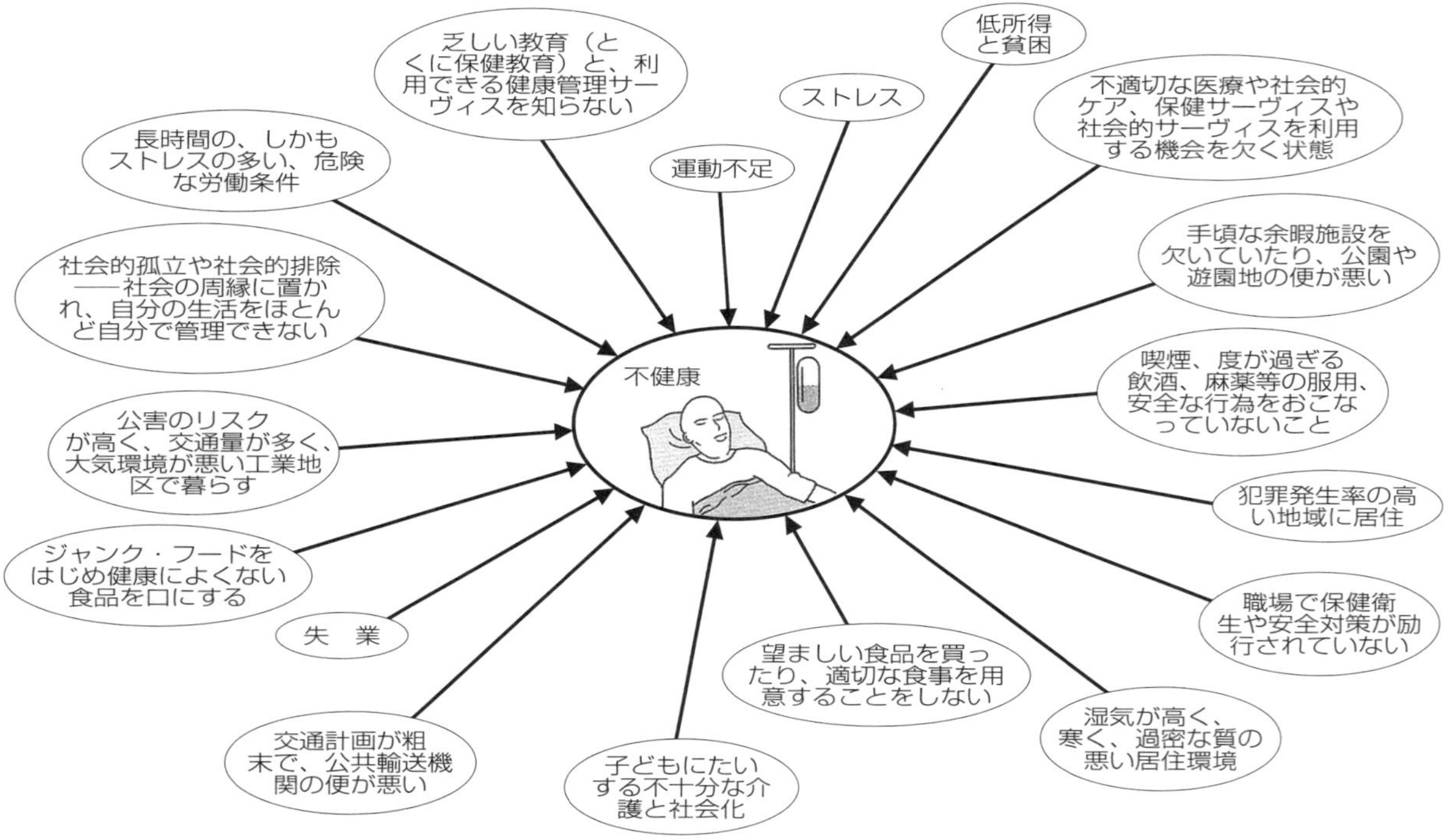
不健康
長時間の、しかもストレスの多い、危険な労働条件
乏しい教育（とくに保健教育）と、利用できる健康管理サーヴィスを知らない
運動不足
ストレス
低所得と貧困
不適切な医療や社会的ケア、保健サーヴィスや社会的サーヴィスを利用する機会を欠く状態
社会的孤立や社会的排除――社会の周縁に置かれ、自分の生活をほとんど自分で管理できない
手頃な余暇施設を欠いていたり、公園や遊園地の便が悪い
喫煙、度が過ぎる飲酒、麻薬等の服用、安全な行為をおこなっていないこと
公害のリスクが高く、交通量が多く、大気環境が悪い工業地区で暮らす
犯罪発生率の高い地域に居住
ジャンク・フードをはじめ健康によくない食品を口にする
失　業
職場で保健衛生や安全対策が励行されていない
望ましい食品を買ったり、適切な食事を用意することをしない
湿気が高く、寒く、過密な質の悪い居住環境
交通計画が粗末で、公共輸送機関の便が悪い
子どもにたいする不十分な介護と社会化

図 8－3　健康に影響する文化的、物質的要因

出典：Browne（2005）

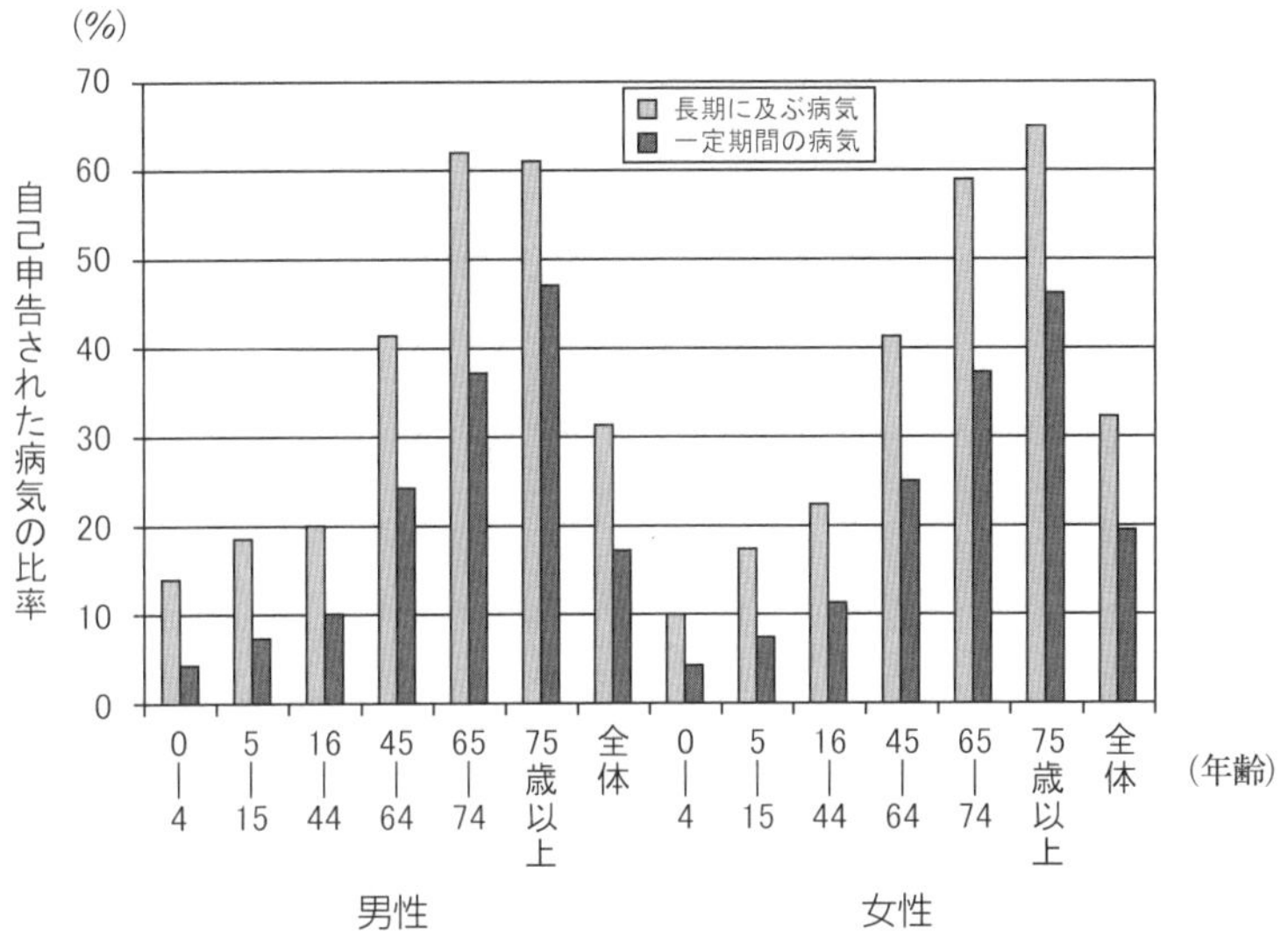

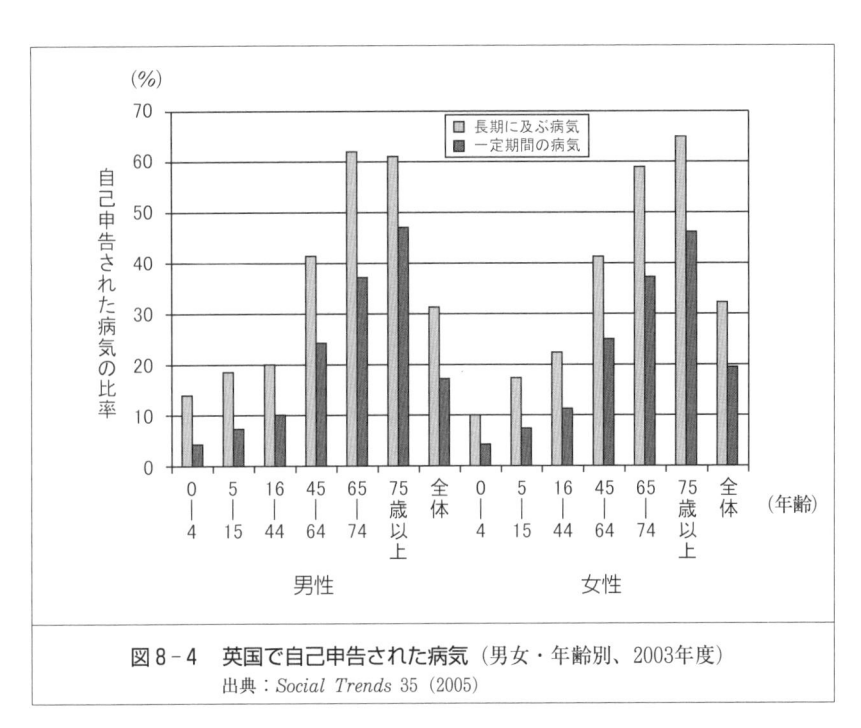

図8－4　英国で自己申告された病気（男女・年齢別、2003年度）
出典：*Social Trends* 35（2005）

ヘザー・グラハムは、ストレスが白人労働者階級の女性たちの健康に及ぼす影響を研究している。グラハムは、社会経済階層の末端にいる女性たちが、生活の危機の際に、中流階級の女性たちほど支援ネットワークを入手利用できない事実を浮き彫りにした。労働者階級の女性たちは、他の階級の女性たちよりも頻繁に、（たとえば、仕事の喪失や、離婚、住居からの追い立て、子どもの死亡といった）生活の危機に遭遇しやすいが、総じてこうした危機に対処する術に乏しく、不安のはけ口も少ないことを、グラハムは指摘する。その結果生ずるストレスは、たんに身体的にも心理的にも有害なだけでなく、ストレス解消のために頼る対処戦略のなかにも——たとえば喫煙のように——健康を損なうものがある。喫煙は、物質的資源や個人的方策が限度にまで達したときに、精神的な緊張を緩和する手段である、とグラハムは論じている。したがって、喫煙は、女性たちの生活で——一方で女性やその子どもにとって健康リスクを増大させるが、同時にまた、女性たちが困難な状況にうまく対処することを可能にさせるという——矛盾した位置づけに置かれている（Graham 1987, 1994）。

アン・オークレーたちは、英国の四つの都市で、社会的サポートが、社会的に恵まれない女性と子どもの健康状態で果たす役割を研究してきた（Oakley et al. 1994）。オークレーは、ストレスと健康の関係が、重大な生活上の危機はもとより、もっと小さな生活上の問題にも当てはまり、また労働者階級の人たちの生活でとくに深刻になっている、と主張する。社会的サポート——たとえば、カウンセリングやホットライン、自宅訪問といった——は、一般に女性たちの経験するストレスが健康に及ぼすマイナスの帰結にとって「緩衝装置」となり得ることに、オークレーは注目した（Oakley et al. 1994)。社会的サポートは、人びとが疾病や病気に順応する際に手助けとなり得る重要な要素であることを、別の研究も明示してきた（Ell 1996)。

エスニシティと健康

工業社会における健康は人種的に様式化されているとはいえ、エスニシティと健康の関係についての私たちの理解は、どんなに努力しても部分的である。エスニシティと健康をめぐってますます多くの社会学研究がおこなわれているものの、まだ確定的な証拠は得られていない。場合によれば、エスニシティに起因するとされた趨勢は、たとえば階級やジェンダーといった同じように重要な意味をもつ他の要因を無視してしまう可能性がある。

それにもかかわらず、ある種の病気の発生は、アフリカ系カリブ人やアジア人のあいだで高い。英国では、肝臓ガンや結核、糖尿病が原因の死亡率は、白人よりも、このアフリカ系カリブ人やアジア人のあいだで高い。アフリカ系カリブ人は、平均以上に高血圧を患っている。鎌状赤血球性貧血という赤血球に影響を与える遺伝性の病気は、アフリカ系カリブ人のあいだで、英国の平均に比べて多く見いだされる。インド亜大陸出身の人たちは、心臓疾患による死亡率が英国の平均値よりも高い。

一部の研究者は、エスニシティ面での健康の様式化を説明するために、文化論的、行動論的説明に目を向ける傾向が強かった。階級に根ざす健康の不平等状態の文化論的説明と同じように、結果として病弱と結びつくように思える個人なり集団のライフスタイルが強調されている。こうしたライフスタイルは、多くの場合、たとえば飲食や調理の習慣、血族結婚（マタイトコまでの近親婚の習わし）といった宗教的信念なり文化的信念と密接に関連しているように見える。文化論的説明は、真の問題点——エスニック・グループが健康管理システムのなかで遭遇する人種的偏見や差別——を認定することに失敗している、と批判を下す人たちは主張する。

エスニシティ別の健康様式に関しておこなわれる社会構造論的説明は、英国でアフリカ系カリブ人やアジア人が暮らす社会状況に焦点を当てている。アフリカ系カリブ人やアジア人は、健康に有害になりやすい多様な不利益を、しばしば体験する。こうした不利な境遇には、粗末な住まいや過密な住まい、高い失業率、危険で低賃金の職業への過度な集中が含まれる。さらにまた、こうした物質的要因は、暴力や脅迫、差別といったかたちでじかに経験するにせよ、「制度化された」かたちで経験するにせよ、人種差別による影響をさらに強めていく。

制度的人種差別主義は、健康管理の分野でも指摘されてきた（Alexander 1999)。エスニック・グループは、公共医療制度の利用で、不平等な、疑問の多い取り扱いを受けることがある。言葉の壁も、かりに情報が有効に伝わらないとすれば、問題となる可能性がある。公共医療施設の専門家たちは、多くの場合、病気と治療に関するその文化に特有な認識を斟酌していない。英国の国民健康保険制度は、たとえば文化的、宗教的信念にたいする認識を職員たちにさほど求めていないことや、もっぱら非白人人口に生ずる疾病にほとんど注意を払わないことで、批判されてきた。

第一二章「人種、エスニシティ、移民」、五〇二頁〜五〇三頁で、制度的人種差別主義について触れている。

人種と健康の不平等状態の関連性について、意見の一致は見いだされていない。実際に、まだしなければならない調査研究が数多く残っている。しかしながら、明確なのは、エスニシティと健康の不平等状態を、英国のエスニック・マイノリティ・グループの生活体験に影響を及ぼす、そうした数多くの社会的、経済的、政治的要因と結びつけて考察することの必要性である。

健康と社会的凝集性

健康状態の不平等の原因を解明しようとするなかで、ますます多くの社会学者は、健康を増進する際に社会的サポートや社会的凝集性に注目しだしている。第一章（「社会学とは何か?」）で論及したデュルケムの説を思い出してもらえばわかるように、社会的凝集性は、社会学の最も重要な概念のひとつである。デュルケムは、文化のなかの連帯性の度合や類型を、その文化の最も決定的な特性のひとつとみなしていた。たとえば、デュルケムは、自殺の研究で、社会のなかに十分に統合されている個人や集団は、そうでない個人や集団に比べ、みずからの命を絶つ可能性が少ないことを見いだした。

リチャード・ウィルキンソンは、いくつかの論文や、後に刊行した著書『不健康な社会——不平等の苦悩』で、世界で最も健康な社会は、最富裕国ではなく、所得が最も公平に配分され、社会的統合の度合が最も高い国である、と主張した（Wilkinson 1996）。ウィルキンソンによれば、国の富の高い水準は、必ずしも住民のよりよい健康状態を実現しない。ウィルキンソンは、世界中から得た実証的データを調べて、死亡率と所得配分様式のあいだに明確な関連性があることに着目した。たとえば日本やスウェーデンのように、世界で最も平等主義の社会のひとつとみなされる国々の住民は、米国のように富裕層と貧困層の格差がかなり顕著な国の住民に比べ、平均してより好ましい健康水準を享受している。

ウィルキンソンの見解では、所得配分の格差の拡大は、社会的凝集性を徐々に損ない、人びとがリスクと挑戦課題にうまく対処するのをますます難しくしている。社会的孤立の増大やストレスへの対処の失敗は、健康指標に反映される。ウィルキンソンは、社会的要因——社会的接触の密度、コミュニティ内の絆、社会的サポートの入手可能性、安心感——が、社会の相対的健康状態を決定する主要な要素である、と主張する。

ウィルキンソンの立論は、活発な反応を引き起こした。ウィルキンソンの研究は政策立案者の必読書であると主張する人たちもいる。この人たちは、これまであまりにも市場関係や繁栄の原動力が強調され過ぎたという点で、ウィルキンソンと意見をともにしている。こうした市場や繁栄の原動力を強調する取り組み方は、社会の多くの成員を見捨ててきた。いまこそ、恵まれない人たちを支援するために、もっと人道的で、社会的責任を負った政策を検討すべきである、と主張する。別の人たちは、ウィルキンソンの研究を方法論の面で批判し、ウィルキンソンが所得の不平等と不健康状態のあいだの明確な因果関係を証明し損なっている、と主張する（Judge 1995）。病気は、他の数多くの媒介要因が原因になっている可能性がある。ウィルキンソンの主張を裏づける証拠はせいぜい示唆的な段階にとどまる、と批判する人たちは主張している。

この章の前半では、従来正統視されてきた生物医学的健康モデルに歴史的に根拠を与えた想定について、いくつか検討した。こうした想定の多くは、同時にまた、英国や他の先進国での障害をめぐる従来の理解の仕方にも見いだされる。生物医学的健康モデルへの反応としてさきに論じた近年の趨勢——たとえば、医療専門家がつねに最もよく知っているという想定への懐疑や、患者の意見や経験をもっと多く考慮しようとする動き——は、障害にたいする従来の認識に示された最近の拒否反応の一端を形づくっている。そこで、次に障害をめぐる論点についていくつか検討したい。

障害の社会学

詩人サイモン・ブリセンデンは、その著書『完全な人びとのための詩』のなかで、「あなたの皮膚を切り／皮膚の内部を探った男／その男は何らかの傷を負うのだろうか」と問うたとき、従来正統視されてきた医療や医療従事者から多くの障害者たちが感知する、そうした自分たちが排除されているという感覚を、巧みに要約している。ブリセンデンは、その作品や考察を通じて、英国と他の先進国での障害に関する昔ながらの理解の仕方を再検討していった多くの障害者のひとりである。こうした議論の多くは、**障害学**という新たな研究分野でおこなわれている。この節では、障害の個人モデルとして知られるようになった考え方を検討することで、障害に関する支配的な認識について考察する。その次に、この障害の個人モデルが、障害の社会モデルによって、とりわけ障害者自身から、どのように異議を唱えられてきたのかを検討し、この異議の申し立てについて手短に評定したい。終わりに、英国や世界規模で機能減損の度合とその背景を見ていく。とはいえ、まずはじめに障害という言葉について検討したい。

社会学者は、社会のさまざまな問題にたいする私たちの認識や理解が、少なくとも部分的に私たちが使用する言葉によって形づくられている、と主張する。ここ数十年間に、人びとが障害について議論する際に歴史的に頼ってきた用語にたいする批判が、この分野の著述でますます重要な意味をもつようになってきた。たとえば、‘handicapped’〔障害によって社会的に不利な立場にいること〕という言葉は、‘cap in hand’〔帽子を脱いで畏まること〕や、施し、物乞いを連想させると考えられたために、ほとんど使われなくなっている。また、もともとは特定の機能減損を記述するために使われていた用語も——たとえば、‘spastic’〔もともとは「痙攣性の」という意味であるが、「のろま」を意味する俗語にもなっている〕や‘cripple’〔もともとは「手足が不自由な人」を意味した〕のように——現在では、もっぱら主に相手を侮辱的な言葉として使われているために、使用が認められていない。また、‘turning a blind eye’〔見て見ぬ振りをする〕や‘turning a deaf ear’〔耳を貸さない〕のように、現在も日常的に使われている比喩的表現も、こうした表現に排除の意味が暗に含まれているという理由で、批判されてきた。これから見るように、私たちが理解している「障害」という用語の解釈の仕方さえも、多くの論争に晒されている。

障害の個人モデル

歴史的に、英国などの欧米社会では、障害の個人モデルが支配的だった。**障害の個人モデル**は、一人ひとりの活動限界が障害者の経験する問題の主な原因になっていると主張する。障害の個人モデルでは——たとえば、四肢の麻痺に「襲われた」は歩行ができないというように——身体的「異常性」が何らかの度合の「障害」なり機能的制約を引き起こすとみなされている。この機能的制約は、個人を「病弱者」として幅広く分類する際の基盤とみなされている。障害の個人モデルを下支えしているのは、障害を「個人の身に降りかかった悲劇ととらえる考え方」である。障害がある人は、偶然の出来事の不幸な犠牲者とみなされる。この障害の個人モデルで、医療専門家は、障害を負った人が苦しむ「問題」に診断を下し、治療やリハビリをおこなうことが職務になるため、中心的役割を演じることになる。こうした理由から、障害の個人モデルは、しばしば「医学モデル」とも呼ばれている。詩人サイモン・ブリセンデンがこの節の冒頭で紹介した詩のなかで厳しく非難したのは、まさにこの医療専門家が障害者の生き方に行使する権力である。ここ数十年間、この障害の個人モデルは、以下で見るように次第に問題視されるようになった。

障害の社会モデル

障害の個人モデルにたいする初期の重要な異議申し立てとなったのは、ポール・ハントが編集した論文集『スティグマ——障害の経験』（Paul Hunt 1996）である（ゴッフマンのスティグマ論については、二九〇頁を参照）。ハントは、「障害の問題は、たんに機能減損や、機能減損が私たち障害者一人ひとりに及ぼす影響のなかだけでなく、もっと重要な点であるが、『正常な』人びとと私たち障害者との関係性という領域のなかにも見いだされる」と主張した。ハントは、英国の初期の障害者運動を主導した活動家であり、隔離に反対する身体障害者連盟（ＵＰＩＡＳ）の設立会員となった。隔離に反対する身体障害者連盟は、その声明書『障害の根本原理』で、「機能減損《インペアメント》」と「障害《ディスアビリティ》」のあいだには決定的な相違があると主張することで、個人モデルに代わる大胆な選択肢を打ち出した（UPIAS 1976）。（隔離に反対する身体障害者連盟がおこなう定義は、次のコラムに示されている。）

隔離に反対する身体障害者連盟による機能減損と障害の定義

機能減損

「手足の一部ないし全部の欠損か、手足や身体器官、身体メカニズムに欠陥があること」。

障害

「身体的機能減損がある人たちのことをほとんど考慮せず、

表8-3　障害の二つのモデル

個人モデル	社会モデル
個人的悲劇とする図式	社会的抑圧とする理論
個人的な問題	社会的な問題
個別の治療	社会的行動
医療対象化	自　助
専門家による支配	個人の責任と集合体の責任
専門的知識	体　験
個人的アイデンティティ	集合的アイデンティティ
偏　見	差　別
介　護	権　利
管　理	選　択
施　策	政　治
個別の適応	社会の変革

出典：Oliver（1996）から抜粋。

したがってその人たちが主要な社会的活動に完全に参画することを排除する、そうした社会運営の仕方によって引き起こされる不利益ないし活動の制限」。

隔離に反対する身体障害者連盟は、身体的な「機能減損」を《個人》の生物医学的属性とする定義づけを（その後、隔離に反対する身体障害者連盟は、機能減損を拡大して、非身体的機能減損や感覚的機能減損、知能的機能減損も含めているが）おおむね受け容れていった。とはいえ、「障害」を《社会的》な観点から定義づけていった。このことは、この用語の昔ながらの理解の仕方にたいする異議の申し立てであった。障害は、もはや個人の問題としてではなく、機能減損のある人びとが完全に社会参加する際に直面する社会的障壁という観点から解釈された。次頁のコラムで、マイク・オリバーが、一九八〇年代に「障害」を査定するために英国人口センサス調査局の用いる質問項目を書き改めることで、障害の個人モデルに潜む想定をどのように方向転換させようとしたのかを見ておきたい。オリバーは、**障害の社会モデル**と個人モデルを区別しようとした最初の研究者である（Oliver 1983）（この障害の個人モデルと社会モデルの区別は、表8-3に要約して示す）。障害の社会モデルは、ヴィク・フィンケルシュタイン（Finkelstein 1980, 1981）やコリン・バーンズ（Barnes 1991）、それにオリバー自身（Oliver 1990, 1996）の研究成果によって、学術的信頼性が高められてきた。

障害の社会モデルを主張する研究者は、障害者にたいする社会的、文化的、歴史的障壁がなぜ発達してきたのかを説明する必要がある。障害の社会モデルを唱道する論者のなかには、マルクスの影響を受けて、障害の唯物論的解釈の必要性を主張する人もいる（唯物論については、三二頁〜三三頁を参照）。たとえば、オリバーは、歴史的に見ると、最初期の資本主義的製造所が賃金労働者個人の雇用に基盤を置きはじめたため、障害者にたいする障壁は、産業革命の時代に労働市場から障害者を排除する目的で設けられていった、と主張する（Oliver 1996）。こうした歴史的過程の進行によって、「あまりにも多くの［障害のある］人たちが、仕事を続けたり保有することができなくなったため、この人たちは、資本主義国の初期の反応が非情な抑制や施設収容であったゆえに、社会問題になっていった」と、オリバーは論じる。今日においてさえ、労働力人口に顔を出す障害者は（三一〇頁〜三一二頁で見るように）まだ相対的に少ない。

英国の人口センサス調査局がおこなう質問に潜む想定を、障害の社会モデルによって方向転換させる

人口センサス調査局がおこなった質問

「具合が悪いのはどこでしょうか」

「身体のどのような不調が原因で、ものを持ったり、握ったり、ひねったりする際に苦労していますか」

「他人の言っていることの理解が難しいのは、主に聴覚のせいですか」

「ご自身の毎日の活動を制約するような傷あとや欠陥がありますか」

「長期の健康問題や障害のために、特別支援学校に通っていたことがありますか」

「健康問題や障害が、好きなように外出する際に距離や頻度を妨げたりしていませんか」

「健康問題や障害が、バスの乗降を困難にしていませんか」

「健康問題や障害が、現在のお仕事に何らかの影響を及ぼしていませんか」

「健康問題や障害の結果、あなたの支援や世話をしてくれる親類か誰かと一緒に暮らす必要性が生じていますか」

「健康問題や障害のために、現在の住まいを何か改造されていますか」

オリバーがおこなう質問

「社会の何に問題があるのかを、話していただけますか」

「広口瓶や瓶、缶といった毎日使う用品のデザインには、摑むことが困難になるような欠陥が何かありますか」

「他人が言っていることを理解するのが困難なのは、主に相手があなたとコミュニケーションができないことに帰因するのでしょうか」

「あなたの傷あとや欠陥にたいして他の人たちが示す反応は、あなたの毎日の活動を制約していますか」

「あなたは、あなたと同じ健康問題や障害のある人たちをその学校に行かせるという教育当局の方針によって特別支援

学校に通っていたのですか」

「あなたが近隣の人たちと付き合うのを難しくする地域的環境に、どのようなものがありますか」

「あなたが好きなように外出する際に距離や頻度を妨げるような、交通関係や金銭上の問題が何かありますか」

「物理的環境や他の人たちの態度のために、仕事上の問題をかかえていませんか」

「地域サーヴィスが不足しているために、適切なレヴェルで身辺介助をしてくれる親戚か誰かに頼る必要がありますか」

「住居の不十分な設計の結果、あなたはご自分のニーズに合うように住まいを改造する必要が生じましたか」

障害の社会モデルの評定

障害の社会モデルは、今日、障害にたいする私たちの考え方が形成される上で、非情に大きな影響を及ぼしてきた。障害の社会モデルはもともと英国で生まれたとはいえ、いまでは世界的に影響力をもつようになった。障害の社会モデルは、英国の障害者運動がもたらした「重要な考え方」と称されている（Hasler 1993）。障害の社会モデルは、完全な社会参加を阻む社会的障壁の撤廃に焦点を当てることで、障害者たちが政治的戦略に注意を集中させることを可能にした。その結果、障害者たちは、障害の社会モデルを受け容れるなかで「新たな社会運動」を組織していった、と一部の人たちは主張する（Oliver & Zarb 1989）。障害の原因がその人の「病弱さ」にあるとみなす障害の個人モデルに取って代わって、障害を抑圧の結果であるとみなすモデルが生まれたことで、一部の障害者たちは、障害の社会モデルを「解放」とみなしている（Beresford & Wallcraft 1997）。

とはいえ、一九八〇年代後半以来、障害の社会モデルにたいして、数種類の批判が展開されてきた。ひとつ目は、障害の社会モデルが、機能減損によって頻繁に生ずる苦痛や不愉快な経験が多くの障害者の生活の中心をなすのに、こうした苦痛や不愉快な経験を無視している、という指摘である。シェイクスピアとワトソンは、「私たちは、たんに障害者だけでなく、機能減損も負っているのです。だから、あえて別のとらえ方をすることは、私たちの経歴の主要な部分を無視することになるのです」（Shakespeare & Watson 2002）。こうした非難にたいして、障害の社会モデルは、機能減損による日常的な経験を否定するのではなく、障害者たちに向けられてきた障害者の完全な社会参加を阻む《社会的》障壁に注意を向けようとしているだけである、と障害の社会モデルを擁護する人たちは主張している。

二つ目に、多くの人びとは、自分たちが機能減損を負っていることを受け容れるが、「障害者」というレッテルが貼られることを望んではいない。政府に障害手当を求めている人たちに関する最近の調査によれば、自分を障害者と定義づける選択をおこなっていたのは、半数以下の人である。多くの人びとは、自身の健康上の問題が障害よりもむしろ病気と関係しているとみなすために、あるいは障害と分類されるほど重い病気であるとは考えていないために、この障害者という用語の使用を拒んでいる（Department for Work & Pensions 2002）。とはいえ、バーンズは、障害が、多くの場合、依然として異常な状態を連想させる社会では、機能減損を負う一部の人たちが「障害者」というレッテルを拒否するという選択をおこなうのは驚くに値しない、と指摘する（Barnes 2003）。

終わりに、とくに医療社会学者は、障害の社会モデルが依拠する、機能減損と障害の区分は偽りであると主張して、障害の社会モデルを拒否する傾向がある。このような批判をおこなう人たちは、障害の社会モデルが、生物医学的な定義である機能減損と、社会的な定義である障害とを識別しようとしている、と主張する。医療社会学者は、障害と機能減損がともに社会的に構成されたもので、両者は密接に関連している、と主張する傾向が強い。シェイクスピアとワトソンは、誰かが「どこまでが機能減損で、どこからが障害なのか」と問うた場合、機能減損と障害の区分は崩壊する、と主張している。一部の事例では、両者の区分は簡単である——建物のなかで車椅子が適切に利用できるように設計することを怠れば、車椅子使用者にとって社会的に構築された障壁を明らかにつくり出すからである。とはいえ、社会の抑圧的状態が障害のすべての源になっているわけではないため、障害のすべての源を取り除くことが不可能な事例は、数多く見いだされる。障害の社会モデルに批判的な医療社会学者は、たとえば、慢性的な痛みや重篤な知的能力の限界によって機能減損を被ると、社会の変革によっても解消できないかたちで、その人の完全な社会参加が不可能になる、と主張する。こうした批判をおこなう人たちは、障害を十分に理解するためには、社会によって引き起こされた障害だけではなく、機能減損によって引き起こされた障害も考慮に入れる必要がある、と主張する。

障害の社会モデルの支持派は、批判する人たちのこの最後の主張が、障害と機能減損の不鮮明な区分にもとづいており、しかもこの人たちの主張する障害と機能減損の区別が、障害の個人モデルの根底にある生物医学的思考様式に根ざしている、と論じる。障害の社会モデルは、確かに機能減損が痛みの原因である可能性や、人が特定の機能減損のために単独で行動できない可能性があることを否定しない、と障害の社会モデルの支持派は応じている。事実、障害の社会モデルの主唱者であるキャロル・トーマスは、障害者にとって機能減損が結果的に及ぼす精神情動面の影響を考慮に入れるために、「機能減損の作用」という表現を用いている（C. Thomas 1999, 2000）。

「障害」という用語をめぐって論争が起きていることや、障害と結びついている機能減損の多種多様さを考えあわせば、英国や世界の障害者の数を計算するのは困難である。とはいえ、そうした問題について次に見ていきたい。

社会学的想像力を働かせる
——あなたになぜ私の顔を見て欲しいと思うのか

私には、ケルビズム症と呼ばれる珍しい遺伝性の病気があって、顔が冒されています。四歳くらいのとき、このケルビズム症と診断されました。あまりに幼かったので、何が起こったか覚えていませんが、病院に通うことが私の日常生活の

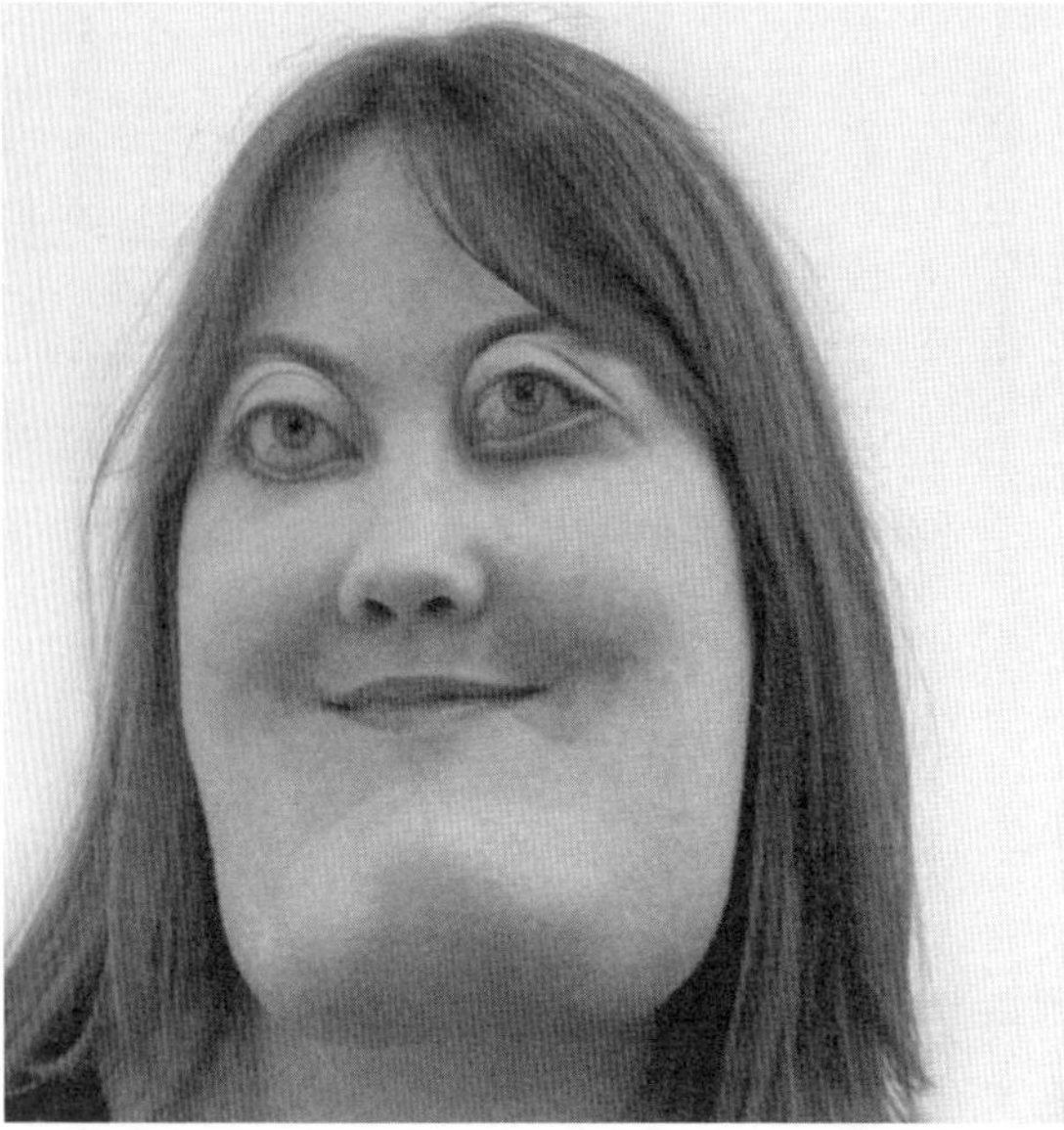

ヴッキー・ルーカスは、自分の顔は自分がどういう人であるのかと不可分な関係にあることを知ってもらいために、他の人たちに、自分の顔から目を逸らしたり、驚いて息をのんだり、ぞっとしないでほしいと望んでいる。なぜなら、ここで説明されているように、ヴッキー・ルーカスは、いまのままの自分が好きだからである。

© Vicky Lucas

一部になりました。

顔が実際に変形しだしたのは六歳くらいのときでしたが、私は、いつまで自分の顔が他の人と変わらなかったのかを覚えていません。

顔の外観が損なわれたまま成長していくのは、生半可なことではありませんでした。思春期に入ったとき、通常の変化とともに、ほんの少しの過剰な変化も訪れました。私の顔は非常に大きくなり、目もまた、それ以上に変化していったのです。

ハッとしてもう一度見つめ直す

一〇代の頃は辛かったです。人びとが、凝視したり、もう一度見つめ直すときもありました。なかには、私のことを汚い言葉で罵る人もいました。

「あなた、お気の毒ね!」と言われたときでさえも、その人たちの同情心が私の気分を害し、その害された気分は、長いあいだ、私のなかに残りました。私は、もしも外出したらどのように扱われるのかを恐れ、引っ込み思案になりました。

しかし、時間が経つうちに、次第に自尊心と自信が生まれるようになりました。それで、他の人びとが私にとる態度のためだけに、自分の人生を無駄にするべきではないと思うようになったのです。

一六歳のときに、大学に入って、映画やメディア研究、写真などの科目を勉強しました。顔の外観が損なわれた人たちがメディアでどのように表現されているのかを研究しはじめました。

それで、顔の外観が損なわれた人たちが映画でどのように描写されているかを調べてみると、当然のことですが、他の人びとは、私たちにたいする対応の仕方を知りませんでした。「エルム通りの悪夢」のフレディ・クルーガー、「バットマン」のジョーカー、ギャング映画のさまざまな痕跡が残る悪党……例を挙げればきりがありません。

悪い想定

このようなステレオタイプがあるため、かりにあなたの面相が異なる場合、あなたの内面にも何か「異なった」あるいは「邪悪な」ものがあるに違いないと人びとが想定するのは、少しも驚くようなことではないのです。

このことは、私にとって大きな転換点となりました。なぜなら、顔の外観が損なわれていることは、たんに医学的な問題だけではなく、社会的な問題でもあることを実感できたからです。

私は、自分の不幸の理由が、私の顔によるのではなく、私の顔に反応する人びとの態度によるのだということを実感しました。私が変えたいと思うのは、私の顔ではなく、社会の態度なのだと心に決めました。私は、形成外科の手術に反対しません。ただ、私の個人的な選択で、手術を受けないだけのことです。

いま二四歳ですが、私は、鏡に映った自分の顔を見るのに慣れましたし、何も問題はありません。幸いにも頭痛が生じたり複視が起きたりせずに、鏡を見ることができます。身体的な理由からウインクができないのは嫌ですが、瞼のぴくぴく動きと瞬きをうまく一緒におこなうことで、この障害を克服しました。

しかし、私の顔は、私がどういう人であるのかと不可分な関係にあります。私にたいする他の人びととの接し方や、私が自分の人生を送るために学ぶ必要があったことがらが、いまの私という人間を創りあげてきたのです。

想像力の欠如

私は、私の顔が私にもたらしてくれた正真正銘の親友たちを愛しています。私の顔が、私にもっとまともな人間になりたいと思わせるようになったことに感謝しています。また、私には、私が猫に似ていると思っているボーイフレンドもいます。私は、彼の判断に同意するかどうか自信がありませんが、もちろん彼に不平を言うつもりはありません。

この頃では、私は、人に私が醜いと言われるたびに、その人たちには想像力が欠けているのだと、気の毒に思うようになりました。私の顎が太っていると言う人にはどの人にも、「何言っているのよ。あなたこそ、顎が小さく、弱々しいくせに。私の顎が羨ましいのね！」と言い返したいと思います。無理もない好奇心に満ちた視線が注がれるたびに、私は、人なつっこい笑顔を返します。でも、かりにその人たちが、私が決めた制限時間一〇秒以内に笑顔を返してこなかったら、仏頂面をしてにらみ返すことにしています。

先週、私がボーイフレンドと一緒に街を歩いていたときに、ある男性が私に近づいてきました。その男性は、「うえぇぇぇ」と言いながら去って行きました。

対決

それは、言葉というよりも、喉の奥から無理に絞り出した音声で、顔立ちが妙な人たちだけがその裏の意味を理解できるような音声でした。私はあまりにも腹が立ったので、その音声を発した男に向かっていきました。

私は、自分がしたことを事細かに述べるつもりはありません。でも、その男が、街中で顔立ちが妙な女性に出会ったときに、そうした喉の奥から絞り出された音声を浴びせかける最後の機会になったはずだということだけは言えます。

その二分後、私たちが家に向かって歩きだしたら、ホームレスの男性が小銭を求めて私に近づいてきました。その男性は、私にどうしたのかと尋ねました。私は「大丈夫よ」と言って、いましがた起きたことを話しました。ちょっと間がありましたが、その男性は私に微笑みかけ、「あんな奴、あんたにもっと痛みつけられればよかったのに!」と言ったのです。私たちはみんな声を立てて笑いだしました。

面白いことに、見知らぬ他人のなかには、ひどく残忍で心を傷つける人もいれば、予想がつかないかもしれませんが、あなたが普通であれば無視したり何とも思わないような人たちのなかに、とても心が温かく、心優しい人もいるのです。

こうした多くのことがらの総計が、私の人生です。私は、最悪の人から最良の人まで、いろいろな人たちとの出会いを、しかも多くの場合たった五分間以内に体験しているのです。このことは、私の人生をもっと挑戦し甲斐があるだけでなく、非常に興味深いものにもしているのです。私は、どんなことがあっても自分の人生を変えたいとは思いません。

出典:*BBC News Magazine* (6 Aug 2003)

【設問】

1 顔の外観が損なわれた人びとは障害者なのだろうか。
2 このニュース記事から、機能減損と障害の区別について何を学び取ることができるだろうか。
3 このニュース記事から、障害の社会モデルについて何を学び取ることができるだろうか。

英国と世界における障害

英国では、一九九五年に障害者差別禁止法が可決され、雇用と、商品やサーヴィスの利用を含むいくつかの領域での差別にたいして、障害者に法的保護が与えられた。さらに一九九九年に制定された法律は障害者権利委員会の創設につながり、この委員会は、「身体障害者にたいする差別の撤廃」のために活動している。障害者差別禁止法は、障害者を「通常の日常生活を送る能力に、相当程度の長期的悪影響を及ぼす原因となる、身体的ないし精神的な機能減損がある人」と定義づけている。この障害の定義には、たとえば、顔の外観が損なわれた人たちだけでなく、メンタルヘルス上の問題をかかえた人たちも含まれており、したがって、障害が主として移動能力の機能減損に関係しているとか、あるいは多分に先天的なものであるといった、よくありがちな誤解を回避している。事実、障害者の約七七%は一六歳以降に障害を負って

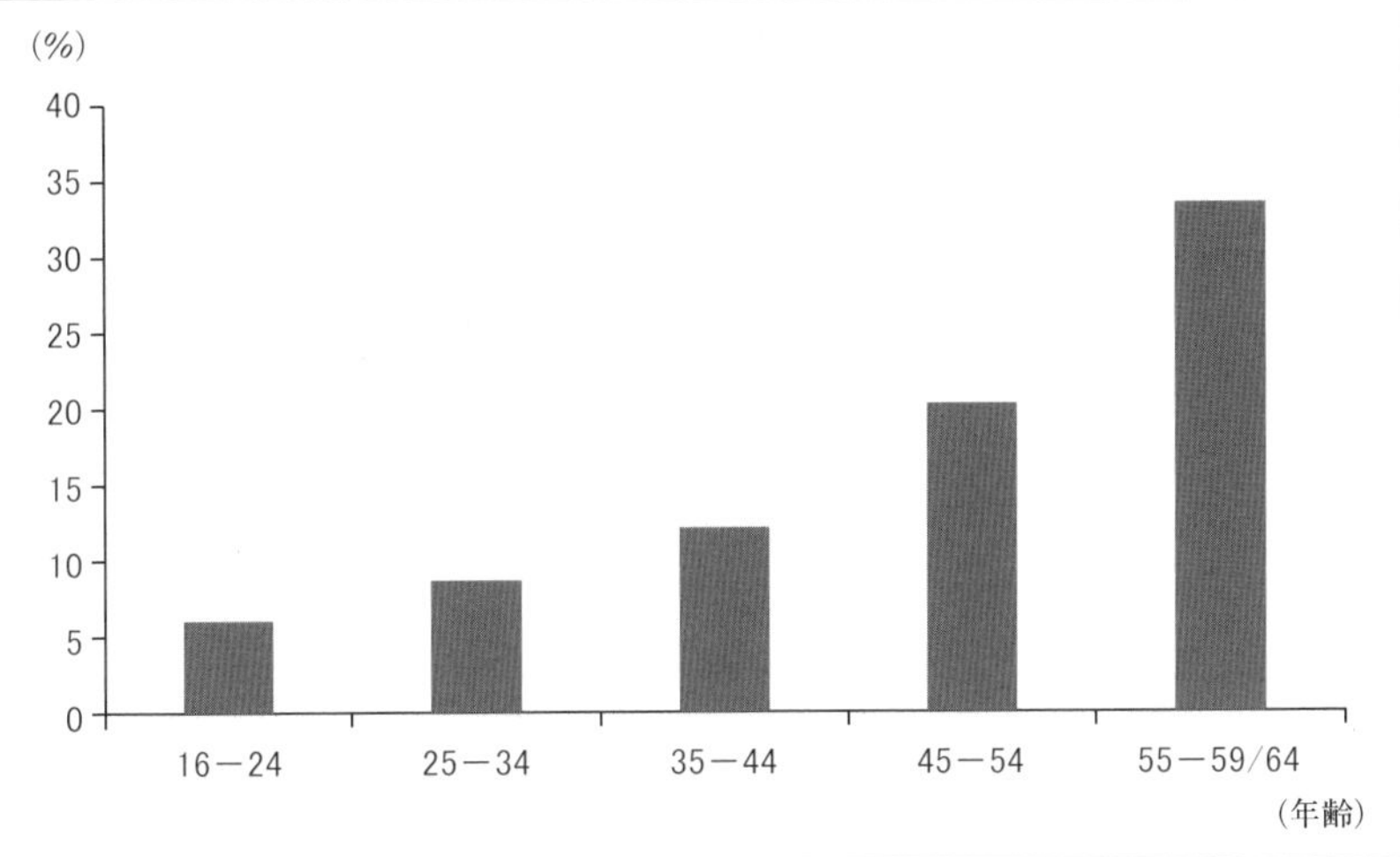

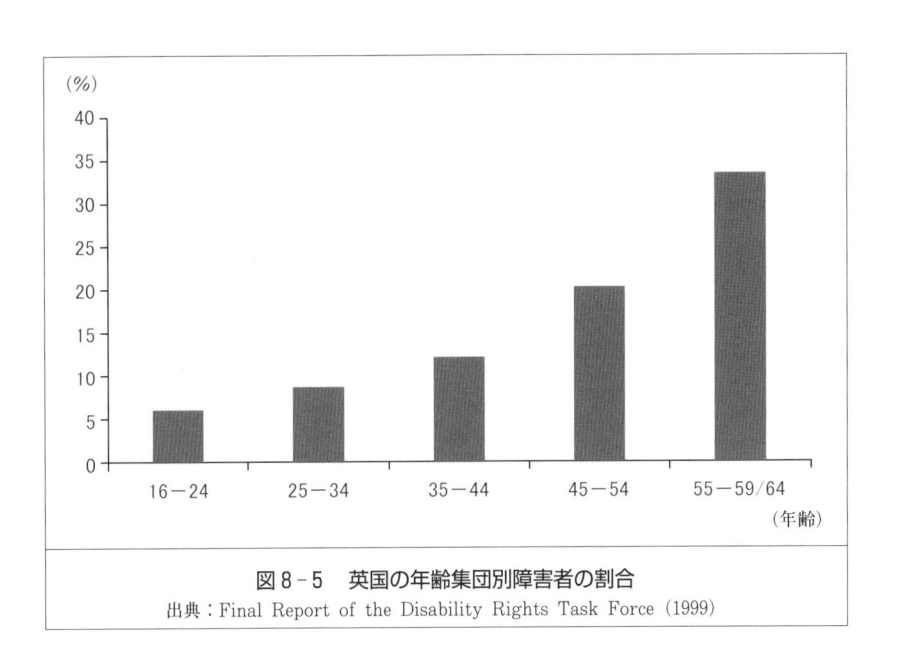

図8－5　英国の年齢集団別障害者の割合

出典：Final Report of the Disability Rights Task Force (1999)

いるし（Employers, Forum on Disability 2003）、また障害者の人口比率は年齢とともに増加している（図8-5を参照）。

障害者差別禁止法の定義にもとづくと、英国では少なくとも八五〇万人（全人口の約一割）に障害があり、そのうち六八〇万人は労働年齢にいる（Office of National Statistics 2002）。この労働年齢にいる人たちのうち、約三〇〇万人のみが雇用就労している。とはいえ、最近の調査では、障害者差別禁止法の障害の定義に合致する人たちの九三%は、職を得ることが自分たちにとって重要であるという意見に賛成している。障害と結びつく機能減損がある人たちは、依然として英国で最も恵まれない集団のひとつに属している。この人たちは、健常者以上に失業している可能性が高い。また、障害と結びつく機能減損があって、雇用就労している人たちは、所得が少ない傾向にある。一九九八年で、障害がある被雇用者の平均手取り給料は、一週間当たり一九六ポンドであるのにたいして、健常の労働者は二二一ポンドである（NOP 1998）。しかしながら、障害関連の政府支出は、他の多くの歳出領域に比べて高い――英国政府は、年間一九〇億ポンド以上を障害給付に充てている（BBC 9 Apr 2002）。一九九九年までに、最富裕の国々は、失業手当の少なくとも二倍以上の金額を障害関連の施策に費やしてきた（OECD 2003）。

世界にはおよそ五億の「障害」のある人びとがいると推定され、そのうち八割は、インドや中国などの発展途上国で生活している（The World Bank Group 2002）。世界保健機構（WHO）は、発展途上国における「慢性的な疾患と長期に及ぶ機能減損」の主な原因が、貧困や、下水設備の不備、乏しい食事内容、劣悪な居住環境にある、と論じている。発展途上国では、骨折のような怪我が、長期に及ぶ機能減損に帰着することがしばしば見られる。こうしたことは、欧米社会のように適切な処置とリハビリテーション施設を入手利用できれば、おそらく生じないだろう。鉄分欠乏症や「貧血」、腎盂の慢性的感染症（時として女性に加えられる割礼が原因となる）は、多くの発展途上国で、女性たちのあいだで障害につながる機能減損の主な原因になっている。また、毎年およそ二五万人の子どもたちが、青物野菜に含まれるビタミンAを欠いた食事のために、失明すると推定されている。世界中の機能減損の半分は、政策を改めて、貧困や栄養不良、下水施設、飲料水、事故を減らすための雇用条件の問題に立ち向かえば、予防が可能だろうと指摘される（Charlton 1998）。戦争と（まだ除去されていない地雷のような）戦争の余波も、機能減損の主要な原因になっている。さらに、貧困国では、障害のある子どもたちは、そうでない子どもと同じ教育水準を享受できる可能性がもっと少なく、そのことがその後の人生で障害のある子どもたちの貧困状態を悪化されることになる。こうした論拠から、開発途上国では欧米社会が経験してきた様式とは明らかに異なるかたちで、貧困が機能減損や障害を生みだしていることがわかる。

　機能減損と障害に関して世界中の人びとが非常に異なる体験をしていることは、この章で検討した幅広い考え方を具体的に例示する。つまり、自分自身の身体経験や他者との相互行為は――私たちが、健常者か障害者か、病気か健康かにかかわらず――私たち自身が身を置いている変動する社会的脈絡によって形成されているという考え方である。病気や健康、障害にたいする社会学的視座を展開させるためには、このような人間生活の諸側面に関する私たちの認識を形成していく、そうした社会変動やテクノロジーの変化について考察する必要がある。

まとめ

1　西洋医学は、健康の生物医学的モデル――疾病を客観的に定義づけることができ、病んだ身体は、科学にもとづいた医療的処置によって健康を回復できるという信念――に根拠を置いている。健康の生物医学的モデルは、近現代社会の台頭にともなって出現した。健康の生物医学的モデルは、人口学――人口の規模や構成、動態の研究――の誕生と密接に結びついている。近現代の健康管理システムは、病気の診断や治療に科学を適用したことによって著しい影響を受けてきた。

2　健康の生物医学的モデルは、ますます多くの批判を受けだしている。科学的医療は主張されているほど有効でない、医療専門職は治療を受ける患者の意見を尊重しない、医療専門職は正統派の取り組み方に賛成しないどの代替療法よりも自分たちが優っていると考える、と指摘されてきた。

3　社会学者は、病気の体験に――病人や周辺の人たちは、病気になったり、慢性の病気に罹ったり、機能減損になることをどのように体験するのかに――関心を寄せる。タルコット・パーソンズが展開した病人の役割という概念は、病人が、病気のもたらす衝撃的影響を最小限に抑えるために、特定の行動形態を選び取っていることを指摘する。病人は、たとえば通常の責任から離脱する権利といった特権を許されているが、医療者の助言にしたがって健康の回復に積極的に努めなければならない。

4　象徴的相互作用論学派の研究者は、人びとが毎日の生活で疾病や慢性の病にどのように対処するのかを研究してきた。病気の体験は、その人の自己アイデンティティに、また毎日の日課に変化を引き起こす可能性がある。身体のこうした社会学的次元が、多くの社会でますます重要になっている。今日、人びとは、これまで以上に長生きになり、急性の病気よりも、慢性の心身を衰弱させる症状に苦しむ傾向が強いからである。

5　社会学の研究は、病気と不平等のあいだに密接な結びつきがあることを明示している。先進工業国では、貧困層は、富裕層より、平均余命が短く、病気になりやすい。また、富裕国は、貧困国に比べ、平均余命が長い。一部の人たちは、たとえば日常の食事やライフスタイルといった文化面や行動面の要因によって、階級にもとづく健康状態の不平等を説明できる、と考えている。別の人たちは、失業や水準以下の住まい、粗悪な労働条件といった構造的影響要因を強調する。

6　健康と病気の様式にも、ジェンダーや人種の影響面を見いだすことができる。全般的に女性たちは、世界のほぼどの国でも男性たちより長生きである。しかし、女性の場合、病気の発生率は男性よりも高い。特定の病気は、白人集団よりもエスニック・マイノリティ・グループに一般的である。健康面でのジェンダーや人種の差異を解明するために、遺伝学的説明が示されてきたが、遺伝学的説明だけでは、こうした不平等状態を解明できない。ある種の健康状態には何らかの生物学的基盤を見いだすことができるとはいえ、健康と病気の全般的様式については、社会的要因や集団間の物質的条件についても考慮する必要がある。

7　障害の個人モデルは、一人ひとりの活動限界が、障害者の体験する諸問題の主な原因であると考えている。障害の個人モデルでは、身体の「異常」が、かなりの程度の「障害」や機能的制約を引き起こすとみなされる。こうした機能的制約は、その人が「病身」と分類される際の根拠になる。障害の個人モデルを下支えしているのは、障害を「個人の身に降りかかった悲劇ととらえる考え方」である。

8　障害の社会モデルは、障害の原因を、個人よりも、むしろ社会の内部に探し求める。障害の原因になるのは、個人が被る機能的制約ではなく、社会が障害者の完全な社会参加の道筋に据えた障壁である。

9　ほとんどの富裕国で、障害関連の施策に使われる政府支出は、失業手当よりもはるかに高い。それにもかかわらず、障害者は、先進国で社会的に最も恵まれない集団のひとつである。機能減損のある人のほとんどは、発展途上地域に居住している。

考察を深めるための問い

1　健康管理面の不平等を減らすために、何ができるのだろうか。

2　男女の生き方の差異は、男女で異なる病気の体験をどのように説明できるのだろうか。

3　英国の国民医療制度が患者の文化的背景にもっと敏感になるために、どのような政策を推進したらよいのだろうか。

4　たとえば妊娠や憂鬱な気分といった状態を医療対象にすることは、一方で患者の生きる力を奪ってしまい、医療者側の権力を増大させることになるのだろうか。

5　地域社会や教育機関で、人びとはどのようにかたちで障害者にされるのだろうか。

読書案内

Lesley Doyay: *What Makes Women Sick* (Macmillan, 1995)

Jenny Morris: *Pride Against Prejudice: A Personal Politics of Disability* (Women's Press, 1991)

Sarah Nettleton: *The Sociology of Health and Illness* (Polity, 1995)

C. Barnes, G. Mercer & T. Shakespeare: *Exploring Disability: A Sociological Introduction* (Polity, 1999)〔松野昭博ほか訳『ディスアビリティ・スタディーズ』明石書店、二〇〇四年〕

C. Barnes, M. Oliver & L. Barton (eds): *Disability Studies Today* (Polity, 2002)

C. Barnes & M. Mercer: *Disability* (Polity, 2003)

インターネット・リンク

European Observatory on Health Systems and Policies
http://www.euro.who.int/observatory

International Public Health
http://www.ldb.org/iphw/

Wellcome Library on the History and Understanding of Medicine
http://www.wellcome.ac.uk/knowledgecentre/wellcomesites/

World Health Organization
http://www.who.int

Leeds University Disability Archive
http://www.leeds.ac.uk/disability-studies/archiveuk/index.html

BBC Disabilities Magazine
http://www.bbc.co.uk/ouch/

9

社会成層と階級

英国のスーパーマーケットでインド食を購入したことがあるだろうか。かりに購入した経験があれば、その食べ物はヌーン・プロダクツによって作られた可能性が高い。この会社は、大手スーパーマーケット・チェーンにインド食を専門的に供給し、年間九〇〇〇万ポンドの売り上げを得ている。グラム・ヌーン卿は、サンデータイムズ紙の二〇〇四年版富豪リストによれば、推定で五〇〇〇万ポンドの財産を保有している。

グラム・ヌーンは、インドで生まれた。ヌーンの家族は、ボンベイに「ロイヤル・スイーツ」という菓子店を所有していた。家族は、とくに裕福ではなかったが、グラムが七歳の時に父親が亡くなるまで、どうにか暮らしをたてることができた。父親の死後、苦闘がはじまり、年若いグラムは、学業と店の仕事を兼ねることになる。学校が終わると、家業の商売にフルタイムで加わった。やがてグラムは、商売の仕方を変革して店舗を拡大し、工場を建てた。とはいえ、グラムの野心は「ロイヤル・スイーツ」だけに収まらず、印刷業や建設業を含む他の事業を矢継ぎ早に興した。

グラムは、インドでの成功に満足せず、経験を拡げるために英国に目を向けた。ロンドンのサウスオールに「ロイヤル・スイーツ」を設立し、事業を拡大するためにインドからコック長を連れてきた。その年のうちに、ロンドンとレスターのアジア人コミュニティを取り囲むかたちで九つの店舗を出した。今日、「ロイヤル・スイーツ」チェーンは、四〇店を擁し、年間の売り上げが九〇〇万ポンドに及んでいる。

「ロイヤル・スイーツ」の成功の後、他の分野でも事業を興し、その結果、一九八九年にヌーン・プロダクツが設立された。グラムは、市場の隙間を見抜いた。「スーパーマーケットで入手できるパックされた調理済みインド食はどれも不味く、率直に言って気に入らなかった。だから、私は、自分ならもっとうまくやれると思ったのです」。この事業はたった一一人の従業員と一緒に始められたが、すぐに本格的なインド食を冷凍食品会社バーズアイに売り込み、やがてスーパーマーケット・チェーンのウェートローズとセインズベリーズにも売り込んだ。いまでは、一〇〇種類以上の多様な食品がヌーンの三つの工場で製造され、そこでは一一〇〇名の従業員が働いている。毎日二五万から三〇万の食べ物が作られる。製品の種類は、インド食以外にも、とくにタイ食やメキシコ食にも広がっている。二〇〇二年に、グラムは食品産業への貢献でナイトの爵位を授かった。ヌーン卿は、これまでの人生で何が自分を鼓舞してきたのかについて振り返り、「自分は叩き上げの人間で、物覚えが早い。わけもなくできることなど何もないのだから、働かなければならなかった」と結論づけている。

私たちのほとんどは、グラムがいま所有するような富を期待することなどできない。しかし、無一文から大金持ちになったグラムの履歴は、社会学者に興味深い問いをもたらす。グラムのこうした履歴は、稀なことなのか、あるいは、さほど顕著でないにしても英国中で繰り返されているのだろうか。貧しい生い立ちの人が経済的地位の階段の頂点に到達できるチャンスは、どのくらいあるのだろうか。逆に、どれくらい多くの人が富裕層から貧困層へと経済的地位の階段をすべり落ちていくのだろうか。グラムの生活史がもたらす富と貧困をめぐる問題は、結果としてもっと幅広い問いを提起することになる。なぜ私たちの社会に経済的不平等が見いだされるのか。現代社会はどのように不平等なのだろうか。どのような社会的要因が社会でのあなたの経済的位置づけに影響を及ぼすのだろうか。あなたが女性の場合、あなたの手にするライフチャンスに何か違いがあるのだろうか。経済活動のグローバル化は、あなたのライフチャンスにどのように影響するのだろうか。これらは、社会学者が探究し、解明しようと努める問いのほんの数例に過ぎない。この章ではこれらの問いに焦点を当てたい。社会における不平等は、物質的資源が私たちの生活の相当部分を規定しているため、社会学の最も重要な研究領域のひとつである。この章では、最初に、社会学者が階層や階級について論ずる際に、どのような主張をおこなってきたのかを検討したい。次に、社会学思想における最も有力な階級理論と、階級測定の試みについて論じ、それを踏まえて、今日の欧米の社会階級を詳しく見ていく。終わりに、社会移動について検討し、私たちを取り巻く世界を理解する手立てとして社会階級の理解が引きつづき重要であることを手短に論じる。

成層システム

社会学者は、人間社会で個人や集団のあいだに見いだされる不平等について論ずる際に、**社会成層**という言い方をする。私たちは社会成層を資産や財産の面から考える場合が多いとはいえ、社会成層は、たとえばジェンダーや年齢、加入宗教、軍隊での序列など他の属性にもとづいて生ずる可能性もある。

個人や集団は、社会成層システム内での位置づけをもとに、格差のある(不平等な)かたちで報賞の入手機会を享受している。したがって、最も単純な言い方をすれば、社会成層を、さまざまな人間集団のあいだで構造化された不平等として定義づけることができる。社会成層は、地質学でいう地球表面の岩石層に類似していると考えればわかりやすい。社会は、最上層ほどより多くの特権を与えられ、最下層に近くなればなるほど特権が少なくなる、そうしたピラミッド状の「複数の階層」から構成されているとみなすことができる。

いずれの社会階層システムも、次の三つの特徴を共有している。

1 《ランクづけは、同じ特徴を共有する社会的カテゴリーの人びとに、必ずしも相互に確認したり交流することなしに、適用される》。たとえば、女性たちは男性たちと、裕福な人たちは貧しい人たちと異なったランクを占める。このことは、特定のカテゴリー出身の人がそのランクを変更できないという意味ではない。とはいえ、たとえその人があるカテゴリーから別のカテゴリーに移った場合でも、その人がどのカテゴリーの出身なのかということは引きつづき意味をもつ。

2 《人びとが生活面でいだく期待や得られる好機は、その人の社会的カテゴリーがどのようにランクづけされているのかに著しく左右される》。あなたが、男性であるか女性であるか、黒人であるか白人であるか、上流階級であるか労働者階級であるかは、あなたのライフチャンスに——しばしば個人的な努力や(宝籤に当たるといった)幸運も同じように大きな差をもたらすとはいえ——大きな格差を生みだす。

3 《個々の社会的カテゴリーのランクは、長いあいだに非常に緩やかに変化していく傾向がある》。たとえば、英国社会では、ごく最近になって女性たち全体は、男性たちと同等な位置づけを獲得しだしている。

第二章で見たように、階層分化された社会は、人間の歴史を通じて変化を遂げてきた。最初期の人間社会は、狩猟採集にもとづいており、社会成層は——主な理由は、富など資源として分割できるものがほとんどなかったからであるが——ほとんど存在しなかった。農耕の発達はかなり多くの富を生産し、その結果、成層分化を増進させた。農耕社会における社会成層は、ますますピラミッド状を呈するようになり、多くの人びとが下層に位置し、上層に向かうにつれて次第に人数が少なくなった。今日の工業社会やポスト工業社会は、極めて複雑である。工業社会やポスト工業社会の社会成層は、おそらく涙の雫に類似している。つまり、中間層や中間下層に位置づけられる人びと（いわゆる中流階級）が大多数を占め、底辺に向かうにつれて人数が少しずつ減り、また上層に向かうにともない人数がほとんどいなくなる形状を呈している。

歴史的に見れば、人間社会には、基本的な成層システムが四つ存在してきた。《奴隷制》、《カースト制》、《身分制》、《階級》の四つである。これらは、互いに結びついて見いだされる場合がある。たとえば、奴隷制は、古代ギリシアや古代ローマ、南北戦争以前の一八六〇年代の米国南部では、階級とともに存在していた。

奴隷制

奴隷制は、不平等の極端な形態であり、一部の人びとを他の人が自分の財産として所有していた。奴隷所有の法的規定は、社会ごとにかなり相違があった。奴隷が——米国の南部がそうだったが——ほとんどの法的権利を剥奪されていた例もあれば、奴隷の位置づけが召使いの位置づけにかなり近かった例もある。たとえば、古代ギリシアの都市国家アテネでは、一部の奴隷は大きな責任を担う地位を占めていた。こうした奴隷は、政治的地位や軍隊から締め出されたが、それ以外のほとんどの職業で受け容れられていた。なかには、読み書きができて、行政事務官として働いた奴隷もいた。多くの奴隷は、一定の技能を身につけていた。しかし、たとえそうであっても、すべての奴隷がこのような幸運を当てにできたわけではない。もっと不運な場合、奴隷たちの毎日は、鉱山での重労働に明け暮れていた。

歴史を通じて、奴隷たちは、しばしば隷属状態に抵抗して闘ってきた。米国南部で南北戦争以前に奴隷たちが起こした反乱は、その一例である。奴隷労働システムは、こうした抵抗運動が生ずるために、不安定になりやすかった。高い生産性は、休みない監視と残忍な処罰がなければ達成できなかった。奴隷労働のシステムは、ひとつには奴隷たちが引き起こした闘争によって、またひとつには露骨な強制よりも経済的動機等のほうが効果的に人びとを生産活動に導いたため、最終的に崩壊した。奴隷制は、経済的に明らかに効率のよいシステムではなかった。さらにまた、おおよそ一八世紀以降、ヨーロッパや米国の多くの人たちは、奴隷制を道徳的に正しくないとみなすようになった。今日、奴隷制は、世界のどの国においても違法であるが、一部の地域で依然として見いだされる。最近の調査は、強制的に連行され、みずからの意思に反して拘束されている人びとがいることを明らかにしている。パキスタンの隷属状態に置かれたレンガ造り工から、タイの強制的に売春を強いられる性の奴隷や、英国やフランスのように比較的富んだ国における隷属的な家事使用人に至るまで、奴隷制は、今日の世界においても依然として明白な人権侵害になっている(Bales 1999)。

カースト

カースト制は、その人の社会的地位が一生を通じて規定される社会システムである。それゆえ、カースト制の社会では、それぞれの階層は閉じられており、したがって、すべての人は、生涯にわたって出生時の社会階層にとどまらなければならない。どの人の社会的地位も、出生時に偶然に規定され、それゆえ変更が不可と考えられている――たとえば、(皮膚の色のような身体的特徴にもとづいて)認識される人種なりエスニシティ、親の宗教なり親のカーストなどの――人格的な特徴にもとづく。人は、あるカーストに生まれ落ち、そのカーストに終生とどまることになる。ある意味で、カースト制の社会は、特殊な――階級上の位置づけが出生時に付与される――形態の階級社会とみなすことができる。カースト制の社会は、インドの農村社会や一九九二年に白人支配が終焉する前の南アフリカのように、工業資本主義経済がまだ発達していない農耕社会に典型的に見いだされた。

近代以前に、カースト・システムは世界中に存在した。たとえば、ヨーロッパでは、ユダヤ人は、しばしば別個のカーストとして扱われ、限定された居住区での生活を強制され、非ユダヤ人との通婚を(また、一部の事例では、日常の行為のやりとりさえも)禁じられていた。「ゲットー」という用語は、一五一六年にヴェネチア政府がヨーロッパ最初の公式のユダヤ人ゲットーのひとつをその跡地に設立した「鋳物工場」を表す、ヴェネチアの言葉に由来すると言われている。その結果、この用語は、米国の都市で、人種やエスニシティにもとづく隔離というカースト制に類似したマイノリティ居住地区を記述するために使われるはるか以前に、ヨーロッパの都市でユダヤ人が法的に住むことを強制された区域を指称するようになった。

カースト制のもとでは、他のカースト成員間の男女の接触は、強く阻止された。こうしたカーストの「純血さ」は、多くの場合、**内婚**制の決まり、つまり、慣習や法がその人の属する集団内での婚姻を要求することによって、維持されている。

インドと南アフリカのカースト　世界で残存するいくつかのカースト制は、グローバル化によって重大な挑戦を受けだしている。たとえば、インドのカースト制は、ヒンドゥー教の宗教的信条を反映し、二〇〇〇年以上も存続していた。ヒンドゥー教の信条によれば、主要なカーストが四つ存在し、それぞれのカーストは幅広い職業上の集群とおおよそ結びついてきた。この四つのカーストは、その頂点に《バラモン》(学者、宗教指導者)がいて、その次に《クシャトリナ》(武士、王族)、《ヴァイシャ》(商人、農民)、《シュードラ》(肉体労働者、職工)がつづく。この四つのカーストのさらに下に、一般に「不可触民」として知られる《ダリット》（虐げられた人たち）が位置する。この人たちは――その名称が示唆するように――すべてのカーストで忌避される定めになっている。不可触民は、たとえば人の排泄物の除去といった社会で最も嫌われる仕事をすることだけが許され、多くの場合、食べるものを求めて、施しを請うたり、生ゴミを漁ることになる。インドで伝統が色濃く支配する一部地域では、上層カーストの成員のなかには、依然として不可触民との身体接触を不浄とみなし、ちょっと触れただけでも浄化儀礼が必要だと考える人たちもいる。インドは、一九四九年に、カーストにもとづく差別を非合法化したが、カースト制の諸側面は、今日でも、とくに農村地域で強力に残存している。

インドの現代資本主義経済は、それが職場であれ飛行機であれレストランであれ、カーストが異なる人たちを一緒に呼び寄せるようになったため、カースト制を維持するために必要とされる厳密な障壁を維持することが、ますます困難になっている。インドのますます多くのことがらがグローバル化の影響を受けるようになれば、インドのカースト制のさらなる弱体化を想定することは、理にかなっているように思える。

アパルトヘイトと名づけられた南アフリカのカースト制は、一九九二年に撤廃されるまで、黒人であるアフリカ人とインド人、「カラード」（黒人と白人の混血）を、白人たちから厳密に分け隔てていた。アパルトヘイトの場合、カーストは完全に人種にもとづいていた。白人は、全人口の一五％を占めるだけだったが、この国の富のほとんどすべてを支配し、利用可能な土地のほとんどを所有し、主要な商業や工業を経営し、さらに黒人に選挙権が与えられなかったため、政治的権力を独占してきた。黒人たち――人口の四分の三を構成する――は、《バントゥースタン》と称された貧しい黒人居住区（「ホームランド」）のなかに隔離され、少数者である白人のために働くことしか許されなかった。

この広範囲に及ぶ差別と抑圧であったアパルトヘイト政策は、少数者である白人と、多数者である黒人や混血、アジア人のあいだに激しい対立を生みだした。アパルトヘイト政策に反対する、しばしば暴力をともなった数十年に及ぶ闘争は、最終的に一九九〇年代に勝利を収めた。最も有力な黒人組織であるアフリカ民族会議（ANC）は、経済的に破滅させるために、南アフリカ企業にたいする世界規模のボイコット運動を仕掛け、南アフリカの白人指導者たちにアパルトヘイト政策の撤廃を迫った。その結果、アパルトヘイトは、一九九二年に、南アフリカの白人たちの一般投票によって廃止された。一九九四年に、この国ですべての人種に初めて投票権を付与した選挙がおこなわれ、多数者である黒人は、政府の実権を勝ち取り、ネルソン・マンデラ――アフリカ民族会議の黒人指導者で、白人政府によって二七年間も獄中生活を送った――が大統領に選出された。

身分制

身分制は、ヨーロッパの封建制度の重要な構成要素であったが、他の多くの伝統的文明にも見いだされる。封建的身分は、互いに義務と権利を異にする階層から組成されており、その差異の一部は法的に確立されていた。ヨーロッパでは、最も高い身分を貴族とジェントリーが構成した。聖職者は、貴族やジェントリーとは別の身分を形成し、身分は低かったが、さまざまな示差的特権を保有していた。「第三身分」を称されることになった人びとが、平民——農奴や自由農民、商人、職人——である。カーストと対照的に、異なる身分のあいだで、ある程度の通婚や社会移動が黙許されていた。たとえば、平民は、君主への格別な功労に報いるために爵位を授かったり、商人はときとして爵位を買うことができた。英国では、こうした体制の遺風がまだ残存し、称号の世襲が（一九九九年以降、もはや貴族は上院での投票権を自動的に与えられなくなったが）認められ、また財界指導者や役人等を、その功労によってナイトに叙する場合もある。

身分制は、生まれの高貴さにもとづく伝統的貴族制度が過去に見られたところでは、どこでも発達する傾向があった。封建制度のもとでは、中世ヨーロッパのように、身分制は、地方の荘園制社会と密接に結びつき、国家規模ではなく、むしろ地方規模の成層システムを形成していた。中国や日本のようなもっと中央集権化された伝統的帝国では、身分制は、かなり全国規模で確立されていた。ヒンドゥー教徒のカースト制のように厳格なかたちをとることは稀であったが、ときとして宗教的信条が身分間の差異を正当化する場合もあった。

階　級

階級システムは、奴隷制やカースト制、身分制と多くの点で異なる。私たちは、階級を、同じ経済的資源を共有する人びとの大規模な集群として定義づけることができる。経済的資源は、人びとが送ることのできるライフスタイル類型に強い影響を及ぼすからである。富の所有は、職業と同じように階級上の差異の主要な基盤である。階級は、いくつかの点で社会成層の初期の形態と異なる。

1 《階級システムは流動的である》。階級は、他の階層類型と異なり、法的ないし宗教的規定によって生みだされていない。階級間の境界は、必ずしも明白ではない。出身階級を異にする通婚に、公には何の制約も加えられていない。

2 《階級上の位置づけは、少なくともある面で獲得されたものである》。その人の階級は、他の成層システム類型で普通に見られるような、出生時にたんに与えられたものではない。社会移動——階級構造での上昇移動と下降移動——は、他の成層システムより、かなり一般的である。

3 《階級は、経済的原理にもとづいている》。階級は、人びとの集群間に見いだす経済的差異——物的資源の所有に見いだす不平等——によって決まる。他の成層システム類型では、一般的に非経済的要因が（たとえば、以前の南アフリカのカースト制における人種のように）最も重要である。

4 《階級システムは、規模が大きく、重要である》。他の成層システム類型では、不平等は、もっぱら——農奴と地主や、低位カーストと高位カーストのあいだのように——義務や責務という対人的な関係性のなかに表出される。対照的に、階級システムは、広範囲におよぶ非人格的な結びつきをとおして主に作動する。たとえば、階級上の差異を生みだす重要な基盤のひとつを、給料や労働条件の不平等のなかに見いだすことが可能である。

カーストは階級にとって代わられるのか？

グローバル化が世界の至るところで法的に是認されたカースト制の終焉を促している証拠は、かなり見いだされる。工業資本主義社会で、公認されたカースト制のほとんどは、階級に基盤をおくシステムに代わっている。さきに言及した南アフリカは近年の最もよく知られた例である（Berger 1986）。近現代の工業生産は、人びとが自由に転居して、その人が能力を発揮できたり適任の職に就いて働くことを求めている。カースト制に見いだす厳格な制約は、こうした必要とされる行動の自由と対立する。さらに、世界が次第に単一の経済単位になりだしているので、カーストのような関係は、ますます経済的圧力に晒されるようになる。それにもかかわらず、カースト制の諸要素は、ポスト工業社会においてさえ残存している。たとえば、欧米社会に移住したインド人のなかには、子どもたちの婚姻をカーストの家系に沿って取り決めようとする親たちもいる。

階級と社会成層をめぐる理論

カール・マルクスとマックス・ウェーバーが展開した理論は、階級と社会成層に関するほとんどの社会学的分析の基盤を形づくっている。第一章で、マルクスとウェーバーの思想を紹介するとともに、「理論」の役割について検討している。

マルクス主義の伝統のもとで研究を進める学者たちは、マルクス自身が提起した理論をさらに発展させ、そうでない研究者たちは、ウェーバーの概念を精緻なものにしようと試みてきた。そこでまず、マルクスとウェーバーの提起した理論を検討し、その後でエリック・オウリーン・ライトが提示するネオ・マルクス主義の取り組み方を分析したい。

カール・マルクスの理論

マルクスによる研究のほとんどは、社会成層化、とりわけ社会階級を問題にしていた。しかし、意外にもマルクスは、階級概念の体系的な分析を提示しそこなっていた。マルクスの遺稿（後に、主著『資本論』の一部として出版された）は、「階級を構成するのは何か」という疑問を提起したところで中断している。したがって、マルクスの階級概念は、マルクスの著作全体から再構成される必要がある。マルクスが階級について論じたさまざまな箇所は、必ずしもその議論が首尾一貫しないため、「マルクスの真意」をめぐり研究者のあいだで多くの論争がおこなわれてきた。とはいえ、マルクスの見解の概要は、かなり明白である。

階級の本質　マルクスにとって、階級とは、生産手段――人が生計を得るための手段――にたいして共通の利害関係をもつ人たちが形づくる集団である。近代工業が隆興する以前は、作物を育てたり牧畜をおこなうために用いる土地や道具が、もっぱら生産手段であった。それゆえ、前工業社会では、二つの主要な階級は、土地を所有する人たち（貴族やジェントリー、奴隷所有者）と、実際にその土地からの生産に従事する人たち（農奴や奴隷、自由農民）から構成されていた。近現代の工業社会では、工場や事務所、機械類、それにこれらを購入するために必要な富と資本が次第に重要になった。二つの主要な階級は、こうした新たな生産手段を所有する人たち――企業家ないし資本家――と、その人たちにみずからの労働力を売ることで生計をたてる人びと――労働者階級、あるいは、マルクスがしばしば好んで使ったが、今日ではいくぶん古臭くなった用語でいえば、**プロレタリアート**――である。

　マルクスによれば、階級関係は、搾取的な関係である。封建社会では、搾取は、多くの場合、農民から貴族への農産物の直接的移動というかたちをとった。農奴は、貴族である主人にたいして一定割合の生産物を差し出すことを強制されたり、領主やその家臣たちが消費する作物を生産するために、領主の畑で毎月数日間働く必要があった。近現代の資本主義社会では、搾取の源があまり明白でなくなったため、マルクスは、搾取の本質を明確にすることに関心を集中させた。労働者は、日々の労働の過程で、雇用者が労働者雇用にかかる費用を償却するのに実際に必要とされる以上の生産をおこなっている、とマルクスは推論する。こうした剰余価値が利潤の源となり、その利潤を、資本家は自分自身の用途のために利用できる。たとえば、ある縫製工場の労働者集団が、一日にスーツを一〇〇着生産できるとしよう。工場主には、生産されたスーツの七五％を売ることで、労働者の賃金と工場設備費用の償却に十分な収入がもたらされる。残りのスーツの販売によって得た収入は、利潤とみなされる。

　マルクスは、資本主義システムが生みだす不平等に、唖然とした。昔の農耕社会では、貴族は、農民とまったく異なり贅沢な暮らしをしていたとはいえ、相対的に貧しかった。かりに貴族制が存在しなかったとしても、生活水準は不可避的に貧弱だった。とはいえ、近代工業の発達によって、それまで経験したことのない規模で富の生産がおこなわれるのにたいして、労働者は、みずからの労働が生みだす富をほとんど自由に利用できない。一方で有産階級が蓄積する富は増大していくのに、労働者は、相変わらず貧しいままである。マルクスは、資本家階級との関係で労働者階級の生活がますます貧しくなる過程を記述するために、**窮乏化**という用語を使っていた。かりに労働者が確実に豊かになったとしても、労働者階級と資本家階級を隔てる不均衡は、もっと拡大をつづける。こうした資本家階級と労働者階級のあいだに見いだす不平等は、決して厳密な意味での経済的不平等ではなかった。近代工場の発達と生産の機械化が、どのような意味で労働をしばしば極端に単調にし、苛酷にするのかについて、マルクスはとくに論及した。私たちの富の源泉である労働は――相も変わらぬ環境のもとで、来る日も来る日も決まった課業をおこなうことが職務である工員の場合と同じように――肉体的に消耗するだけでなく、精神的にも退屈になる場合が多い。

マックス・ウェーバーの理論

社会成層へのウェーバーの取り組みは、マルクスが展開した分析の上に構築されているとはいえ、マルクスの分析を修正し、綿密にしていった。マルクスと同じく、ウェーバーは、権力と資源をめぐる対立が社会を特徴づけているとみなした。しかしながら、マルクスはすべての社会的対立の核心にあるのが二極分化した階級関係と経済的争点であるとみなしたのにたいして、ウェーバーは、もっと複雑な、多面的な社会観を展開した。ウェーバーによれば、社会成層はたんに階級の問題だけでなく、さらに二つの側面、**地位**と**党派**によっても形成されている。この互いに重複する社会成層の三つの要素は、マルクスが提示したかなり厳格な二極的モデルよりも、社会内部におそらく見いだされるもっと膨大な数の人びとの位置づけをむしろ生みだすことになる。

ウェーバーは、階級が客観的に定められた経済的諸条件に基盤を置くというマルクスの見解を容認したとはいえ、階級の形成では、マルクスが認識する以上にもっと多様な経済的要因が重要な働きをすると考えていた。ウェーバーによれば、階級の分裂は、たんに生産手段を支配するか生産手段を欠くかだけでなく、所有と直接何のかかわりももたない経済的差異にも由来する。こうした資源のなかに、とくに技能や資格証明、免許等が含まれ、技能や資格証明、免許は、人びとの取得できる仕事の種類を左右していく。ウェーバーは、その人の《市場における位置づけ》がその人の「ライフチャンス」に隅から隅まで強い影響を及ぼす、と確信していた。管理的職業や専門的職業に従事する人たちは、たとえばブルーカラーの職に就く人びとに比べ、稼ぎは多く、有利な労働条件に置かれている。この管理的職業や専門的職業に従事する人たちがもつ、たとえば学位や免許といった資格や、獲得した技能は、こうした資格や技能をもたない人びとに比べ、その人たちの「市場価値を高め」ている。もっと下位のブルーカラー労働者のあいだでも、熟練工は、半熟練工や非熟練工よりも高い賃金を得ることが可能である。

ウェーバー理論における地位とは、他の社会集団が与える社会的敬意や威信の、社会集団ごとの差異を指している。伝統社会では、人の地位は、長年に及ぶさまざまな脈絡での多様な相互行為をとおして直接入手した、その人の知識をもとに決定される場合が多かった。しかしながら、社会がもっと複雑に発達するにつれて、つねにこうした仕方で地位を付与することは不可能になる。ウェーバーによれば、むしろ地位は、人びとの《ライフスタイル》をとおして表出されるようになった。地位の指標や地位の象徴——たとえば、住まいや服装、会話のマナー、職業——は、ことごとくその人の社会的位置づけを他の人たちの目に具体的に示す一助になる。同じ地位を共有する人たちは、同じアイデンティティ意識を共有する共同体を形成している。

マルクスは、地位の違いが社会における階級分化の帰結であると確信していた。それにたいして、ウェーバーは、地位が階級分化とは無関係にしばしば変化する、と主張した。通常、富の所有は、高い地位を付与する傾向にあるが、例外も多く見いだせる。「貧乏貴族」という言葉は、その一例である。英国では、貴族の家柄出身の人たちは、たとえその人が財産をすでに失った場合でも、かなりの社会的評価を引きつづき享受している。逆に、「にわか成り金」は、揺るぎない富裕層から何かしら軽蔑の目で見られる場合が多い。

近現代の社会では、党派の形成は、《権力》の重要な側面であり、階級や地位と無関係に社会成層に影響を及ぼす可能性がある、とウェーバーは指摘する。党派とは、共通の出身や経歴、目的、利害関心をもつゆえに、一緒に行動する人びとが形づくる集団である。党派は、その党派成員の利害関心と合致した特定の目的を実現するために、組織化された仕方でしばしば影響を及ぼす。マルクスは、地位の差異も党派組織も両者とも階級という見地から説明する傾向が強かった。それにたいして、ウェーバーは、地位の差異も党派組織も、たとえ両者が階級分化の影響を被るにしても、現実に両者を階級分化に還元してとらえることはできない、と主張した。むしろ逆に、地位の差異や党派組織のほうが、個人や集団を取り囲む経済的環境に影響を及ぼし、それゆえ階級に影響を及ぼすことができる、と論じた。党派は、階級上の相違を超えるかたちで人びとの関心に訴えていく可能性がある。たとえば、党派は、加入した宗教なりナショナリズムの理念を基盤に確立される場合がある。マルクス主義の研究者は、北アイルランドにおけるカトリックとプロテスタントの紛争を、プロテスタントよりもカトリックのほうが労働者階級の仕事により多く就いているという理由で、階級という観点から説明しようとするかもしれない。一方、ウェーバーの考え方に追随する研究者は、プロテスタントの多くもまた労働者階級出身であるから、こうした説明は有効でない、とおそらく主張する。人びとが加入する党派は、階級上の相違だけでなく、宗教上の相違も表出している。

社会成層をめぐるウェーバーの論述は、階級以外の他の成層要因が人びとの生活に大きな影響を及ぼすことを明示しているゆえに、重要である。マルクスは社会成層を階級分化だけに還元しようと試みたが、ウェーバーは、社会成層の別個の側面としての階級と地位、党派の複合的な相互作用に注目した。ほとんどの社会学者は、ウェーバーの説明図式のほうがマルクスの提示した図式よりも、もっと柔軟な、洗練された社会成層分析の基盤を提供していると考える。

エリック・オウリーン・ライトの階級理論

米国の社会学者エリック・オウリーン・ライトは、マルクスとウェーバーの取り組み方の諸側面をひとつに結びつけて、影響力のある階級理論を展開している（Wright 1978, 1985, 1997）。ライトによれば、近現代の資本主義的生産では、経済的資源の支配に三つの次元があり、この三つの次元をとおして、私たちは現実に存在する主要な階級を特定できる。

1 投下資本ないし金融資本の支配
2 物的生産手段（土地や工場、事業所）の支配
3 労働力の支配

資本家階級に属する人びととは、生産システムのなかでこの三つの次元をそれぞれ支配している。労働者階級の成員は、この三つの次元をいずれも支配していない。とはいえ、この資本家階級と労働者階級のあいだに、その立場がかなり曖昧な集団――すでに言

及した経営者やホワイトカラー――が存在する。こうした人たちは、ライトのいう矛盾した階級上の位置づけに置かれている。なぜなら、この人たちは、生産活動の一部の側面に影響を及ぼすことができるが、それ以外の側面への支配を認められていないからである。たとえば、ホワイトカラーや専門的職業に従事する人は、肉体労働者と同じような仕方で、生計を得るために雇用主と就業契約しなければならない。しかしながら、同時にまたこの人たちは、ブルーカラーの職に就くほとんどの人に比べて、労働環境をかなりな程度まで支配している。ライトは、このような労働者の階級上の立場を「矛盾する」と称した。なぜなら、ホワイトカラーや専門的職業に従事する人は、資本家でも肉体労働者でもないが、資本家とも、また肉体労働者とも同じ特性をいくつか共有しているからである。

人口の大多数――ライトによれば八五%から九〇% (Wright 1997) ――は、生産手段を支配できないため、自分の労働力を売ることを余儀なくされた人たちの範疇に属する。しかしながら、この人口のなかには、伝統的な肉体労働者階級からホワイトカラー労働者に至るまで、極めて多様な人たちを見いだすことができる。こうした大規模な人口の階級上の位置づけを差異化するために、ライトは二つの要素に目を向けている。それは、権威との関係性と、技能ないし専門知識の所有である。まず、ライトは、たとえば経営者や管理職といった中流階級の多くの労働者は労働者階級よりも恵まれた《権威との関係性》を享受している、と主張する。この人たちは――たとえば、他の被雇用者の労働を監視したり、人事評価や人事査定をおこなって――労働者階級を管理する手伝いを資本家から求められ、そして労働者階級よりも高い賃金を得て、定期昇進を受けることで、「忠誠心」への報賞を与えられる。しかしながら、同時にまた、この人たちも引きつづき資本所有者の支配のもとに置かれる。いいかえれば、この人たちは、搾取者であると同時に搾取も受けている。

中流階級内部での階級上の位置づけを差異化する二つ目の要因は、《技能や専門知識の所有》である。ライトによれば、労働市場で需要がある技能を身につけた中流階級の被雇用者は、資本主義システムのなかで一定の権力を行使できる可能性がある。かりにこの人たちの専門知識の供給が不足すれば、この人たちはより高い賃金を得られる。新たに出現しだした知識経済で情報テクノロジーの専門家が入手できる有利な職位は、この点を例証している。さらに、雇用者は、こうした知識と技能を身につけた被雇用者を監視したり管理するのが難しいために、この人たちに相応な報賞を与えることで、忠誠心や協力を確保することを余儀なくされる、とライトは主張する。

階級の測定

理論研究と実証研究はともに、階級上の位置づけと、投票行動や学業達成度、身体的健康といった社会生活の他の次元との関連性について調べてきた。しかしながら、すでに見てきたように、階級という概念は明確でない。学問の世界でも一般の語法でも、階級という用語を、さまざまなかたちで理解し、使っている。そうだとすれば、社会学者や調査者は、実証研究のために階級のような曖昧な概念をどのように測定できるのだろうか。

社会階級と他の論点との結びつきは、この本の至るところでとりあげられている。次の箇所で、とくに重要な議論をおこなっている。

・社会階級と健康、二九三頁〜二九七頁
・社会階級とジェンダー、三四九頁〜三五二頁
・社会階級とエスニシティ、五一九頁〜五二二頁
・社会階級と家庭内暴力、二四三頁
・社会階級と高等教育、六九二頁
・社会階級と宗教、五六四頁〜五六五頁
・社会階級と失業、七七三頁

研究をおこなう際に、階級のような抽象的概念を計測可能な変数に変換する場合、その概念は《操作されている》という言い方をする。それは、実証研究によって十分に検証できるほど、その概念が明確に、具体的に定義づけされていることを意味する。社会学者は、社会の階級構造を図示するさまざまな試みをとおして、階級概念を操作してきた。こうした図式は、人びとを社会階級上の範疇に配置する理論的枠組みになっている。

ほとんどの階級図式に共通する特徴は、それらの図式が職業構造を基盤にしていることである。社会学者は、階級区分が、一般的に雇用形態と密接に結びついた物質的、社会的不平等に対応するとみなしてきた。資本主義と工業主義の発達を特徴づけたのは、分業の増大とますます複雑化する職業構造である。職業は、もはやかつてほど有効な要素でなくなったとはいえ、その人の社会的位置づけやライフチャンス、物質的快適さの水準を規定する最も重要な要素のひとつである。社会科学者は、職業を社会階級の指標として幅広く利用してきた。なぜなら、同じ職業に就く人たちは、同程度の社会的に恵まれた境遇なり恵まれない境遇を経験し、似通ったライフスタイルを維持し、また生活面で類似した好機を共有する傾向がある、と確信しているからである。

職業構造にもとづく階級図式は、さまざまなかたちをとる。なかには、おおむね記述的な図式もある――これらの図式は、社会階級どうしの関係を提示するのではなく、社会における職業構造と階級構造の様態を表している。社会成層が自然な社会秩序の一部で何の問題も孕まないと考える学者は、機能主義の伝統のもとで研究する人たちのように、このような階級図式モデルを支持してきた。

機能主義は、第一章「社会学とは何か?」、三六頁〜三七頁で紹介してある。

別の階級図式は、もっと理論的な――多くの場合、マルクスなりウェーバーの考え方に依拠する――知識にもとづき、社会における階級《間》の関係を説明することに関心を寄せている。社会内部の分裂と緊張をあきらかにするために、葛藤という理論的枠組みのなかで研究を進める社会学者たちは、こうした「関係論的」階級図式を支持する傾向にある。さきに述べたエリック・オウリーン・ライトの階級図式は、マルクス主義の視点から階級的搾取の過程を描写しようとするため、関係論的階級図式の一例である。

ジョン・ゴールドソープ——階級と職業

一部の社会学者は、記述的な階級分類に不満を表明し、こうした記述的な階級分類が、社会的、物質的不平等を生みだす階級過程を説明するよりも、むしろ階級間の社会的、物質的不平等を反映しているだけに過ぎないと主張する。このような問題意識から、社会学者のジョン・ゴールドソープは、社会移動に関する実証研究のための分類図式を創りだした。「ゴールドソープの階級分類図式」は、ヒエラルキーとしてではなく、今日の階級構造の「関係論的」特質を提示するものとして考案された。

ゴールドソープの理論は、極めて有力である。ゴールドソープの階級論はこの節で、社会移動論は以下の三五五頁〜三五六頁で取りあげている。

ゴールドソープは、どのような理論の影響を受けて分類図式を構築したのかについて、いまのところ何も言及していない（Erikson & Goldthorpe 1993）。しかし、他の社会学者たちは、ゴールドソープの分類図式が、ネオ・ウェーバー学派による階級分類の一例であると指摘している。それは、ゴールドソープの当初の分類図式が二つの主要な要素をもとに、つまり、市場状況と労働状況をもとに、階級上の位置づけを特定していたからである。その人を取り巻く《市場状況》は、その人の給与水準や職の安定性、出世の見込みと関係している。市場状況は、その人の受ける物質的報酬と、全般的なライフチャンスに重点を置く。対照的に、《労働状況》は、職業の内部での管理や権力、権限の問題に焦点を当てる。その人を取り巻く労働状況は、職場における自律性の度合や被雇用者に影響を及ぼす管理関係全体を問題にしている。

ゴールドソープは、その職業を取り巻く相対的な市場状況と労働状況をもとに職業を評定することで、自分の考案した分類図式を改訂している。その結果提示された分類図式が、表9-1である。ゴールドソープの分類図式は、一一個の階級上の位置づけから構成され、他の多くの分類図式よりも詳細である。しかしながら、普通に使用する際には、階級区分は、三つの主要な階層に、つまり、「サーヴィス」階級（階級Ⅰ、Ⅱ）、「中間階級」（階級Ⅲ、Ⅳ）、それに「労働者階級」（階級Ⅴ、Ⅵ、Ⅶ）に要約されることになる。ゴールドソープはまた、この分類図式の最上位に資産保有者というエリート階級が存在することを認めているとはいえ、このエリート階級が社会のあまりにも小さな区分に過ぎないため、実証研究では範疇として意味をなさない、と主張する。

最近の著作では、ゴールドソープは、階級分類図式のなかで、さきに示した労働状況という概念よりも、むしろ《雇用関係》を強調する（Goldthorpe & Marshall 1992）。このことで、ゴールドソープは、さまざまな形態の雇用契約に注意を向けさせる。労働契約は、明確に定義され、範囲を限定された賃金と労力の交換である、と想定されている。一方、業務請負契約には、たとえば、昇給や昇進の可能性という「将来を見越した」要素が含まれる。ゴールドソープによれば、労働者階級は労働契約によって、サーヴィス階級は業務請負契約によって特徴づけられる。中間階級の階級上の位置づけは、中間的な雇用関係形態を経験することにな

表9-1　ゴールドソープによる階級分類図式

階　級			雇用関係
(サーヴィス)	階級Ⅰ	高位の専門的職業従事者・管理的職業従事者・行政官僚。大企業の経営者・所有者。	雇用者ないし業務請負関係
	階級Ⅱ	低位の専門的職業従事者・管理的職業従事者・行政官僚。中小企業の経営者・所有者。	業務請負関係
(中間)	階級Ⅲ	行政や商業で定型的非肉体労働に就く被雇用者（主として事務職）。サーヴィス産業の平社員。	中間型
	階級Ⅲb	定型的な非肉体労働に就く、低位の被雇用者（販売や接客）。	中間型（男性）労働契約（女性）
	階級Ⅳ	小事業者と自営の職人	雇用者
	階級Ⅳb	小事業者と従業員のいない職人	自営
	階級Ⅳc	農場経営者・小自作農・それ以外の自営農民	雇用者ないし自営
	階級Ⅴ	低位の技術者・肉体労働者たちの監督者	中間型
(労働者)	階級Ⅵ	熟練の肉体労働者	労働契約
	階級Ⅶ	半熟練・非熟練の肉体労働者	労働契約
	階級Ⅶb	農業労働者	労働契約

出典：R. Crompton, *Class and Stratification*, 2nd edn（1998）

る。

ゴールドソープの階級分類図式の評価

ゴールドソープの階級分類図式は、実証研究で幅広く利用されてきた。この分類図式は、投票行動様式や政治的見解、社会的態度全般のなかに階級に基盤を置く測面があるのを映し出しただけでなく、保健関係や教育関係の不平等にも階級に基盤を置く測面があることを浮かび上がらせた点でも有用である。しかしながら、私たちがこうした分類図式を無批判に適用しないように、その重大な限界をいくつか指摘しておく必要がある。

職業による階級分類を、たとえば失業者や学生、年金生活者、子どものように《経済活動をおこなっていない人たち》に適用するのは困難である。失業者や退職者はしばしば以前の職業活動をもとに分類されるとはいえ、この方法は、長期の失業者や散発的な職歴がある人たちの場合、問題を孕む可能性がある。学生は、ときとして専攻する学科にしたがって分類されるが、この方法がうまく働くのは、学習領域が（たとえば、工学や医学のように）特定の職業と密接に結びつく場合だけである。

職業区分にもとづく階級分類図式はまた、社会階級にとって《資産所有》や《富》のもつ重要性を映し出すことができない。職業上の肩書きだけでは、その人の富やすべての財産の十分な指標にならない。この点は、企業家や大投資家、「先祖代々の金持ち」を含む、社会の最も富裕な成員にとくに当てはまる。この人たちの「取締役」や「経営幹部」といった職業上の肩書きは、この人たちを、かなり限定された資力しかもたない多くの専門的職業従事者と同じ範疇のなかに分類するからである。いいかえれば、職業上の範疇に由来する階級分類図式は、「経済的エリート」への富の莫大な集中を正確に映し出していない。職業による階級分類図式は、こうした経済的エリートを他の上流階級の専門的職業従事者と一緒に分類するため、社会成層において資産関係の相対的重要性を稀薄にしてしまう。

ジョン・ウェスタガードは、富裕層が数の上で非常に少ないため、階級構造を詳述する分類図式から富裕層を排除できるという――たとえばゴールドソープがいだく――見解に異議を唱えてきた社会学者のひとりである。ウェスタガードが主張するように、

> 富裕層を最上層に押し上げるのは、非常に少数の人たちの手に権力と特権が過度に集中しているからである。社会構造全体の重みが少数の人たちに著しく不釣り合いなかたちで掛かることは、たとえこの少数の人たちの下にどのような階層分化の様式が見られるにしても、その人たちが頂上に立つ社会を、階級社会にしている。（Westergaard 1995）

すでに見てきたように、社会の階級構造を信頼できるかたちで「測定」できるような階級分類図式を考案するためには、数多くの複雑な要素がともなう。たとえ相対的に「安定」した職業構造の内部においてさえ、社会階級を測定し、図示することは、困難に満ちた作業である。しかも、工業社会で生ずる急激な経済的変容は、階級の測定をさらにもっと問題を孕むものにしてきたし、階級という概念の有効性に一部の人たちが疑問をいだく状況さえもたらしている。職業上の新たな範疇が生まれだし、工業生産からサーヴィス部門労働や知識部門労働への全体的移行が見られ、この数十年のあいだに膨大な数の女性が労働力に参入している。職業による階級分類図式は、こうした社会変容が引き起こす階級形成や階級移動、階級変動のダイナミックな過程を把握するのに、必ずしも適していない。

社会学的想像力を働かせる――階級の死滅？

近年、社会学の内部で「階級」概念の有用性をめぐって活発な論争が起きている。一部の社会学者は、レイ・パーレのように、今日の社会を理解しようとする際に引きつづき階級が有用な概念なのかを問題視さえしている。階級が今日の世界を理解する鍵ではすでになくなっていると主張する論者のなかでも、オーストラリアの研究者ヤン・パクルスキーとマルコム・ウォーターズはとくに名を知られている。パクルスキーとウォーターズは、共著『階級の死滅』で、今日の社会が奥深い社会変動を被っており、正確に「階級社会」とみなすことはもはやできない、と主張する（Pakulski & Waters 1996）。

社会変動の時代

パクルスキーとウォーターズは、今日、工業社会が未曾有の社会変動の時代を経験しだしている、と主張する。私たち

は、階級の政治的、社会的、経済的重要性が衰退する時代を目の当たりにしている。工業社会は、階級社会として組織化されてきた状態から、新たな段階に変質しだしており、パクルスキーとウォーターズは、この新たな段階を「ステータス尊重主義」と名づける。パクルスキーとウォーターズは、不平等状態が引きつづき存在するとはいえ、不平等状態は、ステータス（威信）や、同じステータス集団が選好するライフスタイルや消費様式の差異の結果であることを指摘するために、この「ステータス尊重主義」を用いている。階級は、もはやその人のアイデンティティの重要な要因でなくなっている。ヤングとウィルモットがロンドン東部ベステルグリーン地区でおこなった研究が例証したような階級色の強いコミュニティは、過去のことである（Young & Willmott 1973）。こうした変化は、逆に言えば、階級に準拠して政治的行動や社会的行動を説明しようとする企てもまた時代遅れになっていることを意味する。階級は、まったく死滅したように思える。

資産所有

こうした大規模な移行が生じた理由のひとつは、資産所有に重要な変化が生じたことである。今日、資産所有は以前ほど制約を受けていない、と主張されている。つまり、一方で、企業間の競争は、企業の数が増えたため、ますます強まるが、同時にまた、有力な資本家階級なり経営者階級が自分たちの特権を再生産し、子孫に移譲する機会はますます減少している。とはいえ、不平等は引きつづき存在し、また、不平等が生じた場合、その不平等は、その集団の階級上の位置づけ（分業体制のもとでの位置づけ）の結果ではなく、その集団が高いステータスを獲得することに失敗した結果である。

消費者権力の増大

これらの変化は、消費者の力の増大をともなって生じた。多種多様な競争市場で、会社は消費者の要望にもっと敏感に耳を傾けていく必要がある。このように、先進工業社会における権力バランスに変化が生じている。パクルスキーとウォーターズが「生まれながらにして特権を奪われたアンダークラス」と称した、今日の社会で恵まれない境遇に置かれた人たちを特徴づけるのは、その人たちが「ステータスを得るための消費」に参加できないこと、つまり、車や衣服、住居、休暇などの消費財を購入できないこと、である。

パクルスキーとウォーターズによれば、今日の社会は階層分化されているが、この階層分化は、分業体制のもとでの階級上の位置づけによってではなく、文化的消費によって達成されている。たとえば、車はフォードのエスコートに乗り、住まいは価格が八万ポンドから一〇万ポンドくらいの二戸建て住宅で、休暇にはパック旅行でスペインに出掛ける、そうしたロンドン北西の都市ルートン出身の熟練労働者と、ロンドン屈指の住宅地ハムステッドに住み、車はベンツに乗り、価格が二一〇万ポンドの家屋を所有し、イタリアのトスカーナの貸別荘で休暇を過ごす、オックスフォード大学かケンブリッジ大学で学んだ弁護士との差異は、純粋にステータスの問題である、つまり、この二人が異なる階級の成員であるからではない、とパクルスキーとウォーターズは主張しているように思える。すべては、分業体制のもとでの位置づけの問題ではなく、ライフスタイルや嗜好、ステータス（威信）の問題であるとされている。

グローバル化の過程

組織化された階級社会から「ステータス尊重主義」への移行は、グローバル化過程の結果、経済やテクノロジー、政治に生じた変化の結果であると説明されている。パクルスキーとウォーターズは、グローバル化が、新たな国際的分業体制を結果的にもたらした、と論じる。この新たな国際的分業体制のもとで、「第一世界」は、次第にポスト工業化社会になっていく――かつての「組織化された階級社会」の時代を特徴づけた肉体労働者階級の職種は、ますます減少していく。同時にまた、グローバル化された世界で、国民国家は、自給自足の度合を弱め、ますます住民も市場勢力も以前のように管理できなくなっている。階層分化と不平等は、依然として存在するが、国家規模よりもむしろ地球規模で存在する。つまり、国民国家の内部よりも、むしろ国家間に重大な不平等が見いだされる。

「第一世界」の経済組織は、技術革新に促進されているため、未熟練な肉体労働力への依存度をより一層弱めてきた。職務は、ますます高いレヴェルの技能と知識を必要としている。生産技術は、ポスト・フォーディズムの理論を反映し、隙間《ニッチ》市場のために特別注文の商品を生産できる、そうした熟練度が極めて高く、フレキシビリティに富む労働力の必要性が強調される。熟練した肉体労働力によって、サーヴィス部門の増大と「知識経済」への移行が生じている。

政治的、社会的含意

これらの変動は、政治的、社会的に奥深い含意をもたらす。さきに言及したように、階級に基盤を置いたコミュニティはすでに崩壊している。英国の場合、このことは、石炭採掘のような旧来の産業が「規模を縮小」し、人口が南部のもっと豊かな都市部に移動するかたちで生じてきた。大規模な地理的移動は、結果的に家族構造の変化を引き起こした――英国では、単身世帯が増大している。大規模な地理的移動という状況のもとで、（ヤングとウィルモットの研究に見いだすような）階級再生産の場として家族が果たす重要性は、今日、著しく低下している、とパクルスキーとウォーターズは論じる。

パクルスキーとウォーターズは、ウルリッヒ・ベックの研究を参考にして、私たちがいま「個人化された」社会を生きている、と主張する。今日、人びとは、みずからを社会階級の成員とみなすよりも、むしろたんなる個人とみなす傾向が強くなっている。人びとのアイデンティティは、人びとのステータスと消費様式、さらに人びとの人種なりジェンダー、年齢、地域住民や国民としてのアイデンティティといった要因の影響を、ますます受けるようになる。

理論に過ぎないのか?

これらは重要な主張である――パクルスキーとウォーターズは、経験的論拠をほとんど示さずにこうした主張をおこなうことで満足しているように思える。ふたりの著作は、もっぱら理論面の議論を提起している。多くの社会学者は、私たちが未曾有の社会変動の時代を生きていることでは意見が一致している。しかし、パクルスキーとウォーターズはこれらの変動を正確に描写してきたのだろうか。

パクルスキーとウォーターズにたいする批判は、ふたりがおこなった階級の定義の仕方に焦点が向けられる傾向がある。ローズマリー・クロンプトンは、従来の階級定義が、ジェンダーや人種、ステータスの格差といった文化的要素を軽視する傾向があったとはいえ、パクルスキーとウォーターズの階級定義は参考にならず、階級とステータスを混同している、と指摘する。ジョン・スコットとレディア・モーリスもまた、個々人の階級上の位置づけ――分業体制における個々人の位置づけ――と、人びとが社会階級を介して集団への共属意識を表出し、同じアイデンティティ感覚や価値観を共有する、そうした社会階級という集合的現象を区別する必要性を指摘している。この後者の意味合いの(もっと主観的、集合的な意味合いの)階級は、特定の時代に見いだされるかもしれないし、見いだされないかもしれない――それは、多くの社会的、経済的、政治的要因に左右される。

近年次第に弱まっているように思えるのは、階級のこの後者の側面である。このことは、今日、ステータスと階層分化のもつ文化的側面が非常に優勢になったため、階級のもつ経済的側面が重要な意味をもたなくなったということを意味するのではない。事実、社会移動の研究や富の不平等状態は、まったく反対のことを指摘している。階級は死滅していない――階級はもっともっと複雑になりだしている!

出典：Abbott (2001)

【設　問】

1　社会階級は、パクルスキーとウォーターズが主張するように、「死滅」したのだろうか。

2　あなたは、自分を特定の階級の一員であるとみなしていますか。かりにそうだとすると、階級はあなたの生活にどのような影響を及ぼしているのだろうか。

今日の欧米における社会階級区分

上流階級の問題

誰が正しいのか、ウェスタガードだろうか、ゴールドソープだろうか。富や資産所有にもとづく明確な**上流階級**は、依然として存在するのだろうか。あるいは、ゴールドソープが指摘するように、もっと多様なサーヴィス階級についてむしろ話題にするべきだろうか。これらの争点に取り組む方法のひとつは、どのようにして富と所得が少数の人たちの手に集中していくのかを検討することである。

表9-2　英国における富の配分（1991年から2002年）

市場流通性のある富	1991年	1996年	2000年	2001年	2002年
（以下の人たちが所有する富のパーセント比）					
全人口の１％に当たる層	17	20	23	22	23
全人口の５％に当たる層	35	40	44	42	43
全人口の10％に当たる層	47	52	56	54	56
全人口の25％に当たる層	71	74	75	72	74
全人口の50％に当たる層	92	93	95	94	94
市場流通性のある富の総計（10億ポンド）	1,711	2,092	3,131	3,477	3,464
住宅価格を差し引いた市場流通性のある富					
（以下の人たちが所有する富のパーセント比）					
全人口の１％に当たる層	29	26	33	34	35
全人口の５％に当たる層	51	49	59	58	62
全人口の10％に当たる層	64	63	73	72	75
全人口の25％に当たる層	80	81	89	88	88
全人口の50％に当たる層	93	94	98	98	98

出典：*Social Trends* 35（2004）

富の配分について信頼できるデータは、入手が難しい。一部の国は、他の国よりもかなり正確な統計をとっているが、つねに相当量の推測をともなう。富裕な人たちは、通例、自分の資産をすべて公表しない。しばしば言われてきたように、私たちは、富裕層よりも貧困層についてはるかによく知っている。確かなことは、富が少数の人たちの手に集中するという事実である。英国では、人口の一％に当たる最上層の人たちが市場性のあるすべての富の約二三％を所有している。人口の一〇％に当たる最富裕層が市場性のある富全体のほぼ半分を所有するのにたいして、人口の半数に当たる裕福でない人たちは、わずか五％の富しか所有していない（表9-2を参照）。

株式や債券の所有は、富全体の保有より、さらに不平等である。英国では、人口の一％に当たる最上層が個人のもつ株式の約七五％を所有し、さらに人口の五％に当たる最上層がすべての株式の九割以上を所有する。しかし、この点に関してもかなり変化が生じている。現在では人口の約二五％が株式を所有しており、一九八六年の一四％と対照的である――多くの人は、保守党政府による民営化計画の折に初めて株式を購入した。もっと長期的に見れば、一九七九年には人口のわずか五％しか株式を所有していなかったため、この個人株主の増加傾向はさらに顕著である。こうした持ち株のほとんどは少額（一九九一年の価格で一〇〇〇ポンド以下）であり、また機関投資家の持ち分――ある企業が他の企業の株式をもつこと――は、個人株主の持ち分よりも急速に増大している。

「金持ち」は、同質的集団を構成していない。また「金持ち」

は統計的範疇も形成していない。人びとは、さまざまな経路をとおって富を得たり富から離れていく。裕福な人たちのなかには、「資産家」――昔からの富が何代にもわたって受け継がれてきたことを指す表現――のもとに生まれた人もいれば、初めは相当貧しい生い立ちから首尾よく富を築き上げた、「自力で出世した」人もいる。社会の最富裕層の成員たちの横顔は、さまざまである。昔からの富裕な家族成員の次に位置するのは、音楽界や映画界の有名人、スポーツ選手、それにコンピュータや遠距離コミュニケーション、インターネットの開発や販売促進で大金持ちになった「ニューエリート」を代表する人たちである。富は、貧困と同じくライフサイクルという脈絡のなかでとらえる必要がある。瞬く間に富裕になったが、瞬く間に富のほとんどを、場合によればそのすべてを失ってしまう人もいれば、長いあいだに徐々に財産を増やしたり、あるいは減らす人もいる。

富裕層の資産と生活について正確なデータを収集するのは難しいが、社会の最も裕福な層の構成に生じている幅広い変化の原因をたどることは可能である。近年、英国では、顕著な傾向がいくつか生じている。ひとつは、「自力で出世した大金持ち」が、最富裕層のかなりの割合を占めだしてきたように思える。二〇〇四年の英国で最富裕層一〇〇〇人のうち七五%以上は、富の相続でなく、独力で富を築いている。二つ目は、少数であるとはいえ、ますます多くの女性が富裕層に加わりだしている。一九八九年に、最富裕の英国人には、六人の女性しか顔を出していなかった。二〇〇四年では、その数は七八に増えている。三つ目に、社会の最富裕層の多くは年齢がかなり若く――二〇代ないし三〇代に――なっている。二〇〇〇年では、三〇歳以下の一七人の英国人が、三〇〇〇万ポンド以上の富を所有していた。四つ目に、エスニック・マイノリティが、とりわけアジア出身のエスニック・マイノリティが、大富豪にますます登場している（*Sunday Times Rich List*, 2000）。終わりに、英国の大金持ちの多くは――最も大金持ちのローマン・アブモラヴィッツも含め――英国生まれではなく、大富豪にたいする税率が相対的に低いことも含め、種々の理由から英国を居住先にしている。二〇〇四年の英国の富豪リストは、表9-3に示されている。

富裕層の構成は確かに変化しだしているとはいえ、明確に識別できる上流階級はもはや存在しないとする見解には疑問の余地がある。今日、上流階級は姿を変えてきたとはいえ、その示差的な位置づけを引きつづき保持している、とジョン・スコットは主張する（Scott 1991）。スコットは、大企業を管理する――また、大企業から利益を得る――ことで《一群の権益》をともに形成する三つの明確な集団が存在することを指摘している。大企業の上席管理職者たちは、その企業を所有していないかもしれないが、多くの場合、株式を保有して蓄えることが可能であり、こうした株式の保有は、上席管理職者を旧来の《企業家》と《金融資本家》の双方に結びつける。金融資本家とは、保険会社や銀行、投資ファンド、大規模な法人株主である他の組織を経営する人たちを含む範疇であるが、スコットの見解では、この金融資本家たちが、今日の上流階級の中核を形成している。

一九八〇年代を通じておこなわれた起業家精神を鼓舞する政策と一九九〇年代の情報テクノロジーのブームは、ビジネスの進展

表9－3　英国の富豪リスト（上位10位まで）

順位	氏　名	想定総財産（ポンド）	従事する産業
1	ローマン・アブラモヴィッチ	75億	石油業・サッカー事業・投資業
2	ウェストミンスター公爵	55億	資産
3	ハンス・ラウジングと一族	50億	食品包装業
4	フィリップ・グリーン	36.1億	小売り業
5	ラクシュミ・ミッタール	35億	鉄鋼業
6	リチャード・ブロンソン卿	26億	輸送業・携帯電話事業
7	キルステン・ラウジングとイェルン・ラウジング	25.75億	相続財産・競走馬生産・投資業
8	ベルミー・エクルトンとスラヴィカ・エクルトン	23.23億	自動車レース事業
9	シャリーン・ド・カルヴァリェとミッシェル・ド・カルヴァリェ	22.6億	相続財産・ビール醸造業・銀行業
10	ディヴィット・ルービンとサイモン・ルービン	22億	資産・金属取引業

出典：*Sunday Times Rich List* (2004)

やテクノロジーの進歩によって財を成した人たちが上流階級に参入するという、新たな波を結果的にもたらした。同時にまた、中流階級世帯における株式所有の増加は、企業所有者の横顔を押し広げた。しかしながら、上流階級への権力と富の集中は、引きつづき影響を受けずにいる。企業所有の様式は、前の時代に比べ拡がっているとはいえ、株式保有から相当の利益を得ているのは、依然としてごく少数の人たちである。

このことから、《上流階級》と《サーヴィス階級》という二つの概念をともに使う必要があると結論づけることは可能である。上流階級は、富と権力の両方を手にしており、自分たちの特権を子どもたちに残せる、ごく少数の人から構成されている。おおまかに言えば、上流階級を、富の所有者の最上位一%とみなすことができる。この上流階級の下に**サーヴィス階級**が存在し、サーヴィス階級は、ゴールドソープがいうように、専門的職業従事者や経営者、上位の管理的職業従事者から構成される。この人たちは、人口の約五%を構成している。もっと簡単にいえば、ゴールドソープが「中間的階級」と名づけた人たちは、おそらくこの《中流階級》であるということができる。そこで、次にこの中流階級について詳しく見ていきたい。

中流階級

中流階級という用語は、サーヴィス産業の被雇用者から教員や医療専門職者に至るまで、多種多様な職業に従事する人たちを網羅している。

一部の研究者は、中流階級の成員を特徴づける職業や職業等級、職務上の地位、ライフチャンスの多様性に注目して、「中流階級群」と複数形の言い方を選好している。ほとんどの研究者によれば、今日、英国や他の多くの先進工業国で、この中流階級に人口の大多数が含まれる。それは、ここ一世紀以上のあいだに、ホワイトカラーの職種の割合が、ブルーカラーの職種に比べて著しく増大してきたからである（第一八章「労働と経済生活」を参照）。

中流階級の成員は、学業証明書や技能免許が有利に働き、肉体労働者が享受する利益よりももっと大きな物質的、文化的利益をもたらす立場を占めている。中流階級の成員は、労働者階級と異なり、生計を立てるために頭脳労働《と》肉体労働を売ることができる。この差異は、中流階級と労働者階級をおおまかに区別する上で有用である。とはいえ、職業構造の流動的な特質や、上昇社会移動と下降社会移動が生ずる可能性は、中流階級の境界をもっと綿密に規定することを難しくしている。

中流階級の成員の多様性や利害関心の相違を考えあわせば、中流階級は、内部的に凝集していないし、また凝集する可能性もおそらく少ない（Butler & Savage 1995）。中流階級が労働者階級と同じように同質的でないことは、確かである。また、上流階級の最上層がおおむねそうであるように、中流階級の成員も、同じ社会的背景なり文化的見地を間違いなく共有していない。とはいえ、中流階級の構成が「緩やか」なのは、新たな現象ではない。緩やかな構成は、一九世紀初期に中流階級が出現して以来、中流階級の一貫した特徴である。

専門的職業や行政的、管理的職業は、中流階級のなかで最も急速に成長している部門である。それにはいくつか理由がある。ひとつは、現代の社会で大規模組織が担う重要性と関連する（第一六章「組織とネットワーク」を参照）。官僚制組織の拡大は、被雇用者が、制度化された状況で働く機会と、そうした被雇用者にたいする需要を生みだした。以前は自営で働いていた医師や弁護士といった人たちも、今日では制度化された環境のなかで働く傾向にある。二つ目に、専門的職業の成長は、政府が主要な役割を演ずる経済部門で働く人たちの数の増加を反映している。福祉国家の創設は、たとえばソーシャルワーカーや教員、保健医療の専門職のように、福祉国家に負託されたことがらの遂行に必要な多くの専門職を、結果的に著しく増加させた。終わりに、経済や工業の発展の深まりにともない、法律や金融、会計、テクノロジー、情報システム等の領域で専門家のサーヴィスへの需要は、絶えず増大しつづけている。この意味で、専門的職業は、いまの時代の所産だけでなく、いまの時代の進化と拡大を中心となって助長する要素としてとらえることもできる。

専門的職業従事者や行政官、高位の管理的職業従事者は、おおむね《資格認定書》——学位や修了証書等の資格証明——によって、みずからの職を獲得している。全体として見れば、この人たちは、比較的安定した、高い報酬の得られる職歴を享受しており、したがって、単調な非肉体労働の職に従事する人たちとの隔たりは、近年、おそらくもっと顕著になっている。一部の研究者は、専門的職業従事者等の上層ホワイトカラー集団が、明確にひとつの階級——「専門的、管理的職業従事者階級」——を形成しているとみなす（Ehrenreich & Ehrenreich 1979）。とはいえ、専門的職業従事者等の上層ホワイトカラー集団とホワイトカラー労働者との分化の度合は、このような上層ホワイトカラー集団の職を簡単に防御できるほど、強くもないし、明確でないように思える。

別の研究者は、ホワイトカラーの専門的職業従事者が、自分たちの利益を最大にし、高い水準の物質的報酬や威信を確保するために、団結するありさまについて考察してきた。医療専門職の事例が、この点を明確に例証している（Parry & Parry 1976）。医療専門職は、団体を組織して、社会における医療専門職の信望を首尾よく守り、高い水準の物質的報酬を確保した。それを可能にしたのは、《プロフェッショナリズム》の三つの主要な次元である。つまり、専門的職業への参入は明確に定められた一連の厳しい基準（資格証明）を満たす人たちだけに限定されていること、専門的職業の団体はその構成員の行動や職務遂行を監視し、統制していること、それに、医療専門職の構成員だけに医療資格が与えられるのを一般の人たちが広く承認していること、の三点である。このような手段によって、専門的職業の自治団体は、望まれていない人物を専門的職業から排除したり、市場での団体成員の位置づけを高めることが可能である。

労働者階級の変質

マルクスは、**労働者階級**――ブルーカラー労働者として製造工場で働く人たち――がますます増大していく、と確信していた。この確信は、労働者階級が社会の革命的転換のための勢力になるというマルクスの見解の基盤になっていた。しかし、現実に労働者階級は、ますます縮小してきた。わずか四半世紀前まで、就業人口の約四割はブルーカラー労働に就いていた。今日、英国では、ブルーカラー労働に就く人口は約一八％に過ぎず、この比率は、引きつづき低下している。さらに、労働者階級の人たちが生活する条件と、追い求めるライフスタイルは、変化しだしている。

英国社会は、他のほとんどの先進工業国と同じように、かなりの数の貧困者をかかえている。とはいえ、ブルーカラーの職で働く人たちの大多数は、もはや貧しい生活を送っていない。さきに述べたように、肉体労働者の所得は、二一世紀に入る頃からかなり増加してきた。こうした生活水準の向上は、すべての階級で消費財の入手利用が増大したことに現れている。今日、ブルーカラー労働者の約五割は、自宅を所有する。自動車や洗濯機、テレビ、電話も、非常に高い割合の世帯が所有している。

この問題は、第一〇章「貧困、社会的排除、福祉」でさらに詳しく検討している。

豊かな労働者階級という現象は、「中流階級社会」に向かうもう一つの道筋の可能性を示唆する。ことによると、ブルーカラー労働者は、裕福になればなるほど、もっと中流階級に近づくのだろうか。こうした考え方は、社会学者に特有な重々しい用語好みから、**ブルジョワ化のテーゼ**として知られるようになった。ブルジョワ化とは、「もっと中流階級的になる」ことをマルクス風に表現した言葉である。この主張が一九五〇年代に初めて示された当時、この考え方を支持する人たちは、中流階級並みの賃金を得たブルーカラー労働者の多くが、中流階級の価値観や見地、さらにはライフスタイルを身につけるようになる、と主張した。それは、工業社会内部の発達が社会成層形態に強力な影響を及ぼすと広く考えられていたからである。

一九六〇年代に入って、ジョン・ゴールドソープと同僚の研究者たちは、ブルジョワ化という仮説を検証するために、後に非常に有名になる研究をおこなった。ゴールドソープたちは、この調査研究に着手する際に、かりにブルジョワ化という主張が正しければ、裕福になったブルーカラー労働者が、労働や政治への態度、ライフスタイルの面でホワイトカラー労働者とほとんど区別できなくなるだろう、と主張した。英国のルートンで自動車産業と化学工業の労働者におこなったインタヴューをもとに、この調査研究は三巻の報告書として公表された。この調査研究は、しばしば『裕福な労働者』研究(Goldthorpe et al. 1968-9)と称されている。調査対象となったのは、合計二二九人の肉体労働者と、比較のための五四人のホワイトカラー労働者である。ブルーカラー労働者の多くは、高い賃金の職を求めてこの地域に移住してきた。この人たちは、他のほとんどの肉体労働者と比べて現実に賃金が高く、またほとんどの下位ホワイトカラー労働者よりも高い報酬を得ていた。

ゴールドソープたちは、労働者階級がとる態度のうち三つの次元に焦点を当て、ブルジョワ化という主張を裏づけるものがほとんど存在しないことを見いだした。ゴールドソープたちは、経済についての見方と労働にたいする態度の面で、多くの労働者が、所得と消費財の所有をもとに中流階級の生活水準を身につけてきたことに同意する。しかしながら、このような相対的豊かさは、乏しい恩恵や少ない昇進の機会、仕事にたいする本質的に低い満足度を特徴とした職務に就くことで獲得されていた。ゴールドソープたちは、裕福な労働者たちが、自分たちの労働にたいして《道具的志向》をいだいていることを見いだした。裕福な労働者たちは、労働を、目的のための手段、つまり、十分な賃金を得るという目的のための手段とみなしていた。この人たちは、総じて反復的で、興味をそそらない労働に就き、労働そのものに身を打ち込むことはほとんどなかった。

研究対象となった労働者たちは、ホワイトカラー労働者にほぼ似通った裕福さのレヴェルを享受するにもかかわらず、余暇時間にホワイトカラー労働者と付き合うことはなかったし、また階級の階段を上昇したいという望みもいだいていなかった。ゴールドソープたちは、ほとんどの社会化が、家庭で、直接の家族成員や親族、あるいは労働者階級の近隣の人たちによってなされていることを見いだした。労働者たちが中流階級の規範や価値観に移行しだした兆候は、ほとんど見られなかった。政治的見地の面では、労働者階級の豊かさと保守党支持とのあいだに負の相関関係が存在することを、ゴールドソープたちは見いだした。ブルジョワ化という考え方を支持する人たちは、労働者階級のあいだで裕福さが増大するにつれ、労働党への旧来の支持が弱まっていくと予想していたからである。

ゴールドソープたちによれば、この研究の結果は明白だった。つまり、ブルジョワ化という主張は、誤りであった。裕福な労働者たちは、中流階級に進む過程にはいなかった。とはいえ、ゴールドソープたちは、いくつかの点で、下層中流階級と上層労働者階級のあいだに何らかの収斂が生ずる可能性を、しぶしぶ認めた。

裕福な労働者たちは、ホワイトカラー労働者と類似した経済的消費様式や、私生活を重視する家庭中心的な見地、職場での《道具的集合主義》（労働組合を通じて、賃金や労働条件を改善するために集合的行為をおこすこと）の支持を、共有していた。

このゴールドソープたちの研究に匹敵する調査研究は、その後おこなわれていない。したがって、かりにゴールドソープたちの到達した結論がその当時は妥当であったとしても、今日でも引きつづきどの程度まで正しいのかどうかは不明確である。旧来の伝統的な労働者階級の共同体が、製造業の衰退と消費主義の強い影響によって分裂傾向にあったり、あるいは完全に解体したことについては、おおむね意見の一致をみてきた。とはいえ、このような分裂がどの程度まで進行しているのかは、引きつづき論争の的になっている。

アンダークラス?

「アンダークラス」という用語は、階級構造のまさしく最下部に位置づけられた人口区分を描写するために使われる場合が多い。アンダークラスの成員は、社会の大多数の人たちよりも著しく低い生活水準に置かれている。アンダークラスは、数多くの不利な境遇によって特徴づけられた集団である。アンダークラスの成員のなかには、長期の失業者や転々と職を変えている人たちが多い。なかには、ホームレスであったり、常住できる場所をもたない人もいる。アンダークラスの成員は、長期にわたって国の福祉給付金に依存して生活しているかもしれない。アンダークラスは、人口の大多数が維持する生活様式から「社会的に軽視され」たり「排除」されている、としばしば描写される。

アンダークラスは、多くの場合、恵まれないエスニック・マイノリティ・グループと密接に結びついている。アンダークラスをめぐる論争のほとんどは、米国ではじまった。米国では、圧倒的多数の貧しい黒人たちがインナーシティ地区に居住しているため、「ブラック・アンダークラス」という言い方を誘発していった（W. J. Wilson 1978; Murray 1984, 1990）。とはいえ、「ブラック・アンダークラス」は、米国だけの現象ではない。英国でも、黒人とアジア人は、アンダークラスのなかに不釣り合いに多く見られる。ヨーロッパの一部の国では、二〇年前の好況期に職を見いだした移民労働者たちが、現在、このアンダークラスの大部分を構成している。この点は、たとえばフランスのアルジェリア人移民やドイツのトルコ人移民に当てはまる。

この「アンダークラス」という用語には異論が出され、社会学で激しい論争が起きている。今日、アンダークラスという言葉は、すでに日常会話に入り込んでいるとはいえ、多くの学者や評者は、この言葉の使用に慎重である。アンダークラスは、幅広い意味を網羅する概念で、なかには政治的色合いが濃く、否定的な意味が言外に込められているような場合もある。ヨーロッパの多くの研究者は、**「社会的排除」**という概念を選好している。

社会的排除は、第一〇章「貧困、社会的排除、福祉」、三七九頁〜三八七頁で詳しく論じている。

社会的排除は、アンダークラスよりももっと幅広い概念で、たんなる状態というよりも、むしろ《過程》——つまり、排除のメカニズム——を強調している点が強みである。アンダークラスという概念には長い歴史がある。マルクスは、支配的な経済生産や経済交換の局外に永続的に位置づけられる人びとから構成された「ルンペンプロレタリアート」について論じた。その後、この「ルンペンプロレタリアート」という観念は、働くことを拒否し、その代わりに「社会に寄生する存在」として社会の周縁で生きつづける、そうした乞食や泥棒、浮浪者から構成される「危険な階級」にたいして適用されるようになった。もっと最近では、福祉給付に依存し、生きる気概を失ったアンダークラスという考え方は、もっぱらチャールズ・マーレイの著作によって復活を遂げている。そこで、この問題にたいするマーレイの見解を手短に見ておきたい。

アンダークラス論争の背景

アンダークラスをめぐる近年の論争は、米国の社会学者たちがインナーシティ区域で暮らす貧しい黒人たちの境遇について研究した、いくつか重要な著作によって誘発されている。ジュリアス・ウイルソンは、シカゴでおこなった調査にもとづく著作『低下する人種の重要性』で、米国では、この三、四〇年間にかなり多くの黒人の中流階級——ホワイトカラー労働者や専門的職業従事者——が出現してきている、と論じた（Wilson 1987）。すべてのアフリカ系アメリカ人が引きつづき都市部のゲットーに居住しているわけではなく、ゲットーにいる人たちは、差別の結果というよりも、むしろ経済的な要因によって——いいかえれば、人種的要素よりも、むしろ階級的要素によって——ゲットーに留まっている、とウイルソンは主張した。旧来の人種差別的障壁は消滅しだしている。黒人たちは、経済的に恵まれない境遇にいる結果、ゲットーに押し留められている。

チャールズ・マーレイは、ほとんどの大都市に黒人のアンダークラスが存在することを認める。とはいえ、マーレイによれば、アフリカ系アメリカ人は、その人たちの境遇改善を支援するために立案された福祉政策そのものの結果から、気が付いてみれば社会の底辺に置かれている（Murry 1984）。このことは、「貧困の文化」という主張の繰り返しである。「貧困の文化」論では、人びとは福祉の施しに依存するようになり、そうすると職を探したり、堅実なコミュニティをつくったり、安定した結婚生活を営む意欲がほとんどなくなる、と論じられていた。

福祉依存という考え方は、第一〇章「貧困、社会的排除、福祉」、三九四頁～三九五頁で詳しく論じている。

このマーレイの主張に応じて、ウイルソンは、シカゴでおこなった調査結果を再度用いて、さきの持論を繰り返し、拡充していった。多くの白人が都市部から近郊に移住し、都市の産業が衰退するなど、都市の経済的問題が、結果としてアフリカ系アメリカ人男性の高い失業率をもたらした、とウイルソンは示唆する。未婚で母親になった黒人女性の比率が高いことも含め、マーレイが指摘するようなかたちの社会解体を、ウイルソンは、女性たちが手にできる結婚可能な（職に就いている）男性たちの層が縮小しているという言い方で説明する。

さらに最近の研究で、ウイルソンは、このような社会過程が、いわゆる「ゲットーの貧困者」の集住によって都市部に恵まれない地域が空間的に創出される際に果たす役割を検討している。ゲットーの貧困層の成員——主としてアフリカ系とヒスパニック系のアメリカ人——は、教育歴や健康水準の低さにはじまり、犯罪被害者になる可能性の高さに至るまで、複合した恵まれない境遇を身をもって味わうことになる。同時にまた、この人たちは、都市の——不十分な公共交通機関やコミュニティ施設、教育機関を含む——脆弱なインフラによって不利益を被り、社会的、政治的、経済的に社会のなかに同化、統合される可能性を削がれている (Wilson 1999)。

アンダークラス、欧州連合、移民　米国でのアンダークラスをめぐる論争は、エスニシティの次元に集中する。ヨーロッパの場合も、ますますこのような様相を示している。今日、米国に特徴的に見いだす経済的分断や社会的排除に向かう趨勢は、英国でも西ヨーロッパの他の国々でも、ともに強まりだしているように思える。アンダークラスは、人種やエスニシティ、移民の問題と密接に結びついている。たとえばロンドンやマンチェスター、ロッテルダム、フランクフルト、パリ、ナポリといった都市には、恵まれず経済的に厳しい境遇に置かれた近隣居住地区が見いだされる。ハンブルグは、平均個人所得で見ればヨーロッパで最も金持ちの都市であり、また大富豪の占める割合がドイツで最も高い。しかし、同時にまたハンブルグは、福祉給付を受け、失業状態にいる人の割合が——ドイツ全体の平均を上回り、四〇％と——最も高い。

西ヨーロッパの国々における貧困者や失業者の大多数は、その国で生まれた人たちである。しかしまた、困窮して、都市の悪化した近隣居住地区で身動きがとれない第一世代や第二世代の移民も、数多く見いだされる。たとえば、人口の面で、ドイツのトルコ人やフランスのアルジェリア人、イタリアのアルバニア人は、それぞれの国でかなりの数に増加してきた。生活水準の向上を求めて移住してきた人たちは、低賃金で仕事上の成功の見込みもほとんどない臨時雇いの職に追いやられる。さらに、移住者の所得は、故郷に残る家族成員の生活を支えるために、頻繁に本国に送金されている。最近の移住者の生活水準は低く、危険と隣り合わせになりやすい。

家族の再会を求めて家族の一員が違法に移住を企てた場合、社会的排除や社会の周縁に追いやられる潜在的可能性はとくに高くなる。公の地位を欠いた違法移民は、国の福祉給付を受ける資格がないので、最低生活水準を維持するために国からの支援に頼ることができない。こうした人たちは、極めて傷つきやすい存在で、生活上の危機なり災難に出遭ったときに頼りになる手段をほとんどもたない、明らか抑圧された状態に陥っている。

英国にアンダークラスは存在するのか　チャールズ・マーレイは、当初米国について論じたが、後に持論を英国にも当てはめていった (Murry 1990)。マーレイによれば、英国にもアンダークラスは存在し、英国では、米国に見いだされるアンダークラスと同じ規模ではないが、急激に「深刻化」している (Murry 1994)。

英国のアンダークラスには、エスニック・マイノリティの成員だけでなく、社会解体が進行する貧困地域出身の白人たちも含まれる。マーレイの研究は保守党の多くの政治家を含む右派の人たちに気に入られ、マーレイの理論をめぐる論争は、明らかに「政治化」している。

マーレイは、英国にアンダークラスが存在するという持論を裏づけるために、失業、犯罪、非嫡出子の増加という項目に焦点を当てた（Murry 1990; Herrnstein & Murray 1994）。マーレイは、高い失業率そのものが問題であるとは考えていない。問題は、人びとが（とりわけ若年男性が）骨の折れる職に就くのを拒んでいることにある。マーレイは、一九八〇年代英国の失業中の若者を、一九三〇年代初期の世界大恐慌を生き抜いた世代がとった態度と対比している。往時の世代は、マーレイが不面目とみなす失業状態をしきりに避けようとしたのにたいして、いまの世代はそうではない。その理由は、失業者に給付を与え、働いていない人に実際に金を支払うという福祉国家の間違った奨励策にある。マーレイは同時にまた、上昇する犯罪率もアンダークラスを生む一因になってきたと考えている。犯罪率の急上昇によって、コミュニティの内部に見いだされたインフォーマルな社会的統制力が働かなくなり、そのコミュニティはますます弱体化し崩壊する。

犯罪率についてもっとバランスのとれた描写は、第一九章「犯罪と逸脱」で論じている。

終わりに、また最も重要な点だが、マーレイは、英国でアンダークラスが深刻な問題になりだしていることを論ずるなかで、非嫡出子（婚外子）の増加が、規律意識をまったく欠き、また監督者となる家族なり父親を欠いた子どもたちを生みだしている、と指摘する。

家族構造の変化は第七章「家族と親密な関係性」で、とくに婚外出生の増加は二四六頁～二四七頁で論じている。

この場合もまた、マーレイは、非嫡出子の増加の原因が福祉国家の間違った奨励策にあると考え、福祉国家が、家族よりもシングルマザーに多くの金を支払っている、と非難する。アンダークラスが深刻な問題になりだした原因は、こうした奨励策を推し進める人たちの不道徳さに求められる、とマーレイは考えている。

とはいえ、マーレイの研究は、英国で研究する多くの社会学者の厳しい批判に晒されている。ほとんどの社会学者は、アンダークラスの概念を、少なくともマーレイが記述するようなアンダークラスの概念を拒否している。ダンカン・ガリエは、独自の文化を備えたアンダークラスという考え方にはほとんど根拠がないと主張する社会学者のひとりである。ガリエは、エジンバラ大学がおこなった社会変動と経済生活面の自発性に関する調査で得られたデータを分析するなかで、労働者階級の人たちと長期の失業者のあいだに、政治的見地なり労働歴の面でほとんど差が見られない、と主張している（Gallie 1994）。ガリエの見解では、長期の失業者は、より強い孤立感に陥り、困窮状態をおそらく経験するとはいえ、引きつづき労働者階級にたいして一体感をいだいている。長期にわたって失業状態に置かれた人たちは、そうでない人びと以上に、労働という概念に傾倒していることを、ガリエは見いだした。

リディア・モリスは、英国北東部のハートループで、貧困の空間的様相を調査してきた。アンダークラスが出現しているように思えるのは、ハートループのように、製造業が衰退し、失業率が大幅に上昇してきた地域である。しかしながら、モリスの研究は、明らかに識別できるアンダークラスの出現を確証していない。モリスの見解では、アンダークラスという概念は過度に単純化されている（政治的色合いが強過ぎる）ため、今日の社会における貧困や社会的に恵まれない境遇が示す複雑さを反映していない。モリスは、失業労働者の三つのグループについて研究している。ひとつ目は男性が少なくとも一二カ月間失業していたカップル、二つ目は男性が過去一二カ月間同じ仕事に就いていたカップル、三つ目は男性が過去一二カ月以内に新たな仕事をはじめたカップル、である。

その人やその家族が頼りにできる支援ネットワークをもっているか否かということでは、モリスは、この三つのグループのあいだにほとんど差異を見いだせなかった。一年以上失業してきた人たちは、依然として仕事探しに真剣に取り組んでいた。その人たちは、反労働の文化をまだ身につけていなかった。こうした男性たちが身を置く状況は、この地域の長期に及ぶ経済的衰退や、技能の不足、地元での雇用を見いだすのに手助けとなるような仕事上のインフォーマルな人的つながりの欠如から、結果として生じた。とはいえ、モリスは、ほとんどの長期失業者に同じように失業中のパートナーがおり、また失業中の友だちがいる割合が最も高いことを、確かに見いだしている。それにもかかわらず、モリスは、「私の研究では、『アンダークラス』という明らかに識別できる文化の存在をじかに示す証拠は何も見いだせない」と結論づけている（Morris 1993）。

もちろん、モリスの研究は決して最終的なものではない。モリスの研究は、英国の一地域だけで、しかもエスニック・マイノリティが多くない地域でおこなわれていた。西インド系やアジア系の男性は、白人男性以上に、半熟練労働に集中し、失業率の平均値も高いからである。

論評　こうしたアンダークラスに関する対照的なアプローチをどのように読み解くことができるのだろうか。社会学の研究は、類似するライフチャンスによって結ばれた恵まれない人びとから構成される、そうした明らかに識別できる階級が存在するという考え方を立証しているのだろうか。

アンダークラスの概念は、米国で導入され、また米国で引きつづき意味を成している。米国では、富める人と貧しい人の両極端の差は、西ヨーロッパよりも顕著である。とりわけ、経済的欠乏や社会的権利剥奪状態が人種的区分と輻輳する場合、恵まれない人たちの集団は、広い社会から気が付いてみれば締め出されている傾向にある。アンダークラスの概念は、このような状況で有用であるように見えるものの、ヨーロッパの国々で用いるには多くの疑問の余地がある。ヨーロッパにも同じように恵まれない条件が見いだされるが、その条件は、米国におけるほど目立っていない。著しく貧しい状態で暮らす人たちとそれ以外の人たちとの隔たりは、同一水準ではない。

とはいえ、米国においてさえ、最近の研究は、都市の貧困者が流動性のない階層を形成しているとしても、「敗北して挫折し、社会との結びつきを失ったアンダークラス」という説明は誇張されている、と指摘する。たとえば、ファーストフード店で働く人や、ホームレスの露天商人に関する最近の研究は、都市の貧困者とそれ以外の人たちとの隔たりは、研究者が考えるほど大きくはない、と論じている（Duneier 1999; Newman 2000）。

階級とライフスタイル

社会学者は、階級上の位置づけを分析する際に、たとえば市場での序列や生産手段との関係、職業といった階級上の位置づけを示す従来の指標に、伝統的に依存してきた。とはいえ、近年、一部の研究者は、人びとの階級上の位置づけを、もっぱら経済活動や雇用の面だけでなく、たとえばライフスタイルや消費様式といった文化的な要素とも関連づけて評定するべきである、と主張する。このような取り組み方によれば、いまの時代は、《消費活動》と関係する「シンボル」や標識が毎日の生活でこれまで以上に大きな役割を演じている時代である。人びとのアイデンティティは、かなりの程度まで、たとえば雇用関係といった伝統的な階級指標よりも、むしろ――たとえば、どんな服を着るのか、何を食べるのか、どれくらい自分の身体に注意を払うのか、どこで息抜きをするのかといった――ライフスタイルの選択を軸に組み立てられている。

フランスの社会学者ピエール・ブルデュー（一九三〇年～二〇〇二年）は、ライフスタイルの選択が階級の重要な指標であるとする見解を支持している。ブルデューは――財産や富、所得のような物的財から構成される――経済資本は重要であると主張するが、経済資本は階級について部分的理解しかもたらさないと考えていた。ブルデューの社会階級の概念形成は極めて広範囲に及んでいる（Crompton 1993 を参照）。ブルデューは、階級上の位置を特徴づける四つの「資本」形態を識別する。《経済資本》は、そのひとつに過ぎない。他に、《文化資本》、《社会関係資本》、《象徴資本》がある（Bourdieu 1986）。人びとは、自分たちと他の人たちを、経済的要素によってではなく、ますます《文化資本》――そのなかに、学識、芸術の鑑賞力、消費様式、余暇の過ごし方が含まれる――にもとづいて区別するようになる、とブルデューは主張する。人びとは、文化資本を蓄積していく過程で、資本主義システムの内部で消費のために――象徴的なものにせよ、実在のものにせよ――商品やサーヴィスを販売する「ニーズの商人たち」の増殖によって、支援を受ける。広告代理業者やマーケティング業者、ファッションデザイナー、流行評論家、インテリアデザイナー、個人専属トレーナー、セラピスト、ウェブページデザイナー等々はすべて、拡大する一方の消費者コミュニティで、文化的嗜好に影響を及ぼし、ライフスタイルの選択を促進することに関与している。

ブルデューの階級分析で同じように重要なのは、《社会関係資本》――その人の友人のネットワークや人的つながり――である。ブルデューは、社会関係資本を、個人や集団が、「互いに面識があったり、その存在を知っている人たちとの、多少とも制度化された関係性の持続的ネットワークを所有することによって」手に入れられる資源、と定義づけている（Bourdieu 1992）。社会関係資本という概念は今日の社会学で重要な分析手段になっているが、この社会関係資本をめぐるブルデューの議論は、この考え方が今日幅広く用いられるに至る重要な第一歩となった。社会関係資本の概念は、現在では米国の政治学者ロバート・パットナムとしばしば結びつけて考えられている。

パットナムによる社会関係資本の研究は、第一六章「組織とネットワーク」、六七二頁〜六七四頁で言及している。

さらに、ブルデューは、社会階級の四つ目の重要な標示物として、《象徴資本》――よい評判を得ていることが含まれる――を指摘する。この象徴資本という考え方は、ステータスという概念に類似している。

ブルデューが説くこの四つの資本類型は互いに関係しており、ある資本を所有していることが、ある程度まで他の資本の追求を手助けする可能性がある。たとえば、大金（経済資本）を稼ぐビジネスマンは、芸術に洗練された趣味を格別もたないかもしれないが、自分の子どもたちをこうした芸術関係の仕事を奨励する私立学校に進ませるために、学費を出してあげることが可能である（その結果、子どもたちは文化資本を獲得することになる）。稼いだ金は、その男性がビジネスの世界で上席の人びとと新たな人的結びつきをつくるように導いたり、子どもたちも裕福な家庭の子どもたちと友だちになるかもしれない。その結果、その男性も、また子どもたちも、社会関係資本を獲得することになる。同じように、人的結びつきに富んだ友人集団（社会関係資本）に属す人は、自分の勤め先で上席の職に早く昇進するかもしれない。その人は、その上席の職で業績を上げれば、経済資本や象徴資本が増えることになる。

他の研究者は、階級区分が、示差的なライフスタイルや消費様式と密接に結びつく可能性があるという点で、ブルデューと同意見である。だから、たとえばサヴェージたちは、中流階級のなかの集群について言及する際に、文化的嗜好と「資産」にもとづいて三つの区分を識別している（Savage et al. 1992）。公的サーヴィスに就く専門的職業従事者は、「文化資本」が高く、「経済資本」が低いために、エクササイズ、低アルコール飲料の消費、文化的活動やコミュニティ活動への参加を含む、健康的で活動的なライフスタイルを追求する傾向にある。対照的に、企業や官庁の管理的職業従事者は、平均的水準ないし低水準のエクササイズ、文化的活動へのほんの少しの関与、家財道具やファッションにおける伝統的スタイルの選好という「とくに目立たない」消費様式を特徴とする。三つ目の集群である「ポストモダンの人たち」は、明確な原則をまったく欠き、伝統的に一緒に享受されることの少ない要素から構成されたライフスタイルを追求している。だから、たとえば乗馬や、古典文学への関心が、ロッククライミングのような過激なスポーツにたいする熱中や、レイブ音楽と麻薬のエクスタシーの愛好をともなうかもしれない。

階級内の階層分化が、階級間の階層分化と同じく、たんに職業の差異だけでなく、消費活動やライフスタイルの差異にも左右されだしていると主張するのは、総じて難しいように思える。この点は、社会全体の趨勢に目を向けることで裏づけられる。たとえば、サーヴィス経済やエンタテイメント産業、レジャー産業の急速な拡大は、先進工業国の内部でますます消費活動が強調されていることを反映する。現代の社会は、すでに消費社会になっており、すべてのことがらが物的財の獲得に連動している。消費社会は、いくつかの点で「大衆社会」であり、階級の差をある程度まで無視することができる。だから、たとえば出身階級を異にする人たちが誰でも、同じテレビ番組を見たり、同じ「目抜き通り」の店で服を買ったりできる。しかしながら、階級の差は、同時にまたライフスタイルや「嗜好」に生ずる変異によって強化される可能性もある（Bourdieu 1986）。

とはいえ、一方でこうした変化に留意するにしても、社会的不平等の再生産において経済的要因が演ずる決定的な役割を無視することはできない。ほとんどの場合、極端な社会的、物質的欠乏を経験している人たちは、ライフスタイルの選択の一環として、このような境遇を経験するのではない。そうではなく、この人たちは、経済構造や職業構造と結びついた要因によって、このような境遇に押し込められている（Crompton 1998）。

ベヴァリー・スケッグズ――階級の形成とジェンダー

ブルデューによる階級の研究（三四五頁～三四七頁）は、極めて影響力をもち、多くの社会学者が階級研究に応用してきた。英国の社会学者ベヴァリー・スケッグズは、みずからが北西イングランドでおこなった女性たちの研究で、階級とジェンダーの形成を検証するために、ブルデューによる階級と文化の解明を利用している。スケッグズは、労働者階級に属する八三名の女性の人生を一二年間にわたって追跡していった（Skeggs 1997）。この女性たちはすべて、一時期、地元の職業補習学校で介護士養成課程を受講していた。ブルデューの用語法を踏襲したスケッグズは、研究対象になった女性たちが普通以下の経済資本や文化資本、社会関係資本、象徴資本しか所有していないことを見いだした。女性たちは、賃金も低く、学校教育の成績も乏しく、頼りにできる有力な人たちともほとんど結びつきがなかった。もっと高い社会階級の目から見れば、低いステータスしか得ていなかった。研究対象になった女性たちのあいだでこうした各種の資本が欠如していたことは、英国の労働者階級の女性たちにとって建設的なアイデンティティが広範囲に不足していることの反映である、とスケッグズは主張する。（それに対して、スケッグズの考えによれば、労働者階級の男性たちは、建設的なアイデンティティを獲得する際に、女性たちと同じような困難に遭遇していない。男性たちは、労働組合運動への参加によって、建設的なアイデンティティを与えられている。）それゆえ、女性たちにとって、「労働者階級」と名づけられることは、卑しい、価値がない、物騒だというレッテルを貼られることなのである。

スケッグズは、まさにこうした理論的背景のもとで、研究対象となった女性たちが、自分たちを労働者階級と称することに気が進まない理由を説明しようとした。この女性たちは、「白いハイヒールを履いて上辺だけを着飾った女」や「シャロンみたいな女」「トレーシーみたいな女」（ともに英国の人気テレビ番組『同じ穴のムジナ』の主人公で、夫たちが銀行強盗をはたらいて得た金で高級住宅地に住む、労働者階級出身の姉妹）といった、労働者階級の女性たちを標的にする嘲りの文化に十分気づいていた。面接調査で、女性たちは自分たちが労働者階級であることを「認めない」傾向が強いことに、スケッグズは気がついた。たとえば、セクシュアリティを話題にしたとき、女性たちは、自分たちが「ふしだらな女」と非難されるのを避け、したがって、結婚適齢期の年若い女性として間違いなく所有する数少ない資本の価値が低下するのを、敏感に回避しようとしていた。この女性集団のあいだでは、自分たちが性的魅力に富み、自分たちがそうしたければ「男をゲット」できることこそが重要であった。結婚式と婚姻は、体面を整え、責任を得る機会であった。介護士になるための訓練は、女性たちに、良き親としての務めを教え、資格を獲得した後で、体裁の良い有給労働に就く可能性をもたらしていた。

こうした女性集団は、自分自身を労働者階級と同一視しないように努め、また、多くの場合、階級を、自分たちの人生ではほとんど重要性をもたないと考えていた。とはいえ、階級は、女性たちの生き方にとって実際には根本的に重要であり、また、女性たちが労働者階級のアイデンティティから離脱しようとする企ては、階級の重要性をより以上に強めてきた、とスケッグズは主張する。スケッグズがイングランド北西部で調査した女性集団がたどる人生の解明は、階級が、他のアイデンティティ形態と、この場合で言えばジェンダーと、いかに緊密に絡み合うのかを明示している。

階級に基盤を置く社会で不平等は減少しているのか？

少なくとも近年まで、成熟した資本主義社会の階級システムでは、ますます階級間移動が容易になり、したがって不平等の度合が縮小していた。一九五五年に、ノーベル賞を受賞した経済学者サイモン・クズネッツは、後に**クヅネッツ曲線**と呼ばれるようになる仮説、つまり、資本主義発達の初期段階を通じて不平等は増加するが、その後は減少し、最終的に相対的に低い水準で安定することを証明する公式を提示した（Kuznets 1955。図9-1も参照）。ヨーロッパの国々や米国、カナダの研究は、これらの地域で不平等が第二次世界大戦前にピークに達したが、一九五〇年代に減少し、一九七〇年代のあいだほぼ同じ状態が続いてきたことを示唆している

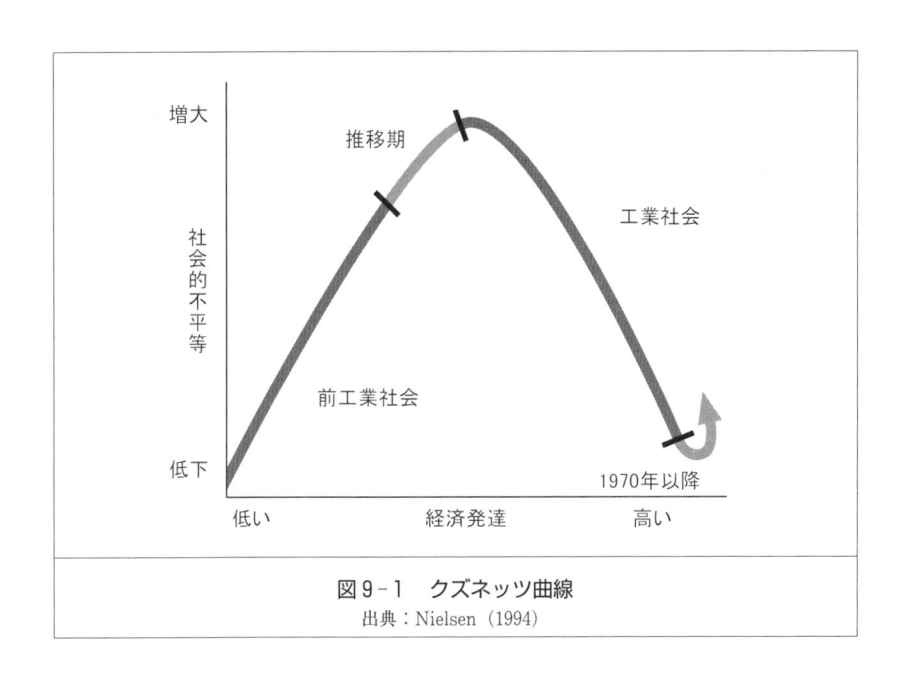

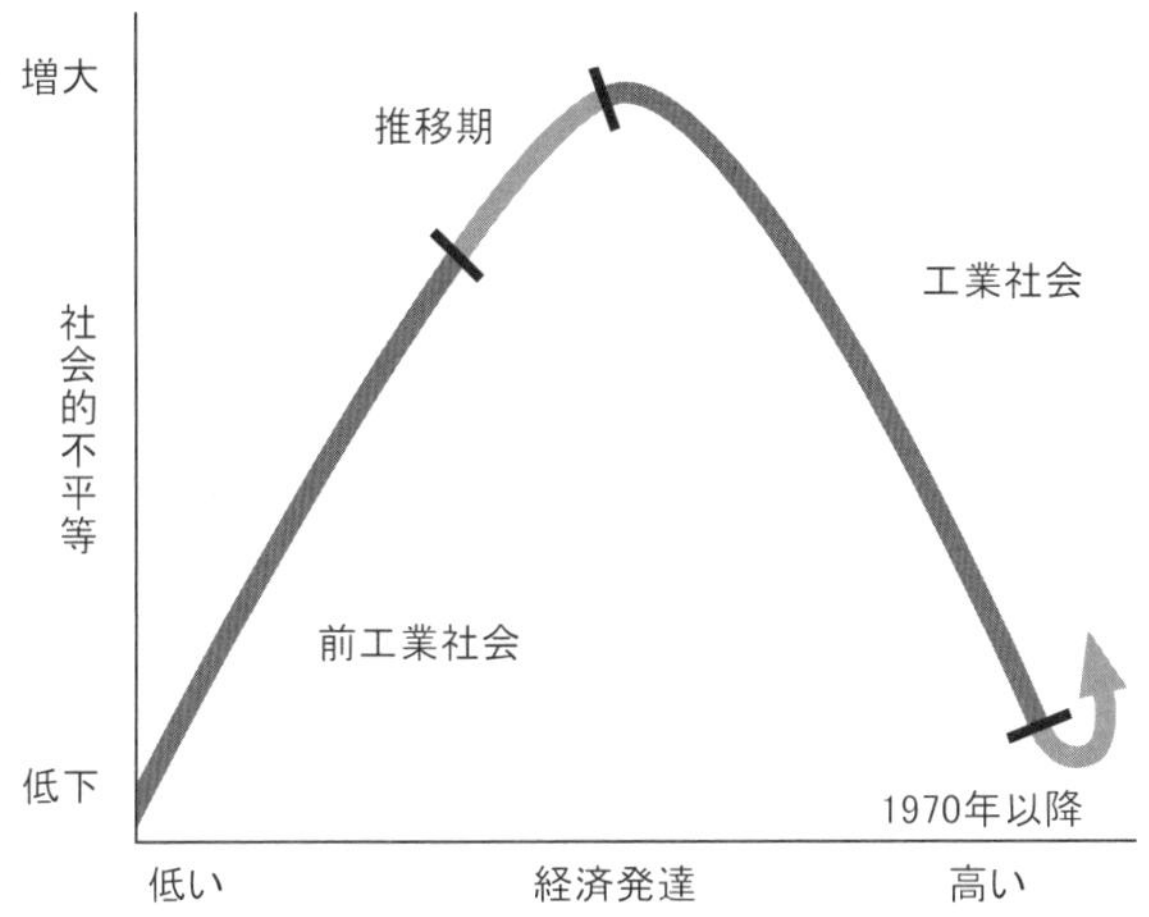

図９－１　クズネッツ曲線
出典：Nielsen（1994）

(Berger 1986; Nielsen 1994)。戦後の不平等状態の低下は、ひとつには工業社会における経済の拡大によるもので、経済の拡大は、底辺の人たちが上昇移動する機会を創りだした。同時にまた、戦後の不平等状態の低下は、政府が、健康保険制度や福祉計画等の不平等を縮小するためにとった政策によるものでもある。とはいえ、クズネッツの予測は、結果として工業社会に当てはまるだけなのかもしれない。《ポスト》工業社会の出現は、一九七〇年代以降、多くの先進工業国で不平等の増加を導いてきた（第一〇章を参照）。そのため、こうした不平等の増加は、クズネッツの理論に疑義を差し挟んでいる。

ジェンダーと社会成層

社会成層の研究は、長年にわたって「ジェンダーの問題に目を向けてこなかった」――社会成層の研究では、あたかも女性は存在しないかのように記述したり、あるいは権力や富、威信の区分を分析する上で、女性たちを、重要でないし、まったく興味を引かない存在であるかのように記述してきた。しかしながら、ジェンダーは、それ自体が社会成層の最も難解な事例のひとつである。どの社会においても、男性たちは、社会生活の多くの側面で、富や地位、影響力を女性たち以上に享受している。

現代社会におけるジェンダーと社会成層の研究が提起する主要な問題のひとつは、単純なように聞こえるが、解明の難しい問題であることがわかる。それは、現代におけるジェンダーの不平等を、主に階級区分という観点からどの程度まで理解できるのかという問いである。ジェンダーの不平等は、階級システム以上に歴史的に根が深い。階級が存在しなかった狩猟採集社会においてさえ、男性たちは、女性たちに優越する立場を占めていた。しかしながら、現代社会では、階級区分が非常に顕著であるため、階級区分は、おそらくジェンダーの不平等と実質的に「部分重複」している。ほとんどの女性の物質的位置づけは、父親なり夫の物質的位置づけを反映する傾向にある。したがって、私たちは、ジェンダーの不平等を主として階級の観点から説明する必要がある、と主張することもできる。

女性たちの階級上の位置づけを規定するもの

階級上の不平等がジェンダーの成層化をおおむね左右するという見解は、ごく近年に至るまでほとんど示されてこなかった仮説である。とはいえ、フェミニズムからの批判や、欧米の多くの社会で女性の経済的役割に生じた紛れもない変化は、この問題を論争の的にしていった。

階級分析の「従来の見解」では、女性たちの有給労働は男性たちの有給労働に比べて相対的に重要でないため、女性たちは、夫と同じ階級に属するとみなすことが可能であると考えられていた(Goldthorpe 1983)。ゴールドソープによれば、もともとゴールドソープ自身の階級分類図式もこうした信念にもとづいていたとはいえ、従来の見解は、性差別のイデオロギーにもとづくものではなかった。それどころか、この見解は、ほとんどの女性が労働力市場で従属的立場に身を置くことを認識していた。女性たちは、パートタイムの職に就く可能性が男性よりも高く、また出産や子どもの介護のために長期にわたって仕事を離れるため、有給就業を断続的に経験する傾向が男性たちに比べて強い(第一八章「労働と経済生活」を参照)。大多数の女性は、夫に経済的に依存する立場に伝統的に身を置いてきた。その結果、女性たちの階級上の位置づけは、ほとんどの場合、夫の階級状況に左右されることになる。

ゴールドソープの立論には、いくつかの点で批判が加えられてきた。まず、かなり多くの世帯で、女性たちの所得は、その家族の経済的地位や生活様式を維持する上で不可欠になっている。こうした状況では、女性の有給就業は、世帯の階級上の位置づけをかなりの程度まで規定する。二つ目に、妻の職業は、時として家族全体の地位の水準を定める可能性がある。女性が夫よりも少ない収入しか得ていない場合でさえ、妻の労働状況は、夫の階級に影響を及ぼす「最重要な」要素となるかもしれない。たとえば、かりに夫が非熟練ないし半熟練のブルーカラー労働者で、妻は小売店の支配人である場合が、それに相当する。三つ目として、「階級の交差する」世帯――夫の仕事が妻の仕事と異なる範疇に属する世帯――が存在する場合、たとえ同一世帯においても、その男女を異なる階級上の位置づけにあるとみなすほうが、もっと実態に則しているかもしれない。四つ目に、女性が唯一の生計の担い手である家族の割合は、増加している。ひとり親の女性や子どものいない女性労働者の増加は、こうした事実の証拠である。これらの女性は、かりに扶養手当がその女性を前夫と同じ経済水準につかせる場合を除けば、間違いなく自分の世帯の階級上の位置づけに決定的な影響を及ぼしている（Stanworth 1984; Walby 1986）。

ゴールドソープたちは、従来の見解を擁護してきたが、同時にまた重要ないくつかの変更も自分たちの分類図式のなかに採り入れている。世帯の階級分類という目的からすれば、より高い階級に属する配偶者を、たとえその人が男性であれ女性であれ分類のために用いることは可能である。今日、世帯の階級分類は、「家計の担い手である男性」をもとにするよりも、むしろ「主たる家計の担い手」によって判定されているからである。さらに、ゴールドソープの分類図式における階級Ⅲは、下位のホワイトカラー労働に従事する女性が圧倒的に多いことを反映して、二つの下位範疇に分けられている。この分類図式を女性に適応した場合、階級Ⅲb（販売やサーヴィスに従事する非肉体労働者）は、階級Ⅶとして扱われる。この階級Ⅶは、労働市場における非熟練女性労働者や半熟練女性労働者の位置づけのより正確な表示とみなされている。

世帯を除外できるのか

階級上の位置づけをめぐる論争が進む過程で、一部の研究者は、個人の階級上の位置づけを世帯と無関係に決定すべきである、と指摘してきた。いいかえれば、一人ひとりの社会階級は、その人の家庭環境をとくに照合しなくても、その人の職業だけで査定できるという。たとえばゴードン・マーシャルたちは、このような取り組み方を、英国の階級システムの研究で用いた（Marshall 1988）。

とはいえ、この取り組み方にもまた難点がある。この取り組み方は、たんに専業主婦だけでなく、退職者や失業者も含めた、有給就業していない人たちを除外するからである。退職者や失業者を、その人たちが最後に就いていた職業によって分類することは可能である。しかし、かりにその人たちがかなり長期にわたって働いていなかった場合、問題を孕む恐れがある。さらに、世帯を完全に無視することは、場合によると非常に誤った判断を導くように思える。その人が独身か有配偶かは、その人の入手できる機会に大きな差を生む可能性がある。

女性たちの就業が階級区分に及ぼす影響

女性の有給就業への参入は、世帯収入に非常に重要な影響を及ぼした。しかし、このような影響は、人びとが均等に経験してきたわけではないため、世帯間の階級区分を結果的に強める可能性がある。ますます多くの女性が、専門的職業か管理的職業に進出し、高給を稼ぎだしている。このことは、一方で高所得の「稼ぎ手が二人の世帯」と、他方で「稼ぎ手が一人」ないし「稼ぎ手が誰もいない」世帯との二極分化を助長する（第一八章「労働と経済生活」を参照）。

調査によれば、高所得の女性には高所得の配偶者のいる傾向が強く、また専門的職業や管理的職業に就く男性の妻は、他の仕事に就業する有配偶の女性よりも高い収入を得ていることが示されてきた。婚姻は、職業上の目標達成の面で、二人とも相対的に優遇された関係か、あるいは優遇されない関係を生みだす傾向がある（Bonney 1992）。

こうした共働きの関係が及ぼす影響は、とくに専門的職業に就く女性たちのあいだで、平均出産年齢が上昇しているという事実によって明示される。共働きで子どものいない夫婦の増加は、最も所得の高い世帯と最も所得の低い世帯との格差の拡大を増幅する一因になっている。

社会移動

社会成層を研究する際に、たんに経済的位置づけや職業の差異だけでなく、そうした地位や職業に就く一人ひとりの身の上に生ずることがらについても考察する必要がある。**社会移動**という用語は、個人や集団が異なる社会経済的位置づけのあいだを移動することを指称している。**垂直移動**とは、社会経済的尺度の上下移動を意味する。財産や所得が増大したり、地位が上昇する——この章の冒頭で生活史を紹介したグラム・ヌーン卿のような——人たちは《上昇移動》である。それにたいして、逆方向に進む人たちは《下降移動》である。現代の社会では、非常に多くの水平移動も見いだされており、**水平移動**は、近隣居住地域や都市、地方社会のあいだの地理的移動を指している。垂直移動と水平移動は、結びついている場合が多い。たとえば、ある都市に所在する会社で働いている人は、別の都市の、ないし他の国に所在するその会社の支社でより高い職位に昇進するかもしれない。

社会移動の研究には、二つの方法がある。まず、一人ひとりの経歴——就業生活の過程で、その人が社会的尺度をどれくらい上昇するか、あるいは下降するか——を調べることが可能である。このような移動は、通常、**世代内移動**と呼ばれている。一方また、子どもたちが、その子の両親や祖父母と同じ種類の職業にどれくらい就いていくかを分析することも可能である。この世代を横断した移動は、**世代間移動**と呼ばれている。

社会移動の比較研究

ある社会における垂直移動の総計は、低い階層に生まれた有能な人が社会経済的階段をどの程度まで上昇できるかを示す、その社会の「開放」度合の主要な指標である。この点で、社会移動は、とりわけすべての市民に機会均等というリベラルな未来像を提示する国々では、重要な政治的問題になっている。先進工業国は、社会移動の面でどの程度「開放的」なのだろうか。英国では、他の国々以上に機会の均等がより多く見いだせるのだろうか。

社会移動の研究は、五〇年以上にわたっておこなわれ、しばしば国際比較をともなってきた。初期の重要な調査研究のひとつを、一九六〇年代にピーター・ブラウとオーティス・ダッドレイ・ダンカンが実施している (Blau & Duncan 1967)。ブラウとダンカンの調査は、これまで単一の国でおこなわれた社会移動の研究のなかでも最も詳細である。(とはいえ、この研究は、確かに広範囲に及んでいるが、他のほとんどの社会移動研究と同じように、さきに指摘した問題点を——つまり、調査対象者がすべて男性であったという問題点を——如実に示している。) ブラウとダンカンは、二万人の男性からなる全国規模の抽出サンプルのデータを収集した。米国では、多くの垂直移動が見られたとはいえ、そのほとんどすべてが、極めて近接した職業上の位置づけのあいだでの移動である、とブラウとダンカンは結論づけた。「大幅な」移動は稀である。下降移動は、個人の経歴でも世代間でも確かに生じたが、上昇移動ほど一般的ではなかった。その理由は、ホワイトカラーや専門的職業の仕事がブルーカラーの仕事よりも急激に増加してきたからである。つまり、ブルーカラー労働者の息子がホワイトカラーの職に就く機会を創出するような変化が生じたからである。ブラウとダンカンは、教育と訓練が人びとの成功機会に及ぼす重要性を強調した。ブラウとダンカンの見解では、上昇の社会移動は、一般に工業社会全体の特徴であり、社会の安定性と社会的統合に寄与している。

社会移動に関するおそらく最も有名な国際比較研究は、シーモア・マーチン・リプセットとラインハート・ベンディックスがおこなった調査である（Lipset & Bendix 1959）。リプセットとベンディックスは、男性のブルーカラー労働からホワイトカラー労働への移動に焦点を当てながら、九つの先進工業社会——英国、フランス、西ドイツ、スウェーデン、スイス、日本、デンマーク、イタリア、米国——から得たデータを分析した。リプセットとベンディックスの予想に反して、米国がヨーロッパ社会以上に開かれた社会である証拠は、何も見いだせなかった。ブルーカラーとホワイトカラーの境界を横断する垂直移動の総数は、米国が三〇%であったのにたいして、他の社会でも二七%から三一%まで見いだされた。リプセットとベンディックスは、すべての先進工業国がホワイトカラーの職務の拡大という点で類似する変化を経験してきた、と結論づけている。このことは、これらの社会すべてで、匹敵する規模の「上昇移動の高まり」を結果的にもたらした。他の研究者たちは、リプセットとベンディックスの得た研究結果に疑問を投げかけ、かりに下降移動にもっと着目したり、また大幅な移動も考慮に入れれば、国ごとの顕著な差異を見いだすことができると主張する（Heath 1981; Grusky & Hauser 1984）。

ここで述べているような、社会移動のほとんどの研究は、移動の「客観的な」次元に——つまり、移動が、どれくらい、いずれの方向に、そして人口のどの部分で生じているかに——焦点を当ててきた。ゴードン・マーシャルとデイヴィッド・ファースは、社会移動の比較研究で、異なる分析方法をとり、人びとが階級上の位置づけの変化にたいしていだく「主観的」感情を調査した（Marshall & Firth 1999）。マーシャルとファースがこの調査を計画したのは、社会移動が人びとの幸福感におそらく及ぼす影響について社会学者のあいだで生じている「根拠のない推測」に応酬するためであった。社会移動が不安定感や孤立感、根無し草のような感覚を生みだすと主張する社会学者もいれば、もっと楽観的な見方をして、当然のことながら新たな階級にたいする段階的な適応過程が生ずる、と指摘する社会学者もいた。

マーシャルとファースは、一〇カ国——ブルガリア、旧チェコスロヴァキア、エストニア、ドイツ、ポーランド、ロシア、スロヴェニア、米国、英国——から得た調査データを用いて、階級移動が、たとえば家族や地域社会、仕事、所得、政治といった日常生活の諸側面にたいする満足感なり不満感の増大と密接に結びついているか否かを詳細に検討した。その結果、マーシャルとファースは、回答者の階級上の経験と生活全体の満足感のあいだに結びつきがあるという証拠を、ほとんど見いだすことはできなかった。この点は、下降移動した人たちと同じく、労働者階級の出身で中流階級の職に移った人たちにも当てはまった。

下降移動

下降移動は、上昇移動ほど一般的ではないが、それでも広く見いだす現象である。世代内の下降移動も一般的に見られる。この世代内の下降移動は、心理的問題や不安としばしば密接に結びついている。こうした心理的問題や不安に陥った場合、人は、それまで慣れ親しんできた生活様式を維持できなくなる。労働力の過剰も、下降移動の主たる原因のひとつである。たとえば、失業した中年層は、新しい勤め口を見つけるのが極めて難しいことに気づいたり、勤め口があっても以前よりも低い所得水準の仕事しか得られない。

英国では、下降移動に関する研究はこれまでほとんどおこなわれてこなかった。とはいえ、世代間にせよ世代内にせよ下降移動は、米国で増加しているように、英国でもおそらく増加傾向にある。米国では、下降移動について近年いくつか研究がおこなわれてきた。一九八〇年代から一九九〇年代初めに、米国では中位のホワイトカラーの職種で働く人たちの平均実質所得（物価上昇率を調整した後の所得）は、第二次世界大戦後はじめて全般的に下降した。したがって、かりにこうした職種が他の職種に比べ拡大をつづければ、この職種で働く人たちは、かつていだいた暮らしにたいする抱負を維持できなくなるかもしれない。

現在こうした変化が生じだしている主な原因は、企業の事業再編成や規模の縮小である。多くの企業は、国際競争の激化に直面し、労働力を削減してきた。常勤のブルーカラーの職種だけでなく、ホワイトカラーの職種も——低賃金の職やパートタイムの職に代えるために——減らされはじめている。

米国での下降移動は、今日、子どもをかかえて離婚したり離別した女性のあいだで、とくに一般的である。結婚当時は適度に快適な中流階級の生活様式を享受していた女性たちは、離婚後、気がついてみれば「その日暮らし」にしばしば陥っている。多くの場合、離婚後の扶助料は、僅かか、あるいはまったく支払われていない。仕事と子育て、家事の責任をうまくやり繰りしようと努力する女性たちは、収入の範囲内で生活するのが困難なことに気づく（Schwarz & Volgy 1992）。

英国での社会移動

戦後の英国では、社会移動の全般的度合について——この場合もまた、ほぼすべての調査は男性だけに焦点を当てていたとはいえ——広範な研究がおこなわれてきた。デイヴィッド・グラスは、初期の研究のひとつを主宰している（Glass 1954）。グラスの研究は、一九五〇年代までの長期にわたる世代間移動を分析した。グラスの得た調査結果は、まえに述べた他の国々のデータから得た（ブルーカラーの職からホワイトカラーの職への移動が約三〇％という）知見と符合する。事実、その後の国際比較研究は、グラスの調査を幅広く参考にしていった。英国は格別「開放的な社会」ではない、とグラスは全体を見渡して結論づけている。かなり多くの移動が生じたとはいえ、そのほとんどは狭い範囲の移動だった。上昇移動は、下降移動よりもかなり一般的に見られ、総じて階級構造の中位層に集中していた。最下層にいる人たちは、最下層に留まる傾向があった。また、専門的職業や管理的職業で働く人たちの息子は、約五〇％が親と類似した職業に就いていた。グラスはまた、社会のエリート層のあいだで、この種の「自己調達」の度合が高いことを見いだしている。

もう一つ重要な、今日ではオックスフォード大学の社会移動研究として有名になった研究を、ジョン・ゴールドソープと同僚たちが、一九七二年に実施された調査をもとにしておこなっている(Goldthorpe with Llewellyn & Payne 1980)。ゴールドソープたちは、グラスの研究がおこなわれた時期以降、社会移動の様式がどのくらい変化してきたのかを調査しようとした。その結果、移動範囲の大きい社会移動がかなり増えてきただけでなく、実際に男性たちの移動の度合が以前よりも全般的に高まっている、と結論づけた。とはいえ、その主な理由は、この場合もまた、職業システムがもっと平等主義になってきたからではない。むしろ、変化の淵源は、ブルーカラーの職務に比べ、もっと高位のホワイトカラーの職の増加拡大が引きつづき促進されたことにある。非熟練ないし半熟練の肉体労働者の息子では、三人に二人が同じ肉体労働の職に就いていることも明らかにされた。専門的職業と管理的職業に就く人の約三〇％は、労働階級出身であった。一方、ブルーカラー労働に就いている男性で、専門的、管理的職業従事者家庭の出身は、約四％であった。

オックスフォード大学の社会移動研究は、社会移動の割合が間違いなく高くなっている証拠を見いだしたにもかかわらず、英国のさまざまな人口階層での社会移動の相対的可能性が相変わらず極めて不平等であり、また機会の不平等の原因が紛れもなく階級構造に引きつづき根ざしている、と結論づけた。

このオックスフォード大学で最初実施された社会移動の研究は、ほぼ約一〇年後に収集された新たなデータをもとに更新されている(Goldthorpe & Payne 1986)。当初の研究で得た主要な知見は再確認されたが、新たな展開もいくつか見いだされた。たとえば、ブルーカラー家庭出身の少年が専門的職業や管理的職業に就く可能性は、増大してきた。この場合もまた、その原因を、もっと高位のホワイトカラーの仕事に比べてブルーカラーの職種の削減をもたらした職業構造の変化に跡づけることができる。

一九八〇年代に、マーシャルたちは、ゴールドソープほかが得た知見をおおむね再確認する調査結果を発表した。このエセックス大学の社会移動の研究で、マーシャルたちは、上位のホワイトカラーの職ないし専門的職業に従事する人たちの約三分の一が、ブルーカラー家庭の出身であることを見いだした。これらの調査結果は、英国社会の流動性がかなり高いことを確かに実証している。多くの人びとにとって、社会のヒエラルキーを上昇することは、世代内移動の面でも世代間移動の面でも、実際に可能である。しかしながら、女性たちは、定型的な単調な非肉体労働に過度に多く就いていることで移動の可能性や機会を妨げられるため、社会移動の度合は、依然として女性たちに不利に働いている。現代社会の流動性は、主として職業の格づけの上昇傾向に由来する。マーシャルたちは、「『最上位の職に就く余地』が増えたからといって、それは、その職を得る機会がさらに均等になってきたからではない」と結論づけた(Marshall et al. 1988)。とはいえ、さきに指摘した次の点を、つまり、社会移動は長期に及ぶ過程であり、かりに社会がもっと「開放的」になりだしているとしても、その効果は一世代では完全に明らかにならないことを、銘記する必要がある。

しかしながら、ロンドン・スクール・オヴ・エコノミックスのジョー・ブランデンとアリーサ・グッドマン、ポール・グレッグ、ステファン・マシャンは、二〇〇二年に刊行した研究で、これとは逆の過程を見いだしている。ブランデンたちは、英国で、ひとつは全員が一九五八年三月に生まれた集団と、もう一つは同じく全員が一九七〇年四月に生まれた集団のあいだの世代間移動を比較した。この二つの集団の年齢差はわずか一二年であったが、この研究は、二つの集団のあいだで経済的地位の世代間移動が急激に低下していることを実証した。一九七〇年生まれの集団の経済的地位は、一九五八年生まれの集団以上に、親の経済的地位と著しく結びついていることが、この研究によって明らかにされた。一九五八年生まれの集団から一九七〇年生まれの集団のあいだで世代間移動が低下した理由のひとつは、一九七〇年代末からはじまった教育達成度の上昇が、裕福でない家庭の子どもたちよりも、裕福な家族の子どもたちに利益をもたらしたからである、とブランデンたちは指摘する。

英国は能力主義社会か?

ピーター・ソンダーズは、グラスやゴールドソープがおこなった調査も含まれるが、英国での社会移動研究の伝統を最も声高に批判してきた研究者のひとりである(Saunders 1990, 1996)。ソンダーズによれば、英国では、最もうまく「力量を発揮」して成果を挙げた人たちに報賞が当然のこととして与えられるため、英国は真の能力主義社会である。ソンダーズの見解では、職業上の成功の不可欠な要素は、出身階級ではなく、能力と努力である。ソンダーズは、子どもの発達に関する全国調査から得た経験的データを利用して、利発で勤勉な子どもたちが、社会的に有利な環境を経験しているか否かにかかわらず、成功することを証明している。ソンダーズの考えでは、英国は、不平等な社会かもしれないが、かなり公平な社会でもある。

こうした主張にたいして、リチャード・ブリーンとジョン・ゴールドソープは、理論と方法論の双方の面からソンダーズを批判している(Breen & Goldthorpe 1999)。ブリーンとゴールドソープは、ソンダーズが、調査データの分析に、たとえば失業中の回答者の除外といった偏った判断を持ち込んでいるという理由で非難する。ブリーンとゴールドソープは、ソンダーズが利用した同じデータに異なる分析を加え、まったく別の知見を提示して、社会移動にたいする階級上の障壁が重要な働きをしているという自分たちの確信を実証した。ブリーンとゴールドソープは、確かにであるが、「出身階級」も引きつづき強い影響力をもっている、と結論づけた。ブリーンとゴールドソープによれば、恵まれない生い立ちの子どもたちは、類似した階級上の位置づけを獲得するために、恵まれた生い立ちの子どもたち以上に優秀さを見せつけなければならない。

ジェンダーと社会移動

かなりの数の社会移動の調査は男性に焦点を当ててきたが、近年、女性たちのあいだでの移動様式に多くの注意が払われるようになった。学校で女の子のほうが男の子よりも「優れ」、女性が男性よりも高等教育を受ける人数が多い時代において、長く社会に存続したジェンダーの不平等が解消されだしていると結論づけたい誘惑にかられる（この点について、詳しくは第一七章「教育」七〇八頁〜七一一頁を参照）。職業構造は、女性たちにたいしてより「開放」されてきたのだろうか。あるいは、女性の移動機会は依然として主に家族や社会的素性によって左右されているのだろうか。

報告書『一九九〇年代の二〇歳台の人たち』は、経済社会研究会議が実施している同時出生集団の調査であるが、一九七〇年の同じ週に生まれた九〇〇〇人の英国人の生活を追跡してきた。回答者が二六歳になった時点でおこなわれた最新の調査は、男女とも、家庭環境と出身階級が引きつづき強く影響していることを見いだした。成人期への移行に最もうまく対処している若者たちは、よりよい教育を受け、結婚や出産を後回しにしており、またこの若者たちの父親は専門的職業に就いていた、とこの研究は結論づける。一方、恵まれない生い立ちの若者たちは、引きつづきそうした恵まれない境遇に留まる傾向が高かった。

この研究は、今日、女性たちが、全体から見れば前の世代よりもはるかに大きな向上の機会を体験しだしていることを明らかにした。中流階級の女性たちは、さきに言及した変化から最大の利益を得てきた。同輩の男性たちと同じように、おそらく大学に進学し、卒業後は高い給料の職で活躍するようになるからである。このような機会均等に向かう趨勢はまた、ちょうど二〇年前に生まれた同時出生集団と比較した場合、女性たちの自信や自負心の高まりにも反映されていた。

女性たちが望む職業に就く機会は、増進しだしている。しかし、重大な障壁が二つ残存する。男性の経営者たちや雇用者たちは、依然として女性の就職希望者を差別している。それは、ひとつには男性の経営者たちや雇用者たちが、「女性は実際には職業に就くことに興味がない」し、女性は家庭をもてばおそらく退職すると確信しているからである。子どもを産むことは、確かに女性たちが職業に就く機会に依然として相当の影響を及ぼしている。それは、女性が職業に就くことに興味がないからというよりも、むしろ女性が、仕事での昇進か子どもを産むかの選択を、実際上強いられるからである。男性たちは、めったにしか家事労働や子育ての責任を進んで完全に分担することをしない。以前よりももっと多くの女性が、職業をつづけるために家庭生活をうまく切り盛りしだしているとはいえ、女性たちの行く手には、依然として大きな障壁が存在する。

結び――階級の重要性

階級のもつ伝統的な影響力は、いくつかの点で、とくに人びとのアイデンティティに関して、確実に弱まりだしている。とはいえ、階級区分は、依然として現代社会における経済的不平等の核心部分を形成する。階級は、私たちの生活に引きつづき多大な影響を及ぼしており、階級の一員であることは、平均余命や身体の健康にはじまり、教育を受ける機会や給料のよい職に就く機会に至るまでのさまざまな不平等と、相関関係にある。

英国では過去三〇年のあいだに、貧困層と富裕層の不平等状態は拡大してきた。階級間の不平等の増大は、経済発達を確保するために支払うべき代償なのだろうか。このような想定は、一九七九年以降のサッチャー政権時代を通じてとくに顕著であった。富の追求は、それが革新的な考えや意欲を鼓舞する動機づけの力になるため、経済発達を生みだす、と理由づけされていた。今日、グローバル化と経済市場の規制緩和は、富裕層と貧困層の格差の拡大と、階級間の不平等の「固定化」をもたらしだしている、と多くの論者は主張する。

しかしながら、階級区分が私たちの活動を決して完全に規定していないことを銘記するのは、重要である。多くの人たちが、確かに社会移動を経験しているからである。高等教育の拡大、専門資格の取得機会の増加、インターネットや「ニューエコノミー」の出現は、上昇移動のための新たな重要な経路を提供している。このような展開は、旧来の階級や社会成層の様式をさらに侵食し、もっと流動的な、能力主義の秩序を促進しだしている。

まとめ

1　社会成層とは、社会が階層に分化していることを指称する。社会成層について論ずる場合、社会のなかで人びとが占める不平等な位置づけに注意を向けることになる。すべての社会に、ジェンダーや年齢による成層化を見いだすことができる。規模の大きな伝統社会や今日の先進工業国では、富や所有物、物的財や文化的生成物の入手利用に階層分化が生じている。

2　四つの主要な社会成層システム類型を区別できる。奴隷制、カースト制、身分制、それに階級である。奴隷制とカースト制、身分制の三つの類型は、法的ないし宗教的に是認された不平等にもとづいている。それにたいして、階級の分化は、「公に」認知されてなく、人びとの生活の物質的環境に影響を及ぼす経済的要因に起因する。

3　マルクスとウェーバーが、最も重要で影響力のある社会成層理論を展開している。マルクスは、もっぱら階級を強調し、階級を、社会の経済構造の客観的に付与された特徴とみなしていた。マルクスは、資本の所有者と資本を所有していない労働者のあいだに、根本的亀裂を見いだした。ウェーバーは、類似した見解をいだいたが、社会成層の他の二つの側面――地位と党派――を識別している。地位とは、個人や集団に付与される評価ないし「社会的名声」を、党派とは、一定の目的を達成させるために積極的に集団を結集することを指称する。

4 職業は、しばしば、社会階級の指標として使用される。同じ職業に従事している人は、同程度の社会的利益ないし不利益を経験し、類似したライフチャンスを享受する傾向がある。社会学者は、職業による階級分類図式を用いて、伝統的に社会の階級構造を示してきた。階級分類図式は、階級を基盤にした不平等状態や不平等様式を明らかにするのに有用である。しかし、別の点では、限界もある。たとえば、階級分類図式は、経済的活動をおこなっていない人たちに適用するのが難しいし、財産の所有や富が社会階級にとって重要な意味をもつことを反映していない。

5 現代社会のほとんどの人びとは、数世代前の人たちよりも富裕である。しかし、富は、相変わらず相対的に少数の人びとの手に著しく集中している。上流階級は、富と権力をともに手にし、自分たちの特権を次の世代に継承できる見込みがある、そうした少数の人たちから構成される。富裕層は、さまざまに変化しやすい集団である。近年、自力で財をなした大富豪や女性たち、若年層が、かなりの数で富裕層に加わりだしている。

6 中流階級は、おおまかに言えば、教員や医療専門職、サーヴィス産業の被雇用者といったホワイトカラーの職で働く人たちから構成される。ほとんどの工業国で、今日、中流階級は、人口の大多数を包含している。このことは、専門的職業や管理的職業、行政的職業の増加に、かなり起因する。普通、中流階級の成員は、労働者階級と異なって、生活の糧を得るために、肉体労働だけでなく頭脳労働を売ることが可能になる、そうした学業証明や専門資格を所持している。

7 労働者階級は、ブルーカラーないし肉体労働の職で働く人たちから構成される。労働者階級は、製造工程の労働の減少にともない、二〇世紀のあいだに規模が著しく縮小してきた。労働者階級の成員は、一世紀前に比べて富裕になっている。

8 アンダークラスとは、社会の周縁で著しく恵まれない境遇で生活する人びとを区分したものである。アンダークラスという考え方は、都市部における貧しいエスニック・マイノリティの位置づけを記述するために、最初、米国で発達した。このアンダークラスの概念は、英国にも適用されてきたとはいえ、米国という場でおそらく有用である。米国においてもアンダークラスの概念は明らかに論争の焦点になっているが、米国では、困窮する人たちとそうでない人びとのあいだに、かなり大きな裂け目が見いだされるからである。

9 近年の一部の研究者は、ライフスタイルや消費様式といった文化的要素が階級上の位置づけに重要な影響を及ぼしている、と指摘する。この見解によれば、今日、一人ひとりのアイデンティティは、職業のような伝統的な階級指標よりも、むしろライフスタイルの選択を軸に組み立てられている。

10 社会成層の分析は、伝統的に男性の観点から論述されてきた。それは、ひとつにはジェンダーの不平等が階級の差異の反映であると想定されたからである。しかし、こうした想定は、非常に疑問の余地がある。ジェンダーは、ある程度まで階級とは無関係に現代社会における成層化に影響を及ぼしている。

11　一人ひとりの階級上の位置づけは、少なくともある面で獲得されたものである。たんに出生時に「付与された」のではない。社会移動は、階級構造の上昇移動にせよ下降移動にせよ、かなり一般的な特徴である。

12　社会移動の研究では、世代内移動と世代間移動を区分している。世代内移動とは、その人の就業生活のなかで社会的尺度を上下する移動を指称する。世代間移動は、ブルーカラー家庭出身の娘や息子が専門的職業に従事する場合のように、世代を横断した移動を問題にしている。社会移動は、総じて限定された範囲で生ずる。ここ数十年のホワイトカラーの職の拡大はかなり多くの狭い範囲の上昇移動の機会をもたらしたが、ほとんどの人は、出身家族の水準近くにとどまっている。

13　《社会関係資本》とは、人びとが相互の利益のために互いに協力し、自分たちの影響力を拡大するのを可能にさせる、そうした知識や人的結びつきを指称する。一部の社会科学者は、米国で過去四半世紀のあいだに社会関係資本が衰退しており、こうした推移が市民の社会参加の低下を示唆するのではないかと懸念している。

考察を深めるための問い

1　社会成層へのどの理論的アプローチが、あなたの日常経験を理解する上で最も有意関連性をもつのだろうか。

2　多くの社会学者は、なぜ職業を社会階級の尺度として用いているのだろうか。

3　現代の社会では、下降移動は、なぜ上昇移動ほど一般的でないのだろうか。

4　社会学者は、「関係論的」階級分類図式で何を意味しようとしているのだろうか。

5　個人と世帯では、いずれが階級分析の最も適切な単位なのだろうか。

6　誰もが衣食をまずまず満たしている以上、社会に見いだす不平等ははたして悪いことなのだろうか。

読書案内

Rosemary Crompton: *Class and Stratification: An Introduction to Current Debates* (Polity, 1998)

Michael Lavalette & Gerry Mooney (eds): *Class Struggle and Social Welfare* (Routledge, 2000)

Charles Murray et al.: *Charles Murry and the Underclass: The Developing Debate* (IEA Hearth & Welfare Unit in association with The Sunday Times, 1996)

Sally R. Munt (ed.): *Cultural Studies and the Working Class* (Cassell, 2000)

Christine Zmroczek & Pat Mahony (eds): *Women and Social Class: International Feminist Perspectives* (UCL Press, 1999)

インターネット・リンク

Bibliography on social class (University of Amsterdam)
http://www.pscw.uva.nl/sociosite/CLASS/bibA.html

Explorations in Social Inequalities
http://www.trinity.edu/mkearl/strat.html

Marxists Internet Archive
http://www.marxists.org

Multidisciplinary Program in Inequality and Social Policy at the Kennedy School of Government
http://www.ksg.harvard.edu/inequality/

The Program of Nations 2000 Unicef Report
http://www.unicef.org/pon00/

10

貧困、社会的排除、福祉

キャロルは、コールセンターで旅行の手配を求める人たちに情報提供して顧客サーヴィスをおこなう、二四歳の女性である。キャロルは、しばしば夜遅くまで長時間の勤務についている。キャロルと一緒にコールセンターで働く人たちは、全員が女性である。横長の大きな部屋に席が配置され、互いにグレーの仕切壁で区切られている。女性たちは、前に置かれたコンピュータ端末に情報を入力したり、端末から情報を検索しながらマイク付きヘッドフォンに話しかける。

キャロルは、職場の同僚の多くと同じように、ひとり親で、低い賃金で幼い子をふたり扶養している。キャロルは、前の夫から子どもの扶養費を毎月少額受けとっているが、その扶養費は出費を決して十分まかなうほどでない。キャロルは、給料日から給料日へ綱渡りの生活をしている。キャロルは、週に朝三回、住まい近くのオフィスビルで清掃人として臨時の仕事にも就いている。この副業で稼ぐことができるので、キャロルは、請求書のほとんどを期日通りに支払い、子どもたちのために衣服を買い、保育費用をまかなえるようになった。こうした臨時の時間給を得ているにもかかわらず、キャロルは、毎月、収入の範囲内で暮らすのに苦闘する。キャロルとふたりの子どもたちは、団地の公営住宅に住んでいる。キャロルにとって最大の目的は、昇進して、もっと安全な、もっと望ましい地域に引っ越すことである。

コールセンターで夜遅くまで働いた後、キャロルは、子どもたちを連れて帰るために職場から自分の母親のところに急ぐ。託児施設が毎日午後閉まった後は、自分の母親が子どもたちの世話をしてくれているからである。運が良ければ、子どもたちはキャロルがうちに連れて帰るや否や、すぐに寝てくれる。しかし、寝かしつけるのに一苦労する夜のほうが多い。子どもたちが眠りに就いたときには、キャロルは疲れ果て、テレビのスイッチを入れる以外何もする気にならない。キャロルには食物を買いに出たり、きちんとした食事を作る時間がほとんどないため、キャロルと子どもたちが食べるのは、多くが冷凍食品である。キャロルは、バランスのとれた食事が必要なことをわかっているが、団地の近くには店がないし、たとえあったとしてもキャロルには多くの新鮮な食物を買う余裕がない。

キャロルは、子どもたちと一緒にいる時間があまりにも少ないことに悩んでいるが、そのディレンマを解消できる見通しは何もない。夫と離婚した後の一八カ月間、キャロルは、国の手当に頼って自宅にいて子どもたちと暮らしていた。自分の置かれた状況に対処しようと懸命に努力しているが、福祉制度に依存することは望んでいない。キャロルの望みは、コールセンターでの経験を何年か積んだ後で、もっと大きな責任を負う、給与の高い地位に就くことである。

多くの人たちは、キャロルと似た境遇の人に出会うと、キャロルの暮らしについておそらくある種の想定をおこなう。そして、キャロルの貧困と社会での低い地位は、キャロルの生まれながらの能力の結果であるか、キャロル自身の受けた養育の帰結である、とおそらく結論づける。あるいは、困難な状況を克服できるように懸命に働いていないといって、キャロルを非難する人がいるかもしれない。これらの見解は正しいのだろうか。社会学の任務は、これらの想定を分析し、キャロルと同じ人たちの体験を解読できるような、もっと幅広い社会にたいする見方を生みだすことである。

キャロルとキャロルの子どもたちは、英国で貧困状態で暮らす多くの世帯の一例に過ぎない。経済協力開発機構（ＯＥＣＤ）によれば、英国は、先進世界のなかで貧困の実態記録が最も悪い国のひとつである。多くの人は、英国がこうした有り難くない名誉に浴することを学んでショックを受けるかもしれない。かなり裕福な人たちは、自分の国での貧困の拡がり具合についてほとんど正確な知識をもたない場合が多い。この章では、貧困の概念と貧困体験について詳しく見ていく。同時にまた、社会的排除というもっと広い概念についても検討する。後半部分で、福祉国家が貧困にたいする応答のなかからどのように発達してきたのかを検証し、また近年の福祉国家を改革する試みについて見ていく。（この章では、英国の貧困に焦点を当てている。次の第一一章では、貧困と不平等の問題をグローバルな脈絡で検討する。）

貧困

貧困とは何か

貧困とは何であり、また貧困をどのように定義するべきだろうか。貧困について、社会学者や他の研究者は、それぞれ**絶対的貧困**と**相対的貧困**という二つの異なる取り組み方を支持してきた。絶対的貧困という概念は、最低限の暮らし——身体的に健康な生存状態を維持するために充足されなければならない基本的条件——という考えに立脚している。人が生存するためのこうした根本的な必要条件——たとえば、十分な食糧と雨風をしのぐ場所、衣服——を欠く人たちは、貧困状態で生活していると言われることになる。絶対的貧困という概念は、普遍的に適用できるように思える。人びとの最低生活のための基準は、どこに住んでいるかにかかわらず、年齢や体格が同等のすべての人にとってほぼ同じであると考えられるからである。世界中のどこでも、かりにこの普遍的な基準以下に陥れば、その人は貧しい暮らしをしていると判断される。第一一章「グローバルな不平等」で見るように、今日、世界の多くの人びとが、絶対的貧困の状態で生まれ、亡くなっている。

とはいえ、どの研究者も、このような基準の特定が可能であると考えているわけではない。相対的貧困という、貧困を個々の社会で優勢な全般的生活水準と結びつけて考える概念を用いるほうがむしろ適切である、と主張する人たちもいる。相対的貧困の概念を主唱する人たちは、貧困を文化的に定義づけることができ、欠乏状態という何らかの普遍的基準にしたがって貧困の状態を測定するべきではないと考えている。人びとのニーズがどこでも同じであると想定するのは間違いである——現実に人びとのニーズは、社会の内部だけでなく、社会ごとに異なる。ある社会で絶対必要と考えられる品物が、別の社会では贅沢品とみなされるかもしれない。たとえば、ほとんどの先進工業国で、水道の水や水洗トイレ、果物と野菜の定期的な消費は、健康な生活にとって基本的に必要と考えられている。これらのものを欠いた生活をする人たちは、貧しい暮らしをしていると言われる可能性がある。しかしながら、発展途上社会では、この種の品目は大多数の住民のあいだで標準になっていないので、これらの有無によって貧困状態を測定することは、何の意味もなさない。

絶対的貧困にしても相対的貧困にしても、その定式化には難しい問題がある。絶対的貧困を測定する一般的な方法のひとつは、個々の社会で人が生存するために必要な基本的物資の価格にもとづいて、**貧困線**を決めることである。収入が貧困線を下回る人たちや世帯は、貧しい暮らしをしていると判断される。しかしながら、単一の基準を用いて貧困状態を判断するのは問題がある。なぜなら、このような規定の仕方は、社会内部の、また社会間の変差を考慮に入れ損なうからである。たとえば、その国のある区域で生活することは、基本的な必要物資の価格が地域ごとに異なるので、他の区域で生活するよりも費用が掛かる可能性がある。もう一つ別の例を挙げれば、戸外で肉体労働に従事する人たちは、たとえば屋内で毎日座って仕事をする事務従事者よりも、おそらく栄養摂取の面でもっと大きなニーズをもつ。単一の貧困基準の使用は、人によっては、現実にその人の収入が最低生活を送る上での基本的ニーズを満たしていない場合でも、貧困線を上回っていると査定されることを意味しやすい。

とはいえ、相対的貧困という概念も、込み入った問題をかかえている。そのひとつは、社会が発達すれば、相対的貧困についての理解も必ず変化するという事実である。社会が豊かになれば、相対的貧困の基準は徐々に上向きに調整されるからである。たとえば、一時期、車や冷蔵庫、集中暖房設備、電話は贅沢品と考えられていた。しかしながら、今日、先進工業社会では、これらの品物を、活動的な充実した生活を送るための必需品とみなしている。相対的貧困という概念の使用は、社会の少しも豊かでない成員たちでさえ前の時代に比べればかなり暮らし向きが良くなっている事実から注意を逸らさせる傾向がある、と一部の批判者は警告を発してきた。この人たちは、たとえば今日の英国のように、テレビや洗濯機といった消費財がほとんどすべての家庭に置かれている社会で、はたして「真の」貧困が存在すると言えるのかどうかを問題にしてきた。相対的貧困という概念を擁護する人たちは、かりに個人や集団が栄養のある食べ物や十分な健康管理といったもっと基本的な財を入手利用できなければ、消費財の入手利用など重要ではないと指摘している。

次の節で、英国で用いられてきた主要な貧困測定方法について、いくつか検討したい。

貧困の測定

貧困の公的測定　貧困者かどうかを判断する上で「貧困線」という公的な最低所得基準が存在する米国など多くの国々と対照的に、英国では、政府は、貧困そのものの解釈をおこなっていない。英国の研究者は、貧困の公的定義がなされていないため、貧困の度合を測定するために、公的給付規定といった他の統計指標に頼ってきた。一九六〇年代中頃から研究者たちは、所得が補足給付水準かそれ以下の人たちを「貧困」状態にあるとしたアベル＝スミスとタウンゼントの定義を踏襲している。補足給付とは、所得が最低生活のために議会が妥当と判断する所得水準に達していない人びとに、国家が支払う金銭的手当である。英国では、一九八八年に、所得援助が補足給付にとって代わった。今日、ヨー

表10-1　所得中央値（住居費込み）60%以下の世帯で暮らす人の数と比率

年	人数（万人）	%
1979	650	12
1981	690	13
1987	930	17
1988/9	1090	19
1990/1	1140	20
1991/2	1170	21
1992/3	1140	20
1993/4	1050	18
1994/5	980	18
1995/6	940	17
1996/7	1030	18
1997/8	1030	18
1998/9	1020	18
1999/2000	1000	18
2000/1	970	17
2001/2	970	17

出典：*Households Below Average Income 19945-20012,* in Flaherty et al. (2004)

ロッパのほとんどの国で、貧困は一般的に所得の不平等を用いて測定され、貧困は、所得の中央値の六〇％（ないし、それ以前の尺度では五〇％）か、それ以下の水準で暮らす世帯数として定義づけられている。この測定方法にもとづくと、貧困状態で暮らす人たちの数は、一九八〇年代を通じて劇的に増加し、一九九一年度にピークに達したが、一九九〇年代中頃に低下していった（表10-1を参照）。二〇〇四年に、雇用年金省は、全人口の一六％を占める九五〇万人が、この測定方法にもとづく貧困状態で暮らしていると算定した。

ピーター・タウンゼント——相対的剥奪　一部の研究者は、さきに検討したような公的測定方法では貧困の真の姿を描写できないと考えている。貧困を欠乏状態として定義づける重要な研究が、いくつかおこなわれてきた。こうした取り組みの先駆者のひとりに、ピーター・タウンゼントがいる。一九五〇年代末からタウンゼントの研究は、英国で、貧困にたいする公的認識を増進させた。タウンゼントの研究は、所得統計に頼るよりも、むしろ人びとが貧困にたいしていだく主観的な理解に目を向けてきた。いまや古典となった研究『英国における貧困』で、タウンゼントは、一九六〇年代の終わりに英国の世帯が記入した二〇〇〇通以上に及ぶ質問票にたいする回答を点検、考察した（Townsend 1979）。回答者は、所得はもとより、生活条件や食習慣、労働、余暇生活、市民活動を含め、自分たちのライフスタイルについて、詳細な情報を提供していた。このデータのなかから、タウンゼントは、特定の集団よりも、全人口に有意関連すると思われる二〇の項目を

表10-2　タウンゼントの剥奪指標（1979年）

指　標	人口に占める割合（%）
1　この１年間、自宅を離れて休日を過ごすことがなかった。	53.6
2　大人だけに質問。この４週間に、食事や軽食のために近親者や友人を自宅に招くことがなかった。	33.4
3　大人だけに質問。この４週間に、食事や軽食のために近親者や友人のところに出かけていない。	45.1
4　子ども（15歳以下）だけに質問。この４週間に、友だちと一緒に遊んだりおやつを食べることがなかった。	36.3
5　子ども（15歳以下）だけに質問。この前の誕生日に誕生パーティを開いていなかった。	56.6
6　この２週間に、娯楽のために、午後や夕方に外出することがなかった。	47.0
7　１週間に４日も（外食も含め）新鮮な肉類を食べることがない。	19.3
8　ここ２週間、１日か数日、調理された食事を摂らずに過ごしてきた。	7.0
9　毎週、ほとんどの調理された朝食を摂っていない。	67.3
10　自宅に冷蔵庫がない。	45.1
11　通常、自宅では、日曜に骨付き肉の塊を焼くことがない（４回に３回）。	25.9
12　自宅では、４つの住宅施設（水洗トイレ、流し台と水道の蛇口、備え付けの浴槽かシャワー、それにガスか電気の調理器具）を単独で使用できない。	21.4

出典：Townsend（1979）

選び出し、これらの項目が欠乏している人口の比率を算出した（その結果は、表10-2に見ることができる）。

タウンゼントは、《剥奪指標》上のスコアを――このスコアが高ければ高くなるほど、その世帯は窮乏している――各世帯に付けた。そして、この剥奪指数上の各世帯の立場を、世帯の人数や働いている成人の有無、子どもたちの年齢、障害を負った家族員の有無を斟酌しながら、世帯の総所得と比較していった。この調査によって、その数字を下回ると窮迫の度合が急激に上昇する所得水準の閾値が明らかにされた、とタウンゼントは結論づけた。タウンゼントが貧困に苦しんでいると評したのは、この閾値を下回る世帯である。タウンゼントの算出によれば、こうした世帯は、人口の二二・九%を占め、以前に示唆された数値よりもはるかに高かった。これらの知見にもとづいて、タウンゼントは、資力調査にもとづく政府の給付率が五割以上も低く査定されており、その世帯が社会に生き甲斐をもつかたちで完全に参加するために必要な最低金額まで支給が及んでいない、と結論づけた。タウンゼントの研究は、所得が減少すると、その家族はまったく普通の家庭生活上の用務に関係するのを一見やめてしまうことを明らかにした。つまり、この「社会的排除」という概念は以下（三七九頁～三八七頁）で詳しく触れるが、「社会的に排除される」ようになる。

タウンゼントの取り組みは、以下で見るようにいまも影響力をもっているとはいえ、一部の論者から批判されてきた。たとえば、デーヴィッド・ピアショーは、タウンゼントが（表10-2の）剥奪指数のために選んだ項目が確たる根拠を欠いていると主張し、

「これらの項目が貧困とどのように関係するのかにしても、これらの項目がどのように選ばれたのかにしても明確でない」と指摘する（Piachaud 1987）。タウンゼントが示した剥奪指数のうち一部の範疇は、貧困よりも、社会的ないし文化的意思決定と関係している可能性がある。かりに誰かが、肉を食べないとか、ベーコンやソーセージなど調理済み食品を供する朝食を摂らないという選択をおこなったり、あるいは定期的に社会活動に参加しないとか、休暇をとらないという選択をおこなった場合、その人が貧困で苦しんでいるかどうかは明白でない。

ジョアンナ・マックとスチュワート・ランズリー――『英国の貧窮』　貧困を剥奪状態としたタウンゼントの定義を土台にして、ジョアンナ・マックとスチュワート・ランズリーは、英国での相対的貧困に関する二つの重要な研究を、第一回は一九八三年に、第二回は一九九〇年におこなっている。『英国の貧窮』と題したテレビ番組のために、マックとランズリーは、人びとが「容認できる」生活水準のために何を「必需品」と考えているかを正確に知ろうとして、世論調査をおこなった。この回答をもとに、マックとランズリーは、五割以上の回答者が普通の生活を送るのに重要とみなす二二の基本的必需品のリストをつくり出した。ふたりは、貧困を、このリストから三つ以上の項目が欠けている状態と定義づけた。

マックとランズリーは、回答者たちに、必需品そのものを選択してもらうのではなく、むしろ《回答者自身》が何を必需品と考えているのかを質問した。こうすることで、ふたりは、ピアショーたちがタウンゼントの最初の調査に下した批判――つまり、タウンゼントが剥奪指数を作成するために選んだ項目は、確たる根拠を欠いているという批判――を回避した。マックとランズリーはまた、自分たちの調査に、回答者が欠いている項目は、個人的選択の問題なのか、あるいは必要性が高いのかをたずねる質問を組み込んだ。かりに回答者が個人的選択の問題だと答えた場合、その回答者は、当該項目に窮乏しているとは分類されなかった。

一九八三年の最初の調査で、マックとランズリーは、英国で貧困生活を送る人たちが七五〇万――人口の約一四％――いると推定した。用いられた算出方法の違いで、タウンゼントの調査よりもかなり低いが、引きつづき高い数字が示された。ふたりは、さらに一九九〇年にも調査を繰り返した。マックとランズリーの調査結果は、一九八〇年代に貧困が著しく増加し、（二六の必需品のうち、少なくとも三つ以上を欠く状態と定義された）貧困状態で暮らす人たちの数も、七五〇万人から一一〇〇万人に上昇し、また（少なくとも七つ以上の必需品を欠く）極貧状態で暮らす人の数も二六〇万人から三五〇万人に上昇したことを明らかにした（Mack & Lansley 1985, 1992）。

デーヴィッド・ゴードン――『英国における貧困と社会的排除』　「英国の貧窮」調査とタウンゼントの（タウンゼントもこのゴードンたちの調査に寄与している）先駆的研究を参考にして、デーヴィッド・ゴードンたちは、二〇〇〇年に、「英国における貧困と社会的排除」と名づけられた同様の調査をおこなっている（Gordon et al. 2000）。マックとランズリーと同じく、デーヴィッド・ゴードンたちも、質問票を用いて、人びとが現代英国の容認できる生活水準のために何を「必需品」とみなしているのかを決めた。この回答をもとに、ふたりは、人口の五割以上が通常の生活にとって重要とみなす三五項目のリストを作成した。この調査で「必要」とみなされた項目のリストは、表10-3に示されている。

調査チームは、このリストの三五項目のうち、六つの項目――テレビ、冷蔵庫、全員のベッドと寝具、洗濯機、医師処方薬、冷凍庫――が、貧富の区別という観点で見た場合、必需品の欠如状態を定める上で信頼性なり妥当性を欠くことに気づいた。したがって、この六つの項目を分析から除外した。その上で、ゴードンたちは、低所得と結びついた二つ以上の必需品が強制的に欠如した状態にもとづいて、貧窮度の閾値を設定した。

必需品の所有状況をもとにした「英国における貧困と社会的排除」調査によれば、住民の約七二%は、このリストの項目を、金銭的余裕があるために、ひとつしかか、あるいはまったく欠いていないことが明らかにされた。とはいえ、その後の分析で、この数字には収入面で貧困に陥りやすい一〇%の人たちが含まれていることがわかった。後の二八%の人たちは、二つ以上の必需品を欠いていた。この数字には、貧困からすでに脱していることを十分示唆するほど収入が高まっている約二%の人たちが含まれていた。したがって、残る人口の二六%が、貧困と分類された。(この調査結果は、表10-4に要約されている。)

ゴードンたちは、マックとランズリーが先行して二回おこなった「英国の貧窮」調査と類似する方法をとったため、自分たちの調査データを利用して、英国の貧困水準が徐々にどのように変化してきたのかを比較できた。二〇〇〇年に発表された「英国における貧困と社会的排除」調査を二回の「英国の貧窮」調査と比較するなかで、ゴードンたちは、社会的に認識された三つ以上の必需品(マックとランズリーの研究で貧困の閾値とされた数字)を欠く世帯の数が、一九八三年の一四%から、一九九〇年の二一%、一九九九年の二四%へと、徐々にかなり増加してきたことを見いだした。このように、「英国における貧困と社会的排除」調査は、必需品の強制的な欠如状態という観点で見た場合、一方で英国の人口が、一九八〇年代初めから二〇〇〇年までに、全体としてかなり裕福になったとはいえ、社会の底辺にいる人たちに関する限り、貧困が劇的に増加していることを明らかにした。

どのような人たちが貧困者か

貧困の様相はさまざまであり、しかも絶えず変化しているため、「貧困者の全体像を示すことは難しい。しかしながら、英国では、特定の範疇に入る人たちが、他の人たち以上に貧しい生活を送りやすい傾向が見られる。とくに、生活の他の側面でも恵まれていない人たちは、貧困に陥る可能性が増大する。この節では、人口全体に比べて不釣り合いに貧困に苦しむ一部の集団、つまり、子どもたちや女性たち、エスニック・マイノリティ、高齢者に手短に焦点を当てながら、英国では貧困がどのように様式化されているのかを検討したい。とはいえ、まずはじめに、貧困の地域的側面について見ていきたい。

英国では、一部の地域が他の地域よりも貧困であるが、一九九

表10-3　成人による必要性の認識と欠乏している人の割合（%）

	検討項目		回　答	
	必　要	不必要	「もっていない」「欲しくない」	「もっていない」「もつ余裕がない」
・全員のベッドと寝具	95	4	0.2	1
・居住領域用の暖房機器	94	5	0.4	1
・湿気を免れた住居	93	6	3	6
・入院している友人や家族を訪ねる	92	7	8	3
・1日に2回の食事	91	9	3	1
・医師が処方した薬	90	9	5	1
・冷蔵庫	89	11	1	0.1
・新鮮な果物と野菜を毎日摂る	86	13	7	4
・防寒防水コート	85	14	2	4
・故障した電気器具を買い換えたり修理する	85	14	6	12
・友人や家族を訪ねる	84	15	3	2
・クリスマスのような特別の日を祝う	83	16	2	2
・住まいを見苦しくない状態に維持するために金を使う	82	17	2	14
・たとえば運動会の日に、学校を訪れる	81	17	33	2
・結婚式や告別式に参列する	80	19	3	3
・ほぼ1日おきに、肉や魚介、野菜主義者の場合はそれに相当する食材を摂る	79	19	4	3
・家財保険	79	20	5	8
・趣味や余暇の活動	78	20	12	7
・洗濯機	76	22	3	1
・子どもを学校に迎えに行く	75	23	36	2
・電　話	71	28	1	1
・仕事の面接を受ける際の相応しい衣服	69	28	13	4
・冷凍庫	68	30	3	2
・居間や寝室のカーペット	67	31	2	3
・まさかの時や退職のために、定期的に貯金（月に10ポンド）する	66	32	7	25
・全天候型シューズを2組	64	34	4	5
・食事のために誘ったり誘われる友人や家族がいる	64	34	10	6
・毎週、家族のためでなく、自分自身のために消費できる少額のお金がある	59	39	3	13
・テレビ	56	43	1	1
・週に1回は、骨付き肉の塊を焼いたり、野菜主義者の場合はそれに相当する食材を調理する	56	41	11	3
・1年に一度は友人や家族にプレゼントをする	56	42	1	3
・年に1回は、近親者とではなく、自宅を離れて休日を過ごす	55	43	14	18
・使い古した家具を取り替える	54	43	6	12
・辞書や事典	53	44	6	5
・社交の場のための揃いの衣装	51	46	4	4

出典：Gordon et al.（2000）

表10-4　「貧困と社会的排除」調査の結果
（2000年）

貧困の区分	(%)
貧　困	26
貧困に陥りやすい	10
貧困から脱している	2
貧困ではない	62

出典：Gordon et al. (2000)

九年の政府報告が強調するように、「地域内の格差は、少なくとも地域間の格差と同じくらい大きくなっている」（Cabinet Office 1999）。「低賃金の英国」での暮らしについて述べた報告で、ジャーナリストのポリー・トインビーは、富裕な地域のあいだに困窮地区が見られることを解明していった。トインビーは、ロンドン南部のクラパムにある高価な自宅を出て、英国で最も貧しい団地のひとつに所在する一世帯用住宅《フラット》に引っ越し、低賃金の職に就いていった。この住宅は、トインビーの自宅玄関から歩いて一〇分に満たない距離にあった。トインビーは、自宅の近くに滞在することを選択した。それは、「貧困は、北部のバローやジャローといった、どこか他所のことではない。貧困は、隣の街に、富裕と複雑にもつれ合ったかたちで見いだされる。……個々の地区に見いだされる社会的分裂は、北と南あるいは地域間の富のギャップに劣らないかたちで存在する」からである（Toynbee 2003）。

所得が国民平均の六割以下の世帯で暮らす子どもたちの割合は、一九七九年から一九九六年度のあいだに、一四%から三四%と、倍以上に増加した。二〇二〇年までに子どもたちの貧困を終結させることは、労働党が一九九七年に政権に就いた後でおこなった最も意欲的な公約のひとつであり、かなりの成果を上げてきた。さまざまな点で、貧困状態で暮らす子どもたちは、そうでない子どもよりも不健康になりやすい。貧困状態で暮らす子どもたちは、出生時体重が軽かったり、（徒歩で行き来をしたり、安全な遊び場や公園を利用できないために）路上の事故で怪我をしたり（また命を奪われたり）、虐待を受けたり、自傷行為に苦しんだり、自殺を試みる可能性が高い（Flahert et al. 2004）。

女性の貧困は、多くの場合、「男性が率いる世帯」に焦点を当てる研究の背後に隠されてきたとはいえ、女性たちは、男性よりも貧困になる可能性が高い（Ruspini 2000）。

ゴードンたちがおこなった「英国における貧困と社会的排除」調査は、貧困生活を送る成人の五八%を女性たちが占めることを見いだしている（Gordon et al. 2000）。女性の貧困の原因は複雑である。重要な要素のひとつは、家庭の内と外の両方に見いだすジェンダー化された分業と関係する。家事労働の負担と子どもや近親者の介護責任は、引きつづき不均等に女性たちの肩に掛かっている。このことは、女性たちが家庭の外で働きたいという意欲や能力に影響を及ぼす。つまり、女性たちは、常勤よりも、むしろパートタイムの有給就業に就く可能性が男性以上に強く、結果

表10-5　エスニック・グループ別の所得区分（2001年度）

	(%)				
	下層	中層の下	中層	中層の上	上層
白　人	18	20	20	21	21
カリブ系黒人	34	21	17	13	16
カリブ系以外の黒人	43	22	14	12	9
インド人	26	15	26	16	17
パキスタン人／バングラデシュ人	61	20	11	6	3
その他	37	18	15	12	18
全　体	20	20	20	20	20

出典：Department for Work and Pensions

的に稼ぎが少なくなることを意味する。英国ではより多くの女性がこれまで以上に有給労働に参入しだしているとはいえ、労働力のなかで、「男の職種」と「女の仕事」という職業上の区分は、依然として強固に守られている。女性たちは、あまり賃金が高くない産業に不均等に多く見られる（Flahert et al. 2004）。

エスニック・マイノリティ・グループの成員もまた、貧困層のなかに過度に多く見いだされる。とくに、パキスタン人やバングラデシュ人は、他のエスニシティの人たちに比べ、平均で六割以下の収入しか得ていない（表10-5を参照）。この理由の一端は、英国のすべてのエスニック・マイノリティで、失業率が高く、就業率が低いからである。たとえば、二〇〇二年にアフリカ人やパキスタン人、バングラデシュ人の失業率は、白人より三倍も高かった。二〇〇二年度の冬期では、白人の雇用就業率が七六％であったのにたいして、エスニック・マイノリティ出身者は、五八％しか雇用就業していなかった。また、労働市場での差別の度合が高いことも示されている。パキスタン人集団は、たとえばヨークシャーやバーミンガムのように、かつて重工業地域や織物産業地域――一九七〇年代末から一九八〇年代に景気後退に陥った産業――に、著しく集中している。アフリカ系カリブ人男性は、肉体労働の職に、とくに運輸通信産業に多く見られる。中国人やバングラデシュ人は、とりわけ外食産業に集中している。エスニック・マイノリティが特定の産業や雇用主を「白人系」と受けとめ、逆に一部の雇用主がエスニック・マイノリティを「従業員募集対象の範囲外」とみなしているために、何らかの職業差別が生じていることを示す証拠が存在する（Perfprmance & Innovation Unit

2002; Flaherty et al. 2004)。英国のエスニック・マイノリティはまた、低賃金の職に就き、学校教育で苦闘し、貧しい地域の質の劣った住まいで生活し、健康問題に苦しむ傾向がおそらく強い (Flahert et al. 2004)。

勤労生活を通じてほどほどの賃金をおそらく得てきた多くの人たちは、とくに個人年金に投資していなかったり、その余裕がなかった場合、引退後に、収入の減少（と地位の低下）を経験する。人口の高齢化は、国の年金準備金にますます重圧を加えだしている。平均余命が高まるにしたがい、人口に占める高齢者の数も増加する。一九六一年から二〇〇一年のあいだに、英国で六五歳以上の人びとの数は、九四〇万人と倍加した。現在、六五歳の男性は平均して一五年、女性は二〇年、生存すると考えられている。

最近の研究は、年金生活者が、労働人口以上に、貧困を一貫して経験する可能性がはるかに高いことを示している。一九九八年から二〇〇一年に、貧困を一貫して経験している人は、労働人口の七%にたいして、年金生活者では一八%に達していた。低収入の年金生活者の数はまた、年齢とともに増加する。この数十年間に、高齢の女性やエスニック・マイノリティ出身の高齢女性は、他の年金生活者以上に貧困を経験しやすいことが、研究によって明らかにされている。

この種の知見が、二〇〇二年の「私たちの目的は、この国において年金生活者の貧困を終わらせることです」という大蔵大臣ゴードン・ブラウンの言明につながった。二〇〇三年一〇月に、六〇歳以上の人たちに最小限の収入を保証し、この人たちのうち半数の収入を増やすことを約束した年金最低保障給付制の導入は、目的を満たすために多少とも役立ってきた。もちろん、こうした政策の成果は、給付金の請求権利を与えられたすべての人が実際に請求するかどうかに左右される (Flaherty et al. 2004)。

貧困を説明する

貧困に関する説明は、主に二つの範疇に分類できる。つまり、貧しい人たちはみずからの貧困に責任を負うべきであるとする理論と、貧困が社会の構造的な力によって生みだされ、また再生産されると考える理論である。これらの競合するアプローチは、時として「貧困に苦しむ人たちを咎める」理論と「社会のあり方を咎める」理論と形容されている。次に、この二つの理論について手短に検討したい。

恵まれない境遇の責任が貧しい人たち自身にあるとみなす考え方には、長い歴史がある。たとえば一九世紀の救貧院のように、貧困の及ぼす影響に取り組むための初期の努力は、貧困が個人の不適格性なり病理の結果であるという信念にもとづいていた。貧しい人たちは――技能の欠如、精神的弱さや身体的虚弱、意欲の欠如、平均以下の能力のために――社会で立身出世できない人たちとみなされていた。社会的境遇は、その人の生来の素質と努力の反映であると考えられた。立身出世してしかるべき人たちは立身出世するが、能力の劣る人たちは、成果を挙げられない運命にあるとされた。「勝者」と「敗者」の存在は、人生の現実とみなされていた。以下で福祉国家の出現について述べるが（三八七頁～三九九頁）、そこで見るように、貧困を本来的にその個人の失敗というかたちで説明する仕方は、二〇世紀中頃に一般に受け容れられなくなったが、一九七〇年代から八〇年代に復活を遂げることになる。それは、起業家精神や一人ひとりの意欲にたいする政治的強調が、社会的に「成功」した人たちに報賞をもたらし、成功しなかった人たちにはみずからの境遇の責任があるとみなすようになったからである。多くの場合、貧困に関する説明は、貧困者がおそらくとると思われる態度や見地に加えて、貧困者のライフスタイルに求められてきた。こうした理論のなかで最も有力な解釈のひとつを、米国の社会学者チャールズ・マリーが提示している（マリーの研究成果は、第九章の三四〇頁〜三四五頁で、詳しく触れている）。マリーは、みずからの貧困に個人的責任を負うべき人たちが存在する、と主張する（三九四頁〜三九五頁のコラム「福祉依存」を参照）。マリーは、この依存型文化という用語で、労働市場への参入よりも、むしろ政府の福祉給付に頼る貧しい人たちのことを指称している。マリーは、福祉国家の発達が個人の意欲や自助努力の能力を蝕むようなサブカルチャーを創りだしてきた、と主張する。福祉依存者たちは、将来に目を向け、よりよい生活の達成のために努力するよりも、施しを受けることに満足している。福祉は、人びとが働こうとする気持ちを蝕んできた、とマリーは主張する。マリーは、みずからの貧困にたいして個人的責任を負うべき人たちと、「その人自身のせいではない」のに――たとえば夫と死別した人、妻と死別した人、孤児、身体障害者のように――貧しい生活を送る人びととを、明らかに対比している。

このような学説に共鳴する人は、英国にもいるように思える。調査によれば、英国人の大多数は、貧しい人たちを、その人自身に貧困の責任があるとみなし、「政府の施し」で「ただで」暮らす人たちに疑いの目を向けている。生活保護を受ける人たちは、かりに決心さえすれば仕事を見つけることができる、と多くの人は信じている。しかしながら、これらの見解は、貧困の現実と矛盾する。英国で貧困生活を送る人たちの約四分の一は、何らかのかたちで仕事をしているが、その人たちを貧困の淵から連れ戻すのに十分な稼ぎを得ていない。残りの人たちのうち、大半は、一四歳以下の子どもや、六五歳以上の人、病人、身体障害者である。生活保護の不正受給の割合が高いという一般の人たちの見方にもかかわらず、生活保護の申請のうちで、不正請求は一％以下である――これは、税金の一割以上が虚偽申告や脱税によって失われていると推定される、所得税申告の場合よりもはるかに低い数字である。

貧困を説明する二つ目の取り組み方は、個人では克服しがたい貧困状態を生みだすもっと大きな社会過程を強調している。この見解によれば、社会内部の構造的な力――階級やジェンダー、エスニシティ、職業上の地位、学業達成度等々の要因――は、資源配分のあり方を具体的に示す。しばしば「依存型文化」と誤って受けとめられている貧困層での意欲の欠如は、実際には貧困層の束縛された生活条件の帰結であって、依存型文化の原因ではない、と構造面からの貧困の説明を主唱する研究者は論じている。この人たちの主張によれば、貧困の減少は、一人ひとりの見地を変える問題ではない。貧困を減少するには、社会のなかで所得と資源のもっと平等な配分を目的にした政策手段が必要とされる。育児手当、時間当たり最低賃金、家族の所得水準の保障は、間断なくつづく社会的不平等を是正するために探求されてきた政策手段の具体例である。

米国の社会学者ウィリアム・ジュリアス・ウィルソンは、著書『仕事がなくなるとき――新たな都市貧困者の世界』〔邦訳書名『アメリカ大都市の貧困と差別』〕で、こうした「構造」論に関する重要な、最新の解釈を提示した（Wilson 1996）。ウィルソンの見解は、「経済再構築」仮説と形容することができる。都市のなかなか解消されない貧困は、インナーシティにおける経済活動の構造的変容に主に由来する、とウィルソンは主張している（Wilson 1987, 1996）。製造業の衰退や、雇用の「郊外化」、低賃金のサーヴィス部門の増加は、学校教育を終えてすぐに就いても家族を養う賃金が得られるような職の数を、劇的に減らしてきた。経済変動によって生じた高い失業率は、結果として「結婚が可能な」男たち（金銭的に家族を扶養できる男たち）の共同市場を収縮させてきた。したがって、婚姻は、貧しい女性たちにとって魅力的でなくなり、非嫡出子の数が増え、女性が世帯主となる家族が急増してきた。子どもたちの次の世代も貧困状態で生まれてくるため、悪循環が繰り返される。米国の黒人は、過去に受けてきた差別のために、また経済の再構築がとりわけ強い影響を及ぼした地域と職業に黒人たちが集中していたため、過度に苦しんでいる、とウィルソンは論じる。

これらの経済変動にともなって、米国の黒人近隣社会の内部に貧困が空間的に集中していった、とウィルソンは指摘する。こうした貧困の新たな地理は一九六〇年代の公民権運動に部分的に起因する、とウィルソンは受けとめていた。公民権運動は、中流階級の黒人にたいして黒人の貧しい居住地区の外側に新たな生活機会をもたらしたからである。中流階級の家族が貧しい居住地区から他地域に移住していったことで、ポスト工業社会における立身出世に必要な制度や資源、価値観を欠いた、困窮するコミュニティが残された。ウィルソンはまた、こうした近隣社会が、地元で得られる訓練や教育の場を欠き、また、かつては雇用の機会だけでなく仕事に関する情報を供給していた地元の支援組織の解体に見舞われていることを認める。このように、都市のアンダークラスは、市民権関連の政策と経済の再構築、それに差別という歴史遺産の複雑な相互作用から生まれた。

論定　この二つの理論はともに幅広い支持を得ており、貧困をめぐる公の論争では、それぞれの見解がかたちを変えて対決している。貧困の文化説を批判する人たちは、この説の提唱者たちを、貧困を「個人化」し、貧困層に、その人たちの統制力がほとんど及ばない状況の責めを負わせている、と非難する。貧困の文化説を批判する人たちは、貧困層を、制度を悪用するただ飯喰らいではなく、被害者と見ている。しかしながら、私たちは、貧困の原因がもっぱら社会の構造にあるとみなす人たちの議論を無批判的に受け容れることには慎重でなければならない。このような取り組み方は、貧困層がみずからの置かれた困難な状況をたんに受動的に容認しているという言外の意味をともなうからである。このような見方は、以下で見るように、真実からはほど遠い。

表10-6　英国で1991年から1996年に所得分布を移動した大人の割合（%）

	1996年の所得区分					
	下層	中層の下	中層	中層の上	上層	計
1991年の所得区分						
下層	52	26	12	7	4	100
中層の下	25	35	22	12	6	100
中層	11	21	33	23	12	100
中層の上	7	12	20	37	23	100
上層	4	6	11	21	59	100

出典：British Household Panel Survey, Insitute for Social and Economic Research

貧困と社会移動

過去のほとんどの貧困研究は、人びが貧困に陥ることに焦点を当て、貧困の全体的水準を毎年測定してきた。貧困の「ライフサイクル」――人びとが徐々に貧困から脱する（さらにしばしば再び貧困に陥る）道筋――に、伝統的にほとんど注意を払ってこなかった。

貧困について人びとが広くいだいてきたのは、貧困が永続的な生活条件であるという見解である。しかしながら、貧困であることは、貧困にはまり込んでいることを必ずしも意味しない。ある時点で貧しい生活を送る人たちは、そのかなりの割合が、かつて上等な生活条件を享受していたか、あるいは将来のある時点に貧困からうまく這い出る可能性がある。近年の研究は、貧困に陥ったり貧困から脱したりする移動が数量的にかなり多いことを明示してきた。意外なほど多くの人たちが首尾よく貧困を免れているとはいえ、かつて認識されてきた以上に多くの人たちは、人生のある時点で貧困生活を送っている。

英国の世帯パネル調査の結果は、一九九一年の所得が五区分の最下層にいた人たちの半数以上が一九九六年にも同じ最下層にいることを明らかにしている（表10-6を参照）。とはいえ、この調査結果は、この人たちがこの五年間一貫して最下位にいたことを必ずしも意味するわけではない。一貫して最下層にいた人もいるだろうが、この間に最下層から抜け出た後に再び最下層に戻った人もいるだろう。英国の世帯パネル調査はまた、成人の一〇人に一人が、調査のおこなわれた六年間のうち五年間一貫して最貧困層二〇%のなかにとどまっていたことを明示している。成人の六〇%は、一九九一年から一九九六年のあいだ最下層二〇%にまったく入っていなかった。全体的に見ると、いつの時点でも最貧困層二〇%にいる成人の約半数がつねに低所得に苦しんでいるのにたいして、残りの半数が最下層を毎年出たり入ったりしていることを、これらの調査結果は示唆する（HMSO 1999）。

ドイツで一九八四年から一九九四年までに収集された所得様式のデータもまた、貧困層への出入りがかなり見られることを明示している。ドイツ人の三割以上は、調査対象になった一〇年間のうち少なくとも一年間は貧困であった（稼ぎが平均所得の半分以下であった）。この数字は、各年次の最大に見積もった貧困者の数の三倍以上に及んでいる（Leisering & Leibfried 1999）。貧困を「回避できた」人たちのあいだで、平均所得水準は、貧困線を約三〇%上回っていた。しかしながら、この人たちの半数以上は、一〇年のあいだに少なくとも一年間は再び貧困に陥っていた。

アビゲイル・マックナイトは英国の所得調査パネルデータセットなどの資料から得たデータを用いて、英国における一九七七年から一九九七年の《所得》移動の趨勢を分析している（Mcknight 2000）。マックナイトは、低賃金労働者の集団を追跡調査して、相当多くの人たちが引きつづき低賃金の職に置かれていることを発見した。マックナイトの研究は、最低賃金で雇われた人たちの約五人に一人が、六年後も引きつづきその境遇に留まっていることを示した。失業して、英国で最も貧しい集団に属す人たちは、職を探そうとしても、最低賃金部門で雇用される可能性が最も高いこと、また、低賃金の被雇用者は、高賃金の被雇用者よりも失業状態がつづく可能性があることを、マックナイトは同時に発見した。

研究者たちは、福祉給付の削減を望んだり、貧困問題を政治的、社会的争点にするのを回避しようとする人たちがこうした調査結果を安易に利用する可能性があるので、この調査結果の解釈には慎重さが必要である、と強調してきた。社会的排除分析センターのジョン・ヒルズは、所得の確定が「宝籤のように運まかせである」という見方を認めないように警告を発している。このことで、ヒルズは、貧困を、人びとが所得階層をあちこち移動する際にほとんど行き当たりばったりに経験する、そうした「一回限りの」結果として呈示するような議論には懐疑的でなければならない、と主張した。この見解は、社会での富裕層と貧困層のあいだの不平等が著しく深刻な問題でなく、誰にもある時点で勝者なり敗者になる可能性があり、したがって貧困という考え方がもはや重大な関心事にならないことを示唆している。この主張によれば、最後は連続して何年間も低所得に終わる不運な人がいるかもしれないが、基本的には低所得は行き当たりばったりの現象である、ということになる。

ヒルズが指摘するように、英国の世帯パネル調査は、貧困生活を送る人たちの側にかなりの量の《短期》移動が見いだせることを確かに明らかにしている。たとえば、一〇段階区分で見た最貧困層の人たちのあいだでは、その四六%が翌年も引きつづき最貧困層にとどまっていた。この結果は、一〇段階区分で見た最貧困層の半数以上が何とかして貧困から抜け出ていたことを示唆している。しかしながら、さらにもっと注意して見ると、六七%の人たちは引きつづき一〇段階区分で底辺の二区分のなかにとどまっていた。地位の向上が見られるのは、三人に一人に過ぎない。所得によって五段階に区別された最下層の人たちのあいだで、六五%の人たちは、次の年も最下層にとどまっていた。また、八五%の人たちは、五段階のうちの下層二段階にとどまっていた。この調査結果は、低所得者の三人に一人は「一時的」な貧困であるが、残りの三人に二人はそうでないことを示唆している。ヒルズによれば、人びとが所得段階のなかでやがて徐々に「混ざり合っていく」と考えるのは誤解を招きやすい。むしろ、貧困から脱する人たちの多くは、それ以上に境遇が向上せず、結果的に再びもとに戻ってくる。一年以上最下層にとどまる人たちの「脱出率」は、徐々に低くなっている(Hills 1998)。

貧困から這い出ることは確かに乗り越えるべき課題や障害に満ちているとはいえ、研究結果は、貧困から脱したり貧困に陥る傾向が、一般に考えられる以上に流動的なことを示している。貧困は、たんに受け身の人たちに働く社会的影響力の結果ではない。苛酷な恵まれない境遇にいる人たちでさえ、みずからの境遇を改善する機会をすばやくとらえることができる。人間の行為能力のもつ変化を生じさせる力を、過小評価するべきではない。社会政策は、恵まれない人たちや共同体が潜在的な行動力を最大限に発揮する上で重要な役割を演ずることが可能である。この章の後半で福祉について論ずるが、その際に、労働市場や、教育と職業訓練の機会、それに社会的凝集性の強化による貧困の軽減を目指した政策手段に注目したい。

社会移動は、第九章「社会成層と階級」、三五二頁~三五六頁でも論じている。

社会的排除

社会的排除とは何か

社会的排除という概念は、政治家も採り入れているが、もともとは社会学の研究者が、不平等の新たな源泉を指称するために導入した。社会的排除とは、人びとがもっと広い社会への十分な関与から遮断されている状態を指す。たとえば、学校施設も貧弱で、地域での就業機会もほとんどない、荒廃した団地に住む人たちは、社会のほとんどの人たちが享受する自己改善の機会を、事実上否定される可能性がある。

社会的排除という概念は、個人の責任意識の問題を提起する。結局のところ、「排除」という言葉は、誰かや何かが他の誰かや何かによって締め出された状態にあることを暗に意味する。確かに、個人がその人自身の統制力の及ばない意思決定によって排除されている実例は、数多く見いだされる。銀行は、特定の郵便番号区域に住む人たちにたいして、当座預金口座やクレジットカードの承諾を拒否するかもしれない。保険会社は、申込者の生い立ちや履歴をもとにして、保険契約を拒否するかもしれない。余剰人員にされた年配の従業員は、年齢を根拠にして雇用を拒否されるかもしれない。

しかし、社会的排除は、人びとが排除されたことの結果だけではない――社会的排除はまた、人びとが社会の主流を形成する諸側面から自分自身を排除した結果として生ずる可能性がある。人は、学校教育を中途退学したり、就職のチャンスをみずから放棄して経済活動に加わらなかったり、選挙で投票を棄権するといった選択をおこなうことができる。社会的排除という現象を検討する際に、この場合もまた、一方で人間の行為能力や責任意識と、他方で人びとの置かれた状況を形成する上で社会的な力が演ずる役割との相互作用を、つねに意識していく必要がある。

人びとが社会への完全な参加をみずから排除しているという考え方は、チャールズ・マーリーが自身のアンダークラス論で展開してきた。詳しくは、第九章「社会成層と階級」、三四〇頁〜三四五頁で論じている。

社会的排除は、社会的排除のなかに貧困が内包されるとはいえ、貧困よりももっと広い概念である。社会的排除という概念は、個人や集団が、住民の大多数に開かれている機会を個人なり集団が手にするのを妨げる、そうした幅広い要因に注目する。デーヴィッド・ゴードンたちがおこなった「英国における貧困と社会的排除」調査は、社会的排除の四つの次元を区別していた。つまり、(さきに検討した)貧困、ないし適切な収入や資源からの排除、労働市場からの排除、サーヴィスからの排除、社会関係からの排除、の四つである(Gordon et al. 2000)。次に、社会的排除の残る三つの要素について見ておきたい。

労働市場からの排除

一人ひとりにとって、労働は、たんに労働が適切な収入をもたらすという理由だけでなく、労働市場に組み込まれることが社会的相互行為のための欠かせない舞台になるという理由からも、重要である。したがって、労働市場からの排除は、他の形態の社会的排除——貧困、サーヴィスからの排除、社会関係からの排除——に至る可能性がある。それゆえ、この社会的排除の問題に関心を寄せる政治家たちは、有給労働に就く人の数が増加することを、社会的排除を減らす重要な方法を考えてきた(以下、三九五頁〜三九九頁を参照)。

とはいえ、「職に就いていない世帯」であるということを、必ずしも失業と同一視すべきではない。「英国における貧困と社会的排除」調査は、成人の四三%(女性の五〇%、男性の三七%)が有給労働に就いていないことを見いだした。労働市場で活動していない最大の集団は、退職者である(全成人の二四%)。労働市場で活動していない他の集団には、家事や介護活動にたずさわっている人たちや、おそらく障害のために働くことができない人たち、それに学生が含まれる。全体的に見て、労働市場で活動していないことが社会的排除そのものの表れであると主張することには、この範疇に属す人口の割合が高いため、慎重でなければならない。しかし、労働市場からの排除が社会的排除のリスクを著しく増加させるという言い方は、可能である。

サーヴィスからの排除

社会的排除の重要な側面は、(たとえば、電力や水道のように)家庭の中であれ、(交通機関や商店、金融サーヴィスのように)家庭の外であれ、基本的サーヴィスの入手利用に不自由していることである。サーヴィスからの排除は、(費用をまかなうことができないために、そのサーヴィスを利用できない場合のような）個人的排除か、あるいは（そのサーヴィスをコミュニティ全体が入手できない場合のような）集合的排除をともなう。「英国における貧困と社会的排除」調査は、四人に一人が二つ以上の基本的サーヴィスから排除されており（表10-7を参照）、また公的および私的サーヴィスを全部入手利用していたのは半数を若干上回る人たちだけだったことを明らかにした。表10-7では、各種サーヴィスからの集合的排除と個人的排除の度合いも示されている。

　　社会関係からの排除　　人びとが社会関係から排除される様式は、数多く見られる。まず、この種の社会的排除は、たとえば友人や家族を訪ねたり、めでたい日を祝ったり、趣味で時間を過ごしたり、友人を招いて食事をしたり、休暇をとるといった普通の社会的活動に参加できないことを意味する可能性がある。二つ目に、人びとに、かりに友人や家族から孤立している場合、社会関係から排除される──「英国における貧困と社会的排除」調査は、社会関係から排除される二％の人が、住まい以外の場所で家族の一員や友人と年に数回しか接触していないことを明らかにした。社会関係からの排除の三つ目の側面は、困ったときに──たとえば、誰かに自宅や庭での力仕事を手伝ってもらったり、意気消沈したときに誰かから助言をしたり、あるいは生活上の重要な変化について誰かから助言を得るといったように──行動面や情緒面の支援を欠くことを欠いていることによって、市民参加を欠くことにある。四つ目として、人びとは、社会関係から排除される。こうした市民参加には、投票、地元や国の政治への関与、痛感する争点について新聞に投書したりキャ

ンペーン活動に加わることが含まれる。終わりに、一部の人たちは、障害があったり、介護の責任を負っていたり、自宅が安全でないと感じているという理由で、自宅に留まるために、社会関係から排除されている。

　　社会的排除の具体例
　　住居と近隣地域　　社会的排除の本来的特徴を、住居部門のなかに明確に見いだすことができる。先進工業社会では、多くの人びとが快適で、ゆったりとした住まいで生活しているとはいえ、手狭だったり、暖房が不十分だったり、構造的に堅固でない住居で生活する人もいる。人は、住宅市場に足を踏み入れれば、その人の現在の資力や将来予測できる資力にもとづいて住居を獲得することが可能である。だから、たとえば共働きで、子どものいない夫婦は、魅力的な地域で不動産抵当権を設定して住居を入手できる機会が高い。ここ数十年、住宅価格は、英国のほとんどの地域で（とくに南東部で）インフレ率よりももっと急激に上昇してきたため、持ち家に住む人たちは、自分の資産が大きな収益率をもたらすことを間違いなく実感している。対照的に、大人成人が失業中だったり、低賃金の職に就いている世帯は、入手できる選択肢も賃貸住宅や公営住宅におそらく限定されることになる。住宅市場における階層分化は、世帯レヴェルでも地域社会レヴェルでも生じている。恵まれない人たちが望ましい住居の選択肢から排除されるように、地域社会全体も、社会の他の人たちが普通に入手できる生活機会や活動から排除される可能性がある。近隣居住地域は、空間的様相を呈する場合もある。近隣居住地域は、安全

表10-7　住民による公的サーヴィスと私的サーヴィスの利用状況（%）

	集合的排除			個人的排除	
	十分に利用している	不十分だが利用している	利用していない——手近に入手できない	利用していない——利用する余裕がない	利用していない——利用したいと思わない、該当しない
《公的サーヴィス》					
図書館	55	6	3	0	36
公共のスポーツ施設	39	7	5	1	48
博物館・美術館	29	4	13	1	52
夜間学校	17	2	5	3	73
公共の集会所	31	3	9	0	56
救急部がある病院	75	13	2	0	10
医　師	92	6	0	0	2
歯科医	83	5	1	0	11
眼鏡店	78	3	1	1	17
郵便局	93	4	0	0	2
《私的サーヴィス》					
教会・礼拝所	30	1	2	0	66
バスの便	38	15	6	0	41
鉄道や地下鉄の駅	37	10	10	1	41
ガソリンスタンド	75	2	2	1	21
薬剤師	93	3	1	0	3
日用品を売る小店舗	73	7	8	0	12
中規模ないし大規模のスーパーマーケット	92	4	2	0	2
銀行ないし金融組合	87	7	1	0	4
パ　ブ	53	4	2	2	37
映画館ないし劇場	45	6	10	5	33

出典：Gordon et al.（2000）

性や環境条件、公的サーヴィスや施設の入手利用の面で著しく相違するからである。たとえば、需要の低い近隣居住地域は、魅力的な地域に比べて、銀行や食料品店、郵便局といった基本的なサーヴィス機関が少なくなりやすい。公園やスポーツグラウンド、図書館などの共用空間もまた、おそらく同じように乏しい。しかしながら、恵まれない場所で暮らす人たちは、少数の施設しか利用できない状況に、多くの場合、依存している。この人たちは、恵まれた地域の居住者と異なり、他の地域での買い物やサーヴィス利用を可能にする交通機関（あるいは資金）も入手利用できない可能性がある。

貧しい地域社会では、人びとは、社会的排除にうち克ち、社会に最大限参加するために行動をおこすことが難しくなる可能性がある。社会的ネットワークは稀薄となり、その結果、仕事の口や政治活動、地域社会の行事等に関する情報の流布が制約される。高い失業率と低い所得水準は、家族生活に著しい負担を加える。犯罪や少年少女の非行は、近隣居住地域全体の生活の質を徐々に蝕む。需要の低い住宅地域は、一方で新たな恵まれない人たちが住宅市場に引きつづき新規参入してくるにしても、多くの居住者がもっと望ましい住宅に転居しようとするため、高い世帯異動率を経験する場合が多い。

農村地域　多くの注意が都市的状況での社会的排除に向けられているとはいえ、農村地域で暮らす人たちもまた、社会的排除を経験している。一部のソーシャルワーカーやケア担当者は、田園地方での社会的排除が、かりに都市以上に大きな問題になっていないにしても、都市と同じくらい大きな問題であると考えている。小規模の村落や人口の稀薄な地域では、定住者の多い地域に比べ、商品やサーヴィス、施設を広範囲に入手利用することができない。ほとんどの工業社会で、医師や郵便局、学校、教会、図書館、行政事務といった基本的なサーヴィスを入手利用できることは、充実した健康な生活を積極的に送るために不可欠とみなされている。しかし、農村居住者は、多くの場合、こうしたサーヴィスの入手利用を制約され、地元の地域社会で入手できる施設に依存する。

交通機関の利用機会は、農村における社会的排除に影響を及ぼす最も大きな要因のひとつである。かりにその世帯が車を所有していたり車を利用できるのであれば、引きつづき容易に社会に同化できる。たとえば、家族成員は、他の町で仕事に就くことができるし、多くの商店が並ぶ地域に定期的に買い物に出掛けることができるし、さらに他の地域に住む友だちや家族への訪問をもっと容易に計画できる。若者たちを自宅でのパーティに誘うこともできる。とはいえ、自前の交通手段をもたない人たちは、公共交通機関に依存するため、田園地方では、こうしたサーヴィスの利用範囲が制約されている。たとえば、一部の村落では、バスが一日に数便しか運行されておらず、バスの運行スケジュールは、週末や休日に削減され、夜遅くには皆無になっている。

ホームレス　ホームレスは、最も極端な排除形態のひとつである。常設の住居を欠く人たちは、仕事にいったり、銀行口座を維持したり、友だちを客に招いたり、さらには郵便で手紙を受け取るといった、他の人たちなら当然視する毎日の活動の多くから締め出されている。

ほとんどの貧しい人たちは、街頭で野宿する人も依然として多いが、何らかの種類の住居なり雨風をしのぐ耐久性のある小屋で生活している。ホームレスのなかには、街頭を当てどころなく歩き回って野宿し、物品の所有や富という束縛からの自由を意図的に選択した人たちもいる。しかし、大多数のホームレスは、決して望んでこのような選択しているわけではない。この人たちは、この人たちにはどうすることもできない要因によってホームレス状態に追い込まれている。気がつけば耐久性のある住まいを失ってしまった場合、この人たちの生活は、悪化し、時として欠乏と困窮の悪循環に陥っていく。

英国では、どのような人が街頭で寝起きしているのだろうか。その答えは、非常に込み入っている。たとえば、一九六〇年代以降、保健医療政策の変更によって、精神健康上の問題や学習困難をかかえた人たちは、収容施設から解放されていった。それ以前には、この人たちは、長期入院型精神病院と呼ばれる施設で歳月を過ごしていた。この脱施設収容の過程は、いくつかの要因によって促進された。ひとつは、経費を削減したいという政府の願望であった――精神病院に人びとを引き留める費用は、他の病院の場合と同じように高くつくからである。もう一つの称賛された誘因は、長期の入院状態が、よい結果を生むよりもしばしば害を及ぼすという精神科医の首脳陣たちがいだいた確信である。それゆえ、外来治療できる患者は、すべて外来で対処すべきであるということになった。しかし、結果は、脱施設収容を建設的な対策とみなす人たちの期待を裏切ってきた。一部の病院は、どこにも行く場所のない人たちや、おそらく何年間も外の世界で暮らしたことのない人たちを退院させた。本来の外来治療のための具体的措置は、実際にはほとんど何もとられなかった（SEU 1998）。

調査結果は、約四人に一人が精神病院で過ごしていたか、あるいは精神病との診断を受けてきたことを一貫して示している。したがって、保健医療政策の変更は、ホームレス状態の発生度合に大き過ぎる影響を及ぼしている可能性がある。とはいえ、ホームレスのほとんどは、かつての精神病患者でもないし、アルコール依存症患者や違法薬物常習者でもない。ほとんどのホームレスは、個人的な不運を、しばしば一度に複数の不運を経験したために、気がついてみれば街頭に身を置く人たちである。ホームレスになることが「原因と結果」の連鎖とじかに結びつくのは、ごく稀である。いくつかの不幸がたて続けに生じ、影響力の大きな悪循環が結果的に引き起こされる。たとえば、ある女性は、離婚して、さらに家庭だけでなく仕事も失うかもしれない。ある若者は、家庭でもめごとを起こし、何の援助もないまま大都会を目指すかもしれない。研究によれば、ホームレスに最も陥りやすいのは、特定の職業上の技能を欠き、所得も非常に低い下層労働者階級出身の人たちであることが指摘されている。長期に及ぶ失業は、重要な指標である。家族や親族関係の崩壊もまた、非常に重要な影響を及ぼすと考えられている。

ホームレスの人たちの大多数は、何とかして避難施設《シェルター》で寝たり、暫定的宿泊施設に迎えられているが、路上で寝起きする人たちは危険に晒されている場合が多い。公共政策研究所（ＩＰＰＲ）がロンドンとグラスゴー、スウォンジーでおこなったホームレスと街頭犯罪の調査は、街頭でホームレスが被害者になる犯罪の増加傾向を最初に指摘した。英国の最も重要な犯罪統計指標である英国犯罪調査では、ホームレスを回答者に加えていない。公共政策研究所は、報告書『安全ではない街頭』のなかで、路上生活者の五人に四人が少なくとも一度は犯罪被害にあっていたことを暴露している（IPPR 1999）。この人たちのほぼ半数は暴行を受けているが、その被害を警察に通報する選択をしたのは、五人に一人に過ぎない。明らかになったのは、街頭で暴力被害にあう割合が高いだけでなく、何らかの支援を提供してくれるはずの法律や警察による保護システムからも、ホームレスが排除されているという実態である。

ホームレス問題を最優先事項にしたことは、例外なく賞賛された。とはいえ、どのようにして路上生活を止めさせて恒常的な住まいに送り込み、もっと安定した生活に人びとを導いていくのかについて、ほとんど合意がなされていない。ホームレスを代弁する人たちは、もっと長期的な取り組み――カウンセリングや医療サーヴィス、職業訓練、友人のような立場で力を貸す事業等を含む――が必要であるという点で意見が一致している。しかしながら、この間、多くの慈善団体は、街頭でホームレスにスープや寝袋、保温衣料を配るといった、短期的対策を一時的に中止することには気乗り薄である。この問題は、論争の的となっている。「ホームレスの親玉」といわれるルイーズ・ケーシーは、恒久的な解決策が必要なことに人びとの関心を向けさせる努力をするなかで、「善意ある人たちは、路上生活の問題に役立つためにお金を使ってくれているが、この問題を路上に引き留めるためにも使っている」（Gillan 1999での引用文）と評した。住居問題に積極的にかかわる多くの団体も、同じような意見を述べる。しかしながら、救世軍のような慈善団体や福祉団体は、路上で暮らす人たちがいる限り、その人たちのところに出向き、自分たちにできる援助を提供しつづけるという、別の取り組みをおこなっている。

この問題を研究してきたほとんどの社会学者は、完全な回答にならないとはいえ、適切なかたちでの住居の供給が、その住居が政府の所有であるか否かに関係なく、ホームレスという複雑な問題に取り組む上で最も重要であることをみとめている。クリストファー・ジェンクスは、著書『ホームレス』で、「人がどのような理由から路上で暮らすにしても、その人たちに少しでもプライヴァシーや安定性のある住まいを提供することは、その人たちの生活改善のためにできる、通常、最も重要な方策である。安定した住居を欠いては、おそらく他の何ごとも機能できない」と結論づけている（Jencks 1994）。

こうした結論に異論を唱える研究者もいる。この研究者たちは、ホームレス問題で「建物」が関係しているのはたった二割で、ホームレス問題の八割が、家族崩壊、暴力や虐待、薬物依存やアルコール依存、それに経済不況と関係している、と強調する。マイクという名前の五〇代後半のホームレス男性は、「自分の考えでは、ほとんどのホームレスにとって、状況は一般に思われている以上に複雑です。自分自身にたいする確信が、自分に価値があるのかということが、多くの場合、問題になるのです。路上で生活している多くの人たちは、自尊心に乏しいのです」（Bamforth

1999 での引用文）と、同じような意見を述べている。

最上層における社会的排除

これまで考察してきた排除の事例はいずれも、住民の大多数が利用できる制度や活動に、たとえどのような理由にせよ完全に加わることができない個人や集団を問題にしている。しかしながら、すべての排除の事例が、社会の底辺で恵まれない立場に置かれた人たちのあいだだけで生ずるわけではない。近年、「最上層における社会的排除」という新たな力学が生じだしている。最上層における社会的排除とは、社会の最上層にいる少数の人たちが、自分たちの富や影響力、人脈を活かして社会の主要な制度体に「加わらない選択」ができることを意味する。

最上層における社会的排除は、いろいろな形態をとる可能性がある。富める人たちは、公営の教育や保健医療サーヴィスの領域から完全に撤退して、金を払って民間のサーヴィスや治療を選好するかもしれない。富裕層の居住するコミュニティは——高い塀と警備員の背後に位置する、いわゆる「ゲートに囲まれたコミュニティ」として——社会の他の部分からますます遮断されていく。納税や財政負担の義務を、注意深い管理や専属の資産運用専門家の助力によって、思い切り削減することができる。とくに米国では、エリートたちのあいだの積極的な政治参加が、自分たちの利害関心を代表してくれるように思える候補者への多額の政治献金にとって代わる場合も多い。非常に裕福な人たちは、多くの仕方で、自分たちの社会的責任や財政負担の責任を免れて、社会の他の部分からおおむね切り離され、封鎖された私的な領域に逃避している。「最下層」における社会的排除が社会的連帯性や社会的凝集性を徐々に蝕むのと同じように、「最上層」における社会的排除も、社会の統合にとって有害である。

犯罪と社会的排除

一部の社会学者は、英国や米国のような先進工業社会では、犯罪と社会的排除のあいだに強い結びつきが存在する、と主張してきた。現代の社会には（シティズンシップの権利にもとづいた）包摂という目標の達成から外れて、一部市民の排除を容認し、促進さえする社会的取り決めに向かう趨勢が見いだされる（Young 1998, 1999）。犯罪率は、ますます多くの人たちが自分たちの暮らす社会から尊重されていないと感じる——あるいは、自分たちの暮らす社会に熱意をいだくことができない——現実を反映しだしているのかもしれない。

米国の社会学者エリオット・キューリエは、米国での、とりわけ若者層での社会的排除と犯罪の結びつきを研究してきた。キューリエは、米国社会が、市場主導の社会政策のもつ「忌まわしい裏面」を、つまり、貧困やホームレス、薬物乱用、暴力犯罪の急激な増加をすでに例証する「ありのままの実験室」になっている、と論じる。キューリエは、若者たちが必要とする大人からの指導や支援を欠き、ますます自力で成長しだしていることに注目する。若者たちは、一方で市場経済や消費財のもつ魅力に立ち向かうことになるが、同時にまた生計を維持する上での労働市場における就業機会の減少にも直面していく。このことは、結果として奥深い意味での相対的剥奪に陥り、望んだライフスタイルを支えるために違法な手段を進んで頼りにする可能性が生ずる。

キューリエによれば、犯罪の増加と社会的排除のあいだに主要な結びつきがいくつか存在する。まず、労働市場と政府の税制の変化、それに最低賃金政策は、米国の人びとのあいだに、相対的貧困だけでなく、絶対的貧困の著しい増加を導いてきた。二つ目に、このような社会的排除の高まりは地方社会においても実感され、地方社会は、安定した生計手段の減少や、短期滞在的な人口構成、高騰がつづく住居費、社会的凝集性の弱化に苦しんでいる。三つ目に、経済的剥奪状態と共同体の崩壊は、家族生活に過度な負担を加える。多くの貧困家庭で、大人成員は、生きつづけるために種々雑多な仕事に就くことを余儀なくされる——絶え間ない重圧と不安、留守がちな家族生活が生ずる状況である。その結果、子どもの養育と社会化は、弱体化する。地域社会全般の「社会的貧困化」とは、親たちが他の家族や親類に支援を求められる機会がほとんどないことを意味する。四つ目に、国家は、たとえば幼児期への介入や学童保育、精神衛生面の介護といった、社会的に排除された人たちを「再び社会のなかに取り込む」ことが可能な行動計画や公共サーヴィスの多くを、「後退」させてきた。

終わりに、社会的に排除されている人たちは、社会の内部で生ずる経済状態や消費生活水準の向上を、正当的な手段によって満たすことができない。マートンが打ち出した「重圧」という観念（第一九章、七八四頁を参照）に共鳴するキューリエによれば、このような社会的排除と犯罪の結びつきに見いだされる最も厄介な様相のひとつは、人びとが非合法的な経路を選好し、変化への合法的な経路を無視することである。犯罪が、政治システムや地域社会組織といった代替となる手段を制して、選好されることになる（Currie 1998a）。

福祉国家

ほとんどの先進工業社会で、**福祉国家**は、社会の底辺における貧困と社会的排除をある程度まで緩和している。福祉国家がほとんどの先進工業国で発達してきたのは、なぜだろうか。それぞれの国が選好する福祉モデルの差異は、どのように説明できるのだろうか。福祉の様相は国ごとに異なるとはいえ、全体として見れば、先進工業社会は、その資源の多くの割合を公のニーズのために充ててきた。

福祉国家の理論

今日の世界で、ほとんどの先進工業国と工業化途上国は、福祉国家である。福祉国家とは、福祉支給をおこなう際に、国家が中心的な役割を演ずることを意味する。福祉給付は、たとえば、健康管理や教育、住居、所得といった住民の基本的ニーズを満たすサーヴィスや給付を提供するシステムを介しておこなわれる。福祉国家の重要な役割は、人びとが人生の過程で直面する、病気や身体障害、失職、老齢といったリスクを管理することである。福祉国家の提供するサーヴィスや福祉への支出水準は、国によって異なるが、教育や保健医療、住居、所得補助、身体障害、失業、年金等の分野での対策を含む場合が多い。一部の国は、福祉制度が高度に発達し、国の予算の相当な割合を福祉に充当している。たとえば、スウェーデンでは、福祉国家への支出は、国民総生産（GNP）のほぼ五割に相当する。対照的に、欧米の他の国々は、それほど税金を使っていない。税収入は、英国で国民総生産の約三八％、米国で三〇％以下である（Townsend 2002）。この章では、貧困を緩和する上で福祉国家が果たす役割に焦点を当ててきた。とはいえ、こうしたサーヴィスや手当を支給する際に福祉国家が果たす役割については、この本の至るところで論じている。第八章では健康管理対策、第一七章では教育の提供、それから第六章では高齢者にたいするサーヴィスや手当の支給について論じている。

福祉国家の段階的発達を説明する上で、これまで多くの理論が提示された。マルクス主義者は、福祉を資本主義システムの維持に必要であるとみなし、また機能主義の論者は、福祉システムが工業化の進展という状況のもとで社会を整然と統合する手助けをしていると考えた。これらの見解は長いあいだ支持されてきたが、T・H・マーシャルとイエスタ・エスピン＝アンデルセンの著作は、福祉国家の理論におそらく最も強い影響を及ぼしている。

T・H・マーシャル――シティズンシップの権利　マーシャルは、一九六〇年代の著述活動をとおして、福祉を、工業社会の成長にともないシティズンシップの権利が段階的に発達していった結果としてとらえた。マーシャルは、歴史的取り組みによって、英国におけるシティズンシップ〔市民資格〕の発達過程を跡づけ、三つの重要な段階を特定していった。マーシャルによれば、一八世紀は、シティズンシップの権利を獲得した時代である。これらの権利のなかに、言論や思想、信教の自由といった重要な人格権や、財産を所有する権利、公正な法的扱いを受ける権利が含まれる。一九世紀に入ると、政治的権利を獲得した。参政権や、公職に就く権利、政治過程に参画する権利である。三つ目の権利――社会的権利――は、二〇世紀に入ってようやく獲得された。一般市民が、教育や保健医療、住宅供給、年金等のサーヴィスによって、社会的、経済的安心を得られる権利が、福祉国家のなかで公式に謳われるようになった。シティズンシップという観念のなかに社会的権利が組み込まれたことは、誰もが、充実した、活気に満ちた生活を送る権利を与えられ、また、その人の社会における位置づけにかかわらず、理にかなった収入を得る権利があることを意味した。この点で、社会的シティズンシップと結びつくさまざまな権利は、万人の平等という理想をおおいに促進させていった（Marshall 1973）。

マーシャルの見解は、シティズンシップの本質や、社会的包摂と社会的排除をめぐる社会学の論争に影響を及ぼした。権利と責任という概念は、シティズンシップの観念と緊密に結びついている。これらの観念は、「積極的なシティズンシップ」を促進する方法についての目下の議論で、一般に受け容れられている。しかしながら、シティズンシップの権利をめぐるマーシャルの研究は、今日の議論にとっても引きつづき妥当性をもつとはいえ、その有効性は限定される。批判をする人たちは、マーシャルがシティズンシップの権利に関する見解を展開していく際に、もっぱら英国社会に焦点を当てたため、福祉の発達が他の社会でも同じような仕方で生じていることを解明していない、と指摘する。

イェスタ・エスピン=アンデルセン――福祉をめぐる三つの世界

デンマークの学者イェスタ・エスピン=アンデルセンによる『福祉資本主義の三つの世界』は、福祉国家の理論に、近年、新たな議論を加えている（Esping-Anderson 1990）。この重要な研究書で、エスピン=アンデルセンは、欧米の福祉システムを比較して、「福祉体制」の三つの類型論を提示した。この三類型を編みだす際に、エスピン=アンデルセンは、福祉の**脱商品化**――福祉サーヴィスが市場原理を免れている度合を単純に意味する用語――の度合を判定、評価した。脱商品化の高いシステムでは、福祉は、公的に規定されており、その人の所得や経済的資源と少しも結びつけられていない。商品化されたシステムでは、福祉サーヴィスは、むしろ商品のように扱われる――つまり、福祉サーヴィスは、他のさまざまな商品やサーヴィスと同じく市場のなかで売買される。エスピン=アンデルセンは、年金や失業、所得援助をめぐる各国の政策を比較することで、福祉制度を次の三つの類型に識別している。

1 《社会民主主義型モデル》 社会民主主義型の福祉体制は、著しく脱商品化されている。福祉サーヴィスは、国家の助成を受けており、すべての公民が利用できる（普遍的給付）。スカンジナヴィアのほとんどの国が、社会民主主義型福祉体制の具体例である。

2 《保守主義・コーポラティズム型モデル》 フランスやドイツのような保守主義・コーポラティズム型の国家では、福祉サーヴィスは著しく脱商品化されているが、必ずしも誰もが受けられるわけではない。受ける資格を与えられている給付金の一人当たりの総額は、その人の社会における位置づけに左右される。この種の福祉体制は、その目的を、不平等の一掃ではなく、社会的安定や、結束の強い家族、国家にたいする忠誠心の維持に置いている。

3 《リベラリズム型モデル》 米国は、リベラリズム型福祉体制の一例である。福祉は著しく商品化されており、市場をとおして販売される。非常に困窮している人たちは、**資力調査にもとづく給付**を利用できるが、この資力調査にもとづく給付は極めて不名誉な烙印となる。それは、国民の大多数が市場を通して自分の幸せを購入するように期待されているからである。

英国は、これら三つの「理念型」のいずれにも明確に当てはまらない。英国は、かつては社会民主主義型モデルに近かった。しかし、一九七〇年代以降の福祉改革は、英国を、商品化の度合が高い、リベラリズム型福祉体制に近づけてきた。

英国の福祉国家

福祉モデルに見いだす主要な差異のひとつは、国民が給付をどのように入手利用できるかである。普遍的給付をおこなう福祉システムでは、福祉は、それを必要とする場合、所得水準や経済的地位の如何にかかわらず、誰もが平等に享受できる権利である。英国でのこの例は、一六歳以下の子どもの親か保護者に、その人たちの所得高や預金額にかかわらず支給される児童養育手当である。普遍的給付に基盤を置く福祉システムは、すべての市民の基本的な福祉要求を満たすことができるように設計されている。スウェーデンの福祉システムは、英国の福祉システムよりも普遍的給付に高い比重を置く。それにたいして、英国の福祉システムは、資力調査にもとづく給付により大きく依存している。「資力調査」とは、国が申請者の実際の所得（ないし資産）を査定し、かりに不足が見られると、社会保障給付で補ったり、サーヴィスを提供する、そうした行政過程を指している。英国での資力調査にもとづく給付の例は、所得援助や住宅扶助金、勤労家庭の税額免除である。資力調査にもとづくサーヴィスの例は、施設ケアやコミュニティケアなど、地方自治体の福祉事業部局がおこなうサーヴィスである。

この普遍的給付と資力調査にもとづく給付の相違は、政策レヴェルでの福祉にたいする二つの対照的なアプローチのなかに表出されている。福祉にたいする《制度論的》見方を支持する人たちは、福祉サーヴィスの入手利用をすべての人の権利として規定すべきであると主張する。福祉にたいする《残余配分論的》見方をとる人たちは、真に援助を必要とし、安寧な生活を送る上で必要な条件を満たすことができない社会成員だけが福祉サーヴィスを入手利用すべきである、と考えている。

この福祉にたいする制度論的見方を信奉する人たちと、残余配分論的見方を信奉する人たちの意見の対立は、多くの場合、税制をめぐる論争として提示されている。福祉サーヴィスは、租税収入による資金調達を必要とするからである。「セーフティ・ネットとしての福祉国家」という取り組みを主唱する人たちは——資力調査が明示するような——衣食にも事欠く最も貧しい人びとだけが生活保護の受給者になるべきである、と強調する。残余配分論的見方を支持する人たちは、福祉国家が、経費が掛かり、十分な効果を上げられず、運営があまりにも官僚制的である、と考えている。他方、福祉国家は十分な資金を必要とするために、税の水準は当然高くなると考える人も、一部にいる。福祉国家は維持される必要があり、たとえそのことが税負担の増大を意味するにしても、市場経済の非情な分極化作用を国家が規制するためにも福祉国家を拡大する必要がある、とこの人たちは主張する。一般市民が生活に事欠かないように手筈を整え、保護することは、文明化を遂げたすべての国家の責務でもある、と指摘している。元の福祉改革担当大臣フランク・フィールドは、フィールドがまとめた議会報告書「わが国の新たな野心——福祉のための新たな契約」については後で論じるが（三九六頁）、福祉にたいする資力調査的、残余配分論的アプローチを厳しく批判する。一九九八年にフィールドは、ゴードン・ブラウン蔵相と意見が対立して辞任した。フィールドは、ブラウン蔵相がフィールドの提案した福祉改革を妨害し、給付規制の手段として資力調査という考え方にあまりにも肩入れし過ぎていると考えたからである。

この制度論的福祉モデルと残余配分論的福祉モデルをめぐる意

見の相違は、福祉改革についての今日の論争の核心をなす。すべての先進工業国で、福祉国家の将来は、厳しい検討にさらされている。社会の様相が――グローバル化、社会移動、家族生活や労働生活の変容、等々の根本的な転換をとおして――変化するにともない、福祉の性質も変化しなければならない。次の節で、英国における福祉国家の出現と、福祉国家が直面する課題、福祉国家改革の試みについて検討する。

英国型福祉国家の形成

私たちが今日承知しているような福祉国家は、二〇世紀に生みだされたが、その起源は、一六〇一年の救貧法と修道院の解散にまで遡ることができる。修道院は、貧しい人びとに必要な物を支給していた。こうした修道院による支給がなくなったため、赤貧状態が生じ、また病人にたいする介護がほぼ完全に失われことが、結果として救貧法の創設につながった。工業資本主義の発達と農業社会から工業社会への移行にともない、家族内部や地域共同体内部での伝統的形態のインフォーマルな支援は、崩壊しだした。社会秩序を維持し、資本主義がもたらした不平等状態を縮小するために、市場経済の周縁に置かれている社会成員たちに援助をおこなう必要があった。この結果が、一八三四年の改正救貧法である。この改正救貧法のもとで、救貧院が建設され、そこではすべての面で外部で得られる生活よりも劣る生活水準を提供した。それは、救貧院の生活条件が、人びとに貧困を避けるために全力を尽くさせるという考えにもとづいていたからである。時間の経過とともに、国家は、国民社会の建設過程の一環として、貧しい人たちを助ける際により中心的な役割を演ずるようになった。一八〇〇年代後半に国家による教育と保健医療の管理を確立した法制化は、二〇世紀に入って出現するもっと包括的プログラムの前身となった。

福祉国家は、第一次世界大戦前の自由主義政府のもとでさらに拡大し、とくに年金や健康保険、失業保険といった政策が導入された。第二次世界大戦後の数年間に、福祉システムの改革と拡充を求める強力な動きが見られた。福祉の焦点は、たんに困窮者や病人だけでなく、社会のすべての成員を網羅するように拡大された。戦争は、全国民にとって――富める人たちにとっても、貧しい人たちにとっても――強烈な、トラウマを引き起こす体験であった。戦争は、連帯感情と、不運や悲劇が恵まれない人たちだけに限定されるものではないという認識を生みだした。

このような選別的な福祉観から普遍的な福祉観への転換は、しばしば今日の福祉国家の青写真とみなされる一九四二年のビヴァレッジ報告のなかに、凝集されたかたちで示されていた。ビヴァレッジ報告は、五つの大きな悪、つまり、困窮、病気、無知、不潔、怠惰の根絶を目標に掲げた。戦後の労働党政府のもとでの一連の立法措置は、こうした構想を具体的な行動に移し替えた。いくつか主要な法律が、新たな普遍主義の福祉国家の中核をなしている。一九四四年の教育法は学校教育の不足に取り組み、一九四六年の国民医療法は国民のあいだでの健康の質の改善を問題にした。一九四六年の国民保険法は、「困窮」問題に力を注ぎ、失業や病気、退職、寡婦による所得の欠損から守るための政策的枠組みを確立した。一九四八年の国民援助法は、国民保険法のもとで護られない人たちにたいして資力調査による援助を規定した。他の立法も、家族の困窮問題に取り組んだり（一九四五年の家族給付法）、住宅条件の改善要求に取り組んでいった（一九四六年のニュータウン法）。

英国型の福祉国家は、一連の独自の条件のもとで、また社会の本質をめぐって一般に浸透している観念にそって出現した。福祉国家を築いた前提は、三つの要素に分かれていた。まず、福祉国家は、就業を有給労働と同一視し、完全雇用の実現可能性にたいする確信に基盤を置いた。究極の目的は、有給労働がほとんどの人にとって中心的役割を演ずるが、失業や病気、身体障害等の不運によって市場経済の外側に置かれた人たちのニーズに福祉が応えていく社会である。このこととの関連で、福祉国家の構想は、家族の家父長制的な――一家の稼ぎ手である夫は家族生活を支え、妻は家庭の世話をするという――概念構成に根拠があった。福祉プログラムは、一家の稼ぎ手である男性を欠く家族向けの第二段目のサーヴィスをともなうとはいえ、こうした伝統的な家族モデルを中心に立案された。

二つ目に、福祉国家は、国民的連帯を促進するとみなされていた。福祉国家は、住民全体を一組の共通の行政サーヴィスに組み込むことによって国民社会を統合しようとした。福祉は、国家と住民との結びつきを強めるための手段であった。三つ目に、福祉国家は、人生の過程の自然な要素として生ずるリスクの管理にかかわっていた。この意味で、福祉は、予測不可能な未来に潜在的に生ずる可能性がある困難な事態にたいして行使できる、一種の保険とみなされていた。英国の経済生活や社会生活で生ずる失業や病気等の不運は、福祉国家をとおして管理できるとされた。

これらの基本的な考え方が、大戦以降三〇年間の福祉国家の著しい拡大を下支えしてきた。工業経済の成長にともなって、福祉国家は、健康で高い成果を挙げられる労働力に依存する経済的エリートのニーズだけでなく、労働者階級のニーズをも満たす、そうした階級間の首尾よい「取り引き」を意味した。しかし、次で述べるように、一九七〇年代初めに入って、福祉をめぐる制度論派と残余配分論派の政治的意見の分裂は、ますます顕著になる。一九九〇年代までに、左派も右派もともに、福祉国家形成のもとになった状況が変わり、ビヴァレッジの描いた福祉構想を時代遅れのものにし、かなりの改革が必要であることをすでに認めていた。

福祉国家の改革――保守党による「福祉の引き下げ」

福祉国家の目的をめぐる政治的合意は、一九七〇年代に入って瓦解し、一九八〇年代に英国のサッチャー政権と米国のレーガン政権が福祉国家の「引き下げ」を企てると、その傾向はさらに強まった。福祉を削減する企ての核心部分のなかに、福祉への批判がいくつか見いだされる。ひとつ目の批判の方向は、財政コストの増大を問題にした。全般的な経済不況、失業率の高まり、それに福祉を運営する巨大な官僚制組織の出現は、福祉支出が今後も着実に――経済全体の拡大率を大幅に上回るかたちで――増加することを意味した。結果として、福祉システムにたいする財政圧力の急激な増大を強く指摘する人たちによって、福祉支出をめぐる論争が生じた。政策立案者は、「人口学的な時限爆弾」が福祉システムに潜在的可能性として及ぼす圧倒的な影響作用を強調する。つまり、人口の高齢化によって福祉サーヴィスに頼る人たちの数が増加しだしたが、福祉システムに基金を納める若年就業者の数も減少しはじめていた。このことは、潜在的な財政危機の前兆となった。

人口の「白髪化」は、第六章「社会化、ライフコース、加齢」、二〇〇頁～二〇一頁で論じている。

批判の二つ目の方向は、福祉依存の概念と関連している。現行の福祉制度を批判する人たちは、人びとに自活した有意義な生活を築くことを可能にすると想定されたプログラムそのものに、人びとが依存しだしていると主張する。人びとは、たんに物質的に依存するだけでなく、給付金支払日の到来に心理的にも依存していく。自分たちの生活に積極的な態度を示す代わりに、自分たちの生活を支えてくれる福祉システムを当てにし、受け身の消極的な生き方を選ぶ傾向がある（次頁のコラム「福祉依存」を参照）。

英国では、福祉依存をめぐる論争は、政府が従順に（しかし、不必要に）国民のニーズの世話をしてきたことを指摘する言い方であるとはいえ、「過保護な国家」への批判と結びついてきた。サッチャー政権下の保守党政府は、中心的価値として、一人ひとりの進取の気性や自給自足の精神を推進した。完全な自由市場経済へ転換する一環として、国からの施しにたいする依存を、一連の福祉改革を通じて阻止した。みずから幸せに暮らす代価を支払えない人たちだけが、国からの援助を受けるべきであるとされた。一九八八年の社会保障法は、所得援助や低所得世帯貸与金、住宅給付金等の制度の受給資格基準を高めることで、国が福祉支出を削減することを可能にした。

保守党政府は、公共福祉の責任を、国から民間部門やボランタリー部門、地方自治体に移管させる数多くの福祉改革を実行した。以前は国が高い助成比率で提供していたサーヴィスは、民営化されたり、かなり厳密な資力調査を受けるようになった。その一例を、一九八〇年代の低所得者用公営住宅施設の民営化に見いだすことができる。一九八〇年の住宅法は、低所得者用公営住宅の家賃の大幅な値上げを可能にし、そのことは低所得者用公営住宅の在庫物件の民間への大規模な売却の地ならしとなった。このような住宅供給での残余配分論への動きは、資力調査によれば住宅給付金の受給資格基準を少し上回る位置にいる人たちにたいして、この人たちがもはや公営住宅を利用できないだけでなく、市場価格で宿泊施設を借りる余裕もほとんどないため、とりわけ悪い結果を及ぼした。（残余配分型福祉モデルは、三九〇頁で紹介してある。）批判する人びとは、低所得者用公営住宅の民営化が一九八〇年代と九〇年代にホームレスが増加したことの大きな一因になった、と主張している。

福祉支出を削減し、福祉効率を高めるもう一つの試みは、公共サーヴィスの提供における市場原理の導入であった。医療機関による保健や教育といった福祉サーヴィスにある程度の競争原理を導入することは、人びとに大幅な選択の余地をもたらし、サーヴィスの質の向上を確保する、と保守党政府は主張した。事実、消費者は、学校や保健医療の供給者を選択することで、「みずからの意思を表明」できた。標準以下のサーヴィスしか提供できない施設は、商売と同じで、改善を余儀なくされたり、封鎖に追い込まれることになる。それは、施設の運営資金がその施設でサーヴィスの利用を選択した人たちの数にもとづくからである。批判する人たちは、公共サーヴィスでの「国内市場」が、国民すべてにたいする平等なサーヴィスという価値を守るよりも、むしろサーヴィスの質の低下と成層化したサーヴィス提供システムを結果的にもたらす、と非難してきた。

福祉依存

福祉依存という概念は論争の的となり、一部の人たちは、こうした福祉依存の蔓延を否定している。否定論者たちは、一般に「生活保護に頼る」ことが恥とみなされているため、そうした境遇にいるほとんどの人びとは、できる限りその境遇から脱するためにおそらく積極的に努力していく、と主張する。

キャロル・ウォーカーは、所得援助に頼って暮らす人たちが自分たちの生活をどうやって組み立ててきたのかを調べた既存の研究を分析している。ウォーカーは、生活保護に依存する生活が安易な選択であると論ずる人たちが描いてきたのとはまったく異なる状況を見いだした。ある調査では、失業している回答者の八〇%が、福祉に依存する生活をはじめて以来、生活水準の悪化を経験していた。ほとんどの人にとって、生きることは、むしろ懸命な苦闘になっていった。他方、少数の人たちにとって、社会的援助は生活水準の改善をもたらす可能性があった。たとえば、失業中で六〇歳に達した人は、新たに「年金手当受給者」とされて、これまで受けていたものよりも三割高い給付金を請求できた。

生活環境が改善される可能性のある人たちのなかには、ひとり親たちが現実に含まれていた。ある調査は、ひとり親の——そのほとんどは女性であった——数量的には三人に一人が、結婚生活の解消後、以前よりも暮らし向きの改善を見ていた。とはいえ、大多数のひとり親は、暮らし向きが悪化していった。

一九九〇年代で、社会的援助に頼って暮らす人たちのうち、「何とか生活のやり繰りができている」と答えた人たちは、わずか一二%であった。ほとんどの人は、「ただ生き抜いている」「苦境に陥っている」と答えていた。あらかじめ計画して手筈を整えるのは難しい。将来のために金銭を蓄えることはできないし、請求書を絶えず気にしなければならない。食べ物が重要なのはわかっていても、食べ物は、お金が足りなくなった際に切り詰めることができる品目とみなされる場合が多い。「新聞のセンセーショナルな見出しにもかかわらず、社会的援助に頼って暮らすことは、かりにほとんどの人たちの心底求める選択肢が他に与えられるのであれば、その人たちがみずから望む選択手段ではない。ほとんどの人は、これまでの人生のなかで、たとえば失職や配偶者の喪失、発病といった何らかのトラウマ的な出来事があったために、気がついてみれば社会的援助に頼る立場に置かれている」と、ウォーカーは結論づける（Walker 1994）。

保守党による福祉引き下げを評定する　一九八〇年代の保守党政府は、福祉国家の引き下げにどの程度まで成功したのだろうか。クリストファー・ピアソンは、その著書『福祉国家は解体しだしているのか』で、サッチャー政権下の英国とレーガン政権下の米国での福祉「削減」の過程を比較し、福祉国家が、比較的損なわれないかたちで保守主義の時代を経過していった、と結論づけた（Pierson 1994）。両政府とも、福祉支出の大幅削減の意図を公言して政権の座に就いたとはいえ、福祉引き下げを妨げる要素は結果的に見れば両政府が克服できる以上に大きかった、とピアソンは論じている。その理由は、社会政策が徐々に根を下ろしていたからである。社会政策が開始されて以来、福祉国家と福祉制度は明確な支持者を生みだし、その支持者たちは、福祉削減を計る政治的企てから自分たちの受ける給付を積極的に擁護した。組織された労働組合から退職者団体に至るまで、利益集団の複雑にからみ合ったネットワークが、福祉を擁護するために結集していった。

ピアソンによれば、福祉削減の決定は、もっぱら世間の抗議や反発にたいする恐れに先導されていた。政治家たちは、福祉の引き下げが福祉国家拡大の反対論には少しもならないことに気づいた。その結果、新たな種類の政治活動が出現し、「敗者」集団に補償を与えるか、利益集団間で連携が生まれるのを防ぐ努力をおこなうことで、できるだけ反対論を抑える試みがなされた。「社会政策をめぐる争いは、福祉国家が拡大した時代にそうであった以上に、政治的変化の原因と帰結についての情報争いになっている」とピアソンは記している（Pierson 1994）。住宅供給政策や失業給付金のように経費節減が実際におこなわれた社会プログラムは、一般的に見れば、利益集団が結集するのを妨げることに首尾よく成功した例であった。

ピアソンは、福祉国家が厳しい重圧のもとにあるとみなすが、福祉国家が「危機状態」にあるという認識を排除している。社会支出は一定の割合をかなり保持してきたし、また福祉国家の中核をなす要素も引きつづき維持されている、とピアソンは主張する。一九八〇年代の福祉改革の結果として不平等が著しく高まったことを否定しながら、社会政策全体は労使関係や規制政策が受けたほど変革を被らなかったことを、ピアソンは指摘している。英国では、住民の大多数は、引きつづき公的保健医療サーヴィスや教育サーヴィスに依存する。それにたいして、米国では、福祉サーヴィスはもっと残余配分型になっている。

新生労働党と福祉改革　福祉改革は、一九九七年に政権に就いた新生労働党にとって引きつづき最優先課題である。新生労働党は、保守派による福祉批判にいくつかの点で同意して（また旧来の左派政治から決別して）、たんに保健や教育の改善だけでなく、貧困や不平等を克服するためにも新たな福祉政策が必要であると主張してきた。福祉国家そのものがしばしば問題の根幹となり、依存状態を生みだしたり、「手助け」の代わりに「施し」をもたらしている。このことは、社会問題の原因に最優先事項として対処するよりも、社会問題の処理に全力で取り組む巨大な官僚制組織を結果的にもたらした。このような取り組みは、すべての住民のあいだでの貧困の縮小や所得の再配分に成功してこなかったことが示されている。貧困の減少のほとんどは、社会政策の結果よりも、むしろ国全体での富の増加の結果である、と論じられている。

福祉システムがかかえる主要な難題のひとつは、福祉システムの創設のもとになった状況が著しく変化してきたことである。一九九〇年代までに、完全雇用の夢は、慢性的な失業状態に屈していった。家族構造の変化は、一家の稼ぎ手としての男性という家父長制的な見方を不適切にした。非常に多くの数の女性が労働力にすでに参入しており、ひとり親世帯の増加は福祉国家に新たな要求を課している。また、福祉国家が闘う必要のあるリスク類型に明らかな変化を見いだすことができる。

国家がリスクを共同で負担する手段であるとする考え方は、さきに三八七頁～三八九頁で紹介した。リスク社会という概念と、その概念が福祉国家にもたらす言外の意味は、第四章「社会学における理論的思考」、一三四頁～一三六頁で論じている。

一例を挙げれば、福祉国家は、環境汚染や喫煙といったライフスタイルの選択が及ぼす有害な帰結に対処するのに、不適格な手段であることが判明している。新生労働党は、政権に就いた直後に、議会報告書「わが国の新たな野心――福祉のための新たな契約」を発表し、福祉国家の評価をおこない、職業面や個人生活でのエンパワーメントを目指す「能動的な福祉」という構想を描いた。この報告書は当時の福祉改革担当大臣フランク・フィールドが主にまとめたもので、さきにも触れたようにフィールドは、残余配分型福祉モデルに反対していた。新生労働党は、貧困や不平等にたいする旧来の解決策がもはや妥当性を失ったと主張して、権利と責任の双方に基盤を置く、国家と一般市民とのあいだの福祉契約という考え方を提示した。国家の役割は、人びとが労働市場の外に置かれた際にその人たちに援助の手を差し伸べるだけでなく、人びとが職と安定した収入を得る手助けをすることにある。同時にまた、一般市民は、支給される福祉手当を待ち望むのでなく、自分の生活状況を変えるためにみずからの潜在的行動力を当てにし、みずからの行動力に頼る必要がある。

雇用は、新生労働党の社会政策の礎石のひとつになり、新生労働党は、勢いのある労働市場が福祉改革で演ずる役割におおいに注目してきた。労働年齢にいる人たちの就業率は、二〇〇三年六月までの三カ月で七五%と、この一三年間で最も高かった。このような取り組みの背後にあるのは、市場がたんに不平等を生みだすだけでなく、不平等を減少する上でも重要な役割を担う可能性があるという考え方である。人びとを職に就かせて、世帯に収入をもたらすことは、貧困を減少させる際に行使できる主要な手段のひとつである。新生労働党のもとで導入された最も重要な福祉改革のなかに、働くことのための福祉プログラムがあり、この働くことのための福祉プログラムを推進する目的は、公的援助の受給者を有給労働に送り込むことである。働くことのための福祉プログラムが及ぼす利益は、さまざまな集団が労働市場に加わるように奨励することを目指している。二五歳以下の若者には、国からの所得支援を受ける代わりに、職業訓練や就職の機会を提供する。ひとり親には、育児費用を援助するために税額控除を認める。長期の失業者には、就職面接の際に雇用者にみずからを売り込む仕方を訓練で教え込む。

新生労働党はまた、こうした働くことのための福祉プログラムとともに、低賃金の職に就く人たちの所得を増やすために、福祉国家システムを活用した。一九九九年には、最低賃金制が導入された。所得税の基本税率の削減もなされた。また、子どものいない低所得者にたいして就労税額控除が導入された。一九九九年に、二〇二〇年までに子どもの貧困を撲滅するという公約が示された。これらの変革に加えて、児童手当や一一歳以下の子どもへの資力調査による給付比率の増額は、もっと直接的に子どもの貧困の終結を目標にしていた。最新の査定は、政府がこの目標の達成にかなり成功し、子どもの貧困が二〇〇二年まで一〇〇万人減少したことを示している（Piachaud & Sutherland 2002）。とはいえ、たとえ二〇一〇年までに子どもの貧困を半減させるという到達目標が満たされたとしても、子どもの貧困水準は、マーガレット・サッチャーが首相になった一九七九年当時の水準よりも依然高いだろうと指摘されている（Flaherty et al. 2004）。

新生労働党は同時にまた、貧困の減少を目指す地域社会の率先した行動を支援することで、個人や地域社会が「自助努力をおこなう」社会的潜在能力の向上に取り組んでいった。保健活動や雇用、教育の分野で地域社会のエンパワーメント・ゾーンが英国の至るところで創設され、地域の政策決定者たちが地域住民のニーズに合致した解決策を立案するのを可能にした。このような取り組みは、いくつか利益をもたらした。援助を必要とする人たちにもっとじかに援助を振り向けたり、小規模の新機軸を導入することが可能になったし、地元の人たちによる意思決定への参加の機会を増やした。こうしたプログラムは、一般市民が国家と提携して自分自身のためによりよい生活を築くことに調和のとれたかたちでかかわる、そうしたもっと積極的な福祉形態を促進させていく。

福祉改革をめぐる論争は、変革の必要性について漠然とした合意を得ているとはいえ、まだ収まってはいない。新生労働党の取り組み方に批判がないわけではない。「働くことのための福祉」プログラムを、情け容赦のない社会支出の削減策であるとみなす人たちもいる。職業訓練や育児奨励にもかかわらず労働市場に参入できない人たちは、福祉給付を失う危険にさらされている。この「働くことのための福祉」プログラムは、福祉依存が生まれる状況の減少を目的にしているとはいえ、福祉給付を失う人たちが、犯罪や売春、ホームレスの生活に余儀なく向かう結果に終わる可能性がある。

働くことのための福祉プログラムを評定する

一九九七年以降、労働党政府は、福祉から就労に移行させるために、数多くの政策や到達目標を打ち出してきた。「ニューディール」的雇用計画は、たとえば障害者や長期失業者、若年者、五〇歳以上の人たちといった、特定の集団のために提示された。同じようなプログラムがもたらす影響効果の研究は、米国でも一時期見いだされ、こうしたプログラムは米国で何度かなされている。ダニエル・フリードランダーとグレイ・バートレスは、生活保護受給者たちに有給労働を見つけるよう励ます目的で、政府が率先して企画した四つの異なるプログラムについて研究している。これらのプログラムは、おおよそ類似していた。これらのプログラムは、仕事を積極的に探している生活保護受給者たちに、たんに職探しのテクニックを指導したり、教育や職業訓練の機会を提供するだけでなく、金銭的補助も与えてきた。主に対象となった人たちは——米国で最大規模の生活保護プログラムである——扶養児童のいる家族への支援金を受給する、ひとり親世帯の世帯主である。フリードランダーとバートレスは、このプログラムが確かに成果を上げていることを見いだした。このプログラムに加わった人たちは、加わらなかった人よりも早く雇用先を得たり、仕事をはじめることができた。四つのプログラムのすべてで、このプログラムによって生みだされた収益は、ときとしてこのプログラムの純経費よりも大きかった。とはいえ、このプログラムは、このプログラムを最も必要とした人たち——長期にわたって失業状態にある人たち——を手助けする上で、少しも有効に機能しなかった（Friedlander & Burtless 1994）。

働くことのための福祉プログラムは、米国で生活保護の請求件数を約四割減少させるのに成功した。しかし、一部の統計は、このプログラムが必ずしも建設的な結果をもたらしていないことを示唆する。米国では、生活保護の受給を止めた人たちの約二割は、働いていないし、独立した収入源を何ももっていない。職を得た人たちのほぼ三人に一人は、一年以内に再び生活保護の請求者に戻っている。仕事に就いて生活保護を辞退した人たちの三分の一から半数は、自分たちの収入が自分たちが前に受けていた給付水準より少ないことに気づいている。ウィスコンシン州は、米国で働くことのための福祉プログラムを初めて導入した州のひとつであるが、生活保護を辞退した人たちの三人に二人は、貧困線以下の生活を送っていた（Evans 2000）。批判する人びとは、こうした調査結果を証拠として示し、生活保護受給者の絶対数を減少させた働くことのための福祉プログラムの見かけだけの成功が、生活保護手当を失った人たちが実際に体験する困難な状況を覆い隠している、と主張する。

他の人たちは、社会的排除と闘う上で地域社会でのエンパワーメント・ゾーンの有効性に疑問を投げかけている。貧困や権利剥奪状態はエンパワーメント・ゾーンに指定された地域だけに集中するわけではないのに、「働くことのための福祉」プログラムはあたかも貧しい人たちがすべて一緒に生活しているかのように目標を定めている、と批判する人たちは指摘する。政府の社会的排除問題に関する検討委員会の調査結果は、こうした主張を裏づけている。一九七七年で、全失業者のうち三人に一人は、英国の最も貧しい四四の地方以外の地域で生活していた。一地域に限定されたかたちで主導権を付与することは、あまりに多くの人たちがエンパワーメント・ゾーンに指定された地域外で生活しているため、全国規模の貧困撲滅戦略にとって代わることはできない、と懐疑的な論者は指摘する。

結び——変動する世界における貧困と福祉

英国でマーガレット・サッチャーとジョン・メイジャーの政府（一九七九年〜九七年）の政策の基礎となったのは、個人と法人の税率の削減が高水準の経済成長を引き起こし、その成果が貧しい人びとにも「浸透していく」という理論だった。同じような政策は、米国でもロナルド・レーガンとジョージ・ブッシュ・シニアが大統領だった時代（一九八〇年〜九二年）と、またジョージ・ブッシュ・ジュニアの政権下（二〇〇〇年〜）でも再び実行されて、ほぼ似通った結果がもたらされた。この「浸透効果」理論を裏づける証拠は見いだされなかった。こうした経済政策は、経済成長を加速させたかもしれないし、加速させなかったかもしれない。しかし、結果は、貧しい人たちと裕福な人たちの格差を拡大し、貧困生活を送る人たちの数を増大させる傾向にあった。所得にもとづいて測定される貧困状態も、生活必需品の剥奪状態で測定される貧困状態も、一九七〇年末から著しく増加していった。

職業構造の変化とグローバル経済もまた、英国や米国をはじめとする国々での不平等の拡大傾向を助長した。肉体労働の仕事場の衰退は、所得配分の様式だけでなく失業の様式にも重要な影響をもたらした。多くの場合、未熟練や半熟練の職に就いていた労働者は、学業資格や専門的技能がますます要求され、急激に変化する労働市場に再度入り直すのが難しいことになる。サーヴィス部門での就業のチャンスは著しく拡大してきたとはいえ、その多くは、低賃金で昇進の見込みも乏しい職である。

左派の政治家は、伝統的に、富裕層から貧困層への富の再配分による不平等の根絶（それに、所得の均等性の増大）に関心を集中させてきた。福祉国家と高い課税水準は、このような企てを達成するための二つの方法であった。とはいえ、こうした取り組み方は、貧困の根絶に失敗し、しばしば意図しない帰結を引き起こした。戦後の英国で建造され、時としてスラム居住者を住まわせるために建てられた大規模な住宅団地は、そのいくつかが英国で最も社会的に排除された地域になった。同じように、一九四五年以降の福祉国家の拡大は、結果的にある程度の福祉依存をもたらした。

平等をめぐる新たなヴィジョンが、前の時代の「左派」と「右派」の社会政策面の課題とは互いに異なるかたちで提示されている。平等という概念は、むしろ活力に満ちたかたちで修正されだし、機会の均等と、多元主義やライフスタイルの多様性の重要さを強調している。不平等にたいする私たちの理解もまた、変化しだしている。経済的不平等は存続するが、私たちの社会は、他の面ではもっと平等になりだしている。

女性たちは、前の世代に比べ、経済的にも社会的にも文化的にも平等になっている。また、重要な法的、社会的前進が、マイノリティのあいだでなされだしている。女性たちの労働市場への参入は、共働きが特徴的である「ワーク・リッチ」世帯と、誰も労働市場で働いていない「ワーク・プアー」世帯との分裂が増大を意味している。女性たちの稼ぎは、前の時代以上に、世帯所得にとって決定的に重要となってきた。また、女性たちが有力な、給与の高い職位をこれまで以上に占めるようになれば、女性たちの稼ぎは非常に大きな影響力をもつ可能性がある。実際に、共働き世帯の、とくに子どものいない共働き世帯が挙げる成果は、所得配分様式の変化の最も重要な要因のひとつになっている。稼ぎ手が二人の世帯と、稼ぎ手が一人の世帯、稼ぎ手が誰もいない世帯の差は、ますます明白になりだしている。

とはいえ、こうした背景があるにしても、私たちの社会の直面する新たなリスクや脅威を見いだすことができる。これらのリスクは、裕福な人たちも貧しい人たちも区別せずに作用する。公害や環境破壊、都市地域の暴走するような成長は、私たち自身が造り出した問題である。これらは、私たち誰もが責任を負い、また、かりにうまく対処するためにはすべての人にライフスタイルの変更を求める脅威である。

私たちがこれらの新たな挑戦課題に取り組みだしているため、国家と福祉サーヴィスの演ずる役割は、必然的に再検討されることになる。福祉は、たんに物質的繁栄だけでなく、住民の安寧全般ともかかわっている。社会政策は、社会的凝集性を促し、相互依存のネットワークを育み、人びとの自助能力を最大限に高めることに関心を寄せはじめている。権利と責任は、新たに重要な意味を帯びはじめている——たんに社会の底辺にいて、生活保護から脱して職に就こうと努力する人たちだけでなく、富を有するからといって社会的義務や財政負担の義務を回避できる特権が与えられていない社会の最上層の人たちにとっても、新たに重要な意味を帯びはじめている。

まとめ

1　貧困を理解するには、二つの異なった方法がある。絶対的貧困とは、健康や身体の実効的機能を維持するために必要とされる基本的資源を欠いた状態をいう。相対的貧困とは、一部の集団が享受する生活条件と人口の大多数が享受する生活条件の格差を評価査定することを意味している

2　多くの国で、貧困状態の公的な測定は、貧困線との関連で、つまり、人びとが貧しい生活を送っているといわれる水準との関連でおこなわれる。貧困の主観的な測定は、その人自身が許容し、満足できる生活水準のために必要とすることがらにもとづいている。

3　貧困は、豊かな国においても広範に見いだされる。一九八〇年代と九〇年代に、英国は、先進国のなかで最悪の貧困記録を示した。裕福な人たちと貧しい人たちとの不平等は、政府のとる施策や職業構造の変化、失業の結果から著しく拡大してきた。

4　貧しい人たちはさまざまな集団から構成されるが、生活の他の側面で（たとえば高齢者や病人、子ども、女性、それにエス

ニック・マイノリティのように）不利な境遇に置かれている人たちも、貧困に陥る可能性が増大している。

5 貧困を説明するために、主に二つの取り組み方がなされてきた。「貧困の文化」論と「依存型文化」論は、貧しい人たちにはみずからの恵まれない境遇にたいして責任を負うべきだと主張する。技能の欠如や生きる意欲の不足、あるいは精神的弱さのせいで、貧しい人たちは、社会で首尾よい成果を遂げることができない。貧しい人たちのなかには、自助努力をするよりも、福祉給付といった外部の援助に依存するようになる人たちもいる。二つ目の取り組み方は、貧困が、資源を不均等に配分し、克服するのが難しい条件を創りだす、そうしたもっと大きな社会過程の結果であると論じている。貧困は、一人ひとりの不適格さの結果ではなく、覆いかぶさるような構造的不均衡の結果である。

6 社会的排除とは、より広い社会への完全な関与から切り離される過程を指称する。社会的に排除された人たちは、粗末な居住環境や平均以下の学校教育、限られた交通手段ゆえに、ほとんどの人が社会で手にする自己向上の機会を否定されている。社会的排除の最も極端な形態が、ホームレスである。定まった住居を欠くホームレスの人たちは、ほとんどの人が当然視する多くの日常的活動から締め出されている。

7 福祉国家とは、政府が、一定の財やサーヴィスの支給や助成によって住民間の不平等を縮小する上で中心的な役割を演ずる国家である。福祉サーヴィスは国によって異なるが、多くの場合、教育や保健医療、住居、所得補助、障害者支援、失業対策、年金が含まれる。

8 普遍的給付をおこなう福祉国家では、まさかの時の福祉援助は、所得水準や経済的地位に関係なくすべての人びとが平等に享受できる権利である。対照的に、資力調査にもとづく援助は、一部の人たちのみが受給資格をもち、その資格は、所得や預貯金をもとに決められる。福祉給付の将来のあり方について、ほとんどの先進工業国で議論がつづいている。一方で、福祉は十分な基金に支えられ、すべての人に適用されるべきだ、と考える人たちがいる。他方、福祉は別のかたちの援助を本当に得ることができない人たちにたいするセーフティ・ネットとしてだけ利用されるべきだ、と考える人びともいる。

9 今日の英国型福祉国家は、第二次世界大戦後に発達した。英国型福祉国家は、社会のすべての成員を網羅する、福祉にたいする幅広い見方を志向していった。一九七〇年代に入るまでに、福祉国家は非効率的で、官僚制的で、多額の経費を要すると批判されていった。福祉依存――人びとを自活した生活に導く手助けをすると想定された福祉プログラムそのものに、その人たちが依存するようになること――にたいする懸念が生まれている。

10 マーガレット・サッチャーが率いた保守党政府は、公的福祉の責任を、国家から、民間部門やヴォランタリー部門、地域社会に移管させることで、福祉国家の引き下げを試みた。脱施設収容は、国家が（施設のなかで）介護してきた人たちを、その人たちの家族や地域社会のもとに戻す過程である。

11 新生労働党政府は、福祉受給者たちを有給の職に送り込むことを目的とした「働くことのための福祉」プログラムを含め、福祉改革を遂行してきた。

考察を深めるための問い

1 この章の冒頭で取り上げたキャロルは、なぜ貧困なのか。
2 社会に「十全に、また生き甲斐のある」かたちで参加するために必要となる所得水準は、どのくらいだろうか。
3 英国では、貧困率が、一九七〇年代中頃以降、なぜ上昇してきたのか。
4 福祉依存は、貧困の存続を説明する理由になるのだろうか。
5 何がホームレスの原因であり、どうすればホームレスの問題に最もよく取り組むことができるのか。
6 福祉支出を削減する努力は、なぜ総じて失敗してきたのか。

読書案内

Jet Bussemaker (ed.): *Citizenship and Welfare State Reform in Europe* (Routledge, 1999)

H. Dean: *Welfare Rights and Social Policy* (Prentice Hall, 2002)

Jan Flaherty, John Veit-Wilson & Paul Dornan: *Poverty: The Facts*, 5th edn (CPAG, 2004)

Gordon Hughes & Ross Ferguson (eds): *Ordering Lives: Family, Work and Welfare* (Routledge, 2000)

Ruth Lister: *Poverty* (Polity, 2004)

T. H. Marshall: *Citizenship and Social Class, and Other Essays* (Cambridge Univ Pr, 1950)

J. Pierson: *Tackling Social Exclusion* (Routlrdge, 2001)

T. Ridge: *Childhood Poverty and Social Exclusion* (Policy Press, 2002)

Robert Walker (ed.): *Ending Child Poverty: Popular Welfare for the Twenty-First Century?* (Policy Press, 1999)

インターネット・リンク

Social Exclusion Unit
http://www.socilaexeclusion.unit.gov.uk

Child Poverty Action Group
http://www.cpag.org.uk/

Monitoring Poverty & Social Exclusion
http://www.poverty.org.uk/

Opportunity for All
http://www.dwp.gov.uk/ofa/

The Social Market Foundation
http://www.smf.co.uk/

11

グローバルな不平等

過去四半世紀のあいだに、歴史上いまだかつてないほど多くの億万長者が出現した。二一世紀初めで、世界中に五七三人――米国に三〇八人、ヨーロッパに一一四人、アジアに八八人、ラテンアメリカに三二人、カナダに一五人、中東に一三人、オーストラリアに三人――の億万長者が存在した（Forbes 2004）（ここでの億万長者とは、少なくとも一〇億米国ドルの富を所有する人である）。この人たちの資産の合算は、二〇〇〇年中期で一兆一〇〇〇億ドルと見積もられている――この金額は、（二〇〇〇年度に世界銀行がおこなった算定によれば）世界人口の三分の一以上に相当する、八七カ国の国民総生産の総額を上回っていた。

二〇〇四年に、世界で最も裕福な個人は、マイクロソフトの創業者ビル・ゲイツで、純資産が五四二億ポンドだった（表11-1を参照）。ゲイツの財産はもっぱら自社株の所有によるもので、ゲイツは、起業家精神の体現者とみなされている。コンピュータ・オタクが、ほとんどすべてのパソコンにオペレーション・システムを提供する資本家に変身したからである。一九九〇年代後半に、ゲイツは、約一〇〇〇億ドルの純資産を手にした。マイクロソフトの株式価格は、この時期をピークにほどなく下落しだしたため、ゲイツの資産も大幅に減少した。しかし、その資産は、依然としてゲイツを世界で最も裕福な個人にランクづけている（Forbes 2004）。

二〇〇四年で英国の最も裕福な個人は、資産七五億ポンドのロマン・アブラモビッチで、アブラモビッチは、サッカーの名門クラブ、チェルシーのオーナーとしてもよく知られている。アブラモビッチは、ロシアの貧しい家庭の出身で、四歳のときに孤児になり、収入を補うために車のタイヤを売っていた時期もあった。一九九〇年代初めのソヴィエト連邦の崩壊後、アブラモビッチは、ロシアの石油産業の民営化によって財産を築いた。英国の番付で二番目に位置する、資産五〇億ポンドのウェストミンスター公爵は、メーフェアとベルグレーヴィア――ロンドンで最も高価な地区のうちの二つ――に相当な額の不動産を所有している。英国の上位一〇傑には、小売り業グループ、アルカディアのオーナーであるフィリップ・グリーンが、資産三六億ポンドで、第四位に入っている。また、第六位に、リチャード・ブランソンがいる。ブランソンの率いるヴァージン・グループは、音楽や鉄道、航空産業、不動産ローン、携帯電話、さらに婚礼衣装で金を儲け、ブランソンに二六億ポンドの個人資産をもたらしている（三三六頁の表9-3を参照）。

二〇〇四年の世界で最も富豪な上位四〇傑に、北米から一六の個人と一族、ヨーロッパ（ロシアを含む）から一五の個人と一族、中東から六、香港から二の個人と一族、メキシコから一名が入っていた（Forbes 2004）。かりにビル・ゲイツが欧米のハイテク起業家の典型的な例であるとすれば、香港の――リストの第二五位にいる――リ・カシンは、アジアの成功した多くの実業家に特徴的な、つましい暮らしから大金持ちへという出世物語の主人公である。リ・カシンの職歴は、プラスティックの造花作りからはじまった。二〇〇四年で六七億ドルに達する個人資産は、不動産をはじめアジア各地への幅広い投資から得ている。そのなかに、世界の半分の地域に放送されている一族所有のスターＴＶも含まれる。

表11-1　世界の富豪リスト（2004年）

	名　前	国	事業内容	富（ポンド）
1	ロブソン・ウォルトン一族	米国	小売り（ウォルマート）	542億
2=	ビル・ゲイツ	米国	ソフトウェア（マイクロソフト）	253億
2=	ウォーレン・バフェット	米国	投資	253億
4	カール & テオ・アルブレヒト	ドイツ	スパーマーケット	223億
5	フォレスト Jr & ジョン・マース一族	米国	菓子	169億
6	ファハド国王一族	サウジアラビア	石油	135億
7	バーバラ・コックス & アン・コックス・チェンバース	米国	メディア	121億
8	アルワリード王子	サウジアラビア	投資	116億
9	ポール・アレン	米国	ソフトウェア（マイクロソフト）	114億
10=	アブダビ首長	アブダビ	石油・投資	108億
10=	クヴァント一族	ドイツ	自動車（BMW）	108億
12	リリアンヌ・ベッタンクール	フランス	化粧品	102億
13	ラリー・エリソン	米国	コンピュータ（オラクル）	101億
14	イングバー・カンプラット	スウェーデン	小売り（イケア）	100億
15	ケネス・トムソン	カナダ	メディア・石油	93億
16	サミュエル & ドナルド・ニューハウス	米国	出版	83億
17	ロバート & トーマス・プリツカー	米国	ホテル・投資	82億
18=	クエート首長	クエート	石油	81億
18=	ミハイル・ホドルコフスキー	ロシア	石油	81億
20	アビゲイル & エドワード・ジョンソン	米国	投資	80億
21	ブルネイ国王	ブルネイ	石油	77億
22=	ロマン・アブラモビッチ	英国	石油	75億
22=	カルロス・スリム・エルー	メキシコ	通信	75億
24	マイケル・デル	米国	コンピュータ（デル）	70億
25=	スティーブン・バルマー	米国	ソフトウェア（マイクロソフト）	67億
25=	ステーブン・バルマー	オランダ	小売り	67億
25=	リ・カシン	香港	多業種	67億
28	ベルナール・アルノー	フランス	贅沢品	66億
29	クウォック兄弟	香港	不動産	62億
30	ジョン・クルーゲ	米国	メディア・電話	57億
31=	シルヴィオ・ベルルスコーニ	イタリア	メディア	54億
31=	シェイク・マクトゥーム	アラブ首長国連邦	石油・金融	54億
33=	ビルギット・ラウジング一族	スウェーデン	パッケージ材	50億
33=	ウェストミンスター公爵	英国	不動産	50億
35=	チャールズ・アージェン	米国	衛星ＴＶ	49億
35=	アマンシオ・オルテガ	スペイン	ファッション	49億
35=	ハンス・ラウジング一族	英国	パッケージ材	49億
38	サミナー・レッドストーン	米国	メディア	48億
39=	オリー=ホフマン一族	スイス	医薬品	47億
39=	シュテファン・パーソン	スウェーデン	小売り	47億

出典：*Sunday Times*（Apr 2004）

グローバル化は、つまり、世界が経済的、政治的、社会的、文化的にますます結びつきを強めることは、想像もつかないような富の機会を生み出してきた。英国や世界の最富裕層のリストを一瞥すると、ほとんどの人の財産を、一代で瞬く間に築かれた「新興起業家の富」と評することができる。（リストに載ったほとんどの人は、六代目のウェストミンスター公爵——英国で第二位の富豪——のような例外があるとはいえ、代々受け継いできた相続財産があるので、金持ちになったわけではない。）ロマン・アブラモビッチもビル・ゲイツも、このような新興起業家の富を例示している。ふたりの大富豪は、それぞれの国で比較的質素な家庭に生まれ、その後、すばらしい経済的成功を獲得していった。ふたりとも、グローバル化によって利益を得た。つまり、アブラモビッチは、ロシアが国営産業をグローバル市場で売却したときに石油産業部門を購入し、ゲイツは、グローバル化の推進力となる、新たな情報テクノロジーやコミュニケーション技術に関与することで、利益を得た。（グローバル化の概念は、第二章で紹介している。）

しかしながら、グローバル化のもたらす利益は、公平でなく、すべての人が享受しているわけではない。たとえば、タイのバンコクの衣類工場で働く二四歳のウィラット・タサゴの境遇について考えてみたい。タサゴは——タイの衣類工場に勤める、ほとんどが女性の一〇〇万人以上の労働者と同じように——毎週六日間、午前八時から午後一一時まで働き、時給二ポンド相当の賃金しか得ていない（Dahlburg 1995）。タサゴのような膨大な数の労働者が、グローバルな労働力に引き込まれている。なかには、考えられないことでもないが、かりに最低賃金制のような英国の雇用法規のもとでは容認されない抑圧的労働条件で働く人たちも多い。だが、この人たちは幸運な例である。ロシアのように多くの国は、当初は社会的、経済的苦境に遭遇したとしても、グローバル経済に加わっている。しかし、北朝鮮のように、依然として世界経済に属さない社会では、人びとはもっと厳しい暮らしを送っている。

前の章で、英国における貧困と社会的排除について、個人の所得や富、労働、生活の質に見いだされる格差に注目しながら検討した。同じ貧困と社会的排除は、もっと大きな規模で世界全体に当てはまる。一国のなかでの富める人と貧しい人について言及できるように、世界システムにおいても、富める住民や国と貧しい住民や国について論ずることが可能である。この章では、二〇世紀末から二一世紀初めのグローバルな不平等について検討したい。まず、この「グローバルな不平等」という用語で一般的に理解されている内容と、この用語の定義づけによってグローバルな不平等にたいする私たちの受け止め方がいかに変化するのかを、手短に見ていく。経済的生活水準の差異が世界中の人びとにどのような意味をもたらすのかを検討したい。次に、どのような国が、またどのような理由から自国の富を向上させようとしているのかを理解するために、世界の新興工業国に目を向ける。このことは、結果的に、グローバルな不平等がなぜ存在し、またグローバルな不平等にたいして私たちに何ができるのかを説明しようとする種種の理論の検討につながる。終わりに、地球世界における経済的不平等の将来像について推測する。グローバルな不平等を検討した後で、人口成長という世界の最貧国の一部で急速に生じだした趨勢について解明したい。

経済的不平等は、グローバルな社会的不平等の一形態に過ぎない。今日の世界で経済的不平等が増大しているために、またこの種の本では紙面が限られているために、この章では、多くの社会的不平等のなかで、経済的不平等に焦点を当てる。スティグマ化や排除と結びついた不平等のように、地位の不平等は、他の章で検討する。（たとえば、スティグマ化の概念は、第八章、二九〇頁で触れている。）世界はまた、とくに独裁体制の内部では、桁外れの権力の不平等によって特徴づけられる。この権力の不平等は、国家内部にも国家間にも見いだされ、また、世界の慢性的な対立や衝突の多くの重大な原因になっている。（政治的権力と不平等は、第二〇章で論じる。）

グローバルな経済的不平等

グローバルな経済的不平等とは、基本的には、国家間に見いだす富や所得、労働条件の一貫した差異を指称する。こうした国家間の差異は、国家内部での差異と並存している。今日、最富裕国においてさえ貧困者の数は増大してきたのにたいして、さほど裕福でもない国で、世界の富豪が数多く生まれている。社会学の課題は、たんにこうした差異をすべて特定するだけでなく、このような差異がなぜ生ずるのか――さらに、どのように克服できるのか――について解明することである。

グローバルな不平等の観点から各国を区分する方法のひとつは、経済的生産性の比較である。経済的生産性の重要な尺度のひとつは、**国内総生産**（ＧＤＰ）である。ある国の国内総生産は、ある年にその国の経済活動によって生み出されたと記録された商品やサーヴィスの総計から構成される。国内総生産には、国外で個人や企業が国外で稼いだ所得は含まれていない。それに代わる重要な尺度が、**国民総所得**（ＧＮＩ）である（国民総所得は、以前は国民総生産（ＧＮＰ）と称されていた）。国民総所得には、国内総生産と異なり、国外で個人や企業が稼ぐ所得が《含まれる》。国内総生産や国民総所得といった経済活動の尺度は、多くの場合、一人当たりの数値として示される。したがって、その国の平均的住民の富を比較することができる。いろいろな国を比較するために、同じ通貨を用いる必要がある。ほとんどの国際機関は、世界銀行のように、米国ドルを用いている。

世界銀行は、国際的な貸し付け機関で、貧しい国々の開発プロジェクトに融資している。世界銀行は、各国を、高所得国、中の上の所得国、中の下の所得国、それに低所得国に分類する際に、一人当たり国民総所得を用いている。この分類法は、各国の生活水準になぜ著しい差が存在するのかを、比較的容易に理解するのに役立つ。

世界銀行は、約六〇億人から構成される一三二の国を、三つの経済等級に分けている（World Bank 2003）。（世界には、他に七四の経済単位があり、約一億七八〇〇万人が含まれる。世界銀行は、これらの経済単位について、データがもともとないか、あるいは人口が一五〇〇万以下であるかのいずれかの理由で、資料を示していない。）世界人口の四〇％が低所得国で生活するのにたいして、高所得国では世界人口の一五％しか生活していない。この分類が、それぞれの国の《平均》所得にもとづき、それゆえ、それぞれの国の《なか》での所得の不平等を覆い隠していることは、銘記しておく必要がある。このような相違は、この章で焦点を当てることはしないが、重要な意味をもつ可能性がある。たとえば、世界銀行は、一九九九年のインドの一人当たり国民総所得が四五〇ドルだったために、インドを低所得国に分類した。しかしながら、インドは、貧困が広範囲に及ぶとはいえ、中流階級の規模が大きく、また増大してきたことを誇っている。他方、中国は、一九九九年に、この年の中国の一人当たり国民総所得が七八〇ドルだったため、低所得国から中所得国に等級が変更された（世界銀行による中所得国の下限は七五六ドルである）。しかし、平均所得が中国に中所得国の地位をもたらしたとしても、中国には貧困生活を送る人たちが何億人もいる。所得だけをもとに各国を比較することは、国民総所得が現金販売のために生産される商品やサーヴィスだけから構成されるため、判断を誤らせる可能性がある。低所得国の多くの人たちは農民や牧夫で、この人たちは、自分の家族のためか、現金取り引きをともなわない物々交換のために生産活動をおこなっている。この人たちが生み出す穀物や家畜の価値は、統計では無視される。さらに、経済的生産活動だけがその国のすべてではない。それぞれの国は、独自の、また互いに異なる言語や伝統を備えている。貧しい国も、たとえその人たちの暮らしが苛酷であるとしても、もっと裕福な近隣国に決して劣らない歴史や文化に恵まれている。

かりに経済統計だけをもとに各国を比較した場合でも、比較のために選んだ統計数字は、得られる結論に相違を生じさせる可能性がある。たとえば、かりに国民総所得ではなく、（食品や医薬品などの生産物の）《家計消費》水準を比較することでグローバルな不平等を調べるという選択をおこなえば、グローバルな不平等について異なる結論に達するかもしれない。また、他の要素を考慮に入れることもできる。いくつかの国の国民総所得の比較は、それはそれでかまわないが、実際にその国でのコストがどのくらいなのかを考慮していない。たとえば、かりに二つの国の国民総所得がほぼ同じであっても、一方の国で平均的な食事に一家族当たり数セント支払うのにたいし、もう一方の国では数ドルを要するとすれば、この二つの国の富の程度が等しいと主張するのは誤解を招く、と結論づけることが可能である——結局のところ、数セントですむ国では、（実際には、このように極端に誇張された差が見られることはおそらくあり得ないが）その金でかなり多くのものを入手できるからである。代わりに、調査者は、二つの国のあいだの物価の差を取り除いた《購買力平価》（ＰＰＰ）の比較を選択するかもしれない。エコノミスト誌は、国ごとのハンバーガーのコストを比較する《購買力平価》として——第一六章で論じるが、マクドナルドで同じ材料から作られる——ビッグマック指数という有名な尺度を用いている。この章では各国間の国民総所得の比較にもっぱら重点を置くが、他にも何個かの尺度が利用できることをつねに認識しておく必要がある。

高所得国

《高所得国》は、一般に工業化を最初に遂げた国々である。工業化の過程は、約二五〇年前に英国ではじまり、その後、ヨーロッパや米国、カナダに広まった。日本が高所得の先進工業国の列に加わったのはほんの約三〇年前で、シンガポールや香港、台湾は、一九八〇年代から一九九〇年代にこの高所得国の範疇に入ってきた。こうしたアジアの新参国が工業化に成功した理由は、社会学者や経済学者の論争の的となっている。この問題は、この章の後半で取りあげる。

高所得国は、世界人口の一五％（おおよそ八億九一〇〇万人）しか占めない――しかしながら、世界の富の年間産出高の七九％（世界銀行の二〇〇〇年度の数字）を収奪している。高所得国は、まずまずの住居や十分な食料、飲用に適した水など、世界の多くの地域では未経験の快適さを提供している。高所得国も、しばしば数多くの貧困者をかかえるとはいえ、住民のほとんどは、世界の大多数の人たちには想像も及ばない生活水準を享受している。

中所得国

《中所得国》は、東アジアと南東アジア、中東と北アフリカの石油資源に恵まれた国々、アメリカ（メキシコ、中央アメリカ、キューバをはじめカリブ海の国々、それに南アメリカ）、さらに、かつてソヴィエト連邦と東欧の同盟国を構成していた旧共産主義国に、主として見いだされる。中所得国のほとんどは、二〇世紀でも比較的遅くなって工業化を開始したため、高所得国と同じくらいの工業開発をまだ遂げていない（裕福にもなっていない）。他方、かつてソヴィエト連邦を構成していた国々は、共産主義体制の崩壊と資本主義経済への移行によって生活水準が浸食されてきたとはいえ、工業化を高度に遂げている。たとえば、ロシアでは、普通の人たちの賃金は、一九九八年から一九九九年のあいだにほぼ三分の一に下落し、退職者年金は約半分に下がった。高齢者の多くは、気がつけば、突然、生活困窮者になっていた（CIA 2003）。

一九九九年で、中所得国は、世界人口の四五％（二七億人）をかかえるが、この年の富の産出高のわずか一八％しか占めていない。中所得国の多くの人たちは、近隣の低所得国の人たちに比べ、暮らし向きが実質的によいとはいえ、ほとんどの人は、高所得国に共通に見いだされる生活水準を何も享受していない。世界の中所得国の等級は、少なくとも世界銀行の分類方式によれば、一九九九年と二〇〇〇年のあいだに拡大した。このとき――一三億人の（世界人口の二二％を占める）――中国は、経済成長を理由に、低所得国から中所得国に分類し直された。とはいえ、この分類の直しは、誤解を招きやすい。二〇〇三年の中国での一人当たり平均所得は一一〇〇ドルで、この数字は低所得国との区分値にむしろ近いし、現実に中国の人口の圧倒的多数は、世界銀行の基準で低所得に分類されているからである。

低所得国

終わりに、《低所得国》には、東・西・サハラ以南アフリカのほとんど国々、東アジアではヴェトナム、カンボジア、インドネシアなどの国々、南アジアではインド、ネパール、バングラデシュ、パキスタン、東・中央ヨーロッパではグルジア、ウクライナ、西半球ではハイチ、ニカラグアが含まれる。これらの国はほとんどが農業経済国で、近年になって工業化に着手した。この章の後半で触れるように、これらの国での遅れた工業化と広範囲に及ぶ貧困の理由をめぐって、研究者のあいだで論争が起きている。

一九九九年で、低所得国は、世界人口の四〇％（二四億人）をかかえるが、世界の富の年間産出高のわずか三％しか生み出していない。さらに、この不平等状態は増大をつづけている。低所得国の出生率は、大規模家族であることが農場労働力を増やしたり家族収入に寄与するため、他よりも高い。（裕福な工業社会では、子どもたちは農場で働くよりも学校に通っているため、大規模家族であることの経済的利益は低下し、人びとは子どもを少数しか産まない傾向が強い。）このような理由から、低所得国の人口は（最も重要な例外はインドであるが）、高所得国の人口よりも三倍以上の早さで増加している（World Bank 2003）。（世界の人口成長は、四三四頁以下で詳しく論じる。）こうした低所得国の多くで、人びとは、貧困や栄養不足、さらに飢餓に苦しむ。ほとんどの人は農村地域で暮らすが、急激に変化している。多数の人たちが、巨大な、人口稠密な都市部に移住し、荒廃した住居か無防備な街頭で暮らしている（第二一章「都市と都市的空間」を参照）。

グローバルな経済的不平等は増大するのだろうか

グローバルな不平等が増大しているのか減少しているのかの問題は、近年、意見が二極分化してきた。グローバル化に異議を唱える人たちは、グローバル化が不平等を生んできた、と主張する。それにたいして、グローバル化を擁護する人たちは、グローバル化には世界の富裕層と貧困層を平等にする力がある、と主張する。グローバルな不平等に見いだす最初の劇的な変化は、二世紀以上前の産業革命によって発生した。ヨーロッパは、その後に他の地域は、急激な経済的拡大を経験し、世界の残りの地域を富の面で追い抜いていった。

グローバルな不平等が拡大していると考える人たちは、この数十年間にグローバル化が、工業化とともにはじまった不平等に向かう趨勢をさらに悪化させてきた、と主張する。グローバル化の批判派は、国連人間開発報告で用いるのと同じ種類の統計資料を引き合いに出す（UNDP 1999）。国連人間開発報告は、一九六〇年に、富裕国で暮らす世界人口で二〇％の人たちが、世界人口で二〇％の最貧困の人たちよりも三〇倍の所得を手にしていたのにたいして、一九九七年には、七四倍の所得を手にしていると指摘する（*The Economist* 18 Jul 2002 での引用文）。

対照的に、グローバル化の擁護派は、過去数十年間に世界の生活水準が全般的に徐々に上昇してきた、と指摘する。世界の最貧困層の生活水準を測定する多くの指標は、向上を示している。非識字率は下降し、乳児死亡率は低下し、栄養不足状態は改善され、寿命が伸び、貧困状態（一日を一ドルか二ドル以下で暮らす人たちの数で定義される）が縮小している。

とはいえ、国ごとにかなりの差が見られる。こうした利益の多くは、高所得国や中所得国にもたらされ、多くの最貧国で生活水準は低下してきた。実際に、一九九〇年代は、世界の最富裕国である米国にとって経済の急成長期だったが、二〇〇三年の国連の人間開発報告は、主にサハラ以南アフリカに所在する五〇カ国以上が、この一九九〇年代に、飢餓やエイズの伝染、紛争、経済政策の失敗の結果、生活水準の悪化を被っていたことを見いだした。

さきに紹介した論争が示すように、グローバルな不平等を測定するのにどの方法を選択するかによって、この問題について私たちが到達できる結論に差が生ずる。経済学者のスタンリー・フィッシャーは、グローバルな所得の不平等を調べるために、ひとつは国ごとの所得の不平等を単純に比較する方法と、もう一つはそれぞれの国で暮らす人の数も考慮に入れる方法を、比較している。前者は図11-1の上段に示された見方である。この図は、一九八〇年から二〇〇〇年の抜粋された貧困国と富裕国における平均所得を示し、各国とも図の上では同じ大きさの丸記号で表示された。この図は、この期間を通じて、最貧国の平均所得が、最富裕国の平均所得よりも緩やかに増加したことを示している。それゆえ、(実線で示された)全体の趨勢は、図の右側に位置する富裕国の経済が、図の左側に位置する貧困国の経済よりも早く成長した結果、貧困の増大を示しているように思える。(かりに最貧困国が最富裕国よりも早く成長していれば、趨勢を示す実線は右下がりになる。)したがって、最富裕国と最貧困国の隔たりは、大きくなっているように見える。

下段の図は、それぞれの国の人口規模を考慮に入れているため、上段の図と異なる見方を示している。この二つ目の図は、同じ図であっても、それぞれの国を示す丸記号がその国の人口規模に比例して描かれている。この二つ目の図でとくに注目されるのは、世界で最も人口の多い二つの国――両国で世界人口の三分の一を占めるインドと中国――が、一九八〇年以降に経済規模をかなり拡大したことである。この二つの国の規模が大きいために、二つ目の図に人口加重の最適合線を引けば、右下がりとなり、最貧困国の人口が平均して遅れを取り戻して、グローバルな不平等が減少しだしたことを暗に意味するようになる。

中国とインドが、一九八〇年以降、とりわけ一九九〇年以降、経済的に成果を挙げてきた事実とともに、この両国が世界の最貧困層の相当な割合を占めている事実を考慮に入れれば、世界の貧困状態は相対的に大きく変わっていないように見える。一九八〇年代以降に――たとえば、インドや中国、ヴェトナムのように――経済的成果を挙げてきた国々は、同時にまた、グローバル経済に最もうまく組み入れられた国でもある。この数十年間に経済成長を遂げてきた国々の《内部》に依然として大規模な不平等が見いだされるため、グローバル化を批判する一部の人たちは、グローバル経済に組み入れられることでどのような代価が得られるのかと問うてきた。

富裕国と貧困国での生活

生活水準の大きな落差が、富裕国のほとんどの住民を貧困国の住民からを分け隔てている(Harvard Magazine 2000)。健康状態と貧困は、生活に数多くの差異を生じさせる。たとえば、世界の貧困者の約三人に一人は栄養不足で、また、ほとんどの人は、読み書きができず、初等教育さえも受ける機会がない。いまのところ多くの人は農村地域で生活しているが、この一〇年以内に、貧困層は、おそらく農村部よりも都市部で増えていく。

発展途上国での都市化は、第二一章「都市と都市的空間」、八九九頁

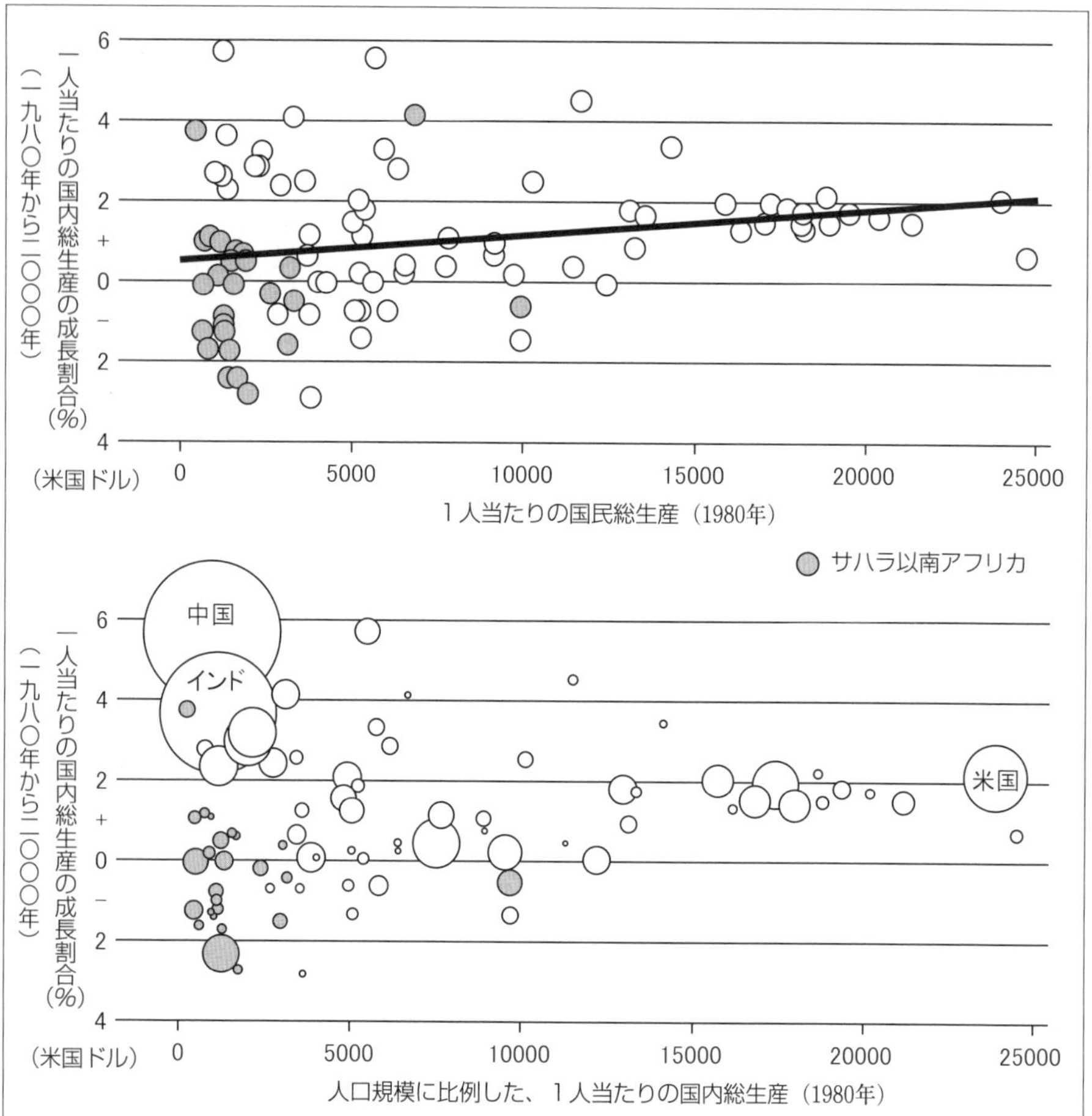

図11-1　所得の不平等を調べる2つの方法

出典：*The Economist*（11 Mar 2004）

〜九〇四頁で詳しく論じている。

貧困者の多くは、自国の支配集団と異なる部族集団や人種集団、エスニック・グループの出身であり、この人たちの貧困は、少なくともある程度は差別の結果である。

次に、健康や、窮乏と飢餓、教育と読み書き能力の面から、高所得国と低所得国の差異について見ていく。

健康

高所得国の住民は、低所得国の住民よりもはるかに健康である。一般に低所得国は、不十分な保健医療施設に耐え、病院や診療所がある場合でも、最貧困層はめったに応対してもらえない。低所得国に暮らす人たちはまた、下水施設を欠き、汚れた水を飲んでいるため、伝染病に罹る危険性が大きい。低所得国の住民は、栄養不足や窮乏、飢餓に苦しむ可能性が高い。これらの要因はすべて、身体の虚弱や不健康の一因となり、低所得国の住民を病気や疾患に罹りやすくしている。アフリカの多くの国でＨＩＶやエイズの感染率が高いのは、恵まれない人たちの虚弱な健康状態に部分的に起因するという実証報告が増えている（Stillwagon 2001）。

低所得国の住民は、健康状態が劣るため、高所得国の住民に比べ、幼児期に死亡しやすく、また高齢まで生きられない傾向が見られる。低所得国で幼児が出生時に死亡する可能性は、高所得国の一一倍に及び、また――出生後生き延びたとしても――平均して短い場合は一八年しか生きられない恐れがある。子どもたちは、多くの場合、麻疹や下痢など富裕国ではすでに治療可能な病気で亡くなっている。サハラ以南アフリカのように、世界の一部地域では、子どもは、中等教育を受けるよりも、五歳になる前に亡くなる可能性のほうが高い（World Bank 1996）。それでも、低所得国と中所得国の状況は改善されてきた。たとえば、一九八〇年から一九九八年のあいだに、乳児死亡率は、低所得国で九七‰（生児出生数一〇〇〇にたいする比率）から六八‰に、中所得国では六〇‰から三一‰に低下している。

過去三〇年間に、かなりの改善が、ほとんどの中所得国で、また一部の低所得国でもおこなわれてきた。世界の至るところで、乳児死亡率は半分に下がり、また平均余命は一〇年以上も伸びてきた。近代的医療技術を広く利用できるようになったことや、下水施設の改善、所得の増加が、これらの変化の要因になっている。

飢え、栄養不足、飢餓

飢えと栄養不足、飢餓は、地球規模で不健康状態の主な原因である。これらは、新たに生じた問題ではない。新たに生じたと思えるのは、飢えや栄養不足、飢餓の広がり――今日、世界で非常に多くの人たちが、一見すると餓死の瀬戸際に置かれている事実――である。国連の世界食糧計画がおこなった調査は、毎日八億三〇〇〇万人が飢えに耐え、その九五％が発展途上国で生活している、と概算する（UNWFP 2001）。世界食糧計画は、「飢え」を、一日に一八〇〇カロリー以下の食事――活動的で健康な生活のために必要とされる栄養分を成人が摂取するには不十分な量――しか得られない状態と定義づけている。

世界食糧計画の調査によれば、世界で飢えに苦しむ人のうち二

表11-2　過去30年間に向上した生活の質（世界全体）

生活の質の指標	1968年	1998年
非識字率（%）	53	30
女性１人当たりの子どもの数	6	3
生後１年で亡くなる子ども	4人中1人	8人中1人
毎年の幼児死亡数	1,200万人	700万人
栄養不足に苦しむ人たち	10人に4人	10人に2人
出生時平均余命	50年	61年
１人当たりの年間所得（米国ドル）	おおよそ700ドル	おおよそ1,100ドル
１日１ドル以下で暮らす人びとの割合（%）	おおよそ50	おおよそ25

出典：Salter（1998）

億人は、五歳以下の子どもたちで、十分な食料を欠くために必要体重に達していない。毎年、飢えは、推計で一二〇〇万の子どもたちの命を奪っている。西アフリカのガボンで、一〇歳の子どもは、世界銀行の調査員に次のように語っている。「朝、学校に出かけるとき、朝食に何も食べません。お昼になっても、何も食べません。晩になって、わずかな夕食を食べさせてもらいます。だから、十分ではないのです。他の子が食べているところを見ると、その子のことを見守ります。その子がわたしに何かくれなければ、自分はもうじき飢え死にするんだろうと思うのです」（Narayan 1999）。しかしながら、低所得国や中所得国に見いだされる五歳以下で栄養不足の子どもたちの四分の三以上は、実際には食糧を過剰生産する国で暮らしている（Lappe 1998）。米国の人口が毎年ペットフードに費やす食物をすべて用いれば、世界中で人間が苦しむ飢えのほとんどを撲滅できる、と見積もられている（*Bread for the World Institute* 2005）。

今日、ほとんどの飢えや飢餓は、自然の力と社会的力が絡み合って作用した結果である。旱魃だけでも、世界で推定一億人に影響を及ぼしている。たとえば、スーダンやエチオピア、エリトリア、インドネシア、アフガニスタン、シエラレオネ、ギニア、タジキスタンでは、旱魃と内戦の絡み合いが食糧生産を荒廃させ、その結果、多数の人に飢餓と死をもたらした。ラテンアメリカとカリブ海地域では、五三〇〇万人（人口の一一%）が栄養不足に陥っている――栄養不足の人たちの数字は、サハラ以南アフリカで一億八〇〇〇万人（人口の三三%）、アジアで五億二五〇〇万人（人口の一七%）と上昇している（UN WFP 2001）。

エイズの流行もまた、食糧不足と飢えの問題の一因になっており、労働年齢に該当する多くの人たちの命を奪っている。国連の食糧農業機関による調査は、ＨＩＶやエイズによる死亡が、アフリカでエイズの流行の影響を最も受けた一〇カ国では、二〇二〇年までに労働力を二六％も減らすだろうと予測する。世界でＨＩＶ感染した推定二六〇〇万人のうち、九五％は、発展途上国で暮らしている。食糧農業機関によれば、エイズの流行は、栄養摂取や食糧安全保障、農業生産に壊滅的な打撃を与え、「全体社会が、全体社会自体を維持し、再生産する能力」に悪影響を及ぼす可能性がある（UN FAO 2001）。

飢えや飢餓の影響を受けている国は、ほとんどの場合、貧しいために、自国の食糧生産を高める新たな技術を導入するために費用が払えない。また、世界の他の地域から十分な食糧を購入する金銭的余裕もない。同時にまた、逆説的だが、世界の飢えが強まるのと平行して、食糧生産は引きつづき増加している。たとえば、一九六五年から一九九九年のあいだに、世界の穀物生産は倍加した。この間に世界人口がかなり増加したことをたとえ斟酌しても、世界の一人当たりの穀物生産高は、一九九九年に、その前の三四年間に比べ、一五％も増加した。とはいえ、この増加は、世界中に均等に配分されていない。たとえば、アフリカのほとんどの国で、近年、一人当たりの食糧生産は減少してきた。高所得国で生産された余剰食糧が食糧を最も必要とする国々に供給されることは、滅多にない。

教育と読み書き能力

教育と読み書き能力は、経済開発の重要な手段である。この点でもまた、低所得国は、質の高い公教育システムを備える余裕がほとんどないため、不利な立場に置かれている。その結果、高所得国の子どもたちは、低所得国の子どもたち以上に学校教育を受けており、高所得国の大人たちは読み書きができる（表11-3を参照）。一九九七年の数字で見ると、高所得国では、中等教育の就学年齢に当たるほぼすべての男女は、引きつづき全日制の教育を受けているが、中所得国では七一％、低所得国では五一％と減少している。低所得国では、男性の大人の三割と、女性の大人のほぼ半数は、読み書きができない。こうした差異が生ずる理由のひとつは、公的教育支出の相当な隔たりである。高所得国は、低所得国に比べ、国民総生産のかなりの割合を教育に支出しているからである（World Bank 2000-1）。

教育が重要になる理由は、いくつかある。まず、さきにも指摘したように、教育は、上級学校で学んだ人たちに、賃金の高い産業で働くのに必要とされる技能をもたらすので、経済成長に寄与する。二つ目に、十分な教育を受けていない人たちは技能を必要としない低賃金の職に就くことを強いられるので、教育は、苛酷な労働条件と貧困の連鎖から脱出するために希望を与えてくれる。終わりに、教育を受けた人たちは、子どもを多数産まない傾向があり、グローバルな貧困の一因となる世界規模の人口爆発を緩和させる。

表11-3　教育と読み書き能力の差（高所得国、中所得国、低所得国の比較）

	低所得国	中所得国	高所得国
中等教育全日制課程に在籍する（それぞれの国で定義された）学齢児童の割合（1997年）	51	71	96
国民総生産（GNP）に占める公的教育支出の割合（1997年）	3.3	4.8	5.4
読み書きができない15歳以上男性の割合（1998年）	30	10	0
読み書きができない15歳以上女性の割合（1998年）	49	20	0

出典：World Bank（2001-1）

児童労働

今日の世界で、依然として児童労働が存続しているのだろうか。国連の国際労働機構（ＩＬＯ）によれば、五歳から一四歳の二億五〇〇〇万人以上の少年少女が発展途上国で働いており、この数は、世界中の子どものほぼ五人に一人に相当する。五歳から一一歳の約五〇〇〇万人から六〇〇〇万人の子どもたちは、危険な労働条件のもとで働いている。児童労働は、発展途上世界の至るところで見いだされる——子どもたちは、アジアで六一％が、アフリカで三二％が、ラテンアメリカで七％が、労働に従事している。子どもたちは、家族の貧困や教育の欠如のために、さらに、多くの国で貧困者やエスニック・マイノリティが置かれた窮状にたいして一部の人たちが冷淡なために、労働を強いられている（ILO 2000; UNICEF 2000）。

　子どもたちの三人に二人は農業で働き、残る子どもたちは、製造業や卸売小売業、レストラン、ホテルで働いている。さらに、裕福な家で召使いとして働くことも含め、さまざまなサーヴィス部門にも従事している。これらの子どもたちは、長時間働いても、わずかな賃金しか得られない。それゆえ、学校に通えず、ゆくゆくは貧困生活からの脱出を可能にさせる技能を育むことができない。とはいえ、すべての児童労働を即座に禁止しただけでは、たとえそれが可能であっても、逆効果を生む可能性がある。たとえば、児童労働は、児童売春や餓死に代わる有効な手段である。取り組むべき課題は、児童労働を終わらせるだけでなく、子どもたちを労働の場から教育の場に移し、就学中の子どもたちへの資金提供を実現することである。子どもたちに多くの害を及ぼさない仕方で、児童労働と闘う必要がある。

最悪の児童労働は、危険な搾取的労働である。奴隷同様の境遇で労働がおこなわれるため、子どもたちは、さまざまな疾病や傷害に苦しむ。国際労働機構は、おぞましい一覧表を次のように示している。「負傷、身体器官の破壊や完全な喪失、火傷や皮膚疾患、視覚や聴覚の機能滅損、呼吸器や胃腸の病気、熱病、耕地や工場の極端な暑さからくる頭痛」(ILO 2000)。

国連の報告書のひとつは、事例をいくつか示している。

マレーシアでは、子どもたちは、虫に刺されたり蛇に噛まれながら、ゴム農園で毎日一七時間も働いている。タンザニアでは、殺虫剤を吸い込みながら、コーヒーの実を摘み取っている。ポルトガルでは、まだ一二歳の年少の子どもたちが、建設産業で重労働や数多くの危険な状態にさらされている。モロッコでは、輸出用の贅沢な絨毯の撚り糸を結ぶために、背を丸めて織機の前で長時間働いているのに、ほとんど賃金を得ていない。米国では、子どもたちが、衣服産業の搾取工場で喰い物にされている。フィリピンでは、幼い少年が、深海の捕魚でネット張りを手伝うために、危険な潜水をしている。多くの工場で、身の毛がよだつような労働条件が見いだされる。

倉庫でもボイラー室でも、見た目にも化学物質の塵埃や濃厚な気体が横溢していた……ほとんどが一〇歳以下の子どもたち二五〇名は、細長く切り取られた枠に棒状の部品を埋め込みながら、なかには五歳になったばかりの子どもたちもいたが、部屋で労働に従事していた。(UNICEF 2000)

奴隷制に近い児童労働の一形態に、「債務労働」がある。この債務労働では、八歳か九歳の幼い子どもたちは、親によって、少額の借金と引き替えに工場主のもとに担保として差し出される。この子どもたちには、ほとんど賃金が支払われないため、決して負債を減らすことができない。そのため、債務に束縛された人生を運命づけられる。世界の注目を引きつけた債務労働の事例のひとつに、イクバル・アシーの事件がある。イクバルは、パキスタンの子どもで、四歳のときに、父親が長男の婚礼用に六〇〇ルピー(約一六ドル)借りるために、父親によって奴隷に売られた。イクバルは、六年間、ほとんどの時間を絨毯の織機に鎖でつながれままで過ごし、糸の端に小さな結び目を何時間も作りつづけた。イクバルは、一〇歳のときに工場から逃げだし、その後、自分の体験を労働団体や学校で語りはじめた。イクバルは、自分の体験を率直に語ったために、酷い代償を払うことになった。一三歳のとき、生まれ故郷で自転車に乗っていた際に、絨毯業界の手先と思われるものによって射殺された（www.freethechikdrem.org; Bobak 1996）。

搾取的児童労働を廃絶するためには、世界中の国々が、こうした児童労働を防止する強力な法律を制定し、率先して実行する必要がある。国際労働機構のような国際機関は、こうした法律が守るべき基準の骨子を提示している。国際労働機構は、一九九九年六月に、「最悪な形態の児童労働」の廃絶を求めた第一八二号条約を採択した。この条約は、「最悪な形態の児童労働」を以下のように規定する。

・たとえば、児童の売り買いや密売、債務による束縛や苦役、武力闘争で使役するための児童の強制的徴集を含む強制労働のように、あらゆる形態の奴隷制や奴隷制に類する慣行。
・売春や、ポルノの製造、わいせつな演技のために、児童を利用したり、調達したり、提供すること。
・違法な活動のために、とくに関連する国際条約に定義された薬物の生産と密売のために、児童を利用したり、調達したり、提供すること。
・その性質や遂行される環境によって、児童の健康や安全、道徳を害する恐れがある仕事。

（ILO 1999）

同時にまた、各国は、無償の公教育を提供し、子どもたちに全授業時間通学させる必要がある（UNICEF 2000）。しかし、少なくとも、この問題を解決する責任の一端は、児童労働を利用して商品を製造しているグローバル企業に——そして最終的には、そうした商品を購入する消費者たちに——ある。

貧困国は裕福になれるのだろうか

第二章で見たように、一九七〇年代中頃から、東アジアの一部の低所得国は、米国や欧州による世界経済支配を脅かすような工業化過程を経験しだした（Amsden 1989）。この工業化の過程は、最初に一九五〇年代の日本ではじまったが、すぐに**新興工業国**に、つまり、とくに東アジアやラテンアメリカで急速に経済成長を遂げた国々に広がった。東アジアの新興工業国に、一九六〇年代に香港が、一九七〇年代と八〇年代に台湾と韓国、シンガポールが加わった。アジアの他の国々は、一九八〇年代から九〇年代初めに追随しだした。最も際立っているのは中国で、マレーシアやタイ、インドネシアも加わった。今日、ほとんどの国は中所得国で、なかには——香港や韓国、台湾、シンガポールのように——高所得国に移行した国もある。

図11-2は、一九八〇年から一九九九年の（日本を含む）東アジア数カ国の経済成長を、米国と比較している。これらの国々はいずれも、ほんの二世代前まで貧しい地域だった。東アジアの低所得国と中所得国は、この期間に全体で毎年平均七・七%の経済成長を遂げたが、この成長率は世界の水準から見て驚異的な数字だった（World Bank 2000–1）。一九九九年に、シンガポールの一

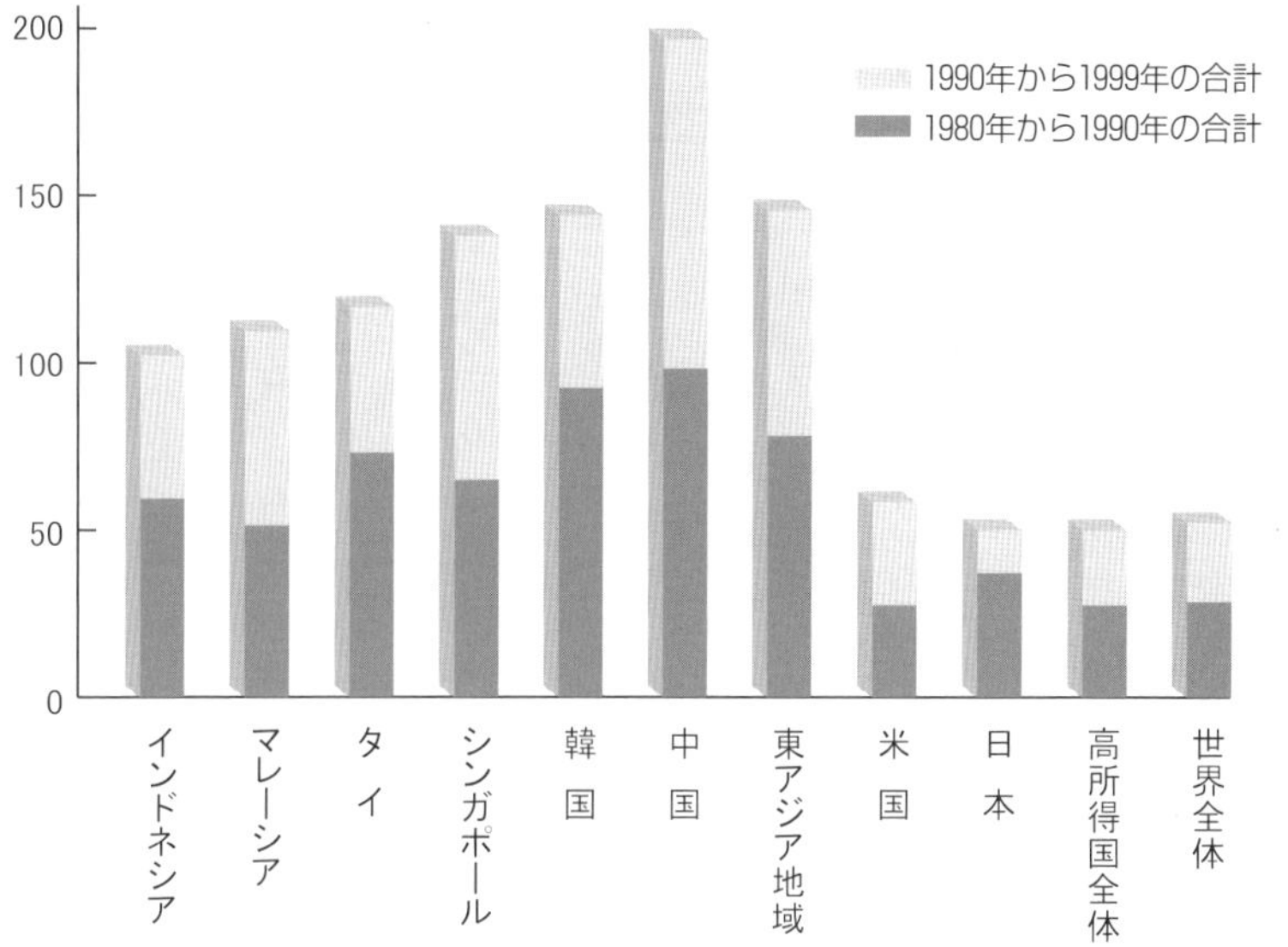

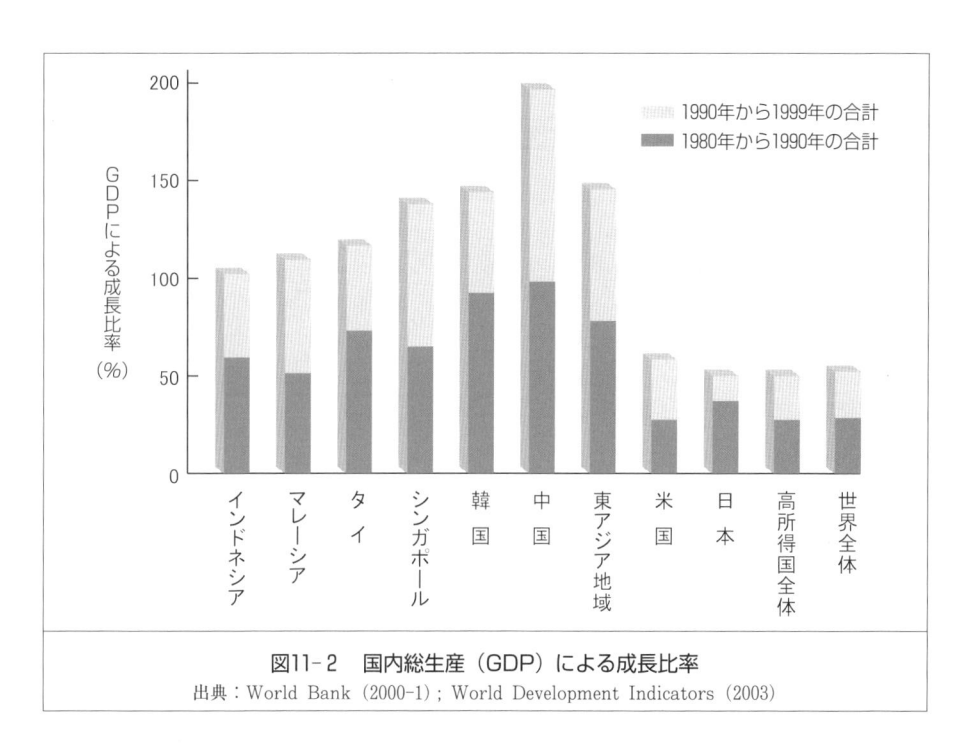

図11-2　国内総生産（GDP）による成長比率

出典：World Bank (2000-1)；World Development Indicators (2003)

人当たり国民総生産は、米国とほぼ同じ数値となった。世界で最も人口の多い中国は、最も急激に経済成長を遂げている国のひとつであろう。中国経済は、一九八〇年から一九九九年の年間平均成長率が一〇％で、規模を二倍に拡大した。

東アジアの経済成長は、代償をともなわなかったわけではない。これらの代償には、労働者や市民的権利の頻繁な抑圧、工場での苛酷な労働条件、増加する女性労働力の搾取、近隣の貧困国から移住してきた労働者の搾取、それに環境汚染の広がりが含まれる。それにもかかわらず、過去の労働者世代が払った犠牲のおかげで、これらの国では多くの人たちが利益を得だしている。

こうした東アジア新興工業国の、とくに一九七〇年中頃から一九九〇年中頃にかけての急激な経済成長を、社会科学者はどのように説明しているのだろうか。この問いにたいする答えは、新興工業国を範にして追随しようと望む他の低所得国にとって、欠かせない教訓を示す可能性がある。新興工業国の成功は、その一端が歴史的に比類のない要因に帰するとはいえ、同時にまたグローバルな不平等の原因の再検討に結果的につながる要因にも帰している。したがって、この地域の急激な発達を理解するために、これらの国々を、たんに歴史的観点からだけでなく、今日の世界経済システムという脈絡のなかで考察する必要がある。

東アジア新興工業国の経済的成功は、いくつかの要因の組み合わせに由来する。これらのいくつかは、世界の政治的、経済的推移に由来するものを含め、歴史的要因である。文化的要因も見いだされる。さらにまた、これらの国が経済成長を追求していった方法と関係する要因を見いだされる。これらの国の経済的成功を促進した要因のいくつかは、次の通りである。

1 《歴史的に、台湾や韓国、香港、シンガポールはかつて植民地であり、この状況は、一方で多くの辛酸を負わせてきたが、同時にまた経済成長への途を開くのに役立った》。台湾と韓国は、日本の帝国主義に束縛されてきた。日本は、工業化に抵抗した大地主たちを排除した。また、英国も日本も、工業開発を奨励し、道路などの交通輸送システムを建設し、個々の植民地に比較的有能な統治官僚機構を構築していった。英国はまた、香港とシンガポールをともに交易センターとして開発することに積極的に取り組んだ（Gold 1986; Cumings 1987）。世界の他の地域では――たとえば、ラテンアメリカやアフリカでは――今日の貧しい国々は、裕福な、もっと有力な国との関係で成果を挙げることがなかった。

2 《東アジア地域は、長期に及ぶ世界経済の成長から利益を得ていた》。一九五〇年代から一九七〇年代中頃まで、米国と欧州の経済成長は、東アジアでの生産が増大しだした衣服や履き物、電子機器の市場をかなり広げた。そのため、東アジアの国々に経済発展の「格好の機会」がもたらされた。さらに、米国と欧州での周期的な景気減退は、企業に、労働コストの削減を強いることになり、賃金が安い東アジアの国々への工場移転に拍車がかかった（Henderson & Appelbaum 1992）。世界銀行のある調査は、一九七〇年から一九九〇年に、富裕国への輸出によって経済成長を遂げてきた発展途上国で、賃金が毎年平均三%も上昇したことを明らかにしている（World Bank 1995）。それにたいして、他の発展途上国では、賃金の上昇は見られなかった。

3 《この地域の経済成長は、冷戦の山場に、つまり、米国と同盟国が、共産主義中国に対抗する防衛策を確立するために気前のよい経済援助や防衛援助をおこなった時期にはじまる》。直接の援助や借款は、たとえばトランジスタや半導体、他の電子機器といった新たなテクノロジーへの投資を煽り、地元工業の発達に寄与していった。軍事援助は、労働コストを低く保つ目的で抑圧政策を進んでとっていく強硬な政府（多くの場合、軍事政府）に有利に働いた（Mirza 1986; Cumings 1987, 1997; Castells 1992）。

4 《日本や東アジアの新興工業国の経済的成功は、これらの国の文化的伝統に、とりわけこれらの国が共有する儒教哲学に部分的に起因している、と一部の社会学者は指摘する》。ほぼ一世紀前にウェーバーは、質素さや倹約、勤勉を旨としたプロテスタントの信念が西ヨーロッパでの資本主義の出現と隆盛をある程度まで説明する、と主張した（Weber 1977）。ウェーバーの主張は、アジアの経済史に応用されてきた。儒教は、年長者や目上の人びとへの敬意、教育、勤勉を説き聞かせる。また、明日のもっと大きな報賞を得るために今日の犠牲をいとわないだけでなく、向上の鍵としてものごとをなし遂げることの重要性を、繰り返し教え込む。こうした価値観の結果、アジアの労働者と経営者は、自分たちの会社にたいして極めて忠実で、権威に従順で、勤勉に働き、出世や成功を重視する、とウェーバー学派は指摘している。労働者も資本家も一様に、質素を旨にすると言われている。浪費的な生活を送るよりも、自分たちの富をより一層の経済成長に再投資する傾向が強い（Berger 1986; Wong 1986）。

このような説明は、長所がいくつかあるとはいえ、アジアでは商取り引き《ビジネス》は必ずしもつねに崇められたり尊敬されていないという事実を見落としている。日本では、一九五〇年代後半を通じて、労働者と資本家のあいだで激しい闘争が起きた——同じことは、一九八〇年代後半に韓国でも起きている。東アジアの新興工業国の至るところで、学生と労働者は、公平でないと自分たちが感じる企業の方針や政府の施策にたいして、多くの場合は投獄されることを覚悟し、時には命さえも賭けて、反対してきた（Deyo 1989; Ho 1990）。さらに、こうした倹約を旨とする儒教の価値観は、日本や東アジアの新興工業国では、若い——近年のにわか景気による繁栄のなかで育った——人たちが、禁欲的な生活よりも誇示的消費や投資をますます重んじるため、衰えだしているように思える（Helm 1992）。

《東アジアの多くの政府は、経済成長に有利に働く強力な政策を守ってきた》。これらの政府は、労働コストを低く維持する際に積極的な役割を演じ、税制上の優遇処置等の経済政策によって経済開発を奨励し、また公教育を提供してきた。東アジアで政府の施策が果たした役割は、この章の後半で検討したい。

こうした東アジアの経済成長が今後も続くかどうかは不明確である。一九九七年から一九九八年に、不十分な投資決定や汚職などの腐敗、それに世界経済の諸条件が絡み合った結果、これらの国で経済の拡大が当然停止した。これらの国の株式市場は暴落し、自国通貨は下落し、その結果、グローバル経済全体に脅威が及んだ。香港の味わった経験は典型的である。三七年間の連続成長の後、香港の経済は立ち往生し、株式市場はその価値の半分以上を失った。この一九九八年初めに新聞が「アジアのメルトダウン」と形容した事態が、この地域に長期的な影響を及ぼすのか、あるいは近年の経済成長における一過性の出来事に過ぎないのかは、まだ不明である。アジアの新興工業国の経済は、ひとたび近年の経済上の諸問題を解消できれば、過去のような急速な成長率ではないにしても、成長を再開するだろう、と多くのエコノミストは考えている。

開発理論

グローバルな不平等の原因は何だろうか。次のコラムで、貧困国が直面している問題点をいくつか見ておきたい。この節では、発達や開発を説明するために長年にわたって提示されてきた四つの異なる理論、つまり、市場志向理論、従属理論、世界システム理論、それに国家中心理論について検討する。これらの理論には、長所と弱点がある。この四つの理論すべてに見いだされる欠点のひとつは、経済発展で女性たちが果たした役割にほとんど注目していないことである。とはいえ、これらの理論を結びあわせれば、高所得国を除く世界人口の八五％が直面する最重要な疑問に、つまり、この八五％の人たちは世界経済のなかに参入できるのかという疑問に、答えることができるだろう。

グローバルな不平等の論点

貧　困

サハラ以南アフリカのほとんどの国は、世界銀行の分類では、毎年の一人当たり国民総所得が七六五ドル以下の最低所得に置かれている。エチオピアとブルンジは一人当たりの国民総所得がたった九〇ドルで、最悪の状態にある。ガボンやボツワナのような中所得国でさえ、貧困生活を送るかなりの規模の人口をかかえている。

一般に、北アフリカは、サハラ以南アフリカよりも暮らし向きがいい。北アフリカでは、経済活動が安定し、貿易や観光旅行も比較的盛んで、エイズもそれほど流行していない。

開発促進運動を進める人たちは、アフリカのより多くの国から貧困を取り除くために、債務や援助、貿易に関するルールを改編するよう、先進八カ国（G８）に要求している。

債　務

最貧困国の債務を減らすために、重債務貧困国イニシアチヴ（HIPC）が、一九九六年に創設された。

貧困国は、かりにこの従来の方法では軽減できない維持不可能な債務負担に直面した場合、この枠組みに応募する資格が得られる。同時に貧困国は、世界銀行と国際通貨基金が規定する健全な統治政策を遵守することに同意しなければならない。これらの政策がひとたび確立されれば、当該国はこの枠組みの適格性が認められ（「決定時点」）、債務削減額が設定される。重債務貧困国イニシアチヴを批判する人たちは、資格審査要件が厳し過ぎるため、もっと多くの国に応募資格を認めるべきだと主張している。

援　助

経済協力開発機構（OECD）によれば、アフリカは、世界中で各国政府が提供する援助の約三分の一を受けている。この援助のほとんどに条件が付けられている。つまり、当該政府は、援助を受けるために一定の政策を履行しなければならなかったり、支援国の商品やサーヴィスの支払いのために金銭を使用しなければならない。

こうした条件付き援助政策を精査している世界銀行は、援助が、統治能力の改善と結びついたときに、実効性をより高め、腐敗や汚職に陥らなくなる、と指摘する。富裕国による対外援助支出は、一九九〇年代後半に急激に減少した。メイク・ポヴァティ・ヒストリー〔貧困を過去のものに〕キャンペーンは、先進八カ国（G８）に、年間の追加援助を五〇〇億ドルに引き上げ、先進国に、国内総生産の〇・七％を援助に使うという以前の合意の実行を要求している。

貿　易

アフリカは、鉱物や木材、石油などの天然資源に富んでいる。しかし、世界の他地域との交易は、困難をともなう場合が多い。その原因に、貧弱なインフラ、不安定な統治形態、汚職、それにエイズが労働年齢人口に及ぼした衝撃が含まれる。貧困国や、たとえばオックスファム〔発展途上国の貧困問題に取り組む国際的民間団体〕のような機関は、通商上の国際ルールが不公平で、先進世界に有利に働いている、と指摘する。富裕国は、地元の生産者を安く働かせることで、発展途上国に補助金付き製品を「投げ売り」している。また、世界貿易機構（WTO）が、一方で発展途上国に市場の開放を強要するのに、富裕国の関税障壁を下げさせるのを怠っている、と非難する。しかし、世界貿易機構は、貧困国には、富裕国に適応される規制の一部免除を含め、特別な措置をとっている、と主張する。

市場志向理論　四〇年前に、英米の経済学者や社会学者がグローバルな不平等に関して最も有力な理論、**市場志向理論**を提示した。この理論は、かりに人びとが、自由に――どのような形態であれ政府による強制を受けないで――自分自身の経済生活上の意思決定をおこなえれば、結果として可能な最良の帰結を得られる、と想定する。何ものにも抑制されない資本主義は、かりに完全な発達が許されるのであれば、経済成長への手段になる、と主張されている。政府の官僚機構は、どの商品を生産するか、どのくらいの価格を付けるか、あるいは労働者に賃金をいくらくらい払うべきかを指示すべきではない。市場志向理論によれば、低所得国で政府が経済活動を管理することは、結果として経済成長の妨害になる。この見解では、地元政府が開発の邪魔をしていることになる（Rostow 1961; Warren 1980; Ranis 1996）。

こうした理論を初期に提唱した最も有力な学者のひとりに、ジョン・F・ケネディ元米国大統領の経済顧問を務めたW・W・ロストウがいる。ロストウの考え方は、一九六〇年代を通じて米国がラテンアメリカ政策を形成する上で大いに力になった。ロストウの説は、市場志向理論の一種で、「近代化理論」と称されている。近代化理論は、かりに低所得社会が伝統的な社会様式を放棄し、近代的な経済制度やテクノロジー、貯蓄と生産的投資に重点を置く文化的価値観を取り入れれば、低所得社会は経済的に発展することが可能だと主張する。

ロストウによれば、低所得国の伝統的な価値観や社会制度は、その国の経済の実効性を妨げている（Rostow 1961）。たとえば、ロストウの見解では、低所得国の多くの人びとは、強い勤労意欲を欠いており、将来のために投資するよりも、すぐに今日のために消費する。大家族もまた、多くの扶養者のいる一家の稼ぎ手には投資目的で貯蓄することが期待できないため、「経済の後進性」の責任を部分的に負っているとみなされる。

しかし、近代化理論にとって、低所得国のかかえる問題はもっと根が深い。近代化理論によれば、こうした低所得国の文化は、「運命論」――苦境や苦難を避けられない人生のあり方とみなす価値体系――を支持する傾向が強い。このように自分の人生の定めとして甘受することは、人びとが自分たちの運命を克服するために、一生懸命に働いたり倹約する気持ちを失わせる。したがって、近代化理論では、その国の貧困は、主として住民たち自身がいだく文化の弱点に起因する。こうした弱点は、政府が賃金を決め、価格を管理し、経済運営全般に干渉する、そうした政策によって強化される。低所得国は、どのようにすれば貧困から脱出できるのだろうか。ロストウは、経済成長が、いくつかの段階を経ていくとみなす。それぞれの段階を、ロストウは飛行機旅行に喩えている。

1 《伝統的な段階》 さきに述べた段階である。貯蓄率の低さ、勤労意欲の欠如、いわゆる運命論的価値体系が特徴である。飛行機はまだ地面から飛び立つことができない。

2 《経済成長への離陸《テイク・オフ》》 伝統的な段階は、次の段階、経済の離陸という段階に移行する。この段階は、貧困国がみずからの伝統的な価値観や制度を放棄し、貯蓄をして将来のために投資しだしたときに起きる。米国のような富裕国の役割は、貧困国のこうした成長を促進させることにある。富裕国は、出生抑制計画に資金提供したり、電化や道路建設、空港建設、新たな産業の着手に低利融資をおこなうことで、役割を果たすことができる。

3 《技術的成熟への推進力》 ロストウによれば、経済成長という飛行機は、高所得国からの資金や助言によって、滑走路に自力で移動し、スピードを上げていって、浮揚する。次に、その国は、技術的成熟に近づいていく。航空術の喩えで言えば、飛行機は巡航高度までゆっくりと上昇し、技術革新をはかり、最近獲得した富を新たな産業に再投資し、高所得国の制度や価値観を取り入れていく。

4 《高度大量消費》 その国は、最終的に高度大量消費の段階に到達する。この段階で、人びとは、高い生活水準を獲得することで、自分たちの労働の成果を享受することが可能になる。飛行機（国）は、自動操縦装置によって航行し、高所得国の地位を得ていく。

ロストウの考え方は、引きつづき影響力がある。実際に、今日の経済学者のあいだでおそらく広く浸透している**新自由主義**は、政府がビジネスに加える制約を最小限度に留めることで獲得される自由市場勢力こそが、経済成長への唯一の道である、と主張する。世界のすべての国を繁栄させることができるのはグローバルな自由貿易である、と新自由主義は考えている。つまり、経済成長を起こすために必要な政府の規制を排除することである。それゆえ、新自由主義は、貿易にたいする制約を終わらせることを要求し、また、多くの場合、ビジネスにたいする環境規制だけでなく、最低賃金制などの労働法規に異議を唱えている。

他方、社会学者たちは、ロストウ理論の文化的側面に、つまり、特定の信念や制度が開発を妨げるのか否か、妨げるとすればどのように妨げるのかに焦点を当てている（Davis 1987; So 1990）。これらの文化的要素のなかに、宗教的価値観や道徳的確信、呪術信仰、民間の伝承や習わしも含まれる。社会学者たちはまた、変化に抵抗する他の条件について、とりわけビジネスや貿易にともなって生ずる道徳的堕落や社会不安にたいする地元の文化の反応も調べている。

従属理論と世界システム理論　一九六〇年代を通じて、多くの研究者が、近代化理論のように、グローバルな貧困を市場志向理論によって説明する立場に異議を唱えていった。こうした批判者の多くはラテンアメリカやアフリカ出身の社会学者や経済学者で、この人たちは、自分たちの国の経済的未発達状態が自分たちの文化なり制度の欠陥にあるという考え方を排除するために、マルクス主義思想に頼った。マルクスの理論では、ちょうど国内の資本主義が労働者の搾取を引き起こすように、世界資本主義は、優勢な国によって搾取される国を生みだすと考えられていた。**従属理論**は、富裕国や富裕国に本拠を置く超国籍企業による搾取が低所得国の貧困を引き起こしている、と主張する。この見解では、グローバル資本主義は、自分たちの国を搾取と貧困の下降スパイラルのなかに閉じ込めていったとされている。

従属理論によれば、こうした搾取は、**植民地主義**、つまり、強大国が、自分たちの利益のために、弱小な人びとや国への支配を確立していった政治経済システムとともにはじまった。強大国は、自分たちの工場が必要とする原材料を調達し、その工場で造られる産品のための市場を抑えるために、他の国々を植民地にしてきた。たとえば、植民地支配のもとで、高所得国に本拠がある企業は工業経済が必要とする石油や銅、鉄、食料品を、低所得国から搾り取っていった。主として植民地主義は、南北アメリカやアフリカ、アジアで植民地を確立したヨーロッパの国々と密接に関係するが、アジアの一部の国も（たとえば日本のように）植民地をもっていた。

植民地主義は、第二次世界大戦後に世界のほとんどの地域で終わったとはいえ、搾取は終わってはいなかった。超国籍企業は、低所得国にある支店から莫大な利益を引きつづき上げてきた。従属理論によれば、これらのグローバル企業は、富裕国の強力な銀行や政府の支援をしばしば受けて、貧困国に工場を開設し、安価な労働力と原材料を用い、政府の干渉を受けずに生産コストを最小限に抑えることができる。しかし、逆に、労働力と原材料に付けられた低価格は、貧困国が、自国の工業化のために必要な利益を蓄積することを妨げていった。外国企業と競い合うことになる地元企業も、同じように利益の蓄積を妨げられた。このような見方では、貧困国は、富裕国から借金することを強いられ、貧困国の経済的従属度が増す結果になる。

したがって、低所得国は、低開発国ではなく、むしろ間違った開発がなされた国と考えられている（Frank 1966; Emmanuel 1972）。外国企業の利害のために仕える一握りの地元の政治家や実業家を除けば、人びとは貧困に陥る。農民たちは、餓死するか、あるいは、外国人が管理するプランテーションや鉱山、工場において飢餓的低賃金で働くかの選択を強いられる。従属理論の提唱者は、このような搾取が自分たちの国を経済成長の達成から遠ざけてきたと確信するため、外国企業を自分たちの国からことごとく追い出す革命的変革を総じて要求している（たとえば、Frank 1969）。

市場志向理論の提唱者たちは、通例、政治的権力や軍事的権力を無視している。しかし、従属理論の提唱者たちは、権力の行使を、不平等な経済関係を強要する中心的要素とみなしている。従属理論によれば、地元の指導者がこうした不平等な取り決めに異議を唱えても、そうした声はつねに即座に抑え込まれる。労働組合の結成は、通常、違法であり、結成を勧誘する人たちは、投獄されるか、時として殺害された。住民がこうした政策に反対する政府を選出しても、そうした政府は、先進工業国の武装勢力の支持を取り付けた場合が多いが、自国の軍部によって倒される可能性が高かった。従属理論の論者たちは、多くの事例を指摘する。たとえば、一九五四年のグアテマラや一九七三年のチリでマルクス主義的政権が転覆した際に、また一九八〇年代のニカラグアで左派政権への支持が切り崩された際に、米国の中央情報局（ＣＩＡ）が果たした役割である。従属理論の見解では、グローバルな経済的不平等は、このように力によって支えられている。つまり、貧困国の経済的エリート層は、富裕国の同じ経済的エリート層によって支えられ、自国の住民を管理下に置くために、警察や軍事力を利用している。

かつては有力な従属理論の提唱者だったブラジルの社会学者フェルナンド・エンリケ・カルドーゾは、二五年以上前に、それにもかかわらずある程度の従属的開発が可能である——貧困国は、富裕国への依存によって方向づけられたかたちであるとはいえ、経済的に発達することがそれでもなお可能である——と主張した（Cardoso & Faletto 1979）。とりわけ、貧困国の政府は、従属と開発のあいだで針路を定めるのに枢要な役割を演ずることになる（Evans 1979）。カルドーゾは、一九九五年から二〇〇三年までブラジル大統領を務めたが、考えを変え、ブラジルをグローバル経済のなかに統合することの必要性を説いた。

この四半世紀のあいだに、社会学者たちは、世界を（対立に悩まされている場合が多いとはいえ）単一の経済システムとみなすようになってきた。従属理論は個々の国が互いに経済的に結びついていると考える。しかし、この従属理論の影響を強く受けている**世界システム理論**は、世界資本主義経済システムが、互いに外交関係や経済関係に加わっている独立国のたんなる集合体ではなく、一個の単位として理解される必要がある、と主張する。世界システム理論のアプローチは、イマニュエル・ウォーラスティンたちの研究と密接に結びついている（Wallerstein 1974, 1990 ほか）。ウォーラスティンは、資本主義が、一五世紀と一六世紀のヨーロッパにおける市場や交易の拡大にはじまり、長期間にわたってグローバル経済システムとして存在してきたことを実証した。世界システムは、次の部分的に重複する四つの要素から構成されると考えられている（Chase-Dunn 1989）。

・財と労働力のための世界市場。
・異なる経済的階級への、とりわけ資本家階級と労働者階級への分化。
・最強大国間の、フォーマルな、またインフォーマルな政治的関係によって構成される国際的システム。最強大国どうしの競争が世界経済の形成を促進する。
・富裕ゾーンが貧困ゾーンを搾取することにより、世界が三つの不平等な経済ゾーンに分割される。

世界システム理論の論者は、この三つの経済ゾーンを、「中核」、「周辺」、「準周辺」と名づけている。世界システムでは、すべての国がこの三つの範疇のひとつに分類される。**中核国**は、世界経済システムで最大の利益を手にする、先進工業国である。中核国には、日本、米国、西ヨーロッパの国々が含まれる。**周辺国**は、低所得国から構成され、主として農業国で、多くの場合、中核国が自国の経済的利益のために巧みに操縦していく。周辺国の具体例は、アフリカの至るところに、またアフリカほどではないがアジアやラテンアメリカに見いだされる。農産物のような天然資源や、鉱物等の原材料は、周辺国から中核国に流出する——同じように利益も流れていく。逆に、中核国は、完成品を周辺国に売り込み、利益を上げる。中核国は、この不平等な貿易によって裕福になるが、同時にまた周辺国の経済開発を制限している、と世界システム理論の論者は主張する。三つ目の**準周辺国**は、中間的な位置を占める。準周辺国は、工業化が半ば進んだ中所得国で、周辺国から利益を引き出すが、逆に中核国に利益を譲っていく。準周辺国の具体例に、北アメリカのメキシコ、南アメリカのブラジル、アルゼンチン、チリ、それに東アジアの新興工業国が含まれる。準周辺国は、中核国によってある程度まで管理されるが、同時にまた周辺国を搾取することが可能である。加えて、中核国の経済的成功は、周辺国にたいして同様の開発への見込みを提示する。

　世界システムは非常に緩やかに変化するとはいえ、かつて有力だった国は、最終的に経済力を失い、他の国がその後を継いでいく。たとえば、約五世紀前に、イタリアの都市国家のヴェニスとジェノヴァは、世界の資本主義経済を支配していた。その地位を、やがてオランダが、次に英国が、近年では米国が奪ってきた。今日、世界システム理論の一部論者の見解によれば、米国による支配は、経済的権力が米国とヨーロッパ、アジアのあいだで共有される「多極的」世界に移行しだしている（Arrighi 1994）。

国家中心理論　成功した経済開発をめぐる最も近年の説明では、経済成長の促進で国の政策が果たす役割を強調する人たちもいる。**国家中心理論**は、市場志向理論と明らかに異なり、政府の適切な政策が、経済開発を妨害するどころか、むしろ経済開発を成し遂げる上で鍵となる役割を演じることができる、と主張する。今日、多くの研究は、東アジアのような一部の地域で、成功した経済開発が国家主導でおこなわれてきた、と指摘する。世界銀行は、長いあいだ、市場志向理論の有力な支持者だったが、世界銀行でさえ、開発で国家が果たす役割について考え方を変更している。世界銀行は、一九九七年の年次報告『変動する世界における国家』で、実効性のある国家を欠いた場合、「持続可能な経済開発も社会開発も不可能である」と結論づけた。

　強力な政府は、一九八〇年代、九〇年代を通じて、東アジアの新興工業国における経済成長に、さまざまな仕方で寄与していった（Appelbaum & Henderson 1992; Amsden, Kochanowicz et al. 1994; World Bank 1997）。

1　《東アジアの政府は、一方で労働コストを低く抑えながら、政治的安定を確保するために、時として攻撃的に振る舞ってきた》。たとえば、労働組合の非合法化やストライキの禁止、組合指導者の投獄、さらに一般的には労働者の声の抑え込みなどの抑圧的行動をともなった。とりわけ台湾や韓国、シンガポールの政府がこうした方法を用いた。

2 《東アジアの政府は、経済開発を望んだ方向へ導くために頻繁に努力した》。たとえば、国の機関は、政府が支持する産業に投資する企業にたいして、多くの場合、低利の融資や税の優遇措置を与えてきた。時として、こうした戦略は裏目に出て、政府が不良債権をかかえ込む（一九九〇年代後半にこの地域が直面した経済問題の原因のひとつ）結果になった。一部の政府は、企業が利益を他の国に投資するのを妨害し、自国の経済成長に投資するように強いた。時として政府は基幹産業を所有し、結果として基幹産業を管理していった。たとえば、日本政府は鉄道や製鉄業、銀行を、韓国政府は銀行を、シンガポール政府は、航空会社や兵器産業、船舶修繕業を所有していた。

3 《東アジアの政府は、多くの場合、安価な住宅や普通教育の提供といった社会計画に深くかかわってきた》。世界で（社会主義国やかつての社会主義国以外で）最大規模の公営住宅制度が香港とシンガポールに見いだされ、政府の補助金は、家賃を極端に低く維持している。その結果、労働者は、住宅代金に見合う高額な賃金を必要としないため、新たに出現したグローバルな労働市場においても、米国やヨーロッパの労働者と競争することができる。シンガポールでは、中央政府が極端に強力なため、十分な資金提供を受けた学校教育や訓練課程は、グローバルな労働市場でうまく競争するのに必要な技能を、労働者たちが身につける手助けをしている。シンガポール政府はまた、企業にも個人にも所得のかなりの割合を将来の成長のために貯蓄することを求めている。

開発理論の評定

グローバルな不平等に関する四つの理論には、それぞれ長所と弱点がある。これら四つの理論を結びつけることで、私たちは、グローバルな不平等の原因と救済策のよりよい理解を手にすることができる。

市場志向理論は、近年の東アジアの例が証明するように、経済開発を促進させるために近代資本主義制度の採用を推奨する。さらに市場志向理論は、貿易のために国境を開いた場合にのみ経済的に発展でき、この主張を裏づける証拠を提示することができると主張する。しかし、市場志向理論は、貧困国と富裕国のあいだのさまざまな経済的絆——条件によっては経済成長を妨害したり、逆に経済成長を増進させる絆——を考慮に入れるのを怠っている。市場志向理論は、低所得国の貧困の責任を、たとえばもっと優勢な国の営利活動といった外部要因の影響作用に目を向けるよりも、むしろ低所得国自体に負わせる傾向が強い。市場志向理論はまた、政府が経済開発に拍車をかけるために、民間企業とさまざまなかたちで連携する可能性を無視している。くわえて、市場志向理論は、一方で経済的に何とか離陸できる国があるのにたいして、貧困や低開発状態のまま飛び立てない国が生まれるのか、その理由を説明することに失敗している。

従属理論は、富裕国による貧困国の経済的搾取に焦点を当てることで、市場志向理論が貧困国と富裕国の結びつきを考慮に入れるのを怠っている、と指摘する。とはいえ、従属理論は、一方でラテンアメリカやアフリカでの経済的後進性を解明するに役立つが、ブラジルやアルゼンチン、メキシコのような低所得国に、あるいは東アジアの急激に拡大する経済活動に、時として成功例が見いだされる理由を説明することができない。事実、かつては低所得に分類されていた国のなかには、たとえ多国籍企業が操業していても経済的に繁栄してきたところもある。たとえば香港やシンガポールのような一部の旧植民地は、両者ともかつて英国に従属したが、成功例に数えられている。世界システム理論は、世界経済をひとまとまりのものとして分析することで、従属理論の欠点を克服しようとした。世界システム理論の論者は、個々の国の分析からはじめるよりも、貧困国と富裕国で発達や不平等に一様に影響を及ぼす、そうした網の目状に複雑に拡大したグローバルな政治的、経済的関係に目を向けている。

　国家中心理論は、経済成長を育む際に政府が果たす役割を強調する。したがって、国家中心理論は、国家が経済活動の妨害物であると力説する市場志向理論にとっても、国家が貧困国を搾取するグローバル企業の味方であるとみなす従属理論にとっても、有効な代替案を提示している。国家中心理論は、他の理論――とりわけ世界システム理論――と結びつけた場合、世界経済をいま変容させている根本的な変化について解明することが可能である。

国際機関の役割とグローバルな不平等

　グローバルな貧困に強く介入することを任務にした国際的組織は、数多く存在する。国際通貨基金と世界銀行――ともにブレトンウッズ機関として知られる――は、第二次世界大戦のあいだに設立された。両者とも米国のワシントンに本拠があり、世界中の政府が構成員になっている。国際通貨基金は、一八四カ国から構成される。国際通貨基金の主たる任務は、国際金融システムの安定性を維持することにある――最も人目を引くのは、二〇〇一年から二〇〇三年のアルゼンチンの例に示されたように、大規模な累積債務危機を収拾するために援助を求められる場合である。国際通貨基金はまた、世界中で政府の経済運営を改善するために政府と協力し合っている。しかし、国際通貨基金のおこなう助言は、貧困国が直面する問題のいくつかを引き起こしてきたとしばしば批判されている（たとえば、Stiglitz 2002）。

　世界銀行グループの使命は、貧困と闘い、発展途上世界で人びとの生活水準を改善することにある。世界銀行は、貧困を減らすために、低所得国や中所得国に借款や政策助言、技術支援、情報共有サーヴィスをおこなう開発銀行である。世界銀行は、その加盟政府に比較的安価な財源――主に借款――を提供する数多くの取り引き口座から構成されている。近年、世界銀行はまた、特別なプログラムのための補助金を政府に提供しだした。借款や補助金といっしょに技術的専門知識も提供している。世界銀行も国際通貨基金も、貧困国や貧しい人びとに損害を与えるような市場主導の改革を助長してきたと、非難されてきた。

　世界銀行と国際通貨基金が近年おこなっている新たな取り組みの一例に、最貧国の多くに債務削減を認める重債務貧困国イニシアチヴ（ＨＩＰＣ）がある。一部の国は、ここ数十年間に膨大な借金をしたため、利息があまりにも多額になり、借金を返済する余裕がなくなっていた。かりに完全に返済するとなれば、その国の政府が教育や保健といった基本的サーヴィスのために利用できる資源を、おそらく根こそぎ失うことになる。重債務貧困国イニシアチヴは、重債務貧困国に、その国が貧困に取り組むだけでなく、債務負担にも対処できるように——富裕国政府が資金提供して——十分な控除措置を与える目的で、一九九六年に開始された。この重債務貧困国イニシアチヴの鍵となる点は、関係するすべての国に、貧困削減戦略ペーパーを提出させ、その完遂を求めたことである。二〇〇四年までに、二五の国がこの重債務貧困国イニシアチヴに加わっている。

国際連合はおそらく最も有名な国際組織であるが、国連にも、貧困の原因と結果に取り組むために世界中で活動する基金や計画が見いだされる。例として、ニューヨークに本拠を置く国連開発計画や国連児童基金（UNICEF）、ローマに本拠を置く世界食糧計画、ジュネーブに本拠を置く世界保健機構（WHO）である。これらの機関はすべて、世界中の国に事務所を設けている。これらの機関は、それぞれ貧困の別々の側面に立ち向おうとする。国連児童基金の仕事は、清潔な水の供給や下水施設だけでなく、女子教育、子どもたちの保護、予防接種に重点を置いている。国連開発計画は、法による支配や正義、国による基本的サーヴィスの供与、腐敗との闘い等を含め、行政能力の改善のために貧困国の政府に協力している。どの国でも、他に数多くの国連機関が活動し、それぞれの機関は複雑に結びついて、相互に関連した問題を担当している。いまの最重要な関心事のひとつは、エイズの蔓延と、エイズが経済活動や保健衛生、制度運用能力、家族等の領域に及ぼす重大な影響である。それゆえ、少なくとも四つの国連機関がエイズ問題に取り組んでいる。通常、こうした国連機関は、世界銀行などブレトンウッズ体制で生まれた他の機関と比べ、核となる資金水準の低さに苦しんでいる。一部の国連機関は、世界保健機構のように、国際基準の設定や研究調査にも従事する。

近年とくに注目されてきた国連機関のひとつに、世界貿易機構（WTO）がある。世界貿易機構は、ジュネーブに本拠があり、一四八の加盟国政府間の交渉や貿易紛争の解決手順を通じて国際通商を管理している。二〇〇一年に、カタールのドーハで「開発ラウンド」と称される一連の交渉会合が開催された。広く浸透しているのは、近年の国際通商システムが貧困国にとって公平でなく、貧困国の経済開発を束縛しているとする見方である。こうした交渉会合の最重要な目的は、たとえば貧困国の商品やサーヴィスが他の国の市場に参入できる機会の改善等によって、国際通商システムを是正することにある。

これまで述べてきた機構は、多くの国々が、実際には大多数の国がかかわっているため、一般に多国間機構と呼ばれている。いわゆる二国間贈与もまた、グローバルな貧困の削減と密接に関与する。英国では、国際開発省が、〔二〇〇〇年に開催された国連ミレニアム・サミットで採択した〕ミレニアム開発目標を果たすために、特定の貧困国とともに活動している。このミレニアム開発目標は、一九九〇年代後半に多くの国際会議で設定された開発目標を共通の枠組みのなかにまとめたものである。その一連の目標のなかに、最も重要なものが二つある。一つは、一九九〇年から二〇一五年のあいだに一日一ドル未満で暮らす人たちの割合を半減させることと、もう一つは、二〇一五年までにすべての子どもが初等教育の全課程を修了できるようにすることである。英国では、国際開発省の仕事に、貧困削減の構造的障壁（たとえば、債務や貿易規則、資源搾取）を取り除くための政策提言や助言を国際レヴェルでおこなうだけでなく、助成金や専門知識の提供が含まれている。

変動する世界でのグローバルな経済的不平等

今日、グローバルな単一の資本主義経済に先導する社会的、経済的な力に抵抗するのは、不可能なように思える。このような帰結に中心となって異議を唱えた勢力——社会主義——は、一九九一年のソヴィエト連邦の崩壊によって終わりを迎えた。いまの世界で残存する最大の社会主義国の中国は、多くの資本主義経済制度を急激に採用しだし、世界で最速の経済成長を遂げている。中国の将来の指導者がどの程度まで資本主義に移行するかを議論するのは、時期尚早である。中国の指導者は、最終的に完全な市場志向の資本主義を採用するのだろうか、あるいは国家の管理と資本主義的制度の組み合わせを採用するのだろうか。中国問題のほとんどの専門家は、人口一二億の中国がグローバルな資本主義システムに完全に参入したときに、その重大な影響が世界中で実感されるだろうということで、意見が一致している。中国は膨大な労働力を擁し、その労働力のほとんどは十分な教育と訓練を受けているが、極端に低い賃金——英国の労働者が匹敵する職で稼ぐ賃金の、時として二〇分の一——しか得ていない。このような労働力はグローバル経済で極めて競争力が強いため、英米の賃金を無理矢理押し下げることになろう。

急激なグローバル化は、グローバルな不平等に将来どのような意味をもたらすのだろうか。どの社会学者も確かなことを知り得ないが、起こり得るシナリオは数多く考えられる。一例を挙げれば、私たちの世界は、大規模なグローバル企業によって支配され、労働者たちはどこでもグローバルな賃金水準で互いに競い合うかもしれない。このようなシナリオは、今日の高所得国で大多数の人びとの賃金が下落し、低所得国では少数の人たちの賃金が上昇することを予測している。世界中で平均所得の全般的な平準化が、英国等の先進工業国でいま人びとが享受している賃金よりもはるかに低い賃金水準で生ずるかもしれない。このシナリオでは、世界全体がグローバル経済によって利益を得る人たちと利益を得られない人たちに次第に二分化されるように、国の内部でも持てるものと持たざるものとの二極分化が増大する。このような二極分化は、経済のグローバル化に苦しむ人たちが自分たちの窮状の原因を他の人びとのせいにするため、エスニック・グループ間の対立や、さらには国どうしの対立を煽る可能性がある（Hirst & Thompson 1992; Wagar 1992）。

他方、グローバル経済は、現代のテクノロジーのもたらす利益が世界中で経済成長を刺戟するため、結果としてすべての人により大きな機会をもたらす可能性がある。こうした楽観的なシナリオによれば、香港や台湾、韓国、シンガポールのような成果を挙げている東アジアの新興工業国が、来るべき今後の唯一の姿になる。マレーシアやタイといった他の新興工業国も、中国やインドネシア、ヴェトナムなどのアジアの国々とともに、やがて追随していく。世界で人口が二番目に多いインドは、全人口のほぼ四分の一に当たる約二億人の中流階級が（ほぼ同じ数の人たちが貧困生活を送るものの）すでに生まれている（Kulkarni 1993）。

とはいえ、対抗する趨勢に、富裕国と貧困国を分けているテクノロジー面の落差がある。今日、このテクノロジー面の落差は拡大しているように思え、そのことは、貧困国が富裕国に追いつくのをより以上に困難にしている。このテクノロジー面のグローバルな落差は、各国の富の格差の結果であるが、同時にまた富の格差をさらに強化し、富裕国と貧困国の落差を押し広げることになる。貧困国は、現代のテクノロジーを容易に購入することができない――しかしながら、貧困国は、現代のテクノロジーを入手できないために、貧困の克服で重大な障壁に直面することになる。貧困国は、免れるのが難しい悪しき下降スパイラルに巻き込まれる。

米国コロンビア大学の地球研究所所長で、東ヨーロッパや発展途上の多くの国々で経済顧問を務めてきたジェフリー・サックスは、世界が三つの階級に分かれていると主張する。テクノロジーを革新する側、テクノロジーを受容する側、テクノロジーが分断されている側の三つである（Sachs 2000）。

《テクノロジーを革新する側》とは、世界の技術革新のほとんどすべてを供給する地域である。この地域は、世界人口のわずか一五％しか占めていない。《テクノロジーを受容する側》とは、発明された技術を随所に受容し、生産と消費に当てはめることが可能な地域で、世界人口の五〇％を占める。《テクノロジーが分断されている側》とは、どこかよそで開発された技術を革新することもできないし、受容することもできない地域である。この地域は、世界人口の三五％を占める。ここではサックスが、国ではなく、地域という言い方をしていることに注意する必要がある。今日のボーダーレス化がますます進展する世界では、テクノロジーの利用（あるいはテクノロジーからの排除）は、必ずしも国境と結びついていない。たとえば、サックスによれば、テクノロジーが分断されている側には、「メキシコ南部や中央アメリカの熱帯孤立地区、アンデス山脈の国々、ブラジルの熱帯地帯のほとんど、サハラ以南アフリカの熱帯地帯、ヨーロッパ市場やアジア市場に最も近い地区を除いた旧ソヴィエト連邦のほとんど、インドのガンジス川渓谷のような内陸部、ラオスやカンボジアの内陸部、中国の最奥地の諸省」が含まれる（Sachs 2000）。これらの地域は、市場に接近する手段を欠いていたり、主要な海上通商路を利用できないために困窮している。これらの地域は、サックスが名づけた「貧困の罠」に巻き込まれ、「熱帯の伝染病や、農業の低い生産性、環境の悪化――いずれもが自分たちの資力を超えた技術的解決策を必要とする」ことに苦しめられている。

革新は、革新を持続させるために、決定的に多量のアイディアやテクノロジーを必要とする。米国サンフランシスコ近くの「シリコンヴァレー」は、技術革新が大学やハイテク企業に恵まれた地域になぜ集中しやすいかの具体例になっている。シリコンヴァレーは、サンフランシスコの南にあるスタンフォード大学などの教育研究機関の周囲に発達した。貧困国には、シリコンヴァレーのようなハイテク地域が発達するための備えが十分に整っていない。サックスの計算によれば、熱帯や亜熱帯の四八カ国は、合計すると七億五〇〇〇万の人口を擁しているが、一九九七年に米国で外国の発明家に認められた五万一〇〇〇の特許権のうち、わずか四七の特許権しか獲得していない。ほとんどの貧困国は、科学問題の政策顧問さえ欠いている。くわえて、これらの貧困国は、貧しいために、コンピュータや携帯電話、ファックス、コンピュータ制御の工場機械などの先端技術を導入することができない。また、特許をもつ外国企業から技術の使用権を購入することもできない。

富裕国と貧困国を分断するテクノロジー面の深い溝を埋めるために、何ができるのだろうか。サックスは、裕福で先端技術をもった国に、貧困国にたいし、いま以上に財政的支援や技術的支援をおこなうことを求めている。たとえば、マラリアや麻疹、下痢など致死率の高い伝染病は、貧困国で毎年多数の人命を奪っている。こうした病気を撲滅するために必要な現代医療技術は、年間一〇〇億ドル——高所得国で暮らす人たちが、かりに費用を対等に分け合えば、一人当たり一五ドル以下——に過ぎない。

サックスは、富裕国の政府が、国際的な融資機関とともに、科学開発や技術開発に借款と助成金を提供するように、強く主張する。サックスは、貧困国での研究や開発を支えるために少ない金額でも有効であることに注目している。世界銀行は、熱帯地域関連や農業関連、保健衛生関連の研究開発に、毎年六〇〇〇万ドルしか支出していない。対照的に、巨大な製薬会社のメルクは、自社の製品の研究開発のために三五倍（二一億ドル）も費やしている。富裕国の大学も、外国での研究をおこなったり、共同研究プロジェクトを促進する講座を開設することで、役割を演ずることができる。コンピュータからインターネット、バイオテクノロジーに至るまで、その「国の富」は、ますます現代の情報テクノロジーに依存している。世界の大半の国が引きつづきテクノロジーの面で分断されている限り、グローバルな貧困の根絶はおそらくできないだろう。

最も楽観的な見解では、旧ソヴィエト連邦を構成した共和国は、東ヨーロッパの旧社会主義国と同じように、最終的に高所得国の地位を占めるようになるとされる。経済成長は、ラテンアメリカやアフリカ、それに残る世界の地域に広がる。資本主義は労働者の流動性を必要とするため、世界で残存するカースト社会は、階級に基盤を置く社会に置き換わっていく。こうした階級社会は、上昇移動の機会の増大を経験することになる。

グローバルな不平等は、将来どのようになるのだろうか。いまのところ、完全に楽観的になることはできない。世界の経済成長は減速しており、アジアのかつて前途有望だった経済国の多くは、いま困難に直面しているように思える。社会主義から資本主義に移行しているロシアの経済は、多くの落とし穴に遭遇し、多くのロシア人を以前よりももっと貧困な状態に留めている。世界の国国が互いに学習し、互いに協力して人びとのためによりよい暮らしを作りだせるかどうかが判明するには、まだ時間がかかる。確かなのは、過去四半世紀が前例のない規模でグローバル経済の変容を目の当たりにしてきたことである。次の二五年間に生ずるグローバル経済の変容は、地球上のほとんどの生き物に重大な影響を及ぼすだろう。

かりにグローバルな不平等は、今日の地球社会が直面する最重要な課題のひとつであるとすれば、もう一つの課題は、ここ数十年間の世界人口の劇的な増加である。グローバルな貧困と人口成長は、緊密に結びついている。なぜなら、世界の一部の最貧国で、人口成長が最も著しいからである。次に、この人口成長について検討したい。

世界の人口成長

地球上の六〇億人目の住民は、一九九九年一〇月一二日に生まれたと推定されている。世界の人口は急成長しだしている――一九六〇年以降に倍増した。米国の人口研究の専門家ポール・アーリックは、一九六〇年代に、かりに当時の人口成長率がつづいた場合、九〇〇年後に（世界歴史全体から見れば決して遠い先ではないが）、地球上に六京（六〇億の一〇〇〇万倍）の人が暮らすことになる、と予測した。陸地と水上を含む地球表面の一ヤード平方〔約九センチ平方〕当たり一〇〇人が生活することになる。物理学者のJ・H・フレムリンは、このような数の人口に住居をあてがうには、二〇〇〇階建てのビルで地球をまるまる覆ってしまう必要があるだろう、と試算した。こうした途方もない建築物でも、一人当たりの床面積はわずか三ヤード平方ないし四ヤード平方〔約三メートル平方〕に過ぎない（Fremlin 1964）。

もちろん、このような描写は、人口増加がつづくと、その帰結がいかに悲劇的結末になるかを強く印象づけるために意図された、恐ろしい想像に過ぎない。現実の問題は、今後三、四十年後にどのような事態が生ずるかである。各国政府をはじめとする機関が、アーリックたちの発した警告に耳を傾けて、人口抑制計画を導入したことが理由のひとつであるが、世界の人口増加は減速しだしていると推測できる根拠が存在する（図11-3を参照）。一九六〇年代に算出された西暦二〇〇〇年の世界人口の推計値は、間違っていることが判明した。世界銀行は、世界人口が二〇〇〇年に、それ以前の推計値が八〇億であったのにたいし、六〇億を若干上回ると推定していた。それにもかかわらず、一〇〇年前は世界にわずか一五億人しかいなかったことを考えれば、この数字は、人口増加が大変な割合でつづくことを依然として示している。さらに、人口増加の根底にある要因は、決して完全に予測できないし、またどの推計値も注意して解釈する必要がある。

人口分析――人口学

人口の研究は、**人口学**と呼ばれている。この人口学という用語は、およそ一世紀半前に、国家が自国人口の性質や分布について官庁統計をとりはじめたときに考案された。人口学は、人口規模の測定や、人口の増加ないし減少の解明を問題にしている。人口の様式は、三つの要因、つまり、出生、死亡、移動によって規定される。人口学は、通例、社会学の一分野とみなされている。なぜなら、たぶんに社会的、文化的な要因が、人口移動はもとより、その集団なり社会の出生水準や死亡水準にも影響を及ぼすからである。

人口学のほとんどの研究は、統計学的になる傾向が強い。今日、どの先進工業国も、人口センサス（その国の人口を明らかにする目的でおこなわれる体系的な調査）を実施して、自国の人口について基本統計を収集、分析している。近頃はデータの収集方法が厳密になっているが、先進工業国においてさえ、人口統計は、完

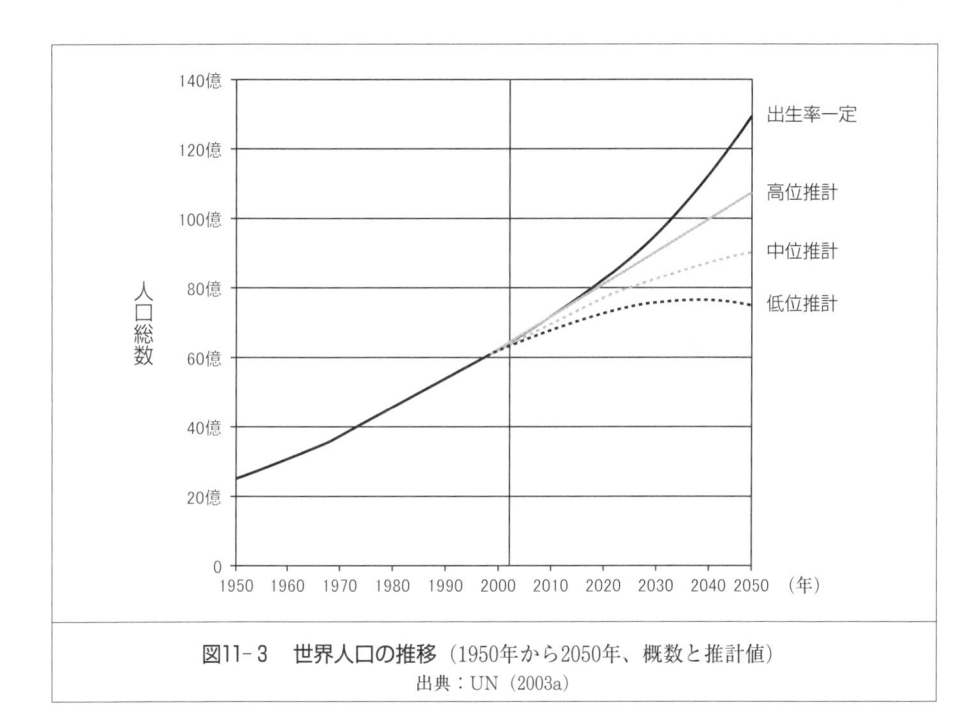

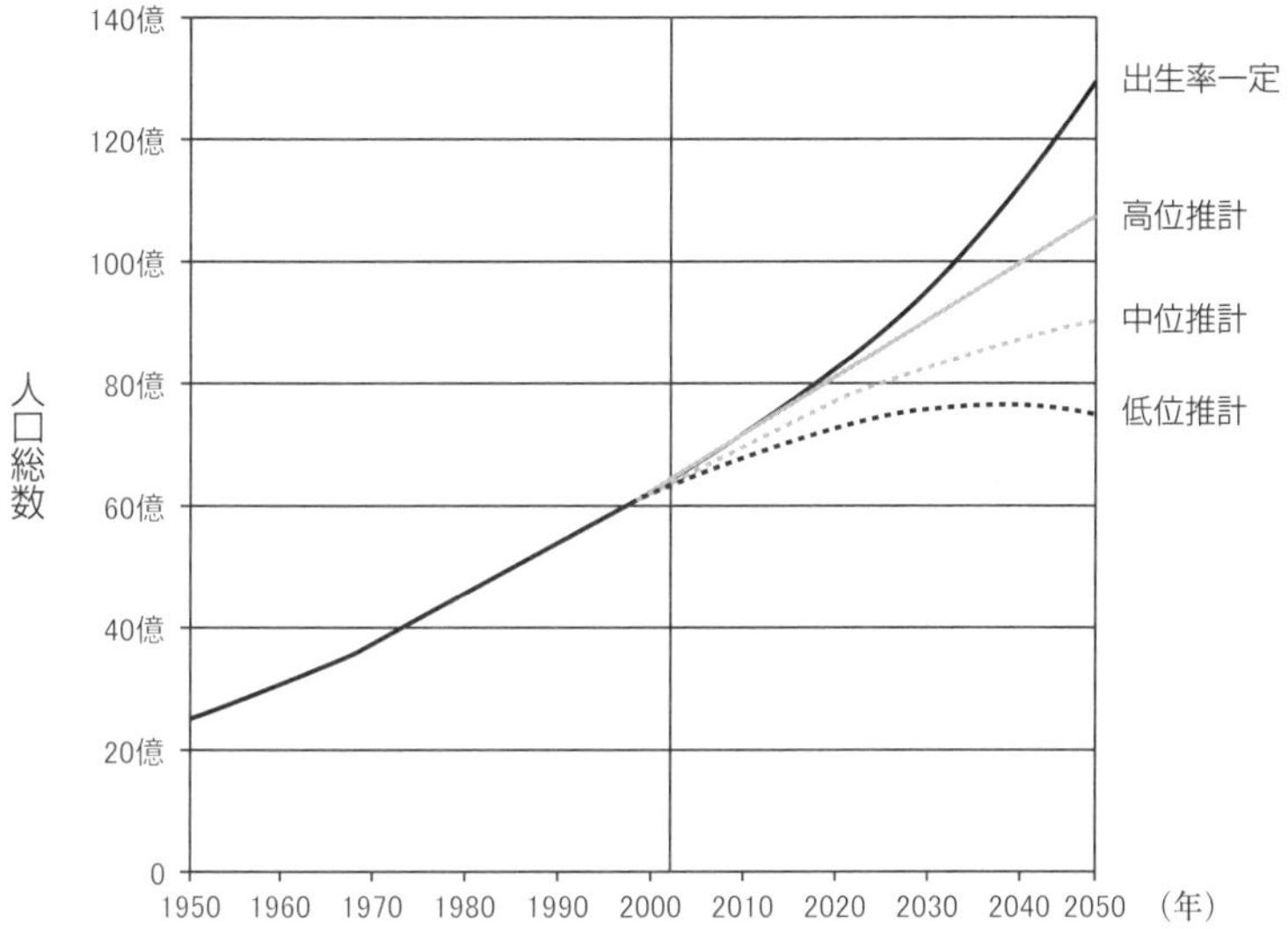

図11－3　世界人口の推移（1950年から2050年、概数と推計値）
出典：UN（2003a）

全に正確ではない。英国では、人口センサスを一八〇一年以降一〇年ごとに実施してきた。センサスは、できる限り正確であることを目指している。しかし、さまざまな理由で、一部の人たちは、公の人口統計に記録されていない。この未記録者には、不法移民やホームレス、放浪者、それに何らかの理由で調査票の記入をしなかった人たちが含まれる。発展途上国の多くで、とりわけ近年人口成長率が非常に高い国では、人口統計は、もっと信憑性を欠いている。

人口学——基本的概念

人口学で用いる基本概念のうちで最も重要なのは、普通出生率と出生力、妊娠力、普通死亡率である。**普通出生率**は、通常、その年の人口一〇〇〇人当たりの出生数として示される。なぜ「普通《クルード》」出生率と呼ばれるかは、この数値が非常に大雑把なためである。たとえば、普通出生率は、人口の性比や年齢分布（年少人口と老年人口の相対的比率）について何も明らかにしていない。出生率なり死亡率を人口の性比や年齢分布と結びつけた統計が収集されている場合、人口学者は、「普通」出生率ないし「普通」死亡率ではなく、「特殊」出生率ないし「特殊」死亡率という言い方をする。たとえば、年齢別特殊出生率は、年齢階級別のその年の女性一〇〇〇人当たりの出生数を具体的に示している。かりに人口様式を多少とも詳細に解明したい場合、特殊化出生率のもたらす情報が、通常必要である。とはいえ、普通出生率は、さまざまな集団や社会、地域を包括的に比較するために有用である。たとえば、英国の二〇〇二年の普通出生率は、一一‰〔千分比《パーミル》〕だった。ドイツやロシア、イタリアといった他の先進工業国では、九‰だった。世界の他の多くの地域で、普通出生率は、さらにもっと高い。たとえば、インドでは二四‰、エチオピアでは四三‰である。

出生率は、女性たちの出生力の表れである。**出生力**は、平均的な女性が生児出生した子どもの数を指している。出生力の割合は、通常、出産可能年齢の女性一〇〇〇人当たりの平均出生数として算出される。

出生力は、**妊娠力**と区別されている。妊娠力は、女性が生物学的に産むことのできる子どもの潜在的な数を意味する。正常な女性は、妊娠が可能な期間を通じて、生理学的には毎年子を産むことが可能である。妊娠力は女性たちの初潮年齢と閉経年齢によって差が生じており、また、普通、初潮年齢と閉経年齢はいずれも、個人によっても国によっても異なる。女性が二〇人ないしそれ以上の子どもを産む家族は、存在するかもしれない。しかし、実際の出生力の比率は、社会的、文化的要因が生殖を抑制しているため、つねに妊娠力を大きく下回っている。

普通死亡率は、出生率と同じ方法――その年の人口一〇〇〇人当たりの死亡数――で算出される。死亡率もまた、国によって著しい差が見られる。しかし、発展途上世界の多くの社会で、死亡率は、先進国の死亡率に匹敵できる水準まで低下しだしている。英国の二〇〇二年の死亡率は、一〇‰だった。それにたいし、インドでは九‰、エチオピアでは一八‰だった。死亡率がこれよりもかなり高い国は少数見られる。たとえば、シエラレオネでは、死亡率は三〇‰に及んでいる。普通出生率と同じく、普通死亡率は、死亡（その人口における死亡者数）の非常に大雑把な指標にしかならない。特殊死亡率が、もっと重要なデータをもたらす。とりわけ重要な特殊死亡率は**乳児死亡率**で、乳児死亡率は、その年の出生数一〇〇〇にたいするその期間の生後一歳未満で死亡した乳児の数である。人口爆発の根底にある重要な要因のひとつは、乳児死亡率の低下である。

乳児死亡率の低下は、**平均余命**――つまり、平均的な人が出生時にそれ以後生存を期待し得る年数――の伸長に最も大きく影響している。英国では、二〇〇三年に生まれた女性の平均余命は、ほぼ八一歳で、男性は七六歳だった。それにたいして、前の世紀の変わり目である一九〇一年には、女性が四九歳、男性が四五歳だった。とはいえ、このことは、一九〇一年に生まれたほとんどの人が四〇歳代で亡くなったという意味ではない。多くの発展途上国がそうであるように、乳児死亡率が高い場合に――統計的平均である――平均余命は下がることになる。病気や栄養摂取状態、自然災害も、平均余命に影響を及ぼす要因である。平均余命は、一人ひとりが生存できる最大限の期間を意味する**寿命**と区別される必要がある。平均余命は、世界のほとんどの社会で伸びているが、一方、寿命はほとんど変わっていない。ごく少数の割合の人たちしか、一〇〇歳以上まで生存していない。

人口変動の力学

人口の成長率と減少率は、所与の期間の一〇〇〇人当たりの出生数から同じく一〇〇〇人当たりの死亡数を減ずることで算定できる——通常、毎年計算される。ヨーロッパの一部の国は、マイナスの成長率を示している——いいかえれば、人口が減少しだしている。ほぼすべての先進工業国は、人口成長率が〇・五%以下である。人口成長率は、欧米では一八、一九世紀に高かったが、その後は横ばい状態にある。今日、多くの発展途上国で、人口成長率は二%から三%である。これらの国々の数字は、先進工業国の数字と一見あまり大差ないように思えるが、実際にはその違いは非常に大きい。

その理由は、人口が指数関数的に増加するからである。このことを具体的に例示する格好の話が、古代ペルシャの神話にある。家来のひとりが、王様に、出仕の褒美として米粒を、出仕のたびに倍増するかたちで与えてほしいと願い出た。王様は、チェス盤の最初のます目に米粒をたった一つ置くことからはじまるため、自分にはうまい話だと思い、倉から穀物をもってくるように命じた。しかし、二一番目のます目で、穀物倉は空っぽになった。四〇番目のます目では、一〇〇億の米粒が必要になったからである(Meadows et al. 1972)。いいかえれば、一個からはじめて、それを倍にし、その倍になったものをさらに倍にしていくことをつづければ、瞬く間に数字は、二、四、八、一六、三二、六四、一二八と、大きくなる——七回の操作で、数字は一二八倍にふくれ上がってしまう。まさにこれと同じ原理が、人口成長にも働いている。人口成長の影響は、**倍加時間**、つまり、人口が倍になるのに要する期間というかたちで測定できる。一年に一%の人口成長率は、七〇年間に人口を倍加させる。二%の人口増加率の場合は三五年で、三%の場合は二三年で人口が倍加することになる。この節のはじめで言及したアーリックは、世界人口の倍加時間が加速度的に縮小しだしているため、人口成長について懸念していた。一八五〇年までに、世界人口は一〇億に達した。次に八〇年後の一九三〇年までに、世界人口は二〇億に倍加した。アーリックは、次の四〇億人への倍加が一九七五年までに生ずることを、正確に予測していた。

マルサス学説

近代以前の社会では、出生率は、今日の先進工業世界の水準から見れば非常に高かった。それにもかかわらず、人口成長は、出生と死亡が全体としておおよそ均衡を保ったため、一八世紀に至るまで極めて低いままだった。人口の総数は全般的に上昇傾向にあり、時としてかなり顕著に人口が増加した時期もあったが、人口増加期の後は、死亡率の上昇がつづいた。たとえば、中世のヨーロッパでは、凶作時は、結婚が先延しになる傾向が強く、妊娠数は低下したが、一方で死亡も増加した。こうした相補的な傾向は、扶養しなければならない人の数を削減した。この種の自動調節のリズムが、前近代世界の人口増加を左右していた(Wrigley 1968)。

工業主義の隆盛期を通じて、多くの人びとは、食糧不足が過去の現象となるような新たな時代を待ち望んだ。近代工業の発達は、生活水準が上昇し、物が豊かになる新時代を創りだすだろうと、一般的に考えられていた。トーマス・マルサスは、一七九八年に刊行した有名な著作『人口論』で、このような考え方を批判し、人口と食糧資源の関係について今日までつづく論争を提起した（Marthus 1976。初出 1798）。マルサスが『人口論』を執筆した当時、ヨーロッパの人口は、急激に増加していた。人口が指数関数的に増加するのにたいして、食糧供給は、新たな耕作地の開拓によってのみ拡大が可能な、限られた資源に依存していることを、マルサスは指摘した。それゆえ、人口増加は、入手可能な生活手段を上回る傾向がある。その必然的な結果は飢饉であり、飢饉は、戦争や疫病の及ぼす影響と相まって、人口の増加を自然に抑制するかたちで作用する。かりに人びとがマルサスのいう「道徳的抑制」を実行しなければ、つねに貧困や飢餓の状況で生きなければならなくなる、とマルサスは予測した。行き過ぎた人口成長のためにマルサスが挙げた処方箋は、性交頻度の厳しい抑制であった。（マルサスは、避妊手段の使用を「罪悪」と公言していた。）

マルサス学説は、欧米の国々の人口発達が――以下で見るように――マルサスの予想とまったく異なる傾向をたどったため、長いあいだ無視されていた。欧米の人口成長率は、一九世紀から二〇世紀にかけて次第に低下していった。事実、一九三〇年代には、英国を含む多くの先進工業国で、人口の衰退について重大な懸念が生じた。しかしながら、二〇世紀における世界人口の急激な成長は、もちろんマルサスの見解をそのままのかたちで支持する人はほとんど誰もいないにしても、マルサスの見解に再びかなりの信憑性をもたらした。低開発国における人口の膨張は、これらの国々が自国民を養うために産出できる資源を上回りだしているように思える。

人口転換

人口学者は、一九世紀以降の先進工業国における死亡率にたいする出生率の変化を、多くの場合、**人口転換**と称している。この概念は、ウォレン・S・トンプソンが最初に考え出した。トンプソンは、ある社会の経済発達が高度な段階に達すると、規模が安定した人口類型から、最終的に、別のかたちの規模が安定した人口類型にとって代わる三段階の過程を明示した（Thompson 1929）。《第一段階》は、出生率と死亡率がともに高く、また乳児死亡率がとりわけ高い、ほとんどの伝統的社会に特徴的に見られる状態を指す。この段階では、高い出生数が高い死亡水準によって多少とも均衡を保つため、人口はほとんど増加しない。《第二段階》は、欧米では――地域的にかなり差はあるが――一九世紀初めにはじまり、出生力が引きつづき高い状態のまま、死亡率が低下していく際に生ずる。それゆえ、この段階は、人口の著しい増加が見られる段階である。その後、《第三段階》がとって代わる。この第三段階では、工業の発達によって、出生率は、人口が再びかなり安定するレヴェルにまで低下する。

人口学者は、この一連の過程をどのように解釈するべきかについても、また第三段階がどのくらい長くつづくのかについても、完全な意見の一致を見ていない。欧米の国々の出生力は、過去一世紀くらいのあいだに完全に安定してきたわけではない。また、出生力は、先進工業国内部の階層間や地域間だけでなく、先進工業国間でも、かなりの差が見られる。それにもかかわらず、この一連の段階が、近現代社会の人口学的特性に見いだす重要な変化を正確に描写していることを、ほとんどの研究者は認めている。

この人口転換の理論は、マルサス学説とじかに対立する。マルサスにとって、繁栄の増大は自動的に人口の増加をもたらすことになる。それにたいして、人口転換の理論は、工業主義が引き起こした経済発展が、結果として人口の安定という新たな均衡状態を現実にもたらすことを強調している。

変化の見通し

低開発社会では、出生力は、人びとが家族規模について伝統的な考え方を守ってきたため、依然として高い。数多くの子どもを産むことは、多くの場合、家族経営の農業にとって労働力供給源になるため、引きつづき望ましいと考えられている。一部の宗教は、産児制限に反対したり、多くの子どもを産むことが望ましいと断言している。数カ国のイスラム教指導者や、南米や中米でとりわけ影響力をもつカトリック教会は、避妊に反対してきた。行政当局の側でさえ、出生力を下げようとする考えに必ずしも協力的ではなかった。一九七四年にアルゼンチンでは、できるだけ早く人口を倍増させる計画の一環として、避妊具の使用を禁止した。アルゼンチンは、人口の増加を、自国の経済や軍事力を発達させる手段とみなしていた。

しかしながら、出生力水準の低下は、ようやく一部の低開発国で生じている。一例が中国である。中国は、現在、約一三億の人口——世界人口全体のほぼ四分の一——をかかえている。中国政府は、人口を現在の水準近くで安定化させるために、これまでどの国がとった政策のなかでも、最も包括的な人口抑制策を制定した。政府は、一人っ子家族を促進するために、一連の奨励策（たとえば、上等な住居の供与や、無料の医療や教育）を打ち出した。この中国政府の政策は、一部の事例で、身の毛もよだつような意図しない帰結をもたらした。男の子の誕生が伝統的に好まれてきたことや、男性が高齢の親の世話をするのにたいして、女性が結婚すると婚家の「ものになる」という信念は、一部の家族に、生まれた子が女児だったら、二人目の子どもをもうけることで政府の処罰を受けるよりも、その女児を殺害してしまうという選択をもたらした。とはいえ、中国の出生抑制政策が、一見いかに手厳しく思えても、人口成長の抑制にかなり強い影響を及ぼしてきたことは明らかである。

中国におけるこうした政策の実行は、他のほとんどの発展途上国では得られない、かなり強力な中央集権政府の統制力を必要とする。たとえば、インドでは、家族計画を奨励したり避妊具使用を促すために多くの計画が試みられているが、相対的に少ない成果しか得ていない。インドの一九八八年の人口は、七八九〇万だった。二〇〇〇年に、一〇億を突破した。かりにこの人口成長率が減速しなければ、二〇五〇年には一五億以上に及び、インドは世界で最も人口が多い国になるだろう。

次の一〇〇年間に生ずる人口学的変動は、人類のすべての歴史で生じた変動よりもさらにもっと大きい、と主張されている。世界人口の増加率を多少とも正確に予測することは困難である。しかし、国際連合は、出生力のシナリオをいくつか描いている。「極端な」シナリオは、二一五〇年までに世界人口が二五〇億以上に達すると見込んでいる。国連が考える「中位の」出生力のシナリオは、出生力が女性一人当たりちょうど子ども二人を上回る水準で安定して、その結果、二一五〇年までに世界人口が一〇八億に達すると推測している。

こうした全般的な人口増加は、二つの注目すべき趨勢を覆い隠している。まず、ほとんどどの発展途上国も、さきに述べた人口転換の過程をやがて経験することになる。このことは、死亡率が低下するために、結果として人口の大幅な増加につながる。インドと中国は、両国とも人口がおそらく一五億に達すると予測されている。アジアやアフリカ、ラテンアメリカの地域も、人口がいつかは安定する前に、同じような人口の急増を経験することになる。

二つ目の趨勢は、すでに人口転換を経験してきた先進国にかかわる問題である。先進社会は、かりにあったとしても極めてわずかしか人口成長を経験しない。その代わりに、若年者の絶対数が減少し、人口に占める高齢者の割合が著しく増加するという高齢化の過程が生ずる。このことは、先進国にとって経済的、社会的含意を広範囲にもたらす。従属人口指数が増大すれば、保健医療サーヴィスや社会的サーヴィスにたいする圧力が増すことになる。しかしながら、高齢者の数が増えれば、高齢者は、同時にまた政治的な力をもつことになり、高齢者にとって重要な政策やサーヴィスへの支出をより多く要求できるようになる。

人口の高齢化は、第六章「社会化、ライフコース、加齢」、二〇〇頁～二二〇頁で論じている。

これらの人口学的変化は、どのような帰結をもたらすのだろうか。一部の研究者は、社会の――とりわけ人口転換を経験しだしている発展途上国で――幅広い大激変が引き起こされると見ている。農村地域の人たちが仕事を求めるようになると、経済活動や労働市場の変化は、国内の人口移動を幅広く誘発する可能性がある。都市の急激な成長は、環境破壊や、一般大衆の新たな健康リスク、生活基盤への過度の負担、犯罪の増加、無断居住者たちによる貧困集落の形成をおそらく導いていく。

飢餓と食糧不足も、もう一つの重大な懸念である。さきにグローバルな貧困について論じたように、飢えや栄養不足に苦しむ人たちは、世界で約八三〇〇万も存在する。人口が増加すれば、食糧の生産水準も、食糧不足を避けるために、人口増に応じて上昇しなければならない。しかしながら、このような事態がどのように生じ得るのかは、判断が難しい。なぜなら、世界の最貧困地域の多くは、水不足や、農耕地の縮小、土壌劣化――農業の生産性を、高めるのではなく、弱める過程――の影響をとりわけ受けているからである。食糧生産が自給自足を確保できる水準にまで届かないことは、ほぼ間違いない。大量の食糧や穀物を、剰余生産がある地域から輸入しなければならない。国際連合の食糧農業機関（FAO）によれば、二〇一〇年までに、先進工業国は、一人当たり一六一四キロの穀物を産出できるのにたいして、発展途上世界では一人当たり五〇七キロしか産出できない。

農業や工業での科学技術的進歩は予測不可能なため、世界が最終的にどれくらいの規模で人口を扶養できるのかは、誰も確言することができない。しかしながら、今日の人口水準においてさえ、地球の資源は、低開発世界の生活水準を先進工業国の水準とほぼ同等にするのに必要な資源を、すでに大幅に下回っている。

まとめ

1　世界の国々は、その国の一人当たりの国民総所得によって、等級に分けられる。現在、世界人口の四〇％が低所得国で暮らしているのにたいして、高所得国で暮らす人たちは一六％に過ぎない。

2　今日、世界で推計一三億人が、つまり、世界人口の約四人に一人が、貧困生活を送っており、一九八〇年代初め以降増加している。その多くは、人種やエスニシティなどの出自にもとづく差別の犠牲である。

3　一般に、高所得国の人たちは、低所得国の人たちよりもかなり高い生活水準を享受している。高所得国の人たちは、より多くの食べ物を得て、飢えや栄養不足で苦しむことがほとんどなく、長生きをする傾向にある。また、読み書きの能力を備え、教育を受け、それゆえ、高い技能が必要とされるが賃金の高い職に就く傾向にある。くわえて、家族の規模は大きくない。また、子どもたちは、幼児期に栄養不足や小児期の疾病で死亡することも少ない。

4　香港やシンガポール、台湾、韓国のような新興工業国は、一九七〇年代中頃から爆発的な経済成長を経験してきた。このような経済成長は、ひとつには歴史的環境に、また多少ともこれらの国の文化的特徴に、さらに最も重要なのはその国の政府が中心的役割を演じたことに起因する。このような成長がつづくかどうかは、これらの国がいま直面する経済的困難を考えあわせば、疑問である。

5　《グローバルな不平等》問題をめぐる《市場志向理論》は、《近代化理論》のように、開発を阻む文化的、制度的障壁が低所得国の貧困を説明すると主張している。この見解では、貧困を取り除くために、運命論的なものの見方を克服する必要があり、また、政府は経済問題に干渉するのを止め、高い貯蓄率と投資が奨励される。

6　《従属理論》は、グローバルな不平等が富裕国による貧困国の搾取の結果生じている、と主張する。《従属的開発理論》は、たとえ貧困国の経済的命運が最終的に富裕国によって規定されるとしても、従属的な資本関係のなかで何らかの開発を達成することが可能である、と論じている。《世界システム理論》は、グローバルな不平等について理解したいのであれば――たんに個々の国だけでなく――資本主義的世界システム全体を解明していく必要がある、と主張する。世界システム理論は、グローバル経済における《中核国》と《周辺国》、《準周辺国》の関係に着目し、グローバル経済の長期的趨勢に焦点を当てている。

7 《国家中心理論》は、経済成長を育む上で政府が果たす役割を強調する。国家中心理論は、例として、急成長を遂げた東アジアの新興工業国の経験を参考にしている。

8 グローバルな不平等が将来も拡大するのか、あるいは縮小するのかについて、誰も確言することはできない。賃金が富裕国で下がり、貧困国で上がることで、世界中で賃金の平準化が生ずる可能性もある。一方、グローバル経済が一体化されることで、いつの日かすべての国が繁栄する可能性もある。

9 人口成長は、人類がいま直面する最重要な、地球規模の問題のひとつである。《マルサス学説》は、二世紀前にトーマス・マルサスが最初に提唱し、人口成長はその人口を支える資源を凌駕する傾向があるという考え方である。行き過ぎた人口成長は、かりに人びとが性交頻度を厳しく抑制しなければ、将来、確実に窮乏や飢えをもたらす、とマルサスは主張した。

10 人口成長の研究は、《人口学》と呼ばれている。人口学のほとんどの研究は、統計にもとづく。人口学者はまた、人口の様式がなぜ現在のような形態をとるのかの解明にも関心を寄せている。人口の分析で最も重要な概念は、出生率と死亡率、出生力、妊娠力である。

11 人口様式の変化は、通例、《人口転換》過程というかたちで分析される。工業化以前には、出生率と死亡率はともに高かった。工業化がはじまると、死亡率は減少するが、出生率は下降するのに時間がかかったために、人口成長が見られる。最終的には、出生率が低下して低い死亡率と釣り合うことで、新たな均衡状態が生ずる。

12 世界の人口は、二一五〇年までに一〇〇億強に増加すると予測されている。この人口成長のほとんどは、発展途上世界で生ずる。発展途上世界の国々は、人口規模が安定するまでに、人口の急増と人口転換を経験する。先進世界では、人口はほんの僅かしか増加しない。その代わりに、人口の高齢化過程が生じて、若者の絶対数が減少する。このような人口の動向は、労働市場、福祉システム、食糧や水の供給、自然環境、都市地域の生活条件に、さまざまな言外の意味をもたらすことになる。

考察を深めるための問い

1 かりに最貧困国の人たちが絶対的貧困から解放されるとすれば、世界の億万長者の存在は重大な問題になるのだろうか。

2 貧困国は富むことができるのだろうか。できるとすれば、どのようにして可能なのか。かりに妨害要因があるとすれば、それは何だろうか。

3 グローバルな貧困を終わらせる責任は、富裕国の人たちにあるのだろうか、それとも貧困国の人たちにあるのだろうか。

4 人口学は、なぜ社会学的研究になるのだろうか。

5 マルサスは、結局のところ正しかったのだろうか。

読書案内

Titus Alexander: *Unravelling Global Apartheid: An Over-*

viw of World Politics (Polity, 1996)

Vic George & Robert Page (eds): *Global Social Problems* (Polity, 2004)

Jorge Larrain: *Theories of Development: Capitalism, Colonialism and Dependency* (Polity, 1989)

Geoffery Mcnicoll: *Population Weights in the International Order* (Population Council, 1999)

インターネット・リンク

Economist Inequality papers
http://www.economist.com/imequalitypapers

The Global Site
http://www.theglobalsite.ac.uk

The IMF
http://www.imf.org

Make Poverty History
http://www.makepovertyhistory,org

The United Nations
http://www.un.org

The World Bank Globalizatuon Homepage
http://www.worldbankun.org/economicpolicy/globalization/

12

セクシュアリティとジェンダー

二〇〇四年五月一七日の午前九時少し過ぎに、「マサチューセッツ州が私に付与した権限により、とりわけあなた方ご自身の愛の力により、私は、マサチューセッツ州法のもとで、あなた方が結婚したことをここに宣言します」と、市の職員マーガレット・ドゥルーリーは詠唱するように言い渡した。「この結婚を、キスによって証明してください」。一八年間のパートナーと結婚したマーシャ・カディシュは、大喜びして「わくわく興奮し、素晴らしい気持ちです」と語った。カディシュのパートナーは、「福引きに当たった」ような気分だと言った。

しかしながら、この婚姻は、米国で大きな論争を引き起こした。「マサチューセッツ州のあちこちで発行された書類は、表向きは『結婚許可証』といえるかもしれない。だが、実際には婚姻制度の死亡診断書である」と、キリスト教信者集団「フォーカス・オン・ザ・ファミリー」の代表ジェームズ・ドブスンは述べた。論争となった理由は、カディシュの長年のパートナーも女性――タニア・マックロスキー――だったからである。このカップルは、米国マサチューセッツ州の新たな法律のもとで結婚した同性カップルのひとつだった。その日は一日中、結婚を許可する新しく発行された書類をしっかり握りしめた同性愛者のカップルが、市庁舎からぞろぞろ出てきた。庁舎の外には多数の人が集まり、カップルに拍手を贈り、自明のこととみなす権利を祝った。

マサチューセッツ州は、米国で、しばしばリベラルな改革の先頭に立ってきた。二〇〇四年五月に、州最高裁や、州議会の内外でおこった何カ月にも及ぶ論戦を経て、マサチューセッツ州は同性愛者間の婚姻を最初に合法化した州になった。米国では、同性愛者間の婚姻を法的に有効とみなすべきだという意見に同意する国民が増えているとはいえ、過半数（二〇〇四年五月の時点で五五％）の国民は、同性愛者間の婚姻に一貫して反対してきた（Gallup 2004）。マサチューセッツ州は、同性愛者間の婚姻を合法化した世界で数少ない地域であるオランダやベルギー、それにカナダのほとんどの区域と合流した。

同性愛は、多くの点で、ますます正常視《ノーマライズ》されてきた――むしろ、日常社会の容認できる側面となってきた。いくつかの国で、同性愛者の権利を擁護する法律が可決されている。南アフリカは、一九九六年に新憲法を採択したとき、同性愛者の権利を憲法上で保障する世界でも稀な国のひとつになった。今日、ヨーロッパの多くの国は、デンマークやオランダ、スペインを含め、同性愛者が、パートナーを国に届け出て、婚姻関係の特典のほとんどを請求することを認めている。英国政府は、二〇〇四年一一月に同様の法律を公布し、男性同性愛者や女性同性愛者のカップルに、かりにふたりが市民式典でパートナーシップの登録を選択するなら、既婚夫妻と同種の権利を受ける機会を与えた。このなかには、社会保障や年金給付金、賃借権、パートナーの子どもたちにたいする親としての責任、生命保険の完全な承認、パートナーと子どもたちのために相応な生計を支える責任、既婚夫妻と同じ租税待遇、それに病院の訪問権が含まれる。

欧米その他の地域で、ますます多くの積極行動主義の男性同性愛者たちが、同性愛者間の婚姻の完全な合法化を執拗に迫っている。この人たちは、何をどのような理由で危惧しているのだろうか。第七章で論じたように、結局のところ異性愛カップルの婚姻は衰退傾向にあるように思える。それゆえ、積極行動主義者たちは、他の誰もと同じ地位と権利、責務を求めているため、こうした状況を危惧する。今日、婚姻は、とりわけ強い感情的コミットメントであるが、同時にまた、国家が認めるように、明らかに法的含意をもつ。婚姻は、配偶者に、英国のシヴィル・パートナーシップがもたらすものに類した権利と責任を与えている。「セレモニー・オヴ・コミットメント」——非法律婚——は、米国の同性愛者だけでなく異性愛者のあいだでも流行しだしたが、こうした権利と責務を付与していない。もちろん、逆に言えば、こうした権利と責務は、多くの異性愛カップルが、今日、結婚を遅らせたり、まったく結婚しない決心をする理由のひとつになっている。

同性愛者の婚姻に反対する人たちは、こうした婚姻を、不謹慎か、あるいは自然の摂理に反するとして糾弾する。この人たちは、同性愛者の婚姻を、国家が全力を尽くして抑制すべき性的志向を合法化するものであるとみなす。米国には、同性愛者に生き方を変えさせ、異性と婚姻させることに献身する圧力団体がいくつか存在する。一部の人たちは、依然として同性愛を倒錯的行為とみなし、同性愛を正常視するいかなる規定にも激しく反対している。

しかしながら、男性同性愛者の大多数は、自分たちが普通の人として見られることを望んでいるだけに過ぎない。この人たちは、同性愛者も、他の人とまったく同じように経済的安定や情緒的安心を必要としていると指摘する。アンドリュー・サリヴァンは、その著書『ほとんど正常なこと』で、同性愛者の婚姻が善であると力説している（Sullivan 1995）。サリヴァン自身がカトリック教徒で同性愛者であるため、サリヴァンは、信仰とセクシュアリティをどのように両立させるかで苦しんできた。サリヴァンは、同性愛が少なくともある面で自然界に付与されたものである——ただたんに「選択」したものではない——と論じている。ある人に同性愛を止めるよう要求することは、その人から、人を愛したり、他の人から愛される機会を断念するように要求することである。同性愛も、結婚生活のなかで表出できるようにすべきである。かりに同性愛者を疎外されたマイノリティにしたくないのであれば、男性同性愛者の婚姻を合法化すべきである、とサリヴァンは結論づける。

合法的な同性愛結婚の実現可能性は、セクシュアリティに関する考えがこの数十年間でいかに根本的に変化してきたかを証明している。結局のところ、一九六七年になって初めて、英国では男性同性愛が合法化された。同性愛者の婚姻はまた、性的志向に関する疑問を、つまり、性的志向はどの程度まで生得的であり、どの程度まで学習されたものなのかという疑問を提起している。この章で検討するテーマの多くは、第七章「家族と親密な関係性」で取り上げた疑問と部分的に重なり合う。人間のセクシュアリティは、愛情についての私たちの観念や、何が好ましい関係性をつくるのかという疑問と密接に関連する。好ましい関係性は対等なものどうしの関係であるべきだ、と人びとは主張しだしている。同性愛者の結婚は、差別や不平等への、依然として続く闘いを介して初めて可能になった。

この章では、はじめに人間のセクシュアリティについて論じ、性行動が欧米社会でどのように変化しているのかを検討する。次に、性的志向について、とくに欧米で同性愛を取り巻く論点について見ていく。それを踏まえ、ジェンダーというもっと広範な問題に移り、現代の社会で男性なり女性であることが何を意味するかの疑問を取り上げる。終わりに、ジェンダーの不平等について論じ、女性の対等な位置づけがいかに地球規模でより一層実現しだしているかを検討する。

人間のセクシュアリティ

セクシュアリティに関する考えは、劇的に変化している。この数十年間に、欧米社会で、人びとの性生活の重要な側面が根本的に変化してきた。伝統的社会では、セクシュアリティは生殖過程と緊密に結びついていた。しかし、今日、セクシュアリティは生殖過程から分離されている。セクシュアリティは、一人ひとりが探求し、形づくる、生き方の一様相になった。かりにセクシュアリティは、かつては婚姻関係の場での異性愛と一夫一妻婚の面から「定義づけ」られていたとすれば、今日、極めて多彩な場面での多様なかたちの性行動と性的志向が、さきの同性愛者の婚姻をめぐる議論に見るように、ますます容認されだしている。

この節では、人間のセクシュアリティをめぐる問題のうち、人間の性行動にたいして生物学的影響作用と社会的影響作用ではどちらが重要なのか、社会はどのように性的活動を形成するのか、それに生殖テクノロジーについて探究する。次に、欧米社会で人びとの性行動に見いだされる近年の動向についていくつか検討する。

生物学と性行動

セクシュアリティは、長いあいだ極めて個人的な問題と考えられてきた。こうした理由から、セクシュアリティは、社会学者にとって挑戦に値する研究領域である。近年まで私たちがセクシュアリティについて認識してきたことのほとんどは、生物学者や医学者、性科学者から得ていた。研究者たちはまた、人間の性行動についてさらに理解を深めようとして、動物の世界にも目を向けてきた。

女性の解剖学的構造は男性のそれと異なるために、セクシュアリティには明らかに生物学的基盤が存在する。また、生殖活動を欠けば人間の種は絶滅してしまうため、生殖という生物学的至上命令も見いだされる。ダヴィッド・バラシュのように一部の生物学者は、男性が女性以上に相手かまわず性交渉をもつ傾向が強い理由は進化論的に説明できる、と主張する（Barash 1979）。バラシュの論によれば、男性は、可能な限り多くの女性を妊娠させる傾向が生物学的に存在するのにたいして、女性は、子どもたちに託された遺伝的特質を守るために、安定した相手を必要とする。このバラシュの論は、通常、オスのほうがメスよりも多くの相手と交尾することが明白であると主張する動物の性行動の研究によって、裏づけられている。

多くの研究者は、このような進化論的アプローチを退けている。たとえばスティーヴン・ローズは、人間の行動が、ほとんどの動物と異なり、遺伝的にプログラムされた本能によって決定されるよりも、環境によって形成される、と主張する。だから、「ヒトの幼児は、すでに目的指定された神経経路をほとんどもたずに生まれている」(Rise et al. 1984)。ヒトには他の動物に比べ異例に長い幼児期があり、そのことは、ヒトに、経験から学ぶために、他の種属よりもはるかに長い時間をもたらしている、とローズは論じる。

バラシュのような社会生物学の主張は、とくに人間の性行動にとってもつ言外の意味に関する限り、激しい異論が出されている。とはいえ、ひとつのことがらが、人間を動物から明確に区別する。人間の性行動は、意味を有している――つまり、人間は、みずからのセクシュアリティをさまざまの仕方で用い、また表出している。人間にとって、性的活動は、生物学的以上の活動である。性的活動は、私たちがどのような存在であるのかを、また私たちが味わう情動を、象徴し、反映している。これから見ていくように、セクシュアリティは、あまりにも複雑であるため、全面的に生物学的特性にすることはできない。セクシュアリティは、人間がセクシュアリティに帰する社会的意味の面から理解していく必要がある。

性行動に及ぼす社会的影響作用

どの社会でも、ほとんどの人は異性愛者である――人びとは、感情的没頭や性的快楽の相手として異性を求める。いずれの社会においても、異性愛は、婚姻と家族の基盤を形づくってきた。しかしながら、少数派の性的嗜好や性癖も、数多く存在する。ジュディス・ローバーは、一〇種に及ぶ性的アイデンティティを分類している(Lober 1994)。つまり、異性愛の女性、異性愛の男性、同性愛の女性、同性愛の男性、両性愛の女性、両性愛の男性、異性装愛の女性(恒常的に男性の服装をする女性)、異性装愛の男性(恒常的に女性の服装をする男性)、性転換した女性(女性になった男性)、性転換した男性(男性になった女性)、の一〇種類である。性的習わし自体、さらにもっと多様である。

起こり得る性的習わしのなかに、次のものがある。男性なり女性が、女性や男性、あるいは男女双方と性関係をもつ場合もある。それが、二人のあいだで生ずる場合もあれば、三人ないしそれ以上の人たちのあいだで生ずる場合もある。自分ひとりでセックスをする(マスターベーション)場合もあれば、まったくセックスをしない(宗教的理由での禁欲)場合もある。人によっては、性転換者や異性装愛者と性関係をもったり、ポルノや性的玩具を用いたり、サドマゾヒズム(性愛のための緊縛、苦痛を加えること)を実践したり、動物とセックスする場合もある(Lorber 1994)。

どの社会にも、一部の習わしを是認し、他の習わしを好ましくないと規定したり非難する、性の規範が存在する。社会の成員は、こうした性の規範を社会化を通じて学習する。たとえば、ここ数十年間にわたって、欧米文化における性の規範は、ロマンチック・ラヴという観念や家族の愛情関係と一体化してきた。とはいえ、こうした性の規範は、文化によって著しく異なる。同性愛が格好の例である。一部の文化では、特定の状況のもとで同性愛を黙許するか、あるいは積極的に奨励してきた。たとえば、古代ギリシアでは、少年にたいする成人男性の愛情を、性愛の至高形態として理想視していた。

一般に容認される性行動の類型もまた、文化によって異なる。このことは、ほとんどの性的反応が生得的ではなく、むしろ学習されたものであることを、ある意味で私たちが知っているからである。最も広範な研究を、五〇年前にクレラン・フォードとフランク・ビーチがおこなっている（Ford & Beach 1951）。フォードとビーチは、二〇〇以上もの社会から得た人類学の研究成果を調べた。その結果、「自然な」性行動とみなされるものや性的魅力の判断基準に、著しい差異があることを見いだした。たとえば、交接に先だって長い時間をかけた、おそらく数時間に及ぶ前戯をおこなうのが望ましいとされ、また不可欠とさえ考えられている文化もある。他方、前戯がほとんどおこなわれない文化も存在する。一部の社会では、過度な性交渉は、肉体的衰弱や病気をもたらすと信じられている。南太平洋のセニアング族では、一定の間隔を空けた性交が望ましいという忠告を、村の長老たちが下している――長老たちはまた、歳をとり髪が白くなった人なら、当然、毎晩、性交渉できると確信していた！

ほとんどの文化で、性的魅力の（女性と男性がともにいだく）判断基準は、女性の場合、男性以上に容姿に集中している。しかし、こうした状況は、欧米では、女性たちが家庭外の領域でますます活躍しているため、徐々に変わりだしたように思える。とはいえ、女性美において最も重要とされる特性は、文化によって著しく異なる。（第八章「健康、病気、障害」で見たように）現代の欧米社会では、スリムで小柄な体型が好まれるのにたいして、別の文化では、もっと豊満な体型が最も魅力的と考えられている。乳房を性的刺戟の源とみなさない場合がある一方で、乳房に性欲をかきたてる重要な要素を見いだす社会も存在する。ある社会では顔の輪郭が重視されるのにたいして、別の社会では目のかたちと色、あるいは鼻や唇の大きさやかたちが重視される。

セクシュアリティと生殖テクノロジー

何百年ものあいだ、ほとんどの女性の生を、出産と育児が支配してきた。近代以前には、避妊法は何の効き目もなく、また、避妊ということをまったく知らない社会も一部に存在した。一八世紀も後半に入ったヨーロッパや米国においてさえ、女性が二〇回もの妊娠を（多くの場合、流産や乳児のときの死亡も含め）経験することは、普通であった。避妊方法の改良は、こうした状況を根本的に変える働きをした。先進工業国では、女性がこれほど多くの妊娠を経験することは、もはや自然であるどころか、滅多に生じなくなっている。避妊技術の進歩によって、ほとんどの女性と男性は、子どもを産むか、またいつ産むかを管理できるようになった（図12-1を参照）。

避妊は、**生殖テクノロジー**の一例に過ぎない。自然発生的過程が社会的過程になった他の領域について、次に見ていきたい。

出産　医学は、出生から死亡に至る人間の生命の主な変転に、つねに関与してきたわけではない。妊娠と出産の医療化は、小児医療の専門医が治療者や助産婦にとって代わったように、ゆっくりと進展した。今日、先進工業社会では、ほとんどの出産は、専門医療チームの手を借りて、病院でおこなわれている。

身体の医療化は、第八章「健康、病気、障害」を参照。

かつて、親になる人は、新生児の性別や健康か否かを知るのに、出産の日まで待たなければならなかった。今日では、誕生に先立って胎児の身体構造なり染色体の異常を発見するために、たとえば（超音波を用いて胎児の映像が見える）超音波診断や（胎児のまわりの羊水を少し抜き取る）羊水穿刺のような産前検査を利用できるようになった。こうした新種のテクノロジーは、カップルや社会に、新たな倫理的、法的決断をもたらす。異常が検出された場合、その異常が重い障害になることを知れば、カップルは、子どもを産むか産まないかの決断に直面するからである。

遺伝子工学——赤ちゃんをデザインする　近年、相当量の科学的努力が、遺伝子工学の拡大発展に、つまり、胎児の遺伝子構造に介入して胎児の発達に影響を及ぼすことに向けられてきた。遺伝子工学がもたらす社会的衝撃は、人工妊娠中絶問題の場合とほぼ同じくらい激しい論争を引き起こしている。遺伝子工学の支持者によれば、遺伝子工学は、私たちに多くの恩恵をもたらす。たとえば、一部の人を特定の病気になりやすくする遺伝子要因の同定が可能になる。遺伝子の置き換えは、こうした特定の病気がもはや次世代に伝わらないようにさせる。遺伝子工学はまた、皮膚の色、髪の毛や目の色、体重等々について、身体を出生に先立って「デザイン」することを可能になる。

遺伝子工学ほど、自然界の社会化の増大が私たちにとって創り出す好機と難問題の混在状態を示す格好な例は、おそらく存在しない。親は、かりに自分たちの赤ちゃんをデザインできる場合、どのような選択をおこなうのだろうか。また、その選択にどのような制限を加えるべきだろうか。遺伝子工学は、おそらく安価に得ることができないだろう。このことは、費用を支払う余裕のある人たちが、自分たちが社会的に望ましくないとみなす身体的特徴をすべて、自分の子どもから前もって摘出できることを意味するのだろうか。親が貧しく、自然のままで生まれている子どもたちの身の上に、何が生ずるのだろうか。

遺伝子工学利用に格差が生ずる結果、「生物学的アンダークラス」がおそらく出現する、と一部の社会学者は主張している。遺伝子工学がもたらす身体上の優位性を手にできない人たちは、こうした優位性を明らかに享受する人たちからの偏見や差別に晒される可能性がある。身体上の優位性を手にできない人たちは、雇用機会や、生命保険なり健康保険を獲得することが、おそらく難しくなる。

中絶論争　現代の社会で、今日の生殖テクノロジーが生みだした最も論議の的となっている倫理的ディレンマは、女性が、どのような条件のもとで妊娠中絶を利用すべきかという問題である。中絶をめぐる論争は、容易に解答を見いだせない倫理上の基本的問題を軸にまさに展開するため、とりわけ米国で非常に激しい。「中絶合法化反対」派は、中絶が人殺しに等しいという理由で、よほどの事情でない限り、中絶はつねに悪であると確信している。この人たちにとって、倫理上の問題は、人間の生命を最重視する価値観に何よりもしたがう必要がある。「中絶合法化賛成」派は、母親が自分自身の身体を管理する権利——満足感が得られる人生を送る、母親自身の権利——を最優先に考慮しなければならない、

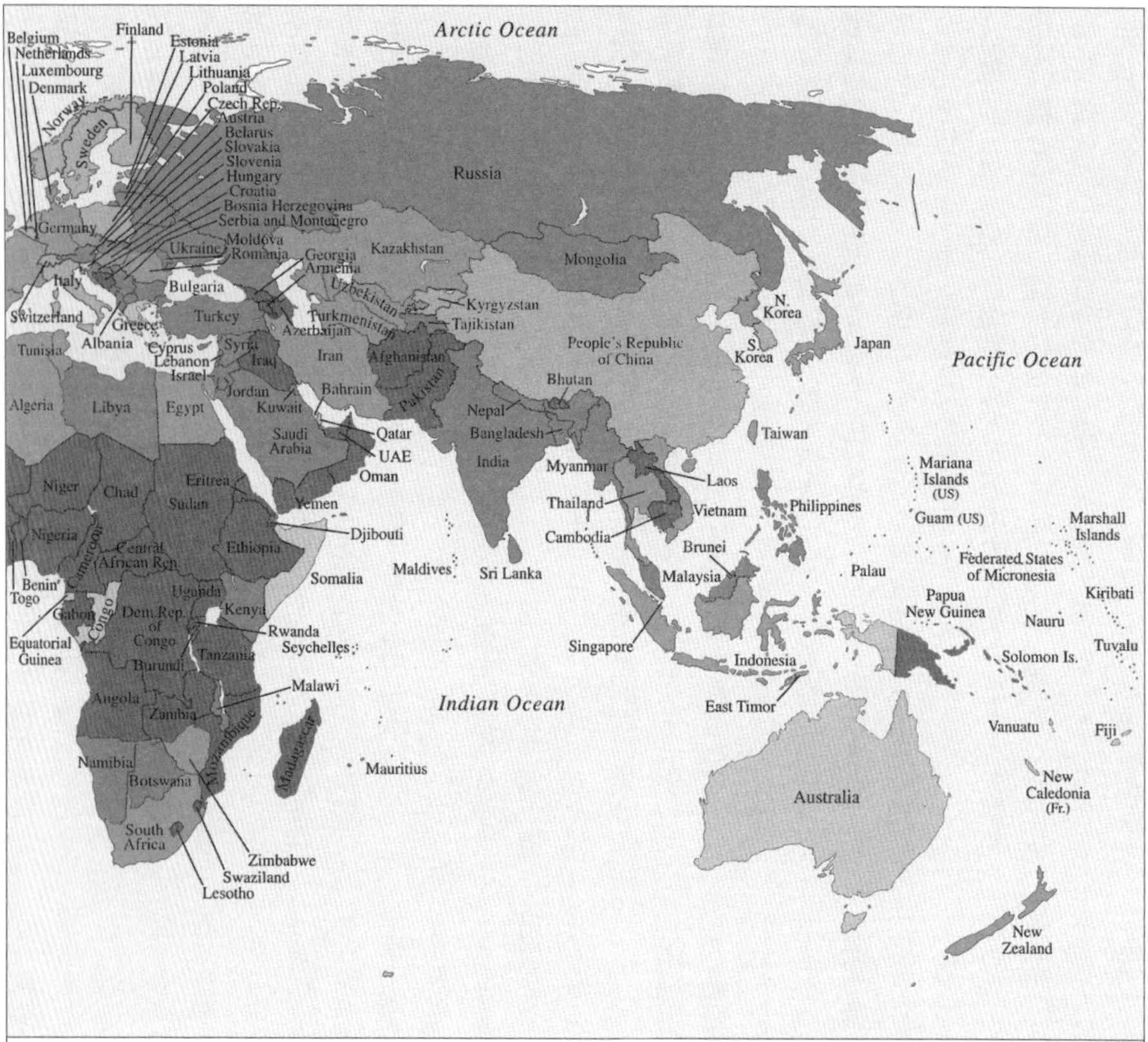

と主張する。

この論争は、数多くの暴力事件に発展してきた。これは、そもそも解決できる論争なのだろうか。社会理論と法理論の著名な研究者のひとり、ロナルド・ドゥオーキンは、少なくとも解決可能であると提言している（Dworkin 1993）。賛成派と反対派のあいだに見られる激しい対立は、その根底に両派が合意できる要素を包み隠しており、そのなかに希望の源が存在する、とドゥオーキンは主張する。歴史的に見て、これまでの時代は、多くの場合、人の命が相対的に安価だった。とはいえ、今日、人命の尊重に高い価値が置かれている。中絶反対派も賛成派も、ともに人命の尊重という価値観に同意するが、両派は、その価値観の解釈を異にして、一方は子どもの利益を強調し、他方は母親の利益を強調する。かりに両派が同じ倫理的価値観を共有していることに気づくよう説得できれば、もっと建設的な対話がおそらく可能になる、とドゥオーキンは述べている。

欧米文化におけるセクシュアリティ

欧米での性行動にたいする見方は、ほぼ

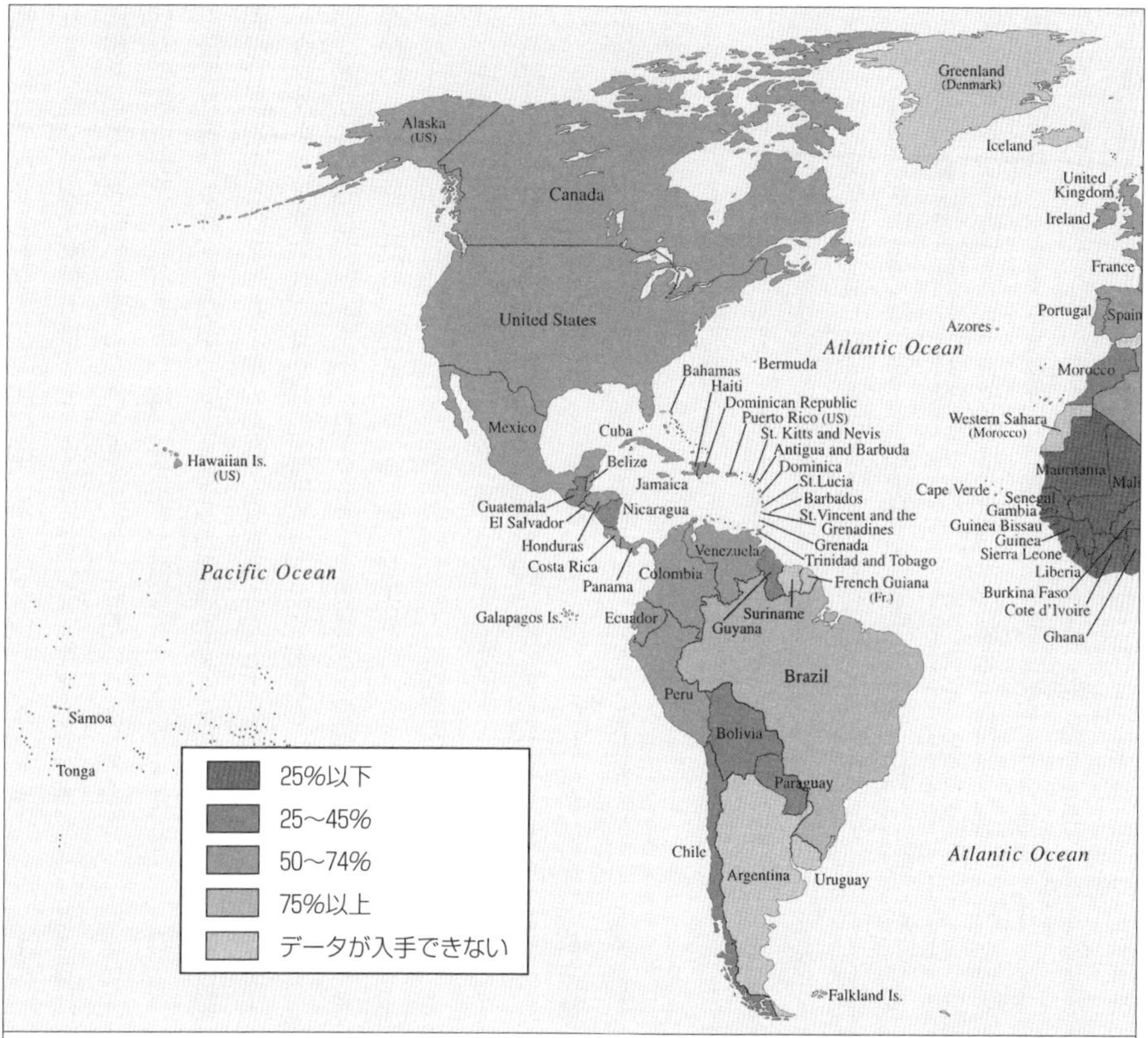

図12-1　避妊法を用いている既婚女性の割合
出典：*UN Statistics Division* (2003)

二世紀ものあいだ、もっぱらキリスト教の影響を受けて形成されてきた。キリスト教のさまざまな教派や宗派は、人びとの生き方で性が占めるべき位置づけに関して異なる見解を示してきたとはいえ、キリスト教会の支配的見解は、生殖に必要なもの以外の性行動をすべてうさん臭い目で見ていた。こうした見方は、一時期、社会全般に極端に取り澄ました態度を生みだした。しかし、それ以外の時代には、多くの人が教会の教えを無視したり反抗して、宗教的権威が禁止した常習的行為（たとえば姦通）を普通におこなっていた。性的充足を結婚生活によって求めることができるし、また求めるべきであるという観念は、稀薄だった。

一九世紀に入ると、性に関する宗教的確信が、医学的確信に部分的に入れ替わった。とはいえ、医師が書いた性行動に関する初期の書物のほとんどは、教会の見解と同じように厳格であった。生殖に結びつかない性的活動は、たとえどのような類のものであれ身体に深刻な害をもたらすと主張する医師もいた。マスターベーションは失明や精神病、心臓病等多くの疾患をもたらし、オーラル・セックスは癌の原因になると主張された。ヴィクトリア朝時代には、偽善的な性行為が満ちあふれていた。貞淑な女性とは、セックスにたいして無関心で、ただ義務として夫の相手をする女性と考えられていた。しかしながら、拡大する市街地や都市地域では、売買春が横行し、また往々にして公然と容認され、したがって「身持ちの悪い」女性を、人格高潔な女性たちとはまったく別の範疇の存在とみなしていった。

ヴィクトリア朝時代、見かけは謹厳実直、品行方正な市民で、妻ひとりに専心しているように思える多くの男性が、定期的に売春婦のもとに通ったり、愛人を囲っていた。男性のこうした行動は大目に見られたのにたいして、愛人がいる「人格高潔な」女性は、そのことが明るみに出れば、恥ずべき行いとされ、上流社会から締め出された。男性と女性の性的活動にたいする異なる態度は、ダブルスタンダードを形づくることになった。こうしたダブルスタンダードは長く存続し、その名残りは、いまでも依然として消え去っていない。

今日、このような伝統的態度は、一九六〇年代にとりわけ強固に発達した性にたいするもっと寛大な態度と並存している。一部の人たちは、とくにキリスト教教義の影響を受けた人たちは——今日、性的快楽が望ましい、重要な人間的特質であることをかなり広く容認しているとはいえ——婚前性交渉を悪であると確信し、結婚生活のなかでの異性愛活動以外のすべての性行動にたいして総じて眉をひそめている。対照的に、婚前性交渉を大目に見たり積極的に支持し、さまざまな性の営みに寛容な態度をとる人たちもいる（表12-1を参照）。欧米のほとんどの国で、性にたいする態度は、過去三〇年くらいのあいだに間違いなくもっと寛大になっている。映画や劇場では、以前なら決して容認されなかった光景を目にしたり、ポルノの類は、欲しいと思うほとんどの大人が簡単に入手できるようになった。

性行動——キンゼイの研究

私たちは、一人ひとりの性の営みよりも、セクシュアリティに関する社会一般の価値観についてかなり確信をもって言及できる。なぜなら、一人ひとりの性の営みは、その性質上ほとんど検証できないからである。米国のアルフレッド・キンゼイは一九四〇年代から五〇年代に研究をはじめたが、このキンゼイの研究は、実際の性行動について重要な調査をおこなう最初の機会となった。キンゼイと共同研究者たちは宗教団体から非難を浴び、キンゼイの研究は、新聞や連邦議会の場で不道徳であると糾弾された。しかし、キンゼイは研究をつづけ、最終的には米国の白人人口をほぼ代表するサンプルとなった一万八〇〇〇人分の性のライフ・ヒストリーを手に入れた（Kinsey et al. 1948, 1953）。

キンゼイの得た調査結果は、ほとんどの人にとって意外であり、また多くの人にとって衝撃的であった。なぜなら、この調査結果は、性行動に関して当時支配的だった世間一般の想定が、実際の性行動と大きく相違することを明らかにしたからである。キンゼイは、男性のほぼ七〇％が売春婦の客となり、八四％が結婚前に性体験をもっていることを見いだした。しかしながら、四〇％の男性が、性のダブルスタンダードにしたがい、結婚するときは自分の妻が処女であることを期待していた。男性の九〇％以上がマスターベーションを、また、六〇％近くが何らかのかたちでオー

表12-1　性関係にたいする人びとの意見（英本国、1998年）

	どんな場合も間違っている	ほとんどの場合、間違っている	時として間違っている	稀れにしか間違っていない	まったく間違っていない	その他・無回答	計
男性と女性が結婚する前に性関係をもつこと	8	8	12	10	58	5	100
結婚している人が配偶者以外と性関係をもつこと	52	29	13	1	2	4	100
16歳以下の少年少女が性関係をもつこと	56	24	11	3	3	3	100
大人が同性どうしで性関係をもつこと	39	12	11	8	23	8	100

＊調査対象は18歳以上。
出典：*Social Trends* 30（2000）

ラル・セックスを経験していた。女性の場合、約五〇％は、そのほとんどが後に夫となる男性が相手だったとはいえ、結婚前に性体験をもっていた。そして、約六〇％の女性はマスターベーションの経験があり、また同じ割合の女性が口唇による性器接触をおこなっていた。

世間で容認されている態度とキンゼイの知見が明示した実際の行動との隔たりは、おそらく第二次世界大戦直後という特別な時期であったために、とくに大きかったのかもしれない。性の解放という局面はもう少し早く一九二〇年代にすでにはじまっており、その当時、多くの若者は、前の世代を支配してきた厳しい道徳律から解放された気分をいだいていた。おそらく性行動は大きく変化したが、性に関するさまざまな争点を、今日の人びとが馴染んでいるように公然と議論することはなかった。世の中でまだ強く非難されていた性的活動にかかわる人たちは、他の人も同じ行為をしていることにまったく気づかず、自分たちの性的活動を秘密にしていた。一九六〇年代というもっと寛容な時代が、行動の実態にかなり合致した態度の率直な表明を可能にした。キンゼイは一九五六年に亡くなったが、キンゼイの主宰した性科学研究所は、今日まで研究をつづけている。この研究所は、一九八一年に、キンゼイの研究貢献を讃えて、性やジェンダー、生殖について調査するキンゼイ研究所と改称された。

キンゼイ研究以後の性行動　一九六〇年代に、既存の秩序に異議を申し立てた社会運動は、対抗文化的ライフスタイルや「ヒッピー」のライフスタイルと結びついた社会運動と同じように、既存の性規範とも決別していった。こうした運動は性の自由を説き、さらに女性用経口避妊薬の発明は、性的快楽を生殖から完全に分離することを可能にした。女性グループもまた、男性中心の性の価値観からのより一層の自立や、ダブルスタンダードの拒否、女性が男性との愛情関係のなかでもっと大きな性的満足を獲得することの必要性を、主張しはじめた。

キンゼイの研究がなされた時代以降に、性行動がどのくらい変化したのかを正確に知ることは、最近まで難しかった。一九八〇年代後半に、リリアン・ルビンは、一三歳から四八歳までの米国人一〇〇〇人に面接調査して、その後の約三〇年間に性行動や性にたいする態度にどのような変化が生じたのかを明らかにしようとした。ルビンの知見によれば、この間に重大な展開があった。一般に、性的活動は、前の世代よりももっと若い年齢時で開始されており、さらにティーンエイジャーの性的活動は、大人の性的活動と同じように多様化し、広範囲に及ぶ傾向が見られた。性のダブルスタンダードは、依然として見いだされたが、かつてほど強力でなくなっていた。最も重要な変化のひとつは、女性たちがいまや愛情関係のなかに、性的快楽を期待し、また積極的に追求するようになったことである。女性たちは、性的満足感をたんに与えるだけでなく、享受することも期待しだした——このような現象は男女双方にとって重大な帰結をもたらしている、とルビンは指摘する（Rubin 1990）。

女性たちは、以前よりも性の面で解放されている。ほとんどの男性はこうした展開を歓迎する。しかし、女性の性の解放にともなって、多くの男性が受け容れがたいとみなす女性たちの新たな自己主張もすでに生まれている。ルビンが話を聞いた男性たちは、自分たちが「その任に耐えない感じがして」おり、「望まれていることなど絶対にできない」と心配し、「女性を満足させることが近ごろはもう不可能」なことに気づいた、と述べていた（Rubin 1990）。

男性たちは本当にその任に耐えない感じがするのだろうか。このことは、これまで私たちが期待してきたことがらとすべて矛盾しないのだろうか。なぜなら、現代の社会でも、男性たちは、引きつづきほとんどの領域を支配し、また女性が男性におこなう以上に総じて女性に暴力を加えているからである。こうした男性の暴力は、女性にたいする統制と、女性の継続的服従を事実上目的にしている。しかしながら、多くの論者は——以下（四七二頁〜四七六頁）で言及するボブ・コンネルのジェンダー秩序の研究に見るように——男性性が、男性にとって報賞の源であるとともに負担にもなっている、と主張しだしている。男性のセクシュアリティのほとんどは、満足感をもたらすものではなく、むしろ衝動強迫的である、と一部の論者は付け加えている。かりに男性たちが自分のセクシュアリティを統制手段として利用するのを止めれば、女性たちだけでなく男性自身にも得るものがあるのかもしれない。

セクシュアリティを理論づける

キンゼイ研究所のジョン・ガニオンとウィリアム・サイモンのふたりは、自分たちが扱っているデータにたいしてもっと理論的な関心を寄せていった。ふたりは、極めて大きな影響を及ぼした著作『性的行い』のなかで、人間の性行動を理解する際に、台本という喩えが有用であると提唱した（Gagnon & Simon 1973）。

台本という喩えは、日常の社会的相互行為を説明するためにアーヴィン・ゴッフマンが導入した、演劇の喩えにもとづいている。（第五章で、ゴッフマンのドラマトゥルギー分析について検討し、こうした喩えが妥当な、社会的相互行為のさまざまな事例を見てきた。）ガニオンとサイモンは、セックスも、演劇に喩えることでうまく分析できると主張する。「私たちが、誰と、どのようなセックスを、どこで、いつ、さらになぜするのか」を私たちに物語るための、手の込んだ規則や儀礼、それに隠喩的台本が存在する。

キンゼイと研究チームが明らかにしたように、性行動は、束の間の異性愛なり同性愛の出会い、売買春、長年のパートナーとのセックス等々、生じ得る活動が極めて多様である。人間にとって、これらの性的行為は、いずれも前もっての考えや心の準備なしに生ずることはない。一つひとつの性的行為は、その行為を理解可能にする性の台本をともなう。男性と売春女性との出会いを例にあげてみたい。この性的出会いは、似つかわしい相手（《誰と》）を見いだし、ホテルや売春宿といった場所（《どこで》）を見つけ、落ち合うこと（《いつ》）を決め、さらに、おそらくその行為を説明したり正当づける——たとえば、寂しさや、愛情関係の問題、仲間付き合いといった——何らかの理由（《なぜ》）をともなっている。このような性の台本は、男性による売春女性との性的出会いのために用いられるが、どんな性的行為にもおそらく応用できる。

ガニオンとサイモンにとって、この性の台本が、かりに人間のセクシュアリティを理解したい場合、決定的に重要になる。こうした性の台本は、三つの重要な形態をとる。「個人的台本」は、その人の頭のなかで推しすすめられ、その人自身の性的欲望について情報を提供する。「相互行為的台本」は、性交相手とのあいだで取り決められ、役割の説明をともなう。「歴史的、文化的台本」は、もっと広い文化のなかに見いだされ、その人の役割と、その文化に内在する性的期待値に関する情報を提供する。

ガニオンとサイモンによる研究は、セクシュアリティに関する「社会構築主義的」アプローチを基礎づけたとみなされている。社会構築主義については、第五章で詳しく論じた。

新たな貞節?

一九九四年に、ある研究チームが、『セクシュアリティの社会的組成——米国における性的習わし』という、キンゼイ報告以後におこなわれたどの国の性行動の研究に比べ、最も包括的な研究を発表した。多くの人たちにとって意外だったとはいえ、この研究の知見は、米国人のあいだに純然たる性的保守主義が生まれていることを指摘した。たとえば、調査対象者の八三％は、過去一年間にセックスの相手がひとりだけだった（あるいは、ひとりもいなかった）。結婚している人たちのあいだでは、この数字は九六％に達していた。配偶者にたいする貞節もまた、男女ともに共通していた。これまでの人生で婚外交渉をおこなった経験のある人は、女性では一〇％、男性では二五％未満である。この研究によれば、米国人は、生涯を通じてセックスの相手は平均して三人だけである。性行動は、一方で落ち着きを見せているとはいえ、この研究から顕著な変化がいくつか浮かび上がっており、そのうち最も重要なのは、とりわけ女性のあいだで婚前性体験の度合がしだいに高まっていることである。事実、米国では、今日、結婚した人の九五％以上が婚前に性体験していた(Laumann et al. 1994)。

この研究が米国で見いだした性的貞節を支持する意見は、英国にも見いだせるように思える。二〇〇〇年におこなわれた世論調査では、パートナー以外との性交を、七二％の人たちが「非常に間違っている」、二一％の人たちが「かなり間違っている」と判断していた。驚くに当たらないだろうが、信仰心が強い人や寡婦になった人は、信仰心のない人や独身者以上に、パートナー以外との性交を間違っていると考えていた。興味深いのは、かりに人びとがもっと性的に貞淑であれば英国の暮らしは改善されるだろうという意見に、最年少集団（一五歳から二四歳の人たち）が最も同意していたことである（MORI 2000）。親密な関係性については、第七章で詳しく取り上げている。

性行動の研究は、いろいろな困難をともなう。私たちは、人びとが研究者に問われた際に自分の性生活についてどの程度まで真実を語るのかがまったくわからない。『セクシュアリティの社会的組成』は、米国人が、キンゼイ報告の当時に比べ、性生活の面でさほど冒険的でなくなったことを示しているように思える。キンゼイ報告そのものが正確でなかった可能性もある。おそらく、エイズの恐怖は、多くの人びとが性的活動の範囲を制限する要因となった。あるいは、今日の極めて保守的な政治情勢のもとで、人びとは、自分の性的活動の諸側面を秘密にする傾向がさらに強まっているのかもしれない。私たちは本当のところを確かめることができない。

性行動調査の妥当性は、近年、激しい論争の的になっている(Lewontin 1995)。『セクシュアリティの社会的組成』を批判する人たちは、この種の調査が性的習わしについて信憑性のある情報を提供していない、と主張する。論争の一部は、調査対象となった高齢者の回答の信憑性に集中した。八〇歳から八五歳までの男性の四五％がパートナーと性交渉があると回答した、と研究者たちは報告している。批判する人たちは、この数字が明らかに虚偽であり、この調査自体の知見に疑いが生ずると主張する。『セクシュアリティの社会的組成』の研究者たちはこの批判に反論を加え、その反論は、高齢者研究の専門家からもある程度まで支持されている。高齢者研究の専門家は、この種の批判をおこなう人びとが高齢化にたいする否定的ステレオタイプから脱却していないからこのような批判が生ずる、と非難する。高齢者問題の専門家は、施設以外で生活している高齢者の研究結果によれば高齢者の七四％が性にたいして積極的である、と指摘した。事実、ある研究は、ほとんどの男性が九〇歳代になっても性への関心を失っていないことを見いだしている。

次の節では、性的志向、とくに同性愛に焦点を当て、この分野を研究する社会学者が打ちだす論点や理論についていくつか検討したい。

売買春

売春とは、金銭を得る目的で性的行為を許すことと定義づけできる。「売春婦」という言葉は、一八世紀後半に入って一般に用いられるようになった。古代社会では、経済的報酬のために性を提供する人のほとんどは、高級娼婦や妾（囲われた情婦）、奴隷であった。高級娼婦と妾は、伝統社会ではしばしば高い地位を得ていた。

近現代の売買春の重要な特徴は、女性とその相手客が、通常、互いに相手と知り合いでないことである。男のほうが「馴染みの客」になっても、ふたりの関係は、もともと個人的な面識にもとづいて生まれたわけではない。こうした点は、それより前の時代の、物質的利益のために身体を許すほとんどの形態の行為に当てはまらなかった。売買春は、小規模な地域共同体の崩壊や、人間的感情不在の大規模な都市地域の発達、社会関係の商品化とじかに結びついている。小規模な伝統的地域共同体では、性関係は、高い可視性によって統制されていた。新興の都市地域では、もっと匿名的な社会的結びつきが簡単に確立された。

今日の売買春

今日、英国の売春婦は、過去においてそうであったように、主に社会的にかなり貧しい層の出身であるが、中流階級の女性も数多く売春婦に加わっている。離婚率の上昇は、生活に窮した一部の女性を新たに売春に走らせている。くわえて、学校卒業後すぐ就職できなかった女性の一部も、他に就業の機会を探しながら、マッサージパーラーやコールガール組織で働いている。

一九五一年に採択された国際連合の総会決議は、売春を営んだり、売春婦の働きで利益を得る人たちを糾弾したが、売春そのものを禁止してはいない。英国を含め五三の加盟国は、公式にこの決議を受け容れた。とはいえ、売春に関する法制化はそれぞれの国で著しく異なっている。一部の国では、売春そのものが違法である。英国のように、街頭での客引きや子どもの売春といった特定の種類だけを禁止する国もある。公認の売春宿やセックスパーラー——たとえば、ドイツの「エロスセンター」、アムステルダムのセックスハウスのような——の営業を許可している国や地方自治体もある。一九九九年一〇月に、オランダの国会は、セックス産業で働くおおよそ三万の女性たちのために、売春を公認の職業にした。セックスの売買がおこなわれるすべての場所が、地元当局による取り締まりや許可、査察を受けることになる。ごく少数であるが、男性の売春夫を許可している国も存在する。

売買春を禁止する法律で、客を罰することは稀である。性的サーヴィスを買う側は、逮捕されたり告訴されることがないし、また公判では客の身元はおそらく隠される。客となる人に関する研究は、性を売る側に関する研究に比べて極めて少なく、また——売春婦についてしばしば言明されたり、ほのめかされるように——客となる人には精神的な障害があると示唆する研究者もほとんどいない。こうした研究面でのアンバランスは、セクシュアリティに関する従来のステレオタイプを、人びとが無批判に受け容れてきた状況を確かに表している。こうしたステレオタイプによれば、男性が多様な性の捌け口を積極的に求めるのは「正常な、当然の行い」であるのにたいし、そうした要求に応える人たちは、逆に非難されることになる。

地球規模の「セックス産業」

売買春は、世界のいくつかの地域――たとえば、タイやフィリピン――における**セックス・ツアー**産業の一端を形づくってきた。買春目的のパック旅行は――今日、英国ではこのようなパック旅行は違法行為であるが――ヨーロッパや米国、日本から、多くの場合、未成年者とのセックスを求める男性たちを、これらの地域へ引き寄せている。

東アジアにおけるセックス・ツアーの由来は、朝鮮戦争とヴェトナム戦争の時期に米軍兵士に慰安婦を供給したことにある。「休息と娯楽」のための施設がタイやフィリピン、ヴェトナム、韓国、台湾に建設された。その一部は、今日でも残存し、とくにフィリピンでは、その地に駐屯する軍関係者だけでなく、定期的に送り込まれる観光客の欲望も満たしている。

国際労働機構（ＩＬＯ）が一九九八年に発表した報告書は、東南アジアにおける売買春とセックス産業が、ここ数十年以上に及ぶ急激な発達によって完全に成熟した商業部門になったことを見いだしている。安価な海外旅行や、アジア通貨と国際通貨の交換レートの差は、外国人にセックス・ツアーをもっと手頃にし、興味をそそるものにした。さらに、セックス産業は、経済的窮乏と結びついている。万策尽きた家族のなかには、自分の子どもに売春を強要する場合もある。別の若者たちは、「芸能人」や「ダンサー」の募集広告に無邪気に応じて、それと知らずにセックス市場に誘い込まれていく。また、因習に満ちた、抑圧的な故郷を脱出したいとしきりに望んでいる多くの女性たちは、そのためにはどんなチャンスにもすがるため、農村地域から都市部への人口移動の様式も、セックス産業の成長の重要な要因になる。

セックス産業がとくにはびこる国の多くは、セックス産業がもたらす多くの帰結に対処する法的枠組みや社会政策を備えていない、とＩＬＯの報告書は警告している。売買春は、エイズやさまざまな性感染症の蔓延に重大なかかわりをもつ。売買春はまた、暴力や犯罪行為、麻薬の売買、搾取、人権侵犯とも密接に結びついている（Lim 1998）。

売買春を説明する

なぜ、売買春は存在するのか。確かに売買春は、絶えることのない現象であり、撲滅しようとする政府の努力に抵抗してきた。売買春はまた、ほとんどの場合、男性が女性にというよりは、むしろ女性が男性に性的サーヴィスを売ることである――もっとも、ドイツのハンブルグのように、女性にたいして男性が性的サーヴィスを提供する「快楽の館」が存在する例もある。もちろん、少年や成人の男性が他の男性に身体を売る場合もある。

単一の要因だけで売買春を説明することはできない。男性は、女性よりもたんに強い、あるいは間断ない性欲をいだき、それゆえ売買春が提供する性欲の捌け口を必要としているのかもしれない。しかし、こうした説明は受け容れがたい。ほとんどの女性は、自分のセクシュアリティを同年代の男性以上にもっと強く開発できるように思える。さらに、かりに売買春がたんに性的欲求を満たすためだけに存在するのであれば、おそらく間違いなく女性たちの性的欲求を満たす多くの男性売春夫が存在するはずである。

いまのところ得られる最も説得力のある一般的結論は、売買春が、女性をセックス目的のために「利用」できる対象とみなす男性の性癖を表し、また売買春がそうした性癖の永続化をある程度まで助長していることである。売買春は、特定の状況のもとでの男女間の権力の不平等を表出している。もちろん、他の多くの要素が、売買春には関係する。売買春は、肉体的欠陥や制約的道徳律の存在によって、他に性交渉の相手を見つけることができない人に、性的充足を得る手段を提供している。売買春は、家族から離れて生活していて後腐れのない性的出会いを望む男性や、他の女性がどうしても受け容れない異常な性的嗜好をもつ男性の欲求に応じてきた。しかし、これらの要因は、売買春そのものの本質よりも、むしろ売買春が生ずる範囲や規模と有意関連している。

性的志向

性的志向とは、その人が性的ないし恋愛感情的に惹かれる方向を問題にしている。この性的志向の代わりに「性的選好（sexual preference）」という言葉を時々間違って使っているが、誤解を招きかねないため、避けるべきである。なぜなら、性的選好という用語は、性的ないし恋愛感情的に惹かれることがまったくの個人的選択であるという意味を言外に含むからである。以下で見るように、すべての文化で、性的志向は、生物学的要因と、いまだ完全に解明されていない社会的要因の複雑な相互作用に由来している。英国を含めすべての文化で最も一般的に見いだされる性的志向は、**異性愛**、つまり、異性の人たちに性的ないし恋愛感情的に惹かれることである。**同性愛**は、自分と同じ性の人たちに性的ないし恋愛感情的に惹かれることを意味する。今日、英語では、男性同性愛者を指称するのに《ゲイ》、女性同性愛者を指称するのに《レスビアン》という用語が使われている。**両性愛**者は、両方の性にたいして性的ないし恋愛感情的に惹かれる人である。

同性の相手に性的活動なり性的感情が向かうことは、すべての文化に見いだされる。一部の非欧米文化では、同性愛関係は容認され、特定集団のあいだで奨励さえされている。たとえば、北スマトラのバタク族は、結婚前の男性の同性愛関係を許している。男の子は、思春期を迎えると親元を離れて、新参者に同性愛を手ほどきする歳上の男たち一二人くらいと一緒に寝泊まりする。とはいえ、多くの社会は、同性愛を、このように公然としたかたちで受け容れてはいない。たとえば、欧米の世界では、同性愛者にたいする支配的な観念は、その人の性的嗜好が大多数の人びととはっきり区別される人というとらえ方である。

ミシェル・フーコーは、セクシュアリティ研究で、同性愛という観念が一八世紀以前にほとんど存在しなかったことを証明している（Foucault 1978）。男色行為《ソドミー》を、教会当局も法律も弾劾しており、英国等のヨーロッパのいくつかの国では、死刑に値する行いであった。とはいえ、肛門性交《ソドミー》は、とくに同性愛という違法行為だけに限られるわけではなかった。ソドミーという言葉は、男性どうしの関係だけでなく、男女間の関係や男性と動物の関係にたいしても用いられていた。「ホモセクシュアリティ」という用語は一八六〇年代に生まれ、それ以降、同性愛者は、次第に特定の性的倒錯をおこなう異質な種類の人間とみなされるようになった（Weeks 1986）。同性愛は、「医療対象」として議論され、宗教的な「罪」よりも、むしろ精神障害や倒錯といった臨床用語で語られるようになった。同性愛者は、小児性愛者や異性装愛者のような「逸脱者」とともに、主流派社会の健全な状態を脅かす生物学的病理を患っているとみなされた。

医療対象化の視点は、詳しくは第八章「健康、病気、障害」の二八四頁を参照。

この「自然の摂理に反する行為」への死刑という処罰は、米国では独立後に、またヨーロッパでは一八世紀後半から一九世紀前半に廃止された。とはいえ、数十年前まで、同性愛は、欧米のほぼすべての国々で依然として言語道断の行いであった。同性愛者は、社会の周縁部から表通りへまだ完全に移行したわけではないが、この章の冒頭で取り上げた同性愛者の結婚をめぐる議論が示すように、近年急速な進展が見られる。

性的志向は、生まれつきか、学習されたものか

今日、ほとんどの社会学者は、その人の——同性愛者であれ、異性愛者であれ、何であれ——性的志向が、生物学的要因と社会的学習の複雑な相互作用に起因する、と確信している。異性愛がほとんどの人にとっての規範であるため、多くの研究は、なぜ一部の人たちが同性愛者になるのかの問題に焦点を合わせてきた。一部の学者は、生物学的影響作用が最も重要で、特定の人たちに出生時から同性愛者になる素質を与えている、と主張する（Bell et al. 1981）。同性愛にたいする生物学的説明では、たとえば同性愛者の頭脳の特徴を指摘する場合（Maugh & Zamichow 1991）や、妊娠期間中の母親の子宮内生成ホルモンが胎児発達に及ぼす影響を指摘する場合（McFadden & Champlin 2000）のように、説明に差異が見られる。このような研究は、少数の事例にもとづくため、極めて説得力に欠く（したがって、多いに議論の余地がある）成果しかもたらしていない（Hearly 2001）。その人の性的志向が決められる際に、初期の社会的影響作用から生物学的影響作用を切り離すことは、実際上不可能である。

双生児の研究は、かりに同性愛に何らかの遺伝学的根拠があるとすれば、一卵性双生児はまったく同じ遺伝子を共有するため、問題の理解にとって多少の手懸かりとなる。ベイリーとピラード

は、関連する二つの研究で、どのキョウダイも同じ家族のなかで育てられ、少なくともキョウダイの一人がみずから同性愛者であることを明言している、そうした一六七組の兄弟と一四三組の姉妹を調査した（Bailey & Pillard 1991; Bailey 1993）。研究対象となった組のなかには、一卵性双生児（すべての遺伝子を共有する）もいれば、二卵性双生児（一部の遺伝子を共有する）もいれば、養子縁組のキョウダイ（遺伝子を何も共有していない）もいた。かりに性的志向が完全に生物学的要因によって規定されるのであれば、一卵性双生児は、遺伝子構造が同じなため、いずれも同性愛者になるに違いないと推論した。二卵性双生児では、一部の遺伝子を共有するので、同性愛者になるキョウダイもいるだろう。同性愛者の割合が最も低いのは、養子縁組のキョウダイであると予測された。

この研究の結果は、同性愛が、生物学的要因と社会的要因が絡みあって生ずることを明示しているように思える。研究対象となった男女とも、一卵性双生児では二組につき約一組が同性愛者であった。それにたいして、二卵性双生児では五組に一組が、養子縁組のキョウダイでは一〇組に一組が同性愛者であった。いいかえれば、女性も男性も、一卵性双生児の場合、かりに双子のもう一方が同性愛者だと、かりにキョウダイが同性愛者であっても養子縁組でのみ結ばれている場合に比べ、同性愛者になる可能性が五倍も高くなっている。これらの結果は、共有する遺伝子の比率が高ければ高いほど、キョウダイ双方が同性愛者である事例の比率が大きくなるため、生物学的要因の重要性を多少とも裏づけている。とはいえ、双子キョウダイのもう一方が同性愛者である一卵性双生児の約半数は、その人自身は同性愛者でないため、同時にまた非常に多くの社会的学習が間違いなく関与している。さもなければ、双子キョウダイのもう一方が同性愛者である一卵性双生児は《誰もが》同じように同性愛者になると予想されるからである。

一卵性双生児の研究でさえも、社会的影響作用と生物学的影響作用を完全に切り離すことができないのは、明らかである。したがって、一卵性双生児は、遺伝子以上のものをおそらくともにする。つまり、一卵性双生児は、他の人たちよりも高い割合で類似した社会化体験を一様に共有している。

欧米文化における同性愛

ケネス・プラマーは、いまや古典となった研究で、現代の欧米文化に見いだされる同性愛を四つの類型に分けている（Plummer 1975）。《一時的な同性愛》は、その人の性生活全体に実質的に何の影響も残さない、その場限りの同性愛との出会いである。小中学校の男子生徒が同性に夢中になったり、マスタベーションをしあうことがその例である。《状況から生じた同性愛活動》は、同性愛的行為が定期的におこなわれる環境を指称するが、この場合の同性愛はその人にとって最優先の選好にはならない。この種の同性愛行動は、刑務所や軍事基地といった、女性のいない男性たちだけが生活する状況で一般に生じており、同性愛を選好するというよりも、異性愛行動の代わりとみなされている。

《私事化した同性愛》とは、むしろ同性愛を選好していても、同性愛活動を何の抵抗もなく受け容れる集団からは孤立している人びとのことを指称する。この場合の同性愛は、友人や仕事仲間から隠れた、人目を忍んだ行いとなる。《生き方としての同性愛》は、同性愛者であることを「公に認め《カミング・アウト》」、類似した性的嗜好をもつ他の人たちとの付き合いがその人の生活で不可欠になっている人びとのことをいう。こうした人たちは、通常、ゲイというサブカルチャーに属し、このサブカルチャーのなかで、同性愛的活動は、独自のライフスタイルのなかに組み入れられていく。こうしたコミュニティは、多くの場合、同性愛者の権利と利益を促進させるために、集合的政治行動を引き起こす可能性がある。

　同性愛の経験があったり、同性愛に強く心が傾いた人たちが（男女ともに）人口に占める割合は、ゲイのライフスタイルを公然と守っている人たちよりも、かなり高い。欧米文化における同性愛のおおよその広がりは、アルフレッド・キンゼイの調査結果の公表によって初めて知られるようになった。キンゼイの調査結果によれば、思春期以降の性的活動と性的傾向をもとに判断すると、完全な異性愛者は米国人男性のわずか半分であった。キンゼイの調査対象の八%は、三年間以上も同性愛関係に深くかかわっていた。さらに一〇%の男性は、同性愛活動と異性愛活動をほぼ同じ程度におこなっていた。キンゼイの調査結果で最も人目を引いたのは、三七%の男性が少なくとも一度は同性愛体験でオルガスムを経験していたことである。さらに一三%の男性は、同性愛的欲求をいだいたが、行動に移していなかった。

　キンゼイの調査が示す女性における同性愛の割合は、男性よりも低い。女性の約二%が完全な同性愛者であった。一三%の女性は、同性愛を経験したと述べており、一方、行動には移さなかったが、同性愛的欲求をいだいたことがあると認めた女性は、一五%だった。キンゼイたちは、みずからの研究が明らかにした同性愛の度合に驚き、異なる方法を用いて再検証したが、結果はやはり同じであった（Kinsey et al. 1948, 1953）。

　さきに述べた『セクシュアリティの社会的組成』の研究成果は、同性愛の流布に関してキンゼイの研究が示した知見に、異論を唱えている（Laumann 1994）。同性愛でオルガスムを経験したことのある男性は、キンゼイの研究で三七%だったが、対照的に『セクシュアリティの社会的組成』ではわずか九%である。また、同性愛の欲望をいだいたと回答する男性は（キンゼイの研究で一三%だったのたいし）約八%に過ぎず、過去一年間に他の男性と性交渉をもったことのある男性は、三%にも満たなかった。『セクシュアリティの社会的組成』の著者たちが認めるように、同性愛に引きつづき押されてきた烙印《スティグマ》は、おそらく同性愛行動を総じて過小に回答する誘因となっている。また、ある評者が指摘するように、大都市では同性愛者がおそらく総人口の一〇%近くを占めるにもかかわらず、この研究で用いた無作為抽出サンプルは、同性愛者が地理的に大都市に集中する状況を反映し損なっている（Laumann 1994）。

レスビアニズム　一般に男性の同性愛は、レスビアニズム――女性どうしの同性愛的愛着や活動――よりも注目を受けている。女性同性愛者グループは、男性同性愛者のサブカルチャーほど組織化されていない傾向が強く、また一時的な同性愛関係の占める割合も低い。同性愛者の権利を求めるキャンペーンで、女性同性愛者の積極行動主義グループは、あたかもその人たちの関心が男性の同性愛者組織のそれと同じであるかのような扱いを、多くの場合されている。しかし、男性同性愛者と女性同性愛者のあいだには、時として緊密な協力関係が見いだされるとはいえ、とりわけ女性同性愛者が積極的にフェミニズムに関与していく場合、意見の相違も生まれている。女性同性愛の一部の人たちは、男性同性愛者の解放運動が、男性たちの利害関心だけを反映するように感じていた。他方、リベラル・フェミニズムの論者とラディカル・フェミニズムの論者は、中流階級に属す異性愛の女性たちの利害関心をもっぱら問題にするだけだった。したがって、「女性の価値観」の普及を促進するレスビアン・フェミニズムという独自のフェミニズムが出現し、男性的異性愛という定着した優勢な体制に疑義をさし挟んだ（Rich 1981）。多くの女性同性愛者は、レスビアニズムを、性的志向というよりも、他の女性たちとの――政治的、社会的、人格的な――関与と連帯のあり方とみなしている（Seidman 1997）。

同性愛にたいする態度

同性愛にたいする非寛容な態度は、過去に極めて顕著であったため、同性愛にまつわる迷信のいくつかが一掃されたのはごく最近である。同性愛は、英国をはじめ世界のあちこちで、長いあいだ、烙印《スティグマ》を押されてきた（「スティグマ」という概念は、二九〇頁で論じている。）**同性愛嫌悪**という言葉は、一九六〇年代に造語されたが、同性愛者や同性愛者のライフスタイルへの反感ないし憎悪と、そうした反感にもとづく行動を指称する。同性愛嫌悪は、たんに女性同性愛者と男性同性愛者への敵意や暴力という公然の行為だけでなく、英国の文化にはびこる――たとえば、異性愛男性を侮蔑するために‘fag’や‘queer’のような〔男性同性愛者を意味する〕言葉を用いたり、男性同性愛者を引き倒すために‘sissy’〔女々しい男〕や‘pansy’〔オンナ男〕のような女性らしさと関連する侮辱的用語を使う――種々の言葉による虐待のなかにも反映される、そうした偏見の一形態である。同性愛はかなり容認されだしたとはいえ、同性愛嫌悪は、引きつづき欧米社会の多くの領域に深く染み込んでいる。同性愛者への敵対感情は、多くの人びとの情緒的態度に残存する。同性愛者に加えられる暴行や殺人の事例は、依然として頻発している。

第一九章の「同性愛者にたいする犯罪」の節、八〇七頁～八〇八頁で取り上げた論点を参照。

男性同性愛者がとる一部の行動は、男性性と権力との従来の結びつきを改める企てとみなすことができよう――おそらくその理由のひとつは、異性愛者の社会が往々にして同性愛者を脅威と考えているからである。男性同性愛者は、一般に男性同性愛者を連想させる柔弱なイメージを拒否する傾向が強く、二つの仕方でそうしたイメージから脱しようとしている。ひとつは、桁外れの柔弱さ――典型的な女性をパロディー化する「わざとらしいほどの女っぽい仕草」という、逆説的な男らしさ――を身につけることであり、もう一つは、「マッチョ」イメージを作りだすことである。このたくましい、男らしい男というイメージもまた、従来のありふれた男らしさとは異なる。オートバイ乗りやカウボーイの格好をする男性たちは――たとえば、一九七〇年代にディスコソング「ＹＭＣＡ」を唄ったヴィレッジ・ピープルのように――男性性を誇張することで、この場合も男性性をパロディー化している（Bertelson 1986）。

何人かの社会学者は、同性愛にたいする人びとの態度にエイズの流行が及ぼす影響を調べている。この研究によれば、エイズの流行は、異性愛的男性性の主たるイデオロギー的基盤のいくつかに異議をさし挟んできたことが指摘されている。たとえば、セクシュアリティと性行動は、政府基金による安全なセックスを奨励するキャンペーンから、エイズの蔓延に関するメディア報道に至るまで、人びとの話題に上ってきた。エイズの流行は、婚前性交渉や婚外性交渉、非異性愛関係の社会的広がりに人びとの注意を引きつけることで、伝統的な道徳観の正統性に脅威を及ぼした。しかし、とりわけ同性愛者の可視性が増すなかで、この流行病は、異性愛の「普遍性」に疑いをさし挟み、伝統的な核家族にとって別の選択肢が存在することを明示した（Redman 1996）。とはいえ、エイズにたいする反応は、時としてヒステリックで、被害妄想的なかたちをとった。同性愛者たちは、「正常な社会」の道徳的安泰への著しい脅威として描写されている。「規範」としての異性愛的男性性を守るために、予感される脅威を意図的に軽視し、中傷することが必要になった（Rutherford & Chapman 1988）。

法的権利と法的認知を求める運動

最近まで、ほとんどの同性愛者は、「内緒ごとを公にすること《カミング・アウト》」が、職や家族、友人を失い、言葉による虐待や身体的虐待を招きやすいという恐れから、自分たちの性的志向を隠していた。しかしながら、一九六〇年代末以降、多くの同性愛者は、同性愛を公然と認めだし、また、この章のはじめで触れた同性愛者の結婚をめぐる議論に見るように、一部の地域では、同性愛の男性と女性の生活は、大幅に常態化されてきた（Seidman et al. 1999）。ロンドンやニューヨーク、サンフランシスコ、シドニーをはじめ世界中の大都市圏に、活気に満ちた男性同性愛者や女性同性愛者のコミュニティが見いだされる。「カミング・アウト」は、たんに当人だけでなく、もっと広い社会の他の人たちにとっても重要になる。かつては「内緒ごとだった」女性同性愛者や男性同性愛者は、自分たちが独りでないことを実感できるようになるが、異性愛者たちは、自分たちが賞賛し敬意を払ってきた人びとが同性愛者であることを認識するよう強いられる。

今日、同性愛者の市民的権利を求める運動の世界的高まりは、ひとつには人種的、民族的誇りを強調した一九六〇年代の社会運動の産物としてはじまった。要になった事件のひとつは、一九六九年七月に米国で起きたストーンウォール暴動である。この時、ニューヨークの――頻繁に起きる警察の嫌がらせ行為に怒った――ゲイ・コミュニティは、ニューヨーク市警察と二日間にわたってたたかい、（男性同性愛者であろうとなかろうと）ほとんどの人にとって想像もつかない大衆行動となった（Weeks 1977; D'Emilio 1983）。ストーンウォール暴動は、男性同性愛者と女性同性愛者による「カミング・アウト」の先駆けとなり、同性愛者たちは、たんに法の下での平等な処遇だけでなく、自分たちのライフスタイルに押された烙印を完全に終わらせることも強く要求した。一九九四年のストーンウォール暴動二五周年記念日に、一〇万人が、男性同性愛者と女性同性愛者の人権を主張して国連本部にデモ行進した。差別と露骨な同性愛嫌悪は、多くの女性同性愛者や男性同性愛者、両性愛者にとって引きつづき深刻な問題であるとはいえ、大きな前進を遂げたことは明らかである。

　同性愛が法的処罰を受ける度合は、国によって著しく異なる。たとえば、アフリカでは、男性の同性愛的行為は一握りの国でのみ合法化されているが、女性の同性愛について法律はほとんど言及していない。南アフリカでは、以前の白人政府がとった公の政策は、同性愛を、国民生活の安全を脅かす精神医学の問題とみなしていた。とはいえ、ひとたび黒人が政権の座に就くと、黒人政府は、完全に対等な地位を法律に定めた。アジアや中東では、状況が類似している。男性の同性愛は、圧倒的にイスラム教が優勢な国をすべて含むが、大多数の国々で禁止されている。他方、ヨーロッパは、世界で最もリベラルな法律を施行しており、ほとんどすべての国で同性愛を合法化し、さきに見たように、いくつかの国は、同性の結婚を法的に認めている。

　今日、世界のあちこちで同性愛者の権利を求める運動が増加している。一九七八年に発足した、女性同性愛者と男性同性愛者の国際協会（ＩＬＧＡ）には、おおよそ九〇カ国から四〇〇以上の組織が加盟している（ILGA 2004）。この協会は、国際会議を開催し、世界各地で女性同性愛者と男性同性愛者の社会運動を支援し、国際的組織にロビー活動をおこなっている。たとえば、この協会は、欧州会議に、すべての加盟国が同性愛を禁止する法律を廃止するように説得した。一般的に、個人の権利やリベラルな政策に力点を置く国々では、女性同性愛者と男性同性愛者による積極的な社会運動が盛んになる傾向がある（Frank & McEneaney 1999）。

　世界の多くの地域で同性愛者の権利が促進された結果、**クイア理論**が生まれた。クイア理論は、ガニオンとサイモンが展開した、セクシュアリティに関する社会構築主義的アプローチ（前述の四五六頁～四五七頁を参照）を踏まえ、また第四章で論じたジュディス・バトラーの研究に部分的にもとづいている。「クイア（queer）」という用語は、以前は侮辱的な言葉であったが、一九八〇年代に、女性同性愛者と男性同性愛者が自分たちを特徴づける言葉として浮上した。クイア理論は、社会学が異性愛者に偏向しているため、非異性愛者の声を前面に出す必要がある、と主張する。社会学の主要な研究論題はいずれも、文学や女性同性愛研究、男性同性愛研究を含む他の分野と同じように、今日のほとんどの思考の背後にある、異性愛を当然視する想定に疑義をさし挟むために、クイアの声を議論の中心に持ってくるべきだ、とクイア理論の論者は主張する（Epstein 2002）。

　これまで、男性と女性のセクシュアリティについて論じてきたが、《男性であること》あるいは《女性であること》が何を意味するのかを問題にしてこなかった。そこで次に、この疑問やその他の疑問への答えを検討するために、ジェンダーをめぐる議論に目を向けたい。

ジェンダー

あなたは、男性であったり、女性であることが、私たちが生まれついた身体の性と単純に結びついていると思うかもしれない。しかし、社会学者が関心を寄せる多くの問題と同じように、男であることと女であることの特性は簡単に区別できない。この節では、女性と男性の差異の源泉について検討したい。とはいえ、まず重要な区別を、つまり、**性とジェンダー**の区別をおこなう必要がある。一般に、社会学者は、《性》という言葉を、女性と男性の身体を特徴づける生物学的ないし解剖学的差異を指称するために用いる。それにたいして、《ジェンダー》は、男女間の心理的、社会的、文化的差異を問題にし、男性性と女性性という社会的に構築された観念と結びついている。ジェンダーは、必ずしも一人ひとりの生物学的性の直接の所産ではない。たとえば、一部の人は、自分が間違った身体に生まれおち、人生の途中でジェンダーを切り替えたり、もう一方の性のライフスタイルや服装を真似ることで、「その間違いを正し」たいと考えている。性とジェンダーの区別は、男女間の多くの差異がもともと生物学的差異ではないため、根本的な区別である。ジェンダー・アイデンティティの形成と、ジェンダー・アイデンティティにもとづく社会的役割を説明するために、対照的なアプローチがなされてきた。この論争は、実際にはどのくらい多くの学習がなされるのかをめぐる論争である。ジェンダーの差異を分析する際に、一部の研究者は、他の研究者以上に、社会的影響力が重要であると考えている。

ジェンダーの差異と不平等に関する社会学の解釈は、この性とジェンダーの問題について対照的な見解を示してきた。そこで、三つのおおまかな取り組み方について検討したい。まず、男女の行動上の差異に生物学的基盤があるとする主張について見ていく。つぎに、社会化とジェンダー役割の学習を最も重視する理論に目を向ける。終わりに、ジェンダーにも性にも生物学的基盤はまったく存在せず、両方とも完全に社会的に構築されていると確信する研究者の考え方を検討したい。

ジェンダーと生物学——自然な差異か？

女性と男性の行動上の差異は、どの程度までジェンダーよりも性に起因するのだろうか。いいかえれば、こうした行動上の差異は、どの程度まで生物学的な差異によるのだろうか。さきに「生物学と性行動」の節で見たように、一部の研究者は——ホルモンから、染色体、脳の大きさ、遺伝的特徴に至るまでの——人間生物学の諸側面が、男女間の行動に見いだされる生得的な差異の原因であると考えている。こうした研究者は、これらの差異が何らかのかたちですべての文化に見られ、自然的要素がほとんどの社会を特徴づけるジェンダー間の不平等の原因になっている、と暗に示唆する。こうした研究者は、たとえば、ほとんどすべての文化で女性よりも男性が狩猟や戦闘行為に関与してきたという事実に注目する傾向がある。この事実は男性が女性にない生物学的に基礎づけられた攻撃的性向を有していることを示すと、こうした研究者は主張したいのだろうか。

多くの研究者は、このような主張に疑いをいだいている。男性の攻撃性のレヴェルは文化によって著しく異なり、また、一部の文化で女性は他の文化以上に従順であったり、おとなしいことを期待されている、とこの人たちは主張する（Elshtain 1987）。「自然的差異」の理論は、人間行動に関して時代や場所を超えた変差を暴露する人類学や歴史学の証拠よりも、むしろ動物行動のデータに論拠を置く場合が多い、と批判する人たちは指摘する。さらに、ある特性がかなり普遍的だからといって、その特性が生物学的起源を有するとは限らない。そのような特徴を生みだす一般的な文化的要因が存在するのかもしれない、と批判する人たちは付け加える。たとえば、大多数の文化で、ほとんどの女性は、生活のかなりの部分を子どもの世話に費やしており、そのような時期に狩猟や戦闘行為に進んで参加することはおそらく不可能である。

生物学的要因が男性と女性の行動様式を規定するという仮説を即座に退けることはできないが、こうした影響作用の生理学的由来を特定しようとしたほぼ一世紀に及ぶ研究は、首尾よい成果をあげてこなかった。こうした生物学的影響力を男性と女性の示す複雑な社会行動に結びつけるメカニズムが存在する証拠は、何も見いだせない（Connel 1987）。一人ひとりを何らかの類の生得的性向にしたがうだけの存在とみなす理論は、社会的相互行為が人間の行動を形成する際に演ずる決定的な役割を無視している。

ジェンダーの社会化

ジェンダーの差異の起源を理解する際にとられるもう一つの方法は、**ジェンダーの社会化**、つまり、家族やメディアといった社会化の担い手の力を借りたジェンダー役割の学習について研究する。このようなアプローチは、生物学的性と社会的ジェンダーを区別している——幼児は、生物学的性をともなって生まれ、その後に社会的ジェンダーを発達させる。第一次的社会化においても、第二次的社会化においても、子どもたちは、社会化のさまざまな担い手との接触をとおして、自分の性に符合するとみなされる社会的規範や社会的期待を次第に内面化していく。ジェンダーの差異は、生物学的に規定されるのではなく、文化的に生みだされる。この見解によれば、男性と女性を異なる役割のなかに社会化していくため、結果としてジェンダーの不平等が生ずることになる。

ジェンダーの社会化理論は機能主義者が支持し、機能主義者は、男の子と女の子を、「性役割」や、性役割にともなう男性性と女性性のアイデンティティ——つまり、男性性と女性性——を学習していく存在とみなす（四七九頁〜四八〇頁の「機能主義のアプローチ」を参照）。この学習過程は、肯定的**賞罰**と否定的賞罰によって、つまり、その行動に報賞を与えたりその行動を制止するために社会的に加えられる力によって、誘導される。たとえば、幼い男の子は、（「何て物怖じしない、勇敢な子ね！」と言われて）肯定的な賞罰を受けたり、（「男の子は、お人形なんかで遊ばないのよ」と言われて）否定的な賞罰を受けるかもしれない。これらの肯定的強化と否定的強化は、男の子と女の子が、期待される性役割を学習し、期待される性役割にしたがう際に、その男の子や女の子に手助けをおこなう。かりに人がその人の生物学的な性と符合しないジェンダー行動を身につければ——つまり、その行動が逸脱していれば——それは、不適切な、適性を欠いた社会化の結果であるという説明がなされる。この機能主義の見解によれば、社会化の担い手は、新しい世代におこなわれるジェンダーの円滑な社会化を監視することで、社会秩序の維持に寄与することになる。

こうした性役割と社会化に関する硬直した解釈には、数多くの分野で批判が加えられてきた。多くの研究者は、ジェンダーの社会化が本来的に円滑な過程ではなく、家族や学校、同輩集団といったさまざまな社会化の「担い手たち」が互いに相争う過程である、と主張する。さらに、社会化理論は、一人ひとりが性役割をめぐる社会的期待を拒否したり、あるいは修正する能力を無視している。コンネルが論ずるように、

> 「社会化の担い手たち」は、発育期の子どものなかに機械的、自動的な効果を生みだすことはできない。社会化の担い手がおこなうのは、その子どもを、社会的習わしに参加するように所定のかたちで誘うことである。このような誘いは――受け容れさせるための強い圧力をともなったり、他の選択肢にまったく言及することなく――強制的になるかもしれないし、またしばしば強制的になる。……しかしながら、子どもたちは、そうした誘いを拒否したり、あるいは、ジェンダーの領域で独自の行動をとりはじめる。子どもたちは異性愛を拒むかもしれない。……子どもたちは、たとえば、学校で競技的スポーツをしたいと主張する女の子たちのように、男性性と女性性を混ぜ合わせだすかもしれない。一人でいるときに女性の衣服を身につける男の子のように、いままでの生き方から離脱しだすかもしれない。子どもたちは、自分たちの現実の習わしと食い違うかたちで、空想的な生き方を考え出すかもしれない。こうしたことは、おそらく最もありふれた動きである。(Connell 1987)

人間は、一部の社会学者たちが示唆してきたような、ジェンダー「プログラミング」の受け身の、あるいは無条件な受容体でないことを記憶に留めることが重要である。人びとは、自分自身のために役割を創りだしたり、役割を修正できる能動的な行為体である。私たちは、一方で性役割概念によるアプローチを見境なく適応することに懐疑的でなければならないが、多くの研究は、ジェンダー・アイデンティティがある程度まで社会的影響作用の結果であることを明示してきた。

ジェンダー・アイデンティティにたいする社会的影響作用は、数多くの異なる経路をとおして流れ込んでくる。「性差別をしない」かたちで自分の子どもを育てることに熱心に取り組む親たちでさえ、ジェンダー学習の既存の様式に抵抗するのが難しいことに気づいている (Statham 1986)。たとえば、親子の相互行為の研究は、男の子と女の子では、たとえ親は男の子と女の子にたいする自分の扱い方が同じだと確信している場合でも、対応の仕方に明確な差異がみられることを証明してきた。幼い子どもたちが出会うおもちゃや絵本、テレビ番組はすべて、男性と女性の属性の違いを強調する傾向がある。状況は多少変化しだしているとはいえ、一般に男性の登場人物は、もっと積極的で、冒険心に満ちた役割を演ずる傾向があるのにたいして、女性の登場人物は、受け身の、何かを待ち受ける存在で、家庭生活志向として描かれている (Weitzman et al. 1972; Zammuner 1987; Davies 1991)。フ

エミニズムの研究者たちは、年少者を受け手にして市場で売買される文化的創作物やマスメディアの作品が、ジェンダーについての、また、女の子と男の子にいだくよう期待される目標や意欲についての伝統的な態度を、いかに具体的に表出してきたかを証明している。

明らかに、ジェンダーの社会化は非常に強力であり、ジェンダーの社会化への異議の申し立ては覆される可能性がある。ひとたびジェンダーが「指定される」と、社会は、一人ひとりが「女」のように、あるい「男」のように行動することを期待する。まさに日常生活の実践のなかで、これらの期待は充足され、再生産されていく (Bourdieu 1990; Lorber 1994)。

ジェンダーの社会化は、詳しくは第六章「社会化、ライフコース、加齢」、一九〇頁〜一九六頁を参照。

ジェンダーと性の社会的構築

近年、社会化とジェンダー役割の理論は、ますます多くの社会学者から批判を受けている。こうした社会学者は、性が生物学的に規定され、またジェンダーが文化的に学習されたとみなす代わりに、性とジェンダーの《双方》を社会的に構築された生成物とみなすべきだと主張する。たんにジェンダーが確固とした本質的要素を欠いた純粋に社会的創造物であるだけでなく、人間の身体そのものも、さまざまな仕方で身体を形づくり、作りかえる社会的な力にさらされている。私たちは、自分の身体に、通常「自然のまま」とみなされてきたことがらに挑戦するような意味を付与することが可能である。人は、自分の身体を自分が欲するように——エクササイズやダイエット、ピアス装飾、ファッションから、形成外科手術や性転換手術に至るまで——構築し、また構築し直すように選択できる。

いかに人びとがますます自分の身体の構築を選択しているかは、第八章「健康、病気、障害」を参照。

テクノロジーは、私たちの身体の境界線を不鮮明にしだしている。したがって、この議論によれば、人間の身体と生物学は、「所与の」ものではなく、さまざまな社会的脈絡で人間という行為体の支配を受け、個人的な選択にさらされている。

このような視座によれば、ジェンダー役割と役割の学習に焦点を合わせる論者は、ジェンダーの差異に生物学的な基盤が《存在する》ことを言外に認めている。社会化論のアプローチでは、男女間の生物学的差異が、社会それ自体のなかに「文化的に精巧に生みだされた」枠組みをもたらすことになる。それにたいし、性とジェンダーが社会的に構築されていると考える論者は、ジェンダーの差異にはいずれも生物学的基盤があるという考え方を拒否する。その人たちによれば、ジェンダー・アイデンティティは社会のなかで認知される性差との関係で出現し、次にそのジェンダー・アイデンティティがこうした性差を形づくる手助けをしていく。たとえば、肉体の強靭さや「不屈な」態度が男性性の特徴であると認識している社会は、男性たちにたいして、特有な身体イメージや一連の型にはまった行動様式を養うことを奨励する。いいかえれば、ジェンダー・アイデンティティと性差は、一人ひとりの身体の内側で、不可分なかたちで結びついている（Connel 1987; Scott & Morgan 1993; J. Butler 1999）。

女性性、男性性、ジェンダー関係

フェミニズムの論者が社会での女性たちの従属状態を問題にしている点を考慮に入れれば、最初期のほとんどのジェンダー研究が女性と女性性の概念にもっぱら関心を向けてきたことは、おそらく意外でもないだろう。男性と男性性の概念は、比較的単純明快であり、問題がないものとみなされていた。男性性、男性であることの経験、あるいは男性のアイデンティティを詳しく検討する努力は、ほとんどなされなかった。社会学者は、男性たちが女性に加える抑圧や、家父長制を維持する上で男性たちの演ずる役割をむしろ問題にしていた。

とはいえ、一九八〇年代後半から、男性と男性性の綿密な研究により多くの注意が向けられるようになった。先進工業社会での女性の役割や家族の様式に影響を及ぼす根本的な変化は、男性性の特質や社会での男性の変化しだした役割について、問題提起してきた。後期近現代の社会において男性であることは何を意味するのか。男性であることに向けられた伝統的な期待や圧力は、急激な変化を遂げる時代に、どのように変容しだしたのか。男性性は危機に陥っているのか。

近年、社会学者たちは、男性の位置づけや経験が生みだされる、もっと大きな秩序のなかでの男性の位置づけや経験に、ますます関心を寄せだしている。このジェンダーとセクシュアリティの社会学の内部で生じた変化は、ジェンダー関係、つまり、男女間の社会的に様式化された相互行為という包括的脈絡のなかで、男性や男性性の研究を新たに重点的におこなうことにつながった。社会学者たちは、男性のアイデンティティがどのように構築され、社会的に規定された役割が男性の行動にどのような強い影響を及ぼすのかに関心を向けている。

R・W・コンネル――ジェンダー秩序

R・W・コンネルは、『ジェンダーと権力』（Connell 1987）と『男性と少年』（Connell 2001）、『男性性』（Connell 2005）で、ジェンダーについて最も完成された理論的説明のひとつを提示している。コンネルの取り組みは、家父長制と男性性の概念をジェンダー関係の包括的理論のなかに統合したため、社会学ではとりわけ有力である。コンネルによれば、男性性はジェンダー秩序の決定的な要素であり、男性性を、ジェンダー秩序から切り離して、つまり、男性性に付随する女性性から切り離して、理解することはできない。

コンネルは、男性たちの保持する社会的権力がジェンダーの不平等をどのように創りだし、維持していくのかを問題にした。ジェンダーの不平等に関する経験的証拠は、たんなる「まとまりのない多量のデータ」ではなく、女性たちを男性たちに従属した立場に押し留める「人間社会の習わしや社会関係の系統だった場面」の基盤を暴露している、とコンネルは強調する（Connell 1987）。欧米の資本主義社会では、家父長制的権力が依然としてジェンダー関係を規定している、とコンネルは主張する。個人レヴェルから制度体レヴェルに至るまで、さまざまな男性性と女性性の類型が、男性による女性の支配という大前提を中心に配列されている。

コンネルによれば、ジェンダー関係は、毎日の相互行為や習わしの所産である。普通の人びとが私生活でとる行為や行動は、社会における共通な社会的取り決めと直接結びついている。これらの取り決めは、人の一生や世代を超えて連続的に再生産されるが、同時にまた変化を被りやすい。

コンネルは、相互に影響しながら社会のジェンダー秩序――男性性と女性性のあいだに見いだす、社会の至るところに浸透した権力関係の様式――を形成していく三つの側面を指摘する。コンネルによれば、《労働》と《権力》、《カテクシス》（対人関係／性的関係）は、別個のものであるが相互連関した社会の構成要素であり、一体となって作用し、互いの関係のなかで変化する。これら三つの領域は、ジェンダー関係が組成され、強制される主な舞台を示している。《労働》とは、家庭内（たとえば、家事の責任や育児）と労働市場（職業上の差別や不平等賃金のような問題）の双方における性的分業を指している。《権力》は、たとえば制度体や国家、軍隊、家族生活における権威と暴力、イデオロギーをとおして作動する。《カテクシス》は、婚姻やセクシュアリティ、養育を含む、親密な感情的、人格的関係性の内部における力学を問題にしている。

ジェンダー関係は、これら三つの社会領域で演じられるため、個々のジェンダー秩序における社会的次元のもとで構造化される。コンネルは、特定の制度体のように規模の小さな場面におけるジェンダー関係の働きを指称するために、**ジェンダー体制**という用語を使う。だから、たとえば家族や近隣社会、国家はすべて、独自のジェンダー体制を備えている。マーティン・マック・アン・ゴールは、このようなジェンダー体制のひとつ――学校――での男性性の形成について、重要な研究をおこなった（四七六頁以下のコラムを参照）。

ジェンダー・ヒエラルキー　男性性と女性性は多種多様に表出されている、とコンネルは考える。社会のレヴェルでは、こうした対照的な表出は――男性による女性支配という――一個の明確な大前提を志向したヒエラルキーのなかに配列されている（次頁の図12-2を参照）。コンネルは、このヒエラルキーにおける男性性と女性性を、それぞれ様式化された「理念型」を用いて説明する。ヒエラルキーの最上位にあるのは、**ヘゲモニー的男性性**で、このヘゲモニー的男性性が社会のなかで他のすべての男性性と女性性を支配している。ヘゲモニー的とは、《ヘゲモニー》概念――特定の集団が、残忍な物理的力ではなく、文化的力学によって個人の生活や社会のさまざまな領域のなかに影響を及ぼす社会的な支配――に由来している。したがって、マスメディアや教育、イデオロギーはいずれも、ヘゲモニーが確立されるチャンネルになる可能性がある。コンネルによれば、ヘゲモニー的男性性は、何よりもまず異性愛や婚姻と密接に結びつくが、同時にまた権威や有給労働、体力、肉体的頑健さとも結びついている。ヘゲモニー的男性性を体現する男性の例に、アクション映画スターや、カリフォルニア知事のアーノルド・シュワルツェネッガー、フィフティー・セントのようなラッパー、企業家のドナルド・トランプがいる。

ヘゲモニー的男性性は、男性性の理想的形態としてよく引き合

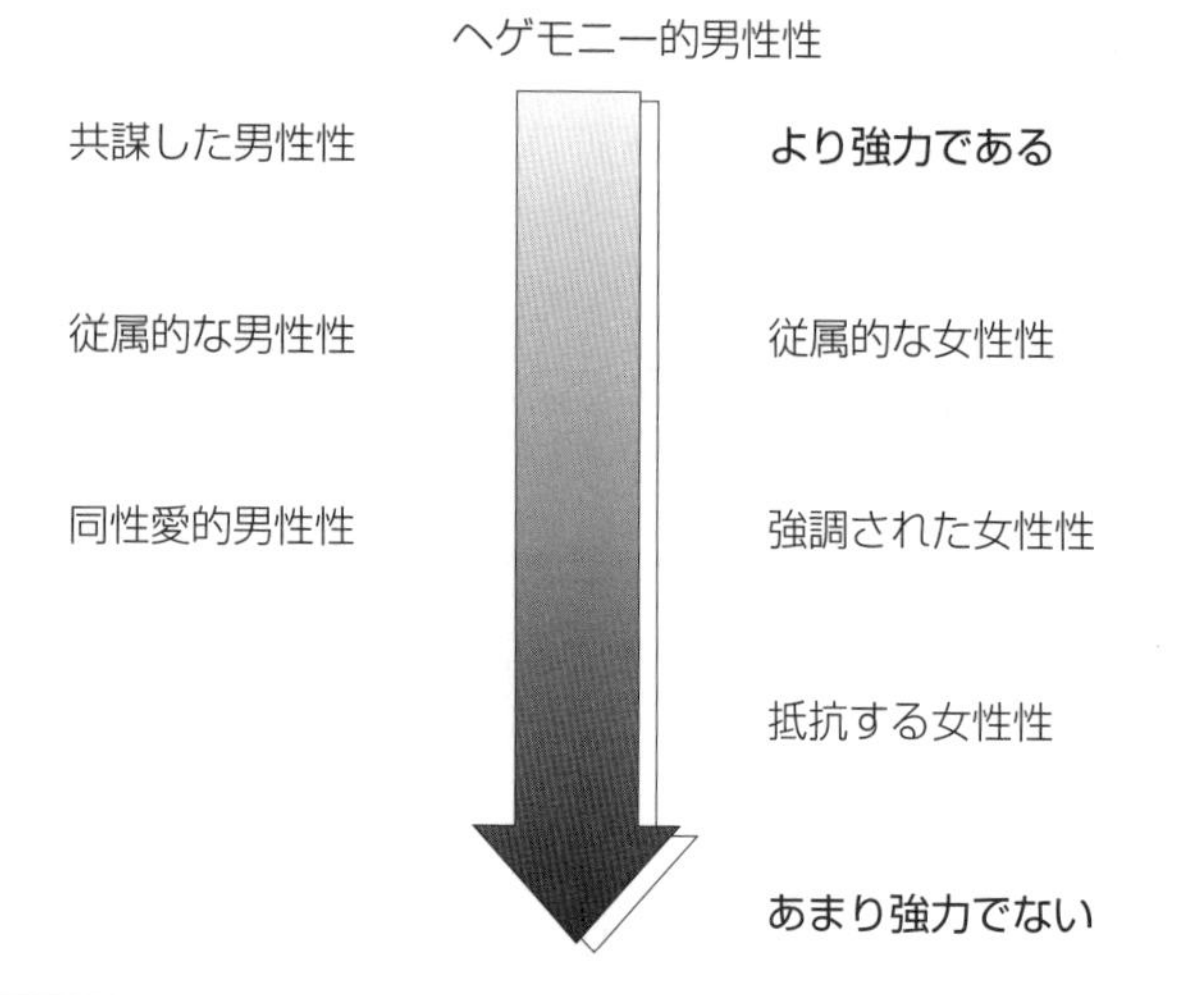

図12-2　ジェンダー・ヒエラルキー

いに出されるが、このヘゲモニー的男性性に応じた行動をとることができるのは、社会のごく少数の男性でしかない。とはいえ、大多数の男性は、家父長制秩序のなかで、依然としてヘゲモニー的男性性のもつ優勢な位置づけから利益を得ている。コンネルは、このことを、「家父長制の分け前」と名づけ、その分け前から利益を得る男性たちのことを、**共謀した男性性**を体現する存在と称している。

数多くの従属的な男性性と女性性が、ヘゲモニー的男性性に服従するかたちで見いだされる。従属的な男性性のなかで最も重要なのは、**同性愛的男性性**である。ヘゲモニー的男性性が支配するジェンダー秩序では、同性愛者は、「真の男」とは正反対の存在とみなされる。同性愛者は、ヘゲモニー的男性性の理想を裏切り、またヘゲモニー的男性性を「かなぐり捨てた」多くの特徴をしばしば体現している。同性愛的男性性は、社会的汚名を被り、男性に関するジェンダー・ヒエラルキーの最下層に位置づけられる。

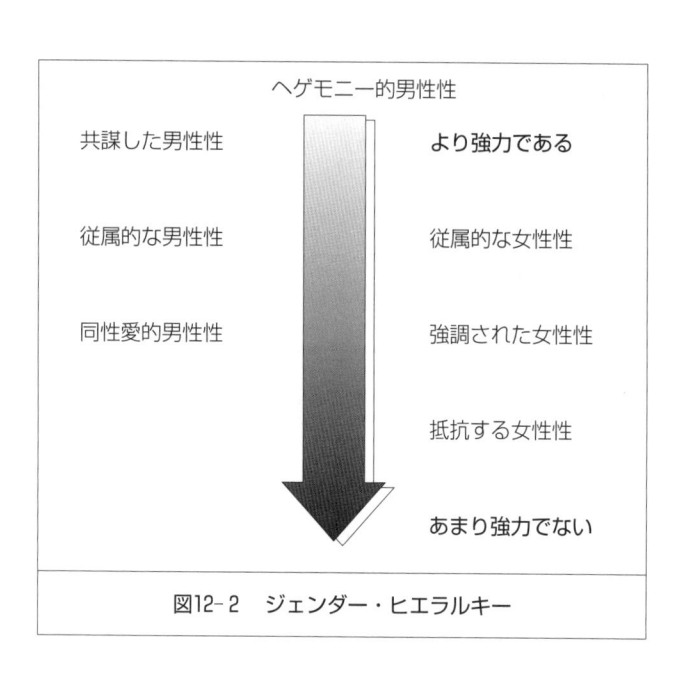

女性性はすべてヘゲモニー的男性性に従属する位置づけのなかで形成される、とコンネルは主張する。女性性の形態のひとつ――**強調された女性性**――は、ヘゲモニー的男性性の重要な補完物になっている。強調された女性性は、男性たちの関心や欲望への順応に重点が置かれ、「従順さ、慈しみ、共感」を特徴とする。このような強調された女性性は、若い女性たちのあいだでは、性的受容能力と結びつくのにたいして、年長の女性たちのあいだでは母性と結びつく。コンネルは、この強調された女性性のたんに「原型だけでなく、風刺」としてマリリン・モンローを引き合いに出す。強調された女性性のイメージは、マスメディアや広告、

マーケティング活動のなかに引きつづき強く浸透している、とコンネルは強調する。

終わりに、これまで述べたような強調された女性性を拒否する、従属的な女性性を見いだすこともできる。とはいえ、ほとんどの場合、社会の因習的規範としての強調された女性性の維持に圧倒的な注意が向けられてきたことは、こうした因習に抵抗する他のかたちの従属的な女性性には声を上げる機会が与えられていないことを意味する。非従属的なアイデンティティやライフスタイルを発達させてきた女性たちには、フェミニストや女性同性愛者、結婚しない女性、助産婦、魔女、売春婦、肉体労働者が含まれる。とはいえ、これらの**抵抗する女性性**を実践した人たちの経験は、総じて「歴史から隠蔽されて」きた。

ジェンダー秩序に見いだす変化——危機的傾向

コンネルは、明確に体系化づけられたジェンダー・ヒエラルキーの存在を提示しているとはいえ、ジェンダー関係が固定したり、静止しているという見解を拒否する。それどころか、コンネルは、ジェンダー関係が現在進行中の過程の結果であり、それゆえ変化や異議の申し立てにさらされていると考える。コンネルは、ジェンダー秩序を動的なかたちで見ている。性とジェンダーが社会的に構築されているため、人は自分のジェンダーの志向性を変えることが可能である、とコンネルは考えている。このことで、コンネルは、人びとが——確かに時として生ずるとはいえ——同性愛者から異性愛者への切り換えや、逆に異性愛者から同性愛者への切り換えが可能であると必ずしも主張したいのではなく、人びとのジェンダー・アイデンティティや見地が絶えず順応適合されつづけていることを指摘しようとした。たとえば、かつて「強調された女性性」に同意していた女性たちは、フェミニズム意識をもつようになるかもしれない。このような不断の変化の可能性は、ジェンダー関係の様式を崩壊にさらし、人びとの行為能力の影響を受けやすくする。

一部の社会学者は、欧米社会が現在「ジェンダーの危機」を経験していると指摘する。しかし、コンネルは、私たちが身を置くのは強力な危機的傾向に過ぎない、と指摘する。これらの危機的傾向は三つのかたちをとる。まず、《制度化の危機》を見いだすことができる。この《制度化の危機》によって、コンネルは、男性たちの権力を伝統的に支えてきた制度体——家族や国家——が徐々に蝕まれだしていることを主張しようとした。女性にたいする男性支配の正統性が、離婚や家庭内暴力、強姦にたいする立法化と、税制や年金等の経済的問題によって弱まりだしている。二つ目に、《セクシュアリティの危機》があり、そこではヘゲモニー的異性愛が、かつてそうであったほど優勢でなくなっている。女性たちのセクシュアリティと男性同性愛のセクシュアリティの強まりは、伝統的なヘゲモニー的男性性に重圧を加える。さらに、《関心形成の危機》を見いだすことができる。コンネルは、現行のジェンダー秩序と矛盾した社会的関心を支持する新たな基盤が見いだされる、と主張する。既婚女性の権利や、男性同性愛者の運動、男性たちのあいだでの「性差別に反対する」態度の増大は、いずれも目下の秩序を脅かしている。コンネルは、個人や集団のとる行動がジェンダー秩序に変化を引き起こす可能性がある、と主張する。ジェンダーの不平等の一掃をもたらすために、現行の秩序の内部にすでに明白に見られる危機的傾向を、私たちは有効に利用できるかもしれない（Connell 1987, 2005）。

ごく最近、コンネルは、グローバル化がジェンダー秩序に及ぼす影響作用を検討しだした。ジェンダーそのものがグローバル化されだしている、とコンネルは主張する。このことは、以前は互いに分離していた地域的なジェンダー秩序のあいだに相互作用が生ずるだけでなく、個々人の所在する場所を超えたジェンダー関係の新たな舞台が創出されることも意味する。

コンネルは、ジェンダーのグローバル化で役割を演ずる、そうしたジェンダー関係の極めて重要な新たな舞台をいくつか見いだすことができる、と指摘する。ひとつは、超国籍企業や多国籍企業で、これらは、ジェンダー間の強力な分業体制と、男性的なマネージメント文化を備える傾向がある。二つ目は、たとえば国際連合の各機関のような国際的な非政府組織で、これらは、同じようにジェンダー化され、もっぱら男性たちによって運営されている。三つ目は、国際的メディアで、この場合もまたジェンダー間の強力な分業体制を備え、メディアの産出物によって特定のジェンダー理解を広めていく。四つ目に、（資本や商品、サーヴィス、労働力の）グローバル市場があり、こうしたグローバル市場は、ジェンダーを強力に構造化する傾向があり、地域の経済活動にますます影響を及ぼす可能性がある。

コンネルにとって、ジェンダーのグローバル化は、地域的なジェンダー秩序と、さきに論じたジェンダー関係の新たな舞台との相互作用を生む結果となった。そのため、今日、「世界のジェンダー秩序」が話題に上るようになる。グローバル化は、男性の生き方について、また男性性の今後の構築の仕方や演じ方について私たちが考えていかなければならない、そうした情況をもたらした、とコンネルは主張する。

マーティン・マック・アン・ゴール
——教育と、男性性やセクシュアリティの形成

マック・アン・ゴールは、英国の中等学校での「ジェンダー体制」を究明するためにエスノグラフィー的調査をおこなっている。マック・アン・ゴールは、コンネルの研究を参考にしながら、学校がどのように生徒のあいだに一連の男性性と女性性を形成していくのかに関心を寄せた。マック・アン・ゴールは、とくに異性愛的男性性の形成に興味をもったが、同時に男性同性愛の生徒たちの体験についても調査した。

『男を作る』（Mac an Ghaill 1994）という書名で発表されたマック・アン・ゴールの研究成果は、学校そのものがジェンダーによって規定され、異性愛的様式によって特徴づけられた制度体であることを明白にした。

広く浸透した「体制」が、生徒たちのあいだに、もっと広いジェンダー秩序と符合するジェンダー関係の構築を助長している——つまり、優勢な男性性と女性性、従属的な男性性と女性性というヒエラルキーを、学校という限定された範囲のなかにも見いだすことができた。学校の規律、教科の配置、教師と生徒の相互行為、指揮監督といったさまざまな社会的

作用や実践はすべて、異性愛的男性性の形成に寄与していた。

マック・アン・ゴールは、学校という場に出現する四つの男性性の類型を指摘している。マッチョな若者は、白人労働者階級出身の少年たちで、学校当局に反抗的な態度をとり、学習過程や学業優等生を軽蔑する。マッチョな若者たちは、この若者たちがかつて自分たちの将来の自己像とみなした肉体労働や未熟練労働、半熟練労働の職がもはや入手できなくなったため、「男性性の危機」を経験している、とマック・アン・ゴールは結論づける。このことは、これらの若者たちを、自分たちには理解できず、解決することさえもっと困難な、そうした心理的、実際的ディレンマに置き去りにしていく。

二つ目の類型は、将来は専門的職業に就きたいと考えている、学業優等生たちから構成される。「マッチョな若者《ラッズ》」（それに教師）は、この学業優秀な少年たちにたいして、女じみた「ばかげた学業優等生」というステレオタイプ化した見方で接する。学業優等生たちがこうした悪意のあるステレオタイプに対処する際にごく普通にとる手段は、熱心な勉強と成績証明が自分たちに確かな将来を与えてくれるという確信を持ちつづけることである。このような確信は、学業優等生たちの男性としてのアイデンティティの基盤を形成する。

三つ目の類型である新起業家は、コンピュータ科学やビジネス等の実務研修といった新たな職業教育カリキュラムの科目に強い関心を寄せる少年たちである。マック・アン・ゴールは、これらの少年たちを、サッチャー政権時代を通じて育まれた新たな「起業文化」の申し子とみなしている。これらの少年にとって、上級課程学力試験での好成績は、市場経済を重視したり道具的に将来設計をおこなう上で、ほとんど無益である。

真の英国男性が、四つ目の類型を形成する。この少年たちは、中流階級出身者のなかで最も厄介な存在である。この少年たちは、学校での勉強にたいして相反する感情をいだきながら、自分たちを、教師たちが提供できるものすべてに勝った「文化の審判者」とみなすからである。この少年たちは職業に就くことに重きを置くため、この「真の英国男性」にとっての男性性は、努力しているところを見せずに学業成績を上げることを意味する。

マック・アン・ゴールは、同性愛の男子生徒たちの研究で、一連の——伝統的な関係性や核家族にもとづいた——紛れもない異性愛的規範や価値観が、ジェンダーやセクシュアリティについてかわされる教室の議論で、当然視されていることを見いだした。このことは、男性同性愛の若者たちがジェンダー・アイデンティティや性的アイデンティティを構築する上で、面倒な「当惑や矛盾」を結果的にもたらす。同時にまた、この若者たちは、自分たちが他の人たちから無視され、区別されているという実感をいだく可能性がある。

ジェンダーの不平等をめぐる視座

これまで見てきたように、ジェンダーは、男性と女性に別々の社会的役割とアイデンティティが備わるとみなす、社会的に創出された概念である。しかしながら、ボブ・コンネルやマック・アン・ゴールによるジェンダー研究が示すように、差異が中立的なのは稀である――ほぼどの社会でも、ジェンダーは、社会階層分化の重要な一形態になっている。ジェンダーは、個人や集団がじかに手にできるような向上機会やライフチャンスが形成される際の決定的な要因であり、また、家族から国家に至る社会制度のなかで個人が演ずる役割に強い影響を及ぼしている。男性と女性の役割は文化によってさまざまに異なるが、女性たちが男性たちよりも権力をもつ社会の例は、いまだ知られていない。一般に男性の役割は、女性の役割よりも高く評価され、高い報賞を受けている。ほぼどの文化においても、伝統的に男性たちは、家族を扶養する責任を負ってきたのにたいして、女性たちは育児や家事労働に基本的な責任を負っている。一般に見いだされる男女間の分業は、結果的に権力や威信、富の面での不平等な位置づけを男性と女性に引き受けさせることになった。

女性たちが世界中の国々で遂げてきた前進にもかかわらず、ジェンダーの差異は、引きつづき社会的不平等の基盤として作用している。**ジェンダーの不平等**について研究し、説明することは、すでに社会学者の最重要な関心事である。多くの理論的視座が――経済や政治、家族生活等々の領域での――男性による永続的な女性支配を説明するために提示されてきた。この節では、特定の状況や制度体でのジェンダーの不平等の探究は他の章に委ねて（次のボックスを参照）、社会レヴェルでのジェンダーの不平等を説明しようとする主要な理論的アプローチについて検討したい。

ジェンダーの不平等を探究する

社会学者は、ジェンダーの不平等を、女性と男性が集団や集合体、社会のなかで有する地位や権力、威信の差異として定義づけている。男女間のジェンダーの不平等について考える際に、次のような問いを発することができる。女性と男性は、社会の――たとえば食べ物や、金銭、権力、時間といった――大切な資源を入手、利用できる対等な機会をもっているのか。女性と男性は、生きる上での選択の自由を同じようにもっているのか。女性と男性のそれぞれの役割と活動は、同じように評価されているのか。ジェンダーの不平等をめぐるこうした基本的な問いは、社会学者の関心を集めてきた主要テーマについて言及する本文の至るところで、多くの問題に即して提起されている。ジェンダー問題について詳しい議論は、次の箇所に見いだすことができる。

・社会理論におけるジェンダーは、第四章の一二五頁～一二七頁
・非言語コミュニケーションとジェンダーは、第五章の一四八頁～一五〇頁

・ジェンダーの社会化は、第六章の一九〇頁〜一九六頁
・ジェンダーと健康は、第八章の二九七頁〜三〇〇頁
・ジェンダーと階級は、第九章の三四九頁〜三五二頁
・宗教とジェンダーは、第一四章の五五六頁〜五五八頁
・ジェンダーと学業成績は、第一七章の七〇八頁〜七一二頁
・ジェンダーと犯罪は、第一九章の八〇二頁〜八〇八頁

ジェンダーとジェンダーの不平等は、第七章「家族と親密な関係性」でも、随所で中心的論点になっている。

機能主義のアプローチ

第一章(「社会学とは何か?」)で見たように、機能主義のアプローチは、社会を、相互連結した部分から構成されるシステムとみなしている。そして、これらの相互連結した部分は、均衡状態に置かれた場合、社会的連帯性を生みだすために円滑に作動する。したがって、ジェンダーをめぐる機能主義者や機能主義に感化された視座は、ジェンダーの差異が社会の安定や統合に寄与することを証明しようとした。このような見解は、かつておおいに支持されたとはいえ、社会的合意を犠牲にして社会的緊張が生ずることを無視し、社会的世界にたいする保守的な見方を宣伝しているとして、厳しく批判されてきた。

「自然のままの差異」学派に賛同する論者は、男女間の分業には生物学的基盤があると主張する傾向が強い。女性と男性は、互いに生物学的に最も適合した任務をおこなっている。たとえば、人類学者のジョージ・マードックは、女性たちが家事や家族にたいする責任に専念するのにたいして、男性たちが家庭の外で働くのを、現実的だけでなく、好都合なこととみなしていた。マードックは、二〇〇以上の社会での比較文化研究にもとづいて、性による分業がすべての文化に存在する、と結論づけた(Murdock 1949)。性による分業は、生物学的「プログラミング」の結果ではないとはいえ、社会運営の最も論理的な基盤になっている。

機能主義の主導的論者のひとり、タルコット・パーソンズは、工業社会における家族の役割を問題にしてきた(Parsons & Bales 1956)。パーソンズは、とりわけ子どもの社会化に関心を寄せ、安定して子どもを支えられる家族が首尾よい社会化にとって欠かせないと考えた。パーソンズの見解では、家族が最も効果的に機能するのは、女性たちが《表出的》役割を演じて子どもたちの世話をおこない、安心感をもたらし、情緒的支えになるという明確な性的分業がなされている場合である。他方、男性は、《手段的》役割――つまり、一家の稼ぎ手になること――を演じなければならない。この男性の手段的役割がストレスに満ちているために、女性の表情豊かな、愛情を育む性向は、同時にまた男性を安定させ、元気づけるために利用されなければならない。こうした相補的な分業は、男女間の生物学的差異から生ずるため、家族の連帯性を確実にする。

ジョン・ボウルビーは、母親が子どもたちの初期の社会化にとって決定的に重要であると主張して、育児について別の機能主義的視座を提示している(Bowlby 1953)。かりに母親を欠いたり、あるいは子どもが幼児期に母親から離別すると――**母性剥奪**と称

される状態——その子どもは、不適切な社会化を受けるという重大なリスクに身をさらすことになる。こうした状態は、その後の子どもの人生で、反社会的性癖や精神病質的性向を含む、重大な社会的、心理的困難を導く可能性がある。子どもの幸福と精神の健全さは、母親との緊密な、継続的な人間関係をとおして最もうまく保障できる、とボウルビーは論じている。ボウルビーは、欠けた母親を「母親の代役」で補充できることを確かに認めていたが、このような代役も女性でなければならないと——乳幼児の養育の役割は明らかに女性の役割であるとするみずからの見解に、ほとんど何の疑問ももたずに——指摘する。ボウルビーの母性剥奪論は、仕事をもつ母親が子どもたちをないがしろにすると主張しているため、一部の人たちによって利用されてきた。

論評　フェミニズムの論者は、社会における課業の割り当てに生得的ないし必然的要素はまったく存在しないと論じて、性的分業に生物学的基盤があるとする主張を激しく批判してきた。女性たちは、何らかの生物学的特性を根拠に職業への従事を妨げられているのではない。むしろ、人びとは、文化的に期待される役割のなかに社会化されていく。

母性剥奪論が疑わしいことを示唆する、一連の信頼できる証拠がある——研究によれば、子どもたちの学業成績と人格的発達は、両親が家庭の外で、少なくともパートタイムで働いている場合に現実に高まることが明らかにされている。同じように、女性が「表出的」役割を担うというパーソンズの見解は、このような見解が家庭生活で女性たちの被ってきた支配を見逃していると考えるフェミニストや社会学者から、非難されてきた。「表出的」役割を担う女性が家族生活の円滑な運営に必要であるとする確信には、何の論拠も存在しない——むしろ、それは、もっぱら男性たちの便宜のために助長された役割である。

フェミニズムのアプローチ

フェミニズム運動は、ジェンダーの不平等な状態を説明し、不平等を克服するための政策提案を試みる、数多くの理論を生みだした。個々の**フェミニズムの理論**は、ジェンダーの不平等について互いに対照的な見解を示している。フェミニズムの論者は、社会での女性たちの不平等な位置づけに誰もが関心を寄せているとはいえ、この問題にたいする説明はかなり異なる。フェミニズムの競合する学派は、ジェンダーの不平等を、たとえば性差別や家父長制、資本主義、人種差別といった、社会のなかに深く埋め込まれたさまざまな社会過程によって説明しようと試みる。まず、二〇世紀の英国に見いだされたフェミニズムを構成する三本の主要な縒り糸、リベラル・フェミニズム、社会主義的（ないしマルクス主義的）フェミニズム、ラディカル・フェミニズムについて検討したい。こうしたフェミニズムの区別は、概説として役に立つとはいえ、決して輪郭がはっきりしていない。この三つの分類は、ここ数十年間に、これらの立場に依拠しながら、同時にまた相対する新たなフェミニズムが提示されてきたため、さほど有用でなくなっている（Barker 1997）。この節の終わりで、二つの重要な新たな理論、ブラック・フェミニズムとポストモダン・フェミニズムについて、手短に検討したい。

リベラル・フェミニズム　**リベラル・フェミニズム**は、ジェンダーの不平等の説明を、社会的、文化的態度のなかに求めている。ラディカル・フェミニズムと異なり、リベラル・フェミニズムの論者は、女性たちの従属状態を、もっと大きなシステムや構造の一端とはみなしていない。それよりも、男女間の不平等の一因となる多くの個別的な要因に注意を向けている。たとえば、リベラル・フェミニズムの論者は、職場や教育制度、マスメディアでの性的偏見や女性に加えられる差別を問題にする。法律の制定等の民主的手段によって、女性たちのために平等な機会を確立し、擁護することに精力を集中させる傾向が強い。英国の男女同一賃金法や性差別排除法のような法的前進を積極的に支持して、法律のなかで平等を謳うことが女性に加えられる差別を排除するのに重要である、とリベラル・フェミニズムの論者は主張してきた。リベラル・フェミニズムの論者は、現行のシステムを通じて変革を漸進的に生みだす努力をおこなっている。この点で、リベラル・フェミニズムの論者は、現行のシステムの打倒を求めるラディカル・フェミニズムの論者よりも、その目標や方法の面で穏健である。

リベラル・フェミニズムの論者は、二〇世紀を通じて女性たちの前進におおいに寄与した。とはいえ、リベラル・フェミニズムを批判する人たちは、リベラル・フェミニズムの論者が、ジェンダーの不平等の根本的原因に対処するのに失敗し、社会における女性の抑圧状態の特質を認識していないと非難してきた。リベラル・フェミニズムの論者は、女性たちが被る個別の権利剥奪状態——性的偏見、差別、「ガラスの天井」と呼ばれる目に見えない障壁、賃金の不平等——に焦点を当てるだけで、ジェンダーの不平等を部分的にしかとらえていない。ラディカル・フェミニズムの論者は、リベラル・フェミニズムの論者が、女性たちに、不平等な社会とその競争的特質を容認するよう唆していると非難する。

社会主義的、マルクス主義的フェミニズム　**社会主義的フェミニズム**は、マルクス自身はジェンダーの不平等についてほとんど発言しなかったが、マルクスの葛藤理論（第一章で紹介した）から生まれている。社会主義的フェミニズムは、リベラル・フェミニズムが、女性の対等な地位に冷淡な強大な勢力が社会のなかに存在することを認識できていないとして、リベラル・フェミニズムに批判的だった（Bryson 1993）。社会主義的フェミニズムの論者は、家父長制と資本主義の双方を打破しようとした（Mitchell 1966）。マルクス主義の視座からジェンダーの平等について、マルクス以上に解明しようとしたのは、マルクスの友人で共同研究者のフリードリッヒ・エンゲルスである。

資本主義のもとでは、**家父長制**は（階級的抑圧と同じく）私有財産に根差すため、男性への女性の従属状態の根底に、物質的、経済的要因が潜んでいる、とエンゲルスは主張した。資本主義は、富と権力を少数の男性たちの手中に集約させることで、家父長制——男性による女性の支配——を強化していく、とエンゲルスは論ずる。資本主義は、それ以前の社会システム以上に家父長制を強化する。なぜなら、資本主義は、前の時代に比べ莫大な富を創りだし、その富が、財産の所有者と相続人だけでなく賃金の稼ぎ手でもある男性たちに、権力を授けるからである。二つ目に、資本主義経済は、それがうまく作動するために、人びとを――とりわけ女性たちを――消費者と定義づけ、自分たちのニーズが財や生産物のつねに増大する消費によってのみ満たされることを人びとに確信させなければならない。三つ目に、資本主義は、家庭で女性たちが家族の世話や掃除に無給で従事することを当てにしている。エンゲルスによれば、資本主義は、男性たちを低賃金の支給によって搾取し、女性たちを何の賃金も支給しないことで搾取している。家事労働への報酬の支払いは、フェミニズムの多くの論者が主張する重要な論点であるため、第一八章「労働と経済生活」でさらに論及したい。

社会主義的フェミニズムの論者は、リベラル・フェミニズムが掲げる改革主義的目標では不適切だと主張してきた。社会主義的フェミニズムの論者は、家族の再構築や、「家庭生活における奴隷状態」の終わり、それに育児や家族の世話、世帯の維持をおこなう何らかの集合的手段の導入を要求してきた。マルクスにならって、社会主義的フェミニズムの論者は、社会主義革命がこれらの究極目標を達成し、社会主義革命は、すべての人のニーズを満たすために設計された国家集権の経済機構のもとで、真の平等を生みだす、と主張した。

ラディカル・フェミニズム　**ラディカル・フェミニズム**の核心には、女性たちの搾取に責任を負い、また搾取から利益を得ているのは男性たちだという確信がある。家父長制――男性による女性の体系的支配――の分析は、このラディカル・フェミニズムにとって中心的な関心事である。家父長制は、時代や文化を超えて存在してきた普遍的現象とみなされている。ラディカル・フェミニズムの論者は、社会のなかで女性に加えられる抑圧の最重要な原因のひとつとして、しばしば家族に焦点を当てている。男性たちは女性が家庭生活で提供する無給の家事労働に頼ることで女性たちを搾取している、とラディカル・フェミニズムの論者は主張する。同時にまた、男性たちは、社会のなかで権力や影響力をもつ地位に女性たちが就く権利を、一体となって否定してきた。

家父長制の基盤をめぐる解釈はラディカル・フェミニズムの論者のあいだで異なるが、ほとんどの論者は、家父長制が女性の身体とセクシュアリティの専有私用を必然的にともなうことを認めている。初期のラディカル・フェミニズムの論者であるシュラミス・ファイアストーンは、女性たちのおこなう生殖と養育の役割を男性たちが管理してきた、と主張する（Firestone 1971）。女性たちは、生物学的に子どもを産むことができるために、保護と生計手段を得るために物質面で男性たちに依存するようになる。このような「生物学的不平等」は、核家族のなかで社会的に体系化されている。ファイアストーンは、女性の社会的位置づけを記述するのに「性の階級」という言い方をして、家族とその家族を特徴づける権力関係の廃止によって初めて女性たちの解放が実現できる、と主張した。

ラディカル・フェミニズムの別の論者たちは、男性の優位性の中心をなすものとして、男性が女性に加える暴力を指摘する。こうした見解によれば、家庭内暴力や強姦、性的嫌がらせはすべて、それぞれが独自の心理学的原因ないし犯罪的基盤をもつ別々の問題というよりも、女性たちに体系的に加えられる抑圧の一端である。毎日の生活での相互行為――たとえば、非言語コミュニケーションや、相手の話を聞いたり、話に口をさしはさむ際の様式、人前で女性たちが発揮する安らぎの気持ち――でさえも、ジェンダーの不平等を助長している。さらに、この議論によれば、美やセクシュアリティをめぐって一般に流布する概念は、特定の種類の女性性を生みだすために男性が女性に押しつけたものである。たとえば、スリムな身体や、男性への思い遣りに満ちた態度を強調する社会的、文化的規範は、女性たちの従属的立場を固定化させる一因になる。マスメディアやファッション、広告活動による女性の「対象化」は、男性たちを喜ばせ、楽しませることが主な役割となる性的対象物に、女性たちを仕向けている。

ジェンダーの不平等を説明する概念として家父長制を用いることは、フェミニズムの多くの論者のあいだで普及してきた。ラディカル・フェミニズムの論者たちは、「個人的なことがらこそ政治的である」と主張しながら、女性たちに加えられる抑圧の相互関連した数多くの次元に、人びとの注意を喚起している。男性による暴力や女性の対象化についてラディカル・フェミニズムの論者がおこなった強調は、これらの問題を、女性の従属状態に関する主要な論争の核心に位置づけてきた。

とはいえ、ラディカル・フェミニズムの見解には、多くの反論を示すことができる。主たる反論のひとつは、これまで使われてきた家父長制の概念では、女性の従属状態を全般的に説明する概念として不適切だという指摘である。ラディカル・フェミニズムの論者は、家父長制が、歴史全体を通じて、またどの文化においても存在してきた――家父長制が普遍的現象である――と主張する傾向が強かった。とはいえ、このような家父長制の概念構成では、歴史的差異や文化的差異を説明する余地が残されていない、と批判する人たちは主張している。同時にまた、このような概念構成は、女性たちの置かれた従属状態の本質に、人種や階級、エスニシティがおそらく及ぼす重要な影響作用を無視している。いいかえれば、家父長制を普遍的現象とみなすことは、《生物学的還元論》――ジェンダーの不平等のもつ複雑な様相をすべて男性と女性の単純な相違に由来するとみなす――というリスクを招くことになるため、不可能である。

シルヴィア・ウォルビーは、家父長制概念の重要な再構築を提示している（次のコラムを参照）。家父長制という観念は、かりにそれを特定の仕方で用いれば、引きつづき重要な、また有用な説明の道具になる、とウォルビーは論じている。

シルヴィア・ウォルビー――家父長制の理論化

家父長制という考え方は、多くのフェミニズムの論者がジェンダーの不平等についておこなう解釈で、中心的位置を占めてきた。しかし、同時にまた家父長制の概念は、分析の道具として、ジェンダーの不平等に見いだす変化や多様性を説明し損なっているとして批判されてきた。確かに、一部の評者は、すべての歴史に適応する同一の、不変的な抑圧システムという言い方をすることはできない、と主張している。シルヴィア・ウォルビーは、家父長制が、ジェンダーの不平等のどの分析にとっても不可欠な概念であると考える論者のひとりである。しかし、ウォルビーは、家父長制概念にたいする批判の多くに妥当性があることを認めている。ウォルビーは、著書『家父長制の理論化』(Walby 1990) で、家父長制について従来よりももっと柔軟な理解の仕方を提示した。この理解の仕方では、歴史を通じた変化や、エスニシティと階級の差異を考慮する余地が残されている。

ウォルビーにとって、家父長制とは、「男性たちが女性たちを支配し、抑圧し、搾取する社会的構造と習わしのシステム」である。ウォルビーは、家父長制と資本主義を、歴史的条件次第で——時には調和し、時には緊張状態にあったりと——さまざまなかたちで相互作用する別々のシステムとみなしている。資本主義は性的分業を通じて家父長制から総じて利益を得てきた、とウォルビーはいう。しかし、通常、資本主義と家父長制は、不仲であった。たとえば、戦時下に女性たちが労働市場に大挙して参入した際、資本主義と家父長制の利害は共同歩調をとらなかった。

ウォルビーは、家父長制が作動する六つの構造を識別した。初期のフェミニズム理論の弱点は、たとえば男性の暴力や生殖における女性の役割など、女性たちの抑圧状態の「本質的」原因のひとつに焦点を合わせる傾向が強かった、とウォルビーは認識している。ウォルビーは、ウォルビー自身がジェンダーの不平等の奥深さと相互連関性に関心を寄せるため、家父長制を、互いに独立しているが相互に影響し合う六つの構造から成り立つとみなす。

1 《世帯内の生産関係》 家事や育児といった女性たちの家庭での無給労働は、夫(あるいは同棲相手)によって収奪されている。

2 《有給労働》 労働市場で、女性たちは、特定の種類の労働から締め出され、低賃金しか与えられず、熟練度を必要としない職種のなかに隔離されている。

3 《家父長制国家》 国家は、国の政治や優先事項の面で、家父長制的利害関心に一貫して偏向していく。

4 《男性の暴力》 男性の暴力は、しばしば利己的な行いであるとみなされているとはいえ、様式化され、常習的である。女性たちは、日常的に男性の暴力を経験し、暴力の強い影響を幅広く受けている。国家は、男性が女性に加える暴力に介入するのを拒否し、例外となる極端な場合を除き、男性の暴力を実際には大目に見ている。

5 《セクシュアリティにおける家父長制的関係》 このことは、「義務づけられた異性愛」と、男女間の性をめぐる(別々の性行動の「ルール」を適用する)ダブルスタンダードに明示されている。

6 《家父長制的文化の諸制度》 さまざまな制度体や習わし——メディアや宗教、教育を含め——は、女性たちを「家父長制という扉の内側に」押し込める。このことは、女性たちのアイデンティティに影響を及ぼし、容認できる行動や行為の基準を規定している。

ウォルビーは、家父長制の二つの明確な形態を区別している。《私的な家父長制》は、個々の家長の支配下にある世帯のなかで生ずる女性支配である。この私的な家父長制は、女性たちが公的活動に加わることを本来的に阻止するゆえに、排他的な策略である。他方、《公的な家父長制》は、集合的なかたちをとる。女性たちは、政治や労働市場といった公的領域に関与するが、引きつづき富や権力、高い社会的地位からは隔離されている。

ウォルビーは、少なくとも英国では、ヴィクトリア朝時代から今日に至るまで家父長制に――その度合においても形態においても――変化を見いだすことができる、と主張する。賃金格差の縮小と女性たちの教育の向上は、家父長制の度合に生じた変化を証明しているが、家父長制の敗北の前兆ではない、とウォルビーは指摘する。女性にたいする抑圧は、かりにかつてはもっぱら家庭生活のなかに見いだされたとしても、今日では社会全体で至るところに探しだすことができる――女性たちは、今日、公的領域のあらゆる分野で、隔離され、従属的な状態に置かれている。いいかえれば、家父長制は、私的なことがらから公的なことがらへと形態が変化してきた。ウォルビーが辛辣に評するように、女性たちは、家庭から解放されても、自分たちが搾取対象になる社会を、今度はまるごと経験することになる。

ブラック・フェミニズム

これまで略述したフェミニズムの見解は、白人女性と非白人女性の双方の体験に同じように当てはまるのだろうか。多くの**ブラック・フェミニズム**の論者は、とくに発展途上国のフェミニズムの論者は、当てはまらないと断言する。ブラック・フェミニズムの論者によれば、フェミニズム思想の主流派は、女性たちのあいだに見いだされるエスニシティの区分を考慮せずに、先進工業社会に暮らす白人の、主として中流階級女性たちのディレンマに重点を置いている。女性たちの従属状態全般に関する理論を、特定の女性集団の経験だけから一般化するのは妥当ではない。さらに、すべての女性が等しく経験する、「一体化できる」ジェンダーの抑圧形態が存在するという考え方そのものに問題がある。

従来のフェミニズムのあり方への不満は、黒人女性たちが直面する特有な問題に注意を注ぐブラック・フェミニズムの出現を結果的に導いた。米国のブラック・フェミニズムの論者のひとり、ベル・フックス（つねにbell hooksと、小文字で表記される）は、自身の回想録の序文で次のように述べている。

今日、フェミニズムの多くの思想家は、少女時代について書いたり語ったりする際に、黒人の少女たちが白人の少女たち以上に自尊心をいだいてきた、と好んで示唆する。多くの場合、このような差異の判断基準になるのは、黒人の少女たちのほうが自己を主張し、発言も多く、自信に満ちているように見えることである。それでもなお、伝統的な南部に生活基盤を置く黒人たちの生活で、少女たちは、自分の意見を明確に述べ、自尊心をもつことを期待されたし、いまでも期待されている。親も学校の先生も、私たちにきちんと立ってはっきりと話すことをつねに促した。こうした特色は、黒人たちの意気を高揚させることを意図したが、必ずしも女性たちの自尊心の育成と密接に関係するものではなかった。率直にものごとを語ることができる少女であれば、自分の皮膚が十分に白くないから、あるいは自分の髪の毛がまっすぐでないから、自分は価値のない存在であると、依然として感ずるかもしれない。これらの要素は、白人の研究者が、白人の経験から生まれた価値観をもとに作った物差しによって黒人女性たちの自尊心を判断する際に、多くの場合、考慮に入れられていない変数である。(hooks 1997)

ブラック・フェミニズムの論者による著述は、歴史——黒人女性たちが直面している今日の問題について教える過去の諸側面——を重視、強調する傾向が強い。米国のブラック・フェミニズムの論者の著述は、奴隷制度と人種差別、公民権運動の強い遺産が、黒人社会におけるジェンダーの不平等に及ぼした影響を強調する。初期の黒人女性の女性参政権論者は、女性の権利を促進する運動を支持したが、人種問題が無視されていることを実感した、と米国のブラック・フェミニズムの論者は指摘する。つまり、黒人女性たちは、その人たちの人種《と》ジェンダーを根拠に差別されてきた。近年、黒人女性たちは、女性解放運動で中心的役割を演じてこなかった。ひとつには、「女性であること」は、人種概念ほど、自分たちのアイデンティティを牛耳っていなかったからである。

フェミニズムの白人の論者が支持する説明の枠組み——たとえば、家族を家父長制の拠りどころとみなす見解——は、黒人社会では家族が人種差別に抗する連帯性の最重要な場面となっているため、黒人社会に当てはめることがおそらくできない、とフックスは主張した。いいかえれば、黒人女性の抑圧された状態は、白人女性の場合に比べ、黒人女性たちが白人女性と異なる位置づけをされていることに見いだされる。

それゆえ、ブラック・フェミニズムの論者は、ジェンダーの不平等について論ずる際に、人種差別を考慮に入れないどの理論にたいしても、黒人女性たちが置かれた抑圧状態について適切な説明を期待することはできない、と主張する。階級の問題は、多くの黒人女性たちが置かれた状況で無視できないもう一つの要素である。ブラック・フェミニズムの理論の強みは、人種と階級、ジェンダーの相互作用に焦点を当てていることである、とブラック・フェミニズムの一部の論者は主張してきた。黒人女性たちは、皮膚の色、性別、それに階級上の位置づけをもとに、複合的に不利な境遇に置かれている、と主張する。これら三つの要因が相互に作用した場合、これらの要因は互いに補強し合い、強い力を発揮していく(Brewer 1993)。

ポストモダン・フェミニズム　ブラック・フェミニズムと同じく、**ポストモダン・フェミニズム**は、すべての女性が共有するアイデンティティや経験に一元的基盤が見いだされるという考え方に疑念を唱えてきた。

社会学でのポストモダニズムのアプローチは、第四章「社会学における理論的思考」、一三二頁～一三三頁で紹介している。

このポストモダン・フェミニズムという縒り糸は、美術や建築、哲学、経済学でのポストモダニズムという文化的現象にもとづいている。ポストモダン・フェミニズムの拠りどころの一部は、デリダ（Derrida 1978, 1981）やラカン（Lacan 1995）、ド・ボーヴォワール（de Beauvoir 1949）がおこなった理論的研究に見いだすことができる。ポストモダン・フェミニズムの論者は、社会における女性の位置づけを説明できる総括的理論が存在するとの主張を、つまり、「女性」という単一の実体ないし普遍的な範疇が存在するとの主張を排除している。したがって、ポストモダン・フェミニズムの論者は、ジェンダーの不平等を説明するために他の人たちが打ちだす――家父長制や人種、階級といった――論拠を、「本質主義者」とみなして排除する（Beasley 1999）。

その代わりに、ポストモダン・フェミニズムの論者は、多種多様な見地を等しく正当な見地として受け容れることを奨励する。女性であることに本質的な要素が見いだされるというよりも、むしろ多くの個人と集団が存在するのであって、すべての個人と集団は（異性愛者や女性同性愛者、黒人女性、労働階級の女性等々と）まったく異なる体験をしている。さまざまな集団と個人の「異種な存在性」が、賞賛されることになる。「異種な存在性」のもつプラス面の強調は、ポストモダン・フェミニズムの主要なテーマである。したがって、（たとえば、セクシュアリティや年齢、人種の）相違の承認は、ポストモダン・フェミニズムにとって中心的な問題になる。

ポストモダン・フェミニズムの論者は、集団間や個人間の相違の承認だけでなく、同時にまた「脱構築」の重要性も強調する。とりわけ、男性特有な語法や男性的世界観を脱構築しようとしてきた。その代わりに、ポストモダン・フェミニズムの論者は、もっと密接に女性たちの体験を反映する、流暢でオープンな言葉遣いや語法を創りだそうとしてきた。ポストモダン・フェミニズムの多くの論者にとって、男性たちは、二つ一組あるいは二項区分という（たとえば、「良いもの 対 悪いもの」、「正しいこと 対 間違ったこと」、「美しいもの 対 醜いもの」というような）観点から、世界を見ている。男性たちは、男性には平常という役を、女性には平常からの逸脱という役を割り振ってきた、とポストモダン・フェミニズムの論者は主張する。一例を挙げれば、近代精神医学の創始者であるシグムント・フロイトは、女性たちを、ペニスが欠如した男性とみなし、男性がペニスを所有しているという理由で、女性たちは男性を羨望している、と論じた。こうした男性的世界観のなかで、女性は、つねに「異質な存在性」という役を割り振られてきた。脱構築とは、二項対立的概念を攻撃し、反対側の概念に割り振られた役を、新たな建設的な仕方で変更することである。

ジェンダーの社会化に関するフロイトの見解は、第六章「社会化、ライフコース、加齢」、一九三頁～一九四頁を参照。

ポストモダン・フェミニズムは、さきに論じたフェミニズムの縒り糸と最も厳しい関係にあると言われている（Carrington 1995, 1998）。その主な理由は、フェミニズムの多くの論者が、女性たちの抑圧状態を包括的に説明でき、したがって抑圧状態の解消に向かう手段を見いだすことが可能であると思い込むという思い違いをしてきた、とポストモダン・フェミニズムが考えているからである。フェミニズム運動は、欧米社会に奥深い影響を及ぼした。しかし、フェミニズム運動の影響力は、世界の他地域に見いだされるジェンダーの不平等に、ますます異議を申し立てている。終わりに、グローバル化が進行する世界におけるジェンダーの問題について手短に言及しておきたい。

結び――ジェンダーとグローバル化

この章では、議論のほとんどが、欧米先進工業社会におけるジェンダー概念に焦点を合わせてきた。女性運動が、ジェンダーの根強い不平等の意味を解釈し、ジェンダーの不平等を克服する政策課題を促進するために、社会学の有力な理論群を生みだした。とはいえ、フェミニズムは、たんなる学問的活動ではない。フェミニズムはまた、北米と西ヨーロッパだけに限定されてもいない。今日のようにグローバル化がますます進行する世界では、英国の女性運動に積極的にかかわる人たちが、海外で別のフェミニズム闘争をつづける女性たちと連絡を取り合う格好の機会が生じている。

もちろん、女性運動は、たんに西ヨーロッパや米国だけの現象ではない。たとえば、中国で、女性たちは、雇用の場での平等な権利と政治への対等な参加を確保するために努力している（Zhang & Xu 1995）。南アフリカでは、女性たちは、アパルトヘイト反対闘争で枢要な役割を演じたし、人種隔離政策撤廃後の時代には、「教育、まともな住居、医療施設、勤め口を入手利用する自由を否定された、抑圧された多数者の物質的生活条件」を改善するために闘っている（Kemp et al. 1995）。ペルーでは、活動家は、女性たちに「公的活動領域に参加する機会」がもっと与えられるように、何十年も尽力している。一方、「ロシアでは、女性たちの抗議活動は、ロシア議会が一九九二年に検討した、女性たちを家庭に留め、『社会的に必要な労働』をおこなうように奨励する法律の成立を阻止するのに貢献した」（Basu 1995）。

女性運動の参加者たちは、長年にわたって他の国々の活動家との絆を育んできたとはいえ、このような接触の数とその重要性は、グローバル化によって増大している。多国間の接触がなされる最も重要なフォーラムに、国際連合の女性会議があり、一九七五年以降四回開催されてきた。（第五回会議は、二〇一〇年までの開催が提案されている。）一九九五年に中国の北京で開催された最近の会議には、約五万の人たち――三分の二以上が女性である――が出席した。一八一カ国の代表団が、何千もの非政府間組織の代表とともに出席した。「土地や信用、科学技術、職業教育、情報、コミュニケーション手段、市場を含む、経済資源への女性たちの対等な利用機会を確保する」ための方法を求めて、会議参加者は一〇日間にわたって、世界中の女性の実情報告に耳を傾け、女性たちの置かれた状況の改善策を議論し、互いに専門家としての絆や個人的絆を築いていった。参加者のひとり、マリカ・ダットは、雑誌「フェミニスト・スタディーズ」で、「米国から参加したほとんどの女性にとって、北京会議は、目を見張らせ、謙虚な気持ちにし、変化を促すような体験だった。米国の女性たちは、世界の他の地域から来た女性たちの巧みな分析や、うまくまとめられた提案、力のこもった発言に驚かされた」。同時にまた、ダットによれば、会議参加者の多くは、地球規模の連帯感、自負心、確認事項を手に北京をあとにした（Dutt 1996）。

会議の参加者たちが最終的に合意した行動宣言は、世界各国にたいして、次の課題に真剣に取り組むように要請した。

・貧困が女性たちに課す、絶え間ない、ますます強まる重荷
・女性たちに加えられる暴力
・武装闘争等の衝突が女性たちに及ぼす影響
・権力の分担や意思決定における男女間の不平等
・女性たちのステレオタイプ的とらえ方

女性運動が実効性をもつために、はたして国際的志向は欠かせないのだろうか。女性の利害関心は、基本的に世界中で同じなのだろうか。フェミニズムは発展途上世界の女性たちにとって何を意味するのだろうか。これらの問題や他の多くの問題が、グローバル化の急速な進展につれて、激しく議論されだしている。

まとめ

1　人間のセクシュアリティには明らかに生物学的基盤があるとはいえ、ほとんどの性行動は、生得的というよりも、むしろ学習されたもののように思える。性的習わしは、文化によっても、また同じ文化のなかでもかなり異なる。欧米では、キリスト教が、性にたいする態度を形成する上で重要であった。厳格な性規律をともなう社会では、ダブルスタンダードや偽善的な行いが一般に見いだされる。規範と実際の習わしとの隔たりは、性行動の研究が示したように、恐ろしいほど大きい。欧米では一九六〇年代に、セクシュアリティにたいする抑圧的態度にとって代わって、もっと寛容な見方が見られるようになった。とはいえ、今日でも抑圧的態度の及ぼす影響は引きつづき明白である。

2　世界中のほとんどの人びとは異性愛者である。しかし、同時にまた、多くの少数派の性的嗜好や性的好みも見いだされる。同性愛はあらゆる文化に存在するように思え、近年では同性愛者にたいする人びとの態度がかなり寛容になった。一部の国では、同性愛者の結婚を認め、同性愛者のカップルに既婚者と同じ権利を付与する法律が可決されている。

3　社会学者は、性とジェンダーを区別している。性は、男と女の身体に見いだす生物学的差異を指称する。それにたいして、ジェンダーは、男性と女性のあいだの心理的、社会的、文化的相違を問題にしている。

4　一部の人たちは、男女間の差異が遺伝的に規定されていると主張する。とはいえ、ジェンダーの差異に生物学的基盤があることを示す決定的な証拠は、何も存在しない。

5　ジェンダーの社会化とは、家族やメディアといった社会化の担い手の力を借りて、ジェンダー役割を学習することをいう。ジェンダーの社会化は、子どもの誕生とともにすぐにはじまるとされる。子どもたちは、自分の生物学的性に対応するとみなされている規範や期待を学習し、内面化する。子どもたちは、このような仕方で、「性役割」や、その性役割に付随する女性のアイデンティティと男性のアイデンティティ（女性性と男性性）を身につけていく。

6　性もジェンダーも社会的に構築されたものであり、さまざまな仕方で形成したり変更することが可能である、と一部の社会学者は考えている。ジェンダーは、たんに固定された「本質的要素」を欠くだけでなく、人間の身体の基層そのものも社会的影響作用や科学技術的介入によって変えられる可能性がある。

7　ジェンダーの不平等とは、さまざまな場面で女性たちと男性たちが享受する地位や権力、威信に差異があることをいう。ジェンダーの不平等について説明する際に、機能主義者は、ジェンダーの差異と性的分業が社会的連帯性や社会的統合に寄与することを強調してきた。フェミニズムのアプローチは、ジェンダーの不平等が自然な状態であるという考え方を拒否する。リベラル・フェミニズムの論者は、ジェンダーの不平等を、女性にたいする偏見や差別といった、社会的、文化的態度によって説明してきた。ラディカル・フェミニズムの論者は、男性たちが家父長制――男性が女性に加える体系的支配――による女性たちの搾取に責任を負っていると主張する。ブラック・フェミニズムの論者は、非白人女性たちが経験してきた抑圧を理解するために不可欠な要素として、ジェンダーに加えて、階級やエスニシティという要素に目を向けてきた。

8　ジェンダー関係とは、社会における男女間の社会的に様式化された相互行為のことをいう。ジェンダー秩序は、男性性と女性性が、男性による女性たちの支配を促進するヒエラルキーのなかで表出されている場合に存続する、と一部の社会学者は論じる。

9　近年、男性性の特質により多くの注意が向けられてきた。一部の研究者は、幅広い経済的、社会的変容が男性の伝統的な役割を侵食しだし、男性性の危機を引き起こしていると考える。

考察を深めるための問い

1　社会におけるジェンダーの差異を除去することは可能だろうか、あるいは望ましいことだろうか。

2　一方でジェンダーの不平等を排除しながら、ジェンダーの差異を保つことは可能だろうか。

3　階級やエスニシティ、性的志向といった要因は、私たちのジェンダー経験をどのように形成するのだろうか。

4　もっと広範囲に及ぶ社会変動過程に対応して、次の数十年間に、新たにどのような種類の男性性と女性性が出現することになるのだろうか。

5　社会的相互行為は、異性愛という当然視されてきた規範を中心に、どのような仕方で構造化されているのだろうか。

読書案内

Joe Bristow: *Sexuality* (Routledge, 1997)

R. W. Connell: *Gender* (Polity, 2002)

John Horton & Sue Mendus (eds): *Tolerance, Identity, and Difference* (Macmillan, 1999)

Michael S. Kimmel & Michael A. Messner: *Men's Lives* (Allyn & Bacon, 1889)

Lynne Segal: *Why Feminism?* (Polity, 1999)

A. Stein & C. Williams: *Sexuality and Gender* (Blackwell, 2002)

インターネット・リンク

Social Science Information Gateway on Gender and Sexuality
http://www.sosig.ac.uk/roads/suject-listing/World-cat/socgend.html

今日では The Women's Library として知られている Fawcett Library
http://www.lgu.ac.uk/fawcett/main.htm

Masculinity and Representation
http://www.newcastle.edu.au/department/so/kibby.htm

Queer Resource Directory
http://www.qrd.org/

Voice of the Shuttle
http://vos.ucsb.edu/shuttle/gender.html

BBC Debate on Gay Marriage
http://www.bbc.co.uk/religion/ethics/samesexmarriage/index.shtml

13

人種、エスニシティ、移民

一〇年以上前まで、南アフリカは、アパルトヘイト――強制的な人種隔離制度――によって統治されていた。南アフリカの住民は、アパルトヘイトのもとで、誰もが白人（ヨーロッパ系移民の子孫）、「カラード」（その出自がひとつ以上の「人種」成員にまで遡る人たち）、アジア人、黒人の四つの範疇のいずれかに分類された。人口構成で約一三％と南アフリカでは少数派の白人が、多数派である非白人を統治していた。非白人は、選挙権をもたず、中央政府にまったく代議員を送ることができなかった。隔離は、化粧室や鉄道車両といった公共の場から居住地区や学校に至るまで、社会のすべてのレヴェルで実施された。多数の黒人たちは、主要都市から遠く離れた、通称「ホームランド」に集められ、出稼ぎ労働者として金鉱やダイアモンド礦山で働いていた。

アパルトヘイトは、法律で規定されていたが、暴力や残虐行為をとおして強要された。国民党は、一九四八年に政権に就いたあと、アパルトヘイトを正式な制度として確立し、法の執行や治安機関を用いてアパルトヘイト体制にたいするあらゆる抵抗を抑圧した。反政府組織は非合法化され、反体制活動家は、裁判も受けずに拘留されたり、拷問を受ける場合が多かった。穏健なデモも、しばしば最後は暴力事件に発展した。何十年にも及ぶ国際社会からの非難や経済的、文化的制裁、国内での抵抗の高まりの結果、アパルトヘイト体制は弱まっていった。一九八九年に南アフリカ大統領に就任したF・W・デクラークは、深刻な危機に瀕し、ほとんど統治不可能になった国を引き継いだ。

一九九〇年にデクラーク大統領は、主要な反対政党であるアフリカ民族会議（ANC）に課してきた禁止令を解き、二七年間も投獄されていたアフリカ民族会議の指導者ネルソン・マンデラを釈放した。続いて一連の込み入った交渉をおこない、白人と非白人の双方を含む南アフリカ初の国政選挙への道が開かれた。一九九四年四月二七日に、アフリカ民族会議は六二％もの圧倒的な票を獲得し、ネルソン・マンデラは、アパルトヘイト後初の南アフリカ大統領に就任した。

マンデラとアフリカ民族会議は、桁外れの課題に直面した。人口三八〇〇万の国で、九〇〇万人が貧困に陥り、二〇〇〇万人は電気も利用できない暮らしをしていた。失業は広範囲に及んだ。黒人住民の半数以上は読み書きができず、黒人のあいだの乳児死亡率は、白人の一〇倍以上に及んだ。しかし、南アフリカは、物質面で著しく不平等な社会であるだけでなく、徹底的に分断された社会でもあった。人種的優越性という信念を前提にした数十年に及ぶイデオロギー支配は、この国に傷跡を残し、和解を是が非でも必要としていた。アパルトヘイト体制下の残虐行為の排除が必要とされ、また人種的弾圧の文化を根絶しなければならなかった。アフリカ系住民内部に見いだされたエスニシティ面の緊張関係は、暴力行為の爆発を招き、内戦に発展する恐れがあった。

マンデラは、一九九九年までの大統領在任中に、さまざまなエスニシティから構成される公正な社会が出現できるように、入念な地ならしをおこなった。一九九六年に採択された憲法は、世界で最も進歩的な憲法のひとつで、人種、エスニシティないし社会的出身、宗教や信念、さらに性的志向や障害、妊娠にもとづく差別を一切禁止した。マンデラが繰り返した「新たな愛国心」を求める呼びかけは、「神経過敏な白人たち」と「辛抱できない黒人たち」をともに同じ国家建設プロジェクトに結集させようとした。暴力につながる恐れのあるエスニシティ面や政治面の緊張関係を和らげるため、ズールー人を基盤にしたインカタ自由党（ＩＦＰ）のような反政府組織も、政権に引き入れた。

マンデラの大統領在任中に起きた最も有名な出来事のひとつは、過去のアパルトヘイトの負の遺産にたいする取り組みであった。一九九六年四月から一九九八年七月まで、真実と和解のための委員会（ＴＲＣ）は、アパルトヘイトのもとで生じた虐待を調査するために、南アフリカ中のコミュニティで公聴会を開催した。一九六〇年から一九九四年までのあいだに犯された行為や虐待を調査するに際して、ノーベル賞受賞者デズモンド・ツツ大司教が真実と和解のための委員会を指揮した。二万一〇〇〇件以上もの証言がおこなわれ、記録された。公聴会は、一般の人びとに公開され、メディアでも大々的に報道された。この真実と和解のための委員会が開催した公聴会の目的は、アパルトヘイト時代の現実を――最も恐ろしい現実から最もありふれた現実まで――誰もが知ることができるように暴くことであった。公聴会の目的は、裁判の役目をしたり罰を与えることではなかった。警官や治安当局も含めアパルトヘイトの下で罪を犯した人たちには、嘘偽りのない証言や関連するすべての情報の「完全な開示」と引き換えに、大赦が与えられた。

真実と和解のための委員会は、一九九八年に三五〇〇頁に及ぶ調査結果の報告書を発表した。アフリカ民族会議を含む他の組織が犯した違法についても言及したとはいえ、アパルトヘイトによる統治を人権侵害の主犯と特定したのは、意外でもなかった。一部の人たちは、真実と和解のための委員会がアパルトヘイト時代の犯罪記録文書の保管庫に過ぎず、発生した非道を正すことはできない、と批判した。しかし、他の多くの人たちは、証言を――虐待をおこなった人たちから、また虐待を受けた人たちから――収集する過程それ自体がアパルトヘイト時代の不正に焦点を合わせることにつながる、と考えた。

確かに真実と和解のための委員会は、数十年に及ぶ人種対立や人種差別を独力で克服することができなかった。南アフリカは、依然として亀裂が生じた社会であり、強い敵対感情や不寛容な態度との闘いがつづいている。二〇〇〇年に可決された一連の「改革法案」は、人種差別を扇動する言動を禁止し、人種差別への告発を審理するために一組の「平等法廷」を設置した。しかしながら、真実と和解のための委員会が開催した公聴会は、アパルトヘイト後の南アフリカの歴史にとって強い影響を及ぼす出来事であり、人種対立に取り組む際の公明性と公正さの新たな基準を確立した。真実と和解のための委員会は、人種的憎悪が生みだす危険な帰結に注意を喚起し、みずからが実例となることで、和解の過程でコミュニケーションや対話が力をもつことを証明した。

この章では、「人種」とエスニシティの観念について検討し、なぜ人種やエスニシティの区分が――南アフリカや他の多くの社会で生じたように――これほどまでに頻繁に社会的対立を生みだすのかを探究したい。そこでまず社会科学者が人種やエスニシティの概念をどのように理解し、用いているのかを考察し、次に偏見や差別、人種差別主義の問題に目を向け、偏見や差別の根深さを説明する一助となる社会学の解釈について論及したい。それをもとに、エスニシティ間の融和のあるべき姿に取り組み、エスニシティ間の対立事例を探究したい。この章の終わりでは、とくに移民の動向とエスニシティ間の不平等の諸様相に注意を払いながら、英国とヨーロッパにおけるエスニシティの多様性とエスニシティ関係に目を向け、その後でグローバルな移民様式について論じたい。

鍵となる概念

人種

人種は、社会学で最も複雑な概念のひとつである。それは、とくにこの人種概念の日常の用法と科学的根拠のあいだに(あるいは、科学的根拠の欠如ゆえに)矛盾が見いだされるからである。今日でも多くの人が、人間を生物学的に別個の人種に容易に分類できると誤って確信している。このことは、研究者や、アパルトヘイト終結前の南アフリカのような政府が、世界中の人びとの人種分類を数多く試みてきたことを考えあわせば、意外でもない。人種を、主に四つか五つに区別してきた研究者もいれば、三〇以上にも及ぶ人種の存在を認めてきた研究者もいる。

人種をめぐる科学的理論は、一八世紀末から一九世紀初頭に生まれた。こうした理論は、英国やヨーロッパの他の国々が帝国主義勢力となり、属領と住民を支配する時代に出現した社会秩序を正当化するために、利用されていった。ジョゼフ・アルチュール・ド・ゴビノー伯爵(一八一六年〜一八八二年)は、ときとして近代人種差別主義の祖と呼ばれているが、白色人種(《コーカソイド》)、黒色人種(《ニグロイド》)、黄色人種(《モンゴロイド》)の三つの人種の存在を指摘した。ド・ゴビノーによれば、白色人種は、優れた知能や道徳性、意志力を身につけ、これらの遺伝的に継承した特質が世界中に及ぶ西欧の影響力の基盤となっている。対照的に、黒人たちは、最も能力に乏しく、野獣性や、道徳の欠如、情緒的不安定さを特徴とする。ド・ゴビノーやド・ゴビノーに追随して科学的人種差別主義を提唱する人たちの考えは、その後にアドルフ・ヒトラーに影響を及ぼし、ナチ党のイデオロギーにかたちを変えて組み入れられ、また、米国のクー・クラックス・クランのような白人至上主義グループや南アフリカのアパルトヘイトの考案者たちにも影響を及ぼした。

第二次世界大戦後、「人種科学」は完全に信用を失った。生物学的な面から見れば、人びとのあいだに輪郭のはっきりした「人種」などはまったく存在せず、あるのは多種多様な身体的差異だけである。人間集団間に見いだす身体の類型的相違は、住民の同系交配から生じ、住民の同系交配は、異なる社会集団なり文化集団との接触の度合に応じて変化していく。人間の個体群は連続体である。明白な身体的特徴を共有する人たちのなかに見いだす遺伝学的差異は、集団間に見られる差異と同じくらい多様である。これらの事実から、科学の世界では、人種という概念を事実上廃棄した。人種概念は、この概念が学問の世界で使用されてきたので人種には生物学的根拠があるという誤った確信を一般の人びとにいだかせただけの、そうしたイデオロギー的構成物に過ぎない、と社会科学の多くの研究者は声を揃えて主張する(Miles 1993)。かりに人種の生物学的根拠に疑いが生じたとしても、概念としての人種は多くの人びとにとって意味をもっていると主張し、異論を唱える社会科学者もいる。かりに人種が極めて疑わしい概念であるとしても、人種は社会学的分析にとって引きつづき不可欠な概念である、とこれらの社会科学者は主張する。したがって、一部の研究者は、人種概念が誤解を招きやすいとはいえ日常的に使用されていることを反映させるために、「人種」という言葉を括弧にくくって用いている。

それでは、人種が生物学的範疇を指すのでないとすれば、人種とは何だろうか。人びとのあいだに明らかに身体的差異が見いだされ、なかには遺伝によって受け継がれる身体的差異も存在する。しかし、ある身体的差異がなぜ社会的差別や偏見の原因となり、他の差異がそうならないのかという疑問は、生物学とはまったく無関係である。したがって、人種の差は、その社会の成員が社会的に重要と選び出した身体的相違として理解される必要がある。たとえば、皮膚の色の違いは重要とみなされるが、髪の色の違いは重要とみなされていない。人種は、生物学に根拠を置く特徴にもとづいて個人や集団を位置づけて、個人や集団にさまざまな属性なり能力を割り当てることが容認される、そうした一連の社会関係として解釈することができる。人種の区別は、人びとの相違を記述するための方式だけにとどまらない——人種の区別は、社会内部の権力様式や不平等様式が再生産される際の重要な要素でもある。

個人や人間集団を分類するために人種という認識を利用する過程は、**人種化**と称されている。歴史的に見て、人種化とは（ド・ゴビノーの提唱した考え方がそうであったように）、特定の人たちの集団が、自然に生じた身体的特徴にもとづいて他と異なる生物学的集団を組成しているというレッテルを貼られるようになることを意味した。一五世紀以降の歴史を通じて、ヨーロッパ人が世界のさまざまな地域の人びととますます接触するようになると、自然現象も社会現象も範疇に分けて説明することで、こうした認識を体系化する企てがなされた。その結果、ヨーロッパ系の「白色人種」との対比で、非ヨーロッパ系の住民を「人種化」した。一部の事例では、こうした人種化は、アメリカ大陸の植民地における奴隷制度や南アフリカのアパルトヘイトのように、「成文化された」制度のかたちをとった。とはいえ、もっと一般的には、日常の社会制度が《実質的に》人種化されていった。人種化されたシステムのもとで、一人ひとりの日々の生活の諸側面は——雇用や対人関係、住宅、保健医療、教育、法律上の表示を含め——このシステム内部でのその人自身の人種化された位置づけによって定められ、また制約されていく。

エスニシティ

人種概念が多少とも固定した生物学的要素を誤って含意しているのにたいして、**エスニシティ**の概念は、その意味が純粋に社会的な概念である。エスニシティとは、ある人たちのコミュニティを他のコミュニティから区別する文化的習わしや見地を指称している。エスニック・グループの成員は、自分たちを社会の他の集団と文化的に異なる存在とみなし、また逆に他の集団もそう考えている。さまざまな特徴がエスニック・グループを互いに区別する働きをしている。しかし、通常、最も一般的な特徴に、言語、

（実際の、または想像上の）歴史ないし祖先、宗教、衣服様式や装飾様式がある。エスニシティの差異は、全面的に学習されたものである。この点は、一部のエスニック・グループが、いかに多くの場合「生まれながらの支配者」なり「無能」、「愚鈍」等々とみなされてきたかを思い起こせば、自明であるように思える。事実、エスニシティに生得的な要素は何も存在しない。エスニシティは、長い時間をかけて徐々に生みだされ、再生産される、純粋に社会的現象である。若年層は、社会化をとおしてコミュニティのライフスタイルや規範、信念に同化していく。

　多くの人びとにとって、エスニシティは、自分や集団のアイデンティティにとって枢要である。エスニシティは、過去との連続性の糸になることができ、また多くの場合、文化的伝統の実践をとおして保持される。ロンドンのノッティングヒルの大通りでは、毎年、カーニバルの興奮や見事な飾りつけがカリブ海の文化をまざまざと再現している。もう一例をあげれば、アイルランド系アメリカ人三世は、生まれたときから米国で暮らしてきたにもかかわらず、自分たちがアイルランド系アメリカ人であることに誇りをいだいている。アイルランドの伝統や慣習は、多くの場合、幾世代もの家族をとおして、またより大きなアイルランド人コミュニティのなかで継承される。エスニシティは、伝統の内部で維持されているとはいえ、静止していないし、不変的でもない。むしろエスニシティは、流動的で、状況の変化に適応する。たとえば、アイルランド系アメリカ人の場合、アイルランドに由来する通俗的慣習は、米国社会の脈絡のなかで維持されてきたが、変容を遂げていると見ることも可能である。米国の多くの都市でおこなわれる聖パトリックの日の騒々しいパレードは、アメリカ的趣向がいかにアイルランドの伝統を紛れもなくつくり直してきたかの実例である。同じような例は、住民が――移民や戦争、労働市場の変化などの要因の結果として――混じり合い、エスニシティの面で多様なコミュニティを生じさせているところでは、地球上のあちこちに見いだされる。

　社会学者は、多くの場合、「人種」よりも、「エスニシティ」という言葉を支持している。なぜなら、エスニシティは、その言葉の意味が完全に社会的な概念であるからである。とはいえ、エスニシティやエスニシティの差異への言及は、とくにかりにそれが「非エスニシティ的」規範との対比を示唆する場合、問題を孕む可能性がある。たとえば英国では、一般にエスニシティという言葉は、英国「生まれの固有な」習わしとは異なる文化的習わしや伝統を指称するために用いられている。「エスニック」という言葉は、料理や衣服、音楽や近隣地域といったさまざまな領域で、「非英国的な」習わしを明示するために適用されてきた。エスニックというレッテルをこのように集合的に使うことは、「私たち」と「あの人たち」との分断を生む危険性があり、一部の住民を「風変わり《エスニック》」とみなし、他の住民を「風変わり《エスニック》」とはみなさない危険が生ずる。現実に、エスニシティは、特定の一部住民だけでなく、住民のすべての成員が身につけている属性である。しかしながら、以下で見るように、エスニシティは、実際には住民内部のマイノリティ・グループと、ほとんどの場合、密接に関連している。

マイノリティ・グループ

マイノリティ・グループ（エスニック・マイノリティという場合も多い）の概念は、社会学では広く用いられ、たんなる数量的区分以上のことがらを意味している。たとえば、身長一九〇センチ以上の人たちや靴のサイズ三〇センチ以上の人たちといった、統計的意味合いで数多くの少数派を見いだすことができる。しかし、こうした少数派は、社会学の概念に符合するマイノリティ・グループではない。社会学の概念では、マイノリティ・グループの成員は、マジョリティの人たちに比べて不利益を被り、また、何らかの集団的連帯意識を、つまり、共属感情をいだいている。偏見や差別にさらされてきた経験は、通例、忠誠心や利害関係の共有を強める。

したがって、社会学者は、多くの場合、社会の内部で特定の集団が置かれた従属的位置づけを指称するために、「マイノリティ」を、字義通りの数量的意味ではないかたちで用いる。「マイノリティ」が実際に多数派を形成している事例は、数多く存在する。インナーシティのように一部の地理的領域で、エスニック・マイノリティ・グループは、住民の多数派を構成するが、それにもかかわらず「マイノリティ」と呼ばれている。なぜなら、「マイノリティ」という用語は、このような集団の恵まれない境遇を把握しようとするからである。女性たちは、ときとしてマイノリティ・グループと記述されるが、世界の多くの国々で数の上では多数派を形成する。しかしながら、女性たちは（マジョリティである）男性たちに比べ恵まれない境遇にいる傾向が強いので、マイノリティという言葉は、女性たちにも用いられている。

マイノリティ・グループの成員は、多くの場合、みずからをマジョリティの人たちとは別個の存在とみなす傾向が強い。マイノリティ・グループの成員は、通例、もっと大きな社会から、物理的にも社会的にも孤立している。特定の近隣地区や都市、地方に集まって居住する傾向がみられる。通婚は、マジョリティとマイノリティ・グループの成員のあいだや、マイノリティ・グループ間では、ほとんどおこなわれない。マイノリティの内部では、人びとは、文化の示差的特性を維持するために、往々にして**内婚**（集団内での婚姻）を積極的に奨励している。

一部の研究者は、「マジョリティ」の社会からじかに偏見を被ってきた集団を包括的に指称するために、「マイノリティ」という言い方を支持してきた。「マイノリティ」という呼称は、社会内部のさまざまな従属的集団が受けてきた共通の経験を際立たせることで、差別の蔓延に注意を向けている。一例を挙げれば、身体障害者差別や反ユダヤ主義、同性愛嫌悪、人種差別主義は、多くの特徴を共有し、また、さまざまな集団に加えられる抑圧がいかに類似したかたちをとりやすいのかを明示している。とはいえ、同時にまた「マイノリティ」という包括的な言い方は、差別や弾圧について、個々の集団が受ける経験を正確に反映していない一般化を結果的にもたらす可能性がある。同性愛者とパキスタン人はともにロンドンのマイノリティ・グループであるとはいえ、同性愛者とパキスタン人が社会で従属的立場を経験する態様は、決して同じではない。

多くのマイノリティは、社会の他の住民と、エスニシティの面でも身体の面でも違いを示している。この点は、たとえば、英国での西インド諸島系の人たちやアジア人、また米国でのアフリカ系アメリカ人や中国人などの集団に当てはまる。さきにも述べたように、実際にある集団や一連の伝統を「エスニック」と称することは、やや選択的におこなわれている。英国の西インド諸島系の人たちや米国のアフリカ系アメリカ人は、エスニック・マイノリティの明らかな例であるとはいえ、イタリア系ないしポーランド系の英国人や米国人をエスニック・マイノリティとみなすことは、おそらくほとんどない。多くの場合、皮膚の色のような身体的差異は、エスニック・マイノリティであることを特徴づける明瞭な要素になっている。この章で後述するように、エスニシティの区別が中立的であるのは稀で、エスニシティの区別は、通例、集団間の敵対感情だけでなく、富や権力の不平等とも密接に関連する。

「ブラック」アイデンティティ

個人や人口集団を記述するための「ブラック」という言葉の使用は、この何年かのあいだに根本的に変化してきたし、また引きつづき異論が唱えられている。長いあいだ、「ブラック」は、白人たちが割り当てた、軽蔑的なレッテルであった。一九六〇年代に入って初めて、アフリカに出自がある英国人や米国人は、この「ブラック」という言葉を「自分たちのために取り戻して再生させ」、肯定的なかたちでみずからに当てはめていった。「ブラック」は、人種差別的汚名ではなく、むしろ誇りやアイデンティティの源になった。「ブラック・イズ・ビューティフル」というスローガンや「ブラック・パワー」という動機づけの概念は、黒人解放運動にとって不可欠になった。こうした考え方は、象徴の面で「白い色」が「黒い色」を支配してきた状況に対抗するために用いられた。「ブラック」という言葉は、この言葉が社会のなかでもっと受け容れられるようになるにつれて、出自がアフリカではない——とりわけアジア人——非白人にも用いられるようになった。とはいえ、「ブラック」という言葉は、たんなる呼称どころではなく、根底に政治的メッセージも内包していた。「黒」人は誰もがみな白人による人種差別や排除を経験していたため、変革を推し進める際に、黒人たちを「ブラック」という共通のアイデンティティのもとに結集する必要があった。

一九八〇年代の終わりに、一部の研究者やエスニック・マイノリティ・グループの成員たちは、非白人全体を指称するために「ブラック」という言葉を用いることに異議を唱えだした。この人たちは、一方で非白人が同じ抑圧状態に置かれてきたことを認めるとはいえ、「ブラック」という言葉がエスニック・グループ間に見いだす相違を見えなくさせている、と主張する。

この「ブラック」という言葉を批判する人たちによれば、経験の共有を前提とするよりも、むしろ個々のエスニック・マイノリティ・グループがたどってきた示差的な経験にもっと注意を向けるべきである。タリク・モドゥードは、こうした批判を先導する人たちのひとりである。モドゥードは、「ブラック」という言葉が——あるときはアフリカに出自がある人たちだけを意味し、またあるときはアジア人も含めて包括的に指称するように——あまりにも不正確に用いられている、と指摘する。この「ブラック」という言葉は、皮膚の色にもとづいた抑圧状態を過度に強調し、文化的な基盤がある人種差別主義の多くを軽視している、とモドゥードは考える。モドゥードによれば、「ブラック」という言葉とアフリカ出身の人たちの経験とのあいだには強力な意味が内包されているため、アジア人はみずからを「ブラック」であるとみなさない傾向がある。結局のところ、「ブラック」という言葉は、極めて重要であるが、本来的に誤ったアイデンティティを含意している、とモドゥードは指摘する。いわゆる「白人」の人たちのなかで、多くの集団がそれぞれ異なるアイデンティティを身につけるように、非白人の人たちも、数多くの異なるアイデンティティを身につけている（Modood 1994）。

「ブラック」という言葉の使用に関して、社会学で明確な合意がなされているわけではない。モドゥードたちの提示した批判は確かに妥当性をもつが、「ブラック」という言葉は、ほとんどの非白人が遭遇してきた白人による人種差別という共有された経験について言及する上で、依然として有効な方法である。とはいえ、社会学における近年の研究動向は、モドゥードの懸念を裏づけているように思える。ポストモダン学派と深く結びついた論者たちは、集合的な「ブラック」アイデンティティの重要性にこだわるよりも、むしろさまざまなエスニック・マイノリティ・グループのあいだに見いだされる差異に光を当てる傾向が強い。

偏見と差別

人種の概念は近代に入って生まれた。しかし、偏見と差別は、人間の歴史に広くはびこってきた。そこで、まず偏見と差別を明確に区別しておく必要がある。**偏見**とは、ある集団の成員が別の集団にたいしていだく意見ないし態度を指称している。偏見をいだいた人の先入観は、多くの場合、直接的な証拠よりも伝聞にもとづき、たとえ新たな情報を目の前にしても簡単には変化しない。人びとは、仲間意識をもつ集団に好意的な偏見をいだき、そうでない集団には否定的な偏見をいだく可能性がある。特定の集団にたいして偏見をいだく人は、その集団の言い分を公平に聴くことを拒む。

偏見は、多くの場合、**ステレオタイプ**に、つまり、集団にたいする人びととの固定化し、柔軟性を欠いた特徴描写に根ざしている。ステレオタイプは、たとえば、黒人は誰もが生まれつき運動選手のように筋骨たくましく、東アジア人は誰もが勤勉な学生であるといった説のように、多くの場合、エスニック・マイノリティ・グループに向けられる。ステレオタイプのなかには、一面の真実を含むものもある。他方また、敵意や怒りの感情をそうした感情の真の原因ではない対象に向けていく、たんなる**置き換え**のメカニズムに過ぎないステレオタイプも存在する。ステレオタイプは、文化的理解のなかに埋め込まれているため、たとえそのステレオタイプが現実の著しい曲解である場合でも、うち崩すことが難しい。ひとり親の女性が福祉に依存し、働こうとしないという考えは、実際には根拠を欠いた執拗なステレオタイプの一例である。極めて多くのひとり親女性は現実に働いており、福祉給付を受けているひとり親女性の多くは、働きたいのに、児童保育を利用できない。**スケープゴート化**は、恵まれない二つのエスニック・グループが経済的報酬を互いに奪い合う際に、一般に見いだされる。たとえば、エスニック・マイノリティにたいして人種攻撃を加える人たちは、標的にされた人たちと同じような経済的境遇に置かれていることが多い。最近の世論調査によれば、「不当な扱いを受けている」と感じる人は、移民やエスニック・マイノリティが自分たちよりも優先されだしていると考える（MORI 2003; *The Economist* 26 Feb 2004）。この人たちは、自分たちの不満や不平の真の原因が他にあるのに、その不満や不平の責任をエスニック・マイノリティに負わせている。

スケープゴート化は、通常、他と違う明確な特徴を示し、相対的に無力な集団にたいして向けられる。なぜなら、こうした集団は攻撃目標になりやすいからである。プロテスタントやカトリック教徒、ユダヤ人、イタリア人、アフリカの黒人、イスラム教徒、ジプシー等は、西欧の歴史のさまざまな時代に、スケープゴートの役割を不本意ながら演じてきた。スケープゴート化は、投映、つまり、自分の欲望や特徴が他の人たちに帰属すると考える無意識な心理を多くの場合ともなう。支配集団の成員がマイノリティに暴力をふるい、マイノリティを性的に食い物にする場合、この人たちは、このマイノリティ・グループ自体も性的暴力という特徴を表に出すと思いがちであることを、どの調査も一貫して証明してきた。たとえば、アパルトヘイト時代の南アフリカ白人のあいだでは、黒人男性は異常なほど性的能力に勝り、黒人女性はふしだらであると広く信じられていた。黒人男性は白人女性の貞操にとって極めて危険な存在であると考えられた――ところが、実際には、犯罪となる性的接触は、ほとんどの場合、白人男性が黒人女性にたいしておこなっていた（Simpson & Yinger 1986）。

かりに偏見が態度や意見をいうとすれば、**差別**は、他の集団や個人にたいしてとる実際の行動を指称している。差別は、たとえば黒人の英国人が白人には開かれている職に就くのを拒否される場合のように、他の人たちには許されている機会をある集団の成員から剥奪する行いのなかに見いだされる。偏見は、差別の基盤になっている場合が多いとはいえ、偏見と差別が別々に存在する可能性もある。人びとは、直接行動に表れない偏見に満ちた態度をとってきたかもしれない。同じように重要な点であるが、差別は、必ずしも偏見から直接派生するわけではない。たとえば、住居購入者の白人は、黒人が多く居住する地区の地所の購入を、その地区に住む人たちに敵意ある態度をいだくからではなく、その地区での資産価値の下落を心配して避けるかもしれない。この場合、偏見に満ちた態度は、差別に影響を及ぼすが、間接的なかたちで影響を及ぼしている。

人種差別主義

偏見が広範に見いだされる形態のひとつは、**人種差別主義**――

社会的に重要な意味をもつ身体面の区別にもとづく偏見――である。人種差別主義者とは、人種化された差異にもとづいて一部の人たちが他の人たちよりも優れていたり劣っていると確信する人たちである。一般に、人種差別主義は、特定の人たちや集団がとる行動ないし態度と考えられている。人は、人種差別主義的信念を表明したり、人種差別主義的政治綱領を推しすすめる白人至上主義組織に参加するかもしれない。しかしながら、人種差別主義は、たんに偏見に凝り固まった少数の人たちがいだく見解だけに留まるものではない、と多くの論者は主張してきた。むしろ、人種差別主義は、社会の構造や活動そのもののなかに埋め込まれている。**制度的人種差別主義**という考え方は、人種差別主義が社会の構造全体に周到に浸透していることを指摘する。この見解にしたがえば、警察や医療サーヴィス、教育システムといった制度体はいずれも、特定の集団に恩典を与え、他の集団を差別待遇する政策を推進している。

一九六〇年代後半の米国で、人種差別主義が、少数者の意見の表明ではなく、むしろ社会の構造そのものを下から支えていると考えた公民権運動の活動家たちは、この制度的人種差別主義という考え方を展開していった（Omi & Winant 1994）。その後、制度的人種差別主義は、その存在が多くの状況で広く認められるようになった。スティーヴン・ローレンス殺人事件（次頁のコラムを参照）との関連でロンドン警視庁の業務についてなされた最近の実態調査は、制度的人種差別主義が警察の内部や刑事裁判制度に浸透していることを見いだした（Macpherson 1999）。文化や芸術の分野においても、たとえばテレビ放送（番組制作の際のエスニック・マイノリティにたいして好意的でない、あるいは偏狭な描写）や国際的なモデル業界（業界全体での非白人ファッション・モデルにたいする偏見）等の領域で、制度的人種差別主義が暴露されてきた。

根強い人種差別主義

人種差別主義は、なぜ繁茂したのだろうか。いくつか理由があった。近現代の人種差別主義を引き起こした重要な要因のひとつは、明らかに人種という概念そのものの創案と流布である。擬似人種差別主義的態度は、何百年も前から存在することが知られている。しかし、一群の固定した特徴としての人種概念は、さきに論じた「人種科学」の出現とともに発生した。白色人種の優越性という観念は、実際にはまったく取るに足りないものであるとはいえ、依然として白人の人種差別主義の重要な要素である。

近現代の人種差別主義が台頭した二つ目の理由は、ヨーロッパ人が非白人住民にたいして確立した搾取関係にある。かりに多くのヨーロッパ人が、黒人は劣等な、人間以下の人種に属すると考えなければ、奴隷貿易をおこなうことはできなかったはずである。人種差別主義は、非白人住民にたいする植民地支配を正当化するのに役立ち、ヨーロッパ本国で白人たちが獲得しだした参政権を非白人住民にたいして拒否した。市民資格《シティズンシップ》からの排除は、依然として今日の人種差別主義の中心的特徴である、と一部の社会学者は主張している。

三つ目の理由は、エスニック・マイノリティが英国やヨーロッパ、北米——以前は（北米の先住民は例外であるが）白人が優勢であった地域——に大規模で移住したことと関係している。戦後の経済的急成長が一九七〇年代中頃に鈍化し、欧米のほとんどの経済国が労働力の不足状態から失業者の増加に転じた（それに、入国を比較的緩やかにした）ために、元からの住民の一部は、外国からの移住者が数の乏しい職を占拠しだし、当然の権利として福祉施策を要求しだしている、と思いはじめた。移住者は、こうした不満をいだく元からの住民にとって、メディアに唆かされる場合も多いが、移住者は格好のスケープゴートになった。実際には、このような社会で広くいだかれている恐怖心は、概ね神話である。移民労働者が地元労働者に取って代わる傾向は見られない。むしろ、移民労働者は、地元労働者が就業拒否する仕事をおこなったり、得難い付加価値のある技能を供給したり、あるいは職を生みだしたりして、おそらく地元労働者を結果的に補完している。同じように、移民労働者は、就業が許されれば、課税対象者として国の歳入に最終的に寄与する。

スティーヴン・ローレンス殺人事件と「マクファーソン報告」

一九九三年に、黒人少年スティーヴン・ローレンスは、ロンドン南西部の停留所で友だちと一緒にバスを待っていたとき、白人の若者五人から人種偏見が動機の襲撃を受け、殺害された。若者たちは、挑発されたわけでもないのにローレンスに襲いかかり、ナイフで二度突き刺して、ローレンスをそのまま歩道に放置し死亡させた。この殺人事件で犯人が誰も有罪判決を受けなかったことは、目に余る誤審で、法の執行や刑事裁判制度に蔓延する人種差別主義の証拠とみなされた。

この問題を調査した委員会は、ローレンス殺人事件の捜査が初手から対応を間違っていたと結論づけた（Macpherson 1999）。現場に到着した警察官は、ローレンスを襲った若者たちを追う努力をほとんどせず、また、ローレンスの両親に何の配慮も示さず、両親にはその権利があるにもかかわらず両親が事件に関する情報に接することを拒んだ。ローレンスは、人種偏見が動機の、いわれのない暴行の何の罪もない犠牲者であるというよりも、路上での喧嘩に巻き込まれただけだという誤った憶測がなされた。警察による容疑者の捜査は、ずさんで、「緊張感を欠く」かたちでおこなわれた。たとえば、容疑者の家宅捜査は、凶器の隠し場所を教える垂れ込みがあったにもかかわらず、徹底していなかった。このような失策を正すために捜査に介入できる立場にいた上司も、失策を正そうとはしなかった。捜査の過程でも、またその後の捜査にたいする一連の調査でも、警察は、核心となる情報を明らかにするのを拒否し、互いにかばい合い、失策の責任を取ろうとしなかった。

ローレンスの両親の粘り強い努力の結果、一九九六年に三人の容疑者が起訴された。しかし、裁判官は、目撃者のひとりがおこなった証言を証拠として認めないと裁決したため、訴訟事実は総崩れになった。一九九七年にジャック・ストロー内務大臣はローレンス事件の徹底した調査を公示した。そして、調査結果は、一九九九年にマクファーソン報告として公表された。報告書の執筆者たちが示した調査結果は、曖昧な点のないものであった。「人種差別によるスティーヴン・ローレンス殺人事件の捜査に関して、すべての証拠から導き出された結論は、明白である。捜査に根本的な過りがあったことは、疑う余地がない。事件捜査は、専門職としての無能力、制度的人種差別主義、上司の統率力不足が重なって、台無しになった」。

この調査の最も重要な知見のひとつは、（五〇三頁で触れた）《制度的人種差別主義》の告発であった。報告書の執筆者たちは、ロンドン警視庁だけでなく、刑事裁判制度を含む他の多くの制度体も、「住民にたいして、その人の皮膚の色や文化、出身エスニシティが原因になって、専門職として適切なサーヴィスを提供できない……集団的機能停止状態に陥っている。無意識の偏見や無知、思慮のなさ、人種差別に満ちたステレオタイプ化によって、エスニック・マイノリティの人びとを不利な境遇に追い込み、結果的に差別につながる手順や姿勢、見方、行動のなかに、集団的機能停止状態を見いだしたり、感じとることができる」と、マクファーソン報告の執筆者たちは結論づけた（Macpherson 1999）。マクファーソン報告は、住民のどの層も決して不利益を被らないようにするためには、「政策や政策結果の検証が、どの機関にとっても義務である」と結論づけている。人種差別による犯罪を警察が取り締まる際の方法を改善するために、七〇に及ぶ勧告を提示した。この勧告のなかには、警察官に人種問題への認識を深める教育をおこなうこと、人種差別主義的な警察官を免職できる規律的権力の強化、何が人種偏見にもとづく事件につながるかをもっと明確に規定すること、黒人やアジア人の警察官の総数を増やす努力、が含まれていた。

「旧来の人種差別主義」から「新たな人種差別主義」へ　生物学的人種概念が信憑性を失ったのと同じように、身体的特徴の差異に論拠を置く旧来の「生物学的」人種差別主義は、今日の社会では公然と表明されることがほとんどない。米国での合法化された人種隔離の終焉や、南アフリカでのアパルトヘイトの崩壊は、「生物学的人種差別主義」が排除される重要な転換点となった。いずれの事例においても、身体的特徴を生物学的劣位性とじかに結びつける考え方が、人種差別主義的態度を明示してきた。このような露骨な人種差別主義的見解は、特定の人種にたいする激しい憎悪が原因の犯罪事例や一部の過激主義集団の政治綱領を除いて、今日ではほとんど聞かれなくなった。しかし、それは、人種差別主義的態度が現代の社会から消滅したという意味ではない。むしろ、何人かの研究者が主張するように、こうした人種差別主義的態度に代わって、一部の集団を排除するために文化的差異という考え方を利用する、もっと巧妙な**新たな人種差別主義**（ないし《文化的人種差別主義》が台頭してきた（Baker 1981）。

「新たな人種差別主義」が出現したと指摘する人たちは、特定の住民を差別するために、今日では生物学的議論に代わって文化的議論が用いられている、と主張する。この見解によれば、優位性と劣位性のヒエラルキーが、マジョリティの文化が有する価値観にしたがって構築されている。マジョリティから距離を置く集団は、同化を拒否したという理由で社会的に無視されるか、中傷を受ける可能性がある。「新たな人種差別主義」には明確な政治的側面があることが指摘されている。「新たな人種差別主義」の顕著な例は、米国の一部政治家による公用語を「英語のみ」にする政策を立法化しようとする取り組みや、フランスでのイスラムの慣習にしたがってスカーフ着用で通学したいと希望する少女たちをめぐる論争に見いだすことができる（第一四章の五六二頁を参照）。人種差別主義が、生物学的根拠よりも、むしろ文化的根拠にもとづいてますます影響を及ぼしている事実から、一部の研究者は、私たちが「多元的な人種差別主義」の時代を生きており、そこでは住民の各層が差別を別々のかたちで経験することになる、と考えている（Back 1995）。

人種差別主義の社会学的解釈

さきに述べた概念のいくつか――ステレオタイプ的思考や置き換え、投映など――は、偏見や差別を心理学的メカニズムによって説明するのに役立つ。これらの概念は、偏見に満ちた人種差別主義的態度の特質や、エスニシティの相違がなぜ人びとにとって重大な問題になるのかについて、ひとつの説明を与えてくれる。とはいえ、こうした心理学的メカニズムは、差別にともなう社会過程についてほとんど何も説明していない。そのような社会過程を研究するためには、社会学の考え方に頼る必要がある。

エスノセントリズム、集団的締め出し、資源配分　エスニシティの紛争全般に有意関連する社会学的概念は、エスノセントリズム、集団的締め出し、資源配分である。**エスノセントリズム**とは、自分自身の文化の観点から他の文化を評価する性向と結びついて、よそ者をうさん臭く思うことである。ほぼすべての文化は、多少ともエスノセントリズム的であった。また、エスノセントリズムが、さきに論じたステレオタイプ的思考とどのように結びつくかは、容易に理解できる。よそ者は、異邦人や野蛮人、あるいは道徳的、精神的に劣った人たちとみなされる。たとえば、ほとんどの文明は、自分たちよりも規模の小さな文化の成員をこのようなかたちで見ていたし、またこうした態度は、歴史を通じて無数のエスニシティの衝突を煽ってきた。

エスノセントリズムと、エスニック・グループの**集団的締め出し**は、しばしば並存する。「締め出し」とは、集団が自己と他者を区別する境界を持続させていく過程をいう。このような境界は排除装置によって形成され、この排除装置は、エスニック・グループどうしの区分をさらに明確にしていく（Barth 1969）。こうした排除装置には、たとえば、エスニック・グループ間の通婚の制限や禁止、社会的接触や交易のような経済関係の制限、集団どうしの（エスニック・ゲットーのような）物理的隔離がある。米国のアフリカ系アメリカ人は、この三つの排除装置をすべて経験してきた。一部の州では人種間の通婚が違法であったし、南部では法律が経済的、社会的隔離を強制していた。ほとんどの主要都市に、いまでもなお黒人のゲットーが存在する。

ときとして、同等の力をもつエスニック・グループどうしが、互いに締め出し策をとる場合がある。成員は互いに隔離されたままであるため、どちらのエスニック・グループも相手グループを支配することはできない。とはいえ、一般的には、あるエスニック・グループの成員が、もう一方のエスニック・グループにまさる権力的地位を占める場合が多い。このような状況のもとでは、集団的締め出しは、**資源配分**と同時に発生し、富や物的財の分配で不平等を引き起こす。

エスニック・グループ間の最も激しい闘争のいくつかは、締め出し策がまさに富や権力、社会的地位の不平等の契機になるため、エスニック・グループ間の締め出し策を軸に展開している。エスニック・グループの集団的締め出しというとらえ方は、エスニック・グループを互いにわけ隔てる表立った差異だけでなく、もっと陰険な差異を――一部の集団の成員が銃撃されたり、リンチを受け、殴られ、嫌がらせを受ける理由だけでなく、ふさわしい仕事や教育、住む場所を得られない理由を――理解する上でも、有用である。富や権力、社会的地位は――一部の集団が他の集団以上にこれらのものを所有しているため――稀少な資源である。特権的集団は、自分たちの示差的な位置づけを維持するために、時として他の集団にたいして暴力という極端な行動を企てる。同じように、恵まれない集団の成員もまた、自分たちの境遇の改善に努める手段として、暴力に頼る可能性がある。

葛藤理論　葛藤理論は、一方で人種差別主義と偏見の結びつきを、他方で権力と不平等の関係を問題にしている。人種差別主義にたいする初期の葛藤理論の取り組みは、経済システムを社会の他のすべての側面の決定要因とみなすマルクス主義思想の影響を著しく受けてきた。マルクス主義の論者のなかには、人種差別主義は資本主義システムの所産であり、支配階級は、労働者を搾取するための手段として、奴隷制度や植民地支配、人種差別主義を利用してきたと主張する人もいた（Cox 1959）。

その後、ネオ・マルクス主義の論者たちは、こうした初期の論述があまりにも柔軟性を欠き、単純化され過ぎていると考え、人種差別主義が経済的な力だけの所産ではないことを指摘した。バーミンガム大学の現代文化研究センターが一九八二年に刊行した論文集『帝国の逆襲』は、人種差別主義の出現について、もっと広い見方をしている。ジョン・ソロモスやポール・ギルロイたちは、資本家による労働者の搾取が要因のひとつであることに同意しながらも、さまざまな歴史的、政治的影響力が一九七〇年代から八〇年代の英国で特有なかたちの人種差別主義の出現を導いたことを指摘する。人種差別主義は、エスニック・マイノリティと労働者階級のアイデンティティ、労働者階級の信念との相互作用をともなった、複雑で多面的な現象である、とソロモスたちは主張している。ソロモスたちから見れば、人種差別主義は、たんに有力なエリート層が非白人住民にたいして加えた一連の抑圧的観念だけにとどまらない（Hall 1982）。

エスニシティの融和と対立

今日、世界の多くの国々は、多様なエスニシティによる人口構成を特徴としている。こうした国々は、多くの場合、数百年にもわたって多様なエスニシティを生みだしてきた。たとえば、トルコやハンガリーのような中東や中部ヨーロッパの一部の国は、国境線の変更や他の列強による占領、地域的移住の長い歴史の結果として、エスニシティの面で多様になっている。計画的に移住を奨励する政策の結果から、あるいは植民地支配や帝国主義の遺物として、もっと急激にエスニシティが多様化した社会もあった。

グローバル化や急激な社会変動の時代には、ますます多くの国が、エスニシティの多様性のもたらす豊かな恩恵と複雑な問題に直面する。国際的移民は、グローバル経済のより一層の統合によって加速している。住民の移動や混在は、将来、確実に強まるように思える。他方で、エスニシティどうしの緊張関係や対立は、世界中の社会で引きつづき再燃し、多様なエスニシティから構成される社会を崩壊に導く恐れがあり、また、他の社会での暴力が長引くことをそれとなく暗示する。多様なエスニシティをどのように調和させ、エスニシティ対立の勃発を防止できるのだろうか。多様なエスニシティから構成される社会で、エスニック・マイノリティ・グループとマジョリティの住民は、どのような関係になるべきなのか。これらの課題との関連で、多様なエスニシティから構成される社会が採用してきたエスニシティの融和モデルとして、三つの主要なモデルが見いだされる。それは、同化、「人種のるつぼ」、文化多元主義ないし多文化主義である。これら三つのモデルは、理念型であって、現実に達成するのが困難なことは認識しておく必要がある。

理念型については、第一章「社会学とは何か？」、三三頁で述べている。

エスニシティの融和モデル

ひとつ目の道筋は、**同化**である。同化とは、転入移民がもともとの慣習や習わしを捨てて、自分たちの行動をマジョリティの価値観や規範の鋳型に押し込むことを意味する。同化政策の取り組みは、移住民が、新たな社会秩序に融合するための一環として、みずからの言語や衣服、ライフスタイル、文化的見地の変更を要求する。米国は、もともと「移民の国」として形成されたため、何世代もの移住民が、こうした「同化」を迫る圧力にさらされてきた。したがって、子どもの多くは、結果としてほぼ完全に「アメリカ人」になっていった。英国での公のほとんどの政策は、移住民が英国社会に同化するようにめざしてきた。もちろん、たとえマイノリティが同化しようとしても、人種差別の対象となっていたり、あるいは同化の努力が――就職であれ、デートであれ、他のいかなる脈絡であれ――はねつけられれば、多くの人は同化することができない。

二つ目は、**人種のるつぼ**モデルである。移住民たちの身につけた伝統は、もとからいる住民たちの優勢な伝統に屈して消滅するのではなく、新たな進化した文化様式を形成するために混ざり合っていく。たんに外部から異なる文化的価値や規範を社会のなかに「持ち込まれる」だけではなく、エスニック・グループがみずから身を置くもっと広い社会環境に適応することで、多様性が創出される。しばしば引用される人種のるつぼ文化の好例のひとつは、英国のインド・レストランで考案された料理、チキンティカ・マサラである。チキンティカはインド料理であるが、肉にソースを合わせて食べたいという英国人の要望にこたえて、マサラ・ソースが加えられた。二〇〇一年に、元外務大臣ロビン・クックがこの料理を「英国料理」と評したことは、よく知られている(Cook 2001)。

多くの人たちは、人種のるつぼモデルがエスニシティの多様な状態の最も望ましい帰結であると考えてきた。移住民たちの伝統や慣習は、捨て去られるのではなく、変化に富む社会生活環境を助長し、形成していく。さまざまな文化的要素から構成される料理やファッション、音楽、建築は、人種のるつぼ的取り組みの現れである。この人種のるつぼモデルは、多少限定されたかたちであるが、米国の文化的発達の諸側面を正確に表出している。米国では、「英国系米国人」の文化は依然として傑出した文化であるとはいえ、英国系米国人の文化特性は、現在の米国の住民を構成する数多くの異なる集団が及ぼす強い影響力を、かなりの面で反映している。

三つ目は、**文化的多元主義**モデルである。この文化的多元主義モデルでは、エスニック文化は、分離して存在するが、もっと広い社会での経済的、政治的活動に参加することが十分に認められている。文化的多元主義の近年の自然な成り行きが、**多元的な文化主義**である。このモデルでは、エスニック・グループは分離して《対等に》存在する。米国をはじめとする欧米社会は多くの点で多元的な社会であるが、エスニシティの差異は、多くの場合、国民共同体の、対等であるが独立した成員性よりも、むしろ不平等と結びついてきた。エスニック・グループが分離していても対等な社会を創造することは、少なくとも可能であると思われる。スイスを見れば、それは明らかである。スイスでは、フランス人、ドイツ人、イタリア人の集団が同じ社会で共存している。

英国でも、ヨーロッパの他の国でも、ほとんどのエスニック・マイノリティの指導者たちは、ますます多元主義への道を強調している。「別個な存在であるが、対等な」地位を獲得するには大きな闘争が必要であり、いまのところそうした地位の獲得は極めてほど遠い選択肢である。多くの人たちは、引きつづきエスニック・マイノリティを、脅威として、つまり、自分たちの職業や安全性、さらに「国民文化」への脅威としてとらえている。エスニック・マイノリティをスケープゴート化することは、根強い風潮である。西ヨーロッパの若者層は、おおむね古い世代と同じ偏見を依然いだいているため、ほとんどの国でエスニック・マイノリティは、緊張や不安が色濃い社会風土のなかで、将来も相変わらず差別に直面することになる。

エスニシティの対立

エスニシティの多様さは、社会を極めて豊かにする可能性がある。数多くのエスニシティから構成される国家は、多くの場合、住民の多彩な貢献が社会の活力や勢いを強めていく場となる。しかし、同時にまた、このような国家は、とくに国内の政治的、社会的激変や対外的脅威に直面すると、脆い場合がある。言語的、宗教的、文化的背景の相違は、エスニック・グループ間に露骨な敵対感情を生じさせる断層線になり得る。時としてエスニシティの面で寛容な態度や融和の長い歴史をもった社会が、急に《エスニシティの対立》——異なるエスニシティないしコミュニティ間の紛争——に瞬く間にのみ込まれる場合もある。

一九九〇年代の、多民族社会のもたらす豊かな遺産で有名な地域であった旧ユーゴスラヴィアは、その一例である。バルカン諸国は、古くからヨーロッパの十字路であった。何世紀にも及ぶ移民や相継ぐ帝国支配は、主に（東方正教会派セルビア人のようなスラヴ人、（カトリック教徒である）クロアチア人、イスラム教徒、ユダヤ人から構成される多様な、混ざり合った住民を生みだした。一九九一年以来、旧ユーゴスラヴィアのいくつかの地域で、共産主義の崩壊につづく重大な政治的、社会的変容にともない、エスニック・グループ間で凄惨な対立が生じた。

旧ユーゴスラヴィアにおける対立は、**民族浄化**、つまり、エスニシティを異にする住民の大量排除によってエスニシティの面で同質な地域を創出する企てを、必然的にともなった。たとえば、クロアチアは、多数のセルビア人を国外追放するために多くの犠牲者を生んだ戦争を経て、「単一エスニシティの」独立国家になった。一九九二年のボスニアで勃発したセルビア人とクロアチア人、イスラム教徒の戦争は、セルビア人によるボスニアでのイスラム教住民の民族浄化をともなった。イスラム教徒の多数の男性を収容所に押し込め、イスラム教徒の女性たちを組織的に強姦した。一九九九年のコソヴォでの戦闘は、セルビア人勢力がコソヴォのアルバニア人（イスラム教徒）住民を同州から民族浄化しているという告発によって生じた。

ボスニアにしてもコソヴォにしても、エスニシティの対立は国際問題化した。数十万もの難民は、近隣諸国に脱出し、周辺地域をさらに不安定にした。西欧の国々は、民族浄化の標的となったエスニック・グループの人権を擁護するために、外交面と軍事面で介入した。こうした介入は、組織的暴力を短期間で鎮めることに成功した。しかしながら、介入は、意図しなかった帰結ももたらした。ボスニアでは脆弱な和平状態が維持されたが、平和維持軍の駐留や、エスニシティごとに別々の居住地に分割することによって維持しただけに過ぎない。コソヴォでは、NATO軍による空爆作戦後、「逆民族浄化」の過程が結果として生じた。アルバニア系コソヴォ住民は、地元のセルビア人住民をコソヴォから追い出しはじめた。国連が派遣した「コソヴォ展開軍」の駐留は、エスニシティ間の緊張の再燃を防止する上で十分に機能しなかった。

民族浄化は、攻撃目標を定めた暴力や嫌がらせ、脅迫、テロ活動による特定のエスニシティ住民の強制的移住をともなう。それにたいして、**ジェノサイド**は、あるエスニック・グループを他のエスニック・グループの手で組織的に抹殺することをいう。ジェノサイドという言葉は、ヨーロッパ人の探検家や移住者が南北アメリカにやってきた後でおこなった先住民の大量殺戮過程を記述するために用いられる場合が多かった。疾病や強制移住、暴力行為は、それがどの程度まで組織的に計画されたのかは引きつづき論争の的になっているとはいえ、多くの先住民を滅ぼした。

二〇世紀は、「組織的」ジェノサイドの出現を目の当たりにしたため、歴史上最も「ジェノサイドが頻発した」世紀という芳しくない栄誉を得ている。一九一五年から一九二三年に生じたアルメニアのジェノサイドでは、一〇〇万以上のアルメニア人がオスマントルコの手で殺害された。ナチスのホロコーストは、最終的に六〇〇万以上のユダヤ人を死に至らしめ、あるエスニック・グループが他のエスニック・グループにおこなった計画的殺戮のいまなお最もおぞましい事例である。近年では、一九九四年のルワンダで、エスニック・マジョリティであるフツ族は、マイノリティであるツチ族にたいして大量虐殺作戦を開始し、三カ月間で八〇万以上の人命を奪った。二〇〇万以上のルワンダ人難民は近隣諸国に脱出し、ブルンジやザイール（現在のコンゴ）などの国々でエスニシティ間の緊張を高めた。さらに最近では、二〇〇三年に、スーダンの西部ダルフール地方で、一部黒人住民による反乱が生じた後、政府の支援するアラブ民兵が民族浄化をおこなったとして非難されている（United Nations figures, BBC News, 2005）。

地球の至るところで生ずる暴力的対立は、ルワンダやスーダンの例が示すように、エスニシティの分断にますます起因するようになった、と指摘されている。今日、国家間で生ずる戦争の割合は、ごく僅かである。圧倒的多数の戦争行為は、エスニシティ関連の内戦である。相互依存や競争が高まる世界では、国際的な要素がエスニシティ関係を築く上でこれまで以上にもっと重要になり、「国内での」エスニシティ間の対立は、国境線を越えて影響を及ぼしている。さきに述べたように、エスニシティ間の対立は、国際的な注目をひき寄せ、ときとして物理的介入を引き起こしてきた。ユーゴスラヴィアやルワンダでの民族浄化やジェノサイドに責任を負う人たちを取り調べ、裁判にかけるために、国際戦争犯罪裁判所が召集された。エスニシティ間の対立に対処し、それを防止することは、個々の国だけでなく国際的な政治組織体も直面する最重要な課題のひとつになっている。多くの場合、エスニシティ間の緊張は、ローカルなレヴェルで経験され、解釈、説明されているとはいえ、ますますナショナルな、また国際的な重要性を帯びだしている。

英国における移民とエスニシティの多様性

転入移民

英国への転入移民は、二〇世紀の現象であると思われるかもしれないが、その起源は、成文化された歴史の最初期の段階にまで遡ることができる。今日、英国人のあいだに、かなりの数のアイルランド系やウェールズ系、スコットランド系の名前が散見できるのは、伝統的に人びとが「ケルト外辺」からイングランド都市部へ流入したことの名残りである。一九世紀初期に、遠い植民地からの多数の人口流入がはじまるはるか以前に、発展途上のイングランドの諸都市は、ブリテン諸島のさほど繁栄していない地域から移民を引き寄せていた。

とはいえ、産業革命の普及は、英国への国際的な転入移民だけでなく、国内での移動様式までも劇的に変容させることになった。

農村での家内工業制生産の衰退と結びついた都市地域での労働機会の増大は、農村から都市への移動傾向を助長した。労働市場内部での需要は、同時にまた海外からの転入移民に新たなはずみをつけた。アイルランド人やユダヤ人、黒人のコミュニティは、産業革命に先立って存在していたとはいえ、労働機会の急騰は、国際的な転入移民の規模と範囲を根本的に変えた。オランダ人や中国人、アイルランド人、黒人の移民者たちが新たに増えたことは、英国の社会経済的風土を変容させる一因になった。

その後、英国への転入移民の大規模な高まりは、一九三〇年代初めにナチスによる迫害が、当時のヨーロッパ在住のユダヤ人たちを身の安全のために西方へ追いやったときに生じた。ある調査は、一九三三年から一九三九年のあいだに、六万のユダヤ人が英国に移住したと推定しているが、実際の数字はもっと大きかったかもしれない。一九三三年から一九三九年のあいだに、中部ヨーロッパからは約八万人の難民が移住し、戦時中にはさらに七万人がやってきた。一九四五年五月までに、ヨーロッパは、未曽有の難民問題に直面した。数百万の人びとが難民になった。このうち、数十万人が英国に居を定めた。

第二次世界大戦後に、英国は、空前の規模の移民を受け入れた——新たな住民のほとんどは、就職の機会に応じて英連邦の国々からやってきた人たちである。戦後の英国は、著しい労働力不足を経験した。雇用者側は、一時期、移民労働力を熱心に引き寄せようとした。戦争による破壊の結果生じた国や経済の再建にくわえて、工業の発展は、英国人労働者にかつてない流動性をもたらし、未熟練労働や肉体労働の職にたいする需要を創出した。統治集団にいる人たちは、大英帝国の偉大な継承財産という観念に感化されていたため、それゆえ、西インド諸島出身の人たちもインド人もパキスタン人もアフリカの旧植民地の人たちも、すべて英国民であり、英国に定住する権利があると考えた。一九四八年に可決された英国国籍法は、英連邦の国々の市民に有利な転入移民の権利を与えたため、移民の流入を促進させた。

流入移民の急増が生じるたびに、エスニック・マイノリティは、英国の宗教構成を根本的に変化させた。とりわけ英国の都市は、いまやエスニシティの点でも宗教の点でも多様になっている。一九世紀にアイルランドからの流入移民は、とりわけ、多くのカトリックが居を定めたリヴァプールやグラスゴーなどの都市で、英国のカトリック教徒の数を膨張させた。戦後、アジアからの大規模な流入移民は、英国のイスラム教徒（その多くは、パキスタンやバングラデシュなどイスラム教徒が大半を占める国の出身である）とヒンドゥー教徒（そのほとんどがインド出身である）の数を増加させた。移民の流入は、英国人であるとは何を意味するのか、宗教やエスニシティの面でマイノリティの人たちをどのようにして英国社会のなかに完全に融和できるかに関して、新たな問題を生じさせている。

英国における宗教の多様性は、第一四章「現代社会における宗教」で詳しく論じている。

一九六〇年代以降の英国での移民受け入れ政策　一九六〇年代になって、旧大英帝国の住民には英国に移住し、市民資格を請求する権利があるという観念は、徐々に巻き返しを受けだした。労働市場の情勢の変化が転入移民に新たな規制を加える上である程度の役割を演じたとはいえ、こうした巻き返しは、転入移民の殺到に逆らって多くの白人英国人の側がとった反発にたいする応答でもあった。とくに、新たな移民が引き寄せられた貧困地区で暮らす労働者たちは、転入移民が自分たちの日常生活にもたらす混乱にたいして敏感に反応した。新参者に示す態度は、多くの場合、敵意に満ちていた。一九五八年に白人住民が黒人の転入移民たちを襲撃したノッティングヒル暴動は、人種差別主義的態度の根強さの証であった。

都市暴動の詳細は、第二一章「都市と都市的空間」、八九四頁～八九五頁を参照。

移民規制を求めて一斉に高まった声は、当時の保守党幹部イーノク・パウエルの有名な警句のなかに反映されている。一九六二年にパウエルは、バーミンガムでおこなった演説で、「ローマ人のように、私にも『テベレ川が多くの血で溢れていく』様子が見えるようだ」と述べて、非白人人口の異常な増加を予想した。ギャラップ世論調査は、国民の七五％がパウエルの見解にはっきりと賛同していたことを明示した。

人種差別主義に反対する活動家や論者は、英国の移民受け入れ政策が非白人への人種差別主義である、と主張してきた。一九六二年の英連邦移民法を手始めに、非白人の入国と居住権を制限する一連の施策を可決する一方で、白人は比較的自由に英国に入国できる保護措置がとられた。英連邦の国々の市民のあいだでさえ、移民法は、もっぱら非白人国である新英連邦の国々の住民に差別待遇を加えるのにたいして、カナダやオーストラリアといった「旧英連邦」の国々からくる移民の権利は保護していった。一九六八年の英連邦移民法での「在住権原則」の導入は、英連邦加盟国の国民が英国の市民資格を請求するためには、本人が英国で出生しているか、養子縁組みしているか、帰化しているか、あるいはこの基準を満たした親なり祖父母がいなければならないことを意味した。総じて、こうした必要条件は、非白人よりも白人にとって転入移民をより可能にした。

一九八一年に可決された英国国籍法は、英国のかつての属領や現在の属領の出身者たちが英国に入国できる条件を厳しくした。英国の市民資格は、英国の属領の市民資格と区別された。主に香港やマレーシア、シンガポールに居住する人たちを指称する「英国海外市民」という範疇が創設された。しかし、この人たちも、英国に定住する権利を与えられなくなり、またその人の子どもたちは市民資格を継承できなくなった。英連邦の市民は、かつては英国に五年間居住すれば英国市民として登録できたが、現在では世界のどの地域の出身者と同じ条件のもとで、帰化申請をしなければならなくなった。入国や居住権についてもさらに多くの制限が加えられた。一九八八年と一九九六年に導入された法律は、これらの制限をさらにもっと強化していった。

移民が入国する機会が減少するのにともない、英国はまた**亡命希望者**が入国できる可能性を制限した。亡命認定には、英国から強制退去させられると、国連の「難民の地位に関する条約および

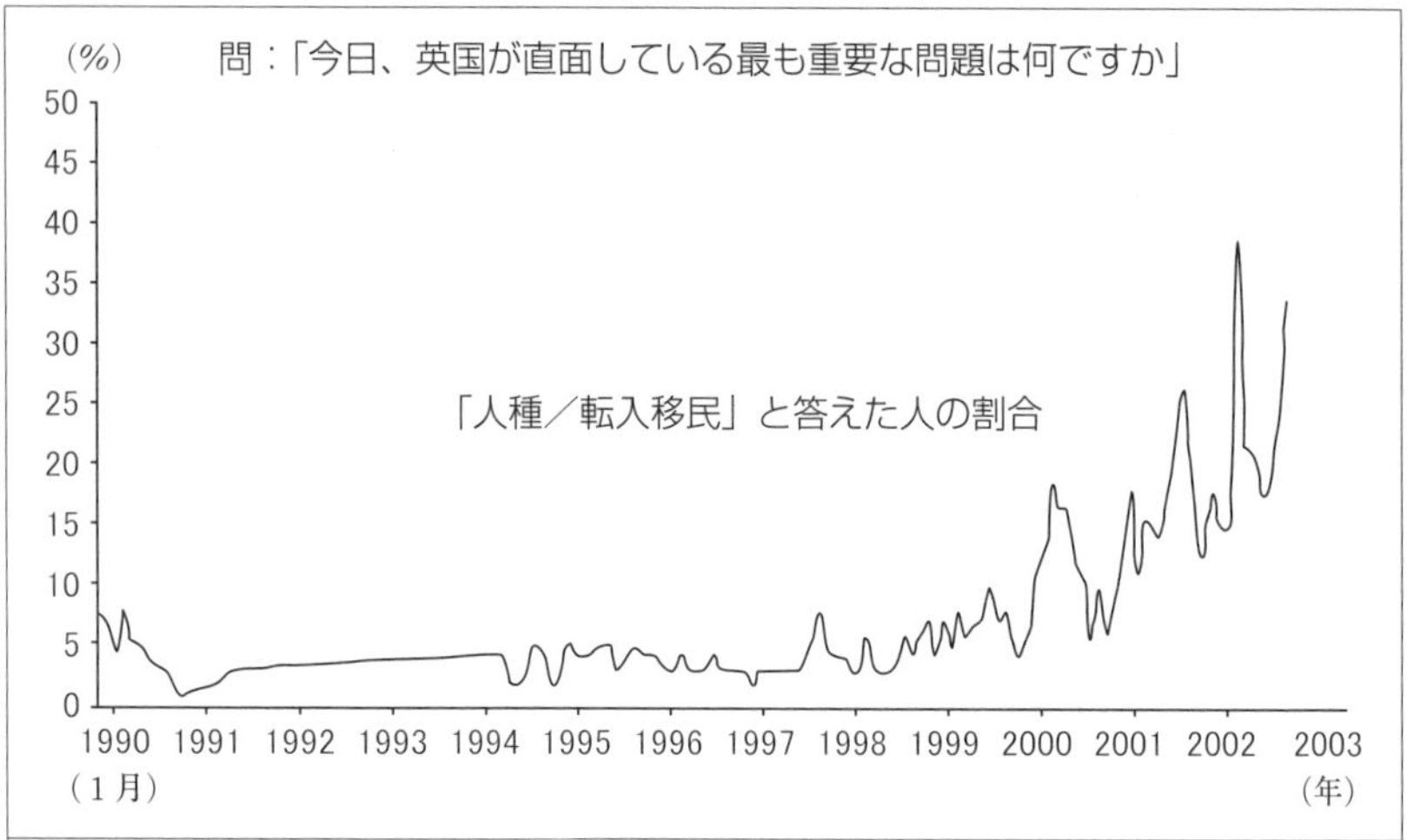

図13-1　人種や転入移民にたいする関心の高まり（調査対象：約2,000の英国成人）
出典：MORI (10 Feb 2003)

議定書」のもとで英国政府が負う義務に違反することを、本人が申し立てる必要がある。一九五一年に調印されたこの国連の協定は、自国での迫害を逃れてやってくる難民を保護し、少なくとも国内の他の外国人と同様に扱うことを各国に義務づけている。英国は、一九九一年に亡命者保護法を可決し、難民資格認定を求める人たちへの指紋押捺を含む徹底した検査や、無料法律相談を受けられる権利の縮小、有効入国査証不携帯の旅客を乗せてきた航空会社に科す罰金の倍増策を導入した。一九九三年の亡命者保護・移民受け入れ請求法は、結果的に申請拒否件数の増加をもたらし、収容施設に長期拘留される亡命申請者の数を急増させた。英国放送協会によれば、二〇〇三年から二〇〇五年の時期に、転入移民は六一％減少した。

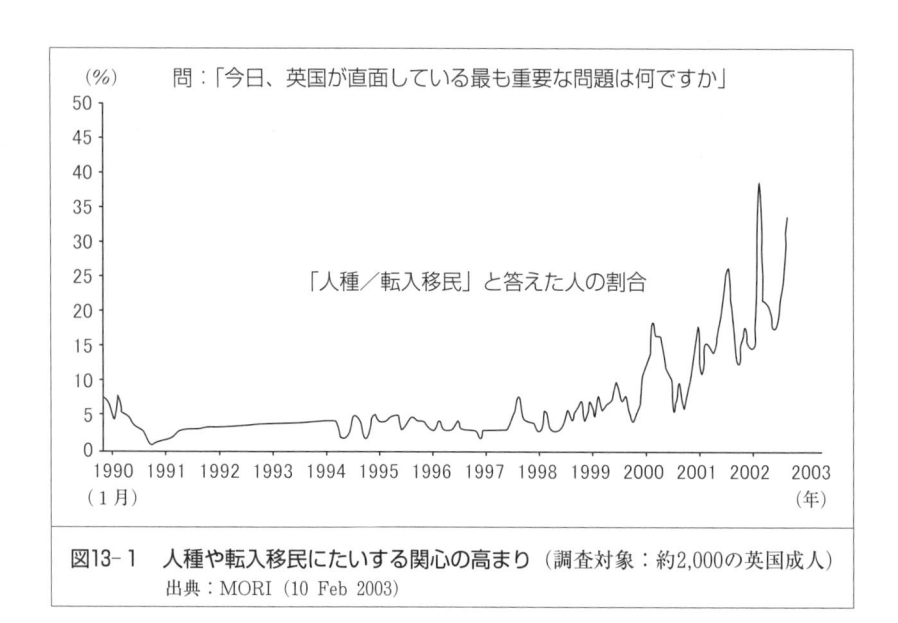

　近年、英国では（それに後述するような他の富裕国でも）、エスニシティや転入移民の問題はかなり重要な政治課題に浮上している。世論調査によれば、「人種」や「転入移民」の問題を最重要な問題とみなす英国人の割合は、一九九〇年代の大半を通じて五％前後だったが、二〇〇二年五月には国民の関心が急激に高まり、三九％に増加した（図13-1参照）。人種と転入移民は、当時最も重要な問題であった国営医療制度に次ぐ重要な問題となっていた。人びとが英国に移民として転入することができる機会が制限されるのにともない、亡命希望者数が急増した。とりわけタブロイド版大衆紙での、英国に「押し寄せる」「ニセ」の亡命希望者という描写は、転入移民や亡命者にたいする歪んだイメージの形成を助長した。世論調査によれば、英国が世界中の亡命希望者のうちのわずか一・九八％を受け入れているに過ぎないのに、国

民は、一〇倍も高い数字を推定し、英国が世界中の難民や亡命希望者のほぼ四分の一（二三％）を受け入れていると考えていた（MORI 17 Jun 2002）。世論調査はまた、英国で亡命申請者たちが受け取る金銭的援助を回答者たちが甚だしく過大評価し、亡命希望者は週に一一三ポンドの生活費を支給されると推測していた事実を明らかにした。実際には、この調査がおこなわれた二〇〇〇年当時、亡命を申請する成人は、一人当たり三六ポンド五四ペンスを（のちにはクーポン券で）、使う店を指定された上で受け取っていた（MORI 23 Oct 2000）。

新生労働党は、一九九七年の選挙で政権に就いて以来、転入移民や亡命者の保護に関する三つの立法措置を新たに導入した。一九九八年の移民受け入れおよび亡命者保護法は、亡命希望者の英国在留許可の認定基準を厳格にするとともに、亡命者保護手続きの簡略化を試みた。二〇〇二年の国籍および移民受け入れ、亡命者保護法は、政府白書の『安全な国境、安心な避難地――現代英国における多様性ある統合』にもとづき、英国における生活の基本的な知識や市民権授与式、忠誠の宣誓など、英国市民権を待ち望む人たちのための新たな要件を定めた。この法律はまた、難民団体から厳しい批判を受けていたため、英国内に分散配置された特設の収容センターに亡命希望者を収容することを定めた。また、亡命希望者が現金ではなくクーポン券を支給される制度も、この法律によって廃止された。ヴァウチャー制度は難民をスティグマ化するものであると、多方面から非難されたからである。

スティグマの概念は、第八章「健康、病気、障害」、二九〇頁で触れている。

もう一つの法律である二〇〇四年の亡命者保護および移民受け入れ法は、亡命者保護申請をさらに難しくし、亡命者保護制度の簡略化を再度試み、人身売買に関与した者にたいする新たな罰則を導入した。転入移民の管理は、二〇〇五年総選挙の前哨戦で重要な争点になった。

エスニシティの多様性

現在、英国で、エスニック・マイノリティ・グループは人口全体の八％強を占める（HMSO 2004）。これまで見たように、転入移民は、英国のエスニシティ構成を形づくる顕著な要素になっている。しかし、今日、転入移民がエスニック・マイノリティの人口比率の低下原因になっていることは、注目に値する点である。どのエスニック・グループでも、子どもたちは、年長者に比べ、ますます英国生まれになっている。このことは、エスニック・グループが、「転入移民」から完全な市民資格をもつ非白人の英国住民に移行したという重要な変化を示している。

一九九一年の国勢調査では、初めて回答者に、回答者本人が自分のエスニシティを分類するように求めた。それまで、人口のエスニシティ構成に関するデータは、「世帯主」の出生地情報によって決定されていた。しかしながら、英国で生まれたエスニック・マイノリティ住民の割合が増加するにつれ、こうした方法は不適切であると判断されるようになった。エスニック・グループへの帰属の「自己申告による分類」方式は、現在、たとえば労働力

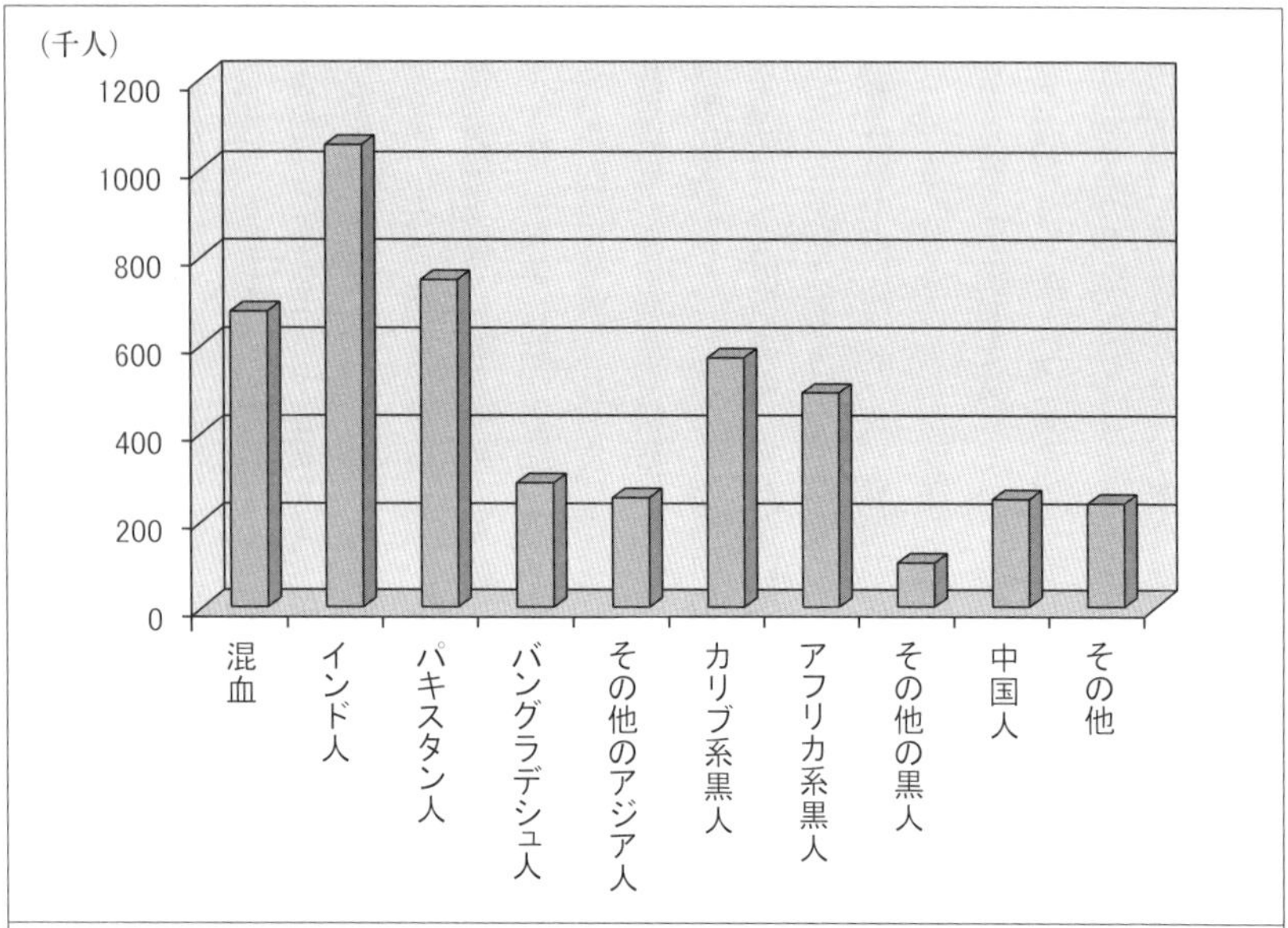

図13-2　英国の非白人エスニック・グループ
出典：Census 2001：ONS（2003a）

調査をはじめ政府がおこなうほとんどすべての調査や研究で標準になっている（LFS）。しかしながら、研究で用いられるエスニシティの分類は必ずしも互いに一致しないため、研究データのクロス比較は難しい可能性がある（Mason 1995）。二〇〇一年の国勢調査によれば、最大のエスニック・マイノリティ・グループに帰属する人たちの数は、図13-2に示されるとおりである。官庁統計の正確さについては、つねに用心する必要がある。たとえば、回答者が自分のエスニシティについていだく理解は、調査で指定された「選択肢」ないし範疇よりも、おそらくもっと複雑である（Moore 1995）。この点は、生い立ちとなるエスニシティが複雑な人たちの場合にとくに当てはまる。

二〇〇一年の国勢調査によると、英国でのエスニック・マイノリティの人口は、現在、四六〇万人以上に及び、主として最も人口密度が高い都市部に集中する（図13-3参照）。エスニック・マイノリティの七五％以上が、大ロンドン地区、ウェストミッドランズ地区、ヨークシャー・ハンバーサイド地区、北西部・マージーサイド地区に住んでいる（Strategy Unit 2003）。ロンドンでは、全住民の二九％が非白人である。対照的に、北東部や南西部など農村地域でのエスニック・マイノリティの人口は、二％足らずである（Office of National Statistics 2002b）。エスニック・マイノリティのほとんどの成員は、みずからの選択でインナーシティに住んでいるわけではない。白人住民がインナーシティをあまり選好しなくなったため、黒人たちは、インナーシティに移り住んできた。多くの都市で郊外化の過程が生じ、白人が転出して空いた建物を利用できるようになった。

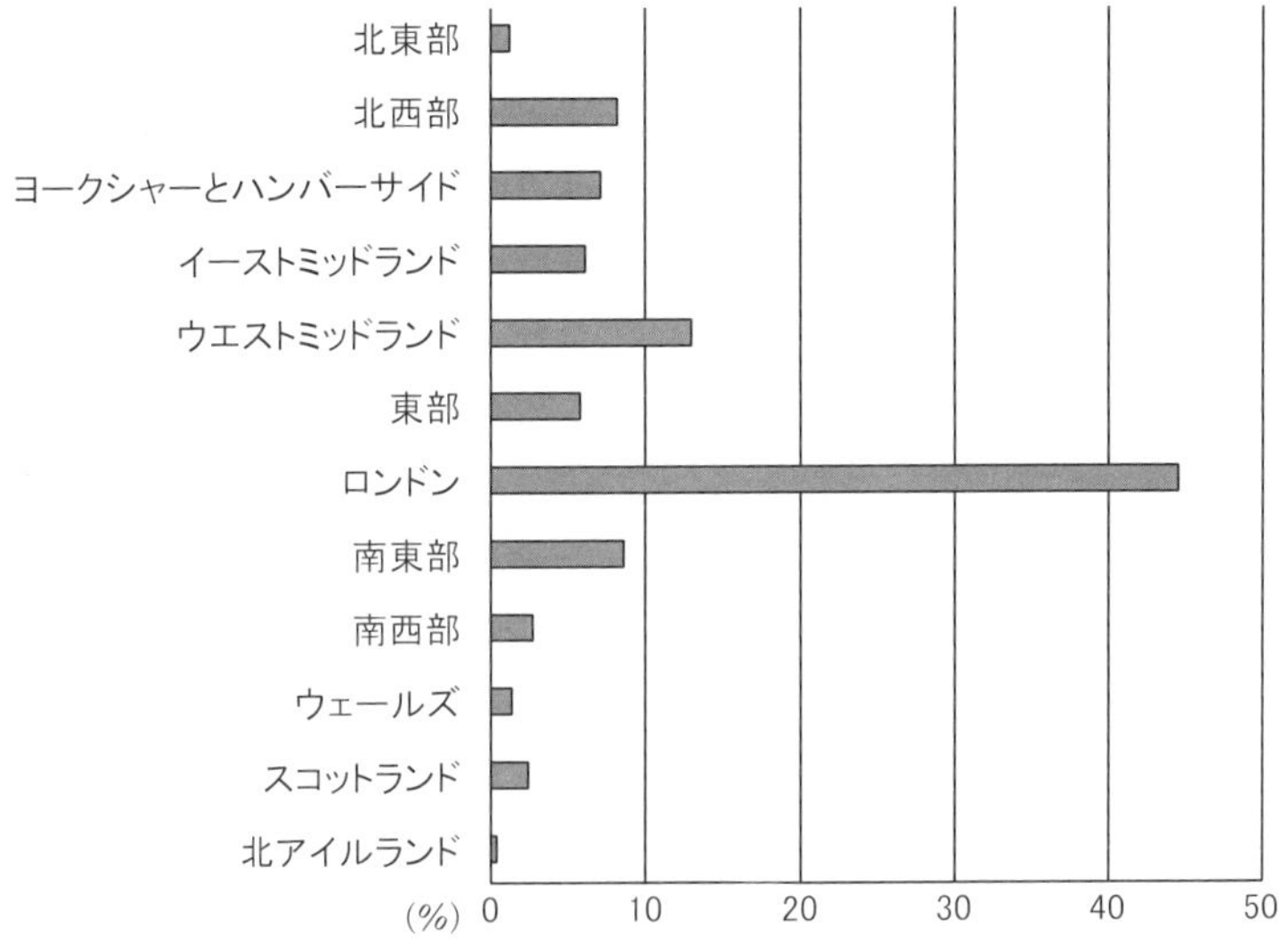

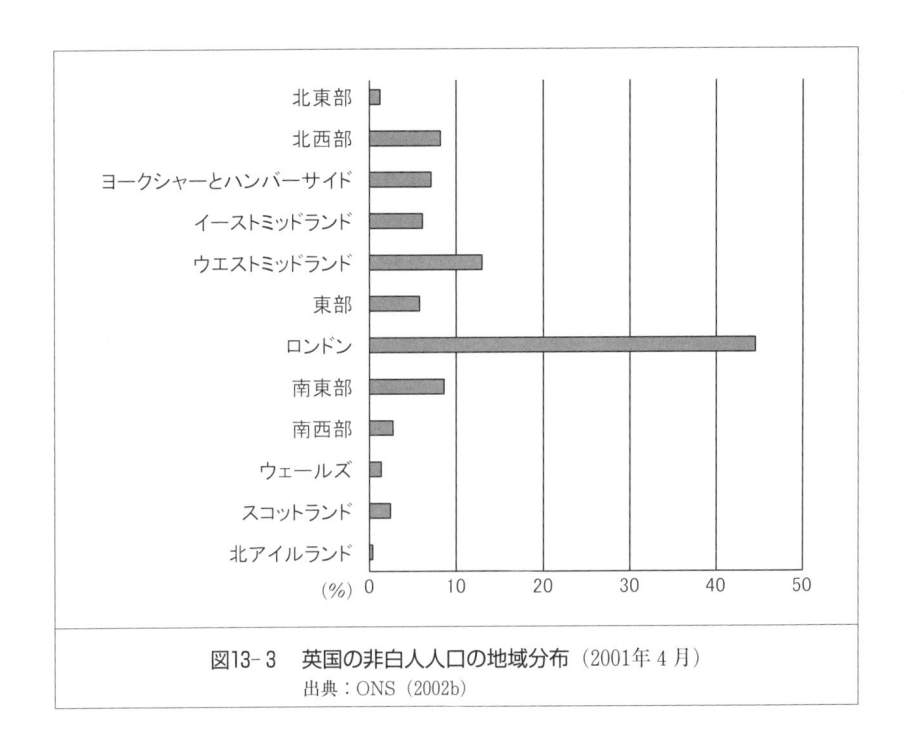

図13-3　英国の非白人人口の地域分布（2001年4月）
出典：ONS（2002b）

郊外化の詳細は、第二一章「都市と都市的空間」、八九一頁を参照。

また二〇〇一年の国勢調査は、英国では非白人エスニック・グループ出身の人たちの年齢構造が白人住民よりも若いことを示している。「混合」グループが最も若く、半数が一六歳以下であった。「バングラデシュ人」や「その他の黒人」、「パキスタン人」の年齢構造も若く、それぞれのグループの三分の一以上が一六歳以下だった（ONS 2003a）。ジェンダーに関しては、ほとんどのエスニック・マイノリティ・グループの構成で、前の時代よりも男女比がさらに均衡している。それまで転入移民の大多数は、とくにインドやカリブ諸国など新英連邦の国々からの転入移民のほとんどは、男性だった。その後、英国の政策は家族呼び寄せ目的での転入移民を優遇したため、こうした変化は、多くのエスニック・マイノリティ・グループで男女比を均衡させる一因となった。

このようなエスニシティの多様性は、英国人口の内部に見いだされる極めて複雑な様相の最もおおまかな指標に過ぎないと考えることができる。そこで、社会学者や他の学問分野の研究者は、エスニック・マイノリティが味わってきた経験を概括的に述べるよりも、英国のエスニック・マイノリティ・グループのあいだに見いだされる差異に焦点を当てる必要性を強調しだしている。人種と不平等について述べる次節で見るように、英国の黒人とアジア人は、白人住民に比べ総じて不利益を被っている。しかし、エスニック・マイノリティ・グループのあいだには、詳細な検討に値する多くの差異を見いだすことができる。

デイヴィッド・グッドハート
——エスニシティの多様性 vs. 福祉国家?

英国の月刊誌『プロスペクト』の編集長デイヴィッド・グッドハートは、二〇〇四年二月に発表して論争を巻き起こした論文で、エスニシティが《多様な》社会と、困っている市民を保護する真っ当な福祉制度を社会が備えていることを許容する、そうした《連帯性》が市民のあいだに見られる社会は、負の相関関係《トレードオフ》にある、と述べた。人びとは、何らかの点で自分自身と似た人たちを、つまり、少なくとも同じ価値観や前提を共有する人たちを助けるために税金を払っていると思えるのであれば、税金を——たとえば、年金や失業給付金に使われるために——支払うのをいとわない、とグッドハートは考えていた。グッドハートは、この負の相関関係《トレードオフ》を、多様性にも富み、連帯性も高い社会を求める人たちがすべて直面する「進行性のディレンマ」と名づけた。

こうした負の相関関係《トレードオフ》の証拠として、グッドハートは、スウェーデンやデンマークなどの北欧諸国を挙げている。北欧は、歴史的に世界で最も寛大な福祉制度を備えていたからである。北欧で大規模な福祉制度を構築できたのは、これらの国々が社会的にもエスニシティの面でもかなり同質であったからで、したがって人びとは、税金というかたちで多くの金額を支払う心の準備が整っていた、とグッドハートは主張する。対照的に、たとえば米国のようにエスニシティの面で分裂している国では、福祉国家は十分に機能しない。

エスニック・マイノリティ・グループに属する人口の割合で見ると、英国の数字（一〇人に一人足らず）と米国の数字（ほぼ三人に一人）のあいだのどこかに「安定限界点《ティッピング・ポイント》」が存在するのではないのか、とグッドハートは問いかける。なぜなら、米国は、英国とまったく異なる米国流の社会を、つまり、エスニシティの区別が鮮明で、福祉制度が脆弱な社会を創り出しているからである。この安定限界点を回避して、転入者に対抗する連帯感が過度に生じないために、英国に入国を許可される人たちの数を制限し、亡命者や移民の受け入れ手続きをガラス張りにして管理する必要がある、とグッドハートは提言した（Goodhart 2004）。

グッドハートの主張は激しい批判にさらされた。社会学者のサスキア・サッセンは、長い目で見れば転入移民の融合は間違いなく生ずるにしても、大雑把にいえば転入移民たちは、受け入れの際に過去数世紀に経験したのと同じ困難に直面している、と指摘する。歴史的に、ヨーロッパのどの社会も、時が経てば、すべてではないにしても主要な移民グループを数多く組み入れてきた。過去の経験は、「あの人たち」を「私たち」——グッドハートの分析でいえば、連帯性を体感できるコミュニティ——に変えるには、多くの場合、二、三世代しかかからないことを示している（Sassen 2004）。

政治学者のビク・パレクも、グッドハートの論文を攻撃している。パレクが提示した論拠のひとつは、グッドハートが連帯性と福祉国家における再分配の関係を誤解していることである。グッドハートは、連帯性が再分配の必要な前提条件であると確信していた。それは一面の真理ではある、とパレクは主張する。しかし、再分配は、忠誠心を生み出し、共通の生活体験などを創りだし、それゆえ連帯性に道を開くという、理にかなった言い方も可能である。この連帯性と再分配の関係は、グッドハートが論文で指摘する以上に、はるかに複雑である（Parekh 2004）。

政治学者で、元内務大臣顧問のバーナード・クリックは、「何の連帯性か？」とグッドハートに問いかけた。グッドハートは英国《ブリテン》における連帯を論じるが、かりに（英国《ブリテン》ではなく）連合王国を話題にしていたら、私たちが長年にわたって多数の民族、多数のエスニシティから構成される国家であったことを思い起こしただろう、とクリックは指摘する。私たちの多くは、二重のアイデンティティにずっと甘んじてきた。今日、英国《ブリテン》人であり、同時にスコットランド人なりウェールズ人、アイルランド人、イングランド人であるという二重の地位は、完全に受け容れられている。連帯性かアイデンティティの喪失かが問題ではない。私たちのアイデンティティは、ひとつ以上の集団の成員であることに幾分かはもとづいている――英国《ブリテン》人気質は、グッドハートが認識する以上にもっと多様性を受け容れることができる（Crick 2004）。

エスニック・マイノリティと労働市場

雇用状態は、ジェンダーや年齢、階級、エスニシティなどの要因による社会的、経済的不利益が及ぼす影響作用をモニターする上で、極めて重要である。労働市場でエスニック・マイノリティが置かれた位置づけの研究は、職業分布や賃金水準、雇用面や昇進面での差別、失業率によって、エスニック・マイノリティが被る不利益の実態を明らかにしてきた。この節では、これらの問題をいくつか考察したい。

一九六〇年以降の就業様式の動向　英国のエスニック・マイノリティに関する最初期の全国調査を政策問題研究所が一九六〇年代におこなっており、この調査は、近年のほとんどの転入移民が少数の産業で肉体労働の職種に過度に集中していることを見いだした。出身国で資格証明を取得していた近年の参入者たちでさえも、その能力に不釣り合いな職種で働く傾向が見られた。出身エスニシティにもとづく差別は明らかに一般的に見られる習わしで、一部の雇い主は、非白人労働者の雇用を拒否したり、適当な白人労働者が不足するときだけに雇い入れることに同意していた。

一九七〇年代までに、雇用様式はわずかに変化した。エスニック・マイノリティ・グループの成員は、引きつづき半熟練ないし非熟練の肉体労働の職に就いたが、次第に多くの人たちが熟練の肉体労働の職に雇用されていった。エスニック・マイノリティは、専門的職業や管理的職業にほとんど就いていなかった。雇用の場での人種差別を防ぐ法律の改正にもかかわらず、この調査は、相変わらず白人たちが、同等の資格をもつ非白人応募者よりも優遇されるかたちで面接や就業の機会を与えられていることを見いだした。

政策問題研究所が一九八二年におこなった第三回エスニック・マイノリティ全国調査は、製造部門に強い打撃を与えた全般的な経済不況のために、アフリカ系アジア人やインド人の男性を除いて、エスニック・マイノリティが白人たちよりも二倍も高い失業率を被っていることを見いだした。とはいえ、資格証明をもち、流暢な英語を話す非白人は、次第にホワイトカラーの職に参入するようになり、エスニック・マイノリティと白人たちとの賃金格差は、総じて縮小しだしている。一九七〇年代末以降、ますます多くのエスニック・マイノリティが自営業に就き、とくにインド人やアフリカ系アジア人のあいだでの所得の上昇や失業率の低下に寄与してきた。

最近の調査結果　英国のエスニック・マイノリティに関する最近の調査は、労働市場でエスニック・マイノリティがたどる多様な道筋を、これまで以上に明確に示してきた。たとえば、政府の政策局によれば、インド人と中国人は、労働市場で白人よりも平均して優れた成果を得ている。とはいえ、他のエスニック・グループはそれほどでもない。パキスタン人やバングラデシュ人、カリブ系黒人の失業率は、概して白人よりも高く、賃金も低い(Strategy Unit 2003)。

一九九七年に結果が公表された政策問題研究所の第四回調査でも、非白人女性のあいだで就業様式が著しく異なることがわかった。カリブ人女性たちは肉体労働に就く割合が白人女性に比べ低いのにたいして、インド人女性たちは、パキスタン人の女性たちと同じくもっぱら肉体労働の職に就く傾向が強い。カリブ人やインド人の女性たちは経済活動水準が高いのにたいして、パキスタン人やバングラデシュ人の女性たちは、労働市場でさほど積極的に活動していない。平均してカリブ人やインド人の女性たちは、白人女性よりもやや高い常勤所得を得る傾向がある。それにたいして、インド人女性のあいだでは、所得の比較的高い層と低い層との際立った分極化が見られる(Modood et al. 1997)。

所得水準から判断すると、最も成功している非白人は、自営ないし小規模雇用主の南アジア系の人たちである。この範疇に入る人たちの割合は、過去二〇年間に着実に増加してきた。今日、インド人の男性と女性で自営業に就いている割合は、白人の二倍以上に及ぶ。いくつかの研究は、雇い主の側の差別が、自営業でエスニック・マイノリティの占める割合が高くなる理由のひとつであることを示している(Clark & Drinkwater 1998)。アジア人が街角で営む商店や経営する企業体は、すでに英国社会で目立った存在になっているため、一部の論者は、こうした企業体がインナーシティ地域の経済再生をおそらく先導していくと指摘する。「インド人たちの経済的成功」は、勤勉な態度、共同体、家族の支援、教育の最重要視の結果である、とタリク・モドゥードは説明している(Modood 1991)。

南アジア人の小規模事業の繁栄や潜在的影響力を過大評価しないことが重要である。アジア人の多くの自営業者は、相対的に低水準の収益を得るために——一週六〇時間ないし八〇時間にも及ぶ——極端な長時間労働をしているからである。この人たちは、記録上は自営業者となっているが、実際にはその企業体を経営する他の家族員に雇用され、傷病手当や有給休暇、国民健康保険への雇用主負担のような、被雇用者が通常であれば受けられる特典を得ていない。

職業構造内部での地位の上昇は、権力上層に就く人たちの増加と必ずしも符合していない。エスニック・マイノリティの多くの人たちがこれまで以上にホワイトカラーの専門的職業に就いているという事実にもかかわらず、エスニック・マイノリティ出身者の多くが大規模の企業や組織の幹部に昇進することを妨げる「ガラスの天井」が存在するように思える。概括的にいえば、エスニック・マイノリティの男性たちが——たとえ最も高い資格を有する場合でも——権力や地位、所得の面で上位一割を占める職に就いている割合は、白人男性の半数に過ぎない（Modood et al. 1997)。

グローバル化と日常生活
——エスニック・マイノリティと「ニュー・エコノミー」

エスニック・マイノリティの労働者が製造業や工業に著しく集中するため、多くの研究者は、工業経済の衰退がこの層に過度な影響を及ぼしてきたと指摘する。高い失業率は、エスニック・マイノリティの労働者たちが未熟練で、工業経済の衰退の影響をより一層受けやすいため、経済の再構築がエスニック・マイノリティの労働者たちにもたらした影響作用の反映である、と研究者たちは主張する。英国の経済が、工業に基盤を置く経済からテクノロジーやサーヴィス部門を推進力にする経済へと転換したことは、新たな職種に移行できる十分な技能を身につけていないエスニック・マイノリティの労働者たちに打撃を与えてきた。

とはいえ、たとえば政策問題研究所の調査結果や、労働力調査と国勢調査統計の比較から得た知見（Iganski & Payne 1999）は、こうした月並みの見解に疑問を投げかけている。これらの研究は、一部の非白人集団が、この数十年間、出世した白人労働者とほぼ同じように高水準の経済的、職業的成功を実際に得ていることを実証してきた。経済の再構築過程は、現実には労働市場におけるエスニック・マイノリティと白人住民との格差の縮小に寄与してきた、とこれらの研究は主張する。それは、経済活動のなかで生じた大規模な変容が、エスニック・マイノリティと白人集団をともに包摂する傾向が強かったからである。

ポール・イガンスキーとジェフ・ペインは、三〇年間の労働力調査と国勢調査（一九七一年と八一年、九一年）のデータを用いて、エスニック・マイノリティ・グループが総じて他の労働者ほど深刻な失業を経験していなかったことを明らかにした。一九七一年から九一年のあいだに、製造業の職を失った人たちは、一九七一年で非白人労働者の一二％を占めていたとはいえ、労働力人口全体で見れば、その数値は一四・四％であった。イガンスキーとペインは、こうした全般的趨勢のなかに——たとえば、男女間で、また産業部門を通じて——著しく不均衡な状態が見られることを指摘する。しかし、全体として見れば、「ニュー・エコノミー」に向かう動きは、非白人と白人の格差を狭めるかたちで両者を襲う傾向にあることを、イガンスキーとペインは見いだしている。イガンスキーとペインによれば、今日、英国で、マジョリティである白人の職業構造と見分けがつかないかたちで職業構造が変化しだした非白人が、かなり存在する。

イガンスキーとペインは、一部のエスニック・マイノリティ・グループが実質的に獲得してきた成果を職業上の不利な境遇の終わりと誤解してはならない、と慎重に指摘する（Iganski & Payne 1999）。むしろ、このような「集合的社会移動」は、脱工業主義的再構築の勢いのほうが、人種差別や恵まれない境遇の存続を強いる勢いよりももっと強いことを証明している、とイガンスキーとペインは主張する。

住居

英国のエスニック・マイノリティは、住宅供給市場においても、差別や嫌がらせ、物質的欠乏を経験しがちである。移民規制の必要性が求められて以来、住居は、集団間の資源配分をめぐる争いや特定エスニシティの締め出しの最前線になってきた。その理由のひとつは、住居が極めて象徴的な意味をもつからである――住居は、地位を示し、安全をもたらし、生活全般と一体化している。雇用様式と同じように、住居の種類や質の差異は、エスニック・グループのあいだでさまざまである。全般的に非白人の住民は、住居の面で白人ほど恵まれていないが、決して一律にそうなのではない。たとえばインド出身の人たちのように、一部の集団では自宅所有が極めて高いのにたいして、標準以下の宿泊施設や公共住宅に極端に集中している集団もある（Ratcliffe 1999）。

多くの要因が、非白人住民と白人住民の、また非白人集団間の住居格差を助長している。人種的な嫌がらせや暴力は、英国だけでなくヨーロッパの至るところでますます頻発し、住居様式でエスニシティ差別をかなりの程度まで助長している。非白人家族は、もっと裕福な、もっぱら白人たちの居住する地域に転入できる資力があっても、エスニシティによる敵意が見られるために、転居を思いとどまるかもしれない。もう一つの要因は、住居の物理的条件と関係している。一般に、エスニック・マイノリティ・グループが居住する家屋は、白人住民の家屋に比べて手入れがなされていない傾向が強い。パキスタン人やバングラデシュ人のほとんどの住民は、（世帯の平均規模が大きいために）過密状態の宿泊施設で暮らしている。家屋は、湿気の影響を受けやすく、集中暖房を欠く場合も多い。

対照的に、インド出身の住民で、一戸建てないし二戸一棟の住宅に居住する割合は、白人とほぼ同じくらいで、インナーシティ地区に居住する割合は、他のエスニック・グループほど高くない。他方、カリブ人の世帯では、住居を所有せずに公共住宅を借りている場合が多い。この点は、ひとり親家族の割合がカリブ人のあいだで高いこととおそらく関連している。

住居に見いだすエスニシティ間の格差を、どのように解釈したらよいのだろうか。住宅市場での競争の結果から、「住居問題に苦しむ」明白な「階級」としてのエスニック・マイノリティが出現した、と一部の社会学者は主張している（Rex & Moore 1967）。

このような取り組み方によれば、マイノリティ・グループが直面する——経済的困窮から人種差別に至る——問題は、マイノリティ・グループが少ない選択肢しか手にせず、自分たちの居住状況を自分の努力で管理する可能性がほとんどないことを意味する。エスニック・マイノリティには住宅問題に関して選択の余地がほとんどないため、エスニック・マイノリティは、不十分な住居で間に合わせることを基本的に強いられている。住宅市場には、エスニック・マイノリティを不利な状況に追いやる抑圧的な事情が確かに数多く見いだされる。しかし、だからといってエスニック・マイノリティが差別的な力なり人種差別主義的勢力のたんなる受身の犠牲者であるととらえるのは、おそらく誤りである。こうした傾向や習わしは、社会的行為者が下す選択によって時間の経過とともに変化する。差別は、創造的な行為を生みだす推進力になる可能性がある。

社会関係資本とエスニック・マイノリティの就業

集団とより広いコミュニティとの関わり方をめぐる最近の考察は、社会関係資本という概念によって展開している。

社会関係資本の概念は、第一六章「組織とネットワーク」、六七二頁～六七四頁で論じている。

大雑把にいえば、社会関係資本の計測とは、人びとがコミュニティや、もっと広く社会とどれほどうまく結びついているかを測定しようとする。社会関係資本の手段は、「橋渡し型」と「結束型」という二つの類型に分けられる。橋渡し型社会関係資本は、所与の社会集団の成員をもっと広い社会と結びつけるネットワークから成り立つのにたいして、結束型社会関係資本は、その社会集団の成員たちを相互に結びつけていく（Putnam 2000）。

橋渡し型社会関係資本と結束型社会関係資本の区別は、エスニック・マイノリティの労働市場における成否を理解するのに重要である。橋渡し型社会関係資本は、とりわけ募集がもっぱら口コミでおこなわれるメディアなどの職業領域では、職探しの過程で相当重要になる。社会的に孤立したエスニック・マイノリティの人たちは、ほぼ間違いなくこのような橋渡し型社会関係資本が不足し、それゆえ一部の就業機会を欠いている。こうした橋渡し型の社会的ネットワークの欠如は、白人の雇い主から仕事を得る機会を制限する可能性が高い。

他方、パキスタン人やバングラデシュ人など特定地域に集住するエスニック・マイノリティは、高水準の結束型社会関係資本を発展させていく。このことは、おそらくその地域での首尾よい経済活動の基盤をもたらし、こうした経路を介して経済的成功を寄せ集める結果になる。したがって、こうしたマイノリティの成員は、白人の雇い主からは与えられない機会を、同じエスニシティの雇い主から得ることになる。起業家精神は、パキスタン人やバングラデシュ人のあいだで比較的高い。このように結束型社会関係資本は、橋渡し型社会関係資本の欠如を部分的に補っている。

とはいえ、社会的孤立と、一方で特定地域への集住との相関関係、他方で労働市場での成否との相関関係は、必ずしも明確ではない。橋渡し型社会関係資本の欠如は、おそらくパキスタン人やバングラデシュ人が受ける大きな不利益を説明するのに役立つかもしれない。しかし、この橋渡し型社会関係資本の欠如が、カリブ系黒人にとっても同じように不利益が極めて大きいという事実をどのように説明できるかどうかは明白ではない。なぜなら、カリブ系黒人は、すべてのエスニック・マイノリティのなかで、（たとえば、白人との通婚の割合が示すように）社会的におそらく最も融合されているからである。中国人が相対的に経済的成功を収めていることも、この種の立論で説明することは同じように極めて難しい。

刑事司法システム

一九六〇年代以降、エスニック・マイノリティ・グループの成員は、刑事司法システムに、違反者としても被害者としても、ますます多く登場している。エスニック・マイノリティが全人口に占める割合と比べても、エスニック・マイノリティは、刑務所に過剰に多く収監されている。二〇〇二年にイングランドとウェールズでは、男性服役者の一六%がエスニック・マイノリティ・グループの出身であった（HMSO 2004）。

エスニック・マイノリティ・グループの成員が、かつてそうであったように刑事司法システムのなかで差別的扱いを受けていると信ずる理由は存在する。非白人には、前科がほとんどない場合でさえ、実刑判決が下される割合が高いからである。収監後も、エスニック・マイノリティは、差別や人種攻撃を受ける可能性が高い。白人たちが刑事司法システムの運用を圧倒的に支配していることを、一部の研究者は指摘する。弁護士を開業する黒人はごくわずかであり、また警察官に占める黒人の割合は、二%以下である（Denney 1998）。

非白人の集団はいずれも、何らかの類の——人種的要素が動機となった攻撃を含め——人種差別を受けやすい。ほとんどの人はこのような扱いを免れている。しかし、こうした経験は、マイノリティを不安に陥れ、荒々しい気持ちにさせる可能性がある。人種的要素が動機となった事件は、エスニック・マイノリティの人たちに加えられる犯罪の一二%を占めていたと算定される（それにたいして、白人の場合は二%であった）（Office of National Statistics 2002b）。英国犯罪調査によれば、イングランドとウェールズでの人種的要素が動機となった犯罪の推計件数は、一九九五年の三九万件から一九九九年の二八万件に減少した。黒人やインド人、パキスタン人、バングラデシュ人に加えられる人種的要素が動機となった事件の数も、一九九五年の一四万五〇〇〇件から一九九九年の九万八〇〇〇件に減少した。

英国犯罪調査によれば、人種的要素が動機となった事件への情緒的な反応は、人種的要素が動機になっていない事件の場合よりも、一般に激しいことも明らかにされている。一九九九年に、人種的要素が動機になった犯罪被害者の四二%は、事件によって「ひどく気持ちが傷ついた」と答えたのにたいして、他の犯罪の被害者の場合は一九％だった。黒人の被害者は、「ひどく気持ちが傷ついた」と答える割合が最も高く、アジア人と白人がともに四一％であるのにたいし、五五％に及んでいた。

こうした犯罪と犯罪被害の傾向は、どのように説明できるのだろうか。第一九章（「犯罪と逸脱」）で述べたように、犯罪は、住民のあいだに均等に分布しているわけではない。犯罪と犯罪被害の傾向には、明らかに空間的要素が見いだせるように思える。物質的剥奪に苦しむ地区は一般に犯罪発生率が高く、こうした地区で生活する人たちは、犯罪の被害に遭うリスクが高い。

人種差別に身をさらす人たちが被る恵まれない境遇は、インナーシティの環境悪化を生みだす一因であるだけでなく、インナーシティの環境悪化が生みだしたものでもある（第二一章「都市と都市的空間」も参照）。この点で、人種と失業、犯罪のあいだに密接な相関関係を見いだすことができ、こうした相関関係は、とりわけエスニック・マイノリティ出身の若年男性たちの置かれた境遇に集中する傾向がある。政治やメディアが犯罪をめぐって創りだした「モラル・パニック」によって、人種と犯罪の関連性が公然と言われるようになった。

「モラル・パニック」の概念は、第一九章「犯罪と逸脱」、七九〇頁で触れている。

しかしながら、エスニック・マイノリティ出身者の多くが、とりわけ若者たちが経験するのは、白人との出会いでも、また不幸なことにかなりの程度まで警官との出会いでも、自分たちこそがまさに「略奪の対象」になっているという現実である。

警察の人種差別主義

社会学の研究は、警察官のあいだの人種差別的態度を暴露するのに役に立ってきた。ロジャー・グレーフは、警察に関する研究で、警察が「すべてのマイノリティ・グループに激しい反感をいだいて」いる、と結論づけた。警察官たちがエスニック・マイノリティについて口にする際に用いるステレオタイプ的表現や人種的中傷の頻度に、グレーフは注目した（Graef 1989）。一九九〇年代を通じて、英国と米国で起きて人目を引いた事件は、どの研究もなし得なかったかたちで警察の人種差別的態度を人びとに認識させていった。一九九三年のスティーヴン・ローレンス人種差別殺人事件（五〇四頁のコラムを参照）は、人種差別主義が特定の人たちに限定されるのではなく、すべての制度体に充満している可能性があることを実証して、英国での人種差別主義をめぐる議論の性質を大きく変えていった。

一九九九年のスティーヴン・ローレンス殺人事件に関するマクファーソン報告の発表を受けて、ジャック・ストロー内務大臣は、警察に「多文化社会のために闘う存在」となるように求めた。マクファーソン報告が示した七〇項目の勧告の多くは、同報告が発表された後一年以内に実行に移された。しかし、批判する人たちは、改革が迅速に進んでいないと主張する。マクファーソン報告が発表された後の一年間で見ても、三分の一以上の警察本部は、黒人ないしアジア人の警官を新たに採用しなかったし、イングランドとウェールズの四三の警察本部のうち九つの警察本部でエスニック・マイノリティの警察官の数が減少していた。同時にまた、マクファーソン報告が警察を不当に槍玉に挙げていると考える一部の法の執行者たちのあいだで、「マクファーソン報告に反発する巻き返し」の徴候も生じた（Fitzgerald 2001）。

これらの事件を考えあわせれば、黒人集団のあいだで警察官への敵意が——英国でも米国でも——ありふれた現象になっていることを研究が確証しても、あまり驚くに当たらない（Keith 1993）。こうした敵意のある態度は、ある程度まで黒人たちがじかに被ってきた経験の結果に過ぎない。とくに黒人の若者たちが遭遇する警察の戦略は、若者たちのとる態度を形成している。政策問題研究所の第四回調査（五二〇頁～五二一頁で論じた）によれば、調査時の前年に人種差別的攻撃を受けた回答者のうち、四人に一人しか、その攻撃事件を警察に通報していなかった。警察に助けを求めた回答者の半数は、自分たちが受けた扱いに不満をいだいていた。警察の対応は、警察が事件の把握や捜査に実際に何の関心ももっていないことを明示する、と多くの回答者は実感していた（Modood et al. 1997）。

エスニック・マイノリティは、白人よりも犯罪被害者になりやすいため、警察や刑事司法による保護を最も必要としている。しかし、法の執行方針が非白人を標的にした人種差別的性質を帯びているように思える徴候は、いくつか見いだせる。たとえば、いわゆる「武器所持を調べる無作為の職務質問」方針は、非白人を過度に標的にする傾向がある。エスニック・マイノリティへの「武器所持を調べる無作為の職務質問」措置の件数は、一九九九年のマクファーソン報告の公表後減少したが、警察がテロリズムのリスクに神経質になって以来、増加している。このため、イスラム教徒を含むアジア系英国人が無作為の職務質問を受ける件数が結果的に増加し、警察は二〇〇〇年のテロリズム法にもとづき与えられた新たな権限を行使している。

ロンドンでは、最近の報告によれば、警察が黒人に無作為の職務質問をおこなう割合は、白人の八倍に、アジア人の場合は五倍に及んでいる（Metropolitan Police 2004）。

英国におけるエスニック・マイノリティの生活の他の側面は、別の個所で論じている。エスニシティと加齢は第六章の二一〇頁～二一一頁で、エスニシティと健康は第八章の三〇〇頁～三〇一頁で、エスニシティと教育は第一七章の七一二頁～七一四頁で触れている。

転入移民と、ヨーロッパ大陸におけるエスニシティ関係

転入移民は、英国と同じく、二〇世紀を通じてヨーロッパの他のほとんどの国を著しく変容させてきた。ヨーロッパでは、第二次大戦後最初の二〇年間に大規模な移民が生じた。地中海沿岸の国々は、北ヨーロッパと西ヨーロッパの国々に安価な労働力を供給していった。深刻な労働力不足に直面した国は、一時期、トルコや北アフリカ、ギリシア、スペイン南部、イタリアといった地域からの移住を積極的に奨励し、受け入れた。スイスやドイツ、ベルギー、スウェーデンはいずれも、今日かなりの数の移民労働者をかかえている。同時にまた、植民地支配をおこなった国は、かつての植民地からの移民の流入を経験した。この点は、英国だ

けでなく、フランス（アルジェリア人）とオランダ（インドネシア人）にも当てはまる。

西ヨーロッパへの、また西ヨーロッパ内部での労働力移動は、経済の急成長が景気後退に転じたため、過去二〇年間に目に見えて緩慢になっている。しかし、一九八九年のベルリンの壁崩壊や、東ヨーロッパの国々と旧ソヴィエト連邦で生じた変動以降、ヨーロッパは、いわゆる**新たな移民**の誕生を目撃した。二つの主要な出来事がこの「新たな移民」を特徴づけている。まず、東側と西側の境界の開放は、一九八九年から一九九四年に、結果的にヨーロッパで約五〇〇万人の移民を生じさせた。二つ目に、旧ユーゴスラヴィアの内戦やエスニシティ間の反目で、ヨーロッパの他の地域に約五〇〇万人の難民が殺到した（Koser & Lutz 1998）。ヨーロッパでの移民の地理的分布様式も、出身国と行き先国の境がますます不鮮明になりだしたため、変化している。南ヨーロッパや中部ヨーロッパの国々は、初期の転入移民と明らかに異なる趨勢であるが、すでに多くの移民の行き先国となっている。

「新たな移民」のもう一つの特徴は、エスニシティの「純血性の維持」である。旧ソヴィエト連邦や旧ユーゴスラヴィア、それに中部ヨーロッパの一部の国々では、国境の変更や政治体制の変化、紛争の勃発が、「エスニシティの親和性」原理にもとづく移民を生じさせている。このことの明瞭な例を、ソヴィエト連邦解体にともない新たに独立した――ラトヴィアやカザフスタン、ウクライナといった――国々で生活する、エスニシティがロシア人である数千人もの住民の状況に見いだすことができる。この人たちの多くは、エスニシティの純血性を維持する過程の一端として、ロシアに戻る選択をおこなっている（Brubaker 1998）。

移民と欧州連合

欧州統合に向かう動きの一環として、以前には商品や資本、被雇用者の自由な移動を制限してきた障壁の多くが撤廃された。この結果、ヨーロッパの国々のあいだで地域内移民の劇的増加をもたらした。現在、欧州連合の国々の――新たに二〇〇四年五月に加わった、主に東ヨーロッパの一〇カ国も含め――住民は、どの欧州連合加盟国でも就労できる権利を手にしている。極めて高度な技術や資格をもつ専門的職業従事者は、ヨーロッパ最大の移民集団として亡命希望者や経済移民の一翼を担っている。このような変化について、移民のあいだで「もてる者」と「もたざる者」の二極分化が進んでいる、と研究者たちは指摘する。

欧州連合非加盟国から欧州連合への移民は、ヨーロッパの多くの国々にとって最も差し迫った政治課題のひとつになっている。欧州統合過程の進行にともない、多くの国は、シェンゲン協定の一環として隣接国との出入国管理を廃止した。シェンゲン協定加盟国は、現在、域外国境のみを監視し、隣接する加盟国からの自由な入国を認めている。こうしたヨーロッパの出入国管理の変更は、欧州連合への不法移民の流入や国境を越えた犯罪に計り知れない影響を及ぼした。シェンゲン協定加盟国に入国できた不法移民は、シェンゲン協定に加盟する地域全体を何の妨げも受けずに移動できるからである。

現在、欧州連合のほとんどの国は、合法的移民を家族呼び寄せの場合だけに限定したために、不法移民の件数が増加している。

一部の不法移民は、学生ないし旅行客として合法的に欧州連合に入り、ビザの期限が切れた後も滞在するが、密入国による不法移民も増加している。移民政策国際開発センターの推計によれば、毎年四〇万人が欧州連合に密入国している。イタリアの長い海岸線は、ヨーロッパで最も警備が手薄な国境のひとつとみなされ、周辺のアルバニアや旧ユーゴスラヴィア、トルコ、イラクからの不法移民を引き寄せている。イタリアは、シェンゲン協定に加盟して以降、域外国境の監視を厳しくした。ドイツは、不法移民や亡命希望者の申請が極端に増えたため、ポーランドやチェコ共和国の政府と協力して東側国境の管理を強化している。

反移民感情と結びついた人種差別主義は、ヨーロッパでいくつかの突発的な事件を引き起こし、一九九〇年代には、フランスやスイス、イタリア、オーストリア、デンマーク、オランダなどいくつかの国で、極右政党が選挙で息を吹き返した。英国では、国会議員選挙における比較多数得票制は、各選挙区でひとりだけの候補者を選出するため、小政党が下院で議席を獲得するのを防いでいる。とはいえ、極右の英国国民党への支持は一九七〇年代以降で最も高くなっており、英国国民党は、地方議会でいくつかの議席を得ている。転入移民に反対する英国独立党も、国民の支持が急上昇し、二〇〇四年の欧州議会選挙で一二議席を獲得した。

けれども、「新たな移民」への管理強化は、外部から遮断された真空状態でおこなわれるわけではない。移民政策の変化にたいするインフォーマルな反応は、不法入国や密入国のネットワークのなかで生じている。移民の斡旋は、ヨーロッパで最も急成長する組織犯罪のひとつになった。犯罪集団は、麻薬や武器、盗品を巧妙に密輸するのとまったく同じように、不法移民をさまざまな手口で密入国させることが可能である。移民する人たちも密輸業者も、自分たちの行動を決める際にすでに移民した他の人たちの知識や経験に頼っている。この意味で、政策的規制は、新たな形態の抵抗を誘発しているように思える（Koser & Lutz 1998）。

移民がよりよい生活を求めて冒すリスクは、たとえば、二〇〇〇年六月に英国沖のドーバー海峡で、五八人の中国人が大型トラックのなかで窒息死したり、二〇〇四年八月にイタリア南部沖のシシリー島に接岸しようとした鮨詰め状態のリビア船で、少なくとも二六人が死亡したように、悲劇的な結末に至る場合も多い。こうした移民の大半は非合法なため、西ヨーロッパの国々に入国を試みて死亡する人たちの数を推計することは難しい。しかし、最近のある調査は、毎年四〇〇〇人くらいの移民が迫害や貧困から逃れようと密入国を企てて海で溺死している、と指摘する。この調査は、毎年約二〇〇〇人がヨーロッパに到達しようとして地中海で死亡したり、ほぼ同数の人たちがオーストラリアと米国――「ボートピープル」の他の二つの主要な目的地――への渡航中に死亡している、と示唆する（*Guardian* 9 Oct 2004）。

グローバルな移民

これまでは最近のヨーロッパへの転入移民に焦点を当ててきたが、数世紀前のヨーロッパの領土拡張政策は、世界の数多くの多民族社会の基盤を結果的に形成することになる、大規模な人口移動を始動させた。しかしながら、こうしたグローバルな移民の初期の急増がはじまって以来、人びとは、交流と混住をつづけ、その結果、多くの国々のエスニシティ構成を基本的に形づくってきた。この節では、グローバルな移民の様式に関係する概念について検討したい。

移民の動向

移民は決して新しい現象ではない。とはいえ、移民は、グローバルな統合過程の一端として加速しだしたように思える現象のひとつである。世界中に拡がる移民の様式は、各国間の急激に変化する経済的、政治的、文化的結びつきの反映のひとつとみなすことができる。概算では、世界人口の約三%にあたる一億七五〇〇万人が、生まれた国とは異なる国に居住している（*International Migration Report* 2002）。そのため、一部の研究者は、現代を「移民の時代」と名づけている（Castles & Miller 1993）。

転入移民、つまり、定住するためにその国にくる人びとの動きと、**転出移民**、つまり、人びとが他の国で定住するために国を去る過程は、両者が合体して出身国と行き先国をつなぐグローバルな移民様式を生みだしている。移民の動向は、多くの社会でエスニシティや文化の多様性を増大させ、人口学的、経済的、社会的変動様式を形成する一因になる。第二次世界大戦以降の、とくに最近二〇年間のグローバルな移民の増大は、多くの国々で流入移民を重大な政治問題にしてきた。西欧の多くの社会における流入移民の割合の上昇は、一般にいだかれてきたナショナル・アイデンティティの観念に異議を差しはさみ、市民資格《シティズンシップ》の概念の再検討を強いてきた。

一九四五年以降の地球規模での主要な人口移動を説明するために、研究者たちは、四つの移民モデルを確認している。移民の《古典的モデル》は、たとえば「移民たちの国」として発展したカナダや米国、オーストラリアなどの国が当てはまる。これらの国では、年間の移民受け入れ数を制限するために、移民規制や移民割り当て制を導入しているとはいえ、転入移民はおおむね奨励され、市民資格が獲得できる見込みは、新しくきた人たちにまで拡張された。移民の《植民地モデル》は、フランスや英国といった国が追求したモデルで、旧来の植民地からの移民を他の国からの移民よりも優遇する傾向がある。第二次世界大戦後数年間のインドやジャマイカなど新英連邦諸国から英国への多数の転入移民は、この趨勢を反映している。

ドイツやスイス、ベルギーのような国は、三つ目の政策——《出稼ぎ労働者モデル》——をとっている。この施策のもとで、転入移民たちは、労働市場の需要を満たすために、多くの場合、当座のあいだ入国を認められるが、たとえ定住が長期に及んでも市民資格の権利を与えられない。

四つ目の、転入移民の《違法形態》は、多くの先進工業国が移民関係の法律を厳しくしたために、ますます一般的になりだしている。秘密裏にせよ「一時滞在者」を装うにせよ、入国ができた移民は、多くの場合、公的社会の領域外で違法な生活を送ることが可能である。（前述したように）この形態の具体例を、米国南部の多くの州で「不法滞在する」多数のメキシコ人や、国境を越えてきた難民を密入国させる国際ビジネスの成長に見いだすことができる。

スティーヴン・カースルズとマーク・ミラーは、グローバルな移民の近年の動向を検討した際に、ふたりが将来の移民様式をおそらく特徴づけると考えた四つの傾向を特定している（Castles & Miller 1993）。

1 《加速化》 国境を越えた移民は、かつてないほどの数量で生じていく。

2 《多様化》 今日、ほとんどの国は、多種多様な移民を受け入れている。対照的に、初期の頃は、労働力移民や難民といった特定の移民形態が主流であった。

3 《グローバル化》 移民は、ますますグローバルな特徴を帯び、送り出し側としても受け入れ側としても、もっと多くの国がかかわるようになる（図13-4と図13-5を参照）。

4 《女性化》 ますます多くの女性が移民になり、今日の移民はかつてほど男性中心でなくなっている。女性移民の増加は、グローバルな労働市場の変化と密接に結びついており、そうした変化のなかに、家事労働者への需要の増大、セックス・ツアーの増加、女性たちの「人身売買」の増加（第一二章「ジェンダーとセクシュアリティ」の四五九頁〜四六〇頁を参照）、それに「メールオーダーの花嫁」現象が含まれる。

グローバル化と移民

グローバルな移民の背後でどのような力が働き、グローバル化の結果として、こうした力はどのように変化しだしているのだろうか。移民をめぐる初期の多くの理論は、いわゆる**押し出す要因と引き寄せる要因**に焦点を当てていた。「押し出す要因」とは、たとえば戦争や飢餓、政治的迫害、人口圧力等の、人びとに転出移民を強いる出身国内部の力学を指称している。対照的に、「引き寄せる要因」とは、転入移民を魅了する行き先国の特徴である。たとえば、好況な労働市場や好ましい全般的な生活水準、低い人口密度が、他の地域から移民を「引き寄せる」可能性があった。

近年に入って、移民をめぐる「押し出す要因と引き寄せる要因」論は、複雑で多面的な過程をあまりにも単純化した説明であるとして、批判を受けてきた。その代わりに、移民研究者たちは、グローバルな移民様式を、マクロレヴェルな過程とミクロレヴェルな過程の相互作用をとおして生みだされる「システム」とみなしはじめている。この考え方は、複雑な見解のように聞こえるが、実際には極めて単純である。マクロレヴェルの要因とは、地域の政治状況や、移民の転入と転出を管理する法律や規制、国際経済で生ずる変化といった最も重要な問題を指している。他方、ミクロレヴェルの要因とは、移民する人たち自身が有する資源や知識、認識を問題にしている。

ドイツでのトルコ人移民の大規模なコミュニティの事例に、マクロな過程とミクロな過程の交差を見ることができる。マクロレヴェルには、たとえばドイツ経済の労働力需要や、外国人「出稼ぎ労働者」の受け入れ政策、多くのトルコ人が望む水準での所得を阻害するトルコの経済状況等の要因がある。ミクロレヴェルには、ドイツにおけるトルコ人コミュニティの内部に見いだす相互援助のインフォーマルなネットワークや手段、トルコに残る家族や友人たちとの強い結びつきがある。移民を考えるトルコ人のあ

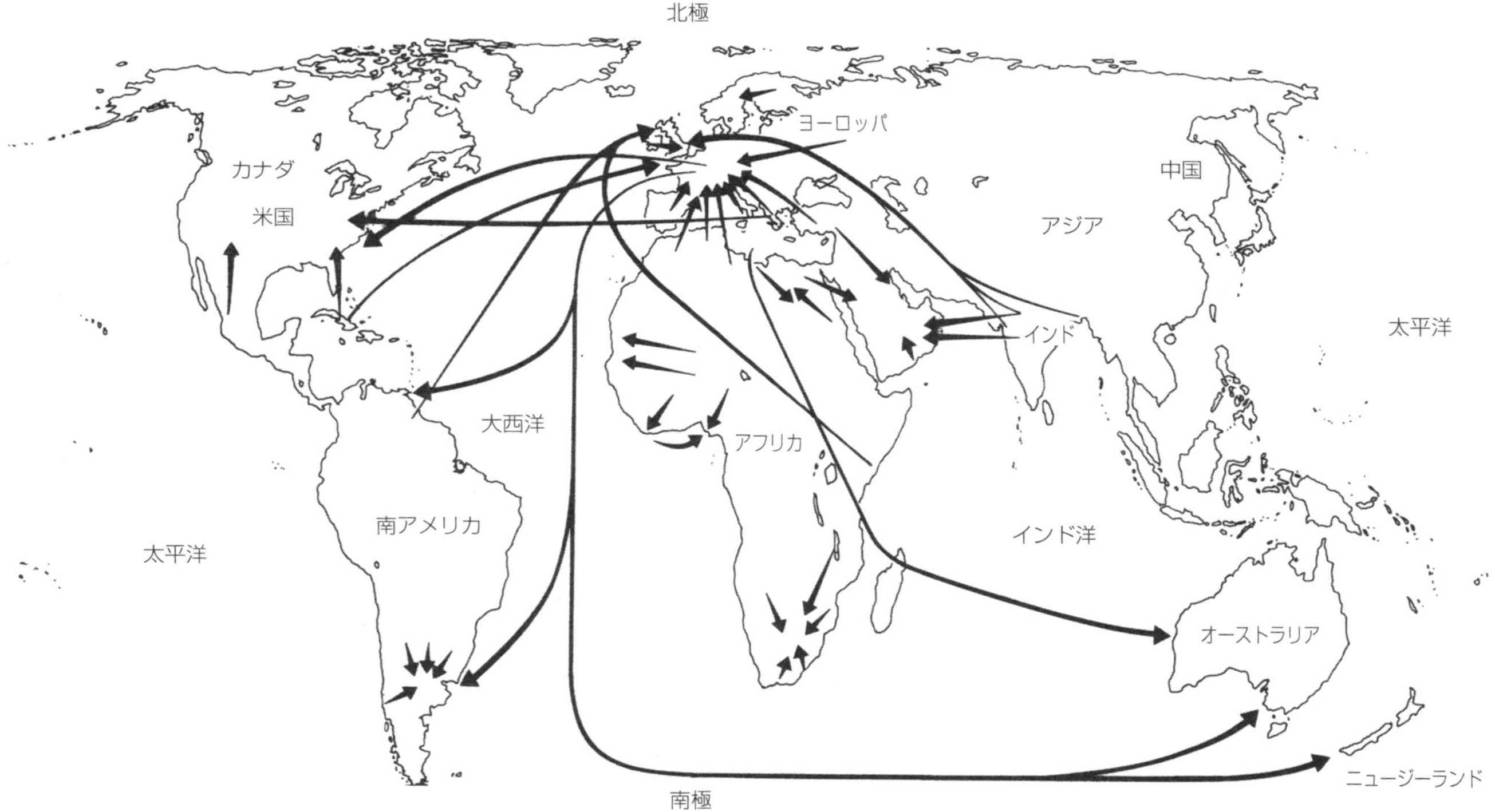

出典: S. Castles & M. J. Miller, *The Age of Miguration* (1993)
＊矢印の大きさは移動の規模を表示していない。

図13-4　地球規模の移民（1945年から1973年）

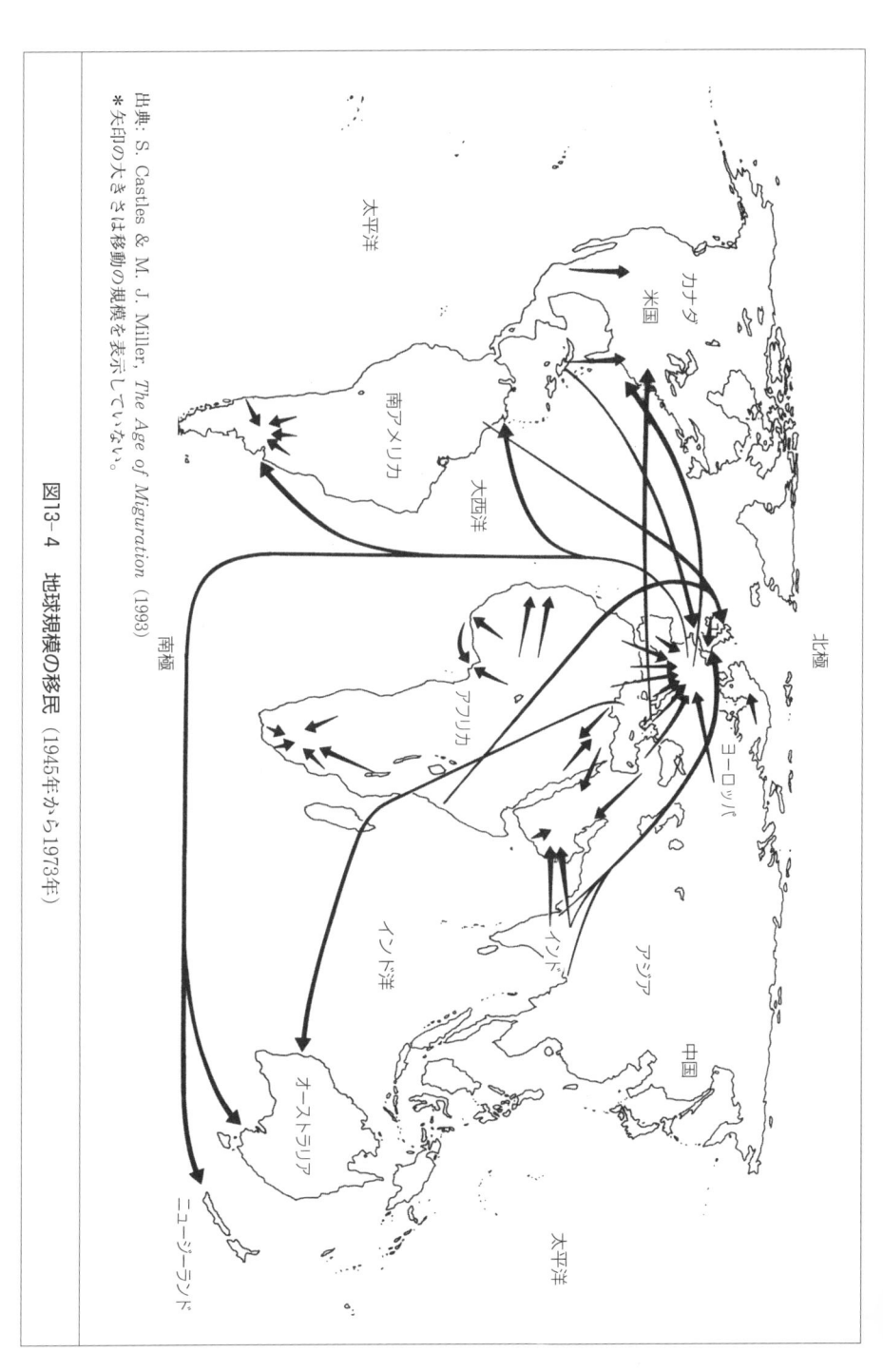

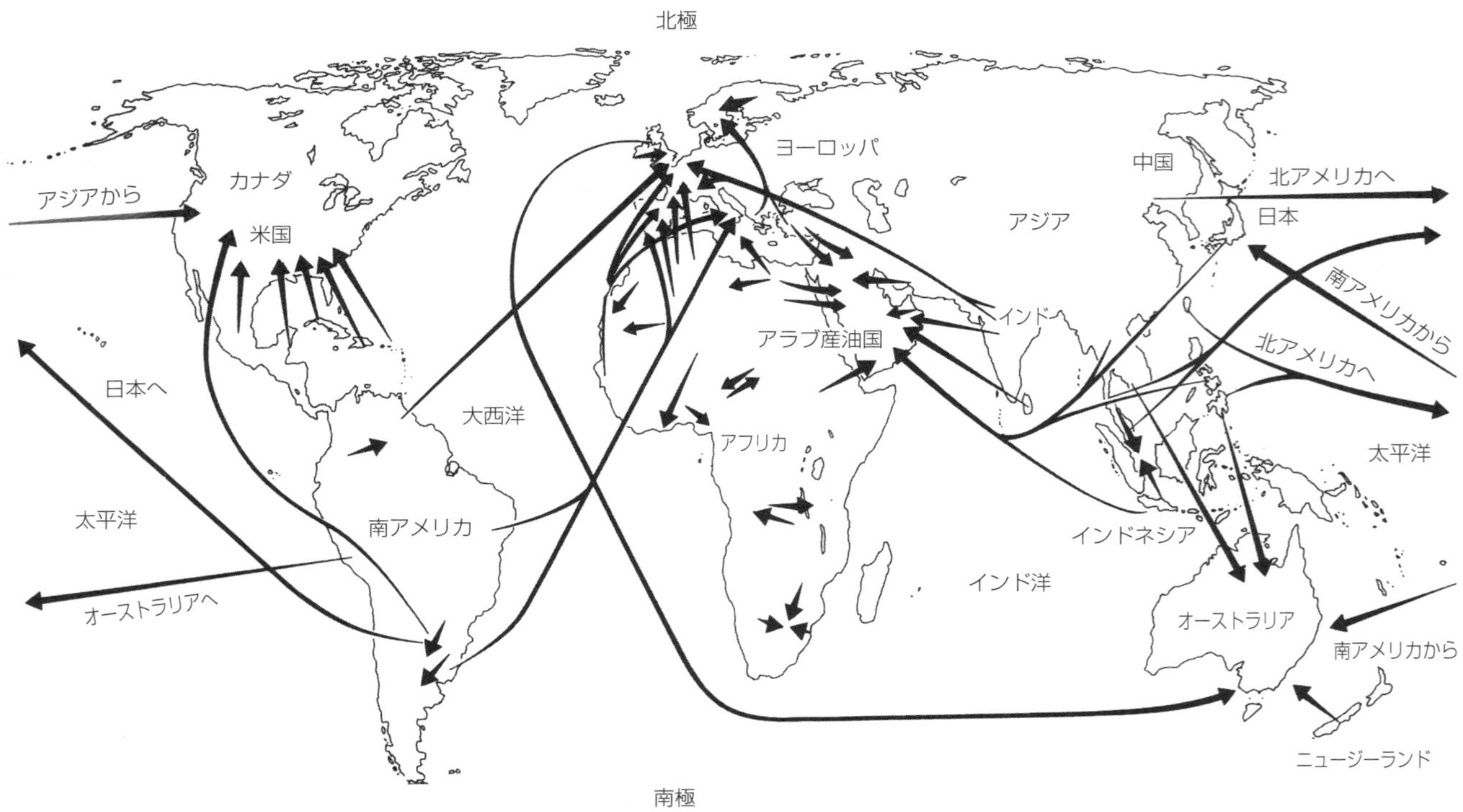

出典: S. Castles & M. J. Miller, *The Age of Miguration* (1993)
＊矢印の大きさは移動の規模を表示していない。

図13- 5　1973年以降の地球規模の移民動向

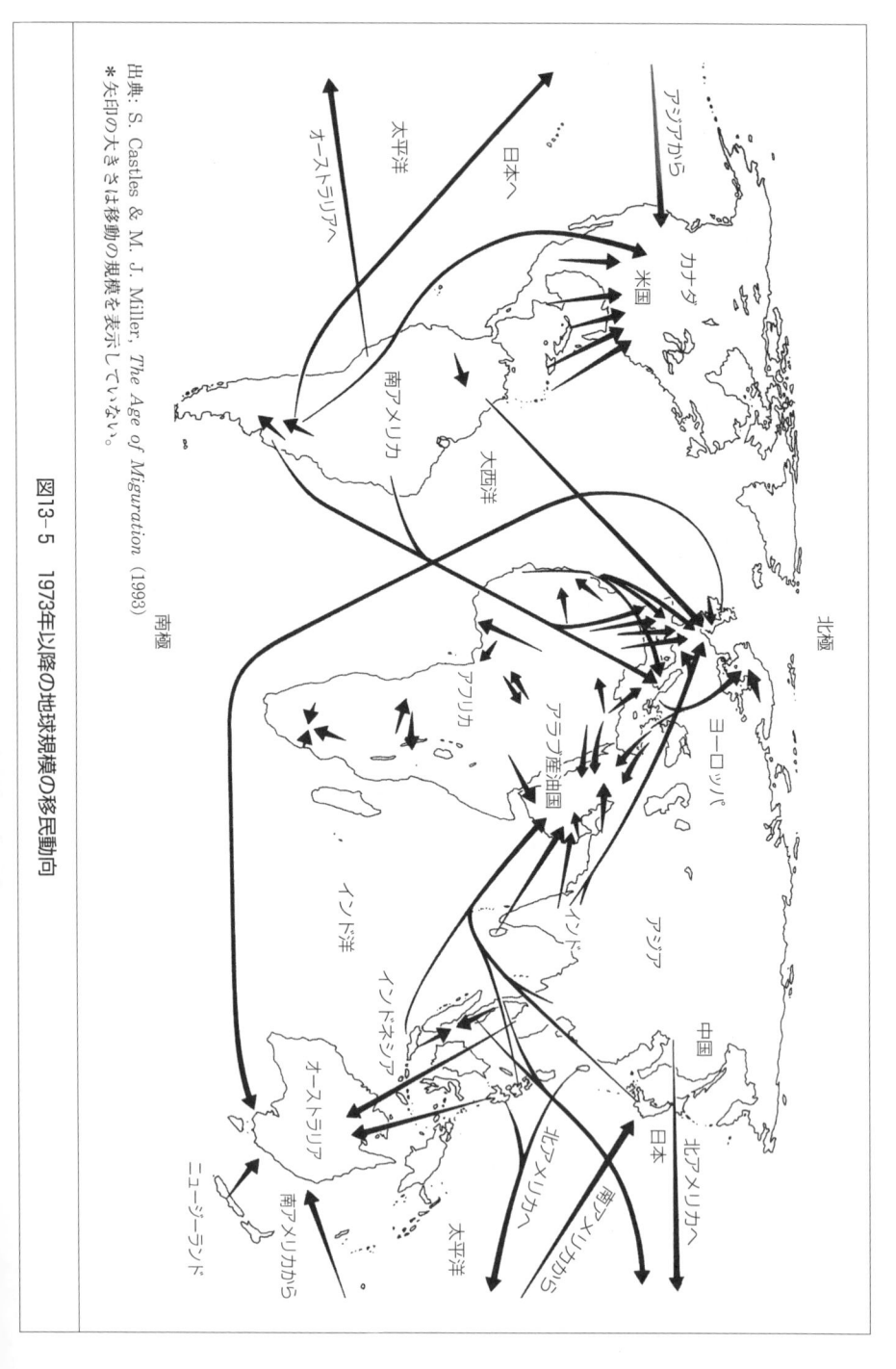

いだで、ドイツや「社会関係資本」――ドイツで利用できる人的資源ないしトルコ人コミュニティという資源――に関する知識は、ドイツを最も人気のある行き先国のひとつにする要因になっている。こうした移民システム論というアプローチを支持する論者は、移民の過程を単一の要因だけで説明できないことを強調する。むしろ、トルコからドイツへの移民のように、個別の移民の動きは、マクロレヴェルの過程とミクロレヴェルの過程の相互作用の所産である。

グローバルな離散

グローバルな移民様式について理解するもう一つの方法は、離散《ディアスポラ》の研究をとおしてである。離散という用語は、エスニック・グループが、多くの場合、強制されたかたちで、あるいはトラウマを負った状況で、祖国から外国地域に四散することを指称している。ユダヤ人やアフリカ人の離散については、これらの集団が奴隷制度やジェノサイドの結果として地球規模で四散するに至ったことを記述するために、これまで多くの言及がなされてきた。離散集団の成員たちは、当然のことながら地理的に分散して暮らすが、たとえば共有する歴史なり、祖国に関する集合的記憶なり、育まれ保持されてきた同じエスニック・アイデンティティといった要素によって、まとまりを保っている。

迫害や暴力の結果として不本意に生じた離散が最も一般的に引用される例であるとはいえ、離散は数多くのさまざまな形態で生じている、とロビン・コーエンは主張する。コーエンは、著書『グローバルな離散』で、歴史学的分析方法を採り入れ、最初の人口四散の背後で働いた力にしたがって、離散を五つの異なる範疇に識別している。それは、（たとえばアフリカ人やユダヤ人、アルメニア人のような）《犠牲者》、《領土拡張による離散》（英国人）、《労働》（インド人）、《貿易》（中国人）、《文化的離散》（カリブ人）の五つの範疇である（Cohen 1997）。一部の事例では、たとえば中国人の離散のように、大規模な人口移動は、明らかなトラウマ的出来事の結果としてでなく、自由意思から生じてきた。

とはいえ、離散の形態は多様であるにもかかわらず、いずれの離散も、重要な特徴をいくつか共有している。コーエンは、すべての離散が次のような基準に合致していると指摘する。

- 祖国から新たな地域への強制的な、あるいは自発的な移動
- 祖国についての共有する記憶、共有した記憶の献身的な保持、いつの日か帰還できるという信念
- 時間や距離を隔てても維持される、強固なエスニック・アイデンティティ
- 四散して生活する同じエスニック・グループ成員との連帯感
- 受け入れ社会との関係に多少の緊張状態が見いだされること
- 受け入れた多元主義的社会にたいして、価値のある、創造的な寄与をおこなうことができる潜在的可能性

一部の研究者は、コーエンが、離散という「範疇」を特定のエスニック・グループに結びつけることで、錯綜した特有な移民経験を狭い類型論のなかに単純化している、と非難してきた。別の研究者たちは、コーエンによる離散の概念化が、コーエンの企てる

分析にとって不十分であると主張する。しかしながら、こうした批判にもかかわらず、コーエンによる研究は、離散が静態的な現象ではなく、急激にグローバル化が進む世界のなかで集合的アイデンティティを維持し、エスニシティに固有な文化を保持するような、現在進行中の過程であることを論証するのに有用である。

結び

グローバル化が進行する今日の世界で、思想や観念——それに人びと——は、歴史上かつてないほど大量に国境を越えて循環している。こうした過程は、私たちが暮らす社会を根底から変えだしている。多くの社会は、エスニシティの面で初めて多様化しだしている。一方、多様なエスニシティから構成される既存の様式が変容しだしたり、変容が強まりだした社会も存在する。とはいえ、あらゆる社会で、人は、自分と異なる考え方や見方、生き方をする人たちとつねに遭遇するようになっている。このような相互作用は、メディアやインターネットを通じて伝えられるイメージによってだけでなく、グローバル化の結果として、一個人のなかでも生じている。

一部の人たちは、こうしたエスニシティや文化の面での新たな複合状態を、コスモポリタンな社会に不可欠な要素として歓迎している。しかし、こうした状態を危険な脅威とみなす人たちもいる。原理主義的世界観を主張する人たちは、既成の伝統に逃げ場を求め、自分たちと異なる人びととの対話を拒んでいる（第一四章「現代社会における宗教」を参照）。今日、世界中で荒れ狂うエスニシティ間の対立の多くを、この種の原理主義的取り組みの表出とみなすことができる。グローバル化が進行する今日の社会が直面する主要な課題のひとつは、本質的にもっとコスモポリタンな社会をいかに生成できるかである。南アフリカで真実と和解のための委員会の粘り強い努力が実証するように、率直な、互いに敬意に満ちた意思疎通のための広場《フォーラム》を創設することは、人種の和解をはじめるための、困難だろうが、有効な第一歩である。

まとめ

1　人種とは、共同体や社会の成員が、社会的に意味があるとみなす、たとえば皮膚の色のような身体的特徴を指称する。人間を異なる人種に振り分けることが可能な明確な特徴は、何も存在しない。

2　住民の一部は、同じ文化的特徴を共有することで、エスニック・グループを形成し、これらの文化的特徴は、住民のなかでそのエスニック・グループを他のエスニック・グループから区別している。エスニシティとは、集団どうしを互いに区別する文化的差異を指称する。エスニック・グループの主要な示差的特徴として、言語、歴史なり起源、宗教、衣裳や装飾の様式がある。エスニシティの差異は、ときとして「生得的」と考えられているが、実際にはすべて学習されたものである。

3　マイノリティ・グループとは、その成員が社会のマジョリティを構成する住民から差別されている集団である。マイノリティ・グループの成員は、ひとつには集団全体として排斥された経験から、多くの場合、強い集団的連帯感をいだいている。

4　人種差別主義とは、特定の身体的外見をもつ人たちには、パーソナリティや行動に遺伝的に受け継がれる特徴があると誤って考えることをいう。人種差別主義者とは、何らかの身体的系種の人びとがもつ、劣っていると想定された特徴にたいして、生物学的説明を下すことができると考えている人である。

5　制度的人種差別主義とは、現行の社会制度に組み込まれた差別様式を指す。

6　新たな人種差別主義とは、生物学的な劣等性よりも、文化の相違という観念をとおして表出される人種差別的態度をいう。

7　多民族社会は、エスニシティの融和について三つのモデルを採用してきた。同化モデルでは、新たな移民集団は、優勢な共同体の態度や言語を取り入れる。人種のるつぼでは、社会のさまざまなエスニック・グループの文化や見地が融合していく。多元主義とは、エスニック・グループが個別に存在しながら、経済や政治のなかに参画することである。

8　多民族国家は、脆弱で、ときとしてエスニシティ間の対立の時期を経験していく。民族浄化とは、異なるエスニック・グループの集団的排除をとおしてエスニシティの面で同質な区域を創出する、エスニシティ間の対立形態である。ジェノサイドとは、あるエスニック・グループを他のエスニック・グループが計画的に殺戮することをいう。

9　転入移民は、英国や米国等の先進工業国のなかに、数多くの異なるエスニック・グループが存在する状態を結果的にもたらした。英国では、全般的にエスニック・マイノリティ・グループは、白人住民との関係において——雇用や所得、住居、犯罪といった問題で——不利益を被っている。とはいえ、不平等の様式は変化しだしている。一部のエスニック・マイノリティ・グループが白人住民と同等な位置づけを得ているため、現在ではエスニック・マイノリティ・グループ間に、多くの格差が生じている。

10　新たな移民とは、冷戦の終結や、旧ユーゴスラヴィアでの長期に及ぶエスニシティ間の対立、欧州統合の進展の結果として生じた、そうしたヨーロッパにおける移民様式の変化を指称する。欧州連合への合法的移民受け入れの機会が徐々に制限されるのにともない、不法移民の流入が増加している。

11　移民とは、定住を目的として、ある地域ないし社会から別の地域ないし社会へ人びとが移動することである。グローバルな移民、つまり、国境を越えた個人の移動は、第二次世界大戦後に増加し、グローバル化とともにさらに強まっている。離散とは、あるエスニシティの一団が、多くの場合、強制されたかたちで、あるいはトラウマを負った状況のもとで、祖国から外国地域へ四散していくことをいう。

考察を深めるための問い

1　社会学では、人種という概念を放棄するべきだろうか。

2　人種差別主義を定義するのは、なぜ難しいのだろうか。

3　英国の一部の人たちは、なぜ今日においても相変わらず人種差別主義的な態度をいだいているのだろうか。

4　偏見をいだく人は、どうすれば自分が差別的な仕方で行動していることを自覚できるのだろうか。

5　すべてのエスニック・グループが社会活動や政治活動で対等な参加者になることは可能だろうか。

6　英国で「人種のるつぼ」的文化は可能だろうか。

7　あなたは、世界中のどこにでも居住し、働くことができるだろうか。

読書案内

Michael Banton: *Ethnic and Racial Consciousness*, 2nd edn (Longman, 1997)

Martin Bulmer & John Solomos (eds): *Ethnic and Racial Studies Today* (Routledge, 1999)

Stephen Cornell & Douglas Hartmann: *Ethnicity and Race: Making Identities in a Changing World* (Pine Forge Pr, 1998)

Philomena Essed: *Everyday Racism* (Hunter House, 1990).

Liz Fawcett: *Religion, Ethnicity and Social Change* (Macmillan, 2000)

David Mason: *Race and Ethnicity in Modern Britain* (Oxford University Pr, 2000)

Michael Omi & Howard Winant: *Racial Formation in the United States*, rev. edn (Routledge, 1994)

Will Kymlicka: *The New Debate over Minority Rights* (Univ of Toronto, 1997)

Miri Song: *Choosing Ethnic Identity* (Polity, 2003)

インターネット・リンク

Black and Asian History Map
http://www.blackhistorymap.com

Center for Research in Ethnic Relations, Warwick University
http://www.csv.warwick.ac.uk/fac/soc/CRER_RC

Commission for Racial Equality
http://www.cre.gov.uk

SOSIG on the Sociology of Race and Ethnicity
http://www.sosig.ac.uk/roads/subject-listing/Worldcat/socrace.html

United Nations Commissioner for Refugees
http://www.ohchr.org/english/

14

現代社会における宗教

インド北部のベンガル地方出身で、五人の子どもの母親で読み書きのできないモニカ・ベサラは、死ぬ前に修道女たちの祝福を得たいと思って、カルカッタにあるミッショナリーズ・オヴ・チャリティ〔神の愛の宣教者会〕のカトリック修道女たちを訪ねた。ベサラは、現代の医療では治癒できない悪性腫瘍と思われるものを胃にかかえていた。ベサラが訪れた一九九八年九月五日は、病人や貧民のための活動でノーベル賞を授与された修道女であり、またこのミッショナリーズ・オヴ・チャリティの創立者だったマザー・テレサが亡くなってちょうど一年後のことである。修道女たちはベサラのために祈り、マザー・テレサによって聖別された大メダルをベサラの胃の上に置いた。痼りは一晩のうちに消滅した。

ベサラは、「昼も夜も、頭が割れるようで、胃の痼りが耐えられないほど痛く」苦しんできたことを思い起こした。マザー・テレサ没後一周年を記念する教会での礼拝のことをベサラは覚えている。「私はそこで幻を見たんです。祭壇の横にマザーの臨終の写真が置かれていました。こんな光が［ベサラはカメラのフラッシュを指した］写真から発せられたのを見たんです。それを見たのは私だけです。時刻は午前一時でした。立ち上がると、頭痛とともに痼りが消えていました。翌朝、私は普通の人と同じように歩けるようになっていました」とベサラは語った。

モニカ・ベサラやミッショナリーズ・オヴ・チャリティの修道女たちにとって、これは奇跡であった。カトリック教会から調査のために派遣された医療チームも奇跡を認めた。修道女たちは、「神はマザー［・テレサ］をとおして奇跡をおこないました。私たちはとても幸せです」という声明を発表した。カトリック教会の長であるローマ法王は、奇跡が起こったことを認め、マザー・テレサの列福を――通常は法王によってさらなる奇跡が承認された後におこなわれるが――聖人に列する前の最終段階である列福を、命じた。二〇〇三年一〇月に、マザー・テレサの列福を祝う式典が世界中でおこなわれた。マザー・テレサが生まれた国であるアルバニアでは、その日を国民の祝祭日にし、二〇〇四年をマザー・テレサの年と布告した。マザー・テレサの第二の故郷であるインドでは、国中で司祭たちが特別のミサを執りおこない、子どもたちはカルカッタの街をパレードした。また、バチカンでおこなわれた列福式は、イタリアのテレビで生中継された。ローマでは、マザー・テレサの生涯を称賛する映画やミュージカルが公開されたり、マンガが出版されたり、展覧会が催された。マザー・テレサの遺品も展示された。

ローマ教会の断言にもかかわらず、誰もがモニカ・ベセラの快復を奇跡と信じているわけではない。プロビール・ゴーシュは、インド科学合理主義者協会の創設者で、一般のインド人から奇跡による治療で報酬を騙し取っている聖職者の調査を専門的におこなっている。この協会は公称二万人以上の会員を擁し、「貧しく、読み書きのできないインド人を迷信から解放する」権限を負託されている。ゴーシュは、ベサラの劇的な快復を、「医療の効果が現れはじめたときに、いわゆる『奇跡』が起きた」と単純に謎解きをした。ベンガルのさまざまな病院でベセラを治療した医師たちも同様の発言をおこない、腫れ物が実際に癌性腫瘍だったか良性腫瘍だったかについて疑問を示した。ゴーシュは、「マザー・

テレサは偉大な方でした。でも、いんちきの奇跡にもとづいて聖人に列するのは、マザー・テレサの遺した偉大な功績にたいする侮辱だと思います。聖人に列するのは、貧しい人びとのなかでマザー・テレサがおこなった活動と直接結びつくべきです」と述べている。

宗教と科学は、時として互いに対立するように思える。モニカ・ベセラの奇跡をめぐる論争は、宗教的見地と近現代の合理主義思想が不安定な緊張状態にあることを示している。モダニティの深まりとともに、合理主義の視座は、私たちの存在の多くの側面を征服してきた。合理主義の視座は、予見できる未来においても弱まることがないように思える。しかしながら、科学と合理主義思想にたいする反発もつねに見いだされる。なぜなら、科学と合理主義思想は、人生の意味や目的といった根本的な疑問に沈黙を守りつづけているからである。つねに宗教の核心にあって、信仰心を、つまり、信念への情動的飛躍を駆り立ててきたのは、まさしくこれらの疑問である。

宗教は、人びとの生活を数千年ものあいだ強く支配してきた。既知のどの人間社会にも、何らかのかたちの宗教を見いだすことができる。考古学上の遺跡によってしか証拠が得られないとはいえ、記録に残る最初期の社会は、宗教的象徴や儀式の痕跡を明確にとどめていた。洞窟絵は、宗教的信念や実践が四万年以上も前に存在したことを示している。その後の歴史を通じて、宗教は、引きつづき人間経験の中心的要素を形づくり、私たちみずからの生きる環境への認識や対応の仕方に影響を及ぼしてきた。

宗教は、なぜこのように人間社会の普遍的様相となったのだろうか？　宗教の役割は、後期近現代の社会でどのように変化しだしているのか？　宗教は、どのような条件のもとで共同体をひとつにまとめ、どのような条件のもとで共同体を分裂させるのだろうか？　宗教は、人びとが自分たちの理想のために進んで自己犠牲できるほどの影響力を、どのようにして人びとの人生にもたらすのだろうか？　これらがこの章で解明したい疑問である。そのために、まず宗教とは実際に何かを問い、宗教上の信念や実践が示すさまざまな形態をいくつか考察する必要がある。また、宗教に関する社会学の主要な理論を検討し、識別できる宗教組織の類型をいくつか分析したい。この章の全体を通じて、近現代社会における宗教の行く末について検討する。なぜなら、多くの研究者にとって、今日、宗教は、科学や近現代工業の隆盛により、近代以前の時代にそうであったほど社会生活の中心的勢力でなくなったと思えるからである。

社会学の理論と考え方

宗教の社会学的研究

宗教の研究は、社会学的想像力に極めて特別な要求を課す、意欲をそそる企てである。私たちは、宗教的実践を分析する際に、人間社会のさまざまな文化に見いだす多種多様な信仰や儀礼のもつ意味について理解する必要がある。信者に深い確信をいだかせる理念にきめ細やかに接すると同時に、そうした理念にたいして偏りのない見方をしなければならない。私たちは、永久不変なものを追求する理念と向かい合わなければならないが、他方で宗教集団が――財を蓄えたり、信者に寄進を求めるといった――極めて世俗的目標も促進していることを認識する必要がある。宗教上の信念や行動様式の多様性を認識しなければならないが、同時にまた一般的現象としての宗教の本質も精査する必要がある。

社会学者は、**宗教**を、神聖で、あらゆるものを含む、超自然的な現実という観念を形成することによって究極の意味や目的の意識を与える、そうした共有された信念や儀礼の文化体系であると定義づけている（Durkheim 1965; Berger 1967; Wuthnow 1988）。この定義には、次の三つの主要な要素がある。

1　《宗教は文化の一形態である》。文化は、一群の人びとのあいだに共通のアイデンティティを形成する、共有された信念や価値、規範、観念から構成される。宗教はこうした特徴のすべてを共有している。

2　《宗教には、儀礼化された習わしのかたちをとる信念が含まれる》。したがって、すべての宗教は、行動的様態――信者が参加し、信者に宗教共同体の成員として一体感をもたらす特別な活動――を備えている。

3　《おそらく最も重要な点であるが、宗教は目的感覚》――生きることには究極的に意味があるという感覚――《を与える》。日常生活を超越したり日常生活に影を投げかけることがらについて、（たとえば、教育制度や、民主制にたいする確信といった）文化の他の側面が通常できない仕方で、筋道の立った説得力のある説明をする（Geertz 1973; Wuthnow 1988）。

宗教の社会学的定義に欠けるものは、内包されているものと同じくらい、重要である。社会学的定義では、神についてまったく言及していない。多くの場合、私たちは、**有神論**、つまり、一つないし二つ以上の超自然的な存在《ディーアティ》（この言葉は、神《ゴッド》に相当するギリシア語の単語に由来する）にたいする信仰が宗教にとって基本であると考えているが、必ずしもそうとはいえない。後述するように、たとえば仏教のように一部の宗教は、特定の神よりもむしろ霊的な力の存在を信じている。

社会学者は宗教についてどのように考えるのか

社会学者は、宗教を研究する際に、社会学者として研究するのであって、どんな特定の信仰の信者（ないし非信者）として研究しているのではない。こうした立場は、宗教の社会学的研究にとって、次のような言外の意味をいくつかもつことになる。

1　《社会学者は宗教的信念の真偽に関心を寄せない》。社会学的視座からは、宗教は、神によって命じられたものではなく、人間によって社会的に構築されたとみなされている。したがって、社会学者は、宗教を研究する際に、個人的な信仰を捨象する。社会学者は宗教の神聖な側面よりもむしろ人間的側面に関心を寄せる。社会学者は次のように問いかける。宗教はどのように組織されるのか。宗教の主要な信念や価値とは何か。宗教は社会全体とどのように関係しているのか。宗教が信者の勧誘や獲得で成功したり失敗するのはなぜか。特定の信念が「善」か「真」かという問いかけは、研究対象である宗教の信者にとってどんなに重要であっても、社会学者が社会学者として取り組むことができるものではない。(社会学者は、個人としてあることがらに強硬な見解をもっていたとしても、社会学者として、そうした自分の意見が調査研究を偏ったものにしないことを期待されている。)

2 《社会学者は宗教の社会組織にとくに関心を寄せる》。宗教は、社会で最も重要な制度のひとつである。宗教は、最も深く根ざした規範や価値の主要な源泉である。同時に、宗教は、通例、多種多様な社会的形態をとおして実践される。たとえば、キリスト教やユダヤ教の内部では、宗教的実践は、多くの場合、教会やシナゴーグなどの正式の組織体でおこなわれる。しかしながら、このことは、ヒンドゥー教や仏教などアジアの宗教には必ずしも当てはまらない。アジアの宗教では、宗教的実践は家庭などの日常的な環境でおこなわれる場合が多い。宗教社会学は、さまざまな宗教的制度や組織が実際にどのように機能するかを問題にしている。ヨーロッパの最初期の宗教は、宗教的信念や実践が日々の生活のなかに組み込まれているために、しばしば社会全体と識別することができなかった。このことは、今日の世界の多くの地域にも依然として当てはまる。とはいえ、現代の工業社会では、宗教は、独立した、また多くの場合、官僚制的な組織として確立されるようになってきたので、宗教が存続するために必要とされる運営組織に、社会学者は焦点を当てる(Hammond 1992)。以下で見るように、一部の社会学者は、こうした制度化ゆえに、欧米の宗教を、成員獲得のために互いに競い合う、企業組織に類似したものとみなすようにさえなっている(Warner 1993)。

3 《社会学者は、多くの場合、宗教を社会連帯の主要な源泉とみなしている》。宗教は、信者たちに同じ一連の規範や価値を提供する限りにおいて、社会連帯の重要な源泉となる。宗教的な信念や儀礼、紐帯は、すべての成員が互いにどのように行動すべきかを知っている「道徳的共同体」を形成するのに役立つ(Wuthnow 1988)。かりに単一の宗教が社会を支配するとすれば、その宗教は、おそらく社会的安定の重要な源泉になる。とはいえ、かりに社会の成員が競合する数多くの宗教を信奉していれば、宗教の相違は、結果として社会的軋轢を生じさせ、社会を不安定化させるかもしれない。社会内部での宗教対立の最近の具体例として、インドにおけるシーク教徒、ヒンドゥー教徒、イスラム教徒間の紛争、旧ユーゴスラヴィアのボスニア等の地域におけるイスラム教徒とキリスト教徒の衝突、米国におけるユダヤ教徒やイスラム教徒などの宗教的マイノリティに加えられる「ヘイト・クライム」がある。

4 《社会学者は、純粋に個人的、精神的ないし心理学的要因の見地よりも、むしろ社会的な力の見地から、宗教のもつ人を引きつける力を説明する傾向がある》。多くの人たちにとって、宗教的信念は、日常的な現実を超越する力との強い結合感を含め、きわめて個人的な経験である。社会学者は、そうした感覚や経験の深さに疑いをいだくことはしない。しかし、宗教的傾倒を純粋に精神的な面から説明することだけにみずからを制約することは、おそらくしないだろう。ある人が、突如として神が幻のなかに現れたときに信仰に目覚めたと主張したとしても、社会学者は、たぶんもっと世俗的な説明を求める。一部の社会学者は、社会秩序にたいする人びとの根本的感覚が、経済的な困窮や孤独、死なり悲しみ、身体的な苦痛、病弱によって脅かされるときに、人びとは多くの場合「入信する」、と主張する（Berger 1967; Schwartz 1970; Glock 1976; Stark & Bainbridge 1980）。宗教運動が人を引きつける力を説明する際に、社会学者は、個人の心理学的な反応よりも、むしろ社会秩序の諸問題におそらく焦点を合わせていく。

宗教理論

宗教にたいする社会学の取り組みは、マルクスとデュルケム、ウェーバーという三人の「古典期」の社会学者が打ち出した考え方に引きつづき強く影響されている。三人はいずれも信仰が厚くなかったし、三人とも、近現代では宗教の重要性が減少するだろうと考えていた。三人はそれぞれ宗教が根本的に幻想であると確信していた。さまざまな宗教の信奉者は、自分のいだく信仰と参加する儀礼の正当性を全面的に信じている。しかし、多様な宗教が存在し、また個々の宗教がそれぞれの社会類型と明白に結びついていること自体、こうした主張を本質的に受け容れがたくしている、と三人は考えた。オーストラリアの狩猟採集社会に生まれた人は、インドのカースト社会や中世ヨーロッパのカトリック社会に生を受けた人とおそらく明らかに異なる宗教信仰をいだいている。とはいえ、後で見るように、古典期の社会学者はこの点で見解をともにしたが、社会において宗教の果たす役割を研究する際に、きわめて異なる理論を展開していた。

マルクス――宗教と不平等

カール・マルクスは、宗教理論に影響を及ぼしているが、宗教を詳しく研究したわけではない。マルクスの考えは、もっぱら一九世紀初めの何人かの神学者や哲学者の著作に由来している。そのひとりに、『キリスト教の本質』と題する有名な研究を著したルードウィッヒ・フォイエルバッハがいる（Feuerbach 1957）。フォイエルバッハによれば、宗教は、人間文化の発達過程で人びとが生みだしたものであるとはいえ、誤って神聖な力や神に投映された観念と価値によって構成されている。人間は、みずからの歴史を完全に理解していないため、社会的に創出された価値や規範を神の仕業であると考えやすい傾向がある。だから、たとえば神がモーゼに与えた十戒の物語は、ユダヤ教とキリスト教の信者の生活を律する道徳指針が何に由来したかの神話化である。

私たちは、私たち自身が創出した宗教的象徴の本質を理解しない限り、自分たちでは統制できない歴史という力の囚われの身であることを運命づけられている、とフォイエルバッハは主張する。フォイエルバッハは、人間とは明確に区別される神や神聖な力の存在という想定を指称するために、「疎外《エイリアネイション》」という言葉を用いている。人間の創出した価値や観念は、《異質な《エイリアン》》、つまり、別個の存在――宗教的な力や神――の産物とみなされるようになる。疎外の及ぼす影響が過去に否定的作用をしてきたとはいえ、フォイエルバッハによれば、宗教を疎外として理解することは、前途に多くの希望を約束する。宗教に投映された価値観が実際には私たち人間の価値観であることをひとたび理解すれば、こうした価値観は、死後の生にまで先延しせずに、この世での実現が可能になる。キリスト教で神が所有すると信じられている力を、人間自身が専有できるようになる。キリスト教徒は、神は全能で、至上の慈愛に満ちているのにたいし、人間は不完全で、欠点に満ちた存在であると考えている。とはいえ、愛と善意を獲得できる可能性と、私たち自身の人生を統制する能力は、人間の社会制度のなかにつねに存在し、ひとたび私たちが社会制度の真の性質を理解すれば、その可能性は実を結ぶことができる、とフォイエルバッハは考えた。

マルクスは、宗教が人間の自己疎外を表象するというフォイエルバッハの見解を容認していた。マルクスは宗教にたいして軽蔑的であったとしばしば見られているが、決してそうではなかった。宗教は「無情な世界の感情のよりどころ」――日々の現実の苛酷さからの安息所――である、とマルクスは書いている。マルクスの見解では、伝統的形態の宗教は将来消滅するし、当然消滅すべきものであった。しかしながら、それは、宗教に具現化された建設的な価値観が、この世での人びとの定めを改善するための主導理念になり得るからであり、理念や価値観そのものが間違っているから《ではない》。私たちは、私たち自身が創出した神を恐れるべきではないし、また私たち自身で実現できる価値をそうした神が備えているという想定をやめるべきである。

マルクスは、宗教は「人類の阿片」であると、後に有名になった言い方で断定した。宗教は、幸福と報賞を死後の生に先延しにし、この世の現状を甘受するように説く。だから、来世で得られるものを約束することで、この世の不平等や不公正から人びとの注意を逸らしていく。宗教には強力なイデオロギー的要素がある。宗教的信仰や宗教的価値は、多くの場合、富や権力の不平等を正当化する根拠をもたらす。たとえば、「柔和な人たちは地を受け継ぐであろう」というキリスト教の教えは、抑圧にたいする謙虚な、非抵抗の態度を人びとに促してきた。

デュルケム――機能主義と宗教的儀礼

エミール・デュルケムは、マルクスとは対照的に、学者としての生涯の大半を宗教研究に費やし、とりわけ規模の小さな伝統社会の宗教に関心の中心を置いてきた。デュルケムの著作『宗教生活の原初形態』は、宗教社会学で最も大きな影響をもつ研究のひとつである（Durkheim 1976。初出は 1912）。デュルケムは、宗教を、一義的に社会的不平等や権力と結びつけるのではなく、社会の諸制度の包括的特質と結びつけてとらえている。デュルケムのこの著作は、オーストラリアの先住民社会でおこなわれてきたトーテミズムを研究し、**トーテミズム**が最も「原初的」ないし単純な宗教形態――それが著作の題名となった――を示している、と主張した。

トーテムとは、ある集団にとって特定の象徴的意味をもつと当初から考えられてきた動物や植物である。トーテムは、崇敬の念でもって見られ、その周りでさまざまな儀礼的活動を執りおこなう《神聖な》対象である。デュルケムは、宗教を、**聖と俗**の区別という観点から定義づける。神聖な対象物や象徴は、世俗的なものの領域である人間存在の日常的側面とは《別個》のものとみなされている、とデュルケムは主張する。トーテムとなった動植物を食べることは、通常、特別な儀式のとき以外は禁止されており、神聖な対象であるトーテムは、他の狩猟動物や採集食用穀物から完全に弁別され、神聖な特性を備えると信じられている。

なぜトーテムは神聖なのだろうか。デュルケムによれば、それは、トーテムが集団そのものの象徴となるからである。トーテムは、集団や共同体にとって最重要な価値を象徴している。人びとがトーテムに感ずる尊崇は、実際には人びとが社会の中心的価値にいだく敬意に由来する。宗教では、崇拝の対象は、実際には社会そのものである。

デュルケムは、宗教が決して信仰だけのことがらではないという事実をおおいに強調する。すべての宗教は、定例の儀式や儀礼活動をともない、そこで信者集団は互いに出会うことになる。一堂に会した儀式のなかで、集団の連帯意識が確認され、強められる。儀式は、一人ひとりを、社会生活の俗事から崇高な領域へと導き、人びとはその崇高な領域のなかで高次元の力に接した感じをいだく。こうしたトーテムや神、神聖なものに備わるとされる高次元の力は、実際には個々の人間にたいして集合体が及ぼす影響力の表出である。

デュルケムの見解では、儀式や儀礼は、集団の成員を一体化させるために必要不可欠である。こうした理由から、儀式や儀礼を、礼拝という定例の場面だけでなく、人が一生のあいだに経験する、たとえば誕生や結婚、死亡といったさまざまの重要な社会的転機にも見いだすことができる。ほぼすべての社会で、私たちは、こうした結婚式や告別式といった集会において儀礼や儀式の手順を遵守する。一堂に会す儀式は、人びとがみずからの生活の重大な変化への適応を強いられた際に、人びとの結束を再確認させる働きをする、とデュルケムは推論している。葬送の儀礼は、集団の価値が亡くなった人の死後も生きつづけることを公に示し、それによって遺族が環境の変化に適応するための手段を提供する。服喪は、悲嘆の感情の自然な表出ではない——少なくともその死に個人的に深い悲しみをいだく人びとにとってだけそうであるに過ぎない。服喪は、集団が課す義務である。

小規模の伝統的文化では、生活のほぼすべての側面に宗教が浸透している、とデュルケムは指摘する。宗教的儀式は、新たな観念や思考の範疇を創出すると同時に、既存の価値観を再確認していく。宗教はたんに一連の感情や活動ではない。宗教は、実際には伝統的文化における人びとの《思考様式》を条件づけている。時間と空間をどのようにとらえるかを含め、最も基本的な思考の範疇でさえ、最初は宗教的観点から形成されていた。たとえば、「時間」という概念は、もともとは宗教儀式で必要とされる間合いを計ることに起源があった。

近現代社会の発達にともない、宗教の影響力は衰退する、とデュルケムは予想した。次第に科学的思考が宗教的解釈にとって代わり、儀式や儀礼的活動は、人びとの生活のほんのわずかな部分しか占めなくなる。伝統的宗教——つまり、神聖な力や造物主をともなう宗教——が消滅の瀬戸際にあるという点で、デュルケムはマルクスと見解をともにしていた。「古くからの神々は死んだ」とデュルケムは記している。しかしながら、宗教は別のかたちでおそらく存続するという言い方もできる、とデュルケムは主張する。近現代の社会でさえも、凝集性を高めるためには、その社会の価値観を再確認する儀礼に依存している。だから、古い儀式活動にとって代わる新たな儀式活動の出現が期待される。デュルケムは、この新たな儀式活動がどのようなものになるのかについて明言しなかったが、人間主義や、たとえば自由や平等、社会的協同といった政治的価値の称揚を想い描いていたようである。

ウェーバー——世界の宗教と社会変動

デュルケムは自分の考え方が宗教全般に当てはまると主張したとはいえ、デュルケムの立論は、非常に狭い範囲の事例にもとづいている。対照的に、マックス・ウェーバーは、世界規模の幅広い宗教研究に着手した。後にも先にもこのような広範囲な研究を企てた人は誰もいない。ウェーバーのほとんどの関心は、ウェーバーのいう《世界宗教》——多数の信者を引き寄せ、世界の歴史の道程に決定的な影響を及ぼした宗教——に集中していった。ウェーバーは、ヒンドゥー教や仏教、道教、古代ユダヤ教の詳細な研究をおこない（Weber 1951, 1952, 1958, 1963）、また『プロテスタンティズムの倫理と資本主義の精神』（Weber 1976。初出は 1904-1905）等の著作で、キリスト教が西欧の歴史に及ぼした衝撃について幅広く論及した。けれども、ウェーバーは、計画していたイスラム教研究を果たすことができなかった。

宗教に関するウェーバーの著述は、デュルケムと違い、デュルケムがほとんど注意を払わなかった宗教と社会変動の結びつきに注意が集中していた。また、マルクスの研究とも対照的だった。なぜなら、ウェーバーは、宗教が必ずしも保守的な勢力ではなく、逆に宗教によって鼓吹された運動がしばしば劇的な社会変容を生じさせてきたと主張するからである。たとえば、プロテスタンティズム——とりわけピューリタニズム——は、近代西欧社会に見いだす資本主義的世界観の淵源であった。初期の企業家たちは、ほとんどがカルヴィン主義者である。企業家たちの成功願望は、西欧の経済的発達を始動させるのに役立ったが、もともとは神に仕えたいという欲求によって促された。物質的成功は、カルヴィン主義者にとって神の恩寵のしるしであった。

ウェーバーは、世界宗教の研究を独立した研究課題とみなした。プロテスタンティズムが西欧社会の発達に強い影響をもたらしたとするウェーバーの立論は、宗教がさまざまな文化で社会経済生活に及ぼす影響を理解しようとする、包括的な企ての一部であった。東洋の宗教は、西欧社会で生じたような工業資本主義の発達にとって克服しがたい障害になった、とウェーバーは東洋の宗教を分析する過程で結論づける。それは、非西欧文明が後進的だったからではなく、ヨーロッパで優勢になったものと異なる価値観を非西欧文明が受け容れていたからに過ぎない。

往古の中国やインドでは、一時期、商業や製造業、都市的生活様式の著しい発達が見られたとはいえ、こうした発達は、西欧で工業資本主義の勃興にともなって生じた急激な社会変動を引き起こすことがなかった、とウェーバーは指摘する。宗教は、このような急激な変動を抑制する際に主要な影響を及ぼした。たとえば、ヒンドゥー教は、ウェーバーのいう「来世的」宗教のひとつである。つまり、ヒンドゥー教の最高価値では、物質的世界のもたらす苦難から、もっと高次な精神生活の次元に脱することが強調される。ヒンドゥー教の生みだす宗教的な感情や動機づけは、物質的世界の支配や形成に焦点を置いていない。逆に、ヒンドゥー教は、物質的現実が人間のめざすべき真の関心事を隠蔽するとみなしている。儒教もまた、世界の積極的支配を促すよりも世界との調和を強調して、人びとの努力を経済的発達から逸らす働きをした。この点は、西欧社会でも広く認識されるようになった。中国は、長いあいだ世界で最も強大な、文化的に最も発達した文明であったとはいえ、中国の有力な宗教的価値観は、経済発達を目的にしただけの経済発達への強い傾倒、関与に歯止めの役割を演じていた。

ウェーバーは、キリスト教を、かりに人びとがその宗教教義を受け容れ、その道徳的教義にしたがえば「救い」を得られる信仰であるという意味で、《救済宗教》と考えている。罪の観念と、神の恩寵によって罪深さから救われるという観念が、キリスト教では重要である。このような観念は、東洋の宗教に本質的に欠ける緊迫感や感情的活動力を生みだす。救済宗教には「革命的な」側面がある。東洋の宗教は、信徒の内面に、既成の秩序への受け身の態度を育むのにたいして、キリスト教は、絶え間ない罪との闘いを内包しており、したがってものごとの既存の秩序への反抗を鼓舞する可能性がある。宗教指導者――イエスのような――が現れ、宗教指導者は、既成の権力構造に挑戦するかたちで、既存の教義を解釈し直していく。

古典期の見解の批判的評定

マルクスとデュルケム、ウェーバーは、それぞれが宗教のもつ重要な一般的特徴をいくつか特定しており、また、ある意味で三人の見解は互いに補い合う。マルクスは、しばしば宗教が言外にイデオロギー的意味をもち、他の集団を犠牲にしても支配集団の利害を正当化する働きをすると主張したが、それは正しかった。こうした例は、歴史上、枚挙に暇がない。具体例として、他の文化をみずからの支配下に置こうとしたヨーロッパの植民地主義者の企てにキリスト教が及ぼした影響を考えてみたい。「異教の」人たちをキリスト教信仰に改宗させようとした宣教師たちの行いは、間違いなく本心からである。しかし、説教の結果は、伝統的文化の破壊と白人支配の強要であった。キリスト教の各教派は、ほとんどすべてが一九世紀に至るまで、米国や世界の他地域での奴隷制度を黙認したり、是認してきた。奴隷制度は神の法にもとづいており、反抗的な奴隷は主人だけでなく神をも冒瀆している、とする教義さえ生まれた。

しかしながら、ウェーバーは、宗教的理念が、既成の社会秩序に及ぼす攪乱的な、しばしば変革的な強い影響力をもつことを強調したが、その点は確かに正しかった。米国では、教会が奴隷制を当初支持したが、その後多くの教会指導者は、奴隷制廃止闘争で重要な役割を演じた。宗教信仰は、たとえば一九六〇年代米国の公民権運動で傑出した役割を演じたように、不公正な支配体制を打倒しようとする社会運動を数多く促進していった。宗教はまた、宗教的動機のために闘われた武力衝突や戦争によって――ほとんどの場合、大量殺戮を引き起こしながら――社会変動にも影響を及ぼしてきた。

こうした歴史上非常に顕著な対立を生じさせた宗教の影響力について、デュルケムの著作はほとんど何も言及していない。デュルケムは、社会的凝集性を促す上で宗教が演ずる役割をとくに強調した。しかしながら、デュルケムの考え方を、連帯だけでなく宗教による不和や葛藤、変動を説明する方向に置き換えるのは、難しいことではない。結局、他の宗教集団に《たいして》生ずる対立感情の激しさは、ほとんどの場合、個々の信者集団の《内部で》生ずる宗教的価値観への傾倒に由来している。

デュルケムの著作が示す最も評価すべき側面のひとつは、儀礼と儀式の強調である。すべての宗教が定例の信者集会をともない、集会では儀礼上の定めを遵守している。デュルケムが正しく指摘したように、儀礼的活動はまた——誕生と成年（この思春期と関連する儀礼は多くの文化に見いだすことができる）、結婚、死亡といった——人生の重大な転換期に区切りを付ける（van Gennep 1977）。

この章の以下の部分では、この三人の学者が展開した考え方を活用していきたい。まず、さまざまな類型の宗教組織を分析し、宗教とジェンダーの問題について考察する。次に、世俗化、つまり、宗教が工業社会で重要でなくなりだしたという見解をめぐる社会学の議論を検討したい。それから、世俗化概念の信憑性に疑問を投げかける——いいかえれば、新宗教運動の台頭や宗教的原理主義の勢力といった——世界の宗教で生じている展開をいくつか考察したい。

現実世界の宗教

伝統社会では、普通、宗教は、社会生活で最も重要な役割を演じていた。宗教的象徴や儀礼は、多くの場合、その社会の物質文化や——音楽や絵画、彫刻、舞踊、語り、文学のような——芸術文化と一体化している。規模の小さな文化では、職業的聖職者は誰もいないが、宗教的（また、往々にして呪術的）実践の知識に詳しい特定の人物がつねに存在する。こうした専門家にはさまざまな種類の人たちがいるとはいえ、一般的なのは、**シャーマン**（北米インディアンに由来する言葉）である。シャーマンは、儀礼的手段によって精霊や非自然的な力に指示を下すことができると信じられている人である。とはいえ、シャーマンは、時として本質的には宗教指導者というよりも呪術師であり、多くの場合、その集団の宗教的儀礼で示されたことがらに不満をいだく人たちの相談相手になっている。

トーテミズムとアニミズム

規模がもっと小さい文化にしばしば見いだす宗教形態に、**トーテミズム**と**アニミズム**のふたつがある。トーテムという言葉は、北米インディアンの部族に由来するが、超自然的な力をもつと人びとが信ずる動植物種を指称するために広く用いられてきた。通常、社会の内部で、親族集団やクランにはそれぞれ独自のトーテムがあり、トーテムは、さまざまな儀礼的活動とかかわりをもっている。トーテム崇拝は、先進工業社会で暮らす人びとには無縁に思えるかもしれないが、一部のさほど取るに足らない状況のもとでも、トーテム崇拝の象徴によく似た象徴は——スポーツ・チームがチームのエンブレムに動物や植物を用いる場合のように——身近に見られる。マスコットは、トーテムである。

《アニミズム》は、人間と同じ世界に住むと考えられている精霊や霊魂への信仰である。こうした精霊は、慈悲深い存在か悪意に満ちた存在かのいずれかとみなされ、いろいろなことがらで人間の行動に影響を及ぼす。たとえば、一部の文化では、精霊は、病気や狂気を引き起こすと考えられており、また人びとに《とり憑いて》人びとの行動を支配する場合もある。アニミズム信仰は、規模の小さな文化だけでなく、多くの宗教的状況にある程度まで見いだすことができる。中世ヨーロッパでは、悪霊がとり憑いたとみなされる人たちは、魔法使いや魔女として頻繁に迫害を受けてきた。

規模が小さい、一見「単純な」社会は、多くの場合、複雑な宗教信仰体系を有している。トーテミズムやアニミズムは、大規模な社会よりもこうした規模が小さい社会に一般的に見いだされる。しかし、もっと複雑な宗教をもつ小規模な社会も存在する。たとえば、エヴァンズ・プリチャードが報告したスーダン南部のヌアー族は、「高所の神」ないし「天空の霊」を中心に据えた複雑な一群の教学的理念をいだいている（Evans-Pritchard 1956）。とはいえ、一神教の傾向が強い宗教を規模の小さな伝統的文化に見いだすことは、総じて稀である。規模の小さな伝統的文化は、ほとんどの場合――数多くの神を信仰する――多神教である。

ユダヤ教、キリスト教、イスラム教

世界の歴史で最も影響力をもつ一神教に、《ユダヤ教》、《キリスト教》、《イスラム教》の三つがある。いずれも近東地域で生まれ、互いに影響を及ぼしてきた。

ユダヤ教

ユダヤ教は、三つのうちで最も古く、紀元前約一〇〇〇年にはじまった。初期のヘブライ人は遊牧民で、古代エジプトやその周辺地域で暮らしていた。ヘブライ人の預言者、つまり、宗教指導者は、その宗教的理念を地域の既存の宗教信仰から部分的に得ていたが、全能の唯一神に傾倒する点が他の信仰と異なっていた。近隣の民のほとんどは、多神教であった。ヘブライ人は、神が厳格な道徳律の遵守を求めていると確信し、また、自分たちの信仰を唯一真正な宗教とみなして、真理を独占するみずからの権利を主張した（Zeitlin 1984, 1988）。

第二次世界大戦終了後ほどなくのイスラエル建国まで、ユダヤ教を国教にした国家は存在しなかった。ユダヤ人社会は、頻繁に迫害を受けた――ナチスによる第二次世界大戦中の強制収容所での数百万のユダヤ人大虐殺で、迫害はその頂点に達した――が、ヨーロッパや北アフリカ、アジアで生き残った。

キリスト教

キリスト教は、ユダヤ教の見解の多くを重要な要素として取り入れ、合体させている。イエスは正統派ユダヤ教徒であり、キリスト教は、ユダヤ教の一宗派としてはじまった。イエスが独自の宗教を創始したいと望んだかどうかは不明である。イエスの弟子たちは、イエスを、ユダヤ人たちの待ち望んだ《救世主メシア》――神が選んだ者を意味するヘブライ語で、それに相当するギリシア語が「キリスト」である――と考えるようになった。ギリシア語を話すことができたローマ市民パウロは、キリスト教の布教を主導した中心人物で、小アジアとギリシアで広範囲にわたって伝道をおこなった。キリスト教徒は当初は残忍な迫害に遭ったが、コンスタンチヌス皇帝は、最終的にキリスト教を

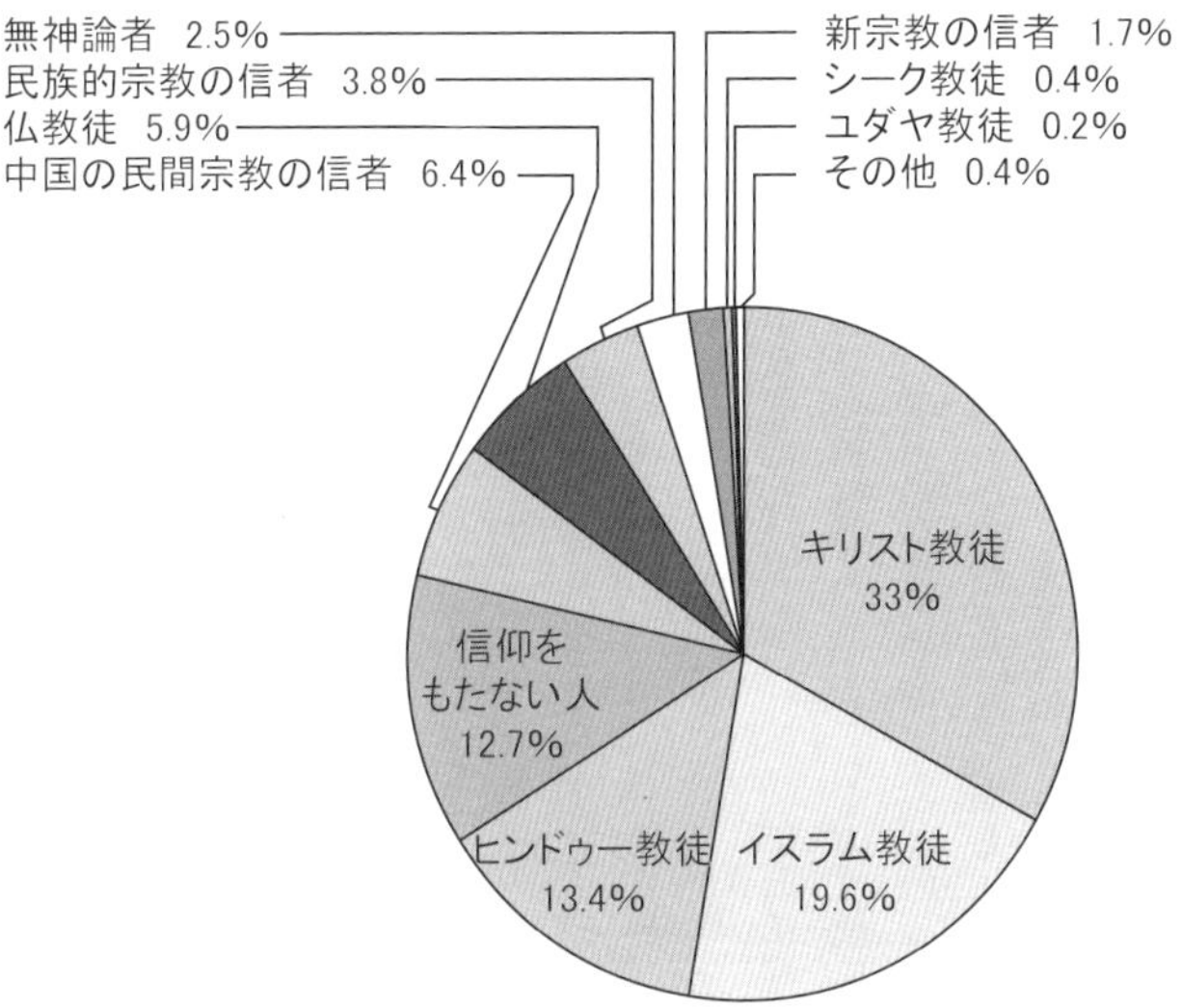

図14-1　宗教信奉者の世界人口比率（2000年）
出典: Barrett Kurian & Johnson: *World Christian Encyclopedia* (Oxford Uni Pr, 2001)

ローマ帝国の国教として取り入れた。キリスト教は、その後二〇〇〇年ものあいだ、西欧文化で支配的勢力になるほどにまで普及した。

今日、キリスト教は、多数の信者を集め、他のどの宗教よりも世界中に広く普及している（図14-1を参照）。一〇億以上の人たちが自分をキリスト教徒とみなしているが、教理や教会組織の面で多くの分派が存在する。主要な宗派として、ローマ・カトリック教会とプロテスタンティズム、東方正教会がある。

イスラム教

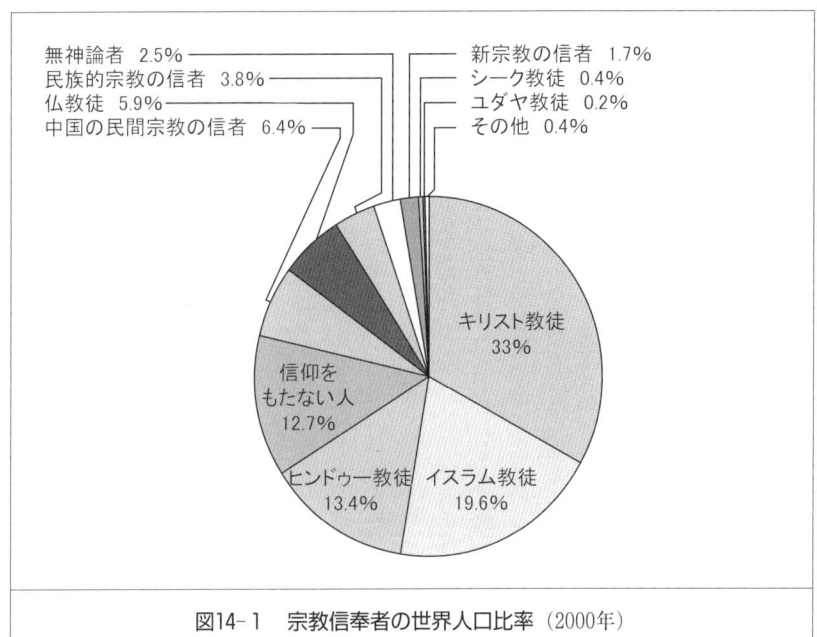

今日、世界で二番目に大きな（図14-1を参照）宗教であるイスラム教の起源は、キリスト教の起源と部分的に重なる。イスラム教は、紀元七世紀の預言者ムハンマドの教えに由来する。イスラム教の唯一神アッラーは、すべての人間と生物を支配すると考えられている。《イスラム教信仰の礎》は、ムスリム（イスラム教の信者はこう呼ばれている）の負う五つの必須の宗教的義務である。ひとつは、「アッラーの他に神はなく、ムハンマドはアッラーの使いである」というイスラム教の教義の復唱である。二つ目は、身を清めた後で、型どおりの祈祷文を毎日五度唱えることである。こうした礼拝の際に参拝者は、サウジアラビアの聖地メッカからどんなに遠く隔たっていても、聖地メッカの方角を必ず向かなければならない。三つ目の礎は、ラマダンという、昼間は飲食物をまったく摂ることができない断食月の遵守である。四つ目は、イスラム法に定められた（貧しい人たちへの金銭の）施しをおこなうことで、国家はこうした施しをしばしば税収源として利用してきた。五つ目に、信者は誰もが、少なくと

も一度は、聖地メッカへの巡礼に出るよう努力をすることが求められている。

アッラーは、ムハンマド以前にも――モーゼやイエスを含む――預言者をとおして語りかけたが、ムハンマドの教えがアッラーの意向を最も完全に表現している、とイスラム教徒は信ずる。イスラム教は、非常に広く普及し、世界中に数億人の教徒を擁している。イスラム教徒の大多数は、北アフリカ、東アフリカ、中東、パキスタンに集中する。

東アジアの宗教

ヒンドゥー教　ユダヤ教やキリスト教、イスラム教と、東アジアの宗教には著しい相違が見られる。今日の世界で依然として優勢な宗教のなかで最も古いのは、《ヒンドゥー教》である。ヒンドゥー教の中核をなす信仰は、約六〇〇〇年前に遡ることができる。ヒンドゥー教は多神教である。ヒンドゥー教は、その内部が非常に多様なため、単一の宗教を志向するというよりも、むしろ関連する宗教の寄せ集めとみなすべきである、と一部の研究者は主張する。数多くの地域的な信仰や宗教的実践を、幅広い支持を集める少数の信仰が互いに結びつけている。

ほとんどのヒンドゥー教徒は、**輪廻転生**の教義――すべての生き物は、生と死と再生の無限の過程の一部をなすという考え――を信じている。ヒンドゥー教の二つ目の重要な特徴は、カースト制である。カースト制は、一人ひとりが、その人の前世での行いによって社会的、儀礼的ヒエラルキー上の特定の地位に生まれてくるという信仰にもとづく。カーストごとに異なる一連の義務と儀礼が存在し、その人の来世での運命は、主としてその人がこれらの義務をこの世で申し分なく履行できる度合によって決定される。ヒンドゥー教は、さまざまな宗教的立場が存在する可能性を容認し、信者と非信者のあいだに明確な一線を画していない。ヒンドゥー教徒の数は七億五〇〇〇万人を超えるが、ほとんどがインド亜大陸に居住する。ヒンドゥー教は、キリスト教やイスラム教と異なり、信者でない人たちを「忠実な信徒」に改宗させようとはしない。

仏教、儒教、道教　東洋の**倫理的宗教**に、《仏教》、《儒教》、《道教》がある。これらの宗教は神をもたない。むしろ、森羅万象とのありのままの結びつきや調和を信者に説き、倫理的理想を強調している。

《仏教》は、紀元前六世紀のネパール南部の小王国に生まれたヒンドゥー教徒の王子ゴータマ・シッダールタ、つまり、仏陀（「悟りを開いた人」）の教えに由来する。仏陀によれば、人間は、欲望の克服によって輪廻転生を免れることができる。救いの道は、俗世間の課業から隔てられた自己修養と瞑想の生活にある。仏教の最終目的は、完全な精神的充足である《涅槃》の達成である。仏陀は、ヒンドゥー教の儀礼やカーストの権威を拒否した。仏教も、ヒンドゥー教と同じように、地域で神として崇められるものへの信仰を排除せず、また単一の見解を主張せず、多くの地域的な差異や変種に寛大である。今日、仏教は、タイやビルマ、スリランカ、中国、日本、韓国など東アジアの国々で有力である。

《儒教》は、往古の中国で支配層の教養の基盤を形づくっていた。孔子は、仏陀と同じ時期の紀元前六世紀に生存した人物である。孔子は、近東の宗教指導者のような宗教的預言者ではなく、道教の創始者の老子と同じく教師であった。孔子は、信奉者から、神ではなく、「賢者のなかの賢者」とみなされている。儒教は、祖先崇拝を強調し、人びとの生活を人間本来の精神的調和に適合させていくことを求める。

《道教》も、類似した教義を共有し、高潔な生活への手段として瞑想と非暴力を強調する。孔子と同様、道教の開祖、老子は、宗教的な預言者というよりむしろ教師であった。儒教と道教は、中国では多くの人たちの信仰や慣習のなかに残存する面もあるが、中国政府の断固とした妨害の結果、ほとんど影響力を失っている。

宗教組織

宗教社会学は、デュルケムやウェーバーの著作から出発して以来、西欧のものではない宗教に関心を寄せてきた。それにもかかわらず、西欧の経験から得られた概念や理論をとおしてすべての宗教を見る傾向が少なからずあった。たとえば、《教派》ないし《セクト》などの概念は、フォーマルに組織された宗教団体を前提としている。こうした概念が、進行中の霊的実践を日常生活の一部として強調したり、市民生活や政治活動と宗教の完全な統合を追求する宗教の研究において、有効かどうかは疑わしい。数十年ほど前から、比較宗教社会学、つまり、宗教的伝統をそれ自体の準拠枠の内部から理解しようとする社会学を打ち立てようとする取り組みがおこなわれている（Wilson 1982; Van der Veer 1994）。マックス・ウェーバー（Weber 1963）やエルンスト・トレルチ（Troeltsch 1981）、ラインホルド・ニーバー（Niebuhr 1929）といった初期の研究者は、宗教組織を、その組織の確立度合や様式化された程度にもとづいて、連続体上に分類できると考えていた。教会は連続体の一方の極に位置し（伝統的で安定している）、カルトはもう一方の極に位置し（伝統的でなく安定していない）、セクトはその中間のどこかに位置する。こうした区別は、欧米の宗教研究にもとづいていた。こうした区別が非キリスト教世界にどのくらい当てはまるのかについて、多くの論争がなされている。

今日、社会学者は、《セクト》や《カルト》という用語が否定的含意をもつことに気づき、この用語を使うのを避けようとする。こうした理由から、現代の宗教社会学者は、長いあいだに確立されたことで生まれた社会的評価を欠く、目新しい宗教組織を特性描写するために、《新宗教運動》という語句をしばしば用いている（Hexham & Poewe 1997; Hadden 1997）。

教会とセクト

すべての宗教は信者集団をともなうが、集団の運営様式はさまざまに異なる。宗教組織の分類方法のひとつを、マックス・ウェーバーと僚友の宗教史学者エルンスト・トレルチが最初に提唱した（Troeltsch 1981）。ウェーバーとトレルチは、教会とセクトを区別している。**教会**とは——カトリック教会や英国国教会のように——規模の大きな、組織の整った宗教団体である。**セクト**とは、もっと小規模で、組織化が十分になされていない献身的信者の集団で、通例——カルヴィン派やメソジスト派のように——教会の現状への異議の申し立てとして設立されている。教会は、通常、聖職者ヒエラルキーを備えたフォーマルな官僚制組織をともない、既存の制度的秩序のなかに組み込まれているため、宗教のもつ保守的な側面を表出する傾向がある。宗教の信奉者のほとんどは、その人の親と同じく教会に属している。

セクトは、相対的に規模が小さい。通常、セクトは、「真の生き方」を見いだし、「真の生き方」にしたがうことをめざし、周囲の社会に背を向けて自分たちだけの共同体に閉じこもる傾向が強い。セクトの成員は、既成の教会を腐敗とみなす。大部分のセクトは事務官僚をほとんどもたず、すべての成員を対等な参加者とみなしている。生まれたときからセクトに属す人は少なく、ほとんどの人は、みずからの信仰を深めるためにセクトに能動的に加わる。

教派とカルト　ウェーバーとトレルチが最初に提示した教会とセクトという類型論を、その後の研究者たちはさらに発展させていった。一例がハワード・ベッカーで、ベッカーは、さらに**教派**と**カルト**という二類型を付け加えた（Becker 1950）。教派とは、「当初の情熱が冷め」て、積極的な異議申し立て集団というよりは、制度化された団体になったセクトである。一定期間以上存続していくセクトは、不可避的に教派となる。たとえば、カルヴィン派やメソジスト派は、最初の形成期を通じて成員間に激しい熱情を引き起こした当時はセクトであった。しかし、長いあいだにカルヴィン派もメソジスト派も「社会的評価を得て」いった。教派は、教会から大なり小なり正統な存在と認められ、教会と共存し、また教会と協調した行動をとる場合も非常に多い。

カルトはセクトと似ているが、強調点を異にする。カルトは、あらゆる宗教組織のなかでも最も結びつきが緩やかな、一時的組織で、自分たちが外部社会の価値基準とみなすことがらを拒絶する人たちから構成されている。カルトは、一人ひとりの経験に焦点を置き、同じような考えをいだく人たちをひとつにまとめていく。人びとは、改まってカルトに加わるのでなく、むしろ特定の教理や所定の行動様式にしたがう。成員は、通常、他の宗教との結びつきを保つことが許されている。カルトは、セクトと同じように、霊感を受けた指導者を中心に形成される場合が多い。今日の欧米社会に見いだすカルトの例として、心霊術や占星術、超越瞑想法等の信者集団がある。

霊感を受けた指導者を中心に設立されたカルト集団の悲劇的な事例は、一九九三年に米国で明るみになった。カルト教団ブランチ・ダヴィディアンを率いたデイヴィッド・コレシュは、自分は救世主であると主張した。伝えられるところによれば、コレシュはまた、不法に武器を備蓄する一方、多数の女性信者と性関係を結び、テキサス州ウェイコの教団敷地内で生活していた子どもの何人かとも性行為に及んでいた。連邦政府の警官隊と武装した状態で長期間にらみ合いがつづいたあと、警官隊が突入した際に施設は炎に包まれ、教団の少なくとも八〇人の成員（一九人の子どもを含む）が焼死した。出火が、投降よりも集団自殺を望んでいたと一部で報道されるコレシュの命令によるのか、連邦当局の行動が悲劇をもたらしたのかをめぐって、いまだに論争がつづいている。

ある国でカルトとされる集団が別の国では確固とした宗教的実

践とみなされる場合もあることは、明白であるように思える。インド人のグル（宗教指導者）が自分たちの信仰を英国に持ち込む場合、インドでは確固とした宗教と考えられていても、英国ではカルトとみなされる。キリスト教は、古代のエルサレムでその地域に固有なカルトとしてはじまった。また、今日、アジアの多くの国で、福音派プロテスタンティズムは、欧米から、とくに米国から輸入されたカルトとみなされている。したがって、カルトを「気味が悪い」と考えるべきではない。有力な宗教社会学者ジェフリー・K・ハドンは、人間の案出してきた約一〇万に及ぶ宗教はすべてかつては新興宗教であり、その大半が最初はその時代のれっきとした宗教から見れば蔑むべきカルトであった、と指摘する（Hadden 1997）。キリストは、十字架に張りつけにされた。それは、キリストの考え方が、ローマを牛耳る古代ユダヤ教による既存の宗教的秩序にとって明らかに脅威となったからである。

運動　宗教運動は、社会運動一般の下位類型である。

社会運動は、第二〇章「政治、統治、テロリズム」、八五二頁～八五六頁で詳しく論じている。

宗教運動とは、新たな宗教を布教したり、既存の宗教の新たな解釈を促進するために集まる人びとの結社である。宗教運動はセクトより大きく、成員資格はセクトほど排他主義的でない。とはいえ、教会とセクトの場合と同様、運動とセクト（ないしカルト）は必ずしも互いに明確に区別できるわけではない。実際には、セクトやカルトはすべて宗教運動に分類できる。宗教運動の例としては、紀元一世紀にキリスト教を独自に創始し布教した集団や、約一五〇〇年後にヨーロッパでキリスト教を分裂させたルター派の運動、それに（この章の後の節で詳しく論じる）近年のイスラム革命がある。

宗教運動はいくつかの発展段階を経る傾向がある。最初の段階では、運動は、通例、強力な指導者から活気や結束を得ていく。マックス・ウェーバーは、そうした指導者をカリスマ的、つまり、多数の人たちの心や傾倒を引きつけられる資質を備えていること、と分類した。（ウェーバーの定義でのカリスマ的指導者には、宗教家だけでなく――キリストやムハンマドだけでなく、たとえば、中国革命の毛沢東のような――政治家も含まれる。）宗教運動の指導者は、通例、既成の宗教界にたいして批判的であり、新たな託宣をおこなおうとする。宗教運動は、運動の初期は、不安定で、しっかりとした権威システムを確立していない。成員は、通常、カリスマ的指導者とじかに接触し、一緒になって新たな教義を広めていく。

指導者の死後、発展の第二段階がはじまる。新たなカリスマ的指導者が多数の信者のなかから出現するのは稀であるため、この段階はきわめて重要になる。運動は、この時点でウェーバーが「カリスマの日常化」と名づけた事態に直面する。運動が存続するためには、運動は成文化された規則や手続きを形成する必要がある。なぜなら、信者をまとめる上で指導者の果たす中心的役割にもはや依存できないからである。多くの運動は、指導者が死亡したり影響力を失うと、勢いを失う。残存して永続性を呈する運動は、教会になっていく。いいかえれば、その運動は、確固とした権威システムや確固とした象徴や儀礼を備えたフォーマルな信者組織になる。教会はそれ自体、後のある時点で、その教義に疑問を投げかけ、対抗してみずからの運動を起こしたり、あるいは完全に絶縁して、別の運動の源になるかもしれない。

新宗教運動

伝統的教会は、ここ数十年間に成員数の減少を経験してきた。その一方、別の形態の宗教活動が増加している。英国を含む欧米の国々で主流をなす宗教と共存するかたちで出現してきた種々の宗教集団や霊的集団、カルト、セクトを総称するために、社会学者は、**新宗教運動**という言葉を用いている。新宗教運動には、**ニューエイジ運動**に属する霊的集団や自助グループから、ハレークリシュナ教団（クリシュナ意識のための国際協会）のような排他的セクトに至るまで、極めて多様な集団が含まれる。

多くの新宗教運動は、ヒンドゥー教やキリスト教、仏教といった主流派の伝統的宗教に由来するが、なかには欧米で近年までほとんど知られなかった伝統的宗教から出現した運動もある。一部の新宗教運動は、基本的には活動を主宰するカリスマ的指導者によって新たに創設されている。一例が、文鮮明の率いる統一教会である。文鮮明は支持者たちから救世主とみなされ、統一教会は、四五〇万の会員を擁していると公言する。新宗教運動の会員は、その信仰のなかで生まれ育った人たちではなく、総じて改宗者たちから構成されている。会員は、多くの場合、高学歴で、中流階級の出身である。

英国のほとんどの新宗教運動は、米国や東洋で生まれているが、エステリアス・ソサエティ（一九五五年設立）やエミン・ファンデーション（一九七一年設立）のように、少数の運動は以前から英国に存在した。第二次世界大戦以降、米国は、米国の歴史のどの時代と比べてもはるかに顕著な宗教運動の急増傾向を、教派の空前の規模での合併や分離を含め、目の当たりにしてきた。ほとんどの新宗教運動は短命に終わったが、いくつかの運動は著しい数の信者を獲得している。

新宗教運動の流行を説明するために、さまざまな理論が打ち出されてきた。一部の研究者は、新宗教運動を、社会内部での、また伝統的教会の内部でさえ進行する自由化や世俗化の過程にたいする応答とみなすべきだと論じている。伝統的宗教が儀礼固執に陥り、精神的意義を欠いてしまったと感ずる人たちは、もっと規模が小さな、それほど非人格的でない新宗教運動のなかに、慰めや、もっと大きな共属意識を見いだすのかもしれない。

別の研究者は、新宗教運動が急激な社会変動の結果であると指摘している（Wilson 1982）。伝統的な社会規範が崩壊した場合、人びとは、解説だけでなく、同時に安心や新たな自信を探し求める。たとえば、個人の霊性を強調する集団やセクトの隆盛は、多くの人びとが、不安定な状況や不確実性に直面してみずからの価値観や信念を「つなぎ直す」必要を感じていることを暗に意味する。

もう一つの要因は、新宗教運動が、社会の主流から疎外されていると感ずる人びとに訴えかけていることである。セクトやカルトがおこなう集団的、共同体的取り組みは、心の支えや帰属意識をもたらすことができる、と一部の研究者は指摘する。たとえば、中流階級の若者たちは、物質的な意味で社会から取り残されているわけではないが、情緒的、精神的に孤立感をいだいている。カルトの一員になることは、こうした疎外感を克服する一助になる可能性がある（Wallis 1984）。

新宗教運動は、《現世肯定》の運動と《現世拒否》の運動、《現世順応》の運動という、三つの範疇におおまかに分類できる。それぞれの範疇は、個々の集団と、もっと広い社会的世界との関係性にもとづいている。

現世肯定の運動　**現世肯定の運動**は、従来の宗教集団よりも、むしろ「自助」グループなり「治療」グループに類似している。現世肯定の運動は、多くの場合、儀礼や教会、正規の教理を欠き、運動の焦点を成員の精神的安寧に向ける。現世肯定の運動は、その名称が示すように、外部世界や外部世界の価値観を拒絶していない。むしろ、人間のもつ潜在的能力を解放することで、信奉者たちの行為遂行能力を高め、外部世界での成功を追求する。

こうした集団の一例が、サイエントロジー教会である。サイエントロジー教会は、L・ロン・ハバードによって設立され、カリフォルニア州で発足し、世界中の国々で多数の会員を擁するまでに成長した。サイエントロジーの信者によれば、私たち人間は誰もが霊的な存在であるのに、自分自身の霊的存在性を無視してきた。人びとは、自分の真の霊的能力を気づかせてくれる訓練によって、忘れていた超自然的な力を取り戻し、心の迷いを一掃し、自分の潜在的能力を完全に発揮できるようになる。

いわゆる**ニューエイジ運動**を構成する多くの縒り糸は、現世肯定の運動に分類できる。ニューエイジ運動は、一九六〇年代、七〇年代のカウンターカルチャーから出現し、幅広い多様な信念や実践、生活様式を網羅している。非キリスト教の（ケルト人、古代ケルトの宗教ドルイド教、アメリカ先住民などの）教義やシャーマニズム、東洋の多様な神秘主義、魔術崇拝儀礼、禅の瞑想は、ニューエイジ運動と考えられる活動のほんの一部に過ぎない。

表面的に見れば、ニューエイジ運動の神秘主義は、この運動に好意的反応を示す現代社会と際立った対照を示しているように思える。ニューエイジ運動の信者たちは、モダニティがもたらす難題に対処するために、代わるべき生活様式を探求し、育もうとする。しかしながら、ニューエイジ運動を、たんに現在との徹底した断絶として解釈すべきではない。ニューエイジ運動は、主流派の文化の諸側面を《体現する》もっと大きな文化的軌道の一端とみなされる必要がある。後期近現代の社会では、人びとは、自分自身の生活を立案する上で未曾有の自立性や自由を手にしている。この点で、ニューエイジ運動の目的は、現代とぴったり合致する。人びとは、従来の価値観や期待を乗り越え、自分自身の生活を能動的、再帰的に送るように奨励されている。

現世拒否の運動　**現世拒否の運動**は、現世肯定の運動とは対照的に、外部世界に極めて批判的である。現世拒否の運動は、しばしば信者たちにライフスタイルの重大な変更を求める――会員たちは、禁欲的な生活を送ったり、服装や髪型を変えたり、特定の献立にしたがうことを期待される。本来的にすべてを受け容れる傾向が強い現世肯定運動とは対照的に、現世拒否の運動は、多くの場合、排他的である。一部の現世拒否の運動は、《全制的施設》としての特徴を示している。会員たちは、各自のアイデンティティを集団のアイデンティティのなかに包摂し、厳格な倫理的規則や決まりを守り、外部世界での活動から離脱することを期待される。

ほとんどの現世拒否の運動は、時間や献身の面で、昔からの既成宗教よりもはるかに多くの要求を会員たちにおこなう。なかには、人びとの全面的な傾倒を得るために、「愛の爆撃」という手口を用いることで有名な集団もある。改宗する可能性がある人たちを集団のなかに情緒的に誘い込むまで、その人たちには親切に応対し、即席の好意を絶えず見せつけることで、その人たちを圧倒していく。事実、一部の新宗教運動は、信者たちを「洗脳」した――自立した意思決定能力を奪うようなかたちで信者たちの精神を管理しようとした――として告発されてきた。

現世拒否的なカルトやセクトの多くは、国家当局やメディア、一般の人たちの厳しい監視を受けている。現世拒否的カルトの極端な事例は、多くの人たちに懸念をもたらした。たとえば、一九九五年に、日本のオウム真理教は、東京の地下鉄で毒ガスのサリンを散布して、何千人もの朝の通勤客に危害を加えた。（このカルト集団の指導者である麻原彰晃は、攻撃を指示したとして、二〇〇四年二月に法廷で死刑判決を受けた。）米国では（五五二頁で述べた）テキサス州ウェイコに本部がある宗教団体ブランチ・ダヴィディアンもまた、児童虐待と武器大量貯蔵で訴えられた後、一九九三年に米連邦当局との血みどろの対立に巻き込まれ、世界中のメディアの注目を浴びた。

現世順応の運動　新宗教運動の三つ目の類型は、伝統的宗教に最も似ている活動である。**現世順応の運動**は、現世的な関心よりも、内面的な宗教生活の重要性を強調する傾向が強い。こうした集団の会員は、伝統的な宗教の場で失われてしまったと考える霊的な純粋性を取り戻そうとする。現世拒否的集団や現世肯定的集団の信者は、多くの場合、自分たちのライフスタイルを宗教活動に合わせて変更する。しかし、現世順応の運動の信奉者は、その多くが目に見える変化をほとんどともなわずに日常生活や職業を営んでいく。現世順応運動の一例が、ペンテコスト派である。ペンテコスト派の信者は、聖霊の言葉を「異言を発する」天賦の才がある人たちをとおして耳にすることができると確信している。

キリスト教、ジェンダー、セクシュアリティ

さきの議論が示したように、教会と教派は、明確な権威システムをともなう宗教組織である。社会生活の他の領域と同じく、こうした聖職者ヒエラルキーでは、女性たちを権力からおおむね排除している。この点は、キリスト教で非常に明白であるが、すべての主要な宗教に見いだす特徴でもある。

一〇〇年以上前に、米国で女性の権利を促進する運動にたずさわっていたエリザベス・ケイディ・スタントンは、『女性の聖書』と題する一連の聖書注釈を出版した。スタントンの見解では、神が女性と男性を同等な価値をもつ存在として創造している以上、聖書はこの事実を完全に反映すべきである。聖書に示される「男性中心的」特徴は、聖書が神の真正な見解の反映ではなく、男性たちが聖書を記したという事実の反映である、とスタントンは考えた。英国国教会は、一八七〇年に、聖書のテキストを改訂し、時代に合わせるための委員会を設立した。スタントンが指摘する

ように、この委員会には女性はひとりも入っていなかった。すべての人は神に似せて創られたことが聖書に明記されている以上、神が男性であると想定する理由はどこにも存在しない、とスタントンは主張した。スタントンの仲間が女性の権利に関する会議を「母なる神」への祈祷でもって開会したとき、教会当局から激しい反発を受けた。それでもスタントンは運動を推し進め、『女性の聖書』の準備で助言を得るために、米国で二三人の女性から構成された、女性たちの改訂委員会を設立した。『女性の聖書』は、一八九五年に出版された。

一世紀後の現在、英国国教会は総じて男性たちが支配されているとはいえ、近年、こうした状況は変化しだしている。英国国教会では、一九八七年から一九九二年までに、女性が執事になるのを許したが、司祭になることは許さなかった。女性執事は、正式には平信徒のひとりであり、祝福の祈りや結婚式の執行など基本的な宗教儀礼を執りおこなうことが許されなかった。一九九二年に、とくに国教会内部の女性からの圧力が高まり、宗教会議（総会を統括する）は聖職者の地位を女性に開放することを議決した。国教会の多くの保守的な人たちは、女性を完全に受け容れることは聖書の明白な真理からの冒瀆的逸脱であり、カトリック教会とのきたるべき再合同からの後退であると主張して、この決定に今もなお反対している。この決定の結果、一部の人たちが国教会からの脱退を決心し、多くの場合、カトリック教会に入会した。一〇年後、英国国教会の司祭の約五分の一は女性であり、やがて女性司祭が男性司祭を上回ると考えられている。二〇〇五年七月、英国国教会は、女性が司教になるのを許すための手続きを開始することを議決した。この決定には何人かの幹部が強硬に反対している。

カトリック教会は、女性にたいする態度の点で英国国教会よりも保守的で、ジェンダーの不平等を一貫して公式に支持しつづけている。カトリック教会当局は、女性の聖職者叙任の要求を一貫して拒んできた。一九七七年に、ローマのカトリック教皇庁教理聖省は、女性を司祭職に就けることは容認できない、と公式に宣言した。示された理由は、イエスが女性をひとりも弟子にしなかったからである。反主流派のアルゼンチン人司教ロムロ・アントニオ・ブラスキによって司祭に叙任された七人の女性は、二〇〇四年一月にバチカンによってカトリック教会から破門され、叙任は覆された。法王ヨハネ・パウロ二世（一九二〇年〜二〇〇五年）は、妻や母親としての役割を思い出すよう女性に促し、男性と女性は根本的に同じであるというフェミニズムのイデオロギーを激しく非難して、女性の自由にさらに制限を加えることになる妊娠中絶や避妊用具の使用を禁止する方針を支持した（Vatican 2004）。

近年の英国国教会における論争は、ジェンダーの問題から同性愛と司祭叙任の問題に移行している。同性愛者たちはキリスト教会に長く仕えてきたが、その性的志向は抑圧されたり、無視されたり、守られもせずにいた。（カトリック教会は、同性愛への「倒錯した性癖に感化された」人たちが修道生活に入ったり、その人たちに聖職を授けてはならないという、一九六一年に打ちだされた見解を引きつづき堅持している。）プロテスタントの他の教派は、同性愛者にたいするリベラルな方針を採り入れており、小規模の教派のなかには、同性愛者だと公言する男性聖職者が牧師の職に就くのを認めているところもある。オランダの福音派ルター教会は、一九七二年に、ヨーロッパのキリスト教教派として初めて、女性や男性の同性愛者が牧師として仕えることができると決定した。カナダ連合教会（一九八八年）やノルウェー国教会（二〇〇〇年）など他の教派も追随している。

同性愛者の叙任承認をめぐる論争は、英国では二〇〇三年に、独身の同性愛者として知られるジェフリー・ジョン博士がレディングの主教に任命されたときに注目を浴びた。ジョン博士は、任命が世界中の聖公会の内部で激しい騒動を引き起こしたため、就任を辞退した。二〇〇三年八月に、米国聖公会の一般信者は、男性同性愛者だと公言しているキャノン・ジーン・ロビンソン牧師を投票でニューハンプシャーの主教に選出した。男性同性愛者の聖職者の任命に反対するロビー活動をおこなうために、保守的な圧力団体アングリカン・メインストリームが結成されたが、論議はまだ未決着である。

世俗化と宗教復興

世俗化

さきに見たように、初期の社会学者たちが共有した見解のひとつは、近現代の社会では伝統的宗教がますます周縁的な存在になることであった。マルクスとデュルケム、ウェーバーは三人とも、社会が近代化を遂げ、社会的世界を統制したり説明するために科学やテクノロジーにより一層依拠するようになれば、世俗化の過程が必ず生ずる、と考えていた。**世俗化**とは、宗教が社会生活のさまざまな領域に及ぼしてきた影響力を失う過程を描写している。

《世俗化論》をめぐる論争は、宗教社会学のなかで最も複雑な研究領域のひとつである。基本的にいえば、世俗化という主張を支持する――社会学の創始者たちと同意見で、宗教は近現代の世界ではその勢力や重要性を減少させているとみなす――人たちと、この考え方に異議を唱え、新たな未知のかたちに変わる場合が多いにしても、宗教は重要な勢力でありつづけると主張する人たちのあいだで、意見の相違が見られる。

新宗教運動の根強い流行は、世俗化論に疑義を提出している。世俗化論に反対する人たちは、多様な新宗教運動の存在とその盛んな活動を指摘し、宗教や霊性が依然として現代生活の中心的様相である、と主張する。伝統的宗教が支配力を失うのにともない、宗教は、消滅するのではなく、新たな方向に進みだしている。とはいえ、必ずしもすべての研究者がこの見解に同意するわけではない。世俗化論の支持者たちは、たとえ新宗教運動が個々の信者の生活に著しい影響を及ぼすにしても、新宗教運動は社会全体にとって引きつづき周縁的な存在である、と指摘する。新宗教運動は、ばらばらな存在で、組織化が比較的なされていない。人びとは、ある運動に一時期引き付けられても、次には別の新しい運動に移っていくため、新宗教運動は出入り率が高い。新宗教運動への入会は、真剣な宗教的傾倒に比べれば、趣味やライフスタイルの選好に過ぎないように思える、と世俗化論の支持者たちは主張する。

社会学での論争　世俗化は、錯綜した社会学概念である。なぜなら、ひとつには、世俗化の過程をどのように測定すべきかについてほとんど合意がなされていないからである。さらに、多くの社会学者は、宗教を定義づけるのに互いに合致しない定義を用いている——伝統的な教会という観点から宗教を最もよく理解できると主張する人もいれば、個人的霊性や特定の価値観への深い傾倒のような次元も含めて宗教をとらえるためには、もっと広い見方をする必要があると主張する人もいる。こうした認識の相違は、世俗化を認めるか認めないかの議論に必然的に影響を及ぼす。

世俗化は、いくつかの側面ないし次元にしたがって評定できる。なかには、たとえば宗教組織の《成員性のレヴェル》のように、客観性をもつ側面もある。統計や公的な記録は、どれくらい多くの人が教会等の宗教団体に所属し、礼拝や他の儀式に積極的に出席しているかを明示できる。あとで述べるように、こうした指標によれば、先進工業国は、米国を除き、いずれもかなりの世俗化を経験してきた。英国における宗教の衰退傾向は、フランスやイタリアなどのカトリックの国を含め、ヨーロッパのほとんどの国に見いだされる。フランス人よりもイタリア人のほうが、礼拝に常時出席し、また（イースターの聖体拝領のような）重要な儀礼に数多く参加しているが、宗教上の慣習の衰退という全般的傾向は、フランスでもイタリアでも類似している。

世俗化の二つ目の次元は、教会等の宗教組織がどの程度《社会的影響力や富、威信》を維持しているのかと関係する。かつて、宗教組織は、政府や社会のいろいろな機関にかなり影響力を行使でき、共同体のなかで高い尊敬を得ていた。このことは、今日、どの程度まで当てはまるのだろうか。この疑問にたいする答えは、明白である。二〇世紀だけに限っても、宗教組織が以前もっていた社会的、政治的影響力の多くを次第に失ってきたことを目にしている——そして、こうした趨勢は、若干の例外はあるにしても、世界中に及んでいる。教会指導者が教会指導者であることで自動的に権力者層に影響力を及ぼすことは、もはや期待できない。一部の既成教会は、どの尺度で見ても引きつづき非常に裕福であるし、また新しい宗教運動が急速に富を築く可能性もある。とはいえ、昔から存続してきた多くの宗教組織を取り巻く物質的状況は、不安定である。教会や聖堂は、売却を余儀なくされたり、荒廃している。

世俗化の三つ目の次元は、信仰と価値観に関係する。この点を《宗教性》の次元と名づけることができる。教会への出席度合や教会のもつ社会的影響力の程度が、必ずしも人びとのいだく信仰や理念の直接的な表出でないことは、明白である。信仰心のある多くの人が、定期的に礼拝に出席したり公の儀式に参加しているわけではない。逆に、このようにきちんと教会に出席したり儀式に参加することは、揺るぎない宗教観をいだいていることを必ずしも意味しない——人びとは、習慣から、あるいは自分を取り巻く共同体のなかでそうすることが期待されているから、出席するだけかもしれない。

世俗化の他の二つの次元の場合と同じく、今日、宗教性がどの程度まで衰退したのかを知るために、過去に関して正確な認識をもつ必要がある。世俗化論を証明できると考える人たちは、過去には宗教が人びとの日常生活にとって今日よりもはるかに重要な存在であったと主張する。教会は、ローカルな問題で中心的位置を占め、家族生活や個人生活の内部に強い影響を及ぼしていた。しかしながら、世俗化論を批判する人たちは、こうした考え方に異論を唱え、以前は人びとがもっと定期的に礼拝に出席していたからといって、必ずしも信心深かったことの証明にならないと主張する。中世ヨーロッパを含め、多くの伝統的社会では、宗教的教義への傾倒は、想定されるほど強くなかったし、日々の生活で重要な位置を占めていなかった。たとえば、英国史の研究は、宗教的教義への熱意を欠いた傾倒が、一般の人びとのあいだで普通だったことを示している。宗教にたいする懐疑心は、ほとんどの文化に、とりわけ規模の大きな伝統社会に見いだすことができたように思える（Ginzburg 1980）。

しかしながら、今日、宗教的観念の影響力が、一般的に伝統的世界の場合に比べ——とりわけ「宗教」という用語に、人びとが信仰する超自然的なものをすべて含めるならば——弱まっていることは、疑う余地がない。私たちのほとんどは、自分たちの環境を、それが神的ないし霊的存在が浸透した環境としてもはや体験していない。今日の世界の重大な緊張関係のなかには——中東やチェチェン、スーダンを苦しめる緊張関係のように——もっぱら、あるいはかなりの部分、宗教の相違に由来するものがある。しかし、今日、大多数の紛争や戦争は、主として——政治的信条なり物質的利害の不一致が関係する——世俗的な性質のものである。

こうした世俗化の三つの次元を念頭に置いて、英国と米国での近年の宗教に見いだす趨勢をいくつか概観し、その趨勢が世俗化という考え方をどのように裏づけるのか、あるいは否定するのかを検討したい。しかし、その前に、ヨーロッパでの宗教の発展について簡単に説明しておきたい。

ヨーロッパの宗教

キリスト教の影響は、ヨーロッパが政治的単位として進展する上で極めて重要な要素であった。今日、私たちがヨーロッパと定義づける境界線のひとつは、一一世紀にヨーロッパのキリスト教思想を最初に大きく分けた、カトリックと東方正教会という二つのキリスト教の裂け目に沿っている。正教会派のキリスト教は、引きつづきブルガリアやベラルーシ、キプロス、グルジア、ギリシア、ルーマニア、ロシア、セルビア、ウクライナなど東ヨーロッパの多くの国々で有力な宗教である。

西ヨーロッパでは、一六世紀にヨーロッパ大陸で生じたカトリックとプロテスタントの分割が、キリスト教思想のもう一つの大きな裂け目になった。この宗教改革として知られる過程は、今日地図上に見いだされるような比較的安定した近代国民国家のパッチワークに西ヨーロッパが分割されたことと不可分な関係にある。一般的に言えば、西ヨーロッパは、プロテスタントが有力な北部（北欧とスコットランド）とカトリックが有力な南部（スペインとポルトガル、イタリア、フランスに加え、北方のベルギーとアイルランドが含まれる）、いくつかの教派が混在する国（英国および北アイルランドとオランダ、ドイツが含まれる）に分割した。

宗教改革は、国によって異なるかたちを呈したが、ローマ法王やカトリック教会の影響力を免れようとした企てによって一様なかたちをとった。プロテスタンティズムの多様な教派が、また教会と国家の多様な関係がヨーロッパに出現した。まず、西ヨーロ

表14-1　西ヨーロッパにおける教会出席の頻度（1990年）

	少なくとも週に1回	月に1回以上	月に1回	クリスマスやイースターの時	年に1回	まったく出席せず
ヨーロッパの平均	29%		10%	8%	5%	40%
カトリック教会の国々						
ベルギー	23		8	13	4	52
フランス	10		7	17	7	59
アイルランド	81		7	6	1	5
イタリア	40		13	23	4	19
ポルトガル	33		8	8	4	47
スペイン	33		10	15	4	38
混合する国々						
英本国	13		10	12	8	56
オランダ	21		10	16	5	47
北アイルランド	49		18	6	7	18
西ドイツ	19		15	16	9	41
ルター派国教会の国々						
デンマーク		11%				
フィンランド		–				
アイスランド		9				
ノルウェー		10				
スウェーデン		10				

出典: Ashford & Timms (1992); Davie (2000) より引用。

ッパの主要国における宗教について手短に見ておきたい。

《北欧の国々》（スウェーデン、ノルウェー、デンマーク、フィンランド、アイスランド）には、国教会（北欧のルター派国教会）がある。教会の成員比率は高いが、宗教的実践の度合もキリスト教教義の受容の度合も低いことが特徴である。北欧の国々は（表14-1が示すように）「信仰なき入信」と称されてきた。とくにスウェーデンでは、今日、教会と国家の近い関係が問題にされだしている。エスニシティや文化の面で多様な国では、国家によって特権を与えられた教会という観念は不適切である、と多くの人たちが感じている。

《ドイツ》では、カトリシズムとプロテスタンティズムに分かれていることが依然として特徴である。とはいえ、ひとつにはイスラム教徒住民の増加によって、また信仰する宗教がないと主張する人たちの増加によって、こうした特徴に疑義が生じている。この信仰する宗教がないと主張する人たちの増加は、一九八九年のベルリンの壁の崩壊による東西ドイツの再統一や、東ドイツを含む東ヨーロッパの旧共産主義国でおこなわれたキリスト教の抑圧が要因であると説明されている。

《フランス》は、おおむねカトリック国であるが、信仰や宗教的実践の程度が低い点で、北ヨーロッパのプロテスタントの国々と極めて類似する（表14-1を参照）。西ヨーロッパのすべての国で、フランスは、教会と国家が最も厳格に分離している。フランスの国家は、徹底して世俗的であり、いかなる宗教や教派にも特権を与えることを拒否している。このことは、国立学校での宗教教育の禁止を含め、すべての国家機関における宗教的議論の排除に見いだされる。こうした教会と国家の厳格な分離は、二〇〇四年九月に学校に「目立つ」宗教的アイテムを持ち込むことの禁止をめぐる論争を結果的に引きおこし、とくにスカーフを着用したイスラム教徒の少女たちを動揺させた。

《イタリアとスペイン、ポルトガル》も、おおむねカトリックである。この三カ国では、信仰と宗教的実践の度合が、ヨーロッパの他のほとんどの国に比べ、とくに北欧の国々に比べて高い(表14-1を参照)。カトリック教会は、イタリア国内に本拠があるため、三カ国すべてで強い影響力を享受する。イタリアで、カトリシズムは、他の教派や宗教を上回る特権を与えられている。スペインでは、一九三九年から一九七五年までのフランコ将軍による独裁政権をもたらした内戦で、カトリック教会は政治的権利を擁護する役割を果たした。スペインのカトリック教会は、信者数が優勢なことで恵まれた立場にいる。とはいえ、スペインでは国家と教会は公に連携していない。ポルトガルでは、一九七〇年代に何回か憲法改正がなされたにもかかわらず、カトリック教会は引きつづき法的にかなりの影響力を保持している。

宗教的マイノリティ

ヨーロッパは、非キリスト教の、相当大きな宗教的マイノリティの本拠地でもある。ユダヤ人は、何世紀も前からヨーロッパに在住していたとはいえ、ユダヤ人の近年の歴史は反ユダヤ主義による差別やジェノサイドと密接に結びついてきた。

人種差別主義と差別は、第一三章で詳しく論じている。

第二次世界大戦後の数年間、ホロコーストを生き抜いた多くのユダヤ人は、ヨーロッパを去り、新たに建国されたイスラエルに向かった。こうした要因によって、ヨーロッパに在住するユダヤ人の数は、一九三七年の九六〇〇万から一九九〇年代中頃には二〇〇万以下へと、二〇世紀を通じて劇的に減少した。

二〇世紀に、ひとつにはヨーロッパの植民史が生みだした地球規模の移民は、同時にまた、欧州大陸全体にユダヤ教やキリスト教と無関係な宗教的マイノリティがかなり大きな規模で初めて発達する道を開いた。なかでも、イスラム教は最大の非キリスト教宗教で、ヨーロッパ在住の信者数は少なくとも六〇〇万人いて、人口の約三%を占めている。フランスと北アフリカの植民地関係は、フランスに三〇〇万人から四〇〇万人のかなり多数のイスラム教徒人口が存在する要因である。対照的に、ドイツは、トルコやヨーロッパ南東部から移住したイスラム教徒の労働者を多数かかえている。英国のイスラム教住民は、後述するように、総じてインド亜大陸の旧大英帝国の国々の出身である(Davie 2000)。次に、英国の宗教について概観しておきたい。

英国の宗教

英国の国勢調査では、宗教に関する質問項目が二〇〇一年までの一五〇年間含まれていなかった。しかし、世論調査や個々の教派の報告書をもとに描写されていた時代に比べ、最新の国勢調査は、英国の宗教についてかなり正確なデータを提供している。二〇〇一年の国勢調査は、英国人口の約七八%が宗教を信仰してい

表14-2 「宗教を信仰している」と自称した人たち
（2001年国勢調査、イングランドとウェールズ）

	千人	%
キリスト教	37,338	71.7
イスラム教	1,547	3.0
ヒンドゥー教	552	1.1
シーク教	329	0.6
ユダヤ教	260	0.5
仏　教	144	0.3
その他	151	0.3
信仰している人の合計	40,322	77.5
信仰をもたない	7,709	14.8
無回答	4,011	7.7
信仰をもたない無回答の人の合計	11,720	22.5

＊ 「あなたの宗教は」という問いに、選択肢にチェックを入れてもらう形式で任意に答えてもらった。

出典: *Social Trends* 34 (2004)

ると答え、ほぼ七二％がキリスト教徒であると自称していることを明らかにした。他の宗教は、キリスト教よりもはるかに信奉者が少ない。イスラム教は、二番目に多くの信者を擁する――人口のほぼ三％がイスラム教徒であると自称している。他の影響力がある宗教集団にはヒンドゥー教徒やシーク教徒、ユダヤ教徒、仏教徒が含まれ、全人口に占める割合はそれぞれ一％以下である（表14-2を参照）。

宗教にたいする共感度合は、地域によって異なる。おそらく驚くことでもないが、北アイルランドが歴史的に宗教対立の場であったことを考えあわせば、北アイルランドの住民（八六％）は、イングランドとウェールズの住民（七七％）やスコットランドの住民（六七％）よりも、宗教に共感をいだいていると考える傾向が強い。英国の人口の約一六％は、信仰する宗教がないと答えている。この範疇には、不可知論者や無神論者が含まれる。（この範疇には、自分の宗教が「ジェダイ教」だと答えた三九万人――全体の一％以下――も含まれている。この人たちは、メディア報道によれば、かりに相当数の人たちが国勢調査の用紙に自分の宗教を「ジェダイ教」と記入すれば映画「スターウォーズ」の核心をなす信仰体系が政府の公認を受けるという、虚偽のいたずらメール・キャンペーンに刺戟された人である。）

英国の人口の七割以上は、キリスト教徒であると自称しているが、教会の礼拝に欠かさず行く人はもっと少ない。一八五一年の宗教調査によれば、イングランドとウェールズの成人人口の約四割は、日曜日ごとに教会の礼拝に出席していた。この数字は、一九〇〇年には三五％に、一九五〇年には二〇％、二〇〇〇年には

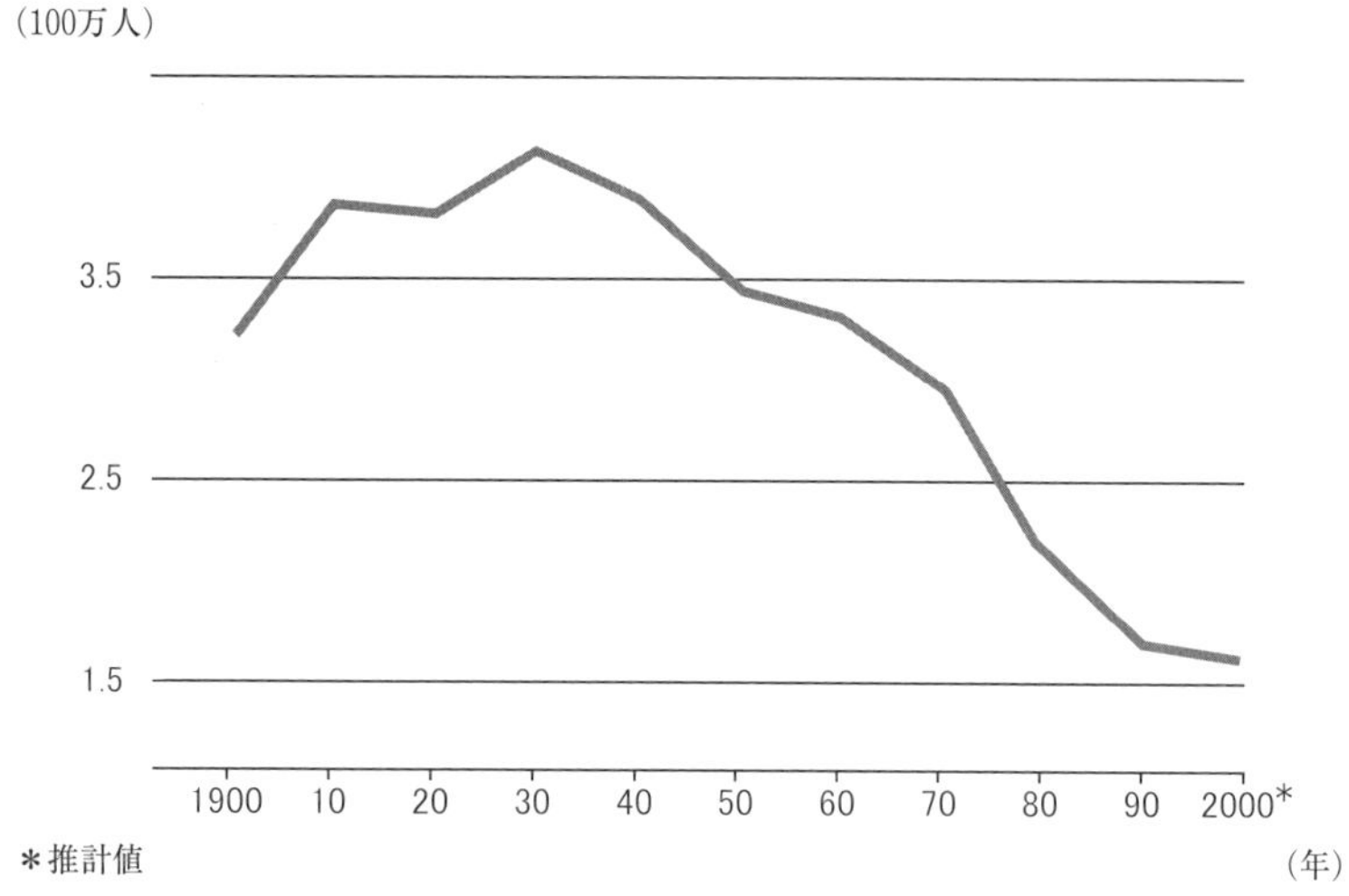

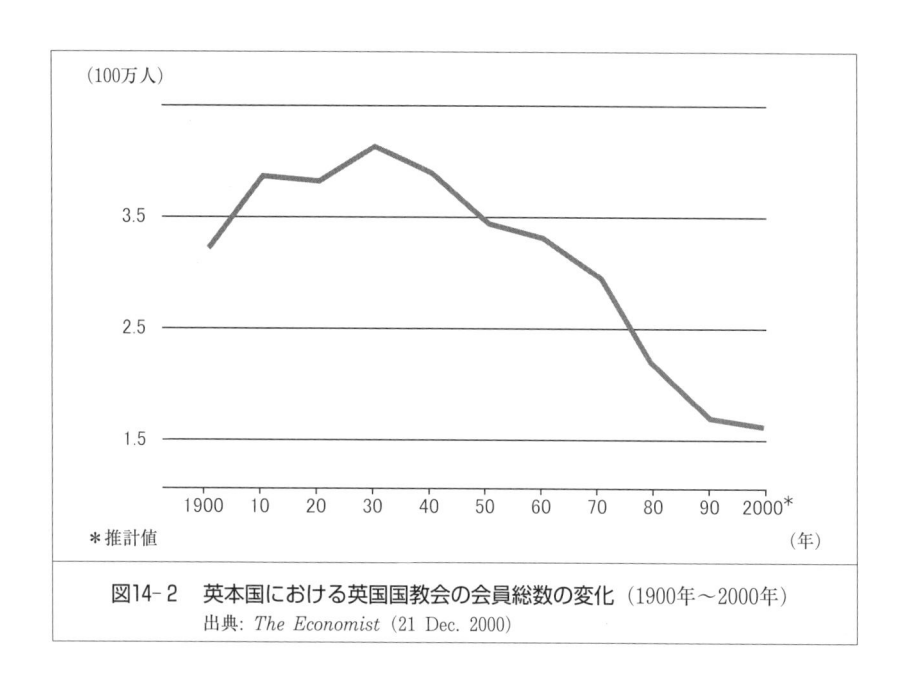

図14-2　英本国における英国国教会の会員総数の変化（1900年～2000年）
出典: *The Economist*（21 Dec. 2000）

八％に低下している（図14-2に、英国国教会の会員数の減少傾向が示されている）。英国の主な教派は、一九八〇年代に礼拝出席者を平均五％の割合で失っているが、ローマ・カトリック教会の減少は（八％と）実質的に最も大きかった。今日、この傾向が鈍化しだしている兆候をいくつか見いだすことができる。たとえば、ロンドン首都圏では、英国国教会の礼拝出席者は一九八〇年代に三〇％減少したが、一九八九年から一九九八年に三％増加した。英国国教会以外では、バプティスト派の礼拝出席者が——図14-3に見るように——一九八九年から一九九八年に一一％増加した（*The Economist*, 21 Dec 2000）。

　とはいえ、礼拝出席者の全般的な減少傾向は幾分不均等に生じている。たとえば、三位一体説派教会と非三位一体説派教会のあいだに相違が見られる。英国国教会やカトリック、メソジスト派、長老派などが含まれる三位一体説派は、神とキリストと聖霊の一体性を信ずる教会である。三位一体説派教会の会員数は、一九七五年の八八〇万人から一九九四年の六五〇万人に減少した。けれども、たとえばモルモン派やエホバの証人派など非三位一体説派の一部の教会では、同じ時期に会員の増加が見られた。エスニック・マイノリティのあいだでも、教会の礼拝や宗教儀式への出席は増加しだした。英国では、一部の「新宗教運動」（先に五五四頁～五五六頁で論じた）も信者数が増えている。

　英国の宗教には、年齢や性、階級、地域分布の面で明らかな様式を識別できる。一般に、高齢者は、若年層よりも信心深い。若者のあいだでの礼拝出席は一五歳がピークである。一五歳を過ぎると礼拝出席の度合は平均して落ち込み、三〇代、四〇代になっ

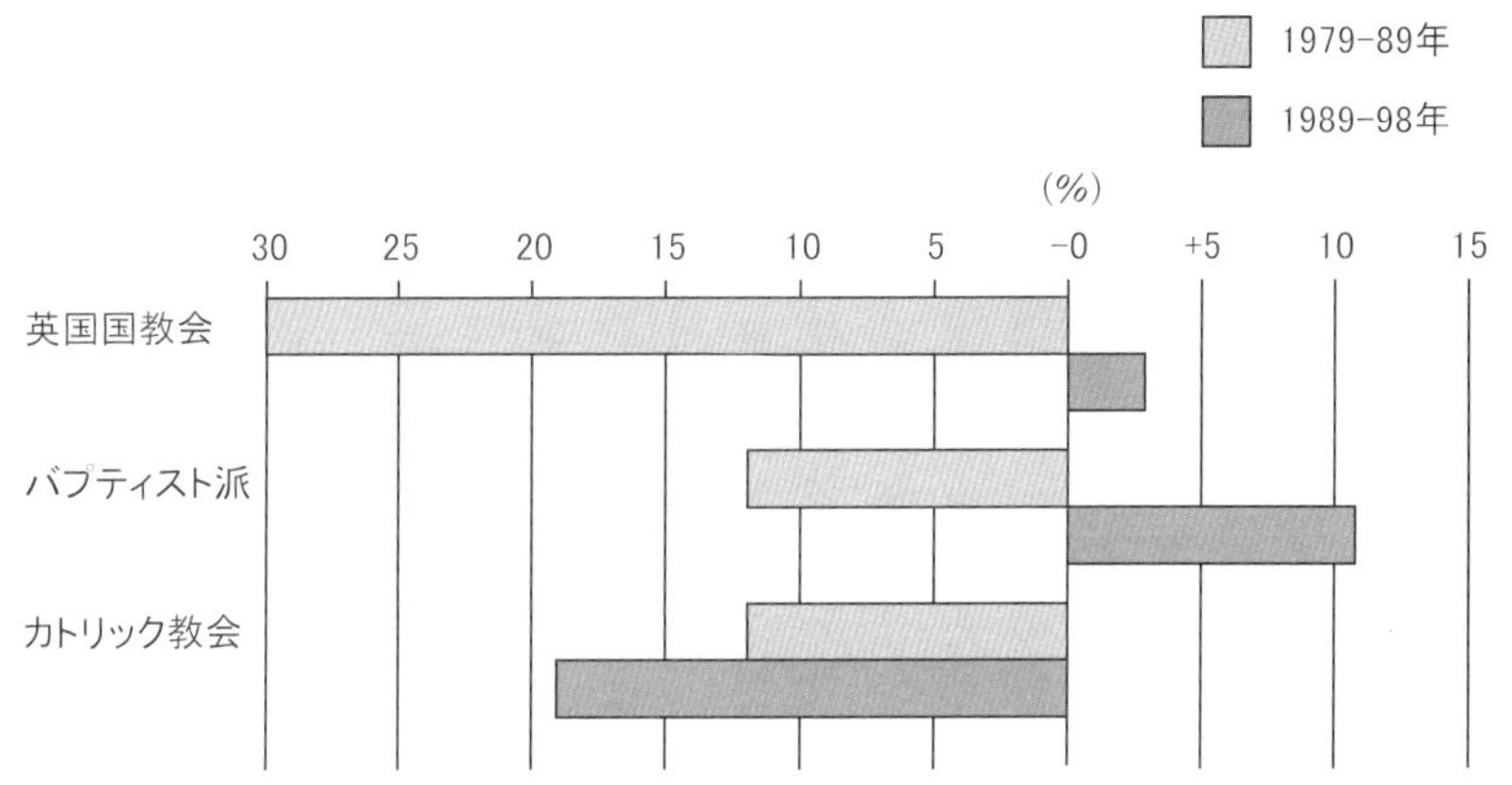

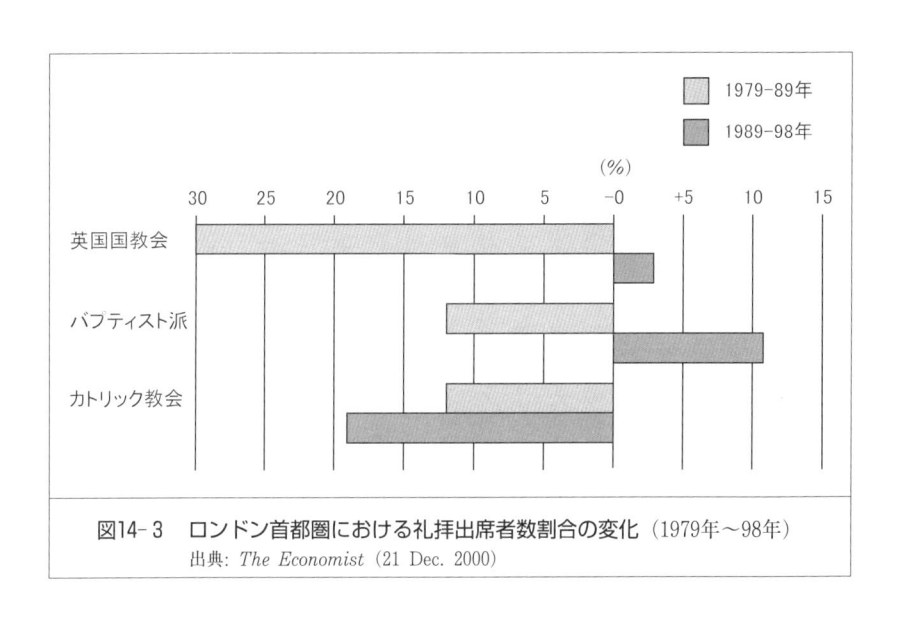

図14-3　ロンドン首都圏における礼拝出席者数割合の変化（1979年～98年）
出典: *The Economist* (21 Dec. 2000)

て回復する。それ以後、礼拝出席は、年齢が高まるにつれて増えていく。女性は、男性以上に組織化された宗教に参加する傾向が強い。英国国教会では男女差はほんのわずかであるが、たとえばクリスチャン・サイエンス派の教会では、女性の信者数は四対一の割合で男性を上回っている。

一般に、教会の礼拝出席と信仰告白は、貧困層よりも富裕層のあいだで高い。英国国教会は「祈祷する保守党」と呼ばれてきたが、この呼び方には引きつづき多少の真実が含まれる。カトリック信者は、むしろ労働者階級に多い。こうした階級的志向性は、選挙の投票様式にも表れている。国教会の信者は保守党に投票し、カトリック信者は、もともと労働党の成立と密接な関係をもつメソジスト派信者の多くと同じように、労働党に投票する傾向が強い。宗教への参加は、どこに住んでいるかによってもかなり異なる。国教会員は、マージサイド州で成人の三五%、ランカシャー州で三二%に及ぶのにたいして、ハンバーサイド州ではわずか九%、ノッティンガムシャー州で一一%である。この理由のひとつは、移民である——ロンドン北部にユダヤ教徒、ブラッドフォードにイスラム教徒とシーク教徒が集中するように、リヴァプールはアイルランド系カトリック教徒の大きな人口をかかえている。

宗教上の差異は、日々の行動に及ぼす帰結の点で、英国の他のどの地方よりも北アイルランドで顕著である。北アイルランドで起きているプロテスタントとカトリックの衝突は、いずれの側も少数の人たちが関与するに過ぎないとはいえ、しばしば深刻で、激化している。北アイルランドにおける宗教の影響力を、この地方の敵対感情を生みだす他の要因から解き放つことは難しい。北アイルランドでは、アイルランド共和国と北アイルランドをひとつの国家にする「統一アイルランド」という考えを、一般にカトリックは支持しているが、プロテスタントは拒否する。しかし、政治的配慮やナショナリズムの観念も、宗教信仰とともに重要な役割を演じている。

米国の宗教

米国人は、他の工業国の国民に比べ、著しく信心深い。いくつか例外はあるが、「米国は、キリスト教世界で、最も神を信じ、宗教に傾倒し、最も原理主義的で、宗教的伝統を保持する国であり、他のどの国よりも多くの新宗教が生まれている」(Lipset 1991)。世論調査によれば、米国人のおよそ五人に三人が、宗教は自分の生活で「非常に重要」であると述べ、どの調査時点でもつねに約四割が前の週の礼拝に行っていたと回答している(Gallup 2004)。圧倒的多数の米国人が神の存在を信じ、恒常的に、大半は一日に一回か二回か祈祷すると答えている(Center 1994, 1998)。一〇人中七人の米国人は、死後の世界を信じると答えている(Roof & McKinny 1990; Warner 1993)。

米国政府は信仰する宗教について公にデータを集めていないが、随時おこなわれる政府の調査や世論調査、教会の記録から概況を描くことができる。これらの調査や記録によれば、米国は世界で宗教的に最も多様な国で、一五〇〇以上の明確に識別できる宗教が見いだされる(Melton 1989)。こうした多様性にもかかわらず、これらの調査は、大多数の米国人がみずからをキリスト教徒と定義づけ、比較的少数の教派に属している。

米国人は、約五二%がプロテスタント、二四%がカトリックであると自称している。その他の主要な宗教集団に、モルモン教徒、イスラム教徒、ユダヤ教徒がある(Pew 2002)。カトリック教会は会員数が最大規模で増加しているが、その理由のひとつは、メキシコや中南米からのカトリック教徒の転入移民にある。しかしながら、同時にまたカトリック教会の会員の増加は、一部の信者が自分をカトリックと自称しなくなるか、あるいはプロテスタントに転向したため、近年、鈍化してきた。

カトリック教徒の数は引きつづき増加しているとはいえ、教会に通う人の割合は、ここ数十年間に急激に低下してきた。減少傾向は一九六〇年代にはじまり、一九七〇年代中頃に横ばいになった。その主な理由のひとつは、カトリック教徒のあいだの避妊具の使用を禁じることを再確認した、一九六八年の法王の回勅である。この回勅は、良心にしたがって避妊具を用いる人たちを許容しなかった。このような人たちは、教会の教えに背くかどうかの問題に直面し、多くのカトリック教徒は実際に背いていった。米国でのある調査によれば、出産可能年齢のカトリック女性は、四人に三人が避妊具を用い、性交体験のあるカトリック女性の九六%が過去に避妊具を用いていた(National Survey of Family Growth 1995)。さらに、最近の世論調査によれば、米国人のカトリック教徒の半数は、法王が産児制限や中絶などモラルの問題について説くときでも、法王は不可謬であるとする考えを拒否している(Gallup 2003)。したがって、カトリック教徒の大多数は、生活のさまざまな領域で、教会の権威を疑ったり拒否するようになってきた。

米国における宗教生活のもっと明確な図式は、プロテスタントという大きな範疇を主要な下位集団に分けることで入手できる。調査によれば、米国で最大のプロテスタントの教派は、バプティスト派で、人口の約一六％——プロテスタント全体の約三分の一——を占めている。その他のプロテスタントの主だった集団に、メソジスト派（七％）やルーテル派（五％）、長老派（三％）、ペンテコステ派（二％）、監督教会派（二％）、モルモン教（一％）が含まれる（ARIS 2001）。

いくつかの研究は、この数十年間に米国のプロテスタント教会の構成に変化が生じたことに注目している。ルーテル派や監督教会派（聖公会派）、メソジスト派、長老派などのリベラルないし主流派の教会の会員数が減少傾向にある。とはいえ、ペンテコスト派や南部バプティスト派など、保守的ないし非伝統的なプロテスタント教会の会員数は増加している（Roof & McKinney 1990; Jones et al. 2002）。

これらの数字は、プロテスタント保守派の勢力増大を示すため、重要である。保守派プロテスタントは、聖書の字義通りの解釈や、日常生活における道徳、福音伝道による改宗を強調している。この点で、プロテスタント保守派は、古くに設立されたリベラルなプロテスタントとは対照的である。リベラルなプロテスタントは、宗教的実践にたいしてもっと柔軟に、人道主義的に取り組む傾向が強い。両者のおおよそ中間に位置するのが、穏健派プロテスタントである。

保守的な教派は、強い忠誠心と献身をいだかせ、新たな会員、とくに若者たちの勧誘で著しい成果を上げている。保守派のプロテスタント集団には、リベラルな集団の二倍の人たちが所属し、じきに穏健派を上回る可能性がある（Roof & McKinney 1990）。とくにリベラルなプロテスタントがあおりを受けている。リベラルなプロテスタント教派では、年配の会員が新たな若い信者に代替わりしていないため、教会への献身度が低く、一部の現役会員は他の教派に移りだしている。黒人のプロテスタント教会も、会員たちが中流階級に移動し、経済的、政治的地位が高まるのにともない、繁栄をつづけている（Roof & McKinney 1990; Finke & Stark 1992）。

米国のプロテスタント教会ではまた、**福音主義**、つまり、霊的復活（「生まれ変わる」こと）への信心が著しく強まっている。福音主義は、ひとつには増大する世俗主義や宗教的多様性への応答とみなすことができるが、一般的にはかつて米国で生活の中核であったプロテスタント的価値観の衰退にたいする応答である（Wuthnow 1988）。近年、主流をなすプロテスタント教会への入会者数の減少に比べ、福音派の教派は著しく成長している。多くのプロテスタントは、福音主義の教派が約束する、もっと直接的な個人的、感情的宗教体験を明らかに求めだしている。

米国大統領ジョージ・W・ブッシュは、信仰によって生まれ変わったキリスト教徒である。ブッシュは、若い頃の飲酒問題を克服し、人生をやり直すのに信仰が手助けしてくれたと語っている。ブッシュは、二〇〇一年九月一一日のテロ攻撃後の米国の国際的役割を、悪の勢力との戦いに結びつけて考えた。ブッシュを生まれ変わらせたキリスト教信仰は、同性愛者の結婚や中絶にたいするブッシュの保守的見解に反映されている。ブッシュの福音主義的な宗教的価値観は、二〇〇四年一一月に、ブッシュが、こうした道徳的問題を非常に重要をみなす福音主義キリスト教徒から絶大の支持を得て、二期目の選挙を勝利するのに役立ったという点で、決定的に重要である。

米国での同性愛者の結婚をめぐる論争は、第一二章「セクシュアリティとジェンダー」、四四六頁～四四七頁で触れている。

二〇〇四年の大統領選挙が証明するように、福音主義の教団は宗教的、経済的目標を達成するために資源を動員するのを得意としている。宗教経済学者（次頁以下のコラム参照）が使うビジネス用語で言えば、福音主義の教団は、「宗教マーケット」における極めて競争力の強い「信仰世界の起業家」であることがわかった（Hatch 1989）。ラジオやテレビは、一部の福音主義の伝道者が、従来可能だった範囲よりもももっと幅広く聴衆に接するために利用する、新規の重要なマーケティング手段になっていった。こうした福音主義の伝道者は、テレビで福音主義の牧師活動をおこなうため「テレビ伝道者」と呼ばれているが、この人たちの伝道は、「繁栄の福音」を、つまり、神は信徒に犠牲や受難よりも金銭的な繁栄や満足を望んでいるとする信念を説くという点で、これまでの多くの福音主義伝道者と異なる。こうした取り組みは、従来のプロテスタント保守派の信念と一般に結びついてきた、勤勉さと自己否定を強調する禁欲的信念とかなり相違する（Hadden & Shupe 1987; Bruce 1990）。カリフォルニア州ガーデン・グローヴにあるロバート・H・シュラーのクリスタル大聖堂がまさにそ

の典型で、豪奢な礼拝堂は、信徒たちが地理的に分散し、もっぱら電子テクノロジー手段によって結ばれているため、電子教会用にテレビ放送装置を備える。神学と募金は、テレビ伝道そのものを支えるだけでなく、学校や大学、テーマパーク、時には伝道師の贅沢な生活をも支えるための、テレビ伝道の必須項目である。

電子メディアによる説教は、とくにラテンアメリカで流行し、ラテンアメリカでは北米制作の番組が放送されている。その結果、プロテスタントの活動は、ほとんどがペンテコスト派であるとはいえ、カトリック教会が優勢なチリやブラジルなどの国々に著しい影響を及ぼしてきた（Martin 1990）。

福音主義の一部の伝道者は、徹底した現代的なライフスタイルを伝統的な宗教信念に結びつけているとはいえ、今日の人びとの信念や習わしの多くを拒絶する伝道者もいる。原理主義者とは、その人たちの信念の多くが反現代的で、厳格な道徳律や行動規範を要求する福音主義伝道者である。こうした道徳律や行動規範には、多くの場合、飲酒や喫煙など「世俗の悪」にたいする禁忌や、聖書の無謬性の信奉、キリストがいまにも復活することの執拗な強調が含まれる。福音主義伝道者たちが唱える「昔風の宗教」は、善と悪、正と不正を明確に区別する（Roof & McKinney 1990）。キリスト教原理主義の高まりについては後で論ずる（五七六頁～五七八頁）。

世俗化をめぐる論争では、米国は、宗教が欧米社会で衰退しだしたとする見解の重要な例外になっている。米国は、一方で最も徹底的に「現代化された」国のひとつであるが、同時にまた人びとの宗教的信念のレヴェルや宗教組織への加入度合などが世界で

最も高いという特徴を示している。世俗化論の主唱者のひとりであるスティーヴ・ブルースは、米国における宗教の根強さを《文化的移行》というかたちで解釈できると主張する（Bruce 1996）。社会が急激かつ奥深い人口学的ないし経済的変化を経験している場合、宗教は、人びとが新たな状況に容易に適応し、不安定な状態を生き抜く上で、決定的に重要な役割を演じ得る、とブルースは主張する。ブルースによれば、米国の工業化は、比較的遅くはじまり、多種多様なエスニック・グループから構成される住民のあいだで急速に進展していった。米国では、宗教は、人びとのアイデンティティを安定させる上で重要であり、アメリカという「人種のるつぼ」に、文化的に、もっとスムーズに移行することを可能にした。図14-4が示すように、宗教の重要性が極めて強調されているのは、決して米国だけではない。

今日的アプローチ——「宗教経済学」

宗教社会学の最新かつ最も影響力のある分析方法のひとつが、欧米社会、とくに米国に適合するかたちで生みだされている。米国は、取捨選択できる多種多様な信仰を提供しているからである。経済学理論に見習って、**宗教経済学**的アプローチを支持する社会学者たちは、宗教を、互いに信者獲得に競い合う組織として効果的に解釈できると主張する（Stark & Bainbridge 1987; Finke & Stark 1988, 1992; Moore 1994）。

こうした社会学者は、ビジネスを研究する今日の経済学者のように、宗教の活力を確保するためには、独占よりも競争が望ましいと主張する。このような見解は、古典期の理論研究者の見解に真っ向から対立する。宗教は、異なる宗教的見地なり世俗的見地から異議を差し挟まれると弱体化する、とマルクスやデュルケム、ウェーバーは考えていた。それにたいして、宗教経済学者は、競争が現代社会における宗教的傾倒の全体水準を押し上げていると主張する。宗教経済学者は、二つの理由でこの主張は正しいと考えている。まず、競争は、それぞれの宗教集団に信者を獲得するためにより一層努力させるからである。二つ目は、宗教が数多く存在することは、ほぼどの人にも何か無視できないものをもたらす可能性があることを意味するからである。文化的に多様な社会では、単一の宗教はおそらく限られた範囲の信者を引きつけるだけである。他方、伝統的に確立された教会に加えて、インド人宗教指導者や原理主義の伝道師の存在は、高水準の宗教的参加を鼓舞する可能性がある。

こうした分析は、ビジネスの世界から翻案されている。ビジネスの世界では、競争が、特定市場の関心に訴える極めて特殊な商品の出現をおそらく助長すると考えられているからである。実際に、宗教経済学者たちは、個々の宗教組織の繁栄なり破綻を結果的に導く条件について論述する際に、ビジネス用語を借りている。ロジャー・フィンケとロドニー・スタークによれば、繁栄する宗教集団は、競争力のある組織運営がなされ、福音を広めるのに巧みな「セールスパーソン」の雄弁な伝道師がいて、魅力的な商品としてパッケージ化された信念と儀礼を提供でき、効果的なマーケティング戦略を展開できなければならない（Finke & Stark 1992）。この見解では、宗教はむしろビジネスになっている。テレビ伝道者は、宗教という商品を販売するのに、とりわけ有能なビジネスパーソンである。

したがって、フィンケとスタークのような宗教経済学者は、競争が、宗教的信念を徐々に蝕み、それゆえ世俗化を助長するとはとらえていない。むしろ、宗教経済学者は、現代の宗教が積極的なマーケティングと会員獲得によってたえず一新されている、と主張する。競争が宗教にとって有益であるという考え方を裏づける調査研究が積み重ねられている（Stark & Bainbridge 1980, 1985; Finke & Stark 1992）とはいえ、すべての調査研究がこうした結論に達しているわけではない（Land et al. 1991）。

宗教経済学的アプローチは、人びとが、あたかも新車や靴を買うために店を見て回るかのように、宗教を合理的に取捨選択する度合を過大評価している。献身的な信者のあいだでは、とくに宗教的多元主義を欠く社会の場合、宗教は、明らかに合理的選択の問題ではない。このような社会では、たとえさまざまな宗教のなかから選択することが許されるとしても、ほとんどの人たちは、他にもっと魅力的な選択肢があるか否かを問うこともなく、子ども時代からの宗教をおそらく信奉している。宗教経済学的アプローチが生まれた米国においてさえ、宗教の買い手はつねに精神世界の買い物に浮かれ騒いでいると単純に想定するのであれば、社会学者は、宗教のもつ精神的様相を見逃すことになる。米国のベビーブーム世代（第二次世界大戦後二〇年間に生まれた世代）の研究によれば、三分の一の人たちが子ども時代の信仰に引きつづき忠実だった。それにたいして、別の三分の一の人たちは、宗教組織にはもはや所属していないとはいえ、子ども時代の信仰を依然として保っていると告白していた。したがって、新たな宗教を積極的に探し回り、宗教経済学的アプローチが想定するような選択をしていたのは、わずか三分の一の人たちだけである（Roof 1993）。

世俗化論を評定する

長期的趨勢として見れば、伝統的な教会形式の宗教が、欧米のほとんどの国で——米国は明らかに例外であるが——衰退してきたことは、社会学者のあいだでほとんど疑問の余地がない。宗教の影響力は、一九世紀の社会学者たちがほぼ予測したかたちで、世俗化の三つの次元にそって低下してきた。一九世紀の社会学者たちや世俗化論を後々支持した研究者たちの判断は、はたして正しかったと結論づけることができるのだろうか。宗教の魅力はモダニティの深まりによって支配力を失ったのだろうか。このような結論には、いくつかの理由から疑問の余地がある。

まず、英国をはじめ欧米の他の国々での宗教の位置づけは、世俗化論の支持者が指摘する以上に、もっと複雑である。宗教的信念や霊的信念は、たとえ人びとが伝統的な教会という形式的枠組みにそって信仰することを選択しないにしても、多くの人たちの生活で、依然として強力であり、動機づけの力を失っていない。一部の研究者は、「入会なき信仰」——英国の信仰について論じた際に見たように、人びとは、神や超越的な力への信仰を維持するが、自分たちの信仰を制度化された宗教の外側で実践し、発展させること——に向かう動きが見られる、と指摘してきた（Davie 1994）。

二つ目に、世俗化は、主流をなす三位一体説派の教会の成員数だけで測定することはできない。こうした測定の仕方は、国際的にも、また工業社会の内部においても、非西欧的信仰や新宗教運動が演ずる役割の増大を見逃すことになる。たとえば、英国では、伝統的な教会で積極的に活動する成員の数は減少しているものの、イスラム教徒やヒンドゥー教徒、シーク教徒、ユダヤ教徒、「信仰を新たに得た」福音派信者、それにギリシア正教徒のあいだで、教会への参加は依然として活発である。

三つ目に、非欧米社会では、世俗化の証拠がほとんど見られないように思える。イラン等の中東地域やアフリカ、インドでは、精力的なイスラム教原理主義が欧米化にたいして異議を唱えている。ローマ法王が南アメリカを巡幸すれば、数百万のカトリック信者が法王の行列に熱狂して付きしたがう。数十年にわたって共産党指導層が東方正教会を弾圧した後でも、旧ソヴィエト連邦の一部の市民は、東方正教会をふたたび熱狂的に迎え入れている。こうした世界中で見いだす宗教への熱狂的な支持は、残念なことに、宗教的啓示を受けた対立や闘争にも反映される。宗教は、慰めや精神的支えの源泉になることができるだけでなく、同時にまた激しい社会的闘争や社会的対立の発端にもなっており、現在も引きつづきそうである。

世俗化という考え方を支持する証拠も、また反論する証拠も提示できる。概念としての世俗化は、伝統的な教会の内部でいま生じている変化を——権力や影響力の衰退という面についても、また内面的な世俗化の過程が女性や同性愛者の役割に及ぼす影響に関しても——説明する上で、極めて有用である。社会全般に作用する現代化の勢いは、多くの伝統的な宗教制度の内部でも実感されだしている。

とはいえ、とくに後期近現代の世界では、急激な変化や不安定さ、多様性という背景幕のもとで宗教を評価する必要がある。かりに伝統的な形態の宗教が多少とも衰退しだしているとしても、宗教は、今日の社会的世界で依然として緊要な勢力に留まっている。伝統的な形態にせよ新たな形態にせよ、宗教のもつ訴求力は、おそらく永続的である。宗教は、合理主義的視座から満足のいく答えが得られないような、人生に関する、また意味に関する複雑な問題への洞察を、多くの人びとにもたらしている。

したがって、今日のように急激な変化の時代に、多くの人びとが宗教に答えや安らぎを求める——そして見いだす——ことは、意外でもない。原理主義は、おそらくこうした現象の最も明確な具体例であろう。しかしながら、変化にたいする宗教の応答は、新宗教運動やカルト、セクト、「ニューエイジ」運動といった、新たな見慣れないかたちでますます生じだしている。これらの集団は、外観上は宗教に「見え」ないかもしれない。しかし、世俗化の仮説を批判する研究者たちは、これらの集団が奥深い社会変動に直面して生じた宗教的信念の変容を示している、と考える。

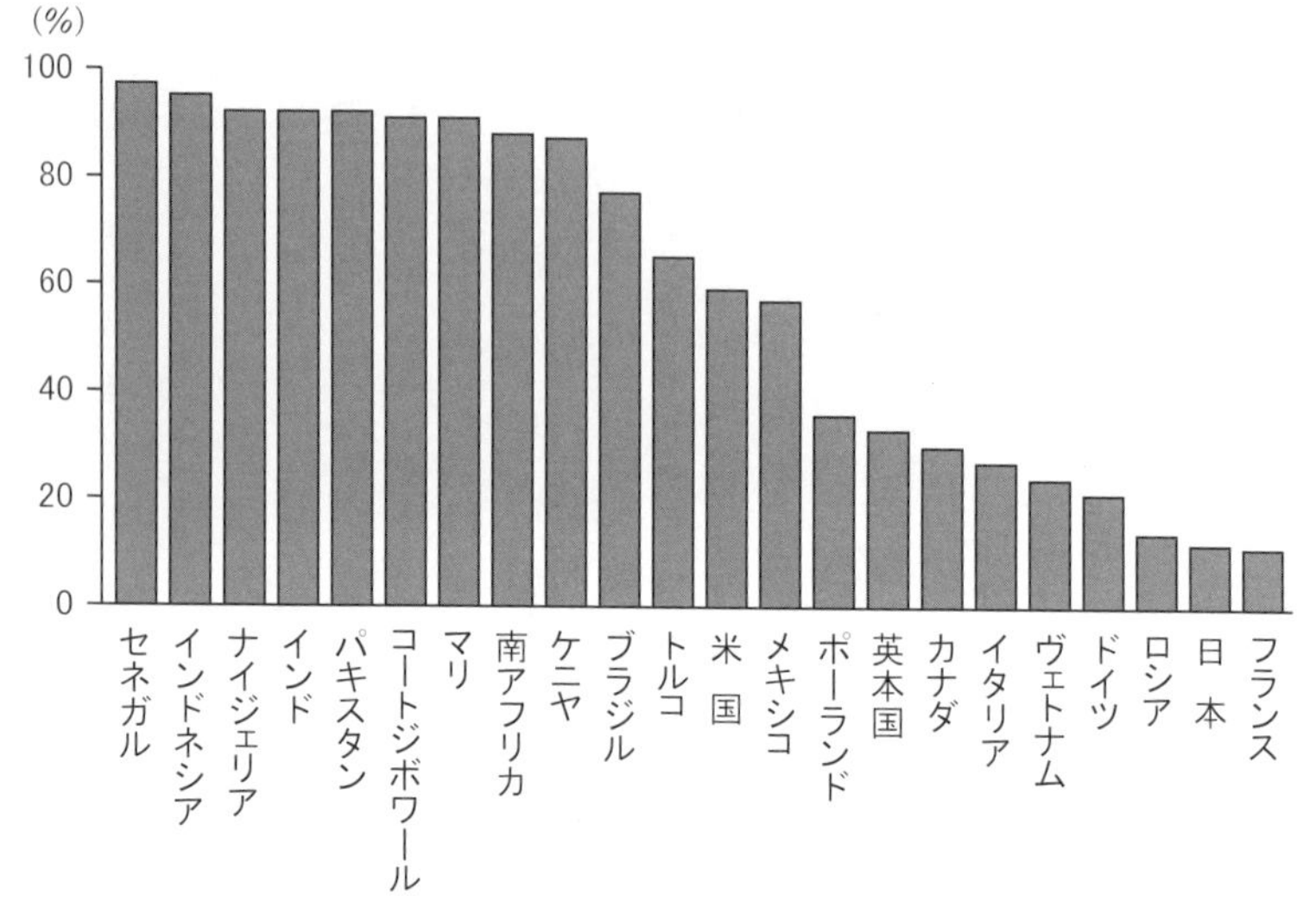

図14-4　抜粋した国々で、人びとが宗教に寄せる重要性の度合
（自分の生活で宗教が「非常に重要である」と答えた人びとの割合）
出典: Pew Research Centre (2002)

宗教的原理主義

宗教的原理主義の根強さは、世俗化が現代の世界で勝利を収めていないことのもう一つの表れである。**原理主義**という用語は、一連の原理なり信念が墨守される状況を記述するのに、さまざまな脈絡で応用できる。《宗教的原理主義》とは、基本となる経典ないしテクストの字義どおりの解釈を要求し、その解読から生まれる教義を、社会生活や経済生活、政治的活動のすべての側面に適用すべきだと考える宗教集団が採用してきた取り組み方を指している。

宗教的原理主義者は、唯一の――自分たちの――世界観だけが成立可能であって、その世界観だけが正しく、そこには両義性や多様な解釈の余地などまったく存在しない、と確信している。宗教的原理主義運動の内部では、教典の正しい意味を入手利用できるのは――司祭や牧師といった宗教指導者のような――一群の特権的な「解釈者」だけに限定される。このことは、こうした宗教指導者に――たんに宗教上の問題だけでなく、世俗的な問題にも――多大な権威を授けていく。宗教的原理主義者は、反政府運動のなかで、また（米国も含まれるが）主流派政党の内部で、さらには国家元首として、有力な政治家になってきた（たとえば、イランの場合は、第二〇章、八三七頁を参照）。

宗教的原理主義は、比較的新しい現象である――この宗教的原理主義という言葉が一般に用いられるようになったのは、ほんの二、三〇年前に過ぎない。宗教的原理主義は、もっぱらグローバル化に応答して生まれた。現代化の勢いが――たとえば、核家族や男性による女性支配といった――社会的世界の伝統的な構成要素を次第に侵食してきたので、原理主義は、伝統的信念を擁護するために台頭した。合理的な論拠が要求されるグローバル化の進行する世界で、原理主義は、信仰にもとづく解決策や儀礼的真理への準拠を主張する。つまり、原理主義とは、伝統的な仕方で擁護される伝統である。原理主義は、信念それ自体の内容よりも、信念をいかに擁護し、正当化できるのかという問題に関係している。

原理主義は、モダニティと敵対関係にあるとはいえ、みずからの信念を主張する際に現代的手法も利用している。たとえば米国のキリスト教原理主義者は、教義を広める手段として最も早くからテレビを活用してきた。チェチェンでロシア軍と戦ったイスラム教原理主義者は、声明を発表するためにウェブサイトを立ち上げた。ヒンドゥー教の過激派は「ヒンドゥー教徒としてのアイデンティティ」感情を促すために、インターネットや電子メールを活用してきた。

この節では、宗教的原理主義の最も顕著な二つの形態を検討したい。この三〇年間に、イスラム教原理主義とキリスト教原理主義は、勢力を増し、国内政治だけでなく国際政治の輪郭をも形成しだしている。

イスラム教原理主義

初期の社会学者では、おそらくウェーバーだけが、イスラム教のような伝統的宗教は二〇世紀末に著しい信仰復興を遂げ、重要な政治的発達の基盤になる可能性があると考えていた。しかしながら、このような事態は、一九八〇年代のイランでまさに現実になった。近年、イスラム復古主義は拡大し、エジプトやシリア、レバノン、アルジェリア、アフガニスタン、ナイジェリアといった他の国々にも大きな影響を及ぼしてきた。何がこのようなイスラム教の大規模な復興を説明するのだろうか。

この現象を理解するために、イスラム教の伝統的宗教としての側面だけでなく、イスラム教の威光が強く浸透する現代の国家に強い影響を及ぼした世俗的変化についても見ていく必要がある。イスラム教は、キリスト教と同じく、絶えず積極行動主義を鼓舞してきた宗教である。イスラム教の聖典コーランは、「神のための闘い」を信者に指示する言葉で満ちあふれている。こうした闘いは、非イスラム教徒だけでなく、イスラム教社会の内部で腐敗をもたらす人たちにも仕向けられる。過去何世紀にもわたり、イスラム教の改革者が次々と出現して、イスラム教はキリスト教と同じように内部分裂してきた。

《シーア派》は、イスラム教の初期段階で、正統イスラム教の中心組織から分離し、影響力を保ってきた。シーア派は、一六世紀以来、イラン（かつてのペルシャ）の国教となり、イラン革命の背後にある理念の源であった。シーア派は、その起源を、七世紀の宗教と政治の指導者イマーム・アリに遡ることができ、アリは、神への深い帰依と当時の世俗的支配者のなかでも傑出した徳行をしたとされている。アリの子孫は、預言者マホメットの一族と考えられたため、実際に権力の座にある王家と違い、イスラム教の正統な指導者とみなされるようになった。シーア派は、マホメットの正統な後継者による支配が最後には樹立され、既存の体制と結びついた専制政治や不正を撤廃できるだろうと信じた。マホメットの後継者が、神に直接導かれた指導者となり、コーランと合致した統治をおこなうことができると確信していた。

イラクとトルコ、サウジアラビアを含む中東の他の国々――それにインドとパキスタン――にも多数のシーア派住民がいる。とはいえ、これらの国のイスラム教指導部は、多数派の《スンニ派》が掌握している。スンニ派のイスラム教徒は、「踏みならされた道」に、つまり、シーア派が掲げる厳格な見解とは対照的に、コーランに由来するとはいえ意見の多様性をかなり黙認した一連の伝統に、したがっている。

イスラム教と欧米社会

中世を通じて、キリスト教ヨーロッパ社会とイスラム教国家のあいだで争いがほぼつねに生じた。イスラム教国家は、スペインとギリシア、旧ユーゴスラヴィア、ブルガリア、ルーマニアに及ぶ広大な領土を支配していた。ヨーロッパ人はイスラム教徒が征服した領土の大部分を取り戻し、北アフリカのイスラム領有地の多くは、一八、一九世紀の西欧勢力の増大にともない、実際に植民地化されていった。このような立場の逆転は、イスラム教やイスラム文明にとって破滅的な出来事だった。イスラム教徒は、自分たちの宗教と文明がおそらく最もすぐれ、最も進歩し、他のすべてを凌駕すると信じていたからである。一九世紀末に、イスラム教世界が欧米文化の蔓延を効果的に食い止められなかったことから、イスラム教では、イスラム教本来の純粋性と強さを取り戻そうとする運動が再構築された。中心になる理念は、イスラム教自体の信仰と習わしの独自性を確認することで欧米の挑戦に対処すべきであるという考え方であった。

こうした理念は、二〇世紀にさまざまなかたちで発達し、一九七八年から七九年に起きたイランでの「イスラム革命」の背景を形成していった。この革命は、当初はイラン国王にたいする国内の反発から火が付いた。なぜなら、イラン国王は、欧米をモデルにした――たとえば、農地改革や女性参政権の拡大、宗教分離教育の推進といった――現代化方式を容認し、促進しようとしたからである。国王を打倒する運動は、さまざまな利害関心の人たちを寄せ集めたが、決してすべての人がイスラム教原理主義を信奉したわけではなかった。しかし、革命の中心人物となったアヤトラ・ホメイニは、シーア派の理念を根本的に解釈し直していった。

革命後、ホメイニは、伝統的なイスラム法によって運営される政府を樹立した。コーランに明示されるかたちの宗教が、政治や経済のすべての直接的基盤になった。復活したイスラム法――《シャーリア》――のもとで、男女は厳格に隔離され、女性たちは人前では身体と顔を覆い隠すことを余儀なくされ、同性愛者は銃殺刑に、姦夫は投石によって死刑を受けることになる。こうした厳格な掟は、それ自体がとりわけ欧米の影響力に敵対するような、極めてナショナリズム的見地をともなっていた。

イランにおけるイスラム教共和国の目標は、国家をイスラム化すること――つまり、イスラム教の教えがすべての領域を支配するように、政治や社会を運営すること――であった。とはいえ、こうした展開は、決して完遂できたわけでなく、イスラム化に反対する勢力も存在する。ズバイダは、互いに抗争中の集団を三つに分類している（Zubaida 1996）。《急進派》は、イスラム革命の継続とイスラム革命の徹底化を求め、また改革を他のイスラム教国にも積極的に輸出すべきだと考えている。総じて聖職者が構成する《保守派》は、革命の使命が十分に達成されたと考えている。革命は、聖職者たちに、社会のなかで手放したいと思わないほどの権力的地位をもたらしたからである。《現実派》は、市場改革や、経済の開放、外国投資と外国貿易に賛成している。現実派はまた、イスラム教の規律を、女性や家族生活、法制度へ厳格に適用することに反対している。

一九八九年のアヤトラ・ホメイニの死は、イランの過激派と保守派にとって打撃であった。ホメイニの後継者アヤトラ・アリ・ハメネイは、イランの有力な宗教指導者たちの忠誠心を引き止めているが、抑圧的な体制や後を絶たない社会悪に憤りを覚える平均的イラン市民のあいだで、次第に人気を失っている。現実派とその他の勢力のあいだに見いだされるイラン社会内部の断層線は、改革志向の大統領モハンマド・ハタミ政権（一九九七年〜二〇〇五年）のもとで、明らかに表面化した。ハタミ政権は、保守派との論争によって特徴づけられる。保守派は、イラン社会の改革に向けてのハタミの試みを阻むことに総じて成功していった。二〇〇五年に極めて保守的なテヘラン市長マフムド・アフマディネジャドが大統領に選出されたことで、国内の宗教指導者と政治指導者の緊張状態は緩和されたが、欧米との緊張関係は増大した。

イスラム復古主義の拡大　イラン革命の根底にある理念は、欧米に対抗してイスラム世界全体をひとつに統一することであると思われた。とはいえ、シーア派が少数派の国々の政府はイランでのイスラム革命と共同歩調をとったわけではなかった。しかしながら、イスラム教原理主義は、これらの国のほとんどでかなりの人気を獲得し、また他の地域でさまざまな形態のイスラム復古主義を勢いづかせている。

イスラム教原理主義の運動は、この一〇年か一五年のあいだに北アフリカや中東、南アジアの多くの国々で影響力を得てきたが、政権を掌握できたのは二カ国に過ぎない。スーダンでは、一九八九年以来、ハッサン・アルトゥラビの率いる民族イスラム戦線が支配してきた。一九九六年に原理主義のタリバン政権は、分裂国家であったアフガニスタンでの支配を強固にしたが、二〇〇一年末に、アフガンの対抗勢力と米軍によって権力の座を追われた。イスラム教原理主義の集団は、他の多くの国でも影響力を増大させてきたが、政権の座に就くのを妨害されている。たとえば、エジプトやトルコ、アルジェリアでは、国家なり軍部がイスラム教原理主義の台頭を抑圧してきた。

多くの人たちは、イスラム世界が、イスラム教信仰をともにしない世界の他の地域と対立関係に向かうことを危惧してきた。政治学者サミュエル・ハンチントンは、欧米社会の見方とイスラム社会の見方の軋轢が、冷戦の終結やグローバル化の進行によって世界規模の「文明の衝突」の重要な要素になるだろうと主張する(Huntington 1993)。ハンチントンによれば、国民国家は、もはや国際関係に大きな影響力をもたない。したがって、敵対や紛争が、もっと規模の大きな文化や文明のあいだで生ずることになる。

私たちは、こうした紛争の具体例を、すでに旧ユーゴスラヴィアや、ボスニア、コソヴォで目にしている。ボスニアのイスラム教徒とアルバニア系コソヴォ人は、ギリシア正教会系キリスト教文化の典型であるセルビア人と戦ってきた。こうした出来事は、イスラム教徒の世界共同体としての自覚を高めている。研究者たちが指摘するように、「ボスニアは、イスラム世界の隅々でイスラム教徒にとって覚醒の契機になった。……［ボスニアは］イスラム社会に二極化や急進化にたいする認識を生み、鋭敏にすると同時に、イスラム教徒であることの認識も強めている」（Ahmed & Donnan 1994）。

旧ユーゴスラヴィアでの戦争は、第一三章「人種、エスニシティ、移民」、五一〇頁で論じている。

同じように、アメリカが主導したイラク戦争は、二〇〇三年の侵攻後、急進的イスラム教徒にとって結集の場になった。ハンチントンの主張は、二〇〇一年九月一一日のニューヨークとワシントンに加えられたテロ攻撃や、米国がアフガニスタンのイスラム政権を追放するために下した決断、さらに二〇〇三年以降のイラクで米軍の駐留にたいして再開された宗教的抵抗を説明するものとして、メディアの幅広い関心を集めた。

二一世紀初頭においても、マレーシアやインドネシアなどの国国で、イスラム教系の反政府勢力は引きつづき勢いを増している。ナイジェリアの一部の州では、近年イスラム法が施行され、またチェチェン紛争は、コーカサスにおけるイスラム教国家の樹立を支援するイスラム戦士の関与を誘ってきた。オサマ・ビン・ラディンが率いるテロ組織アルカイダの構成員は、イスラム世界の至るところからやってきている。イスラム的な象徴体系や服装様式は、イスラム世界の外側で暮らす多くのイスラム教徒にとって、アイデンティティの重要な標識になってきた。湾岸戦争や、ニューヨークとワシントンに加えられた九・一一テロ攻撃のような出来事は、イスラム世界の内部に、欧米社会への敵対というかたちであれ、共鳴というかたちであれ、変化しやすいが、強烈な反応を引き起こしてきた。

イスラム復古主義の全体像を、宗教的観点だけで理解することは明らかにできない。イスラム復古主義は、ある面で欧米の強い影響作用への反発を表し、民族なり文化を主張する運動である。イスラム復古主義は、その最も原理主義的な形態でさえ、伝統的に信奉された理念の復活に過ぎないとする見方には、疑問の余地がある。生起してきたのは、もっと複雑な事態である。伝統的な習わしや生活様式が確かに復活した。しかし、これらの習わしや生活様式は、現代の関心事と明らかに結びついている。

キリスト教原理主義

キリスト教原理主義の宗教組織が、英国やヨーロッパ大陸だけでなく、とくに米国で著しく増大していることは、過去三〇年間の最も注目すべき特徴のひとつである。原理主義者たちは、「聖書は、ありのままに言えば、政治や行政、ビジネス、家族等の人間にかかわるすべての問題にとって実用的な手引き書である」と考えている（Capps 1990）。聖書は無謬である――聖書の内容は神の真理の表れである――と、原理主義者たちは考える。原理主義のキリスト教徒は、キリストの神性や、人格化された救世主としてのキリストの受容による魂の救済を信じている。原理主義のキリスト教徒は、教えを広め、まだ同じ信念をいだいていない人たちを改宗させることに専念する。

キリスト教原理主義は、リベラルな神学や「世俗的人間中心主義」の支持者――「信仰や神命への服従に反対して、理性や欲望、本能の解放に賛成する」人たち――にたいする反発である（Kepel 1994）。キリスト教原理主義は、現代化がもたらした「道徳の危機」――伝統的家族の衰退、個々人の道徳律の危機、人間と神の関係性の弱体化――に立ち向かっている。

米国では、一九七〇年代にジェリー・フォールウェル牧師が創始した宗教団体モラル・マジョリティに端を発することになるが、一部の原理主義集団は、米国の政治で「ニュー・クリスチャン・ライト」として称される運動と、とりわけ共和党の保守勢力と、次第に強い結びつきをもつようになった（Simpson 1985; Woodrum 1988; Kiecolt & Nelson 1991）。フォールウェルは、「政治的影響が大きく、政治的意味をもち、品行方正なアメリカ人たちがすぐにでも立ち向かうべき重大な問題が、五つある。それは、妊娠中絶、同性愛、ポルノ、人間中心主義、家族崩壊である」と指摘した（Kepel 1994）。ニュー・クリスチャン・ライト運動は、具体的な行動を起こすにあたって、まず公立学校に狙いを定め、カリキュラム内容をめぐってロビー活動で立法府の議員に働きかけ、学校での祈祷禁止を撤回させようとしたり、妊娠中絶実施の診療所を交通封鎖する好戦的組織オペレーション・レスキューを支援する行動に打って出た。原理主義的な宗教組織は、米国では手強い勢力で、レーガン政権や両ブッシュ政権のもとで、共和党の政策や弁論に影響を及ぼしてきた。

ジェリー・フォールウェルは、当初、ニューヨークとワシントンに加えられた九・一一テロ攻撃の責任が米国の「罪深い人たち」にあると主張した。フォールウェルは、テレビ生放送のコメントで、「私が思うに、異教徒や妊娠中絶権論者、男女同権論者、例の多数者と異なるオルタナティヴ・ライフスタイルを積極的に試みているゲイやレズビアン、［ともにリベラルな組織である］全米自由人権協会やピープル・フォ・ディ・アメリカン・ウェー、このような人たちがすべてアメリカを世俗化しようとしてきた。私は、この連中を面前で指弾し、『こんなことが起きたのは、お前たちのせいだ』と言いたい」と述べた（CNN, 14 Sep 2001）。後日、フォールウェルは、こうした発言を謝罪したが、「ムハンマドはテロリストだった。イスラム教徒が書いた本も非イスラム教徒が書いた本もたくさん読んで、ムハンマドが暴力的な男、戦争好きな男だったことを確かめた」と述べて、さらに論争を巻き起こした（BBC, 13 Oct 2002）。フォールウェルは再び発言を謝罪したが、遅きに失った。インド西部のソラプールでは、発言に反発したヒンドゥー教徒とイスラム教徒のあいだで宗教対立の暴動が起き、少なくとも八人が死亡した。フォールウェルの発言が世界各地でイスラム教指導者の激しい非難を引き起こしたことは、驚くにあたらない。

ニュー・クリスチャン・ライト運動の著名な伝道師たちは、多くの大学を創設し、原理主義的なキリスト教教義のなかで学校教育を受けて、メディアや学問、政治、芸術で傑出した地位を占めることができる、そうした新しい世代の「対抗エリート」を生みだそうとした。リバティー大学やオーラル・ロバーツ大学、ボブ・ジョーンズ大学は、聖書の無謬性という枠組みのなかで教育をおこない、学位を普通に授与している。キャンパスでは、学生たちの私生活でも、厳格な倫理基準が守られ、セクシュアリティを婚姻だけに向けるよう求められる。

> リバティー大学のキャンパスで過ごした人にとって、キャンパスは誰の目も奪う光景である。寄宿舎は、男女別棟で、強制と自己修養の交錯した厳しい監視がおこなわれている。フレンチキスは禁止されており、未婚学生どうしの性関係は退学処分で罰せられる。（結婚したカップルは町部で居住する。）しかし、頬へのキスは許容されており、カップルは、相手の腰に手を回すことはできないが、手をつないでもかまわない。学生たちは、外部者からこの性に関する自己修練について質問されると、こうした性の自己修練を進んで擁護する。学生たちは、徹底した抑圧が結果として逸脱に、とくに同性愛につながり、したがって、男女の戯れ合いをすべて禁止する同じ原理主義のライバル校では、同性愛が（学生たちの言葉では）蔓延している、と主張する。他方、性的欲望の表現は、大学の建学の精神に反することになる。
> (Kepel 1994)

米国のキリスト教原理主義運動は、全米から支持を集めているが、強い地域的要素も見られる。米国南部は「バイブル・ベルト」――農業上の「牧畜地帯」や「トウモロコシ生産地帯」、「綿花生産地帯」より南に位置する地域――として知られている。米国の最も有名で最も影響力のある伝道者の多くが、ヴァージニアやオクラホマ、ノースカロライナといった南部や中西部の州を地盤としている。米国で最も影響力のある原理主義集団は、南部バプティスト協議会、神の集会、セヴンスデー・アドヴェンティストである。

おわりに

相互理解や対話が切実に必要とされるグローバル化の時代に、宗教的原理主義は、破壊的な勢力になるかもしれない。原理主義は、暴力の可能性で縁取られている――イスラム教原理主義やキリスト教原理主義の場合、宗教的信念への忠実さが暴力を鼓舞する例は、決して珍しくない。レバノンやインドネシアなどの国々では、イスラム教徒とキリスト教徒のあいだで、過去数年間にわたって激しい衝突が数多く生じてきた。しかしながら、ますますコスモポリタンの世界になる過程で、伝統や信仰を著しく異にする人たちは、かつてないほど互いに接触しだしている。何の疑いもなく容認されてきた伝統的理念の衰退にともない、私たちは、誰もがもっと心を開き、再帰的に生きなければならない――議論と対話は、信念を異にする人たちのあいだで不可欠になる。議論と対話は、暴力を抑制し、暴力と絶縁できる最重要な手段である。

まとめ

1　宗教は、宗教上の教義や実践が文化によって異なるとはいえ、既知のすべての社会に存在する。どの宗教も、畏敬の念を生み、信者集団が実践する儀礼と結びついた一群の象徴をともなう。

2 宗教にたいする社会学の取り組みは、マルクス、デュルケム、ウェーバーという三人の「古典期」の社会学者たちの思想から最も強い影響を受けてきた。三人とも、宗教が根本的な意味合いで幻想である、と考えていた。宗教が創り出す「もう一つの」世界は、宗教的象徴性というレンズによって歪曲された私たちの世界である、と三人は確信していた。とはいえ、社会における宗教の役割について、三人は極めて異なる見方をしていた。

・マルクスにとって、宗教は、強いイデオロギー的要素を内包し、社会に見いだされる富や権力の不平等を正当化している。

・デュルケムにとって、宗教は、宗教が凝集的機能として働くゆえに、とりわけ、人びとが共通の信条や価値観を確認するために定期的に必ず会合ができるという点で、重要だった。

・ウェーバーにとって、宗教は、宗教が、社会変動において、とくに西欧資本主義の発達で重要な役割を演じているがゆえに重要だった。

3 トーテミズムとアニミズムは、規模の小さな文化に一般的に見いだされる宗教類型である。トーテミズムでは、動物や植物を、超自然的な力を備えたものとして認識する。アニミズムとは、人間と同じ世界に棲み、ときとして人間にとり憑く精霊や霊魂への信仰をいう。

4 世界史上最も有力な一神教（ひとつの神しか存在しない宗教）に、ユダヤ教とキリスト教、イスラム教の三つがある。多神教（数個ないし多数の神にたいする信仰）は、他の多くの宗教に一般的に見いだされる。一部の宗教では、儒教のように、神や超自然的存在がいない。

5 教会は、大規模な、その存在が公に認められた宗教団体で、通常、官僚制的構造と聖職者ヒエラルキーを備えている。セクトは、教会よりも規模が小さく、その存在があまり公に認められていない信者集団で、通例、既成の教会を覚醒するために設立される。かりにセクトがある程度の期間存続し、制度化された場合、そのセクトは教派と称される。カルトは、セクトと類似するが、セクトほど組織化されていない。むしろ、カルトは、同じ実践にしたがう、緩やかな結びつきの集団である。

6 世俗化とは、宗教のもつ影響力の衰退をいう。世俗化の度合の測定は、宗教組織の成員性のレヴェル、宗教組織の社会的地位、人びとの個人的な宗教性といった、次元が異なる変化をいくつかともなうため、複雑である。宗教の影響力は明らかに衰退しているが、宗教は、決して消滅の瀬戸際にあるのではない。宗教は、現代の世界においても、人びとを分裂させるだけでなく、同時にまた引きつづき結びつけている。

7 教会への常時出席率は、英国をはじめヨーロッパのほとんどの国で低い。対照的に、米国では、人びとは、英国などよりももっと高い割合で教会に常時出席している。英国やヨーロッパ、米国では、教会に常時出席する人よりもはるかに多くの人が、自分たちは神を信ずると回答している。

8 伝統的な教会はこの数十年間に会員数の減少を経験してきたとはいえ、多くの新宗教運動が、主流派の宗教に並存するかたちで出現している。新宗教運動には、さまざまな種類の宗教集団や霊的集団、カルトやセクトが含まれる。新宗教運動は、自助グループと類似した現世肯定の運動、外部世界から離脱して外部世界に批判的な現世拒否の運動、現世的な関心よりも内面的な宗教生活を重視する現世順応の運動に、おおまかに分類できる。

9　原理主義は、世界中のさまざまな宗教で一部の信者のあいだに一般的に見られるようになった。「原理主義者」とは、この人たちが、自分たちの宗教教義の根本原理に立ち戻ることを信条にするために、そう名づけられている。イスラム教原理主義は、イランで宗教に鼓吹された政府が樹立された一九七九年のイラン革命以降、中東の多くの国々に影響を及ぼしてきた。米国のキリスト教原理主義は、米国社会における世俗的価値観や明白な道徳的危機にたいする反発である。原理主義のキリスト教徒は、信仰のない人たちを発心させようとする際に、「電子教会」——信者を集めるためにテレビやラジオ、新たなテクノロジーを活用すること——を開拓してきた。

考察を深めるための問い

1　現代の世界で、奇跡は起こり得るのだろうか。

2　宗教は、政治的ないし道徳的信念体系とどのように区別できるのだろうか。

3　宗教は、男性たちと比べた場合、女性たちにとって何か違う経験を意味するのだろうか。

4　宗教は、どのようなかたちで、社会の安定化勢力だけでなく変動勢力にもなり得るのか。

5　英国や米国の宗教性を「入会なき信仰」と特徴づけることは、どの程度まで妥当だろうか。

6　現代の世界では、何が新宗教運動の増加をもたらすのだろうか。

読書案内

Alan Aldridge: *Religion in the Contemporary World: A Sociological Introduction* (Polity, 2000)

Eileen Barker & Margit Warburg (eds): *New Religions and New Religiosity* (Aarhus Univ Pr, 1998)

Grace Davie: *Religion in Modern Europe: A Memory Mutates* (Oxford Univ Pr, 2000)

Malcolm Hamilton: *The Sociology of Religion: Theoretical and Comparative Perspectives* (Routledge, 2001)

Stephen J. Hunt: *Religion in Western Society* (Palgrave, 2002)

Hugh McLeod: *Religion and the People of Western Europe, 1789–1989* (Oxford Univ Pr, 1997)

Phillip Sutton & Stephen Vertigans: *Resurgent Islam: A Sociological Approach* (Polity, 2005)

David Westerlund (ed.): *Questioning the Secular State: The Worldwide Resurgence of Religion in Politics* (C. Hurst, 1996)

インターネット・リンク

Academic Info Religion Gateway
http://www.academicinfo.net/religindex.html
American Religion Data Archive
http://www.thearda.com/
Journal for Cultural and Religious Theory (online)
http://www.jcrt.org
BBC Religion Pages
http://www.bbc.co.uk/religion
Religious Tolerance
http://www.religioustolerance.org

15

メディア

二〇〇一年九月一一日、旅客機三便をハイジャックしたテロリストたちは、その飛行機を使ってワシントンとニューヨークの目標建物を襲った。テロ攻撃は、最初に一機目がニューヨークの世界貿易センタービルの北棟に突入した約二〇分後に、二機目がツインタワーのもう一方の南棟に激突するというタイミングであったため、全世界中で二〇億人の視聴者がこの事件をテレビでリアルタイムに見守ったと推計されている。約一四〇年前の一八六五年に、ワシントンの劇場で時の米国大統領エイブラハム・リンカーンを俳優のジョン・ウィルクス・ブースが暗殺した。米国からの知らせを運ぶ船がアイルランド南岸沖で小型船に出会い、ニュースは、アイルランド南部のコークからロンドンに電信で報じられた。このニュースがロンドンに届くのに、一二日を要した。このニュースは、のほうが最後まで船で運ぶよりも三日ほど速かったからである。(大陸間の長波無線伝送は二〇世紀初めに可能になったが、大西洋を横断して瞬時に電信を送達できる専用の海底電線の開設は、一九五〇年代まで待たなければならなかった。)

二一世紀に、コミュニケーション技術は、情報を、世界中のほぼどこにいても瞬時に、また膨大な数の人びとが同時に、共有できるまでに発達している。**コミュニケーション**——言葉というかたちであれ、現代のマスメディアを通じてであれ、個人なり集団から別の個人なり集団に情報を伝えること——は、どの社会にとっても極めて重要である。初期のメディア理論の有力な研究者のひとりに、カナダのマーシャル・マクルーハンがいる。マクルーハンによれば、「メディアはメッセージである」。いいかえれば、社会は、メディアが伝える内容、つまり、メッセージよりも、むしろメディアの種類によって影響を受ける。たとえば、衛星テレビが重要な役割を演ずる社会と、大洋航路の船が運ぶ印字された言葉に頼る社会は、明らかにメディアの面でまったく異なる。ニュースを地球の反対側に瞬時に中継するテレビが重要な役割を演ずる社会と、たとえば馬や船や電信線に頼る社会とでは、日常生活が異なったかたちで経験される。マクルーハンによれば、電子メディアは——世界中の人びとが、重要な出来事が明るみにされるのを目の当たりにし、したがって一緒にその出来事に参加する——**グローバル・ヴィレッジ**を創出しだしている。世界中の数十億の人びとにとって、ニューヨークとワシントンへのテロ攻撃を画策した黒幕オサマ・ビン・ラディンの姿は、隣家の住民よりも即座に見分けがつくほどである。

私たちは、人びとが別々の場所から同じ出来事を経験する、そうした相互に結びついた世界を生きている。グローバル化とインターネットの威力のおかげで、人びとは、カラカスにいてもカイロにいても、同じポピュラー音楽やニュース、映画、テレビ番組に接することが可能である。二四時間放送のニュースチャンネルは、出来事の発生と同時にそのニュースを伝え、明らかにされだした出来事を世界の他の人たちが目にできるように報道する。ハリウッドや香港で製作された映画は世界中の観客に届けられ、またデヴィッド・ベッカムやタイガー・ウッズなどの有名人は、世界中でよく知られた名前になっている。

過去数十年以上にわたって、私たちは、情報の生産や流通、消費がひとつに収束する過程を目撃してきた。かつてはそれぞれ比較的独立した領域だった印刷物やテレビ、映画といったコミュニケーション様式は、今日、驚くほど相互に連関している。コミュニケーション形態どうしの区分は、もはやかつてのように顕著ではない。つまり、テレビとラジオ、新聞、電話は、テクノロジーの進歩とインターネットの急速な普及によって猛烈な変容を遂げている。新聞は、引きつづき私たちの生活の中心をなすが、運営や供給の仕方は変わりだしている。新聞をネットで読むことができるし、携帯電話の利用は急激に増加し、デジタルテレビや衛星放送は、視聴者に以前には想像もできなかったほど多様な選択肢をもたらしている。とはいえ、こうしたコミュニケーション革命の中核に位置するのは、間違いなくインターネットである。インターネットは、音声認識やブロードバンド伝送、ウェブ配信、ケーブル接合といったテクノロジーの拡充によって、伝統的メディア形態を脅かして、メディアに接する人びとにとって、情報の配送やエンターテイメント、広告、商取り引きの導体になりだしている。

この章では、グローバル化の一端としてマスメディアやコミュニケーション様式に影響を及ぼす変容について考察する。**マスメディア**には、テレビや新聞、映画、雑誌、ラジオ、広告、テレビゲーム、CDをはじめ、さまざまな形態が含まれる。これらは、多量の人びと《マス》――膨大な数のオーディエンス――に送達されるため、「マス」メディアと称されている。

マスメディアの考察を、マスメディアのいくつかの形態についで検討することからはじめたい。新聞や映画、ラジオ、テレビのような古くからの伝統的メディア形態を論じた後に、インターネットのような新しいメディア形態の近年の発達について論及する。つぎに、メディアに関する主要な理論的視座をいくつか分析したい。その後、バイアスやメディアの影響、視聴者といった、マスメディアと社会をめぐる論点をいくつか検討する。終わりに、グローバル時代におけるマスメディアの発達について検討する。

伝統的メディアと新たなメディア

マス媒体《メディア》の重要な先駆となったもののひとつは、一五世紀半頃の印刷機の発明で、印刷機によって、高速での文書複製が初めて可能になった。しかしながら、技術的進歩は、マスメディアの発達で不可欠な役割を演じたとはいえ、社会的、文化的、経済的要因の影響作用についても考慮する必要がある。マスメディアは、出版の自由が比較的認められており、出版の自由を十分利用できるほど教養があり、裕福な人びとがいる社会でのみ発達が可能であった。過去数年間に、インターネットのような新たなテクノロジーは、マスメディアに大変革を引き起こすと同時に、もっと広い社会にも大変革を引き起こした。次の節で、新たなメディア形態の発達について検討する。まずはじめに、新聞や映画、ラジオ、テレビについて手短に見ることで、英国におけるマスメディアの隆盛を検討したい。

伝統的メディア

新聞　一九世紀の英国における新聞の発達は、政治的、社会的に不安な時代に生じた。政府は、政治的扇動を防ぐために、誹謗中傷や暴動教唆を厳しく取り締まる法律を制定することで、台頭しだした新聞産業に統制力を行使した。同時にまた、富裕層しか新聞を購読できないようにするため、印紙税を課した。印紙税は、違法で安価なパンフレットが登場して、新たに生まれた工業労働者階級のあいだに急進的な意見を流布させるという、意図しない帰結をもたらした。たとえばウィリアム・コベットが出した週刊「反政府主義者」のように、こうしたパンフレットの最大のものは、公認の「印紙が貼られた」新聞の何倍も売れた（Hall 1982）。

印紙税――反対者が「知識に課せられる税」と非難した――は、何度も切り下げられたあと、最終的に一八五五年に廃止された。多くの論者は、印紙税の廃止を、「役人による支配から人びとによる支配への移行」を示す、英国ジャーナリズムの黄金期として是認した（Koss 1973）。ジェームズ・カランとジャン・シートンは、英国の新聞の歴史を描いた『責任なき権力』で、こうした見方に異議を唱える見解を示している（Curran & Seaton 2003）。カランとシートンは、印紙税の廃止を、急進的な新聞の人気を損ない、もっと「お上品な」新聞の売上げを押し上げる企てであった、とみなしている。カランとシートンにとって、印紙税の廃止は、出版の自由の新たな時代ではなく、政府に代わって市場勢力が抑圧とイデオロギー統制をおこなう時代を導いた。（メディア支配の問題は、六一五～六一九頁で論ずる。）

新聞は、近現代のメディア史で根本的に重要な進展であった。なぜなら、新聞は、限られた、また容易に複製できる版型のなかに、多種多様な情報をひとまとめにして提供したからである。新聞は、最近の出来事やエンターテイメント、消費財に関する情報を、ひとまとめにして収録している。安価な日刊紙は、米国で先鞭がつけられた。

一セントで買える日刊紙は、もともとニューヨークで生まれ、やがて東部の他の主要都市で模倣された。一九〇〇年代初めまでに、米国のほとんどの州で、市域新聞や地方新聞が発行されるようになった。国土が狭いヨーロッパの国々と対照的に、米国では、全国紙が発達しなかった。安価な新聞印刷方法の発明は、一九世紀末以降の新聞の大々的な普及に不可欠であった。

カランとシートンは、この時期に、広告から得る収入が新聞の値段の大幅な引き下げを可能にし、すべての人が新聞を購読できるようになった、と述べている。ふたりはまた、広告が急進的な新聞を徐々に衰退させたと指摘する。なぜなら、広告主は、政治的に共感する新聞に広告を出したり、広告する商品を買う余裕もない読者層で発行部数が高い急進的な新聞よりも、発行部数は少ないが富裕な購読者層をもつ新聞を選ぶ傾向が強かったからである（Curran & Seaton 2003）。

英国では二〇世紀初頭までに、「デイリーメール」や「デイリーエキスプレス」、「ミラー」、「ニュース・オヴ・ザ・ワールド」といった新たな種類の全国紙が登場し、主として労働者階級の読者層に、ニュースと娯楽、愛国心を取り混ぜた紙面を売っていった。「タイムズ」や「デイリーテレグラフ」は、もっと裕福な読者層に、もっと真面目なニュース分析を提供していった。この段階までに、大半のニュースメディアの所有権は、一握りの富裕な起業家のもとに集中した。ビーヴァーブルック卿とキャムローズ卿、ケンズリー卿、ロザミア卿が、一九三〇年代までに全国日刊紙と地方日刊紙の五割と、日曜紙の三割を所有していた。この「新聞王」として知られるようになった人たちは、みずからの政治的主張や野心を売り込むために全国紙の所有権を利用した、と評者は指摘する（Curran & Seaton 2003）。（メディア所有権の問題は、五九八～五九九頁で論じている。）

　半世紀以上ものあいだ、新聞は、多数の公衆に情報を迅速かつ広範囲に伝達する主要な手段であった。新聞の影響力は、ラジオや映画——もっと重要になるが——テレビ、さらにインターネットの出現で衰微している。新聞購読者の数字は、英国で日刊の全国紙を読む人の割合が一九八〇年初めから下降したことを示している。男性では、日刊紙購読者の割合が、一九八一年の七六％から一九九八年度には六〇％へ減少した。男性より購読の割合が多少低い女性でも、同じような減少が——六八％から五一％——生じている（HMSO 2000）。

　オンライン・コミュニケーションは、おそらく新聞の発行部数をさらに浸食する。今日、ニュース情報は、オンラインで即時に入手が可能であり、一日中つねに更新されている。また、多くの新聞にアクセスして、オンラインで記事を無料で読むことも可能である。

映画　有料の観客を相手にした最初の映画は、一八九五年のパリで上映されたリュミエール兄弟の作品「シオタ駅への列車の到着」である。接近してくる蒸気機関車がゆっくりとスクリーン一杯に広がると、観客たちは席を蹴って逃げ出した。英国で活字メディアは何十年もかかって発達したが、映画や映画館はもっと早く普及した。英国初の映画館は一八九六年に開業し、一九一四年にはロンドンだけでも五〇〇軒以上の映画館があった。映画館の入場券はどの階級も買う余裕がある値段であった。一九二〇年代末に労働時間が短縮し、また失業率が上昇した結果、映画を見に来る人たちはすぐに多量の観客層《マス・オーディエンス》を形成していった。観客需要の高まりによって、ほどなく映画館は、毎週、目玉映画とB級映画から成る二本の新作映画を上映するようになった。新作映画への需要は、撮影所に、窮屈なスケジュールに合わせて、質を無視して作品を大量に製作するように仕向けた。これらの映画は、お定まりの内容で、しかも高度に専門化され、分業態勢が徹底した官僚制組織によって創り出されていた。

　官僚制については、第一六章「組織とネットワーク」、六二八頁～六四六頁で詳しく論じている。

　映画産業の商業化が進展するにつれて、「スター・システム」が出現し、撮影所は、メアリー・ピックフォードやルドルフ・ヴァレンチノのような女優や俳優の私生活への観客の興味関心を助長した。こうしたスターの映画出演は、確実に大当たりしたからである。

　一九二五年までに、英国で上映された映画の九五％は、米国製作になった。次第に映画館は、作品の配給権をもつ米国の撮影所に支配されるようになる。撮影所は、映画館に先物の映画を大量買い入れするのを強いて、競争相手を事実上締め出すことができた。活字メディアの場合と同じように、所有権は少数の大企業に集中していった。米国の映画製作は、文化帝国主義とマスメディアに関して問題を提起している。この問題については後で立ち返る（六二九頁〜六三一頁）。

ラジオとテレビ

私たちは、映画館とは異なるかたちでラジオやテレビとつき合っている。ラジオやテレビは、映画館にできないかたちで、家庭に入り込んでいる。このラジオとテレビというメディアは、映画と違って集中力を必要としない。とりわけ、ラジオの聴取は、聴き手の日常生活では他のさまざまな活動と組み合わさっている――ほとんどの場合、ラジオは、毎朝その一日の支度儀礼の一端として聴かれている。テレビとラジオはまた、映画にない即時性を備えている。二〇〇一年九月に米国で起きたテロ攻撃のときがそうであったように、事件が生じたときに、世界のほぼどこからでも、その事件を大量の聴取者に伝えることができる。

英国の場合、ラジオは、すぐに公的独占事業体の管理下に置かれた。それは、一九二六年に英国放送協会（ＢＢＣ）となった事業体である。英国では、ラジオはテレビ放送の運営モデルとなり、引きつづきＢＢＣは、すべてのテレビ受像器所有世帯に負わされた受信料を運営資金にする、公共団体である。長いあいだ、ＢＢＣは、ラジオ番組とテレビ番組の両方の放送免許をもつ唯一の組織であった。こうした規制策は、一九五〇年代に――受信料ではなく、収入源を広告に依存する――商業テレビと、その後に数多くの商業ラジオ局が導入されたことで、緩和された。

ＢＢＣの初代会長ジョン・リース（のちのリース卿）は、厳格な長老派のキリスト教徒で、このＢＢＣという組織に自分の価値観をかたくなに押しつけた。リースにとって、ＢＢＣの目的は「情報を提供し、教育し、楽しませる」ことに――付け加えるならば、この順序で――おこなうことにあった。歴史学者Ａ・Ｊ・Ｐ・テイラーが述べたように、リースは「独占という凶暴な力を、英国民にキリスト教道徳を刻み込む」ために利用した（Curran & Seaton 2003 での引用）。まさにこの時期を通じて、公共放送事業者としてのＢＢＣの示差的な役割が開発されていった。（英国での公共放送事業の将来は、六一二頁以下のコラムで論じている。）

英国におけるテレビ台数と国民がテレビ視聴に費やす時間数は、一九五〇年代以降、劇的に増加した。今日、テレビは他のメディアを支配している。かりに現在のテレビ視聴傾向がこのままつづけば、今日誕生したばかりの平均的な子どもは、一八歳になるまでに、睡眠を除く他のどの活動よりも、テレビ視聴に多くの時間を費やすことになるだろう。今日、ほぼすべての世帯がテレビを所有する。英国では、成人の約八五％が、テレビを毎日観ている（HMSO 2004）。平均して一台のテレビには一日平均で三時間から六時間にスイッチが入ったままになっている。同じことは、西ヨーロッパの国々や米国にも当てはまる。英国では四歳以上の人は、週平均二五時間もテレビを観ている。高齢者は、おそらく学校に通っていないし就寝時刻も遅いために、子どもたちの二倍以上もテレビを観ている。また、社会階級で見ると、下層階級の人たちは、上層階級の人たちに比べ、テレビの視聴時間が長い（図15-1を参照）。

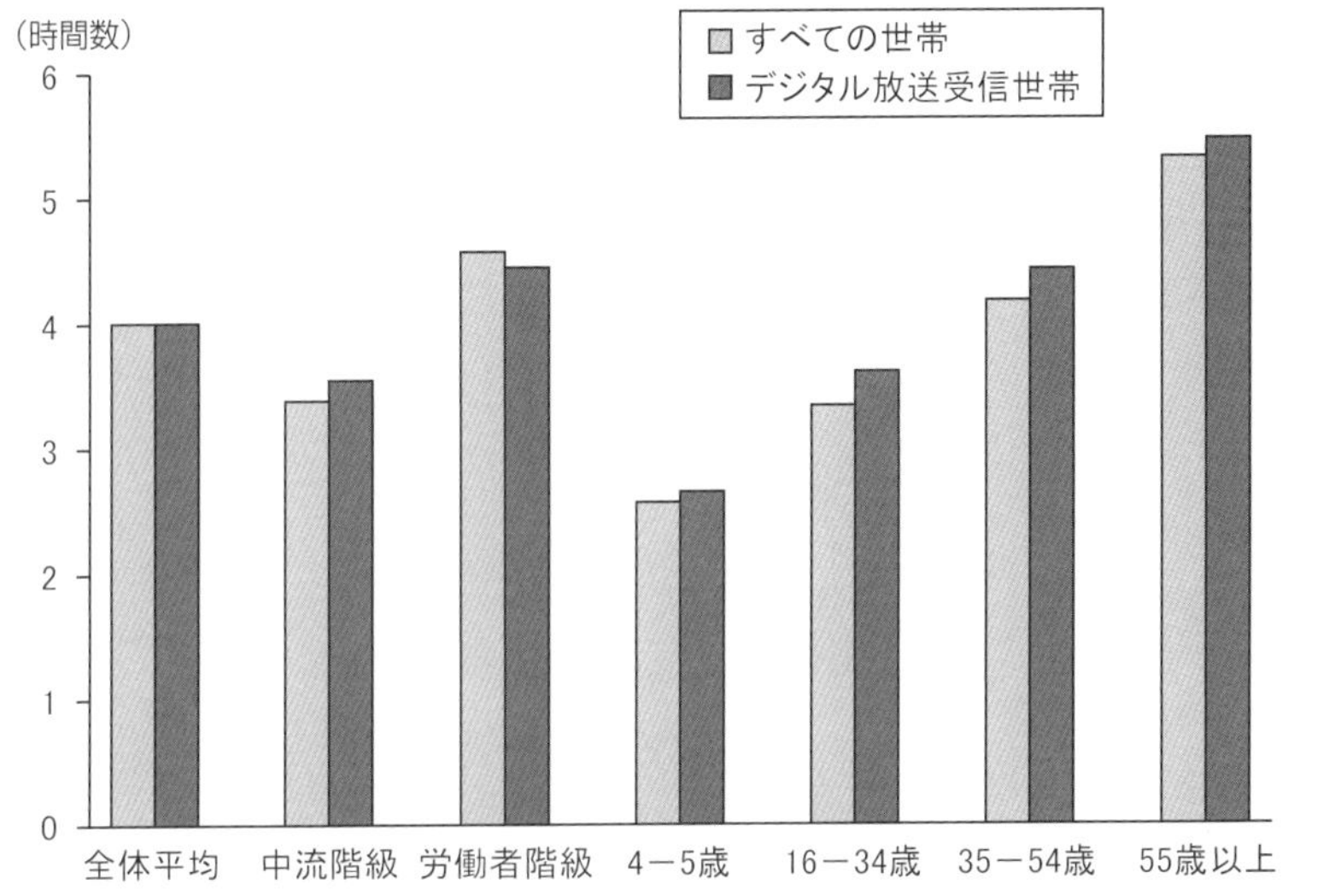

図15-１　年齢別・社会階級別に見た、１世帯当たり１日のテレビ視聴時間数
（2003年１月から３月）
出典：Ofcom（2003）より作成。

テレビと社会生活

メディア理論の一部の研究者は、見たところ毎日の決まりごとのようにおこなわれるテレビ視聴のますますの増加が人びとに及ぼす影響にたいして、極めて懐疑的である。よく知られた論述に、ロバート・パットナムが社会関係資本に関する最近の著作でおこなったものと、ニール・ポストマン（一九三一年～二〇〇三年）が意味あり気な書名の『とことん面白がる――ショウビジネス時代の公共的言説』（Postman 1985）で展開した説明がある。

ポストマンにとって、テレビは、ポストマンの言い方を使えば、「形式が内容を排除する」ために、真面目な問題をエンターテイメントとして提示する。この「形式が内容を排除する」という表現で、ポストマンは、「形式」としてのテレビが、真面目な「内容」をつなぎ止めることが不可能なメディアになっていることを意味しようとした。ポストマンにとって、理性的な議論は、印字された言葉という形式のなかで最もよく進めることができる。印字された言葉は、複雑かつ真面目な内容をつなぎ止めることが可能である。ポストマンは、書字が支配的であった一九世紀を「理性の時代」として回顧する。ポストマンの議論には、「メディアはメッセージである」としたマーシャル・マクルーハンの主張と多少類似する点がある（五八四頁を参照）。しかし、ポストマンは、電子メディアのもたらす恩恵について、マクルーハン以上に懐疑的であった。ポストマンにとって、印刷というメディアは理性的な人たちを創りだすのにたいして、テレビというメディアは、もてなしを受ける人たちを創りだす。テレビが支配する社会では、ニュースも教育も政治もすべてエンターテイメントに変形されていく。したがって、私たちは、ポストマンの書名が指し示すように、「とことん面白がる」以外に何もすることがなくなる。

ポストマンの著作は激しい議論の的となったが、経験的調査でなく、印象にもとづいているとして批判された。こうした批判は、米国の政治学者ロバート・パットナムの研究には向けられていない。

「社会関係資本」の衰退をめぐるパットナムの主張は、第一六章「組織とネットワーク」、六七〇頁〜六七四頁で詳しく検討している。

次章でも見るように、パットナムは、社会関係資本という用語で、有益な社会的ネットワーク、相互義務感と相互信頼感、効果的行動を律する規範にたいする認識、それに、人びとが効果的に行動できるようにするその他の社会資源全般、を指称している。パットナムが『孤独なボウリング』(Putnam 2000) ほかの著作でおこなう説明は、米国での調査にもとづき、パットナムは、米国で過去数十年間に、**社会関係資本**が著しく衰退してきたことを見いだした。パットナムは、その衰退の張本人がテレビであると指摘する (Putnam 1996)。

パットナムは、社会関係資本の度合が頂点に達していた頃である一九五〇年に、米国人はわずか一割しか自宅にテレビを所有していなかった。この数値は、一九五九年までに九割に上昇した。いくつかの研究によれば、今日、平均的米国人は、テレビを毎日約四時間(テレビがつけっ放しになっている時間は含まない)観ていると推計される。米国でのテレビ視聴に関するこの控え目な推計値は、このテレビ視聴というひとつの活動が平均的米国人の自由時間の約四割を奪っていることを意味する。このような米国人の実生活の過ごし方に生じた大規模の変化は、社会関係資本が衰退しだした時期とまさしく符合する、とパットナムは指摘している。

大量なテレビ視聴と社会関係資本の衰退との結びつきは、決して付随的でない、とパットナムは主張する。教育歴や年齢、ジェンダーなどの他の事実を考慮に入れても、テレビ視聴は、社会的信頼や集団の成員資格と強いマイナスの相関関係にある。同じ基準を用いると、新聞購読は、社会的信頼や集団の成員資格とプラスの相関関係にある。

テレビ視聴が社会関係資本を浸食する理由のひとつとしてパットナムが示唆するのは、番組内容が視聴者に及ぼす影響である。たとえば、いくつかの研究は、テレビの長時間視聴者が——具体例を挙げれば、犯罪の発生率を過大評価する結果——通常、他の人びとの善意に懐疑的になることを示唆している。「オゾン層破壊は、その原因であるフロンガスの蔓延が生じてから何年も経った後に露見したのとまったく同じで、米国の社会関係資本の浸食もまた、裏に潜んだ真の原因過程がはじまってから数十年も後になって初めて目立つようになった」と、パットナムは結論づける。パットナムは、一九五〇年代への懐古趣味を戒めるが、いまやテクノロジーが私たちの生活に及ぼす影響作用にたいして厳密に省察する時期である、と主張している。

新たなメディア

マサチューセッツ工科大学メディア研究所の創設者ニコラス・ネグロポンテは、その著書『ビーイング・デジタル』で、近年のコミュニケーション技術でデジタルデータがもたらした根本的に重要な意味を分析している（Negroponte 1995）。画像や動画、音声を含むすべての情報は、「ビット」に変換できる。ビットの値は、0か1である。たとえば、1、2、3、4、5という数列は、デジタルでは1、10、11、100、101……と表示される。デジタル化――と処理速度――は、マルチメディアの発達の原点である。かつては異なる技術を必要とした（映像と音声のような）別々のメディアを、今日では（DVDやパソコン等の）単一媒体上で結合することが可能である。近年、コンピュータの処理速度は一八カ月で倍加している。このことは、今日、インターネットを介して映画を観たり音楽を聴いたりできることを意味する。デジタル化はまた、双方向メディアの発達を実現し、人びとが自分の見聞きするものに積極的に参加し、見聞きした事象を形にすることを可能にしている。ここでは、デジタル化がメディアに及ぼした奥深い大きな影響について検討したい。

デジタルテレビ

二一世紀初めより、テレビの放送技術は、番組の送信方式がアナログからデジタルに切り替わったため、大変革を経験しだしている。アナログテレビは、一九四〇年代以来、画像信号や音声信号をテレビ受像器に伝送するのに用いられてきた「旧来の」放送システムである。アナログテレビは、電波に変換した音声や画像を電波に変換し、その電波が空中に発信され、屋上やテレビの上に設置したアンテナで受信される。

デジタルテレビは、画像や音声をコンピュータが認識する情報に変換することで作動する。デジタル放送は三つの方法で受信される。テレビアンテナとデコーダー（多くの場合、セットトップ・ボックス）を使うか、衛星放送受信アンテナを介するか、ケーブルを介するかである。テレビは、コンピュータのように機能し、受信情報を画像や音声に戻していく。放送事業者やプロヴァイダーは、デジタルテレビが、たんにチャンネル数の増加だけでなく、音質と画質の向上や付加的サーヴィスの提供も意味すると主張している。たとえば、デジタルテレビは、双方向テレビやインターネット、ホームショッピング、ホームバンキングを可能にする。デジタルテレビの登場は、まだ広く普及していないが、パソコンとテレビが融合した単一機器の可能性も生みだした。

英国では、政府は、アナログ周波数でのテレビ送信が中止される予定の二〇一二年までに、すべての視聴者がアナログテレビからデジタルテレビに移行することを要望している。この時点で、すべての送信がデジタル化される。二〇〇四年までに、英国の全世帯の三分の一がすでにデジタルテレビへの切り替えをすませた。

衛星技術やケーブル技術、デジタル技術が進展した結果、英国の視聴者が利用可能なテレビのチャンネル数は増加した。二〇〇三年に、プロヴァイダーのひとつ、スカイは、視聴者が一八七のチャンネルが選択できる月極めのパッケージを売り出した。一九九八年に英国の商業市場にデジタルテレビが導入されたことで、有料テレビに加入する視聴者の割合が大幅に増加した。二〇〇三年には、英国の総世帯の二六％が衛星テレビに、九％がケーブルテレビに加入していた（Ofcom 2003）。

インターネット　これまでは新聞と映画、テレビに焦点を当ててきたが、これだけでメディアについて判断を下すことはできない。メディアの最も根本的な側面のひとつは、情報を伝達、交換するためのインフラストラクチャーそのものと関係している。二〇世紀後半に生じたテクノロジー面のいくつか重要な発展は、**遠距離コミュニケーション**——技術的媒介手段によって、情報や音声、画像を遠くに伝達すること——の様相を一変させた。

たとえば、新たなコミュニケーション技術は、世界の金融システムや株式市場で生じている奥深い変化を背後から支えてきた。通貨は、もはや金塊ではないし、ポケットのなかの現金でもない。通貨は、ますます電子化され、世界中の銀行のコンピュータのなかに保管されている。あなたがたまたまポケットのなかにどれだけ現金をもっているにせよ、金融市場でのトレーダーたちの活動が、その現金の価値を決める。こうした金融市場は、ここ数十年間に創りだされたものに過ぎない。それは、コンピュータと通信衛星技術の結合の産物である。「テクノロジーは、株式取引所を、二四時間無休の途切れないグローバル市場へと急激に変えだした」と指摘されている（Gibbons 1990）。

テクノロジー面の四つの動向が、これらの発達に寄与してきた。ひとつは価格の低下とあいまったコンピュータの処理能力の絶え間ない向上、二つ目はコンピュータと遠距離コミュニケーション技術の統合を可能にしたデータのデジタル化、三つ目は衛星通信の発達、四つ目は、多種多様なメッセージが一本の細いケーブル上を移動するのを可能にした光ファイバー、である。近年のコミュニケーションの爆発的な増加は、減速する気配がまったく見られない。

インターネットの起源　一九九〇年代初めに、未来の鍵を握るのは、一人ひとりがもつパソコンではなく、互いに接続されたコンピュータ群が構築するグローバルなシステム——**インターネット**——であることが次第に明確になりだした。当時、多くのコンピュータ利用者はこのことをはっきり実感していなかったかもしれないが、パソコンは、どこかよそで生起する出来事——世界中に拡がるネットワーク、つまり、特定の個人や企業の所有物ではないネットワークの上で生起する出来事——へのアクセスポイント同然の存在に急速になっていった。

インターネットが国際的な積極行動主義の発達に及ぼす潜在的可能性は、第二〇章「政治、統治、テロリズム」、八五四〜八五六頁で究明している。

インターネットは、一九八九年に終結した冷戦時代に生まれた。「ネット」は、米国の国防総省ペンタゴンで使用されていたシステムのなかから、一九六九年以降に発達した。このシステムは、当初、ペンタゴンの高等研究プロジェクト機関（Pentagon's Advanced Research Projecta Agency）の頭文字にちなんでARPAネットと名づけられた。その目的は限られていた。ARPAネットは、軍需契約を結んで研究する全米各地の科学者がデータを共同で管理し、高価な実験設備を共同で利用するためのものであった。ネットワークの創始者たちは、後からの思い付きに近かったが、メッセージを送信する方法も同時に考案した――電子的に送受信されるメール、つまり、「電子メール」は、このようにして誕生した。

一九八〇年代初めまで、ペンタゴンのインターネットは、五〇〇台のコンピュータで構築され、すべてが軍事関連の研究所や大学のコンピュータ学科に設置されていた。その後、大学の他の研究者たちも、こうしたシステムの有用性を理解し、このシステムを自分たちの目的のために使いだした。インターネットは、一九八七年までに、多くのさまざまな大学や研究所に二万八〇〇〇台のホストコンピュータを設置するまでに拡大した。

当初は電話回線だったが、その後、ブロードバンドで回線を提供する商用インターネット接続サーヴィスの普及は、ネットワーク機能を備えた世帯の割合の増加を焚きつけた。当初は主に米国にいる人たちだけだったが、後に世界中の驚くほど多様な人たちが、オンラインサーヴィスや電子掲示板、チャットルーム、ソフトウェア・ライブラリーをネット上に開設した。企業もまた割り込んだ。一九九四年に、企業は、大学を追い抜いてネットワークの最有力な利用者になった。

最もよく知られたインターネット利用は、ワールドワイドウェブ（WWW）である。事実、WWWは、まるで巣のなかのカッコーのように、軒を借りて母屋を乗っ取ろうとしている。ウェブとは、要するに地球規模のマルチメディア・ライブラリーである。WWWは、一九九〇年にスイスの物理学研究所のソフトウェア開発者によって考案された。また、ウェブを世界中に普及させるソフトウェアを書いたのは、イリノイ大学の学部学生である。利用者は、インターネット・ブラウザー――利用者が、情報を検索し、特定のサイトやホームページのありかを突き止め、あとで参照するためにページに印をつけることのできるソフトウェア――の助けを借りてウェブを巡回する。ウェブからは、政府の政策資料からウィルス対策ソフト、さらにコンピュータゲームまで、さまざまな種類の文書やプログラムをダウンロードすることが可能である。ウェブサイトは、さらに精巧になり、五感を満たすまでになっている。多くのウェブサイトは、手の込んだ画像や写真を掲載し、動画や音声ファイルも組み込んでいる。ウェブはまた、「eコマース」――オンラインでおこなわれる商取り引き――の主要なインターフェースとしても機能する。

家庭用パソコンの普及にともない、英国では近年インターネットへのアクセスが相当増加してきた。自宅からネットに接続できる世帯は、一九九八年の第二四半期の時点で英国全体で九％（二二〇万世帯）に過ぎなかったのに、二〇〇四年の第二四半期には、五二％（一二八〇万世帯）になった（図15-2を参照）。

英国では、国家統計局の調査によれば、過去三カ月間にインターネットを使った成人の最も一般的な利用目的は、電子メール（八五％）と、商品情報ないしサーヴィス情報の検索（八二％）だった。最も頻繁にアクセスする場所は、自宅（八二％）で、次ぎが職場（四二％）だった。二〇〇四年六月の時点で、インターネットにアクセスした経験のない成人は三七％だった（HMSO 2004）。

世界中でどのくらい多くの人が実際にインターネットに接続し

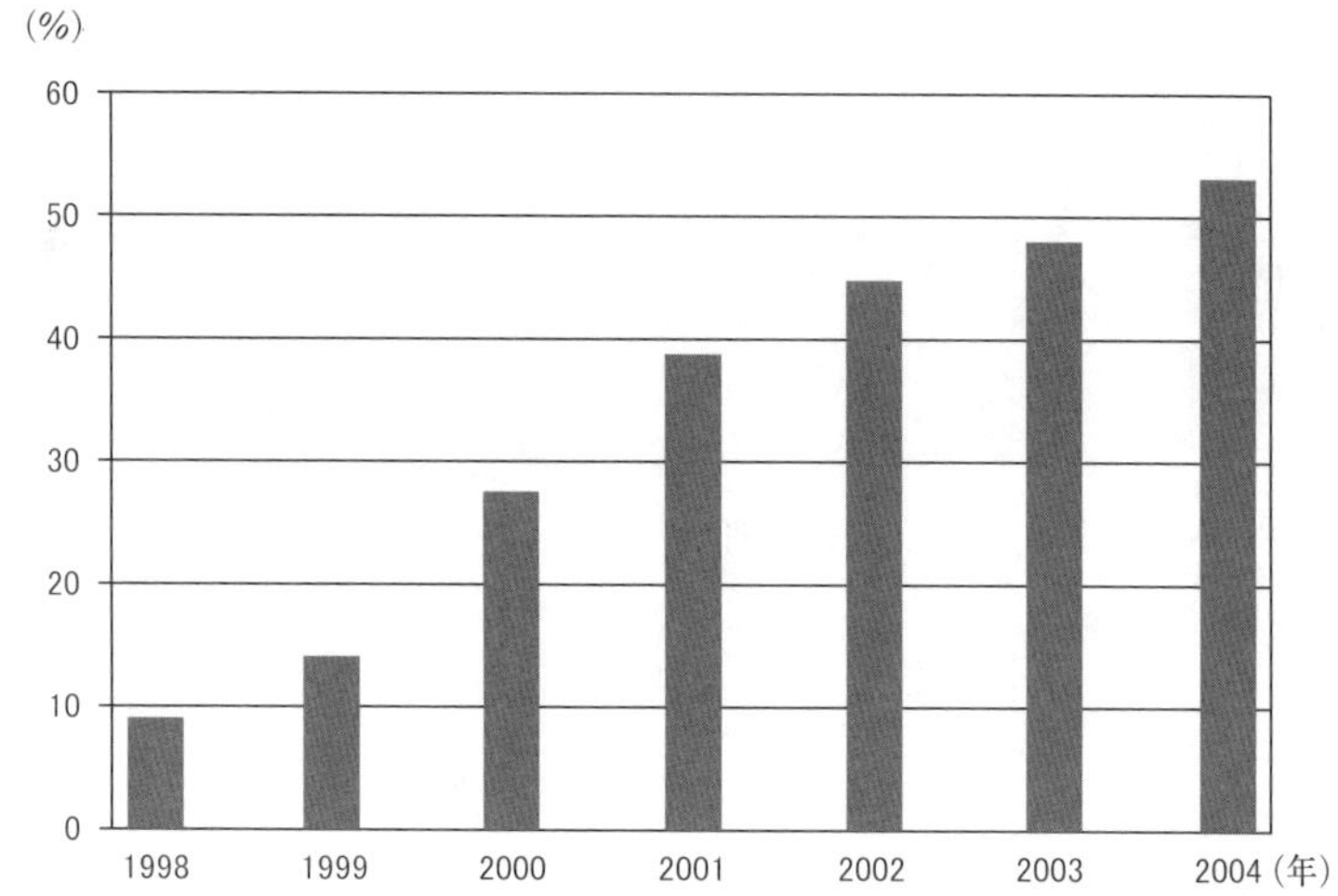

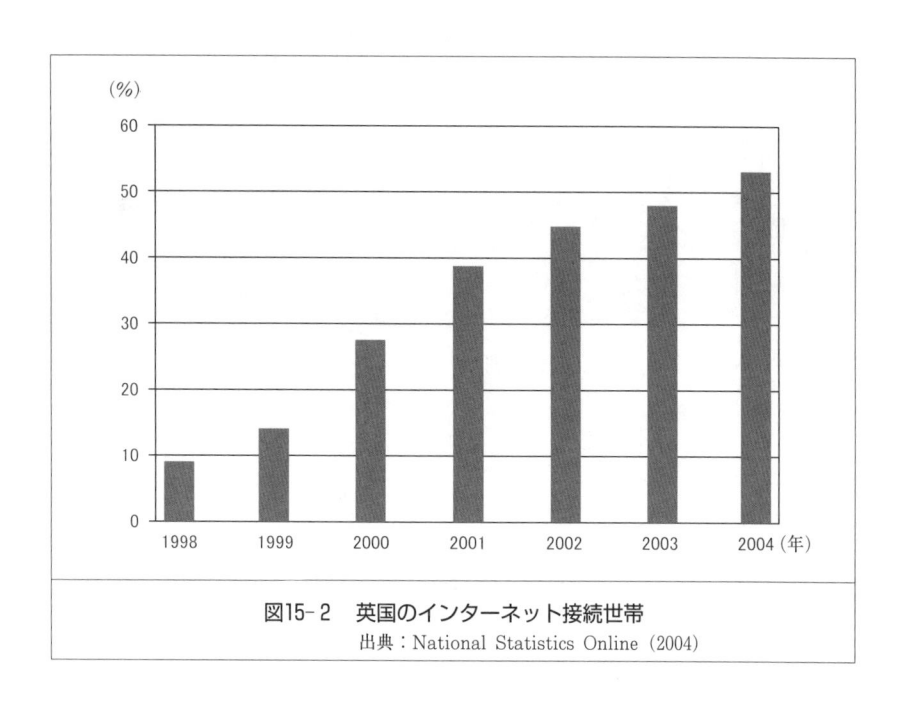

図15-2　英国のインターネット接続世帯
出典：National Statistics Online (2004)

ているのかは不明である。しかし、国連は、二一世紀初頭に世界人口の一割がインターネットの利用者になっている――しかも、その数は急速に増大している――と推計する。しかしながら、インターネットの利用機会は、明らかに不均等である（表15-1を参照）。二〇〇二年で、西ヨーロッパや北米のように富裕国の住民の四五％は、インターネット利用者に分類されるが、アフリカの大半の国が含まれる低所得国の住民の場合、利用者はたった一・三％しかいない。

インターネットの強い影響力　啞然とするほど技術革新の激しい世界では、将来に何が待ち受けているのかについて誰も確信をもてない。多くの論者は、インターネットを、二〇世紀末に出現した新たなグローバル秩序を例証するものとみなしている。インターネット上のやり取りは、サイバースペースのなかでおこなわれる。**サイバースペース**とは、インターネットを構成する地球規模のコンピュータ・ネットワークが形づくる相互行為の空間を意味する。サイバースペースでは、私たちは、もはや「人間」ではなく、互いのディスプレイ上に示されたメッセージである。インターネットは、相手が誰なのか、男性なのか女性なのかについて、確実なことがらは何も提示しない。インターネットを題材にした有名な風刺マンガがある。このマンガでは、コンピュータの前に座る一匹の犬が描かれいる。マンガのキャプションは、「インターネットの優れている点は、君が犬だってことを誰も知らないことさ」であった。

地球の隅々へのインターネットの普及拡大は、社会学者に重要な問題を提起してきた。インターネットは――グローバルなこと

表15-1　世界のインターネット利用者（人口1,000人当たり、2002年）

開発途上国全体	40.9
最も低開発の国々	2.8
アラブ諸国	28.0
東アジア・太平洋沿岸諸国	60.9
南アジア	81.2
南アメリカ・カリブ海	14.9
サハラ以南のアフリカ	9.6
中部および東ヨーロッパ・独立国家共同体	71.8
OECD 加盟国	383.1
高所得の加盟国	450.5
国連の人間開発指数が高い国々	382.6
〃　中位の国々	37.3
〃　低い国々	5.9
所得が高い国々	445.8
〃　中位の国々	59.5
〃　低い国々	13.0
世界全体	99.4

出典: UNDP（2004）

がらとローカルなことがらの境界を曖昧にし、コミュニケーションや相互行為に新たな回路を提供し、ますます多くの日常的業務をオンラインで遂行できるようにして――毎日の生活の様相を変えだしている。しかしながら、インターネットは、社会的世界を探究する上で興味をそそる新たな機会をもたらすと同時に、人びとの関係性やコミュニティを侵食する恐れがある。「情報化時代」はいまだ初期段階にあるとはいえ、多くの社会学者は、インターネットが後期近現代の社会にもたらす複雑な含意についてすでに論議している。

インターネットが社会的相互行為に及ぼす影響作用をめぐる見解は、大雑把に二つの範疇に分類できる。一方で、オンラインの世界は、現在おこなわれている対面的相互行為を増進ないし補完する新たな形態の関係性をコンピュータ上に育む、とみなす研究者がいる。人びとは、旅行や仕事で海外にいるあいだも、インターネットを利用して、本国の友人や近親者と定期的に意思疎通ができる。距離の隔たりや離れ離れの状態は、もっと忍耐できるものになる。インターネットはまた、新たな種類の関係性の形成を可能にする。たとえば、「匿名の」ネット利用者たちは、「チャットルーム」で出会い、互いに興味をもつ話題について議論することが可能である。こうしたサイバースペースでの接触は、時として電子回路上の成熟した交友関係に発展したり、じかに顔を合わせる出会いが結果的に生まれる場合さえある。インターネットの多くの利用者は、物理的世界のなかで自分たちが居住するコミュニティとは質的に異なる、ネット上の活気に満ちたコミュニティの一端を担うことになる。インターネットが人びとの相互行為にプラスの意味をもたらすと見る研究者たちは、インターネットが、人びとの社会的ネットワークを拡大し、豊かにする、と主張する。

他方、必ずしも誰もがこうした熱狂的歓迎の態度をとるわけではない。人びとが、オンラインのコミュニケーションや、サイバースペースでの日常業務の遂行にますます多くの時間を費やすようになれば、現実の物理的世界で相互行為するために費やす時間はますます短くなるかもしれない。一部の社会学者は、インターネット技術の普及が、結果として社会的孤立や社会的分子化の増大につながることを懸念している。家庭でのインターネット接続の拡大がもたらす影響のひとつは、人びとが家族や友人と「質の高い、充実した時間」をますます過ごさなくなっていることである、とこうした社会学者たちは主張する。インターネットは、職場と家庭の境界線が不明瞭になるにつれて、家庭生活を侵略しだしている。たとえば、多くの従業員は——電子メールをチェックしたり、日中完了できなかった仕事を持ち帰って——就業時間後も家庭で仕事をつづける。人と人の接触は減り、対人関係が損害を被り、観劇や読書といった伝統的な娯楽は脇に追いやられ、社会生活の基盤が弱体化する。

インターネットはまた、個人のアイデンティティに関して挑発的な問題を提起し、新たなコミュニティ形態と、新たな民主的参加の可能性を創りだしている。これらの問題は、第五章「社会的相互行為と日常生活」、一七二頁〜一七四頁で論じている。

これらの対照的な見解を、私たちはどのように評価すべきだろうか。この論争では、どちらの言い分にもほぼ間違いなく真理がある。インターネットは、確かに私たちの視野を拡げ、他者との接触の機会を前例のないかたちで提供する。しかし、インターネットが普及拡大する猛烈なペースは、同時にまた人びとの伝統的な相互行為形態に難題と脅威をもたらしている。インターネットは、社会を徹底的に変容させ、人びとが自宅からほとんど外出しようとせず、コミュニケーション能力を失ってしまうような、断片化された非人格的な生活領域へと変えるのだろうか。そうはならないように思える。非常に似た懸念は、五〇年くらい前にテレビがメディアの場に突然出現した際にも表明された。デヴィッド・リースマンたちは、一九五〇年代の米国社会について有力な社会学的分析をおこなった著作『孤独な群衆』で、テレビが家族生活や地域生活に及ぼす影響を問題にした (Riesman et al. 1961)。リースマンがいだいた懸念の一部は当を得たが、同時にまたテレビとマスメディアは、多くの点で社会的世界を豊かにしてきた。

インターネットは、先例となるテレビと同じように、希望と懸念をともに引き起こした。私たちは、サイバースペースのなかで自分のアイデンティティを失っていくのだろうか。私たちがコンピュータ化されたテクノロジーを支配するよりも、コンピュータ化されたテクノロジーが私たちを支配することになるのだろうか。人類は、反社会的なオンライン世界へと退却していくのだろうか。幸いなことに、これらの疑問にたいする答えは、それぞれほぼ間違いなく「否」である。さきに第五章で「接近強迫観念」について論じた際に（一七七頁）見たように、人びとは、かりに普段通りに集まることができれば、テレビ会議を利用しない。企業の幹部は、以前に比べてはるかに多くの電子コミュニケーション形態を手にしている。しかし、同時にまた、互いに顔をつき合わせておこなう打ち合わせの件数は、急激に増えている。

社会学者マニュエル・カステルは、インターネットは、さまざまなネットワークを繁殖させるがゆえに、成長をつづけるだろうと論じている。カステルに言わせれば、ネットワークこそ、私たちの時代を特徴づける組織構造である。

カステルの研究業績は、第一六章「組織とネットワーク」、六六八頁〜六七〇頁でさらに論じている。

ネットワークに本来備わる柔軟性と適応性は、ネットワークに、合理的でヒエラルキー的な旧来の組織類型を上回る大きな利点をもたらす。インターネットは、企業に、分散され、極めて複雑化した活動をグローバルな規模で調整する潜在能力をもたらす、とカステルは主張する。個々の人間にとって、インターネットは、会社の仕事と自営の仕事の新たな組み合わせや、自己表現、共同作業、それに社交活動を可能にするだろう。また、政治活動家にとっても、インターネットは、さまざまな個人のネットワークを組み合わせ、協働して自分たちのメッセージを世界中に広めることを可能にするだろう。カステルは、「メディアはメッセージである」というマクルーハンの言葉をもじって「ネットワークはメッセージである」と主張している（Castells 2001）。

メディアについての理論的視座

この節では、マスメディア研究に最も影響力をもつ理論的アプローチのうち、二つ——機能主義と葛藤理論——を検討し、マスメディアをめぐる論争への近年の重要な寄与をいくつか紹介する。

機能主義

二〇世紀中頃、チャールズ・ライトやハロルド・ラズウェルといった機能主義理論の研究者は、メディアが社会を統合する際のメディアの機能の仕方に焦点を当てていた（Wright 1960; Laswell 1960）。

機能主義の考え方は、第一章「社会学とは何か?」、三六頁〜三七頁で紹介した。

メディア理論の研究者デニス・マクウェイルは、メディアの最も重要な社会的機能を、次のようにいくつか概観している（McQuail 2000）。

1 《情報》メディアは、交通渋滞を注意するウェブカメラやラジオ報道、刻々と変わる気象通報、株式市況、私たちに個人的に影響を及ぼす問題に関するニュース記事といったかたちで、世の中の情報を、連続した流れとして私たちに提供する。

2 《関係づけ》メディアは、メディアが私たちに提供する情報のもつ意味を解説し、私たちの理解を助ける。メディアは、既存の社会規範を支持し、子どもの社会化で重要な役割を演じる。(社会化については、第六章で詳しく論じている。)

3 《連続性》メディアは、有力な文化を表出し、社会発達を新たに再編成し、共通の価値観を案出する働きをする。

4 《エンターテイメント》メディアは、娯楽や気晴らしを提供し、社会的緊張を弱める。

5 《結集》メディアは、経済発展や労働、宗教、戦時支援を奨励したり助長するために、これらの目的に沿って社会を結集させるキャンペーンをおこなうことができる。

この数十年間に、機能主義のメディア理論は衰退している。とりわけ、機能主義のメディア理論が、聴衆や観衆、読者であるオーディエンスを、メディアのもたらすメッセージの能動的解釈者ではなく、従順な受け手とみなしている点を批判された(オーディエンスの反応に関する、もっと精緻な最近の説明は、六〇七頁以下で論じている)。さらに、機能主義は、メディアについて説明するよりも、記述するだけに留まっているという理由で退けられてきた。機能主義のメディア理論の信望が衰えたために、別のかたちの分析、とりわけ、マルクス主義の影響を受けた葛藤理論が、主導的な役割を演ずるようになった。

葛藤理論

ヨーロッパでは、マスメディアに関する葛藤理論の分析方法が信望を得てきた。そこで、広義のマルクス主義的見地に立つ最も重要なメディア理論のなかから、政治経済学的アプローチと文化産業的アプローチの二つを検討したい。この枠組みのなかでおこなわれた有力な分析に、他に(六〇四頁以下で考察する)グラスゴー大学のメディア研究グループの業績がある。

政治経済学的アプローチ

政治経済学的アプローチは、メディアを産業とみなし、コミュニケーションの主要手段を私益企業が所有するに至った経緯について考察している。メディアの所有権は、しばしば少数の富裕なメディア王の手に集中化してきた――(五八六~五八七頁で論じたように)戦前の英国新聞界での新聞王による支配は、その一例である。グローバル化の時代には、メディアの所有権は国境を越えている。オーストラリア生まれのメディア王で、スカイをはじめメディア企業の所有者であるルパート・マードックについて、後で人物素描したい(六二七~六二八頁)。

政治経済学的見方を主唱する人たちは、経済的利益が、経済力をもたない人たちの声を締め出す働きをする、と主張する。さらに、確実に生き残る声は、富の分配の現状を批判しそうにない人たちの声である(Golding & Murdock 1997)。米国のラディカルな論者ノーム・チョムスキーは、こうした見解を著書『メディア統制――プロパガンダの華々しい成果』で唱えて有名になった(Chomsky 1991)。チョムスキーは、米国のメディアやグローバル・メディアを大企業が支配する状況を辛辣に批判している。チョムスキーにとって、大企業による支配は、公衆にもたらされる情報の厳格な管理に帰着する。冷戦時代に、こうした企業は、ソヴィエト連邦を恐れる雰囲気をつくりだすように情報を管理していた。一九九一年のソ連邦の崩壊以降、企業が所有するメディアは、たとえば地球規模のテロリズムのように、新たな恐怖心をつくりだし、そうした恐怖心は、たとえば企業の説明責任の回避や、米国における民主制の欠如といった、現実の争点が議論されることを妨害してきた、とチョムスキーは主張する。

文化産業

テオドール・アドルノ（一九〇三年〜六九年）のようなフランクフルト学派のメンバーは、マスメディアが大衆に及ぼす効果を厳しく批判した。（一九二〇年代に確立された）フランクフルト学派は、マルクスの感化を受けながらも、マルクスの見解を根本的に修正する必要があると主張する。とりわけ、このグループは、マルクスが近現代の資本主義社会で文化が及ぼす影響作用に十分な注意を払わなかったと考えている。

フランクフルト学派のメンバーは、余暇時間が産業化されていると主張した。このメンバーは、この人たちが「文化産業」と名づけるものを、つまり、映画やテレビ、ポピュラー音楽、ラジオ、新聞、雑誌といったエンターテイメント産業を幅広く研究してきた（Horkheimer & Adorno 2002）。文化の生産が、まるで他の産業と同じように、規格化され、金儲けの欲望によって支配されるようになった、と主張されている。大衆社会では、余暇産業は、公衆のあいだに適切な価値観を誘発するために利用される。余暇は、もはや労働から解放される休息時間ではなく、労働の準備時間になっている。

文化産業の拡大は、人びとに多くを要求しない規格化された産物をともなうため、一人ひとりの批判的、自立的思考能力を徐々に蝕んでいく、とフランクフルト学派のメンバーは主張する。芸術は、商業化の波が──「モーツァルトのグレーテスト・ヒット」のように──押し寄せることで姿を消し、エンターテイメントが文化にとって代わる、とされた。ラザースフェルドとマートンが一九五〇年代の米国の状況について評したように、「経済的な権力は、あからさまな搾取を控え、心理的搾取というもっと巧妙な方式に切り替えたように思える」（Curran & Seaton 2003での引用文）。

近年の理論

ユルゲン・ハーバーマス──公共圏

ドイツの哲学者で社会学者ユルゲン・ハーバーマスは、社会思想の系譜でフランクフルト学派に連なっている。ハーバーマスは、フランクフルト学派の研究主題を部分的に継承しながら、これらの研究主題を違うかたちで展開している。ハーバーマスは、一八世紀初期から現代までのメディアの発達を分析して、「公共圏」の出現──と、その後の衰退──について追究した（Habermas 1989）。**公共圏**とは、多くの人びとの関心を呼ぶ争点について議論し、世論形成ができる公の討議の舞台である。

ハーバーマスによれば、最初、公共圏は、ロンドンやパリなどヨーロッパ都市のサロンやカフェで発達した。人びとは、目下話題になっている争点について討論するためによく集まった。サロンは、ご政治的討論は、とりわけ重要なことがらに関与しなかったとはいえ、民主制の初期の発達く少数の住民しか関与しなかったとはいえ、民主制の初期の発達にとって重要であった、とハーバーマスは論じている。なぜなら、サロンは、政治問題を公の討論によって解決するという考え方を採り入れたからである。公共圏は——少なくとも原則的に——公の討論の場に人びとが対等な立場で加わることを必要とする。

とはいえ、公共圏の初期の発達がもたらした前途への期待は十分に実現されていない、とハーバーマスは結論づける。文化産業の発達は、現代社会における民主的討論を抑圧している。マスメディアとマスエンターテイメントの普及拡大は、公共圏を、ほとんど見せかけの存在にする原因となる。政治は、国会やメディアのなかで演出され、商業的利益が公共の利害関心をうち負かしてきた。「世論」は、公開の理性的討論によってではなく——たとえば、広告でおこなわれているように——操作や統制によって形成されていく。

ハーバーマスの著述は、第四章「社会学における理論的思考」、一三三頁〜一三四頁で詳しく論じている。

ボードリヤール——ハイパーリアリティの世界　近年最も影響力があるメディア理論の研究者のひとりに、フランスのポストモダニズムの論者、ジャン・ボードリヤールがいる。ボードリヤールの研究は、この章でさきに論じた（五八四頁）マクルーハンの考えに強く影響されている。ボードリヤールは、現代のマスメディアのもつ強い影響力は、他のどのテクノロジーが及ぼす影響力とも異なり、またそれらに比べてはるかに奥深い、と考えている。マスメディア、とりわけテレビのような電子メディアの出現は、私たちの暮らしの性質そのものを変容させてきた。テレビは、私たちにたいして、たんに世界を「再現する」だけでなく、私たちが現実に暮らす世界がどのような世界《である》のかをますます定義づけていく。

一例として、一九九四年から九五年にロサンゼルスでおこなわれた有名なO・J・シンプソン裁判を取り上げてみたい。シンプソンは、もともとアメリカンフットボールのスター選手として有名になったが、その後、「裸の銃をもつ男」シリーズを含む人気映画に出演した結果、世界中で名前を知られるようになった。シンプソンは、妻ニコルを殺害した罪で起訴され、長期に及んだ裁判の末、無罪宣告を受けた。

この事件は、九五〇〇万人の米国人の目を釘づけにした。視聴者は、逮捕を逃れようとするシンプソンの車がカリフォルニアのハイウェイを時速一〇〇キロで突っ走っている場面を食い入るように見つめた。テレビで放映されたのは、逮捕劇だけにとどまらなかった。裁判はテレビで生中継され、英国を含む多くの国で視聴された。米国では六つのテレビチャンネルが、審理を連続放送した。米国のテレビ視聴者の九〇％以上が裁判の中継を目にし、一九九五年一〇月三日に言い渡された「無罪」の評決を一億四二〇〇万人が耳にした、と言われている。裁判を取材した記者は二〇〇〇人以上にのぼり、関連出版物は八〇冊を超えた。

メディアに踊った言葉を借りれば、これは世紀の裁判だった。裁判は、法廷のなかだけで進行したわけではない。この裁判は、数多くの視聴者とメディアに登場する評論家を結びつけた、テレビ向きの出来事であった。シンプソン裁判は、ボードリヤールのいうハイパーリアリティの具体例である。テレビが私たちに見ることを可能にする「リアリティ」（法廷内での出来事）は、もはや存在しない。この裁判をグローバルなイベントとして定義づける世界中のテレビ画面上に映し出された一連のイメージこそが、実際の「リアリティ」である。

一九九一年の湾岸戦争が勃発する直前に、ボードリヤールは、「湾岸戦争は起こり得ない」と題する論文を新聞に寄稿した。宣戦布告がなされ、血みどろの戦闘が起きた時点で、ボードリヤールが間違っていたことは、一見明らかなように思えた。しかし、決してそうではなかった。戦争の終結後、ボードリヤールは、二つ目の論文「湾岸戦争は起こらなかった」を書いたからである。ボードリヤールは何を言おうとしたのだろうか。ボードリヤールは、この戦争が歴史上生じた他のいかなる戦争とも異なっている、と言おうとした。湾岸戦争は、メディア時代の戦争であり、テレビ向けの見世物であった。この見世物のなかで、当時の米国大統領ジョージ・ブッシュとイラク大統領サダム・フセインは、何が実際に「起きている」のかを知るために、CNNによるテレビ報道を世界中の他の視聴者とともに見守った。

マスメディアが遍在する時代には、人びとの行動とメディアの提供するイメージが混ざり合うことで、新たなリアリティ――ハイパーリアリティ――が現実に創りだされていく、とボードリヤールは主張する。ハイパーリアリティの世界は、**シミュラークル**――他のイメージをとおして初めて意味が成立し、それゆえ「外的なリアリティ」に何の基盤ももたないイメージ――から構築される。たとえば、シルクカットというタバコの有名な一連の広告は、タバコについてはまったく言及せず、シリーズに登場した以前の広告をただ引用していた。今日、政治指導者は、テレビに絶えず登場しなければ、誰も選挙で勝つことができない。つまり、その指導者のテレビ画面上のイメージが、ほとんどの視聴者の知る指導者の「人格」になっていく。

ジョン・トンプソン――メディアと近現代社会

ジョン・トンプソンは、ハーバーマスの著述に部分的に依拠しながら、メディアと工業社会の発達との関係を分析してきた（Thompson 1990, 1995）。メディアは、印刷という初期の形態から電子コミュニケーション様式に至るまで、近現代のさまざまな制度の発達で中心的役割を演じてきた、とトンプソンは指摘する。社会学の主要な創始者たちは、マルクスやウェーバー、デュルケムを含め、近現代の初期の社会発達を方向づける際にメディアが果たした役割にあまりにも無関心であった、とトンプソンは考えている。

トンプソンは、ハーバーマスの考え方に部分的に共感しているが、フランクフルト学派やボードリヤールに批判的だったように、ハーバーマスにも批判的である。フランクフルト学派の見解は、文化産業にたいしてあまりにも否定的だった。現代のマスメディアは、私たちが批判的思考をおこなう可能性を否定しないどころか、私たちが以前には入手できなかった多種多様なかたちの情報を現実に私たちに提供している、とトンプソンは考える。ハーバーマスは、フランクフルト学派と同じく、私たちをメディアの提供するメッセージの従順な受け手である、と過剰にみなしていた。トンプソンは、次のように指摘する。

表15-2　相互行為の類型

相互行為の特徴	対面的相互行為	媒介された相互行為	媒介された擬似的相互行為
時空間の構成	・共存在という脈絡 ・時空間の準拠システムを共有する	・脈絡の分離 ・時空間の利用可能性の拡大	・脈絡の分離 ・時空間の利用可能性の拡大
シンボル的記号の種類	・シンボル的記号の多元性	・シンボル的記号の種類が狭い	・シンボル的記号の種類が狭い
行為の志向性	・特定の他者を志向	・特定の他者を志向	・不特定多数の潜在的受け手を志向
対話的か独白的か	・対話的	・対話的	・独白的

出典: John B. Thompson, *The Media and Modernity* (1995)

通例、一人ひとりは、メディアの提供するメッセージを、受信する過程や受信した後で、検討していく。……「メディアの提供するメッセージは」その後も進行する語りや語り直し、解釈、解釈のし直し、論評、嘲笑、批判の過程をとおして変形される。私たちは……メディアの提供するメッセージを入手し、それを私たちの生活のなかに日常的に取り込むことで……みずからの技能や手持ちの知識の形成と再形成、感情や嗜好の検証、経験の地平の拡張を、絶えずおこなっている。(Thompson 1995)

トンプソンのメディア理論は、三つの相互行為類型の区分に依拠している(表15-2を参照)。《対面的相互行為》は、パーティでお喋りする人たちのように、一人ひとりが相手の言うことを理解するために利用できる手懸かりに富む(第五章「社会的相互行為と日常生活」を参照)。《媒介された相互行為》は、メディア・テクノロジー——紙や電気回路、電気的刺激——の利用を必然的にともなう。媒介された相互行為は、時間的にも空間的にも拡がっていく——つまり、通常の対面的相互行為の脈絡を超越できる——ことが特徴である。媒介された相互行為は——たとえば、電話でお喋りする二人のように——個人と個人のあいだで直接的なかたちで生起するが、対面的相互行為のように多種多様な手懸かりがやり取りされることはない。

三つ目の類型は、《媒介された擬似的相互行為》である。この媒介された擬似的相互行為とは、マスメディアが創りだすような社会関係を指している。媒介された擬似的相互行為は、時間や空間を超えて拡大するが、個人と個人を直接結びつけるわけではない。したがって、「擬似的相互行為」と称されている。さきの二つの類型は「対話的」相互行為であり、個人と個人は、じかにコミュニケーションをおこなう。媒介された擬似的相互行為は、「独白的」である。たとえば、テレビ番組の視聴者は、一方向的なコミュニケーション形態である。テレビ番組の視聴者は、その番組について議論し、ことによると画面に向かって何らかの寸評を述べるかもしれない——しかし、もちろんテレビの画面は返事をしてくれない。

トンプソンの核心は、三つ目の相互行為類型がさきの二つの相互行為類型を支配するようになる——ボードリヤールがとる見解——という主張ではない。むしろ、今日、この三つの相互行為類型がすべて、私たちの生活のなかに混在している。マスメディアは、私たちの生活のなかで、公的なことがらと私的なことがらのバランスを変えており、以前よりもはるかに多くのことがらが公共圏に入り込み、議論や論争が頻繁に引き起こされている、とトンプソンは示唆する。

イデオロギーとメディア

メディアの研究は、社会における《イデオロギー》の強い影響力と密接に結びついている。**イデオロギー**とは、観念が人びとの信念や行為に及ぼす影響作用を指称する。イデオロギーの概念は、社会学の他の領域だけでなく、メディア分析においても幅広く用いられているが、同時にまた長いあいだ論争の的にもなってきた。このイデオロギーという用語は、一七〇〇年代後半にフランスのデステュット・デ・トラシーが最初に考案した。デ・トラシーは、この言葉を「観念の科学」という意味で用いた。

とはいえ、この言葉は、その後の研究者たちの手で、もっと批判的な観点から使われるようになった。一例を挙げれば、マルクスは、イデオロギーを「虚偽意識」とみなした。権力をもつ集団は、みずからの立場を正当化するために、その社会で流布している支配的な観念を統御することが可能である。マルクスによれば、たとえば宗教は、多くの場合、イデオロギー的存在である。なぜなら、宗教は、貧しい人たちにたいして、その人たちがいま置かれた状態で満足するように教え込むからである。社会の分析者は、権力をもたない人たちがみずからの生活にたいする真の視座を獲得できるように——したがって、みずからの生活条件の改善のために行動を起こすことができるように——イデオロギーの歪みを暴露する必要がある。

トンプソンは、デ・トラシーの見解をイデオロギーの《中立的》概念構成と名づけ、マルクスの見解をイデオロギーの《批判的》概念構成と名づけている。中立的概念構成は、「ある現象が必然的に人びとの判断を誤らせたり、錯覚を起こさせたり、特定集団の利害関心に加担することを暗に意味せずに、その現象をイデオロギーなりイデオロギー的として特徴描写している」。イデオロギーの批判的概念構成は、イデオロギーを「否定的、酷評的ないし軽蔑的な意味合いで理解し」、イデオロギーにたいする「暗黙の批判なり非難をともなう」(Thompson 1990)。

トンプソンは、批判的概念構成を選ぶべきであると主張する。なぜなら、批判的概念構成は、イデオロギーを権力と結びつけてとらえているからである。イデオロギーは、象徴的権力の行使

——社会秩序のなかで支配集団の利害関心を隠蔽し、正統化し、合法化するために、観念をどのように利用するか——にかかわっている。

この後で言及するグラスゴー大学のメディア研究グループは、実際にテレビニュース報道のもつイデオロギー的側面や、報道の偏向が隠蔽される様式を分析していった。この研究グループは、ニュース番組が、スト参加者を軽視し、政府や経営者に好意的になる傾向が強かったことを明らかにした。総じて、マスメディアは——ニュース番組だけでなく、あらゆる種類の番組やジャンルを含め——現代の社会においてイデオロギーが作用する範囲を著しく拡大させている、とトンプソンは考える。マスメディアは、トンプソンの用語でいえば「擬似的相互行為」に基盤を置き——オーディエンスが直接抗弁できないかたちで——大量のオーディエンスに影響を及ぼしている。

バイアスとメディア
——グラスゴー大学の研究グループ

テレビ・ニュース

社会学によるテレビの研究は、ニュース報道におおいに注目してきた。人口の相当の割合がもはや新聞を購読していない。したがって、テレビニュースは、世の中の出来事を知る枢要な情報源になっている。グラスゴー大学のメディア研究グループは、テレビニュースに関する最も有名な——また論争の的にもなった——調査研究をおこなってきた。過去三〇年以上にわたって、この研究グループは、ニュースの提示の仕方について批判的な一連の研究書を発表してきた。『悪いニュース』、『もっと悪いニュース』、『本当に悪いニュース』、それに『戦争のニュースと平和のニュース』である。この研究グループは、これらの研究で、調査の焦点は移しながらも、同じ調査戦略を用いてきた。

『悪いニュース』は、この研究グループの、最初の、また最も影響を及ぼした著作で、英国の三つのチャンネルで一九七五年一月から六月にかけて視聴されたニュース放送の分析にもとづいている(Glasgow Media Group 1976)。この研究の目的は、ニュース内容とそのニュースの提示の仕方について、体系的かつ冷静な分析をおこなうことであった。『悪いニュース』は、主に労使紛争の描写の仕方を問題にした。続刊された二つの研究は、主に政界報道や、一九八二年に勃発したフォークランド紛争に関心を向けた。

『悪いニュース』は、労使関係をめぐるニュースが、総じて片寄った選択で報道されているという結論を下した。「揉めごと」や「過激な」、「無意味なストライキ」といった語句は、反労働組合主義的な見方を示唆していた。ストライキの原因よりも、ストライキの影響が一般の人たちに混乱を引き起こしている点を報道する傾向が強かった。用いる映像素材も、多くの場合、抗議運動をおこなう人たちの活動が、分別を欠き、好戦的であるかのように映し出していた。たとえば、工場に入構する人たちを阻止しているスト参加者を撮影した映像は、たとえ揉めごとが起こるのは稀な場合でも、ことさら揉めごとに焦点を合わせていった。

『悪いニュース』はまた、ニュース番組の制作者が、何を政治的論題にするのか——いいかえれば、公衆は何を知ることになるのか——に関して「門番《ゲイトキーパー》」の役を演じていたと指摘する。たとえば、労使間に激しい対立が生ずるストライキは、おそらく幅広く報道される。けれども、それ以外の、もっと重要な帰結をもたらす長期の労使紛争は、ほとんど無視される。ニュース記者の見方は、ストライキを、必然的に危険で無責任な行動とみなす社会の支配者集団の見地を反映している、とメディア研究グループは指摘した。

メディア研究グループの調査報告は、学界だけでなく、メディアの世界でもおおいに議論の対象になった。一部のニュース番組制作者たちは、研究者がスト参加者たちに肩入れし過ぎ、自分自身の偏見をたんに示しているだけだと非難した。さらに、『悪いニュース』には「労働組合とメディア」の章を設けているのに、「経営者とメディア」について取り上げた章がないことも指摘した。研究グループを批判する人たちに言わせれば、この問題は当然議論されるべきだった。なぜなら、ストに直面した経営者たちは、報道記者が、スト参加者ではなく自分たちに偏見をいだいているという非難を繰り返してきたからである。

学界から出た批判も、同じ指摘をしている。マーティン・ハリソンは、『悪いニュース』のもとになった研究が実施された時期の独立放送公社（ＩＴＮ）のニュース放送原稿を自由に閲覧利用できる機会を得た（Harrison 1985）。ハリソンは、この資料をもとに、グラスゴー大学のメディア研究で分析対象となった五カ月間が典型的な事例ではなかったと主張する。この時期は、ストライキに費やされた日が異常に多かった。ニュース番組がこうした事件をすべて報道することは不可能であったため、比較的派手な出来事に焦点を当てやすい傾向が生じたのは、無理もなかった。

ハリソンの見解では、ニュース放送がストライキの及ぼす影響に過度に注意を向けたとするメディア研究グループの主張は、間違いであった。結局のところ、通常、ストライキに参加するよりも、ストライキの影響を受ける人のほうがはるかに多かった。ときには、ほんの一握りの人たちの行動によって、何百万の人たちの生活が麻痺する可能性もある。結局のところ、ハリソンの分析によれば、メディア研究グループのおこなった主張の一部は、明らかに間違いであった。たとえば、メディア研究グループの言い分とは異なり、通常、実際のニュース番組は、紛争に加わった労働組合の名前を挙げ、ストライキが公認か非公認かについて言及していた。

メディア研究グループのメンバーは、こうした批判に答えるなかで、ＩＴＮがハリソンの研究資金の一部を提供し、ハリソンの研究の学問的不偏性を汚していると指摘した。ハリソンが検討したニュース原稿は、不完全で、ＩＴＮが実際には放送しなかった文章も原稿のなかに一部含まれていた。

近年も、メディア研究グループのメンバーは、一連の研究をさらにつづけてきた。『悪いニュース』シリーズの最新刊『イスラエルからの悪いニュース』では、イスラエル・パレスチナ紛争をめぐるテレビのニュース報道が検証されている（Philo & Berry 2004）。研究は二年余に及び、また、八〇〇人のサンプル視聴者との公開討論会に関係した幾人かのベテランのニュースキャスターや記者たちの支援も受けた。研究者たちは、紛争に関するテレビ報道の検討だけでなく、報道内容が視聴者の理解や信念、態度とどのように関連しているのかにも関心を寄せた。

この研究は、イスラエル・パレスチナ紛争に関するテレビのニュース報道が、視聴者に混乱を引き起こし、実質的にイスラエル政府の見解を際立たせている、と結論づけた。とくにＢＢＣ１では「イスラエル側の観点」に片寄る偏向が見いだされ、ＢＢＣ１ではイスラエル人が、パレスチナ人の二倍以上もインタヴューを受けたり、報道対象になっていた。それに加えて、イスラエル支持派の米国の政治家をしばしば取り上げていた。この研究はまた、ニュースが、（パレスチナ人がイスラエル人の二倍から三倍以上も死亡しているにもかかわらず）パレスチナ人に比べてイスラエル人の死傷者数をことさら強調していることを明らかにした。また、記者が、イスラエル側の攻撃とパレスチナ側の攻撃を描写するのに用いる言葉遣いにも差異が見いだされた。たとえば、記者は、パレスチナ人の行為を多くは「テロリズム」と描写するが、イスラエル人グループがパレスチナの学校を爆撃しようとしたときには、このグループを「過激派」ないし「自警団」と呼んでいた（Philo & Berry 2004）。

『イスラエルからの悪いニュース』はまた、このイスラエル・パレスチナ紛争の歴史ないし発端に時間を割いた報道がほとんど見られなかったと主張した。視聴者の大多数は、主要な情報源としてこのニュース番組に頼っている。視聴者の認識のギャップは、ニュース番組に見いだす「ギャップ」と極めて類似していた。この場合もまた、問題がパレスチナ人の行為によって「引き起こされた」という印象を与えることで、パレスチナ人にとって不利に働いている、とこの研究は主張する（Philo & Berry 2004）。

メディア研究グループは、この『イスラエルからの悪いニュース』に先立つ『メッセージを手に入れる』で、ニュース放送に関する最近の研究成果を集成した。『メッセージを手に入れる』の編者ジョン・エルドリッジは、メディア研究グループの初期の著作が引き起こした論争が依然つづいていることを指摘する（Eldridge 1993）。ニュース報道で何を客観的とみなすことができるかの議論は、つねに困難をともなう。エルドリッジは、客観性という観念に何の意味もないと主張する人たち（六〇〇頁～六〇一頁の「ボードリヤール――ハイパーリアリティの世界」を参照）に反論して、メディアの制作物を批判的な目で見つづけることが重要である、と主張する。ニュース報道の正確さは、研究対象になるし、また研究する必要がある。結局のところ、私たちは、サッカーの試合結果が報道される際に、その報道が正確であることを期待する。このような至極単純な事例は、真実とは何かという問題がニュース報道にはつねに内包されることを私たちに気づかせている、とエルドリッジは主張する。

しかしながら、ニュース番組は、その日やその週に「実際に起こった」ことがらの決してたんなる「描写」ではないという指摘には、妥当性がある。「ニュース」とは、そのニュース自体がニュース「内容」に始終影響を及ぼしていく複雑な構成物である。だから、たとえば政治家がニュース番組に出演し、争点となっている問題、たとえば経済の状況や必要な経済政策について発言すると、その発言自体が、今度は後続するニュース番組で「ニュース」になる。

オーディエンスとメディア効果

イデオロギー的偏向がオーディエンスに及ぼす効果は、マスメディアでオーディエンスが演ずる役割によって決まる。ここでは、オーディエンス研究の手短な分析をとおしてこの問題に目を向けたい。

オーディエンス研究

オーディエンスの反応に関する最初期の、最も筋道の通ったモデルのひとつは、《皮下注射モデル》である。このモデルは、メディアが伝えるメッセージを、注射器から注入される薬剤に喩えている。オーディエンス（つまり、患者）が、メッセージを受動的かつ直に受け容れ、そのメッセージにいかなるかたちでも批判的に取り組むことがないという想定に、このモデルはもとづいている。皮下注射モデルはまた、社会のすべての成員が、メッセージをほぼ同じようなかたちに受け止め、解釈していく、と想定する。《麻酔効果》という概念は、フランクフルト学派と関連するが、この皮下注射モデルを参考にしている。この見解では、メディアを、オーディエンスを「薬で麻痺させ」、オーディエンスがもっと広い世界について批判的に思考する能力を破壊していく、とみなす（arcuse 1964）。皮下注射モデルは、いまは時代遅れになっており、多くの場合、初期のマスメディア研究者の著述に見いだす明言されていない想定に過ぎない。とはいえ、このモデルがメディアについておこなった想定は、マスメディアが近現代社会に及ぼしてきた影響効果に懐疑的な今日の論者の著述のなかに、引きつづき見いだされる。

皮下注射モデルを批判する人たちは、この皮下注射モデルが、オーディエンスを均質で受動的な存在とみなし、オーディエンスがメディアにたいして示す個々別々の反応そのものをまったく説明していないと指摘してきた。今日、ほとんどの研究者は、オーディエンスの反応がさまざまな段階を経ていると主張する。カッツとラザースフェルドは、オーディエンスの反応に関する研究で、米国大統領選挙中の政治報道の研究を参考にして、オーディエンスの反応が《二段の流れ》を経て形成されると主張した。第一段階は、メディアの影響がオーディエンスに達するときである。第二段階は、オーディエンスが、その後の反応を形づくるのに影響力がある人びと――「オピニオン・リーダー」――との社会的相互行為を通じてメディアを解釈していくときである（Katz & Lazarsfeld 1955）。

その後に打ちだされたモデルは、オーディエンスがメディアにたいして示す反応で、もっと能動的役割を演ずると想定している。《満足モデル》は、さまざまなオーディエンスが自分自身のニーズを満たすためにメディアを利用する状態に注目する（Lull 1990）。オーディエンスは、自分が暮らしている世界をもっとよく学ぶために――たとえば、天候や株式市場について調べるために――メディアを利用するかもしれない。また、人間関係に役立てたり、（たとえば、テレビのメロドラマを観ることで）作り話の世界の一員であると感じたり、あるいは同じ番組を観ている友人や同僚と仲良くやっていくために、メディアを利用するかもしれない

（メロドラマについては六一〇頁以下のコラムで触れる）。この満足モデルを批判する人たちは、このモデルが、オーディエンスのニーズを、メディアが創りだすのではなく、以前から存在すると想定しているとして論難する。

オーディエンスの反応に関するその後の理論は、人びとが能動的にメディアを解釈する仕方に目を向けてきた。スチュアート・ホールのいう《受容理論》は、オーディエンスがさまざまなメディア「テクスト」――書籍や新聞から映画やCDに至る、メディアのさまざまな形態を網羅するために使われる用語――を読み解く際のあり方に、オーディエンスの階級や文化的背景が影響をおよぼす様式そのものに焦点を当てている。オーディエンスの一部は――たとえばニュース番組のような――テキストの制作者がそのテクストのなかに選好し「コード化」した読み取り方を、単純に受け容れるかもしれない。こうした選好された読み取り方は、支配的ないし主流派のイデオロギーを（六〇四頁以下で論じたグラスゴー大学のメディア研究グループが見いだしたように）反映しているのかもしれない、とホールは主張する。とはいえ、テクストの理解はまた、そのテクストを解釈する人の文化的、階級的背景にも左右される、とホールは論じている。オーディエンスの別の成員たちは、その人たちの社会的位置づけが選好された読み取り方と対立するために、おそらくテクストを「正反対の」かたちで読み取る。たとえば、ストライキに参加した労働者やエスニック・マイノリティの成員は、労使関係や人種関係に関するニュース報道のようなテクストを、ニュース番組の制作者がそのテクストにコード化した支配的な読み取り方よりも、むしろそれと正反対の読み取り方をおそらくおこなう（Hall 1980）。

ホールによれば、近年の理論は、オーディエンスが自分自身の経験を通じて情報をフィルターにかける仕方に焦点を当てている（Halloran 1970）。オーディエンスは、さまざまなメディア「テクスト」（たとえば、いろいろなプログラム内容なりジャンル）をつなぎ合わせてみたり、あるいは――新聞と照合し、テレビで語られたことがらに疑問をいだいて――あるメディア形態を別のメディア形態と組み合わせて用いる可能性もある（Fiske 1988）。この場合、オーディエンスは、皮下注射モデルからはほど遠い存在で、強力な役割をもつことになる。《解釈者モデル》は、オーディエンスの反応を、メディアの産出物を奨励したり拒絶することによってメディアを形成していく、ととらえている。

メディア効果

メディアの効果は、多面的に認識されている。メディアは、疎外や、模倣殺人、人びとのあいだでの無関心の生成、偏見の強化、重大な問題の矮小化といったことがらの責任を負わされてきた（Watson 2003）。もちろん、私たちがメディアのもつマイナス効果をどの程度まで非難できるのかは、さきに見たように、オーディエンスがいかに受動的存在か、あるいは能動的存在かというオーディエンスの受けとめ方に左右される。ここでは、メディアがマイナス効果を及ぼすと評される二つの領域、暴力とポルノグラフィについて検討したい。

メディアと暴力

テレビ番組で発生する暴力の度合は、詳し

い記録がとられている。ガーブナーたちは、最も広範囲に及ぶ研究をおこない、一九六七年以降毎年、米国の主要ネットワークのすべてで、プライムタイムと週末の昼間のテレビ番組からサンプル抽出して、分析を加えてきた。暴力行為や暴力場面の回数や頻度を、番組類型別に一覧表にした。この調査では、暴力を、自分や他人に向けられた物理的強制力による威嚇ないし物理的強制力の行使であり、身体的危害や死をともなう、と定義づけている。テレビドラマは、非常に暴力的であることが明らかにされた。平均すると、ドラマ番組の八割は暴力の描写をともない、暴力場面は一時間当たり七・五回の頻度で登場していた。子ども向けの番組は、一般に殺害行為をさほど描写していないとはいえ、かなり高い割合で暴力が登場する。アニメ番組は、どの種類のテレビ番組と比べても最も数多くの暴力行為や暴力的情景をともなっていた（Gerbner 1979, 1980; Gunter 1985）。

かりに暴力の描写が視聴者に影響を及ぼすとすれば、どのようなかたちで影響するのだろうか。F・S・アンダーソンは、テレビに登場した暴力が子どもの攻撃性向に及ぼす影響を調べるために、一九五六年から七六年まで二〇年間に実施された六七の研究調査報告を収集、整理した。これらの研究の四分の三は、テレビに登場する暴力と子どもの攻撃性向のあいだに何らかの関連性が見いだせると主張していた。一方、こうした研究のうち二割では明確な結論が得られず、また調査報告のうちの三%で、テレビで放送された暴力を視聴することは実際には攻撃性を低下させるとの結論が示されていた（Anderson 1977; Liebert et al. 1982）。

とはいえ、アンダーソンが分析したこれらの研究では、用いた方法や、あらかじめ推定された関連性の強さ、「攻撃的行動」の定義づけにかなり食い違いが見られた。暴力を売り物にした犯罪ドラマでは（また、多くの子ども向けアニメ番組でも）、正義や報復というテーマが強調されている。犯罪ドラマでは、悪党たちは、現実の生活で警察の捜査が引き起こす以上に高い比率で裁判にかけられたし、アニメ番組でも、他人に危害や脅威を及ぼす登場人物は、たいてい「当然の罰」を受ける筋書きになっていた。過度の暴力描写が視聴者のあいだに必ずしも模倣傾向をもたらすわけではない。おそらく視聴者たちは、そうした番組の根底にある道徳的テーマから影響を受けている。一般的にいえば、テレビが視聴者――子どもと大人を問わず――に及ぼす影響の研究は、視聴者を、自分たちが目にすることがらに受動的な、識別力のない反応をする存在とみなす傾向が強かった。

ほとんどの研究は、テレビが映しだす暴力と現実生活での暴力とのあいだに結びつきを見いだしてこなかったものの、この問題はいまだに論争の的になっている。米国では、一九九六年の遠隔通信法の修正により、一九九九年以降に製造されるすべてのテレビに「Vチップ」――Vは暴力の頭文字――を埋め込むことが義務化された。Vチップとは、子どもたちが観るテレビ番組に登場する暴力的題材や露骨な性的題材に、親がフィルターをかけられるようにする電子装置である。テレビ業界は、映画が使うものに類似した規制システムを開発し、このシステムをVチップで利用可能にするように求められた（Signorielli 2003）。とはいえ、自分の子どもがテレビで何を観ているのかに親は強い関心を示すものの、面倒がらずにテレビのVチップにスイッチを入れている親はほとんどいないことが明らかにされている（Annenberg Center 2003）。親は、息子や娘が使い方を教えてくれなければ、Vチップを点けたり消したりすることもできない、というジョークがある。

ポルノグラフィ　ポルノの影響作用をめぐる論争は、暴力に及ぼすメディアの影響作用に関する議論と多くの類似性が見られる。露骨な性的画像にたいする法規制には長い歴史がある。米国では、カムストック法として知られる、露骨な性的題材を禁止する法律が一九世紀後半に制定された。露骨に性的な題材とは、幼い少女の感受性を害する素材と定義づけられていた（Grossberg et al. 1998）。

一九七〇年後半以降、ポルノと女性に加えられる性暴力の結びつきは、とくにフェミニストのあいだで、ますます議論の対象になりだした。ポルノは女性をモノのように扱うため、ポルノの利用者は、そうでない人に比べ、女性に性暴力を振るいやすいという主張が打ちだされた。フェミニストの論者ロビン・モーガンは、この主張を、「ポルノグラフィは理論で、レイプは実践である」という評言で簡潔に要約している（Morgan 1994）。

ラディカル・フェミニストの見解は、第一二章「セクシュアリティとジェンダー」、四八二頁～四八三頁を参照。

この領域への社会学の研究は、ポルノの利用と性的攻撃性のあいだに因果的結びつきがあるかどうかの評定を総じて試みてきた。米国心理学会に出された報告書は、次のような知見を述べている。成人のあいだで、暴力的でない、好色的題材なり露骨な性的題材を眺めることに反社会的な影響作用はまったく見いだせない。けれども、ポルノの利用者は、性的蔑視の暴力に繰り返し接すると、強姦犯罪の重大性に明らかに鈍感になり、ポルノに描写されている強姦被害者にたいする情緒的反応が低減していく（Huston et al. 1992）。インターネットの普及拡大がポルノ的題材や暴力的題材をこれまで以上に容易に入手できるようにするため、オーディエンスの反応やメディアの影響作用をめぐる問題は、ますます重要になっている。

ジャンル、オーディエンスの反応、連続メロドラマ

ラジオとテレビが創りだしたジャンルのひとつは、「連続メロドラマ《ソープオペラ》」と呼ばれている——今日、最も人気のあるテレビ番組類型である。英国で毎週最も視聴されているテレビ番組は、ほぼすべて連続メロドラマ——『イーストエンダーズ』や『コロネーション・ストリート』など——である。少なくとも英国で放送される連続メロドラマは、さまざまな類型に、つまり、下位ジャンルに分類できる。まず、『コロネーション・ストリート』のような英国で制作される連続メロドラマは、貧しい人たちの暮らしに焦点を当てる場合が多いため、気骨のある、まったく気取らないドラマになる傾向が強い。二つ目に、アメリカから輸入した番組の多くは、『ダラス』

や『ダイナスティ』のように、もっと華やかに暮らす人たちを描いている。三つ目の範疇は、『ネイバーズ』のようなオーストラリアから輸入した番組で、少額予算で制作され、中流階級の家庭や生活様式を描いている。

連続メロドラマは、連続性という点で、テレビそのものに似ている。個々のエピソードは結末を迎え、さまざまな登場人物が現れては去っていく。とはいえ、連続メロドラマそのものは、放送が完全に打ち切られるまで終了しない。いわゆる「はらはらドキドキする場面」によって、一回ごとに緊張感が作りだされる。重要な出来事が生ずる寸前で、その回の放送は、突然終わりを迎える——視聴者はことの顚末を知るために、次回の放送を待たなければならない。

連続メロドラマというジャンルの基本的な要素は、視聴者側に、毎回の視聴が要求されることである。一回の放送だけでは、ほとんど意味がわからない。連続メロドラマは過去のストーリーを前提とし、毎回視聴する人は、その過去のストーリーを知っている——視聴者は、登場人物と、その人物の性格、生活体験に精通する。こうした過去のストーリーを生みだす話の道筋は、とりわけ個人的、情緒的である——ほとんどの連続メロドラマは、もっと大きな社会的、経済的枠組みに目を向けることがない。これらの枠組みは、外部から影響を及ぼすだけである。

連続メロドラマがこのように人気を博す理由について——しかも、英国や米国だけでなく、アフリカやアジア、ラテンアメリカでも世界中で人気を得る理由について——社会学者は、さまざまな見解を提示してきた。一部の社会学者は、とくに(男性よりも連続メロドラマの視聴者数が圧倒的に多い)女性たちがみずからの生活を退屈で、抑圧されていると考える国では、連続メロドラマが逃避手段となっている、と考える。しかし、多くの連続メロドラマが同じ生活上の問題をかかえる人たちを取り上げている点を考えあわせば、こうした見解にはあまり説得力がない。もっと信憑性があるのは、連続メロドラマが個人生活や感情生活のもつ普遍的特性に焦点を当てているからという考え方である。連続メロドラマは、誰もが直面するディレンマを究明し、したがって一部の視聴者がみずからの生活をもっと創造的に考えるのに役立っている。社会学者ドロシー・ホブソンは、著書『メロドラマ』で、メロドラマは、逃避手段だから人気があるのではない、「視聴者が登場人物と登場人物の生活に精通しているからこそ人気がある。メロドラマは、登場する人物たちを介して、視聴者の経験と結びつかなければならないし、ドラマの内容は、普通の人びとの物語でなければならない」と述べている(Hobson 2002)。

【設　問】

1　あなたはメロドラマを観ますか。観る理由、または観ない理由を、社会学の視座から説明しなさい。

2　機能主義と葛藤理論の研究者は、メロドラマの人気をどのように説明するのだろうか。

メディア規制

政治的管理

公共放送とBBC　ほとんどの国で、国家はテレビ放送の運営に直接関与してきた。英国で最初にテレビ番組の制作をはじめた英国放送協会（ＢＢＣ）は、公営機関である。すでに述べたように、ＢＢＣは、すべてのテレビ所有世帯が支払う受信料によって資金を得ている。ＢＢＣは、かなり長いあいだ英国でラジオとテレビの両方の放送認可を受けた唯一の機関であった。しかし、英国では今日、ＢＢＣの二つのテレビチャンネルであるＢＢＣ１とＢＢＣ２に加え、三つの地上波商業チャンネル（ＩＴＶとチャンネル４、チャンネル５）がある。広告の頻度と長さは、法律で一時間当たり最大六分に制約されている。この規制はまた、一九八〇年代に多くの契約利用者を得た衛星チャンネルにも、同じように適用されている（ＢＢＣの将来は、次のコラムで取り上げている）。

BBCの将来

ＢＢＣの位置づけは――他のほとんどの国での公共放送の位置づけと同じく――圧力にさらされ、多くの論争の的になっている。ＢＢＣの将来も、視聴者の細分化によって不透明になってきた。デジタル技術の発達は、文字どおり何百もの商業ケーブルチャンネルや衛星チャンネルが利用可能になり、ＢＢＣの優位が脅かされることを意味した。一九五〇年代半ばに商業テレビが放送を開始するまで、ＢＢＣは英国のテレビ視聴者を独占していたが、二〇〇三年には、同局の地上波テレビの視聴者占有率は約三六％にまで落ち込んだ。ＢＢＣの視聴者数が減少するにつれて、かなり多くの人――とくに、ＢＢＣのテレビも観ないしラジオも聴かないという人――が、自分たちはなぜＢＢＣの受信料を払う必要があるのかという疑問を口にだした。

一九九〇年代を通じて、ＢＢＣは、国民健康保険のような他の公的独占事業と同様、一層の効率化と市場志向の強化を図るよう、相当強い圧力を受けた。一九九二年から九九年まで会長を務めたジョン・バート卿は、番組制作者がＢＢＣの社外からカメラマンなどの人材を自由に調達できる内部労働市場を導入した。バート卿はまた、ＢＢＣの商業活動を育て、ときには職員の解雇も辞さない姿勢で、番組制作費の大幅削減も断行した（Born 2004）。

公的独占事業を批判する人たちは、それらの措置では不十分で、ＢＢＣを民営化すべきだと主張している。たとえば、チャンネル５の前社長デヴィッド・エルスタインは、保守党に委託されて作成した最近の報告書で、ＢＢＣは、ＢＢＣの利用を希望する定期契約者相手の事業体になるべきで、受信料は廃止すべきだと主張した（Elstein 2004）。これまでのところ、大規模な民営化という考え方には抵抗が強い。

多くの人たちは、ＢＢＣが公的所有のままに置かれることが重要であると考えている。しかしながら、一部の論者が述べるように、放送事業における規制緩和や財政圧力の影響により、ＢＢＣは、本来の公共サーヴィスの要素を一部残しながらも、すでに商業的システムに変貌している。ＢＢＣを応援する人たちは、テレビ分野での規制緩和が進むにつれて、ＢＢＣの役割は、とくに番組の高い水準を維持し、また——七五歳以上の人たちはテレビ受信料を免除されるため——社会的に排除された住民層に情報を送り届ける上でいま以上に重要になる、と主張する。ＢＢＣの前企画政策局長は、次のように述べている。

> 現実に恐れているのは、量の拡大が質の低下を招き、競争のために、視聴者も地方局にたいする投資も分散し、その結果、タブロイド紙のようなセンセーショナルな報道を好む価値観を生みだしたり、国民を、新しいサーヴィスが享受できる層と、享受する余裕がなかったり、享受することを望みもしない層に分断してしまうことです。公共政策にとっての課題は、量と質の両面で最良のものを届けること、つまり、成長を促進し、かつ質を維持することです。
> （Currie & Siner 1999）

二〇〇四年のハットン独立司法調査委員会（次頁のコラムを参照）の結果、ＢＢＣの幹部数人が辞職するに至ったとはいえ、英国政府は、少なくとも当面はＢＢＣを存続させることを保証した。メディア産業の管轄機関である英国情報通信庁の報告書は、「質が高く、独創的、革新的、挑戦的、魅力的で、幅広く利用できる」番組を提供するのに、ＢＢＣの存在が重要であることを強調し、少なくとも二〇一六年までは受信料制が存続することを勧めた（Ofcom 2003）。

米国では、三大テレビ組織——ＡＢＣ、ＣＢＳ、ＮＢＣ——はすべて、商業放送ネットワークである。テレビ放送網は、保有できる免許局の数を法律で五局以下に制限され、「三大ネットワーク」の場合、これらの免許局を主要な大都市に置いている。それゆえ、三大ネットワークとも、こうした自社保有局を通じて全世帯の四分の一を視聴圏に収めている。同時にまた各ネットワークにはそれぞれ約二〇〇の系列局があり、これら系列局は全米の七〇〇くらいある放送局の九割を構成する。テレビ放送網は、収入を広告時間の販売に依存している。民間団体である全米放送事業者連盟は、視聴時間一時間当たりのコマーシャルの割合について指針を定め、「プライムタイム」で一時間当たり九分三〇秒、その他の時間帯で一六分と規定している。テレビ会社は、広告料金を定める際に、個々の番組をどれくらい多くの人が見ているかを示す定期的に収集された統計データ（視聴率）を利用する。もちろん、視聴率はまた、連続番組をつづけるか否かを決める際にも強い影響を及ぼす。

公営テレビ局の影響力は、多チャンネルテレビやＤＶＤの出現や、スカイプラスのようなサーヴィス（デジタルビデオ録画機と衛星放送受信機を組み合わせて、視聴者が興味を示した番組を検索して録画するサーヴィスで、個人仕様のチャンネルを事実上つくりだす）が登場して以来、弱まってきた。今日のテレビ視聴者は、契約料金や双方向通信サーヴィスの家庭用利用端末に一回ごとの利用料金を支払えば、多種多様なチャンネルや番組から選択することが可能である。こうした状況のもとで、人びとは、ますます自分自身の「番組編成」をおこない、テレビ局が前もって提示した番組表に依存せずに、自分の好みに応じて視聴予定表を組み立てていく。

デジタル放送や衛星放送、ケーブルテレビは、ほとんどすべての地域で、テレビそのものの性質を変えだしている。これらがひとたび従来の地上波テレビ放送の領域に侵入しだすと、政府は、テレビ放送の内容に、過去に独自のかたちでおこなってきたような規制を加えることが困難になる。たとえば、西側メディアの影響力の届く範囲は、東ヨーロッパで一九八九年の革命を引き起こしていく際に、重要な役割を演じたように思える。

グローバル化したメディアの影響力は、この章の「グローバル時代のメディア」、六一九頁～六二一頁を参照。

イラク関連の証拠文書騒動

二〇〇二年九月に英国首相府は、戦争支持を結集するために、イラクに責任を負わす証拠文書を公表した。この文書は、とりわけ重要な点であるが、イラクが大量破壊兵器を四五分以内に実戦配備できると主張していた。

しかしながら、その結果生じた戦争でイラク軍が大量破壊兵器をまったく使用せず、しかも何一つ発見されなかったために、証拠文書の正確さに嫌疑が示された。その証拠文書の申し立て内容のひとつは、ジョージ・ブッシュ大統領が二〇〇三年の一般教書演説で重視した点であったため、その内容に情報筋は疑いをいだいた。その後、二〇〇三年五月に、BBCの報道は、首相官邸の報道戦略局長アリステア・キャンベルが、イラク関連の証拠文書を英国の軍事情報部門の意向に逆らって、「魅力的にする《セックス・アップ》ために誇張」した（とくに「四五分以内」という主張を挿入した）として非難した。

議会の調査は、キャンベル氏の嫌疑を晴らした（キャンベル氏は二〇〇三年八月に辞職した）。しかし、BBCは報道の撤回を拒否し、政府を相手に激しい争いを引き起こした。この一件は、政府に勤めていた科学者で、BBCの描くストーリーの主要な情報源であることが暴露された人物［デヴィッド・ケリー博士］の自殺という悲劇的な事態を迎えた。この科学者の死に関して二〇〇四年一月に出された調査報告書は、政府がイラク関連の証拠文書を「魅力的にする《セックス・アップ》ために誇張」したことの容疑を晴らし、この科学者の雇用主だった国防省の潔白もおおむね――しかし、完全にではないが――証明された。その代わりに、BBCに批判が浴びせられ、経営委員長と、報道部門を束ねる会長が辞任に追い込まれた。

二〇〇四年七月にバトラー卿が長になっておこなわれた、情報活動の失態にたいする関連調査は、政府には議会を欺こうとする意図が一切なかったことを明確にした。しかし、同報告書は、ブレア首相が、戦争肯定論を強化するために、薄っぺらい根拠であるのが結果的に判明した証拠文書を、進んで過大視しようとしたことを、明確に示唆した。

（出典: *The Economist* 5 Apr 2005）

独占禁止対策　『悪いニュース』の著者が指摘したように、ニュースを集めて組み立てる人たちは、何を議題に載せるかに関して「門番《ゲートキーパー》」の役割を演ずる（前述の六〇四頁～六〇六頁を参照）。首尾よく放送されたり紙面に載ったニュースは、報道価値という何らかの簡潔な基準にしたがってつねに選択されているわけではない。記者たちは、自分たちの勤める報道機関が掲げる課題に相応しいニュース記事を見いだす必要性を十分に自覚している。また、こうした報道機関が独自の政治的課題を掲げるかもしれない——これらの企業は、たんに商品を売るだけでなく、世論に影響を及ぼすビジネスにも従事する。こうした理由から、メディア企業家や大規模メディア企業の出現とその影響力に、多くの人びとが不安をいだいている。こうした企業の所有者は、たとえばルパート・マードック（六二七頁以下のコラムを参照）のように、みずからの政治的見解をまったく隠していない。メディア企業の所有者のいだく政治的見解は、政治的立場を異にする政党や他の集団にとって懸念の原因になっている。

この点を認識しているから、どの国も、メディアの所有権を規制する法律を設けている。しかし、これらの規制はどれくらい厳しいのだろうか。また、メディア企業のグローバル化という特質を考えあわせれば、そもそも一国の政府がメディア企業を管理することははたして可能だろうか。

メディア規制の問題は、見た目以上に複雑である。多種多様なメディア組織の存在が公共の利益になることは、明らかなように思える。なぜなら、多種多様なメディア組織が存在すれば、人びとは、多くのさまざまな集団の主張や政治的視点に耳を傾ける機会をおそらく確保できるからである。しかしながら、誰が何を所有し、またどのような形態のメディア技術を利用できるのかに制限を設けることは、おそらくメディア分野の経済的繁栄に影響を及ぼす。過度に制限を加える国は、気がついてみれば遅れをとることになるかもしれない——メディア産業は、現代の経済で最も急成長している部門のひとつである。

メディアの集中化を批判する人たちは、大規模なメディア企業が過剰な権力を行使していると主張する。他方、企業の側は、かりに規制を受けると、商業上の意思決定を効果的におこなえず、国際競争に負けてしまうと主張する。さらに、企業側は、誰が規制をおこなうのか、誰がその規制する機関を規制するのか、と問いかけている。

メディア規制政策の指針のひとつは、二、三の大規模メディア企業による市場支配が、適正な経済競争だけでなく——メディアの所有者は選挙の洗礼を受けないため——民主制をも同時に脅かすという認識に依拠している。現行の独占禁止法を活用することは、ヨーロッパをはじめ先進国のあいだで内容が異なるとはいえ、可能である。

競争の存在は、多元主義を意味する、あるいは意味するはずである――そして、おそらく多元主義は、民主制にとって望ましい。しかしながら、多元主義だけで十分だろうか。多くの人たちは、米国に関して、メディアに複数のチャンネルがあっても、（すでに触れたチョムスキーの批判が証明するように）コンテンツの品質と正確さは保証されていない、と主張する。一部の論者は、強力な公共放送部門の維持が、大規模なメディア企業による支配を阻止する上で極めて重要であると考えている。しかしながら、英国ではＢＢＣが担ってきた公共放送システムは、それ自体がさまざまな問題を生みだしている。ほとんどの国で、公共放送システムは、市場を独占するのが通例だった。また、多くの国で、公共放送は、政府の宣伝活動の手段として効果的に利用されてきた。規制する機関を誰が規制するのかという疑問は、この点でとりわけ大きな問題として浮上している。（マスメディアや民主化の動きを統制しようとする中国政府の試みは、次のコラムで取り上げている。）

　メディア規制の問題を複雑にする要素のひとつは、テクノロジーの極めて急速な変化である。メディアは、技術革新によって絶えず変容しており、以前は別々だった技術形態がいまでは互いに融合している。たとえば、かりにテレビ番組がインターネットを介して視聴できるようになれば、どんなかたちのメディア規制を適用すればよいのだろうか。欧州連合加盟国のあいだでは、メディアと遠距離コミュニケーションの収斂が議論の焦点になっている。一部の国は、ヨーロッパ全体で遠距離コミュニケーションや放送、情報テクノロジーを相互調整できる立法措置が必要だと考えているが、その実現は難しい。欧州連合がメディア規制で担える役割は、依然として乏しい。現行の政策文書「国境なきテレビ」は、当初二〇〇二年に改訂される予定だったが、論争がつづくため、改訂は延期されている。

グローバル化と日常生活
――中国における検閲とメディア

グローバル化が孕む矛盾は、中国共産党の監視のもとで急激な文化的、経済的変容を遂げだした中国の事例に、具体的に明示されている。

一九八〇年代に、中国政府は、テレビ放送システムの拡充をはかり、国民にテレビの購入を奨励した。政府は、テレビ放送を、国をまとめ、党の権威を高める手段とみなしていた。とはいえ、テレビは、移り気な、暴発しやすいメディアになる可能性がある。衛星チャンネルの時代に、テレビ放送を厳しく管理するのは不可能であっただけでなく、中国の視聴者は、率先して政府の意図に真っ向から逆らうかたちでテレビ番組の内容を解釈する傾向が強いことを具体的に示していた（Lull 1997）。

　ジェームズ・ラルは、中国の一〇〇家族におこなったインタヴューで、中国の視聴者が、他の共産主義体制下の国民と同じように「解釈の達人であり、表面に表れないメッセージを拾い集めるために行間を読んでいる」ことを見いだした（Lull 1997)。ラルは、インタヴューの過程で、回答者が自分の目にしたことがらだけでなく、自分がそれをどのように目にしたのかを詳細に語っていることに注目した。「視聴者は、政府がしばしば報道をねじ曲げ、誇張することを承知しているから、真の状況を想像することに巧みになっていた。何を提示し、何を故意に省くのか、何が優先事項とされているのか、ものごとをどのように伝えるのか――視聴者は、これらの手口をすべて熟知して、注意深く解釈している」。

中国の視聴者がテレビで――主として輸入映画やコマーシャルのなかで――目にするメッセージの多くは、中国社会で入手できる生活様式や生活機会と真っ向から矛盾している、とラルは結論づけた。中国の視聴者の多くは、個人の嗜好や消費社会を強調するテレビ番組を目にすることで、現実の生活で自分たちの選択肢が制限されていることを実感してきた。テレビは、中国の視聴者に、他の社会体制が、中国の体制よりももっと円滑に機能し、国民にもっと大きな自由を与えている様子を伝えていた。

近年、インターネットをはじめとする新たなコミュニケーション技術は、中国政府にまた新たな課題をもたらしている。これらの新しいメディアは、人びとが国家統制を出し抜く手助けになると主張する人たちもいるが、国家による検閲は、技術の発展に歩調を合わせていくと断言する人びともいる。

「中国の巨大なファイアウォール」

中国政府がインターネット検閲に注ぐ努力は、技術と法律と人力による妙技である。BBCによれば、BBCの放送自体（コンピュータ技術者のあいだでよく知られている）「中国の巨大なファイアウォール」によってほぼ完全に遮断されているが、中国では五万のさまざまな関係当局が、「インターネット上を行き交う情報をひたすら監視している」。これほど大規模なプライヴァシーの侵害と自由な言論の禁止を許容する単一の法律は存在しない。むしろ、いくつかの法律に記載された細則条項が後ろ盾になって、検閲による政治的秩序の維持を指示する政府の意図は分かりにくくなっている。

いまのところ最も詳細な調査報告書『中国におけるインターネット・フィルタリング（二〇〇四年〜二〇〇五年）――全国調査』によれば、中国の検閲体制は、広帯域基幹ネットワークからサイバーカフェに至るまで張り巡らされている。中国の通信インフラでは、ネットワークに仕込まれた要所ごとにデータパケットのフィルタリングが可能である。一方、実社会では、禁止コンテンツにたいする法的責任がさまざまな立場の人――著作者、ホストコンピュータの管理者、読者――に及び、萎縮効果を生んでいる。これらはすべて、機械と人間による用心深い監視のもとでおこなわれる。監視人は、多くの場合、ボランティアである。

オープンネット・イニシアティヴ（ＯＮＩ）のジョン・パーリーが、二〇〇五年四月に開催された米中経済・安全保障評価委員会に提出した報告書で強調したように、このようなシステムがもたらす副作用は、「参加型民主制を正しいと信じるすべての人にとって、当然、懸念すべきことがらである」。

ＯＮＩによれば、共産党に敵対する政党と結びつくサイトはその六割がブロックされており、また、香港に本拠を置くエポック・タイムズ社が発表し、また一部の人は中国で禁止された精神運動の法輪功と関連づけてきた、中国共産党に関する連載コラム「ナイン・コメンタリーズ（九つの論評）」を詳述するサイトも、九割がブロックされていた。

　検閲は、ワールドワイドウェブだけにとどまらない。ＯＮＩが中国に関する最新レポートを出した二〇〇二年に、言論の自由の実現に希望をもたらすと見られたインターネット利用の新たなテクノロジーもまた、標的にされだした。電子メールの検閲は、（中国政府自体を含め）多くの人が考えているほど鉄壁ではないとはいえ、ブログやディスカッション・フォーラム、電子掲示板はすべて、国家統制のさまざまな手段の標的になっている。

　それでは、九四〇〇万に及ぶ中国のウェブがこうむった損害は何だろうか。スラッシュドットは、技術自由意思論者《テクノ・リバテリアン》向けの高い評価を受けているディスカッション・フォーラムであるが、このスラッシュドットでの議論の流れのひとつが的を射ている。お人好しのある欧米人は、「あなたはスラッシュドットを読むことができると思いますが、このリストには、あなたは読まないほうがよいとあなたの国の政府がおそらく思うウェブページがいくつか含まれています」と前書きして、リンクの一覧を提供したときに、フン・ウェイ・ローという名の投稿者は、次のように応じた。「私は何度も中国を旅行したことがありますし、就労ビザ［米国国外出身の期限付き労働者］で中国各地から入国した多くの人たちと働いています。この人たちは、誰もがこれらのリンクで提供される情報すべてにすでに精通しています。だから、ほとんどの人は、ランチの時にこうした話題を議論することに躊躇などしません。あなたは、中国の一六億の国民全員がこれらの情報にほぼ間違いなく接することができないと感じているようですが、その事実は、欧米の（私に言わせれば、米国の）プロパガンダによる長年に及ぶ教化の明白な結果なのです」。

　実際に、［二〇〇五年に起きた］反日抗議行動は、中国国民が連絡を取り合って抗議行動を組織化するために、たとえば携帯電話のメールやチャット、電子メール、電子掲示板、ブログなどのネットワーク技術を用いて、政府当局の念の入った検閲体制をいかに出し抜いたかの実例として、一部の論者が引き合いに出している。もちろん、ここでは、政府当局がこうした抗議行動にたいして態度を決めかねていたことが論点になる——ブログを書いている人のひとりは、政府自体が、騒乱状態の最中に「われわれは、国民にたいして、法律を遵守し、秩序を維持しながら、愛国的情熱を適切な手段で表すことを求める」というショートメールを発信していた、と報告している。

　中国は、新たに生まれる多量の技術が未利用のネットワーク化されたコミュニケーション手段を日に日に高機能にしていく状況と歩調を合わせる必要がある。……過去の実績から判断して、中国政府の検閲機構が今後の挑戦課題に対処不可能であると決めつけることはできない。

（出典：Hogge（2005）。最初、独立系のオンライン雑誌（http://www.opendemocracy.net/）に載った。許可を得て転載。）

グローバル・メディアと民主制

エドワード・ハーマンとロバート・マチェスニーは、グローバル・メディアの研究書で、国際的メディアが民主制国家の運営に及ぼす影響効果を探究した（Herman & McChesney 1997）。一方で、グローバル・メディアの普及拡大は、権威主義的政府にたいして、国の管理する放送業務への統制を緩めるようにうまく圧力をかけることが可能である。メディアの産出物を国境線の内部に封じ込めるのがますます難しくなるため、多くの「封鎖的」社会は、メディアが民主制を支える優勢な力になり得ることに気づきだしている（中国に関するコラムを参照）。インドのような多党制政治システムにおいてさえ、テレビの商業化は、野党政治家の見解をもっと目立たせてきた。グローバル・メディアは、たとえば個人主義や人権の尊重、マイノリティの権利の増進といった見地が幅広く普及するのを可能にした。

しかしながら、ハーマンとマチェスニーはまた、グローバルなメディア秩序のかかえる危険性と、その秩序が民主制の健全な働きに及ぼす脅威についても強調している。グローバル・メディアは、ますます集中化し、商業化されるにつれて、ハーバーマスが記述したようなかたちで、重要な「公共圏」の働きを浸食していく（五九九頁以下を参照）。商業化されたメディアは、広告収入に借りをつくり、高視聴率や高売上げが保証されるコンテンツを優遇せざるを得なくなる。その結果、必然的に娯楽番組が討論番組を打ち負かすことになる。メディアによるこの種の自己検閲は、公共の事案への市民参加を弱め、公の争点にたいする人びとの理解を蝕む、とハーマンとマチェスニーは主張する。ハーマンとマチェスニーによれば、グローバル・メディアは「グローバル資本主義の新たな伝道師」に過ぎない。非営利のメディア空間は、メディア空間を「最良の採算が得られる」状態に置きたいと熱望する人たちによって、着々と買収されだしている（Herman 1998）。ハーマンとマチェスニーの見解では、メディアが促進する「エンターテイメントの文化」は、公共圏を着実に縮小し、民主制の運営を徐々に蝕んでいる。

グローバル時代のメディア

この本の随所で見てきたように、インターネットは、今日のグローバル化過程の主要な促進要素――それに、グローバル化過程の具体的な現れ――のひとつである。しかしながら、グローバル化はまた、他のメディア形態の国際的な活動範囲やその影響力も一変させている。ここでは、グローバル化という条件のもとでマスメディアに影響を及ぼす変化について検討したい。

メディアは――たとえば、ニュースの取材や映画の海外配給のように――つねに国際的な様相を示してきた。しかし、一九七〇年代まで、ほとんどのメディア企業は、自国政府の規制に応じて国内市場で活動していた。メディア産業はまた、個別の部門に区別されてきた――映画や活字メディア、ラジオ放送、テレビ放送は、ほとんどの場合、いずれも互いに独立して事業をおこなってきた。

とはいえ、過去三、四〇年間に、メディア産業の内部で著しい変化が生じた。国内市場が流動的なグローバル市場に屈する一方で、新たなテクノロジーは、かつては別個の存在であったメディア形態を結果的に融合させた。二一世紀初頭の時点で、約二〇の多国籍企業グループが世界のメディア市場を支配しており、これらのグループがニュースの配信やエンターテイメントの制作、市場取り引きで演ずる役割は、世界中のほぼすべての国でおそらく実感できる。

デヴィッド・ヘルドたちは、グローバル化の研究で、グローバルなメディア秩序を生みだすのに寄与した五つの主要な変化を指摘している（Held et al. 1999）。

1 《株式所有の集中の増大》今日、少数の有力企業が、グローバル・メディアを支配している。規模の小さな独立したメディア企業は、集中化が著しいメディア複合企業体に次第に併合されている。

2 《国有から民営への変化》伝統的に、ほぼすべての国のディア事業や遠距離コミュニケーション事業は、国家が部分的ないし完全に所有していた。過去数十年のあいだに、事業環境の自由化や規制の緩和は、多くの国でメディア事業の民営化（と商業化）をもたらした。

3 《超国籍的な企業構造》メディア企業は、厳密にはもはや国境の内側だけで活動していない。同じように、メディアの株式所有に関する法規も緩和され、国境を越えた投資や企業買収を可能にした。

4 《メディアの制作物の多様化》メディア産業は多様化し、前の時代ほど分節化されていない。AOLタイムワーナー（あとで寸描する）のような巨大複合メディア企業は、音楽やニュース、活字メディア、テレビ番組等々を含む混合したコンテンツを制作、配給している。

5 《メディア企業の合併数の増加》分野の異なるメディア企業間での提携に向かう趨勢が明らかに見いだされる。遠距離コミュニケーション企業や、コンピュータのハードウェアとソフトウェアのメーカー、「コンテンツ」制作企業は、メディア形態の統合にともなって、ますます企業合併に巻き込まれている。

メディアのグローバル化は、「水平的な」コミュニケーション形態を中央舞台に押し出してきた。かりに伝統的なメディア形態ではコミュニケーションが国民国家の境界の内部で「垂直的に」おこなわれてきたとすれば、グローバル化は、コミュニケーションの水平統合を導き出している。たんに人びとが草の根レヴェルで互いに結びつくだけでなく、メディアの制作物もまた、新たに調整された規制の枠組みや、所有権をめぐる指針、超国籍的な市場戦略にしたがって、広い範囲に配布されるようになる。コミュニケーションやメディアは、いまや個別の国の境界を越えて拡大普及する態勢を整えている（Srebrenny-Mohammadi et al. 1997）。

しかしながら、グローバル社会の他の側面と同じく、新たな情報秩序もまた、不均等なかたちで発達し、先進社会と低開発の国国との分化を反映している。以下では、メディアのグローバル化の次元をいくつか検討した上で、新たに出現したグローバルなメディア秩序を「メディア帝国主義」と評するほうが望ましいとする一部の論者の主張について考察したい。

音楽

デヴィッド・ヘルドたちがメディアとコミュニケーションのグローバル化を調査した際に言及したように、「音楽という形式は、他のどの形式よりもグローバル化に適している」(Held et al. 1999)。それは、音楽が、書き言葉や話し言葉のもつ限界を超えて、大量の聴衆に届き、興味を引くことができるからである。少数の多国籍企業が支配するグローバルな音楽産業は、多数のアーティストの音楽的才能を発見して、プロデュースし、市場を開拓し、世界中のオーディエンスに配給できる能力で成り立っている。テクノロジーの——たとえば、携帯サイズのステレオ装置から、(MTVのような)音楽専門チャンネル、CDに至る——発達は、音楽を地球規模で配給するために、斬新で精巧な手段を提供してきた。この数十年のあいだに、音楽のグローバルな需要と流通の一端として、「複合」企業体が発達してきた。

グローバルなレコード音楽産業は、最も一極集中が顕著な部門のひとつである。五つの大企業——ユニヴァーサル(一九九八年にポリグラムを吸収合併)、タイムワーナー(六二四頁～六二五頁で触れる)、ソニー、EMI、ベルテルスマン——は、世界の音楽作品総売上高の八割から九割を支配している(Herman & McChesney 1997)。五社のなかで、EMIは、タイムワーナーとの合併を発表した二〇〇〇年一月まで、複合メディア企業体に加わらなかった唯一の企業である。グローバルな音楽産業は、開発途上国での売り上げがとくに顕著だったことで、一九九〇年代中頃に大幅な成長を遂げ、トップ企業の多くは、より一層の市場の成長を見込み、多くの地元アーティストたちとの契約を促進した。とはいえ、以下で見るように、音楽産業は、インターネットの登場によって挑戦を受けることになった。インターネットは、利用者が、以前よりも容易に、かつ大規模に、音楽作品を無料で違法に共有することを可能にしたからである。

戦後期のグローバルな音楽産業の成長は、もっぱら——主に米国と英国ではじまった——ポピュラー音楽の成功と、このポピュラー音楽に一体感をもつ若者文化やサブカルチャーの普及によるものである。したがって、音楽のグローバル化は、米国と英国での流行やライフスタイル、音楽ジャンルが世界中のオーディエンスに流布する主要な推進力のひとつになった。米国と英国は、ポピュラー音楽の世界輸出で主導権を握り、他の国々は国内向けの音楽生産を小規模でおこなっている。一部の論者は、米国や英国による音楽産業の支配がローカルな音楽や伝統の成功を蝕んでいると批判する。しかし、グローバル化が一方通行の道筋でないことは、銘記すべき重要な点である。「ワールド・ミュージック」の——たとえば、米国でのラテン風サウンドの大ヒットのように——人気の上昇は、グローバル化が結果としてあらゆる方角に文化を伝播するという事実を立証している。

インターネットと音楽産業

インターネットは、レジャーの

過ごし方からビジネスの進め方に至るまで、私たちの日常生活の多くの側面をすでに変えだした。音楽産業のような「伝統的な」メディア企業にとって、インターネットは、極めて大きな好機だけでなく、深刻な脅威ももたらしている。

音楽産業が少数の国際的巨大複合企業体の手に集中しだしたとはいえ、一部の研究者は、音楽産業が「文化産業」のなかで最も弱い連接部分であると考えている。それは、インターネットが、音楽作品を、地元のレコードショップで買うよりも、デジタル方式で共有しダウンロードできるようにしたからである。今日、世界の音楽産業は、工場や流通機構、レコードショップ、販売員たちが形づくる複雑なネットワークから主に成り立っている。かりにインターネットが、音楽作品の売買やダウンロードを直接可能にすることで、こうした構成要素すべての必要性を取り払ってしまえば、音楽産業には何が残されるのだろうか。

今日、音楽産業は、デジタル化の影響と折り合いをつけようとしている。世界の音楽売上高はすでに下落しだし、年間レコード売上高は、二〇〇〇年から二〇〇四年のあいだに四〇〇億ドルから三〇〇億ドルにまで減少している。音楽産業は、余剰人員の大規模な解雇を経験し、リストラを余儀なくされてきた。音楽産業の多くの人たちは、たとえばMP3方式のような音楽ファイルをインターネット上で違法に交換する行為が、収益損失の主要原因のひとつである、と主張している。英国レコード工業会の調査は、英国では八〇〇万人が音楽作品をダウンロードし、そのうちの九二%が違法サイトを利用していることを見いだした（BBC 7 Oct 2004）。合法的に購入された音楽作品の複製に厳しい規制を課す試みがなされだしたとはいえ、テクノロジーの変化の速度は、著作権侵害を抑える音楽産業側の能力を圧倒している。

二〇〇〇年に多大な注目を引いた事例のひとつに、ナップスター事件があった。ナップスターとは、人びとがインターネット上でファイル――他の参加者のコンピュータ上にコピーされた音楽作品を含む――のやり取りを可能にするソフトウェアである。レコード産業は、ナップスターの背後にいる小企業にたいして何件か訴訟を起こし、結果的にこの企業はファイル共有ソフトの提供を停止せざるを得なくなった。とはいえ、音楽産業は、ナップスターに勝訴して以降、インターネット上でのファイル交換を擁護する企業にたいする訴えで、勝訴と敗訴が混在する状況に置かれた。二〇〇三年に、米国の判事は、グロクスターとモーフィアスという二つのファイル交換ネットワークにたいして、そのシステム上でやり取りされるファイルの法的ステータスに関して何の責任も負わないとする判決を下した。けれども、法廷での争いはつづいている。

音楽産業は、ファイル共有ソフトを制作する企業を攻撃すると同時に、音楽作品のファイルを違法なかたちで共有する個別のコンピュータ利用者にも追及の手を伸ばしてきた。英国レコード工業会は、二〇〇四年に、インターネット上で楽曲ファイルを交換している個別の音楽ファンを告訴する権利があるとする声明を出した。これは、米国レコード工業会がとった同様の処置に追随した行為である。米国レコード工業会は、二〇〇三年に、楽曲をダウンロードした五七〇〇人を告訴していた。二〇〇四年までに、米国レコード工業会は、六五万曲――アルバム数で四万三〇〇〇枚に相当する曲数——以上のファイルを提供するネットワークを運営してきたミシガン州の大学生相手に訴訟を起こしていた(BBC 7 Oct 2004)。

音楽産業は、違法なファイルの共有を攻撃すると同時に、合法的ダウンロード・サーヴィスを提供することで、インターネットからの挑戦に順応しだしている。ダウンロードは、レコード会社とアーティストに曲の著作権料が支払われるために、合法的である。とくにアップルのiPODのような携帯型MP3プレイヤーの出現や、合法的に購入、ダウンロードできる曲を提供するオンライン会社の数の増加に鼓舞されて、インターネットは大々的な増加を目の当たりにしてきた。二〇〇四年末までに、一億二五〇〇万曲が合法的に購入、ダウンロードされ、公式の「ダウンロード楽曲チャート」が創設された。音楽産業は当初インターネットを拒否した。その後、二〇〇〇年代半ばに、合法的ダウンロードによる音楽作品の販売に首尾よく順応できたことで、音楽産業の多くの人は、インターネットが音楽産業の将来にとって決定的に重要であることに気づいた。

映画

映画のグローバル化を査定するには、さまざまな方法がある。ひとつの方法は、映画の製作場所と、その映画製作を支える資金の出所を考察することである。この判断基準で見れば、映画産業では、間違いなくグローバル化の過程が進展している。国際連合の教育科学文化機関(ユネスコ)の研究によれば、多くの国に映画の製作施設がある。一九八〇年代に、おおよそ二五カ国が年間五〇本以上の映画を製作していた。とはいえ、ほんの一握りの国——米国と日本、韓国、香港、インド——は、年間一五〇本以上もの映画を製作しており、他のすべての国を大きく上回っていた(Held et al. 1999)。

映画のグローバル化を査定するもう一つの方法は、ある国で製作された映画が他国に輸出された度合を調べることである。長編映画作品が日の目を見た一九二〇年代に、ハリウッドは、世界中で上映される映画の八割を製作していた。今日でも、米国は、引きつづき映画産業で最大の勢力である(米国に次ぐ映画輸出国は、インド、フランス、イタリアである)。多くの国の政府は、自国の映画産業を支援するために助成金を出しているが、どの国も、長編映画作品の輸出で米国に対抗することはできない。図15-3が示すように、国際的に(米国以外で)見た興行成績で、史上最高の収益をあげた映画は、すべてが米国製である。たとえば、二〇〇三年では、英国の興行収入の六二%を米国映画が占めている。それにたいして、英国だけで製作された映画は、全収益のたった二・五%に過ぎない(UK Film Council 2003)。

ハリウッドの映画製作会社は、海外での映画配給から全収益の五割以上を得ている。こうした映画製作会社は、海外の観客数をさらに増やすために、世界各地で複合型映画館の建設を積極的に進めている。世界の興行収入総額は、観客の増加にともない、二〇一〇年までに二五六億ドルに膨らむと予測されている。これは一九九五年の興行収入総額のほぼ二倍に相当する。ビデオデッキや、近年はDVDプレイヤーが世界中に普及したことも、ハリウッド映画を日常的に観ることのできる観客を増加させてきた。

順位	アメリカ映画	公開年	製作国	興行収益総額（100万米ドル）
1	ロード・オブ・ザ・リング――王の帰還	1997	米国	1,235
2	タイタニック	2003	米国	696
3	ハリー・ポッターと賢者の石	2001	米国	651
4	ハリー・ポッターと秘密の部屋	2002	米国	604
5	ロード・オブ・ザ・リング――二つの塔	2002	米国	581
6	ジュラシック・パーク	1993	米国	563
7	ロード・オブ・ザ・リング――旅の仲間	2001	米国	547
8	ファインディング・ニモ	2003	米国	513
9	インデペンデンス・デイ	1996	米国	505
10	スター・ウォーズ　エピソード1――ファントム・メナス	1999	米国	491
順位	**アメリカ映画以外**	**公開年**	**製作国**	**興行収益総額（100万米ドル）**
44	千と千尋の神隠し	2001	日本	254
69	フル・モンティ	1997	英国	211
86	フォー・ウェディング	1994	英国	191
96	ブリジット・ジョーンズの日記	2001	英国	183

図15-3　国際的に（米国以外で）最高の興行収益を得た映画作品（2004年4月現在）
出典：Internet Movie Database <http://www.imdb.com> UNDP（2004）

メディアの「超巨大企業」

二〇〇〇年一月に、世界で最も影響力をもつメディア企業の二社が、史上空前の大規模合併によって一緒になった。取引高三三七〇億ドルの世界最大手のメディア企業タイムワーナーと、世界最大のインターネット接続サーヴィス業AOLは、「インターネットの世紀のために、メディアとコミュニケーション手段を完全統合した世界初の企業体」を創設する意図を表明した。この合併は、タイムワーナーが所有する――新聞や雑誌、映画製作会社、テレビ局を含む――膨大なメディア「コンテンツ」と、合併時点で加入者が一五カ国二五〇〇万人以上に及ぶAOLの強力なインターネット配信能力を結びつけることになった。

　この合併は、世界第四位の超巨大企業を生みだしたので、金融市場をおおいに興奮させた。しかし、この合併は、その規模以上に、「旧来のメディア」と「新たなメディア」の最初の大規模な結合であったため、おおいに注目を浴びた。タイムワーナーの起源は、ヘンリー・ルースが、日刊紙に掲載される膨大な量の情報を要約し、解説を付けた週刊誌「タイム」を創刊した一九二三年にさかのぼる。「タイム」の大成功につづいて、一九三〇年にビジネス誌「フォーチュン」、一九三六年に写真誌「ライフ」が創刊された。タイム社は、二〇世紀のあいだに、テレビ局とラジオ局、音楽産業、映画とアニメの巨大帝国ワーナーブラザーズ、それに世界初の二四時間放送ニュースチャンネルCNNを擁するメディア企業へと成長した。合併の時点で、タイムワーナーの年間総取引高は二六〇億ドルで、同社の雑誌を毎月一億二〇〇〇万人が購読し、最も人気のある全国ネットのいくつかのテレビ番組に加え、五七〇〇タイトルもの旧作映画の権利を保有していた。

かりにタイムワーナーの歴史が二〇世紀のコミュニケーション手段の全般的展開を忠実に反映していたとすれば、AOLの台頭は情報化時代における「新たなメディア」の典型である。一九八二年に設立されたAOLは、当初は一時間単位で課金するダイヤルアップのインターネット接続サーヴィスを提供した。加入者は、一九九四年までに一〇〇万人に達し、インターネットを月額基本料金だけで無制限に利用できる仕組みを導入した一九九六年に、四五〇万人へ急増した。AOLは利用者数が引きつづき増加したため——一九九七年には八〇〇万人が利用している——一連の合併や企業買収、業務提携に乗り出し、インターネット接続サーヴィス業者としての抜きん出た地位を強化した。AOLは、オンライン情報提供サーヴィス企業のコンピュサーヴとネットスケープをともに買収し、ドイツ企業ベルテルスマンとの事業提携で一九九五年にAOLヨーロッパを設立し、サンマイクロシステムズとの提携でeコマースの分野にも進出している。

これら二つの企業の合併は、二四〇〇万人のAOL加入者、一億二〇〇〇万人の雑誌購読者、CNN、HBO、そしてワーナーブラザーズをすべて傘下に収める、総売上高三五〇〇億ドルの多国籍企業AOLタイムワーナーの設立を意味した。しかしながら、この合併は、これまでのところ深刻な難題に直面している。とりわけ、AOLは、加入者数や収益の野心的な目標を一度も達成できず、映画とインターネット・テクノロジーの結合がもたらす技術的波及効果は、目に見える成果になかなかつながらなかった。投資家たちが会社に見込んだ業績の期待値を修正したため、この巨大メディア企業は、解体寸前の危機に陥った。二〇〇二年、同社は一〇〇〇億ドルの赤字を計上し、その結果、二〇〇三年に社名からAOLを外すことになった。

今日、AOLの業績低下は止まったと見られており、タイムワーナーは、ケーブルテレビや映画のようなむしろ伝統的なメディアが成功していると主張する。しかしながら、二〇〇二年以降、同社の当座の業績は、そのほとんどを『ロード・オブ・ザ・リング』三部作の成功に頼っていた。タイムワーナー製作の映画が大ヒットする保証は何もないし、インターネット接続サーヴィスでますます競争が激化しているため、一部の経済アナリストは、この世界最大のメディア企業の将来がどのくらい不動なのかについて確信をもてずにいる。

AOLタイムワーナーの合併がもたらす含意は、明確になるまでしばらく時間がかかる。しかしながら、一方でこの合併が刺戟的な新たなテクノロジーの可能性を解き放つと見る人たちと、他方で大企業によるメディア支配を懸念する人たちのあいだで、すでに意見が別れている。熱狂的な合併支持者は、この合併を、人びとが望むニュース番組やテレビ番組、映画、音楽をすべて望む時間にインターネット回線をとおして家庭に直接届けることができる、そうした「超大型」メディア「企業」の創設に向かう重要な第一歩であるととらえている。

とはいえ、誰もが超大型メディア企業を切望しているわけではない。熱狂的な合併支持者が夢みる状況のなかに、批判する人たちは悪夢を感知している。メディア企業がいま以上に集中し、集権化やグローバル化がさらにすすめば、自由な言論や表現、議論の舞台としてメディアの果たす重要な役割を奪ってしまうという懸念が生ずるのは、もっともである。コンテンツ――テレビ番組や音楽、映画、ニュースソース――と配布手段の《両方》を単一の企業が支配すれば、その企業は強大な権力をもつようになる。こうした企業は、自社の人材（その企業が有名にした歌手や著名人）を売り込んだり、自己検閲（自社の株主や企業関係者にマイナスとなるニュース報道を故意に削除すること）をおこなうことが可能である。また、他社の制作物を軽視して、帝国という内輪の世界だけで自分たちの制作物を「相互に推奨しあう」ことが可能になる。

インターネットが少数の超巨大複合メディア企業の手に委ねられるという未来図は、インターネットの熱狂的支持者たちが数年前にいだいた、自由で誰の制約を受けない電子世界という考えと際立った対照をなしている。初期の頃、多くの人たちは、インターネットを、利用者が自由に歩き回って、情報を検索し共有し、結びつきを生み、企業が権力をもつ世界の外側で交流できる、そうした個人主義の世界ととらえていた。とはいえ、姿を現しだした巨大なメディア企業や広告会社の存在は、このような個人主義の世界にとってすでに脅威になっている。批判する人たちは、インターネット上での企業の権力の増大が「企業側のメッセージ」以外のすべてのメッセージを掻き消し、その結果、インターネットが契約加入者しかアクセスできない制約された領域になってしまうことを心配している。

こうした競合する意見を査定するのは難しい。両者の見方に真実があることは、ほぼ確かである。メディアの合併とテクノロジーの進歩は、コミュニケーションやエンターテイメントを組み立て、配布する様式を確かに拡大してきた。映画や音楽の分野における初期のメディア開拓者たちがテレビネットワークや音楽産業の成長によって影響を受けたように、インターネットの時代は、マスメディアにもっと劇的な変化を引き起こす。数年もすれば、オーディエンスは、何をいつ消費するかについて、はるかに多くの選択肢を入手できるようになる。しかし、企業のメディア支配にたいする懸念は、見当違いではない。巨大複合メディア企業は、提携企業に不利なニュース報道を避けているという報告がすでに存在する。インターネットを自由な開かれた世界として維持するべきだという主張は、考え方を共有したり討論することができる、誰にも制約されない公共空間の存在価値にたいする重要な確信にもとづいている。

社会的世界には必然性がほとんど存在しないことを、思い起こす必要がある。情報の源と配布経路を完全に支配しようとする企ては、独占状態の防止を目的にした反トラスト法によって、あるいは、既存のものと異なる情報入手経路を探し求めようとするメディア利用者たちの根気強い、創造力のある反応によって、ほとんど成功していない。メディアの消費者たちは、企業の利害関心によって造作なく操られてしまうような「文化的に鈍い存在」ではない。メディア形態やコンテンツがその範囲と量を拡大するにつれて、人びとは、自分たちが出会うメッセージやデータを解釈し評価する際に、技量が低下するどころか、ますます熟達しだしている。

メディア企業家たち——ルパート・マードック

ルパート・マードックは、オーストラリア生まれで、世界最大のメディア帝国のひとつを率いる企業家である。持ち株会社ニューズ・コーポレーションは、六大陸で事業展開する九つのメディアを傘下に置いている。二〇〇一年には、同社の総売上高は一六五億ドルに達し、三万四〇〇〇人を雇用している (BBC 16 Jul 2001)。二〇〇四年一〇月に、ABCニュースは同社の年間総売上高が二九〇億ポンドであると報じた。

マードックは、一九六〇年代に英国と米国の市場に進出する前に、オーストラリアでニューズ・コーポレーションを設立した。一九六九年に英国の二つの新聞「ニュース・オヴ・ザ・ワールド」と「サン」の最初の買収と、七〇年代中頃の「ニューヨーク・ポスト」の買収が、その後の劇的な事業展開に向かう地歩固めになった。現在、米国だけでも、ニューズ・コーポレーション傘下の新聞社は、一三〇社を超える。マードックは、こうした新聞の多くを、セックス、犯罪、スポーツを三本柱にする扇情的ジャーナリズムに転換させた。たとえば、「サン」は、世界中の英語日刊紙のなかで最大の発行部数を得るほどの大成功を収め、二〇〇四年中期で毎日約三四〇万部に達している。

一九八〇年代に、マードックはテレビにも進出し、衛星テレビとケーブルテレビの系列網であるスカイTVを設立し、当初は低迷したが、商業的に成功を収めた。マードックはまた、香港に本社があるスターTVネットワークの株式六四%を保有している。スターTVネットワークは、日本からトルコに至る地域を網羅した衛星放送によって「上空を制圧し」、インドと中国の巨大市場を取り込む戦略を公言している。同社は五つのチャンネルで放送をおこない、そのうちの一つはBBCワールドニュースである。

一九八五年に、マードックは二〇〇〇本以上の映画の権利を保有する映画会社二〇世紀フォックスの半分の株を買収した。マードックのフォックス・ブロードキャスティングは、一九八七年に事業を開始し、ABCとCBS、NBCに次ぐ米国第四位の大手テレビネットワークに成長した。現在、マードックは、全米で、テレビをもつ世帯の四割以上に放送を提供する二二のテレビ局を所有している。マードックはまた、人気の高い雑誌「テレビガイド」を含む、二五の雑誌を傘下に治め、また米国に本拠がある出版社ハーパー・アンド・ロウ——現在ではハーパーコリンズに改称——も取得した。

近年、マードックは、収益性の高いデジタル衛星テレビ産業、とりわけみずから所有するスカイTVによる、バスケットボールやサッカーといったスポーツ・イベントのライヴ放送に巨費を投じてきた。マードックによれば、スポーツ中継は、ニューズ・コーポレーションがニューメディア市場に参入するための「城壁を破壊する槌」である (Herman & McChesney 1997)。スポーツ・イベントはライヴで観るのが最適なため、中継番組は、マードックにとっても広告主にとっても有利な「課金」形式で放送されている。人気の高い競技や試合の放映権をめぐるニューズ・コーポレーションと他のメディア帝国との競争は、世界中でスポーツにたいする需要が他のイベントを圧倒するため、熾烈になっている。

　マードックにとって、政府は厄介な存在になる可能性がある。なぜなら、政府は、少なくとも自国の国境のなかでは、メディアの交差所有――つまり、同一企業が新聞社とテレビ局をいくつか所有すること――を規制する法律を導入できるからである。欧州連合も、巨大メディア企業が占める支配的地位に懸念を表明している。しかしながら、マードックの権力が地球規模に拡がっていることを考えあわせば、その権力を封じ込めることは容易ではない。マードックは、政府に影響を十分及ぼすほど有力者になっている。しかし、遠距離コミュニケーション事業の本質は、どこにでも所在できるし、またどこでも所在しないことにある。マードックの権力基盤は、非常に大きいが、同時につかまえどころがない。

　マードックは、一九九四年一〇月におこなった講演で、マードックのメディア帝国を民主制と言論の自由にたいする脅威とみなす人たちと対決した。「資本家はつねに互いにだまし打ちを企てているので、自由市場は独占状態にはならない。本来、独占企業は、政府が支持した場合にのみ、存立できる」と、マードックは主張する。「私たちニューズ・コーポレーションは開かれた組織です」と、マードックは言葉をつづけた。マードックは、スターTVを受信できるインドで、何千もの民間業者が衛星放送受信アンテナに投資して、スターTVの番組を違法に売っていることを熟知していた。「そうなのです。私たちがすべきことは、拍手喝采です」。ニューズ・コーポレーションは、「こうした素晴らしい企業家たちと末長く協力関係を結ぶこと」を期待する、とマードックは講演を結んだ（Murdoch 1994）。

　マードックは、一時期、世界で有名な最大のメディア組織の代表であった。とはいえ、一九九五年に、ディズニーとABCの合併が発表されたため、マードックは追い抜かれた。ディズニーの会長マイケル・アイスナーは、急速に拡大するアジア市場で、マードックと競い合いたいと明言した。マードックはこの合併にたいして「相手は、いまの私より二倍の規模をもつことになる」が、「達成目標がちょっと大きくなっただけだ」と応じた。AOLとタイムワーナーの合併は、マードックに達成目標をもう一つもたらしたが、マードックが挑戦を恐れないのは明白である。ディズニーやタイムワーナー、ヴィアコムの最高経営責任者たちは、自分たちが尊敬し、また最も恐れる――その動向を最も注視する――メディア経営者はマードックである、と誰もが指摘する。

(Herman & McChesney 1997)

メディア帝国主義とは?

先進工業国が、とくに米国がメディアの制作や配布で傑出した地位を占めてきた結果、多くの研究者は**メディア帝国主義**という言い方をしている（たとえば Herman & Machesney 2003）。この見解によれば、いまや文化的帝国が樹立されている。低開発国は、みずからの文化的独立を保つ資源を欠くため、とりわけメディア帝国の攻勢を受けやすいと考えられている。

巨大複合メディア企業の世界最大手二〇社は、いずれも本社が先進工業国にあり、また大多数は米国に本社を置いている。AOLタイムワーナーやディズニーABC、ヴィアコムなどのメディア帝国は、すべて米国が本拠地である。他の大手メディア企業として――コラムで言及するマードック帝国を除けば――CBSレコードやコロンビア映画を所有する日本のソニー、RCAレコードや米国に本社がある一群の大手出版社を傘下におくドイツのベルテルスマン・グループ、それにイタリアの首相（同時に世界で最も富裕な四〇人のひとり――第一一章の四〇五頁を参照）シルヴィオ・ベルルスコーニの所有するテレビ会社の傘下にある出版社モンダドーレが含まれる。

欧米の文化製品は、電子メディアを介して、間違いなく世界中に広く流布されている。すでに見たように、米国映画は世界中に配給され、欧米のポピュラー音楽も世界中で販売されている。一九九九年に、香港にディズニーランドを建設する計画が発表された。建設費は三五億ドルで、二〇〇六年の開園が予定されている。このテーマパークは、ローカルな文化の反映でなく、もっぱらアメリカ的アトラクションの複製である。ディズニーランドの会長が指摘するように、この建設計画はほんのはじまりに過ぎないのかもしれない。「人口一三億の国にディズニーランドが一つしかないのは、人口がわずか二億八〇〇〇万の米国に五つあるのと比べて、釣り合いがとれていない」（Gittings 1999での引用文）。

とはいえ、人気のあるエンターテイメントだけが、争点になっているのではない。従来から指摘されたように、欧米の主要報道機関による世界中のニュースの管理は、情報の伝達で「第一世界の見地」が優勢になることを意味する。だから、たとえばニュース報道で第三世界が注目されるのは、主に災害や重大危機、軍事衝突が起きたときだけである、と言われている。先進工業世界に関しては、災害以外の他の種類のニュースも資料として毎日ファイルされるが、第三世界に関する報道はそうではない。

欧米の文化、とりわけ米国文化のグローバルな普及は、一部の地域で結果的に憤慨を生みだし、世界各地で見いだす反米感情の高まりの原因にもなってきた。

グローバル・メディアへの抵抗、グローバル・メディアに代わるもの

グローバル・メディアが広い範囲に影響力をもつことは否定できない。しかし、どの国の内部にも、メディアの猛攻撃を緩和し、メディアがローカルな伝統や文化、最優先事項を反映するかたちで制作するように促す勢力が、いくつか存在する。宗教や伝統、民衆の見地は、いずれもメディアのグローバル化にたいする強い歯止めとなっており、同時にまた、ローカルな規制や国内のメディアのあり方も、グローバル・メディアの強い影響作用を制限する上で一定の役割を果たすことができる。

アリ・モハンマディは、メディアのグローバル化の勢いにイスラム教の国々がとってきた反応を調査した（Mohammadi 1998）。

国境線を越えて作動する国際的な電子帝国の台頭は、多くのイスラム教国家の文化的アイデンティティや国益にとって脅威とみなされている。モハンマディによれば、外部メディアの侵入にたいする抵抗は、控え目な批判から欧米衛星放送の全面的禁止に至るまで、多岐にわたってきた。個々の国がとったメディアのグローバル化にたいする反応や措置は、イスラム教国全体が西欧植民地主義の遺産やモダニティの侵食にとってきた反応をおおよそ反映している。モハンマディは、イスラム世界がメディアのグローバル化にとってきた反応を分析する際に、イスラム教の国々をおおまかに三つの範疇――近代主義国家、混合状態にある国家、伝統的国家――に分けている。

一九八〇年代中頃まで、イスラム世界のほとんどのテレビ番組は、自国の領土内か、アラブサット――二一カ国が構成する全アラブ世界の衛星放送ネットワーク――を通じて、制作、配信されていた。放送の自由化とグローバル衛星テレビの威力は、イスラム世界におけるテレビの様相を変えてきた。一九九一年に起きた湾岸戦争は、中東をグローバルなメディア産業の注目の的にし、同時にまたこの地域のテレビ放送やテレビ視聴にも重大な影響を及ぼした。衛星放送がバーレーン、エジプト、サウジアラビア、クウェート、ドバイ、チュニジア、ヨルダンで急速に広まり、これらの国々は、いずれも一九九三年までに衛星チャンネルを立ち上げた。一九九〇年代末までに、ほとんどのイスラム教国は、グローバル・メディアの提供番組を受信できるようにすると同時に、自前の衛星チャンネルを設立した。

アルジャジーラは、中東で最大の、また論争の的になっているアラブ系のニュースチャンネルで、二四時間体制でニュースを配信している。アルジャジーラは、一九九六年に設立し、カタールに本拠を置き、アラブ世界と世界各地に散らばるアラビア語使用者のあいだで最も急速に視聴者を増やしたニュース・ネットワークである。一部の批判者は、アルジャジーラが、過度に扇情的で、原理主義グループや過激派グループの報道に不釣り合いに力を入れるだけでなく、過剰に暴力的で感情過多な戦闘地帯の取材画面を発表している、と主張する。アルジャジーラの政治番組は最も人気が高いが、文化やスポーツや健康を取りあげた他の番組も、同局の視聴者数の増加を手助けしている。

一部のイスラム教国では、欧米のテレビで扱われるテーマや題材が緊張を生みだしてきた。ジェンダーや人権問題に関係する番組は、とくに論争の的になっている。たとえば、サウジアラビアは、人権問題をめぐるBBCの報道への懸念から、BBCアラビア語放送をもはや援助していない。三つのイスラム教国家――イラン、サウジアラビア、マレーシア――は、欧米テレビの衛星放送受信を禁止した。イランは、欧米のメディアに最も強行に敵対し、欧米のメディアは「文化汚染」の元凶で、欧米の消費至上的価値観の推進者であるという烙印を押した。

とはいえ、このように強い反応は少数派である。イスラム教国は抵抗を試み、代替手段の提供によってメディアのグローバル化に対処してきたが、多くの国は、自分たちの文化的アイデンティティを維持するために、自国の文化にある程度の修正を加える必要があることに気づいた、とモハンマディは結論づける。モハンマディの見解では、たとえばイランやサウジアラビアがとった

「伝統主義的な取り組み」は、適応や現代化に基盤を置く対処の仕方ほど優勢でなくなっている（Mohammadi 1998）。

結び

私たちは、個人として、テクノロジーの変化を管理できないし、テクノロジーの変化の速度自体が私たちの生活を圧倒する恐れがある。しばしば引き合いに出される「情報スーパーハイウェイ」という概念は、整然としたロードマップを提示している。しかし、新たなテクノロジーのもたらす強い影響作用は、多くの場合、無秩序で、破壊的なように感じられている。

しかしながら、回線で結ばれた世界の到来は、一部の懐疑論者たちが予見したような圧倒的に悪いシナリオどおりの事態を、少なくともこれまでのところもたらしていない。インターネットが生まれた結果、「独裁者《ビッグブラザー》」は出現していない。むしろ、逆に、回線で結ばれた世界の到来は、脱集権化と個人主義を促進してきた。千年紀の変わり目に——いわゆる「コンピュータ二〇〇〇年問題」で——世界のコンピュータ・システムの根幹が崩壊する可能性をめぐって過剰宣伝がなされたにもかかわらず、その瞬間は、比較的平穏に過ぎた。終わりに述べておくと、書籍等の「電子革命以前の」メディアが消滅することはおそらくないだろう。いま手にしているこの本にしても、嵩張りはするけれど、コンピュータ版より手近に利用できる。ビル・ゲイツでさえ、ゲイツが予測する新たなハイテク世界を描くために、活字本を書く必要があった。

まとめ

1 マスメディアは、近現代の社会で根本的に重要な役割を演ずるようになった。マスメディアは——新聞や雑誌、テレビ、ラジオ、映画、ビデオ、CD等のかたちで——大量のオーディエンスに向けて発信し、私たちの生活に甚大な影響を及ぼすコミュニケーション媒体である。メディアは、たんに娯楽を提供するだけでなく、私たちが毎日の生活で頼りにする情報の多くを提供し、また形成している。

2 新聞は、初期のマスメディアで最も重要な媒体のひとつである。新聞は引きつづき重要であるが、他のもっと新しいメディア、とりわけラジオやテレビも、新聞を補完してきた。

3 インターネットに次いで、テレビは、メディアで過去四〇年を通じて最も重要な発達を遂げてきた。ほとんどの国で、国家は、テレビ放送行政に直接関与してきた。衛星テレビやケーブルテレビの技術は、テレビの性質を根本的に変えだしている。公共テレビ放送は多数のチャンネルが受信可能になるにつれて視聴占有率が低下しだし、政府は、テレビ番組の内容をますます統制できなくなった。

4 近年、新たなコミュニケーション技術の進歩は、遠距離コミユニケーション――テクノロジー媒体を介して遠距離での文書や音声、画像をやりとりすること――を変容させてきた。デジタル化や光ファイバー、衛星システムは、一体となってマルチメディア――いくつかのメディア形態を組み合わせた単一のメディア――や双方向メディアの発展を促している。双方向メディアは、人びとがみずから見聞することがらに積極的に参加することを可能にする。今日、携帯電話は、遠距離コミュニケーションにおける技術革新の最前線に位置している。

5　インターネットは、相互の結びつきや対話を空前の水準で可能にしだしている。世界のインターネット利用者数は、急激に増加し、ネット上ですべてが処理できる活動の範囲は拡大する一方である。インターネットはときめくような新たな可能性をもたらしている。しかし、一部の論者は、インターネットが社会的孤立や匿名性を助長することで、人間関係やコミュニティを浸食するかもしれない、と心配する。

6　過去三〇年間に、メディア産業はグローバル化を遂げてきた。いくつかの趨勢を指摘できる。メディアの所有権は、ますます巨大な複合メディア企業の手に集中している。私企業によるメディアの所有が、公営形態を上回っている。メディア企業は国境を越えて活動する。メディア企業は事業を多角化してきた。メディアの合併はこれまで以上に頻繁になっている。世界的なメディア産業――音楽やテレビ、映画、ニュース――は、少数の多国籍企業によって支配されている。

7　ひとつの世界に住んでいるという私たちが今日いだく感覚は、総じてメディアやコミュニケーションの国際的拡がりの結果である。世界の情報秩序――情報という商品の生産や流通、消費の国際的システム――が出現しだしている。多くの人たちは、世界の情報秩序で先進国が優位な立場を占めていることから、開発途上国は新たなかたちのメディア帝国主義の支配下に置かれている、とみなす。多くの批判者は、少数の企業や有力個人の手中へのメディア権力の集中が、民主制の運営を侵食することを心配している。

8　メディアに関して、一連のさまざまな理論が展開されてきた。イニスとマクルーハンは、メディアが、何を伝えるかよりも、むしろどのように伝えるかによって、社会に影響を及ぼすと主張した。マクルーハンの言葉を用いれば、「メディアとはメッセージである」。たとえば、テレビは、その性質が新聞や書籍といった他のメディアと非常に異なるために、人びとの行動や態度に影響を及ぼしている。

9　他の重要な理論を打ち出した研究者に、ハーバーマスとボードリヤール、トンプソンがいる。ハーバーマスは、メディアには、「公共圏」――世論が形成され、公衆が討論をおこなう領域――を創りだす役割があることを指摘する。ボードリヤールは、マクルーハンの影響を強く受けてきた。ボードリヤールは、新しいメディアが、とくにテレビが、私たちの経験する「リアリティ」を実際に変容させる、と確信している。トンプソンは、マスメディアが、新たな形態の社会的相互行為――「媒介された擬似的相互行為」――を創りだしてきた、と主張する。媒介された擬似的相互行為は、日常の社会的相互行為に比べて、制約が多く、活用できる信号の種類も狭い、一方向的な相互行為である。

思索を深めるための問い

1　政府は、衛星テレビやケーブルテレビの普及拡大を制限して、国民文化を保護していくべきだろうか。

2　インターネットは、権威主義的政府を弱体化させるのだろうか。この点で、インターネットは、他の旧来のメディアと違うのだろうか。

3　かりにあなたの唯一の情報源が連続メロドラマだけだとしたら、あなたが自分の国についていだく見方は、どのような仕方で歪められたり、あるいは不完全になるのだろうか。

4　音楽産業における所有権の集中は、結果的に消費者の選択肢を減らしてきたのだろうか。

5　コミュニケーション様式のグローバル化は、文化的差異にたいする私たちの認識を改善するのだろうか、それとも文化的差異を消滅させてしまうのだろうか。

読書案内

Chris Barker: *Television, Globalization and Cultural Identities* (Open Univ Pr, 1999)

Timothy E. Cook: *Govering with the News: The News Media as a Political Institution* (Univ of Chicago Pr, 1998)

David Croteau & William Hoynes: *Media Society*, 3rd edn (Sage, 2003)

David Deacon, Michael Pickeringm, Peter Golding & Graham Murdock: *Researching Communications: A Practical Guide to Methods in Media and Cultural Analysis* (Arnold, 1999)

Lawrence Grossberg, Ellen Wartella & D. Charles Whitney: *Mediamaking: Mass Media in a Popular Culture* (Sage, 1998)

Denis McQuail: *Mass Communication Theory*, 4th edn (Sage, 2000)〔旧版の邦訳に、竹内郁郎ほか訳『マス・コミュニケーションの理論』(新曜社、一九八五年)がある〕

James Slevinm: *The Internet and Society* (Polity, 2000)

John Thompson: *The Media and Modernity* (Polity, 1995)

James Watson: *Media Communication*, 3rd edn (Macmillan, 2003)

インターネット・リンク

Foundation for Information Policy Research (UK)
http://www.fipr.org

The Modernist Journals Project
http://www.modjourn.brown.edu

News Watch
http://www.newswatch.org

OECD ICT Homepage
http://www.oecd.org/topic/0,2686,en_2649_37409_1_1_1_1_37409,00.html

Theory.org
http://www.theory.org.uk

16

組織とネットワーク

あなたは、マクドナルドで食事したことがあるだろうか。多分、食べたことがあるだろう。今度マクドナルドに食事に行く機会があったら、その店がどのように運営されているのか観察してほしい。他のレストランと比べ、あなたが気がつく最も明確な相違は、全体がいかに効率よく進行しているか、あるいは少なくともそのように見えることである――だから、あなたは、空腹で行っても、あっという間に満足して店を出ることができる。ウェイターが客をテーブルに案内して注文をとるのではなく、客がじかにカウンターに出向いて、出された食べ物をカウンターで受け取る。かりに店内で食べる場合でも、テーブルクロスなどは敷かれてなく、最低限のカトラリーしか置かれていない。トレイを除き、食事をする際に必要なものは、食べ物の包装紙も含めすべて使い捨てである。食事が終われば、客は使った容器類をゴミ入れに投入する。要するに、マクドナルドの食べ物やサーヴィスは、容易に数量化して算定が可能である。マクドナルドは、「支払われるお金に見合う以上のお楽しみ」を目標に掲げている――客は「バリューセット」や「ビッグマック」、「ラージフライ」を買うことになる。したがって、サーヴィスも、最大限迅速におこなわれる。マクドナルドの創業者レイ・クロックは、五〇秒以内で客にハンバーガーやミルクシェイクを渡すことを目指した。

かりにカウンターの後ろに目をやれば、店員がそれぞれ特化された極めて単純な職務に就いていることに気づくだろう。店員のひとりはポテトフライを作り、別の店員はハンバーグを裏返し、三人目の店員はパンにハンバーグを載せ、サラダを加えている。また、どれだけ多くの工程が自動化されているかにも気づくはずである――ミルクシェイクはボタンを押せば出来上がるし、ポテトを揚げる深鍋は温度設定されており、タイマーは店員に食べ物が用意できたことを知らせる。レジでさえも各品目ごとにボタンが用意されているため、店員は、値段を覚える必要がない。

かりにあなたが、自分の国だけでなく、外国でもマクドナルドを訪れた経験があれば、両方のレストランのあいだにほとんど差がないことに気づいたはずである。インテリアがわずかに違っているかもしれないし、話しかけられる言葉は国によって異なるが、レイアウトやメニュー、注文の手順、店員のユニフォーム、テーブル、包装容器、それに「笑顔でのサーヴィス」は、ほとんど同じである。「マクドナルド体験」は、あなたがロンドンにいてもリマにいても、《一律で、予測できる》ように目論まれている。マクドナルドの客は、店舗がどこに所在しようと、マクドナルドにくる客は、世界中の一一九カ国で三万店以上に及ぶどのレストランでも、素早いサーヴィスと、満足できる常に変わらない食べ物が期待できることを承知している(McDonald's 2004)。

米国の社会学者ジョージ・リッツアーは、マクドナルドが、先進工業社会で生じている変容の鮮やかな隠喩になっている、と論じる(Ritzer 1983, 1993, 1998)。私たちが目撃しているのは、社会の「マクドナルド化」である、とリッツアーは主張する。リッツアーによれば、マクドナルド化とは、「ファーストフード・レストランで働く原理が、アメリカだけでなく世界の他の地域でますます多くの社会部門を支配するようになる過程」である。リッツアーは、長いあいだに私たちの社会が《ますます》合理化に向かいだしていることを示すために、マクドナルドでの四つの指導原理――《効率性》、《計算による予測可能性》、《均一性》、《自動化による管理》――を用いる。（リッツアーの立論は、マックス・ウェーバーの影響を強く受けている。ウェーバーの合理化論は、三三頁～三四頁で触れている。）リッツアーは、何か特別な願望からマクドナルドのあら探しをしているわけではないと強く指摘する。マクドナルドは、こうした過程の最も明白な事例に過ぎない――「バーガーキング化」や「スターバックス化」よりも、「マクドナルド化」のほうが覚えやすいからである、とリッツアーは注記している。

リッツアーは、古典期の社会学者マックス・ウェーバーと同じく、合理化の及ぼす有害な結果を懸念する。マクドナルド化が一連の非合理性を――それを、リッツアーは「合理性の非合理性」と名づけるが――多量に生みだす、とリッツアーは主張している。こうした非合理性には、私たちの健康にもたらす損害（「カロリーが高く、脂肪分とコレステロール、塩分、糖分の含有量が多い」飲食物）や、環境に及ぼす損害（毎回の食事ごとに投げ捨てられる容器）が含まれる。とりわけマクドナルド化は「人間性を奪っていく」、とリッツアーは主張する。私たちは、ハンバーガーを手に入れるために、あたかもコンベアベルトに乗るかのように列に並んで順番を待つことになる。一方、カウンターの反対側で店員たちは、組み立てラインに配置されたロボットのように、同じ単純な職務を幾度も反復していく。

組織研究と組織理論は、社会学の重要な側面のひとつである。組織の研究は、古典期の社会学者マックス・ウェーバーにとって、最も重要な関心事であった（リッツアーは、ウェーバーの考え方を参考にしていた）。この章では、組織について社会学者が示す見解を検討し、さらに、緩やかなネットワークを特徴とする世界においても、ウェーバーのような理論がまだなお当てはまるのかどうかを問題にしたい。

組織

人びとは、さもなければ自分だけでは容易に完遂できない活動を推進させるために、頻繁に結束していく。このような協調行動を成し遂げるための最も重要な手段は、**組織**、つまり、身元が特定できる成員資格を備え、同じ目的を実現するために協調して共同行動に従事する集団、である（Aldrich & Marsden 1988）。組織は、互いに個人的によく知っている人びとから構成される小規模な集団の場合もある。しかし、多くの場合は、規模が大きく、個人的感情が介在しない集団である。大学や宗教団体、（冒頭で述べたマクドナルドのような）営利会社は、いずれも組織の実例である。このような組織はすべての社会の最も重要な特性であるため、組織の研究は、今日、社会学の核をなす関心事になっている。

組織は、近現代の工業社会やポスト工業社会で、明らかに形式性《フォーマリティ》が強まる傾向がある。フォーマルな組織とは、多くの場合、明示された規則や規制、手続きを用いることで、目的を達成するために合理的に設計された組織である。後で論じる近現代の官僚制組織は、フォーマルな組織の最良な事例である。マックス・ウェーバーが一九二〇年代に初めて認めたように（Weber 1979 を参照）、ヨーロッパや北米で、フォーマルな組織の長期に及ぶ増大傾向が見いだされた。このことは、幾分かは、形式性《フォーマリティ》がしばしば法的立場を確立する必要条件であったという事実の結果である。たとえば、大学は、法的認可を得るためには、成績評価の方針や教授陣の研究業績から防火対策に至るすべてのことがらを定めた、明文化された基準を満たさなければならない。今日、フォーマルな組織は、世界の至るところで優勢な組織形態になっている。

伝統的世界のほとんどの社会システムは、慣例や習慣の結果として長期にわたって発達してきた。他方、組織は、ほとんどの場合、設計されている――目論まれた明確な目的によって設立され、その目的の実現を促進するために特別に造築された建物や物質的環境に居を定めている。病院や大学、営利会社が事業をおこなう建造物は、おおむね注文設計である。

今日、組織は、私たちの日常生活のなかで、以前にも増して重要な役割を演じている。組織は、私たちをこの世に送り出すだけでなく、この世での私たちの歩みを注記し、そして私たちが死亡した際には、この世からの旅立ちを見届ける。私たちが出生する前にも、母親は、おそらく父親もまた、病院等の医療組織でおこなわれる妊娠検査等の診断を受けている。今日、行政組織は、生まれた子どもをすべて記録し、私たちの出生から死亡までの情報を収集する。ほとんどの人は――かつてのように自宅ではなく――病院で死亡し、一人ひとりの死は、政府によって公に記録されることになる。

今日、組織が私たちにとって重要になっている理由は、容易に理解できる。近代以前の世界では、家族や身近な親族、近隣住民が――食べ物や子どもたちの訓練、労働、余暇活動などの――ニーズを提供していた。近現代では、大多数の住民は、以前にも増して《相互依存》を強めている。私たちが必要とするものの多くは、私たちがまったく会ったこともないし、ことによれば何千マイルも遠く離れたところで暮らす人たちによって供給されている。このような状況のもとでは、おびただしい量の活動や資源の――組織による――調整が必要になる。

組織が私たちの生活に及ぼしてきた巨大な影響力を、もっぱら利益をもたらすだけと見ることはできない。組織は、往々にしてものごとを私たちの手から取り上げ、私たちがほとんど影響力を行使できない職員や専門家の管理に委ねるというかたちで影響力を及ぼしている。たとえば、私たちは誰もが、政府の命ずる特定のことがら――納税、法の遵守、兵役――を《要求され》ており、したがわなければ刑罰を受ける。組織は、このように社会的権力の源泉として、抵抗する術がない命令に一人ひとりを服従させることが可能である。

官僚制としての組織

マックス・ウェーバーは、近現代の組織の発生について最初の体系的解釈を示した。組織は、人びとの活動や人びとが生産する財を、時空間を超えて安定したかたちで整合するための方式である、とウェーバーを論じている。ウェーバーは、組織の発達が、情報の管理統制に依拠していることを強調した。また、この過程で文書のもつ重要性を、つまり、組織は、組織が作動するために、成文化された規則や、組織の「記憶」を保存するファイルが必要であることを、ウェーバーは力説した。ウェーバーは、組織を、最上層に権力が集中するヒエラルキーとみなしていた。ウェーバーの見解は正しかったのだろうか。かりにウェーバーの見解が正しければ、それは、私たちすべてにとって大きな問題になる。なぜなら、ウェーバーは、近現代の組織と民主制のあいだの密接な結びつきだけでなく、両者の衝突をも見抜き、こうした衝突が社会生活に広範囲に及ぶ帰結をもたらすと考えていたからである。

ウェーバーによれば、大規模な組織は、すべて官僚制的特質を示す傾向がある。「官僚制」という用語は、一七四五年にフランスの学者ド・グールネが創案した。ド・グールネは、事務所だけでなく書き物台をも意味する「ビュロ」という言葉に、ギリシア語の動詞「統治する」に由来した言葉をつけ加え、この官僚制という言葉を造語した。したがって、**官僚制**とは、職員による統治である。この言葉は、当初もっぱら行政官吏にたいしてのみ用いられたが、次第に拡大適用され、大規模な組織一般を指すようになった。

この官僚制という概念は、当初から非難の意味で用いられていた。ド・グールネは、官公吏の増大する権力を「ビュロ熱という病気」と評した。フランスの小説家オノレ・ド・バルザックは、官僚制を「小人が振るう巨人の権力」とみなした。チェコの作家フランツ・カフカは、一九二五年に発表した小説『審判』で、官僚制組織の非人間性や不明瞭さを悪夢のごとく描写した。この種の見方は、今日まで根強くつづいてきた。官僚制は、多くの場合、煩雑な手続きや非能率性、不経済さと関連づけて考えられているからである。とはいえ、他の論者たちは、官僚制について別の見方をしてきた——官僚制を、慎重さや正確さ、効率的な管理モデルとみなしている。こうした論者によれば、官僚制は、すべての業務が厳密な手続きによって管理されるため、現実に人間が考案した最も効率的な組織の運営形態である。ウェーバーの官僚制に関する説明は、これらの両極端な見方のあいだをとっている。かなり規模の大きな伝統的文明においても、限定された数の官僚制組織が存在した、とウェーバーは指摘する。たとえば、帝政時代の中国では、官僚制機構が統治業務全般に責任を負っていた。しかし、官僚制が完全な発達を遂げたのは、近代に入ってからである。

ウェーバーによれば、官僚制の拡大は、近現代社会では不可避である。官僚制的権威は、大規模な社会システムの担う統治上の要件を処理する唯一の方策である。業務が複雑になるにつれて、業務に対処するために経営管理システムを発達させることが必要になった。官僚制は、こうした必要性への合理的で、極めて効率的な対処の仕方として出現した。とはいえ、同時にまたウェーバーは、官僚制には重大な弱点がいくつか存在し、後で言及するように、こうした弱点が近現代の社会生活の特質にとって重要な意味をもたらすとも考えていた。

ウェーバーは、官僚制組織が膨張する原因とその特質を考察するために、官僚制の理念型を提示している。(この場合の《理念》とは、何が最も望ましいのかと言うことではなく、官僚制組織の純粋な形態のことを指している。**理念型**は、最も本質的な特徴をピンポイントで把握するために、現実の事例が示すいくつかの特質を際立たせることで構築される、抽象的描写である。)ウェーバーは、官僚制の固有な特徴を、次のように列挙している(Weber

1976)。

1　権限の明確なヒエラルキーが存在し、組織内での任務は「公の義務」として配分される。官僚制は、ピラミッドのかたちをとり、その頂点に最高の職務権限をもつ地位が配置されている。最高位から最下層にまで伸びる命令系統が、意思決定の調整を可能にする。ヒエラルキーの上級の職位がそれぞれ下級の職位を管理、監督する。

2　成文化された規則が、組織のあらゆるレヴェルで職員の行動を統制する。このことは、官僚制組織における職務がたんに定型的なものであるという意味ではない。職位が高くなるほど、規則は多様な事例を網羅するようになり、規則の柔軟な解釈が要求される傾向が強い。

3　職員は、専任で有給である。ヒエラルキー上の個々の職務には、その職務に付随して一定の俸給が与えられる。人びとは、その組織のなかで出世することを期待される。昇進は、能力や年功序列、または両者の併用にもとづいておこなわれる。

4　職員の組織内での任務遂行と組織外での生活は、切り離されている。職員の家庭生活は、職場での活動とはっきり区別され、物理的にも切り離されている。

5　組織の成員は、誰も仕事で使う物的資源を私有する必要はない。ウェーバーによれば、官僚制の発達は、労働者を自分の生産手段の管理から分離する。伝統的社会では、農民や手工業者は、通常、生産過程を掌握するとともに、自分が使う道具を所有していた。官僚制組織では、職員は、自分たちが働く事務所や着席する机、使う事務機器を私有することはない。

組織は、官僚制の理念型に近づけば近づくほど、その組織の設立目的をもっと効果的に追求できるようになる、とウェーバーは確信していた。ウェーバーは、官僚制が他の組織形態よりも「技術的に優っている」と考えた。ウェーバーは、しばしば官僚制を、合理性の原理（第一章を参照）によって作動する精巧な機械になぞらえていた。しかしながら、ウェーバーは、官僚制組織が非効率的になる可能性を認識し、官僚制組織での多くの職務が単調になり、創造的能力が発揮できる機会をほとんどもたらさないことを容認していた。ウェーバーは、一方で社会の合理化がおそらくマイナスの帰結を招くのではないかと懸念した。しかし、他方で、型にはまった煩雑な手続きや官公吏が私たちの生活に及ぼす権勢は、官僚組織の専門的実行力にたいして払うコストである、と結論づけた。社会の合理化は、ウェーバーの生きた時代から今日に至るまで広範囲に浸透してきた。こうした社会の合理化の進展を批判する人たちは、たとえば冒頭で紹介した、社会のマクドナルド化について論じるジョージ・リッツアーのように、合理的組織の効率性が、ウェーバーの想像した以上のコストにならないのかを問題にしてきた。

官僚制組織内のフォーマルな関係とインフォーマルな関係

ウェーバーの官僚制分析は、組織内のフォーマルな関係を、つまり、組織の規則で指定された成員どうしの関係を最も重要視した。ウェーバーは、どの組織にも存在するインフォーマルな結合や小集団関係についてほとんど言及しなかった。しかし、官僚制組織では、ものごとのインフォーマルな処理の仕方が、別の仕方では達成できない柔軟性をしばしばもたらしている。

ピーター・ブラウは、いまや古典となった著作のなかで、所得税違反容疑の査察業務をおこなう行政機関での**インフォーマルな関係**について研究した（Blau 1963）。職員は、処理方法に確信がもてない問題に直面した場合、直属の上司と協議することになっていた。手続きに関する規則は、職員は自分と同じ職位で働く同僚に助言を求めてはならない、と定めていた。とはいえ、ほとんどの職員は、上司への相談が自分の能力不足を示し、昇進の可能性を少なくしてしまうと思ったので、上司に話すことに慎重だった。そのため、職員は、通例、職員どうしで相談し、職務規則に違反していた。同僚どうしの相談は、具体的な助言を得るのに役立つだけでなく、ひとりで仕事をする際にともなう不安も軽減していた。小集団にしばしば見いだされる結合力の強い一連の忠誠心が、同じ地位で働く人たちのあいだに生まれた。これらの職員が直面する問題は、結果的にたぶん極めてうまく処理されることになった、とブラウは結論づけている。このような集団は、組織のフォーマルな規則がもたらす以上に進取の気性や責任能力を容認する、そうしたインフォーマルな一連の行為が生まれることを可能にした。

インフォーマルなネットワークは、組織のすべてのレヴェルで発達する傾向がある。組織の最上層では、個人的な絆や結びつきのほうが、意思決定をおこなうはずのフォーマルな状況よりもっと重要であるかもしれない。たとえば、取締役や株主が協議する株主総会は、企業の方針を決定することになっている。けれども、取締役会のうちの少数の役員が、実際にはその企業を切り回し、取締役会の承認を当てにしてインフォーマルなかたちで意思決定をおこなっている場合が多い。同時にまた、この種のインフォーマルなネットワークは、個々の企業の枠をこえて拡がる可能性がある。異なる企業の経営幹部たちは、インフォーマルなかたちで頻繁に互いに助言をし合ったり、同じ社交クラブなど余暇生活の各種団体に属し、交流しているかもしれない。インフォーマルなネットワークについて、この章の後半、六六六頁〜六七〇頁で詳しく論じる。

ジョン・メイヤーとブライアン・ローアンは、通例、組織のフォーマルな規則や手続きはその組織成員たちが実際にとるやり方や手順とかなり懸け離れている、と主張する（Meyer & Rowan 1977）。ふたりの見解では、フォーマルな規則は、多くの場合に「神話」であり、人びとはしたがう振りをするが、現実にはほとんど実体のないものになっている。フォーマルな規則は、職務の実際の遂行方法が、たとえ規則にしたがって「執りおこなわれることになっている」方法と相違しても、その遂行方法を妥当と認める――つまり、正当化していく。

フォーマルな手続きは、しばしば儀式的ないし儀礼的特徴を帯びている、とメイヤーとローアンは指摘する。人びとは、別のもっとインフォーマルな手順で実際に仕事をつづけるために、フォーマルな手続きを遵守していることを逆に誇示するかもしれない。たとえば、病院の病棟での処置方法を決めた規則は、患者にたいする看護師の振る舞い方を正当化するのに役立つ。だから、看護師は、ベッドの端に掛けられた患者のカルテに忠実に必要事項を書き込むが、別の――患者の顔色や、目配りが必要か元気そうに見えるかといった――インフォーマルな判断基準によって病状の経過をチェックする。几帳面にカルテ記入をつづけることは、患者と医師に安心感をもたらすが、看護師のおこなう査定にとって必ずしも絶対不可欠ではない。

　インフォーマルな手順が一般に組織の効率性をどの程度まで促進したり阻害するのかは、簡単に判断できない。ウェーバーが描く理念型に類似した官僚制的システムは、ものごとの非公認な処理の仕方を数多く生みだしやすい。ひとつには、こうしたシステムの欠く柔軟性が、フォーマルな規則を非公認のかたちで補修することで最終的に達成できるからである。同時にまた、単調な仕事に従事する人たちにとって、インフォーマルな手順は、もっと満足できる職場環境を生みだすのにしばしば寄与する。高い地位にいる職員どうしのインフォーマルな結びつきは、組織全体を活性化させる上で有効な場合もある。その反面、こうした高位の職員は、組織そのものの利益を増進させるよりも、むしろ自分たち自身の利益の増進や擁護に関心を向けるかもしれない。

官僚制の逆機能

　機能主義の社会学者ロバート・マートンは、ウェーバーが描く官僚制の理念型について検討し、官僚制に固有な要素の一部が、官僚制そのものの円滑な機能にとって有害な帰結をもたらす可能性がある、と結論づけた（Merton 1957）。マートンは、こうした帰結を「官僚制の逆機能」と称している。

機能主義について、詳しくは第一章「社会学とは何か？」、三六頁〜三七頁を参照。

まず、マートンは、官僚制組織では職員たちが成文化された規則や手続きに厳密に依拠するように教え込まれていることを指摘する。職員たちは、柔軟な対処をしたり、決定を下す際に自分の判断基準を用いたり、独創的な解決策を探し求めてはいけないとされている。したがって、官僚制組織では、一連の客観的な判断基準にしたがって事案を処理することになる。このような融通性のなさは、《官僚制的儀礼偏重主義》を、つまり、他の解決をとったほうが組織全体にとって有効な場合さえ、何としても規則遵守が尊重される状況を結果として生みだす、とマートンは危惧した。

　マートンの二つ目の懸念は、官僚制的規則への固執が、最終的にその組織の目標達成に優先してしまうことである。正しい手続きにあまりにも多くの関心が向けられてしまうため、「全体像」を見失う可能性がある。たとえば、保険の支払い請求を処理する責務にある職員は、書類の不足や不備を指摘して、保険契約者に正当な損害補償をおこなうのを拒否するかもしれない。いいかえれば、支払い請求の手続き的に正しい処理は、損害を被った顧客のニーズに優先してしまう可能性がある。

　マートンは、このような事例に、一般の人たちと官僚制組織のあいだで緊張関係が生ずる可能性を予見した。このマートンの懸念は、必ずしも見込み違いではなかった。私たちのほとんどは――国民医療制度から、市当局や課税査定官に至るまで――巨大な官僚制組織と日常的に相互行為している。私たちは、公務員や官僚が私たちのニーズに無関心と思えるような状況に、頻繁に出会う。官僚制の重大な弱点のひとつは、官僚制組織が個別の対応や考慮を必要とする事例に取り組むのが難しいことである。

機械論的システムとしての組織、有機体的システムとしての組織

官僚制的手続きを、すべての業務形態に効果的に適用することは可能だろうか。一部の研究者は、官僚制組織が、定型的業務を遂行するには理にかなっているものの、業務への要求が予測できないかたちで変化する情況では問題を孕んでいる、と主張する。トム・バーンズとG・M・ストーカーは、電機会社での新機軸や変化について調査して、柔軟性や「先端技術に通ずる」ことが最重要な関心事になっている産業では、官僚制組織が限られた有効性しかもたないことを見いだした（Burns & Stalker 1966）。

バーンズとストーカーは、二つの組織類型を、つまり、《機械論的組織》と《有機体的組織》を区別している。機械論的組織とは、命令系統のヒエラルキーが存在して、明確な回路をとおして意思の疎通が上下方向でおこなわれる官僚制的システムである。従業員は、個別の課業だけに責任を負い、その課業が遂行されれば、責任は次の従業員に移っていく。こうしたシステムのもとでの労働は、上層部にいる人たちと下層部にいる人たちが互いにじかに意思疎通することが稀なため、匿名的な労働になる。

対照的に、有機体的組織は、狭く規定された責任よりも組織全体の目標が優先する、そうした緩やかな構造を特徴としている。意思の疎通や指示は、もっと幅のある内容で、たんに上から下へという経路だけでなく、多くの経路に沿って流れていく。組織に関与する誰もが、問題解決をおこなう際に頼れる妥当な知識や情報を備えた存在とみなされている。意思決定は、上層部の専権事項ではない。

バーンズとストーカーによれば、有機体的組織は、遠距離コミュニケーションやコンピュータ・ソフト、バイオテクノロジーといった技術革新の激しい市場での絶えず変化する需要を処理するのに、より望ましい能力を備えている。組織体の内的構造がさらに流動的になることは、こうした組織体が市場の変化に、もっと素早くかつ適切に対応でき、もっと創造的かつ迅速に解決策を見いだせるようになることを意味する。機械論的組織は、市場の変化の影響をほとんど受けない、伝統的な、安定した生産形態にむしろ適している。バーンズとストーカーの研究は、四〇年以上前に発表されたとはいえ、組織運営の変容に関する今日の議論とおおいに有意関連する（六六二頁以下の「官僚制を超えて?」を参照）。バーンズとストーカーは、グローバル化や柔軟な専門分化、脱官僚制化をめぐる近年の議論で極めて重要になった論点の多くを予示していた。

官僚制 対 民主制?

英国のような民主政体のもとでさえ、行政機関は、私たちの生年月日や学歴、就業状況の記録にはじまり、徴税のための所得データや、運転免許証を発行したり社会保険番号を割り当てるための情報に至るまで、私たちについて膨大な量の情報を保有している。私たちは、自分のどのような情報が保有されているのか、またその情報をどの機関が保有しているのかを常時知らされていないため、こうした監視活動が民主制の原

理を侵害する可能性を恐れる。このような恐れが、ジョージ・オーウェルの有名な小説『一九八四年』の根底にあった。この小説では、国家、つまり、「独裁者《ビッグ・ブラザー》」は、いかなる民主制にとっても常態である内部批判や意見の相違を抑えるために、自国民を監視していた。

英国で二〇〇八年からIDカードを導入し、二〇一三年以降は義務化するという最近の提案は、こうした懸念に注目を集めている。この新たなカードには、カード所持者の写真、名前、住所、ジェンダー、生年月日、それに、その人の指紋や、眼球の虹彩イメージ、顔面寸法などの生物測定学的データを収録したマイクロチップが含まれることになっている。批判する人たちは、人びとの身元情報を保管する国家の中央データベースが万全ではなく、人びとのプライヴァシーの権利や、差別からの解放にとって脅威になると、懸念を表明している。IDカードを支持する人たちは、何らかの類の監視が実際に民主制の原理を守ることになる、と主張している。IDカードを提案する側は、IDカードの導入が、たとえばテロリストにたいする監視の実行をもっと容易にし、民主制を守り、民主制が十分機能できるようになる、と主張する。

ウェーバーは、近現代の組織形態や情報管理様式の進展によって民主制が縮小することを、非常に心配していた。とくにウェーバーが不安に思ったのは、顔の見えない官僚たちによる支配が生ずる可能性である。民主制は、官僚機構が私たちに行使する権力の増大に逆らって、いかにすれば意味のないスローガン以上のものになり得るのだろうか。結局のところ、官僚制は必然的に専門化とヒエラルキー化を遂げていく、とウェーバーは判断した。組織の末端近くにいる人びとは、気がつけば平凡な課業を遂行する羽目に不可避的に陥り、自分たちの仕事にたいして何の権限も与えられていない。権力は、最上層にいる人たちに集中する。ウェーバーの教え子ロベルト・ミヘルスは、権力が最上層に集中し、最下層の権力が喪失される状態を指称するために、その後有名になる語句を創りだした（Michels 1967）。ミヘルスは、大規模な組織には、もっと一般的に言えば組織が支配する社会には、**寡頭制の鉄則**（寡頭制とは、少数者による支配を意味する）を見いだすことができる、と主張した。ミヘルスによれば、最上層に権力が集中するのは、官僚制化が進行する世界の明らかに不可避的な要素である——そこから「鉄則」という表現が生まれた。

ミヘルスの主張は妥当だったのだろうか。規模の大きな組織が権力の集中を必然的にともなうという主張は、確かに正しい。しかしながら、「寡頭制の鉄則」は、ミヘルスが主張したほど厳格ではないと想定する十分な理由を見いだせる。寡頭制と官僚制的中央集権化の結びつきは、ミヘルスが想定した以上に、もっと多義的である。

まず、不平等な権力は、ミヘルスが推定したように、規模のたんなる関数でないことを認識すべきである。さほど規模が大きくない集団においても、権力の非常に顕著な格差を見いだす可能性がある。たとえば、監督者が従業員の活動をじかに目にすることができる場合、監督者は、かなり規模が大きい組織の事業所の場合よりも、もっと厳しい統制力を行使するかもしれない。組織は規模が拡大するにつれて、権力関係は、多くの場合、拘束力を現実に弱めていく。中間の職位や下層の職位にいる人たちは、上層部が打ちだす全体的な基本方針に影響を及ぼすことがほとんどできない。他方、官僚制組織は専門分化と専門知識をともなうため、最上層にいる人たちもまた、多くの管理上の決定を統制しきれなくなっており、そうした管理上の決定は、下位の人たちによって処理されることになる。

同時にまた、近現代の多くの組織で、ほとんどの場合、権力は、上位のものから下位のものに公然と委譲されていく。多くの大企業で、組織のトップは、さまざまな部局の調整、緊急事態への対処、運営経費や予測数字の分析等で忙しく、何か新しいことを考える時間がほとんどない。したがって、トップは将来方針の検討を下位の人たちに譲り渡すことになり、将来方針の提案をトップにおこなうことが下位の人たちの仕事になる。多くの企業首脳は、ほとんどの場合、自分たちは自分たちに示された結論をたんに受け容れているだけに過ぎないことを率直に認めている。

官僚制は、本当にそれほど悪いものか?

社会学者のポウル・デュ・ゲイが認めるように、「いまの時代は、官僚制にとって最良の時代ではない」。これまで見てきたように、「官僚制」という言葉は、造語されて以来、マイナスの意味で使われてきた。デュ・ゲイは、最近反響を博した著書『官僚制を賞賛して』で、こうした非難に反論している (du Gay 2000)。デュ・ゲイは、一方で官僚制に欠陥があり得るし、実際に欠陥があるのを認めているが、官僚制に向けられた最もありふれた批判の矢から官僚制を擁護しようとした。

まず、デュ・ゲイは、官僚制の理念に倫理的問題があるという主張に反論する。デュ・ゲイは、社会学者のシグムント・バウマンが書いたホロコーストに関する著作を、自分の見解を説くために選び出している。バウマンは、近現代社会と密接に結びつく官僚制的制度の発達があって初めて、第二次世界大戦時のホロコーストのような身の毛もよだつ行いが可能になった、と確信していた。ナチスが最終的解決策として計画した何百万人もの大量虐殺は、ひとたび制度が、人びとを自分たちの行為にたいして道徳的責任から遠ざける場になったときに初めて可能になった。ホロコーストは、暴力の野蛮な爆発というよりも、理性にもとづく官僚制的制度が出現し、個々別々の任務を最終的な帰結から切り離していったために生起した、とバウマンは主張する。ドイツの官僚制組織は、とりわけナチ親衛隊は、大量殺戮の背後にある理由づけに疑いをいだくよりも、むしろ割り当てられた任務を自分たちの能力の及ぶ限り遂行し——たとえば、鉄道路線を確実に建設したり、一群の人たちをある場所から別の場所に確実に移動させるといった——命令を守ることに全神経を集中させていった (Bauman 1989)。

さきに見たように、バウマンは、官僚制では責任意識が薄められていると考えた。それにたいして、デュ・ゲイは、正反対の考え方をしている。ホロコーストを起こすために、ナチスは、官僚制に欠かせない正当的、倫理的手順を打ち負かす必要があった、とデュ・ゲイは主張する。官僚制には重要な倫理的特質《エートス》が備わり、そのなかに、すべての市民を、その人たちのいだく価値観とは無関係に、平等かつ公平に処遇するという倫理的特質《エートス》も含まれている、とデュ・ゲイは論じる。デュ・ゲイにとって、ホロコーストは、ナチスの人種差別主義的信念が、官僚制に絶対不可欠な規則の公平な適応という手続きにうち克ったときに生起したのである。

　デュ・ゲイはまた、官僚制に向けられた二つ目の攻撃の矢から、つまり、とりわけ公共サーヴィス部門で企業家精神によって官僚制組織を改革する必要性を説く、いま流行の主張に反論することで、官僚制を擁護しようとした。公共サーヴィス部門がますます政争の具になって、公共の利益や合憲性にたいする行政責任を確保するという官僚制的枠組みを守るよりも、むしろ政治家を喜ばせるかたちの職務遂行に熱心になることで、公平性という官僚制の倫理的特質《エートス》は蝕まれだしている、とデュ・ゲイは強調する（du Gay 2000）。

組織の物理的環境

　現代のほとんどの組織は、特別に設計された物理的環境のなかで活動している。個々の組織が入居する建物は、その組織の活動と有意関連する特色を備えるが、同時にまた他の組織が入居する建物とも、建築学的に重要な特徴を共有している。たとえば、病院の建築様式は、いくつかの点で企業や学校が入居する建物の建築様式と異なる。病院では、独立した病棟や診察室、手術室、事務室が建物全体に独特な部屋の配置をもたらすのにたいして、学校は、教室や実験室、体育館から構成されている。しかしながら、両者のあいだには、全体的に見れば類似点が存在する。病院と学校は、ともに部屋への出入口に面して廊下が設置され、またよく似た装飾品や備品があちこちに置かれている。廊下を行き交う人たちの服装の違いを別にすれば、現代の組織がふつう入居する建物は、明らかに類似性を示している。また、建物は、建物内部だけでなく、外観もよく似ている場合が多い。ある建物の側を車で通り過ぎるときに、「これは学校ですか」とたずねると、「いいえ、病院です」という答えが返ってくることは、決して珍しくない。

ミシェル・フーコーの組織理論——時間と空間の統制

　ミシェル・フーコーは、組織の入居する建物の様式が、その組織の社会的構成や職務権限システムとじかに関係していることを指摘した（Foucault 1970, 1979）。組織の物理的特徴を研究することで、ウェーバーの分析した諸問題に新しい光を当てることが可能である。ウェーバーが抽象的に論じた執務室は、同時にまた建築様式上でいえば——廊下で仕切られた部屋という——活動の舞台である。大企業の建物は、ときとして実際にその組織のヒエラルキーどおりに物理的に築造されており、したがって、ある人の職位が職務権限のヒエラルキーで上昇すれば上昇するほど、その人の執務室は最上階に近づく。「最上階」という言い方は、その組織で最高権力を握る人たちを意味するためにしばしば使われている。

　組織の地理学は、多くの点で組織の実際の働きに影響を及ぼす。なかでも、組織の地理学は、その組織のあり方がインフォーマルな関係に大きく依拠している場合に強い影響を及ぼす。一方で物理的近接性はフォーマル・グループの形成を容易にするが、他方で物理的隔たりは、集団を分極化させ、結果として組織の各部門のあいだに「あの人たち」と「私たち」という差異化する態度を生みだす可能性がある。

組織における監視

ある組織が入居する建物での部屋や廊下、オープンスペース等の配置は、その組織体の権限システムがどのように作動するのかを知る上で、基本的な手がかりになり得る。一部の組織では、いろいろな集団が間仕切りのない空間で一緒に作業する場合もある。流れ作業生産のように、その性質上単調な繰り返し作業が多い特定の工業労働では、労働者に作業のペースを確実に守らせるために、監督が常時必要になる。同じことは、たとえばコールセンターで顧客サーヴィスのオペレーターが携わる日常業務にもほぼ当てはまる。オペレーターたちは、電話での受け答えや活動を監督者によってしばしばモニターされている。

フーコーは、現代の組織が入居する建物の建築構造上の可視性ないし可視性の欠如が、どのように権限様式に影響を及ぼし、また権限様式をいかに表しているかをおおいに強調した。組織の可視性のレヴェルは、部下の人たちが、フーコーのいう**監視**に、つまり、組織内での活動の指揮監督に、いかに容易にさらされ得るかを規定する。現代の組織では、比較的高い権限をもつ職位にいる人も含め、すべての人が監視にさらされている。しかし、職位が低くなればなるほど、その人の行動が精査される傾向は強まる。

監視は、いくつかの形態をとる。ひとつは、上位者が下位の人びとの作業をじか指揮監督する場合である。学校の教室の例で考えてみたい。生徒は机につくが、机は、通常、すべて教師の目の届く範囲に何列か並べられている。子どもたちは先生を注視するか、さもなければ自分たちの作業に熱中する。もちろん、この点が実際どの程度まで実現できるかどうかは、教師の能力や、期待されることがらにしたがおうとする子どもたちの気持ちに左右される。

監視の二つ目の類型は、もっと精妙だが、同じように重要である。それは、人びとの生活に関する書類や資料、身上記録の保管である。ウェーバーは、近現代の組織において文書化された（今日ではコンピュータ化されている場合が多い）記録のもつ重要性を理解していた。しかし、こうした記録が行動の規制にどのように利用されるのかを、ウェーバーは十分に解明していなかった。通常、従業員の記録は、仕事の完全な履歴であり、その従業員について詳記し、性格評価をともなうことも多い。こうした記録は、従業員の行動をモニターしたり、昇進の可否を査定するために用いられる。多くの企業で、組織の各職位にいる人たちは、すぐ下の職位の人たちの仕事ぶりについて毎年報告書を作成している。学校の成績簿や大学の成績証明書もまた、人びとが組織で昇進する際に、その人の勉学状況をモニターするために利用される。

三つ目に、自己監視がある。この場合、他の人たちによって監視されているという《想定》が、その人の行動を変え、またその人の行いに制限を加えていく。さきに触れたコールセンターで働くオペレーターの例を考えてみたい。多くの場合、オペレーターには、いまの受け答えがモニターされているかどうか、あるいは管理者がどのくらいの頻度で電話の会話内容を立ち聞きしているかについて、まったく知る術がない。しかしながら、オペレーターたちは、自分たちが経営者の監視下にあるとおそらく想定しており、それゆえ会社の指針にしたがって、電話での会話をてきぱきと効率的に、しかも礼儀正しくつづけていく。

　かりに従業員のおこなう仕事が行き当たりばったりであれば、その組織は効率的に作動できない。ウェーバーが指摘するように、企業では、人びとに定時労働を期待している。活動を時間と空間の面でつねに調整する必要があり、活動の調整は、組織の物理的環境だけでなく、詳細な時間割による正確な仕事の割り振りによって促進される。時間割は、活動を時間と空間を超えて管理する――フーコーの用語で言えば、時間割は「身体を」組織のあちこちに「有効に配分」していく。時間割は、組織体の規律にとって不可欠な条件である。なぜなら、時間割は、多数の人びとの活動をひとつの枠のなかに組み込むからである。だから、たとえばかりに大学が講義の時間割を守らなければ、おそらくすぐに大混乱状態に陥ってしまう。時間割は、時間と空間の集中的利用を可能にする。一つひとつの時間割のなかに、多くの人びとや多くの活動を押し込むことができる。

監視下――監獄　ミッシェル・フーコーは、監獄のように、人びとを長期間にわたって外部世界から物理的に隔離する組織に、おおいに注目した。このような組織は、人びとを外部の社会環境から隔離収容する――隠して見えなくする。監獄は、被収容者の行動に加える統制を極限まで拡大しようとするため、監視の本質を明確かつ詳細に例証している。フーコーは、「監獄が工場や学校、兵舎、病院と類似しているのは意外だろうか、いずれも監獄に似ているはずだ」と言う（Foucault 1979）。

　フーコーによれば、近現代の監獄の起源は、一望監視型施設《パノプティコン》という、一九世紀の哲学者で社会思想家ジェレミー・ベンサムの立案した組織にある。「一望監視型施設」とは、ベンサムが自分の設計した理想的監獄に付けた名称である。ベンサムの設計構想は決して完全に実現されなかったが、その基本的原理のいくつかは、一九世紀にヨーロッパや米国で建造された監獄に採り入れられた。一望監視型施設は環状の建物で、中心に監視塔が置かれ、その外周に監房が円形を描くかたちで造られていた。どの監房にも、窓が二つ付けられ、ひとつは監視塔に面し、もう一つは外側に面していた。この設計構想の目的は、収監者たちをつねに看守の目に見える状態に置くことであった。監視塔の窓にはブラインドが付けられていたため、監獄の職員は、自分たちの姿を見られずに、収監者を四六時中監視下に置くことができた。

監視の限界？　フーコーは、監獄について的を射た指摘をした。今日においても、ほとんどの監獄は、一望監視型施設に著しく類似しているように思えるからである。フーコーはまた、近現代社会で監視が果たす中心的役割について的を射た指摘をしていた。この問題は、今日、情報やコミュニケーション技術の影響力がますます増大しているため、重要性をより一層強めている。私たちは、一部の人が**監視社会**と名づける状況――あらゆる種類の組織が、私たちの生活に関する情報を収集する社会――で暮らしている（Lyon 1994）。

しかし、組織の最も効率的な運営方法は監視を最大化すること——権限の、明確な、徹底した区分をおこなうこと——であるというウェーバーとフーコーの主張は、少なくともこのような見解を企業に当てはめた場合、誤りである。なぜなら、企業は、（監獄がおこなうように）閉ざされた状況のもとで人びとの生活を完全に統制できないからである。監獄は、実際には組織全体の格好のモデルにはならない。直接の監視は、監獄のように収容された人たちが、自分たちに権威を振るう人びとにおそらく敵意をいだき、自分たちがいま身を置くような状況にいたくないと思う場合に、かなりうまく機能する。しかし、管理者が、共通の目的を達成するために他の人たちに協力を求めていく組織の場合、状況は異なる。あまりにも過度な直接的監視は、従業員たちを疎外する。従業員たちは、自分たちが現在おこなっている仕事への自分たちの関与の機会をまったく否定された気分に陥るからである（Sabel 1982; Grint 2005）。

この点は、たとえば組み立てラインや厳格な権限のヒエラルキーをともなう大規模工場のように、ウェーバーやフーコーの定式化した原理に基盤を置く組織が、最終的になぜ大きな困難に直面したのかの主な理由のひとつである。働く人たちは、このような状況のもとで労働に専念したいとは思わなかったからである。事実、絶え間ない監視は、労働者に勤勉に働くことを《求めた》。しかし、絶え間ない監視は、怒りや敵意も助長した。

人びとはまた、フーコーが言及した二つ目の意味での高水準の監視にも、つまり、自分たちに関する文書情報の収集にも、抵抗する傾向がある。このことは、実質的にソヴィエト型共産主義社会が崩壊した主な理由のひとつである。ソヴィエト型共産主義社会では、秘密警察か、あるいは秘密警察に雇われた人たちが——さらには親戚や隣人も含め——住民をつねにスパイしていた。政府はまた、自分たちのおこなう統治に反抗が生ずる可能性を弾圧するために、住民について詳細な情報を保有していた。結果として、政治的には権威主義の、また最後は経済的に非効率な社会形態が生まれた。現実に、社会全体は、監獄が生みだすものと同じあらゆる種類の不満や葛藤、反抗で満ちあふれ、ほとんど巨大な監獄に類する存在に——結局は国民が離反する体制に——なっていった。

世界に広がる組織

組織は、歴史上初めてその規模を真にグローバル化しだしている。情報テクノロジーは、国境線を無意味にしてきた。なぜなら、国境は、主要な経済活動や文化の営み、環境問題をもはや国のなかに封じ込めることができないからである。その結果、国際的組織は、国家がもはやかつてのような最強の行為主体でなくなった世界で事態の予測や安定性を得る手段として、その数も重要性も引きつづき増大することが期待されている（Union of International Associations 1996-7）。

それゆえ、社会学者は、国境を跨る制度体をどのように創出できるのか、またそうした制度体がどのような影響力をもつかを理解するために、国際的組織について研究している。グローバルな組織は世界の国々がますます類似することを強いている、と一部の社会学者は主張する（Thomas 1987; Scott & Meyer 1994; McNeely 1995）。とはいえ、国際的組織は、新しいものではない。たとえば、国境を越えた交易の管理に関与する組織は、何世紀にもわたって存在してきた。ドイツの商人と都市の提携団体だったハンザ同盟は、こうした国際的組織の一例で、一三世紀中頃から一七世紀中頃まで北海やバルト海での交易を支配していた。しかし、一九一九年に短命だった国際連盟が創設されて初めて、精緻な官僚組織を備え、世界中から加盟国が集まった、真にグローバルな組織が形成された。一九四五年に創設された国際連合は、グローバルな組織のおそらく現代の最も傑出した事例である。

社会学者は、国際的組織を二つの類型に分けてきた。《政府間組織》は国の政府によって、《非政府間組織》は民間組織によって構成される。次にこの二つの類型について個々に考察したい。

政府間組織　グローバルな組織のひとつ目の類型は、**政府間組織**（ＩＧＯ）で、加盟国どおしの用務を処理する目的で締結された政府間の条約によって設立される。このような組織は、国家の安全（国際連盟も国際連合もともに破滅的な世界大戦後に創設された）や、交易の調整（たとえば、世界貿易機構（ＷＴＯ））、社会福祉、人権、あるいは次第に増加しているが環境保護のために出現した。今日の最も強力な政府間組織には、国民経済を規模の大きい有力な通商ブロックに統合するために創設されたものもある。最も高度に発達した政府間組織のひとつは欧州連合で、欧州連合は、二〇〇四年五月にヨーロッパの二五の加盟国を治めている。欧州連合は、企業が市場と労働力を求めて自由に国境を越えて事業展開し、また労働者も職を求めて自由に移動できるような、そうしたヨーロッパ単一の経済機構を創りだすために形成された。欧州連合の加盟国は、共通の経済政策を掲げ、二〇〇二年から一二の加盟国は単一通貨（ユーロ）さえ用いている。とはいえ、ヨーロッパのすべての人がこのような展開を歓迎しているわけではない。このような展開は、加盟国が自国の経済面の意思決定のほとんどを最終的に欧州連合という全体に明け渡すことを意味する、と主張している人もいる。

政府間組織はまた、かりに加盟国が進んでそう望む場合、かなりの軍事力を行使することも可能である。たとえば、北大西洋条約機構と国際連合は、一九九一年の湾岸戦争でイラクに加盟国合同の軍事力を行使したし、また一九九九年に、コソボ、旧ユーゴスラヴィアでも軍事力を行使した。しかしながら、最も強力な軍事的政府間組織でさえも、その軍事力が加盟国の任意参加に由来し、加盟国が最終的に自国軍事力の使用を管理しているため、その権限は制限されている。たとえば、ボスニアや、アフリカのソマリアとルワンダにおける凶暴な内戦に直面しても、国連による平和維持の努力はその効果が弱いことが判明している。

多くの場合、政府間組織は、加盟国間の権力の不平等を反映する傾向がある。たとえば、国連の安全保障理事会は、国際平和と安全の維持に責任を負っており、それゆえ国連で最も強力な組織である。安全保障理事会の五つの常任理事国は、英国、米国、中国、フランス、ロシアで、この国々に安全保障理事会の議決案件にたいして拒否権という強い権限が与えられている。残り一〇の理事国は国連総会で選出され、任期は二年であるため、常任理事国ほどの継続的な力を与えられていない。

二〇世紀初めに、当時のデータは不完全だが、政府間組織は、世界で約三六くらいしか存在しなかった。確かな基準にもとづく一貫したデータが得られるようになると、一九八一年には一〇三九、一九九六年には一八三〇に及んだ（Union of International Associations 1996-7）。今日、五五〇〇もの政府間組織が存在すると推定されている（Union of International Associations 2002）。

非政府組織　グローバルな組織の二つ目の類型は、**非政府組織**（NGO）で、会員である個人間や民間組織間の協定によって設立される。具体的な例に、国際社会学会や国際女性会議、環境団体グリンピースがある。政府間組織がそうであったように、非政府組織も近年爆発的に増えている――二〇世紀初めに二〇〇に満たなかったが、一九九〇年代中頃には約一万五〇〇〇になっている（Union of International Associations 1996-7）。今日、推定で三万一一〇〇の非政府組織が存在する（Union of International Associations 2002）。

総じて、非政府組織は、主に国連や他の非政府組織、あるいは個々の政府に睨みを利かすことで、構成員がいだく地球規模のことがらへの関心を促進することにもっぱらかかわっている。非政府組織はまた、研究教育活動に従事し、国際的な会議や集会の開催、機関誌の発行によって、情報を流布している。非政府組織は、有力国の政策の方向づけに功を奏してきた。

非政府組織の著名な（また、極めて成功した）事例のひとつは、地雷禁止国際キャンペーン（ICBL）である。地雷禁止国際キャンペーンは、一九九七年に、世界の大多数の国が地雷の壊滅的使用を禁止する条約に同意するようにさせたことで、創設者のジョディ・ウィリアムズとともにノーベル平和賞を授与された。ノーベル賞委員会は、「空想を実現可能な現実に」変えたという理由で、地雷禁止国際キャンペーンを賞賛した。さらに、「この取り組みは、効果的な平和政策のあるべき姿を示す納得のいく実例に成長し、軍備撤廃を求める国際的努力に明確な成果をもたらした」と付言している（ICBL 2001）。

地雷禁止国際キャンペーンは、約六〇カ国の一〇〇〇以上に及ぶ非政府組織と提携している。これらの非政府組織は、互いに協力して、ヨーロッパやアジア、アフリカで起きた先の戦争の致命的な遺物である対人地雷に曝された危険な状態に、人びとの注意を向けさせた。これらの地雷は他の兵器と異なる。地雷は、戦争後何十年も爆発する状態にあって、全住民を恐怖に陥れ、罠に閉じ込めていく。たとえば、カンボジアでは、肥沃な耕作地に地雷がいまでも敷設されており、危険を冒してまで地雷を除去するつもりがない農民たちを、飢餓の恐怖に陥れている。キャンペーンの努力は、対人地雷の使用と生産、保有、貯蔵、移譲を禁止する条約を結果的に生みだした。この条約は、一九九九年三月に国際法になり、一五〇カ国が支持している。

非政府組織は、政府間組織よりもはるかに数が増え、多少とも成果を上げてきたとはいえ、法的権力が（強制力も含め）最終的に政府にあるため、その影響力は非常に弱い。たとえば、地雷禁止運動の場合、世界の主な大国のほとんどがこの条約に署名したとはいえ、米国は、朝鮮半島の安全保障への懸念を引き合いに出して、ロシアなどと同じく署名を拒否した。それにもかかわらず、一部の非政府組織は、アムネスティー・インターナショナルやグリンピースのように、かなりの影響力を手にしてきた。

経済組織

現代の社会は、マルクスの用語で言えば、資本主義社会である。**資本主義**は、次の重要な特徴によって識別される経済活動の運営方法である。その特徴とは、生産手段の私的所有、動機としての利潤追求、自由競争の商品販売市場、安価な原材料の取得と安価な労働力の利用、それに資本蓄積のための絶え間ない拡大と投資、である。一九世紀の産業革命の発展にともなって拡大普及しはじめた資本主義は、歴史上先行する他のどの経済システムよりも著しくダイナミックな経済システムである。マルクスのように多くの人びとが資本主義を批判してきたが、今日、資本主義は、世界で最も普及した経済組織である。

この章では、これまで主にそこで働く人たちの視点から組織について見てきた。そこで次に、労働力が雇用される営利会社の性質を問題にしたい。（とはいえ、ここでは政府機関について検討しないが、今日、多くの人びとが政府機関に雇われていることを認識しておく必要がある。）営利会社にいま何が生じており、どのように運営されているのだろうか。

企業と企業の権力

二〇世紀に入って以来、近現代の資本主義経済は、大規模の営利会社の台頭によってますます大きな影響を受けてきた。世界の上位二〇〇企業を調査した結果は、一九八三年から一九九九年のあいだに、これら上位二〇〇社の総売上高が、世界の総生産の二五％から二七・五％に相当する金額に増大したことを示している。この同じ時期に、これらの企業が雇用した人びとの数は一四・四％しか増えなかったのにたいして、企業側の利益は三六二・四％も増加した（Anderson & Cavanagh 2000）。

もちろん、英国経済にも数多くの小規模な工場や企業が引きつづき存在している。こうした会社においても、企業家——その会社を所有し、経営するボス——というイメージは、決して廃れていない。しかし、大企業になると事情が異なる。アドルフ・バーリーとガーディナ・ミーンズが名高い研究書『近代株式会社と私有財産』を刊行して以来、最大規模の会社のほとんどをその会社の所有者たちは経営していないことが一般的に受け容れられるようになった（Berle & Means 1997 を参照）。理屈から言えば、大会社は株主の所有物であり、株主は、重要な意思決定をすべておこなう権利をもっている。しかし、バーリーとミーンズは、株式の所有が非常に分散したため、実際の管理は、その会社を日々運営している経営者の手に移されてきた。したがって、会社の《所有権》が《管理権》から切り離されている。所有者が運営しているにせよ経営者が運営しているにせよ、主要企業のもつ権力は、非常に広範囲に及んでいる。一社か数社がその産業を牛耳っている場合、これらの企業は、互いの自由競争よりも、設定された値段で取り引きをおこなう場合が多い。だから、たとえば巨大な石油会社は、通常、互いに他社の例にならってガソリン価格を設定する。ひとつの会社がその産業で司令塔的地位を占めている場合、その会社は**独占**的地位にいるといわれる。もっと一般的なのは、少数の巨大な会社が優勢な、**寡占**状態である。寡占状態では、企業は、原材料等の供給元の中小企業から購入する商品やサーヴィスの価格条件を大なり小なり指図することが可能である。

会社資本主義の諸類型

営利会社の発達は、互いに重なり合ったり、また今日においても共存しているが、一般的に三つの発達段階を見いだすことができる。一九世紀から二〇世紀初期に特徴的に見られた第一段階では、**同族型資本主義**が優勢であった。大企業は、個人企業家なり同じ家族の成員たちによって運営され、子孫に譲渡されていく。たとえば英国のセインズバリーや米国のロックフェラーといった有名な企業王朝は、この範疇に属する。こうした個人や一族は、ひとつの大企業を所有するだけでなく、多種多様な経済利権を保有し、経済帝国の頂点に立っていた。

創業家が設立した規模の大きな企業は、その後ほとんどが公募会社――つまり、その会社の株式が公開市場で売買される――になっていった。しかし、同族型資本主義の重要な要素は、たとえば自動車会社フォードでフォードの最高経営責任者ウイリアム・クレイ・フォード二世が創業者のヘンリー・フォードの曾孫であるように、世界最大の一部企業にも残存している。所有者が経営する地元商店や、配管業や家屋塗装業といった小規模の会社では、引きつづき同族型資本主義が優勢である。このように二世代以上にわたって同じ家族の手中にある会社も、規模は小さいが王朝である。とはいえ、小規模な事業部門は極めて不安定で、経済的破綻が頻繁に生ずる。同じ家族の一員が長期間所有している会社の割合は、極めて小さい。

大規模な事業部門では、次第に**経営者型資本主義**が同族型資本主義を引き継いでいった。非常に規模の大きな会社が生まれて、経営者は、ますます大きな影響力をもつようになり、創業者一族にとって代わっていった。この経緯は、企業そのものによってその企業から創業者一族が交替を余儀なくされた結果であると評されている。企業は、もっと明確に定義づけられた経済実体として出現することになった。マイケル・アレンは、米国の製造業上位二〇〇社を調査して、利益が下降を示した場合、同族支配の企業は最高経営責任者をほとんど交替させないが、経営者支配の企業はすぐに交替させていることを見いだした（Allen 1981）。

経営者型資本主義が現代社会に無視できない痕跡を残してきたことは、疑う余地がない。大企業は、たんに消費傾向を動かすだけでなく、今日の社会における人びとの雇用体験も突き動かしている――かりに規模の大きな工場や会社がなかったなら、英国人の労働生活がどのようになるかを想像するのは難しい。社会学者は、近現代の諸制度に痕跡を残してきたもう一つ別の領域を識別している。**福祉型資本主義**とは――国家や労働組合よりも――会社を、現代の労働生活で市場の不確実性から人びとを守る主要なシェルターにしようとした実践のことを称している。一九世紀末にはじまったが、大会社は、保育やリクリエーションの施設、利益分配制度、有給休暇、失業保険、生命保険等を含め、従業員にたいして一定のサーヴィスを提供しだした。これらの施策には、従業員の「精神教育」のために「ふる里訪問」を援助する施策のように、温情主義的傾向がしばしば見いだされた。慈悲心といった観点で見なければ、福祉型資本主義の主たる目的は、雇用者側が労働組合結成を避けるために——暴力を含め——あらゆる策略をとったように、従業員を威圧することであった。

米国の労働運動を研究したスタンフォード・ジャコビィによれば、歴史の通説は、一九三〇年代に労働組合が空前の影響力を獲得し、またフランクリン・ルーズベルト大統領のニューディール政策がそれまで会社が与えてきた恩典の多くを保証しだしたために、福祉型資本主義が大恐慌時代に終焉を迎えたと指摘してきた(Jacoby 1997)。こうした一般的な解釈にたいして、ジャコビィは、福祉型資本主義は消滅せず、それどころか労働運動の絶頂期に地下に潜行していった、と主張する。一九三〇年代から一九六〇年代のあいだに労働組合結成を回避できた——米国に本拠を置くコダックやシアーズ、トンプソン・プロダクツのような——会社で、福祉型資本主義は現代化され、温情主義的な側面を露骨に脱ぎ捨て、福利厚生策を慣例化していった。一九七〇年代以降、組合運動が弱まりだした時期に、この経営モデルが他の多くの会社に提供されたため、今日、会社は、会社の長所を強調し、労働組合を側面攻撃して、「産業労働の領主」としての会社の役割を再び主張することが可能になった。

経営者型資本主義が現代の経済活動を形成していく上で圧倒的に重要であるにもかかわらず、今日、多くの研究者は、会社進化の第三段階がその輪郭を現しはじめたと見ている。こうした研究者は、経営者型資本主義が機関投資家型資本主義に部分的に席を譲りだした、と主張する。この機関投資家型資本主義とは、たんにひとつの会社の意思決定に関与するだけでなく、ひとつの会社を超えた会社権力の発達にも関与する、そうした企業管理の強化結合されたネットワークが出現したことを指す。機関投資家型資本主義は、他社の株式を所有する企業の実践にもとづいている。要するに、互いに連携する役員会が、企業の活動範囲のほとんどを統制していく。このことは、経営者による支配の増大過程を逆転させる。なぜなら、他社が発行株式の相当の割合を所有することで、経営者の株式保有率が抑えられるからである。機関投資家型資本主義の主な普及理由のひとつは、過去三〇年間に投資様式に生じた変化である。今日、人びとは、ある企業の株式を購入して直接投資するよりも、むしろ金融市場や、信託、保険、規模の大きな金融機関が管理する年金ファンドに投資している。そして、こうした金融機関が、集められた預金を各種企業に投資することになる。

社会学的想像力を働かせる——過去の企業、未来の企業

「世界は変わった。私たちの顧客は変わった。私たちもまた変わらなければならない」。マクドナルドの［二〇〇四年に亡くなった、前］会長で最高経営責任者のジム・カンタルポは、この勇ましい言葉で、投資家に、世界最大のファーストフード・チェーンはどこよりもさらに大きくなることを求めず、ただもっとよくなることだけを求めると約束した。［二〇〇三年］この約束の実行に企業は奮闘することになる。［二〇〇三年］一月に、マクドナルドは、一九六五年の株式公開以来初の第一四半期の損失を公表した。米国の過去一〇年間の不景気で、

店頭売上高は、一二カ月間下降してきた。かつては良質なサーヴィスの典型だったマクドナルドは、ほぼ一〇年間も米国の顧客満足度で最悪の会社に――健康保険業や銀行業よりも下に――ランクづけられてきた。グループの株価は、一九九九年の四八ドルから暴落し、一〇年来の底値である一二ドル近くで低迷した。

さらにもっと悪いことに、カンタルポと［二〇〇五年に亡くなるまでカンタルポの後継者だったに］チャーリー・ベルは、プレゼンテーションのほとんどの時間を、客の引き戻し策としてレストラン経営の基本事項――清潔さ、サーヴィス、スタッフの生産性――の改善を約束するために費やした。マクドナルドは、グリンバーグのもとで、フランチャイズ店とのトラブルを避けるために、監視システムさえ備えていなかった。店の格付けシステムをつくり、「客を装った覆面調査員」を置き、オーナー店主に妥協せず対処することを約束した。

メニューもまた、乱雑だったため、スリム化されることになる。食べ物の選択でまごつくことが少なくなり、もっとヘルシーになって、サラダやヨーグルト、スライスフルーツといったプレミア付き商品もメニューに載った。マクドナルドの食べ物が肥満につながることは長いあいだ否定されてきた。とはいえ、イメージがすべてのマクドナルドにとって、マクドナルドのブランドが非健康的だという評判に曝されるという恐れに、会社は最終的に気が付いた。すべての人にすべてのものを（カンタルポが避けたいと言っていた点であるが）という混乱した試みのなかで、グループは、新たなプレミアム価格の食べ物によって「ビール並の予算でシャンペン並の味覚」を提供するプランを打ち出し、価格も「継承すべきブランド遺産のひとつ」であると明言した。広告の仕方や店の雰囲気も、全面的に洗い直された。フランス風の洒落た店舗がモデルになる。このことは、グループのマスコットである（また、明らかにサンタクロースに次ぐ米国で最も知られた偶像である）ドナルド・マクドナルドを、「人口構成上で鍵となる」若者たちに狙いを定めて売り込もうとするベルのアイディアだった。

これらのことはすべて、多くの投資家に、カンタルポがプレゼンテーションで言いつづけたかたちでマクドナルドは本当に「うまくいく」のだろうかと思わせる結果となった。グルメ向けサンドイッチ・ショップのような「ファースト・カジュアル」レストランの出現は、マクドナルドの提供商品をますます流行遅れに思わせている。グループが最近出した正真正銘のヒット・メニューは、一九八三年のチキンナゲットだけだった。以前は年に一〇％から一五％の成長と多額の利鞘を手にしてきたフランチャイズ加盟店は、自分たちの収益が圧迫されだしたことに気づいた。また、たとえば高価な「店舗ごとに特別に造られた」新型キッチンを加盟店が購入しなければならないという指示のように、本部がおこなう説得力を欠いた指示にも、疎外感をいだいてきた。……

皮肉なことに、マクドナルドを創業し、その後ハンバーグを売るだけでなく、土地建物を購入、賃貸して事業を拡大したレイ・クロックは、グループに活用できる宝の山を残していた。メリルリンチのアナリストであるピーター・オークスは、グループが、建物の七五％と、三万店舗が所在する土地の四〇％を所有していると指摘する。土地だけでも簿価で四〇億ドルの価値があり、売れば一二〇億ドル（税引き前）の収益をもたらす、とオークスは見積もっている。こうした価値は、リース契約付き売買によって食いものにされる可能性がある。……

したがって、結局のところ、マクドナルドは数億ドルを投資家に手渡しで返すことが容易にできるかもしれない。不気味に迫る肥満訴訟の脅威や「身体によくない」食べ物が子どもたちに売られたことへの反発を考えあわせれば、今日、株主に巨額の金銭を戻すことは、先見の明があるように思えるかもしれない。残念なことに、このお金を産む牛の乳を搾るには、経営首脳のさらなる変化がおそらく必要になろう。

'Did somebody say a loss?' *The Economist* (10 Apr 2003)

【設　問】

1　「非マクドナルド化」の過程は、もっと順応性のあるネットワーク型企業の利益になるかたちで進行するのだろうか。

2　マクドナルドは、効率性や、計算による予測可能性、均一性、自動化による管理という四つの指導原理を軽視しただろうか。

超国籍企業　グローバル化の高まりによって、今日、ほとんどの大企業は国際的な経済環境で事業をおこなっている。大企業は、二カ国ないしそれ以上の国に支店を置いている場合、多国籍企業ないし**超国籍企業**と称される。《超国籍》という形容のほうが、これらの企業は多くのさまざまな国境を越えて事業展開していることを指し示すため、むしろ好ましい。

大規模の超国籍企業は、巨大な存在である。その資産が多くの国の富を凌駕しているからである。今日、世界の経済単位上位一〇〇のうち半数を国家が占めるが、あとの半分は、超国籍企業が占める。これらの企業の事業活動の拡がりは驚くべきものがある。最大手の超国籍企業六〇〇社は、世界経済で工業と農業の総生産高の五分の一以上を占めている。これら巨大企業のうち約七〇社は、世界の総売上高の半分を担ってきた（Dicken 1992）。最大手二〇〇社の収益は、一九七〇年代半ばから九〇年代初めまでの間に一〇倍に上昇し、二〇〇一年には九・五兆米ドルに達した。二〇〇三年に、世界の製薬業の上位一〇社が世界市場で五三％以上のシェアを占めている。過去二〇年間に、超国籍企業はますます地球規模で活動するようになった。一九五〇年では、世界大手企業三一五社のうち、二〇カ国以上に下請け生産工場を所有していた企業はわずか三社だけだったが、いまでは約五〇社に及んでいる。こうした企業は依然としてごく少数である。ほとんどの超国籍企業は、二カ国から五カ国に子会社を置いている。

二〇〇〇年で見ると、超国籍企業の上位二〇〇社のうち、米国企業が八二社、次いで日本企業が四一社である（Anderson &

Cavanagh 2000)。とはいえ、米国企業が上位二〇〇社に占める比率は、一九六〇年以降著しく低下している。一九六〇年当時、日本企業はわずか五社しか入っていなかった。世間一般の確信に反して、外国への直接投資全体は、その四分の三が先進工業国間でおこなわれている。それにもかかわらず、発展途上世界にたいする超国籍企業の関与は広範囲に及び、ブラジルやメキシコ、インドでは、外国からの投資は最高水準に達している。企業投資が最も急激に増大してきたのは、新興工業国のシンガポールや台湾、香港、韓国、マレーシアである。ここ数十年の超国籍企業の勢力範囲の拡大は、輸送とコミュニケーション手段の進歩なしにはおそらく不可能だった。今日、航空旅行は、人びとが六〇年前でも想像できなかった速度で世界中を移動することを可能にした。巨大な外洋船舶（巨大な貨物輸送船）の開発は、ある輸送機関から別の輸送機関に直接移し換えができるコンテナの開発とともに、多量の原材料の簡便な輸送を可能にした。遠距離コミュニケーション技術によって、いまやほとんど瞬時に世界のある場所から別の場所へ情報を送ることができるようになった。一九六五年に、最初の通信衛星が二四〇の電話回線による同時送信に成功して以降、遠距離商業通信に衛星が用いられるようになった。最新の通信衛星は、一万二〇〇〇回線を同時送信できる。今日、大きな超国籍企業は、自前で衛星通信システムを所有している。たとえば、三菱商事は、大規模の通信ネットワークをもち、それを通じて東京の本社は毎日五〇〇万語数に及ぶ通信を送受信している。

超国籍企業の諸類型

超国籍企業は、二〇世紀のあいだに世界経済でますます重要な役割を担うようになった。超国籍企業は、国際的**分業**――世界市場向けの商品生産が、地域に分けられ、工業生産地帯や農業生産地帯、あるいは高熟練労働力地帯や低熟練労働力地帯に分化すること――で、極めて重要になる（Fröbel Heinrichs et al. 1979; McMichael 1996）。国内経済が――ごく少数の巨大企業によって支配され――次第に《中央集権化》されてきたように、世界経済も同じように中央集権化が進んでいる。英国や他の一部の先進工業国で、国内を支配する企業は、同時にまた世界的に広範囲に及ぶ影響力をもっている。世界の多くの生産部門は（農業関連産業のように）《寡占》――市場を支配する、三つか四つの企業によって生産が管理される――状態にある。過去二、三〇年のあいだに、自動車生産やマイクロプロセッサー、電子工業において、また世界中で市場取り引きされる他の一部商品においても、国際的寡占が進んでいる。

H・V・パールムターは、超国際企業を三つの類型に分けている（Perlmutter 1972）。ひとつ目の類型は**自国中心的超国籍企業**で、会社の方針は、その企業の発祥国にある本部によって策定され、可能なかぎり実行に移される。親会社が世界各地に所有する企業や工場は、創業した企業の文化的拡張である。二つ目の類型は**多極的超国籍企業**で、この場合、海外子会社をそれぞれの国の地元企業が経営している。企業の発祥国にある本部がおおまかな指針を作成し、地元企業は、その指針の範囲内で日常業務を処理する。三つ目の類型は**地球中心的超国籍企業**で、経営構造は国際的に拡がっている。経営体制は地球規模の基盤の上に統合されており、経営幹部は、機動的で、必要に応じて各国を動き回る。

あらゆる超国籍企業のなかで、日本の企業は、パールムタの用語で言えば、最も自国中心的になりやすい傾向がある。日本企業の世界各地の現地会社は、通常、親会社によってしっかりと管理されており、ときには日本政府が密接に関与する場合もある。日本の経済産業省は、欧米の政府以上に、日本に本社がある海外企業の監督に直接的な役割を演じてきた。旧通商産業省は、過去二〇年以上にわたって一連の開発政策を立案し、日本企業の海外進出を調整してきた。日本の示差的な超国籍企業の形態は、巨大な貿易会社、つまり、《総合商社》である。総合商社は、金融と商取引の仲介が主要な業務である巨大複合企業体で、他の企業に財務面や経営管理面、情報面でサーヴィスを提供していく。日本の輸出入の約半数は、一〇社に満たない大規模の総合商社を通じておこなわれている。なかには、三菱商事のように、みずから多数の工業生産の利権を所有する総合商社もある。（日本の企業は、さらに六六二頁以下で論じている。）

世界規模で立案する

グローバルな会社は、真に地球規模で計画を立てられる最初の組織になった。たとえば、ペプシやコカコーラの広告は、地球の至るところで何億もの人びとに届いている。先進のグローバル・ネットワークを備えた少数の企業は、さまざまな国の商業活動を方向づけることが可能である。リチャード・バーネットとジョン・カバナーは、新たな世界経済には、商業活動を互いに結びつける四つの組織網が存在する、と指摘している（Barnet & Cavanagh 1994）。それは、グローバル文化バザール、グローバル・ショッピングモール、グローバル・ワークプレイス、それにグローバル金融ネットワークである。グローバル文化バザールはこの四つのうちで一番新しいが、すでに最も広範囲に及ぶ。映画やテレビ番組、音楽、ビデオ、ゲーム、玩具、Tシャツを介して、グローバルな映像や夢、空想が世界規模で流布され、販売されている。地球中の至るところで、経済発達が世界で最も遅れた国々においてさえ、人びとは、同じ電気機器を用いて、商業生産された同じ歌や番組を聴いたり観たりしている。

グローバル・ショッピングモールは、バーネットとカバナーによれば、「地球上の食べ物や飲み物、着るもの、遊ぶものが目も眩むほど陳列されたスーパーマーケット」である。グローバル・ショッピングモールは、グローバル・文化バザールよりも排他的である。なぜなら、貧しい人たちは、参加するための資源を欠いている――ウインドショッピングしかできない――からである。世界人口を構成する五五億人のうち、三五億の人たちは、どの消費財を購入するにも現金や信用を欠いている。

三つ目の組織網であるグローバル・ワークプレイスとは、私たちすべてに影響を及ぼす、ますます複雑になった分業体制である。グローバル・ワークプレイスは、膨大な数のオフィスや工場、レストラン等々から構成され、そこで商品の生産や消費、情報の交換がなされていく。このグローバル・ワークプレイスは、四つ目のグローバル金融ネットワークと密接に関連し、グローバル金融ネットワークに燃料を補給すると同時に、グローバル金融ネットワークから資金供給を受ける。グローバル金融ネットワークは、コンピュータのなかに蓄積され、コンピュータ画面に映し出された無数の情報から成り立っている。グローバル金融ネットワークでは、通貨交換や、クレジットカードによる取り引き、保険の設定、株式と債券の売買がひっきりなしにおこなわれる。

大企業――同じだが、相違すること

二一世紀初め一〇年の大企業と二〇世紀中頃の大企業のあいだには、大きな相違が見いだされる。その多くは――たとえば、ゼネラルモーターズ、フォード、IBMのように――顔ぶれは変わらないが、一九五〇年代にはほとんど知られなかった会社が、たとえばマイクロソフトやインテルのように、大企業の仲間入りをした。大企業はいずれも強大な権力を握っており、また経営首脳は、都市の中心部に君臨する大きな建物で執務している。

しかし、今日と半世紀前との表面的な類似性の下に、いくつか奥深い変容が生じてきた。こうした変容の発端は、グローバル化ということの本でしばしば言及してきた例の過程にある。過去五〇年間に、巨大企業はますます地球規模の競争に巻き込まれるようになった。その結果、これら巨大企業の内部構成と、またある意味で企業そのものの性質が一変した。

米国の元労働長官ロバート・ライシュは、次のように述べている。

根底で、すべてのことがらが変化しだしている。米国の中核企業は、もはや多量の商品やサーヴィスの生産をおこなうつもりもないし、実行していない。米国の中核企業は、膨大な数の工場や機械装置、研究室、在庫品等々の有形資産にもはや投資していない。大量の生産労働者や中間管理者ももはや雇用していない。……実際に、こうした中核企業は、もはやアメリカ的でさえない。こうした中核企業は、次第に外観になっている。この外観の背後に、世界中に散らばった実働部門と絶えず協議していく分権化された集団やサブグループが数多く存在する。

(Reich 1991)

大企業は、規模の大きな事業体でなくなり、むしろ「クモの巣を張り巡らす企業」――つまり、規模の小さい会社を互いに結びつける中心組織――になっている。たとえば、IBMは、あらゆる大企業のなかでも最も用心深く自給自足する企業のひとつだったが、一九八〇年代から九〇年代初めに、米国に本拠を置く一二社と外国に本拠がある八〇社以上と協力関係を結んで、戦略計画を共有し、生産問題に対処していった。

一部の会社は、引きつづき極めて官僚制的で、会社が創業した国に権力が集中している場合が多い。とはいえ、ほとんどの会社は、もはや明白にどこかに居を定めていない。昔からの超国籍企業は、もっぱら母国にある本社の判断で動くのが常で、本社が海外の生産拠点や子会社を管理していた。今日では、(第五章「社会的相互行為と日常生活」、一六五頁～一六八頁で取り上げた)時空間の変容にともない、遠距離コミュニケーション手段やコンピュータを介して、世界のどの地域に所在する集団も、他の集団と一緒に作業することが可能になった。国は、国境を越える情報や資源、通貨の流れを引きつづき左右しようと試みている。しかし、現代のコミュニケーション技術は、こうした介入を、不可能ではないにしても、ますます困難にしている。光の速度で動く電子符号によって、知識や資金を世界の隅々に移送することが可能である。

超国籍企業の生産物もまた、同じように国際性を帯びている。ある品物は、いつの時点で「英国製」かどこか他の国の製造になるのだろうか。もはや明確な答えは存在しない。

第二章「グローバル化と、変動する世界」、七〇頁~七一頁で、バービー人形の例を検討した。

バービー人形のパッケージには「中国製」と書いてあっても、第二章で見たように、バービー人形は、最終的に米国で販売されたり、どこかよその国で売られるために再び出荷されるが、その胴体や衣装の生産国は中東から東アジアまで世界中に広がっている。

女性と会社

二、三〇年くらい前まで、組織研究は、ジェンダーの問題にあまり注意を向けてこなかった。ウェーバーの官僚制理論にしても、ウェーバー理論にたいするその後の有力な応答の多くも、男性たちがおこない、男性たちが組織の中心に位置する組織モデルを想定していた。とはいえ、一九七〇年代に台頭したフェミニズムの立場からの学問的研究は、組織や官僚制を含む社会のあらゆる主要な制度領域におけるジェンダー関係の検証を導いていった。フェミニズムの社会学者たちは、たんに組織内部でのジェンダー役割の不均衡に焦点を当てただけでなく、現代の組織それ自体が明らかにジェンダーで区分されたかたちで発展した実態についても究明してきた。

フェミニズムの論者たちは、現代の組織の出現と官僚制組織における出世が、明らかにジェンダーの布置連関に依拠すると主張してきた。フェミニズムの論者は、現代の組織構造そのもののなかにジェンダーが埋め込まれた主要な様式を二つ指摘する。まず、官僚制組織は、職業の面でジェンダーの隔離を特徴としている。女性たちは、労働市場に大々的に参入しだした際に、低賃金の定型的労働が求められる職種に隔離されていく傾向が強かった。これらの職種は、男性たちが占める職位よりも下位に置かれ、女性たちには昇進の機会が与えられていなかった。女性たちは、安価で頼りになる労働資源として利用され、男性たちのように職歴を積み、出世する機会を与えられなかった。

二つ目に、官僚制組織における出世という観念は、実際には女性たちが支援という決定的に重要な役割を演ずるかたちの、《男性にとっての》出世であった。女性たちは、職場では、男性たちの昇進を可能にする——事務員や秘書、事務管理者のような——型にはまった課業をおこなっていた。男性たちは、支えてくれる女性たちが多くの「雑用」のほとんどを処理してくれるために、昇進したり、大きな取り引きの獲得に専念することができた。女性たちはまた、家庭生活の領域でも、家事や、子どもと夫の毎日の世話をおこなうことで、官僚制組織における男たちの出世を支えていった。女性たちは、男性たちが、私事や家庭生活の諸問題を懸念せずに、長時間労働や出張をおこない、自分の仕事だけに専念できるようにすることで、官僚制組織における出世という男性たちのニーズに「奉仕」してきた。

こうした二つの趨勢の結果として、初期フェミニズムの論者たちは、現代の組織が、女性たちを権力から除外し、女性たちの昇進の機会を否定し、女性であることで性的嫌がらせや性差別の被害を被る、そうした男性の支配領域として発達してきた、と主張した。初期フェミニズムのほとんどの分析は、一連の共通の関心事――不平等な賃金や差別、男性が保持する権力――に焦点を当てたが、女性の対等な立場を獲得するための最良の取り組み方に関しては何の合意も見いだせなかった。女性と組織をめぐるフェミニズムの論者による二つの主要な研究が、リベラル・フェミニズムの視座とラディカル・フェミニズムの視座の亀裂を具体的に示している。

ロサベス・モス・カンターの『企業での男性と女性』は、官僚制組織における女性たちについて詳細に検討した最初期の研究のひとつである (Kanter 1977)。カンターは、企業での女性たちの位置づけを調査し、女性たちが権力の獲得から除外されている状態を分析した。カンターは、「男たちの擬似同性愛的《ホモソシアビィリティ》な付き合い方」――男性たちが権力を排他的に仲間内だけで首尾よく維持し、同じ「組織内集団」の一員である人たちだけしか権力を入手利用できない状態――に焦点を当てた。女性たちとエスニック・マイノリティは、向上の機会を事実上否定され、昇進にとって不可欠な社会的ネットワークや人間関係から締め出されていた。

カンターは、現代の企業におけるジェンダーの不均衡に批判的だったが、将来にたいして必ずしも悲観的でなかった。カンターの見解では、問題は、《権力》の問題であって、ジェンダーの問題ではなかった。女性たちは不利益な立場に置かれているが、それは、女性たちが、女性という《存在である》からではなく、組織のなかで十分な力を発揮できなかったからである。カンターによれば、多くの女性たちが影響力をもつ役割にますます就くようになれば、不均衡状態は、おそらく一掃される。カンターは、もっぱら機会の均等を問題にし、女性たちには男性たちと同等の立場を獲得できる余地があると確信していたため、カンターの分析は、リベラル・フェミニズム的アプローチと称されている。

このカンターの立場とまったく異なるアプローチを、ラディカル・フェミニズムの論者のキャッシー・ファーガソンが、『官僚制組織にたいするフェミニズムの主張』(Ferguson 1984) で提示した。ファーガソンは、組織内部でのジェンダーの不均衡を、もっと多くの女性が権力のある職位に昇進することで解決できる問題であるとは考えなかった。ファーガソンの見解によれば、男性的な価値観や支配様式が、現代の組織を根本的に汚染してきた。このような組織構造の内部で、女性たちはつねに従属的な役割に追いやられている、とファーガソンは主張した。真の唯一の解決策は、女性たちが男性たちの組織とはまったく異なる原理にもとづいて自分たちの組織を築くことである。女性たちは、権威主義的な策略や柔軟性に欠く運営手続き、冷淡な管理の仕方に陥りやすい男性たちよりも、もっと民主的な、誰もが参加でき、協調的な仕方で組織運営できる能力を備えている、とファーガソンは主張する。組織内部での葛藤や権力のあり方をめぐる論争は、組織社会学の重要な論点になっている。

第一八章「労働と経済生活」、七四五頁〜七五〇頁で、職場におけるジェンダーの平等について論じている。

官僚制を超えて？

官僚制組織は、引きつづき欧米社会に数多く見いだされる。この章の冒頭でジョージ・リッツアーの「マクドナルド化」論を紹介したが、リッツアーのような社会学者は、官僚制組織が依然として欧米社会を特徴づけていると主張する。とはいえ、他の社会学者は、ウェーバーの組織モデルが、フーコーの組織モデルに反映されているようにかつて有効であったとはいえ、今日では古くなったと考えている。多くの組織は、オーバーホールされ、ヒエラルキーが強まるよりも、ますます弱まりだしている。

一九六〇年代に、バーンズとストーカーは、伝統的な官僚制組織の構造が、先端産業における革新性や創造性の息の根を止める可能性があると結論づけた（六四三頁を参照）。今日の電子経済のなかで、ほとんど誰も、こうした知見の重要性に異議を唱えないだろう。多くの組織は、硬直した垂直型の命令構造から離脱し、もっと柔軟性に富み、市場の変化に対応できるように、「水平型」、協業型の組織モデルに転換しだしている。この節では、グローバル化と情報テクノロジーの発達を含むこうした変化の背後にある主要な影響作用をいくつか検討し、環境の変化という観点から後期近現代の組織がみずからを再創造していく態様のいくつかを考察したい。

組織の変化——日本型組織モデル

今日、世界中の組織で目撃できる変化の多くは、日本の、たとえば日産やパナソニックといった一部の大規模製造業が先駆けとなった。日本の経済は、一九九〇年代に不況に落ち込んだとはいえ、戦後のほとんどの時期を通じて驚異的な成果を遂げた。この日本経済の成功は、多くの場合、日本の大企業の示差的な——欧米のほとんどの企業とかなり異なる——特徴に帰すると指摘されている。以下で見るように、日本企業の組織面での比類ない特徴の多くは、近年、他の国々で採用されたり、部分修正して採り入れられている。

日本の企業組織がポスト・フォーディズムに向かう動きと重要な点で重複することを、第一八章「労働と経済生活」、七五〇頁～七五四頁で論じている。

日本の企業は、ウェーバーが官僚制組織と結びつけてとらえた特徴と、いくつかの点で異なっていた。

1 《ボトムアップ意思決定方式》 日本の大企業は、ウェーバーが描いたような、おのおのの職位がすぐ上の職位にだけ責任を負う職務権限のピラミッドを形成していない。むしろ、日本の企業では、経営者は、組織で下位にいる従業員たちに経営者が現在検討している方針について意見を求めたり、最高経営幹部でさえも、こうした下位の従業員たちと定期的に会合をもっている。

2 《少ない専門分化》 日本の組織では、従業員たちは、欧米の従業員ほど専門分化されていない。幹部候補生として企業に入る若い従業員たちは、普通、最初の一年を、その企業のさまざまな部署がどのような働きをするかの学習に費やす。それから、その会社の活動の多くの部門で経験を積むために、地方の支店と本社の双方でさまざまな職位を転々と移動する。その従業員は、職歴の頂点に達するまでに、つまり、幹部候補生として出発してから約三〇年後に、重要な業務をすべて習得することになる。

3 《雇用の安定》 日本の大企業は、自社が採用した人たちの終身雇用を約束している。つまり、従業者たちは職を保証されている。給与と職責は、昇進競争でなく、年功——その人が企業で過ごしてきた年数——に連動する。

4 《集団志向の生産活動》 企業のすべての職層で、従業員たちは、小規模の協働「チーム」、つまり、作業グループに組み入れられる。業務遂行の評価は、一人ひとりの従業員ではなく、むしろ集団にたいしておこなわれる。欧米の企業と異なり、日本の企業の「組織図」——職務権限の体系を示す図式——は、個々の職位でなく、作業グループだけを示している。

5 《労働と私生活の合体》 ウェーバーがおこなった官僚制組織の描写では、従業員たちの組織内での労働と組織外での活動のあいだに明確な区別が見られた。この点は、実際に欧米のほとんどの企業に当てはまり、欧米の企業と従業員の関係は経済的な関係である。対照的に、日本の企業は、従業員のニーズの多くに便宜を提供し、引き換えに企業への高い忠誠心を期待している。従業員たちは、給料の他に会社から多くの物質的恩典を受ける。たとえば、ロナルド・ドーアが研究した電気機器メーカーの日立では、未婚従業員のすべてと既婚男性従業員のほぼ半数に、住居を提供していた（Dore 1973）。従業員たちは、子どもの教育費や、結婚と葬儀の出費を補うために、会社の貸付金を利用することができた。

英国や米国で日本人が経営する工場の研究は、「ボトムアップ」意思決定方式が、日本以外の場でも効果的に機能することを指摘している。労働者たちは、工場が提供する幅広い参加機会に積極的に応じているように見える（White & Trevor 1983）。したがって、日本型モデルが、ウェーバー流の官僚制の概念構成に有意関連する教訓を、確かにいくつかもたらしていると結論づけることは、妥当であろう。ウェーバーの理念型に酷似した組織は、机上で考えられているほどおそらく効率的ではない。なぜなら、そうした組織は、下位の従業員たちが自分の課業や仕事の段取りに深く関与したり、主体性を発揮するのを許さないからである。

最近まで、英国や米国で、ビジネス関係の多くの論者は、英米の企業が追随すべきモデルとして日本の企業に注目していた（Hutton 1995）。一九九〇年代を通じて日本の経済が減速したため、多くの専門家はこうした想定を疑問視している。日本の多くの企業が伝統的に従業員にたいしておこなってきた関与は、従業員の忠誠心を促したかもしれない。しかし、同時にまたそうした関与は、柔軟性を欠き、競争力を奪うとして批判されてきた。さきに見たように、戦後のほとんどの時期を通じて、日本企業の中核的労働者は、職業生活の全期間を同一企業で働くことが期待でき、解雇や人員整理は滅多になく、とりたてて昇進欲を鼓舞されることもなかった。一九九〇年代初めから日本が直面した経済問題は、やっと緩和されだしたように見える。とはいえ、それは、日本の企業活動の将来が、従来のシステムを維持しようとする伝統主義を選ぶか、もっと競争力に富んだ利己的なビジネス・モデルへの改革を支持する資本主義を選ぶかで、板挟みになることを意味する(Freedman 2001)。

経営の変容

いま述べた「日本型モデル」のほとんどの構成要素は、管理をめぐる論点に帰着する。日本人が開発した高い生産水準での業務実態を無視することは不可能であり、日本の取り組み方の大部分は、経営者と従業員の関係に焦点を当て、あらゆる層の従業員が企業に個人的愛着を確実に感ずるようにさせた。チームワークの強調や、合意形成への取り組み、従業員の幅広い参加は、もっとヒエラルキーが厳しい権威主義的な欧米の伝統的経営形態とは明らかに対照的である。

一九八〇年代に、欧米の多くの組織は、生産性と競争力を高めるために新たな経営技法を導入した。人気のある二つの経営理論の分野──《人材活用戦略》と《企業文化という取り組み方》──は、日本型モデルがすでに欧米でも見過ごせなくなったことを示している。ひとつ目の**人材活用戦略**とは、企業のもつ労働力が経済競争にとって決定的に重要だとみなす経営スタイルである。かりに従業員たちが工場と工場の生産物に完全に身を打ち込まなければ、その工場は決してその領域でトップになれないからである。従業員たちの熱意と関与を引き出すためには、従業員たちが職場や労働過程に投資していると感じられるように、組織全体の文化を再編成する必要がある。人材活用戦略によれば、人的資源の問題は、「人事担当」に指名された人たちだけの専門分野ではなく、企業経営陣すべてにとって最優先事項でなければならない。

人材活用戦略は、企業の内部に労使間の深刻な対立がまったく存在せず、それゆえ全従業員を代表する労働組合がほとんど必要でないという想定にもとづいている。それよりも、人材活用戦略は、企業がひとつにまとまった存在であり、競合する会社だけが唯一の競争相手であることを企業全体に提示する。人材活用戦略の手法を用いる企業は、労働組合との交渉によって従業員の処遇を決める代わりに、一人ひとりと契約したり職能給を支払うことで従業員に個別に対応しようとする。近年の研究によれば、労働者は職場における人材活用戦略の指示に一方でしたがうかもしれないが、多くの労働者は、人材活用戦略の根底にある会社の一体性という想定にたいして個人的には冷笑的なことが示されている(Thompson & Findlay 1999)。

二つ目の経営の趨勢──独自の**企業文化**の創出──は、人材活用戦略と密接に関係している。企業の経営者は、企業への忠誠心と労働にたいする誇りを増進するために、従業員と一緒に、その企業だけに独自な儀礼や行事、伝統のある組織文化を構築することに努める。こうした文化的活動は、企業の──最上層の経営者から新入りの従業員に至るまで──全従業員がひとつにまとまって、互いに協力して集団の連帯性を強化できるように目論まれている。企業主催のピクニックやパーティ、「カジュアル・フライデー」(従業員が「ラフな服装で」勤務できる日)、企業が後援する地域奉仕活動の企画は、企業文化を構築する方法の一例である。

近年、欧米の多くの企業は、さきに述べた経営原則にしたがって設立されている。米国で自動車のサターンを製造する会社のように、企業は、伝統的な官僚制組織モデルにしたがって構築されるよりも、むしろこうした新たな経営方針にそって運営されてきた。だから、たとえばサターンの製造会社では、すべての職層の従業員が、工場全体の生産工程についてもっとよく理解するために、会社の他の部署で一時期働く機会を与えられている。作業現場で働く従業員たちは、市場調査部門で過ごすことで、自動車がどのように開発されるのかについて知識を共有できる。販売担当者たちは、サーヴィス部門で一時期働くことで、買い手となる人がおそらく関心をもつ車のメンテナンスの問題についてもっとよく認識できるようになる。販売と作業現場の双方の代表者たちは、既発売のモデルで経営陣がおそらく気づかなかった欠点について議論するために、新車の設計チームに関与していく。友好的で、知識を備えた顧客サーヴィスに焦点を置く企業文化は、その企業の従業員たちを一体化し、企業にたいする誇りを高めることができる。

グローバル化と日常生活——職場のコンピュータ化

グローバル経済で競い合う企業にとって、情報テクノロジー——コンピュータや通信機器——への投資は、必要な措置である。金融部門の会社は、国際金融市場での取り引きに加わるのに、コンピュータに依存している。製造会社は、地球規模に広がった生産工程を調整するのに、通信機器に依存している。消費者サーヴィスを利用する客は、サーヴィス会社に、電話やインターネットによって自分の口座に二四時間アクセスできることを要求する。要するに、情報テクノロジーは、すでにビジネスの基本的インフラになっている。

こうした情報テクノロジーの一部は働く人たちの生活を楽にしてきたとはいえ、新たに生まれたハイテクの職場が働く人たちの能力や権利を蝕まないのかと心配するには、十分な理由がある。まず、情報テクノロジーに依存する業務は、労働者のあいだの連携を浸食する恐れがある。今日、ハイテク技能をもつ従業員への需要は極めて高いが、学校教育を受けていてもさほどハイテク技能をもたない従業員は、限られた数の勤め口しか得られないことに気が付く。ますます、会社のなかに従業員の二つの「階級」が出現することになる。ハイテク技能をもった特権階級と、低い職位での労働に追いやられる階級である。しかし、従業員が賃金や労働時間、福利等の問題をめぐって経営側と交渉する場合、従業員側のまとまりは、経営側の譲歩を確保するのに不可欠である。ハイテク技能をもつ従業員たちは、職場の論議でハイテク技能をもたない従業員の側につくのだろうか、それとも経営側につくのだろう。労働者の権利や福利が将来どのような状態に置かれるかは、この問いへの答えに全面的に掛かっている。

二つ目に、新たなコミュニケーション技術によって、多くの国に籍を置く支店や生産拠点が互いに容易に意思疎通できるため、製品の多くは、多くの国で生産されるようになる――このことは、個々の労働者をもっと簡単に置き換えられる状況をもたらす。クリントン大統領の下で労働長官を務めたロバート・ライシュは、グローバルな生産工程について、次のような事例を示している。

> アイスホッケーの精密な用具は、スウェーデンでデザインされ、カナダで資金調達され、北アメリカとヨーロッパで流通させるために、クリーブランドとデンマークで別々に組み立てられる。用具に使う金属の分子構造は、デラウェアで研究開発されて特許を取得し、日本で製造される。広告キャンペーンは英国で企画立案され、映画場面はカナダで撮影され、英国で音入れがなされ、ニューヨークで編集されている。(Reich 1991)

ハイテク技能をもった熟練労働者は、生産工程の多くの側面を動かすために必要とされているが、こうした技能は、前の時代に熟練の技が対経営者との関係でもっていた交渉上有利な立場を、労働者に与えない可能性がある。今日、製造工程は多くの部門に細分化されており、またこれらの細分化された工程はそれぞれ別々の生産施設でおこなわれているため、どの労働者も身につけなければならない技能の数は、前の時代の事例に比べ限定されている。したがって、争論を起こしやすい労働者を会社側が容易に置き換えることを可能にする。このように、コミュニケーション技術は、マルクス主義の学者ハリー・ブレイヴァマンが「労働の技能解体」と名づけた過程を、ほぼ間違いなく助長している(Braverman 1974)。

三つ目に、職場における監視も、情報テクノロジーが業務にとっていま以上に重要になるため、おそらく変質していく。これまでも雇用者は、従業員をつねに見守り、働きぶりをモニターし、能率の向上を図ろうとし、従業員が何かを盗んでいないかどうか点検してきた。しかし、仕事の相当大部分がコンピュータによってなされるようになったため、管理者が従業員の行動を精査する能力や役割は、増大している。コンピュータによる従業員の働きぶりの評定や、従業員の電子メールの精査、経営側が従業員個人の情報を入手利用する機会の拡大――作家ジョージ・オーウェルが描いたようなシナリオ――は、職場において情報テクノロジーの果たす役割が拡大するにつれて、いま以上に起こり得るようになる。

【設　問】

1　あなたは、これらの脅威を現実のことと思いますか。それとも、情報テクノロジーが組織に及ぼす強い影響力は、本質的に従業員にとって害はないのだろうか。

2　これらの趨勢に対抗するために、あるとすればどのような処置をとることが可能だと、あなたは考えますか。

ネットワークの研究

社会的ネットワーク

「大事なのは、《何を》知っているかで

なく、《誰を》知っているかである」ということわざが古くある。この金言は、「好ましい人的つながり《コネクション》」をもつことの重要さを言い表している。社会学者は、こうした人的つながりを、**ネットワーク**——個人や集団を他の個人や集団と結びつける、あらゆる種類の直接間接の人的つながり——と称している。だから、たとえばあなたの個人的ネットワークには、（あなたの友だちのように）あなたが直接知っている人たちとともに、（あなたの友だちの友だちのように）あなたが間接的に知っている人たちも含まれる。多くの場合、個人的ネットワークには、人種や階級、エスニシティ等の社会的素性の類似する人たちが含まれているとはいえ、例外もある。たとえば、あなたがオンラインのメーリングリストに加入していれば、あなたは、そのメーリングリストに載っているすべての人が構成するネットワークの一端を担うが、リストに載っている人たちは、人種やエスニシティ、ジェンダーが異なるかもしれない。同時にまた集団や組織は——たとえば、個々の大学の同窓生のように——ネットワークで結ばれている可能性があるため、こうした集団への所属は、あなたの勢力範囲や影響力をおおいに拡大するかもしれない。

社会集団は、ネットワークを獲得するための重要な拠りどころであるが、必ずしもすべてのネットワークが社会集団ではない。多くのネットワークは、社会集団の際立った特質である共有された期待や共通のアイデンティティ感覚を欠いている。たとえば、あなたは、メーリングリストの加入者とはアイデンティティ感覚をおそらく共有していないだろう。また、仕事場のほとんどの同僚の近隣住民と、たとえその人たちがあなたの社会的ネットワークの一端を担っていても、おそらく知り合いではないだろう。

ネットワークは、多くの仕方で私たちのために働いていく。社会学者のマーク・グラノヴィッターは、とくに社会経済的地位が高い集団では、弱い絆のなかに並はずれた力が見いだされ得ることを論証している（Granovetter 1973）。グラノヴィッターは、高い階層の専門的職業従事者や管理的職業従事者は、たとえば遠縁の親族や遠方にいる知人といった人的つながりから、新たな職について耳にするかもしれない。このような弱い絆であっても、大きな利益をもたらす可能性がある。なぜなら、こうした親族や知人は、社会的接触は類似していても、その専門的職業従事者や管理的職業従事者のものとまったく異なる人的つながりをもつ傾向が強いからである。グラノヴィッターによれば、社会経済的地位が低い集団では、弱い絆は、必ずしも他のネットワークへの橋渡しにならず、したがって実際にチャンスを押し広げることができない（Marsden & Lin 1982; Wellman et al. 1988; Knoke 1990）。あなたは、大学を卒業した後に、職を探すために、その職に適した学位や履歴書におそらく頼るだろう。しかし、かりにあなたの大学時代の友だちが、たまたまあなたの求職先の採用担当者と同じ学校に通っていたとすれば、そのことは有利に働くかもしれない。

ほとんどの人は、利益を得るために自分の個人的ネットワークに頼るが、誰もが有力なネットワークを入手利用できる機会を平等に与えられているわけではない。たとえば、女性たちの仕事面のネットワークや政治的ネットワークは、男性たちのネットワークよりも弱いため、これらの分野での女性の力は削減されている、と一部の社会学者は指摘する（Brass 1985）。英国では、最もよく知られたパブリックスクールのいくつかは、イートンやハローのように男子しか入学できないため、パブリックスクール在学時に生徒たちが形成する強力な人的つながりを入手利用することを女性たちは否定されている。一般的に見れば、女性たちが仕事を探す場合、女性たちの求人市場のネットワークは男性たちの場合に比べ数が少ないこと、つまり、女性たちは少数の職業に就いている少数の人たちしか知らないということを、社会学者たちは明らかにしている（Marsden 1987; Moore 1990）。乏しいネットワークは、女性たちを、女性が典型的に多い職種へと導く傾向があり、これらの職種は、通常、賃金が低く、昇進の機会も少ない（Ross & Reskin 1992; Drentea 1998）。しかしながら、ますます多くの女性がもっと高い地位に昇進するようになれば、その結果生まれるネットワークは、今後の女性の進出に貢献する可能性がある。ある調査は、女性たちが、すでに女性比率の高い職種において次第に高い職務水準で雇われたり昇進する傾向があることを見いだしている（Cohen et al. 1998）。

　ネットワークは、経済的利益以上のものを与える。あなたは、国会議員に面会することからデート相手を探すことに至るまで、幅広い接触を得るために自分のネットワークにおそらく頼るだろう。同じように、あなたがよその国を訪れる際に、あなたの友人や通う学校、属す宗教団体は、それぞれが海外の知り合いを紹介してくれ、そうした知り合いは、あなたが不案内な環境で思い通りに行動する手助けをしてくれるかもしれない。あなたが学校を卒業すれば、同窓会は、あなたの社会的支援ネットワークをさらに拡大していく。

ネットワークと情報テクノロジー

　さきに見てきたように、ネットワークは人びとの非常に古くからある実践形態である。しかし、社会学者のマニュエル・カステルによれば、**情報テクノロジー**の発達によって、とりわけインターネットの発達によって推進強化されるネットワークは、いまの時代の組織構造を決定づけている。ネットワークが本来もつ柔軟性と適応性は、ネットワークに、旧来の組織形態を上回る巨大な強みをもたらす。過去において、ウェーバーが記述したような、合理的、ヒエラルキー的官僚制組織は、その組織の目的を満たすために資源を首尾よく活用していくことが判明した。対照的に、ネットワークは、職務を調整したり、特定の目的に関心を集中させたり、所定の任務を達成することが、官僚制組織のように首尾よくできなかった。カステルにとって、二〇世紀の最終四半期に生じたコンピュータ技術の凄まじい進捗は、カステルが「インターネット星雲」と名づけたものを創りだし、すべての状況を変えていった（Castells 2001）。インターネットの登場は、今日、世界のほぼどこでもデータを瞬時に処理できることを意味する。つまり、当事者が身体と身体を接近させる必要がまったくない。その結果、新たなテクノロジーの導入は、多くの会社が、自社の組織構造を「リエンジニアリング」することを可能にし、組織構造は分権化され、もっと規模が小さく、もっと融通の利く事業形態に向かう趨勢を強めていった。（これらの変化はまた、七六二頁で見るように、在宅勤務の増加を導いた。）

組織体の境界を特定することは、伝統的にかなり容易であった。一般的に、組織は、たとえばオフィスビルやその一角の続き部屋であったり、病院や大学の場合は構内全体というように、物理的に限定された空間に所在していた。組織が実現をめざす使命や業務も、通常、同じように明白だった。たとえば、官僚制組織の中心的特徴は、一連の限定された責任と、その責任を遂行する手続きを堅く守ることである。官僚制組織についてウェーバーが示した見解は、官僚制組織が、限定された特定の地点でだけ外部の組織と交わる、完全に独立した単位という見方である。

すでに見たように、組織の物理的境界は、新たな情報テクノロジーのもつ国境や時間帯を超えていく潜在能力によって、明らかに弱まりだしている。しかし、この同じ過程は、同時にまた組織がおこなう業務やその業務の調整の仕方にも影響を及ぼしはじめている。多くの組織は、かつてそうであったような独立した単位で運営されることはもはやない。ますます多くの組織は、他の組織や企業体との複雑な関係の網の目のなかに組み込まれると、自分たちの組織の業務をもっと効率的に運営できることに気づいていく。組織体と外部集団のあいだに明白な分割線はもはや存在しない。グローバル化や情報テクノロジー、職業様式の趨勢は、組織体の境界がこれまで以上に開放的、流動的になってきたことを意味する。

マニュエル・カステルは、著書『ネットワーク社会の出現』で、「ネットワーク企業」がグローバル経済や情報経済にとって最適の組織形態である、と論じている（Castells 1996）。カステルは、このことで、組織は――それが大企業であれ小企業であれ――かりにネットワークの一部を構成しなければ、生き残りが次第に難しくなりだしている、と主張しようとした。ネットワーク構築を可能にするのは、情報テクノロジーの成長である。つまり、世界中の組織は、相手を探し出し、簡単に接触して、電子メディアをとおして共同事業を互いに調整することが可能になる。カステルは、組織のネットワーク構築の事例をいくつか示して、こうした組織が異なる多様な文化的脈絡や制度的脈絡のなかで生まれだしている、と強調する。とはいえ、カステルによれば、これらの組織はいずれも――伝統的、合理的な官僚制組織の崩壊という――「根本的な変容過程の別の側面」を示している。

ネットワークとしての組織には数多くの実例を見いだすことができるが、ここでは具体例をひとつ検討しておきたい。社会学者のスチュアート・クレッグは、衣料小売業ベネトンについて研究した。ベネトンは、世界中の都市に五〇〇〇もの店舗をもっているとはいえ、一見すると、地球規模で販売をおこなう他のファッション・ブランドととくに違いがないように思えるかもしれない。しかし、ベネトンは、実際には情報テクノロジーの進歩が可能にした明らかにネットワーク型の組織類型である。世界中のベネトンの店舗は、ベネトンが直接雇用した人たちではなく、ベネトン商品の製造と販売に専念する大きな複合体の一端をなす人たちが経営する、そうしたライセンス供与のフランチャイズ店である。

ベネトンの経営全体は、ネットワーク原理にもとづいている。イタリアにあるベネトンの本社は、世界中のフランチャイズ店から寄せられた需要にもとづいて、さまざまな製造業者に生産を下請け注文する。コンピュータがネットワークのさまざまな部門を結びつけているため、たとえばモスクワの店舗は、レジスター・キーに触れただけで、自店が必要とする出荷量に関する情報をイタリアの本部に伝えることができる。他の国際的ファッション小売業が同じ一連の商品を世界中のすべての店に持ち込むのにたいして、ベネトンの仕組みは、個々のフランチャイズ店の注文にしたがって商品を造ることできる。ベネトンは、市場に反応し、提携相手との緩やかなネットワークに頼って、必要とされるときにサーヴィスを提供することが可能になる（Clegg 1990）。

情報テクノロジーとネットワークの結合は、官僚制組織の将来にたいするウェーバーの悲観的な見方を完全に一掃するのだろうか。このような見解には慎重でなければならない。官僚制システムは、ウェーバーが考えた以上に内部的にもっと柔軟性に富む。官僚制システムはまた、さほどヒエラルキー的でない他の組織形態からますます挑戦を受けだしている。しかし、リッツァーが社会のマクドナルド化論で指摘したように、官僚制システムがマンモスのように全滅することは、おそらくないだろう。近未来においても、組織のなかでは、一方で規模が大きくなり、非人格性が増し、ヒエラルキーが強まる趨勢と、他方でそうした趨勢に対抗する逆の影響作用とのあいだで、押す力と引く力とのせめぎ合いがおそらくつづいていくだろう。

組織やネットワークは私たちの生活にどのような影響を及ぼすのか？

社会関係資本――結び合わす絆

人びとが組織に加わる主な理由のひとつは、人的つながりを手に入れ、その影響力を増大させるためである。組織に投入される時間とエネルギーは、好ましい見返りをもたらす。たとえば、父母と教師の会（ＰＴＡ）に入っている親は、そうでない親よりも、学校の施策に睨みを利かす可能性が大きくなる。ＰＴＡの会員は、誰に電話をして、何を主張し、どのように学校の職員に圧力を掛ければよいかを知っているからである。

社会学者は、こうした組織の成員であることがもたらす成果を、**社会関係資本**、つまり、自分の目標を達成し、影響力を拡大させることができる社会的知識や社会的つながり、と名づけている。社会関係資本という考え方は古代にまで遡るが、こうした表現は、一九八〇年代末に学問的議論の表舞台に加わった。ヨーロッパでは、この概念は、とりわけフランスの社会学者のピエール・ブルデューと結びついている（ブルデューによるこの概念の用法は、第九章の三四五頁～三四七頁で触れている）。この「社会関係資本」の用語は、この一〇年間に、米国の政治学者ロバート・パットナムのおこなった有力な研究が引き金となって急激に使われだした（Putnam 1995, 2000）。

社会関係資本には、有用な社会的ネットワーク、相互の義務感と信頼感、効果的な行動を定める規範の理解、さらにもっと一般的には、人びとが効果的に活動できるようにさせる上記以外の社会的資源が含まれる。たとえば、大学の学生は、ひとつには社会的技量を学び、卒業したときによい結果を得たいと望んで、学生自治会や学生新聞で積極的に活動するかもしれない。その結果、大学の教員や管理者と交流するようになって、勤め口を探したり大学院を志願するときにその人たちの支援を受けるかもしれない。

社会関係資本の相違は、もっと大きな社会的不平等を映し出す。たとえば、男性は女性よりも、白人は非白人よりも、富める人は貧しい人よりも、総じてより多くの社会関係資本をもっている。だから、英国で、イートンやハーロウのようなパブリックスクールで教育を受けることで得る社会関係資本は、英国の多くの親が子どもをこうした学校に行かせる際の重要な理由である。しかし、こうした学校は男女別学で、授業料を徴収するため、社会関係資本は裕福な男子だけに限られる。こうした学校に通うことは、生徒に、その後の人生で有力な社会的資源や政治的資源、ビジネス面の資源を入手利用できるチャンスをもたらし、富や影響力の拡大を手助けする。社会関係資本の相違はまた、国と国のあいだにも見いだされる。世界銀行によれば、社会関係資本の水準が高い国は、経営者たちが健全な経済活動を育む「信頼のネットワーク」を効果的に発達させるため、おそらく経済成長を経験していくことができる(World Bank 2001)。具体例は、一九八〇年代に東アジアの多くの経済国が経験した急速な成長で、これらの成長は強力なビジネス・ネットワークによって高められた、と一部の社会学者は主張している。

ロバート・パットナムは、米国における社会関係資本について広範囲に研究して、社会関係資本を二つの類型に分けている。つまり、外側に目を向け、包摂的な《橋渡し型社会関係資本》と、内側に目が向き、排他的な《結束型社会関係資本》である。橋渡し型社会関係資本は、社会的裂け目を横断して人びとを一体化する。人びとを一体化させる潜在的力は、たとえば公民権運動の事例に見いだすことができる。公民権運動は、黒人と白人を人種平等の闘いに引き合わせ、異なる宗教組織をひとつにまとめていった。結束型社会関係資本は、排他的アイデンティティを強化し、同質的集団を増大する。この結束型社会関係資本は、エスニシティごとの友愛組織や、教会を基盤にした女性たちの読書グループ、テニスやゴルフなどのカントリークラブに見いだすことができる(Putnam 1995, 2000)。

組織に積極的に所属する人びとは、「世の中とつながっている」と実感する傾向が、そうでない人以上に強い。つまり、その人たちは、世の中に能動的に参加して、「違いをつける」ことができる。もっと規模の大きな社会の側から見れば、社会関係資本は、とくに橋渡し型社会関係資本は、人びとに、自分がもっと広いコミュニティの一員であるという感覚と、また自分とは異なる人たちを包摂する意識をもたらす。民主制は、この社会関係資本が強い場合に繁栄する。実際に、国際比較調査の結果は、パットナムの研究対象となった米国で、市民参加のレヴェルが世界で最も高いことを示していた(Putnam 1995, 2000)。しかし、過去三〇年くらいのあいだに、アメリカ人を互いに束ねてきた、政治的絆やクラブ会員等の社会的、市民的参加形態が著しく弱まってきたという証拠も、同じように強く見いだせる。その結果、ひょとした

表16-1　政治参加・コミュニティ参加の20年間の低下傾向
(1973年4月から1993年4月まで)

活動形態	低下の度合 (%)
クラブや団体の役員を務める	42
政党のために活動する	42
地元の組織で委員を務める	39
町政問題や学校問題をめぐる公の集会に出席する	35
政治集会や演説会に出席する	34
スピーチをおこなう	24
上院議員や下院議員に手紙を書く	23
請願に加わる	22
「政治改革をめざす」グループの会員になる	19
公職に就くか、立候補する	16
新聞や雑誌に投書する	14
新聞や雑誌に寄稿する	10
上記12の活動に少なくとも1つは参加したことがある	25

出典: Putnam (2000)

ら民主制が蝕まれだしているのだろうか。

孤独なボウリング――低下する社会関係資本の実例

パットナムは、組織への参加が、多くのアメリカ人に、互いの利益のために他の人たちと協力しあう能力や、信頼感、もっと大きな社会に属しているという感覚などの社会関係資本を提供していく、と主張する。この種の社会関係資本は、実効力のある市民資格にとって必要不可欠である。しかしながら、パットナムによれば、これらの社会的絆が米国の社会で急激に減りだしている(表16-1を参照)。この衰退傾向を示す、微妙だが重要な形跡のひとつを、ボウリング場に見いだすことができる (Putnam 1995, 2000)。今日、ますます多くの人が、独りでボウリングをしているからである。仲間と組んでボウリングをする人たちは、独りでボウリングをする人たちよりも、ビールとピザを三倍も消費している、とパットナムは指摘する。この事実は、仲間と組んでボウリングをする人たちが、社交にもっと多くの時間を注ぎ、おそらく市民生活の課題についても論じ合うようになることを示唆する、とパットナムは考えた。パットナムによれば、孤独なボウリングは、今日のコミュニティ喪失の徴候なのである (Putnam 2000)。

現代のアメリカにおける社会的離脱状態の、奇異に思えるかもしれないが、最も困惑させる証拠は、私が見いだす限り次の点である。それは、今日、いままで以上に独りでボウリングするアメリカ人が増えており、仲間と組んでおこなうボウリングがここ一〇年くらい急激に減少してきたことである。一九八〇年から一九九三年のあいだに、米国のボウリング人口は一〇％増加したのに、仲間と組んでのボウリングは四〇％も減少した。（このことがまったくとるに足りない事例と受けとめられないように、以下のことを指摘しておくべきだろう。一九九三年に、アメリカ人のうちほぼ八〇〇〇人が少なくとも一回はボウリングに出掛けており、三人に一人以上が一九九四年の連邦議会選挙で投票し、ほぼ同じ数の人がいつも休まず教会に通っている……のである。）

二〇世紀前半三分の二のあいだに、強力な潮流がアメリカ人を自分たちのコミュニティ生活へのもっと深い関与に導いていた。しかし、数十年後に、この潮流は――音もなく、何の前触れもなしに――逆に向かい、私たちは油断ならない逆潜流に不意に襲われている。二〇世紀後半三分の一のあいだに、私たちは、気づくことなしにお互いに切り離され、またコミュニティからも切り離されてきた。

パットナムは、たんに仲間と組んでおこなうボウリングが衰退しただけでなく、あらゆる種類の組織の成員数もまた一九七〇年代以降に二五％も減少してきた、と指摘する。米国では、PTAや女性クラブ総連合、女性有権者連盟、赤十字社は、いずれも一九六〇年代以降おおよそ五〇％もの会員数の減少を経験してきた。パットナムによれば、一九七四年に、成人の約四人に一人が、こうした団体の活動に定期的に進んで時間を割いてきたのにたいして、今日では五人に一人近くに減っている。ライオンズクラブやフリーメーソンなどの社交団体もまた、会員数の減少を経験してきた。これらの組織の衰退に加えて、米国では、近隣住民と付き合いがあると答える人や、ほとんどの人に信頼感をいだくことができると考える人は、ますます減っている。

このような組織成員数の減少と、近隣付き合いや全般的な信頼感の衰退は、民主政治への関与の低下と平行して進展してきた。米国の大統領選挙や議会選挙の投票者数は、ピークであった一九六〇年代後半以降（投票者数は、ジョージ・ブッシュ・ジュニアとジョン・ケリーが争い、激しい対立となった二〇〇四年の大統領選挙で、再び上昇したとはいえ）、かなり減少してきた。同じように、教育問題や公共の関心事をめぐる集会への出席も一九七〇年代以降急激に減少している。また、今日、アメリカ人の四人に三人は、世論調査員に、政府を「決して」信用しないか、あるいは「たまにしか」信用しないと答えている（Putnam 1995）。

パットナムは、たとえば（会員数三三〇〇万人の）全米退職者協会のように、会員が増えている組織でさえも、統計数字は人を欺いている。なぜなら、こうした組織の大多数の会員は、たんに年会費を払い、ニュースレターを受け取るだけだからである。積極的に参加している会員はごく少数で、パットナムが民主制の重要な基盤とみなす社会関係資本は発達し損なっている。いま最も人気のある組織の多くは、健康管理や減量に努める人たちのグループのように、その力点を、社会全体のためになる集団的目標よりも、個人の成長や健康状態に置いている。

このような会員数の減少には、間違いなく多くの理由が働いている。ひとつには、伝統的にこうした任意組織で積極的に活動した女性たちが、以前に比べ職に就くようになったからである。二つ目に、人びとがますます政府に幻滅を感じ、自分たちの投票に価値があるとは考えなくなっている。さらに、今日、人びとは、通勤により多くの時間を費やし、市民的活動のためにおそらく利用できた時間とエネルギーを使い果たしている。しかし、市民的参加の衰退の最も重要な原因は、、パットナムによれば、テレビという単純な理由である。自宅で独りでテレビ視聴に費やす多くの時間が、コミュニティでの社会参加にとって代わってきた。

ヨーロッパも同じような社会関係資本の衰退を経験しているのだろうか。デーヴィッド・ハルパーンは、トニー・ブレア英国首相の顧問であったときに、社会関係資本に関する文献調査で、米国における社会関係資本の衰退傾向をすべての国が追随していると想定するのは誤りだ、と主張した（Halpern 2000）。社会関係資本の趨勢は国ごとに異なり、指標が異なれば描かれる状況も異なる、とハルパーンは強調している。一般的に、スウェーデンやオランダ、日本で社会関係資本のレヴェルが安定か上昇しているのにたいして、ドイツやフランスでは、指標がもっと複雑に入り組んでいる。とはいえ、英国における社会関係資本は、オーストラリアや米国とともに、過去数十年間に著しく衰退してきた。

英国での社会関係資本の低下を示す証拠は多岐に及ぶ。この数十年間に、英国のいくつか重要な団体の成員数は、劇的に減少してきた。とくに、労働組合や——婦人会のような——伝統的な女性組織、教会、青少年団体、奉仕団体は、いずれも会員数の減少を経験してきた。政治的参加が止まらずに低下しているという証拠も見いだせる。総選挙の投票者数は、ピークだった一九五一年の八二％から二〇〇一年には五八％まで（二〇〇五年に若干増えたが）減少している。二〇〇四年の欧州議会選挙では、有権者の四六％しか投票しなかった。ハルパーンはまた、英国の住民が以前ほど慈善事業にあまり金銭を使わなくなり、また近隣住民をさほど信用しなくなっている、と指摘する（Halpern 2005）。近隣住民を、「何か一緒におこない、互いに助け合うように努める」人たちだと考えている人の割合は、一九八四年の四三％から一九九六年に二八％に減少している。

ヨーロッパ全体を見た場合、社会関係資本の衰退を示す証拠は、米国以上に複雑に入り組んでいる。社会関係資本の最も有力な研究者であるロバート・パットナムは、とくに楽観的ではない。パットナムは、「いくつかの証拠は、ヨーロッパが数十年の時間的ずれはあるものの米国の様式を追随しようとしている」と書いている。ヨーロッパは、おそらく社会関係資本の「風邪」をひくだろうが、米国のような重い「肺炎」にはまだ罹っていない。

結び

人びとが所属する組織やネットワークは、人びとの生活に並はずれた影響力を及ぼしている。この章で見てきたように、昔ながらの集団は、人びとの毎日の生活でその力を失いだしているように思える。たとえば、いまの学生は、親世代に比べ、市民グループや市民組織にあまり参加していない——投票さえしていない。こうした減少傾向は、学生たちのコミュニティへの関与の低さをおそらく示す。このことは社会そのものが弱体化する前兆であり、社会的不安定さを生じさせる可能性がある、と一部の社会学者は心配している。

同時にまた、すでに見てきたように、グローバル経済と情報テクノロジーは、いま人びとが実感しだしたように、集団生活を定義し直している。たとえば、年輩世代の労働者は、職業生活のほとんどを、長く存続してきたごく少数の官僚制的組織のなかでおそらく過ごしていく。それにたいして、若年世代の労働者は、ネットワーク化され、「柔軟性の高い」組織におそらく数多く加わることになる。今日の集団加入は、インターネット等のつねに発達しているコミュニケーション形態を介してつくられている。同じような考えをもつ人たちと地球上のどこででも連絡をとることがますます容易になり、地理的に散在するかたちで世界の至るところに集団が創りだされる。しかし、その成員たちは、おそらく互いに面と向かって会うことは決してない。

このような趨勢は社会関係の性質にどのような影響を及ぼすのだろうか。人間の歴史のほぼ全期間を通じて、ほとんどの人は、もっぱら手の届く範囲にいる他者と相互行為してきた。産業革命は、成員が、かりに知り合いであっても互いにほんの僅かしか知り得ないような、そうした規模が大きく、非人格的な官僚制組織の出現を促進したため、社会的相互行為を変質させた。今日、情報革命は、人びとの相互行為を再度また変質させてきた。近い将来の集団や組織は、コミュニケーションや社会的親密性について、まったく新たな感覚をもたらすのかもしれない——あるいは、いま以上の孤立感や社会的距離感をもたらすのかもしれない。

まとめ

1　現代の組織はすべて、その性質上、ある程度まで官僚制的である。官僚制組織は、職務権限の明確なヒエラルキーと、職員（給与を得るために専任で働く人びと）の行動を定める成文化された規則、職員の組織内での任務と組織外での生活の分離、をともなっている。組織の成員は、自分が仕事で使用する物的資源を私有する必要はない。マックス・ウェーバーは、近現代の官僚制組織が、多数の人びとを束ねる上で極めて効率的な手段であり、共通の基準にしたがって意思決定がおこなわれることを確実にしている、と主張した。

2　インフォーマルなネットワークは、組織内部だけでなく、組織のあいだでも、あらゆるレヴェルで発達する傾向にある。こうしたインフォーマルな絆の研究は、ウェーバーが関心を集中させたフォーマルな関係の研究と同じくらい重要である。

3　組織の物理的環境は、その組織の社会的特徴に強い影響を及ぼす。現代の組織が入居する建物の様式は、職務権限をもつ人びとへの服従を確保するための手段である監視と密接に結びついている。監視とは、従業員に関する文書や記録の保管とともに、従業員の活動の監督を指称する。自己監視とは、自分たちが監視下にあると想定するゆえに、自分たちの行動に制限を加えている状態を指す。

4　ウェーバーとミヘルスの研究は、官僚制と民主制のあいだに緊張関係が存在することを認めていた。一方で、意思決定の集権化という長期に及ぶ過程が、現代社会の発達と結びつくかたちで見いだされる。他方、過去二世紀の主要な特徴のひとつは、民主制を促す圧力の増大であった。この二つの趨勢は、いずれも優位に立てないまま争い合っている。

5　現代の組織は、ジェンダーで区分された制度体として発達してきた。伝統的に、女性たちは、男性たちが職歴を上昇するために手腕を発揮できるような、手助けとなる特定の職業に隔離されていた。近年、女性たちは、専門的職業や管理的職業にますます多く参入してきた。しかし、女性たちが最上層で成功を収めるためには、昔からの男性的な経営スタイルを採り入れる必要がある、と一部の研究者は考えている。

6　近年、大企業は、官僚制的でなく、もっと柔軟な組織になるために、組織の再構築をはじめている。欧米の多くの企業は、日本型経営システムのいくつかの側面を採り入れてきた。経営幹部が下位の従業員ともっと多く協議したり、給与と責任を年功と連動させたり、職務遂行を個人よりも、むしろ集団で評価するといった点である。

7　グローバルな組織には、政府間組織と非政府組織（NGO）という二つの重要な形態がある。両者とも今日の世界でますます重要な役割を演じており、政府間組織は――とりわけ国際連合は――グローバル化のペースが増すにつれて、おそらく枢要な行為体になっていく。

8　現代の経済は、大企業によって支配されている。ある企業が特定の産業分野で威圧的影響力をもっている場合は、独占である。一群の企業がこうした威圧的影響力をもっている場合は、寡占状態である。巨大企業は、政府の政策にたいする影響力や財の消費にたいする影響力を通じて、人びとの生活に奥深い影響力をもつ。

9　近年、企業は、世界規模の相互依存性の高まりとグローバル化によって、奥深い変容を経験してきた。現代の企業は、単一の事業体というよりも、多くの小規模な事業所が互いに結びついた網の目状の事業体に次第になっている。

10　多国籍企業ないし超国籍企業は、さまざまな国境を越えて事業展開している。最大規模の超国籍企業は、巨大な経済的勢力になっている。その資産が多くの国の富を凌駕しているからである。今日、世界の経済単位上位一〇〇のうち半数は、国家ではなく、私有企業である

11　新たな情報テクノロジーは、組織の活動の仕方を変えだしている。今日、多くの職務を電子的処理によっておこなうことが可能なため、この事実は、組織が時空間を超えて活動することを可能にしている。組織の物理的境界は、新たなテクノロジーがもたらす能力によって侵食されだしている。今日、多くの組織は、独自性の強い完全に独立した単位としてよりも、むしろ緩やかなネットワークとして作動する。

12　ネットワークは、ビジネスや政治活動で極めて重要になる人的つながりも含め、広範囲に及ぶ直接間接の関係性から構成される。英国では、女性やエスニック・マイノリティ、低所得者は、最も有力な経済的、政治的ネットワークを男性ほど入手利

用できていない。

13 社会関係資本とは、人びとが、互いの利益のために協力して、自分たちの影響力を拡大できるようにさせる知識や人的つながりのことを指す。米国で研究をおこなってきた一部の社会科学者は、一九七〇年代以降、社会関係資本が低下してきたと主張し、このような低下傾向は市民参加の衰退を指し示すと憂慮している。

考察を深めるための問い

1 官僚制的手法でものごとを処理する利点とは、どのような利点だろうか。
2 人びとは、組織のなかでフォーマルな手続きになぜ頻繁に背くのだろうか。
3 学校や病院、刑務所にはどのような共通点があるのだろうか。
4 大規模な組織は、はたして「根本的に」男性的価値観に「染まっている」のだろうか。
5 ネットワーク型組織は、どこにでも存在するし、またどこにも存在しないかたちをとることがなぜ可能なのだろうか。
6 官僚制と民主制のあいだには、なぜ複雑な関係が存在するのだろうか。

読書案内

Zygmunt Bauman: *Modernity and the Holocaust* (Polity, 2003)

Manuel Castells: *The Rise of the Network Society* (Blackwell, 1996)

Stuart Clegg: *Modern Organizations: Organization Studies in the Postmodern World* (Sage, 1990)

Paul du Gay: *In Praise of Democracy: Weber, Organization, Ethics* (Sage, 2000)

David Lyon: *The Electronic Eye: The Rise of Surveillance Society* (Polity, 1994)

インターネット・リンク

Center for the Sociology of Organizations (CNRS, Paris)
http://www.cso.edu

Electronic Journal of Radical Organisation Theory, including back issues online
http://www.mngt.waikato.ac.nz/research/ejrot/

Foucault site
http://wwww.qut.edu.au/edu/cpol/foucault/links.html

Social Capital Gateway
http://www.socialcapitalgateway.org/

17

教育

一九九八年に、ショーンは、初等学校を卒業するまで二年を残していた。ショーンは、勤勉だが貧しい白人労働者階級の家庭で育ち、進学する中等学校についてはっきりした考えをいだいていた。「ウェストベリー校に行きたい。友だちのマークも、ぼくの彼女も、ウェストベリーに行くつもりだ。……サットン男子校はこのあたりじゃ最悪の学校のひとつだね。通っているのは悪ガキばっかりだ」。一年後、ショーンの気持ちは揺れていた。「ウェストベリーには行けないかもしれない。きょうだいが通っているとか、学校の近くに住んでないと、だめらしい。ぼくにはあそこに通ってるきょうだいがいないし、学校からちょっと離れたところに住んでるから、順番待ちのリストに名前を書かないといけないみたい。……かわりに、たぶんサットンに行くことになる。なぜって、友だちもみんなあそこに行くことになってるからさ」。

担任のウィッティカー先生は、ショーンがウェストベリー校の通学区の端っこに住んでいるため、ウェストベリーを選ぶのはあまりにも危険だ、とショーンに告げた。ショーンと母親は、諦めてサットン男子校に願書を出した。母親は、ひどく落胆したが、担任の助言を受け入れた。「息子がサットンに通うんだって思うと泣けてきます。でも、どうしようもなかった。だって、ウィッティカー先生がそうするしかないって言うから」。ショーンと母親は、サットン男子校の評判を心配していた。「ママもぼくも、サットンのレヴェルは低すぎると思ってる。なぜって、あそこの連中は学校をサボってばっかりだし」とショーンは言った。

ショーンと母親は、中等学校がはじまる前に、評判が悪いとはいえサットン男子校でどうすればショーンがよい成績を得られるかについて「とことん真剣に話し合った」。母親のモーラは次のように述べている。「私たちはハラを割って話し合った。息子は空元気を見せているけど、どんなにか心配しているのがよくわかった。私は息子に、サットンみたいな学校に行くんだったら、よい成績を得るにはウェストベリーくらいの学校に行っている生徒の二倍も勉強しなくちゃいけないと言いました。ウェストベリーくらいの学校だったら、生徒たちものらくら過ごしたりせず、いつでも勉強に取り組むと思うのです」。ショーンも、「周りに引きずり込まれ」ないように、固く決心していた。「いまよりもっと勉強する。だって、中等学校は自分の一生で一番大事な時期だし、中等学校卒業資格試験を控えているから」と話していた。

その後の数年間、ショーンは、校庭では腕っ節強く振る舞い、教室ではしっかり勉強するという緊張状態につねに直面した。中等学校に進学する前まで、ショーンがサットン男子校を妥当な進学先とした主な理由づけは、多くの友だちも進学するからということだった。中等学校の最初の学期終了時に、ショーンは、何人かの友人との付き合いが変わってしまったと述べた。初等学校から大親友だったデヴィッドともう友だちでいられなくなった、とショーンは語った。それは次のような理由からだった。

前は、デヴィッドがケンカに巻き込まれたときは、ボクはいつもデヴィッドを助けていた。ボクたちはいつでも助け合っていたし、誰かがケンカの加勢にボクたちを必要としたら、そうしていた。だけど、いまボクはケンカなんてする気にならない。ケンカは厄介事でしかない。だから、できるだけ巻き込まれないようにしている。……ケンカなんか、勉強したくなくて、成績を上げたいなんて思わない生徒のためさ。ボクはそんなふうになりたくないんだ。

ショーンは、初等学校時代からケンカで二度停学になり、地元では「腕っ節が強い」と評されていた。こうした評判を維持することが、かりにサッシで生き残りたいのなら、こうした評判を維持することが不可欠だと考えていた。しかし、学業成績を上げるために、ショーンは同輩の他の人たちから故意に距離をとる必要があった。「他の連中はみんな、口の中で紙を噛んで丸め、先生目がけてプッと飛ばしているのに、ボクはじっと席にいて、知らん顔をするように努めた」。「頭を低くして危険を避け、勉強をつづけていた」生徒は他にも二人いたが、この二人も地元労働者階級の男性文化にとって「部外者」だった。ひとりは米国人で、ショーンの言葉を借りれば「すごくできる」子だった。もう一人はポルトガル人で、両親はこの子を別の学校に入れようと躍起になっていた。ショーンは、「ガリ勉おたく」に分類し直されるのを避けるために、自分がいまも本当に「威勢のいい若者」のひとりであることを仲間集団に絶えず証明しなければならなかった。

結果として、ショーンは、教室で見せる勤勉な態度や同級生に同調しない振る舞いとは対照的に、団地の路上や校庭で昔からの自己をよみがえらせていた。ショーンは、「腕っ節が強く」また「サッカー上手」というまったく異なるアイデンティティを再要求し、そうすることで、教室で付けられた「ガリ勉おたく」という評判を――たいていの場合――払拭できた。こうしたやり方は、ショーンと母親のあいだに葛藤をもたらした。ショーンが悪い仲間とつるんでいるのを心配する母親とのあいだに意見の対立を生じさせた。中等学校で、ショーンは、学業と威勢のいい若者の一員でいることの精神的緊張が増大したため、自分がもっと年少だったらと時々願うようになった。

だんだん辛くなってきた。だって、友だちのなかにも「おまえは先生のお気に入りだ」みたいなことを言うのがいるんだ。マジかよ？　なんで？　ボクが真面目に勉強していて、先生の話も聞かずに喋ってるヤツに「静かにしろ」って言ったからって、なんでボクは「先生のお気に入り」なんだ？　連中は言うんだ、「そうさ。おまえさんはやっぱり先生のお気に入りだ」って。やつらのそんな言いぐさに嫌気がさしたら、もう付き合っていられないってことになるよね？

社会学者ダイアン・レイが一九九七年から二〇〇一年におこなった一連のインタヴューで語られたこのショーンの話は、この章でとりあげる多くの論点を提起している。そのため、以下の文中でもいくつかの箇所でショーンの話に立ち返ることになる。とりわけ、初等学校から中等学校に進むことに関してショーンが語った内容は、教育と、たとえば階級やジェンダーなど社会構造との結びつきについて問題を提起している（Reay 2002）。

この章では、まず「教育の目的とは何か」という広範な問いからはじめたい。その後で、英国における教育制度の由来と発達について調べ、教育が引き起こしてきた近年の政治的論争を検討する。これらの論争には、ショーンに影響を及ぼした、たとえば親による中等学校の「選択」や、学校の学力水準、成績が振るわない学校の処遇の仕方といった論点がいくつか含まれる。つづいて、教育にたいする主要な理論的アプローチをいくつか論評した後で、教育と不平等の問題について、ジェンダーやエスニシティ、階級と結びつけて考察する。また、テクノロジーの変化やグローバルな知識経済の生みだす新たな需要によって生じている教育の変容の実態をいくつか検証したい。この章の結びで、知能の本質と生涯学習の重要性について若干の考察をおこなう。

教育の重要性

教育は、なぜ社会学者にとって重要な問題になるのだろうか。社会学の創始者のひとり、エミール・デュルケムは、教育が子どもの社会化で重要な役割を演じていると考えた。

デュルケム社会学の機能主義的アプローチは、第一章「社会学とは何か?」、二七頁〜二九頁で紹介している。

最も重要な点であるが、デュルケムによれば、子どもは、教育をとおして、とりわけ歴史の学習によって、多数の別個な人たちをひとつに結びつける、社会の共通価値への理解を獲得していく。これらの共通価値には、宗教的信念や道徳的信念、自律感覚が含まれる。教育は、子どもたちが、社会の円滑な機能に寄与する社会的規則を内面化できるようにする、とデュルケムは考えていた。

工業社会で、教育はまた子どもの社会化でもう一つの機能を果たしている、とデュルケムは主張する(Durkheim 1925)。つまり、教育は専門的職業に就くために必要な技能を教え込む。伝統的社会では、職業上の技能は家族のなかで習得できた。社会がもっと複雑化し、財の生産過程で分業体制が出現したので、多様に専門分化した職業上の役割を遂行するために必要とされる、そうした技能を伝える教育制度が発達した。

デュルケムと違う教育への機能主義的アプローチを、米国の機能主義者タルコット・パーソンズの研究業績に見いだすことができる。デュルケムは、一九世紀のフランス社会がますます個人主義的になりだしたことを懸念し、教育が社会的連帯を創りだすと主張した。それにたいして、二〇世紀中頃、パーソンズは、教育の機能が子どものなかに個々人の達成という価値観を植えつけることにあると考えた。この価値観は、先進工業社会の円滑な機能に不可欠だったが、家族のなかで習得されることはできなかった。家族は、子どもたちを《個別的》な仕方で扱う。家族での子どもの地位は《帰属的》である。つまり、おおむね出生時から固定されている。対照的に、学校での子どもの地位はおおよそ《獲得的》である。学校では、試験といった《普遍的》な判断基準にしたがって子どもの査定がおこなわれる。パーソンズにとって、教育の機能とは、子どもたちが、家族での個別的判断基準から、近現代の大人社会で必要とされる普遍的判断基準へ移行できるようにすることである。パーソンズによれば、学校は、もっと広い社会と同じく、もっぱら**能力主義**にもとづいて運営されている。だから、子どもは、性や人種、階級よりも、能力(ないし値打ち)にしたがって、みずからの地位を獲得する(Parsons & Bales 1956)。とはいえ、後で見るように、学校が能力主義原理にもとづいて運営されるというパーソンズの見解は、多くの批判にさらされている。社会的葛藤理論の影響を受けた社会学者たちは、《帰属的》不平等が教育制度のなかで再生産される様態に光を当ててきた。

教育と、社会化における同輩関係の重要性は、第六章「社会化、ライフコース、加齢」、一八七頁〜一八九頁で論じている。

英国における教育

一世紀半前まで、そしてさらに近年でも、富裕層の子どもたちの教育は、家庭教師がおこなっていた。欧米の国々で初等学校制度が確立されだした一九世紀初めの数十年代まで、ほとんどの住民は学校教育をまったく受けていなかった。

工業化の過程と都市の拡大は、専門分化された学校教育への需要を増大させる働きをした。今日、人びとは多種多様な職業に従事し、仕事上の技能を親から子に直接伝えることはもはや不可能になった。知識の習得は、特定の技能を実地で伝えるよりも、(数学や科学、歴史、文学といった科目の)抽象的な学習にますます基盤を置くようになった。現代の社会では、人びとは、読み書き、計算という基本的技能とともに、自分を取り巻く物理的、社会的、経済的環境に関する一般的な知識を備える必要がある。同時にまた、人びとが学習の仕方を身につけ、新たな、しばしば極めて専門的な情報を習得できるようになることも重要である。

由来と展開

近現代の教育制度は、一九世紀初めに西欧のほとんどの社会で初めて具体化された。しかし、英国は、全国的に統一された教育制度の確立に、他の国々に比べあまり積極的でなかった。オランダとスイス、ドイツは、一九世紀中頃までに初等学校への全員入学をほぼ達成したが、イングランドとウェールズは、このような目標の達成にはるかに及ばなかった。スコットランドの教育は、イングランドとウェールズに比べて多少発達していた。

一八七〇年(英国で義務教育が発足した年)から第二次世界大戦時まで、歴代の政府は、教育費支出を増額した。卒業年齢を一〇歳から一四歳に引き上げ、多くの学校を建設したが、実際のところ歴代の政府は、教育を、政府が介入する重要な領域とはみなさなかった。ほとんどの学校は、地方自治体委員会の監督のもとで民間や教会が経営していた。第二次世界大戦は、こうした政府の姿勢を変えた。軍隊の新兵たちは、能力検査と学習検査を受けて当局を驚かした。しかし、その結果は、教育的技能の水準が低いことを証明した。戦後復興の見込みを懸念した政府は、現行の教育システムの再検討に着手した(Halsey 1997)。

一九四四年以前、英国の子どもの大多数は、唯一の無償学校である初等学校に、一四歳まで通っていた。初等学校と一緒に中等学校も存在したが、親は中等学校の費用を支払う必要があった。このシステムは、子どもを社会階級の明確な境界線にそって区分していた——貧困層出身の子どもは、ほとんどすべて初等学校止まりであった。大学に進学したのは、人口の二%以下である。一九四四年の教育法は、大きな変更をいくつかもたらした。そのなかに、全員無償の中等教育や、卒業年齢の一五歳への引き上げ、教育機会の均等の確約がある。教育は、公選される地方政府の主要な責任になった。

この一九四四年の教育法の結果、ほとんどの地方の教育当局は、子どものニーズに応じた中等教育を提供する手段として、学力検査による選抜制度を採用した。一一歳――初等学校から中等学校へ移る年齢――時点での学力検査による選抜は、社会的生い立ちのいかんにかかわらず、能力のある子どもを選別するためのものであった。ほとんどの生徒にとって、「イレヴンプラス」と呼ばれる中等教育コース選別試験の結果は、その生徒が（学力向上を目指した授業がおこなわれる）グラマースクールに進むか、それとも（一般教育と職業教育を混成した授業がおこなわれる）モダンスクールに進むかを決定した。少数であるが、実業学校や専門学校に進む生徒もいた。教育を継続して受けたいと望み、その資格があると認定された生徒は、一七歳まで学校にとどまるという選択もできた。

一九六〇年代までに――ひとつには社会学の研究成果から――中等教育コース選別試験は、期待に添う結果をもたらさないことが次第に明らかになった。一九五九年のクローサー報告は、一七歳まで学業をつづけた生徒が一二％に過ぎないことと、学校教育からの早期の離脱が学業成績よりもむしろ出身階級と密接に関連することを明らかにした。一九六四年に政権の座に復帰した労働党政府は、総合制中等学校《コンプリヘンシヴスクール》を発足させ、グラマースクールとモダンスクールの区別を廃止し、また中等教育コース選別試験での選抜をやめることを公約した。それによって、学校は、さまざまな出身階級の生徒が混在することになる。とはいえ、総合制中等学校が何を提供するべきかをめぐり、「すべての生徒向けのグラマースクール」にするか、まったく新しい種類の学校教育にするかで混乱が生じた。この問題について一致した解決法は見つからず、それぞれの学校や地域が独自の取り組みを進めた。一部の地方の教育当局は、この変更に抵抗した。そのため、少数の地域では、グラマースクールがいまだに存続する。

一九七〇年代初め以来、英国の教育は、労働力の供給が不足して、学校に経済界が必要とする技能の提供を求めた状態から、供給過剰の状態に――失業率の上昇と政府歳入の減少の時代に――急激に移行したことで、強い影響を受けてきた。戦後期全体を特徴づけた教育の拡大は、一転して縮小に向かい、政府歳出の削減も図られた。一九五三年から一九七三年まで、国の教育支出は、公共支出総額の七・三％から一三・三％へと堅調に上昇した。しかし、一九七九年までに、この数値は一二・二％まで落ち込んだ。その後は、一九八〇年代中頃に一一％台に落ちたことを除くと、政府の支出総額に教育支出の占める割合は、一二％台で推移してきた。（とはいえ、社会福祉の支出総額が増大しているため、この数値は近年の教育支出の増額を目立たなくしている。六八八頁〜六八九頁を参照。）

「パブリック」スクール

英国のパブリックスクールは、さまざまな意味で特異な学校である。パブリックスクールは、公立《パブリック》ではなく、私立の有料学校である。パブリックスクールが、他の教育システムから独立の度合が高く、英国社会全体で枢要な役割を果たしていることは、他の国々の教育システムに類例のない特色である。欧米のすべての社会に、宗教教派としばしば結びつく私立学校がかなり存在する。しかし、英国ほど私立学校が排他的であり、重要な役割を演ずる国は、他にない。

パブリックスクールは、名目上は国家の監督下にある。しかし、実際には、教育関係の法律のほとんどどの主要条項も、パブリックスクールに何の影響力も及ぼさない。パブリックスクールは、一九四四年の教育法によっても、また総合制中等学校の設立の際にも、何ら影響を受けなかった。また、パブリックスクールの大多数は、最近まで一貫して男子校か女子校だった。英国には、約二三〇〇の有料学校が存在し、人口の約六%が教育を受けている。有料学校には、イートンやラグビー、チャーターハウスといった名門校から、ほとんどの人が名前も知らない、いわゆる二流のパブリックスクールに至るまで、さまざまな組織体が含まれる。

一部の教育学者は、「パブリックスクール」という用語を主要な有料学校群にだけ限定して使っている。主要な有料学校は、一八七一年に発足した学校長協議会の加盟校である。当初、この協議会は五〇校しか参加しなかった。現在の参加数は二四〇校を超えている。さきに列挙した学校——イートンやラグビーなど——は、この協議会の加盟校である。学校長協議会加盟校の出身者は、英国社会で高い地位を独占している。たとえば、一九九一年に出版されたイヴァン・リードたちの研究によれば、判事の八四%、銀行頭取の七〇%、高級官僚の四九%が加盟校の出身者だった(Reid et al. 1991)。

一九八八年に成立した教育改革法の結果、すべての公立学校は、一律のナショナル・カリキュラムにしたがうことになっており、カリキュラムでは、七歳と一一歳、一四歳、一六歳の各時点で生徒に試験を実施する。有料学校の代表者は、ナショナル・カリキュラムの策定に関与した。しかしながら、パブリックスクールは、このカリキュラムにしたがう必要はない。有料学校は、望むことがらを何でも教えることができ、子どもに試験を課す義務もない。ほとんどの学校は、ナショナル・カリキュラムにしたがうことを選択したが、まったく無視している学校もある。

中等教育と政治

教育は、長いあいだ政治闘争の場であり、その点は現在も変わらない。延々とつづく論争は、総合制中等学校教育の及ぼす影響——教育水準や社会全般の不平等の問題——に集中してきた。当初、左派も右派も、総合制中等学校教育を支持した。とはいえ、さきに述べたように、総合制中等学校教育を実施したのが労働党政権であったため、総合制中等学校教育の支持は、右派よりも左派と結びついて考えられる傾向が強かった。総合制中等学校教育の立案者は、新たな学校が、選抜的な教育で可能になる以上に、もっと多くの機会均等をもたらすと確信していた。立案者たちは、カリキュラムそのものにほとんど留意せず、むしろ教育機会の均等に関心を寄せていった。

保守党政権の教育政策――一九七九年から一九九七年

一九七九年にマーガレット・サッチャーが首相に就任すると、保守党員は、総合制中等学校教育を声高に批判しだした。保守党員は、総合制中等学校の導入の際にグラマースクールを廃止したのは間違いだったと考えた。戦後期の労働党員がグラマースクールは社会を分断していると主張したのにたいし、保守党員は、親が子どもの教育の種別をもっと広い範囲から選択できるように、中等教育に多種多様な学校を創設することに踏み切った。

一九八〇年代後半に入って、サッチャー首相は、学校経営に「革命」を起こしたいと主張しだした。革命は、膨大な数の総合制中等学校を解体し、その経営に当たる地方教育当局の権限を縮小しようとした。サッチャーの教育「革命」を理解するには、一九七〇年代に明らかになった英国の経済的衰退や道徳的退廃をサッチャーとその支持者たちがどのように見ていたのかという文脈を踏まえる必要がある。サッチャーは、総合制中等学校の制度が、「家族」の価値を奨励することを怠り、活気と国際競争力に満ちた経済を創出するのに必要な技能を欠く生徒を輩出しつづけた、と考えていた。サッチャーはまた、総合制中等学校が、多くの場合、不必要に大きな政府の官僚制機構によって非効率に経営されていると考えた。

一九八八年の教育改革法は、各種の重要な改革を――一部には強い反対論があったが――導入した。公立学校が実施する授業の共通の枠組みを明確にするため、ナショナル・カリキュラムを確立した。ナショナル・カリキュラムの導入は、こうした規格化された試験の実施に反対し、カリキュラムを無用な拘束と受け止めた一部の教職員集団の強い抵抗に遭った。一九九三年の夏には、試験に反対する教員たちがストライキを決行した。

一九八八年の教育改革法はまた、「学校の地方経営」と称される新たな学校経営制度を導入した。地方への学校行政の権限移譲は、ナショナル・カリキュラムが不可避的にもたらす中央集権化を相殺するための措置であった。シティ・テクノロジー・カレッジや政府資金運営校という新たな学校群も設立された。政府資金運営学校には、地方教育当局の管理を「離脱」して、国から資金を直接受け取れる選択肢が与えられた。政府資金運営校はまた、生徒の五〇％まで能力にもとづいて入学させる権利も与えられた。批判する人たちは、こうした措置が、すでに存在する学校間格差を拡大し、総合制中等学校の平等主義の原則を侵害する、と主張した。一九九二年に、新たな助成機関が設立され、離脱する学校の土地建物の所有権を漸次買い取ることになった。この機関の任務について詳述した白書のなかで、政府は、「いずれすべての学校が譲渡財産によって維持されることになる」――いいかえれば、すべての学校が離脱する――だろうと述べている。とはいえ、全部で二万三〇〇〇ある公立学校のうち、譲渡財産による運営に移行したのは、一九九五年末までにわずか一〇〇〇校に過ぎなかった。

評定　一九八八年の教育改革法によって、保守党政権は、他の分野での政策と同じく、教育にも市場競争原理を導入しようとした（第一〇章、三九二頁〜三九四頁を参照）。学校は、需要と供給、競争と消費者による選択といった規則にしたがうことになった。全般的に、その変革では、教育の「生産者」（教師）よりも教育の「消費者」（親と子ども）に多くの権限をもたらすことが目的とされた。学校長に財政上の大きな裁量権を与え、学校は、地方の教育当局の管理を「離脱」し「独立した公立学校」になることが可能になった。競争を浸透させ、親が子どもの学校を選択する際に十分な情報を踏まえて決断できるようにしたいとの考えから、学校別の成績をランクづける学校の成績一覧が導入された。

ゲワーツたちは、ロンドン市の隣接する三つの地方教育当局が管轄する一五の学校を対象に、教育制度の市場化の状況を検証した（Gewirtz et al. 1995）。保守党政権による教育改革は、教育制度の内部で総合的価値から市場的価値への移行を生みだしたことが明らかにされた。ゲワーツたちによれば、学校は、たとえば中等学校卒業資格試験でよい成績をとれそうな子どもを躍起になって集め、学校の成績一覧での学校のランクを押し上げようとしていた。また、見栄えのよい学校案内を製作するなどして、宣伝活動にも力をより一層入れるようになった。そのための資金は、たとえば特別支援が必要な子どもたちの教育のように、利幅の薄い分野の経費を削って捻出される場合もあった。

ゲワーツたちは、自分の子どもを通わせる学校をめぐる親の選択の問題にも焦点を当てた。調査の知見は、教育制度を能力主義（六八二頁ですでに触れた）ととらえたパーソンズの理解に反し、この章の冒頭で紹介したショーンの母親のように、多くの親にとって子どもをどの学校に通わせるかの選択範囲が容赦なく限られていることを見いだした。学校選択の範囲は、親の社会階級や文化資本に多分に左右されている、とゲワーツたちは主張した。

「文化資本」という用語は、第九章「社会成層と階級」、三四五頁で紹介している。

学校を選択できる能力によって、親を大雑把に三つのグループに区別できた、とゲワーツたちは指摘する。

1　《特権的に、ないし習熟して選択できる親》は、さまざまな選択肢を比較検討したり調査し、教師やほかの親と幅広く相談することに時間をかけられる。同時にまたこうした親は、かりに子どもが第一志望校に受け入れてもらえなかった場合、苦情処理制度の利用をためらわない。このグループは、しばしば事前計画を立て、好成果を挙げる中等学校の供給元となっている初等学校に子どもが通学できるように前もって手配する。

2　《半ば習熟して選択できる親》も、同じように積極的に学校の選択にかかわるが、前のグループほど教育市場にかかわることができない。この人たちは、学校制度の仕組みに精通した友人など、前のグループと同じように頼りとなる文化的資源をもっていないため、選択過程についてさほど自信がない。このグループは、かりに第一志望校に断られた場合、苦情を訴えることも少ないし、前のグループに比べ、ニュース報道やうわさ話を鵜呑みにする傾向が強い。

3 《つながりを欠く親》は、子どもの幸せに関心があるとはいえ、どの学校もたいして違わないと考える傾向があり、しばしば最終的な決断を子どもに委ねる。このグループは、教育市場に関与する能力に乏しく、一番近い学校を選択する場合が多い。こうした選択は、親が車をもっておらず、公共輸送機関が十分に整備されていなければ、最も起こり得る選択である。

新生労働党の教育政策——一九九七年以降　教員組合を含む一部の人たちにとって意外だったことに、保守党が導入した教育改革の多くの要素は、新生労働党政権のもとでもそっくり残った。たとえば、残存するグラマースクールにはまったく手がつけられなかった。そのため、このような決定にたいして、グラマースクールが最も有能な生徒を吸い上げ、地元の総合制中等学校の学業成績を実質的に低下させていると考える学者や教師は、疑問の声を挙げた。また、新生労働党は、能力差のある子どもが混在する授業を止めて能力別クラス編成や習熟度別クラス編成を導入すべきであるという見解を、保守党指導者と共有していた（能力別クラス編成を活用する学校では、能力にしたがって生徒をいくつかの序列的なグループに配属する。生徒たちはすべての科目の授業を一緒に受講する。習熟度別クラス編成とは、特定の科目について同じ学力の生徒を一緒にまとめることを意味する——したがって、たとえば数学はトップのクラス、国語は下位のクラスと、別別に配属される場合もある）。能力の異なる子どもたちは、個々の生徒に適した進み方で最も早く上達できるという理論が、この制度を支えている（この点にたいする批判的な見方として、以下の七一五頁～七二一頁で言及するギルボーンとヤンデルの「新たな知能指数主義」の議論を参照）。新生労働党政府のもとで、政府資金運営学校は、財団運営学校に衣替えし、地方教育当局の管理下に戻る。とはいえ、こうした学校は、従来どおり、中央政府や地方政府から以前は得てきた独立性をかなりの度合で保持している。

トニー・ブレア首相は、一九九七年の就任直後、「一にも教育、二にも教育」と唱え、教育を政治課題のトップに掲げた。ブレアは、英国の学校教育水準が他の国に比べて低く（以下の六九四頁～六九五頁を参照）、より一層の教育改革が真っ先に必要な課題であることを認めた。新生労働党は、政権が発足して間もない一九九七年に公表した白書『学校教育の長所』で、総合制中等学校を擁護し、今日風に改革すると公約した。この白書は、首尾よい成果を挙げて創造的方策を見いだした学校にたいする介入の制限を求めたが、慢性的に平均以下の成果しか挙げられない学校には政府の介入が必要であることを認めていた。

新生労働党は、英国の公立学校の学業成績を改善するために、論争の的となった新たな政策をいくつか導入した。政府の教育支出は一九九七年以降増額を重ねてきた。新生労働党は、教員組合や左派の論者が従来からおこなってきた主張の多くを、つまり、教育の成果が乏しいのは、財政支出が不十分であり、恵まれない生徒が特定の学校に集中した結果であるという主張を、却下した。教育水準の向上をめざして、さまざまな取り組みが活用された。新生労働党は、優れた教育方法と、学校長の強いリーダーシップを、教育改革の鍵として重視した。二〇〇〇年一一月には、現職の学校長や学校長職志望者にキャリア開発と支援を提供する目的で、国立校長研修カレッジが正式に発足した。

初等学校では、すべての子どもが核となる教科でしっかりした基礎を確実に習得できるように、読み書き能力と基本的計算能力の習得戦略が導入された。読み書きと計算の時間を毎日導入することがこの戦略の重要な要素となり、それぞれの技量を開発するために授業時間を割いていった。読み書き能力と基本的計算能力の習得戦略は、現在では初等教育戦略を形成するまでに拡大し、この初等教育戦略が国語や算数、理科の教育水準を設定している。

教育水準を押し上げるために、学校間の競争や多様性を促す動きが生じている。すでに述べたように、政府資金運営学校は、財団運営学校になったが、引きつづき独立性を確保している。技術や芸術、数学など個別分野のカリキュラムに特化した専門学校も導入された。こうした学校は、これら特定分野での生徒の能力に応じた入学者選択の仕方を、一割を上限に認められている。

恵まれない地域にはシティ・アカデミーも創設され、申し込みは募集人員を大きく上回っている。二〇〇四年から二〇〇五年の発足の時点で、英国全体で一七のシティ・アカデミーが生まれた。後援者となる私企業や公益団体が、設立資金の二〇%を、二〇〇万ポンドを上限に提供する。残りの費用は政府が支出している。後援者がアカデミーを運営するが、納税者が資金助成をおこなう。私立学校や宗教団体を含むいくつかの事業体が、アカデミーの運営に興味を示している。この学校は、無償であるが、生徒を地元地域社会から選抜する必要がある。とはいえ、政府によるアカデミーへの気前のよい資金助成は、他の学校から資金を奪うことになると批判する声もある。新生労働党はまた、学校査察の方針を厳しく貫いてきた。学校がうまくいっていないとみなされた場合、政府機関は、その学校の運営を引き継ぐために直接介入することが可能である。いくつかの事例で、成績不振の学校はシティ・アカデミーとして再開されている。

貧困を撲滅するために計画された施策のいくつかは、教育に効果を及ぼしてきた。たとえば、極めて貧しい地域に、教育水準向上特別指定地域がつくられた。この計画では、学校と地元官庁、地元企業は、貧困地域における学業成績不振の問題に取り組む方法を議論するために、協力してことに当たることを求められた。特別指定地域では、政府と私企業が拠出する資金を使って、他の地域よりも高い給与によって多くの教師を引き寄せ、社会的排除と結びつく広範な課題に取り組むことが可能になった。

社会的排除と教育は、七一四頁~七一五頁でさらに論じている。社会的排除は、第一〇章のテーマにもなっている。

グローバル化と日常生活——生涯学習

新たなテクノロジーや、知識経済の台頭は、労働や教育に関する伝統的観念を一変しだしている。テクノロジーの変化の速さそのものが、一昔前よりもはるかに急激な職務内容の転換を生みだしている。この章や、次の第一八章（「労働と経済生活」）で見るように、今日、訓練や資格証明書の取得は、若い時期に一度でなく、むしろ生涯を通じておこなわれる。中堅の専門職従事者たちは、社会人向けの教育プログラムやインターネットを利用した学習に加わることで、自分の技能を更新したいと考えている。現在、多くの雇用主は、企業への忠誠心を高め、企業の技能水準を向上させる手段として、従業員が勤務時間を使って研修に参加することを認めている。

社会の絶え間ない変容にともない、私たちの社会を下で支えてきた伝統的な信念や制度体も変化を受けだしている。教育という——公認された制度体の内部でおこなわれる知識の系統だった伝達を暗に意味する——観念に代わって、さまざまな環境でおこなう「学習」という、もっと幅広い観念が使われだしている。「教育」から「学習」への変化は、決して筋道のたたない変化ではない。学習する人たちは、たんに制度的環境のなかだけでなく、多様な源泉から見識や洞察力を獲得できる、そうした能動的で、好奇心に満ちた社会的行為者である。学習することの重視は、あらゆる種類の出会い——友人や近隣住民との出会い、勉強会や博物館での出会い、地元パブでの会話、インターネット等のメディアを介した出会い——をとおして技能や知識が獲得できることを正当と認めている。

生涯学習への明らかな移行は、学校の内部ですでに見られ、学校では、生徒たちが教室という制約の外で学習する機会が増えている。学校と外部世界を隔てる境界は、たんにサイバースペースを介してだけでなく、物理的な世界においても崩壊しだした。たとえば、「奉仕学習」は、すでに米国の多くの中等学校の主要な柱のひとつになっている。生徒たちは、卒業の必修要件として、一定の時間を地域社会でのボランティア活動に当てる。また、英国や米国では、地元企業との連携も広範におこなわれ、大人の専門家と生徒のあいだで、交流や師弟関係が生まれている。

生涯学習は、知識社会に向かう過程で一定の役割を演ずるのが当然だし、また演ずる必要がある。生涯学習は、たんに十分に訓練を積んだ意欲的な労働力にとって不可欠なだけではない。学習を、もっと幅広い人間的価値との関係のなかでとらえることも必要である。学習は、自己発達と自己理解に役立つような、自律的でバランスのとれた自己啓発を促す手段であると同時に、そのための目的でもある。こうした考え方にユートピア的な要素は何もない。この考え方は、教育哲学者たちが開発してきた教育の人間主義的理想像を反映している。すでに出現した具体的な事例に、「第三年齢期の大学」がある。この第三年齢期の大学は、退職者たちにみずからの選択に応じて自己啓発する機会を提供し、退職者は自分が探求したいどのような関心でもその関心を深めることができる。

高等教育

高等教育（高等学校修了後に、通常は総合大学や単科大学等でおこなわれる教育）の機関は、社会によって大きく異なる。一部の国では、大学はすべて公的機関で、政府財源から運営資金を直接得ている。たとえば、フランスの高等教育は国家が運営しており、その中央集権的統制は、初等教育や中等教育の場合とほとんど同じくらい顕著である。教科課程の構成はすべて、高等教育大臣にたいして責任を負う国の調整機構の認可を得なければならない。学位は、個々の大学が授与する学位と、国家が授与する学位の二種類がある。国家授与の学位は、保証された一律の基準にしたがうため、特定の大学が授与する学位よりも威信が高く、価値があると一般にみなされている。政府機関の一定範囲の職は、国家授与の学位所持者しか就くことができず、また産業界でもほとんどの雇用主はこうした人たちを優遇している。フランスでは、小学校や中等学校、大学の教員のほぼすべてが国家公務員である。中央政府が、給与額や教員の職務のおおよその枠組みを決めている。

米国は、私立大学の割合が高く、先進国のなかでは独特である。私立大学は、米国の高等教育機関の五四％を占めている。私立大学には、ハーヴァードやプリンストン、エールといった最も著名な総合大学がいくつか含まれる。とはいえ、米国の高等教育での公立と私立の相違は、他の国の場合ほど明確ではない。私立大学の学生は公的な奨学金や貸付金を受ける資格があり、また私立大学も公的研究資金を得ている。公立大学は、多くの場合、かなりの基本財産を所有し、私企業から寄付を受け、同時にまた頻繁に民間の産業資金から研究助成金を得ている。

英国の高等教育制度

英国の高等教育制度は、フランスに比べかなり分権的であるが、米国よりも集権的である。大学は、政府の財源で運用され、どの地位の教員も全国一律の賃金水準にしたがって決められた給与を得る。しかしながら、大学の組織とカリキュラム編成には、かなりの相違が見られる。

英国では、第二次世界大戦以前に二一の総合大学が存在した。当時のほとんどの総合大学は、今日の基準から見ると、非常に規模が小さかった。一九三七年で、総合大学の学部学生の総数は、一九八一年の総合大学の専任教員数をほんの僅か上回るだけだった（Halsey 2000）。一九四五年から一九七〇年に、英国の高等教育機関の規模は、四倍になった。古い総合大学は拡充され、「新設」の総合大学が（サセックスやケント、スターリング、ヨークで）設立された。大学レヴェルの高等専門学校の創設によって、二元体制が発足した。高等教育のこの二つ目の層は、今日かなり規模が拡大し、約四〇〇の高等専門学校が多様な課程を提供している。高等専門学校は、総合大学に比べて、職業訓練課程に多くの力を注いできた。高等専門学校の学位を同一水準に保つために、認定団体として全国学位審査会が創設された。

今日、英国の高等教育機関は、ときとして「標準貨幣鋳造制度」と称されている。それは、たとえばレスター大学やリーズ大学から受ける学位が、少なくとも理屈の上ではケンブリッジ大学やオックスフォード大学、ロンドン大学から受ける学位と同じ基準にもとづくからである。しかしながら、オックスフォードとケンブ

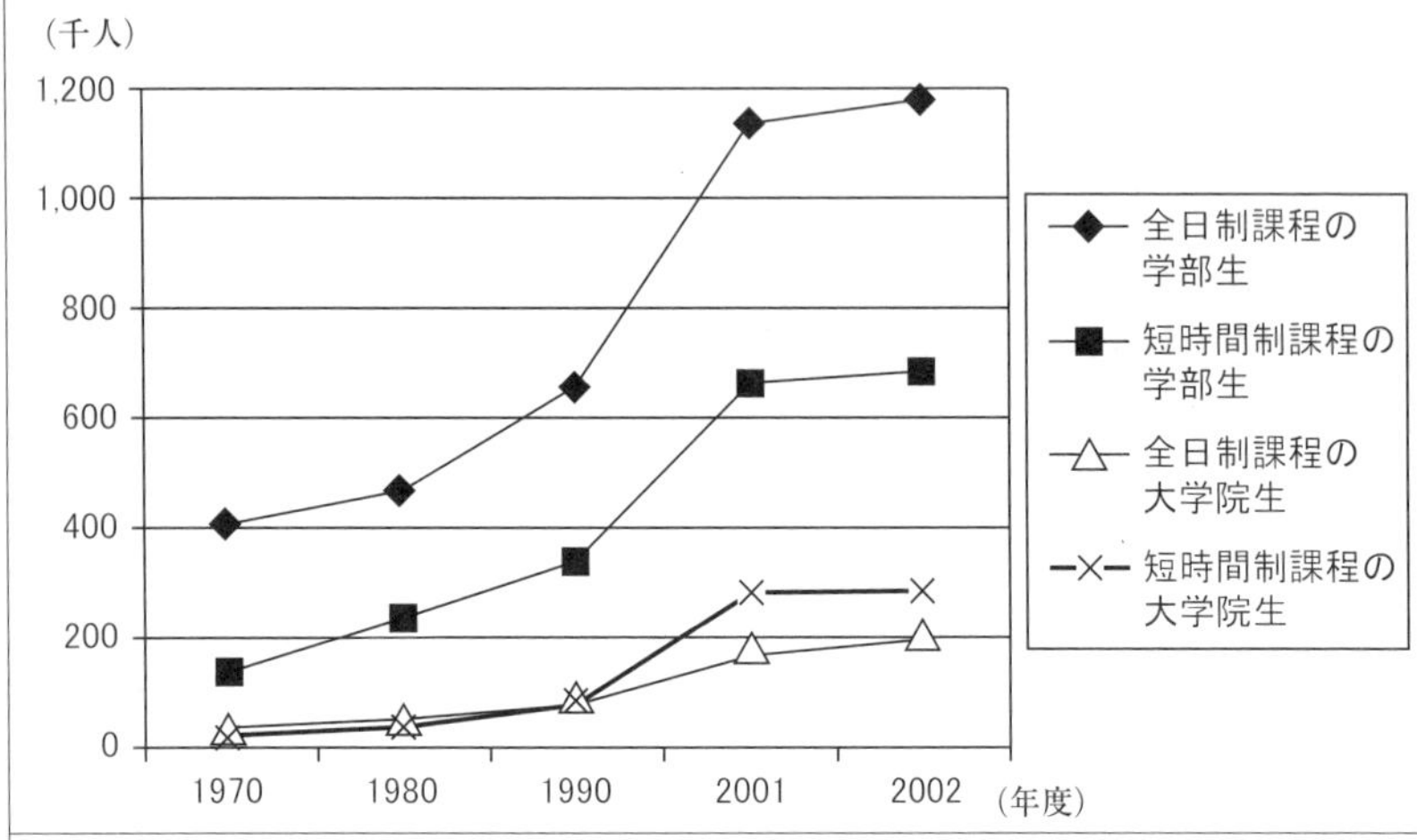

図17-1　課程別にみた大学学部生数と大学院生数
出典: *Social Trends* 34（2004）

リッジは入学者の選抜が厳しいことで有名で、入学者の約半数は、有料学校の出身である。オックスフォードとケンブリッジの学位は、他のほとんどの大学の卒業証明書に比べ、高い経済的地位を得る機会をより多くもたらしている。英国の高等教育機関の学生数は、二万五〇〇〇人の在籍しかなかった一世紀前に比べ、大幅に増えた。一九七一年度までに、学生数は一八倍を超えて四五万七〇〇〇人に増加し、それ以降も着実に増加した（図17-1を参照）。二〇〇一年度に、英国の高等教育機関に籍をおく学部学生は、おおよそ一二〇万人に達している。定時制学部生や大学院生として高等教育機関に在籍する学生の数も、著しく増加した。

社会階級的背景は、その人が高等教育を受ける見込みに影響を及ぼす。労働者階級出身の若者たちの高等教育への進学率は、一九九一年度から二〇〇一年度に一一％から一九％に上昇したが、非肉体労働者階級出身の若者たちの進学率を依然としてかなり下回っている。非肉体労働者階級出身者の進学率は、同じ期間に三五％から五〇％に増加した（図17-2を参照）。労働者階級出身の子どもたちの教育機会に関する論議は、高等教育にいかに資金助成すべきかをめぐる論議で中心的な位置を占めてきた。

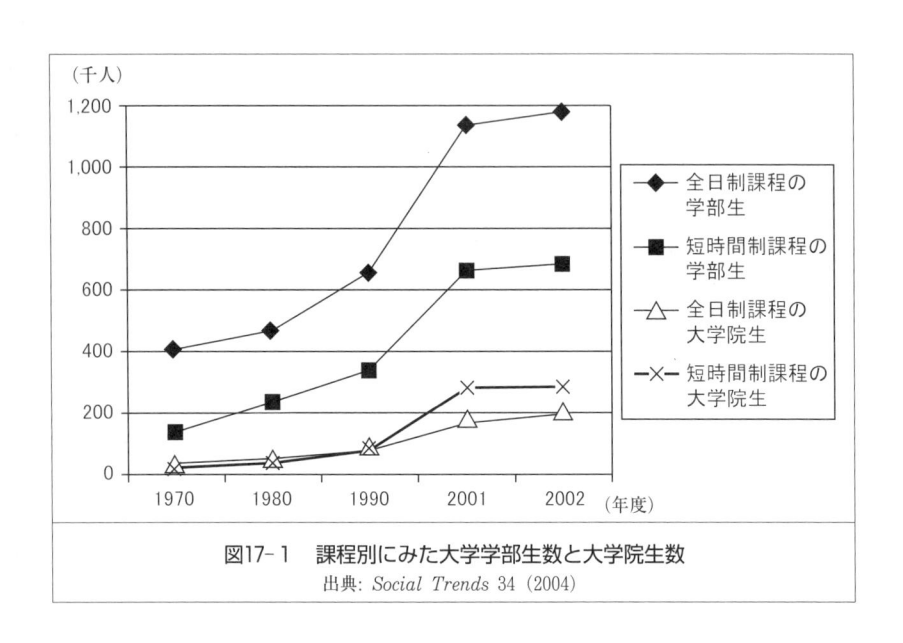

資金助成をめぐる論議　一方で高等教育の在籍者数は大幅に増大したが、政府支出額はそれに見合った割合では増加してこなかった。その結果は、高等教育の財政危機である。英国の総合大学に在籍する学生一人当たりの資金助成は、一九七六年から一九八九年に二九％の減額に遭い、一九八九年から一九九九年にさらに三八％も減額された。一九九七年に全国高等教育調査委員会が

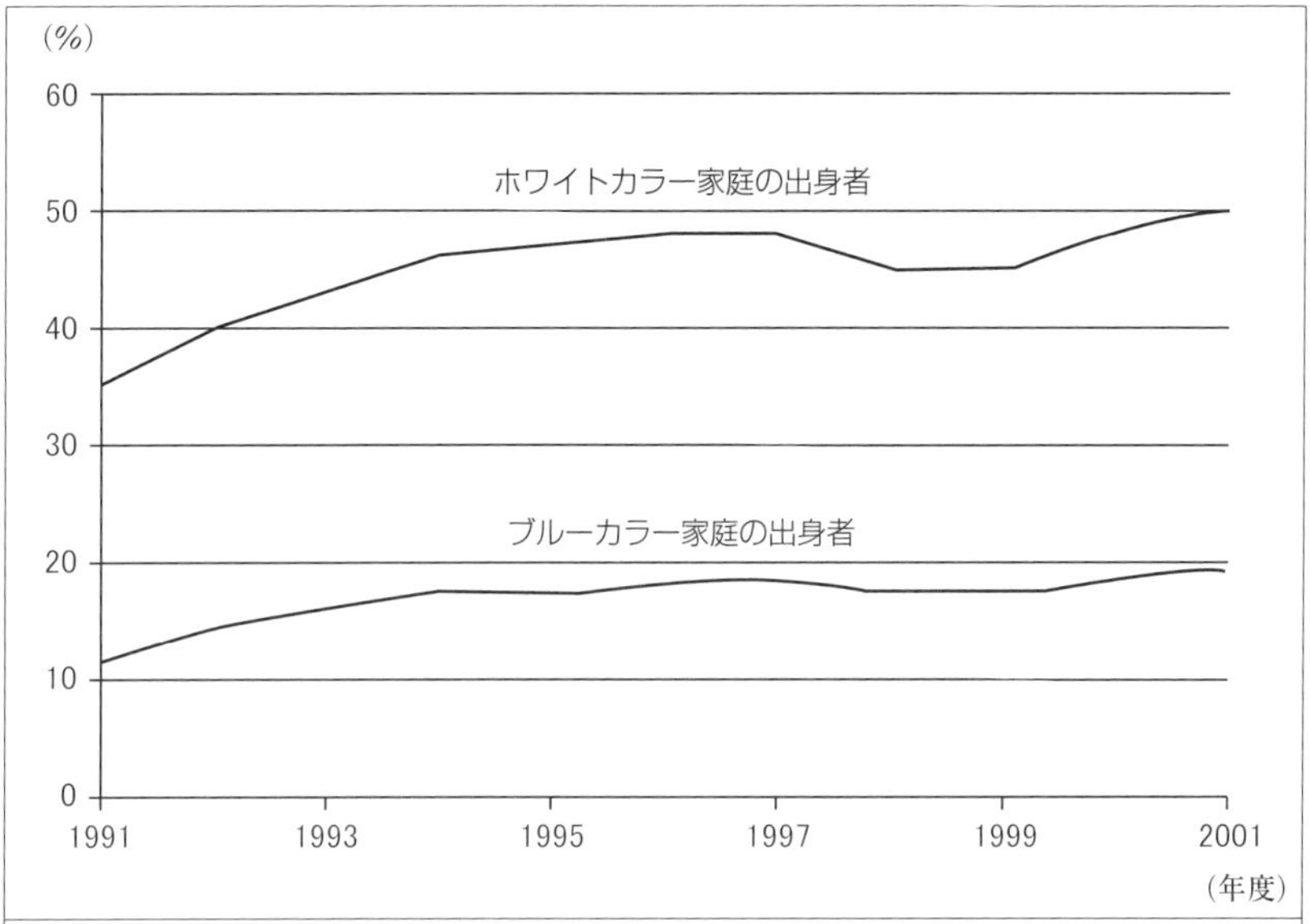

図17-2　英国における階級別の高等教育進学率

出典: *Social Trends* 34 (2004)

公表した報告書は、現行の資金助成制度のもとでは高等教育の拡大と改善が不可能であると結論づけた。

　高等教育の資金助成をめぐる論議の中心には、誰が資金を拠出するのかという問題がある。総合大学への多額な資金の供給源としてまず候補にあげられるのは、一般の納税者と、高等教育を受けて利益を得る人たち、つまり、学生である。高等教育が社会にもたらす社会的、経済的な利益を考えあわせば、大学の資金不足は納税者が支払うべきだという意見も一部にある。たとえば、大学で養成される医療専門家や教師がいなくなったら、社会全体が立ちゆかなくなるだろう。

　それにたいして、大学に進学していない納税者が大学進学者のために支払うべき金額には限度があるべきだと反論する人たちもいる。大学卒業者は、そうでない人に比べ――金銭的にも、それ以外の点でも――職業上多くの利益を享受している。最近の調査は、英国の大学卒業者が、そうでない人よりも所得が五九％も高く、英国が、学位の獲得に先進国のなかで最も高い報奨金を与える国のひとつであることを明らかにしている（OECD 2004）。新生労働党政府は、一般納税者による高等教育への資金助成を増額したとはいえ、学生が、大学教育の直接の受益者として代価の相当の割合を払う必要があるという意見にも、おおむね応じてきた。

　一九九八年度から、英国の高等教育機関へ入学する学生に授業料（当初は一学期につき一〇〇〇ポンドと定められた）の納付を求める決定がなされた。とはいえ、大学に入ると授業料を支払う必要性が生ずれば、貧しい家庭の出身者が高等教育に志願するのを思いとどまるだけでなく、このような高い金額を一括で支払わねばならないことに憤る中流階級の多くの親も離反させることになる、と多くの人が主張した。

結局、英国では、授業料前払い制がいまでは廃止されている。二〇〇六年度から、大学は、学部学生に年間三〇〇〇ポンドを上限として「上積み料金」を徴収することが認められた。学生は、授業料相当額を無利子で融資され、卒業して所得が一定額（現在は一万五〇〇〇ポンド）に達した時点から返済をはじめることになる。学生は、生活費を賄うために融資を受けられ、この融資は、授業料ローンと併せて返済されることになる。卒業生の借金は、働いていなかったり低所得の職に就いた人たちを保護するために、かりに返済されていなくても、二五年後には帳消しになる。

一部の大学が他大学よりも高い授業料を自由に課すという考えに、批判的な人もいる。この人たちは、名声のある大学が高い授業料を取れば、もっと質の高い教員を引き寄せ、設備の充実を図ることが可能になり、その結果、二層のシステムが生まれることを懸念する。所得の低い家庭出身の学生は授業料がより安い大学や教育課程を選ぶことになる、とこの人たちは主張する。この政策を批判する多くの人たちは、最も評判の高い大学の上積み授業料がずっと三〇〇〇ポンドのままでよいとは考えていない。

教育相は、こうした批判に応えて、少なくとも二〇〇九年までは三〇〇〇ポンドの上限額を据え置き、またそれ以降も、上限額の改定には上下両院での議決が必要になると確約した。政府はまた、大学が、労働者階級やエスニック・マイノリティの学生の入学機会を拡大せずに高い授業料を課すことがないように、教育機会局を新設した。助成金制度も下位三分の一の最も貧しい学生たち向けに復活し、こうした学生たちの授業料は相当な割合で免除されている。政府はさらに、三年後の第三者による上積み授業料の再検討の実施を約束した。

英国での教育の国際比較

英国の教育システムは、海外の制度とどのように対比できるだろうか。国際間の比較を直接おこなうのは難しい。なぜなら、子どもに期待する通学年数だけでなく、教育システムの運営方法も、国ごとに著しく異なるからである。

経済協力開発機構（ＯＥＣＤ）を構成する他の富裕国に比べ、英国は幼児教育の比率が高い（三歳から四歳児で八一％）。英国は、小学生一人当たりの教育支出でも上位に位置している（児童一人当たり年間支出は、ＯＥＣＤの平均が四一八七米ドルであるのにたいして、英国では七五九五米ドルである）。とはいえ、準備学級における教職員一人当たりの幼児数は、英国では二七名と、ＯＥＣＤの国々のなかで最も多い（ＯＥＣＤの平均は一五人である）。

初等学校では、児童一人あたりの支出額は、ＯＥＣＤの平均を少し下回る。一方、児童が学校で過ごす時間は、他の国よりも長い（たとえば、九歳から一一歳の児童の場合、イングランドで八八九時間、スコットランドで一〇〇〇時間である。ＯＥＣＤの平均は、九歳で七五二時間、一一歳で八一六時間である）。英国では教師一人当たりの児童数もかなり多い（ＯＥＣＤの平均が一七名であるのに、英国は二〇名である）。

中等学校では、生徒一人当たりの支出額は、やはりＯＥＣＤの平均を下回っている（ＯＥＣＤ平均は六五一〇米ドルであるのにたいして、英国は五九三三米ドルである）。ただ、小学校とは異なり、教師一名当たりの生徒数は一五人で、ＯＥＣＤの平均である一四人をわずかに上回る。

一九七九年以降の保守党政権と一九九七年以降の新生労働党政権がとった政策にしたがい、さきに述べたように（六八八頁～六八九頁）、英国の学校は、意思決定の際に比較的強い役割を演じている。推定によれば、調査対象となったすべての決定事項のうち、八五％が個々の学校レヴェルで下されていた。ＯＥＣＤ加盟国の平均は四二％で、英国よりもかなり低かった（OECD 2004）。

こうした統計数値は、同じような国と比較した場合、学業成績とどのように関係するのだろうか。ＯＥＣＤの「生徒の学習到達度調査」がＯＥＣＤ加盟国の一五歳を対象に実施している大規模な学力調査によれば、英国の生徒は、読解と数学的リテラシー、科学的リテラシーの習熟度が他の国の生徒に比べかなり優れていた（表17‐1を参照）。読解力では、英国の生徒は、オーストラリアや日本、スウェーデンの生徒と同程度の成績で、フランスやドイツの生徒をかなり上回っていた。一五歳児は、フィンランドとカナダの二カ国だけで、英国をかなり上回る成績を挙げていた（PISA 2000）。

英国の生徒はまた、数学的リテラシーでも科学的リテラシーでも、平均がそれぞれ五二九点、五三三点と――オーストラリアやカナダ、フィンランド、ニュージーランドと肩を並べ――ＯＥＣＤの平均をかなり上回る成績を修めていた。日本と韓国の二カ国だけが、数学的リテラシーでも科学的リテラシーでも英国を大きく上回っていた。英国の生徒は、数学的リテラシーと科学的リテラシーの両方で、たとえばデンマークやアイルランド、米国、ドイツの生徒に比べてはるかによい成績を修めていた。

英国では、女子は、読解力で男子を明らかに上回る得点を挙げていた――ＯＥＣＤ加盟国すべてで繰り返し指摘される知見である（英国での学業成績に見いだすジェンダーの差は、以下の七〇八頁～七一二頁で論じている）。英国では、男子の置かれた不利な立場は、他のほとんどの国に比べれば小さかった。ジェンダーの差は、評価全体でその国がよい成果を挙げたか挙げなかったかを表していなかった。男子と女子の差が最も小さかったのは韓国とメキシコだけだった。韓国は英国とほぼ同じ得点であったのにたいして、メキシコは、全加盟国のなかで最下位の成績だった。科学的リテラシーでも、ジェンダーの差は、読解力ほど顕著ではなかった。英国では、平均して男子は女子をわずかに上回っていたが、その差はごく小さかった（PISA 2000）。

世界的関心を集める読み書き能力

読み書き能力は、教育の「不可欠な基盤」である。読み書き能力を欠いては、学校教育は実施できない。欧米では、ほとんどの人は読み書きができることを当然視している。しかし、欧米の歴史でも、多くの人が読み書きができるようになったのは近年に入ってからである。それ以前の時代は、ごく少数の人しか読み書き能力を身につけていなかった。

表17-1　10代の読解力・数学的リテラシー・科学的リテラシーの国別成績一覧

読解力平均得点の順位	平均得点	数学的リテラシー平均得点の順位	平均得点	科学的リテラシー平均得点の順位	平均得点
フィンランド	546	日　本	557	韓　国	552
カナダ	534	韓　国	547	日　本	550
ニュージーランド	529	ニュージーランド	537	フィンランド	538
オーストラリア	528	フィンランド	536	イングランド	533
アイルランド共和国	527	オーストラリア	533	英　国	532
韓　国	525	カナダ	533	カナダ	529
英　国	523	スイス	529	ニュージーランド	528
イングランド	523	英　国	529	オーストラリア	528
日　本	522	イングランド	529	オーストリア	519
スウェーデン	516	ベルギー	520	アイルランド共和国	513
オーストリア	507	フランス	517	スウェーデン	512
ベルギー	507	オーストリア	515	チェコ共和国	511
アイスランド	507	デンマーク	514	フランス	500
ノルウェー	505	アイスランド	514	ノルウェー	500
フランス	505	スウェーデン	510	米　国	499
米　国	504	アイルランド共和国	503	ハンガリー	496
デンマーク	497	ノルウェー	499	アイスランド	496
スイス	494	チェコ共和国	498	ベルギー	496
スペイン	493	米　国	493	スイス	496
チェコ共和国	492	ドイツ	490	スペイン	491
イタリア	487	ハンガリー	488	ドイツ	487
ドイツ	484	スペイン	476	ポーランド	483
ハンガリー	480	ポーランド	470	デンマーク	481
ポーランド	479	イタリア	457	イタリア	478
ギリシア	474	ポルトガル	454	ギリシア	461
ポルトガル	470	ギリシア	447	ポルトガル	459
ルクセンブルグ	441	ルクセンブルグ	446	ルクセンブルグ	443
メキシコ	422	メキシコ	387	メキシコ	422
OECD 加盟国平均	500	OECD 加盟国平均	500	OECD 加盟国平均	500

出典: PISA（2000）

一部の国では、ごく少数の国民しか読んだり書いたりできない。その理由は、ひとつには一部の国で国民皆教育が実施されていないことにある。しかしながら、たとえ初等教育施設が人口成長水準に応じて増加したとしても、読み書き能力を欠く人たちの圧倒的な割合が成人であるため、非識字率が低下するには長い年数を要する。読み書きができない人たちの絶対数は、実際には増加しつづけている。

非識字率には、とりわけ世界の最貧困国で、ジェンダーの要因が強く働いている。女性の非識字率の高さは、貧困や乳児死亡率、高出生率、経済発展の低い水準と強く結びつく。伝統的文化と経済的圧力が合わさって、多くの少女たちの就学を阻害している。農村の家族は、伝統に固執し、女性の教育をあまり擁護しない傾向がある。さらに、大家族では、すべての子どもに教育を受けさせると費用がかかるため、少女たちは、多くの場合、少年たちに教育を受けさせるための犠牲になっている。

多くの国々で読み書き能力向上事業がはじまっているが、問題の規模が極めて大きいために、これらの事業はわずかな寄与しかおこなっていない。テレビやラジオなどの電子メディアが利用できる国では、そうしたメディアを活用することで、読み書きの技能を学ぶ段階を省いて、成人に教育番組を直接配信することができる。しかし、教育番組は、通例、商業的な娯楽番組に比べて人気がない。

植民地搾取政策の時代を通じて、植民地政府は、教育を多少とも不安の眼で見ていた。二〇世紀に至るまで、ほとんどの植民地政府は、先住民があまりに未開であるため、教育するに値しないと考えていた。その後、教育は、地元エリート層を西欧の利害関心や生活様式に応ずる存在にするための手段のひとつとみなされた。しかし、結果は、かなりの割合で不満と反抗を誘発することになった。なぜなら、反植民地主義運動やナショナリズム運動を先導した人たちの大多数は、ヨーロッパの学校や大学に通った高学歴エリート層出身だったからである。この人たちは、祖国の民主政治が欠如した状態を、ヨーロッパの国々の民主的制度とじかに対比できた。

植民地政府が導入した教育制度は、通例、植民地そのものではなく、ヨーロッパに相応しい制度だった。英国植民地で教育を受けたアフリカ人は、英国の国王や女王について精通し、シェークスピアやミルトンや英国詩人の作品を読んでいたが、自分の母国の歴史や過去の文化的業績についてほとんど何も知らなかった。植民地支配終了後の教育改革政策は、今日においてさえ状況を完全に変えていない。

多くの開発途上国の教育制度は、植民地での教育が住民の大多数を相手にしていなかったことの遺産として、上半身が大きい。つまり、初等教育や中等教育に比べ、高等教育が不釣り合いに発達している。この結果、カレッジや大学に通っていたけれどもホワイトカラーの職や専門的職業に就くことのできない、そうした必要以上に学歴をもった集団が生じている。工業発展水準が低いことを考えあわせば、給料のよい職のほとんどは行政府にある。しかし、みんなに行き渡るほど十分な職があるわけではない。

近年、一部の発展途上国は、植民地時代から受け継いできたカリキュラムの欠点を認識し、教育計画を農村の貧困層向けに改める努力をおこなっている。こうした努力の成果は限られてきた。なぜなら、必要とされる変革の規模に見合う財源が十分にないからである。その結果、たとえばインドのような国は、自助自立教育事業をはじめている。それぞれの地域社会は、高額の資金需要を生みださずに、既存の資源を利用する。読み書きができる人たちや、ことによれば仕事の技能をもつ人たちに、そうでない住民を弟子として受け入れ、仕事の合間に個人指導するよう奨励している。

読み書き能力と開発の結びつきは、第一一章「グローバルな不平等」、四一五頁でも論じている。

学校教育と不平等をめぐる理論

この章のはじめで取りあげたショーンの逸話に見るように、教育と不平等は関連している。ショーンは、貧しい家庭の出身で、母親が進学を希望した学校に入れなかった。だから、ショーンは、ほとんどの友だちが学業成績に無関心か、ことによれば敵意をいだいているのに、教室で仲良くやっていこうと懸命に努力しなければならなかった。この節では、教育の場での社会的不平等について社会学の理論研究者が試みた説明の仕方を、いくつか見ていく。これらの理論は、いずれも教育の場での、また教育を介した「社会的再生産」を問題にしているが、その方法がかなり異なる。イヴァン・イリイチは、みずから名づけた「隠れたカリキュラム」をとおして働く非公式過程の影響作用を重視する。バジル・バーンスタインは、言語の重要性を強調する。ピエール・ブルデューは、学校の文化と家庭の文化のあいだに見いだす関係を検証している。そして、ポール・ウィリスは、文化的価値が教育と労働にたいする生徒の態度形成に及ぼす影響作用を考察している。終わりに言及するロビン・アッシャーとリチャード・エドワーズは、この四人の思想にさまざまに依拠しながら、文化や、現代世界における（セクシュアリティやエスニシティを含む）アイデンティティ構築の複雑さという面から、この四人の思想を敷衍している。これらの異なるアプローチを見ていく際に、文化の問題に強く焦点が当てられていることに留意する必要がある。

イヴァン・イリイチ――隠れたカリキュラム

最も論争の的となった教育理論の論者のひとりに、イヴァン・イリイチ（一九二六年～二〇〇二年）がいる。イリイチは、近現代の経済発達を批判したことで有名である。イリイチは、近現代の経済発達を、かつては自給自足してきた人たちが、伝統的技能を奪われ、健康を医師に、学校教育を教師に、娯楽をテレビに、生活の糧を雇用主に依存させられる過程である、と形容した。

健康をめぐるイリイチの見解は、第八章「健康、病気、障害」、二八三頁で論じた。

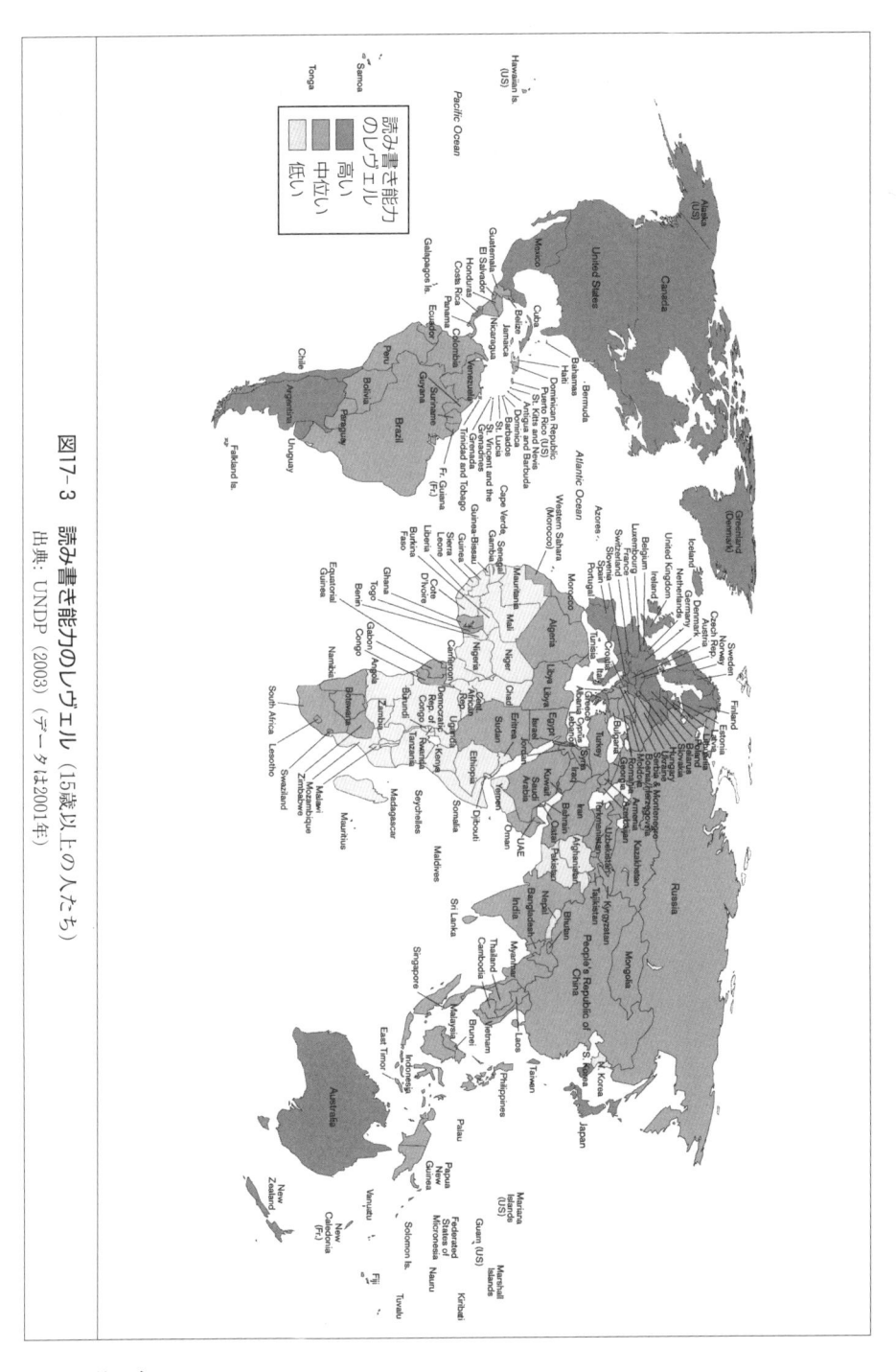

図17-3　読み書き能力のレヴェル（15歳以上の人たち）
出典: UNDP（2003）（データは2001年）

イリイチは、義務制の学校教育という――今日では、世界中で容認されている――観念自体を疑問視すべきであると主張した(Illich 1973)。イリイチは、教育の発達と、経済が必要とする規律やヒエラルキーとの結びつきを強調する。学校は、保護的世話の提供、職業上の役割の割り当て、支配的価値観の学習、それに社会的に是認された技能や知識の習得という四つの基本的課題に対処するために発達した、とイリイチは主張している。ひとつ目の課題との関連でいえば、「通学が義務になったために学校は保護監督的機関になり、子どもは、児童期初期から仕事に就くまで、世間から遠ざけられる」ことになる。

生徒は、学校で、正規の授業内容とまったく無関係なことがらを、数多く学んでいく。学校は、規律訓練や団体訓練によって、イリイチが名づけた「受動的消費」――現行の社会秩序の無批判的受容――を教え込む傾向がある。これらの学習課題は、意識的に教えられるわけではなく、学校での手続きや学校組織のなかに暗に示されている。隠れたカリキュラムは、子どもに人生における自分の役割が「自分の居場所をわきまえ、そこでおとなしくしていること」である、と教える(Illich 1973)。

イリイチは、社会の脱学校化を唱道する。イリイチが指摘したように、義務制の学校教育は、比較的新しい発明である。したがって、義務制の学校教育を多少とも必然的な制度として容認すべき理由は、どこにも見いだせない。学校が平等や一人ひとりの創造的才能の発達を促進させない以上、私たちは、現行のかたちの学校をなぜ廃止しないのか。イリイチは、このことで、あらゆる種類の教育組織を廃止すべきだと主張したのではない。学びたいと望む人には誰にでも――たんに児童期や青年期だけでなく、人生のいつの時点でも――学習資源を入手利用できる機会を提供すべきだ、とイリイチは主張する。このようなシステムは、知識が、専門家に独占されるのでなく、広く普及し、共有されることをおそらく可能にする。学習者は、一律のカリキュラムに黙ってしたがう必要はなくなり、何を学ぶかについて自分なりに選択できるようになる。

このことが実際にどのような結果を生むかは、まったく不明である。とはいえ、イリイチは、学校の代わりに、数種類の教育の枠組みを提案している。秩序だった学習のための教材資源は、学びたい人が誰でも利用できるように、図書館や有料貸し出し機関、研究所、情報保管バンクに用意される。「情報交換のネットワーク」が設立され、いろいろな人がもつ技能のデータや、その人たちが進んで他人に教える意向があるのか、相互学習活動に参加する意向があるのかといったデータを提供していく。学びたい人には利用引換券《ヴァウチャー》を支給し、学びたい人は、その利用引換券を使って、自分が望むときに望むかたちで教育サーヴィスを活用できる。

こうした提案は、まったくの夢物語だろうか。そう思う人が多いかもしれない。しかしながら、かりに有給労働が相当量減少し、あるいは再構築される時代が到来すれば――その可能性は十分ある――こうした提案もさほど非現実的でなくなる。かりに有給雇用が私たちの社会生活にとって最重要でなくなれば、人びとは、代わりにもっと広範囲の関心事にたずさわることになろう。こうした点を背景幕に考えれば、イリイチのいくつかの考え方は十分に筋が通っている。教育は、専門機関だけでしか受けられない若年時の訓練だけでなく、受けたいと望む人なら誰もが入手利用できるものにもなる。

イリイチが一九七〇年代に発表した考え方は、一九九〇年代に入って、新たなコミュニケーション技術の出現で再び流行している。すでに見たように、一部の人たちは、コンピュータとインターネットが教育に革命をもたらし、不平等を縮小する可能性をもつと考えている。

バジル・バーンスタイン——言語コード

イリイチと同じように、社会学者バジル・バーンスタイン（一九二四年〜二〇〇〇年）は、教育が社会の不平等を再生産する態様に関心を寄せた。バーンスタインは、葛藤理論（三七頁〜三八頁で紹介した）を手がかりに、教育の場に見いだす不平等を、言語能力の分析をとおして検証した（Bernstein 1975）。子どもは、生い立ちが違えば、幼児期に異なるコードを、つまり、異なる発話形式を身につけ、そのコードが後々の学校での経験に影響を及ぼす、と一九七〇年代にバジル・バーンスタインは主張した。バーンスタインは、通常思われているような語彙や言語技能の差異を問題にしたのではなかった。興味の対象は、とりわけ貧困層の子どもと富裕層の子どもで著しい対照が見られる、言語使用様式の体系的差異だった。

バーンスタインによれば、労働者階級の子どもの用いる話し言葉は、制限されたコード——話し手が、相手は承知していると思い、明言しない数多くの前提を含む言語使用の様式——を表している。制限されたコードは、そのコードを使用する文化的状況と密接に結びつく話し言葉の類型である。労働者階級の人たちの多くは、家族や近隣社会との絆が強い文化のなかで暮らしており、この文化では、価値や規範が当然視され、わざわざ言葉で表現することがない。親は、子どもの行動を正すために、報賞や叱責といった直接的な方法を用いて子どもを社会化する傾向が強い。制限されたコードによる言語活動は、抽象的な観念やことがら、関係性について論ずるよりも、実際の経験を伝達するのに適している。だから、制限されたコードによる発話は、労働者階級の家庭で成長する子どもや、そうした子どもが一緒の時間を過ごす同輩集団に特徴的である。発話は、集団の規範を遵守したものになり、誰も自分たちがその行動様式にしたがう理由を容易に説明することができない。

対照的に、バーンスタインによれば、中流階級の子どもの言語発達は、精密なコード——言葉の意味を、個々の状況の要求に適合するように個別的に明示できる話し方——の獲得をともなう。中流階級出身の子どもが言語使用を学ぶ様式は、あまり特定の脈絡に縛られてはいない。したがって、子どもは、抽象的観念を容易に一般化し、言い表すことができる。だから、たとえば中流階級の母親は、子どもたちの行動を統制する際に、その子どもの行動に母親が反対する理由や道理を何度も説明していく。子どもがキャンディを過剰に食べたがるのを叱る際に、労働者階級の母親は「キャンディはもうおしまい！」としか言わないかもしれないが、おそらく中流階級の母親は、キャンディの食べ過ぎが、身体に、とくに歯の健康に有害であると説明する。

話し言葉の精密なコードを獲得した子どもは、制限されたコードに縛られる子どもよりも、学問中心の学校教育の要求にうまく対処できる、とバーンスタインは主張する。この見解は、労働者階級の子どもの身につけた発話類型が「劣っている」とか、その子どもの言語コードが「貧しい」ことを暗に意味するのではない。そうではなく、労働者階級の子どもの言語使用様式は、学校という学問中心の文化と軋轢を生じさせる。精密なコードに習熟する子どもは、学校環境にもっと容易に適合できる。

バーンスタイン理論の妥当性は、依然として議論の的になっているが、その理論を裏づける証拠も見いだされる。ジョアン・タフは、労働者階級と中流階級の子どもの言語活動を研究して、両者のあいだに系統だった差異があることを見いだした（Tough 1976）。労働者階級の子どもたちが、自分の質問にきちんと答えてもらい、他人から説得される際にその理由を説明してもらった経験に総じて乏しいというバーンスタインの主張を、タフの研究は裏づけた。その後、バーバラ・チザードとマーティン・ヒューズがおこなった調査も、同じような結論に達している（Tizard & Hughes 1984）。

バーンスタインの考え方は、一部の社会経済階層出身の子どもが、学校で「成績の振るわない生徒」になりやすい理由を理解するのに役立つ。次に挙げる特徴は、制限されたコードと結びつき、いずれも子どもの教育上の可能性を抑制している。

1　子どもは、家庭で質問をしても、総じて乏しい応答しか得られない。それゆえ、子どもは、精密なコードに習熟している子どもに比べ、さほど広い見聞を得られないし、またもっと広い世界に好奇心をいだくこともおそらくない。

2　子どもは、学校の規律という一般的な行動原理の要請に応ずることだけでなく、授業で用いられる、感情の介在しない抽象的言語に応答することにも、困難を覚える。

3　教師の発言の多くは、その子どもが慣れ親しむ語法と違う語法に依拠しているため、おそらく子どもは、教師の発言を理解できない。子どもは、教師の言葉を自分の馴染んでいる言葉に翻訳することで、この事態に対処しようとする――しかし、その際、教師が伝えたい基本的な原理そのものを理解し損なうかもしれない。

4　子どもは、機械的ないし「反復練習的」な学習にほとんど困難を感じない。しかし、一般化や抽象化をともなう概念的区別の理解には著しく苦労する場合がある。

ピエール・ブルデュー――教育と文化的再生産

これらの理論的視座の論旨の一部は、**文化的再生産**の概念によっておそらく最も啓発的に結びつけることができる（Bourdieu & Passeron 1977; Bourdieu 1986, 1988）。文化的再生産とは、学校が、他の社会制度と連携して、社会的、経済的不平等を世代を超えて維持することに寄与する様式を指している。文化的再生産の概念は、学校が、イリイチの言う「隠れたカリキュラム」を介して、価値観や態度、習慣の学習に影響を及ぼす際の様式に注意を払うよう、私たちに促す。学校は、人生の初期に身につける文化的価値観や文化的見地の差異を強化する。子どもが学校を卒業するときに、こうした文化的価値観や文化的見地の差異は、一部の子どもの出世の機会を制約したり、逆に出世の機会を促進する影響作用をもつ。

階級や社会関係資本に関するブルデューの見解は、第九章「社会成層と階級」、三四五頁〜三四七頁で論じている。

バーンスタインが特定した言語使用の様式は、こうした広範な文化的差異と間違いなく関係しており、これらの差異は、興味や嗜好の違いの真の要因になっている。下層階級出身の子どもたちや、また多くの場合にマイノリティ・グループ出身の子どもたちが身につける話し方や振る舞い方は、学校で優勢な話し方や振る舞い方と衝突する。学校は生徒たちに規律という規則を押しつけ、教師の権威は、学問中心の勉強を志向している。労働者階級出身の子どもたちは、恵まれた家庭出身の子どもたちに比べ、学校に入ったときに、はるかに大きな文化的衝突を経験する。労働者階級出身の子どもは、実際上は自分たちが異文化的環境のなかに身を置いていることに気づく。労働者階級出身の子どもたちは、良い学業成績をとるように動機づけられることがおそらく少ない。それだけでなく、バーンスタインが指摘するように、労働者階級出身の子どもの普段の話し方や振る舞い方は、たとえ互いに意思の疎通を図るために最善の努力をおこなっても、教師の話し方や行動の仕方とうまくかみ合わない。

子どもたちは、学校で長い時間を過ごす。イリイチが強調するように、子どもたちは、実際に授業のなかで教わるよりもはるかに多くのことがらを学校で学ぶ。自分たちが時間の厳守を期待され、権威的地位にいる人たちが自分たちに設定する課題に勤勉に取り組むことを学びながら、将来就く仕事の世界がどのようなものなのかを、早くから経験していく（Webb & Westergaard 1991）。

働くことを学ぶ——ポール・ウィリスによる文化的再生産の分析

文化的再生産に関する有名な立論を、ポール・ウィリスが英国のバーミンガムの学校でおこなったフィールドワークの報告に見ることができる（Willis 1977）。この研究は、三〇年以上前におこなわれたが、いまでは社会学的調査研究の古典になっている。ウィリスが調べようとした疑問は、文化的再生産がどのように生ずるのか——ウィリス自身の言い方を用いると、「労働者階級出身の若者は、どのようにして労働者階級の職業に就くのか」——であった。下層階級出身やマイノリティ出身の子どもは、学校教育の過程で、自分たちが、将来の職業生活で給料の良い仕事や地位の高い仕事に就くことを期待できるほど「利口ではない」と簡単に思ってしまう、としばしば考えられてきた。いいかえれば、学業成績不振の体験が、子どもたちに知力の面での限界を教え込む。それで、子どもたちは、自分の「劣等性」を受け容れた後で、仕事上の成功の可能性に限界がある職業に就いていく。

ウィリスが指摘するように、こうした解釈は、人びとの生活体験の現実とまったく合致していない。貧しい居住地域出身の人たちが身につけた「暮らしの知恵」は、学業成果とほとんど何の有意関連性ももたないが、学校で教える知的技能と同じくらい緻密で、巧妙かつ複雑な一連の能力を必要としている。「自分は頭が悪いから、一日中工場で箱を積み上げているのが、自分に相応しい」などと考えて学校を卒業していく子どもは、たとえいたとしてもごく僅かである。かりにあまり恵まれない生い立ちの子どもが、一生を通じて自分が不成功者であると思うことなく、報いられない仕事に就いているとすれば、そこには間違いなく別の要因が介在している。

ウィリスは、調査対象となった学校の或る少年グループに心を惹かれ、その少年たちと長い時間を一緒に過ごした。少年たちは、「野郎ども《ラッズ》」と自称する白人グループだった。この学校には、黒人やアジア系の子どもも数多く通っていた。ウィリスは、少年たちが、この学校の権威体制について、鋭い、洞察力に富んだ認識をもっていること――しかし、そうした認識を、体制と協調するためではなく、闘うために用いていること――を見いだした。少年たちは、学校を、疎ましくはあるが、自分たちの目的のために操縦できる環境と見ていた。教師に絶えず仕掛ける争いごとに――もっとも、たいていは軽い衝突に止めたが――積極的に快感を見いだした。教師個人の弱みだけでなく、教師が主張する権威の弱点を見つけることにも長けていた。

一例をあげれば、生徒は授業中じっと座って、静かに勉強しなければならなかったが、少年たちは、教師が睨むと仲間のひとりがちょっと静かになるくらいで、誰もがざわついていた。ひそひそ話をしたり、大声を出したり、露骨な反抗ぎりぎりのところで、たとえ咎められても言い逃れができることを明らさまにおこなった。

野郎ども《ラッズ》は、職場が学校とたいして変わらないのを見知っていたが、仕事に就くことを積極的に待ち望んだ。仕事そのものから満足が得られることを期待したからでなく、賃金を得たがっていた。就く職種――タイヤの取り付け、カーペットの張り替え、配管、塗装、内装――を劣等感から選ぶのではなく、仕事にたいしても、かつて学校に示したような横柄な、高慢な態度をとった。働くことで得られる大人の地位を享受したが、自分のために「出世すること」には無関心だった。ウィリスが指摘するように、ブルーカラー層の労働環境は、野郎ども《ラッズ》が反学校的文化のなかで創りだしたもの――からかいや機知、必要な場合には権威者の要求でも覆す術――とよく似た文化的特徴を、多くの場合ともなっている。野郎ども《ラッズ》も、年齢を重ねた後に、骨が折れ、報われない労働で身動きがとれない自分に気づくかもしれない。家庭をもてば、昔の学校時代を振り返って、教育が唯一の脱出口であったことに――絶望的な気持ちで――気づくかもしれない。しかしながら、かりにこうした見方を自分の子どもたちに伝えようとしても、おそらく自分の親がそうであったように、たいがいはうまく伝えられない。

働かないことを学ぶ
――一九九〇年代の「マッチョな野郎ども《ラッズ》」

ウィリスがバーミンガムでおこなった「野郎ども《ラッズ》」の研究から二〇年以上が経た後で、別の社会学者マーティン・マック・アン・ゴールは、イングランド中部地方にあるパーネル

・スクールで、労働者階級出身の若い男性たちの体験を調査した(Mac an Ghaill 1994)。マック・アン・ゴールは、男子生徒たちが、大人の男性になる通過点の一部である学校で、どのようなかたちで特有な男性性を身につけるのかに、とくに関心を寄せた。このマック・アン・ゴールの報告は、この章のはじめで取り上げた、ショーンが初等学校から中等学校に進むときの体験に関してダイアン・レイがおこなった説明に大きな影響を及ぼしている。マック・アン・ゴールは、一九九〇年代初期の労働者階級出身の少年たちが、大人の生活への移行や将来の見込みをどのように考えているのか解明しようとした。ウィリスの研究対象となった野郎《ラッズ》どもと異なり、パーネル・スクールの少年たちは、高い失業率や地元製造業の衰退、若者たちへの政府の給付金の削減が影を落とすなかで成長していた。

マック・アン・ゴールは、パーネル・スクールの男子生徒にとって成人期への移行が、二五年前にウィリスの研究対象となった野郎《ラッズ》どもが経験した移行に比べ、もっと断片化されていることを見いだした。学校から賃金労働につながる明確な軌道は、もはや存在しなかった。パーネル・スクールの少年たちの多くは、卒業後の年月が、(とくに家族への)依存や、政府の「役に立たない」訓練機関、若い肉体労働者にとって不利で頼りにならない労働市場によって特徴づけられているとみなした。教育が自分たちの将来とどのように関連するのかをめぐって、多くの生徒のあいだに混乱が生じていた。こうした混乱は、学校教育への異なる反応のなかに明示された——優れた学業成績を上げ、「新たな起業家」になることで上昇移動を想い描く同輩集団もあれば、学校教育全体にあからさまに敵意を示す同輩集団もあった。

マック・アン・ゴールがパーネル・スクールで確認した四つの同輩集団のうち、「マッチョな野郎ども」は、学校のなかで最も伝統的な労働者階級出身の集団だった。マッチョな野郎どもは、ティンエージャーになるまでに、すでにグループとして一つにまとまっていた。グループのメンバーは、すべての教科で学業成績が下から二つの「習熟度別クラス」に分けられていた。このグループの教育にたいする態度は、露骨な敵意だった——学校とは、捕虜にした生徒たちに無意味な勉強を強要する権威主義的体制の一環であるという見方を仲間どうしで共有していた。ウィリスの研究対象になった「野郎ども」は、学校という環境を自分たちの利益のために操る方法を見いだしたが、マッチョな野郎どもは、学校内での自分たちの役割に反抗的であった。

学校当局は、マッチョな野郎どもを、パーネル・スクールで最も「危険な」反学校的な同輩集団とみなした。教師たちは、このグループを相手にする際に、他の生徒に比べ、公然と権威主義的な手段を用いて相手にすることを奨励されていた。この少年たちがおこなう労働者階級の男性性の象徴的な誇示——たとえば、服の着方や髪型、イヤリング——を、学校当局は禁止した。教師たちは、玄関口で生徒たちをつねに見張ったり、「先生が君に話しているときは、先生の目を見なさい」と指示したり、「きちんと並んで廊下を歩きなさい」

と注意することで、生徒を「監視」していた。

マッチョな野郎どもにとって、中等学校は、へこたれない男になることを学ぶ「見習い期間」であった。学校は、読み書きや算数ではなく、喧嘩とセックス、サッカーを学ぶための場だった。「仲間の面倒をみること」と「一致団結すること」が、マッチョな野郎どもの社会的世界では最も重要な価値である。学校は、街頭とほとんど同じく、縄張り争いの舞台となった。マッチョな野郎どもは、教師を警察官と同じような（公然と軽蔑すべき）存在とみなし、教師が学校内で生ずる葛藤の主たる原因であると確信していた。マッチョな野郎どもは、校内での教師の権威を認めようとせず、自分たちに懲罰や屈辱を与えるために、教師たちがつねに「画策している」と信じて疑わなかった。

ウィリスの描写した「野郎ども」と同じように、マッチョな野郎どもも、学校の勉強や成績を、下らない女々しいものとみなしていた。学業成績のよい生徒に「点取り虫」のレッテルを貼った。学校の勉強は、男たちに相応しくないとして、はなから見向きもされなかった。マッチョな野郎どものひとり、レオンが述べるように、「学校でやる勉強なんて女の子がすることさ。そんなの本当の仕事じゃない。そんなの子どもの仕事だよ。奴ら［教師］は、俺たちが思ったことについて何か書かせようとする。そんなのは余計なお世話だ」（Mac an Ghaill 1994）。

マック・アン・ゴールの研究は、「マッチョな野郎ども」が、他の同輩集団の男子以上に「男性性の危機」をどのように経験しているのかを具体的に明らかにした。それは、マッチョな野郎どもが――肉体労働に就ける確実な将来の見込みがほとんどなくなった時代に――有給の肉体労働を中心に確立された「時代遅れの」労働者階級的男性性を積極的に発達させようとしていたからである。マック・アン・ゴールによれば、マッチョな野郎どもは、父親やオジが暮らしてきた「完全雇用」の社会を引きつづき夢想していた。マッチョな野郎どもの行動は、なかには男性性が過剰で、それゆえ防御的な印象を与える面もあるとはいえ、旧世代から受け継いだ労働者階級の世界観に明らかにもとづいていた。

男性性の形成は、第一二章「セクシュアリティとジェンダー」、四七四頁～四七七頁で論じている。

ポストモダニズムのアプローチ

多くの社会学者は、一九九〇年代までに、社会葛藤論からポストモダニズムへ方向転換しだした（ポストモダニズムの背後にある主要な思想のいくつかは、第四章、一三一頁～一三三頁で紹介した）。ポストモダニズムが教育にとって及ぼす意味の重要な説明のひとつを、英国の社会学者ロビン・アッシャーとリチャード・エドワーズの研究に見いだすことができる。アッシャーとエドワーズにとって、機能主義なり葛藤理論にもとづく教育理論は、「近代主義的」である。いずれの理論も、教育が、前近代的迷信に代わる合理的確信を広めていくという「メタ物語」を受け容れている。この教育観が暗に意味するのは、進歩の観念である。教育は、一人ひとりが自由に、また合理的に考える力を与え、そのことが社会の進歩や革新を可能にする。アッシャーとエドワーズは、ポストモダニズムの論者として、このようなメタ物語を排除する。アッシャーとエドワーズは、科学と理性が人間のかかえるすべての疑問に答えることができるとか、どのようなものであれ一つの真理が存在するといった主張に懐疑的である。他のどのカリキュラムよりもこのカリキュラムを教えなければならない理由はどこにも見いだせないし、他の教科よりもこの教科がもっと重要だという理由はどこにも存在しない、とアッシャーとエドワーズは考えている。

近現代の教育にたいするアッシャーとエドワーズの批判は、「ポストモダンの教育システムとはどのようなものなのか」という疑問を導く。アッシャーとエドワーズはいくつかの可能性を検討しているが、ふたりが最も共感を寄せる可能性は、ポストモダンの思想家たちの関心事の中心をなす文化の多元性と多様性を許容するシステムの発達である。このシステムは、一人ひとりに、たとえば生涯学習や文化的差異の探究によって、自分自身の教育プログラムを形づくる自由をもたらす（Usher & Edwards 1994）。

次に教育の場での――ジェンダーやエスニシティ、階級を含む――不平等の議論に移り、それから学業成績に関する理論をいくつか分析したい。

不平等と教育

学校教育の正規のカリキュラムは、体育競技への参加を除けば、もはや男子と女子を体系的に区別していない。とはいえ、教育の場でのジェンダーの差異の発達には、他にもいろいろな「入り口」が存在する。こうした入り口には、教師がいだく期待や学校の式典など、さきにイリイチが指摘した、隠れたカリキュラムの諸様相が含まれる。校則は次第に緩和されてきたとはいえ、学校で女子にワンピースやスカートの着用を強制する規則は、ジェンダーの類型化を生じさせる最も明確な手段のひとつになっている。その帰結は、身なり以外の問題にも及ぶ。女の子は、スカート等を着用するので、不注意に座ったり、無鉄砲な遊びに加わったり、ときには全速力で走る自由を欠くことになる。

学校の教科書も、この場合も変化が生じているとはいえ、ジェンダー・イメージの永続を助長する。最近まで、初等学校で用いる物語読本は、男の子を進取の気性や自立心を示す存在として描く一方で、女の子を、たとえ登場したとしても、従順で、兄や弟の面倒をみる存在として描写するのが一般的だった。少女向けに書かれた物語は冒険話的要素をともなう場合も多いが、こうした冒険は、通例、家庭や学校を舞台にした計略や謎解きというかたちをとる。それにたいして、少年向けの冒険物語は、もっと行動範囲が広く、遠くまで旅をする少年や、いろいろな意味で自立心旺盛な男の子を主人公にしている。中等教育では、女性たちは、理科や数学のほとんどの教科書で「見えない」存在になる傾向が

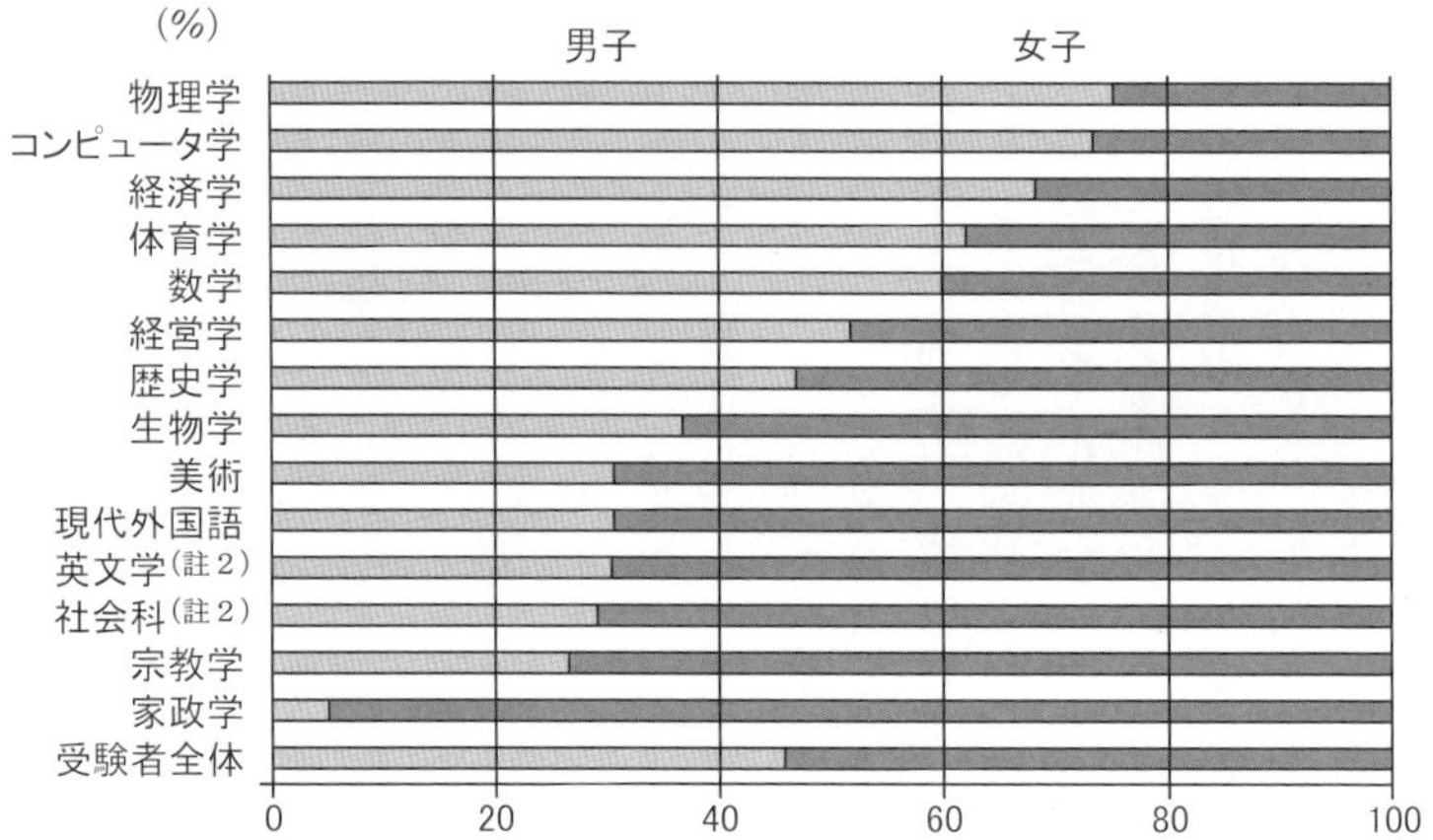

註1：イングランドと北アイルランドについては学年度開始時に16-18歳、ウェールズについては同じく17歳の中等学校生と高等教育機関在学生についての調査結果。スコットランドの中等学校生は、通常1年早く高等教育機関に入学するため、中等学校5－6年生の調査結果を掲載してある。

註2：この科目を設置しているのは、イングランドとウェールズだけである。

図17-4　英国(註1)における大学入試資格認定試験で評点Aレヴェル受験者の選択科目別に見た男女の割合

出典: *Social Trends* 34 (2004)

強く、理科や数学が「男子向きの教科」であるとの見方を永続させる。

　教育の場に見いだす性差は、学校での科目選択にも明確に存在する。一部の教科が女子向けより男子向けであるという見方は、なかば常識化している。社会学者のベッキー・フランシスは、男子に比べ、女子には、学問的にあまり威信の高くない科目の受講を推奨する傾向が強い、と論じている（Francis 2000）。確かに、男子と女子で、選択された受講科目に顕著な違いが見られる。英国の二〇〇一年度に実施された大学入学資格認定試験では、物理やコンピュータ科学の受験者のうち、約七五％は男子で、数学の受験者の六〇％もやはり男子だった。対照的に、社会科や英文学の受験者の約七〇％、家政学の受験者の九〇％は女子だった。男女別の違いは、図17-4に示されている。

ジェンダーと学業成績

　長年にわたって、平均して女子たちは、中等教育の中間学年に達するまで、男子よりも高い学業成績を修めてきた。女子の成績は、中等教育の中間学年以降、下降していった。つまり、英国では、一六歳時と一八歳時の試験や、大学では、男子がよい成績を修めていた。一九八〇年代後半まで、女子は、大学入学に必要な三教科でのAレヴェル取得者の割合が男子よりも低く、高等教育進学者の数も、男子より少なかった。こうした不平等を懸念したフェミニズムの研究者は、ジェンダーがどのように学習過程に影響を及ぼすのかについて、重要な研究を数多くおこなった。これらの研究は、多くの場合、学校のカリキュラムが男子中心的で、また教室で、教師が女子よりも男子に目をかけていることを明らかにした。

とはいえ、近年、学校でのジェンダーをめぐる論議は、劇的に逆転した。今日、教育者や政策立案者のあいだで会話の主要テーマのひとつは、一様に「伸び悩む男子」の問題である。英国では、一九九〇年代初めから、教育制度のすべての分野とすべてのレヴェルで、女子は男子を上回る成績を修めだした（表17-2と図17-5を参照）。同じような知見は、米国からも報告されている。米国でも、女子は、男子よりももっと学校に通い、大学教育を受け、大学院課程に進んでいる（図17-6を参照）。

「成績の悪い男子生徒」の問題は、引きつづき大きな懸念である。なぜなら、この問題は、犯罪や失業、薬物、ひとり親家庭といった、多くのもっと大きな社会問題と結びつくと考えられているからである。これらの要因は、結局のところ「男性性の危機」と称され、（第一二章、四七六頁〜四七七頁で）マーティン・マック・アン・ゴールが究明した問題につながる。途中退学した男子や成績の悪い男子は、確かな職を得て、安定した家族生活をつくる可能性が少ない。英国経済の諸側面が引きつづき変化しているため、乏しい学歴の若年男性が入手できる非熟練肉体労働の職は、もっと少なくなっている。一方、急成長のサーヴィス部門で創出されだした職の大部分――七〇％に達する――は、女性たちが占めだしている。

ジェンダーの格差を説明する

過去一〇年間に起きた学業成績の男女差の逆転を説明するために、さまざまな説明がなされてきた。学校での女子の学業成績を説明する際に考慮しなければならない要因のひとつは、女性運動が女子たちのいだく自己評価や期待に及ぼした影響作用である。いま在学する多くの女子は、働く女性の具体例を身近に見て成長してきた――実際、そうした女子の母親の多くは家庭の外で働いている。こうした積極的な役割モデルに接することは、就職機会にたいする女子たちの認識を高め、専業主婦という女性の伝統的ステレオタイプに疑義をいだく。フェミニズムの及ぼしたもう一つの成果は、教師や教育学者が教育制度に内在する性差別について認識を高めたことである。近年、多くの学校は、教室でのジェンダーのステレオタイプ化を避け、伝統的に「男子向き」とされた教科を女子が勉強するように奨励し、ジェンダーの面で偏向していない教材を広める処置をとってきた。

学校でのジェンダーの格差を説明する一部の理論は、男子と女子とで学習スタイルが違う点に焦点を当てる。女子は、多くの場合、男子よりも整理整頓がうまく、学習意欲が高く、また心身の成育も早いとみなされている。この点は、女子がお喋りや言語的技能の活用によって、互いに社会関係を築く傾向が強いことに現れている。他方、男子は――スポーツやテレビゲームに興じ、校庭にたむろすることで――もっと活動的なかたちで社会化を経験し、教室では妨害的行動をとる傾向が強い。教師たちは、このような大雑把な女子と男子の行動様式を教室で追認しているように思える。教師たちは、男子への期待水準を女子より低く設定し、男子をかまってやりながら、授業妨害は大目に見ている。

もう一つの論証の方向は、荒っぽさを強調する「野郎主義《ラディズム》」

表17-2　イングランドにおける各キーステージで期待水準以上に到達した生徒の男女別割合（2004年）

(%)	教師による評価		テスト結果	
	男子	女子	男子	女子
キーステージ1（初等学校前期：5-7歳）				
国　語				
読　解	81	89	81	89
作　文	78	88	76	87
数　学	88	91	89	92
理　科	88	91		
キーステージ2（初等学校後期：7-11歳）				
国　語				
読　解	69	80	72	83
作　文				
数　学	75	76	74	74
理　科	82	84	86	86
キーステージ3（中等学校前期：11-14歳）				
国　語	62	77	64	77
数　学	72	76	72	74
理　科	69	72	65	67

出典: *Social Trends* 35（2005）

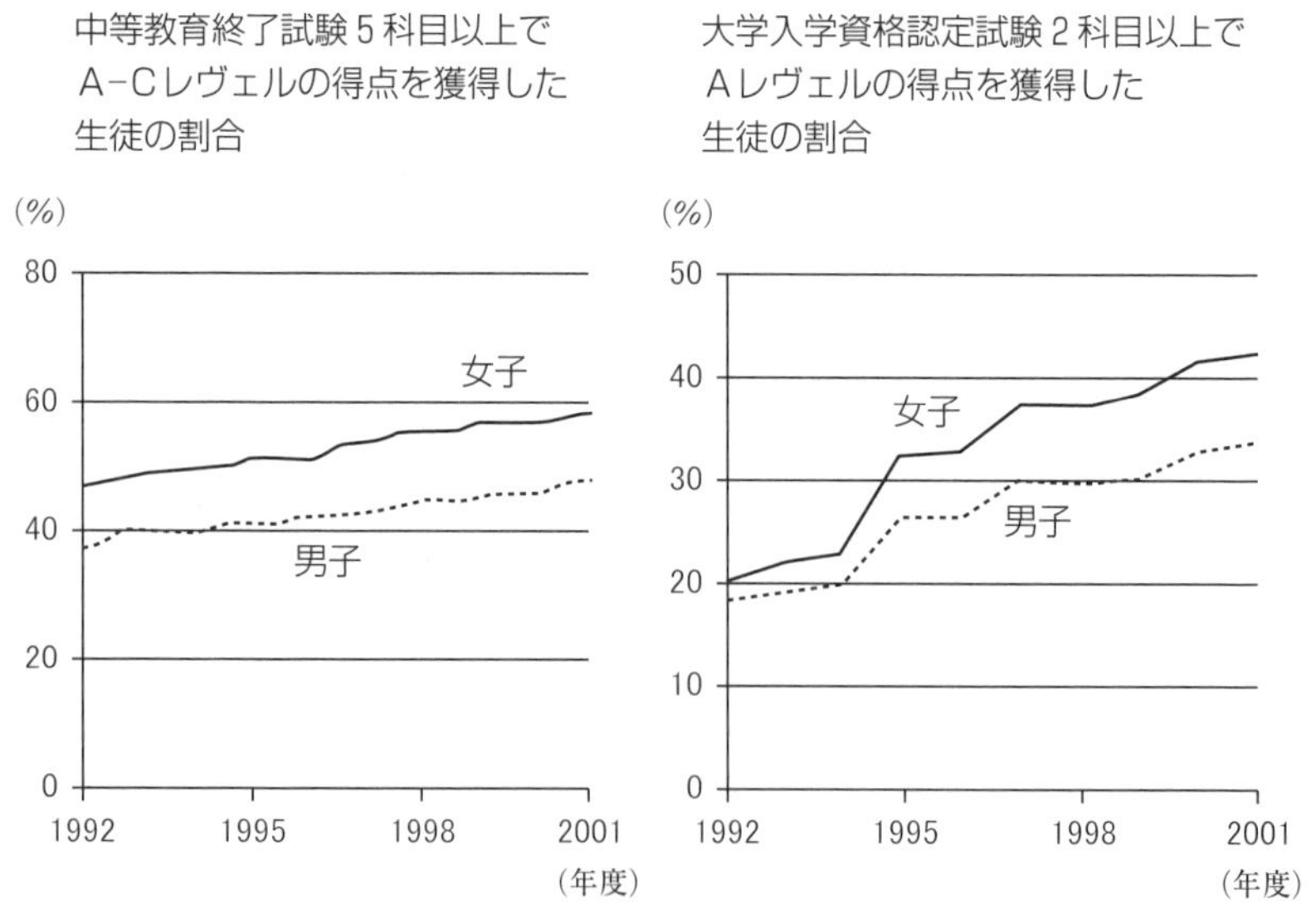

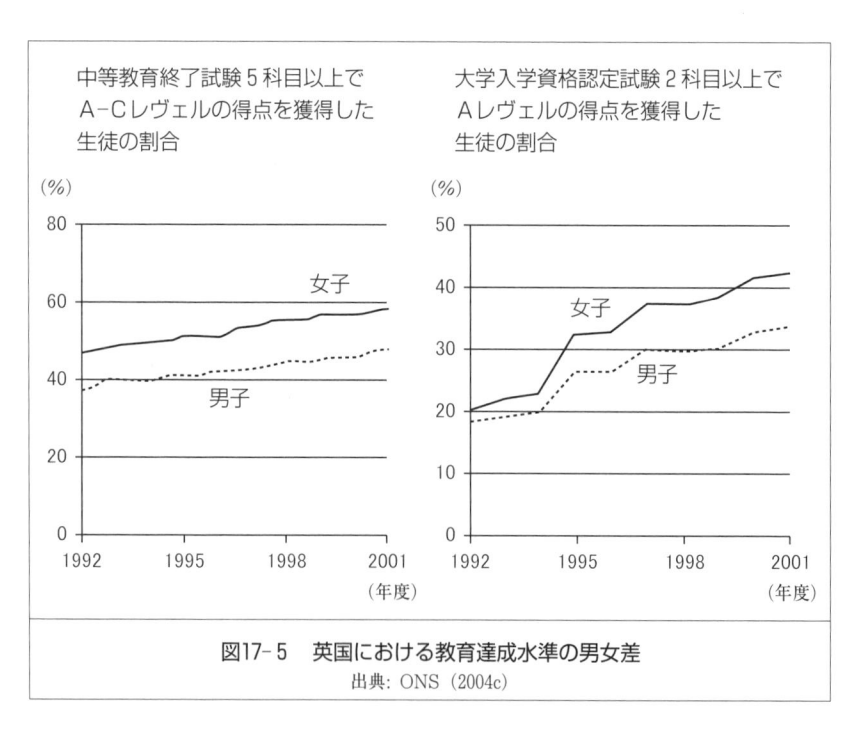

図17-5　英国における教育達成水準の男女差
出典: ONS（2004c）

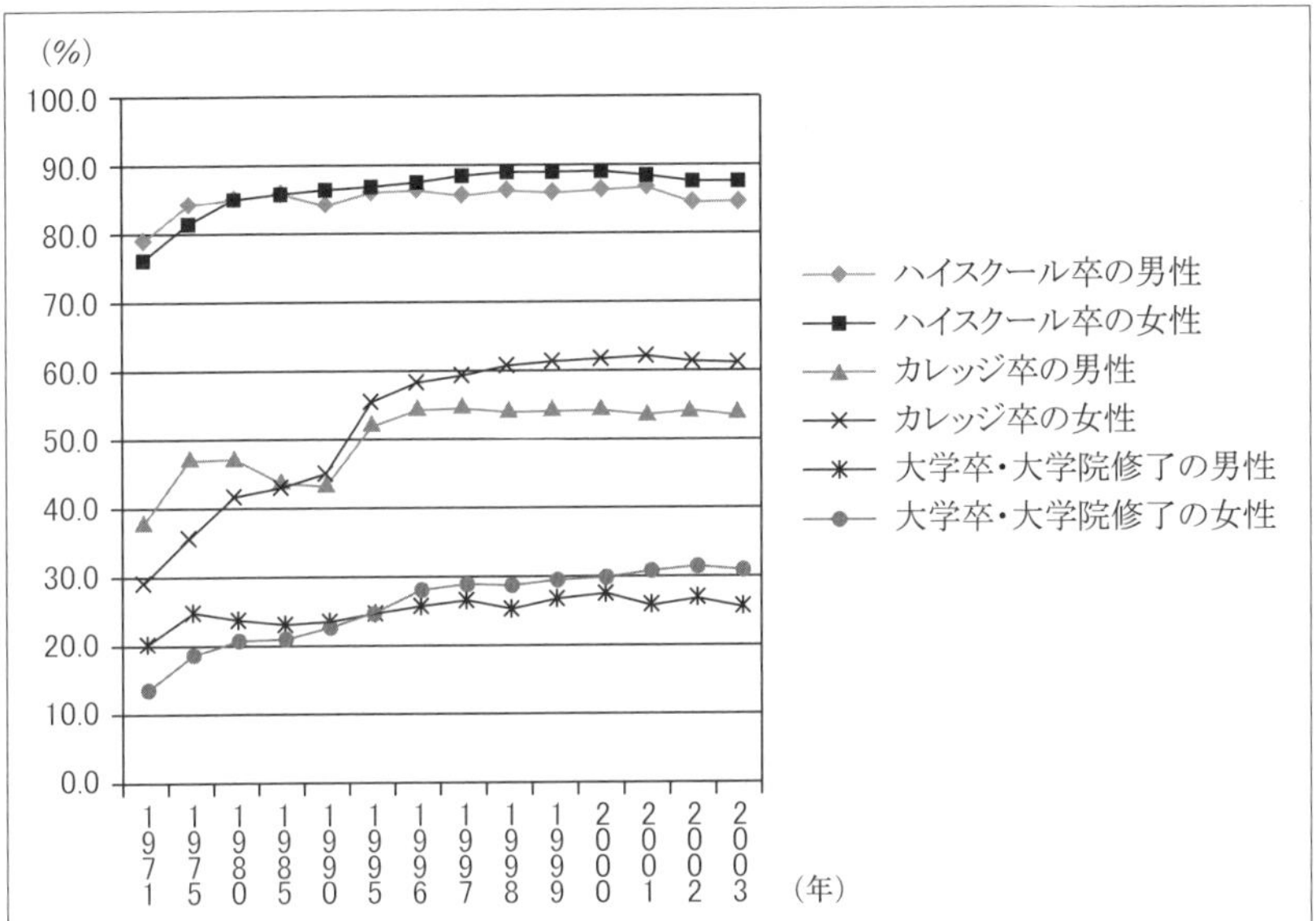

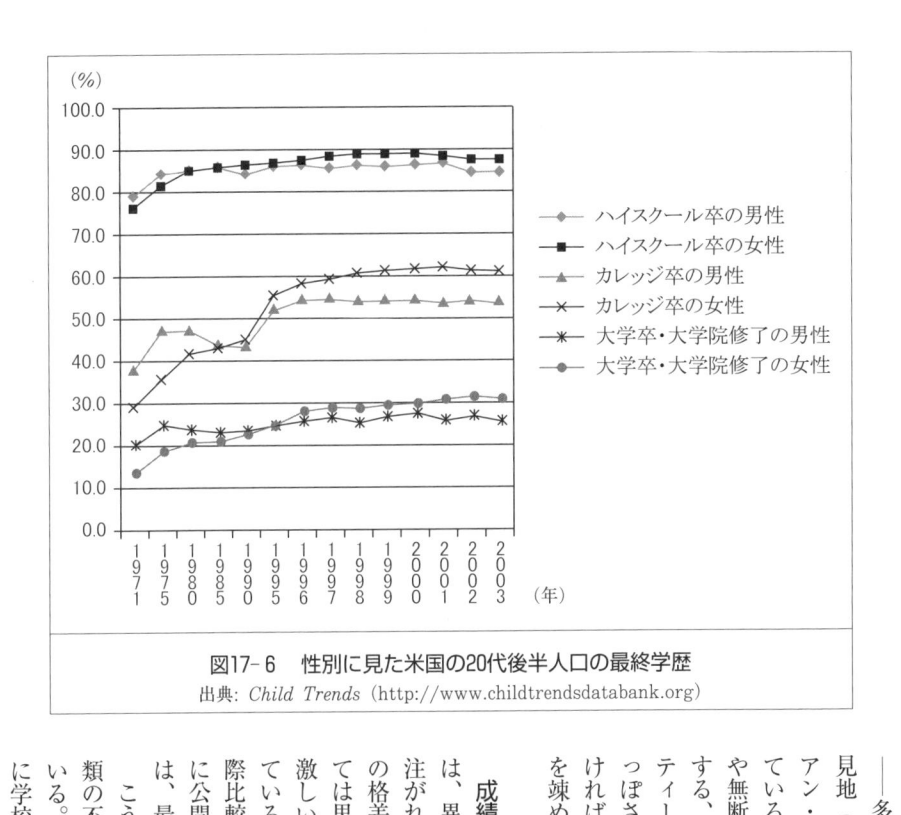

図17-6　性別に見た米国の20代後半人口の最終学歴

出典: *Child Trends* (http://www.childtrendsdatabank.org)

――多くの少年が共有する、教育や勉強に反抗的な一連の態度や見地（さきに言及したポール・ウィリスとマーティン・マック・アン・ゴールがおこなった研究が、こうした理論に根拠を提供している）――に焦点を当てている。多くの論者は、男子の中退率や無断欠席率の高さを、勉強が「かっこ悪い」という信念に由来する、と考えている。一九九八年に、当時の学校問題担当大臣スティーヴン・バイアーは、「私たちは、近年はびこってきた、荒っぽさを強調し、学習に反抗する少年たちの文化に異議を唱えなければならない。男の子とはそういうもので仕方がないと、両肩を竦めてあっさり事態を受け容れてはいけない」と発言している。

成績不振は本当にジェンダーと関係するのか

一部の研究者は、異常に多くの注意――と資源――が、成績不振の男子たちに注がれていることに疑問を唱える。言語技能におけるジェンダーの格差は世界中で見いだされる、とこの人たちは主張する。かつては男子の「健全な怠け癖」に起因するとされた差異は、いまや激しい論争と、男子の成績を向上させる懸命の試みを引き起こしている。国の目指す成果目標や学校成績一覧、読み書き能力の国際比較データが次々に示された――男女間の成績格差が国民の前に公開された――のをきっかけに、教育における「平等な結果」は、最優先課題になった。

　こうした男子への注目や配慮はすべて、教育の内在する他の種類の不平等を隠蔽するのに役立つ、と批判する人たちは指摘している。女子は、多くの分野で徐々に成果を上げてきたが、いまだに学校で技術や科学、工学分野での職業に結びつく科目を、男子に比べ選択しない傾向が見られる。男子は、一一歳くらいまでに理科の成績で女子に優るようになり、その後は大学まで女子よりもよい成績を修めていく。化学やコンピュータ科学といった今日の経済成長にとって最も重要な教科で、男子は、引きつづき優位に立っている。女性たちは、高等教育機関への進学者数では男子に勝るものの、同水準の資格をもつ男性に比べ、労働市場では依然として不利な立場に置かれている（Epstein et al. 1998）。

一部の学者は、階級やエスニシティなどの要因が、ジェンダー以上に教育制度の内部で最大の不平等を生みだしている、と主張する。たとえば、社会階級別に生徒の学業成績を比較すると、最上層の専門的職業従事者階級出身の子どもは、その七〇%が五教科以上で合格点をとっているのに、労働者階級の出身で同じ成績を修める子どもは、わずか一四%である。「成績の悪い男子」にばかり注目することは、男性たちが社会のなかで権力的立場を引きつづき牛耳っている以上、誤解を招きやすい。労働者階級出身の男子が平均以下の成績にとどまるのは、ジェンダーよりも、むしろ労働者階級が被る不利益と関係している、と批判する人たちは指摘する。

ジェンダーと高等教育

さきに（六九一頁～六九四頁で）見たように、高等教育への進学者数は、過去数十年間に大幅に増加してきた。高等教育拡大の重要な側面のひとつに、女子の学生数の増加がある。二〇〇一年度に、高等教育機関の在籍学生の五六%は、女性だった。この男女間の立場の逆転はほんの数十年前に生じた。当時は、男子学生がはるかに多かったからである（図17−7を参照）。二〇〇一年度に、高等教育を受ける女子学生の数は、一九七〇年度の六倍に増えたが、男子学生はわずか二・五倍増加したただけである。

英国など多くの国の女性団体は、学校や高等教育における性差別をたびたび非難してきた。女性たちが大学の教育職に占める割合は、いまだに極めて低く、とくに上級の職で顕著である。二〇〇二年度で見ると、英国では、大学教員の三九%を女性が占めていたが、上級講師や上級研究員、教授はわずか二六%にとどまった。女性の大学教授は一八六〇人で、全体の一四%強に過ぎなかった。とはいえ、高等教育機関では、男女平等を促進する傾向が見られる。いま引用した二〇〇二年度の数値は、女性教員の数が前年より五・七%増加し、女性の大学教授の数は一〇・四%に跳ね上がったことを示している（HESA 2004）。

高等教育機関では、男性が上級職をより多く占めているため、平均して女性の給与はかなり低い。最近の調査によれば、女性の平均給与は、英国のどの総合大学でも男性を下回ることを明らかにしている。大学全体で見ると、女性の平均給与は男性より五〇〇〇ポンドも低く、男女間の給与格差は、一部の大学でもっと大きかった（*THES* 3 Sep 2004）。

エスニシティと教育

英国のエスニック・マイノリティが享受できる教育資産について、社会学者は多くの研究をおこなってきた。政府もまた、一連の調査研究を助成してきた。初期の重要な報告に、一九八五年にスワン委員会の出した報告書『万人のための教育』がある。スワ

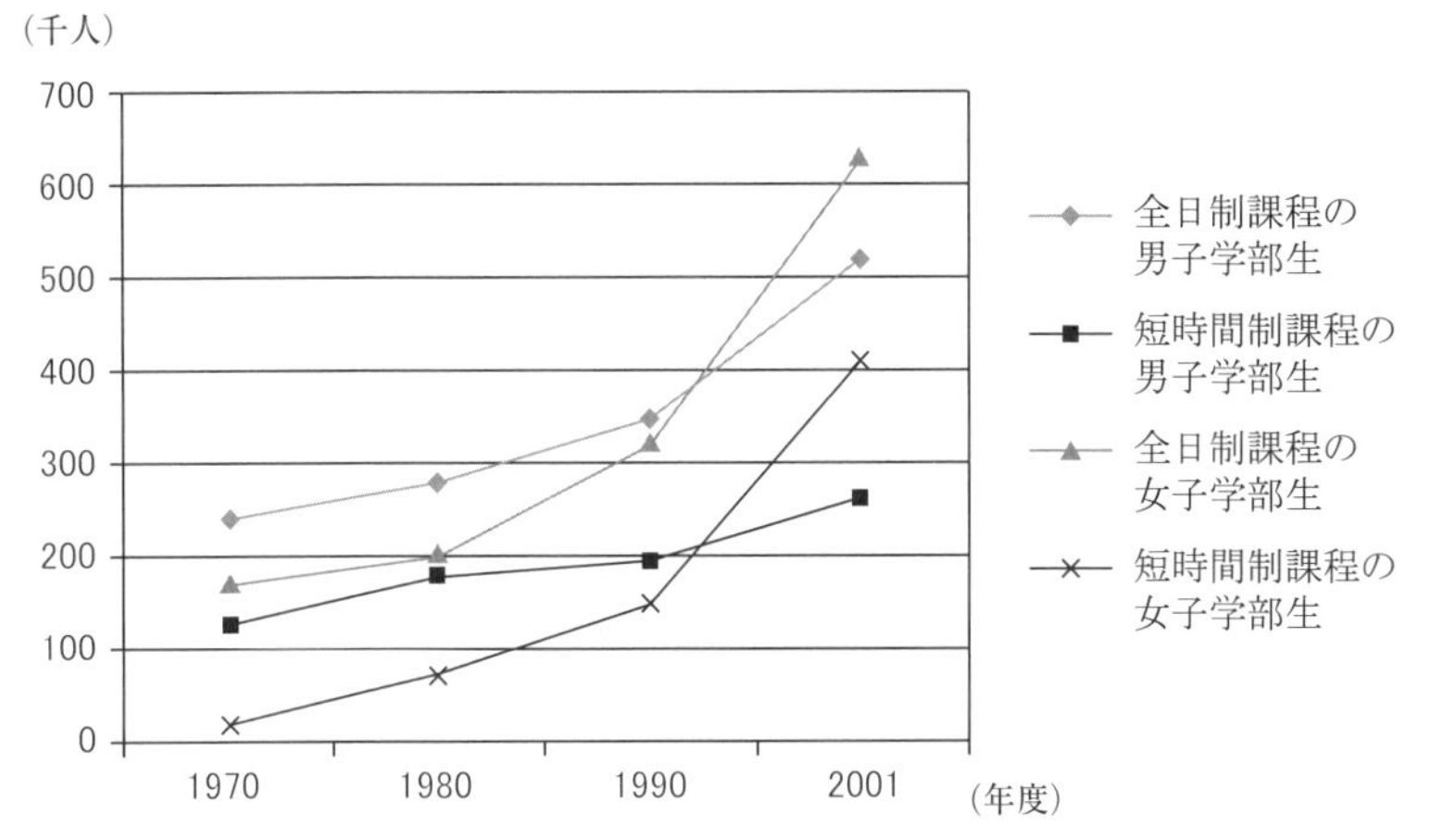

図17-7　性別に見た高等教育機関の在学生数
出典: *Social Trends* 34 (2004)

ン報告は、どのエスニシティの出身かによって教育成果の平均水準が著しく異なることを見いだした。黒人カリブ系家族出身の子どもは、学校で教えられる正規教科の成績がもっとも振るわない傾向にあった。とはいえ、カリブ系の子どもは、一〇年くらい前から成績が上昇してきた。アジア系の子どもは、白人家庭に比べて経済的に暮らし向きが悪いにもかかわらず、白人家庭の子どもと同等の成績を修めていた(Swann Committee 1985)。

とはいえ、その後の研究は、状況が変化したことを示している。トレヴァー・ジョーンズは、すべてのエスニック・マイノリティ出身の子どもが、白人の子どもよりも、一六歳から一九歳まで全日制の教育を引きつづき受ける傾向が強いことを、調査結果から指摘している。一九八八年から九〇年のあいだに教育を継続して受けた白人の子どもは三七%であったが、カリブ系では四三%、南アジア系では五〇%、中国系は七七%に及んだ。このように一見すると肯定できる状況にもかかわらず、ジョーンズは、この結果をかなり否定的にとらえている。エスニック・マイノリティ・グループの成員の多くは、職探しが難しいために、教育を継続して受けている可能性があったからである(Jones 1993)。

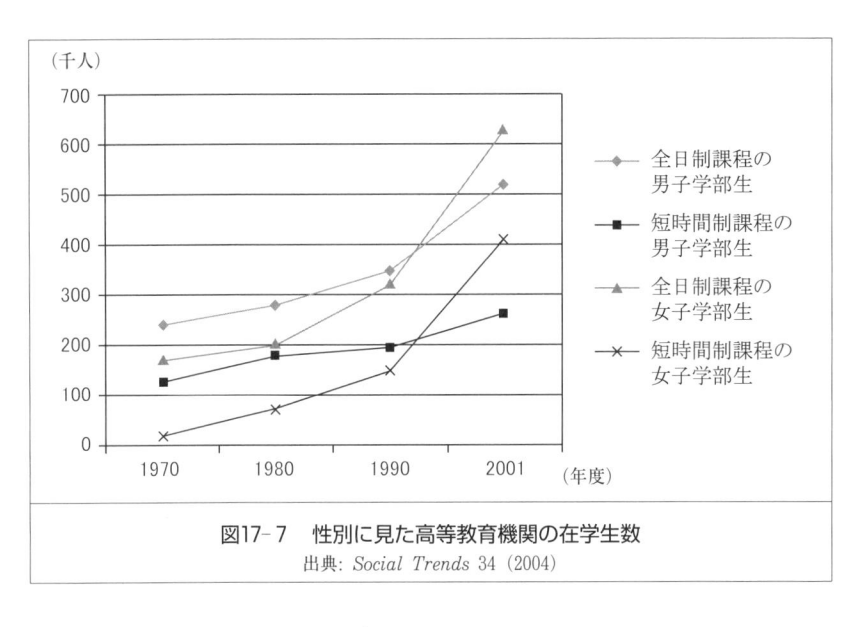

全体から見れば、英国では、エスニック・マイノリティの成員は、高等教育に少ない人数しか送り込んでいない。インド系と中国系の出身者は、他のエスニック・グループの出身者よりも、学士ないしそれ以上の学位を取得する傾向が平均して強い。「混血」を自称する男性たちや、「黒人ないし黒人系英国人」や「アジア人ないしアジア系英国人」を自称する女性たちのあいだでは、学士ないしそれ以上の学位を取得する傾向が、全国平均に比べわず

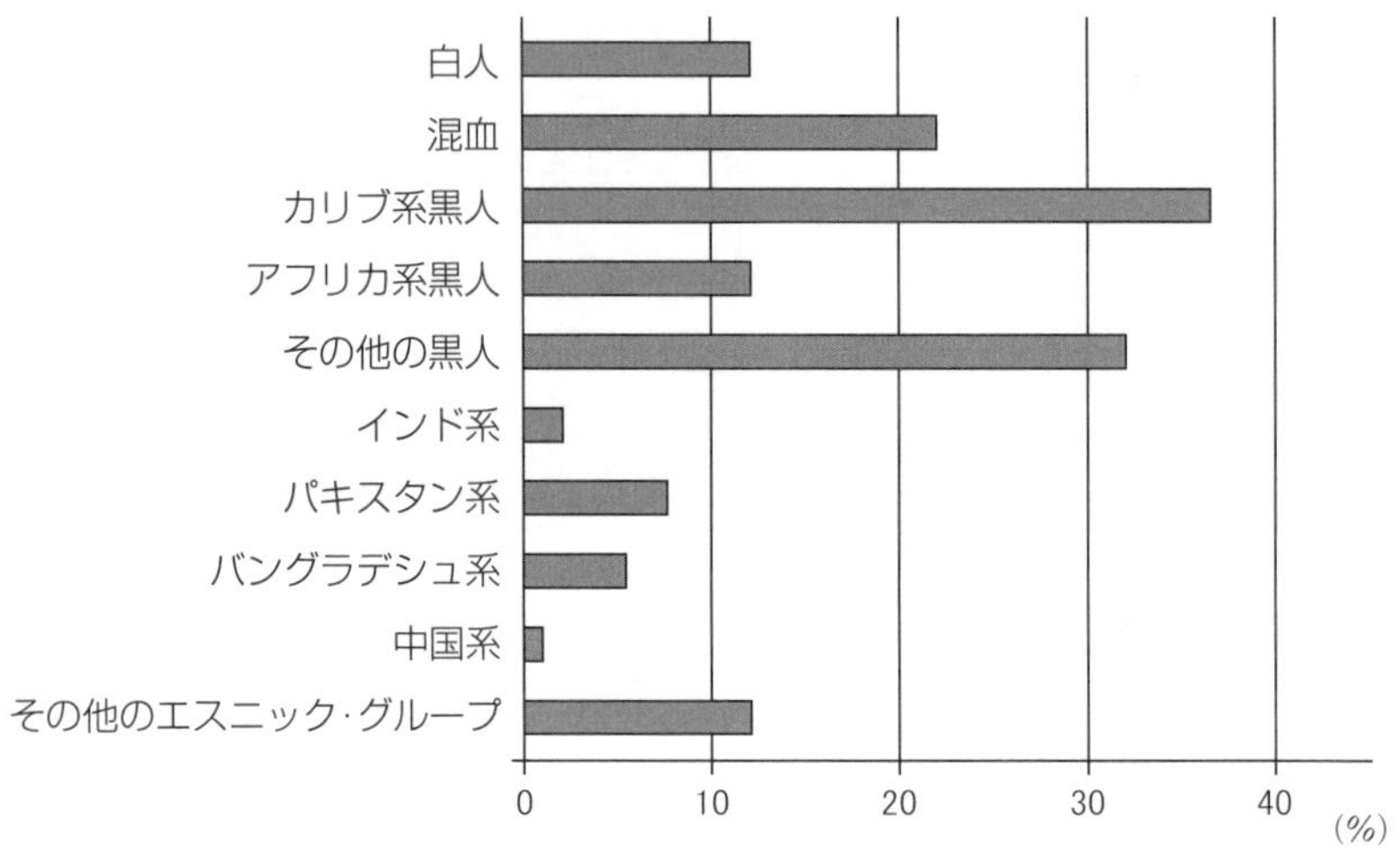

＊：初等学校、中等学校、特別支援学校（一般学校との二重学籍をもつ生徒を除く）での、それぞれのエスニック・グループの義務教育年齢生徒1万人当たりの除籍処分者数。

図17-8　イングランドにおけるエスニック・グループ別除籍率＊（2002年度）
出典: *Social Trends* 34 (2004)

かに弱かった（HMSO 2004）。

社会的排除と学校教育　この本の他の箇所でも見たように、社会的排除は、過去一〇年間に社会学者がおおいに関心を寄せるテーマのひとつになってきた。教育制度の外側に置かれた子どもたちの数が認識され、懸念も広がっている。教育社会学では、学校からの生徒たちの排除と、たとえば無断欠席や非行、貧困、親の乏しい監督の欠如、教育への関与の稀薄さを、しばしば結びつけて考えてきた。

　近年、生徒が除籍になる割合は増加している。英国では、二〇〇一年度に一万人以上の生徒が学校を除籍になった（この数値は、除籍された生徒が一万三〇〇〇人に及んだ一九九六年度より減少している）。この年度は、男子の除籍者数が女子の五倍近くも多かった。除籍率はまた、エスニシティによっても異なる（図17-8を参照）。二〇〇二年度の英国で最も除籍率が高かったのは、カリブ系黒人の生徒や他の黒人の生徒である。義務教育就学年齢人口一〇〇〇人当たりで見ると、カリブ系黒人生徒で三七人、他の黒人生徒で三二人が除籍処分を受けていた。（とはいえ、これらの数値は、一九九六年度のほぼ半数で、この年度には、義務教育就学年齢人口一〇〇〇人当たり、カリブ系黒人生徒で七八人、他の黒人生徒で七一人が除籍されていた。）除籍率は、中国人とインド人の生徒で最も低く、それぞれ〇・〇五%、〇・〇九%だった。米国の学校での調査結果も、黒人生徒と他のエスニック・グループ出身者の除籍率に、同じような相違が示されている。

　米国では、一連の学校発砲事件の後、八割を超える学校が、授

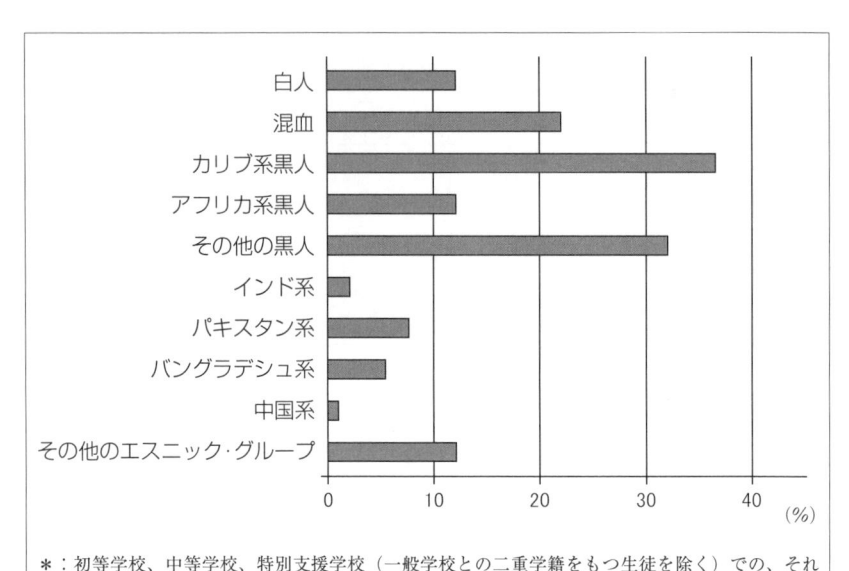

業を妨害する生徒にたいして「寛容度ゼロ」の方針をとってきた。こうした方針の結果にたいする全国規模の調査は、生徒全体に占める黒人生徒の比率よりも不釣り合いに多い黒人生徒が――学校での妨害行為だけが理由とは考えられないほどの割合で――除籍処分を受けていることを暴露した。サンフランシスコでは、黒人の生徒は、在学生徒数の一六％を構成するだけなのに、除籍される生徒の五二％を占めていた。フェニックスでは、黒人人口が四％なのに、黒人の生徒は除籍者の二一％を占めていた。黒人男子生徒の高い除籍率は、どのように説明できるのだろうか。多くの要因が関与しているように思える。個別の状況で、除籍勧告が極めて人種差別的におこなわれている可能性がある。

社会的排除とエスニシティの結びつきは、第一〇章「貧困、社会的排除、福祉」、三七三頁で論じている。

学校の除籍率が、社会の内部にもっと広範なかたちで見いだされる排除や恵まれない境遇をどのように反映しているかの検討も、同じように重要である。他の箇所で見たように、多くの若者は、大人による指導や支援を欠いた、困難な条件のもとで成長している。男性性の伝統的観念は崩壊の危機に瀕しているが、安定した未来像はどこにも存在しない。このような騒然とした背景幕のもとで成長する若者にとって、学校は――立身出世の機会を得る場所というよりも――役に立たない場所、あるいは過度に権威主義的な場所に思えるのかもしれない。

知能指数と教育

ここまでの議論では、遺伝による能力差の問題や、また、教育達成水準や学校卒業後の職業上の地位と収入に見られる違いが知能の差を直接反映しているとする一部の人の主張を、検討してこなかった。人びとは各自が生得的な潜在能力に相応する地位を得ているのだから、現実に学校制度に機会均等を見いだすことができる、と一部の論者は主張している。

知能とは何か

心理学者は、知能と呼び得る人間の一元的能力が実際に存在するのか存在しないのか、かりに知能が存在するとすれば、知能は生まれつき決定された差異にどの程度までもとづくのかをめぐって、長いあいだ論争してきた。知能は、多くの異なる、往々にして相互に関連のない特性を包含するため、定義づけが難しい。たとえば、「最も純粋な」形態の知能は、抽象数学の難問を解く能力であると想定できるかもしれない。とはいえ、抽象数学の難問を解くのが非常に得意な人は、ときとして歴史や芸術など別の分野での能力に劣る場合がある。この知能という概念は、一般に容認される定義づけが難しいことが判明したため、一部の心理学者は、知能を、簡単に「知能指数テスト（知能指数とは、知能の尺度を意味する）が測定したもの」とみなすように提案している（また、教育学者の多くも、その提案を怠慢から受け容れてきた）。この提案は、明らかに不十分な提案である。なぜなら、知能の定義は、完全に堂々巡りに陥っているからである。

ほとんどの知能指数テストは、平均得点が一〇〇点になるように作られて成される。テストは、概念の問題と計算の問題から混いる。したがって、得点が平均得点を下回る場合は「平均以下の知能」、上回る場合は「平均以上の知能」というレッテルが貼られることになる。知能の測定が根本的に難しいにもかかわらず、知能指数テストは、学校やビジネスの場だけでなく、調査研究でも幅広く利用されている。

知能指数と遺伝的要因

実際に、知能指数テストの得点は、学業成績と高い相関関係にある(知能指数テストの得点は、もともと優もともと優等生を予測する目的で開発されたため、意外でもない)。したがって、知能指数テストの得点はまた、社会的、経済的差異や、エスニシティの差異と密接な相関関係にある。なぜなら、これらの差異は、教育達成水準の偏差と結びつくからである。白人の生徒は、黒人や他の恵まれないマイノリティ・グループの生徒に比べて、平均して高い得点を挙げている。一九六〇年代に米国の心理学者アーサー・ジェンセンが発表した論文は、黒人と白人の知能指数の違いの一部が遺伝的差異に起因すると述べたことで、騒動を引き起こした(Jensen 1967, 1979)。

その後、心理学者リチャード・J・ヘルンシュタインと社会学者チャールズ・マレイは、知能指数と教育をめぐる論争を再燃させた。ヘルンシュタインとマレイは、共著書『ベル・カーヴ——米国における知能と階級構造』で、知能指数と遺伝の密接な関連性を示す証拠がいまや圧倒的に多く見られるようになったと主張した(Herrnstein & Murray 1994)。さまざまな人種集団間やエスニック・グループ間に見られる知能の有意差の一部は、遺伝という観点から説明する必要がある、とヘルンシュタインとマレイは指摘する。ふたりが援用する証拠のほとんどは、米国でおこなわれた研究である。ヘルンシュタインとマレイによれば、これらの証拠は、一部のエスニック・グループの知能指数が他のエスニック・グループよりも平均して高いことを示している。アジア系アメリカ人は、とくに日系と中国系のアメリカ人は、白人よりも、さほど大きな差ではないが平均して知能指数が高い。一方、アジア系アメリカ人と白人の平均的知能指数は、黒人の知能指数よりもかなり高い。ヘルンシュタインとマレイは、一五六の研究から得た知見を集約して、この二つの人種集団のあいだに、知能指数で平均一六ポイントの差が存在することを見いだした。ふたりは、こうした遺伝的に受け継がれた知能の差が、米国社会での社会的地位の配分に重要な影響を及ぼしていると指摘した。人は、頭が良ければ良いほど、高い社会的地位に就く可能性が増大する。社会の頂点にいる人たちは、ひとつにはその人たちが他の人たちよりも頭が良かったから、高い地位に就いている——そうであるとすれば、社会の底辺にいる人びとは、その人びとが平均して頭があまり良くなかったから底辺にいることになる。

ヘルンシュタインとマレイの研究を批判する人たちは、人種集団間やエスニック・グループ間の知能指数の差が遺伝に由来するという両者の説を否定し、社会的、文化的差異から生じていると主張する。批判する人たちは、知能指数テストが、黒人やエスニック・マイノリティ出身の生徒よりも裕福な白人生徒の日常経験におそらく近い——たとえば、抽象的推論を必要とするような——問題が出題されていることを指摘する。また知能指数テストの得点は、テスト自体をストレスと感ずるか否かといった、測定対象である能力とは無関係な要因によって影響を受ける可能性もある。アフリカ系アメリカ人生徒の得点は、テストの担当者が、黒人のときよりも白人のときに平均して六ポイント低くなることが、すでに研究で証明されている（Kamin 1977）。

他の国々の——インドの「不可触民」やニュージーランドのマオリ族、日本の被差別部落出身者のような——恵まれないマイノリティ・グループに関する知見は、アフリカ系アメリカ人生徒と白人生徒の知能指数の差が社会的、文化的な差異に由来することを強く示唆している。こうしたマイノリティの子どもは、エスニック・マジョリティの子どもに比べ、知能指数テストの得点が平均して一〇ポイントから一五ポイントほど低い。こうした結論は、過去五〇年間に知能指数の平均値が人口全体でかなり上昇してきたことを証明する一四カ国の比較研究（米国を含む）によっても、さらに裏づけられている。知能指数テストは、定期的に改訂される。旧版と新版のテストを同じ人たちにおこなうと、その人たちは、旧版のテストでかなり高い得点を示す。一九三〇年代の問題で知能指数テストを受けた今日の子どもは、一九三〇年代当時の子どもよりも、平均して一五ポイントも高い得点を示した——この数字は、今日、黒人と白人のあいだに見いだす平均的な差と等しい。いまの子どもが、知能の面で親や祖父母の世代よりも生まれつき優っているわけではない。この変化は、社会的繁栄や社会的便益の増大におそらく由来する。白人とアフリカ系アメリカ人のあいだの社会的、経済的平均格差は、少なくとも一九三〇年代と現代のあいだの格差と同じくらい大きく、知能指数テストの得点に生ずる変差を十分に説明している。同時にまた、グループ全体の平均得点は、そのグループに属す個人の知能水準を予測するのに、何の情報ももたらさない。知能指数テストの得点に影響を及ぼす個人差は、幾分かは遺伝的差異かもしれない。しかし、一部の人種が、他の人種よりも平均して頭がよいという主張は、いまだ証明されていないし、おそらく証明できないように思える。

『ベル・カーヴ』をめぐる論争

論文集『「ベル・カーヴ」をめぐる論争』で、多くの著名な研究者が集まって、ヘルンシュタインとマレイの見解を検証している。この論文集の編者は、『ベル・カーヴ』を、「少なくとも過去一〇年間に世に出た最も扇動的な社会科学の著作」であると形容した。『ベル・カーヴ』の主張や断言は、「ラジオやテレビの番組での数多くの論評はもとより、どの主要雑誌や主要新聞の編集者のもとにも鉄砲水のような手紙の束をもたらした」（Fraser 1995）。

『「ベル・カーヴ」をめぐる論争』に寄稿した生物学者のスティーヴン・ジェイ・グールドによれば、ヘルンシュタインとマレイは、四つの重要な論点で間違いを犯している。グールドは、ふたりの次の四つの主張、つまり、知能指数という単一の値によって知能を表示できる、人びとを知能という単一の尺度で意味のあるかたちで序列化できる、知能の相当部分が遺伝に起因する、それに知能は不変である、という主張を論駁した。グールドは、これらの想定がいずれも疑わしいことを明らかにした。

別の寄稿者ハワード・ガードナーは、一般的範疇としての「知能」概念をこの一世紀間の研究は一掃してきた、と指摘する。存在するのは「多元的な知能」——実践的知能や音楽的知能、空間的知能、数学的知能、等々——だけである。別の寄稿者は、知能指数テストの得点とその後の仕事の遂行能力のあいだに何ら一貫した結びつきは存在しない、と主張する。『ベル・カーヴ』の主張は「人種差別主義的な擬似科学」であるというのが、寄稿者たちの共通な反応である。グールドは、次のように結論づける。

私たちは、『ベル・カーヴ』の教説と闘う必要がある。それは、この教説が間違っているから、というだけではない。かりにこのような教説が盛んになれば、誰もが自分の知能を正しく育む可能性を摘み取られてしまうからである。もちろん、誰もがロケット科学者や脳外科医になれるわけではない。けれども、ロック・ミュージシャンやプロスポーツ選手になれる（それによって、はるかに高い社会的威信と所得を手にできる）かもしれない。（Gould 1995）

新たな知能指数主義

デヴィッド・ギルボーンとデボラ・ヤンデルは、「新たな知能指数主義――知能、『能力』、教育の割り当て」と題する論文で、今日では学校現場で知能指数という尺度があからさまに使われることはほとんどなくなったが、現場の教員は、現在、「能力」という言葉を、知能指数とほとんど同じように使っている、と指摘する（Gillborn & Youndell 2001）。ふたりは、「能力」という言葉の使用が、黒人や労働者階級の在学生全体に不利益をもたらしていると主張する。

ギルボーンとヤンデルは、一九九〇年代中頃の二年間にわたり、ロンドンにある二つの学校で調査を実施した。ふたりは、教師と、中等学校の三年生や最終学年の生徒へのインタヴューと観察を重ねた。両校に共通するのは、「C以上の成績の効率的な達成」を目標の中心において授業がおこなわれていたことだった。「C以上の成績の効率的な達成」とは、学校が、できるだけ多くの生徒に、中等学校卒業資格試験の五科目以上でC以上の成績をとらせるのを目標に掲げることを意味する。この基準を満たす生徒の割合は、政府が毎年公表する学校成績一覧での学校の順位づけで重要な規準のひとつとされているため、こうした方針が採られている。調査した学校のひとつで学校長が教師に回覧した連絡メモには、「五科目での高得点取得者の割合を最大限にすること、それが私たちにとって最善の方策です」と記されていた。

このことは賞賛に値する目標のように思えるとはいえ、こうした方針が、教師に圧力をかけ、五科目以上でC以上の点数を獲得できるように思われる生徒たちにもっと多くの時間を費やすのを強いていることを、ギルボーンとヤンデルは見いだした。その結果は、「どちらの学校でも、そうでない生徒集団に教師が掛ける時間と手間をますます割り当て制限することにつながった」。教師たちは、どの生徒に中等学校卒業資格試験の五科目で高得点をとる能力が備わっているか選択せざるを得なかった――したがって、教師たちは選んだ生徒に最も注意を向けることになった。いずれの学校でも、教師が生徒の「能力」についていだく観念は、その生徒を中等学校卒業資格試験の五科目以上で好成績をとれそうな生徒とみなせるかどうかを規定していた。ギルボーンとヤンデルは、教師や生徒へのインタヴューと観察から、教師たちがこの「能力」という言葉で何を意味していたのかを、かなり明確に把握した。教師たちが「能力」を、何か固定されたもので、それぞれの生徒の潜在的能力を決定するものとみなしていることを、ギルボーンとヤンデルは発見した（校長のひとりが、「誰かに能力を与えることなんて、できないでしょう、そうでしょう。生まれつきの能力以上の成績を達成しようなんて無理な話ですよね、そうでしょう」と述べているように）。また、教師たちが能力を客観的に測定できるとしばしば考えていることも、明らかにされた。調査したもう一方の学校では、入学時に生徒に「認知能力」テストをおこない、教師たちは、そのテストの結果を、後の中等学校卒業資格試験の成績を予測する適切な尺度と受けとめていた。

ギルボーンとヤンデルは、調査した学校の両方で、生徒たちが「一部の同級生が他の生徒よりも目をかけられている」と不平を言っていることに気づいた。目をかけられているのは、能力があると見込まれた生徒で、白人で中流階級出身の生徒になりがちだった。ギルボーンとヤンデルがインタヴューした教師のひとりは、貧しい失業中の親は「『中流階級』の親や立身出世を願う労働者階級の親がいだくのと同じ期待を、子どもの教育にいだいていないのです」と評していた。このように、階級や親の期待が、生徒の「能力」にたいする教師の査定に加味される。ギルボーンとヤンデルはまた、自分たちは「黒人の生徒が、他のエスニック・グループ出身の同級生よりも手荒な扱いをされたり、低い期待しか向けられていない場面を、数多く目撃した」と述べている。どの生徒に能力が備わっているかに関するこうした教師たちの信念が、黒人の子どもや労働者階級の子どもへの無意識の差別を組成している、とギルボーンとヤンデルは主張した。

どの生徒が有能かを教師が非公式に査定するということは、黒人や労働者階級の子どもたちが、白人や中流階級の子どもたちほど中等学校卒業資格試験（最高得点者は表彰される）で高い成績を修めない傾向があることを意味していた。生徒の能力に関する教師側の見解は、生徒たちを最終的にどの習熟度別クラスに入れるかを決める際にも重要な役割を演じていた。黒人や労働者階級の子どもは、中流階級出身の子どもと同程度の成績をとっていた場合でも、レヴェルの低いクラスに入る可能性が高かった。意外でもないが、その結果、五科目でC以上の得点をとる黒人や労働者階級の生徒は中流階級の生徒よりも少数になり、このことは、教師による生徒たちの能力査定を再補強した。たとえば、調査した学校のひとつで、中等学校卒業資格試験の五科目以上でC以上の成績をとった生徒は、白人の生徒で三五％だったのにたいし、黒人の生徒では一六％だった。これらの結果は典型的に見られる全国的な傾向で、黒人と労働者階級の生徒は、学力が平均値よりも悪かった。

このように、「能力」に関する想定は、前の時代に英国の中等学校を（グラマースクール、実業学校、モダンスクールという）「三部構成」に分けてきた、そうした知能に関する確信と同一のものである、とギルボーンとヤンデルは主張する。ふたりはまた、知能に関する確信が新生労働党の教育にたいする考えを特徴づけてきたと主張している。労働党は、一九九七年に政権を担って以降、引きつづき習熟度別クラス編成を支持し、能力によって生徒をグループ分けしてきた。ギルボーンとヤンデルは、まさにこうした能力に関する想定が、階級間やエスニック・グループ間で学力レヴェルに大きな差が生ずる上で重要な役割を演じている、と指摘する。

ほとんどの教師は、知能が多分に遺伝するという、『ベル・カーヴ』のような著作で提唱される考えに強く異論を唱えているとはいえ、「遺伝論者は、少なくともある意味で勝利を収めた。正真正銘の論争がまったくおこなわれずに、英国の教育制度は、ヘルンシュタインやマレイのような知能指数主義者が提示する想定を当然視する政策や実践に、ますます戻りだしている」ことを自分たちの研究が明示している、とギルボーンとヤンデルは結論づけた。ギルボーンとヤンデルによれば、生徒一人ひとりの「能力」を強調するように一見思えるが、実際にはグループ・アイデンティティに関する明言されない先入観に依存した言葉遣いを介して、よく耳にする社会的区分（とりわけ、人種と階級という区分）が再登場しだしている。

感情的知能と対人的知能

ダニエル・ゴールマンは、『感情的知能』〔邦訳書名『ＥＱ こころの知能指数』〕で、知能指数をめぐる論争を脇において議論の目先を変えようと試みた（Goleman 1996）。ゴールマンは、私たちの生き方を決定づける上で、「感情的知能」が少なくとも知能指数と同じくらい重要である、と主張した。感情的知能とは、人びとがみずからの感情をどのように用いるのか——自己を動機づける能力、自己を管理する能力、熱中力、忍耐力——を指している。総じて、子どもは、これらの才能を遺伝的に受け継ぐのではなく、子どもの頃にこうした才能をしっかり教え込まれることで、それに応じてみずからの知的潜在能力を活用できる機会が拡大する。ゴールマンによれば、「最も頭のよい人でも、抑制の効かない激情や衝動の落とし穴にはまる可能性がある。知能指数の高い人でも、私生活の操縦能力を絶望的に欠く場合がある」（Goleman 1996）。この点は、通常の知能を測る尺度がその後の業績とあまり相関していない理由のひとつである。

たとえば、一九四〇年代のハーヴァード大学の卒業生九五人を追跡調査した研究がある。中年になった時点で見ると、学生時代に知能テストの点が高かった人たちは、低かった人たちよりも経歴の面でほんの僅か出世していただけに過ぎない。逆に知能指数が低い人たちに焦点を当てた研究もある。調査対象となったのは、三分の二が福祉手当受給世帯で育った少年四五〇人で、しかも全員がハーヴァード大学近くのスラム地域の出身だった。調査対象の三分の一は、知能指数が九〇以下である。この調査でも、知能指数は、その後の経歴とほんの僅かしか相関していなかった。たとえば、知能指数八〇未満の男性の七％は失業していたが、知能指数一〇〇以上の男性でも、七％が失業していた。感情を抑制したり他人と協調できるといった子どもの頃に身につける能力のほうが、その後の人生を予測する上で、知能指数よりも優れた変数だった。ハワード・ガードナーが述べるように、

対人的知能とは、他の人たちを理解する能力である。つまり、何が他の人たちを動機づけるのか、他の人たちはどのようにものごとに取り組むのか、どうやったら他の人たちと協力して仕事ができるのかを理解できる能力である。セールスマンや政治家、教師、臨床医、宗教指導者として成功する人たちには、お

しなべてこうした高度な対人的知能を備えた人が多い。個人内的知能とは……過不足なく正直な自己モデルを形成し、そのモデルを活用して実生活のなかで効果的に行動できる能力である。

(Gardner 1993)

人生での成功に寄与する多様な要因を網羅してとらえるためには、知能の概念を見直す必要がある。教育そのものについても同じ指摘ができる。教育という概念は、学校教育の概念よりも幅広い。また、教育を、もはや仕事に就くまでの予備的段階とみなすことはできない。テクノロジーの変化にともない、必要とされる技能も変化している。したがって、かりに教育を——労働と密接に関連する技能を養うという——純粋に職業訓練的観点から見た場合でさえ、ほとんどの研究者は、これからは生涯を通じて教育に触れる機会が必要になることを認めている。

教育と新たなコミュニケーション技術

情報テクノロジーの普及は、多くの点で学校教育にすでにさまざまな影響を及ぼしている。知識経済には、コンピュータを駆使できる労働力が不可欠である。そのため、教育がこうした要求に応える上で決定的に重要な役割を演じられるし、また演じなければならないことは、ますます明白になっている。近年、コンピュータ所有世帯の割合が急激に上昇してきたとはいえ、多くの子どもは、依然として家庭でコンピュータを使うことができない。こうした理由から、学校は、若年層がコンピュータの潜在能力やオンライン技術を学び、コンピュータを楽に駆使できるようになる上で決定的に重要な場である。

教室で使われるテクノロジー

すでにこの章でも見たように、近現代的意味合いでの教育の出現は、一九世紀に生じた数多くの重要な変動と密接に結びついていた。ひとつは、印刷技術の発達と「書籍文化」の到来である。書籍や新聞等の印刷媒体の大量頒布は、機械や工場に劣らず、工業社会の発達の示差的な特徴である。教育は、印刷媒体の世界に接近利用できるために、読み書きや計算の技能を提供してきた。教科書ほど、学校に特有なものは存在しない。

多くの人の見解が示すように、この点はすべて、教育現場でのコンピュータやマルチメディア技術の利用増大にともない、変わりだしている。デジタルメディアが、次第に教科書にとって代わるのだろうか。また、かりに子どもが学習するために、教師の話を聞くのでなく、コンピュータの電源を入れるようになった場合でも、学校は引きつづき現在の様式のままで存在するのだろうか。新たなテクノロジーは、たんに既存のカリキュラムに何かをつけ加えるだけでなく、既存のカリキュラムを徐々に侵食して変容させる、と指摘されている。なぜなら、今日、若年層は、情報やメディアと密接に結びついた社会のなかですでに成長し、ほとんどの大人——学校の教師も含め——よりもそうした情報テクノロジーに習熟しているからである。

近年、学校での情報テクノロジーの利用は一変した。英国では、学校の現代化とコンピュータ化を目的とする一連の施策が、国に

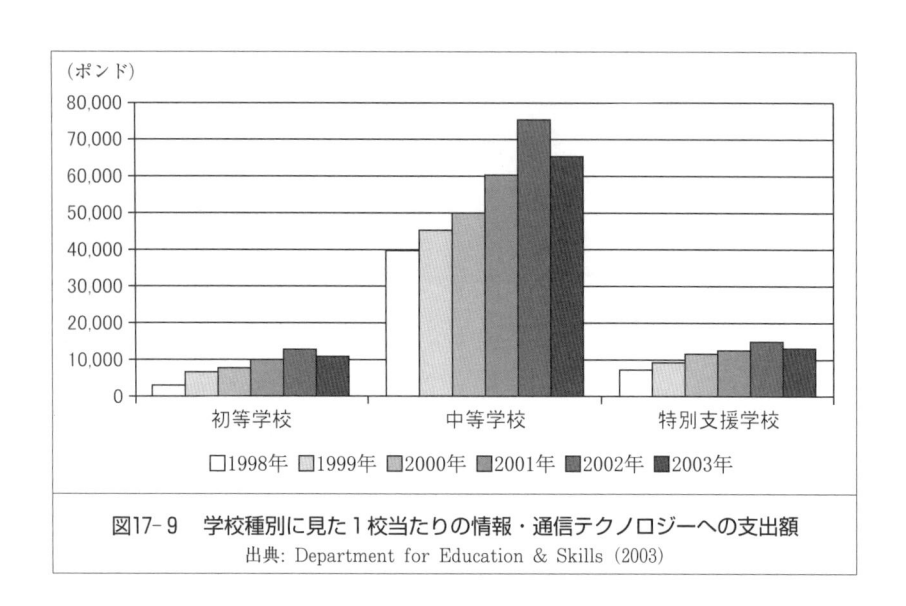

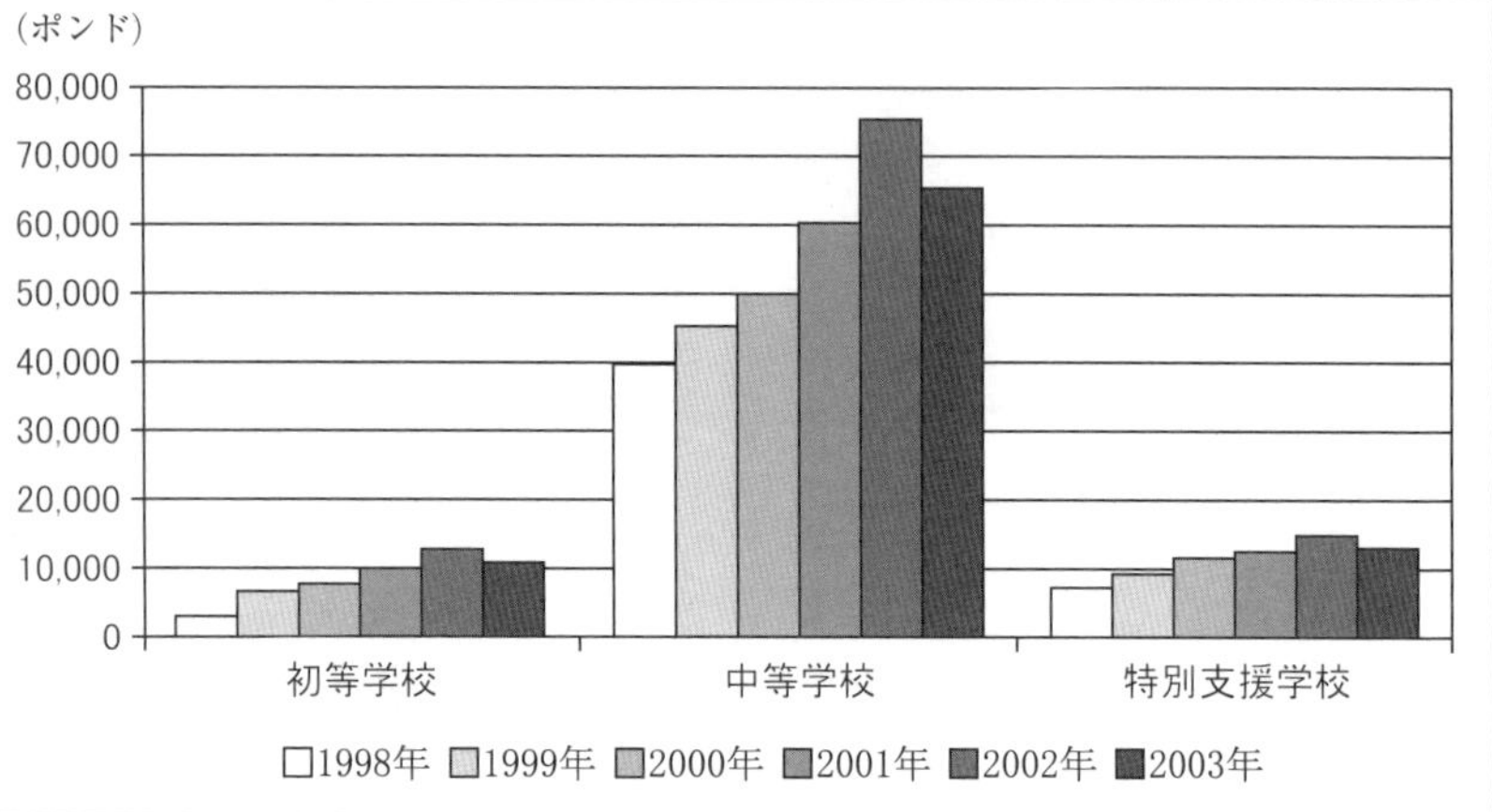

図17-9　学校種別に見た１校当たりの情報・通信テクノロジーへの支出額
出典: Department for Education & Skills (2003)

よって講じられた。図17-9から図17-12は、英国の学校で情報テクノロジーやコミュニケーション技術が急激に導入されてきた様子を示している。二〇〇二年までに、ほぼ全部の学校がインターネット接続を果たした。

一部の論者は、「教室革命」――「デスクトップ上のヴァーチャルな現実」と壁のない教室の到来――という言い方をしている。コンピュータが教育機会を拡大したことは、ほぼ疑う余地がない。コンピュータによって、子どもは、ひとりで勉強し、ネット上の資源を使って興味があるテーマを調べ、自分のペースで学習が可能な教育ソフトから恩恵を受けることができる。しかしながら、子どもがもっぱら各自のコンピュータを介して学習する教室という未来像（ないし悪夢）は、まだ実現していない。それどころか、実際に「壁のない教室」は、ずっと遠い話である。

たとえ学校や家庭に十分な台数のコンピュータが行き渡ったとしても（生徒一人当たりのコンピュータ台数は大幅に増えているが、現状ではまだ十分に行き渡っていない。図17-12を参照）、ほとんどの教師は、コンピュータを旧来の授業の代替手段ではなく、補完手段とみなしている。生徒は、標準化されたカリキュラムのなかで、たとえば調査計画を立て、最近の出来事を調べるといった課題を完成させるために、コンピュータを利用できる。しかし、ほとんどの教員は、情報テクノロジーが、生身の教師から受ける学習や生身の教師との相互行為の代わりができるメディアであるとはみなしていない。教師にとっての課題は、新たな情報テクノロジーを、意味があり、教育的にも妥当なかたちで授業に組み込む方法を学ぶことである。

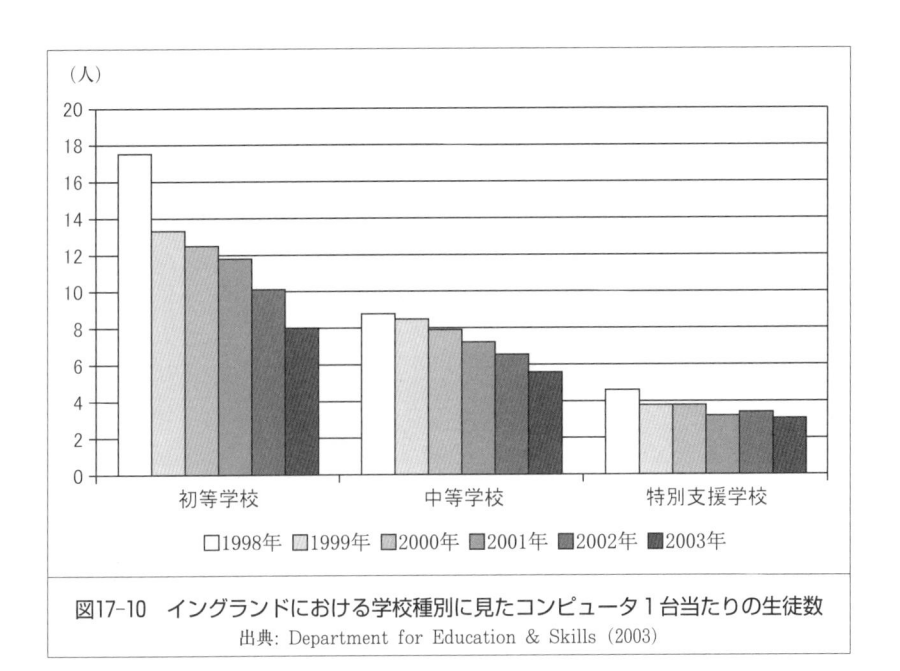

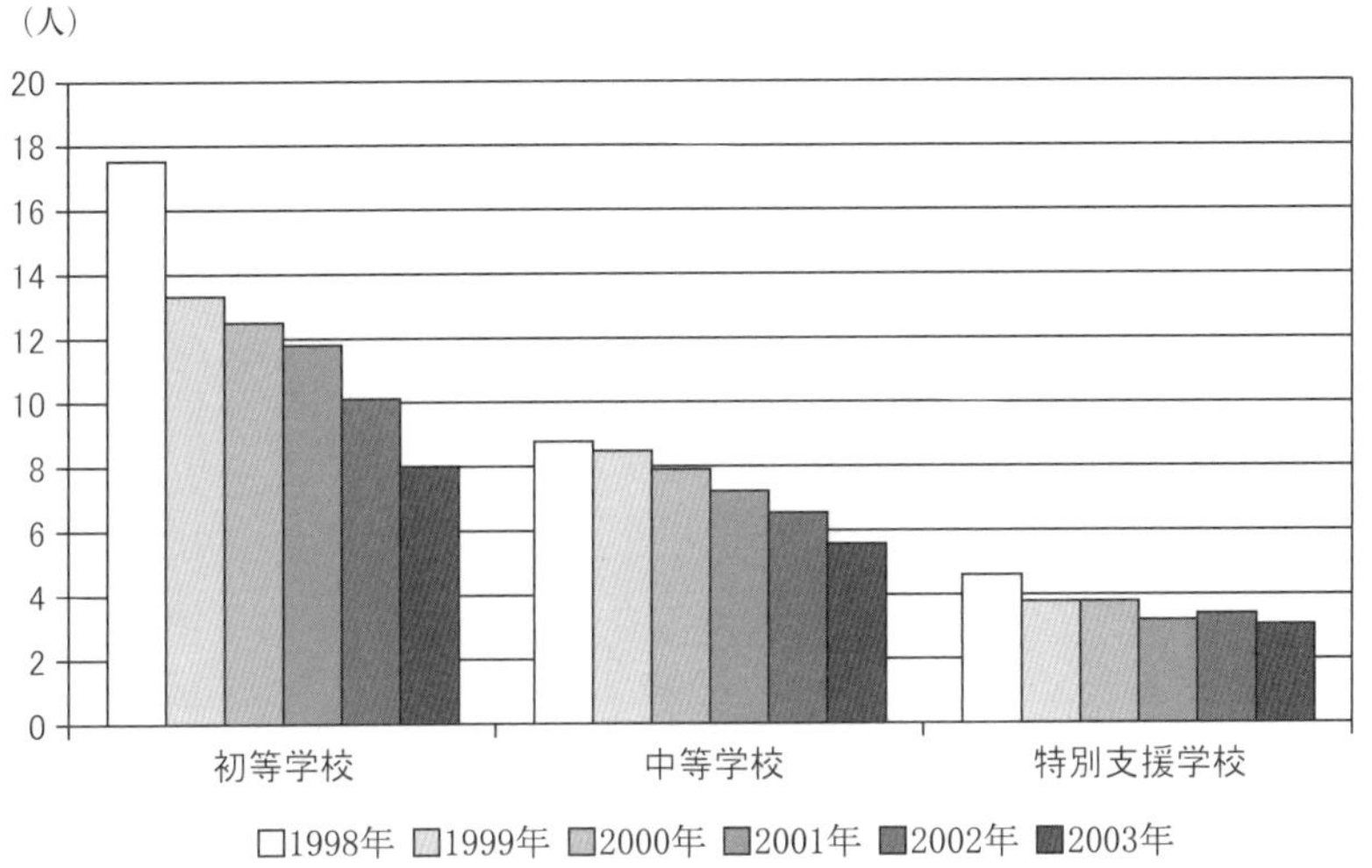

図17-10 イングランドにおける学校種別に見たコンピュータ１台当たりの生徒数
出典: Department for Education & Skills (2003)

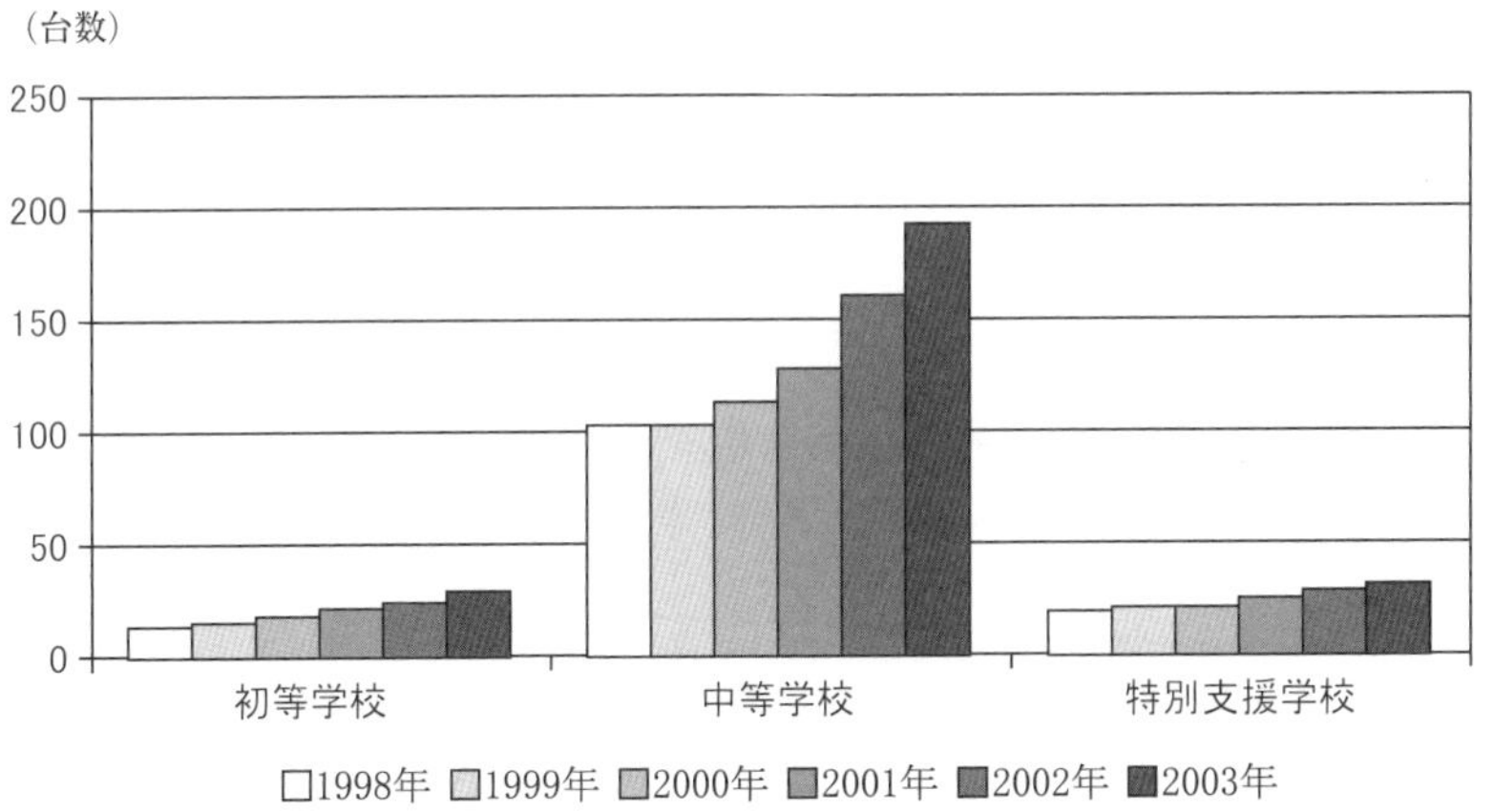

図17-11 イングランドにおける学校種別に見た１校当たりの教育・学習用コンピュータ台数
出典: Department for Education & Skills (2003)

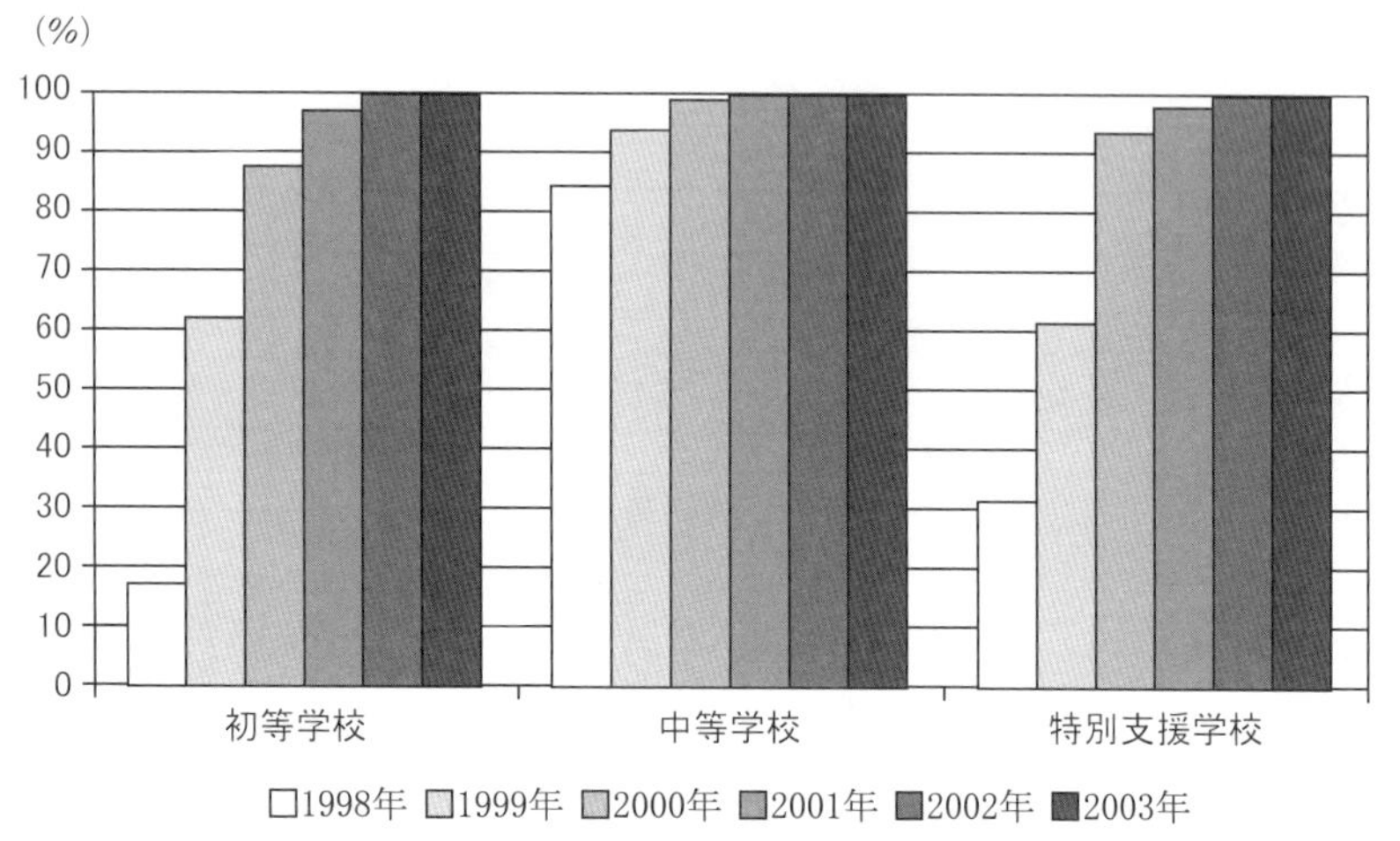

図17-12　イングランドにおけるインターネット接続が可能な学校の割合
出典: Department for Education & Skills (2003)

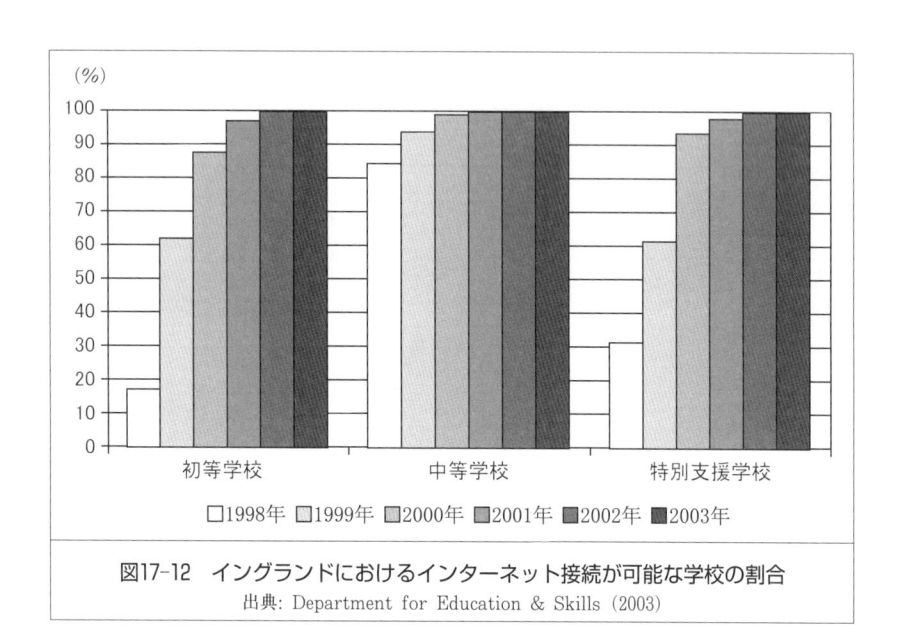

ネット大学の出現か？

一九七一年に遡るが、英国のオープン・ユニヴァーシティは、テレビを使った遠隔学習を高等教育に導入する先駆けとなった。オープン・ユニヴァーシティの講義は、早朝と深夜にBBCで放送されている。学生は、これらの番組を、文字教材や課題レポートの提出、個別指導教員との面接、他の学生と一緒に受講する夏期スクーリングと組み合わせて、学習する。このようにオープン・ユニヴァーシティの学生は、在宅で――しばしば仕事をつづけながら――上級の学位課程を履修できる。今日、オープン・ユニヴァーシティは、英国で最大規模の大学になり、また、インターネット利用もますます増えている――しかし、同校は、さまざまな機会を通じて学生と直接出会うことに重点を置く方針を変えていない。

今日、インターネットは、三〇年以上前にテレビが引き起こしたものよりももっと奥深いかたちで、教育を変容させているように思える。教育にインターネットをいち早く導入し、いまでも先駆的な試みをつづけているのは、米国のフェニックス大学である。一九八九年設立のフェニックス大学は、米国最大の公認大学である。しかしながら、米国のほとんどの大規模校と異なり、フェニックス大学には芝生のキャンパスもなければ、広大な図書館、フットボール・チーム、学生センターもない。六万八〇〇〇人の登録学生は、もっぱらインターネット――フェニックス大学の「オンライン・キャンパス」――か、北米全土の大都市に五〇カ所以上も設置された「学習センター」のひとつで、出会い、交流している。

フェニックス大学は、完全にオンライン上で修了できる一二以上の学位授与プログラムを提供し、学生たちの実際の居住地を無意味にしている。ネット上の「グループ・メールボックス」が、有形の教室の代わりをする。学生たちは、人前で自分の考えを発表し、討論するのでなく、課題レポートを他の学生や教員が読むことができるようにネット上の教室に投稿する。学生たちは、自分の研究をまとめ、読書課題を仕上げるために、電子図書館を利用できる。各週のはじめに、教員は、その週の読書リストと討論課題をメールで配布し――「ネット上の教室」には四六時中アクセスできる――学生たちは、各自の予定表にしたがって課題を仕上げる。教員は、課題レポートを採点し、短い講評を付けて学生に返信する。

フェニックス大学の特異さは、学習メディアだけにとどまらない。フェニックス大学は、二三歳以上の有職者だけに入学を許可する。大学のカリキュラムの構成も内容も、新たな技能や資格を必要とするのに、多忙な個人生活や職業生活と両立できるかたちでしか継続的に学習できない成人向けにつくられている。そのため、授業は、学期単位ではなく、五週間から八週間が一区切りの集中形式で、通年開講されている。

フェニックス大学が旧来の大学と違う重要な点を、もう一つ見いだすことができる――フェニックス大学はアポロ・コミュニケーションという企業が所有する営利機関である。フェニックス大学は、創設後一〇年間に、四半期ごとに平均一億二八〇〇万ドルの収益をあげてきた。さきにシティ・アカデミーについて述べたように（六八九頁）、米国だけでなく英国においても、ますます多く教育機関が、公営ではなく、民営になっている。経営や、テクノロジーの生産流通を専門にする外部機関は、コンサルタントや学校の管理者として教育制度に関与しだしている。

インターネットに基盤を置く学習が柔軟性や利便性をもつことは、否定できない。しかし、こうした取り組みに批判がないわけではない。多くの論者は、教室という真の双方向の環境でおこなわれる対面的学習にとって代わるような手段は他に存在しない、と主張する。未来の学習者世代は、ネット上のユーザー名だけしかわからない匿名の学生たちから形成されたネットワークに過ぎなくなるのだろうか。技能習得志向の実務的勉強は、抽象的な推論や「学ぶこと自体が目的の」学習のもつ重要性を蝕むことになるのだろうか。

グローバル化とテクノロジーの進歩はまた、高等教育におけるグローバル市場の創出を可能にした。高等教育は――外国人留学生や国際共同研究プロジェクト、国際学術会議のおかげで――これまでもつねに国際的側面をもってきたとはいえ、世界中に散らばる学生や大学教員、教育機関のあいだの協力体制のために、まったく新たな機会が出現しだしている。インターネット利用の学習や「ネット大学」の設立によって、世界中の人びとが教育を受け、資格を取得することは、もっと容易になりだした。今日、人びとは、かりに有形の教室や伝統的教育機関という世界の外側にいたとしても、資格認定書や卒業証明書、学位を取得することが可能である。さまざまな種類の競合する機関や企業体が――その一部は営利目的で――グローバルな教育市場に急激に参入しだしている。知識と学習は、これまで以上に「容易に入手できる」ようになった。

従来の大学でさえも、「ネット大学」化への対応をとりだした——提携を結ぶ大学どうしが、ネット上で学術資源や研究施設、教員、学生を共有しだしている。世界中の大学は、他の大学と連携し、互いに補完しあうことの利益を認識しだしている。学問的知識の急増や技術革新の加速によって、最も優れた大学でさえも、すべての学問分野でトップの座を占めることが不可能になった。ネット上の連携によって、各大学は、専門知識を共同管理して、提携校の学生や研究者が利用することを可能にしている。たとえば、ロンドンにいる学生は、サンフランシスコのオンライン図書館にアクセスしたり、どこか他所にいて疑問を解明してくれる専門家に電子メールを出したり、研究プロジェクトに協力を申し出ることができる。

結び——教育の未来像

新たなコミュニケーション技術は、教育に多大な新しい可能性を創りだす。新たなコミュニケーション技術は、学校教育を教室や講義室といった制約から解き放し、世界中のどこにいる学生とも、年齢や性別、階級に関係なく、新たに接触できる可能性をもたらしている。とはいえ、新たな情報やコミュニケーション技術が、自由や平等を推進するどころか、教育面の不平等を強める働きをするかもしれない、と批判者たちは指摘する。この章で論じてきたように、学校教育がときとして再生産の一因になる物質的貧困や不平等に、新たに情報資源の貧困が付け加わることになるのかもしれない。技術的変化のまぎれもない速さや、コンピュータを使いこなせる労働者の雇用需要は、相応な技能を備えた人たちが、コンピュータの経験がほとんどない人たちよりも「競争上優位に立つ」ことをおそらく意味する。情報技術の資格を持つ人と持たない人との分断が生ずる兆しは、情報化時代の人生の新たな達成課題に対処するために（六八九頁〜六九〇頁で論じた）生涯学習の重要性を高めている。

すでに一部の論者は、欧米社会の内部に「コンピュータ利用のアンダークラス」が出現することを懸念している。グローバル経済がますます知識に基盤を置くようになれば、情報面で富める人たちと貧しい人たちとの格差が生ずるために、貧困国をいま以上に周縁に追いやるという真の意味の危険性が見いだされる。

一部の論者によれば、インターネット・アクセスは、富裕国と貧困国を隔てる新たな境界線になっている。二〇〇〇年の時点で、ラテンアメリカや東アジア、東ヨーロッパ、アラブ諸国、サハラ以南アフリカのインターネット利用者は、四％に満たなかった。同じ二〇〇〇年に、米国の国民は、五四％がインターネットを利用していた（UNDP 2001）。

情報テクノロジーの熱狂的支持者たちは、コンピュータが必ずしも国内の格差や地球規模の格差を拡大させるわけではない——コンピュータのまさに強みは、人びとを結びつけ、新たな機会を押し広げることにある——と指摘する。教科書や有資格教師が不足しているアジアやアフリカの学校でも、インターネットから恩恵を受けることができる、と情報テクノロジーの熱狂的支持者たちは主張している。遠距離学習プログラムや海外の教師たちとの連携は、貧困や不利な条件を克服する鍵になるかもしれない。賢明で創造的な人たちが情報テクノロジーを管理すれば、情報テクノロジーの潜在的可能性は無限である、と情報テクノロジーの熱狂的支持者たちは主張する。

テクノロジーは、人びとをアッと言わせ、重要な扉を開く可能性があるとはいえ、「コンピュータによる即効の解決策」などどこにも存在しないことを認識する必要がある。高い非識字率に苦闘し、電話回線や電力も不足する低開発地域は、遠距離学習プログラムの恩恵を真の意味で享受する前に、教育インフラの改善を必要としている。この章の至るところで見てきたように、教育制度は、たとえば階級やジェンダーのような不平等を再生産する可能性がある。新たな情報やコミュニケーション技術は、こうした階級やジェンダーによる社会の分裂を悪化させる働きをすると同時に、新たな分裂を生みだすかもしれない。とはいえ、新たなテクノロジーは、かりに適切に管理されれば、世界中の教育制度に、自由や平等を促進させる希望に満ちた可能性をもたらしてくれる。

まとめ

1　近現代の教育形態は、学校という特別に設けた建物のなかで生徒たちを教えるため、印刷物や高い水準の読み書き能力の普及にともなって出現した。より多くの人がより多くの場所で、知識を保有し、再生産し、消費できるようになった。工業化にともない、労働は専門分化し、より多くの人たちが、読み書きや計算技能といった実際的な知識に加えて、抽象的知識を身につけていった。

2　二〇世紀における教育の拡大は、読み書きができ、規律を身につけた労働力が必要になったことと密接に結びついている。知識経済への移行にともない、教育は、いま以上に重要になる。非熟練肉体労働者の就業機会の減少にともない、労働市場は、新たなテクノロジーを楽々と使いこなし、新たな技能を習得でき、創造的に仕事ができる労働者を必要としている。

3　英国では、一九四四年の教育法によって、誰もが無料で中等教育を受ける機会を与えられ、義務教育修了年齢は、一五歳に引き上げられた。中等教育は、グラマースクールとモダンスクール、それに少数の実業学校が分担していった。一一歳試験《イレブンプラス》と称される中等学校進学資格認定試験が、生徒を能力に応じて各種の学校に振り分ける手段になった。

4　一九六〇年代に、中等教育に総合制学校システムが導入された。一一歳試験は、ほとんどのグラマースクールやすべてのモダンスクールと一緒に廃止された。近年、総合制中等学校システムは、厳しい攻撃にさらされている。批判する人たちは、総合制中等学校が、提唱者の期待した教育水準を達成できていないと考える。

5　第二次大戦以降、英国では高等教育が著しく拡大した。新たな教育機関（「赤レンガ」大学）が設立され、入学者数も、とくに女性のあいだで増加した。とはいえ、英国の高等教育は、財政危機に陥っている。今日、多くの学生が、学費を調達するために融資を受けている。

6　社会学のさまざまな理論は、教育や学校教育の解釈に強い影響を及ぼしてきた。バーンスタインの理論によれば、精密な発話コードを習得した子どもは、制限された発話コードにとどまる子どもよりも、学校教育の要求にもっとうまく対処できる。

7　学校の正規カリキュラムは、文化的再生産というもっと広い過程の一部に過ぎない。文化的再生産の過程は、学習や教育、学校環境等の多くのインフォーマルな側面によって影響を受けている。「隠れたカリキュラム」が、文化的再生産で重要な役割を演じている。

8　学校組織と学校内での教育は、ジェンダー間の不平等を持続させる傾向が強かった。女子と男子に別々の服装を指定する規則は、既成のジェンダー・イメージが盛り込まれた教科書と同じように、性の類型化を助長してきた。こうした残存する趨勢にもかかわらず、過去一〇年間、女子は一貫して、初等教育から高等教育に至るすべての段階で、男子を上回る成績を修めてきた。「成績の悪い男子」への懸念は、犯罪や失業、父親不在といった、もっと大きな社会問題と——一部の論者は、こうした注目の仕方が誤解を招くと言うが——結びつけて考えられている。

9　知能は、定義づけが難しいため、知能をめぐって非常に多くの論争がおこなわれてきた。遺伝子がその集団の平均的知能指数を決定すると言う論者もいれば、社会的影響作用が決定すると考える論者もいる。多くの証拠は、社会的、文化的影響作用を主張する人たちを支持しているように思える。

10　新たなテクノロジーと知識経済は、教育や学校教育にたいする私たちの理解を変えだしている。学校での正規教育に代わって、生涯学習という考え方が台頭しだしている。個人が生涯をとおして、旧来の教室以外の場で学習活動や訓練に参加する機会は、ますます増えている。

11　情報テクノロジーは——教室への導入や、「ネット大学」の設立、インターネットに基盤を置く学習の普及で——教育方法のなかに組み込まれだしている。コンピュータを使いこなせない人たちや、新たなテクノロジーを入手利用できない人たちは、ある種の「情報資源の貧困」に苦しむ可能性が懸念される。

考察を深めるための問い

1　教育の目的とは何だろうか。
2　教育は、社会的不平等を克服できるのだろうか。
3　高等教育への幅広い参加を促すために、どのような政策をとるべきなのか。
4　現代のテクノロジーは、社会の脱学校化を生じやすくしているのだろうか、あるいは望ましいものにしているのだろうか。
5　ネット上の教室で、「隠れたカリキュラム」はどのように出現するのだろうか。
6　学校や大学は、感情的知能の発達にもっと重点を置くべきだろうか。

読書案内

Caroline Benn & Clyde Chitty: *Thirty Years On: Is Comprehensive Education Alive and Well or Struggling to Survive?* (David Fulton, 1996)

Ken Jones: *Education in Britain: 1944 to the Present* (Polity, 2002)

R. Moore: *Education and Society: Issues and Explanations in the Sociology of Education* (Polity, 2004)

A. H. Halsey et al.: *Education: Culture, Economy and Society* (Oxford Univ Pr, 1997)（抄訳として、住田正樹ほか編訳『教育社会学——第三のソリューション』九州大学出版会、二〇〇五年）

インターネット・リンク

21th Century Learning Initiative
http://www.21learn.org

Department for Education and Employment (UK)
http://www.dfee.gov.uk

Encyclopedeia of Philosophy of Education
http://www.educacao.pro.br/

UNESCO Education Homepage
http://www.unesco.org/education

The University of the Third Age
http://www.u3a.org.uk

DfES-Lifelong learning
http://www.lifelonglearning.co.uk/

18

労働と経済生活

ジョッキーは、一八八五年一月の月曜の朝六時五分過ぎに、青銅製のキノコ形弁を初めて作った。職工長は、ジャッキーに作り方をやって見せた。「じゃあ、そいつの胴体部分を旋盤の台にきちんと取り付ける。それから、床に両足を踏ん張って、そいつに切り込みを入れるんだ」と、職工長は言った。ジョッキーは、切り込みを入れた。旋盤は、火花を出し、甲高い音を立てた。そして、蒸気機関で用いる青銅製キノコ形弁が箱のなかに落ちていった。ジョッキーは、無邪気に「何個くらい作ればいいのですか」と職工長にたずねた。職工長は、「空の星の数くらいだ」と答えてから、ジョッキーの側を離れた。

この時、ジョッキーは一五歳だった。その仕事に就いたのは、昇格だった――マンチェスターに近いサルフォードの工場でお茶を入れたり使い走りすることからの昇進だった。ジョッキーは、その後六一年間ずっと同じ仕事に就いてきた。働きだしてから数年後に、労働組合に加入した。ジョッキーは、二五歳のときに足下の床板を踏み抜いた。建具屋が修繕に来た。ジョッキーは、「自分が押しつぶしたんだ――床がすり減っていた」と弁解した。「謝らなくてもいいよ。いまいましい床だ」と、建具屋が言った。床板は、再び一九〇七年に、さらに一九一六年に壊れた。一九一八年に、ジョッキーは、仕事を三日間休んだ――「スペイン風邪で起きられなかった」と謝った。一九三五年に、妻が亡くなったときに、ジョッキーは二日間休んだ。六一年間の会社生活で、ジョッキーは仕事を五日だけ休んだ。

第二次世界大戦終了後まもなく、ジョッキーは七六歳になった。一〇〇万個目のキノコ形弁を作った一週間後に、またしてもジョッキーの足下ですり減った床板が抜けた。「これで終わりだ。待っていたんだ」と、ジョッキーは言った。ジョッキーは、旋盤を指でピシッと弾いて、ジョッキーの孫くらい若い職工長のところに行った。ジョッキーは、機械の雑音をしのぐ大きな声で、若い職工長に「ジョージ、この週末で仕事をお終いにするよ」と呼びかけた。男たちは、ジョッキーが辞めたときに、安楽椅子を買って贈ってくれた。男たちは「その椅子がすり減ったら、板材を取り付けるために建具屋を差し向けてあげるよ」と言った。最後の金曜日の午後に、職工長は、ジョッキーに新しい見習い工を引き合わせて、「この子にやり方を説明してくれませんか」と頼んだ。ジョッキーは微笑んだ。「そこに腰掛けなさい」と、ジョッキーはその少年に話しかけて、「するのは、たいしたことじゃない。そいつの胴体部分を旋盤の台にきちんと取り付ける。それから、床に両足を踏ん張って、そいつに切り込みを入れるんだ」。

労働の性質は、ロバート・ロバーツが、二〇世紀の第一四半期にサルフォードのスラム街での人びとの生活をじかに解明した著名な研究で、ジョッキーの労働生活を描写して以降、著しく変化してきた（Roberts 1971）。私たちの多くにとって、ジョッキーの労働生活は、私たちのものと明らかに異なる。この章では、近現代社会における労働の展開を究明し、現代の経済構造について検討する。それから、労働の近年の趨勢について考察する。とはいえ、まずはじめに、この「労働」という用語が使われる場合、実際にどのような理解がなされているのかを詳しく見ておきたい。

労働とは何か——有給労働と無給労働

私たちは、多くの場合、労働を、「仕事にあぶれる」という言い方が暗に意味するように、有給の仕事と同義とみなす傾向がある。しかし、現実には、この見方は過度に単純化されている。無給労働（たとえば、家事や自分の車の修理といった）もまた、多くの人びとの生活で大きな比重を占めている。労働類型の多くは、有給就業という一般に認識されてきた労働の範疇と合致しない。たとえば、非制度的経済でおこなわれる労働の多くは、公の雇用統計には明確に記録されていない。**非制度的経済**という用語は、通常の雇用関係の領域外でおこなわれる取り引きを指し、提供されたサーヴィスに金銭で代価を支払うときもあるが、多くの場合、商品やサーヴィスとの物々交換になる。

たとえば、パイプの水漏れを直しに来た人は、領収書も仕事の明細書も出さずに現金で支払いを受けるかもしれない。人びとは、友だちや仲間のあいだで、安価な——つまり、くすねたり盗んだりした——商品を、何か他の好意を見返りにしてやり取りする。非制度的経済には、たんに「隠れた」現金のやり取りだけでなく、人びとが家庭の内外でおこなう多くの種類の自己供給も含まれる。たとえば、日曜大工仕事や家庭用機器、家庭用工具は、さもなければ現金での購入が必要となる商品やサーヴィスを、人びとにもたらす（Gershuny & Miles 1983）。家事は、伝統的にもっぱら女性がおこなってきたが、通常は無給である。しかし、家事は、それでもやはり労働である——しかも、多くの場合、非常に苛酷で、心身を疲れさす労働である（次のコラムを参照）。慈善団体等におこなうボランタリー労働は、重要な社会的役割を担う。有給の仕事に就くことは、後述の「労働の社会的意義」で挙げるすべての理由で重要である——しかし、「労働」という範疇は、もっと広範囲に及んでいる。

労働とは、有給であれ無給であれ、人びとの要求を充たす物的財やサーヴィスの生産を目的とした課業を、心身を費やしながら遂行すること、と定義づけできる。**職業**、つまり、職務は、一定の賃金や給与との交換でおこなわれる労働である。労働は、すべての文化で、**経済**の基盤になっている。経済システムは、物的財やサーヴィスの生産と分配をもたらす諸制度から組成される。

家事労働

今日のような形態の家事労働は、家庭と職場の分離にともなって生じた（Oakley 1974）。家庭は、工業化によって、財の生産の場よりも、むしろ消費の場になった。「労働らしい労働」が直接賃金を得るものと定義づけられるようになったことで、家事労働は「人目につかなく」なる。家事労働は、伝統的に女性たちの領分と見られるようになり、他方、家庭の外での「労働らしい労働」の領域は、男性たちのために確保されることになった。この因習的モデルでは、家庭における分業——家庭生活の責任を世帯員が共有する仕方——は、極めてわかりやすかった。女性たちが、すべてでないにしても家事のほとんどを双肩に担う一方で、男性たちは、賃金を得ることで家族を「扶養」していった。

「家庭」との分離が進展した時期は、同時にまた別の変化も目の当たりにした。工業化がもたらした発明や利器が家庭生活の領域に影響を及ぼすまで、家庭内の労働は、耐え難く、骨が折れた。たとえば、毎週の洗濯は苛酷な労働だった。家庭への冷温給水の導入は、手間のかかる仕事の多くを取り除いた。以前は、水そのものを家に運び込む必要があったし、熱い湯が必要ならば沸かさなければならなかった。電気とガスの供給は、石炭ストーブや薪ストーブを時代遅れにし、毎日の薪割りや石炭の運搬、ストーブの不断の手入れ等の雑用を大幅に取り除いた。

しかしながら、意外なことに、女性たちが家事労働に費やす総時間の平均は、電気掃除機や洗濯機などの省力機器が導入された以降でも、目立って減少しなかった。英国の雇用就労していない女性たちが家事に費やす時間の総計は、過去半世紀にわたってほぼ一定だった。家庭電化器具は、苛酷な家事を部分的に減らしたが、その代わりに新たな任務も創りだした。育児や、購入品の保管、食事の用意等に費やす時間は、すべて増加した。

無給の家事労働は、経済活動にとって計り知れない重要な意味をもつ。家事労働は、先進工業社会で創出される富の二五%から四〇%を占めると換算されている。二〇〇二年に発表された国民生活時間調査の知見は、かりに英国で家事労働に代金が支払われるとすれば、英国経済にとってほぼ七〇〇〇億ポンドに値すると算定される（Office of Statistics 2002)。家事労働は、有給労働に就く人たちの多くが依存するサーヴィスを無報酬で提供することで、他の経済活動を支えている。

しかしながら、家事は、それ自体がさまざまな問題を内包している。アン・オークリーが家事を労働の一形態としてとらえた古典的調査は、家事への専念が、孤立感や疎外を生み、心の底からの満足感に欠ける可能性があることを明らかにした（Oakley 1974)。オークリーの調査対象になった主婦たちは、家事が極めて単調であることに気づき、自分たちが労働にたいして身につけてきた価値基準の充足という、みずからに課した心理的圧力を回避することに苦労していた。

有給労働と無給労働という労働形態は、家事労働自体が経済活動全体に寄与するように、互いに密接に関連している。社会学者が関心を寄せる主要な問題のひとつは、女性たちの労働市場への関与の増大が、家庭生活での分業にどのような影響を及ぼしてきたのかという点である。かりに家事労働の量が減少せずに、専業主婦になる女性がますます少なくなれば、当然のこととして、世帯を維持するための任務は、今日とはかなり異なったかたちで取り決められ、処理されねばならないからである。

労働の社会的組織化

近現代社会の経済システムに見る最も示差的な特徴のひとつは、

極めて複雑な**分業**の発達である。つまり、労働は、人びとがそれぞれ専門に従事する膨大な数の職業に分化してきた。伝統社会では、農耕以外の労働は技巧の習得を必要とした。人びとはそうした技巧を長期間の徒弟奉公をとおして身につけ、通常、職人は、生産工程のすべての側面に始めから終わりまで従事していた。たとえば、鋤を作る鍛冶屋は、鉄を鍛造して鋤の型をとり、鋤を組み立てていた。近代的工業生産の興隆によって、ほとんどの伝統的な技巧はことごとく姿を消し、大規模な生産工程の一端を形づくる技能が、伝統的な技巧にとって代わった。この章のはじめに紹介したジャッキーの生活史が、その一例である。ジャッキーは、極めて限定された課業のひとつに従事することで、職歴のすべてを過ごした。

近現代の社会はまた、労働をおこなう場所の変化も目の当たりにしている。工業化以前には、ほとんどの労働は、家庭でおこなわれ、世帯員全員が一緒になって仕事を仕上げていた。工業テクノロジーの進歩は、電気や石炭で動く機械装置がそうであるように、労働と家庭の分離の誘因になった。企業家が所有する工場は、工業発展の焦点になり、機械装置は工場のなかに集められ、商品の**大量生産**は、家庭を基盤にした職人たちの小規模な技量を衰退させた。工場での職を求める人たちは、ジャッキーがそうであったように、特定の課業の遂行のために訓練され、その労働と引き換えに賃金を得ていく。経営者は、被雇用者の職務遂行を監督し、労働者の生産性と規律を高めるための技術の習得に、関心を寄せていった。

伝統社会と近現代社会では、分業に明らかな差異が見られた。最大規模な伝統社会においてさえ、商人や兵士、司祭といった専門分化された役割以外に、通例、主要な職人は、二、三〇種しか存在しなかった。現代の産業システムでは、さまざまな職業が、文字通り無数に存在する。英国の人口センサスは、英国の経済活動に見いだす職業を約二万種も列挙している。伝統社会では、人口のほとんどは農地で働き、経済的に自給自足していた。人びとは、食糧や衣料等の生活必需品をみずから生産した。対照的に、近現代社会の主要な特徴のひとつは、**経済的相互依存性**の著しい拡大である。私たちは誰もが、みずからの生活を維持する上で必要な生産物やサーヴィスを、他の——今日では、まさに世界中に拡がる——労働者たちに依存している。一部の例外はあるにしても、現代社会では圧倒的多数の人たちは、みずからが口にする食糧や暮らす住居、消費する物資を生産していない。

初期の社会学者は、分業が——労働者個人だけでなく社会全体にも——及ぼす潜在的帰結について幅広く論じていった。マルクスは、近代工業の発達が、多くの人たちの労働を、単調で面白くもない課業に変えていくと最初に推測した論者のひとりである。マルクスによれば、分業は、人間を労働から疎外していく。マルクスは、たんに労働だけでなく、資本主義的工業生産の全体的枠組みにたいしても、人びとがいだく無関心なり敵意を、**疎外**と称した。マルクスの指摘によれば、伝統社会では、労働は、多くの場合、心身を疲れさせるものだった——農民は、時として夜明けから夕暮れまでせっせと働かねばならなかった。しかしながら、農民は、その労働が多くの知識と技能を必要としていたため、自分の労働を現実に管理していた。対照的に、多くの工業労働者は、製品を造るのに断片的に寄与するだけで、自分の仕事にたいする管理権をほとんどもっていない。また、工業労働者は、その製品が、どのような仕方で、誰に売られていくのかに関して何の影響力ももっていない。ジョッキーのような労働者にとって、労働は、疎外されたもの、つまり、収入を得るためにしなければならないが、本質的に充足感が得られない課業のように思われている、とマルクス主義者は主張する。

デュルケムは、分業が潜在的に有害な影響を及ぼすことを十分認識していたとはいえ、分業についてもっと楽観的な見解を示した。デュルケムによれば、役割の専門分化は共同体内部の社会的連帯性を強める。人びとは、孤立した自給自足的な単位として生活するよりも、相互依存によって互いに結びついていく。連帯性は、生産と消費の多次元の関係をとおして高められる。デュルケムは、かりに変動があまりにも急激に生ずると社会的連帯が崩壊する可能性を認識していたとはいえ、このような社会の布置連関を極めて機能的なものとみなした。デュルケムは、この結果として生ずる規範を失った感覚を、アノミーと称した。

マルクスとデュルケムの著述の概要は、第一章「社会学とは何か?」、二七頁〜三二頁に見ることができる。

テイラリズムとフォーディズム

二世紀ほど前に、近代経済学の創始者のひとり、アダム・スミスは、分業が生産性の向上にもたらすさまざまな利点を究明していた。スミスの最も有名な著作『諸国民の富』は、留め針工場での分業の描写からはじまる(Smith 1776)。単独で働く人は、一日に留め針をおそらく二〇本作ることができた。とはいえ、作業を多数の単純な工程に分割することで、専門分化された仕事を互いに協力しておこなう一〇人の工員は、一日に四万八〇〇〇本もの留め針を生産できた。いいかえれば、それぞれの専門分化した作業員が一人で働く場合に比べて二四〇倍の生産をおこなうため、工員一人当たりの留め針の生産比率は、二〇本から四八〇〇本に増加していった。

一世紀以上後に、こうした考え方は、米国の経営コンサルタントのひとり、フレデリック・ウインスロウ・テイラーの著作のなかに最も顕著に表れた。この「科学的管理」と称されるテイラーの取り組みは、工業生産の過程を正確に時間配分して運用される単純作業に細分化するために、生産工程の詳細な分析を必要とした。**テイラリズム**は、たんなる学術的研究ではなかった。テイラリズムは、工業産出高を最大化することを意図した生産システムだった。したがって、テイラリズムは、工業生産組織やテクノロジーだけでなく、職場の政治的状況にも幅広い影響を及ぼした。とりわけ、テイラーが作業能率と時間の関係についておこなった研究は、生産工程に関する知識を労働者たちから奪い取り、こうした知識を経営者の手中に収め、職人たちが雇用主から確保していた自律性の基盤を浸食していった(Braverman 1974)。

事業家ヘンリー・フォード(一八六三年〜一九四七年)は、このテイラリズムの原理を流用した。フォードは、一九〇八年にミシガン州ハイランドパークで、単一製品——T型フォード——を生産するために最初の自動車工場を立案、設計した。この工場は、作業のスピードや正確さ、簡易化のために設計された専用工具や機械装置の導入をともなった。フォードが取り入れた最も重要な新機軸のひとつは、流れ作業組み立てラインの設置である。この組み立てラインは、畜殺した動物を移動ライン上で個々の部位に解体していた、シカゴの食肉処理場から示唆を得たと言われている。フォードの流れ作業ラインでは、各従業員は、たとえば車体がライン上を移動する際に左側のドアハンドルを取り付けるといった特定の任務だけが割り当てられた。T型フォードは、生産中止となる一九二九年までに、一五〇〇万台以上も生産された。

フォードは、大量生産が大量消費を必要とすることを最初に自覚したひとりである。かりに乗用車のように標準化された商品を絶えず拡大する規模で生産していけば、同時にこうした商品を購入できる消費者の存在を確保する必要がある、とフォードは推論した。そこで、フォードは、ミシガン州のディアボーン工場で、一方的に賃金を上げて一日八時間労働に五ドル——当時においては非常に気前のよい賃金であり、乗用車所有を含む労働者のライフスタイルを確実に変える賃金——を支払うという前代未聞の施策をおこなった。ハーヴェイが述べるように、「一日八時間労働に五ドルを支払う目的は、一面では、極めて生産性の高い組み立てラインを稼働させるために必要な規律を労働者が遵守することを確保するためだった。同時にまた、このことは、企業が右肩上がりで世に出していく大量生産の商品を購入するのに十分な収入を、労働者たちに与えることを意味した」(Harvey 1989)。フォードはまた、労働者の自宅に出向いてきちんとした消費習慣を教え込むために、ソーシャルワーカーの協力を取り付けた。

フォーディズムとは、大規模市場の開拓と一体化した大量生産システムを呼ぶために用いられた名称である。一部の脈絡では、この用語はかなり特定の意味をもち、大量生産が安定した労使関係や高い労働組合組織率と密接に結びついた、そうした第二次世界大戦後の資本主義発達の歴史的区分を指称している。フォーディズムのもとで、会社は労働者にたいして長期にわたって肩入れし、賃金は生産性の増大と緊密に結びついていた。《団体協約》——賃金や先任者優先権、福利厚生など労働条件を労使間交渉で明細に決めた正式な協定——によって、自動化された労働管理体制にたいする労働者の承諾《と》大量生産された商品への十分な需要を確保するという好循環が生まれた。このシステムは一九七〇年代に崩壊し、もっとフレキシブルであると同時に不安定な労働条件が出現した、と一般に理解されている。

テイラリズムとフォーディズムの限界

フォーディズムが終焉した理由は、複雑であり、おおいに論争の的となっている。多種多様な会社がフォーディズムの生産方法を採用したため、このシステムは、一定の限界に直面してきた。一時期、フォーディズムは、あたかも工業生産全体の頼もしい未来を象徴するかのように思われた。しかし、実際にはそうでないことが判明した。このシステムは、自動車製造のように、大規模市場向けの規格化された製品を生産する工業だけに適合性がある。機械化された生産ラインの設置に膨大な費用を要するため、フォード・システムは、いったん確立されると、極めて融通が利かなくなる。たとえば、製品の変更には、実質的に再投資が必要となるからである。フォーディズムによる生産は、かりに工場の設置に十分な資金を入手できる場合、容易に模倣できる。しかし、労務コストが高い国の企業は、賃金が安い地域の企業との競争が難しくなる。この点は、日本の自動車工業の隆盛（もっとも、今日、日本の賃金水準はもはや低くないが）や、近年では韓国の自動車工業の隆盛を最初に導いた要因のひとつであった。

とはいえ、フォーディズムとテイラリズムの問題点は、高価な装置を必要とすること以外にも及んだ。フォーディズムとテイラリズムは、一部の産業社会学者が名づける**低責任システム**である。作業は、機械のペースに合わせて、管理者によって決められている。作業を実際におこなう人たちは、厳しく監督され、自律した行動がほとんど許されない。規律と高品質の生産水準を維持するために、従業員たちは、さまざまな監視システムによって絶え間なく監視されている。

労働や組織体における監視は、第一六章「組織とネットワーク」、六四八頁～六四九頁で論じている。

とはいえ、こうした絶え間ない監視は、その意図と正反対の結果を生みだしやすい。多くの場合、労働者たちは、自分たちがおこなう職務内容や仕事の仕方にほとんど発言の機会を与えられていないため、仕事への専念の度合や勤労意欲を蝕まれる。低責任の職位を多くかかえる職場では、労働者の不満や無断欠勤の割合が高く、労働争議もしばしば発生する。

対照的に、**高責任システム**とは、労働者が、全体の大きな枠のなかであるとはいえ、仕事のペースやさらに仕事の内容も自分で管理することが許されているシステムである。この高責任システムは、通常、産業組織の上層部に集中して見いだされる。後で見るように、高責任システムは、近年、多くの職場で一般的になり、労働にたいする私たちの考え方そのものを変えだしている。

労働争議

労働者と、労働者を経済的、政治的に支配する人たちは、長い間、対立してきた。徴兵や高額課税に反対する暴動や、凶作期の食糧暴動は、一八世紀にヨーロッパの都市地域でしばしば生じた。こうした「近代以前」の形態の労働争議は、一部の国で一世紀ほど前までつづいた。たとえば、一八六八年にイタリアの大都市においても食糧暴動は発生していた (Geary 1981)。こうした伝統的なかたちの対立は、たんに突発的な、無分別な暴力の爆発ではなかった。暴力による威嚇や暴力の行使は、穀物等の必需食糧品の価格を抑えるのに効果があった (Rudé 1964; Booth 1977)。労使間の労働争議は、当初、こうした昔からの様式に追随する傾向があった。対立が生ずると、労働者は、自分たちの職場を離れて、街頭に群がる場合が多かった。労働者たちは、自分たちの不満や不平を、無法な行動によって、あるいは当局にたいして暴力行為に出ることで、広く知ってもらおうとした。一九世紀末にフランスの一部地域の労働者たちは、嫌悪する雇用主を首吊りにするぞと言って脅した（Holton 1978）。武器としての《ストライキ》は、今日では一般に労使間の団体交渉と結びついて考えられているが、徐々に、また偶発的に発達してきた。

ストライキ

ストライキは、従業員集団が、不満や不平を表明し、要求を強く主張するために労働を一時的に中断すること、と定義づけできる（Hyman 1984）。この定義のすべての構成要素は、ストライキを他のかたちの対立や紛争と区別する際に重要になる。労働者は、同じ雇用主の下で同じ職務に復帰するつもりであるため、ストライキは《一時的》である。したがって、労働者が完全に辞職してしまう場合、ストライキという言い方は不適切である。《労働の停止》としてのストライキは、時間外労働の拒否や「怠業」と区別される。ストライキは、個々の労働者の反応ではなく、集合的行為をともなうため、労働者《集団》の関与が必要になる。関係する人たちが《被雇用者》であることは、ストライキを不動産賃借者や学生がおこなう抗議と区別する際に、重要な論点になる。終わりに、ストライキは、《不満や不平を世間に知ってもらったり、要求を強く迫る努力》をともなう。したがって、たんにサッカーの試合を見にいくために仕事をさぼる労働者は、ストライキに参加しているとは言えない。

ストライキは、労使がかかわる争議の一側面ないし一形態に過ぎない。ストライキと密接に関係する組織化された争議の表れは、他にも《ロックアウト》（労働者ではなく、雇用主が労働を停止させる）や、生産の制限、協定交渉での対立がある。労働争議のもっと組織化されていない表出に、従業員の高い入れ替え率（雇用主が古参の職員を新規の職員と交替させる）や常習的欠勤、生産機械にたいする妨害行為がある。

労働者は、多くの具体的な理由からストライキに打って出る選択をする。労働者は、より高い賃金を得たり、賃金削減提案にたいして機先を制したり、自分たちの労働を退屈にし結果的にレイオフにつながる技術的変化に異議を唱えたり、あるいは雇用の安定をいま以上に獲得しようとするかもしれない。とはいえ、これらすべての状況で、ストライキは、本質的に権力のメカニズムである。つまり、ストライキとは、仕事場では相対的に無力であり、自分たちにはほとんど抑制できない経営者側の意思決定によって自分たちの労働生活が影響を受ける、そうした人たちの武器である。ストライキは、通常、交渉が失敗したときに用いる「最後の手段」の武器である。なぜなら、ストライキ中の労働者には、何の収入も得られないか、それとも限られた組合資金に依存するかの選択肢しかないからである。

労働組合

労働組合組織は、加入者数や勢力の度合はおおいに異なるとはいえ、欧米のすべての国に存在し、これらの国では、経済目的を追求するために労働者がストライキを打つ権利が法的に認められている。労働組合は、なぜ欧米社会の基本的特徴になったのだろうか。労使の争議が生ずる可能性は、なぜ労働状況に多少ともつねに見られるのだろうか。

近代工業の初期の発達段階で、ほとんどの国の労働者は、何の政治的権利も保有せず、自分たちが身を置く労働条件にたいしてほとんど何の影響力ももっていなかった。労働組合は、労使間の力の不均衡を是正する手段として発達した。労働者は、個人としてほとんど何の力ももたなかったが、集合的組織をとおして、自分たちの力をかなり増大させていった。雇用主は、一人くらいの労働者の労働力を欠いてもやっていけるが、工場や作業所のほぼすべての従業員の労働力を欠けば、操業できなくなる。労働組合は、当初はもっぱら「防衛的」組織で、雇用主が労働者の生活にたいして振るう圧倒的な権力に対抗できる手段をもたらした。

今日、労働者は、政治の分野で参政権を得ており、また、雇用者との交渉の場を確立し、この交渉の場を通じて経済的利益を強く求めたり、不満や不平を表明することが可能である。とはいえ、労働組合の影響力は、地元企業のレヴェルでも国のレヴェルでも、本来的には《拒否権》というかたちで存在する。いいかえれば、労働組合は、ストライキ権を含め、自分たちに意のままになる資源や手段を用いることでしか、雇用主の方針なり主導権を《阻止》できない。例外は、たとえば、労使が労働条件の協約を定期的に交渉している場合である。

第二次世界大戦後、工業社会では、労働組合の置かれた立場に劇的な転換が見られた。ほとんどの先進国で、一九五〇年から一九八〇年は、組合密度が、つまり、潜在的に組合員になりうる人びとの比率を示す統計数値が着実に増加した時代である。一九七〇年代末から一九八〇年代初めに、英国の労働者の五割以上が労働組合に加入していた。このように高い組合密度は、いくつかの理由から他の欧米の国々でも共通に見られた。ひとつは、労働者階級の有力な政党が、労働者の組織化に適した条件を生みだしたからである。二つ目に、労使間の取り決めは、産業部門や地元レヴェルで分散化されたかたちでおこなわれるよりも、むしろ国のレヴェルで調整されたからである。三つ目に、国ではなく労働組合が失業保険を直接管理していたため、職を失った労働者が労働運動から離れることがなかったからである。これら三つの要因が部分的に組み合わさっていただけの国では、組合密度が低かった(図18-1は、英国での二〇世紀における労働組合員数の増減を示している)。

一九七〇年代をピークに、労働組合は、英国を含む先進工業国のあちこちで衰退している。一九八〇年以降に労働組合が直面した困難については、有力な説明がいくつかなされている。おそらく最も一般的な解釈は、旧来の製造業の衰退とサーヴィス部門の台頭である。伝統的に、製造業は労働者階級の本拠地であったのにたいして、サーヴィス部門の職は、組合加入にむしろ抵抗しているからである。

とはいえ、この説明は厳しい精査を受けてきた。社会学者のブルース・ウェスタンは、このような説明では、(米国は違ったが)全般的に労働組合にとって良き時代であり、同時

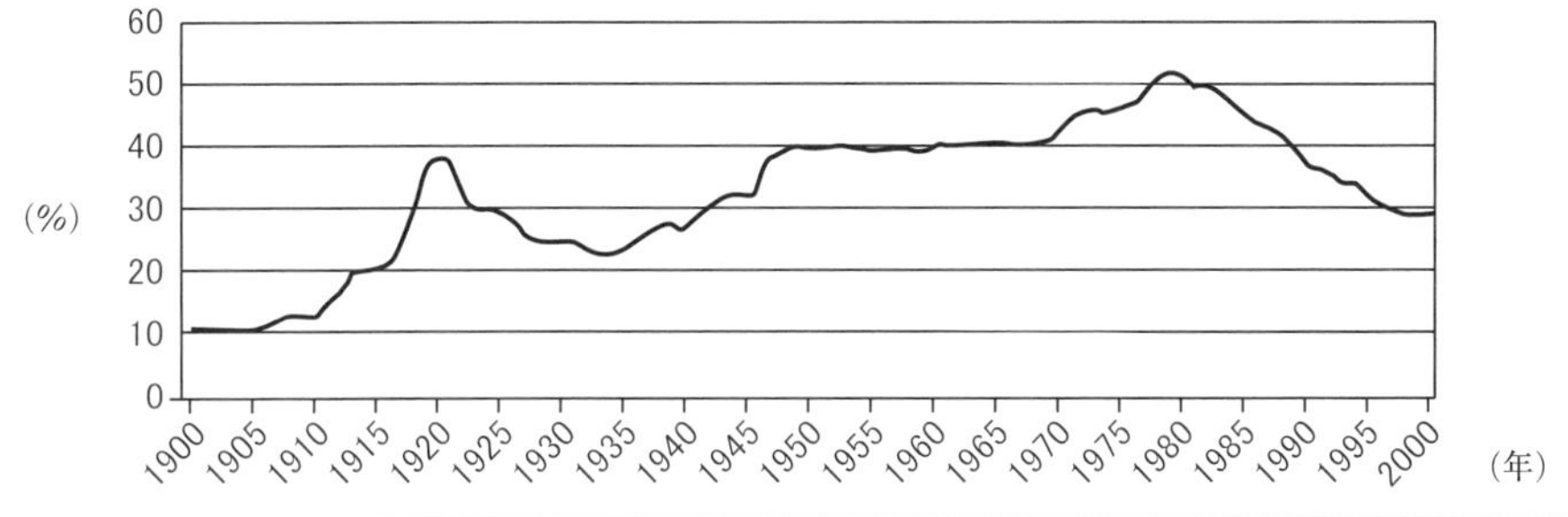

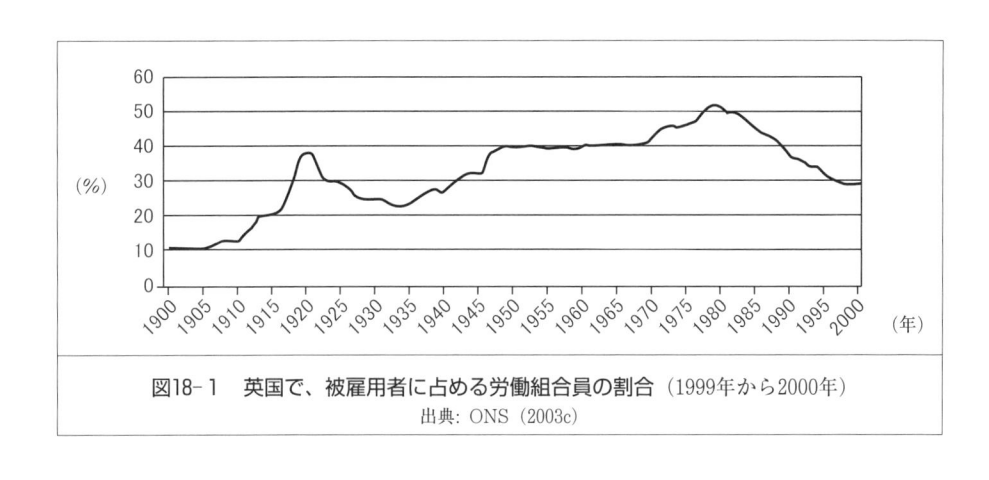

図18-1　英国で、被雇用者に占める労働組合員の割合（1999年から2000年）
出典: ONS（2003c）

にまた製造業からサーヴィス業への構造転換が特徴的に見られた一九七〇年代の経験を解明することができない、と主張する（Western 1997）。同じように、サーヴィス部門で雇用増加の相当な部分は、社会的サーヴィス――一般的には、組合密度の高い公務員部門――で生じた。したがって、ウェスタンは、製造業《内部》での組合加入の低下のほうが全産業部門での低下よりも重要な意味をもつと主張する。

いくつかの解明点は、産業間だけでなく、産業内部での組合密度の低下と合致している。まず、とくに一九八〇年代を通じた、高い失業率と結びつく世界経済の景気後退は、労働者側の交渉力を弱めた。二つ目に、国際競争の激化もまた、とくに賃金水準が欧米よりも低い東アジアの国々との競争は、労働者側の交渉力を弱めている。三つ目に、多くの国々で右派政府が出現し、たとえばマーガレット・サッチャーが率いる英国保守党は、一九七九年に政権の座に着き、一九八〇年代に労働組合にたいして猛攻撃を加えた。労働組合は、最も有名なのが一九八四年に英国で起きた炭礦労働者全国組合の弾圧であったが、いくつか重要なストライキで敗北した。労働組合によって守られてきた労働条件や賃金は、この二五年間に主要産業で蝕まれた。労働組合の組合員数と影響力の低下は、先進工業国で全般的に見られる現象であり、したがって右派政府が労働組合に加えた政治的圧力という観点だけから説明することはできない。通常、労働組合は、英国では一九八〇年代と一九九〇年代の大半がそうであったように、失業率が高い時期には弱体化する。労働組合加入者は、二〇〇三年六月で男女とも二九%だった（*Social Trends* 35 2005）。フレキシブル生産に向かう趨勢は、労働組合主義の力を縮小する傾向にある。労働組合主義は、大規模工場で多くの人たちが一緒に働いている場合に、広範囲に力を発揮できるからである。それにもかかわらず、労働組合主義は、欧米の国々で、引きつづき有数な勢力である。労働組合が組合員の利益のために強硬な取り引きをおこなう力をもっていることは、英国で二〇〇二年と二〇〇三年に消防士たちが打ったストライキに見ることができる。この論争で、消防士組合がおこなった賃上げ要求は、労働慣例にもっとフレキシビリティを求めた新生労働党政府の方針によってかなえられた。（労働慣例におけるフレキシビリティが、この章の後半で中心テーマになる。）

労働と働くことの変質

経済生産のグローバル化は、情報テクノロジーの普及と合わさって、ほとんどの人がおこなう仕事の性質を一変させている。第九章で検討したように、先進工業国においてブルーカラーの職で働く人たちの割合は徐々に低下してきた。工場で働く人は、以前に比べ減っている。新たな仕事が、オフィスで、またスパーマーケットや空港などのサーヴィス部門で創出された。これらの新たな仕事の多くを女性たちが満たしている。

職場でのジェンダーの不平等は、第一六章「組織とネットワーク」、六六〇頁～六六一頁で論じている。

女性と労働

歴史を通じて、男性と女性は、日々の単位で見ても長期の単位で見ても、身の回りの社会的世界の生産や再生産に寄与してきた。しかしながら、こうした男女の協力関係の特質とその協力関係の責任の配分は、時が経つうちにさまざまな形態をとってきた。近年まで、欧米の国々の有給労働は、もっぱら男性の領分だった。こうした状況は、ここ数十年間に急激に変化した。ますます多くの女性が労働力に参入してきたからである。今日、ヨーロッパのほとんどの国やロシア、中国では、今日、男性たちよりも少ないが、約四人に一人が家庭の外で働いている。とはいえ、英国での調査結果は、働いている女性の四人に三人が、事務員や清掃員、レジ係、宴会係など、パートタイムの低賃金労働に従事していることを示唆する（Women in the Workplace 2004）。

以下の節で、このような現象——現代の社会でいま生じている最も重要な変容のひとつ——の由来と含意について見ていきたい。労働社会学における最も重要な論点のいくつかを検証する前に、フォーディズムとテイラリズムの衰退にともなって労働の世界で生じている変化をいくつか考察したい。

女性と職場——歴史的見解　前工業社会の大多数の住民にとって（また、発展途上世界の多くの人たちにとって）、生産活動と家事活動は分離していなかった。生産は、家庭のなかか、その近くで営まれ、家族成員のすべてが農耕や手工業にたずさわっていた。女性たちは、たとえ政治や戦闘行為といった男性の領分から排除されていたとしても、経済活動で重要な役割を演じたため、多くの場合、家庭内でかなりの影響力をもっていた。職人や農民の妻は、金銭勘定を管理することが多く、また夫に先立たれれば、ごく普通に家業を継ぎ、切り盛りした。

こうした点の多くは、近代工業の発達が引き起こした仕事の場と家庭生活の分離によって変化した。機械化された工場への生産の移行が、おそらく唯一最大の要因である。当の職務のために特別に雇われた人たちが、機械のペースで労働をおこなった。したがって、雇用主は、こうした労働者たちと、家族としてではなく、個人として契約を結ぶようになる。

時が経つうちに、また工業化の進展によって、家庭と職場の区分は、ますます強まった。領域の分離――公的な領域と私的な領域――という観念が、人びとの生活態度のなかに確立された。男性たちは、家庭の外での雇用就労によって、もっと多くの時間を公的な領域で過ごし、地域社会の用務や政治、市場取り引きに、より一層かかわっていった。女性たちは、「家庭的」価値観と結びつけられるようになり、育児や家庭生活の維持、食事の準備などの課業に責任を負った。「女性の居場所は家庭のなかである」という観念は、社会のさまざまな階層の女性に異なる言外の意味をもたらした。富裕層の女性は、メイドや保母、家事使用人のサーヴィスを享受することができた。しかし、貧しい女性たちは、一方で夫の収入を補うために工場労働に従事しながら、同時に家事もこなさねばならないために、負担が苛酷になった。

家庭の外で雇用就労する女性の割合は、どの階層においても二〇世紀に入るまで極めて低かった。英国では、一九一〇年の段階でも、女性の雇用労働者の三分の一は、メイドか家事使用人だった。女性労働力はもっぱら若年の未婚女性から構成され、この女性たちの賃金は、工場や事務所で働く場合、雇用主から親元にじかに送られる場合が多かった。普通、女性たちは、結婚すれば労働力人口から身を引き、家庭生活上の義務に専念した。

女性たちの経済活動の増大

女性たちの雇用労働への参入は、二〇世紀のあいだにほぼ連続的に高まった。主な影響要因のひとつは、第一次世界大戦時に被った労働力不足である。戦時中、女性たちは、それまで男性の独占的領分とみなされてきた多くの職務をおこなった。男性たちは、戦争から帰還し、再びこうした職務のほとんどを引き継いだ。しかし、既存の労働様式は、すでに崩壊していた。

第二次世界大戦以降に、ジェンダーによる分業は、劇的に変化してきた。英国の雇用率――つまり、雇用就業する労働年齢の人たちの割合――は、女性で、一九七一年から二〇〇四年のあいだに五六%から七〇%に上昇した。対照的に、同時期の男性の雇用率は、九二%から七九%に低下した。したがって、男女間の雇用率の差は、一九七一年の三五%から二〇〇四年の九%に下降した(図18-2を参照)。こうしたジェンダーの差は、引きつづき今後数年間にさらに狭まっていくように思える。以下で見るように(七四六頁~七四八頁)、女性たちの経済活動の増加のほとんどは、パートタイム就労で生じた。

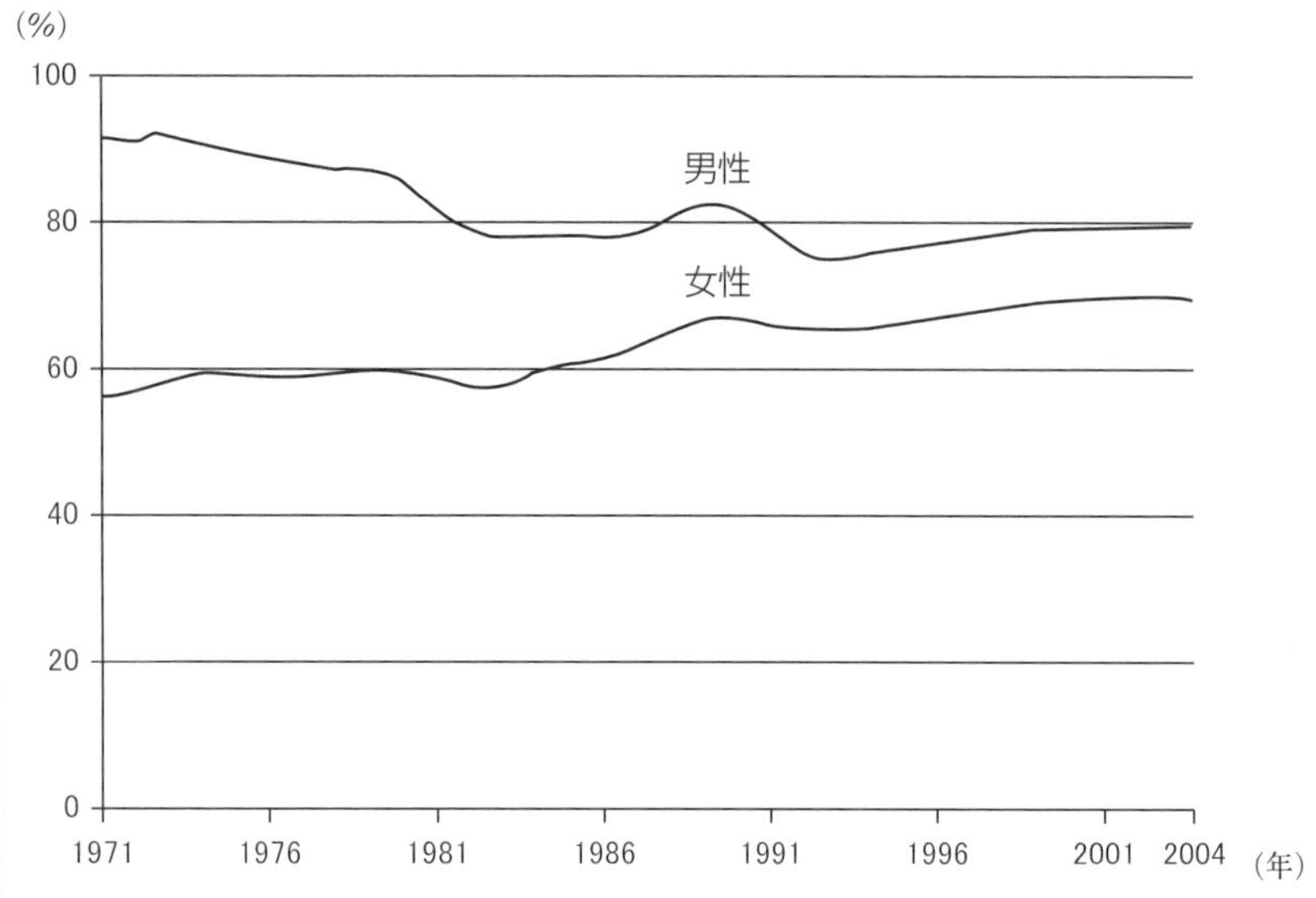

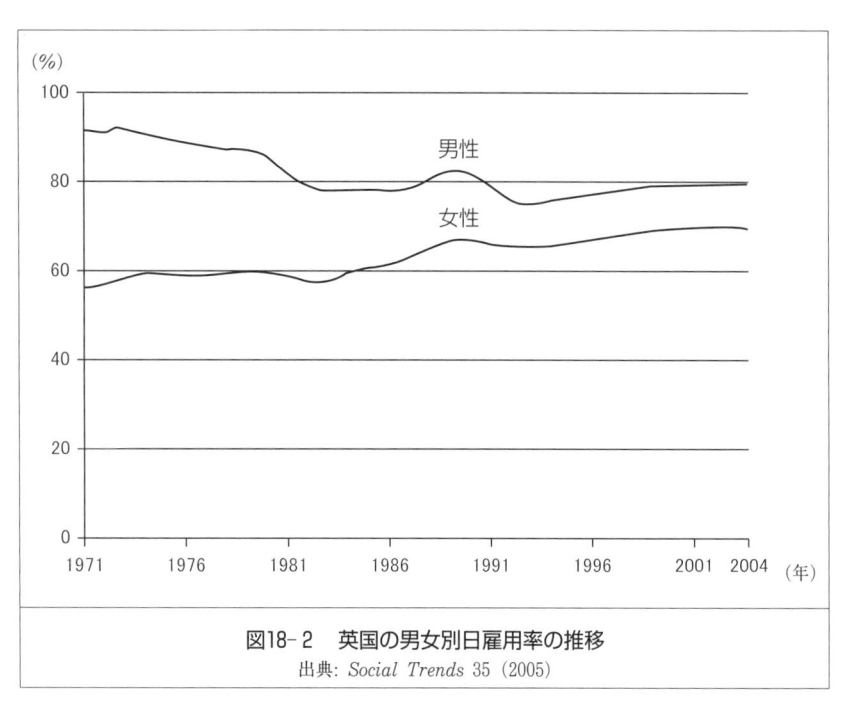

図18-2　英国の男女別日雇用率の推移

出典: *Social Trends* 35 (2005)

男女間の経済活動への従事比率の差がここ何十年間に接近してきた理由は、数多く指摘できる。まず、伝統的に女性や「家事領域」と結びついた課業の範囲と性質に生じた変化である。出生率の低下と平均出産年齢の上昇に見られるように、今日、多くの女性は、子どもを産む前に有給労働に就き、出産後は労働に復帰している。家族の規模がますます小さくなったことは、かつては多くの女性が幼い子どもたちの世話をするために家庭で費やす時間が短くなってきたことを意味する。多くの家事作業の機械化もまた、家庭生活を維持するために費やさねばならない時間の総量の削減を促進した。自動食器洗い機や電気掃除機、洗濯機は、家事作業の負担を緩和してきた。確かに女性たちは引きつづき男性以上に家事をおこなっているとはいえ、家庭における男女の分業体制が時間の経過とともに着実に崩壊しだしたことは、証拠の上で明白である（以下を参照）。

ますます多くの女性が労働市場に参入してきたことには、金銭的理由もある。今日、伝統的な形態の——稼ぎ手である男性と、主婦である女性、それに扶養する子どもたちから構成される——核家族は、英国の家族の四分の一を占めるに過ぎない。男性の失業率の上昇を含め世帯に加わる経済的圧力は、ますます多くの女性が有給労働を求めるように仕向けてきた。多くの世帯は、自分たちの求めるライフスタイルを維持するために二重の収入が必要であることに気づいた。ひとり親女性世帯の増加だけでなく、独身世帯や子どものいない世帯の比率が高いことも含め、世帯構造に生じた別の変化は、伝統的家族に属さない女性たちの——みずからの選択か、あるいは必要性から——労働市場への参入を引き起こしている。くわえて、英国でも米国でも、近年の福祉政策の改革は、女性たちの——ひとり親女性や、小さな子どものいる既婚女性を含め——有給労働への参入を支援している。

終わりに、多くの女性が、自己実現の願望から、また一九六〇年代から七〇年代の女性運動が推進した平等を求める声に応答して労働市場への参入を選択してきたことは、指摘しておく必要がある。女性たちは、男性と対等な法的立場を得たため、こうした権利をみずからの生き方のなかで実現するために、率先してこの好機を利用した。すでに言及したように、労働は今日の社会で中核的な役割を占め、雇用は、ほぼつねに自立した生活を送るための必要条件になっている。ここ数十年間、女性たちは、男性と対等な立場を得るために著しい前進を遂げてきた。経済活動の増大は、この過程にとって不可欠だった(Crompton 1977)。

ジェンダーと、仕事面の不平等

女性たちは、形の上では男性と対等な立場を手にしたとはいえ、依然として数多くの不平等を労働市場で経験している。ここでは、仕事の面で女性たちが経験する主要な不平等のうち、職業上の隔離、パートタイム就労への集中、賃金格差の三つを見ておきたい。

職業上の隔離 伝統的に女性労働者は、賃金が低い、ありふれた職業に集中してきた。こうした職務の多くは、極めてジェンダー化されている——つまり、一般に「女性の労働」とみなされている。秘書的な職務や(看護やソーシャルワーク、子どもの世話といった)介護の職務は、圧倒的に女性たちが占め、通常、「女性にふさわしい」職業とみなされてきた。ジェンダーによる職業上の隔離とは、男性と女性が、「男性」に適切な労働と「女性」に適切な労働をめぐる支配的な認識にもとづいて、別々の職種に集中している事実を指称する。

職業上の隔離には、垂直的要素と水平的要素があるとみなされている。垂直的隔離とは、女性たちが権限も昇進の余地もほとんどない職務に集中する一方で、男性たちは権限も影響力ももっと大きな職位を占める傾向を言う。水平的隔離とは、男性と女性が、別々の範疇の職務に就く傾向を指す。たとえば、女性たちが、もっぱら家事労働や定型的な事務労働で優勢であるのにたいして、男性たちは、半熟練肉体労働や熟練肉体労働の職務に集中している。水平的隔離は、もっと顕著である。一九九一年の英国で、女性就業者の五〇%以上が(男性では一七%であるのにたいして)、事務や秘書、対人サーヴィス、「他の単純な仕事」という四種類の職業に属していた(Crompton 1997)。一九九八年に、定型的なホワイトカラー労働に従事する人は、男性では八%に過ぎないのに、女性では二六%に及んだ。一方、熟練の肉体労働に従事する人は、女性では二%に過ぎないのに、男性で一七%に及んでいた(HMSO 1999)。

性役割のステレオタイプ化だけでなく、就業構造に生じた変化もまた、職業上の差別待遇を助長してきた。「事務」職の社会的評価と仕事内容の変化が、格好の例である。一八五〇年の英国では、事務員の九九%は男性だった。事務員になることは、会計実務の知識を必要とし、ときには管理責任を負うため、しばしば責任の重い立場に就くことでもあった。たとえ職位が一番低い事務員でさえも、外の世界ではかなりの地位を得ていた。二〇世紀に入ると、(一九世紀末のタイプライターの導入を切っ掛けに)事務労働全般の機械化がはじまったために、事務員の技能や地位は――関連するもう一つの職種の秘書とともに――明らかに下落し、事務職は、地位の低い、給料の安い職種になった。こうした職種の給料や社会的評価が下がったため、代わって女性たちがこれらの職に就くようになった。一九九八年の英国では、事務労働者の約九〇%は、また秘書全体の九八%は、女性である。とはいえ、秘書として働く人たちの比率は、この二〇年間に減少した。コンピュータがタイプライターにとって代わったため、今日、多くの管理職は、文書の作成といった仕事のほとんどを自分のパソコンでおこなっているからである。

パートタイム労働への集中

今日、ますます多くの女性が家庭の外で常勤で働いているが、その大多数は、パートタイム就労に集中する。ここ数十年間に、パートタイム労働の機会は、ひとつにはフレキシブルな雇用策を促進する労働市場改革の結果として、またひとつにはサーヴィス部門が拡大したために、著しく増大している(Crompton 1997)。

パートタイムの職は、常勤就労よりももっと大きなフレキシビリティを従業員にもたらすと思われている。こうした理由から労働と家庭生活上の責務のバランスをとろうとする女性たちは、多くの場合、パートタイムの職をむしろ選好してきた。この選択は、多くの事例で成果を挙げて、さもなければ就業を見合わせたはずの女性たちは経済活動に従事できるようになった。しかしながら、パートタイム労働には、たとえば低賃金や不安定な雇用、乏しい昇進の機会といった不利な要素が見られる。

パートタイム労働は多くの女性の関心を引きつけ、戦後期に生じた女性の経済的活動の発達は、そのほとんどがパートタイム労働に由来するものと考えられる。二〇〇四年に、英国では、パートタイム就労していた女性は五二〇万で、それにたいして男性は一二〇万人だった(HMSO 2005)。この点で、英国は際立った特徴を示し、先進工業国のなかで女性のパートタイム就労の割合が最も高い国のひとつになっている。

社会学者は、女性のパートタイム就労現象をめぐって長いあいだ論争し、この傾向が英国で他の国に比べて強い理由を説明しようと試みてきた。パートタイムの職は、賃金が低く、また不安定で、従業員よりも雇用主にとって融通が利くことを、調査は明示している。しかしながら、ほとんどの女性パートタイム労働者は、質問されれば、自分たちはパートタイム就労に満足している、と答えていた。質問を受けた女性たちが挙げるパートタイムで働く主な理由は、この女性たちが常勤就労を選好していないという現実である。

一部の研究者は、女性には――家庭外の労働に専念する女性たちと、伝統的な性的分業に異議を唱えず、家庭外の労働に専念しない女性たち――という異なる「類型」を見いだすことができると主張する(Hakim 1996)。この見方によれば、多くの女性は、従来からの家事の責任を履行するために、パートタイムで働くことをみずから望んで選択している。とはいえ、女性たちにはほとんど選択の余地がないという事実に、重要な意味がある。総じて男性たちは、子どもの養育に主たる責任を負っていない。それにたいして、(さきのコラム「家事労働」で見たように、家庭生活上の他の責務とともに）育児の責任を負いながら、それでも有給の職で働きたかったり、働く必要がある女性たちは、必然的に可能性のある選択肢がパートタイム労働でしかないことに気づく。

賃金格差　英国における女性就業者の平均賃金は、過去三〇年間にその格差が多少狭まったとはいえ、男性の平均賃金をかなり下回っている。一九七〇年で、常勤就業の男性が一ポンド稼ぐところを、常勤就業の女性は六三ペンスしか稼いでいなかった。一九九九年までに、女性の数字は八四ペンスまで上昇した。パートタイムで働く女性のあいだでは、格差は、同じ期間に五一ペンスから五八ペンスに縮小した。このように「賃金格差」が縮小する全般的趨勢は、男性と対等な関係に向かう上での重要な前進とみなされている。

こうした趨勢には、いくつかの過程が影響を及ぼしている。主な要因のひとつは、ますます多くの女性が、これまで以上に賃金の高い専門的職業に参入しだしたことである。今日、有力な資格をもつ若い女性たちは、同等の資格をもつ若い男性がそうであるように、報酬の高い職を得る傾向が強い。しかしながら、この職業構造の頂点で生じている進捗を相殺するのは、急激に拡大するサーヴィス部門において、低賃金のパートタイム職に従事する女性の数が著しく増加していることである。

ジェンダーによる職業上の隔離も、男女間に賃金格差が残存する主要な要因のひとつである。女性たちは、賃金の低い職種に過剰に多く登場している。週一〇〇ポンド以下の人は、男性で二〇％強であるのに、女性では四五％以上に及んでいる。また、所得配分の上層部に登場する女性は、多少増加してきたとはいえ、相変わらずごく少数である。週五〇〇ポンド以上を稼ぐ人は、男性で一〇％いるのに、女性ではわずか二％である（Rake 2000）。

一九九九年に英国で導入された最低賃金制（二二歳以上の労働者に一時間当たり三・六〇ポンド）も、男女間の賃金格差を縮小する一助になっている。なぜなら、美容師やウェイトレスといった、長いあいだ最低賃金額が定める水準以下の賃金しか得られなかった職業に、多くの女性が集中していたからである。約二〇〇万人の人びとが、最低賃金制の導入後に、賃金が約三割上昇したと推計されている。導入以後の最低賃金の定期上昇（二〇〇六年一〇月から五・三五ポンドになる）は、低賃金の職に就く女性たちにさらに利益をもたらした。とはいえ、最低賃金制の恩恵は、女性たちの多くの割合が、最低賃金か、それを若干上回る賃金の職で依然働いているという事実を打ち消していない。最低賃金以下――とりわけ扶養する子どもがいる場合、生活するのが明らかに困難な賃金――で（違法に）雇用就労している男女が引きつづき数多く存在する。

このことの具体的現れのひとつは、英国でかなりの割合の女性が貧困生活を送っているという事実である。この点は、とくに世帯主になった女性たちに当てはまる。女性が貧困層に占める割合は、過去二〇年間に着実に上昇してきた。貧困は、世話がつねに必要な幼児をかかえる女性たちにとってとくに深刻になりがちである。ここに悪循環が生じている。給料のかなりよい職を得られる女性は、育児の出費を負担する必要があるため、経済的に厳しい状況に追い込まれる可能性がある。しかし、かりにその女性がパートタイムで働きだせば、所得は下落し、たとえ女性がどのような職業生活上の期待をいだいていても、その期待は消え去り、同時にまたその女性は、常勤の就業者が受ける――年金の権利といった――他の経済的恩典も失うことになる。

女性の一生を通じて見た場合、この賃金格差は、生涯所得に著しい差異を生みだす。最近の研究は、たとえば半熟練労働に就く女性が、一生を通じて「女性であることによる代償」を二四万ポンド以上も支払うことを見いだした（Rake 2000）。「女性であることによる代償」とは、女性が、たとえ子どもがいなくても、同じ資格をもつ男性よりも、生涯にわたっていかに所得が少ないかを指称している。ひとりの女性が生涯に稼ぐ金額は、その人のもつ職務資格によって変化する。たとえば、職務資格を欠き、子どものいない女性は、生涯で五一万八〇〇〇ポンドを稼ぐことが予想できる。かりにその女性が大学卒業であれば、この金額の二倍以上を稼ぐことが期待できる――この女性が払う「女性であることによる代償」は相対的に低く、この女性は、「母親であることによる格差」を、つまり、子どものいる女性と子どものいない女性との所得格差を被ることはない（図18-3を参照）。対照的に、低熟練労働に就く母親の二人に一人は、（同等の男性が稼ぐ金額に比べて）約二八万五〇〇〇ポンドの「母親であることによる格差」を――「女性であることによる代償」に加えて――おそらく被ることになる。それにたいして、半熟練労働に就く女性では一四万ポンド、高熟練労働に就く女性では一万九〇〇〇ポンドの格差になる。後者の二つの範疇に属す女性たちは、すぐに労働に戻り、子どもが幼い時は昼間保育施設をおそらく利用できるからである（Rake 2000）。

家事分業に生ずる変化

ますます多くの女性が有給労働に参入した結果のひとつは、伝統的な家族の様式が改編されだしたことである。「男性が一家の稼ぎ手」というモデルは、決まりというよりも、むしろ例外になった。だから、女性たちの経済的自立の増大は、かりに女性たちが選択すれば、家庭でのジェンダー化された役割から離脱できる立場に身を置くことを意味する。女性の伝統的な家事役割は、家事の面でも家計上の意思決定の面でも、重要な変化を被りだしている。女性たちは、ほとんどの家事に主たる責任を引きつづき負っているとはいえ、多くの世帯で、もっと平等な関係性への移行が生じているように見える。例外は、家庭での些細な修繕作業だろう。こうした修繕は、多くの場合、男性たちがおこなっている。調査結果によれば、女性たちは、家事労働に（買い物や子どもの世話を含め）一日平均約三時間費やしている。それにたいして、男性たちが費やすのは、一時間四〇分である（Office of National Statistics 2003）。

家庭の外で就業する既婚女性は、ほぼつねに家庭生活の世話の主たる責任を負うとはいえ、専業主婦ほどに家事労働をしていないことが示されている。もちろん、家庭の外で就業する既婚女性たちの活動様式は、専業主婦とかなり異なる。家庭の外で就業する既婚女性たちは、家事を、夕方や、週末に専業主婦よりも長時間にわたっておこなっている。

この問題は、第七章「家族と親密な関係性」、二三八頁～二四〇頁で詳論している。

賃金の分かれ目 3種類の「典型的な女性像」 所得を抑える3つの要素	熟練度の低い職に就いた女性 特別の資格も得ずに学校教育を終え、店員として働く。21歳で結婚し、第一子を23歳、第二子を26歳で産む。労働市場から9年間完全に遠ざかった後、その後の29年間をパートタイムで働く。	熟練度の中程の職に就いた女性 中等教育終了試験で普通レヴェルの成績をとって学校教育を終え、秘書といった事務職で働く。26歳で結婚し、第一子を28歳、第二子を31歳で産む。労働市場から2年間完全に離れるが、その後の12年間をパートタイムで働く。	熟練度が高い職に就いた女性 大学を卒業し、教師などの専門的職業で働く。28歳で結婚し、第一子を30歳、第二子を33歳で産む。1年間パートタイムで働いた後、残りの就業生活は常勤雇用で働く。
女性であることによる代償 女性は、たとえ子どもがいない場合でも、同等の資格をもつ男性に比べ、いかに生涯所得が少ないか。	£197,000	£241,000	£143,000
母親であることによる格差 女性は、資格は同等でも子どものいない女性に比べ、いかに生涯所得が少ないか。	£285,000	£140,000	£19,000
親であることによる格差 女性は同等の資格をもつ男性よりもいかに所得が少ないか。つまり、「女性であることによる代償」と「母親であることによる格差」が重なり合う。	£482,000	£381,000	£162,000

図18-3　女性たちの生涯所得に見いだす、「女性であることによる代償」と「母親であることによる格差」、「親であることによる格差」

出典: *Guardian* 21 Feb. 2000; Rake (2000)

とはいえ、こうした様式でさえ変化しだした証拠が見られる。男性たちは、過去においてそうであった以上にもっと家事に寄与しだしている。しかし、この現象を調査してきた研究者は、一連の経緯が「立ち遅れた適応」のひとつであると主張する（Gershuny 1994）。この「立ち遅れた適応」とは、家事任務をめぐる男女間の取り決めのし直しが、女性たちの労働市場への参入よりも緩慢にしか進んでいないことを意味する。調査によれば、世帯内の分業は、たとえば階級や、女性が有給労働に費やす時間量といった要因に応じてさまざまに違うことが判明している。上層階級出身の夫妻は、女性が常勤で働く世帯と同じように、かなり平等に分業をおこなう傾向が見られる。総じて、男性たちは、家庭生活で多くの責任を負うが、依然としてその負担を対等にわかちあってはいない。

　ウォードとヘザーリントンが英国のマンチェスターで実施した調査は、家庭内での分業が、年配世代の夫妻よりも、若年夫妻のあいだでもっと対等になっていることを明らかにした（Warde & Heatherington 1993）。ウォードとヘザーリントンは、ジェンダーのステレオタイプが徐々に緩和されだしていると結論づけた。両親が家事労働を分担しようと努める世帯で育った若者たちは、自分たちの生活でも、そうした習わしを実行する傾向が強い。

　ヴォーグラーとパールは、家庭での分業の別の側面——世帯の金銭的「管理」における分業——について調べている（Vogler & Pahl 1994）。ふたりの研究は、女性就労の増加によって、女性たちの金銭利用や支出決定の機会が対等になっているか否かを解明しようとした。ヴォーグラーとパールは、英国の六つの異なる地域社会でおこなった夫妻の面接調査から、金銭的資源の配分が、過去と比較して全体に公平におこなわれているものの、配分が階級の問題と引きつづき密接に絡みあっていることを明らかにした。比較的所得が高い夫妻の場合、「共同で出し合った」資金を一緒に管理する傾向が強く、金銭を利用したり支出を意思決定する際に、かなりの対等な関係を見いだすことができた。女性は、金銭的に世帯に寄与すればするほど、金銭面の決定をもっと多く掌握できるようになる。

　所得の低い家族では、女性たちは、多くの場合、日々の家計の管理に責任を負うが、予算を立てたり支出を決めるといった重要な決定を必ずしも担っていなかった。このような事例では、女性たちは、一方でみずからの金銭支出を自制するのにたいし、夫の金銭支出を大目に見る傾向が強いことを、ヴォーグラーとパールは指摘している。いいかえれば、女性たちによる日々の金銭管理と女性たちの金銭利用機会のあいだに分裂が見られる。

ポスト・フォーディズム

この数十年間に、製品開発や生産技術、経営スタイル、作業環境、従業員参加、マーケティングを含む多くの分野で、フレキシブルな方策が導入されてきた。変化する状況のもとで企業がみずからの再構築のために採り入れてきた戦略のなかに、グループ生産や問題解決チーム、多重タスク処理、ニッチ市場の開発がある。一部の論者は、ひとまとめに見れば、これらの変化がフォーディズム原理からの根本的な離反を意味し、今日、私たちは、**ポスト**

・フォーディズムとして理解するほうが最も適切な時代のなかで事業運営をおこなっている、と主張する。ポスト・フォーディズムとは、マイケル・ピオリとチャールズ・セーブルが『第二の産業分水嶺』のなかで普及させた用語で、多種多様な特注品市場への需要を満たすためにフレキシビリティと技術革新を最大化する、そうした資本主義経済生産様式の新たな時代を言い表している(Piore & Sabel 1984)。

とはいえ、ポスト・フォーディズムという考え方は、多少問題をかかえている。この用語は、労働と経済活動の領域だけでなく、社会全体にわたって生じだした一連の重複する変動を指称するためにも用いられている。ポスト・フォーディズムに向かう趨勢は、政党政治や福祉プログラム、消費者とライフスタイルの選択といったさまざまな領域でも目にできる、と一部の論者は主張する。いえ、現代社会の観察者は、同じような変動を数多く指摘しているとはいえ、ポスト・フォーディズムの正確な意味について、あるいは、実際にポスト・フォーディズムの概念がいま目撃している現象を理解する最良の方法であるのか否かについて、意見の一致が見られない。

ポスト・フォーディズムの用語をめぐる混乱にかかわらず、近年、労働世界の内部では、初期のフォーディズムの実践からの明らかな離反を示すように思える変化が、いくつかすでに出現している。これらの変化に、ヒエラルキー的でないチームへの仕事上の権限の分散や、フレキシブル生産とマスカスタマイゼーションという考え方、グローバル生産の普及、もっとフレキシブルな就労様式の導入が含まれる。ポスト・フォーディズム論にたいする批判について検討する前に、まずこららの趨勢のうち三つの具体例を見ておきたい。フレキシブルな就労様式については、後の「職業構造に見いだす趨勢」で触れることにしたい。

グループ生産

グループ生産——組み立てラインで集団が協力して作業にあたる——は、作業を再編成する手段として、場合によればオートメーションと併用されてきた。グループ生産の根底をなす考え方は、たとえば自動車のドアハンドルにネジをはめ込むような単純な反復作業を労働者に一日中おこなうように求めるのではなく、労働者のグループが生産工程で協力して作業するのを認めて、労働者の動機づけを高めることである。

グループ生産の一例は、**品質管理サークル**、つまり、一五人から二〇人で定期的に会合をもって生産上の諸問題を検討し、解決する集団である。品質管理サークルに属する労働者たちは、勤務時間以外にも、生産上の問題点を議論する際に専門知識で寄与できるように訓練を受ける。品質管理サークルは、当初は米国ではじまったが、日本の多くの企業が取り入れたため、一九八〇年代に欧米で再び流行した。品質管理サークルは、テイラリズムが拠って立つ前提からの決別を示している。なぜなら、品質管理サークルは、労働者たちが自分のおこなう作業の明確化や作業方法に寄与できる専門知識をもつことを認めているからである。

グループ生産が労働者に及ぼすプラス効果には、新たな技能の習得、自律性の増大、経営者による監視の軽減、自分たちが生みだす商品やサーヴィスにたいする誇りの拡大が含まれる。とはいえ、チーム生産のもたらすマイナスの帰結も、数多く確認されている。チーム生産の過程に経営側が直接姿を見せることはあまりないものの、別のかたちの監視が、たとえば同じチームの他の労働者による監督というかたちでおこなわれる。米国の社会学者ローリー・グラハムは、米国のインディアナに本拠を置く日本の合弁企業スバルいすゞオートモーティブの工場に行って、組み立てラインで働いた。そして、より高い生産性を獲得するために、他の労働者が執拗に同僚に圧力を加えていることを発見した。

日本の組織モデルは、第一六章「組織とネットワーク」、六六二頁〜六六四頁を参照。

研究協力者のひとりは、最初のうちはチームという考え方に熱中したけれど、同僚による管理が、人びとを「死んでしまうまで」働かせようとする新たな経営手段に過ぎないことに気がついた、とグラハムに述べている（Graham 1995）。グラハムはまた、スバルいすゞオートモーティブが、グループ生産という概念を、労働組合を抑える手段として利用し、かりに経営者と労働者が同じ「チーム」の一員であるのなら、両者のあいだに何の対立も生じないはずだと、会社側が主張していることも知った。いいかえれば、良き「チームプレイヤー」は、不平不満を言わない人たちである。グラハムが働いたスバルいすゞオートモーティブの工場で、賃上げや負担軽減の要求は、従業員の協調性の欠如とみなされていた。このグラハムの調査も含め同様の研究から、社会学者たちは、チームを重視する生産工程は労働者に単調でない労働をする機会をもたらすものの、職場の権力システムや管理システムは少しも変わらない、と結論づけている。

フレキシブル生産とマスカスタマイゼーション　この何年間に世界中の生産工程で生じてきた最も重要な変化のひとつは、コンピュータに支援された企画設計と**フレキシブル生産**の導入である。テイラリズムとフォーディズムは、大規模市場向けの規格化製品の大量生産には好結果をもたらしたが、顧客一人ひとりの特注品は言うまでもなく、少量注文商品の生産には適合しなかった。テイラー・システムとフォード・システムでは製品を受注生産《カスタマイズ》する能力に限界があることは、ヘンリー・フォードが最初の大量生産された車について口にした名言、「人びとは——それが黒い色の車である限り——どんな色のT型フォードでも入手できる」に反映されていた。コンピュータに支援される商品企画は、コンピュータに基盤を置く他の生産技術と結びついて、こうした状況を根底から変えていった。スタンレー・デーヴィスは、**マスカスタマイゼーション**の出現という言い方をしている。新たなテクノロジーは、特定の顧客のためにデザインされた品目を大規模に生産できるようになった。毎日、五〇〇〇枚のシャツを流れ作業で製造することはできる。いまや、五〇〇〇枚の同じシャツを生産するのと同じ速さで、しかも費用に大差なく、一枚のシャツを受注生産することが可能である（Davis 1988）。

フレキシブル生産は顧客と経済全体に利益をもたらしたとはいえ、労働者に及ぼした影響は、全面的にプラスではなかった。労働者は確かに新たな技能を習得し、単調な仕事にならないが、フレキシブル生産は、複雑な生産工程を注意深く調整し、成果を迅速に出す必要から、まったく新しい一連の圧力を生みだす可能性がある。ローリー・グラハムがスバルいすゞオートモーティブの工場でおこなった研究は、労働者たちが、生産工程で最も重要な役目を果たすために最後まで待たされる事例をいくつか記録している。その結果、従業員たちは、生産スケジュールを維持するために、追加報酬もなしに、長時間、張り詰めた気持ちで働くことを強制されていた。

インターネットのようなテクノロジーは、消費者一人ひとりに情報を求め、その消費者用の正確な仕様にしたがって製品をつくるために活用できる。マスカスタマイゼーションは、いわば新たな産業革命であり、二〇世紀に生じた大量生産技術の導入と同じくらい重大な展開である、とマスカスタマイゼーションの熱心な支持者は主張する。とはいえ、マスカスタマイゼーションは、目下のところ、選択に関して錯覚を生みだしているだけに過ぎない――現実に、インターネット上の顧客で手にできる選択肢は、典型的な通信販売カタログが提供する選択肢と大差ない――と、懐疑論者たちは指摘する（Collins 2000）。

マスカスタマイゼーションを最大限に取り入れてきた製造業者のひとつに、デル・コンピュータがある。デルからコンピュータを購入したい消費者は、インターネットを介して――この会社は小売店をもっていないため――デルのウェブサイトに接続する必要がある。客は、自分の望む性能を正確に組み合わせて選択することができる。発注がなされた後で、コンピュータは、客の注文通りに組み立てられて――普通、数日中に――出荷される。要するに、デルは、伝統的なビジネスの仕方をひっくり返した。これまでの企業は、さきに製品を組み立て、その後でその製品の販売を心配してきた。それにたいして、デルのようなマスカスタマイゼーションの企業は、最初に製品を販売し、その次にその製品を組み立てる。このような転換は、工業にとって重大な帰結をもたらす。部品在庫を手元にかかえる必要性――製造業にとって大きなコストである――を、劇的に削減していった。くわえて、ますます多くの生産業務が部分的に外部に委託されている。したがって、製造メーカーと、下請け業者や部品供給業者との――この場合も、インターネット技術に促進される――迅速な情報伝達が、マスカスタマイゼーションの首尾よい遂行にとって不可欠になる。

グローバルな生産

工業生産で生じている変化は、産品が《どのように》造られるのかだけでなく、さきにバービー人形の事例（第二章、七〇頁～七一頁）で見たように、《どこで》造られるのかにも影響を及ぼす。二〇世紀のほとんどの期間、最も重要なビジネス組織は、商品の製作と最終的な販売をともに管理する、規模の大きなメーカーだった。米国のフォードやゼネラル・モーターズといった巨大自動車企業は、こうした取り組み方の典型である。このような企業は、何万もの従業員を雇用し、一つひとつの構成部品から最終的な完成車まですべてのものを造り、その完成車をメーカーのショウルームで販売してきた。このメーカー支配の生産工程は、規模の大きな官僚制組織によって運営され、多くの場合、単一企業によって管理されている。

とはいえ、過去二、三〇年間に、もう一つの――巨大な小売り業者が管理する――生産形態が重要になりだしている。小売り業者支配の生産では、米国の小売り業者ウォルマート――二〇〇〇年で、世界第二位の大企業――のような会社は、製造業者から産品を購入する。それにたいして、その製造業者は、自分たちの製品を別の独立経営の工場に造ってもらうように手配していく。

米国の社会学者エドナ・ボナチッチとリチャード・アペルバウムは、衣料品製造業では、ほとんどのメーカーが実際に縫製労働者を誰も雇用していないことを指摘した（Bonacich & Appelbaum 2000）。その代わりに、衣料品メーカーは、自社の衣料品を造るために世界中の何千という工場に頼っており、そこで造られた自社の衣料品を、デパートなどの小売店で売る。衣料品メーカーは、こうした工場をひとつも所有していないため、その衣料品が造られる諸状況に責任を負っていない。米国で販売される全衣料品の三分の二は、米国以外の工場で造られている。そうした工場では、労働者の賃金は、米国における賃金のほんの一部しか支払われていない。ボナチッチとアペルバウムは、このことが結果として地球規模の「徹底的な競争」を引き起こし、この競争のなかで、小売り業者と製造業者は、可能な限り最低賃金を支払うだけですむ場所なら地球上のどこにでも出かけていく、と指摘する。この結果のひとつは、私たちが今日購入する衣料品のほとんどが、**労働搾取工場**で、つまり、売られるときは、数百ポンドでないにしても、数十ポンドの値段が付く衣料品なりスポーツシューズを造るために、わずか数ペニー〔一ポンドの一〇〇分の一〕の賃金しか支払われない若年労働者――おそらく一〇代の少女たち――によって造られた可能性が高いことである。

生産のグローバル化は第二章の六八頁で、地球規模の不平等は第一〇章で論じている。

ポスト・フォーディズムにたいする批判

一部の論者は、労働の世界で変容が生じだしたことを認めるとはいえ、「ポスト・フォーディズム」という名称を排除している。この人たちが共通して示す批判のひとつは、ポスト・フォーディズムの研究者が、フォーディズム方式が放棄された度合を誇張し過ぎている点である。私たちが目の当たりにしているのは、ポスト・フォーディズムの唱道者が私たちを信じ込ませているような、大規模な転換ではなく、新たないくつかの取り組みが伝統的なフォーディズムの技法のなかに統合されている状態である。このような指摘をおこなうのは、私たちが実際に経験しているのは「ネオ・フォーディズム」――つまり、伝統的なフォーディズムの技法の修正――であると主張する人たちである（Wood 1989）。

フォーディズムからポスト・フォーディズムへの平穏な一直線の移行という考え方は、労働の真の性質を両端で誇張しているという指摘がなされてきた。フォーディズムの技法は、一部の研究者が私たちを信じ込ませたほど決して強固ではなかった、とアンナ・ポラートは主張する（Pollert 1988）。全面的に融通性を支持して大量生産の時代が過去のものになったという考え方も誇張である、とポラートは主張している。ポラートは、大量生産の技法が、引きつづき多くの産業で、とくに消費者市場向けの産業で優勢である、と指摘する。ポラートによれば、経済生産をつねに特徴づけてきたのは、単一の標準的手法よりも、むしろ実際に駆使される多種多様な技法である。

労働とテクノロジー

テクノロジーと労働の関係は、社会学者にとって長年の関心事である。私たちの労働体験は、関係するテクノロジーの類型によってどのように影響されるのだろうか。テクノロジーは、工業化の進展にともない、職場で——工場のオートメーションから事務労働のコンピュータ化に至るまで——ますます大きな役割を担ってきた。今日の情報技術革命は、この問題に再び新たな関心を引き寄せている。テクノロジーは、もっと大きな効率性と生産性をもたらすことができる。しかし、働く人たちの労働体験のあり方に、テクノロジーはどのような影響を及ぼすのだろうか。社会学者にとって、主たる疑問のひとつは、もっと複雑なシステムへの移行が、労働の性質や労働がおこなわれる制度体にどのような影響を及ぼすのかという点である。

オートメーションと、技能をめぐる論争

オートメーション

オートメーション、つまり、プログラム制御が可能な機械装置という概念は、一八〇〇年代中頃に、米国のクリストファー・スペンサーが、ネジやナット、ギアを製作する、オートマットというプログラム制御された旋盤を発明した時に導入された。オートメーションは、比較的少数の産業にしか影響を及ぼさなかった。しかし、工業ロボットの設計技術の進歩にともなって、オートメーションの影響力は、間違いなく増大してきた。ロボットとは、生身の労働者が通常おこなってきた職務を遂行できる自動化された装置である。この「ロボット」という用語は、約五〇年前にチェコの劇作家カレル・チャペックが世間に広めた、農奴を意味するチェコ語の *robota* に由来する。

世界中の産業で使われているロボットの大多数は、自動車製造業に見いだされる。生産工程でのロボットの有用性は、これまでのところ総じて限られている。別々の対象物を認識したり、扱いにくい形状物を巧みに処理するロボットの能力は、依然として初歩的段階に留まっている。しかしながら、オートメーション化された生産が今後急速に普及することは間違いない。ロボットは、ますます複雑精巧になる一方で、その製造コストは下がりだしている。

オートメーションの普及は、社会学者や労務管理の専門家のあいだで、労働者や労働者の技能、労働者の職務への専念の度合に新たなテクノロジーが及ぼす影響をめぐって、激しい論争を引き起こした。ロバート・ブラウナーは、多大な影響を及ぼした著書『労働における疎外と自由』で、技術水準が異なる四つの工業で労働者たちの経験について調べている(Blauner 1964)。ブラウナーは、デュルケムとマルクスの見解を援用して、《疎外》の概念を操作し、各産業の労働者が、無力感や目標喪失、孤立感、自分の気持ちの離脱感覚といったかたちで経験する疎外の度合を測定した。ブラウナーは、

組み立てラインの労働者が全体で最も疎外されているとはいえ、オートメーションを用いる職場での疎外の程度が幾分低い、と結論づけた。いいかえれば、工場へのオートメーションの導入が、そうでなければ着実に増大する労働者の疎外を《逆転させる》のに寄与している、と主張した。オートメーションは、労働力を生産活動に同化する一助となり、他のテクノロジー形態で不足してきた、自分で自分の仕事を管理しているという意識を、労働者たちにもたらした。

ハリー・ブレイヴァーマンは、有名な著書『労働と独占資本』で、ブラウナーと異なる見解を述べている（Braverman 1974）。ブレイヴァーマンによれば、オートメーションは、全体的に見れば工業労働力の「技能不要化」の一環である。管理者は、テイラリズム的組織運営方法を押し付け、労働過程を専門分化された作業に分解することで、全従業員を監督することが可能になった。生産の場においても事務の場においても、テクノロジーの導入は、創造力のある人材投入の必要性を制限することで、こうした労働全般の「地位の低下」をもたらす。代わりに必要とされるのは、際限なく同一の非熟練の課業を遂行する、思考力と再帰的能力を欠いた身体である。

ブレイヴァーマンの「技能不要化」に関する研究は、第一六章「組織とネットワーク」、六三六頁～六三七頁で取り上げた、ジョージ・リッツアーによる「マクドナルドの低熟練職務」の解明に反映されている。

ごく最近の研究が、この論争に新たな光を投じている。社会学者のリチャード・セネットは、食料品の大手複合企業体によって買収され、ハイテク機械の導入でオートメ化された製パン所で働く人たちを研究した（Sennet 1998）。コンピュータ化された製造工程は、パンの作り方を徹底的に変えていった。製パン所の労働者たちは、自分の手で材料を混ぜ、生地をこね、自分の鼻と眼でパンの焼け具合を判断しなくなったため、パンの材料や焼き上がったパンに実際に接することが皆無になった。実際に、すべての工程は、コンピュータ画面を介して管理され、モニターされていた。コンピュータが、オーブンの温度と焼き時間を決めていた。時として製パン機械は、飛び切り上質なパンをつくり出したが、焦げて真っ黒になったパンが出来上がる場合もあった。この製パン所の労働者は（この人たちをパン職人と呼ぶのは間違いだろう）、この人たちがパンの焼き方に精通しているからではなく、コンピュータに熟達しているという理由で、雇用されていた。皮肉なことに、この人たちは、自分たちのコンピュータ技能をほとんど活用していなかった。製造工程は、コンピュータのボタンを押す以外ほとんど何の技能も必要としなかった。現実に、コンピュータ化された機械がいったん故障してしまうと、製パン所の「熟練」労働者は誰も問題箇所を修理する訓練も受けていないし、その権限も与えられていなかったため、製造工程全体が停止した。セネットが調査した労働者たちは、機械を直してもう一度稼働させる手伝いをしたいと望んでいたが、それはできなかった。なぜなら、オートメーションが労働者の自律性を減少させていたからである。職場へのコンピュータ化されたテクノロジーの導入は、結果としてすべての労働者の技能を全般的に増大させた。しかし、同時にまた、自分の職務にたいして高いフレキシビリティと自律性を備え、極めて熟練度が高い専門的職業に従事する少数者集団と、自分の職務にたいする自律性を欠いて、事務部門やサーヴィス部門、生産部門で働く人たちの多数者集団から構成される、そうした二分化された労働力を結果的に生みだした。

とはいえ、技能をめぐる論争は解決が非常に難しい。技能という概念にしてもその測定法にしても問題を孕んでいる。フェミニズムの研究者が主張してきたように、「技能」の組成内容は、社会的に構築されている(Steinberg 1990)。したがって、「熟練」労働にたいする従来の理解は、客観的な意味での課業の難しさよりも、むしろその職を典型的に占める人たちの社会的地位を反映する傾向が強い。職業の歴史には、ひとたび女性たちが労働の現場に参入すると、まったく同じ仕事に異なる技能レヴェルが割り当てられた(名称の変更さえおこなわれた)職務の実例で満ちあふれている(Reskin & Roos 1990)。もちろん、同じことは、人種的マイノリティのように、他の低位の労働者にも当てはまる。ジェンダーや人種にたいする偏見が作用していない場合でさえ、技能は多面的な様相を示す。同じ職務が、ある場面では評価を下げられるのに、別の場面では評価を格上げされることが同時に生ずるかもしれない(Block 1990)。だから、オートメーションが技能を不要化するか否かについての見解は、技能のどの様相を検討するのかに左右される。スペナーは、技能をめぐる論争を全般的に論評するなかで、次のように指摘している(Spenner 1983)。つまり、課業の実質的複雑さという観点から技能を検討してきた研究は、「技能の向上」論を支持する傾向があるのにたいして、労働者が発揮する自律性なり管理能力という観点から技能を検討してきた研究は、オートメーションによって労働が現実に「技能不要化」されてきたことを見いだす傾向が強い(Zuboff 1988; Vallas & Beck 1996)。

情報テクノロジー

オートメーションの影響をめぐるブラウナーとブレイヴァーマンの相対立する視座は、今日、職場での情報テクノロジーの影響作用に関する議論にも繰り返し見いだされる。確かに、インターネットや電子メール、テレビ会議、eコマースが企業のビジネスの仕方を変えだしていることは間違いない。しかし、インターネットや電子メール、テレビ会議、eコマースはまた、従業員の毎日の労働のあり方にも影響を及ぼしている。ブラウナーのように楽観的な論者は、情報テクノロジーが、もっと柔軟な新たな労働様式の出現を可能にすることで、労働の世界に大変革を起こすと主張する。情報テクノロジーがもたらす好機は、工業労働の定型的な様相や疎外化の側面を超えて、労働者たちが労働過程を自分でもっと大幅に管理して労働過程に関与できる、そうしたより自由度の高い情報化時代への移行を可能にする。テクノロジーの発達を熱狂的に支持する人たちは、テクノロジーの力が労働そのものの性質と形態を決定していくと確信するために、時として「技術決定論者」と称されている。

別の論者は、情報テクノロジーが労働を完全に建設的に転換させるわけではない、と考えている。ショシャーナ・ズボフが企業での情報テクノロジーの利用についておこなった研究で結論づけたように、経営者は、情報テクノロジーをまったく別の目的のために活用できる（Zuboff 1988）。情報テクノロジーは、創造的、分権的な力として利用された場合、厳格なヒエラルキーを解体し、より多くの従業員を意思決定に参加させ、企業の日々の出来事に労働者をもっと密接に関与させることを促進できる。他方また、情報テクノロジーは、ヒエラルキーを強化し、従業員を監視する手段としても容易に利用できる。職場での情報テクノロジーの採用は、対面的相互行為を削減し、説明責任の経路を遮断し、事務所を自己完結した個々ばらばらの要素から構成されるネットワークに変えていく。この見方によれば、情報テクノロジーのもつ強い影響作用は、情報テクノロジーを使用する目的と、情報テクノロジーを利用する人たちが情報テクノロジーの役割をどのように認識しているかによって左右される。

情報テクノロジーの普及拡大は、労働力の一部の部門に、刺戟に満ちた好機を確かに創りだす。たとえば、メディアや、広告、デザインの領域では、情報テクノロジーは、たんにその専門領域の創造性を高めるだけでなく、一人ひとりの労働形態にフレキシビリティを導入する。「ネットでつながった労働者たち」や「ネットによる在宅勤務」という未来図の実現に最も近い立場にいるのは、高い評価が得られる一部の従業員たちである。しかし、この光景のもう一方の端には、コールセンターやデータ入力企業で働く低賃金の非熟練労働者を数多く見いだすことができる。この人たちの位置づけは、近年の遠距離コミュニケーション様式の急激な拡大の所産であるが、ブレイヴァーマンのいう「技能が不要になった」労働者の置かれた立場に匹敵する孤立感と疎外感を特徴としている。旅行の予約と金融取り引きの処理をおこなうコールセンターの従業員たちは、従業員の自由裁量や独創性の入り込む余地がほとんどない、そうした厳密に規格化されたフォーマットにしたがって仕事をおこなっている。従業員の行動は厳しくモニターされ、客とのやり取りは「品質管理」のためにテープに記録される。情報革命は、工業経済に負けず劣らず、型にはまった非熟練の職を数多く生みだしてきたように思える。

職業構造の近年の趨勢

すべての先進工業国の職業構造は、二〇世紀初め以降、実質的に大きく変化した。二〇世紀初め、労働市場は、ブルーカラーの製造職が優位を占めていた。しかし、時の経過とともに、このバランスは変化し、サーヴィス部門で働くホワイトカラーの職が優勢になってきた。英国では、一九〇〇年当時、就業人口の四分の三以上は、肉体労働（ブルーカラー労働）に就いていた。このうち、約二八％が熟練労働者で、三五％が半熟練労働者、一〇％が未熟練労働者だった。ホワイトカラーや専門的職業従事者の職は、相対的に見ればごく少数だった。二〇世紀中頃になると、肉体労働者は、有給労働人口の少なくとも三分の二以下となり、非肉体労働がそれに対応して拡大した。

こうした変化が生じた理由をめぐって、多くの議論が起きている。いくつかの理由が指摘できるように思える。ひとつは省力機器の絶え間ない導入で、省力機器の導入は、近年の情報テクノロジーの普及で頂点に達している。もう一つは、欧米の外側での、とくに東アジアでの製造業の隆盛である。欧米社会の在来の産業は、東アジアの労務コストが低く、効率経営が可能な生産者に対抗できずに、生産規模を大幅に縮小してきた。

経済成長と経済開発は、第一一章「グローバルな不平等」、四一八頁〜四二九頁で論じている。

知識経済

一部の研究者は、こうした図式を考慮に入れて、いま生じているのはもはや基本的に工業主義に基盤を置かない新たな社会類型への転換である、と指摘している。私たちはすでに工業時代を超えた新たな発展段階に入りだしている、とこの人たちは主張する。こうした新たな社会秩序を記述するために、たとえば《ポスト工業社会》や《情報化時代》、《ニュー・エコノミー》といったさまざまな用語がつくられてきた。とはいえ、最も一般的に使用されるようになったのは、**知識経済**である。

知識経済の正確な定義づけは難しい。しかし、平易な言い方をすれば、知識経済とは、考え方や情報、知識の形態が、新機軸や経済成長を下から支える経済活動を指している。知識経済は、多くの労働力が、物質的生産や物的財の配分ではなく、企画立案、製品開発、技術開発、マーケティング、セールス、アフターサーヴィスにかかわる経済活動である。こうした業務に従事する被雇用者は、《知識労働者》と呼ばれている。知識経済を左右するのは、情報と評価の間断ない流れや、科学とテクノロジーの強力な潜在的可能性である。チャールズ・リードビーターが述べるように、

私たちのほとんどは、何の影も形もない状態から金銭を生みだす。つまり、重さを量ったり、手で触れたり、大きさを計ったりできるものは何も生産しない。私たちが産出するものを、港に積み上げたり、倉庫で保管したり、貨物列車で輸送する必要はない。私たちのほとんどは、コールセンターであれ弁護士事務所であれ、政府の部署であれ科学研究所であれ、サーヴィスや判断、情報、分析を提供することで、生活の糧を得ている。私たちは、何の影も形もない状態の仕事に就いている。

(Leadbeater 1999)

二一世紀初頭に、知識経済は、どのくらい普及するのだろうか。経済開発協力機構（ＯＥＣＤ）の最近の調査は、知識集約産業に由来すると推定される全事業産出高の割合によって、先進国での知識経済の拡がり具合を測定しようと試みた（図18-4を参照）。

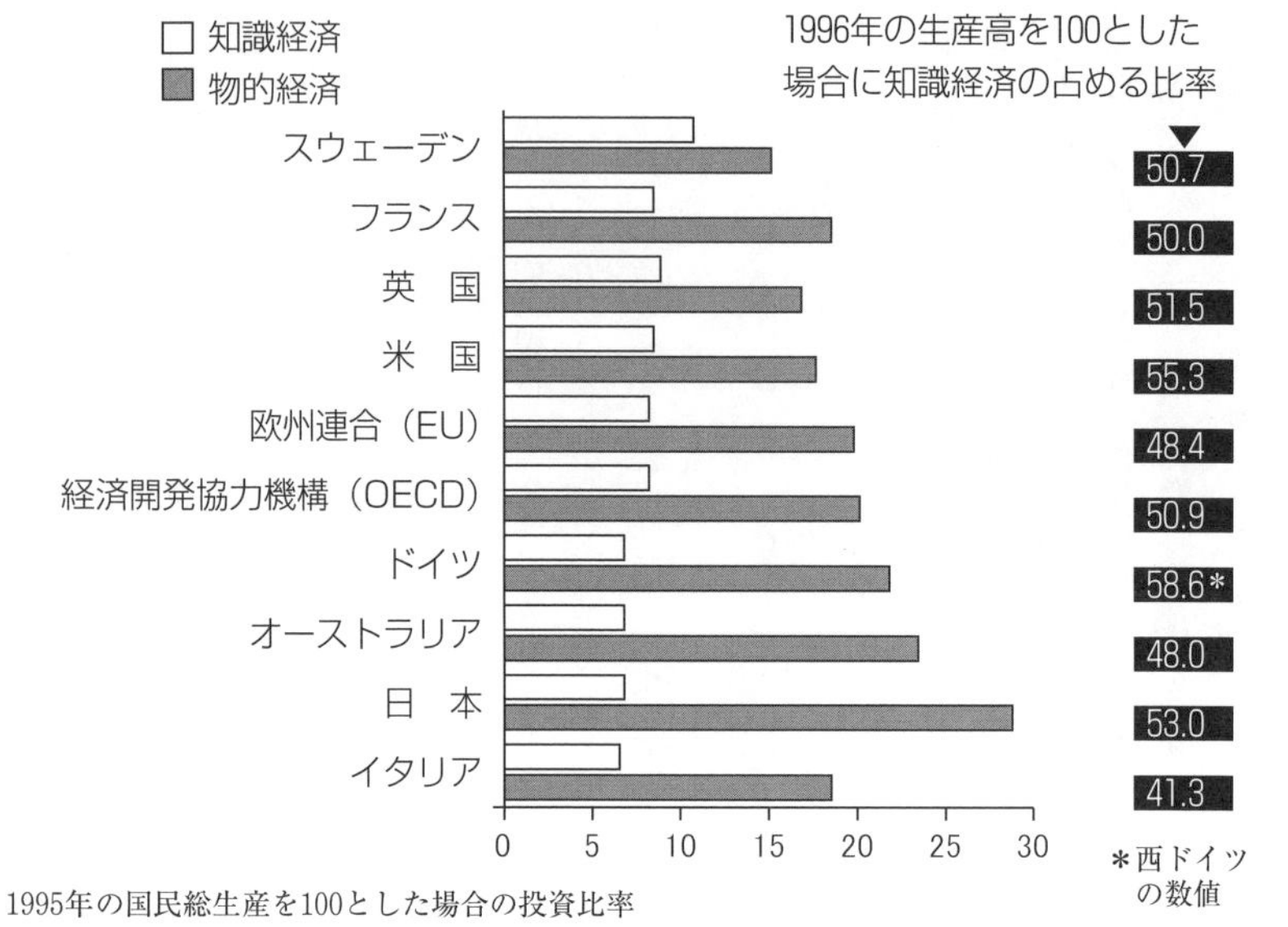

図18-4　OECD加盟国での、知識経済への投資と生産高が占める比率（1995-96年）
出典: *The Economist*（14 Oct 1999）

知識集約産業には、大雑把にいえば、先端技術や教育訓練、調査開発、金融投資といった部門が含まれる。経済開発協力機構の加盟国全体では、知識集約産業は、一九九〇年代中頃に全事業産出高の半分以上を占めていた。ドイツは五八・六%と高く、さらに米国と日本、英国、スウェーデン、フランスがいずれも五〇%を上回っていた。

今日、知識経済にたいする――公教育やソフトウェア開発、研究開発への支出というかたちの――投資は、多くの国で予算執行の重要な要素を占めている。たとえば、スウェーデンでは、一九九五年に国内総生産の一〇・六%を知識経済に投資している。スウェーデンに次ぐのは、公教育に多額の支出をおこなうフランスである。

間違いなく、知識経済は――量的にも質的にも――調査が難しい。「重力のない」観念や思考よりも、有形物の価値を測定するほうが容易である。しかしながら、知識の一般化や応用が欧米社会の経済にとってますます中心的な意味をもつようになったことは、否定できない事実である。

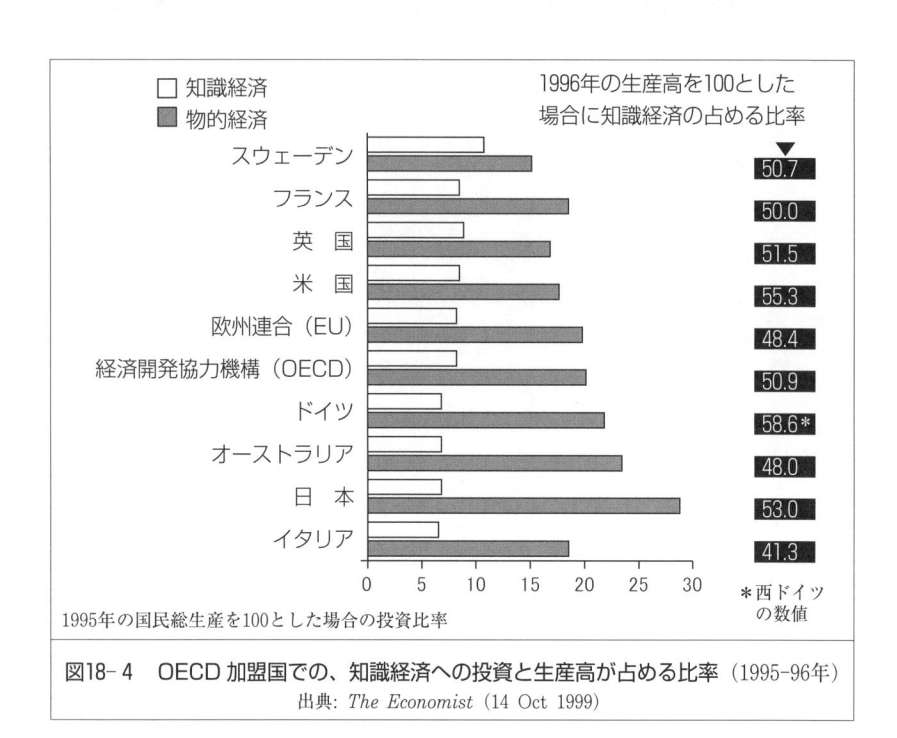

マルチスキル化　ポスト・フォーディズムの論者は、確信のひとつとして、新しい労働形態が、従業員たちに、ある特定の課業を何度も繰り返しおこなうのではなく、むしろ多種多様な課業に従事することで技能の幅の拡大を可能にすると考えている。グループ生産と共同作業は、一連の責任を幅広く遂行できる「多くの技能《マルチスキル》をもった」労働力を生みだし、促進するとみなされている。こうした「多くの技能をもった」労働力は、結果としてより高い

生産性と、より良質な製品やサーヴィスをもたらす。多様なかたちで自分の職務に貢献できる従業員たちは、問題解決や、創造的な対処方法をもっと首尾よく提案することがおそらく可能である。

「マルチスキル化」に向かう動きは、雇用過程にも暗に影響を及ぼす。かりに雇用の決定がかつては主として学歴や資格をもとにおこなわれていたとすれば、今日、多くの雇用主は、適応能力があり、新しい技能を素早く習得できる人たちを求めている。だから、たとえば特定の応用ソフトに関する専門知識は、アイディアを素早く実地に移せる能力に比べて、高い価値を与えられていない。専門分化は利益につながる場合が多いとはいえ、かりに従業員が、新たな状況で限られた技能を創造的に応用することに苦労するようであれば、その従業員は、フレキシビリティに富む革新的な職場では、おそらく利益にならない存在とみなされる。

ジョセフ・ロウントリー財団がおこなった研究『仕事の将来』は、今日、雇用主が求める技能類型を調べた（Meadows 1996）。この報告書の執筆者たちは、熟練労働部門においても非熟練労働部門においても、「その人の技能」がますます高く評価されていくと結論づけた。個人が職務に持ち込むことのできる最適の技能には、共同で作業できる能力だけでなく、自主的、自発的に作業し、直面する難題に創造的な取り組みができる能力が含まれる。市場では消費者の個々のニーズを満たす必要がますます強まるため、サーヴィス部門から金融コンサルタント業まで多種多様な場で働く従業員は、職場で「自分の技能」を引き出すことが不可欠になる。この報告書の執筆者たちによれば、こうした専門的技能の「格下げ」は、長いあいだ定型的、反復的な労働に従事し、その人の技量がすでに無用になった労働者たちにとって、おそらく最も難しい事態になる。

オンザジョブ・トレーニング

「マルチスキル化」は、従業員の訓練や再訓練という考え方と密接に結びついている。多くの企業は、専門の範囲が狭い人たちを雇うよりも、職務について新しい技術を開発できる有能な非専門家の雇用をむしろ選好する。企業は、テクノロジーと市場需要の変化につれて、費用の嵩むコンサルタントを連れてきたり、いま在職する職員を新たな従業員に代えるのではなく、いま在職する従業員を必要なかたちに訓練し直す。長く勤めて役に立つ働き手になってくれそうな中核的従業員への投資は、急激な変化を遂げる時代に遅れないための戦略的手法とみなされている。

一部の企業は、職務分担《ジョブシェアリング》チームによって、オンザジョブ・トレーニングをおこなっている。このオンザジョブ・トレーニングは、実際に仕事をしながら、同時に技能の訓練と指導、助言をおこなうことができる。たとえば、情報テクノロジーの専門家は、他の人たちの技能の一部を習得するために、何週間にわたって経営幹部とペアを組んで仕事をするかもしれない。このような訓練形態は、労働時間を大幅に削らずに、関係するすべての従業員が自分の技能の基盤を広げることができるため、費用対効果が高い。

オンザジョブ・トレーニングは、労働者たちが自分の技能や職業生活上の展望をきり拓く重要な方法になる可能性がある。しかし、すべての労働者がこうした訓練の機会を利用できるわけでないことは、重要な点である。英国の経済社会研究会議が一九五八年生まれと一九七〇年生まれの若者を対象におこなった同時出生《コーホート》集団研究は、何らかの資格をすでにもつ従業員のほうが、資格を何ももたない従業員よりも、実地訓練を受ける傾向が強いことを明らかにした。すでに十分な資格をもつ人たちには引きつづき投資がなされるのにたいして、資格を何ももたない人たちは、ほとんど実地訓練の機会がない境遇に置かれていることを、この研究は指摘する。訓練はまた、賃金水準にも影響を及ぼす。一九七〇年生まれの集団では、仕事に立脚した訓練を受ける従業員たちは、賃金を平均一二％も増加させている。

在宅勤務　在宅勤務は、従業員が、パソコンとモデムを用いて、自宅から職務の一部、ないしすべてを遂行できるようにしている。たとえば、コンピュータを利用したグラフィック・デザインの作業や広告コピーの作成といった顧客や同僚と定期的に接触する必要がない職務では、従業員たちは、在宅勤務が、職場に出ないことの責任を埋め合わすかたちで、もっと生産的に仕事をおこなうことが可能になると認めている。「ネットでつながった労働者」という現象は、今後間違いなく増加するように思える。

こうした変化の実例のひとつが、第二一章「都市と都市的空間」、九〇六頁〜九〇八頁で触れたヘルシンキ・ヴァーチャル・ヴィレッジである。

近年ますます在宅での労働が容認されだしているとはいえ、必ずしも雇用主がすべて在宅勤務を支持するわけでない。事務所に従業員がいない場合、従業員の労働をモニターすることは、困難である。こうした理由から、従業員による「自由」の濫用を防止するために、多くの場合、在宅で労働する人たちには新たな管理手段がとられている。在宅の労働者たちは、事務所に定期的に通勤することが求められたり、他の従業員よりももっと頻繁に仕事内容の更新を余儀なくされる。

職場における監視は、第一六章「組織とネットワーク」、六四八頁〜六四九頁で詳論している。

「ホームオフィス」の潜在的可能性にたいして強い関心が生まれている。しかし、一部の研究者は、自宅から意欲的で創造的な立案をおこない、実行に移せる専門性の高い在宅勤務者と、たとえば文字やデータの入力といった定型的な仕事をするだけの非熟練の在宅勤務者との明確な分極化が、おそらく生ずると警告している。かりにこうした分裂が徐々に出現していった場合、女性たちは、おそらく下層の在宅勤務者に集中する可能性が最も高い(Phizacklea & Wolkowitz 1995)。

一生の職の終わり、ポートフォリオ労働者の台頭　一部の社会学者や経済学者は、グローバル経済の強い影響力と「フレキシブルな」労働力への需要の高まりによって、将来ますます多くの人が**ポートフォリオ労働者**になっていくと主張してきた。人びとは、その人の労働生活の過程でいくつかの職や異なる種類の職に移るために用いる「技能の一覧表《ポートフォリオ》」——さまざまな職業上の技能や資格証明書——を保有することになる。将来、今日的な意味での一貫した「職歴」をもつ人は、おそらく相対的にごく少数の労働者だけになる。現実に「一生の職」という観念は過去のものになりだしている、と提唱者たちは主張する。

一部の研究者は、こうしたポートフォリオ労働者に向かう動きを肯定的に見ている。労働者は、何年間もつづけて同じ職に固定されずに、自分の労働生活を創意に富むかたちで設計できるからである (Handy 1994)。他方、実際に見いだされる「フレキシビリティ」とは、組織のほぼ意のままに雇用や解雇が可能になり、労働者がいだく生活の安定感を徐々に蝕むことを意味している、と考える研究者もいる。雇用主は、労働者にたいして短期間だけ責任を負い、特別手当や年金基金の支払いを最小限に留めることが可能になるからである。

米国カリフォルニア州シリコンヴァレーでおこなわれた最近の研究は、シリコンヴァレーの経済的成功が、すでに労働者のポートフォリオ化された技能に基盤を置いている、と主張する。シリコンヴァレーでの企業倒産率は非常に高い。毎年新たに創設される企業は約三〇〇社に及ぶが、同時にまたほぼ同数の企業が倒産している。シリコンヴァレーの労働力は、専門的職業従事者や技術的職業従事者の占める比率が極めて高いため、こうした状況に適応する仕方を身につけてきた。その結果、才能や技術をもつ人びとは、素早く企業から企業へ移動し、この過程でさらに適応能力を身につけていく、と研究者は指摘する。テクノロジーの専門家はコンサルタントになり、コンサルタントは経営幹部になり、従業員はベンチャー企業の出資者になっていく——また、逆の場合もある (Bahrami & Evans 1995)。

若い人たちのあいだで、とりわけ情報テクノロジーのコンサルタントや専門家のあいだでは、ポートフォリオ労働に向かう趨勢が高まっているように思える。一部の推計によれば、英国の大学卒業の若者は、その若者の労働生活が推移する過程で、基盤となる三つの別々の技能を用いて一一種類の異なる職で働くことを期待できる。しかしながら、こうした状況は、通則ではなく、依然として例外にとどまっている。最近の雇用統計によれば、今日、英国と米国の——先進工業国のなかで最も規制緩和が進んだ労働市場をもつ——常勤の労働者は、一〇年前の調査結果と同じくらい長く各自の職に従事している (*The Economist* 21 May 1995)。その理由は、経営者側が、労働者の高い転職率が経費面で高くつき、労働意欲にも悪影響を及ぼすことを認識しているからであり、また、たとえ市場の相場よりも高い結果になっても、従業員の新規採用よりも現在の従業員の再訓練を選好しているからであるように思える。ジェイムズ・コリンズとジェリー・ポラスは、著書『長持ちする企業構築』で、一九二六年以来の株式市場で平均以上の業績を連続して上げてきた米国企業一八社を分析している (Collins & Porras 1994)。ふたりは、これらの企業が、思いのままに雇用や解雇を繰り返すどころか、社員たちに十分な保護支援策をとっていることを見いだした。これらの企業のうち、調査対象期間を通じて最高経営責任者を外部から迎えたのは、わずか二社だけだった。

これらの知見は、ポートフォリオ労働者の出現を主張する人びとの見解を反証するものではない。組織体の規模の縮小は、現実に進行しており、一生その職をつづけたいと思っていた非常に多くの労働者を労働市場に投げ込んでいる。こうした労働者は、再び職を探すために、自分の技能の開発や多角化をおそらく強いられる。多くの人は、とくに高齢者は、以前に就いていた職に匹敵する職を探すことができないかもしれないし、有給労働を見つけることさえできないかもしれない。

今日の労働の他の側面は、人材活用戦略の開発や企業文化の創出など企業経営形態に関する論点を含め、第一六章「組織とネットワーク」で論じている。

労働の重要性は低下するのか

絶えず繰り返される失業状態、職の不安定、事業規模の縮小、ポートフォリオ化する職歴、パートタイム労働、フレキシブルな雇用形態、ジョブシェアリング……。これまで以上に多くの人びとが、何の範型もないかたちで労働に就いていたり、あるいは賃金労働にまったく従事していないように思える。おそらく、労働の本質や、とりわけ労働がしばしば人びとの生活に占める支配的位置づけについて再考する時期にきているのかもしれない。

私たちは「労働」と「有給就業」をあまりにも密接に結びつけて考えているために、こうした見方以外にどのような選択肢があるのかを理解することは、時として困難である。フランスの社会学者で社会批評家アンドレ・ゴルツは、将来、有給労働が、人びとの人生で次第に重要な意味をもたなくなるだろうと主張した研究者のひとりである。ゴルツは、みずからの見解の論拠をマルクスの著作の批判的検討に置いている。マルクスは――ますます多くの人たちが帰属するようになると想定した――労働者階級が、もっと思いやりに満ちた社会類型を生みだす革命を先導し、そうした社会では、生活のもたらす満足のなかで労働が最も重要になる、と確信していた。ゴルツは、左派の論者であるが、こうしたマルクスの見解を排除する。労働者階級は（マルクスが示唆したように）社会で最大の集団となって革命の成功をもたらすどころか、実際には縮小している。今日、ブルーカラー労働者は、労働力では少数派――しかも衰退する少数派――になっている。

ゴルツの見解では、労働者が、みずからその一員である企業の経営権を獲得したり、まして国家権力を把握できるなどといった想定は、もはやまったく意味をなさない。有給労働の本質を変容できるとの望みは、実際には何も見いだせない。なぜなら、有給労働は、経済が効率を追求する限り避けられない技術的な理由によって編成されているからである。ゴルツが述べるように、「今日の問題は、人びとが自分自身を労働から解放することである」(Gorz 1982)。こうした解放は、労働がテイラリズムの方針にしたがって編成されていたり、さもなければ抑圧的であったり、退屈である場合、とりわけ必要になる。

失業の増大は、パートタイム労働の拡大とともに、安定就労する人たちと並んで、ゴルツの名づけた「非労働者からなる非階級」をすでに生みだしている、とゴルツは主張する。事実、ほとんどの人はこの「非階級」に属している。なぜなら、どの時代においても、安定した有給の職に就く人の割合は――かりにパートタイム就労する人や失業者とともに、若者、引退者、病人、それに主婦を除外したとしても――比較的低いからである。情報テクノロジーの普及は得られる常勤の職の数をさらに減少させる、とゴルツは確信している。その結果、富や経済成長、物的財を強調するような、欧米社会の生産至上主義的見地に拒否反応を示す方向への動きがおそらく生ずる。今後、大多数の人は、常勤有給労働の分野の外側で営まれる多種多様なライフスタイルを求めていくことになる。

　ゴルツによれば、私たちは「二重社会」に向かっている。社会の一方の領域では、生産と政治的統治が効率性を極大化するかたちで編成されていく。もう一方の領域は、一人ひとりが、楽しみや人格的実現を提供してくれる多種多様な非労働的関心事に専心する場である。おそらく、ますます多くの人が、人生設計をはじめるようになり、そうした人生設計によって、人びとは、人生のいろいろな段階で労働にさまざまなかたちで従事していく。

　このような視点は、どの程度まで妥当だろうか。先進工業国における労働の性質と編成に重要な変化が生じていることは、反論の余地がない。ますます多くの人が――絶え間ない経済成長と富の蓄積を強調する――「生産至上主義」に幻滅していくことは、確かに考えられる。ゴルツが示唆したように、失業を、たんに否定的観点からではなく、人びとにみずからの関心を追求し、みずからの才能を開発する機会になるとみなすことは、確かに有益だろう。しかしながら、少なくともこれまでのところ、この方向への進展は僅かしか見られない。ゴルツが想い描く状況からはほど遠いように思える。女性たちがもっと満足できる就業機会を強く求めていることを考えあわせば、安定した有給就業に積極的に関心をもつ人たちの数は、減少ではなく、増加している。有給労働は、多くの人にとって、多様な生活を維持するのに必要な物的資源を生みだすために、引きつづき不可欠な要素である。

職の不安定、失業、労働の社会的意義

新たな労働様式は、多くの人たちに心わくわくさせる機会をもたらすとはいえ、自分たちが暴走する世界に絡め取られている感じがする人たちにたいして、強い両面価値をもたらす可能性がある。この章で見てきたように、労働市場は、製造業中心の経済からサーヴィス志向経済への変化の一環として、奥深い変化を被りだしている。同時にまた、情報テクノロジーの広範な導入は、組織体がみずからを構成する仕方や、そこで用いられる管理様式、職務を委任し遂行する様式等に、変化を引き起こしている。急激な変化は、社会を揺るがす可能性がある。今日、多くのさまざまな種類の職業に従事する労働者たちは、職務の不安定を経験し、

自分たちの労働の位置づけと職場内での役割の将来の安定性について不安や懸念をいだいている。

ここ数十年間、職の不安定という現象は、労働社会学で主要な論争点になってきた。多くの論者やメディアは、約三〇年以上のあいだに職の不安定が着実に増大し、今日、先進工業国では前例のない段階に達している、と指摘する。急激にグローバル化が進む経済は、これまで以上に企業の合併や「事業規模の縮小」を結果としてもたらすため、若い人たちは、もはや同じ雇用主のもとでの安定した経歴を期待することができない、と主張されている。効率性や利益を求める動きは、ほとんど技能をもたない——つまり、「不適切な」技能の——人たちを、グローバル市場で変化を被りやすい、不安定な周縁的職務に追いやることを意味する。今日、私たちは、職場で得られるフレキシビリティという利益にもかかわらず、もはや「一生の勤め先」という観念が当てはまらない「雇用と解雇」の文化のなかで生きている。

労働の社会的意義

私たちのほぼ誰にとっても、労働は、他のどの活動類型よりも自分の生活で大きな比重を占める。私たちは、労働という観念を、多くの場合、骨の折れる単調な仕事——つまり、最小限に留めたいし、可能であれば完全に回避したい一連の課業——と結びつけて考えている。とはいえ、労働は、骨の折れる単調な仕事以上のものになっている。そうでなければ、人は、失業した場合に、さほど喪失感をいだいたり、困惑を感じないはずである。あなたは、かりにもう決して職に就けないことがわかった場合、どのような気持ちになるだろうか。現代の社会では、職を得ることは、自尊心を維持するために重要である。たとえ労働条件があまり快適でなく、課業が退屈な場合でさえ、労働は、人びとの心理的特性や毎日の活動サイクルを構成する重要な要素になりやすい。労働のもついくつか主要な特徴が、この問題と有意関連している。

1 《金銭》 賃金や給与は、ほとんどの人が要求を充たすために依存する主要な資源である。こうした所得を欠いた場合、日々の生活に対処する上での不安が増大する。

2 《活動水準》 労働は、しばしば技能や資格を訓練したり、取得するための基盤になる。労働は、それが定型的な場合でさえ、その人を熱中させる比較的安定した環境を提供している。労働の場を欠けば、こうした技能や資格を行使できる機会は、おそらく減少する。

3 《多様性》 労働は、家庭環境とは対照的な状況に接する機会になる。労働の場では、たとえ課業がいかに退屈であっても、人は、家事と異なることがらに従事して満足感を得ることが可能である。

4 《時間構造》 常勤就労する人たちにとって、一日は、通常、仕事のリズムを中心に構成される。ときとして仕事が抑圧的であっても、労働は、日々の活動に方向感覚をもたらす。労働に就いていない人は、しばしば気がつけば退屈さが重大な問題となり、時間にたいして無感動になる。

5 《社会的接触》 多くの場合、労働環境は、友人関係や、他の人たちと一緒におこなう活動へ参加する機会をもたらす。仕事の場から引き離されると、その人の友人や知人となり得る人たちの範囲は、おそらく徐々に縮小する。

6 《パーソナル・アイデンティティ》労働は、安定した社会的アイデンティティ意識をもたらすため、通常、重要であると考えられている。とくに男性たちにとって、自尊心は、世帯を維持するためにおこなう経済的貢献と、多くの場合、密接に結びつく。

こうした侮り難い一覧表を背景幕にすれば、失業していることが、みずからの社会的価値にたいしてその人がいだく確信を徐々に脅かす理由を、容易に理解できる。

職の不安定の増大

一九九九年にジョセフ・ロウントリー財団は、工場労働者から上席経営者に至る有職の英国人三四〇人との詳細なインタヴューにもとづく『職の不安定と労働の強化に関する調査』の結果を公表した。この調査は、職の不安定の拡大範囲を査定し、職の不安定が、たんに職場だけでなく家族や地域社会に及ぼす影響を測定するために、企画された。報告書の執筆者たちは、職の不安定が、一九六六年以来英国で上昇し、とくに一九七〇年代後半から一九八〇年代にブルーカラー労働者のあいだで最も強まったことを見いだしている。とはいえ、一九八〇年代半ばにはじまる全般的な景気回復にもかかわらず、職の不安定は、引きつづき増大してきた。この調査は、今日、職の不安定が、第二次世界大戦以降、最も高い水準にあると結論づけている（Burchell et al. 1999）。

この調査はまた、時の経過にともない職の不安定を多少とも経験した労働者類型について検討している。報告書の執筆者たちは、職の不安定の最大の増加が、一九九〇年代半ばに、非肉体労働者のあいだで生じたことを見いだした。一九八六年から一九九九年のあいだに、専門的職業従事者は最も安定した職業集団から最も不安定な職業集団に移行したとはいえ、肉体労働者は、それよりももっと強く職の不安定を経験していた。この職の不安定の主要な原因のひとつは、経営者側への信頼の欠如であるように思える。調査で、経営者側が従業員のいだく一番の利害関心に気を配っているか否かをたずねると、回答者の四四％は、経営者が「ほんの少ししか」ないし「まったく」気を配っていない、と主張していた（Burchell et al. 1999）。

ほとんどの研究者は、職の不安定が新たな現象ではないという点で、意見の一致を見ている。意見の相違が見られるのは、職の不安定が近年に入って顕著になった度合や、もっと重要なのは、労働人口のどの部門が職の不安定を最も強く受けているのかという点である。ジョセフ・ロウントリー財団がおこなった「職の不安定と労働の強化に関する調査」のような研究は、中流階級の人たちが感知した職の不安定にたいする根拠のない応答以外の何ものでもない、と一部の人たちは批判する。

「不安定な中流階級」――職の不安定は過大視されているのか

英国は、一九七〇年代後半から一九八〇年代に、とくに伝統的な製造業に害を及ぼす経済不況を経験した。この時期に、製鉄業や造船業、炭礦業といった部門で、おおよそ一〇〇万の職を喪失した。専門的職業と管理的職業が初めて大規模な職の不安定に晒されるのは、一九八〇年代ではなく、一九九〇年代に入ってからである。企業買収や従業員の一時解雇は、銀行業や金融業の部門に影響を及ぼした。情報化時代の拡大は、コンピュータ技術の利用によって事務システムの効率化が図られたことで、多くの公務員はその職を失った。

かりに生産工程の労働者が、余剰人員解雇の恐れをかかえたまま生活することに多少とも慣れていたとすれば、ホワイトカラー労働者は、自分たちの職業に影響を及ぼす変化にたいしてほとんど心の準備をしていなかった。こうした専門的職業従事者たちがいだく不安を、一部の人は「不安定な中流階級」という言い方でとらえている。この用語は、ホワイトカラー労働者が、自分たちの職の安定を確信していた状態から、相当多額な不動産ローンを組んだり、子どもたちを私立学校に通わせたり、費用の掛かる趣味をもつといった、かなりの金銭的関与を負うようになったことを記述するために使われた。余剰人員の解雇は、以前にはホワイトカラー労働者の心に思いも浮かばない事態だったため、突然の失業の恐れは、ホワイトカラー労働者に途方もない不安と自信の喪失を引き起こした。職の不安定は、メディアにおいて、また専門的職業従事者のあいだでも、すぐに「流行の」話題になっていった——もっとも、一部の研究者は、こうした反応を、労働者階級が体験してきた慢性的な職の不安定に比べれば、過剰な反応であると見ている。

職の不安定が及ぼす有害な影響

ジョセフ・ロウントリー財団の『職の不安定と労働の強化に関する調査』は、多くの労働者にとって、職の不安定のほうが人員削減の恐れよりも切実であることを見いだした。この調査はまた、労働それ自体の変容への不安と、労働の変容が従業員の健康と個人生活に及ぼす影響についても触れている。

組織の構造が次第に官僚制的でなくなり、意思決定が職場全体に拡大するようになると、仕事への責任をますます多く担うように求められることを、労働者は、この調査は明らかにした。しかしながら、多くの労働者は、自分たちへの要求が増大すると同時に、自分たちの昇進機会も減少してきたことに気づいている（図18-5を参照）。こうした要求の増大と昇進機会の減少の結びつきは、労働者たちに、たとえば作業ペースや自分たちの昇給昇進にいだいてきた確信といった、職務遂行上の重要な要素の「管理権を失い」だしたような気分に陥らせる。

社会学者のポウル・デュ・ゲイは、官僚制が、起業家精神とフレキシビリティが優先する労働慣例の増加に抗して、説明責任や倫理的責任意識をもたらす上で重要である、と主張する。ポウル・デュ・ゲイの主張は、第一六章「組織とネットワーク」、六四五頁〜六四六頁で詳しく触れている。

職の不安定の二つ目の有害な側面は、労働者の個人生活のなかに見いだすことができる。この調査は、職の不安定と不健康状態のあいだに強い相関関係を見いだしている。英国の世帯パネル調査のデータも、両者の結びつきを実証してきた。人びとの心身の

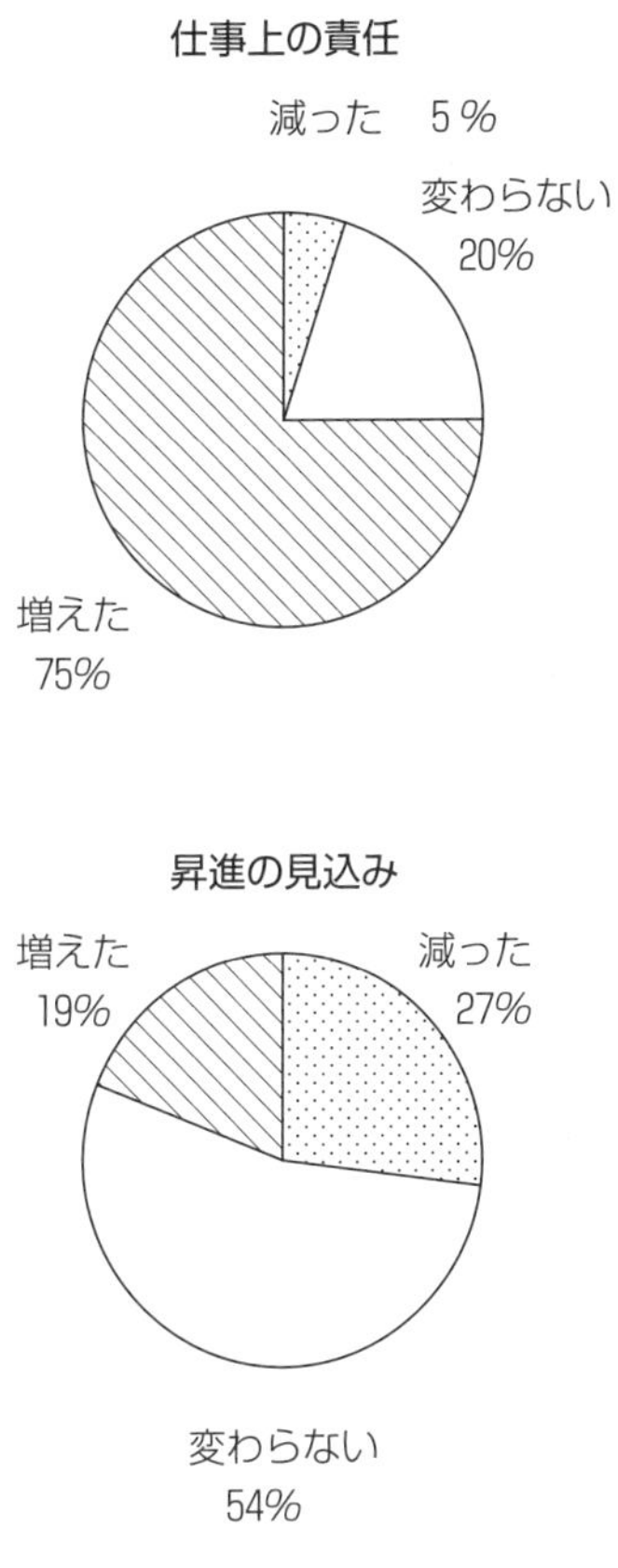

図18-5　就業者が経験している、仕事上の責任と昇進の見込みの変化
出典: Burchell et al. (1999)

健康は、長引く職の不安定状態によっていつまでも悪化することを、世帯パネル調査のデータは明示している。労働者たちは、職の不安定な状態に適応することよりも、その状態を不安に感じ、つねにストレスに晒される。こうした労働面の重圧は、家庭環境に転移していくように思える。職の不安定の度合が高いと回答した労働者たちは、同時にまた家庭生活でも緊張を経験する傾向が強かった (Burchell et al. 1999)。

働くために生きるのか、生きるために働くのか

一部の分析者にとって、二〇世紀の終わりは、移民してくる人たちが経済的誘因を何も見いだせないほどの、労働様式の途方もない変化を――正確に言えば、労働の欠乏を――目の当たりにするはずだった。一九七九年にジェンキンスとシャーマンは、「近づく危機を過度に誇張表現することはできない。いま私たちは、インフレと不況、失業率の上昇を経験している。一五年か二〇年のうちに、にわか景気と最小限度のインフレ、それに歴史上最大規模の失業を……職のホロコーストを経験することになるだろう」と主張した (Jenkins & Sherman 1997)。

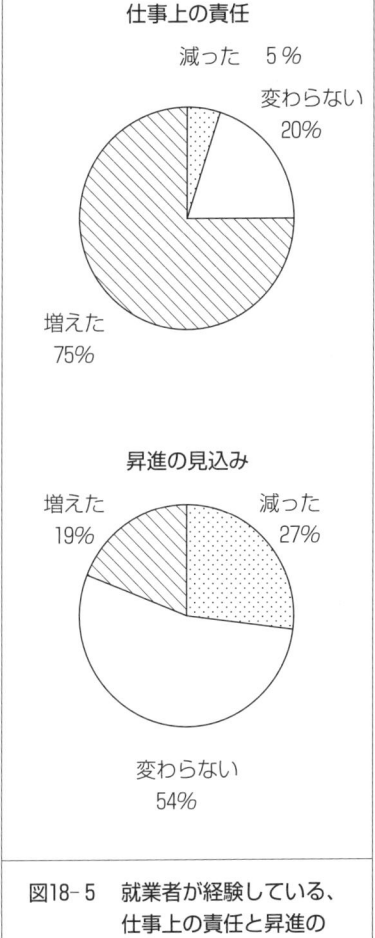

でも、私たちは、労働を欠いた経済に間違いなく到達しなかった――その代わりに、私たちと労働の関係があらゆる認識を凌駕するほどにまで変化した場所に、私たちは到達したのだろうか。……

悲観論［ジェンキンスやシャーマンのような論者］を嘲笑

するのは簡単であるとはいえ、今日の職にたいする《認識》が、この人たちが予言した職の不安定という《極端な議論》にまで一見進展していることは、引きつづき現実の問題である。たとえば、D・スミスは、一九八六年（英国の失業率がその後の一〇年間よりもかなり高かった時期）に職の不安定をめぐって書かれた新聞記事の相対的無意味さを、一九九六年に同じような記事が圧倒的に多く載った状況と比較している（Smith 1997）。オブザーバー紙によれば、英国の被雇用者の四割は自分の職に危惧をいだき、六割は職の不安定が高まっていると主張していた（*Observer* 16 Jun 1996）。……

しかしながら、こうした反論にもかかわらず、英国では、在職期間は、一九七五年から二〇〇〇年にごく僅か（六％から五・五％に）減少したが、とくに女性の在職期間は実際には増加していた（Gregg & Wadsworth 1999; Nolan 2003）。グリーンは、一九七〇年代の平均の在職期間が一〇年で、二〇〇〇年でも九・五年にとどまっていると指摘する（Green 2000）。確かに、「神経過敏な九〇年代」という、伝えられるところでは最悪の時代に、在職期間は、実際には「跛行する八〇年代」の数字を上回って増加してきた。……英国の被雇用者の八〇％は、常雇いの職にとどまっており、二八％は一〇年以上も同じ雇用主のもとで働いてきた。事実、ほとんどの人は、少なくとも四年間か五年間は同じ雇用主のもとに留まることを、おそらく期待している。

出典（Grint 2005）

失業

失業率は、二〇世紀を通じてかなり上下変動してきた。欧米の国々では、失業は、一九三〇年代初めにピークに達し、英国では労働力の約二〇％が仕事に就いていなかった。経済学者ジョン・メイナード・ケインズ（一八八三年〜一九四六年）の学説は、欧米の戦後の公共政策に強い影響を及ぼした。失業は、商品を入手する十分な購買力の欠如に由来し、したがって生産が活気を失い、多くの労働者を必要としなくなるため、政府が経済の需要水準を高めるように介入すれば、新しい職を創出できる、とケインズは考えていた。多くの人たちは、国家による経済活動の管理が高い失業率を過去のものにすると確信した。欧米のほぼすべての社会で、完全雇用の約束は、政府の重要な政策要件になった。一九七〇年代まで、こうした政策は成功したように思え、経済成長は少なくとも持続した。

一九七〇年代から一九八〇年代に、多くの国で失業率の統制は難しいことが判明し、ケインズ学説は、経済活動の調整を企てる手段としておおむね放棄された。第二次世界大戦後の約四半世紀、英国の失業率は二％以下だった。この数字は、一九八〇年代初めに一二％にまで上昇し、その後低下したが八〇年代末に再び上昇した。一九九〇年代中頃、英国の失業率は再び低下しだした。二〇〇五年で、英国の失業率は五％を若干下回っている。

失業の分析　とはいえ、公的失業統計の解釈は、簡単にはいかない。失業は、定義づけが難しい。失業とは、「労働に就いてい

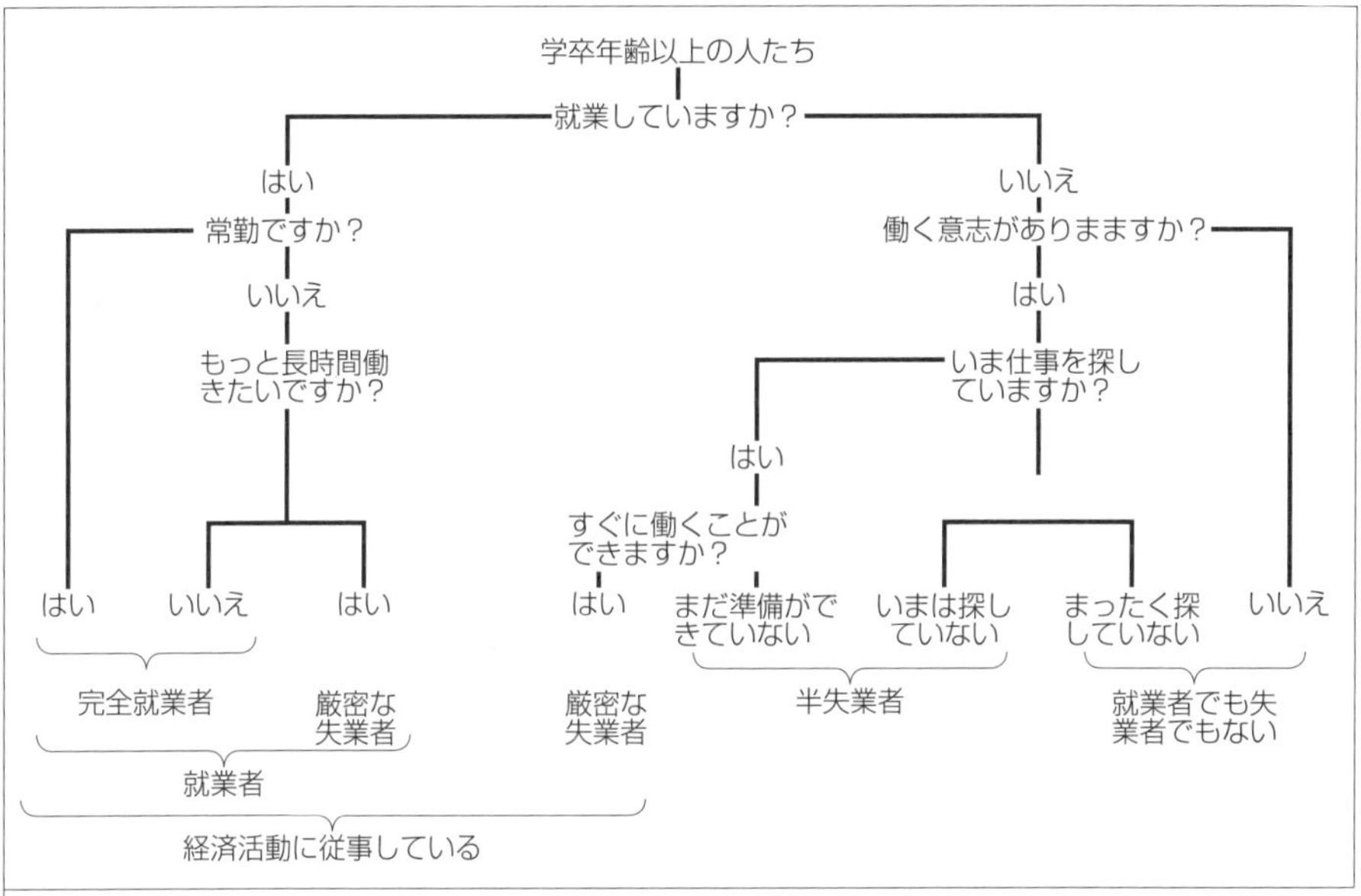

図18-6　就業・失業・非就業の３類型

出典: Sinclair（1987）

ない」状態を意味する。しかし、ここでいう「労働」とは「有給労働」であり、「認知された職業での労働」である。失業者としてきちんと統計に載る人たちは、家のペンキ塗りや庭の手入れといった多くの種類の生産活動に従事しているかもしれない。多くの人たちは、パートタイムで有給労働に就いていたり、あるいは散発的に有給の仕事に就いている。また、仕事から引退した人は「失業者」とはみなされない。

多くの公的統計は、国際労働機関（ＩＬＯ）が用いる失業の定義にしたがって集計されている。国際労働機関による失業の判断基準は、職のない人や、二週間以内に仕事に就ける人、前月に職探しに努めた人を、失業状態と称する。多くの経済学者は、この標準的な失業率を、他の二つの判断基準で補完する必要があると考えている。「失意の労働者」とは、働きたいのに職を得る見込みがなく、職探しを断念した人たちである。「不本意のパートタイム労働者」は、常勤の職を求めているのに見いだせない人たちである。

一般的な失業統計もまた、これらの統計が二つの異なる失業「類型」を盛り込んでいるため、複雑である。時として「一時的失業」と呼ばれる摩擦的失業は、転職や、卒業後の職探し、病気といった理由で、人びとが労働市場に短期に出入りすることを指している。対照的に、構造的失業は、特定の人たちに影響を及ぼす状況ではなく、経済のもっと大きな転換の結果によって生じた無職状態のことを指称する。たとえば、英国での重工業の衰退は、高水準の構造的失業の一因になった。

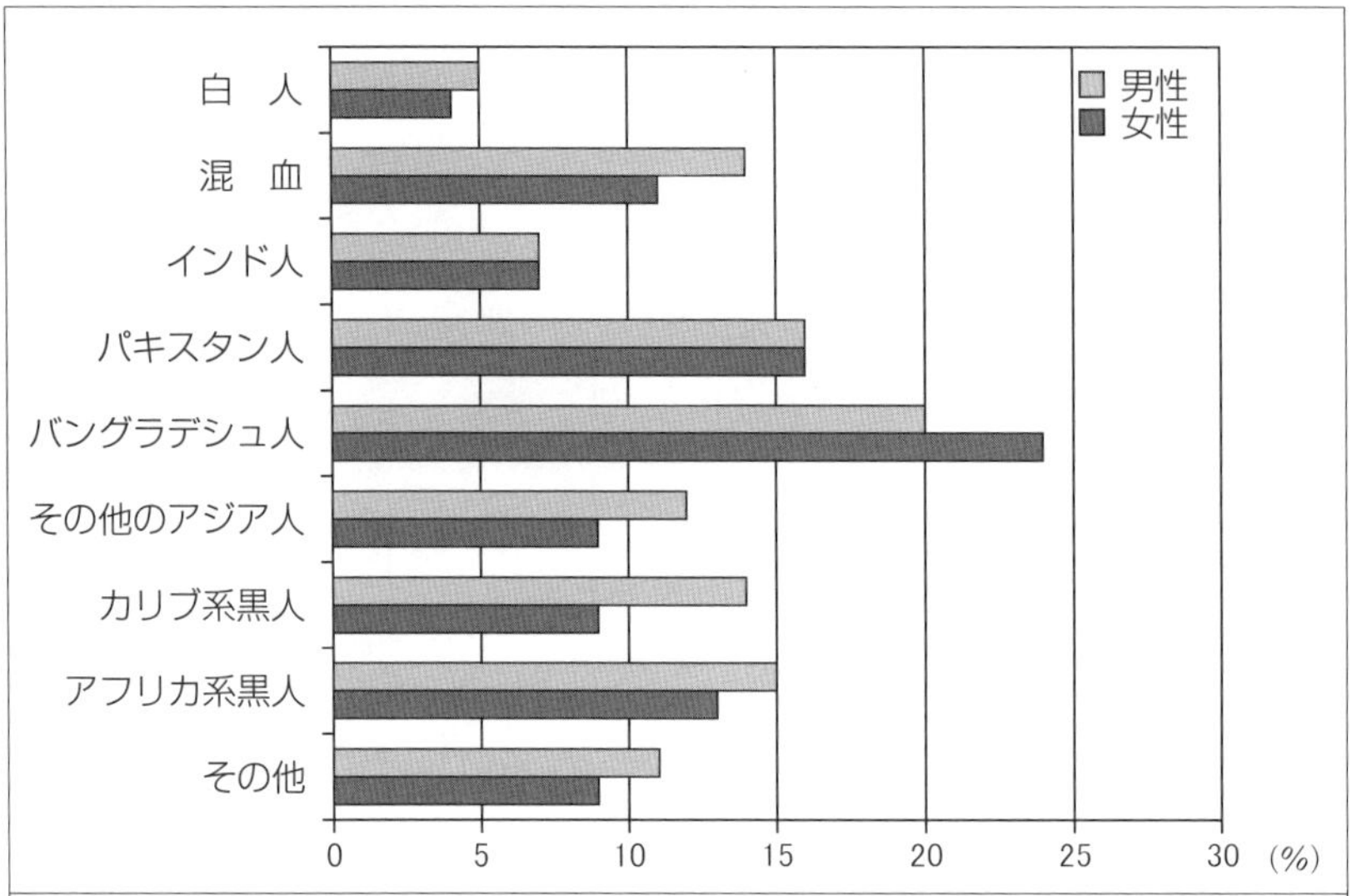

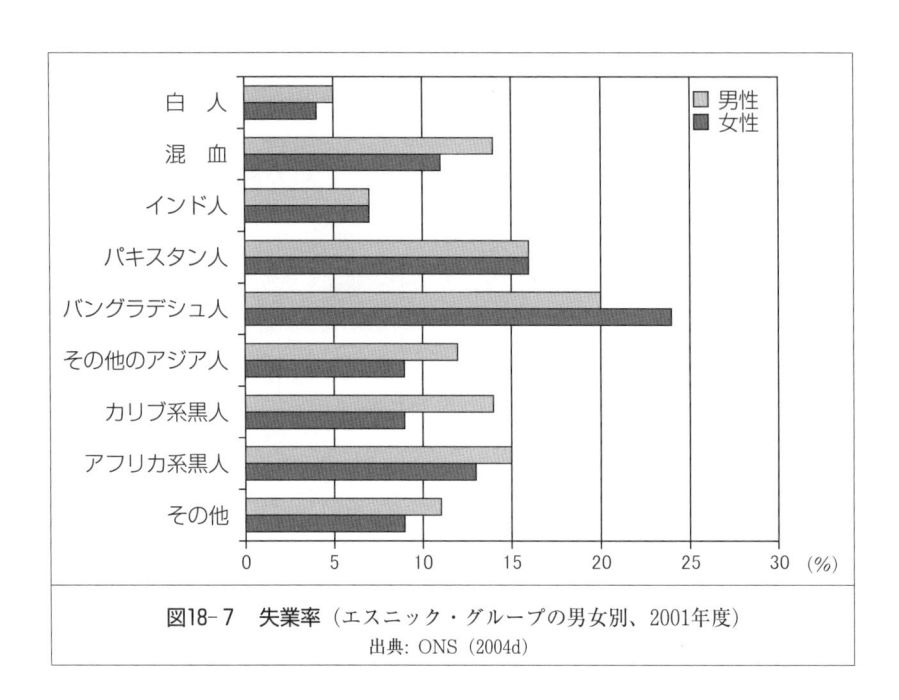

図18-7　失業率（エスニック・グループの男女別、2001年度）
出典: ONS（2004d）

英国での失業の動向　英国では、政府の定義する失業状態の分布に変差があることを、資料は明示している。失業率は、女性よりも男性で高い。二〇〇二年末で、男性の失業者が八九万二〇〇〇人にたいして、女性は六二万二〇〇〇人である。以前に就労していて失業した男性は、女性のほぼ二倍である。自宅で子育てや家事をおこなっているために失業と記録された女性は、男性の一〇倍以上に及んでいた。

エスニック・マイノリティは、平均して白人よりも失業率が高い。エスニック・マイノリティでは、長期失業者の割合も他の住民に比べてかなり高い。とはいえ、こうした一般的な趨勢は、エスニック・マイノリティ・グループ間の失業率の著しい差異を覆い隠している（図18-7を参照）。白人の失業者は、二〇〇三年度で五％以下だった。インド人では、失業率が七％と若干高かった——このことは、一部の研究者の指摘によれば、英国のインド人住民が白人とほぼ同等の社会経済的地位を得ている要因のひとつである。とはいえ、他のエスニック・マイノリティ・グループでは、失業率は、白人よりも二倍から三倍高かった。バングラデシュ人の失業率は最も高く、男性で二〇％、女性で二四％になっていた。

若者たちは、とくにエスニック・マイノリティ・グループの若者たちは、失業の影響を顕著に受けている。二〇〇一年度では、英国にいる二四歳以下のバングラデシュ人男性の四割以上が、失業していた。他のエスニック・マイノリティ・グループでも、若年層の失業率は、二五％から三一％に及んでいた。この数値は、同年代の白人男性の失業率一二％と対照的である。

相当多くの若者たちが、とくにマイノリティ・グループの若者が、長期の失業者になっている。一〇代の男性失業者の半数以上は、六カ月以上も仕事に就いていない人たちである。政府の新たな刺戟策は、六カ月以上も求職者手当てを請求する一八歳から二四歳の若者を対象にしてきた。今日、長期の失業者は、技能訓練や、職探しの支援、助成金付きの仕事に就く機会を提供されている。

社会階級と失業率は、相関関係にある。英国の経済社会研究会議が一九七〇年生まれの若者を対象に実施した同時出生集団の調査によれば、父親が社会階級Ⅰ出身ないし社会階級Ⅱ出身の人たちは、失業率が最も低かった。父親が社会階級Ⅴ出身か、ひとり親女性に育てられた人たちは、まったく働いたことのない人たちの比率が高いことも含め、失業率が最も高かった（ESRC 1997）。

失業率はまた、学業資格とも関係する。英国での調査は、学業資格の水準が高いほど、失業率が低くなることを明示してきた。二〇〇三年春の時点で、何の学業資格ももたない人たちの失業率は、学位かそれと同等の学業資格をもつ人たちの三倍以上だった（*Regional Trends* 38, 2003）。

失業の経験　失業の経験は、安定した職に就くことに馴染んできた人たちを非常に狼狽させる可能性がある。もちろん、最も直接的な帰結は、所得の喪失である。所得の喪失が及ぼす影響は、国によって失業手当の給付水準に際立った差があるため、一様ではない。健康管理等の福祉給付の利用が保証されている国でも、失業は、深刻な金銭的困難をもたらすが、引きつづき国の保護を受けられる。米国のように欧米の一部の国では、失業手当は短期間にとどまり、また健康管理制度は広く普及していないため、失業者にたいする経済的圧迫は、それだけ増大する。

失業が情緒面に及ぼす影響の研究は、失業中の人たちが、新たな境遇に適応する際に、多くの場合、一連の段階を経験することを指摘している。もちろん、経験は個人によって異なるとはいえ、新たに失業者になった人たちは、しばしば精神的衝撃を経験し、次に新たな好機をめぐって楽観的な見方が生ずる。この楽観的な見方が何も報われないと、そうした例がしばしば見られるように、その人は、意気消沈して、自分自身や雇用の見込みについて強い悲観的な見方に陥る可能性がある。かりに失業の期間が伸びれば、人びとは失業という自分が置かれた現実に身を委ねることで、結果として順応の過程が完結する（Ashton 1986）。

高い失業水準は、地域社会や社会的絆のもつ力を徐々に蝕む可能性がある。マリー・ヤホダたちは、一九三〇年代の著名な社会学の研究で取り上げられたことがある、地元工場の閉鎖で大量の失業を経験したオーストリアのマリエンタールという小さな町の事例を調査している（Jahoda et al. 1972）。研究者たちは、長期に及ぶ失業体験が、地域の社会構造やネットワークの多くをいかに結果的に徐々に蝕んでいったのかを指摘した。人びとは、町の出来事や行事に積極的にかかわらなくなったり、互いの付き合いにあまり時間を費やさなくなり、町の図書館にさえ頻繁に訪れなくなった。

失業の経験が社会階級によって異なることを指摘するのも、重要である。所得尺度が下位にいる人たちは、失業のもたらす帰結を、ほとんどの場合、金銭問題として実感する。中流階級の人たちは、失業を、金銭的状況よりも、むしろもっぱら社会的地位に損害を及ぼすとみなすことが指摘されている。解雇された四五歳の大学講師は、失業した当座の段階を何とか不自由なく暮らすのに十分な資産を得ているかもしれないが、失業が自分の未来の経歴や専門職としての価値にもたらす意味を理解するために苦労するかもしれない。

結び――「性格の腐食」か?

社会学者リチャード・セネットは、三〇年前に米国のボストンでおこなったブルーカラー労働者の調査で、ダウンタウンのオフィスビルで掃除員を長年勤めたイタリア移民エンリコについて素描している。エンリコは粗末な労働条件と乏しい給料に満足していなかったが、エンリコの職務は、エンリコに自尊心と妻子を「誠実に」扶養する手段をもたらした。エンリコは、郊外に自宅を購入できるまでの一五年間、来る日も来る日もトイレや床を掃除してきた。エンリコの労働は、魅力的でなかったとはいえ、安定し、組合がエンリコの勤め口を守っていた。だから、エンリコと妻は、自分たちと子どもたちの将来を、自信をもって計画できた。エンリコは、いつ引退して、そのときに自由になる金銭をどのくらい入手できるのかを、あらかじめ正確に知っていた。セネットが指摘するように、エンリコの労働は、「いつまでも変わらない唯一の目的、つまり、家族への奉仕」のためだった。エンリコは、正直に言えば骨の折れる仕事に誇りをいだいていたものの、子どもたちには自分と同じような将来を求めなかった。エンリコにとって、自分の手で子どもたちのために上昇移動できる条件を創りだすことが重要だった。

セネットは一五年後にエンリコの息子リコに会って知ることになるが、エンリコの子どもたちは、確かに上昇移動していた。リコは、ニューヨークのビジネススクールに進学する前に、工学で最初の学位を得ていた。リコは、卒業後の一四年間に、おおいに実入りのよい職歴を築き、所得が賃金尺度の上位五%以内に入っていた。リコと妻ジャネットは、各自の職歴を上昇させるために、結婚後少なくとも四回以上転居していた。リコとジャネットは、リスクを冒し、変化を気持ちよく受け容れながら、騒然とした時代に適応し、結果として豊かになった。しかしながら、リコとジャネットの物語は、その成功に反して、完全に幸福ではなかった。リコとジャネットは、「自分の生活を」ほとんど「管理できない」状態に悩んでいた。リコは、コンサルタントでありながら、自分で時間と仕事を管理できていない気がした。リコが請負う仕事の内容は漠然とし、つねに変化するため、リコの役割は安定せず、生活の浮沈は、もっぱら人的ネットワークの運不運に左右される。同じようにジャネットも、自分の職務をほんの少ししか掌握できていない気がしていた。ジャネットの仕事は、地理的に離れて働く会計士のチームを管理することだった。会計士たちは、自宅で勤務したり、事務所で働いたり、会社から数千マイルも離れた別の支社で働いていた。ジャネットは、この「自由度の高い」チームを管理する際に、対面的相互行為によって、個々の会計士の仕事ぶりをじかに知ることはできなかった。その代わりに、ジャネットは、電子メールや電話によって遠隔管理していた。

国中をあちこち移動する過程で、リコとジャネットが育む大切な友人たちとの関係は、途中で切れていった。だから、新しい隣人や地域社会も、リコとジャネットの生い立ちや来歴、人柄について何も知ることができない。セネットが記すように、「友だちや地域社会とのはかない関係は、リコの内面的苦悩の最も重要な遠因になっていた」。家庭生活においても、リコとジャネットは、自分たちの職業生活が親としての達成目標の実現を妨げていることに気づいた。ふたりは、勤務時間が長いため、子どもたちをほったらかしにしていることに悩んだ。しかし、時間とスケジュールをうまくやり繰りする以上に厄介だったのは、子どもたちとって自分たちが判断を狂わす見本になっているのではないかという懸念だった。リコとジャネットは、一生懸命に働いたり、何かに身を打ち込んだり、長期的な目標を掲げることの価値を子どもたちに教えるように努めた。しかし、自分たち自身の生活がまったく違う状況を説いているのではないかと危ぶんだ。リコとジャネットは、フレキシブルに働いて短期間で成果を上げる、そうした後期近現代の社会でますます支持されだした労働への取り組みの実例になっていた。リコとジャネットの職歴の特徴は、絶え間ない移動や、束の間の献身、自分の現在の活動への短期的な投資だった。リコとジャネットは、今日の暴走する社会のなかで、「望ましい労働の属性が望ましい人格の属性ではない」ことを自覚するようになった。

セネットにとって、リコと妻ジャネットがたどった経験は、フレキシブルな労働への取り組みが被雇用者の個人生活と性格にもたらす帰結を、いくつか例示している。フレキシブルな行動様式や労働様式の強調の高まりは、首尾よい成果を生む可能性があるものの、混乱だけでなく害悪もまた不可避的にもたらすことを、セネットは著書『性格の蝕み』〔邦訳書名『それでも資本主義についていくか』〕で力説する（Sennett 1998）。それは、今日、労働者たちに向けられた――フレキシビリティに富み、適応能力があり、頭の切り替えが速く、進んでリスクに立ち向かうという――期待が、性格の強さの中心的特徴の多くと、つまり、忠誠心や、長期目標の追求、献身、信用、固い意志と完全に矛盾するからである。

セネットは、この種の緊張関係が、フレキシビリティを求める新たな時代に不可避であることを指摘する。フレキシビリティは、労働者一人ひとりに自分の生きる道筋を形づくる上でより多くの自由をもたらすとして賞賛されるが、同時にまた労働者たちに新たな束縛を課している、とセネットは主張する。今日、労働者たちは、一生の職に深入りするよりも、むしろチームのなかで仕事から仕事へと渡り歩き、流動的に働くことを期待される。忠誠心は、美点よりも、むしろ不利な点になっている。人の一生が、一貫して同じ職業に就くよりも、むしろ個々ばらばらな職の連続になると、追求すべき長期の目的は蝕まれ、社会的絆は発達し損ない、信頼感は消え去る。人びとは、最終的にどのリスクをとればよい結果に結びつくのかをもはや判断できない。また、昇進や解雇、報賞についての旧来の「決まり」も、もはや当てはまらなくなる。セネットにとって、現代の大人にとって最重要な挑戦課題は、短期の結果を強調する社会のなかで、追求すべき長期目的をいだいて人生をどのように送るかということである。セネットの目から見れば、「新たな資本主義」の諸特徴は、人びとを互いに結びつけてきた人格的特性のさまざまな要素を蝕んでいる。

まとめ

1　労働とは、人びとの要求を充足する物的財やサーヴィスを生産する目的で、心身を費やす課業をおこなうことである。多くの重要な労働は――家事労働やヴォランタリー労働のように――無給である。職業とは、一定の賃金との交換でなされる労働である。労働は、すべての文化で経済システムの基盤になっている。

2　近現代社会の示差的な特徴は、極めて複雑な、多様化した分業の発達である。分業とは、労働が、専門化を必要とするさまざまな職種に分かれていくことを意味する。分業の結果のひとつは、経済的相互依存性である。つまり、私たちは、誰もが生活を維持するために互いに依存している。

3　工業生産は、テイラリズム、つまり、科学的管理方法――すべての工程を、時間配分と組織化が可能な、単純な課業に分割できるという信念――の導入によって、さらに効率的になった。フォーディズムは、科学的管理の原理を、大規模市場と結びついた大量生産にも拡大適応した。フォーディズムとテイラリズムは、労働者の疎外を増大させる低責任システムとみなすことができる。高責任システムは、労働者が自分の仕事のペースや内容さえも自己管理することを認めている。

4　労働組合組織は、ストライキ権の承認とともに、欧米のすべての国で経済活動に見いだす独自な特徴である。労働組合は、労働者たちに、みずからの労働条件の管理手段をもたらす、防衛的組織として出現した。今日、労働組合指導者は、国の経済政策を策定する際に、しばしば重要な役割を演じている。

5　近年、多くの先進工業国で、フォーディズムという方法に代わって、もっとフレキシブルな運営技法が生まれている。一部の研究者は、多種多様な特別注文の生産品にたいする市場の需要を満たすために、フレキシビリティと革新性を最大化できるような、そうした今日の経済的生産のあり方を記述するために、「ポスト・フォーディズム」という用語を好んで使っている。

6　一部の研究者は、「一生の職の終わり」と、ポートフォリオ労働者――自分のさまざまな技能の「一覧表《ポートフォリオ》」を手に、素早く転職することが可能な労働者――の出現を指摘している。こうしたポートフォリオ労働者は確かに存在する。しかし、労働力を構成する多くの人たちにとって、「フレキシビリティ」は、仕事上の展望がほとんどない低賃金の職と、おそらく密接に結びついている。

7　失業は、先進工業国では繰り返し発生する問題である。労働はその人の生活を構成する重要な要素であるため、失業という心理的体験は、多くの場合、精神面に混乱を生じさせる。

8 職の不安定が及ぼす影響は、実際に失業の憂き目にあう経験と同じように、人びとを心身ともに衰弱させる。職の不安定とは、従業員が、職場で従事する職や役割の将来の安定性についていだく不安感である。一部の研究者は、職の不安定をめぐる不安がたぶんに誇張された現象であると考えているとはいえ、職の不安定は、中流階級のあいだで明確に上昇している。

考察を深めるための問い

1 現代の社会は、分業を欠いて機能できるのだろうか。
2 なぜ労働とみなされる活動もあれば、そうでない活動もあるのか。
3 かりにテイラリズムとフォーディズムが非常に効率的であるのなら、なぜ、近年、両者は衰退傾向にあるのだろうか。
4 かりにあなたがポートフォリオ労働者であれば、あなたのポートフォリオは、あなたがいまの仕事をつづける上で十分な内容だろうか。
5 リコの人生は、エンリコの人生となぜ大きく相違するのだろうか。

読書案内

Keith Grint: *The Sociology of Work: An Introduction* (Polity, 1991)
Keith Grint: *Work and Society: A Reader* (Polity, 2000)
Neil J. Smelser & Richard Swedberg (eds): *The Handbook of Economic Sociology* (Princeton Univ Pr, 1994)
P. Thompson & C. Warhurt (eds): *Workplaces for the Furure* (Macmillan Business, 1998)

インターネット・リンク

International Labour Organization
http://www.ilo.org
The Work Foundation
http://theworkfoundation.com/
SOSIG Sociology of Work
http://www.sosig.ac.uk/roads/subject-listing/worldcat/sociowork.html
University of Zurich Sociology of Works Links
http://socio.ch/arbeit/index_arbeit.htm

19

犯罪と逸脱

人びとは、なぜ罪を犯すのだろうか。一世紀前に、この問題についてえたほとんどの研究者は、それはまさしく一部の人たちが生物学的に犯罪者だからであると思っていた。一八七〇年代に活躍したイタリアの犯罪学者シーザー・ロンブローゾは、いくつかの解剖学的特徴によって犯罪者類型を同定できるとさえ考えた。ロンブローゾは、犯罪者の、たとえば頭蓋骨や額の形状、顎の大きさ、腕の長さといった外観や身体の特徴を調べて、これらの特徴が人間の初期進化段階から保有されてきた犯罪者の行動特性を示している、と結論づけた。

こうしたロンブローゾの考え方は、完全に信憑性を失っており、いまの私たちにとってほとんど滑稽な考えのように思える。しかし、ロンブローゾによる犯罪の生物学的解明をわずかに精緻化した見解は、二〇世紀のいくつかの時点で再浮上してきた。ロンブローゾ以後のある理論は、人間の身体を主に三つの類型に分け、そのうちのひとつの類型が非行と直接関連していると主張した。筋骨が発達した、活動的な体型の人（中胚葉型）は、痩せた体型の人（外胚葉型）や肉付きのよい人（内胚葉型）よりも攻撃的で、行いが荒々しく、それゆえ非行に走る可能性が高い、と主張した（Sheldon 1949; Glueck & Glueck 1956）。

この種の見解も、幅広い批判を受けてきた。かりに身体類型と非行のあいだに包括的な関連性があるとしても、この理論は遺伝の影響作用について何も明らかにしていない。筋骨発達した体型の人たちは犯罪活動に引き寄せられるかもしれないが、それは、犯罪活動が身体的なたくましさを誇示する機会を提供するからである。しかも、この分野でのほとんどすべての研究は、少年院にいる非行少年だけを対象としてきた。したがって、頑健でたくましく見える非行少年は、弱々しく見える痩せた非行少年よりも、おそらく少年院に送致されやすい可能性がある。怒りっぽかったり、攻撃的になりがちな人は一部にいるだろう、また、そのことが、他人にたいする身体的暴力という犯罪に反映される可能性はある。しかしながら、何らかのパーソナリティ特性が、このようなかたちで遺伝することを示す決定的な証拠は存在しない。また、たとえ遺伝するとしても、パーソナリティ特性と犯罪性向の結びつきは、あったとしてもごく僅かである。

かりに犯罪学への生物学的アプローチが、冒頭で提起した「人びとは、なぜ罪を犯すのだろうか」との問いに納得のいく答えが出せないのであれば、心理学はもっと首尾よい答えを示せるのだろうか。心理学的アプローチも、逸脱の解明を、社会の内部ではなく、個人のなかに求めてきた。しかし、生物学的アプローチが個人を犯罪に向かわせる身体的な特徴に焦点を当てるのにたいして、心理学の見解は、特定のパーソナリティ類型にもっぱら注意を集中させている。初期の犯罪学研究の多くは、監獄等の収容施設でおこなわれた。これらの研究では、精神病学の考え方が有力であった。犯罪者の――「精神薄弱」や「道徳的堕落」を含め――示差的な特性に強調が置かれた。たとえば、ハンス・アイゼンクは、病的な精神状態が遺伝して、人を犯罪に向かわせるか、社会化の過程で問題が生ずる可能性があると指摘した（Eysenck 1964）。

一部の研究者は、少数の人びとのあいだに、病的な、つまり、精神病質的パーソナリティの発達が見られることを指摘してきた。

精神病質とは、衝動的に振る舞い、罪悪感をほとんどいだかない、内向的で、感情に欠けた性格である。精神病質には、暴力のための暴力に喜びを見いだす場合がある。精神病質の特性を示す人たちは、しばしば凶暴な犯罪を確かにおこなっている。しかし、精神病質という概念には、重大な問題がある。精神病質的特性が不可避的に犯罪につながることは、決して明白ではない。精神病質の特徴をもつとされる人たちの研究は、ほとんどすべてが既決囚を対象としてきたため、必然的にこの人たちのパーソナリティは否定的に提示される傾向が強い。かりに私たちが精神病質の特性を肯定的に描けば、このパーソナリティ類型はまったく違った印象をもたらし、この種の人びとが犯罪性向を先天的に備えているとみなす理由は、何も存在しないように思える。

犯罪行動に関する心理学の理論は、せいぜい犯罪のほんの一部の側面を説明できるに過ぎない。一部の犯罪者は、他の一般の人たちと違うパーソナリティ特性を示すかもしれない。しかし、大多数の犯罪者がそうした特性をもつことは、とてもありそうもない。犯罪は、多種多様である。したがって、犯した罪の種類を異にする人たちが特定の心理学的特性を共有するという想定は、受け容れがたい。

犯罪行動に関する生物学的アプローチも心理学的アプローチも、逸脱が、社会の「悪」というよりも、むしろ個人の「悪」の表れであると想定している。両者の取り組みは、犯罪を、人の身体なり精神に埋め込まれた、その人が統制できない要因によって引き起こされているとみなす。それゆえ、かりに科学的犯罪学が犯罪の原因をうまく特定できるとすれば、治療によってそれらの原因に対処することがおそらく可能になる。この点で、生物学の犯罪理論と心理学の犯罪理論は、ともに《実証主義的》である。さきに第一章でコントについて論じた際に触れたように、実証主義とは、自然科学の方法を社会的世界の研究に適応することで、社会的世界の基本的真理が暴露できるという信念である。このことは、実証主義的犯罪学の場合、経験的研究が犯罪の原因を突き止め、それによって犯罪を根絶する方法を勧告できるという信念に結果的につながる。

初期の実証主義的犯罪学は、後の世代の研究者から厳しい批判を浴びた。何が犯罪かを左右するのはその社会の社会制度であるため、犯罪の本質について納得のいく説明はいずれも社会学的説明でなければならない、と後の世代の研究者たちは主張した。やがて、研究者の注意は、さきに見たような個人の特性によって犯罪を説明する立場から、逸脱が生ずる社会的、文化的脈絡を強調する社会学的理論へと移っていった。「人びとは、なぜ罪を犯すのだろうか」との問いへの十全な答えは、社会学による解明でなければならない。そこで、この問いで暗黙裏に使われている用語について探究することからはじめたい。犯罪や逸脱とは何を意味しているのだろうか。

この章では、犯罪と逸脱的行動について社会学が示す説明をいくつか検討する。とはいえ、まずはじめに、たとえば「犯罪」や「逸脱」といった用語の意味内容について、詳しく見ていきたい。章の後半では、英国における犯罪と、さらに、犯罪被害者と犯罪予備軍をめぐる重要な論点に目を向ける。

基本的な概念

逸脱とは、共同体や社会でかなりの数の人びとが受け容れている所与の一連の規範への非同調として定義づけることができよう。すでに強調したように、どの社会も、規範から逸脱する人たちと規範に同調する人たちとに簡単に二分できない。私たちのほとんどは、おりにふれて一般的に受け容れられている行動規則を犯すからである。たとえば、私たちは、時として万引きや、職場から私用のために——便箋やボールペン等の——小物を持ち出すといったささいな盗みを犯すかもしれない。これまでの人生で、ときによれば制限速度を超えて車を運転したり、いたずら電話をしたり、マリファナを吸ったことがあるかもしれない。

逸脱と犯罪は、重複する場合が多いとはいえ、同義語ではない。逸脱は、犯罪よりももっと広い概念である。犯罪は、法律を破る非同調的行動だけを指している。多くの形態の逸脱的行動は、法による制裁を受けない。だから、たとえば逸脱の研究は、ナチュラリスト（ヌーディスト）やレイヴ文化、ニューエイジ・トラヴェラーズといった多種多様な現象を詳しく調べることになる。

逸脱の概念は、たんに個人の行動だけでなく、集団の活動にも適用できる。一例が、ハーレクリシュナ教団である。この宗教団体の信仰や生活様式は、英国で暮らす大多数の人びとのそれとまったく異なっている。この教団は、インドからシュリル・プラブパーダがクリシュナ意識という言葉を欧米に広めるためにやってきた一九六〇年代に創立された。シュリル・プラブパーダは、とくに薬物常習の若者たちを布教対象にして、自分の教えにしたがえば「高揚した気分の保持、永遠の至福の発見」が可能になると公言した。ハーレクリシュナ教徒は、街頭で踊りや歌を披露し、菜食主義のカフェを経営し、通行人に自分たちの教義が書かれた文献を配ったりして、見慣れた光景になっている。ほとんどの人びとは、たとえハーレクリシュナ教徒の信仰がやや常軌を逸しているように思えても、総じて教徒たちを寛容な目で見ている。

ハーレクリシュナ教徒は、**逸脱的サブカルチャー**の具体例である。この教団は、数年前の最盛期に比べ会員数がいま減少しているとはいえ、広い社会のなかでかなり容易に生き残ることができた。教団組織は、会員や支持者の寄付金によって賄われており、財政的に豊かである。この教団の置かれた状況は、対比のためにもう一つの逸脱的サブカルチャーとして触れる、常態化したホームレスの人たちの状況と異なる。この寄る辺のない人たちは、日中は公園や公共の建物で時間をつぶしながら、街頭で暮らしている。戸外で寝る人もいれば、簡易宿泊所に泊まる人もいる。常態化したホームレスの人たちの多くは、広い社会の周縁部で、ぎりぎりの困窮した生活を営んでいる。

犯罪と逸脱の研究では、別々に区別されるが、相互に結びつく二つの学問が関係している。**犯罪学**は、刑法が処罰対象にした行動形態を問題にしている。犯罪学者は、多くの場合、犯罪測定の技法、犯罪率の動向、社会での犯罪の減少をめざす警察活動に関心を寄せる。**逸脱の社会学**は、犯罪学の研究を参考にするが、同時にまた刑法の領域を超えて見いだされる行動を研究している。逸脱的行動を研究する社会学者は、なぜ特定の行動が一般に広く逸脱とみなされるのか、また社会のなかで逸脱の観念がどのように人びとに別々に適用されるのかを解明しようとする。

それゆえ、逸脱の研究は、社会階級――富裕層と貧困層の分裂――の影響作用だけでなく、社会的《権力》に私たちの注意を向ける。社会的規則や社会規範からの逸脱なり規則や規範への同調について検討する場合、私たちは、《誰の》規則なのか、という疑問をつねに念頭に置く必要がある。これから見るように、社会規範は、権力や階級の分裂の強い影響を受けている。

規範と賞罰

私たちは、ほとんどの場合に社会規範にしたがう。なぜなら、私たちは、社会化の結果、社会規範にしたがうことが習い性になっているからである。社会規範はすべて、同調を促し、非同調を犯さないようにするために、賞罰をともなう。賞罰とは、個人や集団の行動にたいして、その規範の遵守を確保する目的で他の人たちが示す何らかの反応である。賞罰は、肯定的なもの（同調にたいする報賞の供与）もあれば、否定的なもの（同調しない行動にたいする懲罰）もある。賞罰は、フォーマルなかたちで、あるいはインフォーマルなかたちで課される。特定の一連の規範の遵守を確実にするために、一群の人びとや機関は、フォーマルな賞罰を用いる。近現代社会でのフォーマルな賞罰の主要な類型は、裁判所や刑務所が代表となっておこなう賞罰である。法律とは、行政府が公民のしたがうべき規則や原則として定めたフォーマルな賞罰である。フォーマルな懲罰は、同調しない人たちに加えられる。

インフォーマルな賞罰は、非同調にたいする、さほど系統立っていない、むしろ自然発生的な反応である。クラスの友だちから勉強のし過ぎだとからかわれる学生や、夜の外出を断ったときに「変わり者」と非難される勉強好きの学生は、この種のインフォーマルな賞罰を体験することになる。また、インフォーマルな賞罰は、たとえば性差別的な、あるいは人種差別的な発言をした人が、友だちや同僚から非難を浴びる際にも見いだされる。

犯罪と逸脱の解明――社会学の理論

社会学の一部の領域では、長いあいだに特定の理論的視座が有力な視座として台頭してきた。それとは対照的に、逸脱の研究と有意関連する理論化の道筋が引きつづき数多く見いだされる。すでに生物学と心理学からの解明を手短に検討してきたので、次に逸脱の社会学で影響力をもってきた四つの社会学的アプローチに目を向けたい。《機能主義理論》、《相互行為論》、《葛藤理論》、《コントロール理論》の四つである。

機能主義の理論

機能主義の理論は、犯罪と逸脱を、社会内部の構造的緊張と、道徳的規制の欠如から結果的に生ずるとみなしている。かりに社会で個人や集団のいだく熱望と得られる報賞が合致しない場合、こうした願望と達成感の不一致は、社会の一部の成員がいだく逸脱した動機づけに影響を及ぼす。

犯罪とアノミー——デュルケムとマートン　第一章で見たように、《アノミー》概念は、エミール・デュルケムが最初に導入した。デュルケムは、この概念によって、近現代社会では、伝統的な規範や守るべき基準が、それに代わり得る新たな規範や基準をもたないままに弱体化しだしていることを指摘した。アノミーは、社会生活の特定の領域で、人びとの行動の指針となる明確な基準が存在しない場合に見いだされる。このような状態のもとでは、人びとは方向感覚を失い、不安に陥る、とデュルケムは考えた。それゆえ、アノミーは、自殺したい気持ちに影響を及ぼす社会的要因のひとつになる。

デュルケムは、犯罪と逸脱を、社会的事実とみなした。犯罪と逸脱がともに近現代社会の不可避的、必然的な要素であると考えていた。デュルケムによれば、近現代では、人びとは伝統的社会ほど束縛されていない。近現代の社会では、一人ひとりがおこなう選択の余地が多いために、かなりの非同調が生ずるのは避けられない。いずれの社会も、その社会を律する規範や価値をめぐってこれまで完全な合意状態になかったことを、デュルケムは認めている。

デュルケムによれば、逸脱はまた、二つの重要な機能を果たすため、社会にとって必要である。まず、逸脱は、《適応》機能を有している。逸脱は、社会に新たな観念や挑戦課題を導入することで、革新的勢力になり、変化を引き起こす。二つ目に、逸脱は、社会における「妥当な」行動と「妥当でない」行動との境界《維持》を促進する。犯罪事件は、集団の連帯性を高め、社会規範を明確にする集合的反応を引き起こす可能性がある。たとえば、麻薬密売人たちとの厄介な問題に直面してきた近隣地域の住民たちは、麻薬関連の発砲事件が起きた後に一致団結して、その地域を麻薬非汚染地域として整備するために献身的に取り組むかもしれない。

犯罪と逸脱に関するデュルケムの考え方は、研究の関心が、個人から社会的影響作用に移行する上で大きな力を及ぼした。米国の社会学者ロバート・K・マートンは、デュルケムのアノミー概念を参考に、犯罪の原因を米国社会の構造そのもののなかに跡づけ、非常に影響力のある逸脱理論をうち立てた（Merton 1957）。

マートンは、アノミーの概念を修正し、この概念によって、受容されてきた規範が社会的現実と矛盾する場合に人びとの行動に加わる《重圧》のことを指称しようとした。米国社会では——また、ある程度まで他の先進工業社会においても——一般に支持されている価値は物質的成功を強調し、成功をかち取る手段は自己修練と勤勉さである、と考えられている。したがって、実際に勤勉に働く人たちは、人生の出発点がどうであれ、成功できるはずである。ところが、こうした考え方は、現実に妥当性を欠いている。なぜなら、恵まれない人たちのほとんどは、通常の立身出世の機会がごく限られていたり、まったく与えられていないからである。しかしながら、「出世」の見込みがない人たちは、物質的向上を明らかに実現できないことで、自分が責められている気分に陥る。こうした状況のもとでは、適法であれ違法であれ、どんな手段を使ってでもうまくやるように促す強い圧力が生ずる。したがって、マートンによれば、逸脱は、経済的不平等の副産物であり、対等な機会の欠如の副産物である。

マートンは、社会的に是認された価値観と、その価値を達成するための限られた手段との緊張状態にたいして、起こり得る反応を五つあげている。《同調主義者たち》は、一般に支持されてきた価値観とその価値を実現するための従来からの手段を、成功につながるか否かにかかわらずともに受け容れる。大多数の人は、この範疇に入る。《革新者たち》は、社会的に是認された価値観を引きつづき受け容れるが、その価値を追求するために、不当な、あるいは違法な手段を用いる。富を違法な活動によって獲得する犯罪者たちは、この種の反応の典型的な例である。

《儀礼主義者たち》は、その人たちが社会的に容認された判断基準の背後にある価値観をすでに見失っているのに、そうした判断基準に同調する。規則を、何か大きな目的もなく、また目的のためではなく、強迫観念のように自己目的化して守っていく。儀礼主義者とは、たとえ出世の見込みがなく、また報酬がほとんど得られなくても、退屈な仕事に専心する人である。《逃避主義者たち》は、競争主義的な見方をまったく捨て去り、したがって支配的な価値観とその価値を実現するための社会的に是認された手段をともに拒否する人たちである。一例が、自給自足して暮らすコミューンの成員である。終わりに、《反抗者たち》は既存の価値観や手段をともに拒否するが、同時に既存の価値観や手段を新しい価値観や手段に置き換え、社会システムを再構築したいと積極的に望んでいる。急進的な政治集団の成員が、この範疇に入る。

マートンの著述は、犯罪学研究における難問のひとつに、つまり、社会全体がより豊かになりだしている時代に、なぜ犯罪率が上昇しつづけるのかという難問に目を向けていった。マートンは、願望の高まりと根強い不平等状態との対比を強調することで、逸脱的行動の重要な要素として《相対的剥奪》という認識の重要性を指摘している。

相対的剥奪という考え方は、第一〇章「貧困、社会的排除、福祉」、三六五頁～三六六頁で論じている。

サブカルチャーによる説明

その後の研究者たちは、犯罪行動を奨励する規範を採り入れるサブカルチャー集団の面から、逸脱を究明してきた。アルバート・コーエンは、マートンのように、米国社会の内部矛盾を犯罪の主要な原因とみなしている。しかし、マートンが逸脱は価値観と生きる手段との緊張状態にたいする一人ひとりの応答である点を強調したのにたいして、コーエンは、このような応答がサブカルチャーを通じて集合的に生ずるととらえた。コーエンは、『非行少年』のなかで、自分たちの境遇に落胆する下層労働者階級の少年たちは、多くの場合、非行仲間といった非行集団のサブカルチャーに一緒に加わっていく。これらの非行集団のサブカルチャーは、中流階級のいだく価値観を拒否し、代わりに非行等の逸脱行為のような公然たる反抗的態度を賞賛するような規範をうち立てている（Cohen 1955）。

リチャード・A・クロワードとロイド・E・オーリンは、ほとんどの非行少年が下層労働者階級から出現していると指摘する(Cloward & Ohlin 1960)。しかし、非行少年になる「恐れ」がとくに高いのは、それでもやはり中流階級に加わりたいと望むよう励まされてきた下層労働者階級の少年たちである、とクロワードとオーリンは論じている。こうした少年は、自分の努力目標を実現できなかった場合、とりわけ非行活動に陥りやすい。クロワードとオーリンは、少年たちの遊び仲間の研究で、非行仲間が、たとえば恵まれないエスニック・マイノリティのように、合法的な成功機会が乏しいサブカルチャーの社会で生まれていることを見いだした。

逸脱の定義づけ

十分に構造化を遂げた社会は逸脱的行動の発生を防止するように設計されていることを、多くの人は当然視する。しかし、さきに見たように、エミール・デュルケムに追随する機能主義者たちは別の主張をおこなう。デュルケムは、逸脱が十分に秩序づけられた社会で果たすべき重要な役割を担っていると考えた。私たちは、逸脱と何かを定義づけることで、何が逸脱でないのかを意識し、したがって私たちが社会成員として共有する判断基準に気づくようになる、とデュルケムは主張する。それゆえ、逸脱の完全な排除を私たちは目指すべきだという主張は、必ずしも正しくない。社会は、逸脱を容認できる限度内に留める必要があるように思える。

デュルケムの研究が世に出た七〇年後に、社会学者カイ・エリクソンは、一七世紀の米国ニューイングランド地方での逸脱について研究した『片意地のピューリタン』を発表した。エリクソンは、「コミュニティが認めても差し支えない逸脱的行為者の数は長期的に安定した状態がおそらくつづくという［デュルケムの］見解を検証」しようとした。その結果、エリクソンは次のような結論を導いている。

コミュニティが逸脱に対処できる潜在能力は、たとえば、そのコミュニティにおける刑務所の独房数、病院のベッド数、政治家や精神科医の数、法廷や診療所の数を勘定することで、大雑把に推定できる。……多くの場合、統制機関は、逸脱を根絶するよりも、むしろ逸脱を制限内に留めることが自分たちの仕事である、と定義づけているように思える。 (Erikson 1966)

社会は逸脱の受け容れ枠を必要とし、また社会はその受け容れ枠を完全に守るようなかたちで機能するという仮説を、エリクソンは提示した。

社会は、逸脱的行動の量が手に負えなくなった場合、どうするのだろうか。米国の学者で政治家のダニエル・パトリック・モイニハンは、一九九三年に物議を醸した論文「逸脱の定義の下方修正」を書き、この論文で、「米国社会における逸脱の度合は、米国社会が認めても差し支えない限度を超えて拡大してきた」と主張した。その結果、私たちは、「以前は不名誉な烙印を押された行いの多くを免責できるように、逸脱を定義し直し」、同時にまた、以前の判断基準ではアブノーマルとみなされた行動がもはやアブノーマルとみなされないように、「ノーマル」の水準を急いで引き上げだしている。

この点に関して、米国社会で何が進行してきたのだろうか。モイニハンが挙げる事例のひとつは、一九五〇年代に精神保健の専門家の内部ではじまった脱施設収容の運動である。精神病者を、病院施設に押し込める代わりに精神安定剤によって治療して、病院施設から解放していった。その結果、ニューヨークの精神病患者の数は、一九五五年の九万三〇〇〇人から、一九九二年には一万一〇〇〇人に低下した。

こうした精神病患者全員の身の上に何が生じたのだろうか。患者の多くは、ニューヨークで浮浪生活を送るホームレスになっていた。論文「逸脱の定義の下方修正」では、街角で寝起きする人たちは、精神異常ではなく、手頃な住居を欠く人と定義されていた。同時に、犯罪の通常の許容水準も上昇した。一九二九年に七人のギャングが殺害された聖ヴァレンタイン祭の大虐殺が起きたときに、アメリカ人はショックを受け、おおいに憤慨した、とモイニハンは指摘する。しかし、今日、凶暴なギャング殺人事件が頻繁に起きるため、このような反応はほとんど見られない。モイニハンはまた、犯罪を実態よりも過小にしか報道しないことも、犯罪のもう一つの「常態化《ノーマリゼーション》」形態ととらえている。モイニハンが結論づけるように、「私たちは、私たちにとって望ましくない数多くの行動に慣れるようにされだしている」。

論評　機能主義の理論は、さまざまな社会的脈絡における同調と逸脱の結びつきを適切に強調している。より広い社会での社会的成功の機会の欠如が、犯罪行動に加わる人たちとそうでない人たちとを区別する主要な要素になる。とはいえ、貧しい社会に暮らす人たちが裕福な人たちと同じ程度の社会的成功を切望するという考え方には慎重でなければならない。ほとんどの人たちは、自分たちの切望を、自分たちの置かれた状況の真の姿とみなすことがらに順応させる傾向が強い。マートンとコーエン、クロワード、オーリンはいずれも、中流階級の価値観が社会の隅々で受け容れられていると想定したことで批判された。同時にまた、社会的成功の切望と達成機会の不釣り合いな状況が恵まれない人たちだけに限定されると想定するのも、誤りである。後で取り上げる横領や詐欺、脱税といった、いわゆるホワイトカラー犯罪が示唆するように、犯罪活動を強いる圧力は、他の集団のなかにも見いだされる。

相互行為理論

相互行為論の伝統のなかで犯罪と逸脱を研究する社会学者たちは、社会的に構築された現象としての逸脱に焦点を当てる。相互行為論の社会学者は、本来的に「逸脱」である行為類型が存在するという考え方を排除している。むしろ、相互行為論の社会学者は、行動が最初どのようにして逸脱と規定されるのか、なぜある集団が逸脱者のレッテルを貼られ、他の集団は貼られないのかを問題にする。

ラベリング理論　犯罪行動を理解する上で最も重要な取り組みのひとつは、**ラベリング理論**と呼ばれている。ラベリング理論は、逸脱を、個人や集団の一連の特徴ではなく、逸脱者と非逸脱者のあいだで生ずる相互行為の過程として解釈する。この見解では、逸脱そのものの本質を理解するには、なぜ一部の人びとが逸脱者のレッテルを貼られるのかを、私たちは明らかにする必要がある。

法や秩序のもつ強制力を代表する人びとが、つまり、旧来の道徳による定義づけを他者に課すことのできる人びとが、ラベリングのほとんどをおこなっている。したがって、逸脱という範疇を創りだすレッテルは、その社会の権力構造を表示する。一般に、逸脱と定義づける際の規準は、富める人たちが貧しい人たちにたいして、男性たちが女性たちにたいして、年長者が年少者にたいして、エスニック・マジョリティがマイノリティ・グループにたいして創りだしている。たとえば、多くの子どもは、他人の庭に入り込んだり、果物を盗んだり、学校をさぼる。富裕層の住む地区では、親も教師も警察官も、そうした行動を成長過程のあまり罪のない一側面とみなすかもしれない。一方、貧困層の住む地域では、そうした行動を、少年非行に走りやすい性向の証拠とみなすかもしれない。子どもは、ひとたび非行少年や非行少女のレッテルを貼られると、犯罪者の烙印を押されて、教師や就職予定先の雇い主からおそらく信頼できないと判断される。いずれの場合も、おこなった行為は同じである。しかし、その行いに、異なる意味が付与される。

ハワード・ベッカーは、ラベリング理論と最もかかわりの深い社会学者のひとりである。ベッカーは、逸脱者のアイデンティティが、逸脱した動機づけや行動よりも、むしろラベリングによっていかに生みだされるのかを明らかにすることに関心を寄せた。ベッカーによれば、「逸脱的行動とは、人びとがそのようにレッテルを貼ることで生ずる行動である」。ベッカーは、「正常」と「逸脱」の明確な区別を主張する犯罪学的アプローチに、極めて批判的であった。ベッカーにとって、逸脱的行動は、「逸脱者」になる上での決定的な要因ではない。そうではなく、その人が逸脱者としてレッテルを貼られるか否かに大きな影響を及ぼす、行動そのものとは無関係な過程が見いだされる。その人の着ているもの、話し方、あるいは出身国は、逸脱者のレッテルが貼られるか否かを決める最重要な要素になる可能性がある。

ラベリング理論は、ベッカーによるマリファナ喫煙者の研究(Becker 1963)と密接に結びついていった。一九六〇年代初め、マリファナの喫煙は、いま見られるようなライフスタイルの選択というより、むしろサブカルチャーの内側での周縁的行いであった。ベッカーは、マリファナの喫煙者になることが、その人のサブカルチャーにたいする容認の度合や、経験を積んだマリファナ喫煙者との親交の度合、非マリファナ喫煙者にたいする態度に左右されることを見いだした。

ラベリングは、たんに他の人たちがその人をどのように見るかに影響するだけでなく、その人自身の自己意識にも影響を及ぼす。エドウィン・レマートは、逸脱がその人のアイデンティティとどのように共存できたり、あるいはどのようにしてその人のアイデンティティの中心的要素になるのかを理解するためのモデルを提示した(Lemert 1972)。レマートは、逸脱が、私たちの想定とは逆に、実際には極めて日常茶飯事であり、また、通常、人びとは罰せられずにいる! と論じている。たとえば、交通違反のような一部の逸脱行為が明るみに出るのは稀であり、また職場からの些細な盗みはしばしば「見逃される」。レマートは、最初の違反行為を、**一次的逸脱**と名づけている。ほとんどの事例で、こうした最初の違法行為は、その人の自己アイデンティティにとって引きつづき「周縁的」である——その逸脱行為を《正す》ための過程が生ずる。とはいえ、一部の事例では、この正常化の過程が生ぜずに、その人に犯罪者や非行少年、非行少女のレッテルが貼られていく。レマートは、人びとが自分に貼られたレッテルを受け容れるようになって、自分自身を逸脱者とみなすことを記述するために、**二次的逸脱**という言葉を用いている。この場合、レッテルは、その人のアイデンティティの中心的要素になり、結果として逸脱的行動の継続や激化をもたらす可能性がある。

たとえば、土曜日の夜、友だちと街に出て一緒に過ごすうちに、商店のショーウィンドーを壊してしまった少年ルークの事例について考えてみたい。この行為を、若者たちには無理もない、調子に乗って騒ぎ過ぎた振る舞いによる偶発的な結果とみなすことも可能だろう。ルークは、譴責と少額の罰金で放免されるかもしれない。かりにルークが「ちゃんとした」生い立ちであれば、これは起こり得る結末である。また、かりにルークが、このときばかりは乱暴が過ぎたが、性格のいい人間とみなされるのであれば、ショーウィンドーの損壊は、一次的逸脱の段階にとどまる。他方、かりに警察や裁判所がルークに執行猶予付きの判決を下して、保護監督官のもとに定期的に出頭することを求めた場合、この事件は、二次的逸脱へ向かう第一歩になるかもしれない。逸脱的行動を矯正するために設置されたはずの組織——刑務所や社会機関——自体が、「逸脱者になる学習」過程をいっそう強める傾向がある。

論評　ラベリング理論は、この理論がいかなる行為も本来的に犯罪性を有していないとの想定から出発しているゆえに、重要である。犯罪行為の定義づけは、権力を握るものが、法律の制定と、警察や裁判所、矯正施設による法律の解釈をとおして確立される。ラベリング理論を批判する人たちは、殺人や強姦、強盗のように、ほぼどの文化でも一様に禁止されている行為も現実に存在するのではないかと、ときとして主張してきた。こうした見解は、明らかに間違っている。なぜなら、たとえば英国では、人の殺害が必ずしもつねに犯罪としての殺人とみなされるわけではないからである。戦時下において、敵を殺すことは積極的に是認されている。また、最近まで英国の法律は、夫が妻に強要した性交を強姦として認めなかった。このことは同時にまた、ラベリングが長いあいだに変化することを示している。

私たちは、別の論拠からラベリング理論をもっと納得できるかたちで批判できる。まず、ラベリング理論は、レッテル貼りの能動的過程を強調する際に、逸脱と規定される行為に至るまでの過程を軽視している。なぜなら、ある行いに逸脱としてのレッテルを貼ることは、完全に恣意的におこなわれるわけではないからである。社会化やその人の判断、状況の違いは、逸脱者というレッテルを貼られる可能性のある行動に人びとがどの程度までかかわるかに影響を及ぼす。たとえば、恵まれない生い立ちの子どもたちは、裕福な子どもたちに比べ、万引きを犯す可能性が高い。最初にその子どもたちを万引きしたい気持ちに仕向けるのは、レッテル貼りではなく、その子どもたちの生育環境である。

二つ目に、レッテル貼りが、逸脱的行動を増やす影響作用を実際にもつか否かは、明確ではない。非行は、有罪宣告を受けた後で増加する傾向がある。しかし、このことは、レッテル貼りそれ自体がもたらす結果なのだろうか。たとえば、他の非行少年や非行少女との相互行為の増大や、新たな犯罪機会の学習といった、他の多くの要因が関係する可能性もある。

逸脱性の増幅

レスリー・ウィルキンズは、逸脱的アイデンティティを「管理」し、その人の日常生活のなかに逸脱的アイデンティティを統合することの波及効果を問題にしている（Wilkins 1964）。この波及効果過程の結果はしばしば逸脱性の増幅になる、とウィルキンズは指摘する。**逸脱性の増幅**とは、取り締まり当局が、ある行動に逸脱のレッテルを貼ることによって、そのまさに同じ逸脱的行動を実際により多く引き起こしてしまう、意図しなかった帰結を指称している。かりに逸脱者のレッテルを貼られた人が、二次的逸脱によって逸脱者としてのレッテルを自分のアイデンティティのなかに組み込むと、取り締まり当局側の反応をより多く誘発する可能性がある。いいかえれば、望ましくないとみなされた行為そのものが一般に広まっていくと、逸脱者のレッテルを貼られた人たちは、改めることにより一層抵抗するようになる。

スタンリー・コーエンは、『社会の敵とモラル・パニック』という重要な研究で、逸脱性の増幅の及ぼす広範な影響を例証している（Cohen 1980）。このいまや古典となった研究で、コーエンは、警察による一九六〇年代の若者たちのあるサブカルチャー——いわゆるモッズやロックンローラー——の取り締まりが、いかにこのサブカルチャーへの注目を増加させ、このサブカルチャーが若者たちのあいだで流行する結果だけに終わったのかを検証した。ある集団に——取り締まり目的で——アウトサイダーやトラブルメーカーというレッテルを貼る過程が裏目に出て、取り締まり当局にとってさらにもっと大きな問題を生みだすことになった。モッズやロックンローラーにたいするメディアの過剰な、扇情的な報道は、**モラル・パニック**——特定の集団や行動類型へのメディアが誘発した過剰反応を記述するために社会学者が使う用語——を結果的に引き起こした。モラル・パニックは、全般的な社会不安の兆候と受け止められる、そうした公の問題をめぐってしばしば発生する。近年では、たとえば若者の犯罪や「偽の」亡命希望者といった話題をめぐってモラル・パニックが生じてきた。

葛藤理論——「新しい犯罪学」

一九七三年にテイラー、ウォルトン、ヤングの三人が刊行した『新しい犯罪学』は、それ以前の逸脱理論との重要な決別となった。テイラーたちは、マルクス主義思想の基本原理を利用して、逸脱が意図的な選択であり、しばしば政治的性質を帯びていると主張した。テイラーたちは、逸脱が、生物学やパーソナリティ、アノミー、社会的解体、ラベリングといった要因によって「規定される」という考え方を排除する。むしろ人びとは、資本主義システムの生みだす不平等状態への応答のなかで逸脱行動に加わっていく、とテイラーたちは主張する。だから、たとえば「逸脱」とみなされるカウンターカルチャー集団の成員たちは──ブラック・パワーや男性同性愛者解放運動の支持者のように──社会秩序に異議を唱える明らかな政治的行為に加わってきた。**新しい犯罪学**の論者たちは、犯罪と逸脱の分析を、社会構造と、支配階級のあいだでの権力の保持という観点から組み立てた。

『新しい犯罪学』で示された広範な視座を、他の研究者たちはさらに明確な方向へ展開していった。バーミンガム大学現代文化研究センターのスチュアート・ホールたちは、英国で一九七〇年代初期に著しい注目を浴びた現象──「路上強盗」という犯罪──について重要な研究をおこなった。人目を引いた路上強盗事件が、いくつか大々的に報道され、街頭犯罪の激増への人びとの幅広い懸念を煽りたてた。路上強盗犯は圧倒的に黒人に多いと描写され、そうした描写の仕方は、移民たちが基本的に社会崩壊を招いたとする見解の一因となった。ホールたちは『危機を取り締まる』のなかで、路上強盗をめぐるモラル・パニックは、失業の増加や賃金の下落等の社会内部での根深い構造的欠陥から人びとの注意を逸らすための手段として、国とメディアの双方が仕向けたものである、と論じた（Hall et al. 1978）。

ほぼ同じ時期に、他の犯罪学者たちは、社会における法の成立と行使について考察し、法が、権力をもつ人たちが自分たちの特権的地位を維持するために用いる道具である、と主張した。この犯罪学者たちは、法が「中立的」であり、住民にあまねく公平に適用されるという考え方を排除する。それどころか、支配者階級と労働者階級のあいだの不平等が増大するにつれて、法は、権力をもつ人たちにとって、秩序を維持する上でさらにもっと重要な手段となっている、と主張した。このような力学を、労働者階級の「違反者」にたいしてますます抑圧的になった刑事司法システムや、富裕層にたいして不釣り合いに有利に働く税制のなかに見いだすことができる。とはいえ、こうした権力の不均衡は、法の制定だけに限定されない。この犯罪学者たちは、権力をもつ人たちも法を破るが、めったに逮捕されない、と主張している。こうした権力をもつ人たちの犯罪は、最も注意を引く日々のありふれた犯罪や非行よりも概して大きな影響を及ぼす。しかし、「ホワイトカラー」犯罪者の追跡が言外にもたらす意味合いを恐れるために、その代わりに当局は、売春婦や麻薬の売人、こそ泥といった権力をもたない社会成員たちの取り締まりに注意を集中させている（Pearce 1976; Chambliss 1978）。

これらの「新しい犯罪学」と密接に結びついた研究は、犯罪と逸脱をめぐる論議を押し広げ、そのなかに社会的公正や権力、政治の問題を組み込んでいったことで重要である。これらの研究は、犯罪が、社会のすべてのレヴェルで発生しており、社会集団間の不平等や競合する利害関心という脈絡のなかで理解される必要性を強調する。

左派リアリズム　一九八〇年代に、犯罪学の新たな立場が台頭した。このニューレフトないし**左派リアリズム**として知られる立場は、さきに述べた新しい犯罪学の研究者が打ち出したネオ・マルクス主義の考え方に部分的に負っているが、逸脱を美化し、ほとんどの住民が犯罪にいだく恐怖感を軽視するように思える「左派理想主義者たち」からは距離を置いてきた。長いあいだ、犯罪学者の多くは、警察が発表する犯罪率の上昇傾向の示す重要性を過小評価する傾向があった。この人たちは、メディアが犯罪の増加にたいする人びとの不安を必要以上にかき立ててきたことを証明したり、ほとんどの犯罪が不平等状態へのかたちを変えた不満の表明である、と主張してきた。左派リアリズムは、こうした立場から一線を画し、犯罪が現実に増加しており、一般の人びとが犯罪の増加を心配するのは当然である、と力説する。犯罪学は、犯罪抑制や社会政策という現実の争点を抽象的に議論するのでなく、むしろこれらの争点に実際にかかわる必要がある、と左派リアリズムの論者は主張している（Lea & Young 1984; Matthews & Young 1986）。

左派リアリズムは、犯罪被害者に注意を向け、犯罪被害の調査が、犯罪の拡がり具合について官庁統計よりももっと妥当性のある描写をしている、と主張する（Evans 1992）。犯罪被害の調査は、犯罪が、とりわけ貧困化したインナーシティ地区で深刻な問題になったことを明示している。左派リアリズムの論者は、犯罪と犯罪被害の発生度合が、社会の片隅に取り残された近隣居住地区に集中している——社会の恵まれない集団が他の集団よりもより多く犯罪のリスクにさらされている——と指摘する。左派リアリズムの取り組みは、マートンやクロード、オーリンたちの立論に依拠して、インナーシティ地区では犯罪的サブカルチャーが発達している、と指摘する。こうした犯罪的サブカルチャーは、貧困そのものからではなく、人びとがより広い社会のなかに組み入れられていないことに由来する。たとえば、犯罪者となった若者集団は、「体裁が尊重される社会」の周縁でことを起こして、そうした社会に対抗していく。黒人たちの犯罪率が近年上昇してきた現実は、人種差別撤廃政策が失敗に終わったという事実に起因する。

第一〇章で取りあげた相対的剥奪と社会的排除という考え方は、左派リアリズムを理論的に下支えしている。

左派リアリズムは、こうした犯罪動向に取り組むために、警察活動の改革について「現実的な」提案をしている。法による取締まりは、人びとの支持が得られない「憲兵」的手法に頼るのではなく、地域社会にもっと敏感に反応する必要がある、と左派リアリズムの論者は主張する。左派リアリズムの論者は、地域で選任された警察当局が住民にたいして説明責任を負い、住民が地域における治安維持活動の優先事項の決定で大きな発言力をもつ、そうした「最小限の警察活動」を提案する。さらに、警察は、定型的な行政事務よりも、犯罪の捜査や撲滅にもっと多くの時間をかけることで、地域社会での信頼を回復できる。総じて左派リアリズムは、左派リアリズムに先行した犯罪学の多くの視座よりも、もっと実践的、政策志向的な取り組みになっている。

左派リアリズムを批判する人たちは、犯罪被害に力点を置くことの必要性は認める。しかし、一般の人びとの犯罪にたいする認識が、しばしばステレオタイプ——間違ったイメージ——にもとづいていると指摘する。左派リアリズムが、「犯罪問題」をめぐって政治やメディアが先導する狭い範囲の議論のなかだけで、個々の犯罪被害者に焦点を合わせている、と主張する。こうした犯罪の狭い定義づけでは、街頭犯罪といった最も可視性の高い犯罪に注目は集まるが、たとえば国家や企業が実行する違法行為を見過ごすことになるからである（Walton & Young 1998）。

コントロール理論

コントロール理論は、犯罪が、罪になる活動に駆り立てる衝動とそうした活動を思いとどまらせる社会的、物理的抑制力との不均衡状態の結果として生ずる、と仮定している。コントロール理論は、罪を犯す一人ひとりの動機には少しも関心を寄せない。むしろ、人びとは合理的に行動しており、かりに適当な機会が与えられれば、誰もが逸脱的行為にかかわる可能性がある、と想定する。コントロール理論では、多くの犯罪類型を、「状況に即した」意思決定の結果である——人は、適切な機会かどうかを確かめて、行動するように動機づけられている——と主張する。

コントロール理論の最も有名な論者のひとり、トラヴィス・ハーシは、人間とは、犯罪活動をおこなえば手にできるかもしれない利益とリスクを比較考量することで、その犯罪活動にかかわるか否かを決める、そうした基本的に自分本位的存在である、と主張する。ハーシは、『非行の原因』のなかで、人びとを社会や遵法的行動に結びつける四種類の絆、つまり、愛着、投資、巻き込み、規範観念が存在する、と指摘している（Hirschi 1969）。これらの要素は、それが十分強く働いた場合、人びとに自由に規則を破る気持ちにさせないことで、社会的統制や社会的服従を維持するのに役立つ。とはいえ、かりにこうした社会との絆が弱かった場合、結果として非行や逸脱が生ずる可能性がある。ハーシの取り組みは、非行少年や非行少女が、多くの場合、家庭や学校での不適切な社会化の結果として、自制心の弱い人間になっていることを示唆する（Gottfredson & Hirschi 1990）。

右派リアリズム

一九七〇年代後半に、英国でマーガレット・サッチャー政権が、また米国でロナルド・レーガン政権が登場したことは、英米両国に、しばしば**右派リアリズム**と形容されるような、犯罪にたいする強固な「法と秩序」的取り組みが生みだされた。こうした犯罪研究への取り組みは、とくに米国ではジョージ・ブッシュ・ジュニア大統領の下で、引きつづき有力である。一般に認識される犯罪と非行の増加傾向が、モラルの堕落、福祉依存や寛容な教育に由来する個々人の責任意識の低下、家族や地域共同体の崩壊、伝統的価値観の幅広い衰えと結びつけてとらえられた（Wilson 1975）。公の議論やメディアの広範な報道は、暴力や無法状態の及ぼす危機が社会の掌握を脅かしはじめたという点に集中した。

右派リアリズムの論者は、逸脱を、一人ひとりの病理として——自制心や道徳観念を欠く人たちが積極的に選択し、続行する、一連の破壊的な不法行動として——描写してきた。また、この章の他の箇所で論じた犯罪研究の「理論的」アプローチを、とりわけ犯罪を貧困と結びつける取り組み方を排除する。英国と米国の保守政権は、この右派リアリズムの影響を受けて、法による取締まり活動を強化しだした。警察力が増強され、刑事司法システムのために資金の増額がなされ、また、犯罪の最も有効な抑止手段としてますます長期懲役刑に頼っていった。

「状況に応じた」犯罪防止策——犯罪標的の防御強化や監視システムのような——が、犯罪リスクを「管理する」上で一般的な取り組み方だった（Vold et al. 2002）。政策立案者たちは、これらの手法をしばしば好んで用いてきた。なぜなら、これらの手法は、現行の治安維持の手法と平行して比較的簡単に導入できるし、また、犯罪にたいする断固たる措置が執られているという印象を住民に与えて、住民を安心させることができるからである。しかしながら、こうした治安維持の手法は、犯罪の根底にある——社会的不平等や失業、貧困といった——原因と噛み合っていないため、その最大の成果は、一部の住民を犯罪から守り、非行を他の社会領域に追いやることでしかなかった。

このような力学の一例を、犯罪や犯罪リスクの削減策として、共有する空間から特定の範疇の人たちを物理的に《排除》する企てに見ることができる。社会の公共空間は——たとえば、図書館や公園、さらに街角でさえも——ますます「治安確保策で溢れた状態」になりだしている。警察によるモニター活動や私設のセキュリティ・チーム、監視システム等のリスク管理の主眼は、人びとを潜在的なリスクから守ることである。たとえば、ショッピングモールでは、安全対策は、企業と消費者の「契約協定」の一部としてますます重要になりだしている。企業は、消費者を引きつけ、消費者の支持を維持するために、顧客の安全と快適さを確保する必要がある。若者たちは、大人よりも安全への脅威となり、また統計的にも罪を犯しやすいという理由から、このような公共空間から過度に排斥される傾向が強い。消費者にたいして「信頼できる場」を創りだす一環として、若者たちは、自分たちに開かれている公共空間が小さくなりだしていることに気づく。

警察力もまた、犯罪の増加に応じて拡大してきた。犯罪が増加すると、ほぼ不可避的に「街角に」もっと警察官を配置せよという住民の要求が起こる。犯罪に断固とした姿勢をとりたい政府は、犯罪を抑制する努力として警察官の増員や警察活動手段の増強に賛成する傾向が強い。一般に警察活動にたいして人びとがとる見方は、警察活動が法と秩序の礎石になるという考え方である。しかし、犯罪を実際に抑制する際に警察はどのような役割を演ずるのだろうか。警察官の増員が必然的に犯罪率の低下を実現するかどうかは、明確でない。英国では、犯罪率と警察官の人数に関する官庁統計は、両者の関連性を疑問視している。このことは、解明の難しい疑問をいくつか提起する。たとえ警察活動の増強が犯罪を防止できないとしても、世間の人たちは、なぜ目に見えるかたちで警察が人前に立つことを求めるだろうか。警察活動は、私たちの社会でどのような役割を演ずるのだろうか。

犯罪の抑制

コントロール理論の一部の論者は、犯罪の増加を、現代社会では犯罪の機会や標的の数が増えたことの結果であると考えている。住民がもっと裕福になり、消費主義が人びとの生活の中核をなすようになると、ますます多くの人たちが、たとえばテレビやビデオ、パソコン、デザイナーブランドの服といった——泥棒の格好の標的である——品物を所有するようになる。居住する家屋は、女性たちが次第に家庭の外で雇用就労するようになれば、ますます日中は誰もいなくなる。犯罪に興味をもつ「信念をもった犯罪者たち」は、「状況に即した」幅広い「獲物」から選択することが可能になる。

このような変化に対処するために、行政側が近年おこなう犯罪撲滅の取り組みは、犯罪が生ずる機会の規制に焦点を合わせてきた。こうした政策の中心になるのが、**犯罪標的の防御強化**という考え方——潜在的に「犯罪が生まれやすい状況」に直接介入することで、犯罪が生ずるのを困難にさせること——である。たとえば、すべての新車にステアリングロックの装着を命ずる法律は、自動車泥棒の生ずる機会を減らすことを意図している。一部の地域では、公衆電話に、日和見的な公共物破壊犯を思いとどまらせるための頑丈なコインボックスが取り付けられている。都市中心部や公共の場での防犯テレビの設置も、犯罪活動を思いとどまらせる方策のひとつである。最適の政策は、犯罪者を更正させることよりも、むしろ犯罪者がもつ犯罪遂行能力を抑制するために現実的な方法を講ずることである、とコントロール理論の論者は主張する。

近年、犯罪標的の防御強化策と**寛容度ゼロの警察活動**は、政治家のあいだで支持され、また状況によっては犯罪を少なくするのに成果を上げてきたように思える。寛容度ゼロの警察活動は、たとえば公共物の破壊やうろつき、金銭のせびり、公共の場での泥酔など、軽度の犯罪や些細な妨害行為を対象にしている。警察が低度の逸脱行為にたいして強硬措置をとることは、(以下で取りあげる「割れ窓」理論のように)もっと深刻な犯罪を減らすのにプラス効果をもたらすと考えられている。しかし、このような取り組みにたいして批判を加えることもできる。犯罪標的の防御強化策や寛容度ゼロの警察活動は、犯罪の背後にある原因に焦点を当てるのではなく、社会の特定の構成要素を犯罪の拡がりから保護、防御することに主眼が置かれている。民間のセキュリティサーヴィス、車の盗難防止装置、住居の防犯装置、番犬、防犯ゲートで囲まれた住宅地域等にたいする人気の増大は、住民のかなりの部分が他の人たちから否応なしに自衛せざるを得ない感じをいだく、そうした「鎧を着た社会」に私たちが生きているような思いを、一部の人たちにいだかせる結果をもたらした。このような傾向は、最富裕層と最貧困層の格差が広がる米国や英国だけでなく、特権階級のあいだに「要塞社会的精神構造」がすでに出現している旧ソ連邦や南アフリカ、ブラジルといった国々で、とくに顕著である。

このような政策の意図しなかった帰結を、もう一つ見いだすことができる。つまり、犯罪の標的が「防御を強化」すると、犯罪の様式は、ある領域から別の領域にすぐに移っていく。たとえば、英国で新車への取り付けが義務となったステアリングロックは、旧型車には要求されていない。その結果、自動車泥棒の関心は、新型モデルから旧型モデルへと移っていった。犯罪標的の防御強化と寛容度ゼロの警察活動は、犯罪を、多少なりとも防備された地域からもっと簡単に攻撃しやすい地域へ移行させるリスクを冒すことになる。社会的凝集性が乏しかったり、あるいは凝集性を欠く近隣社会は、裕福な地域が防備を増強するにつれて、おそらく犯罪や若者の非行の増加を経験することになる。

「割れ窓」理論　犯罪標的の防御強化と寛容度ゼロの警察活動は、「割れ窓」理論として知られる考え方に基盤を置いていた（Wilson & Kelling 1982）。この理論は、米国の社会心理学者フィリップ・ジンバルドが一九六〇年代におこなった研究にもとづいている。ジンバルドは、ナンバープレートを外し、エンジンフードを開いたままの乗用車を、まったく社会的環境が異なる二つの場所に放置した。カリフォルニア州パルアルトの裕福な地域社会と、ニューヨーク市ブロンクス地区の貧しい近隣地区である。いずれの場所でも、通りがかりの人たちが、階級や人種に関係なく、乗用車が放置され、しかも「誰も気にしていない」ことを感知するや否や、その車は破壊されていった（Zimbardo 1969）。「割れ窓」理論の提唱者たちは、この研究成果をもとに、地域社会の無秩序を示す徴候はいずれも、割れた窓の出現でさえ、もっと重大な犯罪の増殖を助長していく、と主張する。割れても修繕されず放置された一枚の窓ガラスは、誰も気に掛けていないというメッセージになり、したがって、もっと多くに窓ガラスを壊すことが――つまり、もっと重大な罪を犯すことが――犯罪者にとって、こうした社会的に無秩序な状況への理にかなった応答になる。その結果、ささいな逸脱的行為が、犯罪と社会的荒廃の連鎖を導く可能性がある（Felson 1994）。

一九八〇年代末以降、「割れ窓」理論は、公共の場での飲酒や薬物使用、交通違反といった「軽微な」犯罪の取り締まりに精力的に注意を向ける警察の新たな戦略の根拠として、役立ってきた。寛容度ゼロの警察活動は、ニューヨーク市で、一九九四年から二〇〇一年まで在職したルドルフ・ジュリアーニ市長が先鞭をつけ、犯罪の減少に成果を収めたために、米国の大都市で、幅広く導入されていった。ニューヨーク市警察は、地下鉄での秩序回復を目指した積極果敢なキャンペーン活動を手始めに、物乞いやホームレス、露天商人、アダルト向けの書店やクラブのオーナーにたいする規制を強化し、寛容度ゼロの警察活動を街のなかに拡大した。たんに（路上強盗や窃盗といった）標準的な犯罪の度合が劇的に減少しただけでなく、殺人事件の割合も、ほぼ一世紀間で最も低い水準に下落した。

とはいえ、「割れ窓」理論の重大な欠陥のひとつは、「社会的無秩序状態」の確認を警察の意のままに任せていることである。警察に、無秩序状態のきちんとした定義づけもなしに、ほぼどんなことがらも無秩序の兆候とみなしたり、誰でも脅威になる存在とみなす権限が与えられている。事実、ニューヨーク市では、犯罪率は一九九〇年代を通じて低下したが、警察の職権乱用や嫌がらせへの訴えの数も、とくに潜在的な犯罪者の「人物像」に合致する、都市居住の黒人若年男性たちから急増していった。

理論的帰結

こうした犯罪理論の概観から、どのような結論を引き出すべきだろうか。まずはじめに、さきに指摘した点を思い起こす必要がある。つまり、犯罪は、逸脱的行動全体から見れば下位範疇のひとつに過ぎないにしても、あまりにも多様な――一枚の板チョコの万引きから大量殺人に至る――活動形態を問題にしているため、犯罪行為のすべての形態を説明する単一理論を私たちが生みだすことは、おそらくできない。

社会学の犯罪理論は、二つの面で寄与する。まず、社会学の理論は、犯罪行動と「まともな」行動との連続性を適切に強調している。特定の活動類型が犯罪とされ、法的に処罰すべきとみなされる状況は、非常に多様である。このことは、社会における権力と不平等の問題と、ほぼ間違いなく結びついている。二つ目に、すべての理論は、犯罪活動の発生する脈絡が重要であるという点で、見解をともにする。ある人が犯罪行為にかかわるか否か、犯罪者とみなされるようになるか否かは、基本的に社会的学習や社会環境の影響を受けている。

ラベリング理論は、不備な点があるとはいえ、犯罪と逸脱的行動を理解する上で、おそらく最も幅広く利用できる取り組み方である。ラベリング理論は、特定の人が法律に抵触するに至る状況だけでなく、ある種の活動が法的に処罰すべきであると規定されるに至る道筋や、その規定の形成にかかわる権力関係について、私たちを敏感にさせる。

犯罪を直接どのようにとらえるのかは、犯罪と闘うために展開される政策に影響を及ぼす。たとえば、かりに犯罪を貧困状態や社会的解体状態の所産とみなすのであれば、貧困を和らげ、行政サーヴィスを強化することが、政策目標になるだろう。かりに犯罪を自発的な、つまり、人びとが自由意思で選択した行為とみなすのであれば、犯罪に反撃するためにとる試みは別のかたちをとることになる。そこで次に、英国における近年の犯罪動向を調べ、犯罪動向にたいする政策的対応について検討したい。

ミクロ社会学とマクロ社会学の結合
――『ザ・セインツとザ・ラフネック』

逸脱的行動が生ずる過程と、もっと広い階級構造との関係を、ウィリアム・チャンブリスは有名な研究書『ザ・セインツとザ・ラフネック』で言及している（Chambliss 1973）。チャンブリスは、米国のある学校で、二つの非行集団を、ひとつは上流階級家庭や中流階級家庭出身の非行集団（「ザ・セインツ」）と、もう一方は貧しい家族出身の非行集団（「ザ・ラフネック」）を調査した。ザ・セインツは、飲酒や公共物破壊、無断欠席、盗みといった些細な犯罪に絶えずかかわっていたが、メンバーは誰も捕まったことがなかった。ザ・ラフネックも同じような犯罪活動にかかわっていたが、警察とつねに揉めごとを起こしていた。チャンブリスは、この二つの集団の逸脱度合に差がないのに、なぜ警察や地域社会がこの二つの集団にたいして別個の反応をするのか、その理由を解明できる要因に着目した。

たとえば、上流階級家庭出身の遊び仲間は車をもっているため、移動して地域社会の目から自分たちを隠すことが可能だった。下層階級の子どもたちは、必然的だとはいえ、地域社会の誰もが頻繁に自分たちと出会う範域内で集まることになる。このような差異は社会の階級構造の表れであり、このことが、逸脱者のレッテルが貼られるようになったときに、一部の富裕者集団を優位な立場に置いている、とチャンブリスは結論づける。たとえば、ザ・セインツの親たちは、息子たちの犯罪を害のない悪ふざけとみなすのにたいして、ザ・ラフネックの親たちは、警察が息子たちの行動に犯罪というレッテルを貼ることに黙ってしたがう。地域社会全体もまた、こうした異なるレッテル貼りに同意しているように思える。これらの少年は、このようなラベリングに沿って、ザ・セインツたちは中流階級の月並みな生活を送り、また、ザ・ラフネックたちは法律との厄介な問題を繰り返しかかえながら生活していくことになる。この章でさきに（七八九頁）見たように、こうした帰結は、レマートが名づけた「二次的逸脱」と密接に結びついている。なぜなら、人は、いったん「逸脱者」のレッテルが貼られると、その結果「ノーマルな」存在として生き続けることができないと思われているからである。

このチャンブリスの研究は、階級のようなマクロ社会学的要因と、人びとがどのようにして逸脱者のレッテルを貼られるのかというミクロ社会学的現象との結びつきを明示したことで、社会学では広く引用されている。この研究はまた、逸脱が社会的に構築される際に、ミクロな要因とマクロな要因を切り離してとらえることがいかに困難であるかの実例にもなっている。

英国における犯罪の様式

警察に通報された犯罪の統計で見ると、英国の犯罪率は、二〇世紀を通じて著しく増加した。一九二〇年代以前に、イングランドとウェールズで毎年記録された犯罪件数は一〇万件以下だった。この数字が一九五〇年に五〇万件に達し、一九九二年には五六〇件とピークに達した。記録された犯罪の度合は、一九七七年から一九九二年に二倍以上に増加した。

一九九〇年代中頃から、英国で生じた犯罪の総数は、横ばいになったように見える。たとえば（次の七九九頁以下で論じる）英国犯罪調査のような測定手段は、犯罪の総合計が明らかに減少したことを示している（図19-1を参照）。最近のデータによれば、犯罪被害者になる危険性は、過去二〇年以上で最も低くなった（Clegg et al. 2005）。犯罪件数の上昇が止まったことを、多くの専門家は驚きをもって受けとめている。その背後にある原因や、こうした趨勢が持続するのかどうかは、依然不確かである。

犯罪統計では近年減少傾向が示されているにもかかわらず、人びとのあいだでは、犯罪が徐々にはびこり、深刻な状態になってきたという認識が引きつづき広く定着している（Nicholas et al. 2005）。最近のレポートによれば、反社会的行動への不安は依然としてかなり高いが、主要な犯罪形態にたいする懸念の度合は低下しだした（Clegg et al. 2005）。犯罪は、かりにかつて何か周縁的、例外的な出来事とみなされていたとすれば、ここ数十年間に、多くの人びとの暮らしですでにかなり重要な関心事になっている。

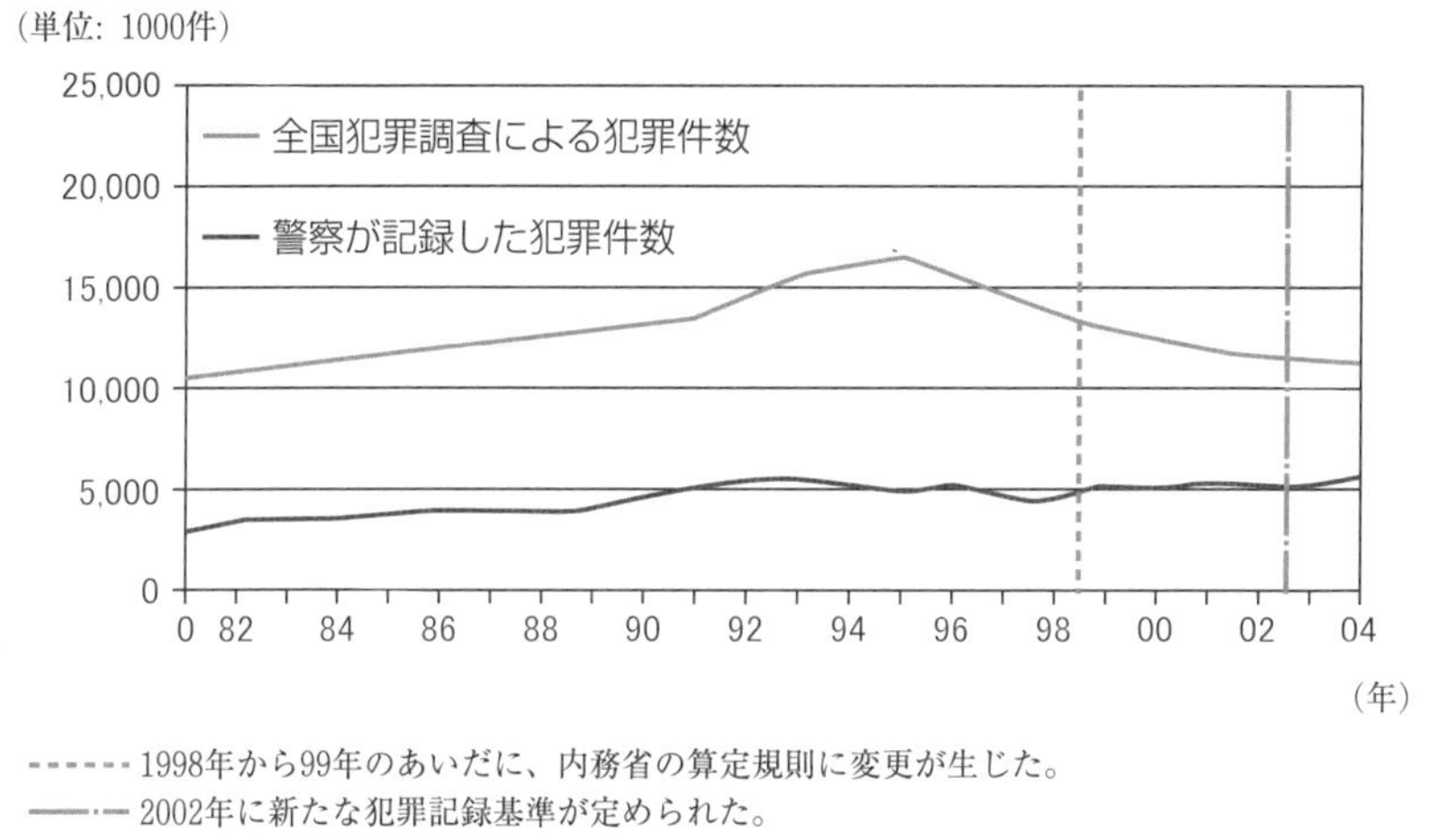

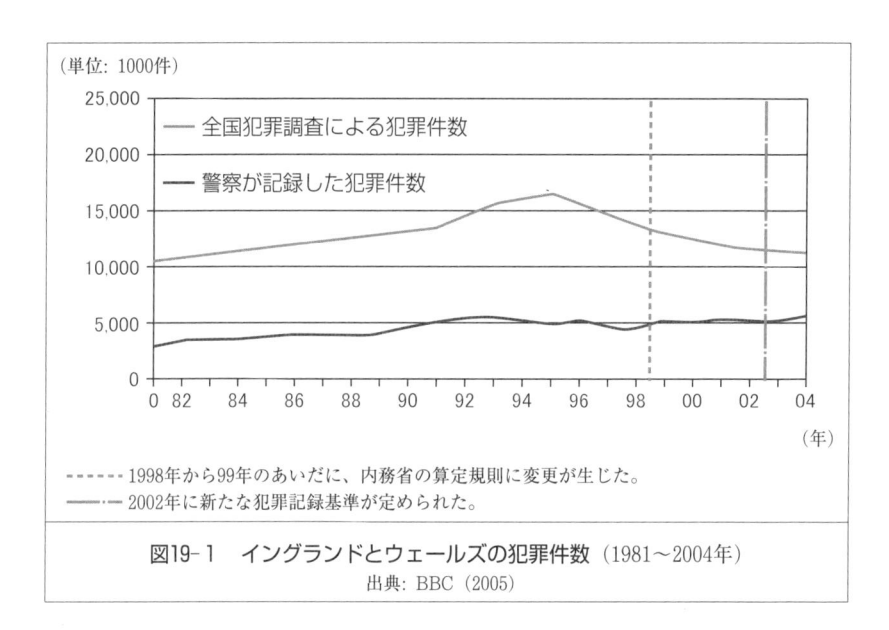

図19-1 イングランドとウェールズの犯罪件数（1981〜2004年）
出典: BBC（2005）

今日、人びとは、犯罪にたいして以前よりもっと不安をいだき、暗くなってからの外出や、自宅が押し込み強盗にあったり、犯罪被害者になることに強い不安を覚えている、との調査結果も示されている。報道によれば、人びとはまた、たとえば公共物への落書きや、酔っぱらいの乱暴な行為、街の通りをうろつくティーンネージャー集団といった軽度の無秩序状態にたいしても、かなり心配している。

現実に犯罪はどのくらい生じており、また人びとはどのくらい犯罪被害を受けやすいのか。犯罪の見た目の激増を抑えるために何ができるのか。この数十年間に、これらの疑問をめぐって、おおいに議論がなされてきた。一般市民の激しい怒りに加え、メディアによる犯罪報道は増加しており、また歴代政府が「犯罪にたいして強硬な措置をとること」を約束したからである。しかし、犯罪の特質を解明し、犯罪の分散を解消することは、どの方策に焦点を絞ってみても、簡単にいかないことが判明している。

犯罪と犯罪統計

犯罪の拡がり具合と、刑法犯罪の最も一般的な形態を正確に知るためには、まず警察が実際に記録した犯罪件数の公的統計を調べるという方法がある。こうした統計は定期的に公表されているため、犯罪率の査定は簡単にできると思えるかもしれない――しかし、こうした想定はまったく誤りである。犯罪や非行に関する統計は、社会的争点について官庁が公表するあらゆる数値のなかで、おそらく最も信頼性に乏しい。犯罪学者は、官庁統計を額面通りに受けとめることはできないと強調してきた。

表19-1　犯罪を警察に通報しなかった理由（2003年度、%）

	公共物の破壊	押し込み強盗	車上荒し・その未遂	対世帯の窃盗	対人の窃盗	全国犯罪調査に示された暴力行為
些細なこと／損害がなかった／警察は何もしないと思った／警察は何もできないと思った	82	72	85	78	71	47
個人的なことがらだった／自分たちで対処した	16	20	12	19	16	46
通報に手間が掛かった	5	4	8	6	9	5
他の行政機関に通報した	2	4	1	2	17	8
警察関連の理由*	3	3	3	2	1	3
報復への恐れ	2	4	1	1	0	6
その他	1	2	1	1	1	2

*警察関連の理由には、警察嫌いや警察への恐怖心、かつて警察なり裁判所で不快な経験をした、が含まれる。

出典: Nicholas et al. (2005)

まず、《警察に通報された》犯罪にもとづく統計の最も根本的限界は、大多数の犯罪が警察にまったく届けられていないことである。人びとがその犯罪を警察に通報しないと決めた理由は（表19-1に示されるように）数多くある。被害者が傷を負った場合でさえも、半数以上の事件は警察に通報されていない。たとえば、被害者は、それが個人的な出来事であるとか、自分たちだけで対処できることだからと主張している。これ以外にも多くの理由で、犯罪は警察に通報されないままで終わる可能性がある。たとえば、一部の犯罪的暴力は、他の暴力以上に「隠蔽」されている。身体的虐待や性的虐待は、多くの場合、家庭や、あるいは介護施設なり刑務所の閉ざされたドアの背後で生じている。被害者は、通報しても警察が信じてくれなかったり、虐待がさらに激しくなることを恐れる可能性がある。以下で見るように、たとえば家庭内暴力の被害者は、しばしば警察への通報に極端に気がすすまない。一部の人たちは、その犯罪があまりにも些細なため警察を必要としないと思ったり、その犯罪について警察にできることは何もないと考えている。とはいえ、自動車窃盗の大部分は、車の所有者が保険証書にもとづいて損害補償を請求するための必要から、警察に通報されている。

二つ目に、警察に通報されている犯罪のうち、その多くは、統計に記録されていない。推計によれば、犯罪の四三%は警察に通報されているとはいえ、二九%しか記録されていない。もっとも、犯罪の種類によってこの数字は異なる（BCS 2002/3）。この結果は、数多くの理由から生じている可能性がある。警察は、自分たちが偶然手にした噂される犯罪情報について懐疑的かもしれない。

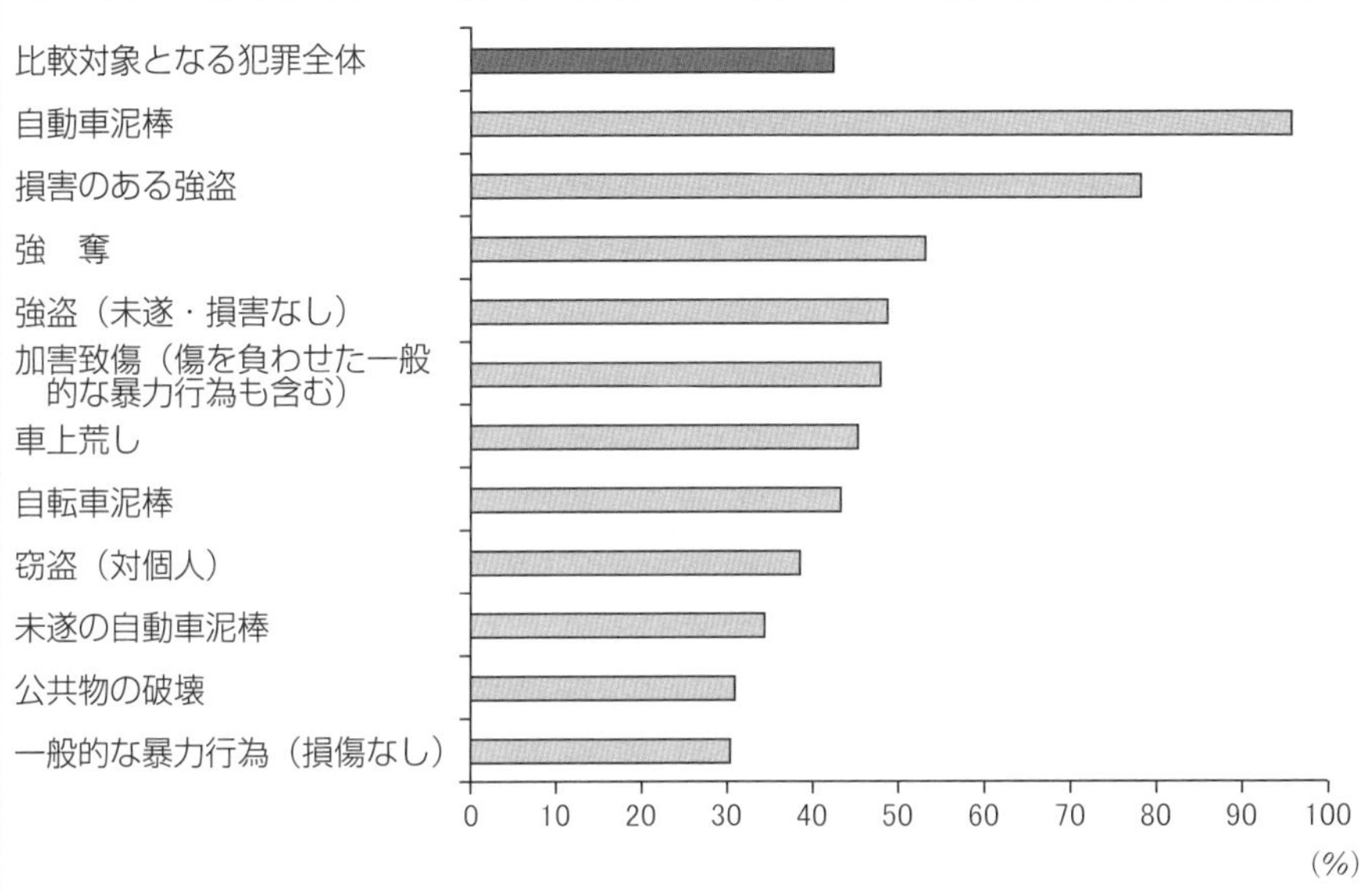

図19-2　実際に警察に通報された犯罪の割合（推計値）

出典: Nicholas et al. (2005)

あるいは、被害者側は、警察に正式に訴えることを望まないかもしれない。

全般的に見ると、犯罪の不完全な通報と不完全な記録によって、公的な犯罪統計は、犯罪行為全体のごく一部を反映しているに過ぎない。官庁統計で捕捉されない違法行為は、未記録犯罪の《隠れた数字》と称されている。

おそらく英国における犯罪のかなり正確な状況は、毎年おこなわれる全国犯罪調査（ＢＣＳ）から得られる。この調査は、人びとに過去一年間に体験した犯罪について質問することで、イングランドとウェールズにおける犯罪の度合を測定しているからである。その結果、全国犯罪調査には、警察に通報されなかったり、警察が記録していない犯罪が含まれ、警察記録の代わりになる重要なデータとみなすことができる。この調査は、個人住宅で暮らす人たちとの面談でおこなわれ、その人たちに過去一二カ月間に体験した犯罪について聞いていく。毎年、英国全体で約四万人が抽出調査にかかわっている（図19-2を参照）。一部の数字は暴力犯罪が近年増加していることを示し、違法行為の種類によって増加率と減少率に差が見られる。とはいえ、全国犯罪調査が示す全般的推移でも警察が記録した犯罪の件数でも、ともに一九九〇年代中頃から犯罪が減少傾向にある。

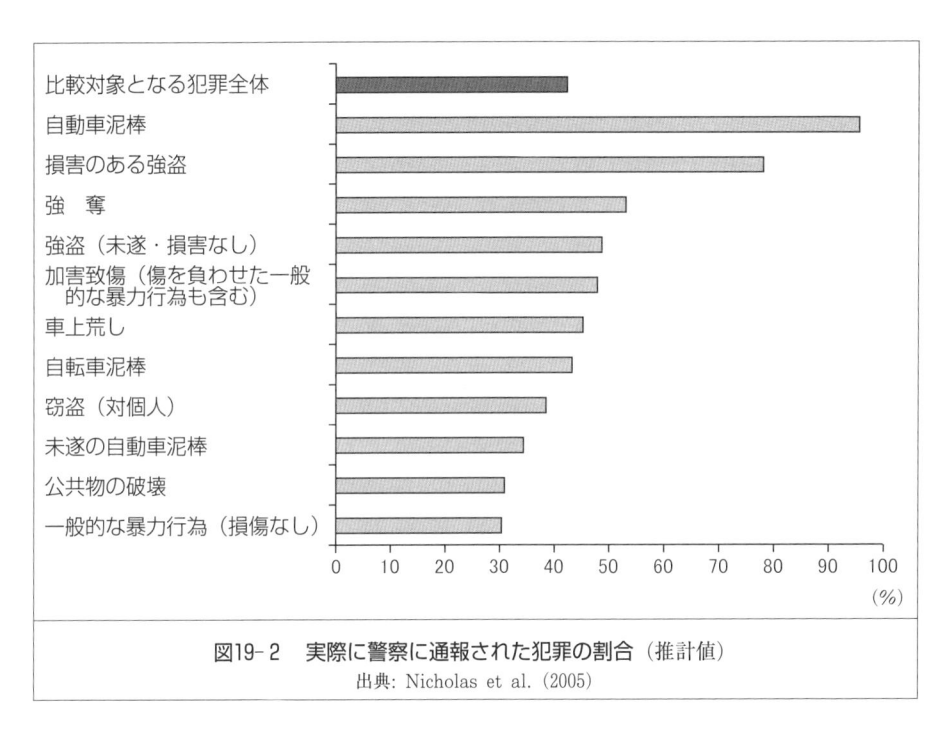

この全国犯罪調査のような調査は、**犯罪被害研究**として知られている。犯罪被害研究から得られるデータは、有用な指標であるが、注意深く取り扱う必要がある。一部の事例では、調査方法そのものが結果的に明らかな過小報告につながる可能性がある。全国犯罪調査は、回答者の自宅を訪問して対面でおこなわれる。こ

のことは、たとえば家庭内暴力の被害者たちが、虐待を加えた人の目の前で、あるいは虐待がおこなわれてきたその場所で、暴力事件について報告しない可能性があることを意味する。さらに、この調査では、一六歳未満の人たちと、ホームレスや介護施設のような場所で暮らす人たちが調査対象に含まれていない。この点は、とりわけ重要である。以下で見るが、他の研究が示しているように、これらの人たちは、犯罪被害者にとくになりやすいからである。犯罪に関するもう一つの重要な情報源に、自己申告にもとづく研究がある。この調査では、人びとに、これまでに違法行為をしたことがあるか否かを匿名で白状するように求める。もちろん、この研究も、被対象者が調査の結末を恐れてみずからの違法行為を進んで自己申告しないために、過小申告される可能性がある。同時にまた、おそらく不正確な記憶や、自分を誇示したい願望から、過大申告される可能性もある。

犯罪被害者と犯罪予備軍

他の人たちや他の集団よりも罪を犯したり、あるいは犯罪被害者になりやすい人や集団が存在するのだろうか。犯罪学者は、「存在する」と言う——研究や犯罪統計は、犯罪と犯罪被害が人びとのあいだで均等に分布するわけでないことを示している。たとえば、男性のほうが女性よりも罪を犯しやすいし、若年齢層は、高年齢層よりも犯罪にかかわる場合が多い。

誰かが犯罪被害者になる可能性は、その人たちが住む地域と密接に関連している。物質的欠乏にかなり苦しむ地域では、総じて犯罪率が高い。インナーシティの近隣居住地域で暮らす人たちは、郊外のかなり裕福な地域の居住者たちよりも、犯罪被害者になるリスクが高い。エスニック・マイノリティがインナーシティの地域に過度に集中していることは、この人たちが犯罪被害者になる割合が高い重要な要素である。

ジェンダーと犯罪

犯罪学研究も、社会学の他の研究分野と同じく、伝統的に人口のもう半分を無視してきた。フェミニズムの論者は、犯罪学が、理論的検討においても実証研究においても女性たちの姿がほとんど「見えない」、男性に支配された学問であると批判したが、その批判は正しかった。一九七〇年代以降、フェミニズムの多くの重要な研究は、女性による犯罪が男性の犯罪とは異なる脈絡で生ずる実態と、女性たちが刑事司法システムのなかで味わう経験は男女の相応しい役割をめぐってジェンダー化された一定の想定に影響されていることに、人びとの注意を向けさせた。フェミニズムの論者はまた、家庭だけでなく公の場でも女性たちに加えられる暴力の蔓延状態を浮かび上がらせる上で、重要な役割を演じてきた。

男性の犯罪率、女性の犯罪率

ジェンダーと犯罪に関する統計は、驚くべき結果を示している。たとえば、最近のデータによれば、イングランドとウェールズで公表された犯罪者のうち、女性は一九％に過ぎない (Home Office 2003)。また、刑務所に入っている男女の比率にも、英国だけでなく、すべての先進工業国

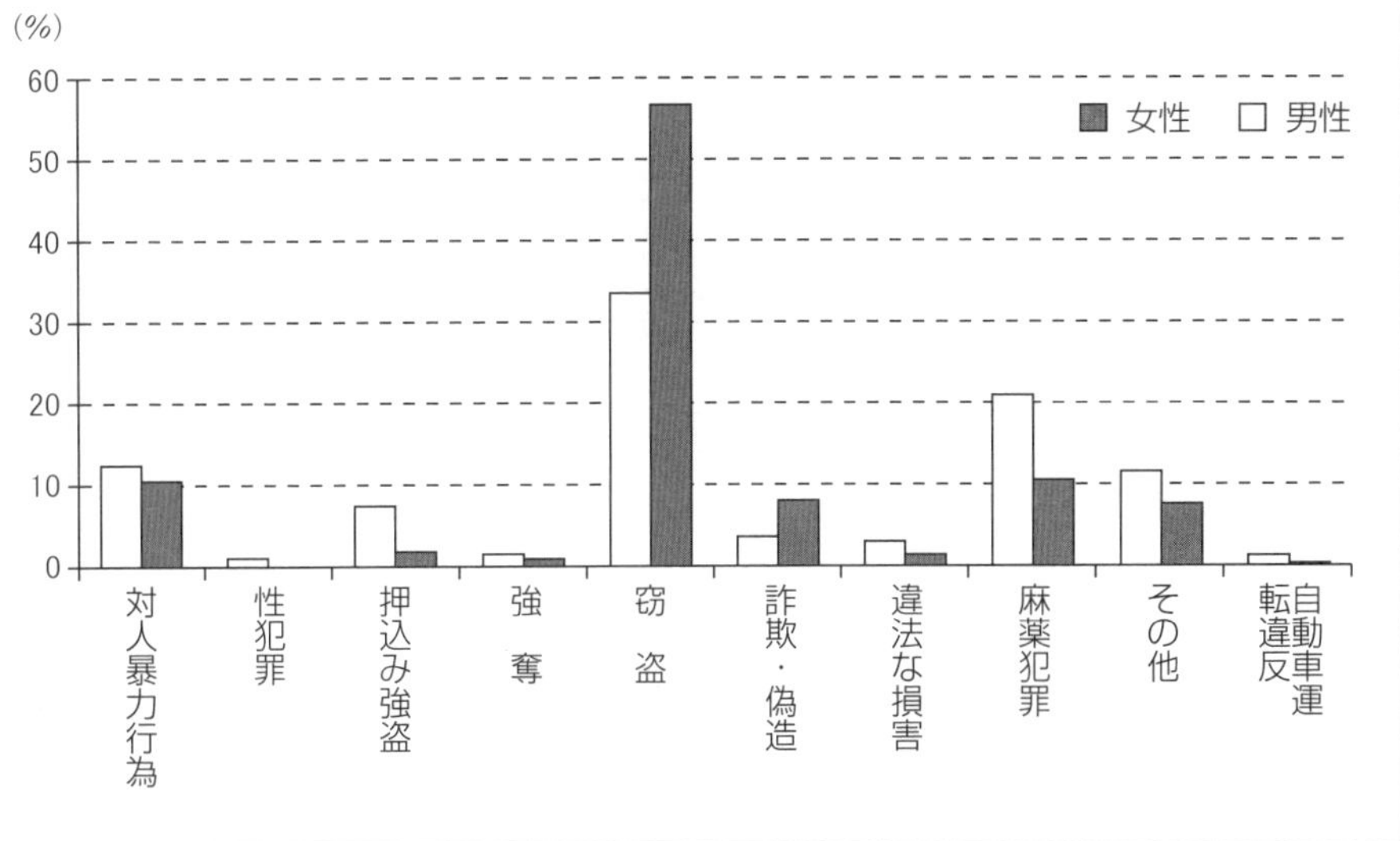

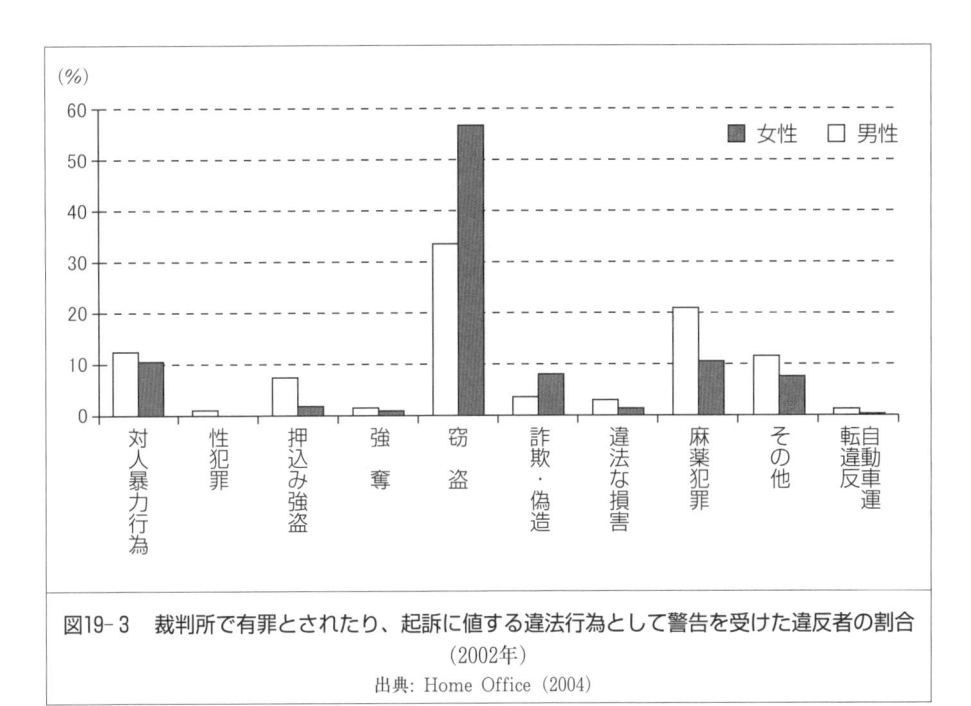

図19-3　裁判所で有罪とされたり、起訴に値する違法行為として警告を受けた違反者の割合
（2002年）
出典: Home Office（2004）

で著しい不均衡が見られる。英国では、女性在監者の数は近年増加し、一九九二年から二〇〇二年に一七三%も上昇したが、女性は、依然として囚人全体のわずかな割合を占めるに過ぎない（Home Office 2003）。男性と女性が犯す罪の種類にも、著しい差が見られる。図19-3が示すように、女性たちは、暴力犯罪よりも、通例、万引きのような窃盗をおこなう傾向が強い。

もちろん、犯罪率に見いだすジェンダー間の実際の差は、官庁統計が示す差よりも小さいのかもしれない。オットー・ポラークも、女性たちの犯す特定の罪が記録に残されない傾向があると主張し、同じような指摘をおこなっている（Pollark 1950）。ポラークは、女性たちがもっぱら家事の役割を担っているため、家庭や私的領域で罪を犯すことになると考えた。ポラークは、女性たちを、生まれつき嘘つきで、犯罪を隠すことが極めて上手であるとみなした。この点は、女性たちが、生理痛や生理の不快感を隠すことを自然に身につけており、また性交にたいする関心を男性たちには不可能なかたちで誤魔化すことができるため、生物学的根拠にもとづいている、とポラークは主張した。ポラークはまた、男性の警察官が女性の犯罪者に「騎士道的な慇懃な」態度をとる傾向があるため、女性の犯罪者を寛大に扱っていると指摘した（Pollark 1950）。

女性たちが陰険で、人をだます存在であるというこのポラークの描写は、根拠のないステレオタイプにもとづいている。しかしながら、女性たちが刑事司法システムでかなり寛大に扱われているという指摘は、多くの論争や考察を促していった。女性が慇懃な扱いを受けているという主張は、二つの点で当てはまるとされてきた。まず、警察官や他の官吏が、女性の犯罪者を男性の犯罪者よりも危険ではないとみなし、男性であれば逮捕に至る行為を大目に見る可能性がある。二つ目に、刑事犯罪に判決が下される場合、女性たちは、男性の犯罪者よりも投獄される可能性がかなり少ない傾向にある。この女性が慇懃な扱いを受けているという主張を検証するために、数多くの実証研究がおこなわれた。しかし、確定的な結果は、依然として示されていない。難題のひとつは、年齢や階級、人種といった他の要因と比較したジェンダーの相対的影響作用を査定するのが難しいことにある。たとえば、高齢の女性犯罪者は、高齢の男性犯罪者ほど強引な扱いを受けない傾向があるように思える。他の研究は、黒人女性たちが白人女性たちに比べて手荒い扱いを受けていることを明らかにしている。

フェミニズムの論者がとりいれてきた別の視座は、「女性性」をめぐる社会的理解が刑事司法システムでの女性たちの経験にいかに影響を及ぼすのかを検証している。フランシス・ヘイデンソンは、女性たちが、女性のセクシュアリティの規範から逸脱したとされる場合には相当手荒な扱いを受けると論じている（Heidensohn 1985）。たとえば、性的にふしだらであることがわかった年若い少女たちは、少年たち以上にしばしば逮捕されている。この場合、こうした少女たちは、「二重に逸脱」している――たんに法を破っただけでなく、同時にまた女性に「相応しい」行動を鼻であしらっている――とみなされる。つまり、少女たちは、違反行為の性質よりも、むしろ少女たちによる「逸脱した」ライフスタイルの選択をもとに判断されることになる。ヘイデンソンや他の研究者たちは、刑事司法システムの内部にダブルスタンダードが働いていると指摘する。男性の攻撃的行為や暴力を自然な現象とみなすのにたいして、女性の違法行為の説明は、「心理的」均衡の失調に求められている。

女性犯罪をもっと「見た目に明らかに」する努力のなかで、フェミニズムの論者たちは――少女の非行集団から、女性テロリスト、収監中の女性たちに至る――女性犯罪者たちについて、詳細な数多くの調査をおこなってきた。このような研究は、暴力がもっぱら男性の犯罪行動の特徴ではないことを明らかにしている。女性たちは、男性たちほど暴力犯罪にかかわっていないが、同じような暴力的行為をおこなっている。

それでは、女性の犯罪率は、なぜ男性の犯罪率に比べてかなり低いのだろうか。女性の法律違反者たちは、警察等の当局を説き伏せて自分たちの行いを特別扱いしてもらえるため、法廷への出頭を免れる場合が極めて多いという証拠が、いくつか見いだされる。こうした女性たちは、「ジェンダー・コントラクト」と名づけられてきたもの――女性であることは、一方で気まぐれで、一時の感情に駆られやすく、他方で保護が必要な存在であるという、男女間の暗黙の協約――を発動している（Worrall 1990）。この見解によれば、女性にたいして、警察と裁判所が騎士道に則して丁重に振る舞い、男性の場合はおそらく許容されない行動に罰を科そうとはしないことになる。別の研究によれば、女性らしさの規範を守らない女性のように、特定の女性たちは、最終的に手厳しい扱いを受けることが指摘されている。たとえば、「不品行の母親」とみなされた女性は、法廷では、そうでない女性よりももっと厳しい刑罰を受ける可能性がある（Carlen 1983）。

しかしながら、こうした対処の違いは、男女間の犯罪率の際立った差異をほとんど何も説明していない。これらの理由は、他の社会領域におけるジェンダーの差異を説明する理由と、ほぼ間違いなく同じである。もちろん、明らかに「女性の犯罪」がいくつか存在する――最も顕著なのが売買春で、売買春の場合、客となった男性は有罪とならないのにたいして、女性は有罪を宣告されるからである。「男性の犯罪」は、社会化の違いのために、また男性の活動や関与がほとんどの女性の活動や関与に比べて家庭の外でおこなわれるため、依然として「男性の犯罪」である。さきのポラークの取り組みに見たように、犯罪に見いだすジェンダーの差異は、おそらく生まれつきの生物学的ないし心理学的差異によって――女性の体力の差や、従順さ、生殖の任務という面から――説明されることが、これまで多かった。今日、「女らしい」特質とは、「男らしさ」の特性と同じく、総じて社会的に生成されると考えられている。多くの女性は、社会生活において男性が尊重するものとは異なる特質（他人への心くばり、人格的関係性の養成）を重んずるように社会化される。女性の行動は、イデオロギー等の要因――たとえば、「品のよい女の子」といった観念――が及ぼす影響作用をとおして、男性の活動とは異なるかたちで制約される場合が多いことも、同じように重要である。

一九世紀後半以来、犯罪学者たちは、ジェンダーの平等化が、やがて犯罪における男女間の差異を縮小するか除去するだろうと予測してきた。しかし、犯罪は、いまだにジェンダーの差異が顕著な現象である。私たちは、いつの日か男女間の犯罪率の差が消滅するかどうかを依然として確言できない。

犯罪と「男性性の危機」

大都市の貧困地域で犯罪の度合が高いことは、とりわけ若年男性の活動と密接に関係している。これらの地域で、多くの若い男性たちはなぜ犯罪にかかわるのだろうか。その答えの一部について、すでに簡単に言及してきた。少年たちは、若い年齢で、非行グループに、つまり、ある種類の犯罪が生活様式となっているサブカルチャーに加わる場合が多い。また、非行グループの成員は、ひとたび当局から犯罪者のレッテルを貼られると、犯罪活動に何度も手を出すようになる。今日、少女たちの非行グループが存在するとはいえ、こうしたサブカルチャーは、基本的に男性の文化であり、冒険心や興奮、同志の交わりといった男性的価値を注入されている。

第一二章（「セクシュアリティとジェンダー」）で、現代の社会が「男性性の危機」を目撃しているという考え方を取り上げた。かりにかつて若い男性たちが一生の職業と一家の稼ぎ手という変わらない役割を自信をもって期待できたとすれば、こうした役割は、多くの男性にとってすでにほとんど履行できないものになっている。労働市場に生じた変化は、失業と職の不安定を現実の明白な脅威にしてきた。その一方、女性たちは、金銭面や職業面等で、ますます自立の度合を強めだしている。多くの社会学者や犯罪学者は、コンネルの「ヘゲモニー的男性性」（四七二頁～四七六頁を参照）という考え方に依拠して、なぜ暴力と攻撃的行動を男性のアイデンティティの容認できる様相とみなすことが可能なのかを説明してきた。

女性に加えられる犯罪

男性が圧倒的に攻撃者になり、女性が被害者になる特定の種類の犯罪を見いだすことができる。家庭内暴力、性的嫌がらせ、強制猥褻、強姦は、男性が自分たちのまさった社会的権力なり体力を女性にたいして用いる犯罪である。これらは、いずれも女性が男性におこなう場合もあるとはいえ、もっぱら男性が女性に加える犯罪である。女性たちの四人に一人は人生のある時点で暴力の被害者になっていると推定されるが、すべての女性は、直接にせよ間接にせよこうした犯罪の脅威に直面している。

長年にわたって、刑事司法システムは、これらの違反行為を無視してきた。つまり、被害者は、違反者にたいして法的手段を行使するために、根気強くがんばる必要があった。今日においてさえ、女性に加えられた犯罪の起訴は、依然として簡単ではない。しかしながら、フェミニズムの犯罪学は、女性に加えられる犯罪への認識を高め、このような違法行為を犯罪に関する議論の中心に組み入れる努力をかなりおこなってきた。ここでは、家庭内暴力と性的嫌がらせに関する議論は他の章（第七章「家族と親密な関係性」と第一八章「労働と経済生活」）に任せて、強姦について検討したい。

強姦は、その実態を少しでも正確に把握することが非常に難しい。実際にほんの一部の強姦事件しか警察は気づかず、したがって統計にも記録されていない。英国では一九九九年に、警察は七八〇九件の違法行為を強姦と記録している。英国の全国犯罪調査は、現実には実際の件数がもっと多いと推定している。しかし、さきに論じた理由から、この全国犯罪調査もまた、強姦事件の数を正確に算定することができない。

すでに言及したように、英国では一九九一年まで、婚姻関係内での強姦を、強姦と認めてこなかった。一七三六年に下された判決で、判事のマシュー・ヘイル卿は、「夫が法律上の妻に強姦をしても罪にはなり得ない。なぜなら、互いに結婚に同意し、妻は自分自身を夫に引き渡す契約をしており、妻はこの契約を撤回できないからである」（R. Hall et al. 1984 での引用文）と断言した。この判例は、一〇年前に上院が、現代では夫が妻に無理強いする権利があるという考え方は許容できないと裁決するまで、イングランドとウェールズでは効力をもっていた。

数多くの理由から、女性たちは性的暴力を警察に届けない選択をしている。強姦された女性の大多数は、事件のことを忘れたいと望むか、あるいは屈辱的なものになりやすい身体検査や警察の取り調べ、法廷での厳しい反対尋問にさらされることに気が進まないかのいずれかである。裁判はしばしば長い時間を要するし、被害者を怖じ気づかす可能性がある。裁判は公開され、被害女性は被告と顔を会わさなければならない。ペニスが挿入されたことの証明や強姦者の身元の確認をおこない、その行為が相手女性の同意なくおこなわれたという事実を示す必要がある。女性は、しばしばそうであるが、とくに自分のこれまでの性関係の履歴が人前で調べられる場合、自分自身が裁きを受けているように感ずる可能性がある。

過去何年にもわたって、女性のグループは、強姦にたいする法的判断と一般の人びとの考え方がともに変わることを強く迫ってきた。こうしたグループは、強姦を、性的犯罪ではなく、一種の暴力犯罪とみなすべきだと強く主張している。強姦は、たんに身体的攻撃だけでなく、個人の全人格や尊厳にたいする攻撃でもある。強姦は、男性性が、権力や優越的地位、体力の強さと密接に結びついていることと明らかに関係する。相手女性を卑しめることに比べれば、性行為そのものは、さほど重要でない。このキャンペーン活動は立法を変更させる上で実際にいくつかの成果を挙げ、今日、強姦は、法律では特異な類型の暴力犯罪として広く認知されている。

ある意味で、すべての女性が強姦の被害者であることは真実である。これまで強姦被害を受けたことのない女性たちも、被害にあった女性と似たような不安をしばしば経験している。そうした女性たちは、人通りの多い道でさえ、夜間ひとりで出歩くのを怖がったり、自家やアパートの自室にいても、ほとんど同等の恐怖を感ずるかもしれない。スーザン・ブラウンミラーは、強姦と男性の従来正統視されてきたセクシュアリティとの緊密な結びつきを強調することで、強姦が、すべての女性を不安な状態に閉じ込める男性の威嚇システムの一部である、と主張する(Brownmiller 1975)。強姦被害を受けたことがない女性たちは、強姦されたことがないゆえに生ずる不安で、さらに毎日の生活のさまざまな局面で男性以上に用心深くなければならないことで、精神的な影響を受けている。

同性愛者に加えられる犯罪

フェミニズムの論者たちは、暴力の理解に著しい性差が見られ、暴力の理解がリスクと責任に関する「常識的な」受けとめ方の影響を受けている、と指摘してきた。一般に女性は暴力的攻撃から身を守ることができがたいとみなされているゆえ、女性たちは暴力犯罪の被害者になるリスクを少なくするために、みずからの行動を修正すべきであるという考えが常識化している。たとえば、女性たちは、たんに不用心な近隣地域をひとりで歩いたり、夜間通行するのを避けるだけでなく、挑発的な服装をしたり、誤解を与える行動をとらないようにも注意すべきであるとされている。そうするのを怠る女性たちは、「わざわざトラブルを招くようなことをした」と非難される可能性がある。法廷の場では、こうした女性たちの行動は、犯人の暴力行為を考慮する際に、情状酌量の要因として解釈される可能性がある(Dobash & Dobash 1992; Richardson & May 1999)。

類似した「常識的」論理は、男性同性愛者と女性同性愛者に加えられる暴力行為にも当てはまることが指摘されてきた。犯罪被害研究は、同性愛者たちが高い度合で暴力犯罪や嫌がらせを経験することを明示している。四〇〇〇人の同性愛者の男女を対象とした調査は、過去五年間に男性同性愛者の三三%が、また女性同性愛者の二五%が、少なくとも一度は暴力的攻撃の被害者になっていたことを見いだしている。さらに三人に一人は、脅迫や敵視的言動を含む、何らかのかたちの嫌がらせを経験していた。また、七三%という圧倒的に多くの同性愛者が、人前で言葉による虐待を受けていた(Mason & Palmer 1996; Richard & May 1999)。

ディアン・リチャードソンとヘーゼル・メイは、同性愛者たちが多くの社会で引きつづき非難の烙印を押され、社会の周縁に置かれているため、同性愛者たちを、無辜の被害者とみなすよりも、むしろ罪を「受けてしかるべき存在」とみなす傾向が強く見られる、と論じている。異性愛が公の場での圧倒的な規範であるのにたいして、同性愛関係は、依然として私的領域に属するとみなされている。リチャードソンとメイによれば、人前で自分たちの同性愛的アイデンティティを見せびらかして公私区別の約定から逸脱する男性同性愛者や女性同性愛者は、みずから罪を招いたことで非難される場合が多い。同性愛を公的領域に持ち出したことが、ある種の憤慨を引き起こしたという言い方には一理ある。こうした同性愛者に加えられる犯罪は、結果として、社会で非難の烙印を引きつづき押されてきた集団の人権を擁護するために「ヘイトクライム取り締まり」法の制定を多くの社会グループが要求することにつながった。英国では、こうした要求は二〇〇三年の刑事裁判法で法律化され、イングランドとウェールズの判事は、かりに暴行の動機が同性愛者嫌悪である場合、刑罰を重くすることが認められた。同様の立法は、スコットランドと北アイルランドでも導入された。

若者と犯罪

一般の人びとが犯罪にいだく恐怖は、窃盗や押し込み強盗、暴行、強姦といった違法行為に――もっぱら労働者階級の若年男性のものとみなされる「街頭犯罪」に――集中している。犯罪率の上昇をめぐるメディア報道は、多くの場合、若者たちのあいだの「モラル崩壊」に焦点を当て、社会の「自由放任状態」の高まりを具体的に示すために、公共物の破壊や学校の無断欠席、薬物使用といった問題を浮かび上がらせてきた。このような若さと犯罪活動との同一視は、一部の社会学者によれば、新しいことではない。若者たちは、しばしば社会自体の健全さや安寧の指標とみなされてきた。

犯罪率に関する官庁統計は、確かに若者のあいだで違法行為の割合が高いことを示している。自己申告による犯罪調査によれば、図19-4が示すように、違法行為をおこなったことがある少女は、少年よりも少ない。(さきに見たように、自己申告のデータにもとづく研究は、信憑性に欠ける可能性がある。) 少年にとって、違法行為をおこなう年齢のピークは、一八歳前後である。少女の場合はもっと低く、一五歳前後がピークである(図19-5を参照)。

このデータによれば、若者たちの犯す違法行為が大問題になっているように思える。しかしながら、ジョン・マンシーが指摘するように、若さと犯罪をめぐる想定には多少用心して取り組む必要がある(Muncie 1999)。マンシーは、若さと犯罪をめぐる「モラル・パニック」というとらえ方が社会の現実を正確に反映していない可能性があると主張する。ときたま生ずる若い人たちのかかわる犯罪事件は、妥協しない「法と秩序」的対応を要求する「子ども時代の危機」論の開花を象徴的に引き起こす可能性がある。一九九三年に一組の一〇歳の少年たちが二歳児のジェームズ・バルガーを殺害し、世間の注目を浴びた事件は、道徳の蹂躙がもっと大きな社会的争点からいかに人びとの注意を逸らす恐れがあるかの実例となっている。バルガー殺害事件では、ショッピングモールの監視カメラに、少年たちが幼い子の手を引いている映像が残されており、この映像はこの事件を人びとの意識に刻み込んだ。マンシーによれば、この残虐な殺人は、若者の犯罪をめぐる政治の議論やメディアの描写で分岐点となる出来事になった。

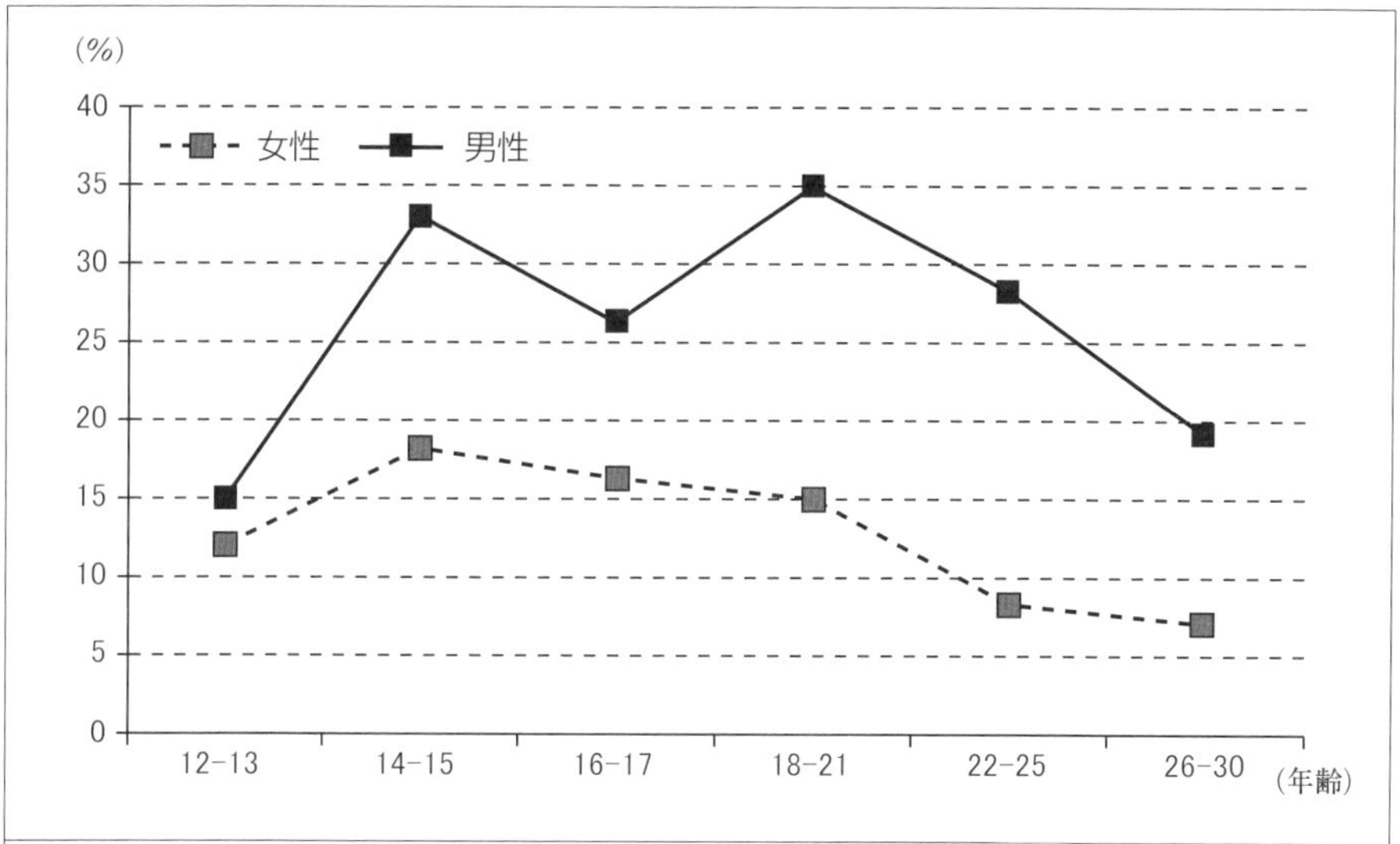

図19-4　性・年齢別に見た違法行為の割合

出典: Home Office (2004)

年少の子どもたちでさえ、潜在的な暴力の脅威とみなされた。この一〇歳の少年たちには、「悪魔」、「極悪非道」、「けだもの」というレッテルが貼られた。この犯罪者たちの生活史や、また、少年のひとりに幼少期から暴力的性向や自己攻撃的性向の兆候が見られたにもかかわらず何の介入もなされなかったという事実に、ほとんど何の注意も払われなかった（Muncie 1999）。

同じような警告は、ほとんどの若者の犯罪が薬物と関係するという一般の人たちがいだく見解にも示されている。マンシーは、たとえば若者たちが常習薬物の購入資金を得るために強盗をおこなうというよく知られた想定を取り上げる。最近の調査は、若い人たちの薬物やアルコール飲料の常用が相対的に「正され」だしたことを示している（Parker et al. 1998）。二〇〇三年に英国保健省が一一歳から一五歳の在学生一万人以上を対象におこなった調査は、九％がいつもタバコを吸い、二五％が調査に先立つ過去一週間にアルコール性飲料を飲んだことがあり、二一％が過去一年間に違法薬物を飲んだことがあり、さらに四％がコカインやヘロインといった「クラスA」の違法薬物を飲んでいたことを暴露した（DoH 2003）。

薬物使用の動向は、ヘロインといった「中毒性の高い」薬物から、中枢神経刺戟剤アンフェタミンやアルコール飲料、幻覚剤エクスタシーといったものの組み合わせに移ってきた。とくにエクスタシーは、費用がかかり、常用癖に陥る成分というよりも、むしろレイヴ・カルチャーなどのサブカルチャーと結びついた「ライフスタイル」ドラッグになっている。「薬物をめぐる戦争」は、普通に法律を守る若年人口のかなりの割合を犯罪者にする一因に

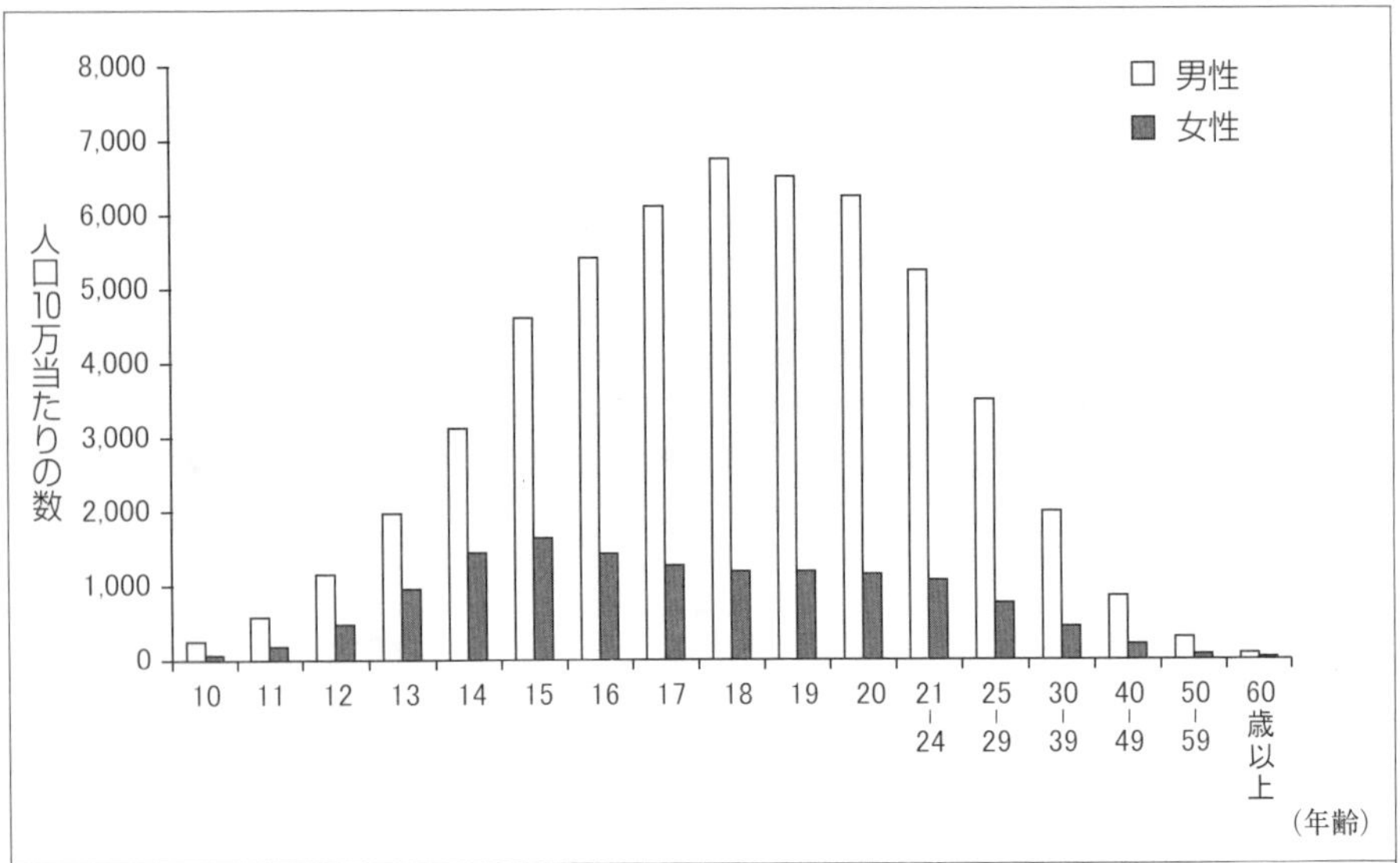

図19-5　起訴に値する違反行為で、有罪とされたり、警告を受けた人の数
（年齢集団別で人口10万当たりの比率、2003年）
出典: Home Office (2004)

なっている、とマンシーは指摘する（Muncie 1999）。

若者の犯罪行動の分析は、単純にいかない場合が多い。犯罪は法律違反を暗に意味しているとはいえ、若者の犯罪は、厳密にいえば犯罪ではない活動と密接に結びつく場合が多いからである。若者たちのあいだでの反社会的行動やサブカルチャー、非同調的行為は、非行とみなされる可能性があるが、実際には犯罪行動ではない。批判をする人たちは、近年の反社会行動禁止命令の導入が、多くの若者にとって正常な成長過程の一環である、不法行為寸前のありふれた行いを犯罪にしてしまう、と指摘する。

ホワイトカラー犯罪

犯罪は、若者たち、とくに下層階級の男性たちと密接に結びつく傾向が見られるとはいえ、犯罪活動とのかかわりは、決してこの人口区分だけに限られるわけではない。二〇〇一年に世界最大のエネルギー商社エンロンは、不正経理で巨額の負債を偽装していたことが発覚し、破綻した。この企業の倒産は、世界中で何千もの勤め口が失われる原因になった。創設者のケネス・レイを含む数人の上席幹部が逮捕された。二〇〇二年に巨大通信会社ワールドコムで起きた同じようなスキャンダルは、裕福な人びとや権力を握る人たちも犯罪をおこない、しかもその犯罪の帰結が、貧しい人たちの往々にして些細な犯罪に比べ、はるかに広範囲の影響を及ぼし得ることを示した。

ホワイトカラー犯罪という用語は、エドウィン・サザーランドが最初に導入し（Sutherland 1949）、社会の裕福な層の人びとがおこなう犯罪を指称する。この用語は、単純な窃盗だけでなく、脱税、違法な販売活動、有価証券や土地の詐取、横領、危険物の製造販売といった数多くの種類の犯罪活動を網羅している。もちろん、ほとんどのホワイトカラー犯罪は、エンロンやワールドコムで生じた犯罪ほど規模が大きくない。ホワイトカラー犯罪の分布状態は、他の種類の犯罪以上にその測定が困難である。なぜなら、この種の犯罪のほとんどは、官庁統計にまったく現れないからである。ホワイトカラー犯罪と権力者の犯罪を区別することは可能である。ホワイトカラー犯罪は、主として中間層や専門的職業従事者がその地位を違法活動のために利用することをいう。権力者の犯罪は、地位に付与された権限を、犯罪になるかたちで——官公吏が賄賂を受け取って特定の政策を有利にはこぶ場合のように——利用する犯罪である。

当局は、特権をもたない人たちの犯罪に比べて、ホワイトカラー犯罪をかなり大目に見ている（実際にエンロン事件で有罪宣告された人たちの何人かは、服役を回避している）とはいえ、ホワイトカラー犯罪が及ぼす損失は法外である。ホワイトカラー犯罪に関する調査は、英国よりも米国ではるかに多くおこなわれてきた。米国では、ホワイトカラー犯罪（脱税や、保険金詐欺、住宅改良工事関連の詐欺、自動車修理関連の詐欺、と定義づけられる）にともなう被害金額は、普通の財産犯罪（強盗、侵入盗、窃盗、偽造、自動車泥棒）による被害金額の四〇倍に達している（President's Commission on Organized Crime 1986）。

企業犯罪　一部の犯罪学者は、社会で大企業が犯す違法行為を記述するために、企業犯罪という表現を用いてきた。環境汚染、ラベルの貼り間違え、保健安全規則の違反は、軽度の犯罪行為よりもはるかに多くの人びとに影響を及ぼす。大企業のもつ権力と影響力の増大と、そうした権力や影響力の急激なグローバル化は、私たちの生活が多くの点で大企業の権力や影響力に晒されていることを意味する。企業は、私たちが乗る自動車や口にする食べ物の生産にかかわる。企業はまた、自然環境や金融市場等、私たちすべてに作用する生活の諸側面に、桁外れの影響力をもっている。

ゲリー・スラッパーとステーヴ・トンブスは、企業犯罪について、数量分析だけでなく特性分析もおこない、適用される法的規則を非常に多くの企業が守っていないと結論づけた（Slapper & Tombs 1999）。企業犯罪は、決して少数の「腐ったリンゴ」ではなく、広く浸透し、広範囲に及ぶ、とスラッパーとトンブスは主張する。研究によって、大企業と関連する六つの違反行為の類型が明らかにされた。管理面の違反（事務処理、法令の非遵守）、環境面の違反（汚染、許可事項の違反）、財務面の違反（税法違反、不正支出）、労務面の違反（労働条件、雇用慣行）、製造面の違反（製品の安全性、ラベル貼り）、取り引き面の違反（競争妨害、虚偽広告）である。

企業犯罪における被害は、単純に類型化できない。インドのボパール化学プラントで発生した流出事故のような環境災害や、豊胸手術でのシリコンの埋め込みが女性たちに引き起こした健康被害がそうであるように、被害が「明白」な例もときとして見いだされる。近年、鉄道の衝突事故で負傷した人たちや死亡した人の近親者たちは、企業側の過失が明らかになった場合、軌道と車両に責任を負う経営幹部を裁判に訴えている。しかし、企業犯罪の被害者がみずからこのような判断を下すのは、ごく稀である。それは、「従来からつづく」犯罪では、被害者と違反者の距離がかなり近い――自分たちは、後ろから首を絞められていることに気づくのが難しい！――からである。企業犯罪の場合、時間面や空間面で非常に距離があるということは、被害者側に、被害に遭ったという実感がなかったり、犯罪を正すためにとるべき方法を知らない可能性があることを意味している。

企業犯罪の及ぼす影響は、社会のなかで不均一な経験がなされる場合が多い。他の形態の社会経済的不平等によって不利な立場に置かれている人びとは、偏った被害を受ける傾向が強い。たとえば、職場の安全衛生上のリスクは、低賃金の職種に著しく集中する傾向が見られる。保健医療製品や医薬品のリスクは、有害な副作用をともなう避妊薬や不妊治療の場合がそうであるように、男性よりも女性たちに大きな影響を及ぼしてきた（Slapper & Tombs 1999）。

企業犯罪の暴力的側面は、殺人や暴行の場合に比べ、見た目に明らかでないが、まさしく現実の問題である――また、ときとしてその帰結が極めて深刻になる恐れがある。たとえば新薬の製剤、作業場の安全性、あるいは環境汚染に関する規制を嘲弄することは、非常に多くの人たちに、身体的危害や死を引き起こすかもしれない。労働災害による死亡は、就業上の事故について正確な統計を得るのが難しいとはいえ、殺人よりもはるかに多い。もちろん、こうした死亡事故や負傷事故のすべて、ないしその大多数が、法的義務を負う安全規準に雇用者が怠慢であった結果であると考えることはできない。それにもかかわらず、いくつかの根拠から、事故の多くは、法に定められた保安規則を雇用者や管理者が無視したり軽視したためである、と想定できる。

組織犯罪

組織犯罪とは、合法的な営利事業としての特徴を多く備えるが、おこなう事業が違法な活動形態を指称する。組織犯罪にはいろいろあるが、とくに密輸、違法賭博、売春、大規模な窃盗、みかじめ料の強請といった活動が含まれる。組織犯罪は、犯罪活動をおこなうために暴力や暴力による脅しに依存する場合が多い。組織犯罪は、それぞれの国に特有な文化的風習のもとで伝統的に発達してきたとはいえ、その拡がりがすでに国境を越えだしている。

今日、組織犯罪の拡がりは、世界中の多くの国で実感されているとはいえ、歴史的にはほんの少数の国でとくに強大になっている。たとえば、米国では、組織犯罪は、ますます大規模な営利事業になり、自動車産業のような主要な合法的経済活動に匹敵する事業になった。全国規模や地方規模の犯罪組織は、違法な品物やサーヴィスを大量の消費者に供給している。競馬や宝籤、スポーツ競技での違法賭博は、米国では組織犯罪の最大の資金源である。組織犯罪が米国社会でこれほどまでに顕著になったのは、犯罪組織が、おそらく一九世紀後半の産業界における「悪徳資本家」の活動と早くから結びついていた――ある程度までその活動を手本にした――からである。初期の企業経営者の多くは、企業帝国を築くために、移民労働者を搾取し、労働条件にたいする法的規制をたぶんに無視し、しばしば買収と暴力を混用して、資産を形成してきた。

英国では組織犯罪に関する情報を系統的に入手できないが、大規模な犯罪ネットワークがロンドン等の大都市に存在することはよく知られている。これらの犯罪ネットワークの一部は、国際的なつながりをもっている。とくにロンドンは、米国かどこかに拠点を置く犯罪作戦の中心になっている。「トライアッズ」（香港や東南アジア出身の中国人ギャング）と「ヤーディー」（麻薬密売にかかわるカリブ人ギャング）は二大犯罪ネットワークであるが、東ヨーロッパや南アメリカ、西アフリカ出身の他の犯罪組織も、マネーロンダリングや麻薬の密売、詐欺策謀にかかわっている。

英国の組織犯罪は、数年前と比べ、それ以上に複雑になっている。他の犯罪集団と連係していない国内だけの組織は存在しないが、こうした犯罪は、以前よりももっと巧妙になった。たとえば、一部の大きな犯罪組織は、手形交換所の大手会員銀行の裏をかき、大手会員銀行を通じた不正資金のロンダリング方法を見いだして、「クリーンな」資金を用いて合法的な企業活動に投資している。警察は、毎年、犯罪で生じた二五億ポンドから四〇億ポンドの金銭が英国の銀行を通じて流通していると考える。

組織犯罪の様相の変化

マニュエル・カステルは、著書『千年期の終わり』で、組織犯罪集団の活動がますます国際的な規模になっていると指摘した（Castells 1998）。カステルは――新たな情報テクノロジーに手助けされた――国境を跨った犯罪活動の連係は、新たなグローバル経済の中心的特徴になりだしている。今日、組織犯罪集団は、麻薬取り引きから通貨偽造、密航、ヒトの臓器の密輸に至る活動にかかわることで、自国領域内よりも、むしろ融通の利く国際的ネットワークのなかで行動しだしている。カステルによれば、犯罪集団は、互いに戦略的な提携関係を確立してきた。麻薬の国際取り引きや武器の密売、核物質の販売、マネーロンダリングはすべて、国境と犯罪集団を跨って「結びついて」いる。犯罪組織は、自分たちの活動がほとんど脅かされない「低リスク」の国に拠点を置く傾向がある。近年、旧ソヴィエト連邦は、国際的組織犯罪の主要な集中地域のひとつになっている。こうしたネットワーク化した犯罪が柔軟性に富むことは、犯罪組織が法の網をかいくぐるのを比較的容易にする。犯罪者にとって現在の「安全な避難場所」のリスクが高くなれば、「組織の幾何学」は、変化して新たなかたちをとることができる。

犯罪の国際性は、英国でも実感されてきた。日本のやくざ、イタリアとアメリカのマフィアの手先は、すでに英国で地歩を固めている。新参は、旧ソ連出身の犯罪者である。一部の評者は、新たなロシア・マフィアが世界で最も危険な組織犯罪シンジケートになっていると考える。ロシアの犯罪ネットワークは、マネーロンダリングに深くかかわり、自分たちの活動をロシアのほとんど何の規制も受けない銀行と一体化させている。ロシア人の集団は世界最大の犯罪ネットワークになる可能性がある、と考える人たちもいる。ロシア人の集団はマフィアに毒されたロシア国家に基盤を置いており、ロシアでは、今日、暗黒街による「保護」が多くのビジネスにとって日常となっている。最も気懸かりなのは、ロシアの新興ギャングが旧ソ連の核兵器貯蔵庫から持ち出した核物質を国際規模で密輸しだしている可能性である。

政府や警察の度重なる撲滅作戦にもかかわらず、麻薬貿易は、最も急激に拡大する国際的な犯罪産業のひとつで、一九八〇年代から一九九〇年代初めまでに年率一〇％以上の成長と極めて高い利益水準を遂げてきた。ヘロインのネットワークは、極東で、とくに南アジアの至るところに拡がり、同時にまた北アフリカや中東、ラテンアフリカに居を構える。薬物の英国への供給ラインも、一般にパリやアムステルダムを経て確立されている。

グローバル化と日常生活——麻薬の密売

マリファナの購入は、どのくらい容易だろうか。麻薬に汚染されていないポップ・フェスティヴァルがこれまであっただろうか。一部の人たちにとって嘆かわしい事態に思えるだろうが、英国の若者たちは、比較的簡単に違法薬物を入手できる。

どのような要因が、あなたの住む社会での違法薬物の入手のしやすさを規定するのだろうか。もちろん、その地域での需要度合と同じく、警察の取り締まりの程度も重要である。しかし、同じように重要なのは、麻薬栽培国からあなたの住む街まで運ぶことができる密売人たちのネットワークの存在である。このようなネットワークは、ひとつにはグローバル化がもとで繁栄できるようになった。

マリファナの栽培は誰かの裏庭でも可能だろうが、世界のコカやケシのほとんどすべては、第三世界で栽培される。第三世界の国々での麻薬栽培の根絶を支援するために、毎年膨大な支出がなされている。しかし、こうした巨額の出費にもかかわらず、根絶作戦や輸送妨害が英国やヨーロッパの他の国々における違法薬物の供給を減少させてきた証拠は、ほとんど見いだされない。これらの努力はなぜ成果を挙げてこないのだろうか。

答えのひとつは、利潤動機があまりも大きいことである。ボリヴィアやペルーで何とか生計を立てるために懸命に努力している農民や、コロンビアの麻薬カルテルのメンバー、私たちの街角の末端の売人は、誰もが違法活動からかなりの金銭的報酬を得る。こうした金銭的報酬は、麻薬撲滅の取り締まりを迂回する方法を編みだし、また捕まる危険を冒すという強い誘因を生みだしている。

もう一つの——八つの主要工業国の指導者が出席するサミットで最近議論された——答えは、麻薬の密売人たちがグローバル化を巧みに利用できることである。まず、密売人たちは、当局の網の目をかいくぐる際に、グローバル化の時代に入手できるあらゆるコミュニケーション技術を利用している。ある論者が指摘するように、麻薬密売人たちは、「今日、レーダーを欺き、監視を避けるために、信号妨害機器のような最先端テクノロジーを利用できる。……［それに］麻薬売人たちは、自分たちの活動を調整し、自分たちの商売が円滑に運ぶために、ファックスやコンピュータ、携帯電話を駆使できる」。二つ目に、金融部門のグローバル化は、電子取り引きによって巨額の金銭を瞬時に世界の至るところに容易に移動できる社会的基盤を生みだし、それによって麻薬で得た収入を「ロンダリング」（つまり、その金銭を合法的な商業活動から得たかのように洗浄する）ことが可能になった。三つ目に、政府が人と合法的商品の国境を越えた自由な流れを容認する意図的な政策変更は、密輸の機会を増大させてきた。

同時に、グローバル化は、各国政府が協力して麻薬密売と戦うための機会をおそらく生みだす。事実、世界の指導者たちは、近年、麻薬取り締まりでのより一層の国際協力を求めて、情報の共有と連係した取り締まり努力の必要性を強調している。

サイバー犯罪

情報テクノロジーの近年の進展がおおいに促進させたのは、国際的な組織犯罪だけではない。情報や遠距離コミュニケーションの革命は間違いなく、犯罪の様相をも根本的に変えているように思える。テクノロジーの進歩は、わくわくさせるような好機と利益をもたらしたが、同時にまた犯罪への脆さを増す結果にもなっている。**サイバー犯罪**——情報テクノロジーの力を借りておこなわれる犯罪行為——の拡がり具合を測るのは難しいとはいえ、実際に出現した主な犯罪形態の一部を素描することは可能である。P・N・グラボスキーとラッセル・スミスは、テクノロジーに立脚する主要な犯罪類型を九つ識別している（Grabosky & Smith 1998）。

1　遠距離通信システムの違法傍受とは、盗聴がより一層容易になったことを意味する。このことは、盗聴が「配偶者の通話の傍聴」からスパイ活動にまで及んでいることを暗に意味する。

2　電子システムの破壊行為やテロリズムにたいする脆さが増大する。欧米社会はますますコンピュータ化されたシステムに依存している。こうしたシステムに加えられる妨害は——たとえば、ハッカーやコンピュータ・ウィルスのように——深刻な安全性の危機を引き起こす可能性がある。

3　遠距離通信サーヴィスの盗用能力とは、人びとが見破られずに違法ビジネスを営んだり、無料や割引の通話を受けるために遠距離通信や携帯電話を巧みに操作できることを意味する。

4　電子コミュニケーションの私的権利は、ますます増大する問題になる。データやソフトウェア、映像、ＣＤ等をコピーすることで、著作権の侵害が比較的容易になっている。

5　サイバースペースでは、ポルノや不快なコンテンツを規制することが難しい。露骨な性的題材や人種差別的プロパガンダ、放火装置を造るための説明などがインターネット上に載っていたり、インターネットからダウンロードできる。「ネット上のストーカー行為」は、オンラインサーヴィス利用者にとって、たんに仮想の脅威だけでなく、現実の脅威になる可能性がある。

6　電話を利用した商品販売の詐欺行為の増加が目立っている。詐欺的な慈善事業や投資計画は、規制することが困難である。

7　電子的資金決済犯罪のリスクが拡大している。現金自動預け払い機や、インターネット上の電子商取り引き、「電子マネー」の利用の拡大は、取り引き内容の一部が傍受されたり、妨害される可能性を高める。

8　電子的マネーロンダリングは、犯罪で得た違法収益を、収益源の隠蔽目的で「移し換える」ために利用される可能性がある。

9　遠距離コミュニケーション手段は、犯罪共謀を助長するために利用される可能性がある。精巧な暗号化処理システムと高速データ転送によって、取り締まり当局は、犯罪活動の情報を得ることが難しくなっている。このことは、新たな国際的犯罪活動とともに有意関連する。

サイバー犯罪はすでに隆盛している徴候が見いだされる。インターネットを基盤にした詐欺行為は、英国では一九九〇年代後半に最も急速に増大しだした犯罪の範疇である。一九九九年九月までの一年間に、詐欺や偽造は二九％——年間、七万件の違法行為——も上昇した。この増加は、インターネットを基盤にした犯罪の発達に起因する。

遠距離コミュニケーション手段に立脚した犯罪のグローバルな拡がりは、取り締まり当局にとって特別な課題を提起している。ある国でおこなわれた犯罪行為は、地球の至るところで被害者に影響を及ぼす。グラボスキーとスミスが指摘するように（Grabosky & Smith 1998）、このことは、犯罪の捜査と起訴にとって言外に厄介な意味をもたらす。関係国の警察にとって、発生した行為にたいする司法権を定め、犯罪者の身柄の引き渡しと起訴に必要な証拠の提供について合意を得る必要がある。国境を越えた警察の協力関係は、サイバー犯罪の増加にともない改善されてきた。とはいえ、現在、サイバー犯罪者たちは、策略を巡らす多くの余地を手にしている。

世界中の国々の金融システムと商業システム、生産システムが電子的に統合されだした時代には、インターネットを舞台にした詐欺や無許可の電子的侵入行為の増加、それにコンピュータ・ウィルスの恒常的脅威は、現在のコンピュータ・セキュリティ・システムの脆弱性への強力な警告になっている。米国の連邦捜査局はもとより、日本政府が警察に新設したハイテク犯罪対策総合センターに至るまで、各国政府は、新たな、捕捉の難しい国を横断したコンピュータ犯罪との戦いに、慌てて対処している。

将来の犯罪

有形の現金がもはや存在せず、個人の持ち物すべてにＩＣチップスが取り付けられ、あなたのパーソナル・アイデンティティがあなたの最も価値のある資産となる世界を想像してください。英国の通商産業省が出版した『もうすぐ間近に』と題される報告書によれば、犯罪は、テクノロジーの進展によってじきに完全に変質することになる（DTI 2000）。二〇年以内に、車やカメラ、コンピュータといった多くの所有物は、合法的所有者だけがこれらの品物を操作できるようにプログラムされるため、泥棒たちにとってさほど魅力的な盗みの対象でなくなる、と報告書は指摘する。個人化された——コンピュータ・チップスや個人識別番号、暗証番号といった——「アイデンティティ」は、至るところで使われるようになる。こうした個人化された「アイデンティティ」は、オンライン取り引きをおこなったり、「IC内蔵カード」を使用したり、セキュリティ・システムを通行するために不可欠になる。この報告書によれば、「アイデンティティ詐欺」やパーソナル・アイデンティティの盗難といった事件は、生活の多くの側面が高度先端技術にますます基盤を置けば置くほど増殖することになる。

監獄——犯罪の解決策になるのか

近現代の監獄制度を根底から支えてきた原理は、人びとを「改善」し、釈放されれば社会で相応しい、適切な役割を演ずるように訓練することである。刑務所や、長期の懲役刑への依存は、同時にまた犯罪の有力な抑止手段ともみなされている。このような理由から、犯罪率の上昇に「断固たる態度で臨む」ことに熱心な政治家たちは、刑罰がもっと厳しい司法制度と受刑施設の増設を支持してきた。監獄は、有罪判決を受けた犯罪者を「更生」させて新たな罪を犯すのを防ぐという、意図した効果をはたしてもたらしたのだろうか。これから見るように、この問いは入り組んだ問題であるが、証拠は、そうではないことを強く示唆している。

英国の刑事司法システムは、近年、かなり懲罰的になっている。図19-6が示すように、受刑者人口は、着実に増加した。二〇〇三年で、イングランドとウェールズの受刑施設に七万三〇〇〇人が収容されており、一九九〇年以降で二万五〇〇〇人増加している。イングランドとウェールズは、二〇〇四年に一〇カ国が欧州連合に新規加盟する前まで、欧州連合の他のどの国よりも、収監人口の比率が（人口一〇万にたいして一三九と）高かった。（スコットランドと北アイルランドの数値は別個にとられているが、いずれもイングランドとウェールズより低い。）このイングランドとウェールズの数値を他と比較すると、ドイツの収監人口の比率は人口一〇万にたいして九六、フランスは八五である（Home Office 2003）。イングランドとウェールズの法廷はまた、犯罪者にたいして、ヨーロッパの他の国々の法廷よりももっと長期の懲役刑を言い渡す傾向がある。一部の批判者は米国の——先進工業国のなかで最も刑罰が厳しい——方針に英国が追随しだしたのではないのかと危惧する（八一九頁以下のコラム「刑罰——米国の場合」を参照）。

受刑者は、かつては一般的な習わしであったとはいえ、もはや一般に身体的虐待を受けることはないが、別種類の多くの剥奪状態を間違いなく経験する。受刑者は、たんに行動の自由を剥奪されるだけでなく、まともな収入、家族や以前の友人との交わり、異性関係、衣服等の私物も剥奪されている。受刑者たちは、しばしば過密状態のなかで生活し、また厳格な規律と毎日の生活で軍隊的統制を甘受しなければならない（Stern 1989）。

このような条件のもとで生活することは、受刑者と外部社会のあいだに楔を打ち込む傾向がある。なぜなら、受刑者は、自分たちの行動を外部社会の規範に適応できなくなるからである。受刑者たちは、「娑婆の世界」とまったく異なる環境をいやでも受け容れなければならず、また監獄で学習する習慣や態度は、本来身に付けなければならない習慣や態度とは、多くの場合、まったく

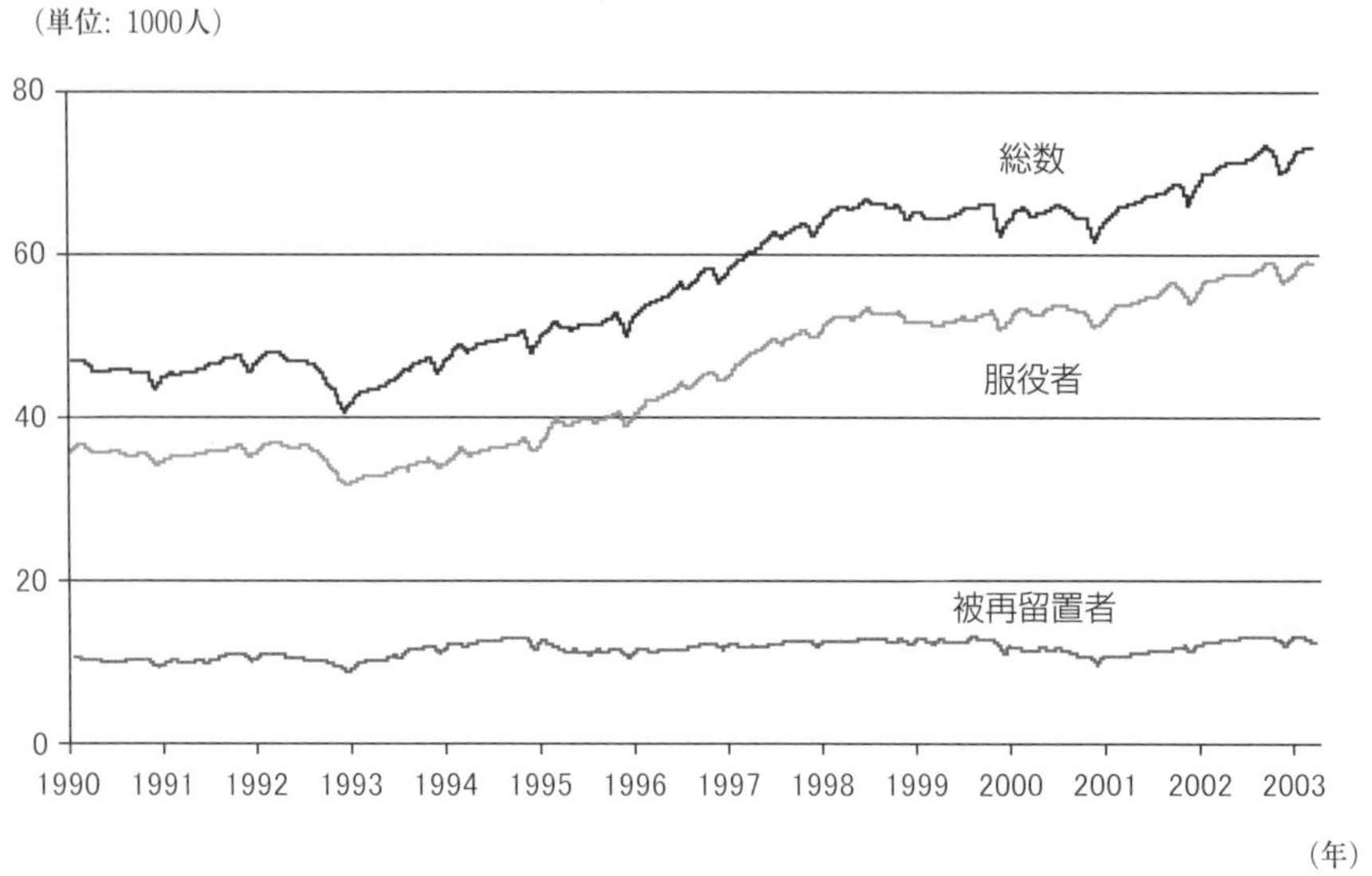

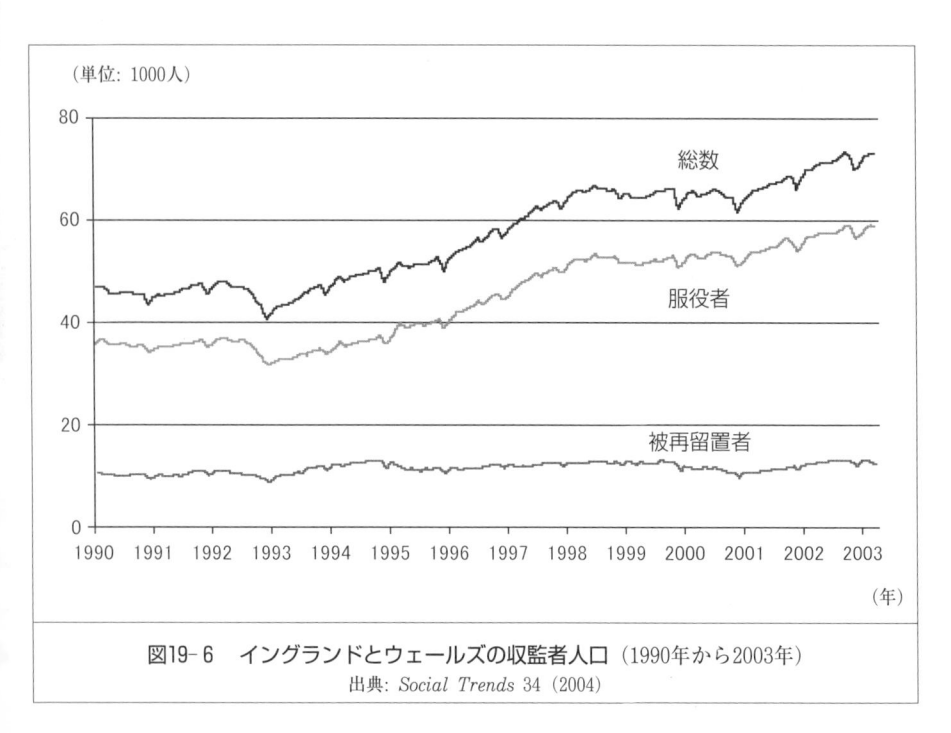

図19-6　イングランドとウェールズの収監者人口（1990年から2003年）
出典: *Social Trends* 34 (2004)

の正反対である。たとえば、受刑者たちは、一般市民にたいして悪感情をいだくようになり、暴力を正常なことと認めるようになり、年季の入った犯罪者と釈放後もつづく関係を築き、以前はほとんど知らなかった犯罪技術を習得する可能性もある。こうした理由から、刑務所は、時として「犯罪の大学」と称されている。したがって、**累犯**——少年院や刑務所に入っていた人たちが犯罪を繰り返すこと——の度合が気懸かりなほど高いのは、意外でもない。英国では、拘禁刑で服役した後に釈放された男性の六割以上が、最初の犯罪から四年以内に再逮捕されている。

証拠の上で、監獄は、受刑者の更生に成果を挙げていないことが明らかなように思える。とはいえ、刑務所の数を増やし、多くの犯罪に厳しい懲役刑で対処させようとする圧力は、依然として強い。刑務所は超満員で、新たな施設建設の必要が迫られている。しかしながら、刑務所の増設計画は、たんに納税者に法外な費用負担を求めるだけでなく、犯罪率にほとんど影響を及ぼさない、と批判する人たちは主張している。

刑罰制度の改革を求める一部の運動家たちは、因果応報の厳しい刑罰から、**正義感の回復**の方向に転換するべきであると論じている。「正義感の回復」は、違反者たちが、地域社会のなかで刑に服す「判決」を通じて、犯した罪の影響について自覚を高めるように努力させる。違反者たちは、地域奉仕活動に従事したり、犯罪被害者との人を介した和解集会に参加することを要求されるかもしれない。犯罪者たちは、社会から隔離され、自分の犯罪行為が及ぼす結果から遮蔽されたままでいるよりも、むしろ犯罪の代償に有意味なかたちで身をさらす必要がある。

刑務所が「効果を発揮している」か否かをめぐる論争に、簡単に答えを見いだすことはできない。刑務所は、受刑者の更正に功を奏しているとは思えないが、人びとに犯罪を思いとどまらせている可能性がある。実際に投獄された人たちにたいし抑止力として機能していないが、獄中生活の不快さは、投獄未経験者に犯罪をおそらく思いとどまらせている。この点に、刑務所改革論者にとってほとんど手に負えない厄介な問題が見いだされる。刑務所を完全に不快な居場所にすれば、罪を犯す可能性のある人たちに犯罪を抑止する効果をもつかもしれないが、更生という刑務所の果たすべき目的は、極めて達成が難しくなる。(獄中生活の苛酷さはまた、以下のコラムで取りあげるジョセフ・スコールズの悲劇的な死のように、意図しない帰結をもたらす可能性がある。)しかし、監獄の生活条件が苛酷でなくなればなくなるほど、逆に投獄は犯罪抑止効果を失うことになる。

刑務所は確かに一部の危険人物を街に近づけない働きをするとはいえ、いろいろな証拠は、もっと別の犯罪抑止手段を私たちが見いだす必要性を示唆する。犯罪に関する社会学的解釈は、即効的手段が何も存在しないことを明示している。犯罪の原因は、貧困や、スラム化したインナーシティ、多くの若年男性たちを取り巻く生活環境の悪化を含む、社会の構造的条件と密接に結びついている。刑務所をたんなる拘禁の場ではなく更正の場にする改革や、たとえば地域奉仕活動のような刑務所の代替策の実験といった短期的措置をさらに探究しなければならない。しかし、これらの解決策が実効性をもつためには、長期的に取り組む必要がある(Currie 1998b)。

刑罰——米国の場合

米国は、世界で最も厳しい処罰制度を備えている。世界全体で、受刑者数はおおよそ八七五万人いるが、そのうち二〇〇万人が米国の刑務所に目下収監されている。米国では、在監者の比率は、人口一〇万にたいして六八六である(Home Office 2003)。

米国の刑務所制度は、五〇万以上の人たちを雇用し、その維持に年間三億五〇〇〇万ドルが費やされている。米国の刑務所制度はまた部分的に民営化され、今日、民間企業は、収監人口の増加に応ずるために、政府から請け負って刑務所を建設し、運営することが可能である。批判する人たちは、「刑務所と産業界との複合体」が出現したと非難している。非常に多くの人たちが、刑務所制度の存在と今後の拡大に既得権を得ているからである。

極刑(死刑)擁護論は、米国では高い。二〇〇四年に、調査対象となった成人の七一%が極刑の価値を認めると答え、二六%は極刑に反対していた。この数字は、死刑賛成が三八%、死刑反対が四七%であった一九六五年当時の調査結果から重大な態度変化が生じたことを示している(Gallup)。死刑執行を待つ人たちの数は、一九九七年に連邦最高裁が極刑を科した州法を是認して以来、着実に増えてきた(図19-7を参照)。二〇〇三年末で、三三〇〇人以上の受刑者が死刑

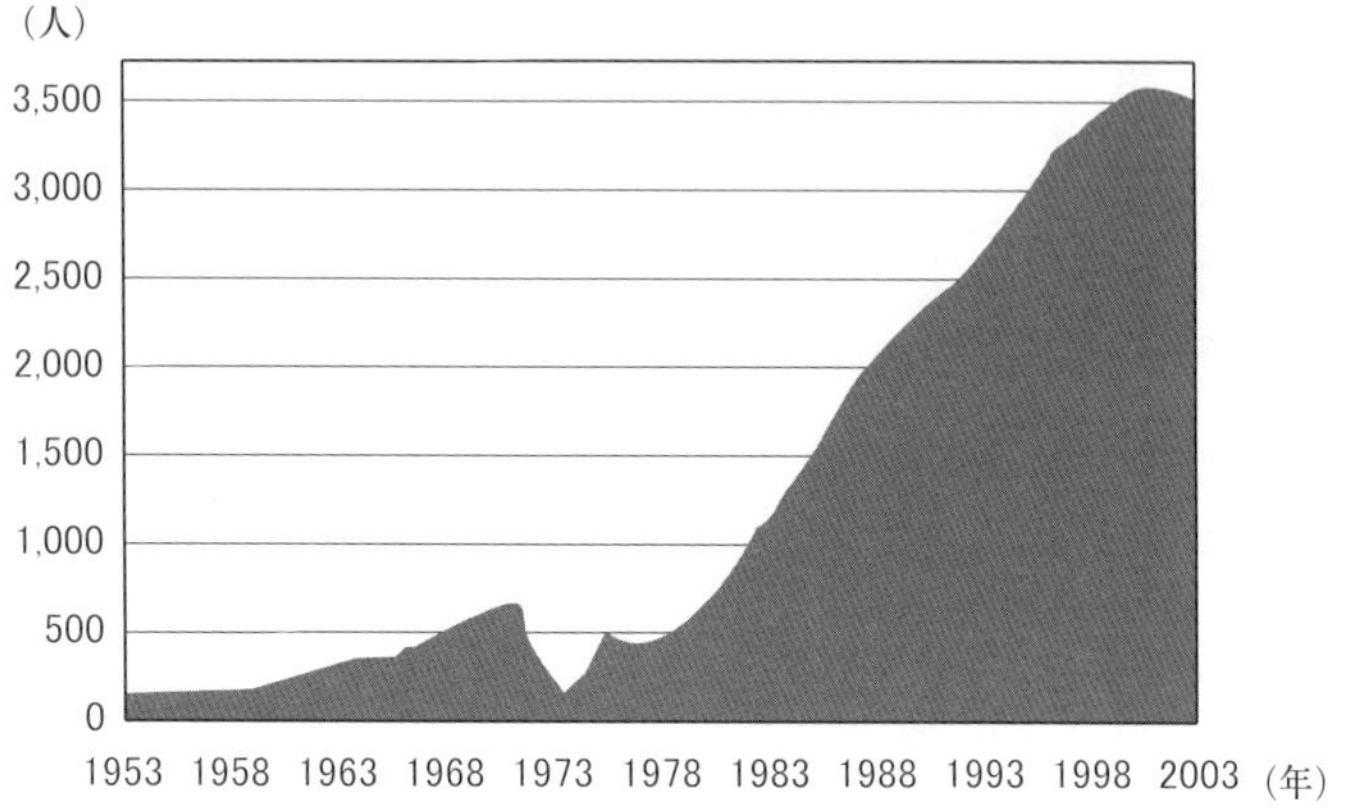

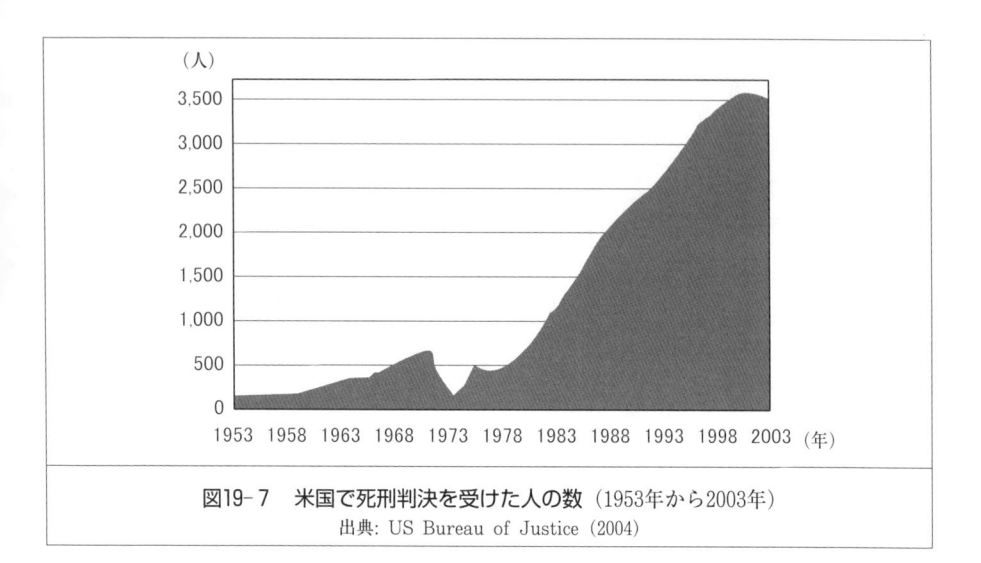

図19-7　米国で死刑判決を受けた人の数（1953年から2003年）
出典: US Bureau of Justice (2004)

囚監房に入れられていた。このうち九九%が男性で、五六%が白人、四二%が黒人だった（US Bureau of Justice 1998）。

厳しい刑の宣告を擁護する人たちは、過去一〇年間の米国における犯罪率の全般的低下を、刑務所が効力を発揮している証拠として指摘する。批判する人たちは、犯罪の減少を説明できるのは強い経済力と低い失業率といった他の要因であると主張し、反論している。高い投獄率が、家族や地域社会をいたずらに崩壊させているとも主張する。アフリカ系アメリカ人男性の四人に一人強は、刑務所に入っているか、刑罰システムの管轄下に置かれている。米国で収監された人たちの約六割は、暴力が介在しない麻薬関連の罪で刑に服している。このような著しいアンバランスは、もはや収監が「最後の拠りどころ」になっていない――現状は、刑務所があらゆる社会問題の解決策と化している――証拠である、と批判する人たちは告発する。

刑務所における自傷と自殺
――ジョセフ・スコールズの死

ジョセフは、落ち着かない子ども時代を送り、精神的障害を負う少年になった。ジョセフは、世間の噂によれば、幼少期から性的虐待を受け、精神科医に診てもらい、逮捕されたときは薬物治療を受けていた。ジョセフは、意気消沈し、みずからを傷つけだし、断続的に自殺したいと思っていた。

二〇〇一年の一一月三〇日、ジョセフは、事情があって福祉事業の世話を受けることになり、児童施設に送られた。その六日後、ジョセフは、施設の子どもたちと外出し、一連の携帯電話強盗にかかわった。その後、ジョセフは逮捕され、強盗罪で告発された。被害者も目撃者も、ジョセフがこの一連の事件で脇役しか演じていなかったことを認めた。ジョセフが暴力を振るったり暴力で脅したという指摘もまったくなかった。

強盗事件の公判日が近づくにつれ、ジョセフは次第に気が滅入り、動揺していった。法廷に出頭する二週間前に、ジョセフは、自分の顔をナイフで三〇回以上も切りつけた。最も深い傷は、鼻を斜めに裂いて骨まで達した。ジョセフの部屋の壁は、血染めになり、完全に塗り直されねばならなかった。ジョセフに判決を下す前に、マンチェスター刑事法院の判事は、ジョセフの傷つきやすい性格や、性的虐待を受けた経験、自殺と自傷の行動歴について知らされていた。

ジョセフにとって不幸だったのは、街頭犯罪をめぐって世間の不安が頂点に達していたときに裁判にかけられたことである。高等法院の首席裁判官は、こうした街頭犯罪に下される判決に関して、機械的に監禁刑の宣告を求めたと一般に解釈されるような指針をすでに出していた。二〇〇二年三月一五日に、ジョセフは、二年間の隔離と教育訓練命令の判決を言い渡された。判事は、公判廷で、ジョセフの自傷行動と、当局の関心を最も引きつけた性的虐待を受けた履歴に十分に留意してほしいと述べた。

判決後、ジョセフの教護の責任は青少年司法委員会に移された。その際に、ジョセフの生活歴も――とくに顕著なこととして、自殺未遂と自傷行動が――青少年司法委員会に情報提供された。ジョセフの教護にかかわった人たちは、青少年司法委員会に、必要とされる集中的な介護と支援が受けられる地方自治体所管の保護施設にジョセフを預けるように強く求めた。しかし、青少年司法委員会は、ジョセフが傷つきやすい性格であるにもかかわらず、適合する場がどこにもないと主張して、ジョセフをストークヒース青少年犯罪者収容所にある監禁施設に入れることにした。そのため、ジョセフの母親は、ストークヒース青少年犯罪者収容所に電話して、ジョセフが性的虐待の犠牲者で、自傷行動と自殺行動の履歴があり、抑圧され、情緒不安定であると訴えた。

ストークヒース青少年犯罪者収容所に送られてきたとき、ジョセフは、下着を含め衣類を脱がされ、堅いマジックテープが付いただけの馬の毛布のような着衣をあてがわれた。ジョセフの死後に開かれた審問で、陪審団のメンバーと検死官は、法廷でこの着衣が示されたとき、明らかにショックを受けた。また、児童介護の専門家は、衣服を脱がせたことを「人間としての尊厳を奪った」行いと評した。

ジョセフは、ヒース青少年犯罪者収容所にいた短い期間、実質的に隔離状態に置かれ、意味のある活動は何も提供されなかった。ジョセフは、いずれ近いうちに他の収監者のいる中央棟に移されるだろうと告げられた。この予定は、性的虐待を受けてきたジョセフを震え上がらせた。ジョセフは、二〇〇二年三月に、みずから命を絶った。

ジョセフの監房が細心の観察を欠き、安全でない状態に置かれていたことは、ジョセフが、窓の横木に結びつけたシーツを用いて首を吊ることを可能にした。ジョセフは、判決を受けてからわずか九日後に、みずから命を絶った……。

ジョセフの死について、二〇〇四年四月に二週間に及ぶ審問が開かれた。……刑務施設は、精神的に非常に脆い若者に対処する方法や人的資源、設備を備えておらず、ジョセフにとって完全に相応しくなかったいうことに、[審問官たち]全員の意見が一致した。

出典：*Inquest* Nov 2004

刑罰制度の改善のために活動する圧力団体、ハワード刑罰改革連盟は、刑務所の現状分析も含め、刑事司法の諸問題について調査している。それによれば、二〇〇三年に、イングランドとウェールズの刑務所で、九四名の男女がみずから命を絶ったことが明らかにされた。

・四一名の女性が自殺していた。この数字は、自殺した女性の数として、単年度では最多である。
・二五歳以下の若年受刑者で、三二名が自殺していた。三分の一が再拘留中、一人は出入国管理の留置者だった。
・二〇〇三年に、五つの刑務所で、四名以上の自殺者を出している。バーミンガム刑務所で五名、ノッティンガム刑務所で四名、ウィンチェスター刑務所で四名、ブラッケンハート刑務所で四名、スタイアル刑務所で四名である。

ハワード刑罰改革連盟の副理事長、アニータ・ドックリーは、次のように述べている。

こんなにも多くの男性と女性が刑務所で命を絶つとは、恥ずかしいことです。しかし、残念なことに、収監人口が引きつづき増え、刑務所のあり方がいまのように重圧に晒されているあいだ、私たちの連盟は、自殺者の数字が減少するだろうとは予想していません。刑務所での自殺件数は、自殺や自傷行為への対応策が適切に実行されなければ、減りません。私たちは、刑務所に入っている人の数を減らす取り組みをすぐにおこなうよう、政府に求めています。刑務所で自殺の防止対策を実行することに、いま以上に重きが置かれるべきです。とくに、自殺率が全国的に低下し、また脆弱な精神病患者のあいだで自殺防止策が効果を上げだしたことが裏づけられているわけですから。

出典：Howard League for Penal Reform (2004)

【設　問】

1　そもそも刑務所は、青少年犯罪者を処罰するのに相応しい場所だろうか。
2　軽微な犯罪に、社会はどのように対処すべきだろうか。
3　英国では、近年なぜ収監者の数が増加しているのか。

結び——犯罪、逸脱、社会秩序

犯罪や逸脱をもっぱら否定的に見るのは、おそらく誤りだろう。人びとが多様な価値観や関心をもつことを認める社会はいずれも、大多数がしたがう規範に同調しない活動をおこなう人たちや集団のために居場所を見いだす必要がある。政治や科学、芸術等々の分野で新しい理念を育む人びとは、従来正統視されてきた生き方を守る人びとから、疑念や敵意の目で見られる場合が多い。たとえば、米国の独立革命のなかで育まれた政治的理念——個人の自由と機会の均等——は、当時の多くの人たちから激しい抵抗を受けたが、今日では世界中で受け容れられている。社会の支配的規範からの逸脱は、勇気と決断を必要とする。しかし、支配的規範からの逸脱は、後になって社会一般の利益になることに気づく変動過程を確保する上で、しばしば決定的に重要である。

「有害な逸脱」は、人びとが非同調的な営みに従事する余地をかなり許されている場合に、社会が支払わねばならない代価なのだろうか。たとえば、犯罪的暴力の高い発生率は、社会の成員が享受する個人の自由と引き替えに、社会で必要とされる代償なのだろうか。確かに、一部の人たちは、同調を厳しく規定しない社会では暴力犯罪が避けられないと主張して、必要な代償と考えている。しかし、このような見方は、詳細に検討してみれば、ほとんど成り立たない。個人の自由を広範囲に認め、逸脱的活動を黙許する一部の社会（たとえば、オランダ）では、暴力犯罪の発生率は低い。逆に、個人の自由の範囲が制限されている（たとえば、ラテンアメリカの一部の社会のような）国々は、暴力の高い発生度合を示す可能性がある。

逸脱的行動に寛容な社会は、必ずしも社会的分裂や崩壊に悩まされているわけではない。とはいえ、よりよい状態が達成できるのは、おそらく、一人ひとりの自由が社会正義と一体化する場合——不平等が著しく大きくなく、誰でも豊かで満足できる生活を送る可能性が見いだせる社会秩序のなか——だけだろう。かりに自由と平等が釣り合いをとっていなかったり、また、かりに多くの人たちが自分の生活は自己達成や自己充実の機会を相当程度欠いていることに気づいた場合、逸脱的行動は、おそらく社会破壊という目標に向かう可能性がある。

まとめ

1 逸脱的行動とは、一般に支持されている規範に違反する行為をいう。何を逸脱とみなすかは、時代によって、また場所によって異なる可能性がある。ある文化的状況で「正常」な行動が、別の文化的状況では「逸脱」のレッテルを貼られるかもしれない。逸脱の概念は、犯罪の概念よりも広い。犯罪とは、法律を破る非同調的行為のみを指している。

2 社会は、社会規範を強化するために、フォーマルないしインフォーマルな賞罰を適用する。法律とは、統治機関が規定し、施行する規範である。

3　犯罪をはじめとする種々の逸脱形態は遺伝的に決定されることを立証するために、生物学や自然科学の理論が展開されてきた。しかし、これらの理論はほとんど信憑性を失っている。社会学者は、社会的脈絡を異にすれば、同調と逸脱の定義づけも異なると主張する。社会における富や権力の格差は、それぞれの集団がどのような機会を利用できるのか、またどのような種類の活動を犯罪とみなすのかに大きく影響する。犯罪活動は、遵法的活動とほぼ同じかたちで学習され、また総じて同じ欲求や価値を志向している。

4　機能主義理論は、犯罪と逸脱が、構造的緊張と社会内部の道徳的規制の欠如によって生ずるとみなしている。デュルケムは、近現代社会における伝統的生活の崩壊によって生みだされる不安感や見当識の喪失を指称するために、「アノミー」という用語を導入した。ロバート・K・マートンは、このアノミーの概念を拡大して、規範が社会の現実と対立するたびに人びとの感ずる精神的緊張を含めて考えようとした。サブカルチャーによる説明は、たとえばギャングのように、社会の中心的価値を拒否し、その代わりに公然たる反抗や非行、非同調を賛美する規範を信奉する集団にたいして、注意を向けている。

5　ラベリング理論（ある人に逸脱者のレッテルを貼ることが、その人の逸脱的行動を強化していくと想定する理論）は、この理論が、いかなる行為も本来的に犯罪性を（または正常性を）有していないという想定から出発するゆえに重要である。ラベリング理論の論者は、一部の行為がどのようにして逸脱と規定されるようになるのか、また特定の集団がなぜ逸脱者のレッテルを貼られ、他の集団はそうではないのかに関心を寄せる。

6　葛藤理論は、犯罪と逸脱を、社会の構造や、社会集団間の競合する利害関心、エリート層での権力の保持という観点から分析する。

7　コントロール理論は、犯罪の発生を防止する社会的統制なり物理的統制が十分に見いだされない場合に、犯罪が起こると想定する。犯罪の増加は、現代社会における犯罪の格好な機会や標的の増加と一体化している。割れ窓理論は、無秩序状態の出現と実際の犯罪のあいだに直接的な結びつきが見いだされることを指摘する。

8　どの社会でも、すべての犯罪が通報されるわけではないため、犯罪の拡がり具合を査定するのは難しい。未記録犯罪の「隠れた数字」とは、官庁統計で捕捉されていない違法行為を指している。犯罪被害調査（回答者に、この一年間に何らかの犯罪被害にあったかどうかをたずねる調査）は、官庁が発表する犯罪率と人びとの実際の体験に差異があることを暴露している。

9　犯罪行為の発生率は、男性たちよりも女性たちのほうがはるかに低い。おそらくその理由は、男性と女性の社会化の全般的な差異に加えて、男性のほうが家事以外の活動の場により多く関与してきたからである。失業と「男性性の危機」は、男性の犯罪率と密接に結びついてきた。一部の犯罪類型では、女性たちが圧倒的に犯罪の犠牲者になっている。強姦は、官庁統計が示す以上に、もっと日常的に発生している。すべての女性が強姦の被害者であるという主張には、一理ある。なぜなら、女性たちは、身を守るために格別の注意を払い、強姦の恐れのなかで暮らさなければならないからである。男性同性愛者も女性同性愛者も、犯罪被害や嫌がらせを高い割合で経験している。しかしながら、男性同性愛者と女性同性愛者は、社会のなかで周縁的位置づけがなされてきたため、純真無垢な犯罪被害者というよりも、むしろ犯罪被害に遭って「当然な存在」としばしばみなされている。

10　人びとが犯罪にいだく恐れは、多くの場合、たとえば窃盗や押し込み強盗、暴行脅迫といった街頭犯罪に集中しており、これらの犯罪は、総じて労働者階級の若年男性たちの行動になっている。官庁統計は、若者たちのあいだでの違法行為の高い発生率を示している。しかしながら、若者たちの犯罪に関してモラル・パニックに陥ることには用心しなければならない。実際には、たとえば反社会的行動や非同調的行動といった若者たちがおこなう逸脱的行為のほとんどは、犯罪ではない。

11　ホワイトカラー犯罪と企業犯罪は、社会のむしろ裕福な層の人たちがおこなう犯罪を指している。これらの犯罪の帰結は、貧しい人たちによる軽度の犯罪以上に、広範囲に影響を及ぼす可能性がある。しかし、取り締まり当局は、こうしたホワイトカラー犯罪や企業犯罪にさほど注意を払っていない。組織犯罪とは、制度化されたかたちの犯罪活動を指す。組織犯罪は通常の組織体としての特徴を数多く示すが、おこなわれる内容は、一貫して非合法的な活動である。サイバー犯罪は、たとえば電子決済によるマネーロンダリングやインターネット詐欺のように、情報テクノロジーを用いておこなわれる犯罪活動のことをいう。

12　刑務所は、ひとつには社会を守るために、また一つには犯罪者を「更正させる」意図で出現し、発達してきた。刑務所は、犯罪を抑止するようには思えない。また、刑務所が、受刑者を再び犯罪に陥らずに外部世界を直視できるように更正できる度合は、疑わしい面がある。累犯とは、かつて刑務所にいた経験のある人たちが違法行為を繰り返すことをいう。たとえば地域社会に密着した量刑を科すといった刑務所に代わる手段も、提示されいる。

考察を深めるための問い

1　「逸脱者」のレッテルを貼られた人の行為は、「正常な」人の行為とどのように異なるかたちで解釈されるのだろうか。

2　犯罪被害調査は、犯罪の度合について、なぜ官庁統計よりももっと鮮明な描写をもたらすのだろうか。

3　女性たちによる公的領域への参入の増加は、必然的に女性たちの犯罪に変化を生じさせているのだろうか。

4　企業の経営幹部は、失業中の若者たち以上に概して犯罪者になりやすいのだろうか。

5　犯罪は、グローバル化過程の影響をどのように受けているのだろうか。

読書案内

H. Croall: *Crime and Society in Britain* (Longman, 1998)

Eric Goode: *Deviant Behaviour* (Prentice Hall, 1997)

Simon Holdaway & Paul Rock (eds): *Thinking about Criminology* (UCL Press, 1998)

J. Muncie & E. McLaughlin (eds): *Controlling Crime*, 2nd edn (SAGE, in Association with The Open University, 2001)

J. Muncie & E. McLaughlin (eds): *The Problem of Crime*, 2nd edn (SAGE, in Association with The Open University, 2001)

Paul Walton & Jock Young (eds): *The New Criminology Revisited* (Macmillan, 1998); Robert Reiner: *The Politics of the Police* (Oxford Univ Pr, 1999)

インターネット・リンク

Amnesty International
http://www.amnesty.org

雑誌 British Journal of Criminology
http://www3.oup.co.uk/crimin

Home Office (UK)
http://www.homeoffice.gov.uk

Howard League for Penal Reform
http://www.howardleague.org

NACRO——犯罪の防止と犯罪者の保護更生に関心を寄せる団体
http://www.narcro.or.uk

United Nations Crime and Justice Information Network
http://www.uncjin.org/

20

政治、統治、テロリズム

二〇〇三年二月、差し迫ったイラク戦争に反対して地球規模の抗議行動が起きた（八四六頁以下のコラム「イラク戦争と、その後」を参照）。ロンドンでは一〇〇万以上の人たちが街頭に繰り出し、英国史上最大規模のデモになった。同じ規模のデモは、ローマとバルセロナでもおこなわれ、それよりも規模の小さなデモ行進が、ニューヨークからバングラデシュに至る世界各地の都市でおこなわれた。おおまかな推計では、世界の六〇カ国で合計一〇〇〇万に及ぶ人びとが抗議運動に参加した（*Guardian* 13 Feb 2003）。

世界中の都市で何百万もの人たちが同じ日にデモをするという連携行動が可能になったのは、メディアの発達である。戦争が起きる可能性は何カ月も前からテレビや新聞で盛んに議論され、また、反戦デモの計画はあらかじめメディアによって広まっていた。反戦グループは、Eメールやウェブサイトでの告知によって、さまざまな背景の人びとから支持者を集めることができた。

二〇〇三年二月にデモ行進した人びとは、さまざまな関心から結集した。デモ行進の参加者のなかには、民主制が確かに最良のモデルであっても、欧米スタイルの民主制を力づくで中東に輸出するのは民主制の基本的価値観に反すると主張する人たちもいた。中東での戦争は、欧米社会が石油の安定的供給源を確保するための見え透いた言い訳であるとみなす人たちもいた。英国では、多くの人たちは、アメリカ主導の戦争に巻き込まれることで、現実に二〇〇五年七月七日にロンドン市民が犠牲になる事態が生じたが、英国がテロ攻撃の標的になる恐れを危惧した（八六五頁を参照）。反戦支持を結集させたもう一つの論点は、主戦論に立つ英国政府が、国際連合を説得して、先の国連決議にしたがわなかったイラクに軍事力行使するのを認める議決を出させることに失敗した点である。結果としてイラクとの戦争が二〇〇三年三月に、国連の明確な承諾を得ずにはじまったときに、正式に認められない戦争であるとの批判が起こった。

この章では、こうした抗議行動や、その後の戦争から浮かび上がった多くのテーマについて論じる。まず、政治社会学の、重要ではあるが、論争の的になっている概念を検討する。とくに、権力の概念について詳細に検討したい。次に、この二〇年間の民主制の目覚ましいグローバルな普及と、グローバルな統治をめぐる諸問題について考察する。さらに、サッチャー主義の出現や新生労働党の台頭を含め、数十年間に英国の政党政治に生じた重大な変化をいくつか取り上げる。政党政治を検討した後で、もっと広い意味での政治に焦点を移し、さきに述べた反戦運動のような社会運動について検討したい。グローバル化やテクノロジーの変化がこうした社会運動に影響を及ぼす様相について考察する。民主制の増大を促す圧力は、多くの事例で、優勢な政治勢力を創出しようとするナショナリズムと結びついてきたので、次にナショナリズムの勃興を問題にする。終わりに、今日の政治社会学における重要な論点のひとつ、テロリズムについて論究したい。

政治社会学の基本概念をめぐる議論

政治、統治、国家

多くの人びとは、政治が、〔英国の国会議事堂がある〕ウェストミンスターや〔欧州議会がある〕ブリュッセル、〔米国の連邦議会がある〕ワシントンにいる――ほとんどの場合――中高年男性たちの領分であり、自分たちとは無縁な、興味のないことがらと考えている。こうした見方によれば、**政治**は、権力が、統治活動の範囲や内容に影響を及ぼすために使用される際の手段と関係している。しかしながら、政治とは、議論の余地がある概念であり、政治的なことがらの領域は、国家制度そのものの領域をはるかに超えて拡がる場合がある。この章の初めで触れた反戦運動は、この本の他のところで論じてきた（環境保護やフェミニズムなどの）グループやネットワーク、組織の多くがそうであるように、政治的な運動である。

とはいえ、好むと好まざるとにかかわらず、私たちの生のすべては――統治活動という狭い意味においてさえ――政治の領域で起きていることの影響を受けている。政府は極めて個人的な活動にたいして口を出し、戦争時には、政府の必要とみなす目的のためなら、私たちの命を捨てるように命ずることさえできる。**統治**の領域は政治的権力の領域である。政治的活動は、すべて権力とかかわっている。誰が権力を手中におさめるのか、どうやって権力を手にするのか、手にした権力で何をおこなうのか。以下で、権力の概念をさらに詳しく検討する。

国家が存立すると言えるのは、一定の領土を支配する政治的統治装置（国会や議会のような機構と、公務員組織）が存在し、その権威が、法体系によって、また政策遂行のために軍事力を行使できる能力によって裏づけられている場合である。近現代の国家は、すべて**国民国家**である。つまり、近現代の国家は、住民の大多数がみずからを単一国民社会の一員とみなす市民たちから構成される国家である。国民国家は、世界のさまざまな地域でそれぞれ異なる時期に成立してきた（たとえば、米国は一七七六年に、チェコ共和国は一九九三年に誕生した）。国民国家の主要な特徴は、第二章（「グローバル化と、変動する世界」）で取り上げた、非工業文明や伝統文明における国家の特徴とかなり際立った差異を示している。国民国家の主要な特徴は、次の通りである。

- 《主権》　伝統的国家が支配する領土は、その境界がつねに不完全であったため、中央政府の及ぼす統制の度合は極めて弱かった。主権という観念――行政府が、明確に境界規定された領域にたいして権威を確立し、その領域内で最高の権力になること――は、伝統的国家では意味をなさなかった。対照的に、国民国家は、すべて主権国家である。
- 《市民権》　伝統的国家では、国王や皇帝が支配する住民のほとんどは、自分たちを統治する人びとについてほとんど何も認識していなかったし、関心もなかった。住民はまた、政治的権利や政治的影響力をまったくもっていなかった。政治共同体全体にたいして共属感情をいだいていたのは、通常、支配階級か、かなり裕福な集団だけだった。対照的に、近現代の社会では、その政治システムの境界内で暮らすほとんどの人たちは、共通の権利と義務を保有して、自分たちが国民社会の構成要素であることを認識している市民である。政治的亡命者や「無国籍」者も一部には存在するが、今日の世界では、ほぼ誰もが国民社会という明確な政治秩序の構成員になっている。

・《ナショナリズム》 国民国家は、ナショナリズムの勃興と関連している。ナショナリズムは、自分が単一の政治共同体の成員であるという意識をもたらす一連の象徴や信念である、と定義づけることができる。したがって、人びとは、イギリス人やアメリカ人、カナダ人、ロシア人等々であることに、誇りや帰属意識をいだいている。こうした誇りや帰属意識は、東ティモールの人たちが独立を求めたときに弾みを与えた感情である。おそらく人びとは、いろいろな種類の社会集団——たとえば、家族や村落、宗教集団——にたいして、つねに何らかの種類のアイデンティティをいだいてきた。ところが、ナショナリズムは、近現代国家の発達によってはじめて出現した。ナショナリズムは、明らかに他と異なる主権共同体にたいするアイデンティティ感情の、主要な表出である。ナショナリズムという現象については、この章の終わりでさらに詳しく究明したい。

権力

権力の意味と本質、分布の問題は、政治社会学者の中心的課題である。社会学の創始者のひとり、マックス・ウェーバー（ウェーバーについては、第一章の三二頁～三四頁で紹介した）は、権力の一般的な定義を、「命令行為において、その行為に参加している他者の抵抗を排してまで、自己の意志を実現しようとする可能性」というかたちで提示している（Gerth & Mills 1948）。ウェーバーにとって、権力は、他者がそうされることを望んでいない場合でさえ、人が自分の意向を押し通すことと関係している。

多くの社会学者は、ウェーバーにならって、《強制的》権力形態と**権威**に支えられた権力形態とを区別している。たとえば、二〇〇三年のイラク戦争に懐疑的な論者は、多くの場合、アメリカ主導の侵攻を、その侵攻が国連の明確な権威づけを得ていないという理由で批判した。この人たちは、イラク戦争を、正当性に欠ける——権力の強制的使用——とみなしていた。

マックス・ウェーバーの権力論は、権威を複数の範疇に——あるいは「理念型」に——わけている。ウェーバーによれば、権威には三つの源泉がある。伝統的なもの、カリスマ的なもの、合理的-合法的なものの三つである。《伝統的権威》は、長い間に確立された文化的様式にたいする畏敬によって正当化された権力である。ウェーバーは、例として中世ヨーロッパでの世襲貴族による支配を挙げている。

対照的に、《カリスマ的権威》は、伝統を崩壊させる傾向が強い。カリスマ的権威は、追随する人たちが、自分たちの指導者には傾倒心を引き起こす類い稀な資質が備わっていると信ずる、そうした指導者にたいして追随者がいだく専心や帰依に由来している。ウェーバーによれば、「カリスマ」とはパーソナリティ特性である。カリスマ的権威を備えた人物の例として、しばしばイエス・キリストやアドルフ・ヒトラーが挙げられている。しかしながら、カリスマ的権威は、もっと世俗的なかたちで発揮される場合もある。たとえば、一部の教師がもつ権威は、部分的にカリスマ的である。ウェーバーの見解では、過去の社会のほとんどは、伝統的な権威構造によって特徴づけられていたが、その権威構造はカリスマの突然の出現が周期的に伝統的な権威構造を分断してきた。

近現代の世界では、次第に《合理的-合法的権威》が伝統的権威にとって代わりはじめている、とウェーバーは主張する。合理的-合法的権威とは、法のもとで制定された規則や規定によって正当づけられた権力である。この合理的-合法的権威は、近現代の（第一六章で論じた）組織や官僚制組織、行政府のなかに見いだされる。ウェーバーは、行政府を、社会の政治的活動を方向づけるフォーマルな組織と記述している（Gerth & Mills 1948）。

スティーヴン・ルークス——ラディカルな代替案　社会学者スティーヴン・ルークスは、権力をめぐって代替となるラディカルな見方を提唱する（Lukes 1974）。ルークスは、いまや古典となった論述のなかで、権力について「三つの次元」の見方を示している。ひとつ目の次元は、権力を、実際に観察可能な紛争状況で、人がみずから思い通りに振る舞えるように決定を下すことができる能力とみなしている。たとえば、かりに二〇〇三年二月に政府が反戦抗議行動に応じてイラクへの軍事介入を支持する政策を変更したとすれば、この変更は、抗議団体が権力を有していることの証拠になるだろう。とはいえ、権力という概念はこのひとつ目の次元よりももっと広い、とルークスは論じている。

権力の二つ目の次元は、どのような争点に決定が下されるのかを左右できる能力と関係する。つまり、権力を握っている集団ないし個人は、決定を下すのではなく、他者が入手利用できる選択肢を制限することによって、権力を行使できることを、ルークスが指摘している。たとえば、（八二三頁で取り上げるシンガポールの場合がそうであるように）権威主義的政府が権力を行使する仕方のひとつは、メディアが報道できる内容に制約を加えることである。多くの場合、権威主義的政府は、このような仕方で——たとえば、シンガポール政府が鞭打ち等の身体刑を用いることへの国際的非難のような——特定の不平や不満が政治過程のなかで争点になるのを阻止できる。

ルークスは、権力には三つ目の次元が存在すると主張し、この三つ目の次元を「欲望の操作」と名づけている。「こちら側が思うとおりの欲望を誰かにいだかせること——つまり、その人の思考や欲望の制御をとおして服従させること——これこそが究極の権力行使ではないのか」とルークスは問いかけている（Lukes 1974）。このやり方は必ずしも洗脳を意味しない、とルークスは指摘する。私たちの欲望は、もっと巧妙な仕方で操作される可能性がある。たとえば、資本家は、メディア等の社会化の手段を用いて、労働者の側に大衆消費者としての役割を身につけたいという欲望をつくり出すことで権力を行使する、とマルクス主義者はこれまで主張してきた。

ルークスは、権力に見いだされる別々の次元を区別することで、ウェーバーが提示した定義よりももっと広い権力の定義を提示するのに成功している。ルークスにとって、「AがBにたいして権力を行使するのは、AがBの利害に反する仕方でBに影響を及ぼす場合である」（Lukes 1974）。しかし、この定義でも、Bのかかえる利害の内容を私たちはどのように知ることができるのかという疑問が残される。ルークスは、この点にまだ議論の余地があることを認めている。それにもかかわらず、ルークスによる権力の概念構成は、権力の行使に異なる次元が内包されていることを社会学者に気づかせたという点で、大きな影響力を保っている。

フーコーと権力

フランスの社会学者ミシェル・フーコーもまた、ウェーバーのかなり形式的な定義と大きく隔たる、極めて影響力のある権力論を展開してきた。フーコーによれば、権力は、たとえば国家のような一個の制度体に集中したり、あるいはいずれかの集団だけが保持するものではいない。旧来の権力モデルは、スティーヴン・ルークスの権力モデルも含め、こうした権力の固定化された正体に依存している、とフーコーは指摘する。たとえば（マルクス主義者の場合は）支配階級や（フェミニストの場合は）男性たちのように、容易に特定できる集団が権力を保持する、と考えられていた。それにたいして、権力は、あらゆる社会的相互行為のすべてのレヴェルで、すべての社会的制度のなかで、すべての人びとの手によって作動している、とフーコーは主張した。

フーコーの思想は、第四章「社会学における理論的思考」、一三三頁～一三三頁で紹介している。組織における権力の解明は、第一六章「組織とネットワーク」、六四六頁～六四九頁で論じている。

フーコーにとって、権力と知は、密接に結びついており、互いに強化し合う。たとえば、医師による知への権利要求は、たとえば病院のような制度的脈絡での医師の業務に持ち出されると、権力への権利要求にもなる。健康や病気に関する知識の増加は、患者にたいして権威を主張できる医師に、権力を付与してきた。フーコーは「言説」の発達について論述しているが、「言説」は、権力と知の関係を考察するための手段となる――たとえば、「フーコー学派の人」であれば、「医療の言説」について議論するかもしれない（二八一頁を参照）。

フーコーの考え方は、政治社会学が、とりわけマルクス主義の経済学的解釈のような、単純明快な葛藤理論（三七頁～三八頁を参照）から、たとえばジェンダーやセクシュアリティなどのアイデンティティに根ざした政治的闘争へ関心が移行してきたため、広く受け容れられてきた（Foucault 1967, 1978）。フーコーによる解明は、さきに紹介したような、権力を権威的形態と強制力的形態に単純に分ける考え方（八三〇頁を参照）を打破した。なぜなら、権力を支配集団によって行使されるものではなく、むしろあらゆる社会関係のなかに見いだされるものである、とフーコーは解釈しているからである。それゆえ、フーコーによる権力の概念構成は、政治的なことがらの概念構成を押し広げた。とはいえ、フーコーは、一方で日常の社会的相互行為で権力が作動する仕方を極めて明晰に解明しているとはいえ、フーコーの示す権力の概念構成が不明確なため、たとえば軍隊や社会階級などの構造体に権力が集中することを過小評価している、とフーコーを批判する人たちは指摘してきた。

権力の概念構成について競合する立場を見てきたので、次に権力が公の政治の場でどのように行使されるのかを見ていきたい。次節では、二種類の政治システムを考察することで、政治的権力の行使に目を向ける。

権威主義と民主制

歴史を通じて、社会は、さまざまな種類の政治システムに依拠してきた。二一世紀初めの今日においても、世界中の国々は、さまざまな様式や構成にしたがって、みずからを運営、存続させている。今日、ほとんどの社会は、民主制の——つまり、民衆がその社会を支配している——国家であると主張しているとはいえ、民主制以外の政治的支配形態も引きつづき存在する。この節では、政治システムの二つの基本類型、民主制と権威主義について素描したい。

権威主義　後で検討するように、かりに民主制が政治への市民の積極的な関与を促しているとすれば、**権威主義国家**では、住民の参加は、認められていないか、厳しく制限される。権威主義の社会では、国家のニーズや利害関心が一般市民のニーズや利害関心に優先し、政府に異議を唱えたり、指導者を権力の座から解任する法的メカニズムは何も確立されていない。

今日、権威主義の政府は多くの国に見いだされ、なかには民主制国家を自称する国もある。二〇〇三年まで、サダム・フセイン支配下のイラクは、反体制派を抑え込み、国家資源の途方もない分け前が選ばれたごく少数の人たちの利益のために流用される、そうした権威主義国家の一例であった。サウジアラビアやクウェートといった有力な君主国や、ミャンマー（ビルマ）の指導層は、住民の市民的自由を容赦なく奪い、住民が国の運営の問題に有意義なかたちで参画することを認めていない。

アジアの国シンガポールは、いわゆる「ソフトな権威主義」の例としてよく引き合いに出される。それは、シンガポールが、政権政党の国民行動党が権力をしっかりと掌握し、社会生活のほぼすべての側面に介入することで、市民に高い生活の質を保証してきたからである。シンガポールは、治安や市民生活の秩序、すべての住民の社会的包摂の面で際立っている。シンガポールの経済は成長をつづけ、街路は清潔で、人びとは職に就き、貧困とはほとんど無縁である。とはいえ、たとえば公共の場でのゴミのポイ捨てや喫煙などの些細な違反でさえも、多額の罰金刑を科せられる。メディアや、インターネットへのアクセス、衛星放送への加入は厳しく規制されている。警察は、市民を犯罪容疑で勾留できる桁外れの権限をもち、また裁判による処罰で、身体刑や死刑が用いられるのも普通である。こうした権威主義的統制にもかかわらず、政府にたいする人びとの満足度は高く、他の多くの国に比べて社会的不平等は極めて少ない。シンガポールは民主的自由が欠けているかもしれないが、シンガポール流の権威主義は、もっと独裁的な体制の権威主義と明らかに異なる。そのため、作家のウィリアム・ギブソンは、この島国のことを、「死刑のあるディズニーランド」と描写している。

民主制　**民主制**という用語は、ギリシア語の《デモクラティア》、つまり、《デモス》（民衆）と《クラトス》（支配）に分けられる言葉に語源がある。それゆえ、民主制の根本的意味は、君主でも貴族でもなく、民衆が支配する政治システムである。こうした指摘は、わかりきったことがらのように聞こえるが、決してそうではない。民主制による支配は、民主制の概念をどのように解釈するかに応じて、さまざまな時代や社会によって対照的な形態をとってきた。たとえば「民衆」とは、財産所有者や白人、教育を受けた人、男性、成人の男女、等々さまざまなかたちで理解されてきた。公に認められた民主制が政治の領域のみに限られている社会もあれば、社会の他の生活領域にまで及ぶべきだとされる社会も存在する。

民主制がどのようなかたちをとるのかは、所与の状況で人びとが民主制の価値や目標をどのように理解し、また何に優先順位を置くかに左右される。一般に民主制は、政治の質を確保し、束縛からの解放と行動の自由を擁護し、共通の利害関心を守り、市民のニーズに応え、道徳的自己啓発を促進し、さらにすべての人の利害を考慮した実効性のある意思決定を下すことが最も可能な、そうした政治システムと考えられている（Held 1996）。こうした民主制のどの目標に重点を置くのかは、民主制をまず何よりも民衆の権力形態（自己統治や自己規制）とみなすか、それとも（選挙で選ばれた代表者集団のような）他の人たちによる意思決定を支援するための枠組みとみなすかに、おそらく影響を及ぼす。

参加民主制　**参加民主制**（あるいは、直接民主制）では、意思決定は、その意思決定の影響を受ける人たちが共同でおこなう。この参加民主制は、古代ギリシアでおこなわれた民主政治が原型である。古代ギリシアでは、市民が、つまり、社会の少数の人たちが、政策を検討し、主要な決定を下すために定期的に会合していた。近現代の社会では、住民の大多数が参政権をもっていても、影響を受ける意思決定のすべてに誰もが積極的に関与できないため、参加民主制の重要性は制約されている。

しかしながら、参加民主制のいくつかの側面は、現代の社会で重要な役割を演じている。米国北東部のニューイングランドの小さな地域社会では、今日でも毎年「タウン・ミーティング」という伝統的な習わしがつづいている。タウン・ミーティングの日には、町の住民全員が集まって、州政府や連邦政府の支配権が及ばない地元の問題について議論し、投票する。参加民主制のもう一つの例は、住民が特定の争点について意見を表明する際に実施される住民投票である。争点を回答が可能な一つか二つの問いに簡略化することで、大勢の住民による直接の協議が可能になる。二〇〇五年にヨーロッパの一部の国々で、欧州憲法条約の批准をめぐって住民投票がおこなわれた。英国も採決をおこなうことに同意したが、二〇〇五年五月にフランスとオランダで批准が否決されたため、条約が採択されるための直接的な見込みはなくなり、英国では住民投票の計画が保留されることになった。住民投票は、たとえばカナダのフランス語圏ケベック州のように、エスニック・ナショナリズムの強い地域の分離といった異論の多い争点に判断を下すためにも利用されてきた。

代表民主制　大規模な参加民主制は、臨時の住民投票のような特別の場合を除き、実施することが難しい。今日では、**代表民主制**が一般的である。代表民主制は、共同体に影響する意思決定を、共同体のすべての構成員ではなく、意思決定を委ねる目的で選出された人たちがおこなう政治システムである。国政レヴェルでは、代表民主制は、代議員会や国会といった全国団体への選挙というかたちをとる。代表民主制はまた、たとえば地方や州、市、郡、区といった、意思決定を共同でおこなう他の地域レヴェルにおいても見いだされる。多くの大規模組織は、重要な意思決定を下す少人数の執行委員会を選出することで、代表民主制を用いた運営方式をとっている。

有権者が二つ以上の政党から選択できたり、成人の大多数が投票権をもつ国は、通常、自由民主制と称されている。英国などの西ヨーロッパの国々、米国、日本、オーストラリア、ニュージーランドは、すべてこの範疇に入る。インドのような発展途上世界の一部の国もまた、自由民主制をとり、後で見るように、その数は増加しだしている。

民主制のグローバルな普及

未来の政治社会学者が一九八〇年代と一九九〇年代を振り返るとすれば、ある歴史的展開がとりわけ浮かび上がってこよう。つまり、世界の多くの国々の民主化である。一九八〇年代初め以来、たとえばチリやボリビア、アルゼンチンなど多くの南アメリカの国々は、権威主義的な軍事政権から着実に成長した民主制への転換を遂げてきた。同じように、一九八九年の共産主義圏の崩壊にともなって、東ヨーロッパの多くの国々も――たとえば、ロシアやポーランド、チェコスロヴァキアのように――民主制に移行した。また、アフリカでも、それまで民主制でなかった国々――ベニンやガーナ、モザンビーク、南アフリカが含まれる――は、民主制の理念を掲げるようになった。

一九七〇年代中頃に、世界のすべての社会のうち三分の二以上が、権威主義体制であったとみなされている。その後、状況は大きく変わった――今日、権威主義体制の社会は、三分の一以下である。民主制は、もはや主に欧米の国々だけに集中するわけではない。民主制は、世界の多くの地域で望ましい統治形態として、少なくとも原則的に是認されている。デイヴィッド・ヘルドが指摘するように、「民主制は、いまの時代の政治的正統性の基本的な判断基準になっている」(Held 1996)。

この節では、自由民主制のグローバルな普及について考察し、自由民主制が人気を集める理由を可能な範囲で説明する。その後で、民主制が今日の世界で直面する主要な課題をいくつか検討したい。

共産主義の崩壊

長いあいだ、世界の政治システムは、自由民主制と、旧ソヴィエト連邦や東ヨーロッパの国々(それに、現在でも中国をはじめとする少数の国)に見いだす共産主義に分かれていた。世界人口のかなりの割合は、ほぼ二〇世紀を通じて、共産主義か社会主義を志向する政治システムのもとで暮らしていた。一八八三年にマルクスが亡くなって以降の一〇〇年間は、社会主義と労働者革命が世界中に拡がるとしたマルクスの予測を裏づけたかのように思えた。

共産主義国家は、自国のシステムが西側の人たちの理解する民主制と著しく異なるにもかかわらず、みずからを民主制とみなしていた。共産主義は、本質的に一党支配のシステムである。有権者は、さまざまな政党間の選択ではなく、同一政党――つまり、共産党——の異なる候補間の選択の機会しか与えられなかった。しかも、多くの場合、候補は一人しかいなかった。したがって、真の意味の選択の自由はまったく存在しなかった。共産党は、ソヴィエト型社会では容易に支配権力になることができた。共産党は、政治システムだけでなく、経済活動も統制していた。

西側社会では、学識豊かな研究者から一般市民に至るまで、ほとんど誰もが、共産主義システムが確固不動のものとなり、世界政治の永続的な特徴になると信じていた。一九八九年の一連の「ビロード革命」で共産主義体制が次々に崩壊する劇的展開を予測できた人は、いたとしてもほんの僅かである。東ヨーロッパ中に、強固に、また幅広く確立された支配システムと思えたものが、ほとんど一夜のうちに排除された。共産主義者は、半世紀にわたって支配してきたハンガリーやポーランド、ブルガリア、東ドイツ、チェコスロヴァキア、ルーマニアで、瞬く間に権力を失った。その結果、ソヴィエト連邦の共産党自体も統制力を失う。一九九一年にソヴィエト連邦を構成する一五の共和国が独立を宣言したときに、ソヴィエト連邦最後の指導者ミハイル・ゴルバチョフは、「国家を欠いた大統領」になった。中国でさえ、一九八九年には、学生をはじめとする民衆が天安門広場で抗議行動を繰り広げ、人民解放軍によって容赦なく解散させられるまで、共産党による権力掌握が揺らぐかに見えた。

ソヴィエト連邦の崩壊以降、民主化の進展は拡大をつづけている。世界で最も権威主義的な国の一部においてさえ、民主化の兆候を感知できる。アフガニスタンは、一九七九年のソヴィエト連邦による侵攻の後、ソヴィエト連邦の支配下に置かれた。ソヴィエト連邦による占領体制は、ムジャヒディン（イスラムのゲリラ戦士）による熾烈な抵抗を経て、一〇年後に終わりを告げた。一九九〇年代の初期に、アフガニスタンは、ムジャヒディン各派の戦士たちによる内戦の場と化した。タリバーンは、一九九六年までに国土の大半を掌握し、「純粋なイスラム国家」の建設に着手した。タリバーンは、イスラム法の極端な解釈を導入して、公開処刑や四肢切断刑を取り入れ、少女が学校へ通うことや女性が働くことを認めず、「軽薄な」娯楽を禁止した。九・一一事件の後、米国は、タリバーンがテロ攻撃に関与したとして、率先してタリバーンの打倒に取り組んだ。二〇〇一年末に、ハーミド・カルザイは、アフガニスタン暫定政権の議長に選出され、翌二〇〇二年六月に大統領に就任し、新憲法の承認に向けて着手する。憲法は、二〇〇四年一月に調印され、強力な行政部門や、イスラム教徒の穏健な役割、人権の基本的擁護を規定した。二〇〇四年一〇月にアフガニスタン初の選挙がおこなわれ、カルザイは大統領としてさらに五年の任期を手にした。

世界人口の約五分の一を占める中国では、共産党政府は、民主化を求める強い圧力に直面している。中国では、何万もの人びとが、民主制への願いを非暴力的に表明したという理由だけで投獄されている（八三九頁以下の、インターネットと民主化に関するコラムを参照）。しかし、共産主義政府の妨害を受けながら、民主制システムへの移行を勝ち取ろうと積極的に活動するグループもある。最近では、ミャンマーやインドネシア、マレーシアなどアジアの他の権威主義国家もまた、民主化運動の高まりを目の当たりにしている。こうした束縛からの解放を求める声は、暴力的な対応に出会う場合もある。それにもかかわらず、「民主制のグローバル化」は、世界中で加速化している。

　こうした民主制に向かう趨勢は磐石でない。かつて共産圏の一員だった国々でも、たとえばポーランドやチェコ共和国、ハンガリー、バルト海三国のように、自由民主制がしっかり根付いたように思えるところもあれば、たとえば旧ソヴィエト連邦を構成していた中央アジア地域の共和国やユーゴスラヴィア、さらにロシアにおいてさえ、民主制は相変わらずひ弱である。事実、民主的政治システムは、歴史のさまざまな時点で、ひ弱で脆いことが明らかになっている。たとえば、世界で最も戦闘的なイスラム国家であるイランでは、権力者であるムッラ（宗教指導者）にたいする民衆の不満は、一九九七年の選挙で改革論者のモハメド・ハタミ大統領に七〇%を超える得票をもたらした。ハタミは、民主制を求める民衆の熱望が——聞き届けられなかった場合——体制そのものの崩壊につながることを認識していた指導者という意味で、ミハイル・ゴルバチョフになぞらえられていた。とはいえ、ハタミは、宗教的保守派がその後再び議会を牛耳ったため、限られた改革を導入することしかできなかった。二〇〇五年六月にそうした宗教的保守派のひとり、マフムード・アフマディネジャドが大統領に選出され、より一層の民主的改革は極めて見通しがつかなくなった。近年のイランの歴史は、民主化は不可逆的な過程であると想定すべきではないことを明示している。しかしながら、民主化がもっと大きなグローバル化を促す力と結びつく事実は、民主制の将来を楽観的に考える根拠になっている。

タリバーンとテロリズム、それにテロリズムが民主制にもたらすリスクは、八六五頁〜八七三頁を参照。

民主制の勝利——歴史の終わり？

個人名が成句「歴史の終わり」と同義にまでなった論者は、フランシス・フクヤマである（Fukuyama 1989）。歴史の終わりという論争を引き起こしたフクヤマの概念構成は、資本主義と自由民主制の世界規模の勝利にもとづいている。東ヨーロッパにおける一九八九年革命や、ソヴィエト連邦の解体、他の地域での複数政党民主制に向かう趨勢の結果、さきの時代のイデオロギー闘争は終わった、とフクヤマは主張する。歴史の終わりは、代替手段の終焉である。もはや誰も君主制を擁護しないし、ファシズムは過去の現象になった。同じように、長いあいだ、西欧型民主制の最大のライバルであった共産主義も、過去の現象になった。マルクスの予言に反して、資本主義は社会主義との長い闘争に勝利し、自由民主制は、いまや絶対不動の存在になった。私たちは「人類のイデオロギー的進化と、人類最後の統治形態である西欧型民主制の普遍化の終着点」に到達した、とフクヤマは断言する。

　フクヤマの主張は厳しい批判を招いたが、フクヤマは、ある意味でいまの時代を読み解く上で鍵となる現象に光を当てている。いまのところ、市場経済と自由民主制以外の経済や政治の運営形態を思い描けるような、そうした相当な規模の有権者なり大衆の運動体を見いだすことはできない。とはいえ、たとえ現在そのように見えたとしても、私たちが目の前に開かれた選択肢をすべて使い果たしたという意味で、歴史が終わりを告げたとする考え方には、明らかに疑問の余地があるように思える。将来、どのような新たな経済的、政治的、文化的秩序形態が出現するのかなど、誰にも予言できない。中世の思想家たちが、封建制の衰退によって出現することになった工業社会について何も気づかなかったように、私たちも、次の世紀に向かって世界がどのように変わるのかを、現時点で予測することはできない。

【設　問】

1　フクヤマは、「歴史の終わり」という言い方で何を意味しようとしたのだろうか。

2　私たちが歴史の終わりに到達したとするフクヤマの主張は、正しかったのだろうか。

3　かりに私たちがいまポスト共産主義の時代にいるとすれば、私たちはどのような政治的代替案を選択できるのだろうか。

自由民主制の人気を解明する

民主制は、なぜこのように人気を得たのだろうか。しばしば挙げられるのは、民主制以外の政治的支配も試みられたが、失敗に終わってきた——民主制は「最良の」政治システムであることをみずから立証してきた——という説明である。民主制が権威主義よりもすぐれた政治運営形態であることは明らかなように思える。しかし、これだけでは、近年の民主化の高まりを十分に説明していない。こうした展開を過不足なく説明するには、民主制への移行に至ったそれぞれの国の社会的、政治的状況を詳細に分析する必要がある。とはいえ、このような趨勢でグローバル化の過程が重要な役割を果たしてきたことは、ほぼ疑問の余地がない。

まず、グローバル化がそれにともなって生みだした国境を越える文化的接触の増大は、多くの国々で民主化運動に活力をもたらした。グローバル化を遂げたメディアは、コミュニケーション技術の進歩とともに、民主制の理念を多くの非民主制国家の住民に触れさせ、政治エリートたちにたいして選挙の実施を求める内的圧力が増大した（次頁の、民主化とインターネットをめぐるコラムを参照）。もちろん、こうした圧力は、国民主権という観念の普及から自動的に生じるわけではない。もっと重要な点は、グローバル化によって、民主革命に関するニュースや、民主革命のために人びとが結集したという報道が、地域レヴェルで急速に広く伝わっていくことである。たとえば、一九八九年にポーランドで起こった革命のニュースがハンガリーに届くまで、ほとんど時間を要さなかった。そのため、このニュースは、ハンガリーの民主化を求める運動家たちに、運動の方向性をめぐって、有益な、この地域に相応しい革命モデルをもたらした。

二つ目に、国際連合や欧州連合のような——グローバル化が進む世界でますます重要な役割を担うようになった——国際組織は、非民主国にたいして民主化に向かうように、外的圧力を加えてきた（欧州連合について、八四四頁以下のコラムで略述している）。いくつかの事例で、こうした国際組織は、権威主義体制からの脱却を促すために、通商禁止や、経済開発と安定化のための条件付き借款、さまざまな種類の外交的策略を用いることができた。

三つ目に、民主化は、世界資本主義の拡大によって助長されてきた。超国籍企業は、独裁者たちと取り引きしてきたために悪評が高い。とはいえ、一般的に企業は、民主国でのビジネスを望んでいる――それは、政治的自由や平等を選好するという固有の哲理からではなく、民主制が他の種類の国家に比べ安定しており、安定さと予測可能性が利潤の最大化にとって欠かせないという理由からである。とりわけ発展途上世界や旧ソヴィエト連邦では、政治エリートや経済エリート、軍事エリートたちが、多くの場合、国際貿易水準を高め、超国籍企業に自国内での事業展開を奨励することに躍起となった。そのため、こうした政治エリートや経済エリート、軍事エリートたちは、時として自己流の民主化という政治的案件を追い求めたため、政治社会学者のバーリントン・ムーアがかつて「上からの革命」と名づけた状況をもたらした（Moore 1966）。

かりにグローバル化が民主化に向かう最近の潮流の唯一の原因であるなら、今日、すべての国が民主国家になっていただろう。けれども、中国やキューバ、ナイジェリアといった国々に権威主義体制が残存している事実は、グローバル化の勢いが必ずしもつねに民主制への移行を強いていないことを示唆する。しかし、これらの国々でも、民主化への動きは一部の国で起きている。そのため、一部の社会学者は、グローバル化の影響を受けて近い将来にもっと多くの国が民主化するだろう、と主張している。

グローバル化と日常生活――インターネットと民主化

インターネットは、民主化を促す強い力である。インターネットは、国境や文化の壁を凌駕し、観念や知識が世界のあちこちに普及することを容易にし、同じ考えの人たちがサイバースペースの場で互いに知り合うことを可能にする。世界中の国々でますます多くの人たちが日常的にインターネットにアクセスし、インターネットを自分たちのライフスタイルにとって重要とみなしている。しかしながら、オンラインでの人びとの活動が国家の権威を転覆し、打倒しかねないと認識した政府――とりわけ、権威主義的政府――は、このインターネットの活発な普及を、脅威とみなしている。ほとんどの国でインターネットのほぼ自由な利用が許されてきたが、一部の国は、市民のインターネットの使用を抑制する方策を講じだしている。

中国のインターネット利用者数は、インターネットの商用利用が可能になってちょうど八年目に当たる二〇〇三年末に、七九五〇万人に達し、この数は引きつづき急激に増加している。中国共産党指導部の目から見れば、インターネットは、政治的に敵対するグループが連携して活動することを可能にするため、国家の安全にたいする重大な脅威である。

中国政府は、こうしたインターネットの急激な増加に対応して、数多くの規制を導入した。数千ものインターネット・カフェを閉店させ、電子メールを妨害し、検索エンジンや国外ニュースを遮断し、政治的機密事項に触れるウェブサイトを封鎖した。そして、禁止されたキーワードのリストにもとづいてウェブ検索するフィルタリング・システムを導入した。それにもかかわらず、中国では、インターネットを用いた積極行動主義の活動は、規制の強化に負けない速さで増加しているように見える。

二〇〇四年に、アムネスティ・インターナショナルは次のように報告している。

オンライン上での請願署名行為、改革や汚職撲滅の要求、民主的政党の設立計画、「[伝染病]SARSをめぐる流言」の公表、国外グループとの情報交換、[宗教運動]法輪功への迫害反対、一九八九年の民主化要求行動に加えられた弾圧の再調査要求。これらは、いずれも当局が「破壊的」ないし「国家の安全を脅かす」とみなす活動の事例である。これらの活動には、ほぼ間違いなく実刑判決が下される。

それ以前の報告書で、アムネスティは「報道によれば三万人の国家安全保障要員が、ウェブサイトやチャット・ルーム、私的な電子メールの中身を監視している」と推定していた(Amnesty International 2002)。

他にも、同じような結論に至った政府がある。ミャンマー政府は、インターネットや電子メールによって「政府に不利になる」情報を流布することに禁止令を公布した。マレーシア当局は、インターネット・カフェに、その店のコンピュータ利用者全員を名簿に記録して残すことを要求した。イラン政府の宗教的保守派は、二〇〇三年末に数百のインターネット・カフェの閉店を強行し、リストに長々と列挙された「反道徳的で反イスラム的なサイト」への客のアクセスを制限するよう経営者に命ずる新たな規則を導入した。

【設　問】

1　インターネットは、民主化を促す力として作用する際に、旧来のテクノロジー形態とどのように異なるのだろうか。
2　かりにインターネットがグローバルな民主制の普及を促しているとすれば、インターネットはまた、グローバルな文化も促進しているのだろうか。

窮地に立つ民主制?

民主制が広く普及しだしているため、私たちは、民主制が極めてうまく機能しているように思うかもしれない。しかしながら、実際はそうではない。民主制は、ほぼ至るところで何らかの困難に陥っている。このことは、ロシアをはじめとする旧共産主義社会で安定した民主的秩序の確立が難しいことが判明したからだけではない。民主制は、民主制がはじまった主要な国々でも困難に

表20-1　英国総選挙の投票率
（1945年から2005年）

	投票率（%）
1945年	72.8
1950年	83.9
1951年	82.6
1955年	76.8
1959年	78.7
1964年	77.1
1966年	75.8
1970年	72.0
1974年２月	78.8
1974年10月	72.8
1979年	76.0
1983年	72.7
1987年	75.3
1992年	77.7
1997年	71.5
2001年	59.4
2005年	61.3

＊有権者数にたいする有効投票総数の割合
出典: http://www.electoral-reform.org.uk

陥っているように思える――たとえば英国がよい例である。英国では、欧米の他の国々と同じく、欧州連合の選挙や国政選挙、地方選挙での投票者数が、一九九〇年代初めからかなり減少している（表20-1を参照）。

投票率の低下は、欧米社会の人びとが権力者を信用しなくなったことを明示するという主張がなされている。一部の研究者や政治家は、社会でもっと広範囲に及ぶ「信用の危機」が生じていると述べてきた。哲学者のオノラ・オニールは、こうした見解を次のように要約する（O'Neil 2002）。

不信と疑念が、あらゆる生活領域に拡がっており、それにはおそらくしかるべき理由がある。市民は、政府を、政治家を、閣僚を、警察を、法廷を、刑務所をもはや信用していないと言える。消費者は、企業を、とりわけ大企業を、その製品をもはや信用していないと言える。私たちは誰も、銀行を、保険会社を、年金制度を信用していないと言える。患者は、医師を……とりわけ病院や病院コンサルタントをもはや信用していないと言える。要するに、「信用の喪失」は、いまの時代の決まり文句になっている。

少なくとも政党政治に関する限り、証拠上、信用の喪失が裏づけられているように思える。たとえば、英国では、有権者に、政府が党の利益よりも国家の利益を「ほぼどんな場合でも」優先させていると信ずるか否かをたずねる意識調査が、総選挙の年ごとにおこなわれてきた。この問いで政府を信用していると答えた人の割合は、一九八七年の四七％から、一九九二年に三三％、さらに二〇〇一年は二八％に減少している（Skidmore & Harkin 2003での例証）。

このような趨勢は人びとが伝統的な権威形態にたいしてますます懐疑的になっていることを示す、と一部の人たちは主張している。この点と関連するのが、民主制国家における政治的価値観の変化、つまり、「稀少性の価値」から「脱物質的価値」への転換である（Inglehart 1997）。このことは、一定水準の経済的繁栄が達成されると、有権者たちの関心が、経済的な問題よりも、たとえば有意義な仕事を求める願望のように、むしろ（集合的ライフスタイルではなく）一人ひとりのライフスタイルの質に向かうようになることを意味している。その結果、有権者たちは、心身の自由に関わる問題を別にすれば、国の政治に総じて関心をもたなくなる。

この数十年間はまた、欧米の一部の国で、福祉国家が攻撃に晒された時期でもある。長い時間をかけて勝ち取った権利と利益に異議が唱えられ、権利や利益が削減されていった。英国の保守党や米国の共和党のような右派政党は、自国の福祉支出の水準を引き下げようとした。政府がこうした経費節減をおこなう理由のひとつは、一九七〇年代初頭にはじまった世界的景気後退の結果、政府の手にできる財源が減少したからである。しかしながら、同時にまた、多くの生活必需品や基本的サーヴィスの給付を国家に依存することが効果的かどうかについて、たんに一部の政府だけでなく一般市民の多くも、ますます疑いをいだきだしたからである。こうした懐疑心は、福祉国家がお役所仕事的で、よそよそしく、非効率的であり、また福祉給付が福祉給付そのものが当初目論んだ成果を蝕み、生憎の帰結をもたらしかねないという確信にもとづいている。

グローバルな統治

米国の社会学者ダニエル・ベルが述べたように、一国の政府は、グローバルな経済競争の影響作用や世界環境の破壊といった規模の大きな課題に対応するのはあまりにも小さ過ぎるが、個別の都市や地域に影響する争点のように規模の小さな問題を取り扱うにはあまりにも大き過ぎる（Bell 1997）。たとえば、一国の政府は、グローバル経済の主役である巨大ビジネスの企業活動をほとんど支配できない。英国の企業は、掃除機メーカーのダイソンが二〇〇二年におこなったように、コストを削減して他企業と効果的に競い合う目的で、英国国内の生産工場を閉鎖し、マレーシアに生産拠点を移設することもあり得る。その結果、英国の労働者は職を失うことになる。失業した労働者たちはおそらく政府に何らかの対策を要求する。しかし、英国政府が、世界経済と緊密に結びついた展開を統制することは不可能である。英国政府にできる努力は、たとえば失業手当の支給や職業訓練の斡旋によって、打撃を和らげることくらいである。

グローバル化は、新たなリスクを創りだしてきた。たとえば、大量破壊兵器の拡散や、環境汚染、テロリズム、国際金融危機である。これらの問題には、個別の国民国家だけで対処できない。そのため、世界銀行や世界貿易機関、国際連合などの政府間組織（ＩＧＯ）が、グローバルなリスクを共同管理する手段として創設されてきた。これらの機構は、グローバルな統治について論ずる基盤となっている。**グローバルな統治**とは、行政府をグローバルなレヴェルで樹立することではない。そうではなく、グローバルな課題に取り組むために必要とされるルールの枠組みと、こうしたルールの枠組みを保証するために必要とされる（国際的な機構と個々の国の政府がともに含まれる）多様な一連の制度体のことである。こうした課題に取り組むためにすでに設置されたグローバルな組織の多くは、民主的な説明責任を欠いている。たとえば、国連の安全保障理事会は、一五の理事国から構成され、そのうち米国と英国、フランス、中国、ロシアの五カ国——世界の最有力国の一部——が常任理事国である。安全保障理事会がどんな決議をおこなう場合も、この五つの常任理事国を含む九カ国の賛成票が必要とされる。二〇〇三年のイラク侵攻を明確に認める決議は、フランスが拒否権の行使を表明したため、支持されなかった。この経緯は、この章の冒頭で見たように、イラク戦争を批判する人たちがイラク戦争を権力の違法な行使であると非難した主な論拠のひとつである。この論争で、世界の大多数の貧困国の見解はほとんど反映されなかった。

政府間組織の出現は、第一六章「組織とネットワーク」、六五〇頁〜六五一頁で論じている。

それでは、民主制は、一国レヴェルの民主的統治では続出する事態にたいして十分に対処できないように思える時代に、どのような行く末を辿るのだろうか。打つべき手はほとんど何もない、私たちの身の回りで起きている急激な変動を政府が統制できるとは思えない、最も賢明な行動指針は政府の役割を減らして市場の力に舵取りを任すことである、と提言する人たちも一部にいる。

英国の社会学者デイヴィッド・ヘルドは、こうした考え方に異議を唱える。ヘルドは、グローバルな時代には、より少なくではなく、より多くの統治が必要とされると主張する（Held 2004）。しかしながら、いまの時代の効果的な統治で必要とされるのは、たんに国民国家レヴェルだけでなく、国民国家を超えたレヴェルと国民国家の内部レヴェルでも、同じように民主制が深化し、発展することである。ヘルドは、グローバル化がもたらす新たな挑戦課題に立ち向かうために《グローバルな社会民主制》が必要であると主張している。このことは、民主的に選出された政権が国政選挙で有権者にたいして説明責任を負うのと同じように、グローバルな社会民主制が、グローバルな組織や機構に説明責任を負わすことを意味する。グローバルな社会民主制の基盤はすでに整っている、とヘルドは主張する。世界規模の（ジェノサイドや人道にたいする罪、戦争犯罪など）最悪な犯罪の責めを負うべき人たちを起訴し、法のもとで処罰するために設立された国際刑事裁判所や、さらに国際連合は、国連の場合はさらにもっと民主的な説明責任を担う必要があるとはいえ、ともに格好の基盤になる。これらの機関は、基本的人権を擁護し、紛争を合意された平和的手続きによって解決する、そうした世界の未来図を育むことができる。これらの機関の存在は、すべての人が人間として対等な尊厳と価値を有するという基本的認識の砦になっている。

ヘルドの見解では、グローバルな社会民主制は、地域レヴェルと国家レヴェル、地球レヴェルという、それぞれ異なるレヴェルで数多くの機関が協働する、そうした多層的統治によって達成されることになる。かつては国家はその国の長や外相を介して国際政治の主役を務めてきたとはいえ、今日の主役には、行政機関や裁判所、立法機関も含まれている。たとえば、国連の前事務総長コフィ・アナンが国際政治でいかに重要な役割を演じてきたのかを考えてみるとよい。ヘルドはまた、新たな社会運動だけでなく、オックスファム〔発展途上国の貧困問題に取り組む国際的な民間団体〕やアムネスティ・インターナショナルのような非政府組織も、グローバルな社会民主制の創出に重要な役割を演ずることができる、と主張している。

次に、グローバルな問題から目を転じて、英国の政党政治について考察する。ここ数十年間に英国の政治で生じた主な変化を、いくつか検討したい。

欧州連合

欧州連合の歴史的起源は、第二次世界大戦にある。ヨーロッパの統合という理念は、第二次世界大戦のような破滅的事態が再び生ずるのを阻止したいという思いから生まれた。戦時期の英国首相ウィンストン・チャーチルは、一九四六年に「ヨーロッパ合州国」の結成を呼びかけた。ヨーロッパの統一に向けた最初の現実的な動きは、フランスの外相ロベール・シューマンが一九五〇年五月九日におこなった演説で提起された。今日、現在の欧州連合の「誕生日」となったこの五月九日は、毎年「ヨーロッパ・デー」として祝われている。

最初、欧州連合（EU）は、ベルギーとドイツ、フランス、イタリア、ルクセンブルク、オランダの六カ国から構成された。一九七三年にデンマークとアイルランド、英国が、一九八一年にギリシア、一九八六年にスペインとポルトガル、一九九五年にオーストリアとフィンランド、スウェーデンが加盟した。二〇〇四年には、最大規模の拡大がおこなわれ、主に東ヨーロッパから新たに一〇カ国が加わった。ブルガリアとルーマニアも加盟を希望している〔二〇〇七年に加盟〕。さらにトルコとの加盟交渉もはじまっている。

初期の頃、欧州連合加盟国間のほとんどの協力関係は貿易と経済に関してであった。しかし、現在の欧州連合は、私たちの日常生活に直接重要な影響を及ぼす他の多くの問題にも対応している。欧州連合の機関は、市民の権利や安全保障、雇用創出、地域開発、環境保護など多岐の領域に対処している。欧州連合の加盟国は、民主国であり、平和と繁栄のために協働して取り組まなければならない。

一部の人びとは、とくに英国では、欧州連合への加盟が既存の国家のもつ国家主権——つまり、独立と自己統治能力——を損なうことを懸念している。一方、欧州連合は国際連合や世界貿易機関のようなその他の国際機関を上回る存在ではない、と主張する人たちもいる。

欧州連合を擁護する人たちは、このような説明はいずれも不正確であると主張している。欧州連合は、加盟国が、自国の権限の一部を委任し、利害関心を共有する案件についてヨーロッパ・レベルで民主的に意思決定を下すために設立した共同の制度組織である、と欧州連合を擁護する人たちは主張している。欧州連合が下す決定とその手続きはすべて、すべての加盟国が合意した条約にもとづく。このようなかたちの主権の共同管理は、「ヨーロッパ統合」とも呼ばれる。

欧州連合には五つの機関があり、それぞれが特定の役割を担う。

・欧州議会（加盟国の国民によって選挙される）
・欧州理事会（加盟国政府が代表を送る）
・欧州委員会（中心となる執行機関）
・欧州司法裁判所（法の遵守を確保する）
・欧州会計監査院（欧州連合予算の健全かつ合法的処理を管理する）

この五つの機関を、さらに五つの重要な機関が側面から支えている。

・欧州経済社会評議会（経済と社会の問題について、市民社会の側から意見表明する）
・地域委員会（自治体や地方当局から意見表明する）
・欧州中央銀行（通貨政策とユーロの管理運営に責任を負う）
・欧州連合オンブズマン（欧州連合の諸機関がとった不適切な行政にたいして、一般市民が寄せた苦情を取り扱う）
・欧州投資銀行（投資計画に融資することで欧州連合の目的達成を援助する）

数多くの部局や機関が欧州連合のシステムを構成している。

欧州連合の成長拡大は、ヨーロッパの指導者たちに欧州連合の基本文書を総点検する機会をもたらした。二〇〇二年に、欧州憲法制定協議会がはじまり、フランスの元大統領ヴァレリー・ジスカール・デスタンが議長を務めた。欧州憲法は、つまり、欧州憲法を生みだす「欧州憲法制定条約」は、さまざまな条約をひとつの文書にまとめたもので、加盟国にたいして、とくに防衛と出入国に関する緊密な連携と、欧州大統領〔欧州理事会常任議長〕の管理下に入ることを委ねている。二〇〇五年のフランスとオランダの国民投票で憲法制定条約の批准が否決されたため（八三四頁を参照）、ヨーロッパの緊密な政治的統合を支持する人びとの望みは、当面絶たれたように思える。

欧州連合を支持する人たちは、欧州連合が半世紀にわたって安定と平和、繁栄をもたらしてきた、と主張する。欧州連合は、生活水準を向上させ、ヨーロッパという広大な単一市場を形成し、ヨーロッパの単一通貨であるユーロを導入し、世界でのヨーロッパの発言力を強めた。欧州連合は、ヨーロッパの人びとのあいだに協力関係を育み、一方で多様性を維持しながら統一を促進し、意思決定を可能な限り市民に近づける働きをしている。ますます相互依存性が増す二一世紀の世界では、ヨーロッパのどの市民にとっても、好奇心と寛容な心、連帯心によって他の国々の出身者と協力関係を築くことが、いま以上に必要になろう。

出典：'The European Union at a Glane':
The Economist (3 & 23 Jun 2005)

【設　問】

1　欧州連合は、グローバルな時代の政治に取り組む能力を、国民国家以上に備えているのだろうか。

2　一部の批判者が主張するように、欧州連合は「民主制が不足している」のだろうか。

3　欧州連合の加盟国は、ナショナル・アイデンティティに異議を申し立てるのだろうか。

4　英国が欧州連合に加盟したことは、有益なのだろうか。

イラク戦争と、その後

イラクは、一九九一年の湾岸戦争の後、国連決議による制裁と兵器査察を受け容れた。しかし、一九九八年一一月にサダム・フセインが国連の査察官を国外追放したため、米国軍と英国軍は四日間の爆撃をおこなった。米英連合軍は――反体制派少数民族への迫害を阻止する目的ですでにイラン北部と南部の「飛行禁止空域」をパトロールしていたが――イラクの対空戦闘能力を制圧する目的で、低度の空爆をつづけた。こうした制裁を加えても、最終的にサダム・フセインを権力の座から引きずり下ろすことはできず、欧米社会ではフセインの怯まない態度に当惑が広がった。むしろこの制裁は、一九九六年に〔湾岸戦争後の経済制裁で禁止された石油輸出を部分的に緩める〕石油食糧交換プログラムが導入されていたとはいえ（とくに二〇〇一年九月一一日〔ニューヨークとワシントンへの同時多発テロ〕以降は）、イラクの一般市民に悲惨な結果をもたらした。米国と英国は、イラクにたいして「上手な制裁」を加えようとしたが、こうした努力は失敗に終わった。そのため、国連は、二〇〇二年五月にイラクへの制裁を少し緩和した。

九月一一日の同時多発テロは、サダム・フセインにたいする米国の考えを変えた。〔二〇〇一年初めに政権に就いた米国大統領〕ジョージ・ブッシュは、サダムの追放を押し進め、かりに国連が動かなければ自分たちが行動を起こすと断言した。数多くの外交交渉の後、国連安保理事会は、フセインにたいして無条件で兵器査察を認めるよう要求する強硬な決議文を承認した。フセインはその決議を受けいれ、二〇〇二年一一月に査察官は査察をはじめた。しかし、米国と英国は、フセインが国連安保理事会を無視している（イラク戦争後、フセインには開戦理由となった大量破壊兵器の保有計画がなかったことが判明したが）と結論づけた。そして、両国は、フランスなどの反対意見にもかかわらず、二〇〇三年三月に戦争を開始した。三週間後に連合軍は勝利したが、ブッシュは、イラク再建という金の掛かる長期の仕事に対処することになった。

連合軍は、サダム・フセインを追い出した後、イラクの秩序を回復するために苦闘した。……フセインの逮捕と息子たちの殺害が平穏なイラクをもたらすという期待は、何の根拠もないことが明らかになった。米兵が拷問をおこなったことが判明したため、多くの人びとは、連合軍の駐留が、解決どころか厄介な問題になっているのではないかと考えるようになった。しかし、イラクの軍隊は、治安維持を双肩に担う用意がいまだにできていない。

二〇〇四年六月に、イラクの主権の管理は、米英暫定占領当局からイヤド・アラウィが率いる暫定政府に移行した。この暫定政府は、外国の軍事力や財政援助を当てにできたにもかかわらず、イラクの治安を改善することに苦闘した。二〇〇五年一月におこなわれたイラクの総選挙は、アラブ世界初の民主制を確立する上で、大規模な、おおむね平穏な第一歩となった。新政府は——法を制定するために、新政府は、クルド人や、さらに少数派のスンニ派と協力する必要があるとはいえ——多数派であるシーア派が支配することになるだろう。次の選挙がおこなわれる前に、一年間でイラクを一つにまとめる憲法を制定することになる。

一方、イラクの経済生活の基盤は、修復と改善がはじまり、瀕死状態の国有産業の民営化計画も進行中である。しかし、民間の投資家は、暴力が止み、確かな法的枠組みが定着しない限り、金を出さないだろう。世界の融資機関は、債務にたいするイラクの責任問題が解決されるまで、融資を手控えることになる。

出典: *The Economist* (18 Oct 2004; 10 Mar 2005)

【設　問】

1　欧米社会は、イラクのような「ならずもの国家」にたいして、どのような政策をとるべきだったのか。
2　イラクへの先制攻撃は正当化できるのだろうか。
3　イラク戦争は、テロリズムを大なり小なり生みだしたのだろうか。
4　通常の戦争でテロリズムと戦うことは可能だろうか。

英国の政党政治

英国では、一九世紀に至るまで、政党を、個々の出来事や重大局面に関して支持を集めるために必要な、一時的手段としか考えていなかった。政党は、もっと安定した組織体に発達するようになると、リーダーシップの維持が明らかな利益につながるという考えと結びついた。党員資格や忠誠心はさまざまなかたちの役職の授与と一体化し、党に忠実な人たちは、新政権で特別な地位を得ることで報われるようになる。二〇世紀のほとんどの期間を通じて、二大政党（労働党と保守党）は英国の政治状況を支配し、両党が、単一政党の党員で構成される交代可能な二つの内閣の支持を争うことで、《競争相手のいる政治》が展開してきた。

英国の選挙政治は、過去三〇年間に大きく変化した。労働党も保守党も、党員比率の低下、資金不足、支持得票数の減少によってますます重圧を受けている。労働党は首尾よく刷新を図り、一九九七年の選挙で政権に返り咲き、二〇〇一年と二〇〇五年の総選挙でも連続して支持を得た。それにたいして、保守党は引きつづき党員比率の記録的低下と支持基盤の高齢化に直面している。

この三〇年間に主要政党が味わった経験を理解する上で、重要な要因がいくつかある。ひとつは、構造的要因である。つまり、伝統的なブルーカラーの職に従事して経済活動をおこなう人口の割合が大幅に低下したことである。この構造的要因が、労働者階級の多い地域社会や労働組合など労働党の伝統的な支持基盤をかなり侵食したことは、ほぼ間違いない。

二つ目の要因は、一九八〇年代初頭に労働党で生じた内部分裂である。この分裂は社会民主党の設立につながった。社会民主党は、その後一九八八年に自由党と合体して自由民主党を形成した。最近の総選挙で、英国の「三つ目の政党」は、かなりの支持を獲得し、労働党と保守党から票を奪っている。自由党は、戦後のほとんどの時期、英国議会で（最少の六議席から、一九八三年の最多の二三議席まで）わずかな議席しか占めていなかった。一九九七年以降、議席が増えている。自由民主党は、二〇〇五年総選挙では、下院で（総議席数六四六のうち）六二議席を獲得し、また総得票率で二一％を超えた。

三つ目は、一九七九年から一九九〇年まで保守党の首相だったマーガレット・サッチャーの影響力である。サッチャー内閣がはじめた精力的な改革計画は、かつてのトーリー党哲学からの明らかな脱却を示した。「サッチャー主義」は、国家が経済活動で演ずる役割の制限に最も力点を置き、市場勢力への信用が個人の自由と経済成長の基盤になると考えた。国家が経済活動から撤退する方法のひとつは、第二次世界大戦後にその多くを国有化した公営企業を民営化することだった。英国電気通信会社や英国ガス、英国製鉄公社、英国航空、英国石油の株式売却は、大きな反響を引き起こした。この民営化では、利点がいくつか指摘された。民営化は、規模が大きくなり過ぎて小回りが利かず、効率的でなくなった公営企業の官僚制組織の代わりに、旺盛な経済競争力を再導入して、公共支出を削減し、経営決定への政治の介入を阻止するためである、と主張された。サッチャー首相がはじめた民営化政策は、後々まで強い影響を及ぼした。労働党は、当初、民営化政策に激しく異議を唱えた。とはいえ、その後、労働党は、強い反対姿勢を断念し、この民営化のほとんどが逆転できない政策であることを認めるようになった。

とはいえ、一九八七年の総選挙で圧倒的な勝利を得た後、サッチャーの人気は、有権者のあいだで急激に低下した。最大の要因は、人頭税（収入や資産ではなく「人の頭数」にもとづいた課税で、公式にはコミュニティ負担金と呼ばれた）の評判の悪さと、景気の後退であった。一九九〇年に、サッチャーの跡をジョン・メージャーが継ぐことになるが、メージャーは、一九九七年の総選挙で保守党が労働党に敗れて首相を辞任した。保守党は、メージャーのもとで、国有企業の民営化を、たとえこの計画が選挙民の評判がさほどよくない場合でさえ、引きつづき推進した。たとえば、英国国有鉄道は、国民の大多数が分割民営化案を支持していないという調査結果が示されたにもかかわらず、分割され、公開買い付けによって売却された。

過去三〇年間に主要政党がたどった足跡を理解する上で重要な四つ目の事項は、一九九〇年代中頃の「新生労働党《ニュー・レイバー》」の出現である。新生労働党は、以下で見るように、英国の政治に実質的に新たな取り組み方を印すことになった。

新生労働党

労働党は、ひとつにはサッチャー主義の強い影響作用への応答として、またひとつにはグローバルな経済競争の激化を含め、もっと広い地球規模の出来事にたいする反応として、党のイデオロギー上の立場を一変していった。このような展開は、ニール・キノック党首のもとではじまったが、キノックは、一九九二年の総選挙で労働党が敗北したため、党首を辞任した。この変革は次のジョン・スミス党首のもとでも継続されたが、スミスは早過ぎる死を迎えた。トニー・ブレアは、一九九四年に党首に就き、すぐにもっと広範囲に及ぶ大幅な党内改革に着手した。ブレアは、みずから改革した党を**新生労働党**と命名し、第四条項――産業国有化政策の推進を公約にした党の綱領――の撤廃に向けた党内キャンペーンを先導し、成果を収めた。

このように労働党は、サッチャー元首相が断固として拡大に努めた市場経済の重要性を、公に認めることになった。労働党は、この過程で、西ヨーロッパの他のほとんどの社会主義政党で生じた変化と似たような変革を遂げてきた。この点で決定的な影響を及ぼしたのが、ソヴィエト連邦と東ヨーロッパの国々における共産主義の崩壊である。労働党の見地は、つねに共産主義の見地と明らかに異なっていた――共産主義社会での産業国有の度合は、これまで労働党が描いたどの政策よりもはるかに徹底していた。しかしながら、ほとんどの人は、共産主義の崩壊を、社会主義のさほど極端でない理念もまた徹底的に洗い直す必要があることの兆候と受け止めた。国家の直接管理によって現代の経済活動が「運営」できるという考え方――共産主義だけでなく、「旧来の労働党的」社会主義の中核をなす考え方――は、いまや時代遅れになったように思える。

新生労働党に政権をもたらした一九九七年の選挙は、二〇世紀における英国の選挙で最も大きな――保守党から労働党に一〇・三%も支持が移動した――転換点のひとつであり、一八年間の保守党政権が終わることになった。労働党は四一九議席を獲得した（保守党は一六五議席）。保守党の得票率（三〇・七%）は、保守党にとって一八三二年以来の最低記録となった。このことは、保守党が過去十数年間に享受してきた安定した支持水準の急落を意味した。保守党は、たとえば一九九二年の選挙で四一・九%の票を得ていたからである。労働党が二〇〇一年と二〇〇五年の総選挙で引きつづき勝利を得たのは、ひとつには保守党が得票率を過去に享受してきた水準にまで上昇させることに失敗したからである。

二〇〇一年の総選挙で、労働党は、再び過半数を一六六議席も上回る地滑り的勝利を得て、再び政権に就いた。一九九七年総選挙と二〇〇一年総選挙のおそらく最も重要な違いは、投票率の低さ――有権者のたった五九・四%――である（Young 2001. また図20-1を参照）。トニー・ブレアは、新生労働党が一九九七年に着手した公共サーヴィスの再生プログラムの継続を直ちに公約し

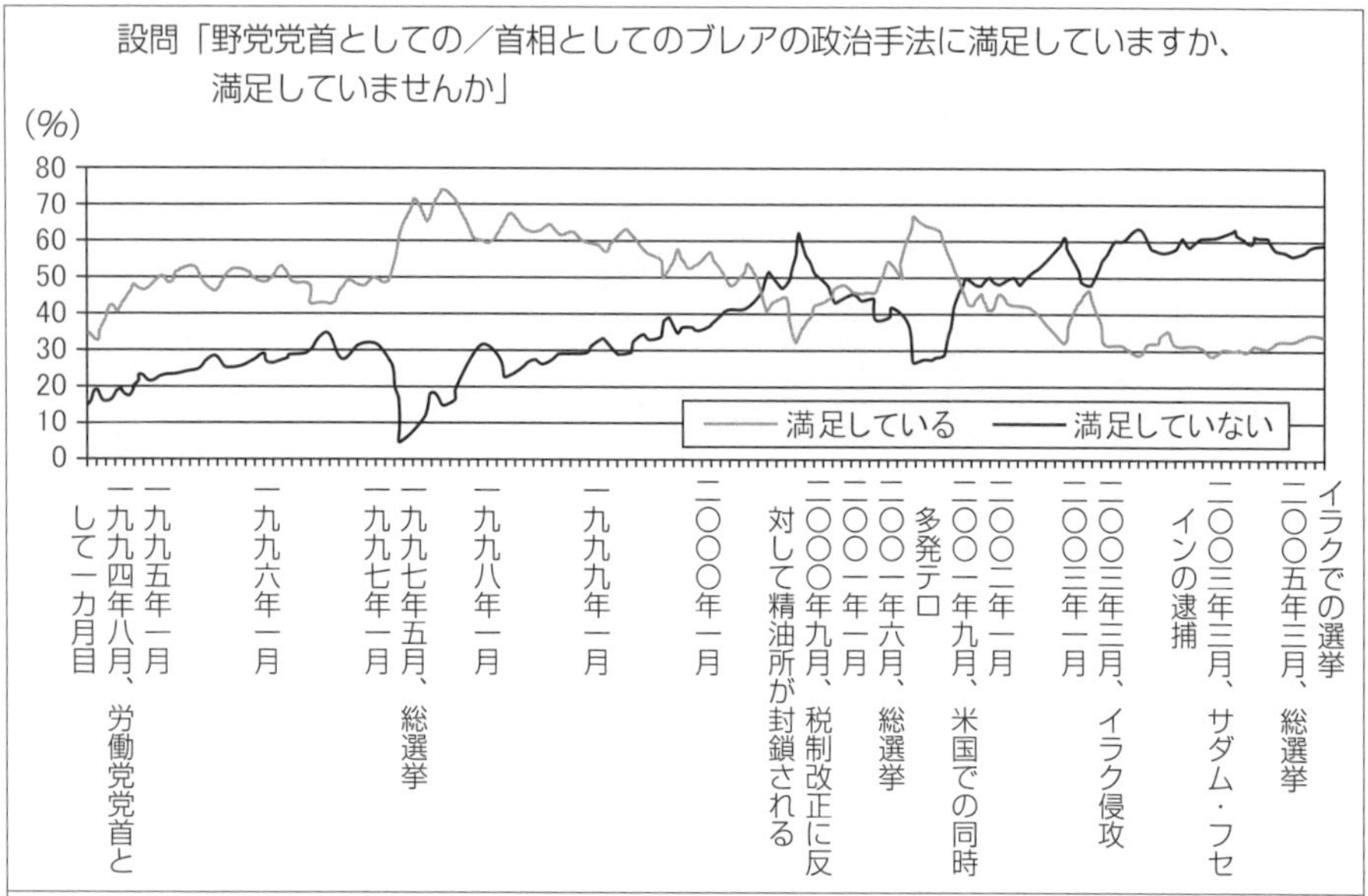

図20-1　トニー・ブレアの支持率と主要な出来事（1994年から2004年まで）

出典: MORI Political Monitor: Satisfaction Ratings 1979-2005

た。ブレアは、英国国内への資本投資に討論の焦点を合わせようとした。しかし、二〇〇一年を通じて議会のほとんどの討論は、米国主導のイラク侵攻という、ブレアが強く関与した政策の支持をめぐって堂々巡りした。この期間、ひとつには侵攻の道理をめぐる論争の結果、ブレアと新生労働党の人気は低落した。

イラク戦争について、詳しくは八四六頁のコラム「イラク戦争と、その後」を参照。テロリズムと二〇〇一年に起きた米国へのテロ攻撃は、八六五頁以下で触れている。

労働党は二〇〇五年五月の総選挙で三期目の政権の座に就いたものの、労働党の議席は、過半数を六五議席上回る程度まで減った。投票率は引きつづき低く、六一・五%だった。イラク戦争にたいする反対意見から労働党が多くの議席を失ったことは、いくつかの証拠が示している。労働党の得票率は、とりわけ集団としてイラク戦争に反対したイスラム系住民の多い選挙区で顕著に低下した。多くの場合、イスラム系住民の票は、主要政党とは対照的にイラクでの軍事行動に反対した自由民主党に流れていた。〔イラク戦争に反対して労働党を除名された〕元議員ジョージ・ギャロウェイは、ロンドン東部のベスナルグリーンアンドボウ選挙区で、戦争反対を切り札に労働党の圧倒的優位を覆して再選され、結成したばかりのリスペクト党に議席をもたらした。保守党は、英国全体で三二・三%の票を獲得したが、政権政党時に集めた数字には明らかに足りなかった。総選挙後、保守党党首マイケル・ハワードは辞任し、代わって二〇〇五年一二月にデイヴィッド・キャメロンが党首になった（わずか八年で四人目の党首である）。労働党の得票はまた、授業料問題にたいする多くの学生の反感を反映して、学生人口が最も多い一〇の選挙区のうち九つの選挙区で減少した。これらの選挙区すべてで、自由民主党は大幅に票を伸ばした（Mellows-Facer et al. 2005）。とはいえ、トニー・ブレアは、三度目の総選挙も勝利したこと――これまで労働党がなし得なかった偉業――で、マーガレット・サッチャーに並んだが、この三期目が自分の首相としての最後の任期なると断言した。

一部の論者は、私も含め、新生労働党の企図を「第三の道」と評してきた（Giddens 1998）。そこで、次にこの第三の道の背景にある中心的理念をいくつか検討したい。

第三の道の政治　新生労働党は、政権に就いた後、政治改革と現代化に意欲的に乗り出した。労働党政府は、一方で社会的正義と連帯性の価値にたいして引きつづき責任を負いながら、新たなグローバル秩序という現実に積極的に関与しようとした。労働党政府は、旧来の政治では新たな時代の挑戦課題に対応できないことを認識していた。ヨーロッパの他の多くの国々の政府と同じように、新生労働党は、左派右派という伝統的な政治の範疇を超えて行動し、中道左派政治という新たな旗印をうち立てようとした。この中道左派という政治的取り組みは、お定まりの政治的分裂状態を回避しようとした取り組みであるため、多くの場合、**第三の道の政治**と称されている。

第三の道の政治には、主として六つの次元が見いだされる。

1　《政府の再構築》　急速に変化する世界のニーズを満たすために活力のある統治が必要とされている。しかし、政府は、もっぱらトップダウンの官僚機構や全国規模の政策のみに注意を払うだけではいけない。政府は、公共圏を擁護し、再活性化するために、たとえばビジネス部門に時として見いだされる機動的な管理運営形態を利用できる。

2　《市民社会の育成》　政府と市場だけでは、後期近現代社会の多くの達成課題を解決するのに不十分である。**市民社会**――国家や市場とは別の領域――を強化して、政府と商業活動を結びつける必要がある。ボランタリー・グループや家族、市民団体は、犯罪から教育に至る地域社会のかかえる争点に本気で取り組む際に、不可欠な役割を演ずることができる。

3　《経済の再構築》　第三の道は、政府による規制と規制緩和のバランスを特徴とし、資本主義と社会主義の双方の要素が併存した新たな混合経済を構想している。第三の道は、規制緩和こそが自由と成長を確保する唯一の方法であるという新自由主義の考え方を否定する。

4　《福祉国家の改革》　効果的な福祉サーヴィスの提供による弱者の保護は絶対に必要であるが、福祉国家は、もっと効率的に運用されるために改革を必要とする。第三の道の政治は、旧来のかたちの福祉が、多くの場合、不平等の縮小に成果を挙げることができず、貧しい人たちに生きる力を与えるよりも、むしろその人たちを管理してきたとの認識から、「思いやりのある社会」をめざしている。

5《エコロジーの現代化》第三の道の政治は、環境保護と経済成長が両立できないとする見解を認めない。環境を守るための熱心な取り組みが雇用を創出して、経済発達を刺戟できる方策は、数多く存在する。

6《グローバル・システムの改革》グローバル化の時代に、第三の道の政治は、新しいグローバルな統治形態を求めている。国家を超越した結合体は、国民国家のレヴェルを超えた民主政体を結果として導くことができ、移り気の国際経済をもっとうまく管理できるようになる。

第三の道の政治は、二重の政治的危機を背景に登場した。さきに言及したように、一九八九年の革命は、社会主義が実効性のある経済運営の仕方でないことを暴露したが、新自由主義の保守派が熱烈に支持するような、何の抑制も受けない自由市場主義にも欠陥があることを明示した。英国等で取り入れた第三の道の政治が示す現代化政策は、グローバル化の勢いに創造的に対応しようとする試みであった。その政策は、こうした変容の背後にあるエネルギーを利用し、統治活動と民主政治を再活性化することを追求した。

　第三の道の政治を支持する人たちは、このようなかたちの政治が生まれる背景となった二重の政治的危機を、いまやこの第三の道の政治が克服し、新たな展開を遂げている、と主張する。第三の道の政治を支持する人びとの多くは、第三の道の政治を、米国のブッシュ大統領と共和党の保守的政策にたいする異議の申し立てであり、いまの世界を根底から変えだしたグローバル化の過程と首尾よく折り合いを付ける唯一の方法であると考えている。

　とはいえ、このように政治のなかに第三の道を見いだそうとする考え方は、幅広い批判を受けてきた。多くの保守党員は、この新たな政治を、中身がほとんどない——試す価値がある政策綱領ではなく、ほとんどが政治的なポーズである——とみなしている。他方、伝統的な左派の一部の人たちは、第三の道では不平等と社会不安の問題にほとんど対処できないと考える。伝統的な左派は、「旧来の労働党」のほうがまだ新生労働党よりも優れている、と信じている。（第三の道について、詳しくは Giddens 1998, 2001, 2002 を参照。）

政治的変化と社会変動

政治的活動は、政党や投票、立法と行政への代表選出という、従来正統視されてきた枠組みの内側だけでおこなわれるわけでは決してない。集団によっては、こうした枠組みのなかでは自分たちの目標や理想を達成できなかったり、こうした枠組みが目標や理想の達成を積極的に妨げていることに気づく場合が多くある。さきに述べた民主制の普及にもかかわらず、多くの国々——たとえば、中国やキューバ、旧ユーゴスラヴィア——での権威主義体制の存続は、現行の政治構造のなかで変化を引き起こすのが必ずしもつねに可能ではないことを、私たちに認識させている。政治的、社会的変動は、正統と認められていないかたちの政治的行為に頼ることで、はじめて引き起こされる場合がある。

　正統でない政治的行為のなかで、最も劇的で広範囲に影響を及ぼすのは、革命――大衆運動を手段に、暴力を用いて現行の政治的秩序を打倒すること――である。革命は、手に汗を握るような興味深い、緊迫した出来事である。だから、もっともなことであるが、革命はおおいに注目を集めている。しかしながら、革命は、その激しいドラマ性のゆえに、むしろ稀にしか生じない。最も一般的に見いだされる正統でない政治的活動類型は、社会運動――既存の制度領域外での集合的行為をとおして、共通の利害関心を促進したり、共通の目標を達成する集合的企て――によっておこなわれる。現代の社会には、結果的に革命につながる社会運動の他にも、継続的な運動や一時的な運動など多様な種類の社会運動を見いだすことができる。社会運動は、往々にして社会運動と対立する公的な機構や官僚組織と同じように、現代の世界の明らかな特質である。今日の多くの社会運動は、活動範囲が国際的に拡がり、情報テクノロジーを頻繁に利用して、ローカルな運動家たちをグローバルな争点に結びつけている。

グローバル化と社会運動

社会運動は、あらゆる形態や規模で生じている。成員が十数人に満たない極めて小規模な運動もあれば、成員が数千あるいは数百万に及ぶ運動もある。自分たちが身を置く社会の法の枠内で活動する運動もあれば、非合法集団ないし秘密集団として活動する運動もある。とはいえ、異議申し立て運動の特徴は、特定の時間や場所で政府が法的に容認できると定めた限度の近くで活動することである。

社会運動は、たとえば一部の住民のために市民的権利を拡充するといった、公的問題に変化をもたらす目的で生ずる場合が多い。社会運動に応じて、時として対抗的運動が現状を守るために発生する場合もある。たとえば、女性の人工妊娠中絶の権利を求める運動は、中絶を違法と考える中絶反対の（胎児の法的人権保護を主張する）活動家たちの声高な反発を招いてきた。

多くの場合、法や政策は、社会運動の精力的な働きかけの結果、変更がなされている。こうした法律の改正は、広範囲の影響を及ぼす可能性がある。たとえば、労働者集団が集団成員にストライキを指令することはかつて違法であり、ストライキ行為は、国によって度合は異なるが、厳しく罰せられていた。とはいえ、最終的にストライキを労働争議の許容できる戦術にする法改正がおこなわれた。

社会運動は、集合的行為の最も有力な形態のひとつである。十分に組織された粘り強い運動は、劇的な結果を生む可能性がある。たとえば、米国の公民権運動は、学校や公共の場での人種差別を禁止する一連の重要な法律を首尾よく制定させた。フェミニズム運動は、経済的、政治的平等の面で女性たちのために重要な利益をもたらした。近年では、環境運動の活動家たちは、たとえば（第二二章「環境とリスク」で素描した）北海油田の原油貯蔵積出基地ブレント・スパーの事例がそうであるように、政府や企業から重要な譲歩を勝ち取ってきた。

新たな社会運動　過去四〇年間に、世界中の国々で社会運動が急激に増加してきた。こうした――一九六〇年代と一九七〇年代の公民権運動やフェミニズム運動から、一九八〇年代の反核運動、エコロジー運動、さらには一九九〇年代の同性愛者の権利運動に至る——さまざまな社会運動は、多くの場合、**新たな社会運動**と称されている。こうした呼び方は、今日の社会運動を、数十年前の先行した運動と区別するためである。多くの研究者は、新たな社会運動が、後期近現代社会の特異な産物であり、手法や動機、志向性の面で前の時代の集合的行動形態と著しく異なると考えている。

近年における新たな社会運動の台頭は、人間社会が直面するリスクの変化を反映している。新たな社会運動を必要とする——伝統的政治制度では、直面する課題にますます対処できなくなった——条件が生じたからである。伝統的政治制度は、核エネルギーや化石燃料の消費、あるいはバイオテクノロジーやナノテクノロジーでの実験が自然環境にもたらすマイナスのリスクに、いつの間にか創造的に対応できなくなっている。現行の民主的政治制度では、これらの新たな問題に対処することが望めないため、こうした問題は、手遅れになって本格的な危機が自分たちの間近に迫るまで、しばしば見て見ぬふりをされてきた。

これらの新たな課題やリスクがもたらす累積的影響は、急激な変化の真っ直中で人びとがみずからの生活を「統制できなくなりだした」ことの自覚である。人びとは、次第に安心感を失い、孤立感を強めている——不安感と孤立感の結合は、結果として無力感を導くことになる。対照的に、企業や政府、メディアは、人びとの生活のますます多くの側面を支配し、世界が暴走している感じを強める。グローバル化はグローバル化自体の論理に身を委ねるために、グローバル化がこれまで以上に大きなリスクを市民の生活に引き起こすという認識が増大している。

「グローバル化とリスク」は、第二二章「環境とリスク」、九四六頁〜九四七頁を参照。

私たちは、新たな社会運動を、さきに述べた「民主制のパラドックス」の観点からとらえることができる。伝統的な政治への信用が失われだしたように思える一方で、新たな社会運動の増大は、後期近現代の社会に生きる市民が、ときとして主張されるように、無気力でも、政治にたいして無関心でもないことを明示している。むしろ、政治家や政治システムに頼るよりも、直接の行動や政治参加のほうが有効であるという信念を見いだすことができる。人びとは、複雑に絡み合った道徳的争点を浮き彫りにし、そうした争点を社会生活の真ん中で提起する方法として、新たな社会運動をこれまで以上に支持しだしている。この点で、新たな社会運動は、多くの国々で民主政治を再活性化させるのに役立つ。新たな社会運動は、強固な市民文化ないし市民社会——家族や地域社会等の非経済制度が、国家と市場のあいだで占める領域——の核心に位置している。

テクノロジーと社会運動

近年、後期近現代の社会で最も強い影響を及ぼす二つの勢力——情報テクノロジーと社会運動——は、互いに結びついて驚くべき結果を生んでいる。今日の情報化時代で、世界中の社会運動は、非政府組織や宗教団体、人道主義の活動集団、人権擁護団体、消費者保護団体、環境問題活動家等々、公共の利益のために活動する結合体が構成する巨大な地域ネットワークや国際ネットワークに加わることが可能である。今日、これらの電子ネットワークは、何かが起きたら即座に対応し、情報源にアクセスして情報を共有し、さらにキャンペーン戦略の一環として企業や政府、国際団体に圧力をかけられる先例のない能力を備えている。たとえば、二〇〇三年二月に世界中の都市で起きたイラク戦争にたいする大規模の抗議運動は、二〇〇一年にジェノバで開催されたサミットの会議場周辺で起きた抗議運動や、一九九九年にシアトルで開催された世界貿易機関の閣僚会議にたいする抗議運動がそうであったように、主にインターネットに基盤を置くネットワークによって組織、運営された。

携帯電話やファックス、衛星放送も急速に進化しているとはいえ、インターネットは、こうした変化で最重要な役割を演じている。ボタンの一押しで、ローカルな話を世界中に広めることができる。日本とボリビアの草の根運動家たちは、ネット上で知り合い、情報資源を共有し、体験を語り合い、調整して連帯行動をとることが可能である。

この最後の点――国際的な政治キャンペーンを調整できる能力――は、政府にとって最も厄介な側面であるが、社会運動の参加者たちを最も勇気づける側面である。この二〇年間に、「国際的な社会運動」の数は、インターネットの普及によって着実に増加してきた。インターネットは、第三世界の債務免除を求めるグローバルな運動から（ノーベル平和賞を受賞することになった）地雷禁止国際キャンペーンに至るまで、国境や文化の壁を超えて運動家を結びつけるインターネットの能力を実証してきた。情報化時代は、国民国家から新たな非政府の同盟関係や提携関係への権力の「移転」を目の当たりにしている、と一部の研究者は主張する。

ランド研究所（米国）のようなシンクタンクの政策助言者たちは、《ネット戦争》――資源や領土ではなく、情報や世論が争いの軸になるような、大規模な国際間の対立――という言い方をしている。ネット戦争の参戦者は、メディアやオンライン情報を利用して、特定の住民が社会的世界について得る知識を方向づけていく。多くの場合、こうしたオンラインでの活動は、企業の動きや、政府の施策、多国間の合意が及ぼす影響に関する情報を、他の方法ではおそらく知ることがない受け手に広める目的でおこなわれる。多くの政府にとって――民主制の政府にとってさえも――ネット戦争は、恐ろしい、とらえどころのない脅威である。米国陸軍のある報告書が警告するように、「新世代の革命家や過激論者、積極行動主義者たちは、アイデンティティと忠誠心が、国民国家のレヴェルから国家を超越した地球規模の市民社会のレヴェルに移行するという、情報化時代のイデオロギーを創出している」（*Guardian* 19 Jan 2000 での引用文）。

このような懸念は思い過ごしだろうか。近年、社会運動が、実際に根本的に変容してきたと考えられる理由を、いくつか見いだすことができる。マニュエル・カステルは、著書『アイデンティティの力』で、関心や目的がまったく異なるとはいえ、情報テクノロジーを効果的に利用して自分たちの運動に世界の注意を向けさせた、そうした社会運動の三つの事例を考察している（Castells

1997)。メキシコでのサパティスタ国民解放軍の反乱、米国の極右武装民兵集団「ミリシア」の活動、日本のカルト集団オウム真理教は、いずれもグローバル化の影響作用への反抗のメッセージを広め、自分たちの運命を自分たちで掌握できないことへの怒りを表明するために、メディアのさまざまな技法を駆使した。

カステルによれば、この三つの運動は、いずれも運動体の基盤を情報テクノロジーに頼っていた。たとえば、サパティスタ国民解放軍の反乱は、かりにインターネットを使えなかったら、メキシコ南部における孤立したゲリラ運動にとどまっていたかもしれない。ところが、一九九四年一月の武装蜂起から数時間以内に、現地や国内、国外で、この反乱の大義を宣伝し、メキシコ政府が反乱に加えた残虐な弾圧を糾弾するための支援グループが、ネット上に出現した。サパティスタ国民解放軍は、オアハカ地域やチアパス地域の極貧のインディオをグローバル化のもたらす恩恵からいま以上に排除するような、たとえば北米自由貿易協定（NAFTA）の通商政策に異議を表明するために、遠距離コミュニケーション手段やビデオ、メディアのインタヴュー等を活用した。サパティスタ国民解放軍は、その主張が社会運動家たちのオンライン・ネットワークの最前線で取り上げられるようになったために、メキシコ政府に交渉を強いることができたし、また自由貿易が先住民たちに及ぼす有害な影響に国際的な注意を向けさせることに成功した。

ナショナリズムと民族の理論

今日の世界で最も重要な社会運動のひとつに、**ナショナリズム**運動がある。一九世紀や二〇世紀初めの社会学の思想家たちは、ナショナリズムにほとんど関心や興味を示さなかった。マルクスとデュルケムは、ナショナリズムをとりわけ破壊的性癖があるとみなし、近代工業の生みだす経済的統合の増大がナショナリズムの急激な衰退を引き起こすと確信していた。マックス・ウェーバーだけは、ナショナリズムの分析に多くの時間を費やしただけでなく、むしろ自分自身がナショナリストであると進んで公言した。しかし、そのウェーバーでさえ、ナショナリズムと民族の観念が二〇世紀に入って担った重要性を評価し損なっていた。

二一世紀初めに、ナショナリズムは、生きつづけているだけでなく——少なくとも世界の一部の地域では——勢いを強めだしている。世界は、とくにこの三、四〇年間に相互依存をより一層強めてきたとはいえ、こうした相互依存性は、決してナショナリズムの終焉という結果をもたらさなかった。相互依存性は、いくつかの点でおそらくナショナリズムを強める働きさえしてきた。

旧ユーゴスラヴィアでのナショナリズムの復活は、第一三章「人種、エスニシティ、移民」、五〇九頁〜五一〇頁で触れている。

近年の思想家たちは、相互依存性がなぜナショナリズムを強めるかについて、対照的な考え方を提示している。同時にまた、ナショナリズムや、民族《ネイション》、国民国家が出現した歴史的段階についても合意を得ていない。一部の論者は、ナショナリズムと民族、国民国家の起源が一般に考えられている以上に早いと主張する。

ナショナリズムと近現代社会

ナショナリズム理論を先導する論者は、おそらくアーネスト・ゲルナー（一九二五年～一九九五年）だろう。ナショナリズムと民族、国民国家は、いずれも一八世紀末の産業革命に由来する近代文明の産物である、とゲルナーは主張する。ナショナリズムは、それにナショナリズムと密接に結びつく感情なり心情は、人間の本性に深く根ざすものではない。これらは、工業主義が創出した新たな大規模社会の産物である。ゲルナーによれば、ナショナリズムそのものは、民族の観念と同じく、伝統社会においては知られていなかった（Gellner 1983）。

近現代社会には、これらの現象の出現につながった特徴をいくつか見いだすことができる。まず、近現代の工業社会は、急速な経済発展や複雑な分業と密接に結びついている。近代の工業主義は、それ以前に存在したシステムよりも、はるかに効率的な国家システムや統治システムを必要とするようになる、とゲルナーは指摘する。二つ目に、近現代の国家では、社会の基盤がもはや限られた範囲の村落や都市ではなく、もっと大きな単位になるため、人びとはつねに見知らぬ他者と相互行為しなければならない。学校で教わる「公式言語」にもとづく大衆教育が、大規模な社会を運営し、一体性を保つための主要な手段になる。

ゲルナーの理論はいくつかの点で批判を受けてきた。ゲルナーの理論は、教育が社会のまとまりを生む役割を演ずると主張する機能主義の理論である、とゲルナーを批判する人たちは指摘した。機能主義のアプローチ全般に言えるように、こうした見解は、教育が対立や分裂を生みだす際に演ずる役割を過小評価する傾向が強い。ゲルナーの理論は、ナショナリズムが駆りたてることができるし、しばしば駆りたてる激しい感情を、何も説明していない。ナショナリズムのもつ力は、たんに教育だけでなく、ナショナリズムが人びとのために《アイデンティティ》――それを欠いては人びとが生きていけないもの――を創出する潜在的能力にも、おそらく関係している。

アイデンティティにたいする欲求は、たんに近現代の工業社会の出現にともなって生じたわけでは確かにない。それゆえ、ゲルナーを批判する人たちは、ゲルナーがナショナリズムと民族を前近代から強引に切り離すという間違いを犯していると主張する。ナショナリズムは、いくつかの点で極めて近現代的現象である。しかし、同時にまたナショナリズムは、さらにもっと古い時代にまで遡る心情やさまざまな形態の象徴体系も利用している。今日の最も知られたナショナリズム研究者のひとり、アンソニー・スミスによれば、民族は、初期のエスニック・コミュニティと、あるいはスミスが《エスニー》と名づけるものと、明らかに連続性を保つ傾向が強い（Smith 1986）。**エスニー**とは、同一の祖先観念や、同じ文化的アイデンティティ、特定の母国とのつながりを共有する集団である。

スミスの指摘によれば、多くの民族は、間違いなく前近代との連続性を保っており、近代以前の段階においても、民族に類似したエスニック・コミュニティは存在した。たとえば、ユダヤ人は、二〇〇〇年以上にわたってエスニーを独自に形成してきた。ユダヤ人は、かなりの期間、民族としての特徴をいくつか示すコミュニティに群居していた。第二次世界大戦時のユダヤ人大量虐殺の後、一九四八年に、こうしたエスニーとしての要素がすべて結びつき、イスラエルという国民国家が形成され、世界中に四散したユダヤ人のために故国を創設することを目指したユダヤ民族主義《シオニズム》運動は、その頂点に達した。他のほとんどの国民国家と同じく、イスラエルは単一のエスニーだけから成立されたわけではない。イスラエルに暮らすマイノリティであるパレスチナ人は、エスニシティの点でまったく異なる由来をもち、イスラエル国家の創設が自分たちパレスチナ人を昔からの居住地域から追い出したと主張する――このことから、イスラエルでのパレスチナ人とユダヤ人の根深い緊張状態や、イスラエルとイスラエルを取り巻くアラブのほとんどの国々の緊張関係が生じている。

　個々の国は、エスニーとの関係で、互いに異なる発達様式をたどってきた。西ヨーロッパのほとんどの国がそうであるが、国によっては、ただ一つのエスニーが昔からの競合するエスニーを追い出すかたちで拡大してきた。だから、たとえば一七世紀のフランスでは、異なる言語がいくつか話されており、それぞれの言語に別々のエスニーの歴史が結びついていた。フランス語が支配的な言語となったために、競合する言語のほとんどは、その後、姿を消した。しかしながら、こうした競合する言語の名残りは、少数の地域に存続している。一例が、フランスとスペインの国境に部分的に重なるバスク地方である。バスク語は、フランス語ともスペイン語ともまったく異なる言語で、バスク人は、自分たちの文化が独立した歴史をもつと主張する。一部のバスク人は、フランスとスペインから完全に切り離された自分たちだけの国民国家を望んでいる。バスクの分離主義者グループは、他の地域――たとえば、東ティモールやロシア南部のチェチェン――で見いだすほどの暴力の段階には至らないが、独立目標を推進するために散発的に爆弾闘争をおこなってきた。

国家なき民族

既成の国の内部に輪郭のはっきりしたエスニーが存続することは、結果として**国家なき民族**という現象を生みだしている。このような状況に、民族の本質的特徴の多くが姿を現すが、その民族を構成する人たちは、独立した政治共同体を欠いている。チェチエンやバスク地方だけでなく、世界の――インド北部のカシミール地方といった――他の多くの地域に見いだす分離主義運動では、独立した自治国家を樹立したいという願望が運動の推進力になっている。

　国家《ステイト》なき民族《ネーション》は、エスニーとそのエスニーが所在するもっと大きな国民国家との関係によって、いくつか異なる類型に区別できる（Guibernau 1996）。ひとつ目の類型では、国民国家は、状況によれば、マイノリティのあいだに見いだす文化的差異を許容し、そうした文化的差異が活発に表に出ることを認めている。だから、英国の場合、スコットランドとウェールズは、英国の他の地域と多少異なる歴史や文化特性をもつと認識され、独自の制度をある程度まで備えている。たとえば、スコットランド人の大多数は長老派信徒で、スコットランドは、イングランドやウェールズとは別の教育システムを長いあいだ維持してきた。スコットランドとウェールズは、一九九九年のスコットランド議会とウェールズ議会の開設によって、英国内での自治権をさらに拡大した。同じように、バスク地方とカタロニア地方（スペイン北部のバルセロナ周辺地域）は、いずれもスペイン国内で「自治コミュニティ」として認められている。バスクとカタロニアは、かなりの権利と権力を有する独自の議会を備える。とはいえ、英国においてもスペインにおいても、ほとんどの権力は、依然としてロンドンやマドリードに所在する国家の政府と議会の手中に置かれている。

国家なき民族の二つ目の類型は、かなり高度の自治権をもっている。ケベック（カナダのフランス語圏の州）とフランドル（ベルギー北部のオランダ語圏地域）では、地方の政治機構は、実際には完全に独立しているわけでないが、重要な決定が下せる権力を保有する。ひとつ目の類型で述べた事例と同じように、ケベックにもフランドルにも、完全な独立を煽るナショナリズム運動が生じている。

三つ目の類型では、自分たちが身を置く国家からまったく承認されていない民族も一部に存在する。この場合、規模の大きい国民国家の側が、マイノリティの存在を否認するために物理的強制力を行使している。中東で和平プロセスが近年進展するまで、パレスチナ人は、こうした民族の明らかな例であった。他にも、中国におけるチベット人や、祖国がトルコとシリア、イラン、イラクにまたがるクルド人がいる。

チベット人やクルド人の文化の歴史は、何世紀も前に遡る。チベットの歴史は、チベットで繁栄した独自の仏教と強く結びつく。亡命中のチベットの指導者ダライ・ラマは、非暴力的手段によって独立したチベット国家の実現をめざす国外の運動で中心的な役割を演じている。他方、クルド人のあいだでは、いくつかの独立運動が、この場合もほとんどが国外での運動であるが、目的を達成する手段として暴力の行使を表明している。クルド人はブリュッセルに「亡命議会」を置くが、この亡命議会は、いずれの分離独立運動からも支持を得ていない。

チベット人とクルド人の場合、関係する国民国家の政府が現在の政策をどこかで変更しなければ、限定された自治権でさえ獲得できる可能性はほとんどない。しかし、それ以外の場合、マイノリティである民族は、その人たちが身を置く国家からの完全な独立ではなく、その国家のなかでの自治を選択できる可能性がある。たとえば、バスク地方やカタロニア、スコットランドでは、今日、完全な独立を支持する人たちは、ほんの少数である。ケベックでは、最近おこなわれたカナダからの独立を問う住民投票は、必要な票数を得られず、敗北した。

少数民族と欧州連合

ヨーロッパの少数民族の場合、欧州連合は重要な役割を演じている。欧州連合は、ヨーロッパの主要国が生みだした信義関係にもとづいて創設された。しかしながら、欧州連合の根本原理の中心をなすのは、地方や地域への権限の移転である。欧州連合の明確な目標のひとつは、「さまざまな地域から構成されるヨーロッパ」の創出である。この目標の強調を、バスク人やスコットランド人、カタロニア人等のほとんどの少数民族集団は強く支持している。こうした少数民族集団の成員たちは、多くの場合、自分たちの文化や制度の重要な要素が消失したことに憤慨し、それらを復活させたいと望んでいる。この人たちは、自分たちの独自のアイデンティティを育む手段として、欧州連合に期待する。この人たちには、たとえば欧州議会や欧州裁判所といった欧州連合の機関と直接かかわりをもつ権利があるため、こうした権利は、自分たちの運命を自分たちが管理していると十分に確信できるだけの自治権を、おそらくこの人たちにもたらす。それゆえ、少数民族にとって、欧州連合の存在は、自分たちが一員をなす国民国家との協調関係のためだけでなく、欧州連合との協調関係のためにも、完全な独立という理想の断念を少なくとも意味することになろう。

発展途上国における民族とナショナリズム

発展途上世界のほとんどの国で、ナショナリズムや民族、国民国家は、先進工業社会に比べると、異なる推移をたどってきた。ほとんどの発展途上国は、かつてヨーロッパ人による植民地支配を受け、二〇世紀後半になって独立を達成した。こうした国の多くで、植民地統治の境界線は、ヨーロッパ人が恣意的に決めて合意を得たに過ぎず、住民間の既存の経済や文化、エスニシティの区分を考慮に入れなかった。植民地を支配する勢力は、アフリカ大陸やインドなどアジアの各地で、以前からあった王国や部族集団を撃破したり征服して、自分たちの植民地統治なり保護領関係を確立した。その結果、それぞれの植民地は、「同じ境界のなかに寄せ集められた、住民や昔からの国家の集合体、あるいはそれらの断片の集合体」(Akintoye 1976)であった。植民地支配を受けたほとんどの地域では、エスニーをはじめ多くの集団がモザイク模様を描いていた。

かつての植民地は、独立を達成した際に、多くの場合、国民としての意識や国民社会への帰属意識を創出するのが難しいことに気づいた。ナショナリズムは、植民地支配を受けた地域が独立を確保する上で重要な役割を演じたが、もっぱら活動家たちの小さな集団に限られた意識だった。ナショナリズムの観念は、住民の大多数に影響を及ぼさなかった。今日においてさえ、植民地支配から独立した多くの国々は、引きつづき国内の敵対勢力や政治的権威をめぐる争いに脅かされている。

アフリカは、ほぼあまねく植民地支配を受けた大陸である。第二次世界大戦以降のアフリカで独立を促進したナショナリズム運動は、植民地をヨーロッパの支配から解放しようとした。ひとたび解放を達成すると、どの国でも新しい指導者たちは、国のまとまりを創りだそうとする際に、途方もない困難に直面した。一九五〇年代、六〇年代の指導者の多くは、ヨーロッパか米国で教育を受けていたため、こうした指導者と、読み書き能力を欠き、貧しく、民主制の権利や義務の観念になじみが薄い国民とのあいだに、大きな溝が生じていた。植民政策のもとで、一部のエスニック・グループは、他のエスニック・グループ以上に繁栄することができた。したがって、エスニック・グループは、それぞれが異なる利害関心や目標をいだき、当然のことながら互いを敵とみなすようになった。

スーダンやザイール、ナイジェリアといったアフリカの植民地支配から独立した多くの国家で内戦が勃発し、内戦に至らなかったアフリカやアジアの多くの国でも、エスニック・グループ間のつばぜり合いや敵対は、特徴的に多く見られた。スーダンの場合、人口の約四〇%は、アラビア語を話し、エスニシティの面でアラブ系と主張している。スーダンの他の地域では、とくに南部地域では、アラビア語は、ほとんど話されていなかった。ナショナリストたちは、ひとたび権力を掌握すると、アラビア語を国語にした国民統合プログラムを掲げた。この企ては部分的にしか成功せず、この国民統合プログラムがもたらした緊張関係や歪みは、(さきに第一三章で、ルワンダやスーダン西部のダルフールでのエスニシティ間の対立について触れたが)いまだに歴然としている。アフリカ大陸で独立以降に生じている戦闘の多くは、こうした困難の直接の結果である。

ナイジェリアは、こうした問題のもう一つの実例である。この国は、約一億二〇〇〇万の人口をかかえ、アフリカ人のほぼ四人に一人がナイジェリア人である。ナイジェリアは、英国の旧植民地だったが、一九六〇年一〇月一日に独立を遂げた。英語は、引きつづきナイジェリアの公用語になっている。とはいえ、英語の使用は、いまだに教育程度の高い少数の人たちに限られる。国民の大多数は、その言葉を使う人たちの名称にちなんで命名されたヨルバ語とイボ語、ハウサ語の三つの主要言語を話している。ナイジェリアでは、一九六六年の独立後すぐに、さまざまなエスニック・グループ間で武装闘争が発生した。軍事政権が樹立された後、文民統治と軍部支配を交互に繰り返した。一九六七年に、ビアフラという一地域がナイジェリアからの独立を要求して、内戦が勃発した。この分離独立運動は、軍事力の行使によって鎮圧され、多くの人命が奪われた。歴代の政権は、「祖国ナイジェリア」を主題にしてナショナル・アイデンティティの意識をもっと明確に高めようと試みてきた。しかし、国民社会のまとまりと国民目標にたいする認識の創出は、依然として困難な課題である。ナイジェリアは、石油資源を多量に埋蔵するが、いまだに貧困の窮地を脱することができず、相変わらず権威主義的支配に牛耳られている。

要するに、発展途上世界のほとんどの国家は、先進工業世界で生じた国民形成とは異なる過程の結果として、出現した。発展途上世界のほとんどの国家では、多くの場合、国民形成に先立つ文化やエスニシティの面で何のまとまりもなかった地域に、外側から国家を押しつけられたため、独立後に往々にして内戦が発生する結果になった。近現代の国民国家は、植民地支配をまったく受けなかった地域か、あるいは——たとえば、日本や韓国、タイのように——すでにかなりの文化的まとまりが見られた地域で出現している。

エイミー・チュア——「自由市場型民主制の輸出がいかに民族間の憎悪とグローバルな不安定状態を育んでいるのか」

先に論じたように、民族間の対立を減らす最良の方法は民主制と自由市場を確立することである、と多くの論者が主張してきた。この人たちは、民主制と自由市場の確立が、国の運営に関する発言権をすべての人に与え、他国との貿易から得られる繁栄を入手する機会をすべての人にもたらすことで、平和を促進していくと主張する。こうした主張に、米国のエール大学教授エイミー・チュアは、大いに反響を呼んだ著作『炎上する世界――自由市場型民主制の輸出がいかに民族間の憎悪とグローバルな不安定状態を育んでいるのか』〔邦訳書名『富の独裁者』〕(Chua 2003) で反論している。

チュアの議論の出発点は、多くの発展途上国で少人数のエスニック・マイノリティが不釣り合いな経済力を享受している事実である。明白な例のひとつは、アパルトヘイト時代の南アフリカで非白人のエスニック・グループを搾取してきた少数白人である。一九九四年のルワンダで起きたフツ族によるツチ族の大虐殺や、旧ユーゴスラヴィアでセルビア人がクロアチア人にいだいた憎悪もまた、それぞれの国でツチ族やクロアチア人が享受してきた経済的優位と幾分か関係している、とチュアは主張する。チュアがしばしば挙げるもう一つの例は、インドネシアの少数民族、華人である。

インドネシアの元独裁者スハルトがおこなった市場原理優先の改革は、とりわけこの国の少数民族である華人に利益をもたらした。逆にまた、華人はスハルトの独裁政治を支持する傾向が強かった。大規模な民主化要求デモがスハルトを力ずくで公職から追放した一九九八年の時点で、華人は、インドネシアの民間経済の七〇%を掌握していたが、人口はわずか三%に過ぎなかった。スハルト体制の終焉にともなって、少数民族の華人にたいして暴力的攻撃が加えられた。華人は、インドネシア固有の富を「盗み取っている」とみなされたからである。「多数派民族の《プリブミ》のあいだでは、『華人の問題をここで完全に解消するためには、この先一〇年の経済成長が犠牲になっても仕方がない』との考え方が支配的であった」とチュアは書いている。

スハルト将軍の独裁政治が崩壊すると、米国をはじめ欧米の国々は、民主的選挙の導入を要求した。しかしながら、チュアは、インドネシアの華人のような、チュアが命名する「市場を牛耳る少数民族」がいる国に民主制を導入しても、おそらく平穏な状態を生みだすのは難しいだろう、と主張する。むしろ、選挙の得票争いは、おそらく少数民族への反感を多数派民族のあいだで引き起こすことになる、とチュアは指摘している。インドネシアの多数派民族《プリブミ》が少数民族の華人におこなったように、憎しみの的である少数民族をスケープゴートにして、国の富を「真の」所有者に「返還せよと主張する」ように多数派民族を煽る、そうした政治的指導者が出現することになる。

民主制と市場経済は原理的に恩恵をもたらすが、両者とも実効性のある法システムと市民社会に基盤を置かなければならないことを、チュアの報告は明示している。発展途上世界の多くの地域がそうであるように、民主制と市場経済が実効性のある法システムと市民社会に基盤を置かない場合、新たに深刻な民族対立が生まれる可能性がある。

ナショナリズムとグローバル化

グローバル化は、ナショナリズムとナショナル・アイデンティティにどのような影響を及ぼすのか。社会学者のアンドリュー・ピルキントンがこの疑問を検討してきた（Pilkington 2002）。ナショナリズムの支持者の多くは、自分たちが遠い昔にまで遡る歴史を担った民族の一員であると主張するが、こうした事実にもかかわらず、ナショナリズムは実際には極めて新しい現象である、とピルキントンは指摘する。歴史的に見れば、比較的近年になるまで、人類は、小規模な集落のなかで、自分の集団の外で何が起きているかをほとんど気づかずに、暮らしてきた。自分たちが大きな民族集団の一員であるという観念は、持ち合わせていなかったように思える。民族共同体という観念が展開し、普及したのは、一八世紀以降に、大量伝達手段やマスメディアが発達してからである、とピルキントンは主張する。

ピルキントンによれば、ナショナル・アイデンティティが「構築」されたのは、まさにこの時期である。

社会構築主義については、第五章「社会的相互行為と日常生活」、一七〇頁〜一七二頁で論じている。

ピルキントンによれば、同じ民族であるという感覚が発達する上で決定的に重要なのは何らかの「他者」の存在であり、ナショナル・アイデンティティは、その「他者」に相対するかたちで形づくられる。（プロテスタントである）英国人のアイデンティティが形成される上で中心になるのは、（カトリックである）フランスの存在だった、とピルキントンは主張する。ピルキントンは、一定水準の読み書き能力が国民全体に広がったことで、またコミュニケーション技術が観念の普及を可能にしたことで、英国人らしさという意識が、どのように英国のエリート層から社会の隅々にまで普及していったかを実証している。

ピルキントンが論じるように、かりにナショナル・アイデンティティが社会的に構築されているとすれば、ナショナル・アイデンティティは、将来変化し、発達していく可能性がある。今日、ナショナル・アイデンティティを変化させる主な要因のひとつがグローバル化である、とピルキントンは主張する。ピルキントンの見解では、グローバル化は、集権化と分権化のそれぞれに矛盾した圧力を生みだす。一方で、（たとえば多国籍企業や、欧州連合のような超国際的組織のように）一部の企業組織や政治的単位がもつ力は、ますます集権化している。けれども、他方で、（たとえば、ソヴィエト連邦の崩壊と分裂や、スペインでバスク人が求める分離独立に示されるように）分権化への圧力も見いだされる。その結果、グローバル化は、ナショナル・アイデンティティにとって二重の脅威を創りだす。つまり、一方で集権化は、とくに欧州連合の権力の増大に示されるように、上からの圧力を生みだすが、他方で分権化は、エスニック・マイノリティのアイデンティティが強まることで、下からの圧力を生みだしている、とピルキントンは指摘する。英国では、こうした趨勢への応答のひとつとして、英国人であることをもっと狭く解釈する主張が再びなされている。ピルキントンは、その例として保守党の元下院議員ジョン・タウンゼントを引き合いに出す。なぜなら、タウンゼントは、英国人のナショナル・アイデンティティについて、ヨーロッパに強い敵愾心をいだき、白人で、英語を母語にするという見解を提言していたからである。類似した応答は、英国内のエスニック・マイノリティ・グループの一部の成員たちにも見いだされる、とピルキントンは指摘する。この人たちは、自分たちが英国人のナショナル・アイデンティティから排除されていると実感するために、自分たちのローカル・アイデンティティを強め、他のエスニック・グループとの差異を強く主張している。

　グローバル化への二つ目の応答は、この応答をピルキントンは健全な応答であると明らかに考えているが、多元的アイデンティティの存在を容認すること——たとえば、イングランド人であり、英国人であり、ヨーロッパ人であることが同時に可能であると主張すること——である。ピルキントンは、こうした取り組みの形跡を、英国のエスニック・マイノリティ・グループがいだく新たな「混成《ハイブリッド》されたアイデンティティ」のなかに見いだしている。なぜなら、こうしたエスニック・マイノリティ・グループのアイデンティティは、異なる文化を同化、融合しているからである。ピルキントンによれば、私たちは、たとえばアジア系英国人のように、エスニシティの差異を包摂するかたちで自分たちの民族を表象し、混成《ハイブリッド》されたアイデンティティの発達を促すことで、グローバル化にたいする——多くの場合、宗教的原理主義や文化的人種差別主義への後退を引き起こす——ひとつ目のナショナリズム的応答に異議を差し挟む必要がある。ピルキントンによれば、グローバル化は、ナショナル・アイデンティティにたいして、相矛盾した圧力と相矛盾した応答を引き起こしている。

国民国家、ナショナル・アイデンティティ、グローバル化

　アフリカの一部の地域では、国民と国民国家は、いまだ十分に形成されていない。しかしながら、世界の他の地域では、一部の論者は、グローバル化に直面して「国民国家の終焉」についてすでに論じだしている。日本の大前研一によれば、私たちは、グローバル化の結果、ナショナル・アイデンティティが弱まりだした「ボーダレスな世界」を次第に生きている（Ohmae 1995; 本文の七五頁も参照）。このような視点は、どのくらい妥当だろうか。いずれの国家も確かにグローバル化過程の影響を受けだしている。「国家なき民族」の出現そのものは、おそらくグローバル化と密接に結びついている。グローバル化の進展にともない、人びとは、ローカルなアイデンティティを復活させることで、急激に変化する世界のなかで安心感を得ようとする。グローバル市場が普及拡大した結果、民族は、独自の経済力をかつてそうであったほど手にしていない。

　しかしながら、私たちが国民国家の終焉を目の当たりにしているという言い方は、おそらく正しくない。ある意味で、その逆が事実である。今日、世界のどの国も、国民国家である。あるいは、国民国家になることを目指している——国民国家は、すでに普遍的な政治形態になっている。ごく近年まで、国民国家には競争相手がいた。二〇世紀のほとんどの時期を通じて、植民支配された地域と帝国が、国民国家と並存していた。多くの社会学者は、最後の帝国が一九九〇年のソヴィエト型共産主義の崩壊によってついに消滅したと主張しているが、米国を引きつづき帝国とみなす

社会学者たちもいる（Ferguson 2004）。ソヴィエト連邦は、東ヨーロッパに衛星国を擁する帝国の事実上中心に位置していた。今日、こうした衛星国は、かつてのソヴィエト連邦内の多くの地域と同じように、すべて独立国となった。現在、世界には、二〇年前よりも実際にはるかに多くの主権国家が存在する。

二〇世紀のほとんどの時期を通じて、ナショナリズムと国家なき民族をとりまく争点は、多くの場合、政治的武器としてのテロリズムの使用に結びついていた。以下では、テロリズムについて検討し、テロリズムの概念が近年いかに変容してきたのかを見ていく。

テロリズム

二〇〇一年九月一一日午前八時四五分頃、米国で定期運航の旅客機がテロリストによってハイジャックされ、ニューヨークにあるワールドトレードセンターの北棟に突入した。数分後、ハイジャックされた別の旅客機が南棟に突入し、一時間のあいだに二つのビルは崩壊し、その日の仕事をはじめたばかりの数千人が亡くなった。約一時間後に、三機目の旅客機が米国軍隊の司令部である国防総省の庁舎ペンタゴンに突入し、さらに数百人が亡くなった。四機目の旅客機は、米国の行政権力の中枢であるワシントンDCのホワイトハウスに向かっていたと考えられるが、旅客たちがハイジャック犯に応戦した後、ペンシルヴァニア郊外の野原に墜落した。九月一一日にハイジャックされた旅客機はいずれも、ユナイテッド航空ないしアメリカン航空という米国の二つの航空会社が所有していた。ハイジャック犯が選んだ標的――ワールドトレードセンターとペンタゴン、ホワイトハウス――は、米国の経済的権力と軍事的権力、政治的権力の心臓部を攻撃するという目的から精選されていた。

このテロ攻撃にたいしてジョージ・W・ブッシュ大統領がとった応答は、「テロとの戦争」宣言だった。一カ月後、この「テロとの戦争」で最初の大規模な武力報復がおこなわれ、同年一〇月に連合国がアフガニスタンに侵攻した。この当時、アフガニスタンは、イスラム原理主義のタリバーンが支配していた。タリバーンは、九月一一日の攻撃をおこなったテロ組織、アルカイダの活動をしばしば支援しており、またアルカイダのメンバーの多くは、タリバーンのもとで訓練を受けていた。

このニューヨークとワシントンへの攻撃の後も、アルカイダが犯行声明を出した残虐なテロ行為がいくつか起きた。二〇〇二年一〇月にインドネシアのバリ島のナイトクラブに加えられた攻撃では、二〇〇人以上が亡くなり、犠牲者の多くは、近隣国オーストラリアから休暇で来た若い旅行客たちだった。スペインのマドリードで二〇〇四年三月に起きた列車の爆破テロでは、朝のラッシュアワーに約二〇〇人の通勤客が亡くなった。ロンドンでは、二〇〇五年七月に、地下鉄の三つの列車と一台のバスで同時連続爆破事件が起き、五二人が亡くなり、数百人が負傷した。二〇〇一年九月一一日以降のテロリズムは、新たな安全保障環境を、つまり、それ以前のどのテロよりも大きな殺傷能力を潜在的にもつ新たな形態のテロリズムが現実のものになった状況を映し出している。そこで次に「テロリズム」の概念に目を向けたい。

テロとテロリズムの起源

《テロリズム》という言葉は、一七八九年のフランス革命に起源がある。何千もの人びとが――最初は貴族が、しかし後からは多くの一般市民が――当局によって捜索、逮捕され、ギロチンで処刑された。「テロ」という用語は、革命家たちではなく、反革命主義者たちが、つまり、フランス革命と革命の目指す内容を軽蔑し、いま起きている流血は住民を恐怖に陥れる《テロライズ》ための手段に過ぎないと信じる人たちが創案した（Laqueur 2003）。怯えさせるために暴力を用いるという意味での「テロ」は、二〇世紀に入って、たとえばドイツのナチスやスターリン時代のソ連秘密警察によって広く用いられた。とはいえ、この種の暴力の使用は、この用語の発端となったフランス革命以前に遡る。

一八世紀に入って「テロ」という言葉が生まれたとはいえ、暴力によって人びとを恐怖に陥れるという現象は、はるか昔からあった。古代文明では、軍隊は、敵側が支配する都市を攻略すると、その都市を跡形もなく破壊し、住民を老若男女の区別なく殺害することが、決して珍しくなかった。この目的は、敵側をたんに物質的に破壊するだけでなく、他の都市の住民に恐怖心を生みだして、そうした恐怖心が表象する威力を誇示するためでもあった。このように、人びとを、とりわけ一般市民を恐怖に陥れる意図で暴力を用いることは、このテロという言葉よりも明らかに古くから見られた現象である。

「テロリズム」という用語が有効な概念なのか――つまり、この言葉を筋道が通ったかたちで客観的に用いることが可能か否か――をめぐって、社会科学者の意見は一致しない。テロリズムは、周知のように定義づけが難しい用語である。論点のひとつは、テロリズムやテロリストについておこなわれる道徳的査定が変転しやすいことと関係している。「ある人にとってはテロリストだが、別の人にとっては解放の戦士である」という言い方がよくなされる。さらに、よく知られているように、ある時点でテロリストだった人びとが、自分たちも狂暴にテロを実行してきたにもかかわらず、後にテロを激しく非難する可能性がある。いくつか留保条件つきであるが、たとえばイスラエル国家では、テロ活動がこの国の初期の歴史の句読点になっていたと言えるかもしれない。しかし、二一世紀に入って、イスラエルの指導者は「テロとの戦争」で重要な役割を担うと宣言し、テロリズムを最大の敵とみなしている。南アフリカの元大統領ネルソン・マンデラが隠れたテロリストであるとして至るところで罵られていた頃から、まだ数十年しか経っていない。しかし、いまやマンデラは、現代の最も尊敬される政治家のひとりになっている。テロリズムが有効な用語になるためには、この用語を、時代や観察者の視座によって変転しやすい道徳的評価から、可能な限り解放する必要がある。

テロリズムの有効な概念構成を模索する際の二つ目の論点は、国家が果たす役割と関係している。国家がテロリズムを実行するという言い方はできるのだろうか。人類の歴史で、国家は、他のどの組織類型と比べても、はるかに多くの死に責任を負ってきた。国家は、一般市民を残虐に殺害してきた。近現代に入っても、国家は、伝統的文明でおこなわれた都市の完全破壊に匹敵することをしてきた。たとえば、第二次世界大戦で、戦争がもう少しで終わろうとした段階で、連合国軍の焼夷弾は、ドイツの都市ドレスデンを広範囲に破壊し、何十万もの人びとが命を落とした。ドレスデンに加えられた攻撃は、この攻撃が連合国軍にとってもはや何の戦略的利益ももたらさない時点でおこなわれた、と多くの歴史学者は指摘する。ドレスデンを破壊した目的は、ドイツ社会に恐怖心や不安を巻き起こし、それによって戦争を遂行しようとするドイツ市民の不屈の意志を弱めるためであった、と連合国軍の作戦行動を批判する人たちは論じている。

テロリズムという観念を国家の外側で活動している集団や組織に限定することは、理にかなっている。さもなければ、テロリズムの概念は、戦争の概念とほぼ等しくなってしまうからである。さきに述べたような問題があるとはいえ、多くの論者は、テロリズムを中立的に定義づけることが可能であると主張している。私たちは、テロリズムを次のように定義づけることができる。テロリズムとは、「その行為の性質ないし脈絡によるが、住民を怖じ気づかす目的で、あるいは、政府なり国際機関に何らかの行動をとるように強要したり、逆に何らかの行動をとることを控えるように強要する目的で、一般市民ないし非戦闘員にたいして死亡や重大な身体損傷を引き起こすことを意図した……［国家以外の組織がおこなう］すべての行為」(Anand Panyarachun et al. 2004) である。いいかえれば、テロリズムという概念は、政府に政策変更を迫るために、あるいは政府の立場を損なうために目論まれた、一般市民にたいする攻撃を問題にしている。

旧型のテロリズムと新型のテロリズム

さきに述べたように、テロリズムは、前の時代には、たとえば古代における都市の完全破壊のように、人びとを恐怖に陥れる目的でおこなわれた暴力行為と識別することが可能である。テロリズムは、コミュニケーション技術の変化と関連している。人びとの恐怖心を広範囲にわたって煽るためには、暴力に関する情報が影響を受ける人たちに素早く伝わる必要がある。こうした素早い情報伝達ができるようになったのは、一九世紀末に近代的コミュニケーション手段が出現してからである。電信の発明によって、時空を超えた瞬時のコミュニケーションが可能となった。それ以前には、情報の流布は、おそらく数日か数カ月もかかっていた。たとえば、第一五章の冒頭で述べたように、アブラハム・リンカーンが暗殺されたニュースは、英国に届くまで何日もかかった。ひとたび瞬間のコミュニケーションが可能になると、テロという暴力は、はるか遠方の人たちに投影できる象徴的行為として起こされるようになった――つまり、そのテロ行為を知っているのは、地元住民だけではなくなった。

旧型のテロリズム

旧型のテロリズムと新型のテロリズムを区別することができる。旧型のテロリズムは、二〇世紀のほとんどの時期を通じて優勢であり、引きつづき今日でも見いだされる。この種のテロリズムは、ナショナリズムの発生や、国境が画定した主権政体としての国《ネーション》の確立と、多分に結びついている。こうした主権政体としての国《ネーション》の確立は、さきに論じたように（八五七頁～八五八頁）、もっぱら一八世紀末以降にヨーロッパで生じた。

どの国《ネーション》においても、国境は、地図上の地理的分岐線か、西欧植民地支配者がアフリカやアジアで地図上に引いた分岐線か、あるいは征服や戦闘、紛争によって引かれた分岐線によって、かなり恣意的に定められている。たとえばアイルランドは、一八〇〇年に英国に併合されたが、独立闘争を引き起こし、その結果、一九二〇年代初めに北アイルランドと南アイルランドに分割された。植民地支配者が地図上に描いたり、力ずくで設定された民族《ネーション》のパッチワークは、さまざまな事例で、自分たちの国家《ステイト》をもたない民族《ネーション》──つまり、同じ文化的アイデンティティを有すると主張するが、通常、民族《ネーション》に帰属する領土と国家装置を欠いている民族《ネーション》──を生みだすことになった。

旧型のテロリズムの目的は、その民族《ネーション》が、領土と国家装置を支配できない地域に、国家《ステイト》を樹立することである。たとえば、このことは、アイルランド共和国軍のようなアイルランドの民族主義者や、スペインのバスク祖国と自由（ＥＴＡ）のようなバスクの民族主義者に当てはまる。主な争点は、国家を形成する際の領土保全とアイデンティティである。旧型のテロリズムは、国家なき民族が存在する地域や、テロリストが自分たちの目的を達成するために進んで暴力を行使しようとする地域に見いだされる。旧型のテロリズムは、その野望がローカルなものであるため、もともと特定の範囲に限られる。旧型のテロリズムは、自分たちが暮らす地域に国家の樹立を求めている。

近年、旧型のテロリズムは、国外からの支援に頼るようになったため、しばしば国境を越えて活動に加わる人たちが出てきた。たとえば、北アイルランドのアイルランド共和国軍やスペインのバスク分離主義者がおこなうテロ行為を、米国の国内グループに加えて、リビアやシリア、東ヨーロッパの一部の国々が、さまざまな度合で支援してきた。しかし、旧型のテロリズムは、たとえ兵器類の購入資金を提供したり、武力や物資を調達してくれるグローバルな支援者ネットワークが存在するとしても、その野望は特定の範囲に限られている。

旧型のテロリズムはまた、その野望が限定的であると同時に、暴力の行使も限定的である。たとえば、北アイルランド紛争の結果、多くの人びとが命を落とした。しかし、一九七〇年代に紛争が再開して以降、テロ活動で命を落とした人の割合は、英国軍の兵士を含め、平均すれば交通事故で亡くなった人の数よりも少ない。旧型のテロリズムの場合、損傷を負ったり命を失った人はかなりの数に達しているけれども、この種のテロリズムがどちらかと言えば限定的な目的を掲げるため、暴力の行使は（こうした暴力が人びとを身震いさせるとはいえ）限定されている。

加えて、英国政府がここ数十年間に北アイルランドで認識してきたように、ナショナル・アイデンティティが生みだす強力な道徳的強迫観念は、旧型のテロリズムが闘いをつづけることを困難にしている。さきに見たように、ナショナリズムは強力に運動を鼓舞する活動家を擁してきた。ナショナル・アイデンティティという神話は、その民族が国家を欠いて存在する場合に国家の樹立を求める運動の献身的な信奉者を、引きつづき煽り立てる可能性がある。同じ領土をめぐって争い合う主張がなされている場合、合意決着に達するのがとりわけ難しいことは、歴史が明示してきた。この点は、北アイルランドでの長い闘争にも当てはまり、英国の一地域に留まりたいとする統一主義者の圧力と、アイルランドの一地域になりたいと求める民族主義者グループの圧力が、互いに対立している。

　旧型のテロリズムと新型のテロリズムは、区別することが基本的に可能である（Tan & Ramakrishna 2002）。新型のテロリズムは、グローバル化を推進しているコミュニケーション技術で生じた変化によって可能になり、世界的な広がりを示す。この新型のテロリズムは、決してそれだけに限定されないが、アルカイダというイスラム原理主義（以下のコラムを参照）と、よく知られるように密接に結びついている。次に、この新型のテロリズムについて検討したい。

アルカイダの起源と結びつき

「基地」を意味するアルカイダは、ソヴィエト軍がアフガニスタンから撤退し、オサマ・ビンラディンと仲間たちが新たなジハード［一般に聖戦と訳されている］を探しはじめた一九八九年に創設された。この組織は、一九八〇年代に、イスラムの旗の下でソヴィエト共産主義と戦うためにアフガニスタンにやって来たアラブ義勇兵のネットワークから生まれた。ビンラディンと戦士たちは、ソヴィエト相手にジハードを戦っていた当時、米国とサウジアラビアから資金援助を受けていた。一部の専門家は、ビンラディン自身が米国の中央情報局（ＣＩＡ）から軍事訓練を受けていたと考えている。その後「アラブ・アフガン」と称されるようになった戦士たちは、鍛え抜かれた戦闘能力をもち、極めて高い動機づけがなされていた。

　一九九〇年代初めに、アルカイダはスーダンで軍事作戦をおこなっていた。一九九六年以降、アルカイダの本部と約一二の訓練キャンプはアフガニスタンに移し、ビンラディンは、アフガニスタンでタリバーンと密接な関係を築き上げた。二〇〇一年末にはじまったアフガニスタンでの米国の軍事作戦は、アルカイダのメンバーを襲撃し、基地と訓練キャンプを破壊したため、組織を壊走させ、地下に追い込んだ。

世界に拡がる下部組織

アルカイダは、中東やアジアだけでなく北米やヨーロッパにも及び、四〇カ国から五〇カ国で活動していると考えられる。西ヨーロッパでは、ロンドンとハンブルク、ミラノ、マドリードに下部組織が存在する、ないしは存在すると推測されている。これらの都市は、メンバーの補充や資金の調達、作戦の計画立案の重要な中心地となっていた。

　アルカイダは、軍事訓練の場として、秘密裏に自由に活動できる無法地域を選んできた。こうした地域に、アフガニスタンの山岳地帯だけでなく、ソマリアやイエメン、チェチェンが含まれると考えられている。インドネシアの島のひとつに秘密の訓練キャンプが置かれているという報告もある。

　イタリアの赤い旅団や中東のアブ・ニダルのような、かつての結束の強い集団と異なり、アルカイダは、緩やかに結ばれている。アルカイダは、相互に繋がった一続きのネットワークとして、大陸を跨って活動する。個々のグループや下部組織は、高度な自治権を備え、しばしば小規模な犯罪によって独自に資金調達をしたり、必要なときに他のグループと連絡を取っているだけのように思える。

アルカイダの定義は?

グループ間のこうした緩やかな結びつきは、定義づけの問題を引き起こす。私たちは、アルカイダについて言及するときに、現実に存在する組織を指しているのか、理念に近いものを語っているのだろうか。

二〇〇三年五月にリヤドで起きた爆破事件や、二〇〇二年にモンバサで起きたイスラエル人観光客の襲撃は、一般にアルカイダの仕業であるとされている。しかし、これらの攻撃は、ビンラディンなり、あるいはビンラディンが引きつづき率いるとみなされる組織によって計画され、あるいは資金提供されて、実行されたのだろうか。

現在、アルカイダという言葉は、たんに同じ目的や理念、方法を共有するだけで結びついた多様なグループを指すために用いられている、と一部の専門家は指摘する。とはいえ、いくつかの急進的グループがアルカイダと提携していることや、あるいは形式的に提携してきたことは、誰もが周知している。最も重要な点は、エジプトのグループ、イスラム聖戦機構の急進派のメンバーがアフガニスタンに避難し、アルカイダに合流したことである。このグループのリーダーのアイマン・ザワヒリは、アルカイダを背後で動かす頭脳で、アルカイダの最も悪名高い作戦の多くを指揮したと考えられている、冷酷なエジプト人である。これらの作戦に、一九九八年にアフリカで米国の二つの大使館に加えた攻撃や、九月一一日のニューヨークとワシントンでの攻撃が含まれる。

また、カシミール地域の戦闘的グループや、ウズベキスタンのイスラム運動、フィリピンのアブ・サヤフ・グループ、アルジェリアの武装イスラム・グループ、武装イスラム・グループから分離した急進派サラフィスト・グループなどとの結びつきも確信されている。

「テロとの戦争」

欧米の治安当局や情報機関は、「テロとの戦争」の一環として、偽装会社を閉鎖し、資産を凍結して、アルカイダの下部組織の解体にある程度まで成功してきた。何人かの最高指導者が殺害か逮捕されたり、グアンタナモ米軍基地での一部メンバーの尋問によって、組織はさらに弱体化している。とはいえ、組織の根絶は、極めて複雑で、思うように進まない厄介な課題である。

イラクとテロ戦争に関する最近の報告書で、オックスフォード・リサーチ・グループは、アルカイダのメンバーの多くを拘留したにもかかわらず、アルカイダが「引きつづき活力を失わず、実行力を保っている」と指摘する。最ももどかしいことに、オサマ・ビンラディン本人の行方と生死はいまだに深い謎である。

出典：BBC（20 Jul 2004）

新型のテロリズム

新型のテロリズムは、いくつかの点で旧型のテロリズムと異なる。まず、主張の射程範囲である。たとえば、アルカイダの世界観の際立った特徴のひとつは、グローバルな地政学的目的をもつこと、つまり、アルカイダが世界社会の再構築を目指している点である。アルカイダの指導者のなかには、インド亜大陸からヨーロッパに広がるイスラム社会の再編成を望んできた人たちもいる。このことは、中東地域のすみずみにまで、イスラム教の政権を樹立し、北アフリカの奪還を意味する。西欧は、過去一〇〇〇年にわたって、自分たちが正統な権利を有すると主張する地域からイスラム集団を駆逐してきた、とアルカイダの支持者たちは主張する。これらの地域には、バルカン半島や、以前はムーア人（八世紀から一五世紀までスペインの大半を統治していた北アフリカ出自のムスリム）が支配していたスペインの諸地域が含まれる。いま私たちがヨーロッパとみなす地域のかなり広大な部分は、かつてはイスラム圏で、オスマン帝国か北アフリカ出身者が支配していた。旧型のテロリズムは、特定の範囲に限られ、特定の国家——通常はかなり小規模の国家——と結びついていた。それにたいして、新型のテロリズムは、その野望がグローバルである。新型のテロリズムは、世界の権力情勢の逆転を望んでいる。

アルカイダや類似するテロ組織の世界観には、モダニズムと反モダニズムのあいだに、特有な緊張関係が見いだされる。かつてのようなヨーロッパや中東、アジアのほとんどの地域におけるイスラム支配の再建を企てる際に、アルカイダは、モダニティを批判するために現代のコミュニケーション手段を駆使し、近現代の欧米社会の道徳的堕落とみなすものを逆転しようと試みている（Gray 2003）。

二つ目に、新型のテロリズムは、組織構造の点でも旧型のテロリズムと異なる。社会学者のメアリー・カルドーは、この類似性を過度に強調しないように注意する必要があるとはいえ、とりわけアルカイダのような新たなテロリスト集団と、たとえばオックスファムやフレンズ・オヴ・ディ・アースのような国際的な非政府組織（NGO）の下部構造のあいだに、いくつか類似点が見られることを指摘している。

非政府組織は、第一六章「組織とネットワーク」、六五一頁〜六五二頁で詳しく論じている。

アルカイダは、組織構造に関して、多くの非政府組織と同じようなグローバルな組織形態をとっている。新たなテロリスト組織もフレンズ・オヴ・ディ・アースのような非政府組織も、いずれも使命感や義務感に駆られている。こうした使命感や義務感は、地球規模の組織がかなり自由に活動することを可能にしている（Glasius et al. 2002）。

非政府組織も新たなテロリスト集団も、マニュエル・カステルが論じたような（第一六章の六六八頁以下を参照）ネットワークを基盤にする。両者の構造は、極めて分権化されている。各地の下部組織には多くの自治権が認められており、必ずしも中央の強い指令を受けずに増殖できる。二〇〇一年の米国によるアフガニスタン侵攻は、アルカイダの指導力を大幅に低下させたが、アルカイダには強い道徳的信念があるために、組織は引きつづき力を維持している。こうした道徳的信念は、たとえ全体組織が部分的に弱体化したり破壊されても、使命感を駆り立て、下部組織が機能するのを可能にしている。

テロリスト組織も非政府組織も、支援者が多くの国々に広がっている。テロリズム問題の専門家のあいだでは、アルカイダが二〇〇一年の米国主導のアフガニスタン攻撃をどの程度まで切り抜けたのかをめぐって意見が分かれている。しかし、アルカイダの下部組織は、いまなお約六〇カ国に残存し、大義のために自爆行動も辞さない人たちが二万人近くいると推計される。この人たちのほとんどは、アルカイダの中枢機構から半ば自立したかたちで活動している。

さらに注目されるのは、新たなテロリスト集団と非政府組織が、両者とも国家と一緒に活動していることである。非政府組織は、それが国家と無縁の組織だったら、何も活動できなかったはずである。非政府組織はすべて、国家と何らかの接触をもち、国家から支援を受けている。この点は新型のテロリスト組織にも当てはまる、とカルドーは主張する。一九八八年にスコットランドのロッカビー村上空で起きた旅客機の爆破墜落事件にリビアが関与していたことは、この具体例のひとつである。もちろん、新たなテロリスト組織と非政府組織の類似性を過度に解釈することはできない。しかし、両者は同じような組織構造を備えるが、明らかに異なる使命感をいだいているという点で、アルカイダを悪性の非政府組織とみなすことが可能かもしれない。

旧型のテロリズムと新型のテロリズムが示す三つ目の違いは、手段をめぐる相違である。さきに見たように、旧型のテロリズムは、相対的に限定された目的を掲げており、その結果、必要とされる暴力も通常はかなり限定されていた。新型のテロリズムは、かなり残忍な手段の使用を準備しているように思える。たとえば、アルカイダのウェブサイトは、「敵」という――主として米国であるが、ある程度まで欧米全体を指す――極めて破壊主義的な言い方をしている。こうしたウェブサイトは、可能な限り多くの人たちを殺害するテロ行為が遂行されなければならないと、多くの場合あからさまに主張する。こうした残忍な考えは、たとえば一九九八年のアルカイダの設立宣言に明示され、次のように述べられている。

米国人とその同調者たちを――一般市民であれ軍人であれ――殺害するという裁定は、殺害が可能な国にいて殺害を実行できるすべてのイスラム教徒にとって、個人的義務である。その目的は、[イスラム教の聖地エルサレムの]アルアクサ・モスクと[メッカの]聖モスクを米国人とその同調者たちの手から解放するためであり、また、米国とその同盟国の軍隊を打ち負かして、イスラム教徒を脅かすことができないようにイスラム全土から立ち退かせるためである。（Halliday 2002 での引用文）

この宣言は、旧型のテロリズムに特徴的に見いだされる暴力手段の限定的な行使と明らかに異なる。たとえば、旧ソヴィエト連邦のチェチェンのように、新旧のテロリズムが重なり合う事例もいくつか見いだされる。チェチェンは、分離主義の闘争から転じて、新型のテロリズムのために新メンバーを勧誘する場所になっている。

テロリズムと戦争

新型のテロリズムが及ぼす脅威に、私たちはどのように対応すべきだろうか。二〇〇一年九月一一日に経験した新たな種類のテロリズムは、政治社会学者に難問を提起した。テロリズムにたいして従来の戦争のように反撃を加えることは可能だろうか。二〇〇一年にアフガニスタンを攻撃した有志連合軍は、少なくともアルカイダのテロリスト・ネットワークを確かに部分的に破壊した。従来の戦争の仕方は、新型のテロリズムにたいして、ある程度の成果を挙げることができた。しかしながら、多くの事例で、新型のテロリスト集団が用いる暴力の水準や目的、組織構造は、対峙する国民国家のような従来の敵が用いる暴力の水準や目的、組織構造と違っている、と評者たちは指摘する。そのため、一部の社会学者や政治学者は「テロリズムとの戦争」という考え方に疑問を呈している。二〇〇三年にはじまったイラク戦争（八四六頁以下のコラム「イラク戦争と、その後」を参照）は、イラクがテロリスト組織に供給する目的で兵器開発に取り組んでいるとの懸念から、とりわけ米国内ではある程度まで正当化された。従来の戦争の仕方でテロリズムに立ち向かうことが可能かどうかという論争は、テロリズムと、そのテロリズムを支援してきたアフガニスタンのような国民国家との関係をめぐって、難問を引き起こしている。さらに、この疑問は、グローバルな統治をめぐる問題につながる。グローバルな時代に、感知された脅威を阻止するために行動を起こすとすれば、どのような国際的支援や立証が必要なのだろうか。また、グローバルなテロリストの脅威に対処する最良の制度体とは、どのような機関なのだろうか。

まとめ

1　統治という用語は、官公吏が政策の遂行や意思決定を下す政治装置を指称している。政治は、権力が統治活動の範囲と内容に影響を及ぼすために利用し、競い合う手段である。国家が存立するのは、所与の領土を支配する政治的統治装置が存在し、その権威が、法体系によって、また政策遂行のために物理的強制力を行使できる能力によって裏づけられている場合である。

2　近現代の国家は、国民国家である。国民国家を特徴づけるのは、市民資格の観念、人びとが共通の権利と義務をもち、国家の一員であると認識していること、それに、ナショナリズム、つまり、もっと規模の大きな、統一された政治共同体の一員であるという人びとの意識、である。

3　権力とは、マックス・ウェーバーによれば、みずからの目的を他者の抵抗に逆らってさえも達成する能力であり、多くの場合、物理的強制力の行使をともなう。それ以降、ウェーバーにとって替わる権力概念がいくつか示されてきた。統治機関は、その権力の行使が正統的である場合に、権威を有するとされる。このような正統性は、統治される人たちの合意に由来する。最も一般的に見いだされる正統的な統治形態は、民主制である。しかし、民主制以外の正統的な統治形態が生ずる可能性もある。

4 権威主義国家では、国民の政治参加は、認められていないか、厳しく制限される。国家のニーズや利害関心が、一般市民のニーズや利害関心に優先する。政府に異議を唱えたり、指導者を権力の座から解任するための法的メカニズムは、存在しない。

5 民主制は、国民が支配する政治システムである。参加民主制（あるいは直接民主制）では、意思決定は、その意思決定の影響を受ける人たちがおこなう。自由民主制は、すべての市民が選挙権をもち、少なくとも二つ以上の政党のなかから選択が可能な、代表民主制である。

6 民主的統治が確立された国の数は、グローバル化やマスメディア、競争型資本主義の影響を受けて、近年、急速に増加してきた。しかし、民主制にも問題がないわけではない。どこの国でも、国民は、政治家や政府による問題解決や経済の運営能力を信用しなくなり、選挙システムによる政治参加の機会も減少しだしている。

7 英国の政治は、サッチャー主義——一九七九年から一九九〇年まで保守党の首相だったマーガレット・サッチャーと密接に結びつく政策原理——の強い影響を受けた。サッチャー主義とは、国家の役割の縮小と、自由市場での企業活動を奨励すべきであるという信念を意味する。

8 英国の労働党は、この二五年間に重大な変化を経験してきた。とりわけトニー・ブレアのリーダーシップのもとで、「新生労働党」は、国有化や計画経済といった旧来の社会主義的観念から離脱していった。新生労働党は、一九九七年に政権の座に就いてから、伝統的な「左派対右派」の政治を凌駕した政治改革と現代化の道を追求した。この新たな種類の中道左派の政治は、多くの場合、第三の道の政治と称されている。

9 社会運動とは、既成制度の領域外でおこなわれる共同行為によって共通の利害関心を促進しようとする、そうした集合的企てを意味する。「新たな社会運動」という用語は、一九六〇年代以降の欧米の国々で、人間社会が直面するリスクの変化に対処するために出現した一連の社会運動にたいして使われている。新たな社会運動は、それ以前の社会運動と異なり、非物質的目的を志向する単一争点型の運動であり、階級区分を横断して支持を集めている。情報テクノロジーは、多くの新たな社会運動にとって、組織運営の有力な手段になった。

10 ナショナリズムとは、自分が単一政治共同体の一員であるという意識をもたらす一連の象徴や信念を指称する。ナショナリズムは、近現代国家の発達にともなって出現した。社会学の創始者たちは、工業社会ではナショナリズムが消滅すると確信していた。とはいえ、二一世紀初頭に、ナショナリズムは、隆盛しだしたように思える。「国家なき民族」とは、ある民族集団が、自分たちの領分だと権利主張する地域への政治的主権を欠いている状態を指称する。

11　旧型のテロリズムは、ほとんどの場合、国家なき民族と結びついてきた。新型のテロリズムは、射程範囲や組織構造、用いる手段の面で、旧型のテロリズムと異なる。

考察を深めるための問い

1　社会学は、なぜ政治の研究にかかわるのだろうか。
2　自由民主制と資本主義は、多くの場合、なぜ一緒に見いだされるのだろうか。
3　欧米の国民国家が民主制に強く傾倒しているのに、なぜ多くの国々で投票率は低いのだろうか。
4　「新生労働党」の「新生」とは何を意味するのだろうか。
5　社会運動は、既存の社会制度や政治制度をどのように利用するのだろうか。
6　国民国家は、グローバル化の進展にともなって重要でなくなるのだろうか。
7　グローバル化とテロリズムのあいだには、どのような関係があるのだろうか。

読書案内

Robert A. Dahl: *On Democracy* (Yale Univ Pr, 1998)〔中村孝文訳『デモクラシーとは何か』岩波書店、二〇〇一年〕
Elaine Ciulla Kamarck & Joseph S. Nye (eds): *Democracy.com? Governance in a Networked World* (Hollis, 1999)
F. Halliday: *Two Hours that Shook the World: September 11, 2001: Causes and Consequences* (Saqi Books, 2002)
P. Griset & S. Mahan: *Terroism in Perspectives* (Sage, 2003)
M. Kaldor: *New and Old Wars: Organized Violence in a Global Era*, 2nd edn (Polity, 2001)〔山本武彦・渡部正樹訳『新戦争論』岩波書店、二〇〇三年〕
Alberto Melucci: *Nomads of the Present: Socil Movements and Individual Needs in Contemporary Society* (Hutchinson Radius, 1989)〔山之内靖・貴堂嘉之・宮崎かすみ訳『現代に生きる遊牧民』岩波書店、一九九七年〕
Cornelia Navari: *Internationalism and the State in the Twentieth Century* (Routledge, 2000)
A. Tan & K. Ramakrishna (eds): *The New Terrorism: Anatomy, Trends and Counter Starategies* (Times Media, 2002)

インターネット・リンク

Bulletin of the Atomic Scientists
http://www.thebulletin.org/ indeex.htm
International Institute for democracy and Electoral Assistance
http://www.idea.int/

Internet Modern history Soursebook: nationalism
http://www.fordha,.edu/halsall/mod/modsbook17.html

Oxford research Group
http://www.oxfordresearchgroup.org.uk/

Foreign Policy
http://www.foreignpolicy.com/

international Insitute for Strategic Studies
http://www.liss.org/

21

都市と都市的空間

ロンドンは、ニューヨークや東京とともに、「グローバル・シティ」のひとつで、世界経済のコマンドセンターとして英国の国境をはるかに越える影響力を備えている（Sassen 2001）。こうしたグローバル・シティは、数多くの金融業やテクノロジー産業、コンサルティング業のみならず、大規模な超国籍企業の本拠地でもある。英国の首都は、約三四〇万の在住する労働力を擁するが、さらに多数の通勤者によって補われている。ロンドンはまた、どこにも引けをとらない文化遺産や芸術遺産を有し、活気に満ちた――毎年、ほぼ三〇〇〇万の旅行客が訪れ、一泊かそれ以上滞在する――首都としての存在を、より強固にしている。

英国の首都はまた、七〇〇万人以上の生活の本拠であり、この人たちのあいだで三〇〇以上の言語が話されている。ロンドンの人口は、過去二〇年間に毎年平均して約一万九〇〇〇人増加している。ロンドンへの転入移住は、二〇歳から四四歳の若年人口比率が英国の他の地域に比べてはるかに多いという結果をもたらした（ONS, *Focus on London*, 2003）。若い人たちは、ロンドンのような都市に、多くの理由で――労働や教育、文化を求めて、あるいは、地方社会の大勢順応主義や地元第一主義から逃れるために――移住している。

しかしながら、大都市が提供する豊かな機会にもかかわらず、多くの人たちは、大都市が、孤独な、あるいは薄情な場所であることに気づいている。近現代の都市生活の示差的な特徴のひとつは、見知らぬ人どうしの頻繁な相互行為である。同じ近隣社会や共同住宅の同じ区画のなかでさえ、人びとが近隣住民のほとんどを知っていることは、ほとんどあり得ない。かりにあなたが町部や都市で暮らしているのなら、あなたが自分の知らない人たちと、毎日、相互行為する回数を思い浮かべてほしい。そのリストには、バスの運転手、店で働いている人、他の学生、さらには街の通りで視線を交わした人たちさえも、おそらく含まれる。この事実だけでも、今日の都市生活を、どこか他の場所での生活なり前の時代の生活と相違させている。

現代社会における社会的相互行為は、第五章「社会的相互行為と日常生活」で論及している。

この章では、まず、こうした都市化の過程を理解するために発達したアーバニズムの主要な理論をいくつか検討する。次に、都市の起源と、二〇世紀を通じて生じた都市居住者の膨大な増加、それに世界のあちこちに見いだす都市化の重要な趨勢について分析したい。意外でもないが、グローバル化は、都市に計り知れない影響を及ぼしているため、この章の後半でこの影響過程のいくつかの次元について考察したい。

アーバニズムの理論

初期の社会学者の多くは、都市や都会生活に魅了されていた。古典期の社会学者、マックス・ウェーバーでさえも、（一九二一年に死後出版された）『都市の類型学』（Weber 1958）を著し、この本でウェーバーは、近代資本主義を形成した諸条件を西洋の中世都市に跡づけていった。他の初期の理論研究者も、都市の発達が、物理的環境だけでなく社会的環境をも変えていく態様にさらに関心を寄せていた。ゲオルク・ジンメルとフェルディナント・テンニースの研究業績は、次のコラムで論じるように、都市社会学にとって最初期の最も重要な貢献をおこなっている。ふたりは、後の都市社会学者に著しい影響を及ぼしている。たとえば、次に取り上げるシカゴ学派の中心メンバーであるロバート・パークは、二〇世紀の変わり目のドイツで、ジンメルのもとで研究をおこなっていた。

都市生活に関する初期の理論研究者
ゲオルク・ジンメルと「都市の精神生活」

都市生活に関する初期の理論研究者のひとりに、ドイツの社会学者のゲオルク・ジンメルがいる。ジンメルは、都市が都市居住者の「精神生活」をどのように形成するのかを解明しようとした。ジンメルは、論文「大都会と精神生活」で、都市生活が、イメージや印象、活動によって人びとの精神を攻撃している、と主張する（Simmel 1903）。このことは、「小さな町や村がもつ、緩やかで、普段通りに淀みなく流れるリズムと著しく対照的である」。都市の住民は、「暴力的な刺戟がもたらす予期せぬ実態」や「絶えず変化するイメージ」の猛攻撃から、無感動になったり無関心になることで、わが身を守っている、とジンメルは確信していた。都市の住民は、何とか状況を切り抜けるために、自分たちを取り巻くざわめきのほとんどを消し去り、自分たちが必要とするあらゆることがらに焦点を合わせていく。こうした無感動な態度の結果、都市の住民は、「大都会の雑踏」の一部を形づくっているとはいえ、情緒面で互いに距離を置いている、とジンメルは考えた。近代の大都会の生活をこのように解明することで、ジンメルは、都会暮らしの薄情さや孤独感を訴える人たちについて、社会学的説明をおこなった。

フェルディナント・テンニース
——ゲマインシャフトから、ゲゼルシャフトへ

ジンメルと同時代のフェルディナント・テンニースもまた、都市生活が個人に及ぼす影響に関心を寄せた。テンニースは、都市化が、産業革命にともなって生じたため、社会生活を回復でき難いかたちで変えていった、と主張する。テンニースは、みずからが《ゲマインシャフト》と名づけたコミュニティが徐々に失われていく状態を、悲しげな気持ちで図示した。テンニースは、《ゲマインシャフト》が、近隣住民どうしや友人たちのあいだに見いだす、緊密に結ばれた伝統的な絆や、確固とした人間関係、それに自分の社会的位置づけにたいする明確な理解に基盤を置いている、と特性描写する（Tönnies 1887）。

《ゲマインシャフト》が《ゲゼルシャフト》にとって代わりだした、とテンニースは主張する。テンニースは、《ゲゼルシャフト》を、一時的な道具的関係性にもとづいた社会なりアソシエーションとして特性描写した。コミュニティを中

心に築かれた社会から、アソシエーションを中心に築かれた社会への転換は、近現代が個人主義的な社会へ移行する際の重要な要素である。個人主義的社会では、一般的に、関係性は、特定の状況や目的のために限定されており、考慮に入れるのは相手が果たす役目だけである。たとえば、都市で私たちがバスに乗車する場合、私たちと運転士との相互行為は、私たちが料金を支払う際のバスのドア口での短時間のやり取りにおそらく限定される。また、私たちにとっての運転手の利用目的は、私たちを目的地まで連れて行ってくれる運転手の能力にもっぱら限定される。ジンメルと同じく、テンニースにとっても、都市は、見知らぬ他人に満ちあふれた場所であった。

シカゴ学派

一九二〇年代から一九四〇年代にシカゴ大学に関係した何人かの研究者は、とりわけロバート・パークやアーネスト・バージェス、ルイス・ワースは、都市社会学の理論と調査研究で長年にわたり主要な基盤となった考え方を展開させている。このシカゴ学派が生みだした二つの概念は、とくに注目に値する。ひとつは、都市分析における、いわゆる生態学的アプローチであり、もうひとつは、ワースが生活様式としてとらえたアーバニズムの特性描写である（Park 1952; Wirth 1938）。

都市生態学

生態学とは、動植物がみずからの環境にたいしておこなう適応過程を研究する、自然科学の一分野から借用した用語である。'ecology'（生態学）という用語が環境問題全般の脈絡のなかで使われているのは、この意味である（第二二章「環境とリスク」を参照）。自然界では、生きものは大地の上に規則正しいかたちに分布する傾向があり、その結果、さまざまな種のあいだの釣り合いや均衡が達成されている。シカゴ学派は、主要な都市集落の立地や、都市集落内におけるさまざまな種類の近隣居住地区の分布も、同じような原理によって理解できる、と考えた。都市は、行き当たりばったりに成長するのではなく、環境面での有利な特性に対応して成長する。たとえば、近現代社会における大規模な都市地域は、河岸に沿った、あるいは肥沃な平地の通商路や鉄道の交差するところに発達する傾向が見られる。

パークの言葉によれば、「都市は、いったん成立すると、特定の地域ないし環境に暮らす最適の人びとを全住民のなかから間違えずに選び出していく、そうした巨大な選別装置のように思える」（Park 1952）。都市は、競争や侵入、遷移の過程――これらはすべて、生物学的生態学で生みだされた概念である――により、「自然な地域」として、秩序づけられている。かりに自然環境のなかで湖の生態を観察すれば、魚や昆虫等々の生物のさまざまな種の競争が作用して、種のあいだでかなり安定した分布状態に到達するのを私たちは発見する。かりに新たな種が――その湖を自分たちの棲みかにしようとして――「侵入」すると、この均衡は乱される。もともと湖の中央域で繁殖していた生物のなかには、周辺域に追いやられ、以前よりも危険な生存条件に耐えねばならない種も出てくる。侵入した種は、そうした生物に代わって湖の中央域に居すわることになる。

生態学の見解によれば、都市における居住地域の配置や移動、再配置の様式も、同じようなかたちをとる。さまざまな近隣居住地区は、住民たちが生計を得るために苦闘しながらおこなう適応過程をとおして発達する。都市は、それぞれが示差的かつ対照的な社会特性をもつ区域の地図として描写できる。近現代都市の成長の第一段階では、いろいろな工業が、みずから必要とする原材料の調達に適した、供給ラインに近い場所に集まってくる。人びとがこれらの作業場の周辺に群がり、都市居住者の数が増大するにつれて、人口は、ますます多様化する。このようなかたちで発達する生活上の便益は魅力を増し、便益の獲得競争は熾烈になっていく。地価や資産税が上昇し、狭苦しい住居や家賃の安い荒廃した住宅でなければ、家族が都市中心部の近隣居住地区で生活を営むのは困難になる。中心部では企業や娯楽産業が幅をきかすようになり、それにともない比較的裕福な人びとの住宅は、外周部に沿って新しく形成されだした郊外地区へと移っていく。このような過程は、通勤に要する時間をできるだけ短縮するために交通路に沿って展開する。したがって、二つの交通路の中間に位置する地域は、むしろ遅れて発達する。

都市は、いくつか細分化された同心円状の輪を形成していくととらえることが可能である。中心地区には、繁栄する大企業と老朽化がすすむ住宅が入り混じる、インナーシティが存在する。その外側には早い時期に建設された近隣居住地区が存在し、定職をもつ肉体労働者が居住している。さらにその外側は、高所得層の住む傾向が強い郊外地区である。こうした同心円状の輪の各部分で、侵入や遷移の過程が生ずる。だから、たとえば中心地区や中心地区隣接地域の資産価値が低下するにつれて、エスニック・マイノリティ・グループが、おそらくそうした地区に転入しはじめる。エスニック・マイノリティ・グループが居住しだすと、以前からの住民の多くは、その地区から退去しはじめ、市内の他の地区や郊外へ急いで大々的に脱出していく。

この**都市生態学**というアプローチは、一時期人気が廃れたとはいえ、その後何人かの研究者の著作で、とりわけエイモス・ホーリーの著作のなかで復活し、緻密に構成されていった（Hawley 1950, 1968）。ホーリーは、先学たちのように稀少資源をめぐる競争に焦点を当てるのではなく、むしろ都市のそれぞれの地区間の《相互依存性》を重要視した。《分化》――集団や職業上の役割の専門化――とは、人びとがみずからの環境に適応していく主要な様式である。他の多くの集団が依存する集団は支配的役割を担うようになり、その支配的な役割は、しばしばその集団が占める地理的位置に反映される。たとえば、大手銀行や保険会社のようなビジネス集団は、地域社会のなかで多くの人びとに重要なサーヴィスを提供するため、それゆえ、通常、集落の中心地域に立地していく。しかし、都市地域に発達する諸々の地帯は、たんに空間的関係性だけでなく、時間的関係性からも生ずる、とホーリーは指摘する。たとえば、ビジネス面での支配は、土地の利用形態だけでなく、毎日の生活における――ラッシュアワーが例証する――活動のリズムにも表出される。住民の日々の生活に見いだす時間の管理や配分は、都市の近隣居住地区のヒエラルキーを反映している。

生態学的アプローチは、理論的視座として価値があるだけでなく、数多くの実証的調査研究を促進する上でも有用であったために、重要である。都市全体についての多くの研究や、個々の近隣居住地域に関する研究の多くは、生態学的——たとえば、前述した「侵入」や「遷移」の過程に関する——思考によって促進されてきた。とはいえ、生態学的アプローチには、さまざまな批判を当を得たかたちで加えることができる。生態学的視座は、都市の発達を「自然の摂理による」過程とみなすことで、都市が組織化される際の意図的な設計や計画を、過小評価する傾向が強い。パークやバージェス、それに二人の同僚たちが展開した空間的組織化のモデルは、米国の経験から引き出されているが、米国の一部の都市類型にだけ当てはまるモデルであって、言うまでもなくヨーロッパや日本、発展途上の世界の都市には当てはまらない。

生活様式としてのアーバニズム　《生活様式》としてのアーバニズムというワースがおこなった主張は、都市の内部的分化よりも、むしろ社会の存在形態としてアーバニズムとは何かを問題にしている。ワースは、次のように述べる。

> 今日の世界が「都市的」であると言い得る度合を、都市居住者の人口比率だけで十分かつ精確に測定することはできない。都市が人びとの社会生活に及ぼす影響は、都市人口の比率が示唆する以上に大きい。なぜなら、都市は、次第に現代人の住居と仕事の場になってきただけでなく、経済や政治、文化を創出し、統制する中心地となり、辺境の地域社会までもみずからの勢力圏に引き込み、さまざまな地域や住民、活動をひとつの宇宙に組み入れてきたからである。（Wirth 1938）

都市では、大多数の人が他のほとんどの人たちを個人的に知らないまま、互いに極めて近接して暮らしている——伝統的な小規模村落と根本的に対比される点である——と、ワースは指摘する。都市居住者どうしの接触は、そのほとんどが束の間で、また断片的で、関係性そのものに充足を見いだすというより、他の目的のための手段である。売場の店員や銀行の出納係、電車に乗りあわせた人、駅の改札係との相互行為は、その人たちとの相互行為そのものが目的ではなく、他の目的の手段としておこなわれている。

都市の居住者は高い流動性を示す傾向があるため、居住者間の絆は、比較的弱い。人びとは、毎日、多くのさまざまな活動や状況に組み込まれている——「生活のペース」は、農村地域に比べて速い。協力よりも競争が幅を効かせる。都市における社会生活の密度が、結果として示差的な特徴をもつ近隣社会の形成につながり、また、そうした近隣社会の一部が小規模な共同体としての特質を保つことを、ワースは認めている。たとえば、外国からの移民の居住地区では、家族間に伝統的な形態の結びつきを見いだすことができるし、ほとんどの人は他の大多数の住民と個人的に知己関係にある。とはいえ、こうした地域がもっと広い都市生活の様式のなかに同化されれば同化されるほど、こうした特徴は次第に残存しなくなる。

ワースの見解は、もちろんこれまで広く容認されてきた。現代の都市で日々の接触の多くが非人格的であることは、否定できない――また、この点は、現代社会では社会生活全般にある程度まで当てはまる。ワースの理論は、アーバニズムが、たんにその社会の重要な構成要素であるだけでなく、もっと広い社会システムの本質を表出し、しかも社会システムの本質に影響を及ぼすことを認識していた点で、重要である。都市的生活様式の諸側面は、たまたま大都市に住む人びとの活動の特徴だけでなく、現代社会における社会生活全体の特徴でもある。しかしながら、ワースの考え方もまた、明らかな限界を示している。ワースの理論は、共通点の多い生態学的視座と同じく、もっぱら米国都市の観察にもとづいて形成されてきたとはいえ、どの地域のアーバニズムにも一般化されている。アーバニズムは、時代や社会によって異なる。たとえば、前述したように、古代の都市は、現代社会の都市と多くの点でまったく異なる。初期の都市における人びとの生活は、村落共同体に暮らす人びとの生活と同じく、匿名的でも非人格的でもなかった。

　ワースはまた、現代都市の非人格性を過大視している。緊密な友人関係や親族の絆を内包する地域共同体は、現代の都市社会の内部でも、ワースが想定した以上に存続していた。シカゴ大学でワースの同僚であったエヴァレット・ヒューズは、ワースについて、「ルイスは、都市が――人びとは個人レヴェルでは一族や友だちと一緒に暮らしているとはいえ――いかに非人格的であるかについて、常々あれこれ発言していた」（Kasarda & Janowitz での引用文）と述べている。ハーバート・ガンスが「都市の村人たち」と名づけたような集団は、現代の都市に普通に見いだすことができる（Gans 1962）。ガンスのいう「都市の村人たち」は、ボストンのインナーシティの近隣地域に居住するイタリア系アメリカ人である。こうした「白人エスニシティ」の居住地区は、米国の都市ではおそらくかつてほど顕著でなくなり、それと入れ代わるかたちで新たな移民の地域共同体がインナーシティに形成されだしている。

　さらにもっと重要なのは、都市社会が、緊密な親族関係や人格的絆の発達した近隣居住地域を、積極的に《創出》しているように思える場合が多いことである。つまり、こうした近隣居住地域は、都市の内部にしばらく存在しつづける先行した生活様式のたんなる残滓ではない。大規模なアーバニズムが、なぜすべての人を匿名的大衆のなかに押しやるよりも、むしろ多種多様なサブカルチャーの形成を実際に促進する傾向があるのかについて、クロード・フィッシャーはひとつの解釈を示している。都市に生活する人たちは、自分とよく似た生い立ちや利害関心をもつ他の人びとと協調して、地域的結びつきを発達させることが可能だし、また、宗教やエスニシティ、政治などの面で特有なサブカルチャー集団に加わることができる、とフィッシャーは指摘する。規模の小さな町部や村落では、こうした多様なサブカルチャーの発達する余地が与えられていない（Fischer 1984）。たとえば、都市の内部でエスニシティにもとづく地域共同体を形成する人たちは、出身地では互いにほとんど面識がなかったかもしれない。この人たちは、都市に来てから、言語や文化の面で同じ生い立ちの人たちが居住する地域に自然に引き寄せられ、新たな下位コミュニティを構成していく。芸術家は、小さな村落や町部では付き合う相手をおそらくほとんど見つけだせない。しかし、大都市では、芸術家や知識人が形づくる重要なサブカルチャーの一員になることがおそらく可能だろう。

大都市は「見知らぬものどうしの世界」である。しかしながら、大都市は、人格的な関係性を支え、かつ創出していく。それは、逆説的でない。私たちは、都市における体験を、見知らぬ人たちとの出会いである公的領域と、家族や友だち、職場の同僚からなるもっと私的な世界とに分ける必要がある。大都市に初めて移り住む人にとって、「人と知り合いになる」のは難儀なことかもしれない。しかし、規模の小さな既成の農村社会に移り住む人は誰もが、住民たちの示す親切がほとんど表向きの礼儀に過ぎないことに気づく――「一員として認められる」ためには、おそらく数年が必要となる。このようなことは、都市では起こり得ない。エドワード・クラパットが論ずるように、

> 都市という卵は……割れにくい硬い殻で包まれている。バス停や駅、カフェテリアで、あるいは会社の入口で、毎日出会う人の多くは、きっかけをつくる機会や周囲の状況を欠くために、「顔なじみの他人」以上の関係になることが決してない。また、なかには、社交的技量や率直さを欠くために、まったく局外者のままでいる人さえもいる。しかしながら、都市には多種多様な見知らぬ人びとがいて――つまり、人はそれぞれ《潜在的に友人》になり得る可能性があって――また、幅広い生き方や利害関心が存在するからこそ、外部から人びとが入り込んでくるのは、紛れもない事実である。だから、人びとの結びつきが拡大する可能性は、いったんある集団やネットワークの内側に入れば格段に増大していく。その結果、都市に見いだされる積極的な向上機会は、多くの場合、都市のもつ抑制的な力を上回り、人びとにたいして満足のいく関係性を生みだし、そうした関係性の維持を可能にするように思える。 (Krupat 1985)

ワースの考え方は、妥当性をまだかなり保っているが、その後の研究成果から見れば、明らかに過度な一般化がなされていた。現代の都市は、しばしば非人格的で、匿名的な社会関係を内包するが、同時に多様性の――また、時として親密性の――源泉にもなっている。

アーバニズムと創出環境

近年のアーバニズム理論は、アーバニズムが自立的な過程でなく、主要な政治的、経済的変動様式との関連でアーバニズムを分析する必要性を強調している。今日の都市分析の第一人者であるデヴィッド・ハーヴェイとマニュエル・カステルは、ともにマルクスの強い影響を受けてきた (Harvey 1973, 1982, 1985; Castells 1977, 1983)。

ハーヴェイ――空間の再構築　アーバニズムとは工業資本主義の拡大がもたらした**創出環境**の一様相である、とハーヴェイは強調する。伝統社会では、都市と地方は、明確に分化していた。近現代の世界では、工業が、都市と地方の区分を不明瞭にしている。農業が機械化されて、工業労働とまったく同じようにもっぱら価格と収益を考慮して経営されるため、こうした展開過程は、

都市居住者と農村居住者のあいだに見いだす社会生活様式の相違を小さくしている。

　現代のアーバニズムでは、空間は連続的に《再構築》されている、とハーヴェイは指摘する。こうした再構築の過程は、大企業による工場や研究開発センター等々の設置場所の選定、土地や工業生産に政府が加える統制、さらに民間投資家による家屋や土地の売買活動によって引き起こされる。たとえば、企業は、新たな場所のもたらす利点を、現在の用地と絶えず比較考量する。場所の変更でもっと安価な生産が可能になったり、別の製品の生産に変える場合は、現在の事業所や工場を閉鎖して他の場所に開設するかもしれない。したがって、ある時期、相当の収益をあげることが可能であれば、大都市の中心部にオフィスビルが林立するかもしれない。いったんオフィスが開設され、中心部が「再開発」されると、投資家たちは、さらにどこか他の場所にビル投機の可能性を求めていく。金融情勢が変化すると、一時期高収益をあげた事業は、後日そうでなくなる場合も頻繁に生ずる。

　民間不動産業者の活動は、地方や中央の政府が定める金利と税率だけでなく、企業側がどこで、どのくらい土地を購入するかによっても強い影響を受けるようになる。たとえば、第二次大戦後、米国の主要都市では郊外の開発が盛んにおこなわれた。それは、ひとつには、エスニシティによる差別と、白人がインナーシティから転出する傾向が生じたためである。とはいえ、郊外の開発は、住宅購入者や建設業者に税を優遇する政府決定と、金融機関による特別融資制度の創設によって初めて可能になった、とハーヴェイは論じている。これらの措置が、都市周辺部における新たな住宅建設や住宅購入の土台となり、同時に自動車のような工業製品にたいする需要を促進した。一九六〇年代以降、英国南部の町や市が経験した規模の拡大や繁栄は、北部における旧来の産業が衰退し、その結果、投下資本が新たな産業機会に移動していったことと、直接関連している。

カステル――アーバニズムと社会運動

　カステルもまた、ハーヴェイと同じように、社会の空間形態が、その社会の発達メカニズム全体と密接に連関することを強調している。都市を理解するには、空間形態が創出され、変容していく過程を把握する必要がある。都市と近隣居住地域の示す配置や建築面での特徴は、社会のさまざまな集団のあいだに見いだされる闘争や葛藤を表している。いいかえれば、都市環境は、もっと広い社会的な力の象徴的、空間的表出である。たとえば、超高層ビルはおそらく収益に寄せる期待から建設されるが、超高層ビル群は、同時にまた「テクノロジーと自己確信によって都市を支配する金銭の力を象徴し、また勃興する企業資本主義の時代の大聖堂になっている」(Castells 1983)。

　カステルは、シカゴ学派の社会学者とは対照的に、都市を――都市区域という――特定の《立地》としてだけでなく、工業資本主義に固有な**集合的消費**過程に不可欠な要素としてもとらえている。住宅や学校、輸送サーヴィス、余暇施設は、人びとが近現代工業の生産物を「消費」する様式である。税制度は、誰がどこで住宅を買ったり借りたりできるのか、誰がどこに建物を造るのかに影響を及ぼす。大企業や銀行、保険会社は、建設計画に資金提供し、この一連の過程をかなり支配する。しかし、政府機関もまた、道路や公営住宅の建設や緑地帯の計画等々を通じて、都市生活の多くの側面に直接影響を及ぼす。このように、都市の物理的形状は、市場勢力と統治権力との双方の産物である。

しかし、創出環境の特質は、たんに権力を握る富裕層の活動の結果としてだけ生ずるのではない。カステルは、恵まれない人びとの集団が、自分たちの生活条件を改善するためにおこなう闘いの重要性を強調している。都市の諸問題は、住宅事情の改善や大気汚染にたいする抗議、公園や緑地帯の保全、地域景観を変えてしまう建設開発との闘いといった、一連の社会運動を鼓舞する。たとえば、カステルは、男性同性愛者たちが自分たちの文化的価値観にもとづき近隣居住地域の再構築に成功して——数多くの同性愛者の団体やクラブ、バーが活況を呈することができて——地方政治で重きをなすようになった、サンフランシスコ市の男性同性愛者たちの運動を研究している。

ハーヴェイとカステルは、都市がほぼ完全に、私たちみずからが構築する人工的環境であることを、ともに強調する。最も農村的な地域でさえも、人間の介入や近現代のテクノロジーの影響を免れていない。なぜなら、人間の活動は、自然界を作り変え、秩序づけし直すからである。食糧は、地元住民たちのためではなく、国内外の市場のために生産されており、また土地は、機械化された農業経営のなかで、その用途を厳密に細分化、特定化され、環境のもつ自然的特質とほとんど無関係な物理的様式のなかに組み込まれている。農場労働者や人里離れた農村の住民も、たとえその人たちの行動様式の一部が都市居住者の行動様式とどれほど異なるにせよ、もっと大きな社会と経済的、政治的、文化的に結びついている。

論評

ハーヴェイとカステルの見解はおおいに議論の的となり、ふたりの研究は、都市分析を再構築する上で重要な役割を果たした。ふたりの分析は、生態学的アプローチとは対照的に、空間の「自然的」過程を強調するのではなく、土地と創出環境が、社会的、経済的権力システムをいかに反映するのかを強調している。このことは、研究上の主眼の重大な転換を意味する。しかしながら、ハーヴェイとカステルの考え方は、多くの場合、極めて抽象的なかたちで述べられているために、シカゴ学派の研究に比べ、これまで多様な調査研究を刺戟してこなかった。

ハーヴェイとカステルが打ちだした見解とシカゴ学派の見解は、いくつかの点で互いに有益に補完しており、都市過程の包括的な姿をとらえるために結びつけることが可能である。都市生態学で記述される都市の各地区間の際立った差異は、都市生活全般の非人格性がそうであるように、確かに存在する。しかし、これらの差異は、シカゴ学派の研究者たちが想定した以上に多様であり、また、ハーヴェイやカステルが分析した社会的、経済的影響力に主として支配されている。ジョン・ローガンとハーヴェイ・モロチは、ハーヴェイやカステルの視座を、生態学的見地の主要な論点の一部とじかに結びつける解決策を提示した(Logan & Molotch, 1987)。国の内外に及ぶ経済発達の示す幅広い特徴が都市生活に直接影響を及ぼすという点で、ふたりは、ハーヴェイやカステルと見解をともにする。しかし、こうした広範囲に及ぶ経済的要因は、個々の住宅購入者の行動とともに、近隣の企業や銀行、自治体を含むさまざまな地元組織をとおして集中的に作用していく、とローガンとモロチは主張する。

ローガンとモロチによれば、現代社会では、場所——土地と建物——は他の商品と同じように売買されるが、都市環境を形成する市場は、さまざまな集団がみずから売買する財産をどのようなかたちで《利用》するかによって影響を受ける。多くの緊張や葛藤が、こうした過程の帰結として生ずる——そして、こうした緊張や葛藤は、都市の近隣居住地域を構成する主な要因になる。たとえば、ローガンとモロチは、現代の都市では、大手の金融機関や企業が絶えず特定地域の土地利用を強めようとしている、と指摘する。特定地域の土地利用が強化できれば強化できるほど、土地投機や収益性の高い建物を新築する機会は、それに比例して増大する。こうした企業は、みずからの行動が既存の近隣居住地域に及ぼす社会的、物理的影響——たとえば、新たに建てられる大きなオフィスビルに場所を譲るために、昔ながらの魅力的な邸宅を取り壊すべきか否か——にはほとんど関心を示さない。資産の増大に熱中する大企業が助長する成長過程は、地元の企業や住民の利害関心と往々にして対立し、地元住民が土地開発に積極的な抵抗を試みる場合もある。人びとは、居住者としての自分たちの利益を守るために、近隣社会のさまざまな集団のなかに結集する。こうした地元の団体は、土地利用の規制拡大のために運動を起こしたり、風致地区での新たな建築を阻止したり、もっと好ましい賃貸法規を強く求める場合がある。

都市の発達

古代の世界にも、ヨーロッパのアテネやローマのように大都市は存在した。とはいえ、今日の都市生活は、前の時代に人びとが経験してきたものと明らかに異なる。初期の社会学者のジンメルやテンニースが示したように、近現代都市の発達は、人びとの感じ方や考え方、さらに人びとが互いに行為をする様式を変えてきた。この節では、伝統社会における都市の始まりから最も近年の都市発達の趨勢までの都市の歩みを、欧米だけでなく地球規模で見ていきたい。

伝統社会における都市

世界で最初の都市は、紀元前三五〇〇年頃に、エジプトのナイル川流域や、今日のイラクに当たるチグリス・ユーフラテス川流域、今日のパキスタンに当たるインダス川流域に出現した。伝統社会の都市は、近現代の基準から見れば、総じて規模が小さかった。たとえば、古代近東の最大都市のひとつ、バビロンは、その面積が三・二平方マイルに過ぎず、また人口は、最盛期の紀元前二〇〇〇年頃でさえ、おおよそ一万五〇〇〇か二万を数えるだけだった。紀元前一世紀にアウグストゥス皇帝が支配したローマは、約三〇万——今日の英国で言えば、コヴェントリーかドンカスターの人口とほぼ同じ——の住民を擁し、中国を除けば古代最大の都市であった。

古代世界のほとんどの都市は、同じ特徴をいくつか共有していた。通常、高い城壁が都市を取り囲み、高い城壁は、軍事的な防備として役立つと同時に、都市コミュニティが周辺地域から分離された状態にあることを強調した。都市の中心地区は、通例、宗教寺院、宮殿、行政府、商業建物、それに公共の広場が占めていた。こうした式典や商業、政治の中心となる地区は、時としてもう一つ内側の城壁のなかに囲い込まれており、通常あまりにも規模が小さいため少数の市民しか収容できなかった。中心地区には、通常は市場が置かれたが、近現代都市の中心部に見いだされるビジネス地区とはまったく様相を異にしていた。主要な建造物は、ほとんどの場合、宗教や政治のための建物だった（Sjoberg 1960, 1963; Fox 1964; Wheatley 1971）。支配階級やエリート層の住居は、中心地域の内部か、もしくはその周囲に集中する傾向があった。恵まれない人たちは、都市の周辺部か城壁の外で居住しており、かりに都市が攻撃を受けた場合は城壁の内側に移ってきた。エスニック・グループや宗教集団は、それぞれ別個の近隣地区を割り当てられている場合が多く、その成員は、こうした近隣地区に居住するだけでなく、そこで仕事も営んでいた。これらの近隣地区を城壁が取り囲む場合もあった。都市住民どうしのコミュニケーションは、通常、決まった形式を備えていなかった。印刷物のようなものがなかったため、公の告知は、役人が大声で触れ回ることでおこなわれていた。通常、まだ何も建っていない細長い土地が、「街路」だった。ごく一部の伝統的文明では、整備された道路網がそれぞれの都市を結んでいたが、こうした道路は、もっぱら軍事目的のために存在した。交通は、ほとんどの場合、時間を要し、限定されていた。商人と兵士だけが、かなり遠方への旅行を唯一定期的におこなっていた。都市は、科学や芸術、コスモポリタン的文化の主たる中心地であったとはいえ、都市がその国の他の地域に及ぼす影響力は、つねに弱かった。都市居住者が占める人口比率はごく僅かだったため、都市と地方の分化は歴然としている。大多数の人は、小規模の村落共同体のなかで暮らし、町部から時折やってくる国の役人や商人以外と出会うことは、滅多になかった。

工業化と都市化

現代の最大都市と前近代文明の最大都市は、著しく対照的である。先進工業国で最も人口が稠密な都市は、約二〇〇〇万の住民を擁している。**連接都市**——連続したネットワークを形成する一群の都市と町部——は、さらにもっと多数の住民をかかえる。今日、都市生活の頂点を、いわゆる**メガロポリス**が、つまり、「都市のなかの都市」が、象徴している。もともとメガロポリスという用語は、古代ギリシアで、あらゆる文明の羨望の的になるべく計画された都市国家を指称するために造語された。しかし、現代の語法は、こうした古代ギリシア人のいだいたユートピアとはほとんど何の関連性ももっていない。このメガロポリスは、最初、米国東海岸の北部、ボストン北部からワシントンDCに至る約四五〇マイルに及ぶ連接都市にたいして用いられた。この地域には、ほぼ四〇〇〇万の人が、一平方マイル当たり七〇〇人を超える密度で居住している。

工業化を最初に経験した社会である英国はまた、農村的国家から都市が優勢な国家へといち早く移行した社会でもある。工業化の過程は、**都市化**――人口が町部や都市部に移住し、耕地から離れていく動き――の高まりを引き起こした。一八〇〇年当時、人口一万以上の都市に住む人の数は、人口の二割に満たなかった。一九〇〇年に、この比率が七四％になった。首都ロンドンは、一八〇〇年に約一一〇万人の生活の場だったが、二〇世紀初めに七〇〇万を超える規模に拡大した。当時のロンドンは、明らかに世界史上かつてない大都市となり、拡大を続ける大英帝国の心臓部として、工業や商業、金融の一大中心地になった。

ヨーロッパの他のほとんどの国や米国における都市化は、英国よりも多少遅れて生じた――しかし、なかにはいったん進行すると、英国以上に都市化が加速していった国もある。米国は、一八〇〇年当時、ヨーロッパの主要な国々よりも農村的な社会だった。人口二五〇〇以上の地域社会に居住する人は、全人口の一割に満たなかった。今日では、その数が人口の四分の三をはるかに上回っている。ニューヨークの人口は、一八〇〇年から一九〇〇年に、六万から四八〇万へと飛躍的に急増した。

今日、都市化は、地球規模の過程となり、発展途上国もますます都市化の過程に巻き込まれだしている。一九五〇年に、都市居住者は、世界人口の三〇％だけだったが、二〇〇〇年に四七％――二九億人――に達し、二〇三〇年には六〇％――五〇億人――に達すると予想されている。現在の変化の割合がつづくと、都市地域で暮らす人の数は、二〇〇七年に農村地域で暮らす人の数を上回ることになる。現在、ほとんどの都市化は、発展途上世界で進行している。低開発地域の都市人口は、二〇〇〇年から二〇三〇年のあいだに、二〇億以上に増加すると予想される。対照的に、表21-1が示すように、先進地域の都市人口は、二〇〇〇年の九億から二〇三〇年の一〇億へと、かなり緩やかに増加すると考えられている。

現代都市の発達

二〇世紀に入って初めて、統計学者や社会研究者は、町部と都市部を区別しだした。多くの人口をかかえる都市部は、その影響力を帰属する国民社会を超えて及ぼすために、通例、小規模の人口集中地域よりもコスモポリタン的な特質をもつとみなされた。都市の膨張は、人口の自然増に加え、農場や村落、小規模の町部からの転入移住によって生じた。こうした移住は、しばしば国の枠を超え、農民出身者が移住先の国の都市へ直接転入する場合もあった。貧しい農家出身のヨーロッパ人による米国への大量の移住は、その最も顕著な例である。

国を跨る都市への移住はまた、ヨーロッパの国々のあいだでも広く見いだされた。農民や村人が（今日、発展途上国で大規模におこなわれているように）町部に移住したのは、農村地域に就業の機会がなかったからだけでなく、街の通りに（仕事や富、多岐にわたる商品やサーヴィスという）「黄金が敷き詰められた」都市のもつ明らかな優位性と魅力からでもある。さらに、都市は、金融界や産業界の権力が集中する場となったため、起業家は、ほとんど何もないところに新たな都市地域を創りだす場合もあった。

近現代都市の発達は、習慣や行動形態だけでなく、思考や感情の様式にも極めて大きな影響を及ぼした。一八世紀に都市への大規模な人口集中がはじまった当初から、都市が社会生活に及ぼす

表21-1　開発水準別に見た世界の都市化の状況

	人口（単位：10億人）			
	1950年	1975年	2000年	2030年（推計）
全人口				
世界全体	2.52	4.07	6.06	8.27
開発が進む地域	0.81	1.05	1.19	1.22
低開発の地域	1.71	3.02	4.87	7.05
都市人口				
世界全体	0.75	1.54	2.86	4.98
開発が進む地域	0.45	0.73	0.90	1.00
低開発の地域	0.30	0.81	1.96	3.98
農村人口				
世界全体	1.77	2.52	3.19	3.29
開発が進む地域	0.37	0.31	0.29	0.21
低開発の地域	1.40	2.21	2.90	3.08

出典：UN（2001）

影響作用について、両極端の見解が示されてきた。一部の論者は、都市が、「文明という美徳」と、活気や文化的創造性の源泉を表象する、と考えている。こうした論者にとって、都市は、経済的、文化的発達の機会を極限にまで拡大し、快適で満足のいく生活を送る手段をもたらす。他方、別の論者は、都市を、けんか腰で互いに信頼感の欠如した群衆で溢れ、犯罪や暴力、腐敗に満ちた灼熱地獄である、と決めつけてきた。

都市が急速に規模を拡大するにつれて、不平等と都市部の貧困状態が一見すると互いに相応するかたちで強まっていることに、多くの人びとはショックを受けた。都市における貧困の拡がりと、都市の近隣居住社会間に見いだす著しい差異は、都市生活に関する初期の社会学分析を促進させた主な要因のひとつである。近現代都市の諸状況をめぐる社会学の最初の主要な研究や理論が、シカゴという、驚異的な――一八三〇年代のほぼ無人地域から、一九〇〇年には人口二〇〇万を超えるまでに成長した――発達の速さと、不平等状態が顕著な都市で生まれたことは、格別意外でもない。

英国と米国における近年の都市発達の趨勢

この節では、英国と米国の事例を用いて、戦後の欧米の都市発達に見いだす主要な様式をいくつか検討したい。郊外地区の出現、インナーシティ地区の衰退、都市再生を目指す戦略に焦点を当てる。

郊外化

米国では、**郊外化**の過程は、一九五〇年代と六〇年代にピークに達した。この二〇年間に、都市中心部は一〇%の成長率であったが、郊外地区の成長率は四八%に及んだ。郊外への初期の移住のほとんどは、白人家族がかかわっていた。学校教育での人種混成策の実施は、多くの白人がインナーシティから逃げ出す決断を下した主な要因とみなすことができる。郊外への移住は、自分たちの子どもを生徒全員が白人の学校に通わせたいと願う家族にとって、魅力的な選択肢だった。今日においてさえ、米国の郊外は、引きつづきおおむね白人たちが居住している。

とはいえ、米国の郊外地区における白人の優勢な状態は、エスニック・マイノリティの成員がますます郊外地区に移住するようになるにつれて、侵食されだしている。米国の二〇〇〇年国勢調査のデータ分析によれば、人種的マイノリティやエスニック・マイノリティは、郊外人口の二七%を占め、一九九〇年の一九%を上回っていることが示されている。五〇年代に郊外への脱出を開始した人たちと同じように、郊外に移住してきたエスニック・マイノリティ・グループの成員は、その多くが中流階級の専門的職業従事者である。この人たちは、よりよい住宅や学校、生活の快適さを求めて郊外に移っている。シカゴ市住宅局の局長によれば、「郊外化は、いまや人種と関係していない。階級と関係している。粗悪な学校教育、物騒な街路、組織暴力等の問題がすべて貧しい人たちと結びついているために、誰も貧しい人たちと隣り合って暮らしたいとは思わない」(De Witt 1994 での引用文)。

英国の場合、ロンドン周辺の郊外地域の多くは、二つの世界大戦のあいだに発達し、新設された道路や、通勤者を都心部に運ぶ地下鉄路線の周りに点在していった。大都市での生活を熱狂的に支持する人たちのなかには、英国の都市の外周を縁取る二軒一棟形式の住宅や手入れの行き届いた庭からなる郊外住宅地の拡大を、軽蔑的に見る人もいた。他方、詩人ジョン・ベチマン(一九〇六年〜八四年)のように、郊外の一風変わった建築を賞賛したり、また都市での雇用機会を住居や車の所有という生活様式に結びつける強い勢いを、伝統的な家族生活の価値観から礼賛する人もいた。

英国では、一九七〇年代から八〇年代前半に生じた都市中心地域から市域周辺の近郊外地域やベッド・タウン(主として都市で働く人たちが生活する、都市の外側に所在する町部)、村落への居住人口の転出によって、大ロンドンの人口は、この間に約五〇万減少した。北部の工業都市では、同時期に製造業が急激に衰退したために、インナーシティ地区の人口は減少した。その反面、同じ時期に、規模の小さい市や町の多く——たとえば、ケンブリッジやイプスウィッチ、ノリッジ、オックスフォード、レスター——は、急速に成長していった。以下で見るように、「郊外への脱出」は、英米両国の都市中心部の繁栄や活力にとって、言外に重要な意味をもっている。また、郊外化の過程は、次のコラムに見るように、男性と女性に異なった影響を及ぼしてきた。

都市の「ジェンダー」による差異

フェミニズムの視座に立つ何人か論者は、都市が社会における不平等なジェンダー関係をどのように反映しているのかを検証し、そうした状況を克服する方法を検討してきた。

ジョー・ビオールは、この場合で言えば男性と女性の関係であるが、かりに社会関係が権力によって下支えされているとすれば、都市は、権力と空間の相関関係を、何を、どこに建て、またどのように、誰のために建てるかというかたちで、明示していることに着目した（Beall 1998）。ビオールは、「都市は、社会が、過去において、現在において、また将来においてどのようであるべきかという観念の、文字どおり具体的な表明物である」と述べている。

一九世紀における都市の成長は、ジェンダーの分離と密接に結びついていた。公の活動や公共空間は男性たちが支配し、男性たちは、望むままに都市の至るところを自由に動き回ることができた。女性たちは、ほとんどの公の場に姿を見せることが期待されていなかった。公の場で姿を見られる女性たちは、おそらく売春婦か「街娼」とみなされた。郊外化の過程がはじまると、ジェンダーの分離は、もっと明確になっていった。家族の長である男性たちは都市に毎日通勤するのにたいして、女性たち（妻たち）は、家族の世話をするために家庭に留まることを期待された。郊外と都市中心部を結ぶ輸送手段が建設された。しかし、男性の設計者は、郊外のなかの輸送手段をほとんど考慮しなかった。その結果、女性たちは、家庭を離れることがますます困難になっていった（Greed 1994）。

とはいえ、都市の発達は女性たちに悪いことばかりではなかった、とエリザベス・ウィルソンは主張する。一部のフェミニズムの論者が都市での女性たちの役割を、被害者という役割に単純化している、とウィルソンは考える。現実に、都市の発達は、非都市的生活形態がもたらすことのできない生活上の好機を提供してきた、とウィルソンは抗弁している。都市での女性ホワイトカラー労働の台頭と、その後のサーヴィス産業の拡大によって、女性たちはますます労働力に参入していった。都市は、女性たちに、家庭での無給労働からの脱出手段として、都市生活以外では見いだせない雇用の場をもたらした（Wilson 2002）。

インナーシティの荒廃　米国では、過去数十年にわたってすべての大都市を特徴づけてきたインナーシティの深刻な荒廃は、郊外の発達がもたらした直接の帰結である。高所得者集団が都市部から出て行くことは、地方税収入の減少を意味した。都市に留まる人たちや入れ替わりに入ってくる人たちのなかには多くの貧困層が含まれるため、その人たちが歳入の減失を補う可能性はほとんどない。かりに中心的都市での税率が上がれば、富裕な人たちや企業はさらに周辺部へ移動する傾向が強い。

こうした状況は、都心部の建物が郊外に比べて荒廃し、犯罪発生率が上昇し、失業者も多くなるという現実によって拍車がかかる。したがって、福祉サーヴィスや学校教育、建物の維持、警察消防活動に、より多くの支出をしなければならない。郊外地区が拡大すれば拡大するほど、都心部のかかえる問題がより一層膨むという悪循環が生ずる。米国の多くの都市地域では——とりわけニューヨークやボストン、ワシントンDCといった古くからの都市では――その結果は、すでに恐るべきものになりだしている。これらの都市の近隣居住地区では、おそらく他の工業社会のどの大都市地域にもまして、建物の荒廃が著しい。荒廃した賃貸住宅街区や、閉鎖されたり焼き尽くされた建物は、やがて瓦礫におおわれ、無人地域になる。

英国では、インナーシティの荒廃は、米国ほど顕著ではない。しかしながら――たとえばリバプールのように――一部のインナーシティは、米国の多くの都市の近隣居住地域と同じく老朽化している。一九八五年に英国国教会が公刊した報告書『都市における信仰』は、次のような気の滅入る表現でインナーシティを描写している。

薄汚い壁、ゴミが散乱した街路、板張りされた窓、落書き、取り壊された建物の跡や瓦礫。これらが、私たちのかかわる地区や教区が見せる、忌まわしくも普段の姿なのである。……インナーシティの住宅は、他と比べて老朽化している。英国の住宅は、ほぼ四分の一が一九一九年以前に建っていたが、インナーシティでは、その割合が四割から六割に及んでいた。

荒廃の理由のひとつは、財政危機が英国の多くのインナーシティに影響を及ぼしたからである。一九七〇年代後半以降、中央政府は、地方自治体にたいして、予算の圧縮と、荒廃にさらされているインナーシティにおいてさえ地域サーヴィスの削減を求める非常に強い圧力を加えてきた。政府の設定する基準を上回る支出をおこなった自治体には、罰則が加えられる可能性があった。この結果、政府と、困窮したインナーシティを管理する多くの市のあいだで、かりに設定された予算水準を市が満たせなかった場合、激しい対立が生じた。サッチャー政権のもとでの人頭税（公式にはコミュニティ負担金を呼ばれた）の導入は、地方自治体の財政にさらに影響を及ぼした。人頭税は幅広い反対にあって結局のところ撤廃されたとはいえ、多くの市は、気がついてみれば歳入減に見舞われ、誰もが必要不可欠とみなす事業への支出の削減を余儀なくされた。

英国におけるインナーシティの荒廃もまた、グローバル経済に生じた変化と関係している。シンガポールや台湾、メキシコといった近年工業化を遂げた国々は、労働コストが英国などに比べ安価なため、製造業にとって魅力的な場所となっている。こうした変化に対応するために、たとえば日本や（西）ドイツのような一部の先進工業国は、この数十年間に、自国の経済を、多額な資本投資や、高度技能をもつ熟練労働力、十分な教育を受けた労働力が必要とされるような活動に切り換えてきた。ポール・ハリソンは、いまや古典となった『インナーシティの内部』で、こうしたグローバルな変化がロンドンの最貧地区のひとつであるハックニーに及ぼした強い影響作用について検証した（Harrison 1983）。一九七〇年代に、全国的な景気の低迷に平行するかたちで、ハックニー地区の製造業部門も衰退していった。この地区における製造業部門の職の数は、一九七三年の四万五五〇〇口から一九八一年の二万七四〇〇口に――四〇％の減――減少した。一九七〇年代中頃まで、ハックニー地区の男性失業率は、全国平均とほぼ同一水準だったが、一九八一年には（全国平均を五割上回る）一七・一％に上昇した。職を失った人が増加したため、貧困生活を送る人の数も増えていった。ハリソンは、このように恵まれない人たちが集中する状況がもたらす影響を、次のように要約している。

> 地元の行政当局は、資源も、また時として職員の質も劣っている。医師が当然あるべき設備を入手利用できなかったり、国民健康保険が適用されない個人負担の治療の場合がほとんどであるため、保健医療サーヴィスは不足している。主として貧しい家庭の出身であるため、教育達成水準が低く、また学校の平均教育能力も低い。犯罪や公共物破壊、家族崩壊の度合が高い。それに、異なる文化のコミュニティが一緒に生活しているところではどこでも、人種なり宗教に根ざした対立が生ずる。

時として、こうした不利な状態は、互いに重なり合って、突如として都市住民どうしの対立や都市暴動というかたちで公然と爆発していく。

　インナーシティーの荒廃から生ずる問題は、「アンダークラス」について触れた三四〇頁～三四五頁で、また社会的排除について触れた三七九頁～三八七頁で言及している。

都市暴動　グローバル化と人口移動、急激な変化の時代には、社会全体を苦しめる社会問題が、大都市に、集中的に激化したかたちで表出している。都市内部の「目に見えない」断層線は、頻繁に社会的大変動を経験してきた。爆発寸前の緊張関係は、ぱっと表面化して燃え上がり、時として暴動や略奪、広範囲に及ぶ破壊活動といった暴力的なかたちをとる。

　このような事態が一九九二年春に米国のロサンゼルス市で勃発し、暴動は市内の多くの地域を包み込んだ。ロサンゼルス市住宅都市開発局長のヘンリー・シスネロスは、何が生じているのかを調べるために、街に飛び出していった。

> 私が目にしたのは、あちこちから煙が上がる街だった。電線やプラスチックの燃える臭いがした。煙が厚く立ちこめていたため、頭上を旋回するヘリコプターのライトさえもはっきり見えなかった。州のハイウェー・パトロールが護衛した――消防隊員が二〇台の文字どおりの護衛パトロールカーによって守られた――消防隊は、火事現場を次から次へ走り回り、サイレンがひっきりなしに鳴り響いていた。……その木曜の夜のロサンゼルスは、大規模な都市破壊に間違いなく見舞われており、煙にくすんだオレンジ色に染まり、あらゆる意味の暴行がおこなわれ、人びとは、驚きで目を丸くし、遠くで大きな音がしただけでパニックに陥った。
> （Cisneros 1993）

暴動は、英国の近隣社会を同じように苦しめてきた。たとえば、一九八一年と八五年、九五年に北ロンドンのブリクストンで、一九九一年にカーディフのイーリーで、二〇〇一年にはオールダムとバーンリ、ブラッドフォードのリッジ・グリーンで暴動が発生している。二〇〇一年の暴動では、文化やエスニシティの面で背景を異にするものどうしの対立が関係し、警察への攻撃や所有物の破壊が生じた。

二〇〇一年の暴動の後、英国政府は、暴動原因の調査報告書をつくるために、テッド・カントルを座長にコミュニティ結束再点検チームを発足させた。この報告書は、英国の都市地域ではエスニック・コミュニティ間に奥深い分極化が生じていることを見いだした。日常生活の多くの側面がこの裂け目をさらに拡大させている、と報告書は主張する。たとえば、子どもの教育や就業形態、所属する任意団体、宗教礼拝の場、言語が別々に分かれていた。この報告書の聞き取り調査に応じたパキスタン出身のイスラム教徒のひとりは、こうした状況を次のように要約している。「私がこの会合が終わって、あなたと別れて帰宅しますよね。そうすると、私は、来週またここに来るまで、白人とは誰も顔を合わせることがないのです」。報告書は、次のように指摘する。

このような風土では、多人種から構成された現代英国の市民であることが何を意味するのかに焦点を当てた明確な価値観を発達させようとする努力は、ほとんどみられなかった。また、多くの人びとは、単一文化の社会という想像上の古き良き時代をいまだに振り返るか、あるいはその代案として、何らかのかたちのアイデンティティを求めて自分たちの出身国を頼りにしている。

この報告書は、英国を構成するさまざまな文化にたいする理解と相互交流、敬意にもとづいた、コミュニティのより強い結束が必要とされている、と指摘する。そのためには、「コミュニティのすべての部門が共有し、遵守する（いくつかの）同じ原理にもとづいた、より強い市民意識を確立していくことも、同時に不可欠である。このような市民という概念はまた、文化の差異にたいして高い価値を置くことになる」。これらの目標を達成するために、報告書は、若い人たちが影響力を発揮できるような十分機略に富んだ国民的議論を求めており、またこうした議論が結果として新たな市民概念の構築につながり、教育や住居、地域再生、雇用といった問題に結束した取り組みを生みだすことへの希望を表明した。同時にまた、地元「コミュニティの結束を強める計画」や、異文化への敬意を育み、根拠のない信念を打破するための文化的接触の促進、さらには、こうした展開を指揮監督する新たな特別委員会の創設も提言された（Independent Report of the Community Cohesion Review Team 2001）。インフラや居住環境の荒廃が助長するエスニック・グループ間の緊張は、二〇〇五年後半にフランスの多くの都市で暴動に発展した。そのため、ヨーロッパの至るところで、転入移民やエスニック・グループ間の関係をめぐる議論が巻き起こった（五〇八頁～五〇九頁を参照）。

都市再生　インナーシティを麻痺させる複雑な問題に対処するために、地元の自治体や政府はどのような取り組みをするべきだろうか。また、緑地や田園地帯の侵食を防ぐために、郊外地域の急激な拡大をどのように抑制できるのだろうか。首尾よい成果が得られる**都市再生**政策は、多方面で同時並行の活動を必要とするため、とくにやり甲斐のある仕事である。

英国では、一連の――たとえば、家主による住居修復への助成金や新規事業を呼び込むための税優遇策を含む――国の事業計画は、インナーシティの富を復活させる試みとして導入されてきた。たとえば、保守党政府が一九八八年に打ちだした「都市再生の行動」計画は、国の介入でなく、むしろ民間投資と自由市場の力によって事態の改善を図ろうとした。とはいえ、民間企業からの反応は、当初の期待を大きく下回った。

寄せ集めの見本展示的事業を別にすれば、中心的都市が招いた根の深い社会問題への対処策として、奨励金を提供し、民間企業に期待する方法が効果的でないことを、多くの研究は指摘している。インナーシティではあまりにも多くの抑圧的状況が交錯するため、いったんはじまった衰退の進行を逆転させることは、いずれにせよ極めて困難である。インナーシティの衰退状況を調べた研究は、たとえば一九八一年にロンドンのブリクストン地区で起こった暴動を分析したスカーマン報告のように、インナーシティ問題にたいして足並み揃えた取り組みが何ひとつなされていないことに、とくに注意喚起してきた（Scarman 1982）。多額の公的支出をしなければ――政府に期待するのはおそらく難しいだろうが――抜本的改善は、実際に見込み薄である（Macgregor & Pimlott, 1991）。

一九九七年に選出された労働党政府は、二つの主要な改革、コミュニティ援助政策と近隣地域再生基金制度を打ち出した。他の特定の活動に焦点を当てた資金も、都市の再生にとって同じように重要になる。そのなかには、保健や雇用、教育など公共事業の募金で発行される全国宝籤や、住宅公団の公共住宅資金が含まれる。住宅公団の公共住宅資金は、その六割を地域再生計画の支援に当てるように義務づけられている。今回の計画と従来の政策の重要な相違点は、従来の政策が地域再生の物質的側面に、とくに住居に焦点を当てる傾向が強かったのにたいし、今回の計画は、社会的再生と経済的再生をともに促そうとしたことである。

コミュニティ援助政策は、労働党政府の最重要な地域再生計画である。この政策は一九九八年に開始され、これまで約二億ポンドが現在このプロジェクトに加わり、三九のコミュニティに投入された。この計画の主な目標は、最貧困地域の不利な環境を、次の五つの課題に焦点を当てて緩和することに置かれている。それは、乏しい就職の見込み、高い犯罪発生状況、低い学業成績、劣った健康保健状態、住居と環境に関する問題である。

二〇〇一年にはじまった近隣地域再生基金は、最も恵まれない地域を対象にしている。二〇〇五年までに、約一億八七五〇万ポンドが基金に投じられてきた。資金は、不平等を減らすという政府の努力目標を満たすために、追加策として支出された。近隣地域再生基金の目的は、最も恵まれない八八の地方自治体が、地域戦略パートナーシップの協力を得て、公共サーヴィスを改善し、恵まれない地域とそうでない地域の格差を狭められることに置かれている（Neighbourhood Renewal Unit 2004）。

地域再生計画の有効性には、依然として数多くの疑問が残る。政府によるトップダウン方式の計画は、その成功に欠かせない地元の人たちの関与や支援をどのように獲得できるのだろうか。公共支出は、地元の経済活動を実際に刺戟し、職をほんとうに創出できるのだろうか。地域再生計画は、問題が、ある地域から別の地域にたんに置き換っていくのを阻止できるのだろうか(Weaver 2001)。

高級化による地域再開発と「都市リサイクル」　都市リサイクル――古い建物を改装したり造り替えて、既開発の土地に新たな利用を生むこと――が、大都市ではかなり一般的になってきた。都市リサイクルは、予定された計画の一部として試みられる場合もあったが、その多くは、**高級化による地域再開発**――都市近隣居住地区の荒廃した建物を高所得層向けに改修し、さらにそうした人たちが利用する店やレストランのような生活上の便益を提供していくこと――の結果である。インナーシティの高級化による地域再開発は、英国や米国など先進国の都市で生じており、また今後もつづくように思える。

米国で、社会学者のイライジャ・アンダーソンが、高級化による地域再開発の及ぼす影響を、著書『都会暮らしの知恵を身につけた人――都市コミュニティにおける人種、階級、変動』〔邦訳書名『ストリート・ワイズ』〕で分析している(Anderson 1990)。一般的に近隣社会の刷新は、その地域の価値を一方で高めるとはいえ、現在の低所得居住者の生活水準をほとんど改善せず、通常、この人たちは引っ越しを余儀なくされる。アンダーソンが調査したフィラデルフィア市の近隣社会では、多くの黒人居住者は、土地収用権によって住まいを失い、一〇〇〇人以上が近隣社会から去ることを強いられた。この人たちは、自分たちの不動産が低コスト住宅建設のために利用され、自分たちには最初に購入機会が与えられると告げられていた。しかしながら、その跡地には、大企業の建物や高校が建っている。

近隣地域で引きつづき暮らす貧しい居住者は、学校や警察警備の改善といったかたちで多少の利益を受けた。しかし、その結果生じた税金や賃貸料の増加によって、この人たちは、金銭的にもっと負担が少ない居住地域に、往々にして社会的排除の度合が高い地区に移ることを、結局のところ余儀なくされる。アンダーソンが面接調査した黒人居住者たちは、貧しい人びとを追い払った変化の責任が「ヤッピー」にあると考えて、「ヤッピー」の流入に憤りを表明していた。新来者の白人たちは、安価で「アンティークな」住居と、市内に本拠を置く自分たちの仕事にとっての簡便さ、それにトレンディーな都会的ライフスタイルを求めて都市に移ってきた。この人たちは、人種やエスニシティの相違について「偏見をいだいていない」と公言する。とはいえ、現実には、新たな居住者と従来の居住者のあいだでは、両者の社会階級が同じでない限り、親しい交わりはほとんど生まれていなかった。黒人居住者はほとんどが貧しく、白人居住者は中流階級であったため、階級の差は、エスニシティの相違によって強められた。中流階級の黒人のなかにはこの地域で生活する人もいたが、金銭的に余裕があった人たちは、アンダークラスの黒人が運命づけられているのと同じ扱いを白人たちから受けることを恐れて、郊外での生活を選択した。時間が経つうちに、この近隣地域は、次第に白人中流階級の飛び地へと変容していった。

高級化による地域再開発の背後にある理由のひとつは、人口学的理由である。専門的職業に従事する若い人たちは、もっと遅めに結婚し、家族をもつ選択をしだしている。その結果、住居は、家族向けよりも、むしろ単身者やカップル向けにより多く必要とされる。英国では、政府は、一九九六年から二〇二一年に、今後三八〇万の世帯が生まれると予想している（Urban Task Force 1999）。若い人たちは、家庭をもつのが遅めになり、またこの人たちの職業は都心部のオフィスに長時間居ることを要求する場合が多いため、郊外の暮らしは、価値のある生活よりも、むしろ不便な生活になる。子どものいない裕福な夫妻は、一新された都心部の高価な住宅を購入する余裕があり、都心部で入手できる質の高い文化や料理、娯楽の自由な選択にもとづいたライフスタイルを確立することさえ可能である。子どもたちが独立した年配の夫妻もまた、同じような理由から都心部に戻ってくる気になるかもしれない。

高級化による地域再開発の過程が、さきに言及した別の趨勢と、つまり、都市の経済が製造業からサーヴィス産業に基盤を置く活動へ変容したことと、平行して展開している点に注意する必要がある。こうした経済変動の犠牲になる人たちの不安に目を向けることは、都市の生き残りにとって決定的に重要である。

ロンドンでは、ドックランド地区が「都市リサイクル」の有名な事例になっている。ドックランドは、ロンドン東部のテムズ河岸の約八・五平方マイルの——造船所の閉鎖や工業の衰退によって経済的に停滞した——地域である。ドックランドは、ロンドンの金融地区であるシティに近いが、反対側は貧しい労働者階級の居住地区にも接していた。一九六〇年代以降、この地区をどうするかをめぐって——今日もつづく——激しい議論が生じた。ドックランド地区と近隣地区の住民の多くは、コミュニティ開発事業による再開発を、この再開発が貧しい住民の利益を守るという期待から、支持してきた。結局、一九八一年にドックランド開発組合が設立され、この地区は、民間企業を奨励して都市の再生で主要な役割を演じさせるという保守党政府の戦略で、都市再開発の中心的役割を担うことになった。設計上の必要条件や建築規制は、意図的に緩和された。今日、ドックランド地区は、大胆なデザインが多い、モダンな建築物であふれている。倉庫は瀟洒なアパートに改造され、そうした建物に沿って新たな街区が作られた。カナリア埠頭には、ロンドン中のどこからも目に入るビルを中心に、極めて大規模なオフィスビル開発がおこなわれた。しかしながら、煌びやかな建物と建物のあいだに、崩れかけたビルや荒れ果てた空地が拡がっている。当初設定された価格での販売が不可能になった一部の新築住宅と同じように、オフィス空間にも、人影が見られない場合が多い。ドックランド地区は、国内で最も粗末な住居を一部にかかえている。こうした住居に暮らす人たちは、自分たちが周囲で進行している建設からほとんど何の利益も得ていない、と主張する。

九一一頁〜九一四頁で、マンチェスターでの二〇〇二年英連邦競技大会開催を例に、都市の再生でスポーツが果たす役割を検討している。

米国では、開発業者たちは、ミルウォーキーからフィラデルフィアに至る都市で、見捨てられた工場倉庫を買収し、高価な住居用のロフトやワンルーム・マンションに改造しだしている。ボルチモアやピッツバーグの荒廃した都市中心地域のなかに創りだされた活気に満ちた公共空間は、都市再生の大成功として広く喧伝されてきた。しかしながら、こうした再び活気を取り戻した中心地域から数ブロック離れただけの近隣居住地域に残存する恵まれない境遇を覆い隠すことは、難しい。

リチャード・セネットは都市の歴史を著した『目という良心』のなかで、ドックランド地区のような開発の仕方に反対し、都市計画の立案者は、セネットのいう「人間味のある都市」を保護したり取り戻す試みをおこなうべきだ、と主張する（Sennett 1993）。多くの都市に見いだす巨大で非人間的な建物は、人びとを内向的にして、互いに相手を顧みなくさせる。しかし、都市は、人びとを外向的にし、さまざまな文化や生活様式とのふれ合いを可能にする。私たちは、たんに危険でないだけでなく、「活気にも満ちた」街路を、「車が激しく行き交う幹線道路とは違う」かたちで創り出すように心がけるべきである。規格化された歩道や店舗が立ち並ぶ郊外のショッピングモールもまた、高速道路がそうであるように、「人間味のある都市」とはかけ離れた存在である。むしろ、私たちは、イタリアの多くの都市の中心部に見いだすような、人間に見合った規模を保ち、多様な要素が優雅なデザインと入り混じる古い都市地域から、感化や刺戟を得るべきである、とセネットは主張する。

発展途上世界での都市化

世界の都市人口は、二〇三〇年にはほぼ五〇億に達する。表21-1が示すように、国際連合の推計によれば、これら四〇億の都市居住者は発展途上世界の都市に在住すると想定されている。世界の「メガシティ」の地図が示すように（図21-1を参照）、二〇一五年には一〇〇〇万以上の住民をかかえると推定される二二の都市のほとんどは、発展途上世界に所在している。

マニュエル・カステルは、第三千年期の都市化の主要な特徴のひとつを**メガシティ**と称している（Castells 1996）。メガシティは、たんに――人びとの巨大な集積体であるとはいえ――規模だけでなく、同時にまた膨大な人口とグローバル経済を結びつける地点として果たす役割によっても定義づけられる。メガシティは、政治やメディア、コミュニケーション、金融、製品が淀みなく動くための、著しく凝縮された活動区域である。カステルによれば、メガシティは、そのメガシティが所在する国や地域にとって磁石としての機能を果たす。人びとは、さまざまな理由で大規模な都市地域に引き寄せられる。メガシティのなかには、グローバル・システムをうまく活用することに成功した人も、そうでない人もいる。メガシティは、グローバル経済で結節点として機能するだけでなく、同時に「生き抜くために懸命に努力するあらゆる種類の住民の預託倉庫にもなっている」。

世界の低開発地域の都市成長率は、他の地域に比べてなぜかなり高いのだろうか。とくに二つの要因を考慮に入れる必要がある。まず、発展途上国の人口成長率が先進工業国よりも高いことである（第二二章「環境とリスク」を参照）。都市の成長は、すでにその都市で暮らす人たちの高い出生率によって支えられている。

二つ目の要因として、農村地域から都市地域への――次のコラムで言及する、発展がつづく香港広東メガシティの事例に見るよ

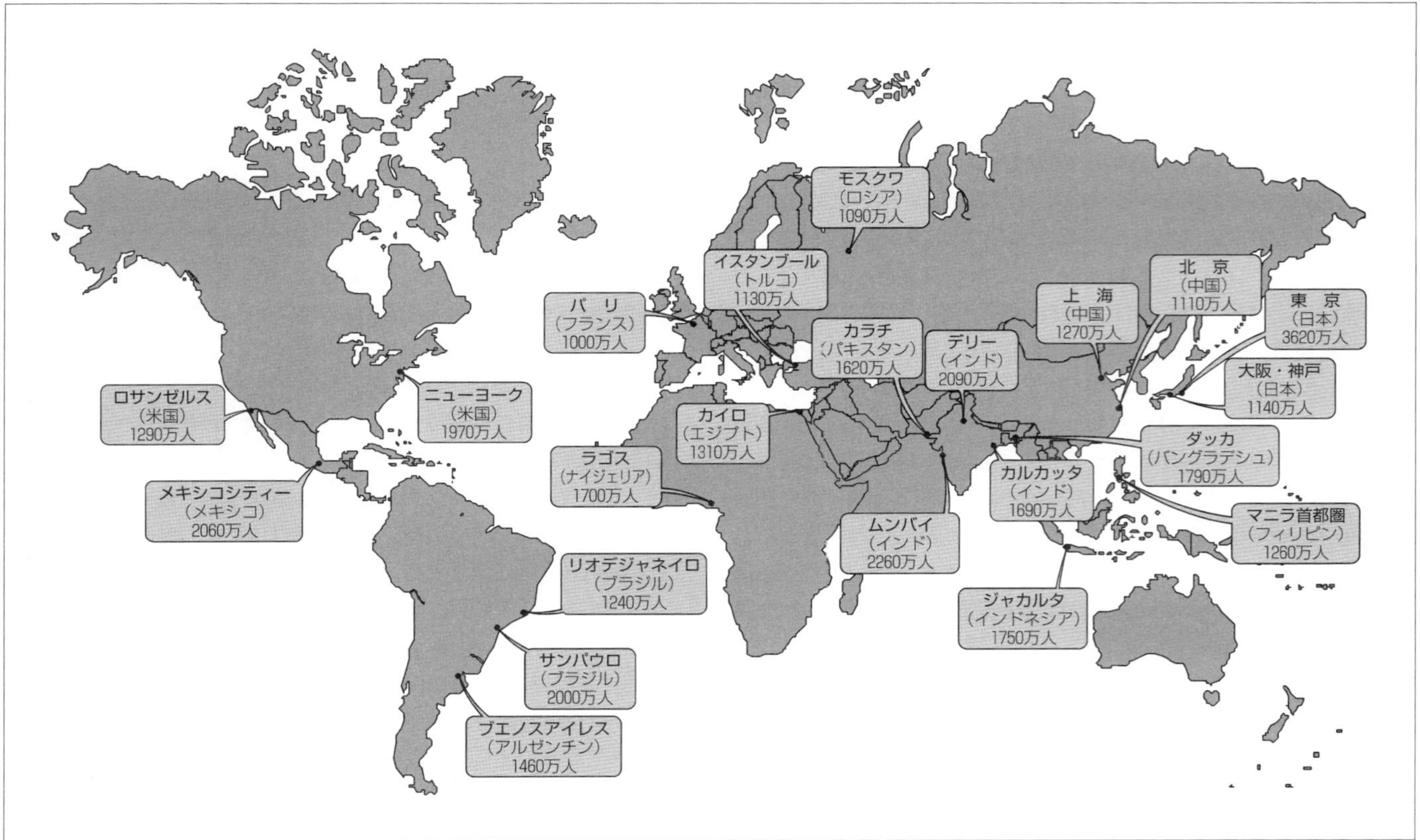

図21-１　2015年に1000万以上の居住者を擁すると思われる22の都市
出典：UN（2003）

うに――広範な国内移動がある。発展途上世界では、人びとは、農村での伝統的な生産システムが解体してしまったか、あるいは都市地域がよりまさった就業機会を提供するかのいずれかの理由で、都市に引き寄せられていく。農村の貧困は、都市での生活に手を染める気にさせる。人びとは、十分に稼いだ後で村に戻るつもりで、比較的短い期間だけ都市に移住したいと思うかもしれない。実際に村に戻る人もいるが、ほとんどの人たちは、何らかの理由で前にいた共同体での自分たちの居場所を失い、気がついてみれば都市に留まることを余儀なくされる。

メガシティの形成

現在、史上最大の都市集落のひとつが、香港から中国本土の珠江のデルタ地帯とマカオに及ぶ五万平方キロの地域に形成されだしている。この地域にはまだ正式な名前がついていないし、統治機構も備わっていないとはいえ、一九九五年までにすでに五〇〇〇万の人口を擁している。マニュエル・カステルによれば、この地域は、今世紀の工業やビジネス、文化の最も重要な中心になる態勢が整っている。

カステルは、この巨大な連接都市の出現を説明するのに役立つ相互連関した要因を、いくつか指摘している。まず、中国はいま経済的変容を経験しており、香港は、中国をグローバル経済につなぐ最も重要な「結節点」のひとつである。次に、グローバル・ビジネスや金融のセンターとして香港が果たす役割は、香港の経済的基盤が製造業からサーヴィス業に移行するにつれて、すでに増大しだしている。終わりに、一九八〇年代中頃から一九九〇年代中頃に、香港の起業家たちは、珠江のデルタ地帯で目覚ましい工業化過程を先導していった。六〇〇万以上の人たちが、二万の工場と一万の商社や商店に雇用されている。これらの部分的に重複する過程の結果が、「前代未聞の都市爆発」になっている（Castells 1996）。

発展途上世界での都市化の課題

経済的含意　制度的経済は、数多くの未熟練労働者や農業労働者が中心都市にますます移住するにつれて、多くの場合、流入人口を職場に吸収するために苦闘している。発展途上世界のほとんどの都市で、正規の職を見いだせない人たちが収入内で生活することを可能にしているのは、非制度的経済である。製造業や建設業での臨時雇いから小規模の商売に至るまで、何の規制も受けない非制度的経済部門は、貧しい未熟練労働者たちに金を稼ぐ機会を提供している。

非制度的経済の提供する機会は、多くの家族が都市の生活条件のもとで生き抜く手助けとなるために重要であるが、同時にまた多くの側面で問題をかかえている。非制度的経済は、税金を負担しないし、何の規制も受けない。非制度的経済はまた、制度的経済に比べ、生産的でない。経済活動がこうした非制度的経済部門に集中している国は、税収による必要な歳入の確保ができない。低水準の生産性はまた、経済全般に害を及ぼす――非制度的経済活動が生みだす国民総生産の割合は、この非制度的経済部門に関与する人口比率よりも、はるかに低いからである。

経済協力機構（ＯＥＣＤ）は、発展途上世界の都市で推定される人口成長を支えるために、二〇二五年までに新たに一〇億の雇用が必要とされると概算している。これらの雇用のすべてが制度的経済のなかで創出されることは、おそらくあり得ない。今後も「過剰」労働力のほとんどが非制度的経済部門におそらく群がるため、規模の大きな非制度的経済を、制度的経済活動のなかに組み入れたり規制することに注意を向けるべきである、と経済開発の一部アナリストは論じている。

環境面での課題　発展途上国での急激な都市地域の拡大は、先進工業世界における都市と際立った差異を示している。都市は、至るところで環境問題に直面するとはいえ、発展途上国の都市の前には、とりわけ深刻なリスクが立ちはだかっている。公害、住宅供給不足、公衆衛生の不備、安心できない給水設備は、低開発国の都市にとって慢性的な問題である。

住宅供給は、多くの都市地域で最も重要な課題のひとつである。たとえば、カルカッタやサンパウロといった都市は、著しい過密状態に置かれている。国内の人口移動が耐久性のある住居の供給をはるかに上回るからである。転入者たちは、都市の縁にそって急速に拡がる無断居住地帯に押し寄せている。欧米の都市地域では、新来者は、都市の中心地区の近くに居を定める公算が高い。しかし、発展途上国では逆の事態が生ずる傾向にあり、転入者たちは、都市の、いわゆる「腐敗した周辺部」に居住する。都市の周辺では、僅かでも空いた場所があれば、粗目の麻布や段ボールでできたバラックが建つことになる。

サンパウロでは、一九九六年の時点で居住に適した家屋が五四〇万戸不足すると推定されていた。不足は、かりに「居住に適した家屋」の定義をもっと厳密に解釈すれば、二〇〇〇万戸にもなる、と一部の研究者は見積もっている。一九八〇年代以降、サンパウロの慢性的住宅供給不足は、空いている建物での非公認「占有居住」の急増を生みだした。住居のない家族の一団は、放置されたホテルやオフィス、政府機関の建物を「集団で不法占拠する」ことを開始した。多くの家族は、街頭や、都市の端ににわか仕立てで作られた《ファヴェーラ》と呼ばれるバラック街で生活するよりも、炊事やトイレの施設を他の数多くの人たちと共有するほうが賢明であると考えている。

低開発国の市当局や地方政府は、絶え間ない住宅供給需要に追いつくために苦闘している。たとえばサンパウロのような都市では、住宅供給問題への対処方法をめぐって、住宅供給機関と地元自治体のあいだに意見の食い違いが見られる。最も実行が可能な手段は《ファヴェーラ》内部の生活条件を改善する――電力と上水道を供給し、街路を舗装し、郵便配達ができるように住所を割り当てる――ことである、と主張する人たちもいる。他方、にわか仕立てのバラック街は根本的に居住に適さず、貧しい家族にしかるべき住居を供給するためにバラック街を取り壊すべきではないのか、と懸念する人たちもいる。

都市中心部の過密状態と過度の開発は、多くの都市地域で深刻な環境問題を引き起こしている。メキシコシティが格好の例である。メキシコシティの九四％は密集地域で、家屋の建っていない土地は六%しかない。「緑の空間」——公園や広々とした緑地——の水準は、北米やヨーロッパの人口が最も稠密な都市に比べても、大きく下回っている。公害は大きな問題となっており、公害の多くは、不足する市内の道路にひしめく乗用車やバス、トラックに、残りは産業汚染源に帰因する。メキシコシティに住むのは、一日にタバコを四〇本吸うのに等しいとまで判断されている。大気汚染は、一九九二年三月に最悪の状態に達した。当時はオゾン濃度が一〇〇ポイント以下であれば健康に「安全」であると考えられていたが、この月にはオゾン濃度が三九八ポイントに上昇した。政府は、工場に一時操業停止を命ずることを余儀なくされ、学校も休校となり、さらに日によって自動車の四割が市内通行を禁止された。

社会的影響

発展途上世界の多くの都市地域は、人口が過密で、十分な資源を備えていない。貧困がはびこり、現行の社会的サーヴィスは、健康管理や産児制限の助言、教育、職業訓練の需要に応ずることができない。発展途上国におけるアンバランスな人口の年齢分布は、社会的、経済的困難を増大させている。先進工業国に比べ、発展途上世界の人口の相当部分は、一五歳以下である。若年人口は、扶養と教育を必要とし、その間は経済的生産力をもたない。しかし、多くの発展途上国は、国民皆教育を提供できる資源を欠いている。家族が貧しい場合、多くの子どもたちはフルタイムで働かなければならないし、そうでない子どもたちも、物乞いできることがあれば何でも物乞いするストリート・チルドレンとして、生活の糧を必死に稼ぐ必要がある。ストリート・チルドレンは、大人になると、そのほとんどが失業者、ホームレス、あるいはその両方になっていく。

発展途上世界における都市化の将来

発展途上国の都市地域が直面する課題の拡がりを検討する場合、変化や発展の可能性を読みとるのはおそらく難しい。世界最大規模の多くの都市では、生活条件がおそらく今後もっと低下していくように思える。しかし、状況は決して否定的ではない。

まず、出生率は、多くの国で引きつづき高いとはいえ、都市化の進展にともない、今後おそらく低下する。このことは、つづいて都市化それ自体の速さが徐々に低下する結果をもたらす。たとえば、西アフリカでは、都市化の割合は、過去三〇年の年率六・三%から下がって、二〇二〇年にはおそらく四・二%に低下する。

人口成長は、第一一章「グローバルな不平等」、四三四頁~四四一頁で論じている。

二つ目に、グローバル化は、発展途上国の都市地域に重要な好機をもたらしはじめている。経済的統合によって、世界中の都市は、国際市場に参入し、投資と開発の適地としてみずからを売り込み、国民国家の境界を超えた経済的結びつきを創りだすことができる。グローバル化は、成長する中心都市にたいして、経済開発や経済革新の主要な勢力になるための、最も活気に満ちた、開かれた機会のひとつを提供する。事実、発展途上世界の多くの都市は、後で手短に見るように、世界の「グローバル・シティ」の一角を占めだしている。

都市とグローバル化

近代以前には、都市は、都市そのものが所在する圧倒的に広い農村地域から切り離された、完全に独立する実体であった。道路システムは時として主要な都市地域を結んでいたが、旅行は、遠方と定期的に行き来することが必要な商人や兵士等がおこなう特別な任務だった。都市間のコミュニケーションは限られていた。二一世紀初め一〇年間の様相は、おそらく異なるだろう。グローバル化は、都市をもっと相互依存した存在にし、国境を越えた都市と都市の横の結びつきを急増させることで、都市に奥深い影響を及ぼしてきた。今日、都市間の実際の絆とヴァーチャルな絆は多岐に及んでおり、都市のグローバル・ネットワークが出現しだしている。

グローバル化と新たなコミュニケーション技術は、私たちがいま認識しているような都市の終焉を結果的に導く、と一部の人たちは論じてきた――次のコラムで素描するヘルシンキのヴァーチャル・ヴィレッジは、ひとつの可能性である。それは、今日、都市の伝統的機能の多くを、人口の密集した都市区域のなかではなく、むしろサイバースペース上で遂行できるからである。たとえば、金融市場はすでに電子化されており、eコマースは生産者と消費者がともに都市中心部に頼る必要性を弱め、さらに「ネット通勤」は、ますます多くの従業員がオフィス・ビルでなく、家庭で仕事をおこなうことを可能にしている。

しかしながら、このような予測は、いままでのところ確証されてこなかった。グローバル化は、都市を侵食するよりも、むしろ都市をグローバル経済に不可欠な活動の中心に造り替えだしている。中心都市は、情報の流れを調整し、ビジネス活動を管理し、新たなサーヴィスやテクノロジーを導入する上で、すでに決定的に重要になっている。世界中の都市の内部で、活動と権力の同時的な分散と集中がすでに生じている（Castells 1996）。

グローバル・シティ

社会学者たちは、新たなグローバル秩序のもとでの都市の役割におおいに注意を向けてきた。グローバル化は、国のレヴェルと地球規模のレヴェルの二元性というかたちで考えられる場合が多い。しかし、グローバル化が生ずる主要な回路を構成するのは、まさしく世界最大規模の複数の都市である（Sassen 1998）。新たなグローバル経済の現実の機能は、先進的な情報インフラを備えた一連の中心的地域と、設備や機能の「過剰集中」に依存している。まさにこのような場のなかで、グローバル化の「作用」は機能し、方向づけられる。ビジネスや生産活動、広告、市場取り引きは、地球規模の様相を帯びるので、こうしたグローバル・ネットワークを維持、発達させるために果たさなければならない膨大な量の組織的活動が見いだされる。

ザスキア・ザッセンは、都市とグローバル化の議論を主導してきた研究者のひとりである。ザッセンは、大規模な、超国籍企業の本拠所在地であり、過剰なほど金融サーヴィスや技術サーヴィス、コンサルティング・サーヴィスが集中した中心的都市を指称するために、**グローバル・シティ**という用語を使っている。著書

『グローバル・シティ』で、ザッセンは、ニューヨークとロンドン、東京という三つの都市の調査にもとづいて研究をおこなった(Sassen 1991)。今日の世界経済の発達は、主要な都市に新たな戦略上の役割を生みだしてきた、とザッセンは論ずる。こうした都市のほとんどは、長らく国際貿易の中心地であったが、いまや新たに四つの特性を担っている。

1 これらの都市は、グローバル経済の「コマンド・ポスト」——指図と政策決定の中心的存在——として発展してきた。

2 これらの都市は、金融業や専門的サーヴィス業の立地に不可欠な場所となっている。それは、金融業や専門的サーヴィス業が、製造業よりも経済発達に重要な影響を及ぼすようになったためである。

3 これらの都市は、新たな成長産業にとって生産や技術革新の拠点になる。

4 これらの都市は、金融業やサーヴィス業のもたらす「製品」を売買したり、さもなければ処理する市場である。

ニューヨークとロンドン、東京は、都市としての来歴が明らかに異なる。しかし、この三つの都市の特質のなかに、過去二、三〇年間に類似した変化を跡づけることができる。今日、著しく地域分散化した世界経済のなかで、これらの都市は、世界経済の重要な営みを中心になって支配している。とはいえ、グローバル・シティは、たんなる調整の場だけでない。生産の場でもある。この点で重要なのは、物的財の生産ではなく、世界中に分散する事業所や工場を管理するのに企業が必要とする専門的サーヴィスの生産であり、また金融面での新機軸や市場の創設である。グローバル・シティが作る「モノ」は、サーヴィスや金融商品である。

グローバル・シティのダウンタウン地域は、あらゆる種類の「生産者」集団が、人格的接触をともなう場合が多いとはいえ、緊密な連係関係のもとで互いに働くことが可能な、人口集中地区になっている。グローバル・シティでは、地元の企業は、全国組織や、多数の外国企業を含む多国籍組織と交流する。たとえば、ニューヨークには、三五〇の外国銀行があり、それ以外に二五〇〇の外国の金融機関も事務所を置いている。銀行員の四人に一人は外国銀行に勤める。グローバル・シティは、互いに競い合うが、同時にまた、それぞれが所在する国からある程度まで独立した相互依存システムを作り上げている。

他の研究者たちは、ザッセンの研究にもとづいて、グローバル化の進展にともなって、ますます多くの都市が、ニューヨークとロンドン、東京とともに「グローバル・シティ」のランクに加わりだしている、と指摘する。カステルは——ビジネスや金融サーヴィスの世界的中心として機能する、たとえば香港やシンガポール、シカゴ、フランクフルト、ロサンゼルス、ミラノ、チューリッヒ、大阪のような場所を例示して——世界の都市のヒエラルキーを描写してきた。これらの都市の下に、新たな一組の「リージョナルな中心」が、グローバル経済の重要な結節点として発達しだしている。マドリードやサンパウロ、モスクワ、ソウル、ジャカルタ、ブエノスアイレスといった都市は、いわゆる「新興成長市場」のなかで、重要な活動拠点になりだしている。

社会学的想像力を働かせる
――ヘルシンキ・ヴァーチャル・ヴィレッジ

ヤリ・ミエレオネンと同僚たちには、「お喋りで終えるな――実際にやってみろ」というモットーがある。ミエレオネンは、フィンランドを代表する遠距離通信企業で、ヨーロッパの無線ネットワーク市場で最も積極的な事業体、リネラ社の技術主幹である。「誰もが可能性について論じてきた。でも、『その通りだ。手探りで感触をつかもう。トライしてみよう』とは、誰も言わなかった」と、ミエレオネンは述べている。

このことが、ミエレオネンとビジネス関係者、学者、都市計画の担当者が協力して、フィンランド湾の草深い海岸でおこなわれた開発を、世界最初のワイヤレス・コミュニティに変えようとした理由である。それは、ヘルシンキの新しい近郊地区の労働者や住民に、最先端の無線ネットワークのインフラと最新の無線ネットワーク・サーヴィスを提供しようという、単純だけれども、好奇心をそそるアイディアである。ログオンするために、地元の人たちはパソコンさえ必要としない――携帯電話だけで十分である。そこで、一歩後ろに下がって、情報時代の未来の町が実際にどのように機能するかを見守っていきたい。

このアラビアンランタ（アラビアの海岸）という名前で知られる土地は、平坦で吹きさらしの何もない広大な空間で、かつてこの地に建っていた陶磁器工場の名称をとってそう呼ばれている。ミエレオネンと同僚たちが無線ネットワークのワンダーランドに変える計画をはじめる前に、ヘルシンキ市は、この地区を、テクノ地区として開発するために用途指定していた。かりにすべてが計画通りに進めば、二〇一〇年までに、この地域には、ほぼ一万二〇〇〇人の居住者と、約八〇〇〇人の従業員が働く七〇〇のＩＴ企業、それに地元の大学に籍を置く四〇〇〇人の学生の生活の場になる予定である。同時にまたこの地域は、コミュニティ・ネットワーキングに関して、幅広い接続状態が引き起こす社会的影響作用という緊急の問題を解きほぐす上で、現実世界の実験場にもなる。無線ネットワーク接続の常時利用は、コミュニティをもっと結束させるのか、あるいは孤立させるのだろうか。人びとは、私生活の関心事を、無線ネットワーク接続範囲の拡大がもたらす明らかな利益とどのように調和させるのだろうか。

コンクリートと鉄の構造物に沿って、ほとんど目に見えないもう一つの枠組みが、ソネラ社と支援企業――ＩＢＭ、地元のソフトウェアーメーカーのディギア、ヨーロッパに本拠地を置くシンビアン・アライアンス、エリクソンやモトローラ、ノキア、松下、サイオンが関与する企業連合――によって構築されだしている。ソネラ社と支援企業は、この人たちがヘルシンキ・ヴァーチャル・ヴィレッジと名づける、郊外地区アラビアンランタ全体に無線ネットワークで結ばれたインタラクティヴ・コミュニティを創出している。ヘルシンキ

・ヴァーチャル・ヴィレッジには、地域ネットワークと、何時でもどこからでもアクセスできる広帯域光ケーブルによって利用できる多様なサーヴィスが含まれる。利用者は、パソコンやデジタルTVだけでなく携帯電話を介しても、ヘルシンキ・ヴァーチャル・ヴィレッジに参加できる。

たとえば、居住者は、どこにいても――職場のパソコンの前でも、自宅でテレビを観ていても、どこで携帯電話を使っていても――自分のスケジュール表を見ることができる。提供情報のメニューは、情報自体の組織化や、業務のネットワーク、情報端末による商取り引きの機会を自動的につくり出す。また、プロファイリング・システムは、個人データを自動的に刻々と更新していく。

現在、ヘルシンキ・ヴァーチャル・ヴィレッジは、複合的な機動力が生まれて、コミュニケーションをさり気ない、押しつけがましくないものにしようとしている。IBMノルディク社のクルト・ロンクヴィストは、自分の子どもたちがモバイル通信の世界のなかで成長するのを観察した経験から、フィンランド社会は絶えず変化している、と考える。街中で、若い人たちは友だちと'Where R U?' 'Let's meet' 'CU at the bar'と、絶えずメッセージをやり取りしている。クルト・ロンクヴィストは、子どもたちが生き方について前の世代以上に自由になってきたと考えている。「子どもたちは、毎日、機動力のある生活を送っています。それが、子どもたちの生き方なのです」。

ヘルシンキ工科大学で、社会学者のティモ・コポアーは、フィンランド社会でのこれらの変化を跡づけようとしてきた。「自発的行為こそが、将来も残っていくはずです。新しい世代こそ、携帯電話のような装置とともに成長してきたわけですから、その世代の生活は携帯電話と密接に結びついています」と、コポアーは言う。コポアーは、携帯電話を利用する若い人たちのグループを調査して、ライフスタイルの相違をいくつか指摘している。今日の社会はもっと無頓着《カジュアル》になるかもしれないが、このことは、社会的絆が消滅することを意味するわけではない。事実、コポアーは、携帯電話が新たな仕方で人びとを互いに引き寄せはじめていることを見いだした。若い「テレサーファーたち」は、携帯電話の非利用者よりももっと大きな社会的サークルをもっている場合が多い。親友や近親者は、ほとんどつねに互いにコンタクトをとり、何か起きたときにその体験を共有し合う傾向が強い。このことは、友だちにとって、通信機器が介在する親密性という新たな感覚をもたらす。また、親たちには安心をもたらす。

コポアーは、無線ネットワークを介する親密性が、同じように職場にも影響を及ぼすと考えている。「携帯電話は、一日の仕事の組み立てを柔軟にしています。働く人たちは、スケジュールを厳密に立てる必要がないのです――必要になったときにミーティングを開始できるため、毎日が新たな展開を遂げているのです」。

出典：Show (2001)

【設　問】

1　ヘルシンキ・ヴァーチャル・ヴィレッジの立案者たちは、この町を、テクノロジーのユートピアと称している。携帯電話がもたらす接続状態は、立案者たちが描くようなかたちで暮らしを劇的に変えていくのだろうか。携帯電話は、私たちの社会にすでにどのような影響を及ぼしてきたのだろうか。

2　携帯電話利用の意図しなかった帰結とは、何だろうか。

3　携帯電話によって、人びとの結びつきは本当に増えたのだろうか。携帯電話テクノロジーが人びとを孤立化させる可能性はどれくらいあるのだろうか。

不平等とグローバル・シティ

新たなグローバル経済は、多くの点で問題をかかえている。このことが明白に見られる場は、グローバル・シティの内部で目にする不平等の新たな力学以外にない。ザッセンほかの研究者が注意を喚起するように、多くのグローバル・シティ中心部でのビジネス地区とスラム街との並置状態は、相互連関する現象として見ていくべきである。ニュー・エコノミーの「成長部門」――金融サーヴィス、マーケティング、先端テクノロジー――は、伝統的な経済部門で見いだされるどの利潤よりもはるかに大きな利潤を獲得しだしている。非常に裕福な人たちの給与や賞与が上昇をつづけるのにたいして、この人たちが働くオフィスの掃除や警備のために雇われた人たちの賃金は、下落しだしている。ニュー・グローバル・エコノミーの最前線に位置する労働の「価格の高騰」と、その情景の背後で生ずる労働の「価格の下落」を私たちは目の当たりにしている。

権利剥奪や社会的排除は、第一〇章「貧困、社会的排除、福祉」で、不平等は、第一一章「グローバルな不平等」で論じている。

市場経済では、利益を上げる能力の格差は当然のことと思われているが、ニュー・グローバル・エコノミーにおける格差の大きさは、住宅供給から労働市場に至るまで、社会的世界の多くの側面にマイナスの影響を及ぼしている。金融やグローバル・サーヴィスで働く人たちは高い給与を得ており、その人たちの住む区域は高級化しだす。それと同時に、従来の製造業での職は失われ、高級化の過程そのものが――レストランやホテル、ブティックでの――低賃金の職のおびただしい供給を生みだすことになる。手頃な値段による住宅供給は、高級化が進んだ地域では稀になり、低所得の近隣居住地区の拡大が余儀なくされる。中心部のビジネス地区は、不動産や開発業、電子コミュニケーション業への殺到する多額の投資の受け皿となるのにたいして、周縁化された地域は、僅かな資源のままで取り残される。

グローバル・シティの内部では、「中心性と周縁性」の地理学が具体的なかたちをとりだしている。目映い豊かさに並置するかたちで、深刻な貧困を見いだすことができる。しかしながら、これら二つの世界は隣り合って共存しているとはいえ、両者の現実の接触は、おそらく驚くほど少ない。マイク・デイヴィスがロサンゼルスの研究で指摘したように、「都市の外面に表出された、貧しい人びとにたいする『意識的に非情な態度』」が見いだされる（Davis 1990）。誰もが出入りできた公共空間が、塀を巡らした邸宅や、電子装置で防備された近隣居住地区、「企業という要塞」にとって代わることになる。デイヴィスの言葉を借りれば、

最下層の人たちとの接触を減らすために、都市の再開発は、以前には必須だった歩行者街を地下通路に改め、公園を、ホームレスや困窮者たちの一時的収容所に変えてきた。米国の都市は……内側から徹底的にひっくり返されていった――もっと正しく言えば、外側からひっくり返された。新しい巨大な高層ビルやショッピングモールができて価値が上昇した空間は中心部に集まり、街の空き地は剥ぎ取られ、公の活動は機能ごとに正確に仕分けられた区画に入れられ、人の流れは私設警察が監視する回廊のなかに押し込められていった。

デイヴィスによれば、都市生活は、ロサンゼルスの最貧層の住民や最周縁部分で生きる住民にとって、とうてい「暮らすことができない」ものになっている。バス停留所のベンチは、人がその上で寝ないようにするために樽のかたちをしている。公衆トイレの数は、北米のどの都市よりも少ない。ホームレスが公園で生活するのを防止するために、多くの公園にスプリンクラー装置を配備してきた。警察と市の都市計画立案者たちは、ホームレスの人たちを市の一定の区域に抑え込もうと試みたが、定期的に急場しのぎの住まいを没収して一掃する過程で、結果として「都会の放浪の民」を創りだしてしまった。

グローバル時代の都市行政

グローバル化と同じく、都市化は、諸刃の剣で、矛盾を孕んでいる。都市化は、都市に創造的、建設的影響と破壊的影響をともにもたらす。都市化は、人や財、サーヴィス、機会の集中を可能にする。一方で、都市化は、しかし、同時にまた都市化は、場所や伝統、既存のネットワークがもつ凝集性をばらばらにし、弱体化させている。集中化や経済成長が生みだす潜在的可能性と並んで、周縁化の危険な影響作用を見いだすことができる。たんに発展途上国だけでなく、先進工業国においても、多くの都市居住者は、周縁部分で、つまり、制度的経済のもとでの雇用や法による支配、市民文化の領域外で活動している（Borja & Castells 1997）。

グローバルなことがらの管理

グローバル化は、世界中の都市が直面する課題の多くを悪化させているとはいえ、市や地方自治体が再び生気を取り戻し、政治的役割を演ずる余地も生みだしている。都市は、国民国家がますますグローバルな趨勢にうまく対処できなくなるにつれて、これまで以上に重要になってきた。たとえばエコロジーの危機や移り気な金融市場といった問題は、国民国家をはるかに超えたレヴェルで作動しだしている。個々の国は――最も強大な国でさえ――あまりにも規模が「小さ過ぎ」て、こうした勢力に対抗できないからである。しかしながら、同時にまた国民国家は、依然としてあまりにも規模が「大き過ぎ」て、コスモポリタンな都市区域のなかに見いだされる多様なニーズに適切な対応をとることができない。国民国家が有効に機能で

きない場合、市や地方政府は、「グローバルなことがらに」もっと「敏捷に対処できる統治形態」におそらくなっていく（Borja & Castells 1997）。

第二〇章「政治、統治、テロリズム」、八五二頁～八五六頁で言及した、政治的変化や社会変動に対応する社会運動の台頭も参照。

ジョルディ・ボルハとマニュエル・カステルは、地方自治体がグローバル化の勢いを管理するために効果的に行動できる三つの主な領域が存在する、と論じている（Borja & Castells 1997）。まず、都市は、地元の「居住環境」——経済的生産性の社会基盤となる条件や設備——を管理することで、経済的な生産性と競争力に貢献できる。ニュー・エコノミーにおける経済的競争力は、必要な条件が満たされた、生産力のある職場に依存している。つまり、職場は、生産力をもつために、子どもたちのための確固たる教育システム、確実な公共交通手段、何とか満足できる手頃な住宅供給、法による効果的な取り締まり、有効な緊急救援活動、それに活気に満ちた文化的資源を必要としている。

二つ目に、都市は、エスニシティの面で多種多様な住民のなかに社会文化的統合を確保する上で、重要な役割を演ずる。グローバル・シティは、かなりの数の国々から、出身となる宗教や言語もまちまちで、社会経済的水準も異なる人たちを寄せ集めている。かりにコスモポリタンな都市の内部に見いだす厳しい多元主義が統合作用によって中和されなければ、結果として分裂や非寛容な態度が生ずる可能性がある。とくに社会的凝集性を促進するという国民国家の有効性が歴史的、言語的等々の理由から危うくされる場合、個々の都市は、社会的統合にとって建設的な力を発揮することになる。

三つ目に、都市は、政治的代議制や政治的管理の重要な立脚点である。地方自治体は、グローバルな問題を管理する上で、国民国家に優る利点を内在的に二つ備えている。地方自治体は、その地方自治体が代表する人たちにたいして正統性をより強く享受し、また機動的な対応がとれる柔軟性やそのための余地を国の機構以上に備えている。さきに第二〇章（「政治、統治、テロリズム」）で見たように、多くの市民は、国の政治システムが自分たちの利益や関心を十分に代表していないと感じている。国民国家があまりにも遠い存在で、特有な文化的ないし地域的利害関心を代表できていない場合、都市や地方自治体は、市民がもっと容易に近づくことのできる政治活動の場になる。

政治的、経済的、社会的行為体としての都市　非常に多くの団体や機関、集団が、都市の内部で交錯している。自国の営利企業や国際的営利企業、潜在的投資家、政府機関、市民団体、同業組合、労働組合等々は、都市区域で交わり、結びつきを形成する。これらの結びつきは、都市が政治や経済、文化、メディアの領域で社会的行為体として活動できる、そうした集合的行為や連帯的行為を、結果として生みだすことが可能である。

経済的行為体としての都市の実例は、近年ますます増加しだしている。ヨーロッパでは、一九七〇年代に不況がはじまったことで、都市は、投資を奨励し、新たな雇用を生みだすために一致団結してきた。いまではヨーロッパの五〇の大都市を含むユーロシティ運動は、一九八九年に結成された。ソウルやシンガポール、バンコックといったアジアの都市は、国際市場での情報の迅速さの重要性と、柔軟な生産組織や販売組織の必要性を認識し、経済的行為体としてとりわけ効果的に機能してきた。

一部の都市は、眼前にある複雑な課題に挑戦するために、中期長期の戦略プランを打ち出している。こうした戦略プランのもとで、地元自治体や市民団体、民間業者は、都市のインフラを一新したり、世界的イベントを運営したり、雇用の基盤を工業から知識集約型産業へ変えるために、一致して取り組むことが可能になる。戦略プランの力を借りて都市再生プロジェクトを首尾よく実行してきたヨーロッパの都市の例に、バーミンガムやアムステルダム、リヨン、リスボン、グラスゴー、バルセロナがある。

バルセロナの事例は、とくに注目に値する。一九八八年に着手された「バルセロナ二〇〇〇、経済社会戦略プラン」は、バルセロナを改造する共通のヴィジョンとプランのもとに公的組織と民間組織を結集させた。バルセロナ市当局と、さらに（商工会議所や大学、空港公団、労働組合を含む）一〇の団体は、このプランの三つの主な目的が完遂されるように監督していった。三つの目的とは、通信と輸送のインフラの改善によってバルセロナをヨーロッパの都市ネットワークに結びつけること、バルセロナに住む人たちの生活の質を向上させること、前途有望なニュー・エコノミー部門の振興と同時に、工業部門やサーヴィス部門にもっと競争力をもたせること、であった。

「バルセロナ二〇〇〇、経済社会戦略プラン」の礎石のひとつは、バルセロナがオリンピック大会を開催した一九九二年に整えられた。オリンピックの舞台になったことは、バルセロナ自体の「国際化」を可能にした。市の資産と美しい眺望が世界中の目にさらされたからである。バルセロナの場合、世界的イベントの運営は、二つの点で決定的に重要であった。つまり、オリンピックの開催でバルセロナの名を世界中に広めたことと、都市の変容を完遂させたいという熱意が市内でさらに高まったことである（Borja & Castells 1997）。国際オリンピック委員会のメンバーは、ロンドンが二〇一二年オリンピック大会の誘致を成功させる上で、都市再生に重きを置いたことに感銘を受けた。ロンドンの二〇一二年プランは、英国で最も恵まれない地区のひとつ、ロンドン東部のストラットフォード地区の約五〇〇エーカーの土地の再生に焦点を当てている。次のコラムで、マンチェスターの都市再生で触媒としての役割を演じた二〇〇二年英連邦競技大会について見ておきたい。

社会学的想像力を働かせる——スポーツと都市再生

マンチェスターは、英連邦競技大会開催を勝ち取った日のことをなぜ後悔しているのだろうか。

一九三〇年に大英帝国の誇りを称揚するために初めて開催された英連邦競技大会は、現在のマンチェスターの市民に、歓迎されない出費を無理強いしだしている。なぜなら、市当局が、来年夏にホスト役を務めるイベントの四五〇〇万ポンドの資金不足を埋めるために、自治体税の増額と市民サーヴィスの削減に直面しているからである。

今日、組織委員会は――この競技大会がマンチェスターを再生させ、最新のスポーツ施設を大会開催の遺産として残すと公言して――一年後の開会に向けてカウントダウンをはじめた。しかし、住民や市会議員は、一方で身近な市民施設や市民サーヴィスが封鎖に直面しているのに、自分たちは多額の代価を払うことになる、と異議を唱えている。

住民集団や、労働党が牛耳るマンチェスター市会の野党議員は、削減がすでにはじまっていて、結局のところ、住宅局の少なくとも一四の事務所が封鎖され、市会の職員のうち数多くが余剰解雇される、と主張する。マンチェスター東部で二カ所の水泳プールが封鎖される予定である。また、ウィゼンシャウのボクシング・クラブは、移転しなければならない。市が大会費用の全額を負担するので、巨額の財政的リスクを負うことにたいする懸念が高まっている。

マンチェスター市は、大会の運営資金に充て、赤字を補う方法として、一〇〇〇万ポンドの銀行ローンを得るとともに財政積立金を使用する予定であると主張している。一部の報道によれば、マンチェスター空港は、地元当局が所有しているため、その利益をすべて、大会運営資金に流用することもおそらく可能である。

市会議員や住民は、市が巨額の財政投入をおこなうため、地方税が最終的に増額になると主張する。総計すると、市は、英連邦競技大会の運営に八〇〇〇万ポンドを支出する予定である。当初は、三五〇〇万ポンドの支出が予定された。しかし、先月、大幅な不足が生ずることが明らかになったため、市は、政府から四五〇〇万ポンドの追加負担を命じられた。

大会財務の点検を政府から委嘱された実業家のパトリック・カーターが出した報告書は、資金面で一億一〇〇〇万ポンドのずれがあることを明らかにした。最終的に、政府が三〇〇〇万ポンドを――スポーツ籤の利益金を分配する――スポーツ・イングランドが三〇〇〇万ポンドを負担して、マンチェスター市は、四五〇〇万ポンドを用意することが決まった。

マンチェスター市会の自由民主党のリーダーであるサイモン・アッシュレーは、「英連邦競技大会は市民サーヴィスや地方税に影響を及ぼさないという約束でした。けれども、嘘でした。私たちは、大会の財務と、それがおそらく市に及ぼす影響を、非常に懸念しています」と述べている。

「市は、追加の四五〇〇万ポンドを見つけてくる必要があるし、どこかから捻出しなければならない。総額は、八〇〇〇万ポンドの支出になる予定です。このことは、市にとって巨額な財政的リスクです。大規模なスポーツ・プロジェクトは、中央政府の義務で資金調達すべきです」。

「水泳プールや住宅局の事務所は閉鎖され、市民サーヴィスは削減されるでしょう。かりに大会のために巨額のお金を使うのであれば、そのことは、このお金を他のために支出できないことを意味するのです」。

出典: Vivek Chaudhary, *Guardian* (25 Jul 2001)

マンチェスターが英連邦競技大会を開催することへの賛成意見と反対意見

・マンチェスター東部の都市再生
・観光客の増加──大会期間中に一〇〇万人が来る可能性
・サッカーチームのマンチェスター・シティのための新スタジアムやマンチェスター東部に新しいプールを含む、新たな競技場のために一億七〇〇〇万ポンドの支出
・市の外観をよくするために五〇〇万ポンドの支出
・そのほとんどは一時的なものであるが、五〇〇〇の新たな職の創出
・世界中で市のイメージが高められる
・地方税の増加
・一〇〇〇万ポンドの銀行ローン
・二カ所の水泳プールと一カ所のボクシング・クラブの封鎖
・住宅局の一四の事務所の閉鎖
・五六名の職員の余剰解雇
・マンチェスター空港から得る利益が、大会運営資金に流用される可能性
・市会の将来の人員削減

都市再生のための大会だったのか?

マンチェスターの壮大な英連邦競技大会スタジアムの間近に、テラスハウスが列を連ねている。赤レンガが真夏の薄暗やみを背景に照り輝いているが、これらのテラスハウスは、かつては北部インナーシティ社会──事実、有名なTVドラマ「コロネーション・ストリート」の舞台──のまさに典型だった。しかし、今日、ベン・ストリートは、窓を覆う無表情な金属シャッターと、静まりかえった不気味な街並みである。

英連邦競技大会のほとんどのイベントが開催された市のスポーツ複合施設とは半マイルしか離れていないが、際立った対比が見られる。今日、多くの住民は──一年前に開催されたときには成功ともて囃された──大会が、長い目で見たとき、同じように自分たちの生活を首尾よく改善してくれるのかどうか知りたがっている。

市会は、間違いなく改善してくれると考えているようだ。つい先週、市会は、大会が、六三〇〇のフルタイムの職と、観光収入の年間一八〇〇万ポンドの増加、それにマンチェスター東部のために五億七〇〇〇万ポンドの都市再生資金を生みだした、と公表した。しかし、クレイトンの近郊に二七年間住んできたビル・ブースにとって、疑問は依然として残る。

(略)

最近、運河沿いに真新しい集合住宅群が建設されだした──しかし、ブースは、それでは答えになっていないと主張する。「新たな職が生まれることは一〇〇パーセント歓迎ですし、新たなアパートが建つことにも、反対しません。しかし、私の大きな危惧は、こうした新たな不動産が地元の人たちにとってあまりにも高価だということです。この都市再生はすべて、はたしてこの土地で人生のほとんどを送ってきた人たちのた

めなのでしょうか」と、ブースは述べている。

クレイトンのバンク・ストリートに住むジム・ラーキンも、同じような不安をいだいている。「私の目には、貧しい人たちが無理矢理もっと貧困な地域に移動させられ、私たちがこの地域で直面する課題がどこかよその地域で繰り返されるだけのように見えるのです。私は、大会開催で得られた気分が今後も広がりつづけることを願うだけです」と、ラーキンは述べている。

ふたりの男性とも、この数十年間にマンチェスター東部で起きた最高の出来事として、この大会のことを引き合いに出している。また、近くのベスウィックでは、家庭支援グループを経営するバーバラ・テイラーのような人たちは、肯定的な意見を示している。テイラーは、「大会がベスウィックを地図の上に明記させ、私たちのベスウィックがいまではならず者たちの地域でないことを人びとに認識させたのです。また、現時点で人びとが誇りを感じているかどうか確信はもてませんが、どこかに引っ越したいといったことが人びとの話題にはなっていません。人びとは、自分たちの、また子どもたちの将来を見通すことができるのです」。

生まれてからずっとベスウィックで暮らしてきた七四歳のヴェロニカ・パウエルも、同じように楽観的である。パウエルは、「私たちが英連邦競技大会を開催したことは、まったく素晴らしいことでした。大会の開催は、この地域のために今後もつづけられることの出発点になったのです。一〇年前、私たちは、劣悪な共同住宅に囲まれ、また犯罪にたいする強い恐怖で、ほんとうに嫌な時期を経験しました。いま進められている建て替えや、開業予定のホテルは、まったく違った種類の人たちをこの地域に呼び込むはずです。でも、そのことはこの地域にお金をもたらすのです。ここから地下鉄に乗れば、マンチェスターに仕事のために行くのが、とても簡単になりました。私たちにとって、得るものが極めて多いように思えます」。

出典: David Green, *BBC News Online*, Manchester (28 Jul 2003)

【設　問】

1　現在の住民は、都市再生でどのような役割を政府から担うべきだろうか。

2　都市再生の費用は誰が負担すべきだろうか。

3　マンチェスターが二〇〇二年の英連邦競技大会を誘致したことは、妥当だったのだろうか。

市長の役割

都市がグローバル・システムで新たな重要性を帯びるにつれて、市長の役割も変化しだしている。大都市の市長は、市の政治課題を促進し、市の国際的知名度を高める上でおそらく不可欠な、独自なリーダーシップを発揮することができる。都市がそのイメージをうまく転換させた有名ないくつかの事例で、市長の役割は決定的に重要であった。たとえば、リスボンとバルセロナの市長は、それぞれの市の地位を世界の主要な中心的都市に引き上げる企てで、陰の立て役者になった。同じように、もっと規模の小さな都市の市長も、その都市の名が国際的に知られ、新たな経済投資をひき寄せる際に、非常に重要な役割を演ずることができる。

市長の果たす重要性の増大は、英国においても見いだすことができる。新生労働党政府は、一九九七年に政権の座についた後、ロンドンの問題にたいする権限を公選された市長に委譲する意向を表明した。サッチャー政権が大ロンドン市議会を廃止して以来、ロンドンは自前の行政機構を欠いていた。英国国内で地方当局に権力を委譲する一環として、英国の首都に特有なニーズを市長公選制によって手際よく処理することを、政府は容認した。ケン・リヴィングストンは、二〇〇〇年五月にロンドン初の公選市長になった。リヴィングストンは、公共交通手段に投資したり（平日の就労時間帯にロンドン中心部に乗り入れるほとんどの車に課した渋滞税から部分的にまかなわれる）、教員や看護師といった「欠かせない労働者」に手頃な価格の住居を増やすといった、一連の独自の政策を追求していった。リヴィングストンはまた、二〇一二年オリンピック大会の誘致を強力に支援した。リヴィングストンは、オリンピック大会がロンドンの「変革と再生にとって主要な触媒になる」と確信している。都市再生は、一九九二年のバルセロナ・オリンピック大会でも、マンチェスターにおける二〇〇二年の英連邦競技大会でも、中心的な課題だった（London Plan 2004）。

米国では、市長は、ここ数十年間に経済的、政治的に強い力を担うようになってきた。銃器のからむ暴力が米国の都市で急増したので、二〇以上の都市の市長は、連邦政府が企てる銃規制法の成立に頼ることを断念し、市民を代表して銃器メーカーにたいする訴訟を起こした。ニューヨークのルドルフ・ジュリアーニ市長は、犯罪率の低下を目的にした、毅然とした「法と秩序」の治安維持活動を実行することで、論争の大嵐を——しかし、渋々ながらの敬意も——引き起こした。ニューヨーク市の犯罪率は、一九九〇年代を通じて劇的に低下した。ホームレスの人たちを対象にした厳しい「法と秩序」の治安維持活動は、ニューヨーク市の繁華街の様相を変えた。二〇〇三年九月一一日にテロ攻撃を受けた後、ジュリアーニ市長が決然としてとったリーダーシップは、世界のメディアを方向づけ、週刊誌「タイム」は、ジュリアーニ市長を、二〇〇一年のパーソン・オヴ・ザ・イヤーに指名した。

英国やその他の国で、市長は、その都市や地域の代弁者としてますます大きな影響力を享受しだしている。市長は、多くの場合、大都市圏の他の地域社会と協定を結ぶことで、市の境界を越えて拡がる地域のために政策課題を打ち出すことが可能である。この種の提携関係は、たとえば海外からの投資をひき寄せたり、世界的イベントの主催者になるのを競い合う際に利用できる。

結び——都市とグローバルな統治

都市間の協力は、リージョナルなレヴェルだけに限定されない。都市が、国際的な政治や経済、社会の争点に取り組む上で重要な役割を演ずるべきだし、また演ずることが可能だという認識は、増大している。都市間のフォーマルな、またインフォーマルなネットワークは、グローバル化の力が世界の本質的に異なる諸要素を互いにもっと近づけていくにつれて、出現しだしている。世界最大のいろいろな都市が直面する問題は、孤立したローカルなことがらではない。これらの問題は、グローバル経済や国際的な人口移動、貿易の新たな様式、情報テクノロジーのもたらす力という、もっと大きな脈絡のなかに埋め込まれている。

他でもすでに指摘したように、変化がつづく今日の世界の複雑さは、新たなかたちの民主的な国際統治を求めている。当然のことながら、都市のネットワークは、こうした新たな統治メカニズムのなかで重要になる。こうした機構のひとつは、すでに存在する——都市と自治体の世界会議が、国際連合の居住環境会議と平行するかたちで招集されている。都市と自治体の世界会議のような団体は、都市という組織体が、国の中央政府によって現在形成されている機構のなかに段々と組み込まれていくことの前兆になる。

都市の関与の高まりは、国際関係を民主化できる潜在的可能性をもたらすし、同時にまた国際関係をおそらくもっと効率的にする。世界の都市人口が引きつづき増加するにつれて、ますます多くの政策や改革を、都市地域に居住する人たちに向けることが必要となる。都市行政は、これらの過程で必要不可欠なパートナーになるだろう。

まとめ

1　都市社会学の初期の取り組みでは、シカゴ学派の研究が優勢であった。シカゴ学派の研究者たちは、生物学に由来する生態学モデルによって、都市過程を理解していった。ルイス・ワースは、生活様式としてのアーバニズムという概念を展開し、都市生活が非人格性と社会的隔たりの発生源になる、と論じた。こうした取り組みは、完全に放棄されたわけではないが、異論が示されている。批判する人たちは、都市生活は必ずしもつねに非人格的ではない、また、数多くの緊密な人格的絆を都市の近隣居住社会のなかで維持することは可能である、と指摘している。

2　デヴィッド・ハーヴィとマニュエル・カステルの最近の研究は、都市過程を自己完結した過程とみなさずに、アーバニズムの様式をもっと広い社会と結びつけて考えている。人びとが都市のなかで発達させる生活様式は、さまざまな近隣居住地区の物理的配置と同じく、工業資本主義の発達のもつ幅広い特徴を表している。

3　伝統社会では、人口のごく一部しか都市地域に居住していなかった。今日、先進工業国では、人口の六割から九割が都市に居住する。アーバニズムは、発展途上世界でも急激に進展している。

4　郊外やベッドタウンの拡大は、インナーシティの衰退の一因になっている。富裕層は、都市中心部から転出して、住居が低層で、同質性がもっと高い近隣居住地域で暮らす傾向にある。悪循環がはじまり、郊外地域が拡大すればするほど、都市中心部の居住者の直面する問題はますます大きくなっていく。都市リサイクル――新たな用途のために古い建物を改修することを含め――は、多くの大都市で一般的になってきた。

5　都市発達という大規模な過程が、発展途上国で生じだしている。発展途上社会の都市は、欧米の都市と主要な点で異なり、一時しのぎの違法な住居が目立つ場合が多い。そうした住居では、生活条件が極めて貧窮している。発展途上世界では、非制度的経済が顕著である。政府は、教育や健康管理、家族計画にたいする住民の要求の増大にうまく対処できない場合が多い。

6　都市は、グローバル化の強い影響を受けだしている。グローバル・シティとは、ニューヨークやロンドン、香港のような中心的都市で、大企業の本社が所在し、過剰なほど金融サーヴィスや技術サーヴィス、コンサルタント業が集中する。ソウルやモスクワ、サンパウロといった一連の地域的中心都市は、グローバル経済の重要な結節点として発達しだしている。

7　都市がグローバル経済のなかでますます重要になるにつれて、都市とその都市の外側に拡がる地域の関係は変化している。都市は、その都市が所在する地域や国との結びつきが稀薄になり、他のグローバル・シティとの水平的結びつきがより重要になる。グローバル・シティを特徴づけるのは、著しい不平等である。極めて裕福な状態と悲惨な貧困状態が隣り合って共在するが、この二つの世界のあいだの接触は、最低限でしかない。

8　政治的、経済的行為体としての都市の役割は、増大しだしている。都市行政は、一部のグローバルな争点を、国の政府よりもうまく対処できる立場にいる。都市は、経済生産性や競争力に寄与し、社会的、文化的統合を促進し、多くの人が利用できる政治的活動の場を務めることができる。一部の都市は、世界的イベントを主催したり、都市再生策や経済開発策を実行することで、その都市の知名度を高める戦略計画を練っている。市長は、都市がかかえる政治的課題を促進するための重要な政治勢力になりだしている。

9　グローバル化の進展とともに、国際的な問題に取り組む上で都市の果たす役割は、おそらく今後も増大する。それは、大都市の直面する問題の多くが、たとえば経済的統合や移民、貿易、公衆衛生、情報テクノロジーといったグローバルな争点と、結びついているからである。都市の地域的ネットワークや国際的ネットワークは出現しだしており、これらのネットワークは、現在は国民国家が構成するグローバルな統治形態のなかに、おそらくもっと積極的にかかわっていくことになる。

考察を深めるための問い

1　都市は、見知らぬ人たちから構成される場所だろうか。
2　シカゴ学派は、都市生活に関する近年の考え方にどのような影響を及ぼしたのだろうか。
3　都市の集団間で資源をめぐる対立がなぜ生ずるのだろうか。
4　英国での都市再生の企ては、なぜ成果を挙げていないのだろうか。

5 第三世界の「メガシティ」は、その都市化過程が苛酷な生活条件を創りだしているため、都市化を抑制するべきだろうか。

6 市長公選制という考え方は、近年なぜ熱烈に支持されるようになったのだろうか。

読書案内

Marshall Berman: *All That is Solid Melts into Air* (Verso, 1982)

Roger Bock & Kenneth Thompson (eds): *Social and Cultural Forms of Modernity* (Polity, 1992)

James Donald: *Imagining the Modern City* (Athlone, 1999)

Nan Ellin: *Postmodern Urbanism* (Blackwell, 1995)

David Frisby: *Cityscapes of Modernity: Critical Expolorations* (Polity, 2001)

Richard Le Gates & Frederic Stout (eds): *The City Reader* (Routledge, 2003)

Philip Kasinitz (ed.): *Metropolis: Centre and Symbol of our Times* (Macmillan, 1995)

Peter Marcuse & Ronald van Kempen (eds): *Globalizing Cities: A New Spatial Order?* (Blackwell, 2000)

Mike Sanage & Allan Warde (eds): *Urban Sociology, Capitalism and Modernity* (Macmillan, 1992)

John Rennie Short: *The Urban Order: An Introduction to Cities, Culture and Power* (Blackwell, 1996)

Fran Tonkiss: *Space, the City and Social Theory* (Polity, 2005)

インターネット・リンク

Sustainable architecture, building and culture
http://www.sustainableabc.com

University of Leicester, Center for Urban History
http://www.le.ac.uk/urbanhist/index.html

The Government's Neighhood Renewal Unit
http://www.neighbourhood.gov.uk/

City Mayors
http://www.citymyors.com/features/euro_cities.html

H-Urban Discussion Site
http://h-net.msu.edu/~urban

Radical Urban Theory
http://www.rut.com/

Virtual Cities Resource Centre
http://www.casa.ucl.ac.uk/vc/welcome.html

22

環境とリスク

二〇〇四年のボクシングデー〔英国で、クリスマスの翌日に郵便配達人などへクリスマスの贈り物《クリスマス・ボックス》をする法定休日〕の早朝、英国時間でちょうど一時前に、この四〇年間で最大規模の地震がインド洋海底で発生した。巨大地震は、海底にずれを生じさせ、何百立方キロメートルもの水の塊に置き換わった。震動が引き起こした巨大な津波は、インド洋を一時間当たりおよそ五〇〇マイルの速さで震源地から移動しだした。津波は、海岸に近づくと時速三〇マイルくらいに劇的に速度を落とし、逆に高さを増した。津波は、最初の震動からちょうど一五分後に、最も近い陸塊である北インドネシアのアチェに到達して、多くの地域で津波の通り道になったものすべてを破壊し、その残骸を何百メートルも内陸に押し流した。津波は、九〇分後にはタイ、二時間後にはスリランカ、三時間半後にはモルジブを襲った。そして、最後に、津波は、原因となった地震が起きてから約七時間後に、震源地から数千マイルも離れたアフリカの海岸にまで到達した。

惨劇の規模はすぐには判明しなかった。ボクシングデーが終わる頃に、休暇中の何人かの欧米人を含む一万二〇〇〇人が命を落としたと報道された。数週間後、国連は死亡者数を一七万五〇〇〇人以上と算定した。死亡者のほとんどはインドネシアで、およそ一六万人が命を落としたと考えられる。インド洋周辺で死亡した人の総数は計算方法によってかなりまちまちであるが、英国の赤十字は、周辺地域の犠牲者を約一〇〇万人と、信じがたい数に推定している。スリランカでは三万人以上が死亡し、そのうち約一〇〇〇人は、津波が八〇トンの列車を線路から持ち上げ、水中に沈めたために溺死した。インドでは、一万人弱が死亡したと考えられている。西方向にも進んだ津波は、はるか遠いアフリカにまで破壊をもたらし、アフリカ大陸の東海岸でおよそ一四〇人が死亡した。インド洋周辺で、何百万人もが住む場所を失った。

このスマトラ島沖地震による津波は、地球規模の災害であり、グローバル化の進む世界では何千マイルも離れた場所で生じた出来事が、私たちの生活にいかに大きな影響を及ぼすのかを、具体的に示している。津波で死亡した大多数の人びとは地元住民だったが、欧米人の死者も数千人に達し、その多くは被害にあった地域で穏やかなクリスマス休暇を楽しんでいた。津波は、英国の国民だったり英国と密接なつながりがある一四九人の命を奪った。この犠牲者の数は、第二次世界大戦以降に国外で起きた事件のなかで最も多く、二〇〇一年にニューヨークとワシントンを襲った九・一一テロで死亡した英国人の数よりもはるかに多い。欧米人の命が多く失われたことは、グローバル化の進展を反映している。休日の行楽客のほとんどが命を落としたタイは、富裕国の人たちが、休暇を過ごすためにもっと遠くに旅行するようになったことで、ここ二〇年間に大規模な観光旅行の目的地となった。災害救助もまた、グローバルな拡がりを見せた。惨劇の数日後、世界中のテレビ局が、被害の映像やレポートを放送した。富裕国では、一般の人たちと政府が数百万ドルもの義捐金を送り、また政府は、被害が最も大きかった国からの債務返済を一時的に停止することに同意し、軍隊や専門家をこの地域に派遣した。二〇〇五年の一月初め、ヨーロッパ中で何百万もの人びとが、仕事の手を休めて、亡くなった人たちを悼む三分間の黙祷を捧げた。

社会学的論点としての環境

社会学者は、なぜこのようなエピソードに関心を寄せるべきなのだろうか。津波は間違いなく純然たる自然界の出来事で、自然界のもつ巨大な力の一例に過ぎないのではないのか。しかしながら、社会学者は、自然界と――つまり、私たちが生きる物理的環境と――人間の関係にじかに関心をいだくことができるし、またそうする必要がある。まず、社会学は、自然環境の脅威がどのように分布しているのかを理解するのに役立つ。さきに見たように、アジアで起きた津波が世界各地から訪れた人たちに死をもたらしたとはいえ、死者のほとんどは、インド洋周辺の沿岸水域の地元住民であった。かりにこのような津波がインフラの整備された太平洋沿岸の富裕国で起きたとすれば、米国ハワイ州に設置された太平洋津波警報システムは、危険にさらされる国々の緊急防災機関に即座に警報を発し、津波が襲う前に、沿岸地域から住民を避難させることができたかもしれない。(初期警報システムは、欧米の寄付でインド洋にも設置される予定である。)環境が原因のリスクの分布は、環境の脅威の種類によっても異なる。たとえば、地球温暖化は、地球上のすべての人に影響を及ぼすが、それぞれ異なったかたちで影響を及ぼす。(地球温暖化と地球温暖化がおそらく及ぼす影響については、九三五頁~九四〇頁で検討する。)たとえば、洪水は、バングラディシュのように土地が低く、貧しい国では、住居やインフラが苛酷な気象条件にあまり対応できていないため、かなり多くの人びとの命を奪う。それにたいして、米国などの富裕国では、地球温暖化が政策立案者に提起する課題は、たとえば地球温暖化の影響をじかに受ける地域から人びとがその国にやって来ようとする際に、入国移民の数を増やすといった、間接的なことかもしれない。

二つ目に、社会学者は、人間の行動様式が自然環境にどのような圧力を創りだすのかを解明することができる(Cylke 1993)。スマトラ島沖地震による津波は、人びとの行為の結果でなかったとはいえ、この章で取りあげる多くの環境問題は、人びとの行為の所産である。たとえば、工業国が生みだす汚染の度合は、かりにその汚染の度合がもっと貧しい非工業国で繰り返されるならば、おそらく大惨事の原因になる。(この問題は、後で成長の限界と持続可能な開発について論ずる際に、詳しく検討する。)かりに世界の恵まれない地域が裕福な地域に追いつくことになれば、裕福な地域で暮らす人びとは、恒常的な経済成長にたいする期待を修正しなければならないだろう。「緑」(自然保護派)の論者のなかには、かりに地球規模の生態学的災害を避けたいのであれば、富裕国の人たちは消費至上主義に抵抗し、もっとシンプルな生活様式にたち戻る必要がある、と主張する人もいる(たとえば、Schumacher 1997, Stead & Stead 1996 を参照)。この人たちは、地球環境の救済が、したがってテクノロジーの変革だけでなく社会の変革をも意味する、と論じている。現実に見いだされる地球規模の夥しい不平等状態を考えあわせば、開発途上世界の貧しい国々が、もっぱら富裕国が引き起こした環境問題のために自国の経済成長を犠牲にする可能性は少ない。社会学は、環境問題が社会趨勢の変革とどのように結びつくのかについて、私たちが検討することを可能にする。

この章では、自然環境への——そのほとんどは、津波と異なり、人間が生みだした——もっと広範な脅威についていくつか考察する。現在の消費水準が持続可能なのかどうかを問題にし、汚染や浪費、資源の枯渇を含め、環境への主要な脅威をいくつか検討したい。その上で、今日、私たちが直面する重大な環境面のリスクについて考察する。

私たちが共有する環境

地球温暖化や熱帯雨林の破壊といった人間が自然界に及ぼす有害な影響をめぐる問題は、**環境生態学**として知られるようになった。環境にたいする人びとの懸念は、環境問題をめぐってキャンペーン活動をおこなう、たとえばフレンズ・オヴ・ディ・アースやグリーンピースといった「緑」の運動や政党、非政府組織の発達を導いてきた。緑の哲学にはさまざまな立場が見いだされるとはいえ、世界の環境を保護し、環境資源を枯渇せずに保全し、稀少生物種保護のために行動をおこそうとする点で、共通の関心の糸で結ばれている。

成長に限界はあるのか?

環境保護運動の台頭や、環境問題への人びとの関心に影響を及ぼした重要な要素のひとつは、一九七〇年代初めに刊行された有名なレポート——ローマ・クラブが発表した『成長の限界』——に遡ることができる(Meadows et al. 1972)。ローマ・クラブとは、イタリアの首都で形成された、実業家や企業経営者、官僚たちの団体である。ローマ・クラブは、絶え間ない経済成長や人口増加、汚染、天然資源の枯渇が及ぼす帰結について予測するために、コンピュータ・シミュレーション技術による研究を委託した。このシミュレーションによって得たモデルは、かりに一九〇〇年から一九七〇年に定着した趨勢が二一〇〇年までつづいた場合に起こり得る事態を明らかにした。検討要因の成長率の相違によって、可能性としてさまざまな帰結が生ずるようにコンピュータの推計を組み換えた。研究者たちは、変数を組み換えても、そのたびに最終的に環境危機が生ずることを見いだした。ローマ・クラブのレポートは、工業の成長率が、地球資源の有限性や、人口増加を支えたり汚染を吸収する能力とは両立できない、と結論づけた。つまり、このレポートは、現在の「人口や工業化、汚染、食糧生産、資源枯渇」状態では、いまの成長水準が維持できないことを指摘した。

このローマ・クラブのレポートは、各方面から批判を受け、その後、報告書の執筆者でさえも批判の一部が正しいことを認めるようになった。研究者たちが用いた方法は、物質的限界に焦点を当てて、当時の成長率や技術革新を想定していた。レポートは、テクノロジーの進歩や政治的手段によって人びとが環境課題に対応する能力を十分に考慮していなかった。さらに、批判する人たちは、市場勢力が天然資源の過剰開発に制限を加える可能性があることも指摘する。たとえば、かりにマグネシウムのような鉱物資源が欠乏していけば、マグネシウムの価格は上昇する。マグネシウムの価格が上昇すれば、マグネシウムは段々と使われなくなり、生産者は、費用が法外に上昇すれば、おそらくマグネシウムをまったく使わないですむ方法さえ探しはじめる。研究者たちは、弁明のなかで、自分たちは将来を予測しようとしたのではなく、かりにいまの状況が何も変わらずに推移した場合に何が生ずるのかを指し示しただけである、と強調した。ローマ・クラブのレポートは、たとえどんな限界があるにせよ、人びとの意識に強い影響を及ぼした。レポートは、さまざまな公害が何の抑制も受けずに放置されることのリスクに注意を喚起しただけでなく、工業開発やテクノロジーがもたらし得る有害な帰結を多くの人たちに認識させることにも役立った。レポートはまた、第二〇章の八五二頁～八五六頁で論じた、環境保護運動の急速な高まりの切っ掛けにもなった。

『成長の限界』は、地球がどの程度まで持続する経済発達や人口増加を吸収できるかの度合に制限を加える、そうした社会的、自然的影響作用がともに存在するという考え方に立脚していた。多くの集団は、このローマ・クラブのレポートの知見を、環境保護のために経済発達を厳しく抑えるべきであると指摘するために利用した。しかしながら、他の人たちは、このような見解を、受け容れがたい、無益な見解として批判した。批判する人たちは、経済発達が世界の富を増大させる手段であるため、経済発達を促進するべきだし、また経済発達の促進は可能である、と主張した。低開発国は、かりに工業成長から何らかのかたちで締め出されてしまえば、富裕国に追いつくことは決して望めなくなる。

持続可能な開発

近年は、経済成長の抑制を求めるよりも、むしろ**持続可能な開発**という考え方を軸に展開している。持続可能な開発という言葉を最初に導入したのは、国際連合が任命する委員会が一九八七年に出したレポート、『われら共有の未来』〔邦訳書名『地球の未来を守るために』〕である。このレポートは、この委員会の議長を、当時のノルウェー首相グロー・ハルレム・ブルントラントが務めたため、ブルントラント・レポートとしても知られている。このレポートの執筆者たちは、いまの世代による地球資源の使用をこのままのかたちで持続させることは不可能である、と主張した。

二〇世紀を通じて、人間世界とその人間世界を支える地球の関係は、重大な変化を被りだした……重大な、意図しない変化が、大気で、土壌で、水で、植物と動物で、またそれらすべての相互の関係で、生じだしている。変化の度合と速度は、科学の研究能力や、目下の診断とアセスメントの能力を凌駕しはじめている。これまでの政治機構や経済機構が変化に対処するためにとる努力は、断片的におこなわれてきたため、変化の度合と速度は、こうした努力を挫折させはじめている。……いまの世代は、未来の世代に選択の自由を残しておくために、国内的にも国際的にも、いますぐに、また協力して行動に着手しなければならない。

持続可能な開発とは、経済成長を促進し、生物種の多様性を保護し、汚染のない空気と水、大地の維持に専心するために、再生可能な資源を利用することである、と定義づけできる。ブルントラント委員会は、持続可能な開発を、「未来の世代が未来の世代のニーズを充たす能力を損なうことなしに、現在の世代のニーズを充たすことである」ととらえた。持続可能な開発とは、少なくとも理念的には、物質的資源を枯渇させるのではなく、リサイクルし、汚染度合を最小限にとどめるかたちで、成長をつづけるべきだという考え方である。

『われら共有の未来』が刊行されて以降、この「持続可能な開発」という表現を、環境保護主義者も政府もともに幅広く用いるようになった。この言葉は、一九九二年にリオデジャネイロで開催された国際連合の地球サミットで使われ、また、二〇〇二年にヨハネスブルグで開催された持続可能な開発のための世界サミットのように、国連が運営した他の環境サミットにも登場した。また、持続可能な開発は、今後数十年間に多くの種類の貧困状態を減少させる目的で世界の一九一カ国が同意した、ミレニアム開発目標のひとつにもなっている。このミレニアム開発目標には、持続可能な開発の原則を各国が政策や計画のなかに取り込むこと、環境資源の喪失を阻止し回復させること、安全な飲料水を継続的に入手利用できない住民の割合を半減させること、少なくとも一億人のスラム居住者の生活を——すべて二〇二〇年までに——改善すること、が含まれる。

ミレニアム開発目標について、詳しくは第一一章「グローバルな不平等」、四三〇頁を参照。

ブルントラント・レポートは、約四半世紀前のローマ・クラブのレポートがそうであったように、多くの批判を招いた。批判する人たちは、持続可能な開発という概念が、極めて曖昧で、貧しい国々に特有なニーズを看過している、と考えた。批判する人たちによれば、持続可能な開発という考え方は、富裕国のニーズにのみ注意を集中させる傾向が強く、富める国の高い消費水準が貧しい人たちの犠牲のもとで充足されている状況を考慮していない。たとえば、インドネシアに熱帯雨林の保全を要求することは、公正さを欠くとみなされる可能性がある。なぜなら、インドネシアは、先進工業国以上に歳入を必要としているのに、熱帯雨林の保全を受け容れることで販売収入を断念しなければならないからである。

消費、貧困、環境

環境問題や経済発達をめぐる論争のほとんどは、消費様式の問題と関係している。消費とは、人びとや制度体、社会が利用する商品やサーヴィス、エネルギー、資源のことをいう。消費は、プラスの側面とマイナスの側面を合わせもつ現象である。一方で、世界中の消費水準の上昇は、人びとが前の時代よりも好ましい生活条件で暮らすようになることを意味する。消費は、経済発達と密接に結びついている——生活水準の上昇によって、人びとは、食べ物や衣服、家財、余暇時間、休日、自動車等々をより多く手にすることができる。他方、消費は、マイナスの影響作用を及ぼす可能性がある。消費様式は、基盤となる環境資源に損害を及ぼし、不平等を悪化させるかもしれない。

表22-1　消費支出と人口（2000年）

地　域	世界人口に占める割合（％）	世界全体の個人消費支出に占める割合（％）
米国・カナダ	5.2	31.5
西ヨーロッパ	6.4	28.7
東アジア・太平洋地域	32.9	21.4
ラテンアメリカ・カリブ諸国	8.5	6.7
東ヨーロッパ・中央アジア	7.9	3.3
南アジア	22.4	2.0
オーストラリア・ニュージーランド	0.4	1.5
中東・北アフリカ	4.1	1.4
サハラ砂漠以南アフリカ	10.9	1.2

出典: Worldwatch Institute (2004)

二〇世紀を通じて、世界の消費動向は目覚ましものがあった。二〇世紀末までに、個人消費支出と公共消費支出は、およそ二四兆ドル――一九七五年の水準の二倍、一九五〇年の水準の六倍――に及んでいた。一九〇〇年当時、世界の消費水準は、一兆五〇〇〇億ドル強だった（UNDP 1998）。消費割合は、この三〇年間に急激に増加した。先進工業国では、一人当たりの消費は、毎年二・三％の割合で増加してきた。東アジアでは、成長はもっと速く――毎年六・一％――なっている。対照的に、今日、アフリカの平均的世帯の消費は、三〇年前に比べ、二〇％も減っている。消費の拡大が世界人口の五分の一に当たる最貧困層を素通りしてきたことにたいして、幅広い懸念が示されている。

世界の富裕層と貧困層のあいだで生じている消費の不平等は、無視できない。北アメリカと西ヨーロッパは、世界人口の約一二％しか占めていない。しかし、北アメリカと西ヨーロッパの個人消費支出――世帯レヴェルで商品やサーヴィスに費やされる金額――は、世界の個人消費支出の六〇％以上に及んでいる。対照的に、世界の最貧困地域――世界人口の約一一％が暮らすサハラ砂漠以南アフリカ――は、世界全体の個人消費支出のわずか一・二％を占めるに過ぎない（表22-1を参照）。

環境保護論者は、今日の消費様式が、たんに極めて不平等なだけでなく、同時にまた環境にも重大な影響も及ぼしている、と主張する。たとえば、真水の消費は一九六〇年以降倍加しており、後で論ずる地球温暖化の主な要因である化石燃料の燃焼は過去五〇年間に五倍に増え、木材の消費は過去二五年間に四〇％上昇している。漁獲高は減少し、野生生物種は絶滅し、水の供給は先細りになり、森林地域は面積が縮小しだしている。消費様式は、たんにいま存在する自然の諸要素を枯渇させるだけでなく、産業廃棄物や有害物質の排出によって自然環境の悪化の一因にもなっている（UNDP 1998）。

終わりに、富裕層は世界の主要な消費者であるが、消費の増大が原因となって生ずる環境の損害は、貧困層に最も深刻な影響を及ぼす。地球温暖化を論ずる際に（九三五頁〜九四〇頁）見るように、裕福な人たちは、消費のもたらすマイナスの影響に対処することなしに、消費のもたらす多くの利益を享受できる比較的恵まれた立場に身を置いている。ローカルなレヴェルでいえば、富裕層は、犠牲のほとんどを貧困層に負わせたまま、通常、問題のある地域から引っ越すことが可能である。化学工場や発電所、幹線道路、鉄道、空港は、多くの場合、低所得者の居住地域に位置している。グローバルなレヴェルでも、同じような過程が作動しているのを目にする。土壌浸食、森林破壊、水不足、鉛ガス排出、大気汚染は、いずれも発展途上世界に集中する。貧困もまた、こうした環境面への脅威を強める。資源をほとんどもたない人たちは、自分たちが入手できる資源を最大限に利用する以外にほとんど選択の余地がない。その結果、人口が増えると、生活基盤である先細りの資源に、ますます多くの圧力が加わることになる。

脅威の源泉

これまで見てきたように、今日の世界が地球規模で直面する環境面の脅威は、数多く存在する。これらの脅威は、基本的に次の二つにおおよそ分類できる。汚染と環境にばらまかれる廃棄物、それに再生可能資源の枯渇である。

汚染と浪費

大気汚染　空気中への有毒ガスの排出が引き起こす大気汚染は、毎年二七〇万以上の人命を奪っていると考えられる。大気汚染は、二つの類型に分けられる。「屋外での汚染」――もっぱら工業の汚染物質や自動車排出ガスが生みだす――と、「屋内での汚染」――家庭で暖房や調理のために薪炭を燃やすことが原因の――である。従来、大気汚染は、先進工業国では工場や自動車の数が格段に多いため、先進工業国を苦しめる問題とみなされてきた。とはいえ、近年、発展途上世界における「屋内での汚染」のリスクに、注意が向けられている。大気汚染と結びつく死亡の九〇％以上は、発展途上世界で生じていると考えられる。それは、木材や動物の糞といった発展途上国の人たちの燃やすものの多くが、灯油やプロパンといった昨今の燃料ほどクリーンではないからである。

英国の大気汚染は、二〇世紀中頃まで石炭を広範囲に燃やしたことがもっぱら原因となり、石炭の燃焼は亜硫酸ガスと濃い黒煙を排出した。石炭は家庭暖房のために使われ、工場ではそれほど使用されていなかった。スモッグを減らす一環から、一九五六年に大気汚染防止法が煙突からの排気を規制するために成立した。灯油やプロパン、天然ガスといった無煙燃料の使用が促進され、英国をはじめ先進工業国では、今日、無煙燃料を幅広く使っている。

一九六〇年代以降、大気汚染は、自動車利用の増加が主な原因

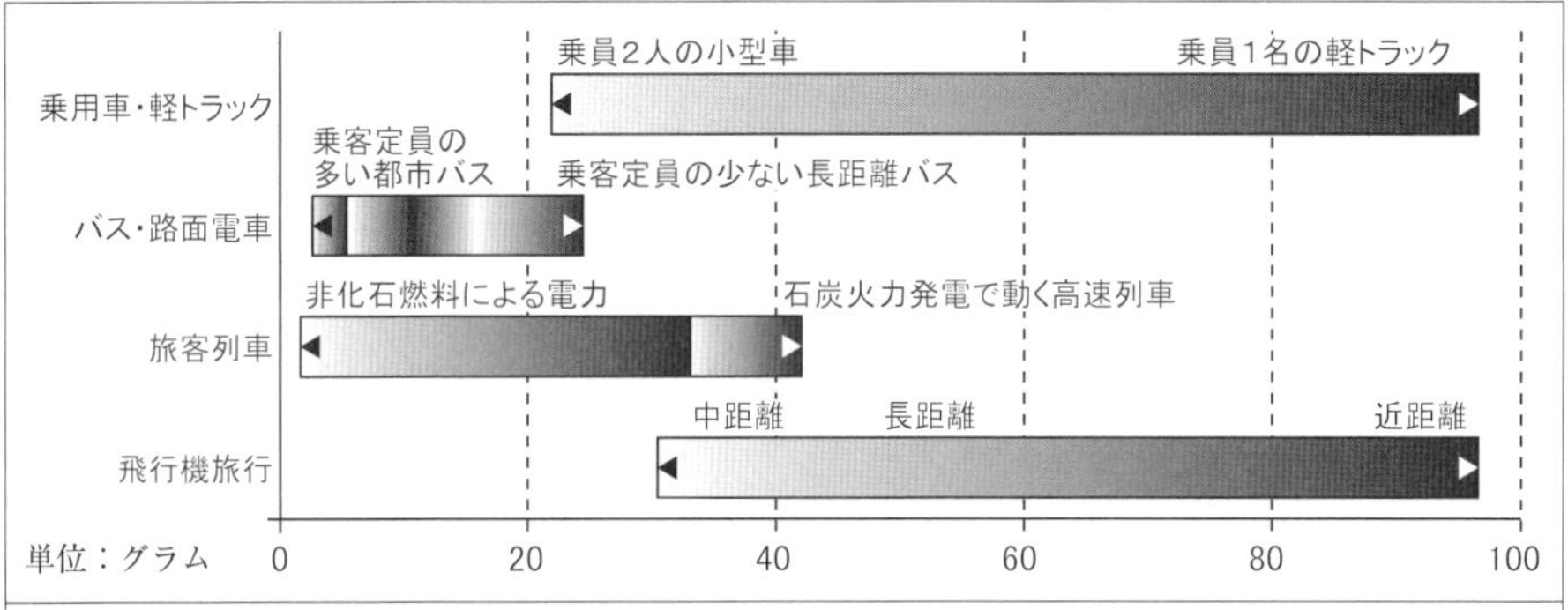

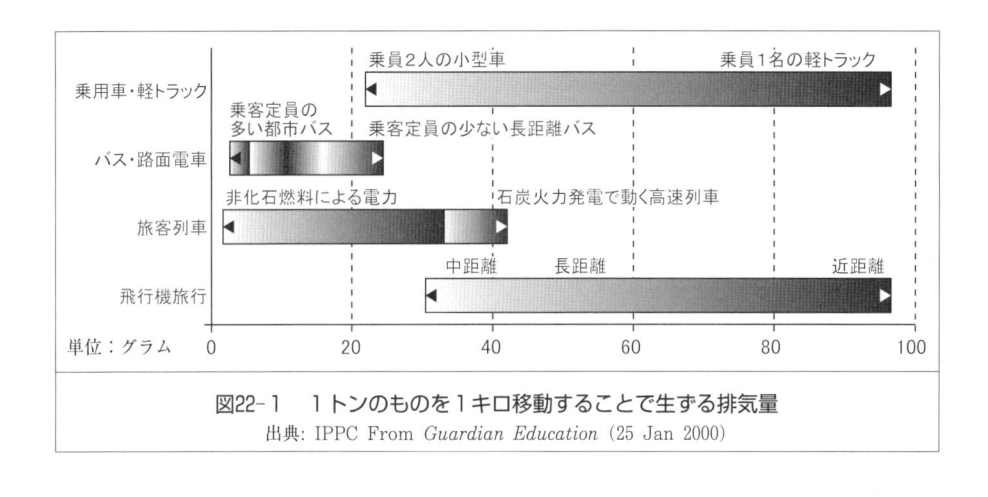

図22-1　1トンのものを1キロ移動することで生ずる排気量
出典: IPPC From *Guardian Education* (25 Jan 2000)

になった。自動車からの排気は、煙突からの排気よりももっと低層で大気に入り込むため、とりわけ有害である。図22-1が示すように、乗り物の種類によって生みだされる排出量に差がある。乗用車は、ヨーロッパの交通量の約八〇％を占めるため、環境にとりわけ有害な影響を及ぼしている。そのため、多くの先進工業国でおこなわれる大気汚染削減の努力は、代替策として、たとえば旅客鉄道や、乗客定員数の多いバス、車の相乗りといった低公害輸送手段の使用に焦点を当ててきた。

　大気汚染は、呼吸障害やガン、肺病を含め、人びとの数多くの健康問題と密接に結びついてきた。屋外での汚染は、長いあいだ先進工業国と結びついて考えられてきたが、発展途上世界でも急激に増加している。その国が工業化を急速に遂げると、工場からの排出ガスも増え、また道路上の車の数も増加する。多くの発展途上国では、ほとんどの先進国ですでに廃止された有鉛ガソリンを、依然として使用している。大気汚染の度合は、東ヨーロッパの多くの地域や旧ソヴィエト連邦で、とくに高い。

　大気汚染は、たんに人間や動物の健康に影響を及ぼすだけではない。大気汚染はまた、エコシステムの他の要素にも有害な影響を及ぼしている。大気汚染の有害な帰結のひとつに、酸性雨、つまり、ある国で排出された亜硫酸ガスや窒素酸化物が国境を越えて漂流し、他の国に酸性の強い雨を降らすときに生ずる現象がある。酸性雨は、森林や作物、動物の生命に害を及ぼし、湖の酸性化を導く。カナダやポーランド、北欧の国々が、とくに酸性雨の激しい危害を受けてきた。たとえば、スウェーデンでは、全部で九万に及ぶ湖のうち二万の湖が、酸性化している。

酸性雨も、環境への多くの脅威と同じく、阻止することが難しい。なぜなら、酸性雨の原因と帰結は、国境を越えるからである。たとえば、カナダ東部の酸性雨のほとんどは、米国とカナダの国境を越えたニューヨーク州の工業生産と密接に関連すると考えられている。酸性雨被害に苦しむ他の国々も、酸性雨の原因が国境を越えているため、この問題への対処が自分たちの手に余ることに、同じように気づいてきた。いくつかの事例で、深刻な酸性雨被害を減らすために、二国間なり地域間の協定が締結されている。しかしながら、排出量は、一部の地域で引きつづき高く、また発展途上世界で急激に増加しだしている。

北海油田の採掘施設の廃棄について述べた次のコラムは、環境問題の積極行動主義が、環境汚染の従来の行いにどのように異議の申し立てをおこない、改革を迫ることが可能になったかの事例分析になっている。

環境保護の積極行動主義
――グリーンピース、シェル石油、ブレント・スパー

近年、環境保護団体は、極めて人目を引くキャンペーン活動に数多くかかわっている。キャンペーン活動が成果を挙げた有名な例に、一九九八年に、多国籍企業のシェル石油による北海油田の原油貯蔵積出基地、ブレント・スパーの海上投棄計画に反対した、グリーンピースのキャンペーン活動がある。

環境保護闘争の戦場となったブレント・スパーは、水葬場所への曳航が何度か中断されてから三年後の昨日、ついに最後の日を迎えた。海洋投棄を止めさせるためにグリーンピースが大規模なキャンペーン活動を起こすまで、ブレント・スパーは、大西洋に沈められることになっていたからである。

とはいえ、昨日、ブレント・スパーをリサイクルできるように分解する最初の措置がとられた。ブレント・スパーは、北海で浮体式貯蔵積出基地として二二年間使用された後、ノルウェーのフェリー埠頭になることになった。水上に見えていた一六〇〇トンもある「上部施設」は、世界最大のクレーン船のひとつによって引き離される。その後、フィヨルド観光の拠点スタヴァンゲルの北東部にあるヴィカネセットで、上部施設は陸揚げされ、設備を取り外され、解体されることになる。

その後六カ月かけて、ブレント・スパーは海中から引き揚げられ、サッカー競技場よりも長い胴体部分が輪切りにされる。輪切りにされた胴体部分は、洗浄され、砕石を詰め込まれ、メックヤルヴック港の海底に設置されて、新たな埠頭を形成するためにコンクリートで表面を覆われることになる。

この胴体部分を環境に優しい仕方で壊すために、シェル石油は、海上投棄した場合の四五〇万ポンドに比べ、四三〇〇万ポンドもの出費をおこなうことになる。

グリーンピースのオイル問題の専門家、ジャン・リスペンスは、処理作業が最終的に開始されたことを喜び、「これはとり得る最良の解決方法です。この方法は、海洋を保護し、

雇用を生み、資材の再利用を可能にします」と述べた。

一九九五年に、グリーンピースの活動家たちは、北海に係留され、投棄予定地の大西洋に曳航されるの待っていたブレント・スパーを占拠した。活動家たちは排除されたが、ブレント・スパーが当初計画された投棄場所に曳航されるあいだに、再度ブレント・スパーに乗り込んだ。グリーンピースの活動は、ヨーロッパ中で一般の人たちから大々的な支持や支援を引き起こした。そのため、シェル石油は、自社のガソリンスタンドがボイコットにあったり、ヨーロッパ大陸では火焔ビンや銃弾による攻撃を受けた（グリーンピースはこの行為を強く非難している）ため、最終的に深海への投棄計画を断念し、撤回した。

来年初め、特別改造の台船が、輪切りにされた胴体部分をメックヤルヴック港に運ぶことになる。メックヤルヴック港では、同じ大型クレーン船が、環状部分を、新たな埠頭の基底部分として再利用するために海底に設置する。この埠頭は、来年末までに完成する予定である。

出典: Graeme Smith, 'Beginning of end for Brent Spar; Eco-battleground to be ferry terminal', *The Herald* (Glasgow), 26 Nov 1998.

【設　問】

1　新たな社会運動は、多国籍企業の行動に重要な結果を生み出すことができるだろうか。あるいは、ブレント・スパーのような事例は、さほど重要度が低い決定なのだろうか。

2　多国籍企業は誰にたいして責任を負うのだろうか。

水質汚染　歴史を通じて、人びとは、数多くの重要なニーズ——飲用、調理、洗濯、農作物の灌漑、漁業等々、多くの目的——を充足するために、水に依存してきた。水は、最も貴重な、不可欠な天然資源であるとはいえ、同時にまた、人間の手による乱用を著しく被ってきた。長年にわたって、不要な副産物は——排泄物にしても産業廃棄物にしても——ほとんど何の疑念ももたずに、河川や海洋にじかに捨てられてきた。水質を保全し、水に依存する魚類や野生生物を保護し、人びとの清潔な水の利用を確保する一体的努力は、多くの国々でこの半世紀くらいに初めて見られるようになった。こうした努力にもかかわらず、水質汚染は、世界の多くの地域で引きつづき深刻な問題になっている。

国際連合が設定したミレニアム開発目標のひとつは、二〇一五年までに「安全な飲料水を入手利用できない人びとの割合を半減させる」ことである。水質汚染は、有毒な化学物質や鉱物、農薬、未処理の汚水といった成分が上水道に混入すること、と一般に理解されている。水質汚染は、発展途上世界の人びとにとって最大の脅威となる。現在、世界で一〇億以上の人びとが安全な飲料水を入手できず、二〇億以上の人びとが下水道施設を欠いている。下水道施設は、世界の最貧困国の多くで依然として未発達で、糞尿は、多くの場合、小川や河川、湖にじかに捨てられている。未処理の汚水が生みだす高い細菌レヴェルは、たとえば下痢や赤痢、肝炎といった、さまざまな種類の飲料水媒介の疾病につながる。

汚染された水が原因で、年間で約二〇億人が下痢を患い、五〇〇万人が下痢で死亡している。世界の水資源の入手利用状況は改善されだしている。一九九〇年代に、およそ一〇億人が安全な飲料水を入手利用できるようになり、また同じ数の人たちが下水道施設を使用できるようになった（UNDP 2002）。

先進工業国では、水質汚染の事例は、多くの場合、農業地域での肥料の乱用が原因で引き起こされる。化成農薬に含まれる硝酸塩は、長年のあいだに地下水脈に浸透する。ヨーロッパの地下水の約二五％は、欧州連合が許容する汚染レヴェルを上回っていることが明らかにされた（UNDP 1998）。最も水質汚染がひどい地域は、工場の跡地の近くに見いだされる場合が少なくない。工場の跡地では、微量の水銀や鉛などの金属が土壌に堆積し、長年にわたって汚染物質を上水道のなかにゆっくりと放出するからである。

欧米のほとんどの先進工業国で、河川の水質は、近年では改善されだしている。とはいえ、東ヨーロッパや旧ソヴィエト連邦では、河川の汚染は依然として現実の脅威である。旧ソヴィエト連邦での二〇〇の河川から採取された水質サンプルのうち、五分の四が極めて危険な汚染度を示していた。

固形廃棄物　スーパーマーケットやおもちゃ屋、ファーストフッド・レストランにいく機会があったら、店頭の商品に添えられている包装の量に注意してほしい。いまの時代、包装のない商品を買うことなど、私たちはほとんどできない！　包装をすることには、商品を魅力的に見せたり製品の安全性を保証する上で明らかな利点があるとはいえ、同時にまた問題点も数多く存在する。消費の増大を示す最も明確な指標のひとつは、家庭廃棄物――ゴミ箱に投げ入れられるもの――の量の増加である。発展途上国では一九九〇年代初めに、一人当たり一〇〇キログラムから三三〇キログラムの固形の家庭廃棄物が生じていた。それにたいして、欧州連合では四一四キログラム、北アメリカでは七二〇キログラムに及んでいる（UNDP 1998）。生みだされる廃棄物の絶対量にしても、一人当たりが生みだす量にしても、世界中の国々で増加してきた。

先進工業国は、ときとして「使い捨て社会」と称されてきた。なぜなら、当然のことのように廃棄されるものの量があまりにも多いからである。政府統計によれば、イングランドとウェールズの世帯はどちらも、毎週二二キログラムの廃棄物を生みだしている。一九九七年度で、生みだされた二七〇〇万トンの廃棄物のうち、その九〇％は家庭から出ていた。固形廃棄物の約八五％は、ゴミ埋め立て処理場に送られる（HMSO 2000）。先進工業世界のほとんどの国で、廃棄物の回収事業はほぼ普及している。しかし、膨大な量の廃棄物の処理は、ますます困難になりだした。ゴミ埋め立て処理場はすぐに満杯になり、都市地域の多くは、家庭廃棄物を処理する余地が不足しだしている。

英国では、政府は、二〇〇五年までに自治体が処理する廃棄物の四〇％をリサイクルするとの目標を設定した。とはいえ、二〇〇一年度に家庭廃棄物でリサイクルできたのは、一九九六年度の七％に比べ、わずか一二％でしかない。同じ期間に英国の各世帯で生みだされる家庭廃棄物の総量は、一七％も増加した（HMSO

2004)。このリサイクルの量は生みだされる家庭廃棄物の総量に比べて少ないだけでなく、捨てられる家庭廃棄物の大部分は、容易に再加工や再利用ができない。食品の包装に広く用いられるプラスチックの多くの種類は、再利用できない廃棄物になっている。これらのプラスチックは、リサイクル手段がまったくないため、廃棄場に埋め込まれ、何世紀ものあいだ残存することを余儀なくされる。

発展途上世界では、現時点での家庭廃棄物をめぐる最大の問題は、ゴミ回収事業が実施されていないことである。発展途上世界では、家庭廃棄物の二〇％から五〇％が回収されていないと推定される。不十分な廃棄物管理システムは、ゴミが街頭に堆積し、病気の蔓延の一因になることを意味する。時間の経過とともに、発展途上世界は、先進工業国の現在の状況よりももっと深刻な廃棄物処理問題に直面していく可能性が高い。社会がより豊かになるにつれて、たとえば食べ物の残りといった有機性の発酵可能な廃棄物から、包装材のような、分解するまでにもっと長い時間を要するプラスチックや合成物質へと、廃棄物の種類は徐々に変化している。

資源の枯渇

人間社会は、自然界からの――たとえば、水、木材、魚類、動物、植物といった――非常に多くの資源に依存する。これらの資源は、しばしば再生可能資源と呼ばれている。なぜなら、これらの資源は、健全なエコシステムのもとでは、時間の経過とともに自動的にみずから補充されるからである。しかしながら、かりに再生可能資源の消費が均衡を欠いたり極端に走った場合、再生可能資源は、まったく枯渇する恐れがある。いくつかの証拠は、こうした枯渇過程が現実に生じていることを示唆する。再生可能資源の荒廃は、多くの環境保護論者にとって重大な関心事になっている。

水

あなたは、水を、枯渇する資源と考えることはない――どのみち降雨によってつねに補給されると考える――かもしれない。かりにヨーロッパや北アメリカで生活していれば、ときとして夏季の数カ月に水の使用が制限されることを除けば、給水について意識することはおそらくないだろう。しかしながら、世界の多くの地域に住む人たちにとって、恒常的に給水を利用できるかどうかは、慢性的に深刻な問題である。人口密度が高い地域では、入手できる水資源では、高い水需要を充たすことができない。たとえば北アフリカや中東のような乾燥した地域では、水道に負担が加わり、水不足はありふれた出来事になっている。この傾向は、今後強まるものとほぼ間違いなく確信できる。

それには、いくつかの理由がある。まず、次の四半世紀のあいだに予測される世界の人口増加のほとんどは、(第一一章、四三九頁～四四一頁で触れたように)すでに水不足を経験している地域におそらく集中する。さらに、人口増加のほとんどは都市地域で生じ、都市地域では、膨張する人口の上水道や下水道の需要に応ずるために苦労することになる。

地球温暖化もまた、上水道の枯渇に潜在的に影響を及ぼしている。気温が上昇すれば、飲用や灌漑のためにより多くの水が必要になる。しかしながら、地下水がこれまでと同じ速さで補充されることはないだろうし、同時にまた蒸発する割合も増加していくだろう。終わりに、地球温暖化にともなう気象変動は、現在の降雨傾向におそらく影響を及ぼし、給水システムをまったく予想もつかないかたちで変えるかもしれない。

土壌劣化と砂漠化　国際連合の『人間開発報告書』によれば、世界人口の三分の一は、大地に多少ともじかに根ざして——自分たちで栽培したり採取できる食糧や、自分たちで捕獲できる獣や鳥を常食にして——生活している（UNDP 1998）。この人たちは、大地にもっぱら依存しているため、この人たちの土地に頼った生活に影響を及ぼす変動にたいしてとくに脆弱である。急激な人口成長を経験しているアジアやアフリカの多くの地域で、《土壌劣化》の問題は、多数の人たちを困窮に陥れる恐れがある。**土壌劣化**とは、大地の質が悪化し、酷使や旱魃、化成肥料によって土壌のもつ天然の要素が剥ぎ取られていく過程である。

　土壌劣化の長期に及ぶ影響は、極めて深刻であり、もとに戻すことが難しい。土壌の質が悪化した地域では、農業の生産性は下落し、一人当たりが利用できる耕作に適した土地は減少する。牛をはじめ家畜を養うことも、飼料を欠くために困難になるか、不可能になる。多くの事例で、人びとは、もっと肥沃な土地を求めて移住せざるを得なくなる。**砂漠化**とは、激しい土壌劣化の結果、広大な地域が砂漠状態になることをいう。この現象は、すでにロシアとインドネシアを合算した規模の土地に影響を及ぼしてきた——すでに一一〇カ国以上が、砂漠化の危機にさらされている（図22-2を参照）。

森林破壊　森林は、エコシステムの不可欠な要素である。森林は、水の供給を調節し、大気中に酸素を放出し、土壌浸食を防ぐ一助になる。森林はまた、燃料や食べ物、木材、油、染料、薬草、医薬品などの供給源として、多くの人たちの生計に寄与してきた。しかしながら、森林はこのように極めて重要であるにもかかわらず、今日、世界の原生林の三分の一以上がすでに消滅している。**森林破壊**とは、通例、商用伐採によって樹木で被われた土地が駆逐されることをいう。森林破壊は一九八〇年代で一五〇〇万ヘクタールに及ぶと主張されており、最大の森林破壊は、ラテンアメリカとカリブ諸島（七四〇万ヘクタールの喪失）、それにサハラ砂漠以南アフリカ（四一〇万ヘクタールの喪失）で生じている。

　多くの種類の森林が森林破壊の過程に巻き込まれているとはいえ、熱帯雨林の今後予想される成り行きは、最大の注意を引いてきた。地球表面の約七％を被う熱帯雨林は、地球の生物種の多様性——生命形態の種類が多種多様であること——に寄与する数多くの動植物の生息地になっている。熱帯雨林はまた、医薬品開発のもとになる多くの植物の自生地や多くの油成分の原産地でもある。この熱帯雨林は、現在、毎年おおよそ一％の割合で減少しだしており、かりにいまの傾向が止まらなければ、今世紀末までにおそらく完全に消滅する。熱帯雨林が最も広範囲に見いだされる南アメリカの多くの地域で、熱帯雨林は、牛を放牧するもっと多くの土地を拓くために、焼き払われてきた。西アフリカや南太平

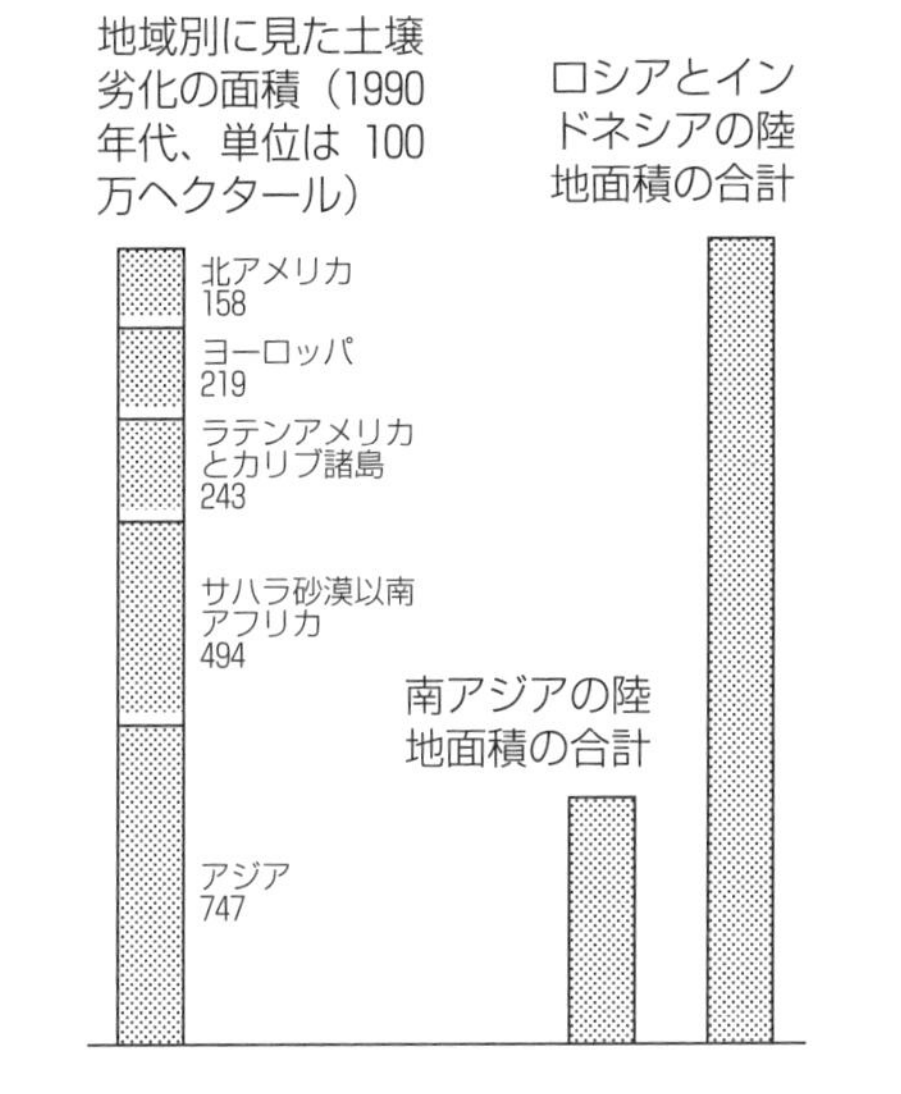

図22-2　土壌劣化の規模
出典: UNDP (1998)

洋といった世界の他の地域においても、珍重される堅牢な木材への国際的需要が、熱帯雨林の破壊を煽ってきた。それゆえ、消費の増加に見いだす趨勢は、発展途上国による天然産物の輸出を助長してきた——この過程は、結果として環境破壊だけでなく、生物種の多様性の喪失も引き起こしている。

森林破壊は、人間にも環境にも損失をもたらす。人的損失でいえば、かつては森林のおかげで自分たちの生計を維持したり補ってきた貧しい地域社会のなかには、森林破壊によってもはや生計を維持できなくなるところも出てくる。さらに、社会の周縁に置かれた人たちは、木材の伐採権の譲渡や木材の販売から生まれる莫大な収益の分配をほとんど得られないため、森林破壊は、この人たちをさらに困窮させる可能性がある。環境面での損失には、土壌浸食や洪水が含まれる。山地の森は、損なわれずに残存している場合、降雨で得た水のほとんどを吸収して、再循環するという重要な機能を果たす。ひとたび森林が失われてしまえば、雨水は、斜面を滝となって流れ落ち、洪水を引き起こし、その後で旱魃が発生する。

リスク、テクノロジー、環境

『ジュラシック・パーク』などのベストセラー作家で、人気テレビ番組「ER　緊急救命室」の原作者マイケル・クライトンが二〇〇二年に出した小説『プレイ——獲物』の宣伝文には、「人類よ、ひざまずきなさい」と大きく書かれていた（*The Economist* 5 Dec 2002）。小説『プレイ』で、クライトンは、科学実験の意

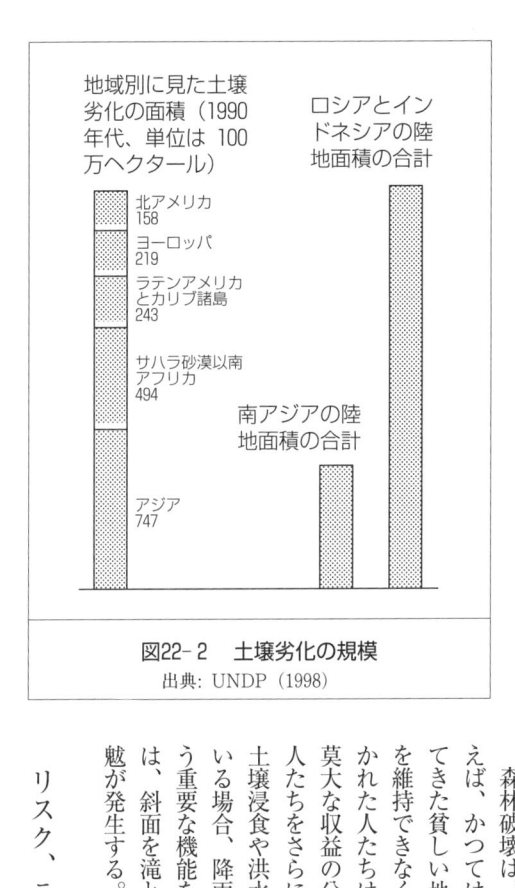

図しなかった結果が悲劇的破局を引き起こす、そうした世界を創作している。ナノ粒子——非常に小さなロボットで、一つひとつが塵の粒よりももっと小さい——の雲状の群れが実験室から逃げ出す。このナノ粒子の雲状の群れは、自己維持能力を備え、自己複製でき、経験から学習する。このナノ粒子の雲状の群れは、捕獲者として振る舞うようにプログラムされており、成長するにつれて、分刻みで凶暴になっていく。この雲状の群れを捕獲したり破壊する企ては、ことごとく失敗し、さらに悪いことに人類がその獲物になってしまう。

極小ロボットをめぐるクライトンの小説は、サイエンス・フィクションである。しかし、ナノテクノロジーは、科学やテクノロジーでは興味をそそる新たな研究分野である。一ナノメートルとは、一メートルの一〇億分の一である。広義のナノテクノロジーには、一〇〇ナノメートル未満の寸法で正確に組み立てられるもののすべてが含まれる（ヒトの髪の毛一本は、幅が約八万ナノメートルである）。これまでのところ、ナノテクノロジーのもたらす効果は控え目であった。たとえば、ナノテクノロジーは、スキンクリームの透過性を高めたり、スキー・ワックスをもっと滑りよくするために用いられている。

ナノテクノロジーと結びつく負のリスクを懸念する論者もいる。マイケル・クライトンのようなサイエンス・フィクションの作家が発する警告以外にも、一部の科学者は、かりに技術開発によってナノサイズの粒子が自己複製できるようになった場合、ナノサイズの微子は「風に飛ばされた花粉のように散らばり、素早く自己複製して、地球の生物圏を数日間で屈服させ、塵に変える可能

性がある。この危険な自己複製物質は——少なくとも私たちが何らかの対策も講じなければ——簡単に獰猛化し、急激な拡散を制止できなくなる可能性がある」と心配している。このような脅威は、「グレイ・グー〔得体が知れない灰色の塊〕問題」として知られるようになった（Drexler 1992）。別の科学者は、ナノテクノロジーが軍事目的やテロ目的に利用される可能性を懸念している。ナノテクノロジーを用いた装置が、ある日、特定の地域や、特定の遺伝子をもつ人たちの集団だけを選別して狙うために開発されるかもしれないからである（Joy 2000）。その他の懸念として、ナノサイズの粒子を吸引した場合、おそらくアスベストのように肺に蓄積し、身体に害を及ぼす可能性がある。

かりにこれらの災害が生ずる可能性があるとすれば、その場合、ナノテクノロジーの開発がもたらす負のリスクは、プラスの要素をはるかに上回るように思える。とはいえ、ナノテクノロジーの熱心な推進者たちは、ガンに対抗する薬の効き目を改良するのに利用できないかどうか、またコンピュータ回路の速さとパワーを増加するためにナノスケールの炭素を使用できるかどうかを研究している。ノーベル化学賞を受賞した米国のリチャード・スモーリーは、世界のエネルギー問題の解決のために、いつの日かナノテクノロジーをソーラー・パネルで使用できるようになるとさえ指摘する。

ナノテクノロジーなど科学とテクノロジーでの革新をめぐる議論は、社会学者にとって重要な問題を提起している。これまで見てきたように、科学やテクノロジーの変化は、さまざまなリスク——グレイ・グーから無限の安全なエネルギーに至るまで、悪

いものもあれば、良いものもあるし、良くも悪くもないものも含め――私たちにますます提示している。

人類は、つねに何らかの種類のリスクに直面しなければならなかった。しかし、今日のリスクは、前の時代に生じたリスクとは質的に異なる。ごく近年まで、人間社会は、**外在的リスク**――自然界に源があり、人間の行為と無関係な、旱魃や地震、飢饉、暴風雨などの危険原因――によって脅かされてきた。とはいえ、今日、私たちは、私たち自身の知識とテクノロジーが自然界に及ぼす重大な影響作用によって創りだした、さまざまな種類の**造り出されたリスク**にますます直面している。これから見るように、今日の社会が立ち向かう環境面や健康面の多くのリスクは、造り出されたリスクの具体例である。つまり、これらのリスクは、私たち自身が自然界に介入してきた結果である。さきに論及したナノテクノロジーの登場は、造り出されたリスクがどのように拡散するかの一例である。次に、造り出されたリスクを、もう二例――地球温暖化と遺伝子組み換え食品――見ていきたい。

地球温暖化

二〇〇三年八月は、北半球では記録上最も暑い八月だった。暑い天候は地球温暖化が地球の気象にどのように影響を及ぼしているかの実例である、と多くの論者が主張した。この暑さがもたらした影響は壊滅的だった。環境問題のシンクタンク、アースポリシー研究所は、この熱波がヨーロッパで三万五〇〇〇人以上の命を奪ったと推定している。なかでもフランスは最悪の被害を受けた。推計によれば、高い気温が原因で――とくに高齢者は被害を受けやすかった――一万四八〇二人が死亡した（*New Scientist* 10 Oct 2003）。科学者たちは、地球温暖化によって毎年一六万人が命を奪われており、なかでも発展途上国の子どもたちは最もリスクに晒されることになると推測する。また、マラリアや栄養失調のように、気象変動の「副作用」による死亡者の数が二〇二〇年までにほぼ倍加すると推定されている（*New Scientist* 1 Oct 2003）。気象変動は「長期的に見れば、グローバル・コミュニティとして私たちが直面するただ一つの最重要な問題である」と、英国首相のトニー・ブレアは（二〇〇四年四月二七日に、英国の環境問題NGO、クライメイト・グループの設立総会のスピーチで）述べている。ここでは、私たちは地球温暖化の背後にある原因を見て、そのために起こり得る可能性がある結果をさらに詳しく吟味したい。

地球温暖化とは何か

数多くの人たちが、**地球温暖化**を、いまの時代の最も深刻な環境問題とみなしている。かりに多くの科学的予測が正しければ、地球温暖化は、地球の気象作用を非可逆的なかたちで一変し、世界中で実感できるような環境面での一連の破壊的帰結を生みだす可能性が潜在的にある。地球温暖化とは、大気の化学的組成に生じた変化によって地球の温度が徐々に上昇することをいう。地球温暖化は、大部分が人間によって引き起こされたと考えられている。なぜなら、人間の活動が大量に生みだしたガスは、地球の大気の変化を強めてきたからである。

地球温暖化の過程は、温室効果――温室のように、地球の大気中に熱を封じ込めるガスが増加すること――という考え方と密接

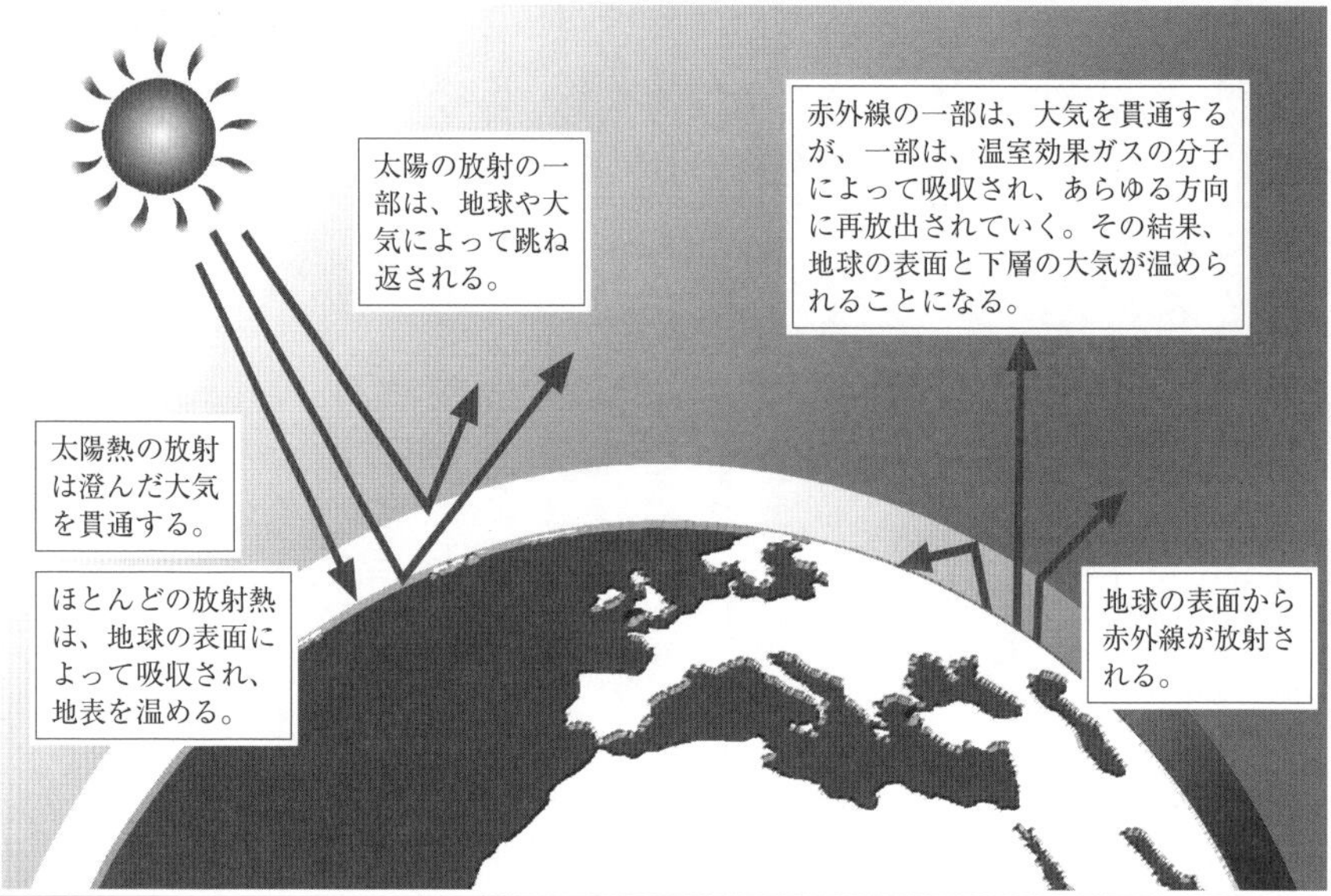

図22-3　地球での温室効果

出典: Environmental Protection Agency website.

に関係している。その原理は、単純である。太陽からのエネルギーは、大気を素通りして、地球の表面を暖める。太陽の放射エネルギーのほとんどは、地球が直接吸収するが、その一部ははね返されていく。温室効果ガスは、このはね返されて出ていくエネルギーにたいして障壁の役割を演じ、ちょうど温室のガラス・パネルとほぼ同じように、大気中に熱を封じ込める（図22-3を参照）。この天然の温室効果は、地球の温度を、ほどほど快適な温度——摂氏約一二度——に維持してきた。かりに温室効果ガスによって熱を保留されなかったなら、地球は、平均気温がおよそ摂氏〇度くらいのかなり寒い場所になっていたかもしれない。

　とはいえ、大気中の温室効果ガスの濃度が上昇すると、温室効果が強まり、気温はもっと高くなって暖かくなる。工業化がはじまって以来、温室効果ガスの濃度は無視できないほど上昇してきた。主な温室効果ガスである二酸化炭素の濃度は、最も増加してきた——一八八〇年以降、ほぼ三〇％も増加した。メタンの濃度は二倍に、亜酸化窒素の濃度は約一五％も上昇し、さらに人間による工業開発は、自然には発生しない温室効果ガスを生じさせてきた（次のコラムを参照）。ほとんどの科学者は、大気中の二酸化炭素の大幅な増加が、化石燃料の使用や、工業生産、大規模農業、森林破壊、採鉱、ゴミの埋め立て、車の排気といった、さまざまな人間活動におそらく起因するという点で、意見の一致を見ている。

　図22-4は、一九世紀後半以降の地表温度の上昇傾向を、一九六二年から二〇〇二年までの中部イングランドと地球全体の平均気温の対比によって示している。二〇世紀全体を通じて、記録上

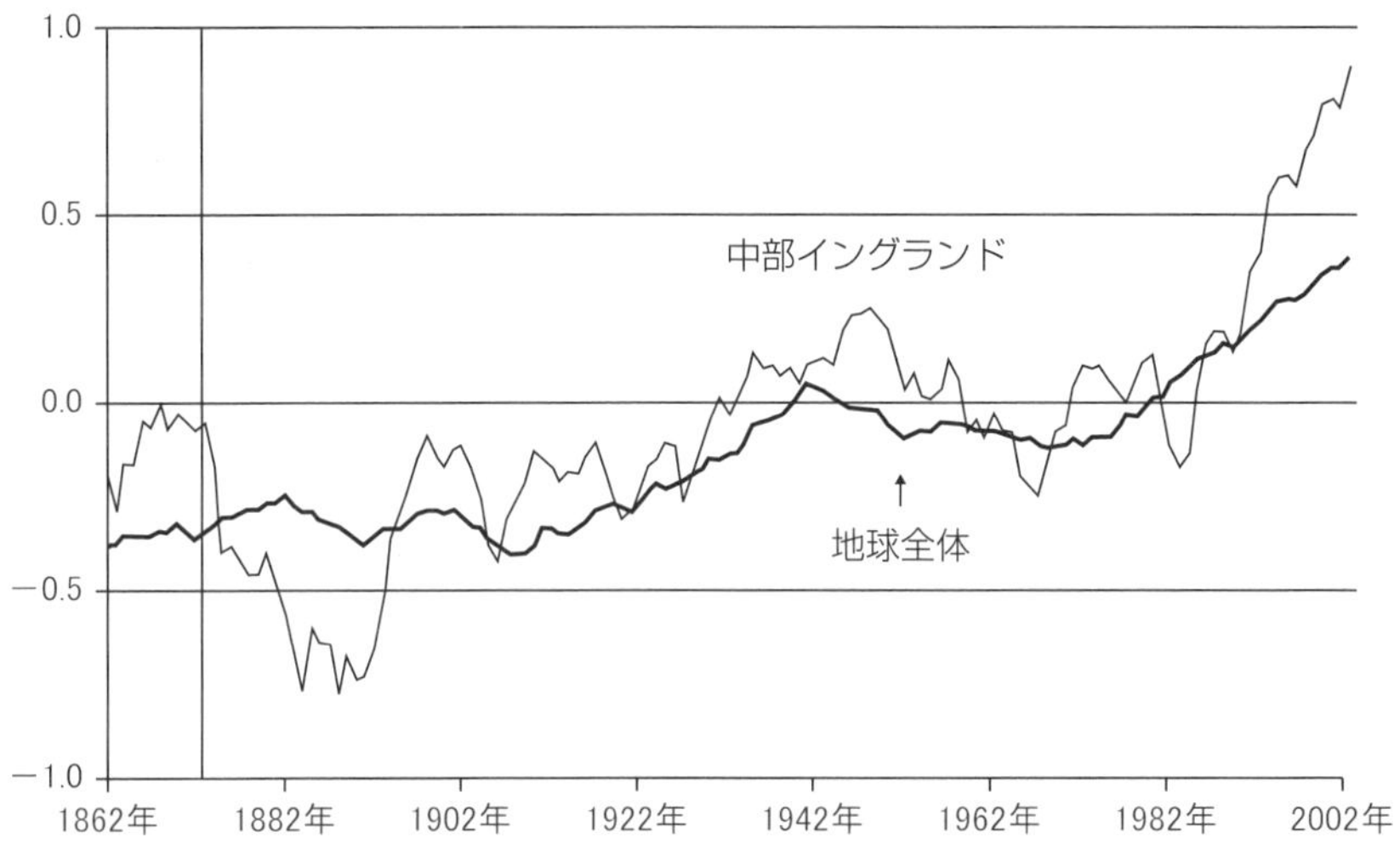

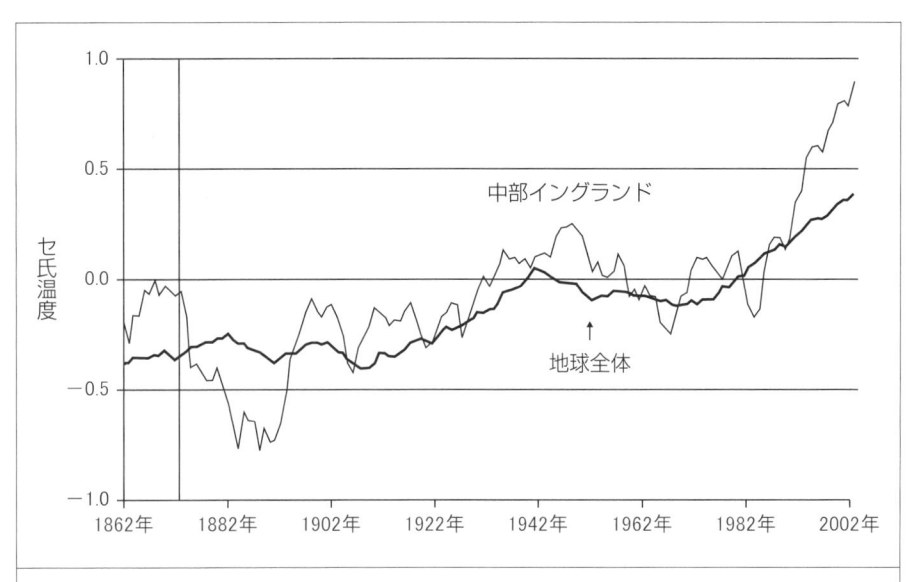

図22-4　1962年から2002年までの地表平均温度の変化（1961年から1990年までの平均温度を０度にして見た変動値。地球全体と中部イングランドの比較）
出典: ONS

最も暑かった年が一〇回あったが、そのうち七回が一九九〇年代に生じていた――一九九八年は、これまでの記録で最も暑い年だった。

温室効果ガスとは何か?

一部の温室効果ガスは大気中で自然に発生するが、それ以外の温室効果ガスは、人間の活動に由来している。自然発生の温室効果ガスには、水蒸気や二酸化炭素、メタン、亜酸化窒素、オゾンが含まれる。とはいえ、人間の活動は、こうした自然な温室効果ガスの発生水準に拍車を加えている。

二酸化炭素は、固形廃棄物や化石燃料（石油や天然ガス、石炭）、木材、木製品を燃やしたときに大気中に排出される。

メタンは、石炭や天然ガス、石油を生産したり輸送する際に排出される。メタンはまた、固形廃棄物が埋め立て処理場で分解される際や、家畜の飼育の際にも生ずる。

亜酸化窒素は、固形廃棄物や化石燃料の燃焼時だけでなく、農業活動や工業活動においても排出される。

自然に発生するのではない温室効果ガスには、工業生産工程で生まれるヒドロフルオロカーボンやプルフロオロカーボンだけでなく、フロンガスと呼ばれる冷蔵庫やエアコンを製造する際の副産物も含まれる。

出典: Environmental Protection Agency

地球温暖化の潜在的帰結

かりに地球温暖化が現実に生じているとすれば、その帰結はおそらく壊滅的なものになるだろう。たとえば英国一国にたいする局地的影響は、地球規模の気候様式が変化しているために、予測するのが困難である。とはいえ、世界中に及ぶ潜在的に有害な影響作用として、次の作用が含まれる。

1 《海面の上昇》 地球温暖化は、極地の氷冠が溶け出し、海洋が温まって拡大する原因になる。氷河等の陸地の氷が溶けると、海面が上昇する。沿海部や低地にある都市は、浸水し、居住できなくなる。かりに海面が一メートル上昇すると、バングラデシュは全陸地の一七%を、エジプトは一二%を、オランダは六%を失うことになる(UNDP 1998)。この章の初めで述べたインド洋の津波は、かりに海面が現在よりももっと高かった場合、もっと多くの惨劇を引き起こしたはずである。

2 《砂漠化》 地球温暖化は、広大な一帯の沃土が砂漠と化す一因になっている。サハラ砂漠以南アフリカと中東、南アジアは、砂漠化や土壌劣化の影響をさらに受けることになる。

3 《疾病の蔓延》 地球温暖化は、たとえば蚊のように、マラリアや黄熱病といった疾病を蔓延させる生物の地理的分布や活動時期を拡大する。かりに気温が摂氏で三度から五度くらい上昇すれば、マラリア患者の数は、毎年五〇〇〇万人から八〇〇〇万人くらいに増える可能性がある。

4 《乏しい収穫》 かりに地球温暖化が進行すれば、農業生産高は、世界の多くの最貧困地域で下落する。南東アジアやアフリカ、ラテンアメリカの住民が、おそらく最も影響を受ける。

5 《気象傾向の変化》 数千年にわたって比較的安定してきた気象傾向は、地球温暖化によって急激な混乱を被っている。今日、四六〇〇万の人たちが海洋性暴風雨で破壊されやすい地域で生活している一方で、他の多くの人たちは、洪水やハリケーンの被害を受ける可能性がある。

6 《地政学的不安定さ》 米国国防総省に提出された報告書のひとつは、これまで論じた気候変動の影響が、ますます限られる農業資源や水資源、エネルギー資源を守ろうとして、国家間の紛争や戦争さえも、突如として引き起こす可能性があると警告する。この報告書はまた、人びとが気候変動に対処できる資源を有する地域に移動しようとして、大量の移民が発生する可能性についても注意している(Schwartz & Randall 2003)。

地球温暖化と密接に結びついた趨勢の一部は、科学者たちが当初予測したよりも、もっと急速に進展しているように思える。たとえば、一九九九年一二月に、人工衛星を用いた調査は、北極の氷冠が、科学者たちがかつて考えた速度よりももっと急激に収縮しだしている――今後、世界の気象に劇的な影響を及ぼす可能性がある過程――ことを明示した。同じように、二〇〇二年初めに、南極の二つの巨大な棚氷――ラーセンBとスウェーツ氷河舌――が崩れ落ち、数日間に何千もの氷山が分解した。氷の減少は自然な変化の結果である可能性も高いが、その原因が何にあるにせよ、氷は異常なペースで溶けだしているように思える。測定結果は、北極の海氷が、この数十年間、夏季と秋季に四〇％も薄くなり、また一九五〇年代以来、春季と夏季に一〇％から一五％も減少していることを示している。一九六〇年代以来、世界全体で積雪の深さは一〇％減少し、山岳地帯の氷河は急激に後退してきた。

地球温暖化のリスクへの対応

地球温暖化の問題には、長いあいだ異論が出されてきた。主張されている影響は事実ではないと疑う科学者もいれば、世界の気象変動は人間の介入の結果ではなく、自然界の趨勢の結果であると主張する研究者もいた。とはいえ、今日、地球温暖化が現実に生じており、責められるべきは温室効果であるとする見方は、承認されている。二〇〇〇年一月に、さまざまな研究領域の気象専門家一一人が、地球温暖化について、これまでのうちで最も広範なレポートを発表した。いずれの専門家も、地球温暖化が現実の現象であることで意見の一致をみている。専門家の会合は、二〇世紀に地球の表面温度が摂氏〇・四度から〇・八度上昇した、と結論づけた。気温の上昇は、この二〇年間に著しかった。

図22-5が示すように、地球全体での二酸化炭素の排出は憂慮すべき度合で増加してきた。今日、工業国は、発展途上世界をはるかに上回る量の温室効果ガスを生産し、とくに米国はどの国よりも多くの二酸化炭素を排出している。とはいえ、温室効果ガスの生産は、先進国だけに限定されていない。発展途上国からの排出量も、とりわけ急速な工業化を遂げだした国々で急激に増加し、二〇三五年までに先進工業国の排出量に並ぶと予想されている。

一九九七年に京都で開催された世界環境サミットでは、二〇一〇年までに温室効果ガスの排出量を明確に削減することで合意に達した。議定書というかたちで、先進工業国は、基準年の一九九〇年から二〇一〇年のあいだに削減する排出量の目標値を設定した。世界の目標値は、ヨーロッパのほとんどの国の平均値である八％の削減から、最も多いアイスランドの一〇％増、オーストリアの八％増までさまざまである。（米国は、当初七％の削減目標を設定した。）多くの科学者は、この目標値があまりにも小幅であると断言し、気象面に生ずる深刻な帰結を回避したいのであれば、排出量を七〇％ないし八〇％くらい大幅に削減する必要がある、と主張した。政府が排出量をどんなに削減しても、地球温暖化の影響が改善されるまでに、かなりの時間を要することになる。天然の作用によって二酸化炭素を大気から取り除くには、一世紀以上かかる。

二〇〇一年に米国の大統領となったジョージ・W・ブッシュは、京都議定書の批准を、米国経済に損害を与えると主張して拒否した。数度の議論の結果、他のほとんどの国は、米国が世界最大の地球温暖化ガス排出国であるにもかかわらず、米国抜きで会議を進めることに同意した。二〇〇一年後半にドイツのボンとモロッコのマラケシュで開かれた会合で、もっと複雑になった内容で議定書は最終的に同意され、調印加盟国は、二〇〇二年末までに各国立法府での取り決めの批准を促された。地球温暖化ガスを多く排出している一部の国は、英国やドイツ、中国、ロシアを含め——ロシアの排出量の削減はもっぱら経済の低迷によると説明されているが——首尾よく削減してきた。

多くの新種の造り出されたリスクがそうであるように、地球温暖化が将来いかなる影響を及ぼすのかについて、誰も確信をもてない。「極端な」排出量のシナリオは、結果として広範囲に及ぶ自然災害を本当にもたらすのだろうか。二酸化炭素の排出水準の安定化は、気象変動がもたらすマイナスの影響から、ほとんどの人たちを守ってくれるのだろうか。いま進行している地球温暖化の過程は、もしかしたら今後の一連の気象攪乱の引き金をすでに引いてしまったのだろうか。私たちは、これらの疑問に確信をもって答えることができない。地球の気象は、極めて複雑であり、多種多様な要因が交錯して、地球の至るところでそれぞれの国に異なる帰結を生みだしている。

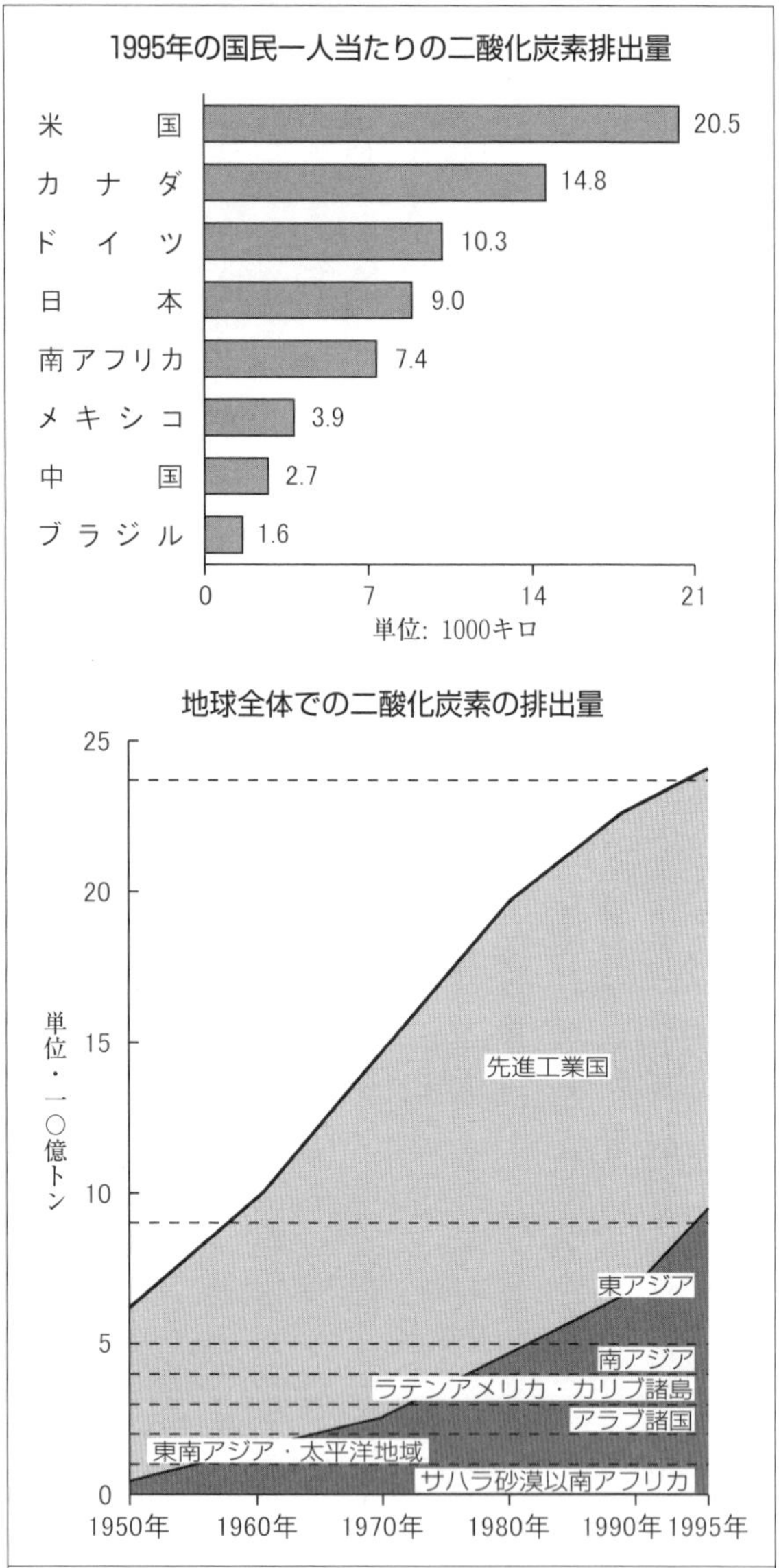

図22-5　先進工業地域と低開発地域における二酸化炭素の排出量
出典: UNDP（1998）

遺伝子組み換え食品

さきに第一一章（四四〇頁）で見たように、世界中で八億三〇〇〇万の人びとが毎日飢えている。地球温暖化の進行は、砂漠化の拡大と収穫高の減少の誘因となり、その結果、食糧不足がいま以上に広がる不安を生みだしている。世界で最も人口が稠密な一部の地域では、人びとは——たとえば米穀のような——蓄えが次第に減りだした主要穀物に著しく依存している。多くの研究者は、現在の農業技術では、増加する一方の人口を養うに足る米穀の産出ができないだろうと心配する。環境上の課題の多くがそうであるように、飢餓の恐れも均等に配分されているわけではない。先進工業国は、多量の余剰穀物を手にしている。穀物不足がおそらく慢性的問題になるのは、人口の増加が最大になると予測される、貧しい国々である。

生ずる可能性のある食糧危機を回避する鍵は、科学やテクノロジーの近年の進歩にあると考える人たちもいる。今日では、たとえば米のような基本的作物の遺伝子構造を操作すれば、植物の光合成を高め、作物の収穫をもっと増やすことが可能になる。この方法は、一般に遺伝子組み換えとして知られている。このようなかたちで生産される植物は、**遺伝子組み換え生物**と呼ばれる。遺伝子組み換えは——たんに作物の収穫を増やすためだけでなく——さまざまな目的のためにおこなうことができる。科学者たちは、たとえばビタミン含有量が通常よりも高い遺伝子組み換え生物を生みだしてきた。別の遺伝子組み換え作物のなかには、たんに昆虫や菌類、有害ウイルスに抵抗力があるだけでなく、雑草退治のために一般に用いられる除草剤にも耐えられる作物もある。遺伝子組み換え生物から作られたり、遺伝子組み換え生物を微量でも含む食料品は、遺伝子組み換え食品として知られている。

遺伝子組み換え作物は、別々の生物間での遺伝子の移植であるため、かつて存在したどの作物とも異なる。このことは、長年おこなわれてきた異種交配法に比べ、もっと徹底した自然の摂理への介入である。遺伝子組み換え生物は、植物のあいだだけでなく動物のあいだでも利用できる遺伝子接合技術によって生みだされた。たとえば、近年の実験では、最終的には人間の移植医療のために交替臓器等を供給する目的で、ヒト遺伝子を豚のような家畜の体内にはめ込むこともおこなわれている。ヒト遺伝子を植物に組み入れることも、このような極端なバイオエンジニアリングはいまのところ市場に出回る遺伝子組み換え食品に導入されていないとはいえ、すでに実施されている。

科学者は、遺伝子組み換えから生まれた品種「スーパーライス」が、米の生産量を約三五％も高めることができると主張している。別の「ゴールデン・ライス」という名称の——ビタミンAの含有量を増やした——品種は、世界で一億二〇〇〇万人以上に及ぶ子どもたちをビタミンA欠乏症から救うことができる。あなたは、このようなバイオテクノロジーの進歩を、世界中の人たちが熱烈に歓迎しているように思うかもしれない。しかし、現実には、遺伝子組み換えの問題は、いまの時代の最も大きな論争の的のひとつになっている。多くの人たちにとって、遺伝子組み換えの問題は、一方でテクノロジーや科学の新機軸がもたらす利益と、他方で環境破壊のリスクとの境界線を鮮明に示している。

遺伝子組み換え食品をめぐる論争

遺伝子組み換え食品をめぐる込み入った話は、ほんの数年前に、世界有数の一部の化学企業や農業関連企業が、新たに得た遺伝子の知識によって世界の食糧供給を一変できると判断したときにはじまった。これらの企業は、殺虫剤や除草剤を製造してきたが、将来の有力な市場とみなす分野に進出しようとした。米国の企業モンサントは、多くの新たなテクノロジー開発を主導してきた。モンサントは種子会社を買収し、化学部門を売却して、新しい作物を市場に出すことに企業体力の多くを注いだ。最高経営責任者ロバート・シャピロが率いるモンサントは、自社の遺伝子組み換え食品の利点を農場主と消費者に売り込むために、大々的な宣伝キャンペーンに着手した。初期の頃は、モンサントが自信満々に予想したような反応が得られた。一九九九年までに、米国で産出された大豆の五五％と、トウモロコシの三五％が遺伝子の変更をともなっていた。この時点で、遺伝子組み換え作物は、すでに世界中で三五〇〇ヘクタールの耕地――英国の一・五倍の土地――で栽培されていた。遺伝子組み換え食品は、北アメリカに加えて、中国でも幅広く栽培された。

モンサントの販売促進キャンペーンは、遺伝子組み換え食品の長所を数多く強調した。モンサントは、遺伝子組み換え作物が世界の貧しい人びとへの食糧供給を手助けできるし、化学汚染物質の使用を、とくに殺虫剤や除草剤で使用される化学製品を減らすことができる、と主張した。たとえば、遺伝子組み換えのジャガイモでは、従来の栽培方法で必要な化成殺虫剤の使用量を四〇％削減できる、と主張された。モンサントによれば、バイオテクノロジーは、よりよい品質の作物をより高い収穫高で栽培できるだけでなく、同時にまた環境の維持と保全をも可能にする。

遺伝子組み換え作物は本質的にまったく新しい植物であるため、ひとたび遺伝子組み換え作物が環境に導入された場合、どのような結果をもたらすのかについて、誰も確信をもてない。多くの環境保護団体や消費者団体は、こうした実地検証がほとんどなされていないテクノロジーの採用のもたらす潜在的リスクを懸念するようになった。遺伝子組み換え食品への懸念は、とくにヨーロッパで広がった。英国では、遺伝子組み換え作物の商業栽培にたいする反発を、スコットランドにある政府の研究所で働く世界的に名高い遺伝学者アルパード・パズタイの研究報告が活気づけた。パズタイは、研究の過程で、天然の殺虫効果がある遺伝子――ある種類の花から抽出された、レクチンとして知られるタンパク質――を挿入されたジャガイモについて検査した。その検査結果は、この遺伝子組み換えのジャガイモを食べたネズミが、免疫システムに重大な損傷を受け、臓器の成長を弱められていることを明らかにした。パズタイの研究報告は、他の有力な科学者たちから批判され、パズタイは、遺伝子組み換え食品にたいする不安をテレビで語ったあとで、政府の研究機関の職を解任された。

この時点で、遺伝子組み換え食品は、ほぼ毎日、新聞の第一面で報じられる話題になった。数多くのテレビやラジオの討論番組、トークショウ、視聴者電話参加番組が催され、この問題について議論した。英国の一般国民の多くは、遺伝子組み換え作物にたいして反目を示した。一部の人たちは――国中の治験施設の耕地から遺伝子組み換え作物を引き抜くという――「直接行動」にも加わった。同じような反応は、ヨーロッパの他の国々でも生じた。これらの反応は、かつてはほとんど論争が起きなかった米国にも逆戻りするかたちで広がっていった。英国では、八つの主要スーパーマーケットのうち七つのチェーンが、遺伝子組み換え食品にたいする方針を変更した。そのうちの五つのチェーンは、自社ブランド製品で遺伝子組み換え作物を食材に使うことを完全に禁止し、現在もその方針は変わっていない。また、すべてのチェーンは、商品の内容表示ラベルをより詳しくするようにした。二大食品メーカーのユニリーヴァとネスレは、遺伝子組み換え食材の受け入れを撤回すると宣言した。米国でも、遺伝子組み換え作物の大規模栽培に加わった一部の農場主は、従来のかたちの作物生産に戻っていった。二〇〇三年の調査によれば、英国では、人口の五九%が遺伝子組み換え食品を禁止すべきであるという意見に強く賛同している（HMSO 2005）。

環境保護主義者や消費者団体による異議申し立ては、モンサントの社運に重大な影響を及ぼし、モンサントの市場占有率は著しく減少した。最高経営責任者ロバート・シャピロは、テレビに出て、モンサントが重大な間違いを犯したことを認めた。シャピロは、「私たちは、人びとを納得させるよりも、おそらくもっと多くの人たちを怒らせ、敵に回してしまった。私たちが遺伝子組み換え技術にいだいた自信と、この技術に注いだ熱意は——もっともなことだったのですが——恩着せがましい、あるいはひどく傲慢な態度とみなされしまった。そう思います」と述べている。それは、たった数カ月前にシャピロが口にした自信満々な態度からの驚くべき方向転換であった。モンサントは、最も論争の的となった計画のひとつ——「ターミネーター」と命名された遺伝子の使用——を完全に中止せざるを得なかった。この遺伝子は、モンサントが耕作者に販売する種子が一代限りでしか実を結ばないことを確実にする遺伝子だった。耕作者は、種をモンサントに毎年注文しなければならなくなる。モンサントを批判する人たちは、モンサントが耕作者たちを誘き寄せて一種の「バイオテクノロジーの奴隷」にしようとしている、と主張した。

遺伝子組み換え食品は、ヨーロッパと、それにアフリカの多くの地域で引きつづき論争を引き起こしている。欧州連合は、一九九八年から二〇〇四年に、新たな遺伝子組み換え作物に特許権を与えるのを拒否した。完全な一時禁止措置は、二〇〇四年に、新たな遺伝子組み換えトウモロコシの輸入が承認され、また遺伝子組み換え産品を含んだ食品に表示義務制度が導入されて、解除となった。とはいえ、欧州連合の行動は、とくに米国の遺伝子組み換え作物の大手生産者にたいしてあまりにも遅い措置だった。米国は、欧州連合の主張には何の科学的根拠もなく、自由貿易の諸原則を犯していると主張し、二〇〇三年五月に、欧州連合が遺伝子組み換え作物の商業化の認可を怠っていると、世界貿易機関に欧州連合を提訴した（Toke 2004）。

アフリカでは、遺伝子組み換え食品による援助が騒ぎを引き起こした。二〇〇二年に、ザンビアは、米国から贈与されたトウモロコシや大豆の食糧援助を、その多くが遺伝子組み替え作物であるという理由で、受け取るのを拒否した。ザンビアのレヴィー・ムワナワサ大統領は、持ち込まれた食糧を「毒」とみなした。二〇〇四年までに、ザンビアの他に、ジンバブエやマラウイ、モザンビーク、レソト、アンゴラも、遺伝子組み換え食品による食糧援助を拒否する動きに加わった。

遺伝子組み換え食品のリスクを評定する

遺伝子組み換え産品をめぐるさまざまな主張にもかかわらず、おそらく誰も、遺伝子組み換え作物がリスクを免れていると確言することはできない。遺伝子コードは——植物なり生物に新たな遺伝子を加えることが、いままでに誰も予測できなかった疾病などの有害な帰結を生みだす可能性があるため——極めて複雑である。テクノロジーは、未知の要素が極めて大きく、新たな知見や発見が驚くべき頻度で明らかにされだしている。二〇〇〇年五月に、英国政府は、昔から農家が旧来のアブラナを栽培してきた何千エーカーの土地がその近辺の遺伝子組み換え作物の受粉活動によって、現実に汚染されたことを認めた。その数週間後に公表されたドイツの研究は、アブラナの組み替えで一般に使用される遺伝子が、種の障壁を飛び超えてミツバチの消化器官に入り込んでいたことを明らかにした。この二つの驚くような暴露がなされてほどなく、モンサントは、自社の——商業目的で最も大規模に栽培されてきた遺伝子組み換え作物である——遺伝子組み換えの大豆に、これまで見過ごされてきた予想もしない遺伝子の断片が含まれていることを認めた。

このような知見は、多くの環境保護運動の活動家が長いあいだおこなってきた警告を援護している。遺伝子組み換えは大きな潜在的利益をもたらすかもしれないが、それにともなうリスクは、予測できないし、算定が困難である。遺伝子組み換え食品は、ひとたび環境に解き放たれてしまえば、監視や統制が難しい一連の連鎖反応を引き起こす可能性がある。このようなディレンマに直面して、多くの環境保護主義者は、しばしば**予防原則**と称される考え方を支持している。この予防原則は、新たな取り組みが可能性としてリスクをもたらすことが十分に疑われる場合、現行のやり方を変えるよりも、現行のやり方に固執するほうが望ましいと提唱する。環境保護派の懸念にもかかわらず、増加する遺伝子組み換え作物のために使われる土地の総量は、近年、とくに発展途上世界で飛躍的に増加しつづけている。発展途上世界では、環境保護運動がしっかり定着していないし、遺伝子組み換え作物の栽培を規制する法律も、総じて厳しくないからである（図22-6を参照）。

一部の論者は、遺伝子組み換え食品と（この章でさきに取り上げた）ナノテクノロジーとの類似点を指摘している。ナノテクノロジー産業は遺伝子組み換え食品をめぐって一般の人たちがいだく反発から学ぶ必要がある、と米国の学者ジェフリー・マツウラは主張する。マツウラは、遺伝子組み換え食品に関する論争を評定する際に、バイオテクノロジー産業が初期の段階で二つの誤りを犯した、と論じている（Matsuura 2004）。ひとつは、一般の人たちの懸念を無視しようとしたこと、もう一つは、一般の人たちにたいして純粋に理論的な主張だけで語りかけようとしたことである。ナノテクノロジー産業もいま同じ轍を踏みだそうとしている、とマツウラは主張する。そうではなく、ナノテクノロジーの擁護派は、支持を獲得するために、理論的論拠だけでなく感情面に訴える主張の《両方に》にもとづいた広報活動を、積極的に開始すべきである、とマツウラは考えている。マツウラは、テクノロジーの発達を妨げ、重大な経済的損失につながりしかねない一般の人たちの反発を回避するためには、ナノテクノロジーを売り込む行動が必要である、と主張する。とはいえ、マツウラの主張は、新たなテクノロジーがもたらす可能性のある負のリスクを無視し、新たなテクノロジーのもつ潜在的利益に、もっぱら経済的

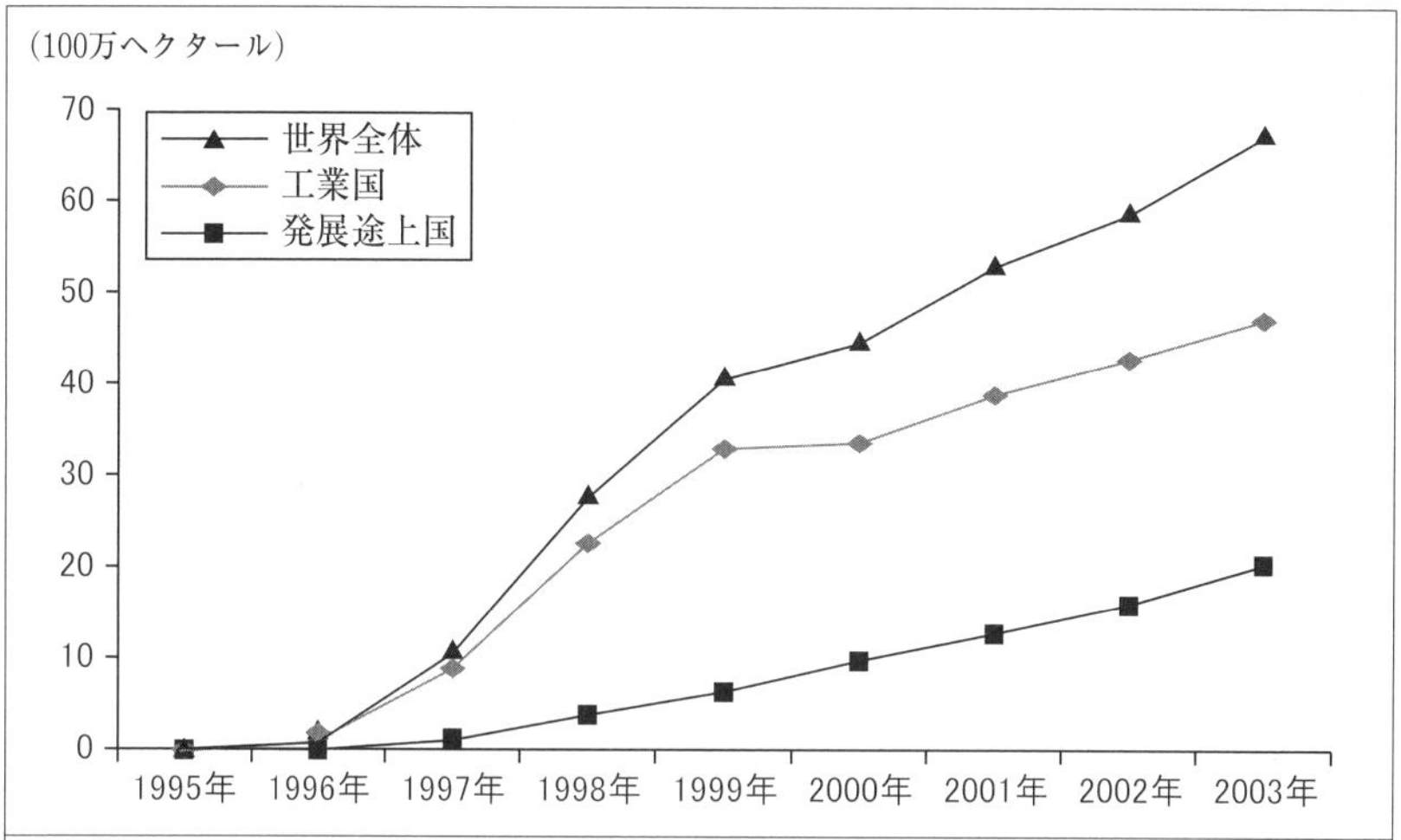

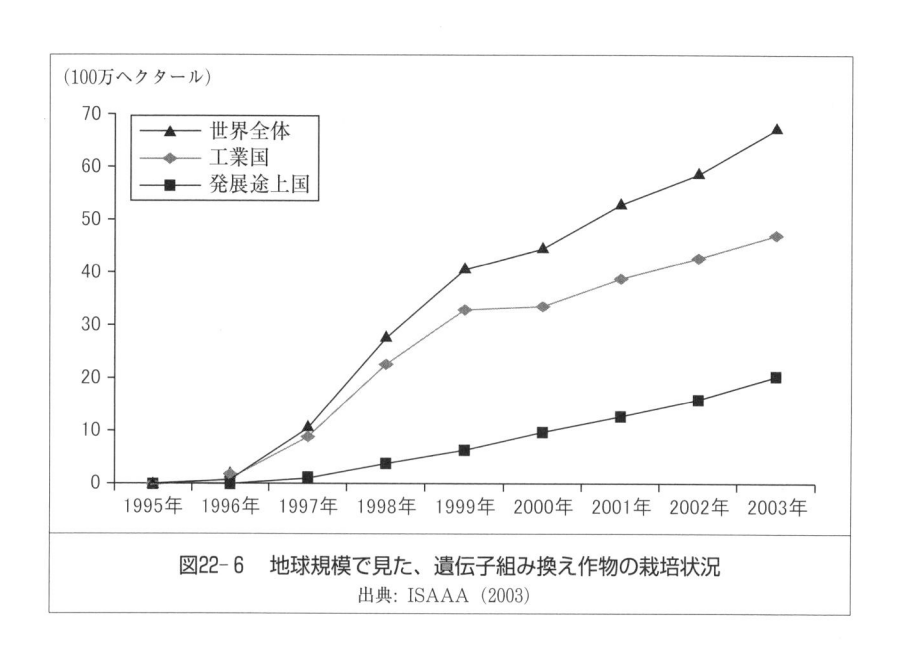

図22-6　地球規模で見た、遺伝子組み換え作物の栽培状況

出典: ISAAA (2003)

利益だけに焦点を当てている。次の節では、ドイツの社会学者、ウルリッヒ・ベックが提唱した、もっと広いリスク概念への取り組みについて検討したい。

造り出されたリスクと、人類の生き残り

二〇〇三年に、英国グリニッチ天文台長で王室天文官のマーティン・リースは、『最後の世紀』という挑発的な書名の本を出版した。この本のサブタイトルは、「人類は二一世紀を生き残ることができるだろうか?」と問いかけている。リースは、たとえばバイオテクノロジーやサイバーテクノロジー、ナノテクノロジー、さらに宇宙の探究に見られるような、科学とテクノロジーの急激な進歩が、未来にたいして浮き浮きした展望を示すだけではなく、リースが暗黒面と呼ぶものをも含んでいる、と主張する。

周知のように、科学の進歩は、意図しない帰結をもたらす可能性がある。そこで、リースの著作は、人間の文明が死滅するという破局のシナリオが生ずる可能性を検討する。リースは、二一世紀の新たな科学にともなって起こる可能性がある黙示録的リスクをいくつか描写している。これらのリスクには、テロリストか国家が引き起こす核兵器による大虐殺、テロリストによる生物兵器の使用、新たな病気を生みだす実験ミスなどが含まれる。

リースの結論は、厳粛な気分にさせる。リースは、長期的

なものと短期的なものを分けて考えている。短期的には、それをリースは次の二〇年間と定義しているが、一〇〇万人以上が命を落とす大惨事の発生を躊躇なく予想している（しかし、リースはその評定が間違いであることを強く望んでいる）。リースの著作のサブタイトルに話題を戻すと、リースは、次の一〇〇年間に——リースはそれを長期と言っている——人類が二一世紀を生き延びる可能性は五分五分と見ている。

　この予測は、ひどく悲観的なように思われるかもしれない。しかし、リースは、自分の著作が「新たな知識を人類の利益のために最適なかたちで展開させながら、最悪のリスクを（可能な限り）どのように阻止できるかの議論を促すこと」を望んでいる、とも主張する。

地球規模の「リスク社会」

ナノテクノロジーや、遺伝子組み換え食品をめぐる論争、地球温暖化など、造り出されたリスクは、一人ひとりに、日常生活における新たな選択肢と達成課題を提示してきた。こうした新たな危険を知らせるロードマップはどこにも存在しないため、個人も国家も国籍を超えた組織も、どのように生きるかの選択をおこなう際に、リスクと折り合いをつけなければならない。このようなリスクの原因と結果に関する明確な答えはどこにも見いだせないため、一人ひとりは、いずれのリスクにみずからを賭けるかについて決断を下すことを強いられている。このことは、当惑させるような努力になるかもしれない。かりに食物や食材の生産なり消費が私たち自身の健康や自然環境にたいしてマイナスの影響を及ぼす場合でも、私たちは、そうした食物や食材を用いるべきなのだろうか。今日、何を食べるのかという一見単純に思える決定でさえも、その産品の優れた点と欠点に関する情報や意見が競合する状況のなかで下されている。

　ウルリッヒ・ベックは、リスクとグローバル化について幅広く論じてきたが、リスクとグローバル化を地球規模の**リスク社会**を形成する一因とみなしている（Beck 1992）。テクノロジーの変化は加速し、新たな種類のリスクを造り出しているため、私たちは、これらの変化につねに反応し、適応しなければならない。リスク社会は、環境面や健康面のリスクだけに限定されない、とベックは主張する。リスク社会には、今日の社会生活内部における相互連関した一連の変化が含まれている。具体的には、雇用様式の変化や、雇用不安定の増大、伝統や慣習が自己アイデンティティに及ぼす影響力の低下、伝統的な家族様式の崩壊、対人関係の民主化が含まれる。一人ひとりの将来が伝統社会におけるほど固定されていないため、あらゆる種類の決定が一人ひとりにリスクをもたらすことになる。たとえば、今日、結婚することは、結婚が終生変わらない制度であった時代以上に、もっとリスクに満ちた企てである。学業資格や職業上の進路を決めることもまた、リスクに満ちている可能性がある。いまのように急激に変化する経済活動において、どのような技能が価値をもつのかを予測することは、難しい。

　ベックによれば、リスク社会の重要な側面は、その危険原因が空間的、時間的、社会的に制約されないことである（Beck 1995）。

今日のリスクは、すべての国、すべての社会階級に影響を及ぼしている。今日のリスクは、たんに対人的帰結だけでなく、グローバルな帰結ももたらす。これまで見てきたように、人びとの健康や環境に影響を及ぼすリスクのように、造り出されたリスクの多くの形態は、国境を越えて作用する。一九八六年にウクライナのチェルノブイリ原子力発電所で起こった爆発は、このことの明らかな具体例である。年齢や階級、性別や身分に関わらず、チェルノブイリ原子力発電所の近接周辺地域に住む人びとは――年齢や社会階級、ジェンダー、地位にかかわらず――誰もが危険レヴェルの放射能に身を晒された。同時にまた、この爆発事故が及ぼす影響は、チェルノブイリ地域をはるかに越えて広がった――ヨーロッパの至るところで、またヨーロッパからはるかに遠い場所でも、爆発事故以後も長いあいだ、異常に高いレヴェルの放射能が検出された。

未来をのぞき見る

私たちは、新たな世紀の最初の一〇年に身を置いているが、これからの一〇〇年が、平和な社会的、経済的発達を示すことになるのか、あるいは地球規模での――おそらく人間の解決能力を超えた――問題の増殖を示すことになるのかを予見することができない。二〇〇年前に論述をおこなった社会学者と異なり、私たちは、マーティン・リースの悲観的な二一世紀予測が示すように（さきのコラムを参照）、現代の工業やテクノロジー、科学が決してつねに有益な帰結だけをもたらすわけではないことを明確に認識している。科学やテクノロジーの発達は、ことによれば巨大な利益と損害をもたらすリスクを内包した世界を創りだしてきた。とくに先進世界では、人びとはかつてないほど裕福である。しかしながら、世界全体は、生態系の破綻に近づいている。

私たちは、絶望感に身を委ねるほかないのだろうか。間違いなく、そうではない。かりに社会学が私たちに提示できるものが何かひとつあるとすれば、それは、人間が社会制度の創造者であることへの強い自覚である。私たちは、さきの世代にはまったく想像がつかないほど、みずからの運命を管理し、自分たちの生活をよりよいものに形づくる可能性を予測できるからである。

さきに論じたように、持続可能な開発という考え方は、環境問題の領域においてもいくつか重要な革新的取り組みを促進する一助となってきた。これらの取り組みには、とくに環境効率とエコロジーの現代化という二つの概念が含まれる。環境効率とは、経済成長を生みだす上で効果的であるだけでなく、環境に最小限の犠牲を払うだけで経済成長を生みだせる、そうしたテクノロジーを開発することを意味する。ブルントラント・レポートが発表された一九八〇年代後半でさえ、ほとんどの形態の工業開発と環境保護は両立できない、と広く想定されていた。エコロジーの現代化論の中心にあるのは、このような想定を誤りであるとする考えである。環境効率のよいテクノロジーの使用は、経済成長が環境にたいする建設的な政策と結びつくような経済開発を生みだすことができる。

エコロジーの現代化が提示する可能性は、廃棄物処理産業――企業と消費者が毎日生みだす多量の廃棄物を除去する産業――を引き合いに出すことで、具体的に示すことができる。さきに見たように、こうした廃棄物のほとんどは、近年まで簡単に処理され、土に埋められていた。とはいえ、今日、すべての工業が変容しだしている。技術開発は、かつてのように木材チップを原料にするよりも、再生紙を原料にしてもっと安価に印刷用紙を生産することを可能にしている。それゆえ、樹木を無限に切り倒すよりも、紙を繰り返し再利用することに、環境面の理由はもとより、経済面でも好ましい理由を見いだすことができる。個々の企業だけでなく、すべての産業が、「廃棄物ゼロ」――つまり、将来の工業利用のために廃棄物すべての完全なリサイクル――の目標を積極的に追求しだしている。自動車メーカーのトヨタとホンダは、使用する自動車部品のリサイクル利用率がすでに八五％に達している。この点で、廃棄物は、もはやたんなる有害なゴミの山ではなく、工業資源であり、また、ある程度、今後の技術革新を推進する手段でもある。

重要なことに、リサイクルへの、それゆえ持続可能な開発への重要な貢献は、たとえばカリフォルニアのシリコンヴァレーのような情報テクノロジー産業が数多く集中する地域から生まれてきた。情報テクノロジーは、旧来の工業生産形態と異なり、環境面でクリーンである。情報テクノロジーが工業生産で重要な役割を演ずれば演ずるほど、環境への有害な影響が減少する可能性は大きくなるだろう。このような考察は、世界のもっと貧困な社会の将来の発展に何らかの意味をもつかもしれない。少なくとも一部の生産領域では、情報テクノロジーがもっと大きな役割を演ずるため、これらの生産分野は、旧来の工業経済が生みだした汚染をともなわずに、急激な経済発達を達成できるかもしれない。

エコロジーの現代化の最も強力な提唱者でさえも、地球環境を救済することが、いまの世界に見いだされる不平等状態を変えるために必要であることを認めざるを得なくなっている。すでに見たように、先進工業国は、今日、世界人口のわずか五分の一を占めるに過ぎない。しかしながら、先進工業国は、大気を汚染し、地球温暖化を促進する排出ガスの七五％強に責任を負っている。平均して、先進世界の人たちは、天然資源を低開発国の人たちの一〇倍も消費している。貧困は、それ自体が貧しい国々での環境破壊を導く習わしの主要な誘因である。経済的に困窮した状態で暮らす人たちは、地元で入手できる資源を最大限利用する以外に選択肢がない。それゆえ、持続可能な開発を地球規模の不平等と切り離して考えることはできない。

まとめ

1　自然界のほとんどの側面は、これまで人間の活動の影響を受けてきた。今日、すべての社会が、環境エコロジー問題への懸念――現代の工業やテクノロジーの強い影響作用を目の前に、環境破壊にどのように最もよく対処し、環境破壊を最もよく抑制できるのか――に直面している。一九七〇年代に普及した「成長の限界」とは、工業の成長や開発が、地球資源の有限性と両立できないという考え方である。対照的に、持続可能な開発という考え方は、成長を遂げるべきであるが、資源の枯渇ではなく、資源のリサイクルを図るかたちで成長を遂げるべきだと主張する。

2　世界中で見られる消費水準の上昇は、経済成長の反映であるが、同時にまた環境資源に損害を及ぼし、世界の不平等状態を悪化させている。エネルギーや原材料の消費量は、世界の他の地域よりも、欧米社会で極めて高い。しかしながら、消費の増大が原因となる環境破壊は、貧しい人たちに最も深刻な影響を及ぼしている。

3　環境への脅威には、多くの源泉が見いだされる。大気汚染や酸性雨、水質汚染、リサイクルできない固形廃棄物のように、環境に排出される汚染物質や産業廃棄物と密接に結びつくものもある。環境への他の脅威には、水や土壌、森林といった再生可能な天然資源の枯渇、生物種の多様性の減少が含まれる。

4　環境効率とは、環境に最小限の犠牲を求めて経済成長を生みだすテクノロジーをいう。エコロジーの現代化とは、工業発達と環境保護が両立できないわけではないとする考え方である。

5　ほとんどの環境問題は、科学やテクノロジーの拡大発展の結果であるため、リスクと密接に結びついている。遺伝子組み換え作物は、植物の遺伝子構造を操作することで、生みだされる。地球温暖化とは、大気中の二酸化炭素等の濃度の上昇によって、地球の気温が徐々に上昇することをいう。地球温暖化が潜在的に及ぼす帰結は深刻であり、洪水や、疾病の蔓延、極端な天候、海面の上昇が含まれる。地球温暖化は、すべての人びとに潜在的リスクをもたらす。しかし、地球温暖化を防止する努力は、地球温暖化の原因と潜在的帰結があまりにも拡散しているため、組織的におこなうことが難しい。

6　遺伝子組み換え食品は、論争の的になっている。遺伝子の組み替えは、飢えや栄養不良の除去でおおいに利益をもたらす。しかし、遺伝子組み換えで使用されるテクノロジーは新しいものであるため、人間と自然環境にリスクをもたらす可能性がある。予防原則という考え方は、リスクの可能性が十分に疑われる場合には、先頭を切るよりも、現行のやり方に固執するほうが望ましいと提案している。

考察を深めるための問い

1　科学や社会は、環境破壊の責めを負うべきだろうか。

2　リスクが地球規模に広がった時代に、人は差異を生むことができるのだろうか。

3　欧米社会がおおむね工業化を遂げたときに、発展途上の国々に「成長の限界」を押しつけるのは、はたして公平だろうか。

4　温室効果を考えあわせたとき、原子力への移行は、とるに値する賢明なリスクだろうか。

読書案内

Bill Devall: *Simple in Means, Rich in Ends* (Green Print, 1990)

Andrew Dobson: *Green Political Thought*, 3rd edn (Routledge, 2000)〔第二版の翻訳として、松野弘監訳『緑の政治思想』(ミネルヴァ書房、二〇〇一年)〕

Steve Hinchliffe & Kath Woodward (eds): *The Natural and the Social: Uncertainty, Risk, Change* (Routledge, 2000)

David Pearce & Edward Barbier: *Blueprint for a Sustainable Economy* (Earthscan, 2000)

Jonathon Porritt: *Seeing Green: The Politics of Ecology Explained* (Blackwell, 1984)

Mark J. Smith: *Ecologism: Towards Ecological Citizenship* (Open Univ Pr, 1998)

G. Tyler Miller Jr: *Living in the Environment: Principles, Connections and Solutions* (Brooks/Cole, 2000)

Steven Yearley: *The Green Case: A Sociology of Environmental Issues, Arguments and Politics* (Unwin Hyman, 1991)

インターネット・リンク

Department for Environment, Food and Rural Affairs
http://www.defra.gov.uk/environment/index.htm

Environmental Organization Web Directory
http://www.webdirectory.com

Friends of the Earth
http://www.foe.co.uk

Greenpeace
http://www.greenpeace.org.uk

United Nations Development Programme
http://www.undp.org

訳者あとがき

著者アンソニー・ギデンズ（一九三八年、ロンドン生まれ）は、今日の社会学を主導する研究者のひとりである。とくにギデンズは、構造化という理論的枠組みを打ちだして以来、再帰性の概念を軸に、モダニティ、つまり、現代の社会と密接に結びついた生活態度や生活様式を幅広く解明すると同時に、社会理論を批判理論として構築するために、積極的な発言をつづけている。ケンブリッジ大学教授を経て、一九九七年からはロンドン・スクール・オヴ・エコノミックス・アンド・ポリティカル・サイエンス（LSE）の教授になり、この間に第一一代ディレクターを務めた。

ギデンズ社会学の全体像は、ギデンズ自身が『ギデンズとの対話――いまの時代を読み解く』（而立書房、二〇〇一年刊）で詳しく語っているので、あわせてお読みいただければ幸いである。

ギデンズは、理論的分析の論述を中心にすでに二〇冊以上に及ぶ著書を刊行しているが、社会学教育にも精力的に取り組んできた。その成果のひとつが、この『社会学』である。ギデンズのように個別専門領域で著名な業績をあげている社会学者の多くが、自分の概念的枠組みから見た社会学の全体像を、初学者に平易に紹介する仕事にあまり関心を払っていない現実のなかで、ギデンズの取り組みは、貴重である。しかし、この本は、社会学の入門書のかたちをとっているが、社会学には「現代の知的文化において演ずるべき枢要な役割があり、また社会科学のなかで担うべき中心的立場がある」（本文中の「この本について」）との確信にもとづいて、社会学の中核となる視座と関心を部分的に再構築し直そうとした意欲的な著作でもある。

この『社会学』は、初版が一九八九年に刊行され、社会事象の分析、解釈にジェンダーの視点を折り込み、またグローバル化の問題をとりあげたテキストとして、高い評価を得た（邦訳は一九九二年）。その後、一九九三年に改訂第二版（邦訳は一九九三年）、一九九七年に第三版（邦訳は一九九八年）、二〇〇一年に第四版（邦訳は二〇〇四年）が刊行されている。そして二〇〇六年に、この第五版が刊行された。今回の全面的改稿は、ギデンズが「第五版はしがき」で述べているように、二〇〇一年九月一一日に米国で起きた同時多発テロを踏まえておこなわれた。そのため、第二〇章「政治、統治、テロリズム」でテロリズムについて詳しく検討するとともに、貧困の問題を――貧困の問題はすでに第四版で独立した章を設けていたが――第一一章「グローバルな不平等」で地球規模の視点から解説している。この点が、とくに第五版の大きな特徴であろう。

*　*　*

翻訳は六名でおこない、分担した箇所は、次のとおりである。

「第五版はしがき」「謝辞」「この本について」（松尾精文）／第一章（松尾）／第二章（小幡正敏）／第三章（小幡）／第四章（松尾）／第五章（藤井達也）／第六章（小幡）／第七章（松尾）／第八章（西岡八郎）／第九章（松尾）／第一〇章（松尾）／第一一章（松尾）／第一二章（松尾）／第一三章（立松隆介）／第一四章（立松）／第一五章（内田健）／第一六章（松尾）／第一七章（内田）／第一八章（松尾）／第一九章（松尾）／第二〇章（小幡）／第二一章（内田）／第二二章（西岡）

原書では、図版や写真、イラスト、マンガ等が多用されているが、著作権関係の制約で、残念ながらそのすべてをこの邦訳に反映できなかったことをお断りしておく。浩瀚な著作であり、また訳者が多人数に及ぶため、全体を通じた文章と用語の統一を、まとめ役としての松尾の判断と最終責任においておこなった。

*　*　*

畏友、矢吹申彦氏には、『社会学』初版から装幀をお願いし、この第五版も趣向を凝らした意匠で装っていただいた。また、而立書房の宮永捷氏には、良質な社会学のテキストを紹介したいという訳者の願いに応じて、第五版の刊行にも多大の尽力をいただいた。記して感謝の気持ちを表したい。

松尾精文

社会学（第5版）

1992年4月25日　第1版第1刷発行
1993年6月25日　改訂新版第1刷発行
1998年4月25日　改訂第3版第1刷発行
2004年12月25日　第4版第1刷発行
2009年3月25日　第5版第1刷発行
2015年3月25日　第5版第4刷発行

定　価　本体3600円＋税
著　者　アンソニー・ギデンズ
訳　者　松尾精文・西岡八郎・藤井達也
　　　　小幡正敏・立松隆介・内田　健
発行者　宮永捷
発行所　有限会社而立書房
〒101-0064 東京都千代田区猿楽町2丁目4番2号
電話 03（3291）5589／FAX 03（3292）8782
郵便振替 00190-7-174567
印　刷　株式会社スキルプリネット
製　本　有限会社岩佐

ISBN 978-4-88059-350-0　C3036

訳者略歴

松尾精文（まつお・きよぶみ）1945年生
早稲田大学大学院文学研究科社会学専攻博士課程単位取得修了
青山学院大学文学部教授

西岡八郎（にしおか・はちろう）1950年生
早稲田大学大学院文学研究科社会学専攻博士課程単位取得修了
国立社会保障・人口問題研究所人口構造研究部部長

藤井達也（ふじい・たつや）1952年生
早稲田大学大学院文学研究科社会学専攻博士課程単位取得修了
上智大学総合人間科学部教授

小幡正敏（おばた・まさとし）1958年生
早稲田大学大学院文学研究科社会学専攻博士課程単位取得修了
武蔵野美術大学造形学部教授

立松隆介（たてまつ・りゅうすけ）1956年生
早稲田大学大学院文学研究科社会学専攻博士後期課程単位取得修了
東邦大学講師

内田　健（うちだ・けん）1964年生
早稲田大学大学院文学研究科社会学専攻博士後期課程単位取得修了
新潟大学教育学部准教授

用語解説

《ア行》

アーバニズム（urbanism）→第21章
社会生活の非人格性といった、都市社会の示差的特徴を言い表すために、ルイス・ワースが使った用語。

アイデンティティ（identity）→随所に
自分がどのような存在であり、自分にとって何が意味をもつのかと関連する、個人ないし集団の性質の示差的な特徴。アイデンティティの主要な拠りどころには、ジェンダー、性的志向、国籍ないしエスニシティ、社会階級が含まれる。個人のアイデンティティの重要な標識のひとつは、その人の名前である。命名はまた、集団のアイデンティティにとって重要である。

新しい犯罪学（new criminology）→第19章
1970年代の英国で有力になった犯罪学思想の一分野で、逸脱を、意図的な選択であり、しばしば政治的性質を帯びているとみなした。「新しい犯罪学」の論者は、社会内部の権力や不平等という脈絡のなかでしか逸脱を理解することはできない、と主張した。

アニミズム（animism）→第14章
世の中の出来事は精霊の活動が引き起こすという信仰。

アノミー（anomie）→第１章
近現代世界の変動過程が引き起こし、その結果、社会規範が個々人の行動を掌握できなくなる、そうした生きる目的の喪失感や絶望感を記述するために、デュルケムが用いた概念。

アパルトヘイト（apartheid）→第13章
南アフリカで1948年に確立された公認の人種隔離制度で、1994年までつづいた。

新たな移民（new migration）→第13章
1989年以後のヨーロッパにおける移民様式の変化を指称する用語。「新たな移民」は、冷戦の終結やベルリンの壁の崩壊、旧ユーゴスラヴィアで長くつづく民族紛争、欧州統合の過程によって影響を受けており、旧来の「出身国」と「行き先国」の力学を変えている。

新たな社会運動（new social movements）→第20章
人間社会が直面するリスクの変化に応じて、1960年代以降の欧米社会に生まれた一連の社会運動。フェミニズムや環境保護運動、反核運動、遺伝子組み換え食品にたいする異議の申し立て、「反グローバル化」のデモといった新たな社会運動は、物欲的な目標を志向しない単一の争点を取り上げたキャンペーンで、階級を超えて支持を得ているという点で、それまでの社会運動と異なる。

新たな人種差別主義（new racism）→第13章
生物学的差異ではなく、むしろ文化的ないし宗教的差異を論拠にする、《文化的人種差別主義》とも称される人種差別主義の見地。

アンダークラス（underclass）→第９章
階級システムの最底辺にいる人びとが形づくる階級で、通常、エスニック・マイノリティ出身の人びとから構成されている。

異性愛（heterosexuality）→第12章

性的活動や性的感情が異性にたいして志向すること。

依存型文化（dependency culture） →第10章

労働市場に入るよりも、政府の福祉給付に頼る貧しい人たちを指称するために、チャールズ・マリーが普及させた用語。依存型文化は、人びとの覇気や自助能力を蝕む「過保護国家」の結果とみなされている。

一次的逸脱（primary deviance） →第19章

逸脱の社会学で、最初におこなう犯罪なり逸脱行為のことをいう。エドウィン・レマートによれば、一次的逸脱のレヴェルの行為は、その人の自己アイデンティティにとって周縁的意味しかもたない。通常、逸脱行為を常態化させる過程が生ずる。

一家の稼ぎ手としての男性（male breadwinner） →第７章

近年まで多くの先進工業社会で、男性の伝統的な役割は、家庭外での就業によって家族を扶養することであった。「一家の稼ぎ手としての男性」モデルは、家族類型に生じた変化と、労働市場に参入する女性たちの数が着実に増加したことで、著しく衰えている。

一妻多夫婚（polyandry） →第７章

女性が同時に二人以上の夫をもつことのできる婚姻形態。

一神教（monotheism） →第14章

唯一神の信仰。

逸脱（deviance） →第19章

集団や社会の大多数の成員が守る規範や価値に同調しない行為の諸様相。何を「逸脱」とみなすかは、さまざまな文化やサブカルチャーを互いに色分ける規範や価値と同じく、一様でない。ある脈絡なり集団で非常に重んじている行動形態の多くを、別の脈絡なり集団では否定している場合もある。

逸脱性の増幅（deviancy amplification） →第19章

取り締まり当局が、ある行動に逸脱というレッテルを貼ることで、そのまさに同じ逸脱行動を実際により多く引き起こしてしまう、意図しなかった帰結。たとえば、逸脱と認められた行いにたいする警察やメディア、一般の人たちの反応は、逸脱行為自体を「増幅」し、「逸脱性の悪循環」を生みだす可能性がある。

逸脱的サブカルチャー（deviant subculture） →第19章

その成員たちが、社会の多数派の人たちと著しく異なる価値観をいだくサブカルチャー。

逸脱の社会学（sociology of deviance） →第19章

逸脱的行動を研究し、一部の行動が逸脱とみなされる理由を解明しようとする、社会学の一部門。

一般化された他者（generalized other） →第７章

Ｇ・Ｈ・ミードの理論で用いられる概念。ミードによれば、人は、社会化過程をとおして所与の集団なり社会の全般的な価値観を受け継いでいく。

一夫一妻婚（monogamy） →第７章

夫ないし妻は、互いにつねに一人の配偶者しかもつことが許されない婚姻形態。

一夫多妻婚（polygyny） →第７章

男性が同時に二人以上の妻をもつことのできる婚姻形態。

イデオロギー（ideology） →第15章

支配集団の利害関心を正当化するのに役立つ、共有された理念ないし確信。イデオロギーは、集団間に整然かつ徹底した不平等が存在するすべての社会に見いだすことができる。イデオ

ロギー体系は集団間で保持される権力の差を正統化するのに役立つため、イデオロギーの概念は、権力の概念と緊密に結びついている。

遺伝子組み換え生物（genetically modified organisms） →第22章

構成する遺伝子を操作して生みだされた植物や穀物。

医療的注視（medical gaze） →第８章

近現代の医療で、医療専門家が、患者を診断し治療する際にとる、公平な、自分の価値観にとらわれない態度。

因果関係（causal relationship） →第３章

ある状態（結果）が別の状態（原因）によって引き起こされる関係。

因果律（causation） →第３章

ある因子が他の因子に及ぼす原因的影響作用。社会学における原因因子には、人びとの行動に作用する外在的影響だけでなく、人びとが自分の行いに付与する理由も含まれる。

印象管理（impression management） →第５章

米国の社会学者アーヴィン・ゴッフマンに由来する概念。人は、他の人たちと出会う際に、隠すべきものと見せるべきものを選別し、それによって他の人たちが自分にたいしていだく印象を「管理」したり操作する。

インターネット（internet） →第15章

コンピュータとコンピュータを結ぶ地球規模のシステムで、人びとは、ワールドワイドウェブ（WWW）上で、時間と空間にとらわれずに、距離と費用の制約――それに地元の政府の統制――を免れて、連絡をとりあったり、映像や音声、文書のかたちで情報を手に入れることができる。

インターネットを利用した学習（internet-based learning） →第17章

インターネットという媒体を介しておこなわれる教育活動。

インフォーマルな関係（informal relations） →第16章

集団や組織のなかで人格的結びつきを基盤にして発達する関係。正規に承認された手続きから外れたかたちでものごとをおこなう。

右派リアリズム（right realism） →第19章

犯罪学では、コントロール理論や政治的保守主義から右派リアリズムが生まれた。一般に認識される犯罪と非行の増加傾向を、個々人の責任意識の低下やモラルの堕落と結びつけてとらえている。右派リアリズムの論者にとって、逸脱は、一人ひとりの病理――自分本位で、自制心や道徳観念を欠く人たちが積極的に選択し、続行する、一連の破壊的な不法行動――である。右派リアリズムは、犯罪研究への「理論的」アプローチを無視している。

裏局域（back region） →第５章

アーヴィン・ゴッフマンが記述するような、「表局域」でのパフォーマンスから隔離された領域。この裏局域で、人は、くつろぎ、形式ばらずに振る舞うことができる。

疫学（epidemiology） →第８章

住民のあいだでの疾病や病気の分布と発生の研究。

エコロジーの現代化（ecological modernization） →第22章

環境にたいする建設的な政策と一体化した経済成長や経済開発。

エスニー（ethnie） →第20章

同じ祖先、同じ文化的アイデンティティ、明確な母国との結びつきという観念を共有した集団を記述するために、アンソニー・スミスが使う用語。

エスニシティ（ethnicity）→第13章
所与の集団成員を他の人びとから区別する文化的価値や規範。エスニック・グループとは、周囲の他の集団から自分たちを隔てる同じ文化的アイデンティティを共有している明確な認識を成員たちがともにいだく集団である。ほぼすべての社会で、エスニシティの相違は、権力や物質的富の差異と結びついている。エスニシティの差異が同時にまた人種的差異とみなされる場合、こうしたエスニシティの対立はとりわけ顕著になる。

エスノグラフィー（ethnography）→第4章
参与観察やインタヴューを用いて、人びとを直接研究すること。

エスノセントリズム（ethnocentrism）→第13章
自分自身の文化の理念や習わしの見地から、他の文化の理念や習わしを理解すること。こうした自文化中心的判断では、他の文化の真の特質を認識し損なう。自文化中心的な人とは、他の文化をその文化の見地からとらえることができない、あるいは進んでとらえようとしない人である。

エスノメソドロジー（ethnomethodology）→第3章
人びとが、日々の社会的相互行為の過程で、他の人たちの言動をどのように理解しているかを研究すること。エスノメソドロジーは、人びとが互いに有意味なやりとりをつづけるための手段である「普通の人の用いる方法」を問題にしている。

遠距離コミュニケーション（telecommunications）→第15章
情報や音声、映像を、テクノロジー媒体によって距離を隔てて伝達すること。

オートメーション（automation）→第18章
人間は最小限の監督をするだけで、機械が監視と管理をおこなう生産工程。

オーラル・ヒストリー（oral history）→第3章
人びとに、その人がこれまでの人生で目撃したり経験した出来事についておこなうインタヴュー。

置き換え（displacement）→第13章
観念や感情を、その真の源泉から別のものに移し換えること。

押し出す要因と引き寄せる要因（push and pull factors）→第9章
グローバルな移民をめぐる初期の研究で、移民様式に影響を及ぼすと考えられた内在的な力と外在的な力。「押し出す要因」は、たとえば失業や戦争、飢餓、政治的迫害といった、出身国内部の力学を指称する。「引き寄せる要因」は、たとえば好況な労働市場や低い人口密度、高い生活水準といった行き先国の特徴をいう。

お喋り（talk）→第5章
毎日の社会生活の経過でおこなわれる、会話や言葉のやり取り。社会学者は、とくにエスノメソドロジーの研究者は、お喋りを精査の対象とみなしだしている。

表局域（front region）→第5章
人びとが他者にたいして限定された「パフォーマンス」を演じようとする社会的活動の舞台。

温室効果（greenhouse effect）→第22章
地球の大気内部に熱を閉じ込める温室効果ガスが蓄積すること。「天然の」温室効果は地球の気温を快適な水準に保つが、人間の活動がもたらす温室効果ガスの極めて高い蓄積は、地球温暖化と密接に結びついてきた。

《カ行》

カースト制（caste）→第９章

その人の社会的地位が出生時に確定し、変更できない階層分化の一形態。異なるカースト集団の成員間で、通婚はほとんどおこなわれない。

階級（class）→第９章

階級は、社会学で最も頻繁に用いる概念のひとつであるが、この概念をどのように定義づけることが最適かについて明確な合意は見いだせない。マルクスにとって、階級は、生産手段との関係で共通の立場にいる人たちの集団であった。ウェーバーも、階級を経済的範疇に属するとみなしたが、階級が、社会的地位や「政党」と密接に関係することを強調した。近年、社会階級の指標としてもっぱら職業を用いる社会科学者もいれば、財産所有を強調する社会科学者もいる。また、別の社会科学者たちは、ライフスタイルの選択に注目している。

外在的リスク（external risk）→第22章

自然界に源を発し、人間の行為とは無関係の危険要因。外在的リスクの例に、旱魃や地震、飢餓、暴風雨がある。

会話分析（conversation analysis）→第５章

エスノメソドロジーに由来する技法を用いた、会話の実証的研究。会話分析は、会話の際の首尾一貫した原則や、会話が社会秩序の生産と再生産で果たす役割を明らかにするために、自然な仕方で生ずる会話の細部を検討する。

科学（science）→第３章

科学は、自然科学では、物質的世界の体系的研究を意味する。科学は——それに、科学的企てとしての社会学は——実証的データの整然とした列挙とともに、そうしたデータを解明したり説明するための理論や理論的アプローチの構築を必然的にともなう。科学という活動は、大胆な、新たな思考様式の創案を、仮説や概念の入念な検証と一体化させていく。科学を他の種類の観念体系（たとえば、宗教に見いだす観念体系）から弁別する主要な特徴のひとつは、《すべての》科学的観念が、科学研究に従事する人びとによる相互批判や修正につねに開かれている点である。

核家族（nuclear family）→第７章

妻と夫（あるいは、そのどちらか一方）、扶養される子どもたちが構成する家族集団。

核が二つある核家族（binuclear family）→第７章

子どもには、離婚によって二つの別々の家庭で暮らす親がいるが、両方ともその子の養育にかかわっている、そうした家族構造。

拡大家族（extended family）→第７章

同じ世帯のなかか、あるいは互いに隣接した関係で居住する、夫妻と子どもたちの範囲を超えて広がる近親者たちから構成される家族集団。

獲得的地位（achieved status）→第５章

その人の生物学的要素によって定められた特性よりも、その人の努力にもとづく地位。獲得的地位の例に、「熟練工」、「大学卒業者」、「医師」等々がある。

革命（revolution）→第20章

大衆的社会運動による動員をともないながら、暴力を行使して首尾よく現行体制を打倒し、新たな政権を樹立する政治的変革過程。革命は、大衆運動や政治システム全体の大変動の発生をともなうため、《クーデター》と区別される。《クーデター》は、軍隊を用いた少数の人

びとによる権力の奪取を言い、その人たちは、クーデター後に政権指導者と入れ代わるが、それ以外の統治システムの徹底的な変革は生じない。革命はまた、反乱とも区別される。反乱は、現在の政治的権威にたいする異議の申し立てであるが、政治構造そのものの転換よりも、人員の一新を目標にしている。

隠れたカリキュラム（hidden curriculum） →第17章

学校で学習するが、正規のカリキュラムには含まれていない行動や態度の特性。隠れたカリキュラムは、学校教育のなかに組み込まれた「明示されていない講義題目」――たとえば、ジェンダー間の差異の諸側面を教えること――である。

家事労働（housework; domestic work） →第18章

家庭内での調理や掃除、洗濯、買い物といった毎日の用事に関して、通常、女性たちが担っている無給労働。

仮説（hypothesis） →第2章

経験的検証の基盤として提示される、所与の事態についての予想、ないし推測。

寡占（oligopoly） →第16章

少数の企業が特定の産業分野を支配している状態。

家族（family） →第7章

血縁や婚姻、養子縁組によって互いに結ばれた人びとが形づくる集団で、経済生活の単位を形成し、その大人成員は子どもを養育する責任を負う。家族関係の性質は非常に多様であるが、すべての既知の社会に何らかの形態の家族制度を見いだすことができる。現代社会の主要な家族形態は核家族であるが、さまざまなかたちの拡大家族的関係も、数多く見いだすことができる。

価値（values） →随所に

個人や集団が、何が望ましいか、何が妥当か、何が良いか、さらには何が悪いか等々に関していだく理念。価値観の相違は、人間の文化に見いだす多様性の重要な側面を示す。一人ひとりが何を価値あるものとみなすかは、その人がたまたま生きている特定の文化によって強い影響を受ける。

葛藤理論（conflict theory） →第1章

人間社会に存在する緊張関係や対立、競合する利害関心に焦点を当てた社会学の視座。社会資源の入手や支配をめぐって集団どうしが争うようになると、資源の稀少性や価値が葛藤を生みだす、と葛藤理論の研究者たちは考える。葛藤理論の多くの研究者は、マルクスの著述の影響を強く受けている。

寡頭制の鉄則（iron law of oligarchy） →第16章

ウェーバーの教え子ロベルト・ミヘルスの造語。大規模な組織では、権力が少数者の手に集中して、民主制が困難になりやすいことを言い表している。

家父長制（patriarchy） →第12章

男性による女性の支配。女性に比べ、男性が行使する権力の性質や度合に変差が見られるとはいえ、既知のすべての社会は、家父長制的である。現代の社会で女性たちの運動の主要目標のひとつは、現行の家父長制的制度と闘うことである。

カルト（cult） →第14章

人びとは拘束されないかたちで加入しているが、常設的機構をまったく欠く、未完成の宗教集団。カルトは、多くの場合、霊感を受けた指導者のまわりに形成される。

加齢（ageing） →第6章

人びとが高齢になるにともない影響を及ぼす生物学的、心理学的、社会的過程の結びつき。

感覚運動期（sensorimotor stage）→第６章

ピアジェによる人間の認知発達の一段階で、子どもが自分を取り巻く外界にたいして得る認識は、知覚と触覚に支配される。

環境効率（eco-efficiency）→第22章

経済成長を生みだすが、環境に最小限の犠牲を払うだけで経済成長を生みだせるようなテクノロジーの開発。

環境生態学（environmental ecology）→第22章

近現代の工業とテクノロジーの及ぼす強い影響作用を目の当たりにして、自然環境の完全性の維持に関心を寄せること。

監視（surveillance）→第16章

従順な行動を確実にとらせるために、特定の人びとや集団の活動を他の人が統率すること。

監視社会（surveillance society）→第16章

定期的に人びとを見張り、人びとの活動を記録していく社会。高速道路や街頭、店舗におけるビデオカメラの普及は、監視活動の拡大の一側面である。

感情的知能（emotional intelligence）→第17章

自分の感情を、共感や自己統制、熱中、根気強さといった特質を開発するために活用できる能力。

寛容度ゼロの警察活動（zero tolerance policing）→第19章

重大犯罪を減らすための鍵として、法を情状酌量なしに厳しく適用し、一貫した秩序の維持に力点を置く取り組み方。寛容度ゼロの警察活動は、軽犯罪や些細な妨害行為に的を絞るため、割れ窓理論を支える原理の反映である。

官僚制（bureaucracy）→第16章

権限のピラミッドを形づくる、ヒエラルキー組織。マックス・ウェーバーが「官僚制」という用語を広めた。ウェーバーによれば、官僚制は、人間が形づくる最も効率的な大規模組織形態である。組織は、規模が大きくなると、不可避的にますます官僚制化する傾向が強い、とウェーバーは主張する。

機関投資家型資本主義（institutional capitalism）→第16章

法人の株式保有にもとづいて運営される資本主義企業。

企業犯罪（corporate crime）→第19章

社会のなかで大企業が犯す違反行為。企業犯罪の例に、環境汚染、偽りの広告、保健衛生規則や安全規則の違反が含まれる。

企業文化（corporate culture）→第16章

工場のすべての成員がかかわる固有な組織文化の創出によって、生産性と競争力を高めようとする経営理論の一部門。活気に満ちた企業文化――会社の催し事や儀礼、伝統を含む――は、従業員の忠誠心を高め、集団の連帯性を促進すると考えられている。

機能主義（functionalism）→第１章ほか

社会的事象は、その事象が演ずる機能――つまり、その機能が社会の存続にたいしておこなう寄与――の面から最も適切に説明できると考え、社会を、社会のさまざまな部分が相互関係のなかで作動する複雑なシステムとみなす見解にもとづいた理論的視座。

規範（norms）→随所に

その文化の価値観を反映したり、具体化するかたちで、特定の行動類型を指示するか、ある

いは特定の行動類型を禁止する行動規則。規範は、内輪での否認から体罰や死刑に至るまで、何らかの種類の賞罰によってつねに支えられている。

逆機能（dysfunction）　→第６章

社会システムに挑戦したり、緊張を生みだす社会生活の諸特徴。

窮乏化（pauperization）　→第９章

文字通り、貧困者や貧困状態を生みだすこと。マルクスは、この言葉を、労働者階級が資本家階級との関係でますます貧しくなる過程を記述するために用いた。

教育（education）　→第17章

直接の指導によって世代から世代へ知識を伝えること。教育過程はどの社会にも存在するが、大衆教育が学校教育――つまり、人びとが一生のうちの数年間を過ごす専門分化された教育環境のなかでの指導――の形態をとるのは、近代に入ってからである。

教会（church）　→第14章

既成の宗教組織に所属する人びとが形づくる規模の大きな団体。この言葉はまた、宗教的儀式を執りおこなう場所を指称するためにも用いられる。

共産主義（communism）　→第20章

マルクスに由来する一連の政治理念で、マルクス以後は、とくにレーニンが発展させ、中国において、また1990年までソヴィエト連邦や東ヨーロッパにおいて制度化された政治理念。

強調された女性性（emphasized femininity）　→第12章

社会のジェンダー・ヘゲモニーについて論じたＲ・Ｗ・コンネルの著述に由来する用語。強調された女性性は、男性たちの関心や要求への順応を志向しているために、ヘゲモニー的男性性の重要な補完になる。メディアや広告での女性たちの描写の多くは、強調された女性性を具体的に表示している。

教派（denomination）　→第14章

当初の信仰覚醒的活力を失うが、かなりの数の人びとの信仰を得ることで制度化された団体になった宗教セクト。

共謀した男性性（complicit masculinity）　→第12章

社会のジェンダー・ヘゲモニーについて論じたＲ・Ｗ・コンネルの著述に由来する用語。みずからは《ヘゲモニー的男性性》の理想に応じた生活を送っていないが、家父長制的秩序のなかの優勢な位置づけから利益を得る社会の多くの男性が、共謀した男性性を体現している。

共有された理解（shared understanding）　→第５章

人びとが互いにいだく共通の想定で、それによって人びとは体系だったかたちで相互行為することが可能になる。

局域化（regionalization）　→第５章

非常に身近なレヴェルでの活動が時間的、空間的に「帯状に」分化すること。あるいは、社会活動や経済活動が、国民国家の段階を超える場合もあればそうでない場合もあるが、地域や地帯へともっと大規模に分化すること。

極刑（capital punishment）　→第19章

死が科せられる犯罪で有罪判決を受けた人にたいして、国家がおこなう処刑。一般には「死刑」として知られている。

儀礼（ritual）　→第14章

集団や共同体の成員が定期的に加わる形式化された行動様式。宗教は、儀礼をつねに執りお

こなう重要な脈絡のひとつであるが、儀礼的行動の範囲はこのような特定領域をはるかに超えて拡がっている。ほとんどの集団に、何らかの種類の儀礼的習わしが存在する。

儀礼的無関心（civil inattention） →第５章
相互行為の同じ物理的場面に居合わす人たちが、互いに相手の存在に気づいていることを、相手を脅したり過度になれなれしい態度をとらずに相手に明示する過程。

近親姦（incest） →第７章
近しい家族成員間での性的活動。

近代化理論（modernization theory） →第11章
市場志向の開発理論のひとつで、低所得国は、その国の伝統的な生活様式を放棄し、近代的経済制度やテクノロジー、貯蓄と生産的投資を強調する文化的価値観を取り入れれば、経済的に発達できる、と主張する。

クイア理論（queer thoery） →第12章
クイア理論は、社会学などの学問が異性愛に偏向しているので、今日のほとんどの思考の背後にある異性愛を当然視する想定に疑義をさし挟むために、非異性愛者の声を前面に出す必要がある、と主張する。

クズネッツ曲線（Kuznets Curve） →第９章
不平等は資本主義発達の初期段階を通じて増加するが、その後は減少し、最終的に相対的に低い水準で安定することを証明した公式。

具体的操作期（concrete operational stage） →第６章
ピアジェが提示した認知発達の一段階。この段階での子どもの思考は、主として世界の身体的知覚に基盤を置いている。この段階では、子どもはまだ抽象的概念を扱ったり、仮想の事態に対処することができない。

組み換え型家族（reconstituted family） →第７章
大人成員のうち少なくとも一人が、以前の結婚や男女関係のなかで、一緒に暮らしているにせよ近くに住んでいるにせよ、子どもをもうけている家族。組み換え型家族は、「ステップ・ファミリー」とも呼ばれる。

グループ生産（group production） →第18章
個々人ではなく、小規模集団によっておこなわれる生産活動。

グローバル・ヴィレッジ（global village） →第15章
カナダの研究者マーシャル・マクルーハンに由来する概念。マクルーハンは、とりわけ電子コミュニケーション手段の普及拡大が、世界を小規模な共同体のなかに束ねていくとみなした。だから、たとえば世界のさまざまな地域で暮らす人びとは、テレビ番組を通じて、ニュースになった同じ事件を見守ることになる。

グローバル化（globalization） →第２章
社会的、経済的関係が世界中に広がったために、世界のさまざまな人びと、地域、国々のあいだで相互依存性が増大すること。

グローバル・シティ（global city） →第21章
たとえばロンドンやニューヨーク、東京のように、すでに新たなグローバル経済を運営するセンターとなっている都市。

グローバルな商品連鎖（global commodity chains） →第２章
完成品を造り出すために生まれた労働と生産工程の世界規模のネットワーク。

グローバルな統治（global governance） →第20章

グローバルな問題に取り組むために必要な支配の枠組みであり、またこの支配の枠組みを保障するために必要な（国際的な統治機構と個々の国の政府をともに含む）一連の多様な制度体。

君主制（monarchy） →第20章

一族によって権力を代々継承してきた人物が率いる政治システム。

経営者型資本主義（managerial capitalism） →第16章

その会社の所有者ではなく、経営幹部によって管理運営される資本主義企業。

経験的調査（empirical investigation） →第3章

社会学のどの研究領域においてもおこなわれる実態の調査。

経済（economy） →第22章ほか

その社会に生活する人びとの物質的要求に必要なものをもたらす、生産と交換のシステム。経済制度は、あらゆる社会秩序のなかで最も重要である。経済の領域で生ずることがらは、通常、社会生活の他の側面に影響を及ぼす。近現代の経済は、伝統的経済と本質的に相違する。なぜなら、人口の大多数がもはや農業生産に従事していないからである。

経済的相互依存性（economic interdependence） →第22章

専門分化や分業体制の結果、自給自足状態が廃れて、人びとが自分の生活を維持するために必要な物資の多く、ないしほとんどを、それらの生産者である他の人たちに依存すること。

形式的操作期（formal operational stage） →第6章

ピアジェ理論による認知発達の一段階で、この段階では、成長途上の子どもは、抽象的概念を使いこなしたり、仮想の事態に対処できるようになる。

権威（authority） →第20章

マックス・ウェーバーに追随して、多くの社会学者は、権威とは、ある人やある集団が他の人びとや集団にたいして保持する《正統的》な権力であると考えている。正統性は、権威の概念に必要不可欠な要素であり、権威を、権力というもっと一般的な概念から区別する主要な手段である。権力は、力や暴力を用いることで行使される。それにたいして、権威は、上位に立つ人たちが従属する人びとに命令や指示を下す権利を、当の従属する人びとが容認していることに依拠する。

権威主義国家（authoritarian states） →第20章

国家のニーズや利害関心が平均的市民のニーズや利害関心に優先し、人びとの政治への参加が厳しく制限されたり、否定されている政治システム。

健康遷移（health transition） →第8章

社会で主要な死亡原因が、急性の伝染病から慢性の非伝染性疾患に移行したこと。健康遷移を経験した先進工業国では、結核やコレラ、マラリア、小児マヒといった伝染性の疾患は実質的に撲滅され、ガンや心臓疾患といった慢性疾患が最も一般的な死亡原因になっている。

健康の生物医学的モデル（biomedical model of health） →第8章

西洋の医療システムや実践を下支えする一連の原理。健康の生物医学的モデルは、疾病を、識別された症状の有無にしたがって客観的に定義し、科学に基盤を置く医学的処置によって健康な身体を取り戻すことができる、と考えている。人間の身体は、適切な修繕によって規則正しい作動を回復できる機械装置に喩えられている。

顕在的機能（manifest functions） →第1章

活動にかかわる人たちが認識したり意図している、そうした活動類型の有する機能。

現世拒否の運動（world-rejecting movements） →第14章

排他的で、外部世界にたいし極めて批判的で、会員に多くのことを求める宗教運動。

現世肯定の運動（world-affirming movements）→第14章

信者が人間としての潜在的能力を解放することを手助けして、外部世界で成功できる信者の力を高めることに努める宗教運動。

現世順応の運動（world-accommodating movements）→第14章

内面的な宗教生活の重要性や、世俗的関心事にたいする精神の清らかさを強調する宗教運動。

言説（discourse）→第4章

社会生活の特定の領域における思考の枠組み。たとえば、犯罪性をめぐる言説は、その社会の人たちが犯罪についてどのように考え、話題にしているのかを意味する。

原理主義（fundamentalism）→第14章

教典の字義通りの意味への回帰を信奉すること。原理主義は、現代化や合理化にたいする応答として出現し、信仰にもとづいてものごとを解決し、また伝統を伝統的な仕方で擁護しようとする。

権力（power）→第20章

個人ないし集団の成員が、みずからの目的を達成したり、みずからいだく利害関心を促進することのできる能力。権力は、あらゆる人間関係に広く見いだす特徴である。個人や集団がどれほど多くの権力を獲得できるかは、他の人たちの願望を犠牲にしながら自分たちの願望をどれだけ多く実行できるかで決まるため、社会における葛藤の多くは、権力闘争になる。

郊外化（suburbanization）→第21章

郊外での、つまり、インナーシティの外側での住宅地区の発達。

高級化による地域再開発（gentrification）→第21章

老朽化しだした住居を改装して、裕福な人たちをその地域に転入させる都市再生の過程。

工業化（industrialization）→第2章

近代的な工業形態――工場、機械、大規模な生産工程――の発達。工業化は、過去2世紀以上にわたって社会的世界に影響を及ぼしてきた一連の主要な過程のひとつである。工業化を達成した社会は、そうでない社会とまったく異なる特徴を示している。たとえば、工業化の進展にともない、農業に従事する人びとの割合は――工業化を達成する以前の国々と対照的に――極めて小さくなっている。

公共圏（public sphere）→第15章

ドイツの社会学者ユルゲン・ハーバーマスに由来する理念。公共圏とは、近現代の社会において公の討議や議論をおこなうための舞台を指称する。

工業社会（industrial society）→第2章

労働力人口の大多数が工業生産に従事する社会。

高責任システム（high-trust systems）→第18章

仕事上の課業にたいして、一人ひとりに多くの自主性や管理権を認める組織体や労働環境。

構造化（structuration）→第1章と第4章

私たちは一人ひとりの行為を通じて私たちの社会的世界を形づくると同時に、社会によって私たち自身が作り直されていくという、双方向の過程。

高等教育（higher education）→第17章

小中高校より上の段階の、短期大学や大学での教育。

合理化（rationalization）→第1章

厳密な予測や組織化の様式が、抽象的な規則や手続きをともないながら、次第に社会的世界

を支配するようになる過程を指し示すために、ウェーバーが用いた概念。

国際的政府間組織（international governmental organization） →第16章

加盟国どおしの用務を処理する目的で締結された政府間の条約によって設立される国際組織。

国際的非政府組織（international non-governmental organizations） →第16章

会員である個人間や民間組織間の協定によって設立される国際組織。

国内総生産（gross domestic product: GDP） →第11章

誰が工場を所有しているかにからわらず、ある年にその国の経済活動によって生み出されたと記録される商品やサーヴィスの総計。

国民国家（nation-state） →第20章

近現代世界に特有な国家類型で、行政府は明確に規定された領有区域内に主権権力を確立し、人口の大部分は自分たちが単一国家の一員であることを自覚している市民である。ナショナリズム的忠誠心は必ずしも今日存在する特定の国家の境界線と合致するわけではないが、国民国家は、ナショナリズムの勃興と密接に関連している。国民国家は、新たに出現する国民国家システムの一端として、当初はヨーロッパで発達したが、今日では全世界に普及している。

国民総所得（gross national income: GNI） →第11章

国内総生産に、国外で得た資産所得（利子、賃貸料、配当、利潤）を加えたもの。（国民総所得は、以前は国民総生産（GNP）と称されていた。）

個人空間（personal space） →第５章

人びとが、自分と他人とのあいだに確保する物理的間隔。個人空間は、近しい関係にある場合の密接距離、形式張った出会いの場合の社会距離、観衆にたち向かう場合の公衆距離と、多様である。

コスモポリタン（cosmopolitan） →第13章

新たな理念や価値に絶えず触れ合うことで、その結果、多くの社会的特性を共有するようになる人びとや社会のことを記述する用語。

国家（state） →第20章

特定の領土を支配する政治装置（統治制度と行政官吏）で、その権威は、法律と物理的強制力を行使できることによって支えられている。すべての社会が、国家の存在によって特徴づけられるわけではない。狩猟採集社会や小規模な農耕社会は、国家制度を欠いている。国家の出現は、人類史の示差的な転換を画すものである。なぜなら、国家形成にともなう政治権力の集中は、社会変動過程に新たな変動様式を導入したからである。

国家中心理論（state-centered theory） →第11章

政府の適切な政策は、経済発達を妨げるどころか、むしろ経済発達を引き起こす上で枢要な役割を演じていくと主張する理論。

国家なき民族（nations without states） →第20章

民族を構成する人たちが、自分たちの領土であると権利主張する区域に政治的主権を確立できない状態。

コミュニケーション（communication） →第15章

一方の個人ないし集団から他方の個人や集団への情報の伝達。コミュニケーションは、すべての社会的相互行為の不可欠な基盤である。対面的脈絡では、コミュニケーションは、言語の使用だけでなく、他の人たちの言動を理解する際に人びとが解釈していく数多くの身体信号によってもおこなわれる。書字の発達や、さらにラジオやテレビ、コンピュータ通信シス

テム等の電子メディアの発達によって、コミュニケーションは、対面的な社会関係という直接接触できる脈絡から、さまざまな度合で離脱しだしている。

婚姻（marriage） →第７章

ふたりの個人のあいだで社会的に是認された性的関係。ほとんどの場合、婚姻は性を異にするものどうしでおこなうが、一部の文化では同性愛者どうしの婚姻形態も黙認されている。普通、婚姻は生殖家族の基礎を形づくる——つまり、結婚した夫婦は子どもを産み、育てることが期待される。多くの社会は、ひとりが同時に何人かの配偶者をもつ複婚を認めている。

コントロール理論（control theory） →第19章

犯罪を、犯罪的活動に駆る衝動と犯罪的活動を思いとどまらせる統制力のあいだの不均衡状態の結果とみなす理論。犯罪者とは、かりに社会的統制力なり物理的統制力によって犯罪ができなくなれば、得られる報賞を最大化する行動をとることができる理性的な存在である、とコントロール理論の論者は考えている。

《サ行》

サーヴィス階級（service class） →第９章

雇用が労働契約ではなく業務請負契約にもとづき、それゆえ高度の信頼と自律性をともなう人びとを記述するために、ジョン・ゴールドソープが採用した用語。ゴールドソープの説明では、サーヴィス階級（階級Ⅰ、階級Ⅱに分類される）は、専門的職業や上席行政的職業、上席経営的職業に従事する人たちを指す。（サーヴィス階級の成員は、サーヴィス産業に雇用されている人たちでは《ない》。）

再帰性（reflexivity） →第４章

再帰性は、知識と社会生活の結びつきを説明する。私たちが社会に関して獲得する知識は、私たちが社会のなかで行為する仕方に影響を及ぼす可能性がある。たとえば、人は、ある政党の支持率が高いという調査結果を読んだ結果、同じようにその政党への支持を表明するかもしれない。

サイバースペース（cyberspace） →第15章

異なるコンピュータ端末を利用する人びとのあいだで相互行為をおこなうための電子的ネットワークで、領土的境界にかかわらず、同じ水準で——同じ次元で——人びとを結びつける。

サイバー犯罪（cybercrime） →第19章

電子ネットワークを手段にして、あるいは新たな情報テクノロジーを利用しておこなわれる犯罪活動。電子的マネーロンダリングや、個人認証情報の不正入手、電子的通信内容の傍聴は、いずれもサイバー犯罪である。

最頻値（mode） →第３章

所与の一連のデータに最も頻繁に現れる数値。この数値は、中心傾向を描写するのに有用な方式になる場合がある。

最優勢の地位（master status） →第５章

その人の他のすべての社会的立場の指標に優先し、その人の社会における位置づけ全体を通常は規定している地位。

搾取（exploitation） →第９章

権力の不均等によって、一方の側が他方の側を犠牲にして利益を得る社会関係ないし制度的関係。

サッチャー主義（Thatcherism） →第20章

英国の元首相マーガレット・サッチャーに由来する政策原理。この政策理念は、一方で強力な国家行政が果たす中心的役割を維持しながら、国家の影響力の削減と一体化した経済的営みの重要性を強調する。

砂漠化（desertification） →第22章

激しい土壌劣化のために、広大な地域が砂漠状態になること。

左派リアリズム（left realism） →第19章

1980年代にジャック・ヤングの研究成果によって普及した、犯罪学の潮流。犯罪被害に焦点を当て、犯罪学が犯罪抑制の課題や社会政策に実践的にかかわることの必要性を主張する。

サブカルチャー（subculture） →第19章

その人たちの文化様式によって、もっと規模の大きな社会から区別される一群の人たち。

差別（discrimination） →第13章

特定集団の成員に、他の人たちであれば獲得できる資源や報賞を与えないこと。差別と偏見は、通常、密接に結びついているが、両者を区別する必要がある。他の人たちに偏見をいだく人が、その人たちに加えられる差別的習わしに加担しない場合もある。逆に、たとえ差別を受けている人たちにたいして偏見をいだかなくても、差別的行動をとる人もいる。

三角測量法的手法（triangulation） →第３章

単一の方法によって得られるデータよりも信憑性の高い実証的データを生みだすために、複数の調査方法を併用すること。

参加民主制（participatory democracy） →第20章

集団や地域社会のすべての成員が主要な意思決定に共同で参加する、民主制のシステム。

産業革命（industrial Revolution） →第１章

近代工業形態の発達をめぐって生じた広範な社会的、経済的変容。産業革命は、工業化過程を引き起こした。

サンプリング（sampling） →第３章

規模の大きな母集団全体を代表するものとして、母集団のなかから一定の割合の人びとや事例を選び出して研究すること。

参与観察（participant observation） →第３章

社会学と人類学で広く用いられる調査方法で、研究者は研究対象の集団やコミュニティの諸々の活動に参加していく。

ジェノサイド（genocide） →第13章

人種集団や政治集団、文化集団を故意に、計画的に抹殺すること。

ジェンダー（gender） →第12章

男女それぞれの性に属する人びとにたいして、その性にふさわしいとされる行動を社会的に期待すること。ジェンダーは、男女の違いを生む身体的属性ではなく、社会的に形成された男性と女性の有する特性を指称している。ジェンダー関係の研究は、これまで長いあいだほとんど注目されなかったが、近年、社会学の最も重要な研究分野のひとつになっている。

ジェンダー関係（gender relations） →第12章

男女間の社会的に様式化された相互行為。

ジェンダー体制（gender regime） →第12章

学校や家族、近隣社会のような特定の状況の内部に見いだされるジェンダー関係の態様。

ジェンダー秩序（gender order） →第12章

R・W・コンネルの著作と結びつく用語で、ジェンダー秩序は、男性性と女性性のあいだの、

社会の至るところに浸透した権力関係の様式を表示している。

ジェンダーによる職業上の隔離（occupational gender segregation） ⇀第12章

何が「男性に」似つかわしい労働か「女性に」似つかわしい労働かをめぐる一般に普及した理解にもとづいて、男女が異なる種類の職に集中する状態。

ジェンダーの社会化（gender socialization） ⇀第12章

人びとが、社会化の過程で、それぞれのジェンダーの特徴をどのように発達させるかという問題。

ジェンダーの不平等（gender inequality） ⇀第12章

女性と男性が、集団や集合体、社会のなかで、地位や権力、威信の面で被る不平等状態。

ジェンダー役割（gender roles） ⇀第12章

男女それぞれに割り当てられ、男性性なり女性性というレッテルが貼られる社会的役割。

資源配分（resource allocation） ⇀第13章

社会集団や社会の他の構成体が、さまざまな社会的資源や物質的資源を互いに分け合い、駆使するあり方。

自己アイデンティティ（self-identity） ⇀第6章

自己アイデンティティは、私たちが自分自身について、また私たちを取り巻く世界との関係性について独自の意識を組み立てていく、そうした自己発達と自己のアイデンティティの定義づけをおこなう連続した過程。

自己意識（self-consciousness） ⇀第6章

他者とは別個の人格としての自己の明確な社会的アイデンティティの自覚。人間は、自己意識をもって生まれてくるのではなく、初期の社会化の結果として自己の自覚を獲得する。言語の学習は、子どもが自己意識的存在になることを学ぶ過程として、極めて重要になる。

自国中心的超国籍企業（ethnocentric transnationals） ⇀第16章

経営管理がもっぱら親会社の本部によって直接おこなわれる超国籍企業。

自己中心的（egocentric） ⇀第6章

ピアジェによれば、生後数年間の子どもに特徴的な見地。自己中心的な思考は、外界における物や出来事を、もっぱら子ども自身の立場だけから理解することを意味する。

市場志向理論（market-oriented theories） ⇀第11章

最善の経済的成果は、かりに人びとが、政府による束縛を受けずに、自分の経済的決定を自由におこなうことができる場合に得られると想定する経済開発理論。

自然の社会化（socialization of nature） ⇀第8章

生殖のように、「自然なこと」とみなされる現象を人間が統制していくこと。

持続可能な開発（sustainable development） ⇀第22章

経済成長は、天然資源を枯渇させるのではなく、リサイクルし、生物種の多様性を維持し、澄んだ大気と水、汚染のない大地を守るかたちで、推進すべきだという考え方。

失業（unemployment） ⇀第18章

失業率は、「積極的に行動をおこして」仕事を得ようとするが、有給の仕事を得ることのできない人たちの割合を測定する。「仕事に就いていない」人は、することが何もないという意味での失業者では必ずしもない。たとえば、主婦は、給与をまったく得ていないが、通常、重労働をおこなっている。

実験（experiment） ⇀第3章

研究者の設定する人為的状況や、あるいは自然に生ずる状況を用いて、意図的に統制を加え

たかたちで仮説を検証する調査方法。

実証主義（positivism）→第1章
社会学に関していえば、社会的世界の研究を自然科学の原理にしたがっておこなうことができるという見解。社会学の実証主義的アプローチは、入念な観察や比較、実験によって客観的な知識を生みだすことができると考えている。

実態の問い（factual questions）→第3章
（理論上や道徳上の争点よりも）事実について問題を提起するかたちの疑問。

史的唯物論（materialist conception of history）→第1章
マルクスが展開した見方で、この見方によれば「物質的」ないし経済的要因が、歴史的変動を規定する上で最重要の役割を演ずるとされている。

資本家（capitalists）→第9章
企業や土地、公債、株式を保有し、それらを用いて経済的利潤を生みだす人びと。

資本主義（capitalism）→第1章
市場取り引きに基盤をおく経済事業システム。「資本」とは、利益の獲得を期待して、商品生産や市場投資のために用いる、金銭や所有物、機械装置を含む資産を指す。今日、ほぼすべての工業社会は、資本主義を志向している——工業社会の経済システムは、自由な企業活動と経済競争にもとづいている。

シミュラークル（simulacra）→第15章
フランスの研究者ジャン・ボードリヤールが用いる概念。シミュラークルとは、原型となるものが何も存在しない文化項目の模倣である。たとえば、「チューダー風まがい」の住宅は、手本となったチューダー様式の建物とは似ても似つかないものである。

市民（citizen）→第10章
政治共同体の成員で、成員資格に結びつく権利と義務をともに保有している。

市民社会（civil society）→第20章
国家と市場のあいだに存在する活動領域で、家族や学校、地域のさまざまな結合体、非経済的制度体が含まれる。「市民社会」、つまり、市民文化は、活気に満ちた民主的社会にとって必要不可欠である。

シャーマン（shaman）→第14章
特殊な呪術的能力をもつと信じられている人。呪術師や呪医。

社会（society）→随所に
社会という概念は、社会学のあらゆる観念のなかで最も重要なもののひとつである。社会とは、共有する文化にしたがって人びとを互いに結びつける、構造化された社会関係システムである。狩猟採集民の社会のように、数十人しかいない非常に小さな社会もあれば、多数の人口を擁す——たとえば、現代中国は人口が10億以上に及ぶ——極めて大きな社会もある。

社会移動（social mobility）→第13章
異なる社会経済的位置のあいだでの人や集団の移動。垂直移動は、成層システムのヒエラルキーを上下に移動することをいう。水平移動は、ある地域から別の地域への人や集団の身体的移動をいう。垂直移動を分析する際に、社会学者は、人びとがその人の経歴のなかでどの程度移動するのかと、その人が到達する地位が両親の到達した地位とどの程度異なるのかを区別してとらえる。

社会運動（social movement）→第20章
社会変動過程を完遂したり、阻止しようとする人びとが形づくる規模の大きな集群。通常、

社会運動は、多くの場合、既成組織のもつ目標や見地と対立するため、既成組織と対立する関係に置かれている。とはいえ、権力にたいして首尾よく挑戦できた運動も、いったん制度化されると、組織体に発展していく可能性がある。

社会化（socialization） →第6章

子どもたちが社会の規範や価値にたいする認識を発達させ、明確な自己意識を獲得していく社会過程。社会化の過程は幼児期と児童期でとりわけ重要であるが、社会化は、ほぼ一生を通じてつづく。人間は誰ひとりとして、周りにいる他の人びとの反応が及ぼす影響を免れることができない。他者の反応は、ライフサイクルのすべての段階で人びとの行動に影響を及ぼし、修正を加えていく。

社会学（sociology） →第1章

人間の形づくる集団や社会の研究で、とりわけ先進工業世界の分析に重点を置く。社会学は社会科学群のひとつで、社会科学には、他に人類学や経済学、政治学、人文地理学が含まれる。社会科学は、それぞれの境界が明確ではない。いずれも、同じ問題関心や概念、研究方法を数多く共有している。

社会学的想像力（sociological imagination） →第1章

社会学的問いを発し、その問いを解明する際に、想像力に富んだ思考をおこなうこと。社会学的想像力では、人は、毎日の生活の熟知した、型にはまった行いから離れて「自分自身について考える」ことが必要とされる。

社会化の担い手（agencies of socialization） →第6章

社会化の過程がその内部で生ずる集団なり社会的脈絡。家族や同輩集団、学校、メディア、職場は、いずれも文化的学習が生ずる舞台である。

社会関係資本（social capital） →第16章

人びとが自分の目標を達成したり、自分の影響力を拡大させるために活用できる社会的知識や社会的つながり。

社会構造（social structure） →第1章

個人や集団のあいだでの相互行為の様式。社会生活は、行き当たりばったりのかたちで生起するわけではない。私たちのほとんどの活動は、構造化されている。つまり、私たちのほとんどの活動は、規則的、反復的なかたちで組成されている。比喩を用いるのは誤解を招きやすいが、簡単に言えば、社会の構造は、建物を下から支え、ひとつに結合させる大梁のようなものととらえることができる。

社会構築主義（social constructionism） →第5章

社会的現実が、個人や集団の行為によって創造されていくとする理論。

社会集団（social groups） →随所に

互いに体系だったかたちで相互行為をおこなう人びとが形づくる集合体。集団は、非常に小さな結合体から、大規模な組織体や社会に至るまで、多様である。規模の大小にかかわらず、集団の明確な特徴は、その構成員が共通のアイデンティティを自覚している点である。私たちは、生活のほとんどを集団との接触で過ごしている。現代社会では、ほとんどの人は、数多くのさまざまな集団に所属している。

社会主義的フェミニズム（socialist feminism） →第12章

家父長制的資本主義のなかで、女性たちは第二市民として扱われ、女性たちに加えられる抑圧が資本主義の経済システム全体に根ざしているため、生産手段の所有と女性たちの経験を《ともに》転換させていく必要があるという考え方。社会主義的フェミニズムの論者は、ジェ

ンダーの問題に目を向けない一部の社会主義者による階級理解を批判してきた。

社会成層（social stratification）→第9章

物質的報賞や象徴的報賞の入手に関して、社会のいろいろな集団のあいだに構造化された不平等が存在すること。どの社会にも何らかの形態の階層分化が生じているが、富と権力の幅広い差異は、国家を基盤としたシステムの発達があって初めて生ずる。近現代社会における最も示差的な成層形態は、階級区分である。

社会的位置（social position）→第5章

人が所与の集団や社会のなかでいだく社会的アイデンティティ。社会的位置は、(ジェンダー役割と結びついた位置のように）一般的なものもあれば、(職業上の位置のように）もっと特定的なものもある。

社会的拘束（social constraint）→第4章

私たちがその一員である集団や社会は、私たちの行動を条件づけるような影響を及ぼしている事実を指称するための用語。デュルケムは、この社会的拘束を、「社会的事実」の示差的特性のひとつと考えていた。

社会的自我（social self）→第6章

ジョージ・ハーバード・ミードの論によれば、一人ひとりが有する自己意識の基盤。社会的自我は、他者の反応によって一人ひとりに与えられる社会的アイデンティティである。人は、この社会的アイデンティティを自覚するようになることで、自己意識を獲得する。

社会的事実（social facts）→第1章

エミール・デュルケムによれば、私たち一人ひとりの行為を形づくる社会生活の諸側面を指す。デュルケムは、社会的事実を科学的に研究することが可能であると考えた。

社会的相互行為（social interaction）→第5章

人びとのあいだのあらゆる形態の社会的出会い。私たちの生活のほとんどは、何らかの種類の社会的相互行為から組成されている。社会的相互行為は、人びとが出会うフォーマルな状況だけでなく、インフォーマルな状況とも関係する。相互行為のフォーマルな状況の例は、学校の教室である。相互行為のインフォーマルな状況の例は、通りやパーティーでふたりの人が出会う場合である。

社会的年齢（social age）→第6章

特定の暦年齢と文化的に結びついた規範や価値、役割。

社会的排除（social exclusion）→第10章

さまざまな剥奪の結果、人びとや集団が、その人たちの身を置く社会の経済的活動や社会的活動、政治的活動に完全に参加することを妨げること。

社会的役割（social role）→第5章

特定の社会的位置を占める人にたいして期待される行動。社会的役割の概念は、もともと演劇に由来し、俳優が舞台に立つ際に演ずる役柄を指す。どの社会でも、人は、その人の多様な活動状況に応じて、さまざまな社会的役割を数多く演じている。

社会変動（social change）→随所に

社会集団や社会の基本構造に生ずる変化。社会変動は、社会生活のなかにつねに生ずる現象であるが、近現代に入ってとくに激しくなってきた。近代社会学の起源は、伝統的世界を打ち壊し、新たなかたちの社会秩序を促した劇的な変動を理解しようとする企てに求めることができる。

社会老年学（social gerontology）→第6章

加齢や高齢者に関する研究。

ジャンル（genre）→第15章

メディア研究で、メディア産品や文化項目のそれぞれ別々の類型を指称するために用いる概念。たとえば、テレビの世界では、連続メロドラマやコメディ、ニュース番組、スポーツ番組、ドラマといったジャンルがある。

宗教（religion）→第14章

共同体の成員が忠実に守る一連の信念で、その共同体の成員がおこなう儀礼的習わしとともに、畏れや驚嘆の念をもって敬う象徴をともなう。宗教は、必ずしも超自然的存在への信仰を意味するのではない。宗教と呪術のあいだに一線を画すことは難しいが、呪術は、共同体儀礼の中核をなすというよりも、主に個人的な実践とみなされる場合が多い。

宗教経済学（religious economy）→第14章

宗教社会学における理論的枠組みのひとつ。宗教は、互いに信者獲得を競い合う組織として効果的に解釈できる、と主張する。

集合的消費（collective consumption）→第21章

輸送サーヴィスやレジャー施設のような、都市が促進する共通財の消費過程を指称するために、マニュエル・カステルが用いた概念。

従属人口指数（dependency ratio）→第11章

経済活動に従事する年齢の人びとにたいして依存する年齢の人たち（子どもと高齢者）が占める比率。

従属変数（dependent variable）→第3章

他の変数から、つまり、他の要因から原因としての影響作用を受ける変数ないし要因。

従属理論（dependency theory）→第11章

マルクス主義に由来する経済開発理論。低所得国の貧困は、富裕国の搾取や、富裕国に本拠がある超国籍企業の搾取からまさしく生じていると主張する。

集団的締め出し（group closure）→第13章

ある集団が自分たちの境界線を明確に定め、それによって自分たちを他の集団から区別するために用いる手段。

自由に塑型できるセクシュアリティ（plastic sexuality）→第7章

生殖の必要性を取り除かれ、個人が自由に形づくることのできるセクシュアリティ。

周辺国（peripheral countries）→第11章

世界経済で周縁的な役割を担い、通商関係では、生産国である中核国に依存、従属する国。

自由民主制（liberal democracy）→第20章

経済生産領域での自由市場システムと一体化した、議会制度にもとづく民主制のシステム。

寿命（life-span）→第11章

その生物種の成員にとって生物学的に可能な、最大生存期間。

狩猟採集社会（hunting and gathering societies）→第2章

生活の糧を、動物の狩猟や漁撈、食用植物の採集によって得ている社会。

主権（sovereignty）→第20章

明確に境界規定された区域にたいして、君主なり指導者、行政府が有する最高位の権力。

出生力（fertility）→第11章

その社会で、出産可能年齢の女性たちが生児出生した子どもの平均数。

準周辺国（semi-peripheral countries）→第11章

中核的工業国や世界経済に労働力や原材料を供給するが、工業化を十分に遂げていない国。

純粋な関係性（pure relationship）→第７章

性的にも感情面でも対等な関係。

生涯学習（lifelong learning）→第17章

学習や技能習得は、たんに年少期に公教育システムでおこなわれるだけでなく、人生のすべての段階でおこなわれるべきだという考え方。成人の連続教育プログラム、職業生活上の訓練、インターネット利用の学習機会、地域密着型の「学習銀行」は、いずれも人びとが生涯学習に加わることができる方式である。

障害の個人モデル（individual model of disability）→第８章

一人ひとりの活動限界が障害者の経験する問題の主な原因になっていると主張する理論。つまり、身体的「異常性」が何らかの度合の「障害」なり機能的制約を引き起こすとみなされる。こうした機能的制約は、その人を「病弱者」として幅広く分類する際の基盤とみなされている。障害の社会モデルを支持する人たちは、この障害の個人モデルを批判してきた。

障害の社会モデル（social model of disability）→第８章

障害の原因を、個人ではなく、むしろ社会の内部に位置づける理論。障害を引き起こすのは、個人の被る制約ではなく、社会が障害者の完全な社会参画にたいして設ける障壁である。

象徴（symbol）→第１章

たとえば、国家を象徴する国旗のように、別の事項を表象したり、その代わりとなるもの。

象徴的相互作用論（symbolic interactionism）→第１章

ジョージ・ハーバート・ミードが展開した社会学の理論的アプローチのひとつで、人びとがおこなうすべての相互行為の核心的要素として、象徴や言語の果たす役割をとくに重視する。

情緒的個人主義（affective individualism）→第７章

ロマンチック・ラヴという愛着が婚姻の絆を結ぶための基礎になるという信念。

焦点の定まった相互行為（focused interaction）→第５章

互いに共同の活動や直接の会話に加わる人びとのあいだで展開する相互行為。

焦点の定まらない相互行為（unfocused interaction）→第５章

同じ場面に居合わす人びとのあいだで生ずる相互行為であるが、この場合、人びとは直接の対面的コミュニケーションには加わらない。

賞罰（sanction）→第19章

社会的に期待される行動形態を強化するために用いる、報賞や懲罰の様式。

情報資源の貧困（information poverty）→第17章

「情報資源の貧困者」とは、コンピュータのような情報テクノロジーをほとんど所有していなかったり、自由に利用できない人びと。

情報社会（information society）→第４章

もはや物的財の生産ではなく、主として知識の生産に基盤を置く社会。情報社会という概念は、情報テクノロジーの台頭と密接に結びついている。

情報テクノロジー（information technology）→第２章

超小型電子回路による情報処理に基盤を置くテクノロジーの諸形態。

剰余価値（surpuls value）→第９章

マルクス主義理論では、経営者が労働者を雇用する際に掛かる費用を償却した後に「残る」一人ひとりの労働力の価値。

上流階級（upperclass）→第９章

社会の富裕な成員から主として構成される社会階級で、とくに相続した富があったり、企業を所有したり、大量の債券や株式を保有する人たち。

職業（occupation）→第18章

その人が定まったかたちで労働に就く何らかの有給就業の形態。

職の不安定（job insecurity）→第18章

被雇用者たちが、自分たちの仕事の安定性だけでなく、職場での自分たちの役割にたいしてもいだく懸念。

植民地主義（colonialism）→第2章

西欧の国々が、自国から遠く離れた世界の各地域で統治支配を確立していった際の一連の過程。

資力調査にもとづく給付（means-tested benefits）→第10章

たんに必要性だけでなく、所得や預貯金の程度にもとづく一定の判断基準を満たす市民だけが受けられる福祉サーヴィス。

新居制（neo-local residence）→第7章

子どもは、結婚したり、大人になって経済的に自立したときに、新たな住居を設けること。

人口学（demography）→第11章

人口の規模や構成、動態を含め、人口の諸特徴の研究。

新興工業国（newly industrializing countries）→第11章

ブラジルやシンガポールのように、過去20、30年間に強固な工業基盤の開発に乗り出した第三世界の国々。

人口転換（demographic transition）→第11章

経済的繁栄が一定の水準にひとたび到達すると、出生率と死亡率は安定するようになると主張する、人口変動の解釈。この考え方によれば、前工業社会では、入手できる食料の不足と、疾病や戦争が人口増加を抑制したため、出生と死亡はおおよそ均衡を保っていた。対照的に、近現代社会では、人口の均衡は、子どもの数を制限しようとする経済的誘引が家族に働くために、達成される。

人材活用戦略（human resource management）→第16章

従業員たちの熱意と献身が経済的競争力に不可欠であるとみなす経営理論の一分派。人材活用戦略の取り組みは、労働者たちのあいだに、自分たちが会社の製品や労働過程そのものに投資しているという意識を発達させようとする。

人種（race）→第13章

生物学的に根拠がある特徴にもとづいて、個人や集団を位置づけ、個人や集団にさまざまな属性ないし能力を割り当てることが容認される一連の社会関係。

新宗教運動（new religious movements）→第14章

主流をなす宗教と共存するかたちで出現したさまざまな種類の宗教集団や心霊的集団、カルト、セクト。新宗教運動は、ニューエイジ運動の枠内の心霊的集団や自助グループから、ハーレクリシュナ教団のような排他的セクトに至るまで多様である。

新自由主義（neo-liberalism）→第11章

自由市場勢力は、ビジネスに加られる政府の制約を最小限度に抑えることで、経済成長への唯一の道をもたらすとする経済学的信念。

人種化（racialization）→第13章

人種という理解を利用して、個人や人間集団を分類する過程。人種の区別は、人びとの相違

を記述するための方式だけにとどまらない。人種の区別は、社会内部の権力様式や不平等様式が再生産される際の重要な要素である。

人種差別主義（racism） →第13章

遺伝的に受け継いだ特定の身体特徴をいくつか共有する人びとが、優勢ないし劣勢の特性を備えていると考えること。人種差別主義は、明らかに偏見の一形態であり、人びとの身体上の相違に焦点を当てている。人種差別主義的態度は、西欧による植民地拡大期に確立されたが、人間社会の非常に多くの状況に見いだす偏見や差別のメカニズムにももとづいているように思える。

人種のるつぼ（melting pot） →第13章

エスニシティの差異を混ぜ合わすことで、多様な文化的源泉を利用して新たな行動様式が創出できるという考え方。

新生労働党（New Labour） →第20章

トニー・ブレアが、英国労働党の党首に就いたときに導入した改革。ブレアは、この改革によって労働党の政策を新たな方向に転換しようとし、とくに産業国有化政策の推進を公約にした党綱領の第四条項の撤廃に向けた党内キャンペーンを先導し、成果を収めた。

親族（kinship） →第７章

血縁や婚姻、養子縁組を通じて人びとを結びつける関係。親族関係は、明らかに婚姻や家族と深くかかわっているが、こうした制度よりももっと広い範囲に関係が及ぶ。現代のほとんどの社会で、社会的義務が、直接の家族の範囲を超えて拡がる親族関係のなかに生ずることはほとんどない。しかし、他の多くの文化では、親族は、社会生活のほとんどの側面で極めて重要な関係になっている。

身体の社会学（sociology of the body） →第８章

社会的影響力が私たちの身体にどのように作用するかに焦点を当てる社会学の一部門。たとえば、社会的、文化的影響力が、健康と病気を規定している。

森林破壊（deforestation） →第22章

多くの場合、商用伐採によって森林地帯が破壊されること。

垂直移動（vertical mobility） →第９章

社会階層システムにおける位置のヒエラルキーの上昇移動ないし下降移動。

水平移動（lateral mobility） →第９章

同じ国のある地域から別の地域への、あるいは国境を越えた人びとの移動。

スケープゴート化（scapegoating） →第13章

個人や集団にたいして、その人たちの仕業ではないのに過ちの責任を負わすこと。

スティグマ（stigma） →第８章

品位を落とすと考えられている、身体的ないし社会的特徴。

ステレオタイプ（stereotype） →第13章

一群の人たちにたいする、固定化され、柔軟性を欠いた特性描写。

聖（sacred） →第14章

所与の宗教的観念の信仰者のあいだに、畏怖や崇敬の気持ちを生じさせるもの。

性（sex） →第12章

男性と女性を分ける解剖学的差異。社会学者は、多くの場合、性をジェンダーと対比させている。性は、身体の肉体的特徴である。それにたいし、ジェンダーは、社会的に学習された行動形態と関係している。性とジェンダーの区分は同じではない。たとえば、服装倒錯者は、

肉体的には男性であるが、ときとして女性のジェンダーを装う人である。

正義感の回復（restorative justice） →第19章

厳しい懲罰手段を否定して、違反者たちが地域社会のなかで刑に服し、犯した罪の影響について自覚を高めさせるような判決を支持する刑事司法の一分派。

制限されたコード（restricted code） →第17章

強固に発達した文化理解に依存しているため、多くの観念を言葉で言い表す必要がない――また、言い表さない――発話様式。

生産手段（means of production） →第９章

物的財の生産が社会のなかでおこなわれる際の、たんにテクノロジーだけでなく生産者の社会関係も含めた諸々の手段。

生産様式（mode of production） →第１章

マルクス主義では、社会のなかで最優勢な社会経済システムにもとづいた、その社会の組成的特徴――たとえば、資本主義や封建主義、社会主義。

政治（politics） →第20章

権力が、統治活動の本質と内容に影響を及ぼすために行使する手段。「政治的なことがら」の領域には、統治をおこなう人びとの活動だけでなく、他の多くの集団や個人の行為と競合する利害関心も含まれる。

生殖テクノロジー（procreative technology） →第12章

ヒトの生殖過程に影響を及ぼす科学技術。

精神病質的（psychopathic） →第19章

特異なパーソナリティ類型。このパーソナリティ類型の人は、大多数の正常な人がもつ道徳観念や他者への関心を欠いている。

性的嫌がらせ（sexual harassment） →第19章

相手の望まない性的な誘いや評言、行動を、相手が我慢しているのが明白にもかかわらず、しつこく繰り返すこと。

性的志向（sexual orientation） →第12章

その人の性的ないし恋愛感情的誘引力が進む方向。

政党（political party） →第20章

選挙によって統治権力を獲得し、その権力を特定の政策綱領を遂行するために結成された組織体。

正統性（legitimacy） →第20章

特定の政治的秩序は、統治対象となるほとんどの人たちがその政治的秩序を、公正で、妥当な根拠をもつと認める場合に、正統性を獲得する。

生得的地位（ascribed status） →第５章

人種や性、年齢といった生物学的要素にもとづく社会的地位。

制度的人種差別主義（institutional racism） →第13章

現行の社会制度のなかにすでに構造化されている、エスニシティにもとづく差別様式。

生物種の多様性（biodiversity） →第22章

生命形態の種類が多種多様なこと。

精密なコード（elaborated code） →第17章

正確な意味を明示して、さまざまな文化的状況に適合できるように、慎重かつ概念構成的なかたちの言葉の使用を必要とする発話様式。

世界システム理論（world-systems theory）→第11章
イマニュエル・ウォーラステインが先駆けとなって提唱した理論で、資本主義世界経済の拡大に基盤を置く国々のあいだの相互関係を強調する。資本主義世界経済は、中核国と準周辺国、周辺国から構成される。

セクシュアリティ（sexuality）→第12章
人間の性的特徴や性的活動を指称するための、幅広い用語。

セクト（sect）→第14章
正教信奉から離脱する宗教的運動体。

世俗化（secularization）→第14章
宗教の影響力が衰退する過程。近現代社会はますます世俗化しているが、世俗化の度合の解明は複雑な作業となる。世俗化は、（礼拝出席の割合のような）宗教組織にたいする傾倒の度合や、宗教組織が行使する社会的、物質的影響力、それに人びとが宗教的信仰をいだく度合と関連する。

世代間移動（intergenerational mobility）→第９章
ある世代から次の世代のあいだに、社会成層の位置が上昇したり下降するかたちの移動。

世代内移動（intragenerational mobility）→第９章
その人の経歴のなかで社会成層上のヒエラルキーを上下する移動。

接近強迫観念（compulsion of proximity）→第５章
人びとが、対面的状況で相互行為する必要性を強く感ずること。

セックス・ツアー（sex tourism）→第12章
買春を目的にした外国旅行を記述するために使われる用語。東アジアの国々で最も盛んで、これらの国には、外国から男性たちの団体が、女性や幼い子どもとの安価な性交渉の機会を求めて通ってくる。

絶対的貧困（absolute poverty）→第10章
健康な生活の維持に欠かせない最低必要条件という観点から定義づけられる貧困状態。

潜在的機能（latent functions）→第１章
ある機能によって、社会システムのなかにその社会成員たちの意図しなかったり認識していない帰結が生ずること。

全制的施設（total institutions）→第16章
アーヴィン・ゴッフマンが普及させた用語で、たとえば精神病院や監獄、修道院のように、外部世界から完全に隔離された存在という力ずくで統制されたシステムを在住者たちに課す施設を指称する。

前操作期（pre-operational stage）→第６章
ピアジェ理論における認知発達の一段階。この段階で、子どもは論理的思考の基本的様式を習得するのに十分な成長を遂げていく。

相関関係（correlation）→第３章
多くの場合、統計用語として示される、２個の次元ないし変数のあいだの恒常的な関係。相関関係には、正の関係と負の関係がある。２個の変数間の正の相関関係は、ある変数が高次の状態で、別の変数とやはり高次の状態で結びつく場合に生ずる。負の相関関係は、ある変数が高次の状態で、別の低次の状態の変数と結びつく場合である。

相関係数（correlation coefficient）→第３章
２つの変数間の相関関係の度合を測定する尺度。

相互行為の破壊（interactional vandalism）　→第５章
　会話の際の暗黙の決まりを意図的に壊すこと。
創出環境（the created environment）　→第21章
　テクノロジーの適用に由来する物質的世界の諸様相。都市は、人間がみずからのニーズを充たすために設置した建造物――たとえば、道路や鉄道、工場、事務所、個人住宅等の建物が含まれる――を特徴とする創出環境である。
相対的貧困（relative poverty）　→第10章
　その社会の大多数の人びとの生活水準との関連で定義される貧困状態。
疎外（alienation）　→第18章
　私たち自身の人間としての能力が他の存在によって奪取されているという意識。もともとマルクスは、この用語を、神にたいする人間の諸力の投映を指称するために使った。その後、マルクスは、この言葉を、労働者の側が、労働上の課業の本質や、労働の成果を統制できなくなった状態を指称するために用いた。フォイエルバッハは、この言葉を、人間と明確に区別できる神や神聖な力が確立された状態を指称するために用いている。
俗（profane）　→第14章
　現世の日常的世界に帰属しているものごと。
組織（organization）　→第16章
　明確に規定された一連の権限関係をともなう大規模な集団。工業社会には多くの種類の組織が存在し、私たちの生活のほとんどの側面に影響を及ぼしている。必ずしもすべての組織が正規の意味での官僚制組織ではないが、組織の発達と官僚制的傾向のあいだに、極めて密接な結びつきを見いだすことができる。

《タ行》

第一次的社会化（primary socialization）　→第６章
　子どもたちが自分の生まれた社会の文化的規範を習得する過程。第一次的社会化は、もっぱら家族のなかでおこなわれる。
第一世界（First World）　→第２章
　資本主義的生産を土台に、十分に発達した工業経済を有する国民国家集団。
第三世界（Third World）　→第２章
　低開発社会で、そこでは工業生産はほとんど見いだせないか、限られた程度にしか発達していない。世界の大半の人口は、第三世界の国々で暮らしている。
第三年齢期（third age）　→第６章
　人びとが、親の務めを果たす責任だけでなく、労働市場からも解放された晩年の時期。今日の社会では、第三年齢期は、以前よりももっと長期に及び、高齢者たちが能動的で自立した生活を送ることを可能にしている。
第三の道の政治（third way politics）　→第20章
　英国労働党が先導し、他の中道民主政を標榜する政治指導者たちが支持した政治哲学。富を生成し、経済的不平等を一掃するために、市場政策を推奨する一方で、社会主義の価値観の維持に専念する。
代替医療（alternative medicine）　→第８章
　相補的医療とも称される。正統派の医療に属していなかったり、あるいは部分的に重なる多様な快復技術を網羅する疾病治療や疾病予防の取り組み。代替医療なり相補的医療は、その

人の安寧の身体的要素にも心理的要素にもともに目を向ける、健康にたいする全身治療的取り組みを具体化している。

第二世界（Second World）→第２章

東ヨーロッパや旧ソヴィエト連邦が形づくる、工業化を遂げたかつての共産主義社会。

代表サンプル（representative sample）→第３章

調査対象となった大規模な母集団を統計学的に代表するために抽出されたサンプル。

代表民主制（representative democracy）→第20章

共同体に影響する意思決定を、共同体のすべての構成員ではなく、意思決定を委ねる目的で選出された人たちがおこなう政治システム。

大量生産（mass production）→第18章

機械力を利用した、物資の長時間に及ぶ生産。大量生産は、産業革命の成果のひとつである。

多極的超国籍企業（polycentric transnationals）→第16章

経営管理はグローバルにおこなわれるが、日常の業務は、それぞれ地元の事情に応じて運営される超国籍企業。

多元的な文化主義（multiculturalism）→第13章

エスニック・グループは、互いに分離して存在するが、経済的、政治的活動に対等な立場で参加すること。

多神数（polytheism）→第14章

二つ以上の神を信仰すること。

脱官僚制化（debureaucratization）→第16章

現代社会の典型的な組織形態としてのウェーバー型官僚制の優位性が衰退すること。

脱施設収容（deinstitutionalization）→第10章

国が定めた施設で介護を受けてきた人たちを、その人たちの家族のもとや、地域社会密着型の住居にもどす処置。

脱商品化（decommodification）→第10章

福祉給付の分野では、福祉サーヴィスが市場原理を免れている度合をいう。圧倒的に脱商品化されたシステムでは、教育や健康管理のような福祉サーヴィスは、すべての人に与えられ、市場過程と結びついていない。商品化されたシステムでは、福祉サーヴィスは、他の産物やサーヴィスのように市場で販売する商品として取り扱われる。

男性性の危機（crisis of masculinity）→第12章

伝統的なかたちの男性性が、今日の絡みあうさまざまな影響作用によって浸食されだし、自信を失い、社会における自分の役割に確信をもてない重大局面を引き起こしているという、一部の人たちのいだく確信。

男性の感情表現下手（male inexpressiveness）→第６章

男性が、他の人たちにたいして自分の感情を表現したり、口で伝える際に難儀すること。

地位（status）→第10章

社会の他の成員が、特定の集団に付与する社会的名誉や威信。地位集団は、通常、顕著な生活様式――集団の成員がしたがう行動様式――をともなう。地位に付与される威信は、肯定的なものにもなれば否定的なものにもなる。「パリア」という地位集団は、大多数の人びとから軽蔑の目で見られたり、賤民扱いされている。

地位群（status set）→第５章

ひとりの人が担う一連の社会的地位の寄せ集め。

地球温暖化（global warming） ⇀第22章

地球の大気の温度が徐々に上昇すること。地球温暖化、ないし「温室効果」は、蓄積された二酸化炭素が太陽光線を閉じ込めて地球を暖めるために生ずる。地球温暖化は、洪水や旱魃等を含め、世界の気象に破壊的な影響を及ぼす潜在的可能性がある。

地球中心的超国籍企業（geocentric transnationals） ⇀第16章

その経営者管理機構が、特定国によって構成されるのではなく、地球規模で構成される超国籍企業。

知識経済（knowledge economy） ⇀第18章

もはや物的財の生産ではなく、主として知識の生産に基盤を置く社会。知識経済の出現は、科学技術に通じた広範な消費者の発達と結びついており、コンピュータやエンターテイメント、遠距離コミュニケーション手段の発達を、人びとの生活の欠かせない要素にしてきた。

知識社会（knowledge society） ⇀第２章

情報社会――知識や情報の生産と消費に基盤を置く社会――の別の呼び方。

父親不在（absent father） ⇀第７章

父親が、離婚の結果や他の理由から、自分の子どもたちとほとんど接触をもたないこと。

父方居住制（patrilocal） ⇀第７章

妻は、夫の親の近くに住居を定めることが期待される家族システム。

知能（intelligence） ⇀第17章

知的能力、とりわけIQ（知能指数）テストで測定される能力レヴェル。

知能指数（IQ） ⇀第17章

象徴化能力や推理力の測定テストで獲得する成績。

中央値（median） ⇀第３章

最大値と最小値の中間に位置する数値――平均値を算出するよりも時として有用な中心傾向の測定方式。

中核国（core countries） ⇀第11章

世界システム理論によれば、最も進歩した工業国で、世界経済システムのなかで最良の分け前を手にしている。

中心傾向の測定（measures of central tendency） ⇀第３章

平均を算出する方式で、最も一般的なものに、平均値、中央値、最頻値の三つがある。

中流階級（middle class） ⇀第９章

サーヴィス産業の従業員から学校の教員、医療専門職に至る多種多様な職業で働く人びとから構成される階層。先進社会で専門的職業や管理的職業が拡大したため、英国のような国では、中流階級は、人口の大半を占めている。

超国籍企業（transnational corporations） ⇀第２章

２つ以上の国々で事業をおこなう企業。超国籍企業は、一国に基盤を置いている場合でも、世界市場や、地球規模での利益獲得を志向している。

調査研究方法（research methods） ⇀第３章

経験的（事実にもとづく）データを収集するために用いるさまざまな事実究明の方法。社会学にはいろいろな調査方法が数多くあるが、おそらく最も一般的に用いられているのは、フィールドワーク（あるいは参与観察）と統計的調査である。多くの場合、単一研究プロジェクトにおいても、２つないしそれ以上の方法を組み合わせて用いることは有益である。

造り出されたリスク（manufactured risk） ⇀第22章

人間の手にした知識やテクノロジーが自然界に及ぼす強い影響作用が創出する危険性。造り出されたリスクの具体例に、地球温暖化や遺伝子組み換え食品がある。

出会い（encounter） →第5章

対面的相互行為の状況で、二人ないしそれ以上の人たちが顔を合わせること。私たちの日々の生活は、一日の時間の経過に交差するかたちで並べられた一連のさまざまな出会いとみなすことができる。現代の社会では、私たちが他の人たちとおこなう出会いの多くは、よく知っている人たちよりも、むしろ見知らぬ人たちとのあいだで生じている。

抵抗する女性性（resistant femininity） →第12章

社会のジェンダー・ヘゲモニーについて論じたR・W・コンネルの著述に由来する用語。抵抗する女性性を体現する女性たちは、社会における女性性の因習的規範（「強調された女性性」）を拒否し、そうした因習的規範から解放されたライフスタイルやアイデンティティを選び取る。たとえば、フェミニズムやレスビアニズムは、ヘゲモニー的男性性の支配的な役割に従属しない、抵抗するフェミニズムの一形態である。

低責任システム（low-trusts systems） →第18章

一人ひとりの成員に仕事上の課業にたいする責任や管理権をほとんど割り当てない、そうした組織や労働状況。

テイラリズム（Taylorism） →第18章

フレデリック・ウィンスロー・テイラーが展開した、「科学的管理」とも称される一連の考え方。この考え方によれば、工場での課業を、正確に時間配分され、最適のかたちで相互調整された一連の単純作業に分けることで、生産性の増大を図ることができる。

テクノロジー（technology） →第18章

物質的世界からモノを生産するために、知識を応用していくこと。テクノロジーは、人間と自然界との相互作用で使用する（たとえば、機械のような）有形的手段の創出を必然的にともなう。

転出移民（emigration） →第13章

人びとが、ある国から、別の国で定住するために出ていく移動。

転入移民（immigration） →第13章

定住目的で、人びとがある国に別の国から移って来ること。

同化（assimilation） →第13章

マジョリティの住民によるマイノリティ・グループの受容であり、この過程で、マイノリティ・グループは支配的文化の価値と規範を身につけていく。

統計的調査（survey） →第3章

社会学の調査方法のひとつで、通常、調査対象となった人びとにたいして質問票を用いて質問をおこない、得られた回答を統計学的に分析して、傾向や規則性を見いだす。

統制（controls） →第3章

ある変数の原因的影響作用を検証するために、他の変数を一定に保つ統計学的手法ないし実験方法。

同棲（cohabitation） →第7章

ふたりの人が結婚せずに、かなり永続性のある性的関係をもって一緒に生活すること。

同性愛（homosexuality） →第12章

性的活動や性的感情が同性の相手を志向すること。

同性愛嫌悪（homophobia） →第12章

同性愛者にたいする無分別な恐れ、ないし侮蔑。

同性愛的男性性（homosexual masculinity）→第12章

R・W・コンネルによるジェンダー関係のモデルによれば、同性愛的男性性は、不名誉な烙印を押され、男性たちにとってジェンダー・ヒエラルキーの最下部に置かれる。

同族型資本主義（family capitalism）→第7章

起業家一族が所有し、運営する資本主義企業。

統治（government）→第20章

政治装置内での官公吏による政策制定や意思決定の過程。「統治」を一連の過程とみなすこともできるが、また行政府というかたちで、拘束力のある政治的決定の実行に責任を担う官僚組織を指す場合もある。過去においては、統治はほぼすべて君主ないし皇帝が指揮していたが、近現代社会では、ほとんどの場合、統治は官公吏によってなされ、官公吏は、権力の地位を相続するのではなく、専門的知識や資格をもとに選出ないし指名される。

党派（party）→第9章

同じ生い立ちや経歴、目的、利害関心をもつゆえに協働する人たちが形づくる集団。ウェーバーによれば、階級や地位とともに、社会成層様式を形成する要因のひとつである。

同輩集団（peer group）→第6章

同じ年齢と社会的地位の人びとから構成される交友集団。

トーテミズム（totemism）→第14章

特定の種類の動植物に神的属性が備わると考える宗教的信仰体系。

独占（monopoly）→第16章

単一企業が特定の産業を支配している状態。

独立変数（independent variable）→第3章

他の変数に（従属変数）、つまり他の要因に、原因としての影響を及ぼす変数ないし要因。

時計時間（clock time）→第5章

時計によって計測される――つまり、時、分、秒というかたちで判定される――時間。時計が発明される前は、時間の測定は、日の出や日没といった自然界の出来事にもとづいていた。

都市化（urbanization）→第21章

町部や都市の発達。

都市再生（urban renewal）→第21章

用地や既存の建物のリサイクルや、周辺環境の改善、地元住民の参加による地域の運営、地域再建のためだけでなく民間投資の促進のための公的資金の利用といった対策で、荒廃した近隣地域を再活性化すること。

都市生態学（urban ecology）→第21章

植物や動物が物理的環境にたいしておこなう適応との類比にもとづく、都市生活の研究方法。生態学理論の論者によれば、都市内部のさまざまな近隣区域や地帯は、資源獲得を競う際に都市住民がおこなう適応過程の結果として形成される。

都市リサイクル（urban recycling）→第21章

古い建物の改修や新しい建物の建設を奨励することで、新たな場所に市域を拡大するよりも、荒廃した近隣地区を再び活性化させること。

土壌劣化（soil degradation）→第22章

大地の質が悪化し、酷使や旱魃、化成肥料によって土壌のもつ天然要素が剥ぎ取られる過程。

ドラマトゥルギー分析（dramaturgical model）→第5章

演劇に由来する比喩の使用にもとづいた、社会的相互行為の研究方法。

奴隷制（slavery）→第９章

一部の人びとが、文字どおり財産として他の人たちによって所有される、社会成層の一形態。

《ナ行》

内婚（endogamy）→第９章、第13章

自分と同じ社会集団の範囲を超えた婚姻や性的関係が禁止されていること。

ナショナリズム（nationalism）→第20章

所与の国民共同体への帰属意識を表示する一連の信念や象徴。

ナノテクノロジー（nanotechonology）→第22章

電子回路や広義のナノテクノロジーには、100ナノメートル未満の容積で、電子回路などを組み立てる科学技術（１ナノメートルとは、１メートルの10億分の１である）。

二次的逸脱（secondary deviance）→第19章

米国の犯罪学者エドワード・レマートに由来する概念。一次的逸脱とは――たとえば、店先から品物を盗むように――規範や法律に反する最初の行為をいう。二次的逸脱は、店先から品物を盗んだ人に「万引き犯」というレッテルを貼るように、規範や法律に反する行いをした人にレッテルが貼られるようになる場合をいう。

ニューエイジ運動（New Age movement）→第14章

自己の内面の霊性を志向した極めて多様な信仰と実践を記述するための一般的用語。東洋の神秘主義、シャーマニズム、さまざまな形態の代替治療、占星術は、いずれも「ニューエイジ」的活動の具体例である。

乳児死亡率（infant morality rate）→第11章

１歳児になるまでに死亡する乳児の、生児出生1000人当たりの数。

妊娠力（fecundity）→第11章

一人の女性にとって生物学的に産むことが可能な子どもの数を示す尺度。

認知（cognition）→第６章

知覚と推論、記憶をともなう、人間の思考能力。

ネットワーク（network）→第16章ほか

人びとを互いに結びつける、一連のインフォーマルな絆とフォーマルな絆。

年齢階梯（age-grade）→第６章

小規模の伝統的文化に見いだすシステムで、同じ年齢集団に属す人たちが範疇に分けられ、同じ権利と義務を保有する。

年齢差別主義（ageism）→第６章

年齢を根拠にした差別ないし偏見。

農耕社会（agrarian societies）→第２章

生存の手段を農業生産（穀物栽培）に置いた社会。

能力主義（meritocracy）→第９章、第17章

社会的地位を、相続財産や性、社会的生い立ちといった生得的な基準よりも、その個人の実力や業績にもとづいて占めるシステム。

《ハ行》

パーソナリティの安定化（personality stabilization）→第７章

機能主義の論者によれば、家族は、大人成員を情緒的に支える上で決定的な役割を演じている。男女の婚姻は、大人成員のパーソナリティを支え、健全に維持するための協定である。

バイアス（bias）→第3章

一般的には、公平な判断を妨げる選好のこと。統計のサンプリングや検証では、ある結果を他の結果よりも優先して受け止めることで引き起こされる誤謬。

倍加時間（doubling time）→第11章

ある人口水準が2倍に増えるために要する時間。

ハイパーリアリティ（hyperreality）→第15章

フランスの研究者ジャン・ボードリヤールに由来する概念。電子コミュニケーション手段が普及した結果、テレビ番組等の文化産品が準拠するような、独立した「リアリティ」は、もはや存在しない、とボードリヤールは主張する。むしろ、私たちが「リアリティ」とみなすのは、電子コミュニケーション自体が構成したものである。たとえば、ニュース番組で報道されるニュース内容は、たんに個々の一連の出来事について伝えるだけのものではない。実際には、報道されるニュース内容自体が、その出来事はどのような出来事であるのかを定義づけ、その出来事を組み立てていく。

売買春（prostitution）→第19章

性的行為を売り買いすること。

白髪化（greying）→第6章

その社会で、高齢者人口の割合が増加しだしたことを指称する用語。

発達の問い（developmental questions）→第3章

過去から現在に至るまでの社会制度の起源と発達の筋道を考察していく際に、社会学者たちが提起する疑問。

母方居住制（matrilocal）→第7章

夫は、妻の親の近くに住居を定めることが期待される家族システム。

犯罪（crime）→第19章

政治的権威が制定した法律に違反するすべての行為。私たちは、「犯罪者」を他の人びととはっきり区別できる一部の人間と考えやすいが、一生のあいだにどんなかたちにせよ法律を犯したことのない人は、ほとんどいない。法律は国家当局によって制定されるとはいえ、権力を握るものは、特定の脈絡で犯罪行動に加担することがよく知られている。

犯罪学（criminology）→第19章

刑法が制裁を規定する行動形態の研究。

犯罪被害研究（victimization studies）→第19章

特定の期間に犯罪被害に遭ったことがある人びとの割合を明らかにする目的でおこなわれる研究。犯罪被害の研究は、人びとが実際に犯罪に遭遇した体験にじかに焦点を当てることで、「未記録犯罪の隠れた数字」を補おうと試みる。

犯罪標的の防御強化（target hardening）→第19章

潜在的に犯罪が生まれやすい状況に直接介入することで、犯罪が生ずるのを困難にさせることを目的にした犯罪抑止の技法。たとえば、車のステアリング・ロックは、自動車泥棒の関心を減らすために、一部の地域で求められている。

反応の叫び（response cries）→第5章

たとえば、不意打ちを食らったり、何かを不注意に落としたり、あるいは喜びを表す際に、人が、一見、本能的に発する叫び声。これらの叫び声は、私たちが社会生活の細部を統制、

管理する上で重要な要素で、エスノメソドロジーや会話分析の研究者が研究対象にしている。

比較の問い（comparative questions） →第3章

社会学の研究調査や理論化の目的で、同じ社会の別々の状況を比べたり、あるいは異なる社会の対照的な事例を比べる際に提起される疑問。

比較分析（comparative analysis） →第3章

異なる社会や文化の比較にもとづく分析。

非言語コミュニケーション（nonverbal communication） →第5章

言語の使用よりも、顔の表情や身振りにもとづく、人と人のあいだのコミュニケーション。

非制度的経済（the informal economy） →第18章

通常の有給就業の領域外でおこなわれる経済的取り引き。

ひとつに解け合う愛情（confluent love） →第3章

ロマンチック・ラヴの「永遠性」とは相容れない、能動的かつ偶発的な愛情。

標準偏差（standard deviation） →第3章

一連の数値の分散度合を算出すること。

病人の役割（sick role） →第8章

米国の社会学者タルコット・パーソンズに由来する用語で、病人が、自分の病気のもたらす他の人たちに及ぼす混乱的影響を最小限に止めるために選び取る行動様式をいう。

病理学（pathologies） →第8章

病状の性質や原因、進展、経過、帰結を科学的に研究する。

貧困線（poverty line） →第10章

一定の所得水準以下の人たちを貧困生活であると規定するために政府が用いる公的な判断基準。英国はそうではないが、多くの国家が貧困線を定めている。

貧困の文化（culture of poverty） →第10章

貧困は、個人の不適合の結果ではなく、子どもたちの世代が次々に社会化される規模の大きな社会的、文化的環境の結果であるという、オスカー・ルイスが普及させた命題。「貧困の文化」とは、物質的剥奪状態で生活する人たちのあいだで共通に見られる価値観や信念、習慣、伝統を指称する。

品質管理サークル（quality circle） →第18章

工業におけるグループ生産の一類型で、労働者たちは自分たちの専門知識を用いて、生産現場での意思決定に積極的に参加していく。

フェミニズムの理論（feminist theories） →第12章

社会的世界の分析でジェンダーが中心的位置を占めることや、とくに女性たちに固有な体験を強調する社会学の視座。フェミニズムの理論には多くの潮流が見いだされるが、いずれの潮流も、社会におけるジェンダーの不平等を解明し、ジェンダーの不平等を克服するために研究したいという願望を共通にいだいている。

フォーディズム（Fordism） →第18章

ヘンリー・フォードが先鞭をつけた、組み立てラインの導入をともなう生産システム。この生産システムは、大量生産方式を、生産された商品――フォードの場合は、とくに有名なT型フォード車――のための大衆市場の開発と明らかに結びつけている。

フォーマルな関係（formal relations） →第16章

「公的」権威システムの規範や規則によって規定された集団や組織のなかに見いだす関係。

福音主義（evangelicalism） →第14章

霊的復活（「生まれ変わる」こと）への信心を特徴とするプロテスタントの一教派。

複婚（polygamy）→第７章

同時に二人以上の配偶者をもつことができる婚姻形態。

福祉依存（welfare dependency）→第10章

福祉給付を受ける人びとが、たとえば失業手当の受給者が、有給の仕事に就く努力をおこなわず、福祉給付を「生活の手段」とみなしているような状況。

福祉型資本主義（welfare capitalism）→第16章

企業が、従業員たちを市場の不確実性から保護しようとする実践。

福祉国家（welfare state）→第10章

市民に幅広い福祉給付をもたらす政治システム。

父系（patrilineal）→第７章

男系によって先祖の出自が関係づけられたり、跡づけられること。

普通死亡率（crude death rate）→第11章

所与の人口での毎年の死亡数を表示する統計数値で、通常、人口1000人当たりの死亡数として算出される。普通死亡率は、その社会の死亡率の概括的な指標であるが、人口の年齢分布を考慮に入れていないため、有用性に限界がある。

普通出生率（crude birth rate）→第11章

所与の人口での毎年の出生数を表示する統計数値で、通常、人口1000人当たりの出生数として算出される。普通出生率は、有用な指標であるが、出生数を人口の年齢分布と結びつけて把握していないため、概括的な数字である。

普遍的給付（universal benefits）→第10章

所得水準や経済的地位のいかんにかかわらず、誰もが平等に入手できる福祉給付。すべての英国人は、通常の健康管理のために国民医療制度を利用する権利をもっているため、英国の国民医療制度を利用できる権利は普遍的給付の一例である。

ブラック・フェミニズム（black feminism）→第12章

非白人女性たちの体験を形成するジェンダーや階級、人種という複合的に不利な境遇を強調するフェミニズム思想の一潮流。ブラック・フェミニズムの論者は、すべての女性が等しく体験する一様なジェンダーの抑圧状態という考え方を拒否し、初期のフェミニズムの分析が白人中流階級女性たちに特有な関心の反映であったと主張する。

ブルジョワ化のテーゼ（embourgeoisement thesis）→第９章

ブルジョワ〔中産階級〕的野心や、ブルジョワ的な生活水準とライフスタイルが労働者階級のなかに定着していく過程。マルクス主義の研究者は、こうした現象が、労働者たちの階級意識を蝕み、社会的変化を引き起こそうとする労働者階級の企てを挫いていくと主張する。

フレキシブル生産（flexible production）→第18章

大規模市場向けに、コンピュータが受注商品を企画管理していく生産工程。

プロレタリアート（proletariat）→第１章

マルクスにとって、資本主義のもとでの労働者階級を指す。

文化（culture）→随所に

所与の集団に特徴的な価値や儀礼、生活様式。文化という考え方は、社会の概念と同じく、他の社会科学（とりわけ人類学）だけでなく、社会学においても幅広く用いられている。文化は、人間の社会結合の最も示差的な特性のひとつである。

文化的再生産（cultural reproduction）→第17章

世代から世代への、文化的価値や規範の伝達。文化的再生産とは、文化的経験の連続性が通時的に維持されるメカニズムを指称する。近現代社会の学校教育課程は文化的再生産の主要なメカニズムのひとつであるが、文化的再生産は、正規の教育課程で教えられることを通じてのみ作動するわけではない。文化的再生産は、隠れたカリキュラム——人びとが、学校にいるあいだにインフォーマルなかたちで学習するさまざまな行動の側面——を通じて、もっと奥深いかたちでも生ずる。

文化的多元主義（cultural pluralism） →第13章

その社会のなかに、いくつかのサブカルチャーが対等な関係で共存すること。

分業（division of labour） →第18章

生産システムが、専門化した課業や職業に分化し、経済的相互依存関係を生みだすこと。どの社会にも、少なくとも何らかの初歩的分業形態が、とくに男性に割り当てられる課業と女性のおこなう課業のあいだに見いだされる。とはいえ、工業主義の発達にともない、分業は、それ以前のいかなる生産システム類型よりもはるかに複雑になっている。現代世界では、分業は国際的規模でおこなわれている。

分散の度合（degree of dispersal） →第３章

一連の数値が分布する範囲。

平均値（mean） →第３章

中心傾向や平均を算出する統計的手段で、総計を個々の事例の数で割って得られる。

平均余命（life expectancy） →第11章

生まれたときに平均的に存命を期待できる年数。もっと正確に言えば、この概念は、新生児が、かりに出生時のその社会の死亡動向が、性別にかかわらず生涯を通じて変わらなかった場合に、存命を期待できる年数を示している。

ヘゲモニー的男性性（hegemonic masculinity） →第12章

R・W・コンネルが最初に導入した用語。ヘゲモニー的男性性は、ジェンダー・ヒエラルキーで優勢な男性性の形態を指称する。ヘゲモニー的男性性は、他の男性性や女性性を軽視するが、他の男性性や女性性から挑戦を受ける可能性がある。今日、欧米のほとんどの社会で、ヘゲモニー的男性性は、潔白、異性愛、婚姻、権威、肉体的頑健さと結びついて考えられている。

偏見（prejudice） →第13章

個人や集団について、先入観を、つまり、たとえ新しい情報がもたらされても変更することに抵抗する観念をいだくこと。偏見は、肯定的なものもあれば、否定的なものもある。

変数（variable） →第３章

たとえば所得や身長のように、対象物や個人、集団を範疇に分けて、それによって他との比較や時間をまたがった比較が可能になる諸様相。

ポートフォリオ労働者（portfolio worker） →第18章

多様な技能や資格を保有し、したがって容易に転職が可能な労働者。

ホームレス（homeless） →第10章

宿泊する場所がなく、無料の収容所に滞在するか、居住を想定されていない公共の場で寝泊まりする人びと。

亡命希望者（asylum-seeker） →第13章

出身国における宗教的迫害なり政治的迫害の恐れから、他国での保護を申請する人。

牧畜社会（pastoral societies） →第２章

家畜化した動物の飼育によって生活の糧を得ている社会。多くの場合、季節の変化にしたがって、あるいは新たな牧草地を求めてさまざまな地域を移動する必要性が生ずる。

母系（matrilineal）→第７章
女系によって先祖の出自が関係づけられたり、跡づけられること。

母集団（population）→第３章
社会の統計的調査で、調査の対象となる人びと。

母性剥奪（maternal deprivation）→第３章
年少期における子どもと母親の安定した、情愛に満ちた関係性の欠如。母性剥奪は成長してからの精神疾患や逸脱的行動の原因になる可能性がある、とジョン・ボウルビーは主張した。

ポスト工業社会（post-industrial society）→第２章ほか
社会変動の過程が私たちを工業化された秩序の向こう側に導き出していると考えた人たちが提唱する概念。ポスト工業社会は、物的財の生産よりも、情報の生産に基盤を置く。ポスト工業社会の論者によれば、私たちは、現在、約200年前に工業時代を導いたのと同じくらい奥深い一連の社会変動を経験している。

ポスト・フォーディズム（Post-Fordism）→第18章
フォーディズム方式が特徴づける大量の工業生産から、特注製品にたいする市場の需要を満たすような、もっとフレキシブルな生産形態へ移行することを記述するために使われる一般的用語。

ポストモダニズム（Postmodernism）→第４章
社会はもはや歴史や進歩という観念によって支配されないという確信。ポストモダンの社会は、極めて多元的で、多様性に富み、社会の発達を導く「壮大な物語」をまったく欠いている。

ポストモダン・フェミニズム（postmodern feminism）→第12章
ポストモダン・フェミニズムは、一元的説明原理が見いだせるという考え方を否定する点で、ポストモダニズムに依拠している。ポストモダン・フェミニズムは、とりわけ、（男女の差異は、社会的、文化的に構築されたというよりも、生まれながらのものであるとする）本質主義を排除し、もっと多種多様な見地を等しく正当な見地として受け容れることを奨励する。

ホワイトカラー犯罪（white-collar crime）→第19章
ホワイトカラーや専門的職業従事者がおこなう犯罪活動。

《マ行》

マイノリティ・グループ（minority group）→第13章
身体的ないし文化的特徴を異にするために、いつの間にか所与の社会で不平等な立場に置かれて、社会の少数派を形成する一群の人びと。こうした集団のなかに、《エスニック・マイノリティ》が含まれる。

マクロ社会学（macrosociology）→第５章
大規模な集団や組織、社会システムの研究。

マスカスタマイゼーション（mass customization）→第18章
新たなテクノロジーを用いて、特定の顧客のためにデザインされた品目を大規模に生産すること。

マスメディア（mass media）→第15章
たとえば新聞や雑誌、ラジオ、テレビのように、大量のオーディエンスに情報伝達すること

を意図したコミュニケーション形態。

マルサス学説（Malthusianism） →第11章

人口はその人口を扶養するために入手利用できる資源を追い抜いて成長する傾向があるとする、2世紀前にトーマス・マルサスが最初に打ちだした考え方。人口の過度な成長と、極度の貧困や飢餓に満ちた未来を回避するために、人びとは性交渉の頻度を制限する必要がある、とマルサスは主張した。

マルチメディア（multimedia） →第15章

コンピュータで再生できるCD-ROMのように、（たとえば映像や音声のような）かつては異なる技術を必要としたさまざまなメディアを、単一メディア上で組み合わせて用いること。

ミクロ社会学（microsociology） →第5章

対面的相互行為の脈絡での人間行動の研究。

身分制（estate） →第9章

法によって定められた一群の人びとのあいだの、不平等をともなう階層分化の一形態。

民主制（democracy） →第20章

市民が、政治的意思決定に参加し、多くの場合は統治機関に代表を選出することができる政治システム。

民族浄化（ethnic cleansing） →第13章

エスニシティが異なる住民を大量に排除することで、エスニシティの面で同質な領土を創設すること。

無作為抽出（random sampling） →第3章

調査対象の母集団のすべての成員が同じ確率で含まれるようにサンプルを選び出すサンプリング方式。

メガシティ（megacities） →第21章

グローバル経済の結節点として機能し、人口集中が著しい都市地域を記述するために、マニュエル・カステルが選好する用語。2015年には、800万以上の人口を擁する36の「メガシティ」が出現すると推計されている。

メガロポリス（megalopolis） →第21章

「都市のなかの都市」という、古代ギリシアですべての文明の羨望の的になるように計画された都市国家を指称するために造られた言葉。しかし、現代では、巨大な連接都市を指称するために用いられている。

メタ物語（metanarratives） →第4章

社会の作用や社会変動の本質に関する広大な、支配的理論ないし確信。マルクス主義や機能主義は、世界がどのように動くのかを説明するために社会学者たちの用いてきたメタ物語の具体例である。ポストモダニズムの論者は、このような「壮大な理論」を却下し、人間社会を下支えするいかなる根本的真理も特定することは不可能である、と主張する。

メディア規制（media regulation） →第15章

メディアの所有やメディアによる情報伝達の内容を統制するために、法的手段を用いること。

メディア帝国主義（media imperialism） →第15章

コミュニケーション技術が可能にした帝国主義の一形態。コミュニケーション技術は、先進工業国で制作されたメディア・コンテンツを、みずからの文化的自立性を維持するための資源に乏しい低開発国に押しつける文化帝国を生みだした、と一部の研究者たちは主張する。

モラル・パニック（moral panic） →第19章

社会的無秩序状態の兆候とみなされる特定の集団や行動類型にたいしてメディアが誘発した過剰反応を記述するために、スタンリー・コーエンが普及させた用語。モラル・パニックは、その行為の性質や関与した人数の面で、実際には比較的些細な出来事もめぐって生ずる場合が多い。

《ヤ行》

有機的連帯（organic solidarity） →第１章
デュルケムによれば、社会のさまざまな構成単位が統合された全体として機能することで結果的に得られる社会的凝集性。

有神論（theism） →第14章
神の存在を信ずること。

預言者（prophets） →第14章
神聖な教典の解釈をとおして信奉者をかり集める宗教指導者。

予備調査（pilot studies） →第３章
試しにおこなう調査研究。

予防原則（precautionary principle） →第22章
新たな取り組みが可能性としてリスクをもたらすことが十分に疑われる場合は、現行のやり方を変えるよりも、現行のやり方を維持するほうが望ましいという想定。

読み書き能力（literacy） →第17章
文字等を読んだり書いたりできる能力。

《ラ行》

ライフコース（life course） →第６章
人びとがその人生の過程で経験するさまざまな変遷。

ライフスタイルの選択（lifestyle choices） →第９章
商品やサーヴィス、文化の消費に関して一人ひとりがおこなう決定。多くの社会学者は、ライフスタイルの選択を、階級上の位置づけの重要な反映とみなしてきた。

ライフ・ヒストリー（life histories） →第３章
その人自身の物語ることがらや、手紙のような記録資料に多くの場合もとづいて、人びとの人生を全体にわたって研究すること。

ラディカル・フェミニズム（radical feminism） →第12章
ジェンダーの不平等が、社会生活や経済生活のすべての側面での男性による支配の結果であると考えるフェミニズム理論の一形態。

ラベリング理論（labelling theory） →第19章
逸脱研究の取り組み方のひとつで、人が「逸脱者」になるのは、政治的権力者等が、その人たちの行動に特定のレッテルを貼りつけるからであると指摘する。

離散（diaspora） →第13章
エスニック・グループが、多くの場合、強制的なかたちで、あるいはトラウマを負った状況で、祖国から外国地域に四散すること。

リスク社会（risk society） →第４章と第22章
ドイツの社会学者ウルリッヒ・ベックに由来する概念。工業社会は、前の時代には予測できなかったリスクという新たな危険を数多く創りだしてきた、とベックは主張する。地球温暖

化と密接に関連するリスクは、その一例である。

離脱理論（disengagement theory） →第6章

機能主義者の加齢理論で、人びとが高齢になったら従来担ってきた役割から解いて、その役割を他の人びとに開放することが社会にとって機能的である、と主張する。

理念型（ideal type） →第1章

ある社会的事項の際立った特質を、必ずしも現実にどこかに存在するわけではない分析モデルのなかに強調して組み入れることで構成される「純粋類型」。この場合に示される特質は、輪郭が明確な特質であって、必ずしも望ましい特質ではない。一例に、マックス・ウェーバーの示す官僚制組織という理念型がある。

リベラル・フェミニズム（liberal feminism） →第12章

フェミニズム理論の一形態で、ジェンダーの不平等は、女性たちや少女たちが、市民的権利や、教育や雇用といった社会的資源の入手利用機会を削減されているために生ずると考える。リベラル・フェミニズムの論者は、個人の権利を確実に擁護できる立法によって解決策を求める傾向が強い。

両性愛（bisexual） →第12章

性的活動や性的感情が男女両方の性を志向すること。

理論（theory） →第1章ほか

規則的に観察できる事象を説明するために、その事象の一般的特性を同定しようとする試み。理論の構築は、すべての社会学研究にとって不可欠な要素である。理論は、一方で理論よりももっと広い理論的アプローチと密接に結びつく傾向が強いとはいえ、理論に助長されて生まれた研究結果によって強い影響を受けることもある。

理論化の問い（theoretical questions） →第3章

社会学者が、観察した一連の事象を説明するために提起する疑問。理論化の問いを発することは、社会生活の本質について一般化をおこなう上で極めて重要である。

輪廻転生（reincarnation） →第14章

霊魂が別の身体なり別のかたちで再生すること。この信仰は、ほとんどの場合、ヒンドゥー教や仏教と結びついている。

倫理的宗教（ethical religions） →第14章

超自然的な存在への信仰よりも、むしろ（釈迦や孔子のような）「偉大な教師」の倫理的訴求力に依拠する宗教。

累犯（recidivism） →第19章

かつて有罪とされた人が犯罪を繰り返すこと。

冷戦（Cold War） →第2章

米国と旧ソヴィエト連邦のあいだで、1940年代末から1990年まで同盟国を含め継続した対立状況。両陣営とも実際には互いにまったく軍事交戦しなかったため、冷戦は「武力を行使しない戦い」だった。

レスビアニズム（lesbianism） →第12章

女性どうしの同性愛的活動ないし愛着。

連接都市（conurbation） →第21章

途切れずに都市環境を形成する、町部や都市の凝集体。

連帯性（solidarity） →第1章

デュルケムにとって、社会的凝集を支える内在的な力。もっと一般的には、左派の人たちは、

この用語を――たとえば、労働者階級の連帯性のように――抑圧と闘う新たに生まれた階級の政治的意識を記述するために使っている。

労働（work） →第18章

人間が自然界からものを生産し、それによってみずからの生存を確保するための活動。労働をもっぱら有給就業だけに限定して考えるべきではない。伝統的文化では、原初的なかたちの通貨制度しか存在せず、金銭的報酬のために働く人はほとんどいなかった。現代社会でも、賃金や給与といった直接的報酬をともなわない種類の労働が、家事を含め引きつづき数多く存在する。

労働搾取工場（sweatshop） →第11章

従業員たちが、劣悪な労働条件のもと、低賃金で長時間にわたって働く工場や店舗にたいする蔑称。

労働者階級（working class） →第９章

ブルーカラーや肉体労働の職に就く人びとによってもっぱら構成される社会階級。

ロマンチック・ラヴ（romantic love） →第７章

情熱恋愛と明確に区別されるロマンチック・ラヴという観念は、18世紀後半に出現し、婚姻が、経済的理由ではなく、互いの魅力にもとづくという考え方をともなう。この観念は、純粋な関係性という考え方の先駆けであるが、同時に純粋な関係性という考え方と緊張関係にある。

参照文献の一覧

Abbott, D. (2001): 'The Death of Class?', *Sociology Review* 11 (Nov)
Abeles, R. P. & M. W. Riley (1987): 'Longevity, Social Structure, and Cognitive Aging', in C. Schooler & K. W. Schaie, eds, *Cognitive Functioning and Social Structure Over the Life Course* (Ablex)
Abel-Smith, B. & P. Townsend (1965): *The Poor and the Poorest: A New Analysis of the Ministry of Labour's Family Expenditure Survey of 1953-54 and 1960* (Bell)
Ahmed, A. S. & H. Donnan (1994): 'Islam in the Age of Postmodernity', in A. S. Ahmed & D. Hastings, eds, *Islam, Globalization and Postmodernity* (Routledge)
Akintoye, S. (1976): *Emergent African States: Topics in Twentieth Century African History* (Longman)
Albrow, M. (1997): *The Global Age: State and Society Beyond Modernity* (Stanford Univ Pr)〔会田彰・佐藤康行訳『グローバル化時代の歴史社会論』日本経済評論社，2000〕
Aldrich, H. E. & P. V. Marsden (1988): 'Environments and Organizations', in N. J. Smelser, ed., *Handbook of Sociology* (Sage)
Alexander, Z. (1999): *The Department of Health Study of Black, Asian and Ethnic Minority Issues* (DoH)
Allen, M. P. (1981): 'Managerial Power and Tenure in the Large Corporation', *Social Forces* 60.
Amnesty International (2002): 'State Control of the Internet in China', 27 Feb.
Amnesty International (2004): 'People's Republic of China Controls Tighten as Internet Activism Grows', 28 Jan.
Amsden, A. H. (1989): *Asia's Next Giant: South Korea and Late Industrialization* (Oxford Univ Pr)
Amsden, A. H., J. Kochanowicz & L. Taylor (1994): *The Market Meets Its Match: Restructuring the Economies of Eastern Europe* (Harvard Univ Pr)
Anderson, E. (1990): *Streetwise: Race, Class, and Change in an Urban Community* (Univ of Chicago Pr)〔奥田道大・奥田啓子訳『ストリート・ワイズ』ハーベスト社，2003〕
Anderson, F. S. (1977): 'TV Violence and Viewer Aggression: Accumulation of Study Results 1956-1976', *Public Opinion Quarterly* 41.
Anderson, S. & J. Cavanagh (2000): *Top 200: The Rise of Corporate Global Power,* 4 Dec (Institute for Policy Studies)
Anheier, H., M. Glasius & M. Kaldor, eds (2002): *Global Civil Society 2002* (Oxford Univ Pr)
Annenberg Center (2003): 'Parents' Use of the V-Chip to Supervise Children's Television Use' (Univ of Pennsylvania)
Appadurai, A. (1986): 'Introduction: Commodities and the Politics of Value', in A. Appadurai, ed., *The Social Life of Things* (Cambridge Univ Pr)
Appelbaum, R. P, & B. Christerson (1997): 'Cheap Labor Strategies and Export-Oriented Industrialization: Some Lessons from the East Asia/Los Angeles Apparel Connection', *International Journal of Urban and Regional Research* 21(2)
Appelbaum, R. P. & J. Henderson, eds (1992): *States and Development in the Asian Pacific Rim* (Sage)
Apter, T. (1994): *Working Women Don't Have Wives: Professional Success in the 1990s* (St Martin's Press)
Arber, S. & J. Ginn (2004): 'Ageing and Gender: Diversity and Change', *Social Trends* 34 (HMSO)
Arber, S., K. Davidson & J. Ginn, eds (2003): *Gender and Ageing: Changing Roles and Relationships* (Open Univ Pr)
Aries, P. (1965): *Centuries of Childhood* (Random House)〔杉山光信・杉山恵美子訳『〈子供〉の誕生』みすず書房，1980〕
ARIS (2001): *American Religious Identification Survey 2001* (The Graduate Center of the City

University of New York)
Arrighi, G. (1994): *The Long Twentieth Century: Money, Power, and the Origin of Our Times* (Verso)
Ashton, D. N. (1986): *Unemployment Under Capitalism: The Sociology of British and American Labour Markets* (Wheatsheaf)
Ashworth, A. E. (1980): *Trench Warfare, 1914-1918* (Macmillan)
Askwith, R. (2003): 'Contender', Observer, 6 Apr.
Atchley, R. C. (2000): *Social Forces and Aging: An Introduction to Social Gerontology* (Wadsworth) 〔宮内康二編訳『ジェロントロジー』きんざい, 2005〕
Back, L. (1995): *Ethnicities, Multiple Racisms: Race and Nation in the Lives of Young People* (UCL Press)
Bahrami, H. & S. Evans (1995): 'Flexible Recycling and High-Technology Entrepreneurship', *California Management Review* 22.
Bailey, J. M. (1993): 'Heritable Factors Influence Sexual Orientation in Women', *Archives of General Psychiatry* 50.
Bailey, J. M. & R. C. Pillard (1991): 'A Genetic Study of Male Sexual Orientation', *Archives of General Psychiatry* 48.
Baker, D. & M. Weisbrot (1999): *Social Security: The Phony Crisis* (Univ of Chicago Pr)
Balmer, R. (1989): *Mine Eyes Have Seen the Glory: A Journey into the Evangelical Subculture in America* (Oxford Univ Pr)
Balswick, J. O. (1983): 'Male Inexpressiveness', in K. Soloman & N. B. Levy, eds, *Men in Transition: Theory and Therapy* (Plenum Press)
Baltes, P. B. & K. W. Schaie (1977): 'The Myth of the Twilight Years', in S. Zarit, ed., *Readings in Aging and Death: Contemporary Perspectives* (Harper & Row)
Bamforth, A. (1999): 'The Restive Season', *Guardian,* 15 Dec.
Barash, D. (1979): *The Whisperings Within* (Harper & Row)
Barker, M. (1981): *The New Racism: Conservatives and the Ideology of the Tribe* (University Publications of America)
Barker, R. (1997): *Political Ideas in Modern Britain* (Routledge)
Barnes, C. (1991): *Disabled People in Britain and Discrimination* (Hurst & Co)
Barnes, C. (2002): *Disability Studies* (Polity)
Barnes, C. (2003): *Disability Studies: What's the Point?* (University of Lancaster)
Barnet, R. J. & J. Cavanagh (1994): *Global Dreams: Imperial Corporations and the New World Order* (Simon & Schuster)
Barret-Ducrocq, F. (1992): *Love in the Time of Victoria: Sexuality and Desire Among Working-Class Men and Women in Nineteenth-Century London* (Penguin)
Barth, F. (1969): *Ethnic Groups and Boundaries* (Allen & Unwin)
Basu, A., ed, (1995): *The Challenge of Local Feminisms: Women's Movements in Global Perspective* (Westview)
Baudrillard, J. (1988): *Selected Writings* (Polity)
Bauman, Z. (1989): *Modernity and the Holocaust* (Polity)
Bauman, Z. (2003): *Liquid Love: On the Frailty of Human Bonds* (Polity)
BBC (2001): *Murdoch Heads Media Power List,* 16 Ju, Available online at 〈http://news.bbc.co.uk/1/hi/entertainment/1441094.stm〉
BBC (2002): *Falwell 'Sorry' for Mohammed Remark,* 13 Oct. Available online at 〈http://news.bbc.co.uk/2/hi/americas/2323897.stm〉
BBC (2004): *Official Downloads Chart Launches,* 28 Jun. Available online at 〈http://news.bbc.co.uk/1/hi/entertainment/music/3846455.stm〉
BBC (2004): *Q&A: Will I Be Sued for Music-Swapping?,* 7 Oct. Available online at 〈http://news.bbc.co.

uk/1/hi/entertainment/music/3722622.stm〉
BBC (2004): *UK Music to Sue Online 'Pirates'*, 7 Oct. Available online at 〈http://news.bbc.co.Uk/1/hi/entertainment/music/3722428.stm〉
BBC (2005): *Violent Crime 'Rise' Sparks Row,* 21 Apr. Available online at 〈http://news.bbc.co.uk/1/hi/uk_politics/vote_2005/frontpage/4467569.stm〉
Beall, J. (1998): 'Why Gender Matters', *Habitat Debate* 4(4)
Beasley, C. (1999): *What Is Feminism?* (Sage)
Beck, U. (1992): *Risk Society: Towards a New Modernity* (Sage)〔東廉・伊藤美登里訳『危険社会』法政大学出版局，1998〕
Beck, U. (1995): *Ecological Politics in an Age of Risk* (Polity)
Beck, U. & E. Beck-Gernsheim (1995): *The Normal Chaos of Love* (Polity)
Becker, H. (1950): *Through Values to Social Interpretation* (Duke Univ Pr)
Becker, H. S. (1963): *Outsiders: Studies in the Sociology of Deviance* (Free Press)〔村上直之訳『アウトサイダーズ』新泉社，1993〕
Bell, A., M. Weinberg & S. Hammersmith (1981): *Sexual Preference: Its Development in Men and Women* (Indiana Univ Pr)
Bell, D. (1997): 'The World and the United States in 2013', *Daedelus* 115 (Summer)
Beresford, P. & J. Wallcraft (1997): 'Psychiatric System Survivors and Emancipatory Research: Issues, Overlaps and Differences', in C. Barnes & G. Mercer, eds, *In Doing Disability Research* (The Disability Press)
Berger, P. L. (1963): *Invitation to Sociology* (Anchor Books)〔水野節夫・村山研一訳『社会学への招待』新思索社，1995〕
Berger, P. L. (1967): *The Sacred Canopy: Elements of a Sociological Theory of Religion* (Anchor Books)〔薗田稔訳『聖なる天蓋』新曜社，1995〕
Berger, P. L. (1986): *The Capitalist Revolution: Fifty Propositions about Prosperity, Equality, and Liberty* (Basic Books)
Berger, P. L. & T. Luckmann (1966): *The Social Construction of Reality: A Treatise in the Sociology of Knowledge* (Doubleday)〔山口節郎訳『現実の社会的構成』新曜社，2003〕
Berle, A. & G. C. Means (1997): *The Modern Corporation and Private Property* (Heim)〔北島忠男訳『近代株式会社と私有財産』文雅堂書店，1958〕
Bernstein, B. (1975): *Class, Codes and Control* (Routledge)〔Vol. 1 萩原元昭編訳『言語社会論』明治図書出版，1981; Vol. 2 萩原元昭編訳『教育伝達の社会学』明治図書出版，1985〕
Bertelson, D. (1986): *Snowflakes and Snowdrifts: Individualism and Sexuality in America* (Univ Pr of America)
Berthoud, R. (1998): *The Incomes of Ethnic Minorities* (University of Essex, Institute for Social & Economic Research)
Birren, J. E. & K. W. Schaie, eds (2001): *Handbook of the Psychology of Aging,* 5th edn (Academic Press)〔藤田綾子・山本浩市監訳『エイジング心理学ハンドブック』北大路書房，2008〕
Blackburn, R. (2002): *Banking on Death* (Verso)
Blair, T. (2004): Speech by the Prime Minister at the Launch of the Climate Group, 1 Aug 2005 〈http://www,number10.gov.uk/output/page5716.asp〉
Blanden, J., A. Goodman, P. Gregg, et al. (2002): *Changes in Intergenerational Mobility in Britain* (Centre for the Economics of Education, London School of Economics & Political Science)
Blankenhorn, D. (1995): *Fatherless America* (Basic Books)
Blau, P. M. (1963): *The Dynamics of Bureaucracy* (Univ of Chicago Pr)
Blau, P. M. & O. D. Duncan (1967): *The American Occupational Structure* (Wiley)
Blauner, R. (1964): *Alienation and Freedom* (Univ of Chicago Pr)〔佐藤慶幸監訳『労働における疎外と自由』新泉社，1978〕

Block, F. (1990): *Postindustrial Possibilities: A Critique of Economic Discourse* (Univ of California Pr)
Blondet, C. (1995): 'Out of the Kitchen and Onto the Streets: Women's Activism in Peru', in A. Basu, ed., *The Challenge of Local Feminisms* (Westview)
Bobak, L. (1996): 'India's Tiny Slaves', *Ottowa Sun,* 23 Oct.
Boden, D. & H. Molotch (1994): 'The Compulsion of Proximity', in D. Boden & R. Friedland, eds, *Nowhere Space, Time, and Modernity* (Univ of California Pr)
Bonacich, E. & R. P. Appelbaum (2000): *Behind the Label: Inequality in the Los Angeles Garment Industry* (Univ of California Pr)
Bonney, N. (1992): 'Theories of Social Class and Gender', *Sociology Review* 1.
Booth, A. (1977): 'Food Riots in the NorthWest of England, 1770-1801', *Past and Present* 77.
Borja, J. & M. Castells (1997): *Local and Global: The Management of Cities in the Information Age* (Earthscan)
Born, G. (2004): *Uncertain Vision: Bin, Dyke and the Reinvention of the BBC* (Seeker & Warburg)
Boswell, J. (1995): *The Marriage of Likeness: Same-Sex Unions in Pre-Modern Europe* (Fontana)
Bourdieu, P. (1986): *Distinction: A Social Critique of Judgements of Taste* (Routledge & KP)〔石井洋二郎訳『ディスタンクシオン』藤原書店，1990〕
Bourdieu, R (1988): *Language and Symbolic Power* (Polity)〔稲葉繁美訳『話すということ』藤原書店，1993〕
Bourdieu, P. (1990): *The Logic of Practice* (Polity)〔今村仁司ほか訳『実践感覚』みすず書房，1988-1990〕
Bourdieu, P. (1992): *An Invitation to Reflexive Sociology* (Univ of Chicago Pr)〔水島和則訳『リフレクシヴ・ソシオロジーへの招待』藤原書店，2007〕
Bourdieu, P. & J. C. Passeron (1977): *Reproduction: In Education, Society and Culture* (Sage)〔宮島喬訳『再生産』藤原書店，1991〕
Bowlby, J. (1953): *Child Care and the Growth of Love* (Penguin)
Boyer, R. & D. Drache (1996): *States against Markets: The Limits of Globalization* (Routledge)
Brannen, J. (2003): 'The Age of Beanpole Families', *Sociology Review* 13(1)
Brass, D. J. (1985): 'Men's and Women's Networks: A Study of Interaction Patterns and Influence in an Organization', *Academy of Management Journal* 28.
Braverman, H. (1974): *Labour and Monopoly Capital: The Degradation of Work in the Twentieth Century* (Monthly Review Press)〔富沢賢治訳『労働と独占資本』岩波書店，1978〕
Bread for the World Institute (2005): *Hunger Basics.* Available online at 〈http://www.bread.org/hungerbasics/〉
Breen, R. & J. H. Goldthorpe (1999): 'Class Inequality and Meritocracy: A Critique of Saunders and an Alternative Analysis', *British Journal of Sociology* 50.
Brennan, T. (1988): 'Controversial Discussions and Feminist Debate', in N. Segal & E. Timms, eds, *The Origins and Evolution of Psychoanalysis New Haven* (Yale Univ Pr)
Brewer, R. M. (1993): 'Theorizing Race, Class and Gender: The New Scholarship of Black Feminist Intellectuals and Black Women's Labor', in S. M. James & A. P. A. Busia, eds, *Theorizing Black Feminisms: The Visionary Pragmatism of Black Women* (Routledge)
Brisenden, S. (2005): *Poems for Perfect People* 〈http://www.leeds.ac.uk/disability-studies/archiveuk/brisenden/Poems.pdf〉
Brown, C. & K. Jasper, eds (1993): *Consuming Passions: Feminist Approaches to Eating Disorders and Weight Preoccupations* (Second Story Press)
Browne, K. (2005): *An Introduction to Sociology,* 3rd edn (Polity)
Browne, K. & I. Bottrill (1999): 'Our Unequal, Unhealthy Nation', *Sociology Review* 9.
Brownmiller, S. (1975): *Against Our Will: Men, Women and Rape* (Seeker & Warburg)〔幾島幸子訳『レイプ・踏みにじられた意思』勁草書房，2000〕
Brubaker, R. (1998): 'Migrations of Ethnic Unmixing in the "New Europe"', *International Migration*

Review 32.
Bruce, S. (1990): *Pray TV: Televangelism in America* (Routledge)
Bruce, S. (1996): *Religion in the Modern World from Cathedrals to Cults* (Oxford Univ Pr)
Brumberg, J. J. (1997): *The Body Project* (Vintage)
Brundtland, C. (1987): Our Common Future (United Nations)〔大来佐武郎監修『地球の未来を守るために』福武書店，1987〕
Bryson, V (1993): 'Feminism', in R, Eatwell & A. Wright, eds, *Contemporary Political Ideology* (Pinter)
Bull, P. (1983): *Body Movement and Interpersonal Communication* (Wiley)〔高橋超編訳『しぐさの社会心理学』北大路書房，1986〕
Burchell, B. et al. (1999): *Job Insecurity and Work Intensification: Flexibility and the Changing Boundaries of Work* (YPS)
Burgoon, J. et al. (1996): *Nonverbal Communication: The Unspoken Dialogue,* 2nd edn (McGraw-Hill)
Burleigh, M. (1994): *Death and Deliverance* (Cambridge Univ Pr)
Burns, T. & G. M. Stalker (1966): *The Management of Innovation* (Tavistock)
Butler, J. (1999): *Gender Trouble:Feminism and the Subversion of Identity* (Routledge)〔竹村和子訳『ジェンダートラブル』青土社，1999〕
Butler, J. (2004): *Undoing Gender* (Routledge)
Butler, T. & M. Savage (1995): *Social Change and the Middle Classes* (UCL Press)
Bytheway, B. (1995): *Ageism* (Open Univ Pr)
Cabinet Office (1999): *Sharing the Nation's Prosperity. Variation in Economic and Social Conditions across the UK* (HMSO)
Cabinet Office (2003): *Ethnic Minorities and the Labour Market: Final Report, March* (HMSO)
Cahill, S. (2004): 'The Interaction Order of Public Bathrooms', in Cahill, ed., *Inside Social Life: Readings in Sociological Psychology and Microsociology,* 4th edn (Roxbury Publishing)
Cantle, T. (2003): *Independent Report of the Community Cohesion Review Team* (Home Office)
Capps, W. H. (1990): *The New Religious Right: Piety, Patriotism, and Politics* (Univ of South Carolina Pr)
Cardoso, F. H. & E. Faletto (1979): *Dependency and Development in Latin America* (Unive of California Pr)
Carlen. P. (1983): *Women's Imprisonment: A Study in Social Control* (Routledge & KP)
Carrington, K. (1995): 'Postmodernism and Feminist Criminologies: Disconnecting Discourses', *International Journal of the Sociology of Law* 22.
Carrington, K. (1998): 'Postmodernism and Criminologies: Fragmenting the Criminological Subject', in P. Walton & J. Young, eds, *The New Criminology Revisited* (Macmillan)
Castells, M. (1977): *The Urban Question: A Marxist Approach* (Edward Arnold)〔山田操訳『都市問題』恒星社厚生閣，1984〕
Castells, M. (1983): *The City and the Grass Roots: A Cross-Cultural Theory of Urban Social Movements* (Edward Arnold)〔石川淳志監訳『都市とグラスルーツ』法政大学出版局，1997〕
Castells, M. (1992): 'Four Asian Tigers with a Dragon Head: A Comparative Analysis of the State, Economy, and Society in the Asian Pacific Rim', in R. P. Appelbaum & J. Henderson, eds, *States and Development in the Asian Pacific Rim* (Sage)
Castells, M. (1996): *The Rise of the Network Society* (Blackwell)
Castells, M. (1997): *The Power of Identity* (Blackwell)
Castells, M. (1998): *End of Millennium* (Blackwell)
Castells, M. (2000): 'Information Technology and Global Capitalism', in W. Hutton & A. Giddens, eds, *On the Edge: Living with Global Capitalism* (Cape)
Castells, M. (2001): *The Internet Galaxy: Reflections on the Internet, Business, and Society* (Oxford Univ Pr)

Castles, S. & M. J. Miller (1993): *The Age of Migration: International Population Movements in the Modern World* (Macmillan)〔関根政美・関根薫訳『国際移民の時代』名古屋大学出版会，1996〕
Chamberlain, M. (1999): 'Brothers and Sisters, Uncles and Aunts: A Lateral Perspective on Caribbean Families', in E. B. Silva & C. Smart, eds, *The New Family?* (Sage)
Chambliss, W. J. (1973): 'The Saints and the Roughnecks', *Society,* Nov.
Chambliss, W. J. (1978): *On the Take: From Petty Crooks to Presidents* (Indiana Univ Pr)
Charlton, J. I. (1998): *Nothing About Us Without Us: Disability Oppression and Empowerment* (Univ of California Pr)〔岡部史信監訳『私たちぬきで私たちのことは何も決めるな』明石書店，2003〕
Chase-Dunn, C. (1989): *Global Formation: Structures of the World Economy* (Blackwell)
Cherlin. A. (1999): *Public and Private Families: An Introduction* (McGraw Hill)
Chodoraw, N. (1978): *The Reproduction of Mothering* (Univy of California Pr)〔大塚光子・大内菅子訳『母親業の再生産』新曜社，1981〕
Chodorow, N. (1988): *Psychoanalytic Theory and Feminism* (Polity)
Chomsky, N. (1991): *Media Control: The Spectacular Achievements of Propaganda* (Seven Stories Press)〔鈴木主税訳『メディア・コントロール』集英社，2003〕
Chua, A. (2003): *World on Fire: How Exporting Free Market Democracy Breeds Ethnic Hatred and Global Instability* (Doubleday)〔久保恵美子訳『富の独裁者』光文社，2003〕
Church of England (1985): *Faith in the City: The Report of the Archbishop of Canterbury's Commission on Urban Priority Areas* (Christian Action)
CIA (2000/4): *The World Factbook.* Available online at 〈www.cia.gov/cia/publications/factbook〉
Cicourel, A. V. (1968): *The Social Organization of Juvenile Justice* (Wiley)
Cisneros, H. G. (1993): *Interwoven Destinies: Cities and the Nation* (Norton)
Clark, K. & S. Drinkwater (1998): 'Self-Employment and Occupational Choice' in D. Leslie, ed., *An Investigation of Racial Disadvantage* (Manchester Univ Pr)
Clark, T. N. & V Hoffman-Martinot (1998): *The New Political Culture* (Westview)〔小林良彰監訳『地方自治の国際比較』慶応義塾大学出版会，2001〕
Clegg, M., A. Finney & K. Thorpe (2005): *Crime in England and Wales: Quarterly Update to December 2004* (Home Office)
Clegg, S. (1990): *Modern Organizations: Organization Studies in the Postmodern World* (Sage)
Cloward, R. & L. Ohlin (1960): *Delinquency and Opportunity* (Free Press)
CNN (2001): *Falwell Apologizes to Gays, Feminists, Lesbians,* 14 Sep 〈http://archives.cnn.eom/2001/US/09/14/Falwell.apology/〉
Cohen, A. (1955): *Delinquent Boys* (Free Press)
Cohen, L. E., J. P. Broschak & H. A. Haveman (1998): 'And Then There Were More? The Effect of Organizational Sex Composition on the Hiring and Promotion of Managers', *American Sociological Review* 63(5)
Cohen, R. (1997): *Global Diasporas: An Introduction* (UCL Press)〔駒井洋監訳『グローバル・ディアスポラ』明石書店，2001〕
Cohen, S. (1980): *Folk Devils & Moral Panics: The Creation of the Mods and Rockers* (Martin Robertson)
Cole, T. R. (1992): *The Journey of Life: A Cultural History of Aging in America* (Cambridge Univ Pr)
Collins, J. (2000): 'Quality by Other Means', Unpublished manuscript, Dep of Sociology, University of Wisconsin-Madison.
Collins, J. & J. Porras (1994): *Built to Last* (Century)
Connell, R. W. (1987): *Gender and Power: Society, the Person and Sexual Politics* (Polity)〔森重雄ほか訳『ジェンダーと権力』三交社，1993〕
Connell, R. W. (2001): *The Men and the Boys* (Allen & Unwin)
Connell, R. W. (2005): *Masculinities* (Polity)

Cook, R. (2001): Robin Cook's 'Chicken Tikka Masala Speech'. Extracts from a Speech by the Foreign Secretary to the Social Market Foundation in London, *Guardian,* Thur 19 Apr.

Coontz, S. (1992): *The Way We Never Were: American Families and the Nostalgia Trap* (Basic Books)〔岡村ひとみ訳『家族という神話』筑摩書房，1998〕

Corbin, J. & A. Strauss (1985): 'Managing Chronic Illness at Home: Three Lines of Work', *Qualitative Sociology* 8.

Corsaro, W. (1997): *The Sociology of Childhood* (Pine Forge Press)

Coward, R. (1984): *Female Desire: Women's Sexuality Today* (Paladin)

Cox, O. C. (1959): *Class, Caste and Race: A Study in Social Dynamics* (Monthly Review Press)

Crick, B. (2004): *Is Britain Too Diverse? The Responses* 〈http://www.prospect-magazine.co.uk/HtmlPages/replies.asp〉

Crompton, R. (1997): *Women and Work in Modern Britain* (Oxford Univ Pr)

Crompton, R. (1998): *Class and Stratification: An Introduction to Current Debates,* 2nd edn (Polity)

Crow, G. & M. Hardey (1992): 'Diversity and Ambiguity Among Lone-Parent Households in Modern Britain', in C. Marsh & S. Arber, eds, *Families and Households: Divisions and Change* (Macmillan)

Cumings, B. (1987): 'The Origins and Development of the Northeast Asian Political Economy: Industrial Sectors, Product Cycles, and Political Consequences', in E C. Deyo, ed., *The Political Economy of the New Asian Industrialism* (Cornell Univ Pr)

Cumings, E. (1997): *Korea's Place in the Sun: A Modern History* (Norton)

Cumming, E. & W. E. Henry (1961): *Growing Old: The Process of Disengagement* (Basic Books)

Curran, J. & J. Seaton (2003): *Power Without Responsibility: The Press, Broadcasting and New Media in Britain* (Routledge)

Currie, D. & M. Siner (1999): 'The BBC Balancing Public and Commercial Purpose', in *Public Purpose in Broadcasting Funding the BBC* (Univ of Luton Pr)

Currie, E. (1998): 'Crime and Market Society Lessons from the United States', in P. Walton & J. Young, eds, *The New Criminology Revisited* (Macmillan)

Cylke, F. K. (1993): *The Environment* (Harper Collins)

Dahlburg, J. -T. (1995): 'Sweatshop Case Dismays Few in Thailand', *Los Angeles Times,* 27 Aug.

Dahrendorf, R. (1959): *Class and Class Conflict in Industrial Society* (Routledge)〔富永健一訳『産業社会における階級および階級闘争』ダイヤモンド社，1964〕

Davie, G. (1994): *Religion in Britain Since 1945: Believing without Belonging* (Blackwell)

Davie, G. (2000): *Religion in Modern Europe: A Memory Mutates* (Oxford Univ Pr)

Davies, B. (1991): *Frogs and Snails and Feminist Tales* (Allen & Unwin)

Davis, M. (1990): *City of Quartz: Excavating the Future in Los Angeles* (Vintage)〔村山敏勝・日比野啓訳『要塞都市 LA』青土社，2001〕

Davis, S. M. (1987): *Future Perfect* (Addison-Wesley)

Davis, S. M. (1988): *2001 Management: Managing the Future Now* (Simon & Schuster)

De Beauvoir, S. (1949): *Le Deuzieme Sex* (Gallimard)〔井上たか子ほか監訳『第二の性』新潮社，1997〕

De Witt, K. (1994): 'Wave of Suburban Growth Is Being Fed by Minorities', *New York Times,* 15 Aug.

D'Emilio, J. (1983): *Sexual Politics, Sexual Communities: The Making of a Homosexual Minority in the United States, 1940-1970* (Univ of Chicago Pr)

Denney, D. (1998): 'Anti-Racism and the Limits of Equal Opportunities Policy in the Criminal Justice System1, in C. J. Finer & M. Nellis. eds, *Crime and Social Exclusion* (Blackwell)

Dennis, N. & G. Erdos (1992): *Families without Fatherhood* (IEA Health & Welfare Unit)

Dep for Education & Skills (2003): *Survey of Information and Communications Technology in School* (HMSO)

Dep for Work & Pensions (2002): *Disabled for Life? Attitudes Towards, and Experiences of Disability in Britain* (HMSO)

Dep of Economic & Social Affairs (2002): *International Migration Report 2002* (United Nations)
Dep of Social Security (1998): *New Ambitions for Our Country: A New Contract for Welfare* (HMSO)
Derrida, J. (1978): *Writing and Difference* (Routledge & KP)〔若桑毅ほか訳『エクリチュールと差異』法政大学出版局，1977-83〕
Derrida, J. (1981): *Positions* (Alhlone Press)〔高橋允昭訳『ポジシオン』青土社，1981〕
Devault, M. L. (1991): *Feeding the Family: The Social Organization of Caring as Gendered Work* (Univ of Chicago Pr)
Deyo, F. C. (1989): *Beneath the Miracle: Labor Subordination in the New Asian Industrialism* (Univ of California Pr)
DHSS (1980): *Inequalities in Health* (DHSS)
Dicken, P. (1992): *Global Shift: The Internationalization of Economic Activity* (Chapman)〔原著第三版 (1998年) の邦訳：今尾雅博・鹿嶋洋・富樫幸一訳『グローバル・シフト』古今書院，2001〕
Disability Rights Commission (2002): *Briefing,* Oct.
Dobash, R. E. & R. P. Dobash (1992): *Women, Violence and Social Change* (Routledge)
DoH (2003): *Smoking, Drinking and Drug Misuse among Young People in England* (Dep of Health). Available on line at 〈http://www.publications.doh.gov.uk/public/sddsurvey2003.pdf〉
Dore, R. (1973): *British Factory, Japanese Factory: The Origins of National Diversity in Industrial Relations* (Allen & Unwin)〔山之内靖・永易浩一訳『イギリスの工場・日本の工場』筑摩書房，1987〕
Doyal, L. (1995): *What Makes Women Sick: Gender and the Political Economy of Health* (Macmillan)
Drentea, P. (1998): 'Consequences of Women's Formal and Informal Job Search Methods for Employment in Female-Dominated Jobs', *Gender and Society 12.*
Drexler, K. E. (1992): *Engines of Creation* (Oxford Univ Pr)〔相澤益男訳『創造する機械』パーソナルメディア，1992〕
DTI (2000): *Just Around the Corner* (Dep of Trade & Industry)
Du Gay, P. (2000): *In Praise of Bureaucracy: Weber, Organization, Ethics* (Sage)
Duncombe, J. & D. Marsden (1993): 'Love and Intimacy. The Gender Division of Emotion and "Emotion Work": A Neglected Aspect of Sociological Discussion of Heterosexual Relation-ships', *Sociology* 27.
Duneier, M. (1999): *Sidewalk* (Farrar, Straus & Giroux)
Duneier, M. & H. Molotch (1999): 'Talking City Trouble: Interactional Vandalism, Social Inequality, and the "Urban Interaction Problem"', *American Journal of Sociology* 104.
Durkheim, E. (1952): *Suicide: A Study in Sociology* (Routledge & KP)〔宮島喬訳『自殺論』中央公論社，1985〕
Durkheim, E. (1961 [1925]): *L'Education morale* (Alcan)〔麻生誠・山村健訳『道徳教育論』明治図書出版，1973〕
Durkheim, E. (1976 [1912, 1965]): *The Elementary Forms of the Religious Life* (Allen & Unwin)〔古野清人訳『宗教生活の原初形態』岩波書店，1975〕
Durkheim, E. (1982 [1895]): *The Rules of Sociological Method* (Macmillan)〔宮島喬訳『社会学的方法の規準』岩波書店，1978〕
Durkheim, E. (1984 [1893]): *The Division of Labour in Society* (Macmillan)〔田原音和訳『社会分業論』青木書店，1971〕
Duster, T. (1990): *Backdoor to Eugenics* (Routledge)
Dutt, M. (1996): 'Some Reflections on US Women of Color and the United Nations Fourth World Conference on Women and NGO Forum in Beijing, China', *Feminist Studies* 22.
Dworkin, R. M. (1993): *Life's Dominion: An Argument About Abortion, Euthanasia, and Individual Freedom* (Knopf)〔水谷英夫・小島妙子訳『ライフズ・ドミニオン』信山社出版，1998〕
Dyer, C. (1999): 'Let's Stay Together', *Guardian,* 25 Oct.
Eating Disorders Association (2000): *Eating Disorders in the United Kingdom: Review of the Provision of Health Care Services for Men with Eating Disorders.* Available online at 〈http://www.edauk.com/

sub_some_statistics.htm〉
The Economist (2000a): 'All-Clear?', 13 April.
The Economist (2000b): 'Paradise Regained', 21 Dec.
The Economist (2002): 'Trouble in Nanoland', 5 Dec.
The Economist (2004): 'The Kindness of Strangers?', 26 Feb.
The Economist (2005a): 'Backgrounder:The EU Constitution', 3 Jun.
The Economist (2005b): 'Backgrounder: EU Enlargement', 23 Jun.
The Economist (2005c): 'Backgrounder: The Iraq Dossier Row', 5 Apr.
Efron, S. (1997): 'Eating Disorders Go Global', *Los Angeles Times,* 18 Oct.
Ehrenreich, B. & J. Ehrenreich (1979): 'The Professional-Managerial Class', in P. Walker, ed., *Between Labour and Capital* (Harvester Press)
Eibl-Eibesfeldt, I. (1973): 'The Expressive Behaviour of the Deaf-and-Blind Born', in M. von Cranach & I. Vine, eds, *Social Communication and Movement* (Academic Press)
Ekman, P. & W. V. Friesen (1978): *Facial Action Coding System* (Consulting Psychologists Press)
Elder, G. H. J. (1974): *Children of the Great Depression: Social Change in Life Experience* (Univ of Chicago Pr)
Electoral Reform Society (2005): *UK General Elections: Electorates and Turnout 1945-2005,* 1 Aug.
Ell, K. (1996): 'Social Networks, Social Support and Coping with Serious Illness: The Family Connection', *Social Science and Medicine* 42.
Elshtain, J. B. (1987): Women and War (Basic Books)〔小林史子・広川紀子訳『女性と戦争』法政大学出版局，1994〕
Elstein, D., D. Cox, B. Donoghue, et al. (2004): *Beyond the Charter: The BBC after 2006* (The Conservative Party)
Emmanuel, A. (1972): *Unequal Exchange: A Study of the Imperialism of Trade* (Monthly Review Press)
Employers' Forum on Disability (2003): *Briefing for CSR Practitioners.* Available online at 〈http://www.employersforum.co.uk/www/csr/sttn/labstan dards/labstandl.htm〉
Epstein, D. (1998): *Failing Boys Issues in Gender and Achievement* (Open Univ Pr)
Epstein, S. (2002): 'A Queer Encounter: Sociology and the Study of Sexuality', in C. L. Williams & A. Stein, eds, *Sexuality and Gender* (Blackwell)
Erikson, K. (1966): *Wayward Puritans; A Study in the Sociology of Deviance* (Wiley)
Erikson, R. & J. Goldthorpe (1993): *The Constant Flux: A Study of Class Mobility in Industrial Societies* (Clarendon Press)
Esping-Andersen, G. (1990): *The Three Worlds of Welfare Capitalism* (Polity)〔岡沢憲芙・宮本太郎監訳『福祉資本主義の三つの世界』ミネルヴァ書房，2001〕
ESRC (1997): *Twenty-Something in the 1990s: Getting on, Getting by, Getting Nowhere.* Research briefing (Economic and Social Research Council)
Estes, C. L. & M. Minkler, eds. (1991): *Critical Perspectives on Aging: The Political and Moral Economy of Growing Old* (Baywood)
Estes, C. L., E. A. Binney & R. A. Culbertson (1992): 'The Gerontological Imagination: Social Influences on the Development of Gerontology, 1945-Present', *Aging and Human Development* 35.
Estes, C, S. Biggs & C. Phillipson (2003): *Social Theory, Social Policy and Ageing* (Open Univ Pr)
EU (2005): *The European Union at a Glance?* Available online at 〈http://europa.eu.int/abc/index_en.htm〉
Evans, D. J. (1992): 'Left Realism and the Spatial Study of Crime', in *Crime, Policing and Place: Essays in Environment Criminology* (Routledge)
Evans, M. (2000): 'Poor Show', *Guardian,* 6 Mar.
Evans, P. (1979): *Dependent Development* (Princeton Univ Pr)
Evans-Pritchard, E. E. (1956): *Nuer Religion* (Oxford Univ Pr)〔向井元子訳『ヌーア族の宗教』岩波書

店，1982〕
Eysenck, H.（1964）: *Crime and Personality*（Routledge & KP）〔MPI研究会訳『犯罪とパーソナリティ』誠信書房，1966〕
Faludi, S.（1999）: *Stiffed: The Betrayal of the Modern Man*（Chatto & Windus）
Featherstone, M. & A. Renwick, eds（1995）: *Images of Aging: Cultural Representations of Later Life*（Routledge）
Felson. M.（1994）: *Crime and Everyday Life: Insights and Implications for Society*（Pine Forge Press）〔守山正監訳『日常生活の犯罪学』日本評論社，2005〕
Ferguson, K. E.（1984）: *The Feminist Case against Bureaucracy*（Temple Univ Pr）
Ferguson, N.（2004）: *Colossus: The Rise and Fall of the American Empire*（Allen Lane）
Feuerbach, L.（1957）: *The Essence of Christianity*（Harper & Row）〔舟山信一訳『キリスト教の本質』岩波書店，1965〕
Fielder, H. G.（1946）: *Textual Studies of Goethe's Faust*（Blackwell）
Finke, R. & R. Stark（1988）: 'Religious Economies and Sacred Canopies: Religious Mobilization in American Cities, 1906', *American Sociological Review* 53.
Finke, R. & R. Stark（1992）: *The Churching of America, 1776-1990: Winners and Losers in Our Religious Economy*（Rutgers Univ Pr）
Finkelstein, V.（1980）: *Attitudes and Disabled People*（World Rehabilitation Fund）
Finkelstein, V.（1981）: 'To Deny or Not to Deny Disability', in A. Brechin et al., eds, *Handicap in a Social World*（Hodder & Stoughton）
Firestone, S.（1971）: *The Dialectic of Sex: The Case for Feminist Revolution*（Cape）〔林弘子訳『性の弁証法』評論社，1972〕
Fischer, C. S.（1984）: *The Urban Experience,* 2nd edn（Harcourt）〔松本康・前田尚子訳『都市的体験』未來社，1996〕
Fischer, S.（2004）: 'Penn World Tables', *The Economist,* 11 Mar.
Fiske, J.（1989）: *Reading the Popular*（Unwin Hyman）
Fitzgerald, M.（2001）: 'Ethnic Minorities and Community Safety', in R. Matthews & J. Pitts, eds, *Crime, Disorder and Community Safety: A New Agenda*（Routledge）
Flaherty, J., J. Veit-Wilson & P. Dornan（2004）: *Poverty: The Facts,* 5th edn（Child Poverty Action Group）
Flour Advisory Bureau（1998）: *Pressure to Be Perfect Report: Bread for Life Campaign*（Flour Advisory Bureau）
Forbes（2000）: 'The World's Richest People'（29 Jun）
Forbes（2004）: *The World's Billionaires.* Available online at 〈http://www.forbes.com/billionaires/〉
Ford, C. S. & F. A. Beach（1951）: *Patterns of Sexual Behaviour*（Harper & Row）〔小原秀雄訳『人間と動物の性行動』新思潮社，1967〕
Foucault, M.（1967）: *Madness and Civilization: A History of Insanity in the Age of Reason*（Tavistock）〔内藤陽哉訳『狂気と文化』合同出版，1969〕
Foucault, M.（1971）: *The Order of Things: An Archaeology of the Human Sciences*（Pantheon）〔渡辺一民・佐々木明訳『言葉と物』新潮社，1974〕
Foucault, M.（1973）: *The Birth of the Clinic: An Archaeology of Medical Perception*（Tavistock）
Foucault, M.（1978）: *The History of Sexuality*（Penguin）〔渡辺守章・田村俶訳『性の歴史』新潮社，1986-1987〕
Foucault, M.（1979）: *Discipline and Punish*（Penguin）〔田村俶訳『監獄の歴史』新潮社，1977〕
Foucault, M.（1988）: 'Technologies of the Self', in L. H. Martin, H. Gutman & P. H. Hutton, eds, *Technologies of the Self: A Seminar with Michel Foucault*（Univ of Massachusetts Pr）〔「自己のテクノロジー」，田村俶・雲和子訳『自己のテクノロジー』岩波書店，1990，所収〕
Fox, O. C.（1964）: 'The Pre-Industrial City Reconsidered', *Sociological Quarterly* 5.

Francis, B. (2000): *Boys, Girls and Achievement: Addressing the Classroom Issues* (Routledge)
Frank, A. G. (1966): 'The Development of Underdevelopment', *Monthly Review* 18.
Frank, A. G. (1969): *Capitalism and Underdevelopment in Latin America: Historical Studies of Chile and Brazil* (Monthly Review Press)
Frank, D. J. & E. H. McEneaney (1999): 'The Individualization of Society and the Liberalization of State Policies on Same-Sex Sexual Relations, 1984-1995', *Social Forces* 7(3)
Fraser, N. (1989): *Unruly Practices: Discourse and Gender in Contemporary Social Theory* (Polity)
Fraser, S. (1995): *The Bell Curve Wars Race, Intelligence and the Future of America* (Basic Books)
Free the Children (1998): Available online at 〈http://www.freethechildren.org/aboutus/history_ftc.htm〉
Freedman, C., ed. (2001): *Economic Reform in Japan: Can the Japanese Change?* (Edward Elgar)
Freidson, E. (1970): *Profession of Medicine: A Study of the Sociology of Applied Knowledge* (Dodd, Mead)
Fremlin, J. H. (1964): 'How Many People Can The World Support?', *New Scientist.*
Friedan, B. (1963): *The Feminine Mystique* (Victor Gollancz)
Friedlander, D. & G. Burtless (1994): *Five Years After: The Long-Term Effects of Welfare-to-Work Programs* (Russell Sage)
Fries, J. F. (1980): 'Aging, Natural Death, and the Compression of Morbidity', *New England Journal of Medicine* 303.
Frobel, F. J. Heinrichs & O. Kreye (1979): *The New International Division of Labor* (Cambridge Univ Pr)
Fukuyama, F. (1989): 'The End of History?', *National Interest* 16.
Gagnon, J. H. & W. Simon (1973): *Sexual Conduct: The Social Sources of Human Sexuality* (Aldine)
Gallie, D. (1994): 'Are the Unemployed an Underclass? Some Evidence from the Social Change and Economic Life Initiative', *Sociology* 28.
Gallup (2004): *Poll Topics and Trends: Religion,* 1 Aug.
Gamble, A. (1999): *Marxism after Communism: The Interregnum. Controversies in World Politics 1989-1999* (Cambridge Univ Pr)
Gans, H. J. (1962): *The Urban Villagers: Group and Class in the Life of Italian-Americans,* 2nd edn (Free Press)〔松本康訳『都市の村人たち』ハーベスト社，2006〕
Gardner, C. B. (1995): *Passing by Gender and Public Harassment* (Univ of California Pr)
Garfinkel, H. (1963): 'A Conception of, and Experiments with, "Trust" as a Condition of Stable Concerted Actions', in O. J. Harvey, ed., *Motivation and Social Interaction* (Ronald Press)
Geary, D. (1981): *European Labor Protest, 1848-1939* (St Martin's Press)
Geertz. C. (1973): The Interpretation of Cultures (Basic Books)〔吉田禎吾ほか訳『文化の解釈学』岩波書店，1987〕
Gelder, L. van (1996): 'The Strange Case of the Electronic Lover', in R. Kling, ed., *Computerization and Controversy* (Academic Press)
Gelles, R. & C. P. Cornell (1990): *Intimate Violence in Families* (Sage)
Gellner, E. (1983): *Nations and Nationalism* (Blackwell)〔加藤節監訳『民族とナショナリズム』岩波書店，2000〕
Gerbner, G. (1979): 'The Demonstration of Power Violence, Profile No. 10', *Journal of Communication* 29.
Gerbner, G. (1980): 'The "Mainstreaming" of America: Violence Profile No. 11', *Journal of Communication* 30.
Gereffi, G. (1995): 'Contending Paradigms for Cross-Regional Comparison: Development Strategies and Commodity Chains in East Asia and Latin America', in P. H. Smith, ed., *Latin America in Comparative Perspective: New Approaches to Methods and Analysis* (Westview Press)
Gershuny, J. (1994): 'The Domestic Labour Revolution: A Process of Lagged Adaptation', in M. Anderson, E. Bechofer & J. Gershuny, eds, *The Social and Political Economy of the Household* (Oxford Univ Pr)
Gershuny, J. I. & I. D. Miles (1983): *The New Service Economy: The Transformation of Employment in*

Industrial Societies (Frances Pinter)〔阿部真也監訳『現代のサービス経済』ミネルヴァ書房，1987〕
Gerth, H. H. & C. W. Mills, eds. (1948): *From Max Weber: Essays in Sociology* (Routledge & KP)
Gewirtz, S., S. Ball & R. Bowe (1995): *Markets, Choice, and Equity in Education* (Open Univ Pr)
Gibbons, J. H, (1990): *Trading around the Clock Global Securities Markets and Information Technology* (US Congress)
Giddens, A. (1984): *The Constitution of Society* (Polity)
Giddens, A. (1993): *The Transformation of Intimacy: Love, Sexuality and Eroticism in Modern Societies* (Polity)〔松尾精文・松川昭子訳『親密性の変容』而立書房，1995〕
Giddens, A. (1998): *The Third Way: The Renewal of Social Democracy* (Polity)〔佐和隆光訳『第三の道』日本経済新聞社，1999〕
Giddens, A,, ed. (2001): *The Global Third Way Debate* (Polity)
Giddens, A. (2002): *Runaway World: How Globalisation Is Reshaping Our Lives* (Profile)〔佐和隆光訳『暴走する世界』ダイヤモンド社，2002〕
Gillan, A. (1999): 'Shelter Backs Rethink on Homeless', *Guardian,* 15 Nov.
Gillborn, D. & D. Youdell (2001): 'The New lQism: Intelligence, "Ability" and the Rationing of Education', in J. Demaine, ed. *Sociology of Education Today* (Palgrave)
Gilleard, C. & P. Higgs (2005): *Contexts of Ageing: Class, Cohort and Community* (Polity)
Gilligan, C. (1982): *In a Different Voice: Psychological Theory and Women's Development* (Harvard Univ Pr)〔生田久美子・並木美智子訳『もうひとつの声』川島書店，1986〕
Ginn, J. & S. Arber (2000): 'Ethnic Inequality in Later Life: Variation in Financial Circumstances by Gender and Ethnic Group', *Education and Ageing* 15(1)
Ginzburg, C. (1980): *The Cheese and the Worms* (Routledge & KP)〔杉山光信訳『チーズとうじ虫』みすず書房，1984〕
Gittings, D. (1999): 'Mickey Mouse Invasion', *Guardian,* 3 Nov.
Gittins, D. (1993): *The Family in Question: Changing Households and Familiar Ideologies* (Macmillan)〔金井淑子・石川玲子訳『家族をめぐる疑問』新曜社，1990〕
Glasgow Media Group (1976): *Bad News* (Routledge)
Glasius, M., M. Kaldor & H. Anheier, eds (2002): *Global Civil Society 2002* (Oxford Univ Pr)
Glass, D. (1954): *Social Mobility in Britain* (Routledge & KP)
Goffiman, E. (1963): *Stigma* (Prentice-Hall)〔石黒毅訳『スティグマの社会学』せりか書房，2001〕
Goffman, E. (1967): *Interaction Ritual* (Doubleday/Anchor)〔浅野敏夫訳『儀礼としての相互行為』法政大学出版局，2002〕
Goffman, E. (1968): *Asylums. Essays on the Social Situation of Mental Patients and Other Inmates* (Penguin)〔石黒毅訳『アサイラム』誠信書房，1984〕
Goffman, E. (1971): *Relations in Public: Microstudies of the Public Order* (Allen Lane)
Goffman, E. (1973): *The Presentation of Self in Everyday Life* (Overlook Press)〔石黒毅訳『日常生活における自己呈示』誠信書房，1974〕
Goffman, E. (1981): *Forms of Talk* (Univ of Pennsylvania Pr)
Gold, T. (1986): *State and Society in the Taiwan Miracle* (M. E. Sharpe)
Golding, P. & G. Murdock, eds (1997): *The Political Economy of the Media* (Edward Elgar)
Goldscheider, F. K. & L. J. Waite (1991): *New Families, No Families? The Transformation of the American Home* (Univ of California Pr)
Goldthorpe, J. H. (1968-9): *The Affluent Worker in the Class Structure,* 3 vols (Cambridge Univ Pr)
Goldthorpe, J. H. (1983): 'Women and Class Analysis in Defence of the Conventional View', *Sociology* 17.
Goldthorpe, J. H. & C. Payne (1986): 'Trends in Intergenerational Class Mobility in England and Wales 1972-1983', *Sociology* 20.
Goldthorpe, J. H. & G. Marshall (1992): 'The Promising Future of Class Analysis', *Sociology* 26.
Goldthorpe, J. H., C. Llewellyn & C. Payne (1980): *Social Mobility and Class Structure in Modern Britain*

(Clarendon Press; 2nd edn 1987)
Goleman, D. (1996): *Emotional Intelligence: Why It Can Matter More Than IQ* (Bloomsbury)〔土屋京子訳『EQ こころの知能指数』講談社, 1996〕
Goode, W. J. (1963): *World Revolution in Family Patterns* (Free Press)
Goode, W. J. (1971): 'Force and Violence in the Family', *Journal of Marriage and the Family* 33.
Goodhart, D. (2004): 'Too Diverse? Is Britain Becoming Too Diverse to Sustain the Mutual Obligations Behind a Good Society and the Welfare State?', *Prospect Magazine,* Feb.
Gordon, D., R. Levitas, C. Pantazis, et al. (2000): *Poverty and Social Exclusion in Britain* (Joseph Rowntree Foundation)
Gorz, A. (1982): *Farewell to the Working Class* (Pluto Press)
Gottfredson, M. R. & T. Hirschi (1990): *A General Theory of Crime* (Stanford Univ Pr)〔松本忠久訳『犯罪の基礎理論』文憲堂, 1996〕
Grabosky, P. N. & R. G. Smith (1998): *Crime in the Digital Age: Controlling Telecommunications and Cyberspace Illegalities* (Transaction)
Graef, R. (1989): *Talking Blues* (Collins)
Graham, H. (1987): 'Women's Smoking and Family Health', *Social Science and Medicine* 25.
Graham, H. (1994): 'Gender and Class as Dimensions of Smoking Behaviour in Britain: Insights from a Survey of Mothers', *Social Science and Medicine* 38.
Graham, L. (1995): *On the Line at Suburu-Isuzu* (Cornell Univ Pr)〔丸山惠也監訳『ジャパナイゼーションを告発する』大月書店, 1997〕
Granovetter, M. (1973): 'The Strength of Weak Ties', *American Journal of Sociology* 78.
Gray, J. (2003): *Al Qaeda and What It Means to Be Modern* (Faber & Faber)〔金利光訳『アル・カーイダと西欧』阪急コミュニケーションズ, 2004〕
Greed, C. (1994): *Women and Planning: Creating Gendered Realities* (Routledge)
Green, F., A. Felstead & B. Burchell (2000): 'Job Insecurity and the Difficulty of Regaining Employment: An Empirical Study of Unemployment Expectations', *Oxford Bulletin of Economics and Statistics* 62 (Special Issue)
Gregg, P. & J. Wadsworth (1999): 'Job Tenure, 1975-98', in P. Gregg & J. Wadsworth, eds, *The State of Working Britain* (Manchester Univ Pr)
Grint, K. (2005): *The Sociology of Work,* 3rd edn (Polity)
Grossberg, L., E. Wartella & D. C. Whitney (1998): *Mediamaking* (Sage)
Grusky, D. B. & R. M. Hauser (1984): 'Comparative Social Mobility Revisited: Models of Convergence and Divergence in 16 Countries', *American Sociological Review* 49.
Guardian (2004): *Refugees in Britain,* 9 Oct. Available online at 〈http://www.guardian.co.uk/Refugees_in_Britain/Story/0,2763,1323311,00.html〉
Gubrium, J. (1986): *Oldtimers and Alzheimer's: The Descriptive Organization of Senility* (Jai)
Guibernau, M. (1999): *Nations without States: Political Communities in a Global Age* (Polity)
Gunter, B. (1985): *Dimensions of Television Violence* (Gower)
Habermas, J. (1986-8): *The Theory of Communicative Action,* 2 vols (Polity)〔河上倫逸ほか訳『コミュニケーション的行為の理論』未來社, 1985〕
Hadden, J. (1997): *New Religious Movements Mission Statement.* Available online at 〈http://religiousmovements.lib.virginia.edu/welcome/mission.htm〉
Hadden, J. & A. Shupe (1987): 'Televangelism in America', *Social Compass* 34(1)
Hakim, C. (1996): *Key Issues in Women's Work: Female Heterogeneity and the Polarisation of Women's Employment* (Athlone Press)
Hall, E. T. (1969): *The Hidden Dimension* (Doubleday)〔日高敏隆・佐藤信行訳『かくれた次元』みすず書房, 1970〕
Hall, E. T. (1973): *The Silent Language* (Doubleday)〔國弘正雄ほか訳『沈黙のことば』南雲堂, 1966〕

Hall, R., S. James & J. Kertesz (1984): *The Rapist Who Pays the Rent*, 2nd edn (Falling Wall Press)
Hall, S. (1980): *Culture, Media, Language: Working Papers in Cultural Studies, 1972-79* (Hutchinson, in association with the Centre for Contemporary Cultural Studies, University of Birmingham)
Hall, S. & M. Jacques (1988): 'New Times', *Marxism Today*.
Hall, S. et al. (1978): *Policing the Crisis: Mugging, the State, and Law and Order* (Macmillan)
Hall, S. et al. (1982): *The Empire Strikes Back* (Hutchinson)
Halliday, F. (2002): *Two Hours That Shook the World: September 11, 2001: Causes and Consequences* (Saqi Books)
Halloran, J. D., ed. (1970): *The Effects of Television* (Panther)
Halpem, C. T. (2000): 'Smart Teens Don't Have Sex (or Kiss Much Either)', *Journal of Adolescent Health* 26(3)
Halpern, D. (2005): *Social Capital* (Polity)
Halsey, A. H., ed. (1997): *Education: Culture, Economy, and Society* (Oxford Univ Pr)〔住田正樹・秋永雄一・吉本圭一編訳『教育社会学』九州大学出版会, 2005〕
Halsey, A. H. & J. Webb, eds (2000): *Twentieth-Century British Social Trends* (Macmillan)
Hammond, P. E. (1992): *Religion and Personal Autonomy: The Third Disestablishment in America* (Univ of South Carolina Pr)
Handy C. (1994): *The Empty Raincoat: Making Sense of the Future* (Hutchinson)〔小林薫訳『パラドックスの時代』ジャパンタイムズ, 1993〕
Harkin, J. & P. Skidmore (2003): *Grown up Trust* (Demos)
Harris, J. R. (1998): *The Nurture Assumption: Why Children Turn out the Way They Do* (Free Press)〔石川理恵訳『子育ての大誤解』早川書房, 2000〕
Harris, M. (1978): *Cannibals and Kings: The Origins of Cultures* (Random House)〔鈴木洋一訳『ヒトはなぜヒトを食べたか』早川書房, 1990〕
Harrison, M. (1985): *TV News: Whose Bias?* (Policy Journals)
Harrison, P. (1983): *Inside the Inner City: Life under the Cutting Edge* (Penguin)
Hartley-Brewer, J. (1999): 'Gay Couple Will Be Legal Parents', *Guardian*, 28 Oct.
Harvard Magazine (2000): 'The World's Poor: A Harvard Magazine Roundtable', *Harvard Magazine* 103(2)
Harvey, D. (1973): *Social Justice and the City* (Blackwell)〔竹内啓一・松本正美訳『都市と社会的不平等』日本ブリタニカ, 1980〕
Harvey, D. (1982): *The Limits to Capital* (Blackwell)〔松石勝彦ほか訳『空間編成と経済理論』大明堂, 1989〕
Harvey, D. (1985): *Consciousness and the Urban Experience: Studies in the History and Theory of Capitalist Urbanization* (Blackwell)
Harvey, D. (1989): *The Condition of Postmodernity* (Blackwell)〔吉村直樹監訳『ポストモダニティの条件』青木書店, 1999〕
Hasler, F. (1993): 'Developments in the Disabled People's Movement', in J. Swain, ed., *Disabling Barriers, Enabling Environments* (Sage)
Hatch, N. (1989): *The Democratization of American Christianity* (Yale Univ Pr)
Hawley, A. H. (1950): *Human Ecology: A Theory of Community Structure* (Ronald Press)
Healy, M. (2001): 'Pieces of the Puzzle', *Los Angeles Times*, 21 May.
Heaphy, B., C. Donovan & J. Weeks (1999): 'Sex, Money and the Kitchen Sink: Power in Same-Sex Couple Relationships', in J. Seymour & P. Bagguley, eds, *Relating Intimacies: Power and Resistance* (Macmillan)
Heath, A. (1981): *Social Mobility* (Fontana)
Hebdige, D. (1997): *Cut'n' Mix: Culture, Identity, and Caribbean Music* (Methuen)
Heidensohn, F. (1985): *Women and Crime* (Macmillan)

Heise, D. R. (1987): 'Sociocultural Determination of Mental Aging', in C. Schooler & K. Warner Schaie, eds, *Cognitive Functioning and Social Structure over the Life-Course* (Ablex)
Held, D. (1996): *Models of Democracy,* 2nd edn (Polity)〔中谷義和訳『民主政の諸類型』御茶の水書房，1998〕
Held, D. (2004): *Global Covenant: The Social Democratic Alternative to the Washington Consensus* (Polity)〔中谷義和・柳原克行訳『グローバル社会民主政の展望』日本経済評論社，2005〕
Held, D. et al. (1999): *Global Transformations: Politics, Economics and Culture* (Polity)〔古城利明ほか訳『グローバル・トランスフォーメーションズ』中央大学出版部，2006〕
Henderson, J. & R. P. Appelbaum (1992): 'Situating the State in the Asian Development Process', in R. P. Appelbaum & J. Henderson, eds, *States and Development in the Asian Pacific Rim* (Sage)
Hendricks, J. (1992): 'Generation and the Generation of Theory in Social Gerontology', *Aging and Human Development* 35.
Henslin, J. M. & M. A. Biggs (1971): 'Dramaturgical Desexualization: The Sociology of the Vaginal Examination', in J. M. Henslin, ed., *Studies in the Sociology of Sex* (Appleton-Century-Crofts)
Henslin, J. M. & M. A. Biggs (1997): 'Behaviour in Public Places: The Sociology of the Vaginal Examination', in J. M. Henslin, ed., *Down to Earth Sociology: Introductory Readings,* 9th edn (Free Press)
Hepworth, M. (2000): *Stories of Ageing* (Open Univ Pr)
Heritage, J. (1985): *Garfinkel and Ethnomethodology* (Basil Blackwell)
Herman, E. (1998): 'Privatising Public Space', in D. K. Thussu, ed., *Electronic Empires Global Media and Local Resistance* (Arnold)
Herman, E. S. & R. W. McChesney (1997): *The Global Media the New Missionaries of Global Capitalism* (Cassell)
Herrnstein, R. J. & C. Murray (1994): *The Bell Curve Intelligence and Class Structure in American Life* (Free Press)
HESA (2004): *Increase in Female Academics,* Higher Education Statistics Agency. Available online at 〈http://www.hesa.ac.uk/press/pr76/pr76.htm〉
Hexham, I. & K. Poewe (1997): *New Religions as Global Cultures* (Westview Press)
Hills, J. (1998): 'Does Income Mobility Mean That We Do Not Need to Worry About Poverty?' in A. B. Atkinson & J. Hills, eds, *Exclusion, Employment and Opportunity* (Centre for the Analysis of Social Exclusion)
Hirschi, T. (1969): *Causes of Delinquency* (Univ of California Pr)〔森田洋二・清水新二監訳『非行の原因』文化書房博文社，1995〕
Hirst, P. (1997): 'The Global Economy: Myths and Realities', *International Affairs* 73.
Hirst, P. & G. Thompson (1992): 'The Problem of "Globalization": International Economic Relations, National Economic Management, and the Formation of Trading Blocs', *Economy and Society* 24.
Hirst, P. & G. Thompson (1999): *Globalization in Question: The International Economy and the Possibilities of Governance,* rev. edn (Polity)
Hite, S. (1994): *The Hite Report on the Family: Growing up under Patriarchy* (Bloomsbury)
HMSO (1992): *Social Trends* 22 (HMSO)
HMSO (1999): *Social Trends* 29 (HMSO)
HMSO (2000): *Social Trends* 30 (HMSO)
HMSO (2004): *Social Trends* 34 (HMSO)
HMSO (2005): *Social Trends* 35 (HMSO)
Ho, S. Y. (1990): *Taiwan: After a Long Silence* (Asia Monitor Resource Center)
Hobson, D. (2002): *Soap Opera* (Polity)
Hochschild, A. (1983): *The Managed Heart: Commercialization of Human Feeling* (Univ of California Pr)〔石川准・室伏亜希訳『管理される心』世界思想社，2000〕
Hochschild, A. (1989): *The Second Shift: Working Parents and the Revolution at Home* (Viking)〔田

中和子訳『セカンド・シフト』朝日新聞社，1990〕
Hodge, R. & D. Tripp (1986): *Children and Television: A Semiotic Approach* (Polity)
Hogge, B. (2005): 'Great Firewall of China'. Available online at 〈www.opendemocracy.net/media-edemocracy/china_internet_2524.jsp〉
Holton, R. J. (1978): 'The Crowds in History: Some Problems of Theory and Method', *Social History* 3.
Homans, H. (1987): 'Man-Made Myth: The Reality of Being a Woman Scientist in the NHS', in A. Spencer & D. Podmore, *A Man's World: Essays on Women in Male-Dominated Professions* (Tavistock)
Home Office (2002): *Secure Borders, Safe Haven: Integration with Diversity in Modern Britain* (Home Office)
Home Office (2003): *World Prison Population List,* 4th edn (Home Office)
Home Office (2004): *Criminal Statistics: England and Wales 2003* (Home Office)
hooks, b. (1997): *Bone Black: Memories of Girlhood* (Women's Press)
Hopkins, T. H. & I. Wallerstein (1996): *The Age of Transition: Trajectory of the World-System, 1945-2025* (Zed Books)〔丸山勝訳『転移する時代』藤原書店，1999〕
Horkheimer, M. & T. W. Adorno (2002): *Dialectic of Enlightenment: Philosophical Fragments* (Stanford Univ Pr; originally published in 1947)〔徳永恂訳『啓蒙の弁証法』岩波書店，1990〕
Hotz, R. L. (1998): 'Boomers Firing Magic Bullets at Signs of Aging', *Los Angeles Times.*
Howard, J. H. (1986): 'Change in "Type A" Behaviour a Year after Retirement', *Gerontologist* 26.
Howard League for Penal Reform (2004): Available online at 〈http://www.howardleague.org/press/2004/060104a.htm〉
Hughes, E. C. (1945): 'Dilemmas and Contradictions of Status', *American Journal of Sociology* 50.
Hughes, G. (1991): 'Taking Crime Seriously? A Critical Analysis of New Left Realism', *Sociology Review* 1.
Humphreys, L. (1970): *Tearoom Trade: A Study of Homosexual Encounters in Public Places* (Duckworth)
Hunt, P., ed. (1966): *Stigma: The Experience of Disability* (Geoffrey Chapman)
Huntington, S. P. (1996): *The Clash of Civilizations and the Remaking of World Order* (Simon & Schuster)
Huston, A. C, E. Donnerstein, H. Fairchild, et al. (1992): *Big World, Small Screen: The Role of Television in American Society* (Univy of Nebraska Pr)
Hutton, W. (1995): *The State We're in* (Jonathan Cape)
Hyman, R. (1984): *Strikes,* 2nd edn (Fontana)
ICBL (2001): *International Campaign to Ban Land Mines.* Available online at 〈www.icbl.org〉
Iganski, P. & G. Payne (1999): 'Socio-Economic Restructuring and Employment: The Case of Minority Ethnic Groups', *British Journal of Sociology* 50.
Illich, I. D. (1973): *Deschooling Society* (Penguin)〔東洋・小沢周三訳『脱学校の社会』東京創元社，1997〕
Illich, Ivan (1976): *Limits to Medicine* (Marion Boyars)〔金子嗣郎訳『脱病院化社会』晶文社，1998〕
ILO (1999): *C182 Worst Forms of Child Labour Convention,* International Labour Organization. Available online at 〈www.ilo.org/public/English/standards/ipec/ratification/convention/text.htm〉
ILO (2000): Statistical *Information and Monitoring Programme on Child Labour (SIMPOC): Overview and Strategic Plan 2000-2002* (International Programme on the Elimination of Child Labour (IPEC) & Bureau of Statistics (STAT))
ILO (2004): *Global Employment Trends for Women,* International Labour Office, Mar. Available online at 〈http://www.ilo.org/public/english/employment/strat/download/trendsw.pdf〉
Inglehart, R. (1997): *Modernization and Postmodernization: Cultural, Economic and Political Change in 43 Societies* (Princeton Univ Pr)
Innis, H. A. (1951): *The Bias of Communication* (Toronto Univ Pr)〔久保秀幹訳『メディアの文明史』新曜社，1987〕
Inquest (2004): *Why Are Children Dying in Custody? Call for a Public Inquiry into the Death of Joseph*

Scholes. Available online at 〈http://inquest.gn.apc.org/pdf/Joseph%20Scholes%20inquiry%20briefing%2004.pdf〉
IPPK (1999): *Unsafe Streets: Street Homelessness and Crime* (Institute for Public Policy Research)
ISSA (2003): 'Global Status of Commercialized Transgenic Crops: 2003' (International Service for the Acquisition of Agri-Biotech Applications). Availabl online at 〈http://www.isaaa.org/kc/CBTNews/press_release/briefs30/es_b30.pdf〉
Jacoby, S. (1997): *Modern Manors: Welfare Capitalism Since the New Deal* (Princeton Univ Pr)〔内田一秀ほか訳『会社荘園制』北海道大学図書刊行会, 1999〕
Jahoda, M., P. F. Lazarsfeld & H. Zeisel (1972 [1933]): *Marienthal: The Sociography of an Unemployed Community* (Tavistock)
James, C. (2003): *Global Status of Commercialized Transgenic Crops* (International Service for the Acquisition of Agri-Biotech Applications)
Jencks, C. (1994): *The Homeless Cambridge* (Harvard Univ Pr)〔大和弘毅訳『ホームレス』図書出版社, 1995〕
Jenkins, C. & B. Sherman (1979): *The Collapse of Work* (Eyre Methuen)
Jensen, A. (1967): 'How Much Can We Boost IQ and Scholastic Achievement?', *Harvard Educational Review* 29.
Jensen, A. (1979): *Bias in Mental Testing* (Free Press)
Jobling, R. (1988): 'The Experience of Psoriasis Under Treatment', in M. Bury & R. Anderson, eds, *Living with Chronic Illness: The Experience of Patients and their Families* (Unwin Hyman)
John, M. T. (1988): *Geragogy: A Theory for Teaching the Elderly* (Haworth)
Johnson, M. P. (1995): 'Patriarchal Terrorism and Common Couple Violence: Two Forms of Violence against Women in US Families', *Journal of Marriage and the Family* 57.
Johnston, C. (2004): 'Women Suffer £5k Pay Gap', *Times Higher Education Supplement,* 3 Sep.
Jones, D. E., S. Doty, C. Grammich, et al. (2002): *Religious Congregations & Membership in the United States 2000: An Enumeration by Region, State and the County Based on Data Reported for 149 Religious Bodies* (Glenmary Research Centre)
Jones, T. (1993): *Britain's Ethnic Minorities* (Policy Studies Institute)
Joy, B. (2000): 'Why the Future Doesn't Need Us', *Wired* 8(4)
Judge, K. (1995): 'Income Distribution and life Expectancy: A Critical Appraisal', *British Medical Journal* 311.
Kamin, L. J. (1977): *The Science and Politics of IQ* (Penguin)〔岩井勇児訳『IQの科学と政治』黎明書房, 1977〕
Kanter, R. M. (1977): *Men and Women of the Corporation* (Basic Books)〔高井葉子訳『企業のなかの男と女』生産性出版, 1995〕
Kasarda, J, D. & M. Janowitz (1974): 'Community Attachment in Mass Society', *American Sociological Review* 39.
Katz, E. (1959): 'The Functional Approach to the Study of Attitudes', *Public Opinion Quarterly* (24)
Katz, E. & P. Lazarsfeld (1955): *Personal Influence* (Free Press)〔竹内郁郎訳『パーソナル・インフルエンス』培風館, 1965〕
Katz, S. (1996): *Disciplining Old Age: The Formation of Gerontological Knowledge* (Univ Pr of Virginia)
Kautsky, J. (1982): *The Politics of Aristocratic Empires* (Univ of North Carolina Pr)
Keith, M. (1993): *Race, Riots, and Policing: Lore and Disorder in a Multi-Racist Society* (UCL Press)
Kelly, M. P. (1992): *Colitis* (Tavistock)
Kemp, A. et al. (1995): 'The Dawn of a New Day: Redefining South African Feminism', in A. Basu, ed., *The Challenge of Local Feminisms* (Westview)
Kepel, G. (1994): *The Revenge of God: The Resurgence of Islam, Christianity and Judaism in the Modern World* (Polity)〔中島ひかる訳『宗教の復讐』晶文社, 1992〕

Kerr, A. & T. Shakespeare (2002): *Genetic Politics: From Eugenics to Genome* (New Clarion)
Kiecolt, K. J. & H. M. Nelson (1991): 'Evangelicals and Party Realignment, 1976-1988', *Social Science Quarterly* 72.
Kinsey, A, C. (1948): *Sexual Behaviour in the Human Male* (W. B. Saunders)〔永井潜ほか訳『男性の性行為』コスモポリタン社, 1949〕
Kinsey, A. C. (1953): *Sexual Behaviour in the Human Female* (W. B. Saunders)〔朝山新一ほか訳『女性の性行動』コスモポリタン社, 1954〕
Kirkwood, T. (2001): *Ageing Vulnerability: Causes and Interventions* (Wiley)
Knoke, D. (1990): *Political Networks: The Structural Perspective* (Cambridge Univ Pr)
Knorr-Cetina, K. & A. V. Cicourel (1981): *Advances in Social Theory and Methodology: Towards an Interpretation of Micro- and Macro-Sociologies* (Routledge & KP)
Kohn, M, (1977): *Class and Conformity* (Dorsey Press)
Kollock, P. (1999): 'The Production of Trust in Online Markets', *Advances in Group Processes* (16)
Koser, K. & H. Lutz (1998): 'The New Migration in Europe: Contexts, Constructions and Realities', in K. Koser & H. Lutz, eds, *The New Migration In Europe: Social Constructions and Social Realities* (Macmillan)
Koss, S. E. (1973): *Fleet Street Radical: A. G. Gardiner and the Daily News* (Allen Lane)
Krupat, E. (1985): *People in Cities: The Urban Environment and Its Effects* (Cambridge Univ Pr)〔藤原武弘訳『都市生活の心理学』西村書店, 1994〕
Kulkarni, V. G. (1993): 'The Productivity Paradox: Rising Output, Stagnant Living Standards', *Business Week,* 8 Feb.
Kuznets, S. (1955): 'Economic Growth and Income Inequality', *Economic Review* XLV (1)
Lacan, J. (1995): *Lacan's Four Fundamental Concepts of Psychoanalysis* (State Univ of New York Pr)〔小出浩之ほか訳『精神分析の四基本概念』岩波書店, 2000〕
Laming (Lord) (2003): *The Victoria Climbie Inquiry,* Jan.
Land, K. C, G. Deane & J. R. Blau (1991): 'Religious Pluralism and Church Membership', *American Sociological Review* 56.
Landes, D. S. (1969): *The Unbound Prometheus* (Cambridge Univ Pr)〔石坂昭雄・富岡庄一訳『西ヨーロッパ工業史』みすず書房, 1980-1982〕
Lappe, F. M. (1988): *World Hunger: 12 Myths* (Grove Press)〔鶴見宗之介訳『世界飢餓の構造』三一書房, 1988〕
Laqueur, W. (2003): *No End to War: Terrorism in the Twenty-First Century Terrorism in the 21st Century* (Continuum)
Laslett, P. (1996): *A Fresh Map of Life: The Emergence of the Third Age* (Macmillan)
Laswell. H. (1948): *The Structure and Function of Communication and Society* (Harper & Brothers)
Laumann, E. 0. (1994): *The Social Organization of Sexuality: Sexual Practices in the United States* (Univ of Chicago Pr)
Lazarsfeld, P. F., B. Berelson & H. Gaudet (1948): *The People's Choice?* (Columbia Univ Pr)〔有吉広介監訳『ピープルズ・チョイス』芦書房, 1987〕
Lea, J. & J. Young (1984): *What Is To Be Done about Law and Order?* (Penguin)
Leadbeater, C. (1999): *Living on Thin Air: The New Economy* (Viking)
Leder, Drew (1990): *The Absent Body* (Univ of Chicago Pr)
Lee, R. B. (1968): 'What Hunters Do for a Living, or How to Make out on Scarce Resources', in R. B. Lee & I. De Vore, eds, *Man the Hunter* (Aldine Press)
Lee, R. B. (1969): '!Kung Bushman Subsistence: An Input-Output Analysis', in A. P. Vayda, ed. *Environment and Cultural Behavior* (Natural History Press)
Lee, R. B. & I. De Vore, eds (1968): *Man the Hunter* (Aldine Press)
Leisering, L. & S. Leibfried (1999): *Time and Poverty in Western Welfare States* (Cambridge Univ Pr)

Lemert, E. (1972): *Human Deviance, Social Problems and Social Control* (Prentice Hall)
Levin, W. C. (1988): 'Age Stereotyping: College Student Evaluations', *Research on Aging* 10.
Liebert, R. M., J. N. Sprafkin & M. A. S. Davidson (1982): *The Early Window Effects of Television on Children and Youth* (Pergamon Press)
Lim, L. L. (1998): *The Sex Sector: The Economic and Social Bases of Prostitution in Southeast Asia* (ILO)〔津田守ほか訳『セックス「産業」:東南アジアにおける売買春の背景』日本労働研究機構, 1999〕
Lipset, S. M. (1991): 'Comments on Luckmann', in P. Bourdieu & J. S. Coleman, eds, *Social Theory in a Changing Society* (Westview)
Lipset, S. M. & R. Bendix (1959): *Social Mobility in Industrial Society* (Univ of California Pr)〔鈴木広訳『産業社会の構造』サイマル出版会, 1969〕
Lister, R., ed. (1996): *Charles Murray and the Underclass: The Developing Debate* (IEA Health and Welfare Unit, in association with *The Sunday Times*)
Lloyd-Sherlock, P. (2004): *Living Longer* (Zed Books)
Locke, J. & E. Pascoe (2000): 'Can a Sense of Community Flourish in Cyberspace?' *Guardian,* 11 Mar.
Logan, J. R. & H. L. Molotch (1987): *Urban Fortunes: The Political Economy of Place* (Univ of California Pr)
The London Plan (2004): *Spatial Development Strategy* (Mayor of London)
Lorber, J. (1994): *Paradoxes of Gender* (Yale Univ Pr)
Lukes, S. (1974): *Power: A Radical View* (Macmillan)〔中島吉弘訳『現代権力論批判』未來社, 1999〕
Lull, J. (1997): 'China Turned on Revisited Television, Reform and Resistance', in A. Sreberny-Mohammadi, ed., *Media in Global Context: A Reader* (Arnold)
Lull, J. (1980): *Inside Family Viewing: Ethnographic Research on Television's Audiences* (Routledge)
Lyon, C. & P. de Cruz (1993): *Child Abuse* (Family Law)
Lyon. D. (1994): *The Electronic Eye: The Rise of Surveillance Society* (Polity)
Lyotard, J. -F. (1985): *The Postmodern Condition* (Univ of Minnesota Pr)〔小林康夫訳『ポスト・モダンの条件』風の薔薇, 1986〕
Mac an Ghaill, M. (1994): *The Making of Men: Masculinities, Sexualities and Schooling* (Open Univ Pr)
Macgregor, S. & B. Pimlott (1991): 'Action and Inaction in the Cities', in *Tackling the Inner Cities: The 1980s Reviewed. Prospects for the 1990s* (Clarendon Press)
Mack, J. & S. Lansley (1985): *Poor Britain* (George Allen & Unwin)
Mack, J. & S. Lansley (1992): *Breadline Britain 1990s: The Findings of the Television Series* (London Weekend Television)
McKeown, T. (1979): *The Role of Medicine Dream, Mirage or Nemesis?* (Blackwell)
McKnight, A. (2000): 'Earnings Inequality and Earnings Mobility, 1977-1997: The Impact of Mobility on Long Term Inequality', *Employment Relations Research Series* No. 8 (Dep of Trade & Industry)
McLuhan, M. (1964): *Understanding Media* (Routledge & KP)〔栗原裕・河本仲聖訳『メディア論』みすず書房, 1987〕
McMichael, P. (1996): *Development and Social Change: A Global Perspective* (Pine Forge)
McNeely, C. L. (1995): *Constructing the Nation-State: International Organization and Prescriptive Action* (Greenwood)
Macpherson, S. W. (1999): *The Stephen Lawrence Inquiry* (HMSO)
McQuail, D. (2000): *Mcquail's Mass Communication Theory* (Sage)
Makino, M., K. Tsuboi & L. Dennerstein (2004): 'Prevalence of Eating Disorders: A Comparison of Western and Non-Western Countries', *Medscape General Medicine* 6(3)
Malthus, T. (1976 [1798]): *Essay on the Principle of Population* (Norton)〔永井義彦訳『人口論』中央公論社, 1973〕
Marcuse. H. (1964): *One Dimensional Man: Studies in the Ideology of Advanced Industrial Society* (Routledge & KP)〔生松敬三・三沢謙一『一元的人間』河出書房新社, 1984〕

Marsden, P.（1987）: 'Core Discussion Networks of *Americans', American Sociological Review* 52.
Marsden, P. & N. Lin（1982）: *Social Structure and Network Analysis*（Sage）
Marshall, G.（1988）: *Social Class in Modern Britain*（Hutchinson）
Marshall, G. & D. Firth（1999）: 'Social Mobility and Personal Satisfaction Evience from Ten Countries', *British Journal of Sociology* 50.
Marshall, T. H.（1973）: *Class, Citizenship and Social Development*（Greenwood）
Martin, D.（1990）: Tongues of Fire: *The Explosion of Protestantism in Latin America*（Blackwell）
Martineau, H.（1962［1837］）: *Society in America Garden City*（Doubleday）
Marx, K. & F. Engels（2001［1848］）: *The Communist Manifesto*（Electrie Book）〔大内兵衛・向坂逸郎訳『共産党宣言』岩波書店，2007〕
Mason, A. & A. Palmer（1996）: *Queer Bashing: A National Survey of Hate Crimes against Lesbian and Gay Men*（Stonewall）
Mason, D.（1995）: *Race and Ethnicity in Modern Britain*（Oxford Univ Pr）
Matsuura. J. H.（2004）: 'Commercial Tools, Processes and Materials Anticipating the Public Backlash: Public Relations Lessons for Nanotechnology from the Biotechnology Experience', *Nanotech* 2004 3.
Matthews, R. & J. Young（1986）: *Confronting Crime*（Sage）
Maugh, T. H. & N. Zamichow（1991）: 'Medicine: San Diego's Researcher's Findings Offer First Evidence of a Biological Cause for Homosexuality', *Los Angeles Times,* 30 Aug.
McFadden, D. & C. A. Champlin（2000）: 'Comparison of Auditory Evoked Potentials in Heterosexual, Homosexual, and Bisexual Males and Females', *Journal of the Association for Research in Otolaryngology* 1.
Meadows, D. H.（1972）: *The Limits to Growth*（Universe Books）〔大来佐武郎監訳『成長の限界』ダイヤモンド社, 1972〕
Meadows, P.（1996）: *The Future of Work: Contributions to the Debate*（YPS）
Mellows-Facer, A., R. Young & R. Cracknell（2005）: *General Election 2005, 17 May*（House of Commons Library）
Melton, J. G.（1989）: *The Encyclopedia of American Religions*（Gale Research）
Merton, R. K.（1957）: *Social Theory and Social Structure,* rev, edn（Free Press）〔森東吾ほか訳『社会理論と社会構造』みすず書房，1961〕
Metropolitan Police Authority（2004）: *Report of the MPA Scrutiny on MPS Stop and Search Practice,* May（MPA）
Meyer, J. W. & B. Rowan（1977）: 'Institutionalized Organizations: Formal Structure as Myth and Ceremony', *American Journal of Sociology* 83.
Michels, R.（1967［1911］）: *Political Parties*（Free Press）〔広瀬英彦訳『政党政治の社会学』ダイヤモンド社，1975〕
Miles, R.（1993）: *Racism after 'Race Relations'*（Routledge）
Mills, C. W.（1970）: *The Sociological Imagination*（Penguin）〔鈴木広訳『社会学的想像力』紀伊國屋書店，1995〕
Milne, A. E. H. & T. Harding（1999）: *Later Lifestyles: A Survey by Help the Aged and Yours Magazine*（Help the Aged）
Mirza, H.（1986）: *Multinationals and the Growth of the Singapore Economy*（St Martin's Press）
Mission Frontiers（2000）: *An Overview of the World by Religious Adherents.* Available online at 〈http://www.missionfrontiers.org/2000/03/overview.htm〉
Mitchell, J.（1966）: *Women: The Longest Revolution. Essays in Feminism and Psychoanalysis*（Virago）
Mitchell, J.（1975）: *Psychoanalysis and Feminism*（Random House）〔上田昊訳『精神分析と女の解放』合同出版，1977〕
Modood, T.（1991）: 'The Indian Economic Success', *Policy and Politics* 19.
Modood, T.（1994）: 'Political Blackness and British Asians', *Sociology* 28.

Modood, T. et al. (1997): *Ethnic Minorities in Britain: Diversity and Disadvantage* (Policy Studies Institute)
Mohammadi, A. (1998): 'Electronic Empires an Islamic Perspective', in D. K. Thussu, ed., *Electronic Empires Global Media and Local Resistance* (Arnold)
Moore, B. (1966): *Social Origins of Dictatorship and Democracy: Lord and Peasant in the Making of the Modern World* (Beacon Press)〔宮崎隆次ほか訳『独裁と民主政治の社会的起源』岩波書店，1986-1987〕
Moore, G. (1990): 'Structural Determinants of Men's and Women's Personal Networks', *American Sociological Review* 55.
Moore, L. R. (1994): *Selling God: American Religion in the Marketplace of Culture* (Oxford Univ Pr)
Moore, R. (1995): *Ethnic Statistics and the 1991 Census* (Runnymede Trust)
Morgan, R. (1994): *The Word of a Woman: Feminist Dispatches* (Norton)
MORI (2000): *Britain Today: Are We An Intolerant Nation?* 23 Oct. Available online at 〈http://www.mori.com/polls/2002/refugee.shtml〉
MORI (2002): *Attitudes Towards Asylum Seekers for 'Refugee Week',* 17 Jun. Available online at 〈http://www.mori.com/pulls/2002/refugee.shtml〉
MORI (2004): *Can We Have Trust and Diversity?* 19 Jan. Available online at 〈http://www.mori.com/polls/2003/community.shtml〉
Morris, L. (1993): *Dangerous Classes: The Underclass and Social Citizenship* (Routledge)
Mullan, P. (2002): *The Imaginary Time Bomb: Why an Ageing Population Is Not a Social Problem* (I. B. Tauris)
Mumford, L. (1973): *Interpretations and Forecasts* (Seeker & Warburg)〔生田勉・木原武一訳『解釈と予測』河出書房新社，1975〕
Muncie, J. (1999): *Youth and Crime: A Critical Introduction* (Sage)
Murdoch, R. (1994): 'The Century of Networking'. Eleventh Annual John Bonython Lecture. Australia, Centre for Independent Studies.
Murray, C. (1990): *The Emerging British Underclass* (Institute of Economic Affairs)
Murray, C. A. (1984): *Losing Ground: American Social Policy 1950-1980* (Basic Books)
Narayan, D. (1999): *Can Anyone Hear Us? Voices from 47 Countries,* Dec (World Bank Poverty Group, PREM)
National Statistics Online (2004): *Internet Access.* Available online at 〈http://www.statistics.gov.uk/cci/nugget.asp?id=8〉
National Survey of Family Growth (1995): 'Centers for Disease Control and Prevention', National Center for Health Statistics (Government Printing Office)
Nature (2000): *Atlas of a Thirsty Planet; Percentage of Population with Access to Safe Water by Country 2000.* Available online at 〈http://www.nature.com/nature/focus/water/map.html〉
Negroponte, N. (1995): *Being Digital* (Hodder & Stoughton)〔福岡洋一訳『ビーイング・デジタル』アスキー，1995〕
Neighbourhood Renewal Unit (2004): Available online at 〈http://www.neighbourhood.gov.uk/ourprogs.asp?pageid=4〉
Nettleton, S. (2006): *The Sociology of Health and Illness,* 2nd edn (Polity)
New Internationalist (2000): 'Love, Hate and the Law', *New Internationalist* 328.
Newman, K. S. (2000): *No Shame in My Game: The Working Poor in the Inner City* (Vintage)
Nicholas, S., D. Povey, A. Walker, et al. (2005): *Crime in England and Wales 2004/2005* (Home Office)
Nielsen, F. (1994): 'Income Inequality and Industrial Development: Dualism Revisited', *American Sociological Review* 59.
Nolan, P. (2000): 'Labouring Under an Illusion', *THES Millennium Magazine* 22(29), Dec.
Oakley, A. (1974): *The Sociology of Housework* (Martin Robertson)〔佐藤和枝・渡辺潤訳『家事の社会学』松籟社，1980〕

Oakley, A. et al. (1994): 'Life Stress, Support and Class Inequality: Explaining the Health of Women and Children', *European Journal of Public Health* 4.
OFCOM (2003): *Hours Viewed Per Household Per Day by Age, Social Class and Platform.* Available online at 〈http://www.ofcom.org.uk/research/industry_market_research/m_i_index/tv_radio_region/itc_market_info/tv_overview/industry_info_june03.pdf〉
Ohmae, K. (1990): *The Borderless World: Power and Strategy in the Industrial Economy* (Collins)〔田口統吾訳『ボーダレス・ワールド』プレジデント社, 1990〕
Ohmae, K. (1995): *The End of the Nation State: The Rise of Regional Economies* (Free Press)〔山岡洋一・仁平和夫訳『地域国家論』講談社, 1995〕
Oliver, M. (1983): *Social Work with Disabled People* (Macmillan)
Oliver, M. (1990): *The Politics of Disablement* (Macmillan)〔三島亜紀子ほか訳『障害の政治』明石書店, 2006〕
Oliver, M. (1996): *Understanding Disability: From Theory to Practice* (Macmillan)
Oliver, M. & G. Zarb (1989): 'The Politics of Disability: A New Approach', *Disability, Handicap & Society* 4.
Omi, M. & H. Winant (1994): *Racial Formation in the United States from the 1960s to the 1990s,* 2nd edn (Routledge)
O'Neill, O. (2002): *The Reith Lectures: A Question of Trust.* Available online at 〈http://www.bbc.co.uk/radio4/reith2002/〉
O'Neill, R. (2002): *Experiments in Living: The Fatherless Family* (Civitas)
ONS (2001): *Geographic Variations in Health—Decennial Supplement* (Office of National Statistics). Available online at 〈http://www.statistics,gov.uk/downloads/theme_health/DS16/DS16_capl2.pdf〉
ONS (2002a): *Labour Force Survey* (Office of National Statistics). Available online at 〈http://www.statistics.gov.uk/cci/nugget.asp?id=11〉
ONS (2002b): *Focus on Ethnicity and Identity* (Office of National Statistics). Available online at 〈http://www.statistics.gov.uk/downloads/theme_compendia/foe2004/Ethnicity.pdf〉
ONS (2003a): *Ethnicity: Population Size: 7.9% from a Minority Ethnic Group* (Office of National Statistics). Available online at 〈http://www.statistics.gov.uk/cci/nugget.asp?id=273〉
ONS (2003b): *Focus on London* (Office of National Statistics)
ONS (2003c): *A Century of Labour Market Change* (Office of National Statistics). Available online at 〈http://www.nationalstatistics.org.uk/articles/labour_market_trends/century_labour_market_change_mar2003.pdf〉
ONS (2004a): *Focus on the Labour Market 2002* (Office of National Statistics). Available online at 〈http://www.statistics.gov.uk/CCI/nugget.asp?ID=697&Pos=2&ColRank=1&Rank=310〉
ONS (2004b): *Travel Trends,* 17 December (Office of National Statistics)
ONS (2004c): *Focus on Gender* (Office of National Statistics)
ONS (2004d): *Social Focus in Brief: Ethnicity 2002* (Office of National Statistics). Available online at 〈http://www.statistics.gov.uk/downloads/theme_social/social_focus_in_brief/ethnicity/ethnicity.pdf〉
ONS (2005): *Focus on Ethnicity and Identity* (Office of National Statistics)
Pahl, J. (1989): *Money and Marriage* (Macmillan)〔室住真麻子ほか訳『マネー&マリッジ』ミネルヴァ書房, 1994〕
Pakulski, J. & M. Waters (1996): *The Death of Class* (Sage)
Palmore, E. B. (1985): *Retirement: Causes and Consequences* (Springer)
Panyarachun, A. (2004): *A More Secure World: Our Shared Responsibility: Report of the High-Level Panel on Threats, Challenges and Change* (United Nations)
Parekh, B. (2004): *Is Britain Too Diverse? The Responses* 〈http://www.prospect-magazine.co.uk/HtmlPages/replies.asp〉
Park, R. E. (1952): *Human Communities: The City and Human Ecology* (Free Press)〔(抄訳) 町村敬

志・好村裕明訳『実験室としての都市』御茶の水書房，1986〕
Parker, H., J. Aldridge & F. Measham (1998): *Illegal Leisure: The Normalization of Adolescent Recreational Drug Use* (Routledge)
Parry, N. & J. Parry (1976): *The Rise of the Medical Profession* (Croom Helm)
Parsons, T. (1952): *The Social System* (Tavistock)〔佐藤勉訳『社会体系論』青木書店，1974〕
Parsons, T. (1960): 'Towards a Healthy Maturity', *Journal of Health and Social Behavior* 1.
Parsons, T. & R. F. Bales (1956): *Family: Socialization and Interaction Process* (Routledge & KP)〔橋爪貞雄ほか訳『家族』黎明書房，1981〕
Pearce, F. (1976): *Crimes of the Powerful: Marxism, Crime and Deviance* (Pluto Press)
Perlmutter, H. V. (1972): 'Towards Research on and Development of Nations, Unions, and Firms as Worldwide Institutions', in H. Gunter, ed., *Transnational Industrial Relations* (St Martin's Press)
Peterson, P. G. (1999): *Gray Dawn: How the Coming Age Wave will Transform America—and the World* (Random House)〔山口峻宏訳『老いていく未来』ダイヤモンド社，2001〕
Pew Forum on Religion and Public life (2002): *Americans Struggle with Religion's Role at Home and Abroad* (The Pew Research Center)
Philo, G. & M. Berry (2004): *Bad News From Israel* (Pluto Press)
Phizacklea, A. & C. Wolkowitz (1995): *Homeworking Women: Gender, Racism and Class at Work* (Sage)
Piachaud, D. (1987): 'Problems in the Definition and Measurement of Poverty', *Journal of Social Policy* 16(2)
Piachaud, D. & H. Sutherland (2002): *Changing Poverty Post-1997* (Centre for Analysis of Social Exclusion, London School of Economics)
Pierson, C. (1994): *Dismantling the Welfare State? Reagan, Thatcher and the Politics of Retrenchment* (Cambridge Univ Pr)
Pilkington, A. (2002): 'Cultural Representations and Changing Ethnic Identities in a Global Age', in M. Holborn, ed., *Developments in Sociology* (Causeway Press)
PISA (2000): *Student Achievement in England: Results in Reading, Mathematical and Scientific Literacy among 15-Year-Olds* (Programme for International Student Assessment. OECD)
Pollak, O. (1950): *The Criminality of Women* (Univ of Pennsylvania Pr)〔広瀬勝世訳『女性の犯罪』文光堂，1960〕
Pollert, A. (1988): 'Dismantling Flexibility', *Capital and Class* 34.
Postman, N. (1986): *Amusing Ourselves to Death: Public Discourse in the Age of Show Business* (Heinemann)
President's Commission on Organized Crime (1986): *Records of Hearings, June* 24-26, 1985 (US Government Printing Office)
Putnam, R. (1993): 'The Prosperous Community: Social Capital and Public life', *American Prospect* 13.
Putnam, R. (1995): 'Bowling Alone: America's Declining Social Capital', *Journal of Democracy* 6.
Putnam, R. (1996): 'The Strange Disappearance of Civic America', *American Prospect* 7.
Putnam, R. (2000): *Bowling Alone: The Collapse and Revival of American Community* (Simon & Schuster)〔柴内康文訳『孤独なボウリング』柏書房，2006〕
Quah, D. (1999): *The Weightless Economy in Economic Development* (Centre for Economic Performance)
Radway, J. A. (1984): *Reading the Romance* (Univ of North Carolina Pr)
Rake, K. ed. (2000): *Women's Incomes over the Lifetime* (HMSO)
Ranis, G. (1996): *Will Latin America Now Put a Stop to 'Stop-and-Go?'* (Yale University, Economic Growth Center)
Rapoport, R. N., M. P. Fogarty & R. Rapoport, eds, (1982): *Families in Britain* (Routledge & KP)
Ratcliffe, P. (1999): 'Housing Inequality and "Race": Some Critical Reflections on the Concept of "Social Exclusion"', *Ethnic and Racial Studies* 22.
Rawstorne, S. (2002): 'England and Wales', in R. W. Summers & A. M. Hoffman, eds, *Domestic Violence:*

A Global View (Greenwood Press)
Reay, D. (2002): 'Shaun's Story: Troubling Discourses of White Working-Class Masculinities', *Gender & Education* 14.
Redman, P. (1996): 'Empowering Men to Disempower Themselves: Heterosexual Masculinities, HIV and the Contradictions of Anti-Oppressive Education', in M. Mac an Ghaill, ed., *Understanding Masculinities* (Open Univ Pr)
Rees, M. (2003): *Our Final Century: Will the Human Race Survive the Twenty-First Century?* (William Heinemann)〔堀千恵子訳『今世紀で人類は終わる?』草思社，2007〕
Regional Trends 38 (2003): *Unemployment: By Highest Qualification.* Available online at 〈http://www.statistics.gov.uk/StatBase/ssdataset.asp?vlnk=7705&More=Y〉
Reich, R. (1991): *The Work of Nations: Preparing Ourselves for 21st-century Capitalism* (Knopf)〔中谷巌訳『ザ・ワーク・オブ・ネーションズ』ダイヤモンド社，1991〕
Reid, I. (1991): 'The Education of the Elite', in G. Walford, ed., *Private Schooling Tradition, Change and Diversity* (Chapman)
Reisman, D. (1961): *The Lonely Crowd. A Study of the Changing American Character* (Yale Univ Pr)〔加藤秀俊訳『孤独な群衆』みすず書房，1964〕
Reskin, B. & P. A. Roos (1990): *Job Queues, Gender Queues: Explaining Women's Inroads into Male Occupations* (Temple Univ Pr)
Rex, J. & R. Moore (1967): *Race, Community and Conflict: A Study of Sparkbrook* (Oxford Univ Pr)
Rich, A. (1981): *Compulsory Heterosexuality and Lesbian Existence* (Onlywomen Press)
Richardson, D. & H. May (1999): 'Deserving Victims? Sexual Status and the Social Construction of Violence', *Sociological Review* 47.
Riley, M. W., A. Foner & J. Waring (1988): 'Sociology of Age', in N. J. Smelser, ed., *Handbook of Sociology* (Sage)
Riley, M. W, R. L. Kahn & A. Foner (1994): *Age and Structural Lag: Changes in Work, Family, and Retirement* (J. Wiley)
Ritzer, G. (1983): 'The McDonaldization of Society', *Journal of American Culture* 6(1)
Ritzer, G. (1993): *The McDonaldization of Society* (Pine Forge Press)〔正岡寛司監訳『マクドナルド化する社会』早稲田大学出版部，1999〕
Ritzer, G. (1998): *The McDonaldization Thesis: Explorations and Extensions* (Sage)〔正岡寛司監訳『マクドナルド化の世界』早稲田大学出版部，2001〕
Roberts, R. (1971): *The Classic Slum: Salford Life in the First Quarter of the Century* (Manchester Univ Pr)
Roof, W. C. (1993): *A Generation of Seekers: The Spiritual Journeys of the Baby Boom Generation* (Harper San Francisco)
Roof, W. C. & W. McKinney (1990): *American Mainline Religion: Its Changing Shape and Future Prospects* (Rutgers Univ Pr)
Rose, S., L. Kamin & R. C. Lewontin (1984): *Not in Our Genes: Biology, Ideology and Human Nature* (Penguin)
Rosenau, J. N. (1997): *Along the Domestic-Foreign Frontier: Exploring Governance in a Turbulent World* (Cambridge Univ Pr)
Ross, P. & B. Reskin (1992): 'Occupational Desegregation in the 1970s: Integration and Economic Equity', *Sociological Perspectives* 35.
Rossi, A. (1973): 'The First Woman Sociologist: Harriet Martineau', in *The Feminist Papers: From Adams to De Beauvoir* (Columbia Univ Pr)
Rostow, W. W. (1961): *The Stages of Economic Growth* (Cambridge Univ Pr)〔木村健康ほか訳『経済成長の諸段階』(増補版)，ダイヤモンド社，1974〕
Rowling, J. K. (1998): *Harry Potter and the Philosopher's Stone* (Bloomsbury)〔松岡佑子訳『ハリー・

ポッターと賢者の石』静山社，1999〕
Rubin, L.（1990）: *The Erotic Wars: What Happened to the Sexual Revolution?*（Farrar）
Rubin, L. B.（1994）: *Families on the Fault Line*（Harper Collins）
Rude, G.（1964）: *The Crowd in History: A Study of Popular Disturbances in France and England, 1730-1848*（Wiley）〔古賀秀男・志垣嘉夫・西嶋幸右訳『歴史における群衆』法律文化社，1982〕
Ruspini, E.（2000）: 'Longitudinal Research in the Social Sciences', *Social Research Update* 28.
Rusting, R. L.（1992）: 'Why Do We Age?', *Scientific American* 267.
Rutherford, J. & R. Chapman（1988）: 'The Forward March of Men Halted', in R. Chapman & J. Rutherford, eds, *Male Order: Unwrapping Masculinity*（Lawrence & Wishart）
Sabel, C. F.（1982）: *Work and Politics: The Division of Labour in Industry*（Cambridge Univ Pr）
Sachs, J.（2000）: 'A New Map of the World', *The Economist,* 22 Jun.
Saks, M.（1992）: *Alternative Medicine in Britain*（Clarendon Press）
Salter, H.（1998）: 'Making a World of Difference: Celebrating 30 Years of Development Progress1, 25 Jun, US AID Press Release.
Sassen, S.（1991）: *The Global City: New York, London, Tokyo*（Princeton Univ Pr）〔伊豫谷登士翁監訳『グローバル・シティ』筑摩書房，2008〕
Sassen, S.（1998）: *Globalization and Its Discontents: Essays on the Mobility of People and Money*（New Press）〔田淵太一・原田太津男・尹春志訳『グローバル空間の政治経済学』岩波書店，2004〕
Sassen, S.（2004）: *Is Britain Too Diverse? The Responses,* 23 Nov〈http://www.prospect-magazine.co.uk/HtmlPages/replies.asp〉
Saunders, P.（1990）: *Social Class and Stratification*（Routledge）
Saunders, P.（1996）: *Unequal But Fair? A Study of Class Barriers in Britain*（IEA Health & Welfare Unit）
Savage, M. et al.（1992）: *Property, Bureaucracy and Culture: Middle Class Formation in Contemporary Britain*（Routledge）
Sayers, J.（1986）: *Sexual Contradiction: Psychology, Psychoanalysis and Feminism*（Tavistock）
Scarman, L. G.（1982）: *The Scarman Report*（Penguin）
Schaie, K. W.（1979）: 'The Primary Mental Abilities in Adulthood: An Exploration in the Development of Psychometric Intelligence', in P. B. Baltes & O. G. Brim, eds, *Lifespan Development and Behavior,* vol. 2（Academic Press）
Schaie, K. W.（1990）: 'Handbook of the Psychology of Aging', in J. E. Birren & K. W. Schaie, eds, *Handbook of the Psychology of Aging,* 5th edn（Academic Press, 2001）
Schumacher, E. F.（1977）: *Small Is Beautiful: A Study of Economics As If People Mattered*（Abacus）〔小島慶三・酒井懋訳『スモール・イズ・ビューティフル』講談社，1986〕
Schwartz, G.（1970）: *Sect Ideologies and Social Status*（Univ of Chicago Pr）
Schwartz, P. & D. Randall（2003）: *An Abrupt Climate Change Scenario and Its Implications for United States National Security, October*（Pentagon）
Schwarz, J. & T. Volgy（1992）: *The Forgotten Americans*（Norton）
Scott, J.（1991）: Who Rules Britain?（Polity）
Scott, S. & D. Morgan（1993）: 'Bodies in a Social Landscape', in S. Scott & D. Morgan, eds, *Body Matters: Essays on the Sociology of the Body*（Farmer Press）
Scott, W. R. & J. W. Meyer（1994）: *Institutional Environments and Organizations: Structural Complexity and Individualism*（Sage）
Sedlak, A. & D. Broadhurst（1996）: *Third National Incidence Study of Child Abuse and Neglect*（US Dep of Health & Human Services）
Segura, D. A. & J. L. Pierce（1993）: 'Chicana/o Family Structure and Gender Personality: Chodorow, Familism, and Psychoanalytic Sociology Revisited', *Signs* 19.
Seidman, S.（1997）: *Difference Troubles: Queering Social Theory and Sexual Politics*（Cambridge Univ

Pr)
Sennett, R. (1993): *The Conscience of the Eye: The Design and Social Life of Cities* (Faber & Faber) 〔斎藤秀正訳『それでも新資本主義についていくか』ダイヤモンド社，1999〕
Seymour-Ure, C. (1998): 'Leaders and Leading Articles Characterization of John Major and Tony Blair in the Editorials of the National Daily Press', in I. Crewe, B. Gosschalk & J. Bartle, eds, *Political Communications: Why Labour Won the General Election of 1997* (Frank Cass)
Shakespeare, T. & N. Watson (2002): 'The Social Model of Disability: An Outdated Ideology?', *Research in Social Science and Disability* 2.
Sharma, U. (1992): *Complementary Medicine Today: Practitioners and Patients* (Routledge)
Shaw, W. (2001): 'In Helsinki: Virtual Village', *Wired,* Mar.
Sheldon, W. A. (1949): *Varieties of Delinquent Youth* (Harper)
Shelton, B. A. (1992): *Women, Men, and Time: Gender Differences in Paid Work Housework, and Leisure* (Greenwood)
Shelton, B. A. & D. John (1993): 'Does Marital Status Make a Difference?: Housework among Married and Cohabiting Men and Women', *Journal of Family Issues* 14(3)
Signorielli, N. (2003): 'Prime-Time Violence 1993-2001: Has the Picture Really Changed?', *Journal of Broadcasting & Electronic Media* 47.
Simmel, G. (1971 [1903]): 'The Metropolis and Mental life', in D. N. Levine, ed., *On Individuality and Social Forms: Selected Writings of Georg Simmel* (Univ of Chicago Pr) 〔居安正訳「大都市と精神生活」『ジンメル著作集』第12巻，白水社，1976〕
Simpson, G. E. & J. M. Yinger (1986): *Racial and Cultural Minorities: An Analysis of Prejudice and Discrimination* (Plenum Press)
Simpson, J. H. (1985): 'Socio-Moral Issues and Recent Presidential Elections', *Review of Religious Research* 27.
Sinclair, P. (1987): *Unemployment: Economic Theory and Evidence* (Blackwell)
Sjoberg, G. (1960): *The Pre-Industrial City: Past and Present* (Free Press) 〔倉沢進訳『前産業型都市』鹿島研究所出版会，1968〕
Sjoberg, G. (1963): 'The Rise and Fall of Cities: A Theoretical Perspective', *International Journal of Comparative Sociology* 4.
Skeggs, B. (1997): *Formations of Class and Gender: Becoming Respectable* (Sage)
Skocpol, T. (1979): *States and Social Revolutions: A Comparative Analysis of France, Russia and China* (Cambridge Univ Pr)
Slapper, G. & S. Tombs (1999): *Corporate Crime* (Longman)
Smart, C. & B. Neale (1999): *Family Fragments?* (Polity)
Smith, A. (1991 [1776]): *The Wealth of Nations* (Everyman's Library) 〔山岡洋一訳『国富論』日本経済新聞出版社，2007〕
Smith, A. D. (1986): *The Ethnic Origins of Nations* (Blackwell)
Smith, D. (1990): *Stepmothering* (Harvester)
Smith, D. (1997): 'Job Insecurity and Other Myths', *Management Today.*
So, A, (1990): *Social Change and Development: Modernization, Dependency, and World-Systems Theories* (Sage)
Social Exclusion Unit (1998): *Rough Sleeping* (HMSO)
Sokolovsky, J. (1990): *The Cultural Context of Aging: Worldwide Perspectives* (Bergin & Garvey)
Spenner, K. (1983): 'Deciphering Prometheus: Temporal Change in the Skill Level of Work', *American Sociological Review* 48.
Stanton, E. C. (1985 [1895]): *The Woman's Bible: The Original Feminist Attack on the Bible* (Polygon Books)
Stanworth, M. (1984): 'Women and Class Analysis: A Reply to John Goldthorpe 1 ', *Sociology* 18.

Stark, R. & W. S. Bainbridge (1980): 'Towards a Theory of Religious Commitment', *Journal for the Scientific Study of Religion* 19.
Stark, R. & W. S. Bainbridge (1985): *The Future of Religion: Secularism, Revival, and Cult Formation* (Univ of California Pr)
Stark, R. & W. S. Bainbridge (1987): *A Theory of Religion* (Rutgers Univ Pr)
Statham, J. (1986): *Daughters and Sons: Experiences of Non-Sexist Childraising* (Blackwell)
Stead, W. E. & J. G. Stead (1996): *Management for a Small Planet: Strategic Decision Making and the Environment* (Sage)
Stern, V. (1989): *Bricks of Shame: Britain's Prisons* (Penguin)
Stiglitz, J. E. (2002): *Globalization and Its Discontents* (Allen Lane)〔鈴木主税訳『世界を不幸にしたグローバリズムの正体』徳間書店, 2002〕
Stone, L. (1980): *The Family, Sex, and Marriage in England, 1500-1800* (Harper & Row)〔北本正章訳『家族・性・結婚の社会史』勁草書房, 1991〕
Strategy Unit (2003): *Ethnic Minorities and the Labour Market.* Available online at: 〈www.number10.gov.uk/su/ethnic%20minorities/report/downloads/ethnic_minorities.pdf〉
Straus, M. A. & R. J. Gelles (1986): 'Societal Change and Change in Family Violence from 1975 to 1985 as Revealed by Two National Surveys', *Journal of Marriage and the Family* 48.
Sullivan, A. (1995): *Virtually Normal: An Argument About Homosexuality* (Picador)
Sullivan, O. (1997): 'Time Waits for No Woman: An Investigation of the Gendered Experience of Domestic Time', *Sociology* 31.
Sutherland, E. H. (1949): *Principles of Criminology* (Lippincott)〔平野龍一・所一彦訳『刑事学原論』有信堂, 1962-1964〕
Swann Committee (1985): *Education for All: Report of the Committee into the Education of Ethnic Minority Children* (HMSO)
Tan, A. & K. Ramakrishna, eds (2002): *The New Terrorism* (Eastern Univ Pr)
Taylor, I., K. Evans & P. Fraser (1996): *A Tale of Two Cities. Global Change, Local Feeling and Everyday Life in the North of England: A Study in Manchester and Sheffield* (Routledge)
Taylor, I., P. Walton & J. Young (1973): *The New Criminology for a Social Theory of Deviance* (Routledge & KP)
Tempest, R. (1996): 'Barbie and the World Economy', *Los Angeles Times,* 22 Sep.
Thomas W. I. & F. Znaniecki (1966 [1918-20]): *The Polish Peasant in Europe and America: Monograph of Our Immigrant Group,* 5 vols (Dover)〔(部分訳) 桜井厚訳『生活史の社会学』御茶の水書房, 1983年〕
Thomas, C. (1999): *Female Forms: Experiencing and Understanding Disability* (Open Univ Pr)
Thomas, C. (2002): 'Disability Theory: Key Ideas, Issues and Thinkers', in C. Barnes, L.Barton & M. Oliver, eds, *Disability Studies Today* (Polity)
Thomas, G. M. (1987): *Institutional Structure: Constituting State, Society and the Individual* (Sage)
Thompson, J. B. (1990): *Ideology and Modern Culture* (Polity)
Thompson, J. B. (1995): *The Media and Modernity: A Social Theory of the Media* (Polity)
Thompson, P. & P. Findlay (1999): 'Changing the People: Social Engineering in the Contemporary Workplace', in A. Sayer & L. Ray, eds, *Culture and Economy after the Cultural Turn* (Sage)
Thompson, W. S. (1929): 'Population', *American Journal of Sociology* 34.
Thorne, B. (1993): *Gender Play: Girls and Boys in School* (Rutgers Univ Pr)
Tilly, C. (1995): 'Globalization Threatens Labor's Rights', *International Labor and Working Class History* 47.
Tizard, B. & M. Hughes (1984): *Young Children Learning, Talking & Thinking at Home & at School* (Fontana)
Toke, D. (2004): *The Politics of GM Food: A Comparative Study of the UK, USA, and EU* (Routledge)
Tonnies, F. (2001 [1887]): *Gemeinschaft Und Gesellschaft* [*Community and Civil Society*] (Cambridge

Univ Pr)〔杉之原寿一訳『ゲマインシャフトとゲゼルシャフト』岩波書店，1957〕
Tough, J. (1976): *Listening to Children Talking* (Ward Lock Educational)
Townsend, I. (2002): 'The Burden of Taxation', 9 Jul, London, House of Commons Library: Research Paper 02/43.
Townsend, P. (1979): *Poverty in the United Kingdom* (Penguin)
Toynbee, P. (2003): *Hard Work: Life in Low Pay Britain* (Bloormsbury)
Treas, J. (1995): 'Older Americans in the 1990s and Beyond', *Population Bulletin* 5.
Troeltsch, E. (1981 [1931]): *The Social Teaching of the Christian Churches,* 2 vols (Univ of Chicago Pr)
UK Christian Handbook (2004): *Religious Trends No. 4,* Christian Research.
UK Film Council (2003): *Statistical Yearbook 2003.*
UN (2003a): *World Population Prospects: The 2002 Revision Highlights* (UN Dep of Economic and Social Affairs Population Division)
UN (2003b): *World Urbanisation Prospects: The 2001 Revision Highlights* (UN Dep of Economic and Social Affairs Population Division)
UNDP (1998): *Human Development Report* (United Nations Development Programme)〔広野良吉ほか監修『消費パターンと人間開発』国際協力出版会，1998〕
UNDP (1999): *Human Development Report* (United Nations Development Programme)〔北谷勝秀ほか監修『グローバリゼーションと人間開発』国際協力出版会，1999〕
UNDP (2002): *Are the Millennium Development Goals Feasible?,* United Nation Development Programme. Available online at 〈http://www.undp.org/dpa/choices/2002/September/Choices0902p7.pdf〉
UNDP (2003): *Human Development Report* (United Nations Development Programme)〔横田洋三・秋月弘子監修『ミレニアム開発目標達成に向けて』古今書院，2003〕
UNDP (2004): *Human Development Report: Cultural Liberty in Today's Diverse World* (United Nations Development Programme)〔横田洋三・秋月弘子監修『この多様な世界で文化の自由を』古今書院，2004〕
UNFAO (2001): *The Impact of HIV/AIDS on Food Security.* United Nations Food & Agricultural Organization, Conference on World Food Security.
UNFPA (2004): *State of the World Population 2004.* Available online at 〈http://www.unfpa.org/swp/2004/pdf/en_swp04.pdf〉
UNICEF (2000): *The State of the World's Children, 2000* (United Nations Children's Fund)
Union of International Associations (1996-7): 'International Organizations by Year and by Type, 1909-1996', *Yearbook of International Organizations, 1996-97.*
Union, T. E. (2005): *The European Union at a Glance.* Available online at 〈http://europa.eu.int/abc/index_en.htm〉
UNWFP (2001): *News Release: WFP Head Releases World Hunger Map and Warns of Hunger 'Hot Spots' in 2001,* Jan 8 (United Nations World Food Programme)
UPIAS (1976): *Fundamental Principles of Disability* (Union of Physically Impaired Against Segregation)
Urban Task Force (1999): *Towards an Urban Renaissance.* Final Report of the Urban Task Force, Chaired by Lord Rogers of Riverside (Dep of the Environment, Transport & the Regions)
Urry, J. (1990): *The Tourist Gaze: Leisure and Travel in Contemporary Societies* (Sage, 2nd edn 2001)〔加太宏邦訳『観光のまなざし』法政大学出版局，1995〕
US Bureau of Justice (1998): *Capital Punishment 1997, Statistics Bulletin* (US Government Printing Office)
US Bureau of Justice (2004): *Capital Punishment 2003* (Office of Justice Programs, Bureau of Justice Statistics). Available online at 〈http://www.ojp.usdoj.gov/bjs/glance.dr.htm〉
US Department of Health and Human Services (2000): *Child Maltreatment 1998: Reports from the States to the National Child Abuse and Neglect Data System* (US Government Printing Office)
Usher, R. & R. Edwards (1994): *Postmodernism and Education* (Routledge)

Vallas, S. & J. Beck (1996): 'The Transformation of Work Revisited: The Limits of Flexibility in American Manufacturing', *Social Problems* 43(3)
Van der Veer, P. (1994): *Religious Nationalism: Hindus and Muslims in India* (Univ of California Pr)
van Gennep, A. (1977 [1908]): The Rites of Passage (Routledge & KP)〔綾部恒雄・綾部裕子訳『通過儀礼』弘文堂，1977〕
Vatican (2004): *Letter to the Bishops of the Catholic Church on the Collaboration of Men and Women in the Church and in the World.* Available online at 〈http://www.vatican.va/roman_curia/congregations/cfaith/documents/rc_con_cfaith_doc_20040731_collaboration_en.html〉
Vaughan, D. (1990): *Uncoupling: Turning Points in Intimate Relationships* (Vintage)〔岩谷誠ほか訳『アンカップリング』日生研，1994〕
Vidal, J. (2003): '10 Million Join World Protest Rallies', *Guardian,* 13 Feb.
Vincent, J. (1999): *Politics, Power, and Old Age* (Open Univ Pr)
Vincent, J. (2003): *Old Age* (Routledge)
Viorst, J. (1986): 'And the Prince Knelt Down and Tried to Put the Glass Slipper on Cinderella's Foot', in J. Zipes, ed., *Don't Bet on the Prince: Contemporary Feminist Fairy Tales in North America and England* (Methuen)
Vogler, C. & J. Pahl (1994): 'Money, Power and Inequality in Marriage', *Sociological Review* 42.
Vold, G. B., T. J. Bernard & J. B. Snipes (2002): *Theoretical Criminology* (Oxford Univ Pr)〔平野龍一・岩井弘融監訳『犯罪学』東京大学出版会，1990〕
Wagar, W. (1992): *A Short History of the Future* (Univ of Chicago Pr)
Walby, S. (1990): *Theorizing Patriarchy* (Blackwell)
Walby, S. A. (1986): 'Gender, Class and Stratification toward a New Approach', in R. Crompton & M. Mann, eds, *Gender and Stratification* (Blackwell)
Walker, C. (1994): 'Managing Poverty', *Sociology Review* (Apr)
Wallerstein, I. (1974): *The Modern World-System* (Academic Press)〔川北稔訳『近代世界システム』岩波書店，1981〕
Wallerstein, I. (1990): *The Modern World-System II* (Academic Press)〔川北稔訳『近代世界システム 1600-1750』名古屋大学出版会，1993〕
Wallis, R. (1984): *The Elementary Forms of New Religious Life* (Roudedge & KP)
Warde, A. & K. Heatherington (1993): 'A Changing Domestic Division of Labour? Issues of Measurement and Interpretation', *Work, Employment and Society* 7.
Warner, S. (1993): 'Work in Progress toward a New Paradigm for the Sociological Study of Religion in the United States', *American Journal of Sociology* 98.
Warren, B. (1980): *Imperialism: Pioneer of Capitalism* (Verso)
Watson, J. (2003): *Media Communication: An Introduction to Theory and Process* (Palgrave Macmillan)
Weaver, M. (2001): 'Urban Regeneration—the Issue Explained', *Guardian,* 19 Mar.
Weber, M. (1958 [1921]): *The City* (Free Press)〔世良晃志郎訳『都市の類型学』創文社，1964〕
Weber, M. (1958): *The Religion of India* (Free Press)〔深沢宏訳『ヒンドゥー教と仏教』日貿出版社，1983〕
Weber, M. (1963): *The Sociology of Religion* (Beacon)〔武藤一雄ほか訳『宗教社会学』創文社，1975〕
Weber, M. (1976): *The Protestant Ethic and the Spirit of Capitalism* (Allen & Unwin)〔大塚久雄訳『プロテスタンティズムの倫理と資本主義の精神』岩波書店，1989〕
Weber, M. (1979): *Economy and Society: An Outline of Interpretive Sociology* (Univ of California Pr)
Weeks, J. (1977): *Coming Out: Homosexual Politics in Britain, from the Nineteenth Century to the Present* (Quartet)
Weeks, J. (1986): *Sexuality* (Methuen)〔上野千鶴子監訳『セクシュアリティ』河出書房新社，1996〕
Weitzman, L. (1972): 'Sexual Socialization in Picture Books for Preschool Children', *American Journal of Sociology* 77.

Wellman, B. S., P. J. Carrington & A. Hall (1988): 'Networks as Personal Communities', in B. Wellman & S. D. Berkowitz, eds, *Social Structures: A Network Approach* (Cambridge Univ Pr)
Westergaard, J. (1995): *Who Gets What? The Hardening of Class Inequality in the Late Twentieth Century* (Polity)
Western, B. (1997): *Between Class and Market: Postwar Unionization in the Capitalist Democracies* (Princeton Univ Pr)
Wheatley, P. (1971): *The Pivot of the Four Quarters* (Edinburgh Univ Pr)
Wheeler, D. L. (1998): 'Global Culture or Culture Clash: New Information Technologies in the Islamic World-a View from Kuwait', *Communication Research* 25(4)
White, M. & M. Trevor (1983): *Under Japanese Management: The Experience of British Workers* (Heinemann)〔猪原英雄訳『ジャパニーズ・カンパニー』光文社，1986〕
WHO (2001): *Rethinking Care from the Perspective of Disabled People.* World Health Organization Conference Report and Recommendations, Aug.
Wilde, O. (1960): *The Picture of Dorian Gray* (Brown, Watson)〔西村孝次訳「ドリアン・グレエの絵姿」，『オスカー・ワイルド全集』第一巻，青土社，1988〕
Wilkins, L. T. (1964): *Social Deviance: Social Policy Action and Research* (Tavistock)
Wilkinson, H. (1994): *No Turning Back* (Demos)
Wilkinson, H. & G. Mulgan (1995): *Freedom's Children Work, Relationships and Politics for 18-34 Year Olds in Britain Today* (Demos)
Wilkinson, R. (1996): *Unhealthy Societies: The Afflictions of Inequality* (Routledge)
Will, J., P. Self & N. Datan (1976): 'Maternal Behavior and Perceived Sex of Infant', *American Journal of Orthopsy-Chiatry* 46.
Williams, S. J. (1993): *Chronic Respiratory Illness* (Routledge)
Willis, P. (1977): *Learning to Labour: How Working-Class Kids Get Working-Class Jobs* (Saxon House)〔熊沢誠・山田潤訳『ハーマータウンの野郎ども』筑摩書房，1985〕
Wilson, B. (1982): *Religion in Sociological Perspective* (Oxford Univ Pr)〔中野毅・栗原淑江訳『宗教の社会学』法政大学出版局，2002〕
Wilson, E. (2002): 'The Sphinx in the City: Urban Life, the Control of Disorder', in G. Bridge & S. Watson, eds, *The Blackwell City Reader* (Blackwell)
Wilson, E. O. (1975): *Sociobiology: The New Synthesis* (Harvard Univ Pr)〔坂上昭一ほか訳『社会生物学』新思索社，1999〕
Wilson, W. J. (1987): *The Truly Disadvantaged: The Inner City, the Underclass, and Public Policy* (Univ of Chicago Pr)
Wilson, W. J. (1996): *When Work Disappears: The World of the New Urban Poor* (Knopf)
Wirth, L. (1938): 'Urbanism as a Way of Life', *American Journal of Sociology* 44〔高橋勇悦訳「生活様式としてのアーバニズム」，鈴木広編訳『都市化の社会学』誠信書房，1965，所収〕
Wood, S. (1989): *The Transformation of Work? Skills, Flexibility and the Labour Process* (Unwin Hyman)
Woodrum, E. (1988): 'Moral Conservatism and the 1984 Presidential Election', *Journal for the Scientific Study of Religion* 27.
Woolgar, S. & D. Pawluch (1985): 'Ontological Gerrymandering the Anatomy of Social Problems Explanations', *Social Problems* 32.
World Bank (1995): *Workers in an Integrating World* (Oxford Univ Pr)〔世界銀行東京事務所訳『統合を深める世界における労働者』イースタン・ブック・サービス，1995〕
World Bank (1996): *Poverty Reduction: The Most Urgent Task* (World Bank)
World Bank (1997): *World Development Report 1997: The State in a Changing World* (Oxford Univ Pr)〔海外経済協力基金開発研究会訳『開発における国家の役割』東洋経済新報社，1997〕
World Bank (2000-1): 'World Development Indicators', in *World Development Report 2000-2001:*

Attacking Poverty (Oxford Univ Pr)
World Bank (2001): *Povertynet: Topics Relevant to Social Capital* (Oxford Univ Pr)
World Bank (2003): *World Development Indicators* (Oxford Univ Pr)
World Bank (2004): *World Development Report: Making Services Work for Poor People* (Oxford Univ Pr)〔田村勝省訳『貧困層向けにサービスを機能させる』シュプリンガー・フェアラーク東京, 2004〕
World Bank Atlas (2003): *World Bank Atlas 2003* (World Bank)
World Bank Group (2002): 'Disability in Developing Countries', World Bank Conference marks the International Day of Disabled.
WorldWatch Institute (2004): State of the World 2004: Consumption by the Numbers. Available online at 〈http://www.worldwatch.org/press/news/2004/01/07/〉
Worrall, A. (1990): *Offending Women: Female Law-Breakers and the Criminal Justice System* (Routledge)
Wright, E. O. (1978): *Class, Crisis and the State* (New Left Books)〔江川潤訳『階級・危機・国家』中央大学出版部, 1986〕
Wright, E. O. (1985): *Classes* (Verso)
Wright, E. O. (1997): *Class Counts Comparative Studies in Class Analysis* (Cambridge Univ Pr)
Wright, E. O. (2000): *Class Counts: Student Edition* (Cambridge Univ Pr)
Wright, C. R. (1940): 'Functional Analysis and Mass Communication', *Public Opinion Quarterly* 24.
Wrigley, E. A. (1968): *Population and History* (McGraw-Hill)〔速水融訳『人口と歴史』筑摩書房, 1982〕
Wuthnow, R. (1988): 'Sociology of Religion', in N. J. Smelser, ed., *Handbook of Sociology* (Sage)
Young, I. M. (1990): *Throwing Like a Girl and Other Essays in Feminist Philosophy and Social Theory* (Indiana Univ Pr)
Young, J. (1998): 'Breaking Windows: Situating the New Criminology', in P. Walton & J. Young, eds, *The New Criminology Revisited* (Macmillan)
Young, J. (1999): *The Exclusive Society: Social Exclusion, Crime and Difference in Late Modernity* (Sage)〔青木秀男ほか訳『排除型社会』洛北出版, 2007〕
Young, M. & P. Willmott (1973): *The Symmetrical Family: A Study of Work and Leisure in the London Region* (Routledge & KP)
Zammuner, V. L. (1986): 'Children's Sex-Role Stereotypes: A Cross-Cultural Analysis', in P. Shaver & C. Hendrick, eds, *Sex and Gender* (Sage)
Zeitlin, I. (1984): *Ancient Judaism: Biblical Criticism from Max Weber to the Present* (Polity)
Zeitlin, I. (1988): *The Historical Jesus* (Polity)
Zerubavel, E. (1979): *Patterns of Time in Hospital Life* (Univ of Chicago Pr)
Zerubavel, E. (1982): 'The Standardization of Time: a Sociohistorical Perspective', *American Journal of Sociology* 88.
Zhang, N. & W. Xu (1995): 'Discovering the Positive within the Negative: The Women's Movement in a Changing China', in A. Basu, ed., *The Challenge of Local Feminisms* (Westview)
Zimbardo, P. G. (1969): 'The Human Choice: Individuation, Reason, and Order Versus Deindividuation, Impulse, and Chaos', in W. J. Arnold & D. Levine, eds, *Nebraska Symposium on Motivation* (Univ of Nebraska Pr)
Zimbardo, P. G. (1972): 'Pathology of Imprisonment', *Society* 9.
Zubaida, S. (1996): 'How Successful is the Islamic Republic in Islamizing Iran?' in J. Beinen & J. Stork, eds, *Political Islam Essays from the Middle East Report* (Univ of California Pr)
Zuboff, S. (1988): *In the Age of the Smart Machine: The Future of Work and Power* (Basic Books)